2023

中国县域统计年鉴（乡镇卷）

CHINA STATISTICAL YEARBOOK (TOWNSHIP)

国家统计局农村社会经济调查司　编

中国统计出版社
China Statistics Press

图书在版编目 (CIP) 数据

中国县域统计年鉴．2023．1，乡镇卷 ／ 国家统计局农村社会经济调查司编．-- 北京 ：中国统计出版社，2023.12
ISBN 978-7-5230-0385-5

Ⅰ．①中… Ⅱ．①国… Ⅲ．①乡镇经济－经济统计－中国－2023－年鉴 Ⅳ．① F127-54

中国国家版本馆 CIP 数据核字 (2023) 第 252513 号

中国县域统计年鉴 2023（乡镇卷）

编　　者 / 国家统计局农村社会经济调查司
责任编辑 / 冯诗萌
封面设计 / 李雪燕
出版发行 / 中国统计出版社有限公司
通信地址 / 北京市丰台区西三环南路甲 6 号　邮政编码 /100073
发行电话 / 邮购 (010) 63376909　书店 (010) 68783171
网　　址 / http://www.zgtjcbs.com
印　　刷 / 河北鑫兆源印刷有限公司
经　　销 / 新华书店
开　　本 / 880×1230 毫米　1/16
字　　数 / 1326 千字
印　　张 / 41.75
版　　别 / 2023 年 12 月第 1 版
版　　次 / 2023 年 12 月第 1 次印刷
定　　价 / 628.00 元（全套）

《中国县域统计年鉴2023（乡镇卷）》
编辑委员会

编 者 说 明

一、《中国县域统计年鉴 2023（乡镇卷）》收录了 2022 年全国近 3 万个乡镇的行政区域面积、人口和工业等基本情况。

二、本卷的资料范围包括全国除香港特别行政区、澳门特别行政区和台湾省以外的所有乡镇和新疆生产建设兵团团场的情况，行政区划截止到 2022 年 12 月 31 日。

三、本卷主要内容包括各地区乡镇基本情况，篇末另附主要指标解释。

四、本卷的资料来自 2022 年乡（镇）社会经济统计年报。

五、本卷空栏有如下情况:

（1）该项数据较小，不够规定单位。

（2）该项指标当年无统计任务，故无统计数据。

（3）该项指标未掌握确切数据。

六、咨询服务电话: 010-68782851。

编　者

2023 年 10 月

目录

各地区乡镇基本情况

附录：主要指标解释

各地区乡镇基本情况

北京市　　单位：公顷、个、人

名　　称	行政区域面　　积	居民委员会(社区)个数	村民委员会个　　数	户籍人口	工业企业个　　数	#规模以上	营业面积50平方米以上的商店或超市个数
北京市							
朝阳区南磨房地区办事处	943	23		66413	42	4	61
朝阳区高碑店地区办事处	1508	28	3	55553	107	6	42
朝阳区将台地区办事处	1145	11		28708	37	8	26
朝阳区太阳宫地区办事处	578	12		68004	20	2	40
朝阳区小红门地区办事处	1207	10	3	31666	66	5	11
朝阳区十八里店地区办事处	2523	9	8	45264	141	7	60
朝阳区平房地区办事处	1518	14	4	44416	49	3	25
朝阳区东风地区办事处	738	10	2	36818	12		14
朝阳区来广营地区办事处	2093	31		77975	76	4	53
朝阳区常营地区办事处	930	18		41346	61	4	50
朝阳区三间房地区办事处	875	15	2	67319	57		36
朝阳区管庄地区办事处	1015	14		65397	45	5	28
朝阳区金盏地区办事处	5000	6	6	28674	157	16	43
朝阳区孙河地区办事处	3520	6		22601	21	2	22
朝阳区崔各庄地区办事处	3060	10	6	26474	55	5	47
朝阳区东坝地区办事处	2460	28		67531	72	2	46
朝阳区黑庄户地区办事处	2450	7	13	21812	89	7	36
朝阳区豆各庄地区办事处	1416	16		19573	64	3	25
朝阳区王四营地区办事处	1930	5	4	20588	49	4	19
丰台区北宫镇	4413	10	6	37982	148	6	8
丰台区王佐镇	6362	4	8	34782	80	6	16
海淀区万柳地区办事处	479	3	2	7814	4		1
海淀区东升地区办事处	828	9	2	24892	26	6	26
海淀区温泉地区办事处	3323	15	2	33420	75	20	14
海淀区四季青地区办事处	4083	14	10	71085	62	13	47
海淀区西北旺地区办事处	5102	20	8	55887	57	47	80
海淀区苏家坨地区办事处	8451	11	10	41000	108	14	37
海淀区上庄地区办事处	3845	7	19	31862	42	6	49
门头沟区王平地区办事处	4592	4	16	8764	6		5
门头沟区永定地区办事处	6547	24	2	41353	92	2	28
门头沟区龙泉地区办事处	3029	16	4	26796	42		8
门头沟区潭柘寺镇	7983	2	8	14045	6	1	9
门头沟区军庄镇	3404	3	8	13461	3		13
门头沟区雁翅镇	26320	1	23	9567	2		14
门头沟区斋堂镇	38217	1	29	14111	2	1	5
门头沟区清水镇	33514		32	11581	10		10
门头沟区妙峰山镇	11262		17	10620	13	1	21
房山区良乡地区办事处	2590		16	19924	22	8	58
房山区周口店地区办事处	11983	5	24	37724	88	4	57
房山区琉璃河地区办事处	10742	5	45	61190	87	16	159
房山区阎村镇	4851	8	21	39959	146	15	68
房山区窦店镇	6534	14	30	50762	198	30	119
房山区石楼镇	4246	1	12	31705	23	4	53
房山区长阳镇	9133	54	36	73523	118	11	60
房山区河北镇	6787	3	19	23812	5		19

续表 1　　　　北京市　　　　单位：公顷、个、人

名　　称	行政区域面　　积	居民委员会(社区)个数	村民委员会个　　数	户籍人口	工业企业个　　数	#规模以上	营业面积50平方米以上的商店或超市个数
房山区长沟镇	3811	2	14	28443	49	1	42
房山区大石窝镇	9155		24	39902	28	3	58
房山区张坊镇	11940		15	22975	1		41
房山区十渡镇	19215		21	11483			14
房山区青龙湖镇	9585	2	32	46775	30	3	61
房山区韩村河镇	10081	1	27	42942	79	3	41
房山区霞云岭乡	21047		15	10685			5
房山区南窖乡	4016		6	6411			2
房山区佛子庄乡	14973		18	15282			10
房山区大安山乡	6229	1	8	8540			2
房山区史家营乡	10987		12	11906			2
房山区蒲洼乡	9585		8	4441			1
通州区宋庄镇	11520		47	78216	31	28	135
通州区张家湾镇	10163		53	69173	202	40	91
通州区漷县镇	11353	3	61	60935	48	29	107
通州区马驹桥镇	8200	11	41	58530	12	4	108
通州区西集镇	9141		57	49000	21	17	67
通州区台湖镇	7765	13	24	59596	17	2	62
通州区永乐店镇	10500		38	46623	76	22	63
通州区潞城镇	5986		42	51740	95	17	49
通州区永顺镇	1946	13	21	53843	4	3	40
通州区梨园镇	902	17	26	53354	58	3	55
通州区于家务回族乡	6541	2	23	28951	57	23	61
顺义区仁和地区办事处	4296	5	14	31685	154	40	20
顺义区后沙峪地区办事处	2684	9	10	22679	78	8	47
顺义区天竺地区办事处	1324	3	8	14332	11	2	4
顺义区杨镇地区办事处	9619	4	42	58216	498	13	78
顺义区牛栏山地区办事处	3140	6	20	30686	152	26	61
顺义区南法信地区办事处	2069	1	16	16742	75	11	48
顺义区马坡地区办事处	1200	4	7	8445	82	23	43
顺义区高丽营镇	6170	1	25	30136	198	18	113
顺义区李桥镇	7563	4	31	43724	225	16	111
顺义区李遂镇	4022		16	22251	85	7	30
顺义区南彩镇	5774	2	26	41577	191	18	80
顺义区北务镇	3220		15	12254	29	14	25
顺义区大孙各庄镇	7460		39	28562	26	7	41
顺义区张镇	5385	2	29	25224	86	6	39
顺义区龙湾屯镇	5706		13	17059	43		37
顺义区木林镇	8354		26	36910	49	4	57
顺义区北小营镇	5550	2	17	38076	87	13	63
顺义区北石槽镇	3245		16	15239	61	4	20
顺义区赵全营镇	6458	2	25	28651	245	22	101
昌平区南口地区办事处	20100	12	28	47236	152	24	85
昌平区马池口地区办事处	6167	1	20	36830	78	26	103
昌平区沙河地区办事处	5650	26	21	58736	156	35	61
昌平区东小口地区办事处	1730	6	10	14965	13	2	30

续表 2　　北京市　　单位：公顷、个、人

名　　称	行政区域面　　积	居民委员会(社区)个数	村民委员会个　　数	户籍人口	工业企业个　　数	#规模以上	营业面积50平方米以上的商店或超市个数
昌平区阳坊镇	4058	1	10	16589	102	15	35
昌平区小汤山镇	6992	6	24	36000	61	11	83
昌平区南邵镇	3519	10	16	23772	61	20	61
昌平区崔村镇	6295		12	14718	7	4	29
昌平区百善镇	3519	2	13	17277	11	10	32
昌平区北七家镇	5665	25	19	55557	148	15	108
昌平区兴寿镇	7504		21	23416	11	5	65
昌平区流村镇	26936		28	19336	6	4	36
昌平区十三陵镇	15730	2	38	28142	5		60
昌平区延寿镇	12760		17	11060			14
大兴区亦庄地区办事处	1818	19		37184	80	13	32
大兴区黄村地区办事处	6537	11	33	47459	62	25	80
大兴区旧宫地区办事处	2940	34		43498	105	12	7
大兴区西红门地区办事处	2854	27	23	38350	56	25	27
大兴区瀛海地区办事处	3238	20		35445	19	11	7
大兴区青云店镇	7030	1	40	41014	165	17	105
大兴区采育镇	7167	3	55	38489	49	29	43
大兴区安定镇	7788		26	34149	13	8	46
大兴区礼贤镇	9335	8	42	45992	12	1	49
大兴区榆垡镇	13421	9	47	57339	18	7	110
大兴区庞各庄镇	10940	6	48	51931	55	12	113
大兴区北臧村镇	4740		17	15729	30	1	64
大兴区魏善庄镇	8133		35	37626	12	6	81
大兴区长子营镇	5972		42	29919	186	15	79
怀柔区怀柔地区办事处	5720	2	17	22537	10	4	37
怀柔区雁栖地区办事处	15321	2	19	17707	9	3	29
怀柔区庙城地区办事处	3196	2	17	19671	32	19	63
怀柔区北房镇	5466	2	15	19041	49	21	53
怀柔区杨宋镇	4792	1	15	18588	37	15	51
怀柔区桥梓镇	10877	1	24	21313	28	1	43
怀柔区怀北镇	10435	1	10	12034	6	1	22
怀柔区汤河口镇	22439	1	22	8916			8
怀柔区渤海镇	15375		21	16019	2		24
怀柔区九渡河镇	17831		18	17215	3		26
怀柔区琉璃庙镇	20630		25	7410	1		4
怀柔区宝山镇	25044		25	10045			13
怀柔区长哨营满族乡	24156		24	9727			8
怀柔区喇叭沟门满族乡	30177		15	6821			11
平谷区渔阳地区办事处	1909	8	13	43668	34	10	727
平谷区峪口地区办事处	6405	1	19	30715	104	6	29
平谷区马坊地区办事处	3745	4	22	23584	59	27	29
平谷区金海湖地区办事处	13292	2	26	33990	18	1	39
平谷区东高村镇	5591		22	33320	33	5	42
平谷区山东庄镇	4400	1	12	18523	70	1	19
平谷区南独乐河镇	6955		13	23568	37	2	32
平谷区大华山镇	9676		20	19591	5	1	36

续表 3 北京市、天津市 单位：公顷、个、人

名称	行政区域面积	居民委员会(社区)个数	村民委员会个数	户籍人口	工业企业个数	#规模以上	营业面积50平方米以上的商店或超市个数
平谷区夏各庄镇	6066	4	15	26405	21	3	15
平谷区马昌营镇	2862	1	17	16574	21	3	40
平谷区王辛庄镇	6700		21	32066	10		45
平谷区大兴庄镇	2473	2	18	21042	87	1	23
平谷区刘家店镇	3576		14	8792	1		13
平谷区镇罗营镇	8038		20	10601			14
平谷区黄松峪乡	6445		7	5887	1		12
平谷区熊儿寨乡	5891		7	4038	1		6
密云区密云镇	1370		6	8435	56	5	20
密云区溪翁庄镇	8790	8	14	21192	19	4	24
密云区西田各庄镇	13026	3	34	39554	42	4	95
密云区十里堡镇	3080	5	12	21984	148	13	36
密云区河南寨镇	6670	3	28	24423	52	8	57
密云区巨各庄镇	10998	4	26	23535	53	9	50
密云区穆家峪镇	10200	3	22	32540	83	4	47
密云区太师屯镇	20200	5	34	31565	4	1	101
密云区高岭镇	11144	2	21	17507	2	1	22
密云区不老屯镇	22641	2	26	23544	4		36
密云区冯家峪镇	21471	1	18	8975			9
密云区古北口镇	8641	4	9	9431			23
密云区大城子镇	14400	1	22	15528			14
密云区东邵渠镇	10885	2	14	12165	9	3	22
密云区北庄镇	8425	1	11	8515	2		10
密云区新城子镇	15702	1	18	11461	11		16
密云区石城镇	25280	1	15	5880	2		14
延庆区延庆镇	4393		45	42171	68	11	80
延庆区康庄镇	10067	3	31	27497	49	18	82
延庆区八达岭镇	9960	1	15	8815	1		25
延庆区永宁镇	14651	1	36	27242	1		36
延庆区旧县镇	10758	1	22	23158	6		24
延庆区张山营镇	26239	2	32	26355	3	1	57
延庆区四海镇	11614	1	18	6840	6		5
延庆区千家店镇	36345	1	19	11492			16
延庆区沈家营镇	3102	3	22	12905	3	2	40
延庆区大榆树镇	6066	1	25	15701	6		24
延庆区井庄镇	12675	1	31	13125	4	1	12
延庆区大庄科乡	12634	1	29	5845			9
延庆区刘斌堡乡	12202	1	16	7334			13
延庆区香营乡	12031	1	20	8865			7
延庆区珍珠泉乡	14347	1	15	3875			5
天津市							
西青区中北镇	4014	32	22	75359	606	75	123
西青区杨柳青镇	6549	17	25	105282	582	52	17
西青区辛口镇	6291	2	18	38947	110	30	30
西青区张家窝镇	6333	18	7	59744	350	52	90
西青区精武镇	7051	10	18	42435	545	57	75

续表 4　　天津市　　单位：公顷、个、人

名　称	行政区域面积	居民委员会(社区)个数	村民委员会个数	户籍人口	工业企业个数	#规模以上	营业面积50平方米以上的商店或超市个数
西青区大寺镇	8618	11	15	46872	120	40	156
西青区王稳庄镇	12074	4	15	41454	186	47	117
津南区咸水沽镇	6039	28	27	153767	470	30	145
津南区葛沽镇	4410	14	20	53014	138	26	24
津南区小站镇	6000	9	18	66596	1335	95	68
津南区双港镇	2114	15	16	48903	245	46	44
津南区辛庄镇	2848	10	20	30657	464	28	35
津南区双桥河镇	2730	3	16	29378	304	14	137
津南区八里台镇	10618	10	15	77242	891	101	200
津南区北闸口镇	3650	7	19	39358	689	70	56
北辰区天穆镇	2516	25	10	48074	329	18	11
北辰区北仓镇	3247	13	13	62944	546	18	19
北辰区双街镇	4221	9	15	45253	139	38	75
北辰区双口镇	7240		21	44889	343	46	54
北辰区青光镇	2650	1	6	29752	155	34	100
北辰区宜兴埠镇	2290	10	10	33136	868	61	68
北辰区小淀镇	4300	6	5	29103	440	46	40
北辰区大张庄镇	9816	1	31	39482	156	37	32
北辰区西堤头镇	8965		10	38744	355	49	50
武清区梅厂镇	7071	3	41	34381	252	33	197
武清区大碱厂镇	3524	1	26	21050	232	10	14
武清区崔黄口镇	9000	2	49	53857	922	20	65
武清区大良镇	7770	1	55	41965	150	12	21
武清区下伍旗镇	5000		34	24937	66	1	29
武清区南蔡村镇	8000	4	31	46832	265	32	30
武清区大孟庄镇	4658		21	22816	26	6	58
武清区泗村店镇	5260	1	9	22208	25	4	50
武清区河西务镇	7095	1	51	45831	200	21	65
武清区城关镇	5600		30	25809	21	4	32
武清区东马圈镇	3770	1	13	17446	73	11	3
武清区黄花店镇	5317		22	24349	158	11	15
武清区石各庄镇	4500		12	22579	145	14	33
武清区王庆坨镇	5438	2	22	42199	470	58	86
武清区汊沽港镇	5856	2	14	40302	197	18	97
武清区河北屯镇	4613		31	31315	53	6	4
武清区上马台镇	6708	1	8	18765	97	14	23
武清区大王古庄镇	4808	2	15	28534	92		44
武清区陈咀镇	6114	1	14	34314	99	20	32
武清区豆张庄镇	6088	1	18	24896	28	14	42
武清区曹子里镇	5607	1	33	28646	378	32	2
武清区大黄堡镇	9011		28	19620	9	3	45
武清区高村镇	4149	3	11	24680	4		16
武清区白古屯镇	5170		21	22977	54	2	51
宝坻区大口屯镇	8807		58	50897	172	20	72
宝坻区王卜庄镇	7240		49	33645	385	4	56
宝坻区方家庄镇	4600		42	30717	144	3	65

续表 5　　天津市　　单位：公顷、个、人

名　　称	行政区域面　　积	居民委员会(社区)个数	村民委员会个　　数	户籍人口	工业企业个　　数	#规模以上	营业面积50平方米以上的商店或超市个数
宝坻区林亭口镇	10180		55	30785	92	9	73
宝坻区八门城镇	11036		54	26955	59	9	66
宝坻区大钟庄镇	9900		45	34311	161	16	78
宝坻区新安镇	5672		46	32580	129	12	12
宝坻区霍各庄镇	3158	1	28	25969	57	7	62
宝坻区新开口镇	4050		22	26880	50	15	63
宝坻区大唐庄镇	5980		18	13407	33	6	32
宝坻区牛道口镇	6900		23	50405	108	8	94
宝坻区史各庄镇	3900		26	27470	45	2	46
宝坻区郝各庄镇	4500		21	20748	18	1	48
宝坻区牛家牌镇	6369		20	17493	25	8	29
宝坻区尔王庄镇	7500		26	13761	4	1	28
宝坻区黄庄镇	9524		19	11834	34	10	30
宝坻区口东镇	7060		31	30711	37	5	68
宝坻区大白庄镇	3968		12	11397	10		31
滨海新区新城镇	2980	3	5	23876	48	10	38
滨海新区杨家泊镇	6145		13	18800	26	9	46
滨海新区太平镇	17493		19	37652	85	16	39
滨海新区小王庄镇	12805	1	20	25173	60	9	12
滨海新区中塘镇	9360	1	24	46898	755	99	67
宁河区宁河镇	8319		27	21600	20	2	33
宁河区苗庄镇	6230		30	17742	14	1	25
宁河区丰台镇	8562		28	25080	66	5	38
宁河区岳龙镇	6568		21	15254	13	5	3
宁河区板桥镇	4709		19	10167	24	2	45
宁河区潘庄镇	11415	1	17	33728	94	9	46
宁河区造甲城镇	10507	1	8	30706	9	3	46
宁河区七里海镇	5934		15	28875	26	4	80
宁河区大北涧沽镇	2548		11	14219	153	14	32
宁河区东棘坨镇	16410		42	28346	22	5	18
宁河区北淮淀镇	6570		3	23339			50
宁河区俵口镇	4571		8	21323	7	1	41
宁河区廉庄镇	4552		16	17424	47	4	49
静海区静海镇	8027	25	37	144718	546	51	56
静海区唐官屯镇	11310	1	43	46562	265	35	56
静海区独流镇	6440		28	36414	248	19	42
静海区王口镇	7724		23	33786	240	13	30
静海区台头镇	5660		18	25374	53	9	55
静海区子牙镇	7416		21	36465	78	3	60
静海区陈官屯镇	9250		24	30360	171	22	35
静海区中旺镇	11840		29	35146	200	44	44
静海区大邱庄镇	11900		26	45047	592	201	75
静海区蔡公庄镇	6530		16	21428	256	64	51
静海区梁头镇	8486		18	21194	248	18	52
静海区团泊镇	2860	3	8	22844	38	19	13
静海区双塘镇	4410		10	14365	172	60	28

续表 6　　天津市、河北省　　单位：公顷、个、人

名　称	行政区域面积	居民委员会(社区)个数	村民委员会个数	户籍人口	工业企业个数	#规模以上	营业面积50平方米以上的商店或超市个数
静海区大丰堆镇	5570		16	15734	129	34	67
静海区沿庄镇	9870		24	36057	144	25	72
静海区西翟庄镇	5590		12	14007	46	24	38
静海区良王庄乡	5330		18	19270	150	12	37
静海区杨成庄乡	7033		13	28278	130	24	147
蓟州区渔阳镇	7951		71	68233	28	7	104
蓟州区洇溜镇	2816		32	27092	30	3	64
蓟州区官庄镇	8300		34	35637	37	2	33
蓟州区马伸桥镇	4542		42	37376	19		70
蓟州区下营镇	14521		35	20831	6		35
蓟州区邦均镇	3469		43	34521	32	5	70
蓟州区别山镇	6426		50	38922	39	11	91
蓟州区尤古庄镇	4993		44	26702	15	2	49
蓟州区上仓镇	4694		41	36994	24	7	53
蓟州区下仓镇	8513		67	45977	68	3	79
蓟州区罗庄子镇	9418		25	13565	4	1	27
蓟州区白涧镇	4331		19	21344	11	1	42
蓟州区侯家营镇	5626		43	39076	23	5	71
蓟州区桑梓镇	6878		44	41473	15	2	64
蓟州区东施古镇	2748		17	16953	21	2	38
蓟州区下窝头镇	4512		29	29049	41	1	40
蓟州区杨津庄镇	7211		52	37756	36	1	80
蓟州区出头岭镇	3811		36	37506	68	3	55
蓟州区西龙虎峪镇	4800		17	31135	1		24
蓟州区穿芳峪镇	4959		26	16092	10	1	63
蓟州区东二营镇	2839		31	18485	8	1	31
蓟州区许家台镇	4233		15	12005	5		30
蓟州区礼明庄镇	3618		37	26958	247	2	52
蓟州区东赵各庄镇	3055		31	21942	14	1	88
蓟州区孙各庄满族乡	2548		13	7161	5		11
河北省							
长安区西兆通镇	3041	12		53025	121	4	32
长安区南村镇	3661	14		46116	102	3	49
长安区高营镇	1690	7		39333	10	3	26
长安区桃园镇	1836	11		38347	10		15
井陉矿区贾庄镇	3410	10		24596	26	12	24
井陉矿区横涧乡	1458	11		14677	21	5	20
裕华区方村镇	1600	11		48516	31	2	1
藁城区廉州镇	8628	35		83685	139	20	108
藁城区兴安镇	6479	19		57287	139	24	69
藁城区贾市庄镇	5700		10	54370	172	7	61
藁城区南营镇	5265		12	49497	283	6	93
藁城区梅花镇	7445		19	68580	178	19	83
藁城区岗上镇	4547		11	38640	121	10	48
藁城区南董镇	4875		16	48621	368	14	58
藁城区张家庄镇	4740		17	61723	145	12	70

续表 7　　河北省　　单位：公顷、个、人

名　　称	行政区域面积	居民委员会(社区)个数	村民委员会个数	户籍人口	工业企业个数	#规模以上	营业面积50平方米以上的商店或超市个数
藁城区南孟镇	3974		14	50458	87	14	50
藁城区增村镇	5724		20	67878	325	4	79
藁城区常安镇	6630		18	59898	278	17	78
藁城区西关镇	4982		14	47705	158	8	63
藁城区九门回族乡	4660		13	49046	218	24	40
鹿泉区获鹿镇	4832	29	6	73682	62	9	117
鹿泉区铜冶镇	7270	6	23	73137	300	25	73
鹿泉区寺家庄镇	3984	1	15	45967	131	14	70
鹿泉区上庄镇	4872	4	16	52361	65	11	84
鹿泉区李村镇	6500		23	39262	27	5	64
鹿泉区宜安镇	6997		23	30344	31	6	34
鹿泉区黄壁庄镇	3250		10	19135	12	4	23
鹿泉区大河镇	6382		26	48398	58	13	62
鹿泉区山尹村镇	2355		7	14118	119	14	18
鹿泉区石井乡	4552		9	14011	9	4	16
鹿泉区白鹿泉乡	4325		17	8763	2		9
鹿泉区上寨乡	3170		5	11099	9		19
栾城区栾城镇	5139	10	37	56800	123	12	84
栾城区冶河镇	4355		16	55613	74	10	104
栾城区窦妪镇	5769		16	57424	96	17	105
栾城区楼底镇	3036		16	49441	91	15	48
栾城区南高乡	3675		22	29863	58	8	44
栾城区柳林屯乡	4840		23	47074	63	5	79
栾城区西营乡	5745		33	50009	57	8	88
井陉县微水镇	9931	6	28	64668	115	5	52
井陉县上安镇	5766		13	23476	92	13	14
井陉县天长镇	10320		49	38338	52	2	21
井陉县秀林镇	5728		21	26007	22	1	30
井陉县南峪镇	8042		13	14450	12	5	13
井陉县威州镇	7794		23	28458	65	3	6
井陉县小作镇	7675		19	18426	27	2	6
井陉县南障城镇	10302		14	11224	9		3
井陉县苍岩山镇	11964		19	9989	4		9
井陉县测鱼镇	16793		19	13573	8		4
井陉县吴家窑乡	4760		11	15062	38	2	19
井陉县北正乡	1840		9	10679	25	8	19
井陉县于家乡	3433		12	7131	7	1	7
井陉县孙庄乡	5303		12	17023	9	1	19
井陉县南陉乡	4624		9	7847	25	2	16
井陉县辛庄乡	16293		38	9907	12		18
井陉县南王庄乡	7880		12	10600	8	2	6
正定县正定镇	8404		39	129626	556	35	95
正定县新城铺镇	3768		14	41233	63	19	23
正定县新安镇	4380		14	43585	82	11	51
正定县南岗镇	4143		19	45343	360	16	29
正定县曲阳桥镇	6779		20	55783	320	12	56

续表 8　　河北省　　单位：公顷、个、人

名称	行政区域面积	居民委员会(社区)个数	村民委员会个数	户籍人口	工业企业个数	#规模以上	营业面积50平方米以上的商店或超市个数
正定县南牛乡	4016		16	51834	385	31	64
正定县南楼乡	8448		22	58332	58	6	20
正定县西平乐乡	2531		10	24341	68	9	27
行唐县龙州镇	4235	8	25	45218	45	4	96
行唐县南桥镇	6133		17	33176	14	1	55
行唐县上碑镇	2543		17	17849	5		23
行唐县口头镇	14590		41	26555	41	3	83
行唐县独羊岗乡	6100		16	43380	8	2	69
行唐县安香乡	4284		15	32591	15	2	43
行唐县只里乡	6278		19	44398	34	7	65
行唐县市同乡	2805		15	24819	28	3	47
行唐县翟营乡	7156		29	37783	11	1	62
行唐县城寨乡	5999		25	22223	4	1	53
行唐县上方乡	5245		20	27304	4	3	41
行唐县玉亭乡	5786		16	23985	2	1	50
行唐县北河乡	4169		9	7803	4		15
行唐县上阎庄乡	5839		15	6612			15
行唐县九口子乡	13295		36	16590	2		21
灵寿县灵寿镇	4475	5	22	66634	180	6	99
灵寿县青同镇	5639		19	28419	50	12	25
灵寿县塔上镇	4555		18	11915	17	3	26
灵寿县陈庄镇	16081		36	21989	8	2	6
灵寿县慈峪镇	9520		33	36335	70	8	37
灵寿县岔头镇	8315		18	18532	20	1	12
灵寿县三圣院乡	3040		10	27971	68	2	19
灵寿县北洼乡	3312		9	23250	98	3	9
灵寿县牛城乡	3887		16	24866	2		45
灵寿县狗台乡	4484		23	25041	15	2	51
灵寿县南寨乡	2471		7	17261	25	4	24
灵寿县南燕川乡	7133		17	13231	51	5	21
灵寿县北谭庄乡	3838		12	11437	31	1	16
灵寿县寨头乡	10796		18	14029	14	1	16
灵寿县南营乡	13953		21	10025	5		7
高邑县高邑镇	3763	5	24	54832	276	15	68
高邑县大营镇	4623		25	36021	90	8	40
高邑县富村镇	5488		20	41139	156	19	53
高邑县万城镇	4983		27	45977	58	13	91
高邑县中韩镇	3381		11	26535	35	4	33
深泽县深泽镇	2814		26	39393	318	12	40
深泽县铁杆镇	7324		26	41578	119	2	10
深泽县赵八镇	3598		15	36665	241	11	18
深泽县大桥头镇	6263		25	50226	270	25	24
深泽县白庄乡	5770		18	45204	66	3	35
深泽县留村乡	3831		15	34955	49	1	40
赞皇县赞皇镇	6289	18	17	66535	229	9	62
赞皇县院头镇	10712		28	24858	90	1	34

续表 9　　河北省　　单位：公顷、个、人

名　称	行政区域面　积	居民委员会(社区)个数	村民委员会个　数	户籍人口	工业企业个　数	#规模以上	营业面积50平方米以上的商店或超市个数
赞皇县南邢郭镇	5157		14	26737	35	12	34
赞皇县嶂石岩镇	9644		9	7344			13
赞皇县西龙门乡	4362	5	9	29725	153	6	39
赞皇县南清河乡	4821		14	24100	120	4	30
赞皇县土门乡	4716		17	15582	46	1	12
赞皇县黄北坪乡	9826		27	14303			21
赞皇县许亭乡	14996		26	24089	25	2	44
赞皇县张楞乡	5527		17	17795	11	1	26
无极县无极镇	5168	10	25	53990	78	13	56
无极县七汲镇	4840		20	44904	33	7	51
无极县张段固镇	4216		21	45961	586	42	60
无极县北苏镇	5260		18	61063	202	7	84
无极县郭庄镇	4481		23	46000	240	6	46
无极县大陈镇	4126		13	34347	28	6	34
无极县高头回族乡	2944		15	37015	48	11	25
无极县郝庄乡	5798		19	56721	160	33	67
无极县东侯坊乡	4444		24	53126	275	8	56
无极县里城道乡	5533		23	45298	64	22	37
无极县南流乡	3427		12	26926	12	2	50
平山县平山镇	18575	22	63	121919	228	16	61
平山县东回舍镇	7711		37	37874	106	12	15
平山县温塘镇	9658		43	24359	19		53
平山县南甸镇	6413		37	26627	31	18	11
平山县岗南镇	9629		44	33261	24	1	21
平山县古月镇	13267		43	19122	25		1
平山县下槐镇	13801		33	17382	5		21
平山县孟家庄镇	10401		22	8258	7		8
平山县小觉镇	17813		41	18311	13	1	4
平山县蛟潭庄镇	14907		32	7681	8		2
平山县西柏坡镇	2940		16	7406	19		9
平山县下口镇	12075		20	8756	11		2
平山县西大吾乡	4178		23	23683	9	1	17
平山县上三汲乡	4257		27	24676	11		33
平山县两河乡	4643		23	22614	14		2
平山县东王坡乡	12980		35	23973	11	1	48
平山县苏家庄乡	5888		15	9345	5		8
平山县宅北乡	10673		20	13413	18	2	23
平山县北冶乡	20645		39	18259	9		40
平山县上观音堂乡	11022		21	5116	2		10
平山县杨家桥乡	13778		28	9454	4	1	4
平山县营里乡	23527		34	11024	2		10
平山县合河口乡	16019		21	5815	4		9
元氏县槐阳镇	5704	8	29	81315	105	10	156
元氏县殷村镇	3947		14	33329	41	3	36
元氏县南佐镇	4297		12	17242	80	2	15
元氏县宋曹镇	3677		11	35415	52	1	54

续表 10　　河北省　　单位：公顷、个、人

名称	行政区域面积	居民委员会(社区)个数	村民委员会个数	户籍人口	工业企业个数	#规模以上	营业面积50平方米以上的商店或超市个数
元氏县南因镇	3753		17	37330	41	5	67
元氏县姬村镇	4205		14	29571	75	6	85
元氏县北褚镇	5003		13	23812	18		39
元氏县马村镇	4266		15	36177	297	4	63
元氏县东张乡	4523		15	40839	174	6	57
元氏县赵同乡	3804		13	29510	27	3	44
元氏县苏村乡	3644		9	16424	3	1	19
元氏县苏阳乡	4829		14	25378	25	3	48
元氏县北正乡	5769		9	13734			17
元氏县前仙乡	4381		11	9707	3		16
元氏县黑水河乡	5844		12	14394	11		32
赵县赵州镇	7830	10	46	125514	92	39	61
赵县范庄镇	8967		36	79627	121	2	118
赵县北王里镇	6210		27	49468	40	4	60
赵县新寨店镇	4722		25	32896	94	25	49
赵县韩村镇	6437		22	52204	41	4	104
赵县南柏舍镇	5829		20	43327	54	14	59
赵县沙河店镇	4677		17	36893	34	1	42
赵县王西章镇	3390		16	29875	35	5	43
赵县谢庄镇	7674		24	78327	26	2	80
赵县前大章乡	5946		25	46678	33	1	62
赵县高村乡	5717		23	44206	18	1	38
石家庄高新技术产业开发区宋营镇	2619	19		68269	40	12	44
石家庄高新技术产业开发区郄马镇	2503	10		35369	33	26	40
石家庄循环化工园区丘头镇	5421	13		54095	284	10	61
辛集市辛集镇	7554	24	39	148695	1526	28	49
辛集市旧城镇	5527		33	40681	15	4	35
辛集市张古庄镇	4593		17	30919	15	2	28
辛集市位伯镇	5156		22	41026	88	15	47
辛集市新垒头镇	4001		18	29675	74	15	36
辛集市新城镇	5555		21	21714	17	1	22
辛集市南智邱镇	7634		24	37074	32	9	96
辛集市王口镇	10367		22	36845	26	3	19
辛集市天宫营乡	5352		19	29794	40	13	23
辛集市前营乡	5927		27	34940	10		50
辛集市马庄乡	7482		21	25678	21	3	42
辛集市和睦井乡	6711		18	33495	35	5	20
辛集市田家庄乡	8530		30	52102	92	16	8
辛集市中里厢乡	4232		14	20684	89	3	38
辛集市小辛庄乡	4025		14	24347	30	2	25
晋州市晋州镇	8897		43	133695	176	12	131
晋州市总十庄镇	6452		21	56492	235	9	81
晋州市营里镇	4624		12	37272	179	13	41
晋州市桃园镇	7688		24	59552	179	17	115
晋州市东卓宿镇	5405		23	46549	660	15	63
晋州市马于镇	5994		25	46318	177	22	63

续表 11　　河北省　　单位：公顷、个、人

名　　称	行政区域面积	居民委员会(社区)个数	村民委员会个数	户籍人口	工业企业个数	#规模以上	营业面积50平方米以上的商店或超市个数
晋州市小樵镇	6373		21	63956	313	20	94
晋州市槐树镇	6947		18	61408	334	16	27
晋州市东里庄镇	6225		27	52505	188	17	55
晋州市周家庄乡	1630		10	14326	34	4	12
新乐市化皮镇	3095		13	23420	8	1	42
新乐市承安镇	7932		29	79850	68	24	88
新乐市正莫镇	4101		5	24181	64		44
新乐市南大岳镇	2069		8	22998	78	2	35
新乐市杜固镇	3151		14	33594	321	12	55
新乐市邯邰镇	8356		19	78358	13	5	100
新乐市东王镇	3829		10	32555	12	2	37
新乐市马头铺镇	4543		19	46913	9	6	70
新乐市协神乡	4719		19	41508	61	4	72
新乐市木村乡	2748		5	22426	59	7	15
新乐市彭家庄回族乡	2969		8	22737	11	4	21
路南区稻地镇	5020		37	29823	55	16	6
路南区女织寨镇	2921	1	18	29412	93	13	32
路北区韩城镇	5603	4	43	53285	152	18	77
路北区果园镇	4000	6	28	63996	25	5	62
古冶区范各庄镇	6380	5	32	54826	40	14	60
古冶区卑家店镇	5767	2	24	30577	85	22	35
古冶区王辇庄乡	7055		35	27251	68	10	13
古冶区习家套乡	1818		15	13453	20	10	13
古冶区大庄坨乡	1745		16	14240	27	8	4
开平区开平镇	6568		34	56243	62	14	66
开平区栗园镇	3398	2	19	29852	68	8	39
开平区越河镇	5643	3	35	38134	172	9	56
开平区双桥镇	3170		12	15291	68	1	15
开平区郑庄子镇	2254		18	19259	63	18	7
开平区洼里镇	3200		16	21630	31	3	36
丰南区胥各庄镇	7417	17	31	79865	65	22	52
丰南区小集镇	7733	1	48	36058	67	14	79
丰南区黄各庄镇	6856	1	55	49011	116	13	37
丰南区西葛镇	4810		18	25001	89	12	79
丰南区大新庄镇	13373		62	55768	80	7	122
丰南区钱营镇	11467		50	40462	66	17	114
丰南区唐坊镇	4871		18	18263	31	11	43
丰南区王兰庄镇	8650		30	39793	33	11	75
丰南区柳树酄镇	10906		14	30841	42	7	45
丰南区黑沿子镇	10731	1	9	25199	61	9	52
丰南区大齐各庄镇	3986		19	13926	42	14	45
丰南区岔河镇	4339		26	27988	30	6	54
丰南区南孙庄镇	9418		28	25920	24	6	28
丰南区东田庄乡	7288		27	17503	17	4	32
丰南区尖字沽乡	4565		9	17700	43	10	60
丰润区丰润镇	9520		45	80542	635	39	19

续表 12　　河北省　　单位：公顷、个、人

名　称	行政区域面积	居民委员会(社区)个数	村民委员会个数	户籍人口	工业企业个数	#规模以上	营业面积50平方米以上的商店或超市个数
丰润区任各庄镇	4994		24	29303	69	11	80
丰润区左家坞镇	8370		29	39783	16	2	63
丰润区泉河头镇	5380		18	26945	35	8	40
丰润区王官营镇	9386		27	37328	39	3	42
丰润区火石营镇	13180		38	28607	15		93
丰润区新军屯镇	4970		33	37933	56	20	43
丰润区小张各庄镇	2937		10	15837	26	4	24
丰润区丰登坞镇	6820		42	40173	49	12	57
丰润区李钊庄镇	6370		24	23570	22	9	37
丰润区白官屯镇	6605		45	45693	108	30	58
丰润区石各庄镇	4285		23	24891	55	8	48
丰润区沙流河镇	5630		23	35924	44	5	72
丰润区七树庄镇	2670		13	18798	61	7	36
丰润区杨官林镇	5143		17	27308	52	7	27
丰润区银城铺镇	5100	1	15	34753	84	41	56
丰润区常庄镇	2900		17	21019	90	5	36
丰润区姜家营乡	3130		12	15224	10	3	67
丰润区欢喜庄乡	3730		11	15758	47	22	24
丰润区刘家营乡	2700		12	14521	48	8	18
曹妃甸区唐海镇	5928			48149	195	1	93
曹妃甸区滨海镇	12400	4	6	24257	20	4	24
曹妃甸区柳赞镇	5490		5	14146	12	6	25
曹妃甸区八农场	8214			27348	68	10	51
滦南县倴城镇	9631		50	61980	200	32	48
滦南县宋道口镇	8744		65	49188	115	20	110
滦南县长凝镇	5368	1	45	33081	79	15	47
滦南县胡各庄镇	6752		33	34466	33	9	66
滦南县坨里镇	3756		19	17919	6		35
滦南县姚王庄镇	2681		28	16227	6		39
滦南县司各庄镇	11947		59	41699	24	2	96
滦南县安各庄镇	6985		29	24962	21	7	72
滦南县扒齿港镇	11601		42	38166	62	9	81
滦南县程庄镇	9193		47	51691	33	2	77
滦南县青坨营镇	8694		40	28028	20		46
滦南县柏各庄镇	9670		45	47616	38	4	85
滦南县南堡镇	2614		18	15302	60	8	41
滦南县方各庄镇	5342		29	29203	29	2	53
滦南县东黄坨镇	5120		17	16983	25	4	45
滦南县马城镇	3066		23	17173	21	2	9
乐亭县乐亭镇	7664		51	37309	36	13	70
乐亭县汤家河镇	6647		35	24619	10	3	56
乐亭县胡家坨镇	5096		24	20146	8	6	50
乐亭县闫各庄镇	6819		41	33124	15	5	69
乐亭县马头营镇	6030		27	23028	12	6	41
乐亭县新寨镇	3980		27	23798	11	4	38
乐亭县汀流河镇	4924		31	25165	32	9	58

续表 13　　河北省　　单位：公顷、个、人

名　称	行政区域面积	居民委员会(社区)个数	村民委员会个数	户籍人口	工业企业个数	#规模以上	营业面积50平方米以上的商店或超市个数
乐亭县姜各庄镇	18401		70	47920	38	6	111
乐亭县毛庄镇	7579		39	31198	17	9	67
乐亭县中堡镇	8165		33	29989	11	6	52
乐亭县大相各庄镇	3887		26	20134	7	4	39
乐亭县庞各庄乡	3867		22	20181	13	6	44
乐亭县古河乡	6425		25	20713	13	6	43
迁西县兴城镇	13889		45	56220	74	14	83
迁西县金厂峪镇	8600		19	17090	17	2	34
迁西县洒河桥镇	6713		26	20019	31	4	23
迁西县太平寨镇	12310		29	35480	24	2	57
迁西县罗家屯镇	6900		24	24037	20	2	46
迁西县东荒峪镇	6444		26	14663	15	1	18
迁西县新集镇	9700		36	26801	13	4	58
迁西县三屯营镇	10100		38	29652	50	15	70
迁西县滦阳镇	10498		25	19949	10	4	39
迁西县汉儿庄镇	11400		30	21952	25	7	40
迁西县新庄子镇	5182		12	12491	8	1	18
迁西县东莲花院镇	6111		16	11671			36
迁西县白庙子镇	6436		26	18333	17	5	27
迁西县上营镇	8600		14	12320			26
迁西县渔户寨乡	6798		13	11520	4	1	17
迁西县旧城乡	3675		15	10002	15	2	5
迁西县尹庄乡	5982		23	20156	15		18
玉田县玉田镇	8033		73	72855	559	26	166
玉田县亮甲店镇	7470		44	39053	122	12	76
玉田县鸦鸿桥镇	6260		52	56862	256	16	82
玉田县窝洛沽镇	7770		63	51777	177	13	105
玉田县石臼窝镇	10340		28	36504	66	4	77
玉田县虹桥镇	5490		38	31186	82	9	55
玉田县散水头镇	5100		27	26784	86	8	43
玉田县林南仓镇	2900		21	22700	137	2	23
玉田县林西镇	6460		46	29722	59	1	56
玉田县杨家板桥镇	6560		51	26964	56	2	41
玉田县彩亭桥镇	2750		19	19889	240	17	34
玉田县孤树镇	4470		36	26225	103	12	48
玉田县大安镇镇	5700		31	30015	41	3	80
玉田县唐自头镇	5620		19	19601	19	2	33
玉田县郭家屯镇	8390		45	34889	84	8	83
玉田县杨家套镇	4850		25	28536	196	9	49
玉田县陈家铺镇	3730		42	16881	93	9	28
玉田县林头屯乡	3800		24	21821	30	1	46
玉田县潮洛窝乡	6020		24	22659	37	2	44
玉田县郭家桥乡	4200		42	17625	26		31
唐山芦台经济开发区海北镇	8613	2	20	26649	216	25	74
唐山市汉沽管理区汉丰镇	8826		18	24479	11	2	37
唐山高新技术产业开发区老庄子镇	3817		17	28287	21	6	56

续表 14　　河北省　　单位：公顷、个、人

名　　称	行政区域面　　积	居民委员会(社区)个数	村民委员会个　　数	户籍人口	工业企业个　　数	#规模以上	营业面积50平方米以上的商店或超市个数
唐山海港经济开发区王滩镇	18415		56	51650	39	5	118
遵化市遵化镇	3132		40	45783	78	7	132
遵化市堡子店镇	6798	1	32	41910	85	28	46
遵化市马兰峪镇	5205	1	25	25467	37	5	31
遵化市平安城镇	9570		39	52305	22	1	100
遵化市东新庄镇	6310		22	40565	45	6	81
遵化市新店子镇	9497		44	48839	76	15	27
遵化市党峪镇	8154		22	27298	44	6	45
遵化市地北头镇	6358		17	21695	31	1	39
遵化市东旧寨镇	7552		29	23561	9		59
遵化市铁厂镇	7613		20	18450	3		28
遵化市苏家洼镇	6126		40	33464	67	10	27
遵化市建明镇	7220	1	33	33796	47	13	59
遵化市石门镇	7267		34	33211	89	20	59
遵化市崔家庄镇	2950		24	21894	38	8	74
遵化市西留村镇	2922		18	28906	39	8	52
遵化市兴旺寨镇	6450		30	22964	50	5	46
遵化市西三里镇	2304		19	18888	25	3	21
遵化市西下营满族乡	3396		14	11800	15	5	14
遵化市汤泉满族乡	2432		10	9742	13		16
遵化市东陵满族乡	7021		27	23924	17		43
遵化市刘备寨乡	6053		19	22330	3	1	40
遵化市团瓢庄乡	4439		28	29627	59	6	62
遵化市娘娘庄乡	7409		20	21321	12	1	24
遵化市侯家寨乡	5853		19	14509	8	3	27
遵化市小厂乡	9287		23	16567	31	2	35
迁安市夏官营镇	7224		28	33795	31	10	34
迁安市杨各庄镇	7643		37	39872	27	5	74
迁安市建昌营镇	8980		50	46821	58	5	64
迁安市赵店子镇	3980		15	24510	44	9	66
迁安市野鸡坨镇	7479		21	39879	33	6	80
迁安市大崔庄镇	6615		21	27154	12	2	41
迁安市蔡园镇	5546		26	27183	48	10	66
迁安市马兰庄镇	4933		17	23524	24	13	36
迁安市沙河驿镇	4102		19	31040	66	12	51
迁安市木厂口镇	5863		19	25441	37	9	264
迁安市上射雁庄镇	4430		24	26047	24	9	38
迁安市太平庄镇	6509		16	16838	30	4	34
迁安市扣庄镇	7121		27	44869	34	8	110
迁安市大五里镇	5033		16	18604	25	5	27
迁安市五重安镇	6760		29	27702	37	2	147
迁安市彭店子镇	4006		18	23707	5	3	47
迁安市阎家店镇	4241		17	25681	11	1	43
滦州市东安各庄镇	11673		41	64168	92	10	104
滦州市雷庄镇	7743		29	35728	46	6	59
滦州市茨榆坨镇	6125		28	26451	8	6	57

续表 15 河北省 单位：公顷、个、人

名　　称	行政区域面积	居民委员会(社区)个数	村民委员会个数	户籍人口	工业企业个数	#规模以上	营业面积50平方米以上的商店或超市个数
滦州市榛子镇	9588	2	59	55431	34	6	77
滦州市杨柳庄镇	8299		33	22651	16	13	42
滦州市油榨镇	8243		39	45673	18		76
滦州市古马镇	6966		29	34954	12	2	29
滦州市小马庄镇	8562		37	36811	9		36
滦州市九百户镇	8036		32	33475	42	3	74
滦州市王店子镇	5912		36	26385	8	2	52
海港区东港镇	1834		12	15297	96	5	20
海港区海港镇	1287	15	1	17920	13	5	5
海港区西港镇	2900		16	21887	55		22
海港区海阳镇	2448	1	17	21242	90	3	41
海港区北港镇	5443		32	18942	57		42
海港区杜庄镇	9257	2	42	23895	50	4	48
海港区石门寨镇	17734		70	46289	42	3	98
海港区驻操营镇	23398		52	24340	22		53
山海关区第一关镇	2200		23	13593	38	5	33
山海关区石河镇	6250		35	20719	100	4	67
山海关区孟姜镇	4153		38	18604			13
北戴河区海滨镇	917		7	14125	5		75
北戴河区戴河镇	3714	3	18	31816	109	5	44
北戴河区牛头崖镇	3948	1	18	28202	8		43
抚宁区抚宁镇	8105		47	38853	55	11	86
抚宁区留守营镇	8971		53	48475	56	23	74
抚宁区榆关镇	17102		67	45287	59	8	107
抚宁区台营镇	15864		69	43542	2	1	22
抚宁区大新寨镇	21357		49	36694	2	1	4
抚宁区坟坨镇	9895		32	35856	22	2	71
抚宁区茶棚乡	11384		38	39020	21		58
青龙满族自治县青龙镇	36100		28	79420	21	12	151
青龙满族自治县祖山镇	31517		16	22850	31	3	58
青龙满族自治县木头凳镇	18600		22	32557	8	1	47
青龙满族自治县双山子镇	10400		17	23042	12	1	56
青龙满族自治县马圈子镇	18900		17	25525	82	3	23
青龙满族自治县肖营子镇	19500		35	44699	66	4	156
青龙满族自治县大巫岚镇	16500		29	35213	14	3	116
青龙满族自治县土门子镇	12000		16	26432	7		34
青龙满族自治县八道河镇	17200		19	30961	22	1	25
青龙满族自治县隔河头镇	16712		20	27209	2	1	39
青龙满族自治县娄杖子镇	11100		15	24254	9	1	10
青龙满族自治县凤凰山乡	7800		10	11060	4		22
青龙满族自治县龙王庙乡	12100		14	17194	3	2	49
青龙满族自治县三星口乡	10400		11	14642			16
青龙满族自治县干沟乡	8800		9	9730	3		16
青龙满族自治县大石岭乡	11500		10	12463	8		17
青龙满族自治县官场乡	18400		10	12667	2		18
青龙满族自治县茨榆山乡	11000		17	19194	8	1	32

续表 16　　河北省　　单位：公顷、个、人

名　　称	行政区域面　积	居民委员会(社区)个数	村民委员会个　数	户籍人口	工业企业个　数	#规模以上	营业面积50平方米以上的商店或超市个数
青龙满族自治县平方子乡	7915		10	11616	5	1	16
青龙满族自治县安子岭乡	14000		14	15512	12		8
青龙满族自治县朱杖子乡	6400		9	15512	5	3	35
青龙满族自治县草碾乡	8520		15	11116	1		26
青龙满族自治县三拨子乡	8400		11	12247			27
青龙满族自治县凉水河乡	11500		22	20411	7	1	35
昌黎县昌黎镇	8713		38	116275	99	12	317
昌黎县靖安镇	9027		36	42492	34	4	140
昌黎县安山镇	8290		39	46513	40	4	205
昌黎县龙家店镇	8260		44	42881	36	9	86
昌黎县泥井镇	7301		36	25947	20	1	64
昌黎县大蒲河镇	2288		14	11625	4	3	37
昌黎县新集镇	9112		42	30447	5		84
昌黎县刘台庄镇	5897		26	22782	5	2	59
昌黎县茹荷镇	4602		18	15838	2	1	38
昌黎县朱各庄镇	5830		14	32116	76	8	60
昌黎县荒佃庄镇	7122		30	28582	25	1	64
昌黎县团林乡	1312		8	7167	2		19
昌黎县葛条港乡	4170		13	21460	31	5	50
昌黎县马坨店乡	10159		32	37014	25		99
昌黎县两山乡	5046		16	19484	39	4	43
昌黎县十里铺乡	3367		12	13261	10		28
卢龙县卢龙镇	11272	5	80	72985	101	13	94
卢龙县潘庄镇	8294		27	24770	45		36
卢龙县燕河营镇	10756		35	33403	22	2	53
卢龙县双望镇	7921		45	29221	12		37
卢龙县刘田各庄镇	11095		76	42480	20		56
卢龙县石门镇	8850		49	42355	64	7	38
卢龙县木井镇	6875		55	42055	20		69
卢龙县陈官屯镇	7409		34	26728	42		7
卢龙县蛤泊镇	5183		51	27719	48	3	50
卢龙县下寨乡	4631		37	20940	39	6	47
卢龙县刘家营乡	6194		15	16805	14	4	37
卢龙县印庄乡	7102		44	27299	24	5	45
秦皇岛市经济技术开发区渤海乡	2100	4	24	15771	36		119
邯山区北张庄镇	3600	4	13	35376	212	5	65
邯山区河沙镇镇	4814		33	47124	173		110
邯山区南堡乡	5774	4	35	61620	54	2	100
邯山区代召乡	4300		27	41078	59	9	65
丛台区黄粱梦镇	5819		23	62393	9	2	50
丛台区苏曹乡	800	12		38108			52
丛台区三陵乡	5532		25	30375	44	5	49
丛台区南吕固乡	2615		15	40040	34	2	153
丛台区兼庄乡	2390	12	9	37384	2	1	10
复兴区户村镇	4027	1	17	34030	48	16	49
复兴区彭家寨乡	2172	15		45983	65	4	8

续表 17 河北省 单位：公顷、个、人

名 称	行政区域面积	居民委员会(社区)个数	村民委员会个数	户籍人口	工业企业个数	#规模以上	营业面积50平方米以上的商店或超市个数
复兴区康庄乡	6000		24	30391	33	3	28
峰峰矿区临水镇	887	4	8	43507	27		15
峰峰矿区峰峰镇	4313	6	14	62237	99	8	17
峰峰矿区新坡镇	2415	2	14	27224	27	6	8
峰峰矿区大社镇	4113	3	17	36663	58	11	28
峰峰矿区和村镇	5248	3	21	48141	49	7	95
峰峰矿区义井镇	5689	4	28	44938	86	8	34
峰峰矿区彭城镇	3301	6	17	49770	132	6	25
峰峰矿区界城镇	2715	2	13	22936	36	8	16
峰峰矿区大峪镇	2010	1	8	13972	57	9	3
峰峰矿区西固义乡	2024		9	14085	18	2	8
肥乡区肥乡镇	8062	20	29	91249	103	11	98
肥乡区天台山镇	5928		22	45452	5	4	36
肥乡区辛安镇镇	4505		27	37558	35	30	96
肥乡区大寺上镇	4539		28	37750	28	10	74
肥乡区东漳堡镇	5352		34	38977	12	5	74
肥乡区毛演堡镇	5462		40	46002	38	5	100
肥乡区西吕营镇	5338		22	32469	12	2	79
肥乡区元固镇	5569		27	47746	27	4	96
肥乡区北高镇	5499		26	36583	16	8	44
永年区临洺关镇	8208	36	11	164203	493	88	185
永年区大北汪镇	4044		20	43108	12	1	62
永年区张西堡镇	5057		26	54551	20	1	49
永年区广府镇	4157		28	57457	28	1	58
永年区永合会镇	7771		26	45395	42	3	69
永年区刘营镇	3245		21	62602	369	22	25
永年区西苏镇	4616		21	75156	68	13	85
永年区讲武镇	3782		25	58752	23	2	62
永年区东杨庄镇	3259		16	54504	94		104
永年区界河店乡	3222		15	36411	108	32	61
永年区刘汉乡	4647		17	53985	118	12	51
永年区正西乡	4373		17	43222	8		77
永年区曲陌乡	3692		20	46592	7		44
永年区辛庄堡乡	4430		21	51544			68
永年区小龙马乡	4142		21	63642	21	5	153
永年区西河庄乡	4583		26	38481	8	2	56
永年区西阳城乡	2847		11	31043	27	2	35
临漳县临漳镇	5201		34	103337	486	36	225
临漳县南东坊镇	2773		18	32736	8	1	65
临漳县孙陶集镇	7353		50	69152	4		133
临漳县柳园镇	7203		53	70860	90	1	84
临漳县称勾集镇	5813		33	53022	15		59
临漳县邺城镇	5098		18	39911	104		78
临漳县章里集镇	4198		15	53676	30	10	52
临漳县张村集镇	7586		56	66162	249		105
临漳县砖寨营镇	5639		30	53061	65	2	63

续表 18　　河北省　　单位：公顷、个、人

名　　称	行政区域面　　积	居民委员会(社区)个数	村民委员会个　　数	户籍人口	工业企业个　　数	#规模以上	营业面积50平方米以上的商店或超市个数
临漳县习文镇	5870		34	43299	35		74
临漳县狄邱乡	3663		21	36167			60
临漳县西羊羔乡	3059		15	26086	10		40
临漳县杜村集乡	5449		26	59998	15	1	80
临漳县柏鹤集乡	4939		22	49433	135		84
成安县成安镇	5348		28	82228	315	47	94
成安县商城镇	6938		33	70402	218	31	148
成安县漳河店镇	5065		26	42594	27	1	59
成安县李家疃镇	4921		24	49398	10		94
成安县北乡义镇	6417		35	49850	11		79
成安县道东堡镇	6698		31	55659	84	3	76
成安县辛义乡	5791		29	55053	62	5	109
成安县柏寺营乡	3365		24	28085	18	1	43
成安县长巷乡	3527		13	31035	118	22	45
大名县大名镇	4014	31	15	70866	120	28	120
大名县杨桥镇	6297		40	52129	18		55
大名县万堤镇	5160		41	38678	47	8	46
大名县龙王庙镇	5299		27	60730	35	3	101
大名县束馆镇	5412		31	43977	21	1	48
大名县金滩镇	6077		23	56937	64	2	41
大名县沙圪塔镇	5859		27	44385	18		67
大名县大街镇	6526	2	52	47421	40	7	99
大名县铺上镇	4614		25	36209	44	1	78
大名县孙甘店镇	5868		22	44825	46	1	80
大名县北峰镇	5133		22	38766	1		54
大名县黄金堤镇	5406		29	42115	14		40
大名县王村乡	4832		32	47541	22	1	83
大名县旧治乡	5850	4	46	52812	215	25	95
大名县西未庄乡	4344	5	29	35435	30	3	74
大名县西付集乡	5403		36	51923	47	2	59
大名县埝头乡	6396		30	54803	20	2	73
大名县张铁集乡	6264		28	48228	48	2	67
大名县红庙乡	4691		37	41130	20		37
大名县营镇回族乡	1971		17	19594	8		39
涉县河南店镇	7480		18	33830	23		24
涉县索堡镇	9466		18	26388	30	7	33
涉县西戌镇	4208		6	16875	16	5	15
涉县井店镇	10871		28	44770	97	34	40
涉县更乐镇	6611		22	24275	51	9	45
涉县固新镇	15445		19	26288	17	1	12
涉县西达镇	9066		14	17866	12	2	25
涉县偏城镇	13607		23	15106	2		13
涉县神头乡	6285		11	15157	17	6	11
涉县辽城乡	11197		30	21513	9		16
涉县偏店乡	4326		14	20312	19	2	16
涉县龙虎乡	7628		15	24442	21	4	40

续表 19 河北省 单位：公顷、个、人

名　　称	行政区域面积	居民委员会(社区)个数	村民委员会个数	户籍人口	工业企业个数	#规模以上	营业面积50平方米以上的商店或超市个数
涉县木井乡	5997		13	19712	16	8	13
涉县关防乡	10509		16	17426	5	1	15
涉县合漳乡	10752		20	22185	18	1	20
涉县鹿头乡	10902		22	18558	4		8
磁县磁州镇	12332	18	58	184210	283	12	209
磁县讲武城镇	7495		26	59690	52	4	87
磁县岳城镇	9535		21	41244	72	15	80
磁县观台镇	4105		14	34330	41	3	39
磁县白土镇	6689		20	24764	5		29
磁县黄沙镇	2084		10	16488	7	2	21
磁县路村营乡	3869		20	28787	29	2	52
磁县时村营乡	4549		16	31070	46	16	50
磁县陶泉乡	9678		22	20374	10	1	25
磁县都党乡	3791		12	18721	19	1	14
磁县北贾壁乡	7305		25	33508	6		31
邱县新马头镇	11952	8	59	60342	61	47	105
邱县邱城镇	5843		32	38779	24	3	65
邱县梁二庄镇	6254		31	32410	35	5	56
邱县香城固镇	6099		35	35145	15	3	36
邱县古城营镇	7026		29	37483	62	8	24
邱县南辛店乡	5284		26	28406	13		41
邱县陈村回族乡	1121		5	7594	6	1	12
鸡泽县鸡泽镇	6283	1	31	62830	197	25	66
鸡泽县小寨镇	6271		33	49369	96	8	84
鸡泽县双塔镇	3572		17	41983	174	9	88
鸡泽县曹庄镇	4746		31	46564	40	6	65
鸡泽县浮图店镇	5709		20	62496	8	4	79
鸡泽县吴官营镇	4278		21	34131	7	1	54
鸡泽县风正乡	2760		15	28566	80	5	50
广平县广平镇	4962	33	9	76982	145	35	83
广平县平固店镇	5306	8	22	40658	17	3	39
广平县胜营镇	4691	10	19	50605	13	5	65
广平县南阳堡镇	3152	9	9	33621	10		48
广平县十里铺镇	4510	6	15	45699	10	2	49
广平县南韩镇	4897	6	12	35793	7	4	50
广平县东张孟镇	3836	5	13	30287	8	5	4
馆陶县馆陶镇	4825	9	31	72694	162	5	45
馆陶县房寨镇	4401		28	30277	5	3	39
馆陶县柴堡镇	7447		49	53249	37	8	84
馆陶县魏僧寨镇	5598		31	39800	115	19	73
馆陶县寿山寺乡	6037		35	48697	60	25	103
馆陶县王桥乡	5470		39	42322	16		61
馆陶县南徐村乡	4249		25	32168	15	1	40
馆陶县路桥乡	7226		39	41202			58
魏县魏城镇	6365	48		135238	23	16	170
魏县德政镇	2365	17		27188	12	11	41

续表 20　　河北省　　单位：公顷、个、人

名　　称	行政区域面　　积	居民委员会(社区)个数	村民委员会个　　数	户籍人口	工业企业个　　数	#规模以上	营业面积50平方米以上的商店或超市个数
魏县北皋镇	6937		51	82712	230	3	111
魏县双井镇	4879		32	51251	12	7	90
魏县牙里镇	4835		33	69005	18	2	85
魏县车往镇	4470		26	50308	423	4	99
魏县回隆镇	4413		29	62613	8	3	76
魏县张二庄镇	6114		34	71600	11	9	64
魏县东代固镇	2875	5	10	38878	115	1	45
魏县院堡镇	2138		18	26681	18	2	51
魏县棘针寨镇	2795		15	29875	6	1	37
魏县南双庙镇	4423	2	23	51794	151	2	68
魏县边马镇	5093		36	59816	167	1	120
魏县泊口镇	4271		29	55206	4	3	117
魏县仕望集镇	2381		17	26087	8	1	56
魏县沙口集乡	6183	4	20	55087	147	18	67
魏县野胡拐乡	2612	1	15	25704	4	3	32
魏县前大磨乡	3712	1	28	38717	7	2	135
魏县大辛庄乡	4576		32	36544	2	1	65
魏县大马村乡	2239		18	21985	126	3	38
魏县北台头乡	2691		13	31266	161	3	42
曲周县曲周镇	7368	13	51	92886	50	45	104
曲周县安寨镇	8738		42	69577	92	6	102
曲周县侯村镇	9894		43	72046	132	4	103
曲周县河南疃镇	7440		34	51724	220	20	137
曲周县第四疃镇	8455		40	47278	144	17	69
曲周县白寨镇	6556		43	64137	181	8	121
曲周县槐桥乡	5726		28	34961	7	6	66
曲周县南里岳乡	5288		27	41857	36	3	62
曲周县大河道乡	3616		18	28613	112	7	47
曲周县依庄乡	4598		12	35068	45	2	36
邯郸经济技术开发区尚璧镇	2919	2	10	40082	10		85
邯郸经济技术开发区南沿村镇	3992		31	53381	20		128
邯郸经济技术开发区小西堡乡	4518		32	44952	9		127
邯郸经济技术开发区姚寨乡	5358		22	50392	26		140
邯郸冀南新区高臾镇	4366		13	38715	6		93
邯郸冀南新区光禄镇	1819		5	19626	245		27
邯郸冀南新区林坛镇	5736		28	36098	88	11	89
邯郸冀南新区马头镇	1393	7	13	34331	15	6	15
邯郸冀南新区辛庄营乡	2384		6	29154	31	1	28
邯郸冀南新区花官营乡	3349		13	42938	21	2	66
邯郸冀南新区台城乡	3556		15	31007	25	4	40
邯郸冀南新区南城乡	5517		25	27840	16		54
武安市武安镇	3210	1	14	105978	67	3	76
武安市康二城镇	3368		9	15430	25	6	19
武安市午汲镇	7208		28	45182	138	20	75
武安市磁山镇	5354		23	32248	98	14	46
武安市伯延镇	4300		15	22428	17	1	32

续表 21　　　　河北省　　　　单位：公顷、个、人

名　　称	行政区域面　积	居民委员会(社区)个数	村民委员会个　数	户籍人口	工业企业个　数	#规模以上	营业面积50平方米以上的商店或超市个数
武安市淑村镇	6405		21	27502	62	9	26
武安市大同镇	7400		21	49708	45	10	45
武安市邑城镇	6620		25	45986	15	3	53
武安市矿山镇	9966		30	48230	2	1	35
武安市贺进镇	10900		32	29160	12	1	29
武安市阳邑镇	10700		24	51062	46	11	57
武安市徘徊镇	10361		29	30792	32	3	66
武安市冶陶镇	7500		21	25110	17	8	50
武安市上团城乡	5130		18	37829	67	23	41
武安市北安庄乡	3200		12	18542	68	11	18
武安市北安乐乡	5000		11	35456	55	8	50
武安市西土山乡	7396		19	58951	48	14	74
武安市西寺庄乡	6750		21	46224	12	3	48
武安市活水乡	20990		36	28346	4		50
武安市石洞乡	7100		15	25696	56	4	34
武安市管陶乡	18800		38	21276	17	1	33
武安市马家庄乡	8370		28	21605	2		23
襄都区东郭村镇	390	5	2	16305	2		18
襄都区祝村镇	4828	3	32	46341	13		49
襄都区晏家屯镇	4681	2	19	30456	45	11	57
襄都区大梁庄乡	898	5		13436			8
信都区南大郭镇	2500	3	10	36197	2	1	30
信都区李村镇	6500	1	12	39551	21	4	52
信都区南石门镇	10272	2	32	49980	35	15	48
信都区羊范镇	7856		15	31075	77	14	37
信都区皇寺镇	15500		43	37087	18	2	57
信都区会宁镇	10400	1	31	41216	33	11	42
信都区西黄村镇	14000		51	21901	12		24
信都区路罗镇	14727		35	16927			14
信都区将军墓镇	12515		37	14697	2		20
信都区浆水镇	16300		51	26058	3	1	6
信都区宋家庄镇	16200		40	18849	3	2	6
信都区太子井乡	6500		15	13670	2	1	28
信都区龙泉寺乡	15157		48	14032	5		23
信都区北小庄乡	11436		30	10021	5		15
信都区城计头乡	8900		31	10438	11		2
信都区白岸乡	12100		23	10875	1		11
信都区冀家村乡	8231		18	10189	1		3
任泽区任城镇	5600	35		52844	49	34	96
任泽区邢家湾镇	5300		22	49400	330	16	51
任泽区辛店镇	3500		15	44630	136	1	46
任泽区天口镇	6296		23	53145	163	8	73
任泽区西固城镇	6300	10	14	46584	21	7	63
任泽区永福庄乡	4900		27	39208	42	4	66
任泽区大屯乡	6800	16	19	51564	4	1	60
任泽区骆庄乡	4000		14	38736	13		50

续表 22　　河北省　　单位：公顷、个、人

名　　称	行政区域面　　积	居民委员会(社区)个数	村民委员会个　　数	户籍人口	工业企业个　　数	#规模以上	营业面积50平方米以上的商店或超市个数
南和区和阳镇	4514	17	26	53367	124	4	47
南和区贾宋镇	6786		47	58478	153	13	101
南和区郝桥镇	6110		30	70897	49		81
南和区三思镇	4532		13	38005	61	14	35
南和区河郭镇	4434		27	38061	136	31	55
南和区东三召乡	5800		32	56385	44	1	67
南和区阎里乡	4515		12	43801	32	1	49
南和区史召乡	3800		22	43430	67	2	73
临城县临城镇	12910		50	62422	111	27	102
临城县东镇镇	5296		17	26205	143	9	36
临城县西竖镇	8867		25	19850	96	2	56
临城县郝庄镇	9482		18	16270	101		41
临城县黑城镇	10271		28	28951	52	9	52
临城县鸭鸽营乡	9071		26	32943	210	1	70
临城县石城乡	7333		22	11787	9		33
临城县赵庄乡	16369		34	21199	79	1	18
内丘县内丘镇	6520	10	53	64125	405	4	55
内丘县大孟村镇	7650		24	35915	19	2	50
内丘县金店镇	9920		47	70265	38	20	57
内丘县官庄镇	4857		20	33226	30	3	49
内丘县柳林镇	9160		41	24279	4		64
内丘县五郭店乡	7998		37	31807	20	1	38
内丘县南赛乡	9645		31	13681	4	2	30
内丘县獐獏乡	5660		21	7562	5		12
内丘县侯家庄乡	17390		35	16307	1		40
柏乡县柏乡镇	5030		34	51590	158	24	91
柏乡县固城店镇	5238		21	41399	57	6	65
柏乡县西汪镇	3660		17	33628	58	7	57
柏乡县龙华镇	5460		25	39431	71	12	57
柏乡县王家庄乡	3320		10	19653	24	8	29
柏乡县内步乡	3290		14	18988	27	3	41
隆尧县隆尧镇	8166		40	102335	98	22	165
隆尧县魏家庄镇	4192		25	36769	82	5	60
隆尧县尹村镇	6764		23	54500	21	3	97
隆尧县山口镇	5467		21	40048	33	6	54
隆尧县莲子镇镇	7599		23	46909	82	22	58
隆尧县固城镇	6445		18	50133	88	10	81
隆尧县东良镇	7738		26	61774	22	1	91
隆尧县北楼乡	4008		20	35960	35	3	53
隆尧县双碑乡	3666		17	33724	8	2	49
隆尧县牛家桥乡	5069		15	28721	31	1	60
隆尧县千户营乡	7851		21	40383	10		51
隆尧县大张家庄乡	6769		27	40067	18		78
宁晋县凤凰镇	9263	29	22	92225	73	17	110
宁晋县河渠镇	7960		33	72891	226	16	77
宁晋县北河庄镇	5996		29	57236	112	4	86

续表 23　　河北省　　单位：公顷、个、人

名　称	行政区域面积	居民委员会(社区)个数	村民委员会个数	户籍人口	工业企业个数	#规模以上	营业面积50平方米以上的商店或超市个数
宁晋县耿庄桥镇	13312		38	67945	189	1	131
宁晋县东汪镇	5860		16	39143	102	32	58
宁晋县贾家口镇	8616		21	60166	481	80	84
宁晋县四芝兰镇	8586		29	62067	76	7	115
宁晋县大陆村镇	6627		24	54486	158	35	86
宁晋县苏家庄镇	8667		22	72128	241	30	105
宁晋县换马店镇	5572		22	47938	64	4	105
宁晋县唐邱镇	6015		15	53362	224	11	123
宁晋县大曹庄镇	2088		7	19294	41	9	25
宁晋县侯口镇	5826		12	29727	260	34	32
宁晋县纪昌庄镇	5931		15	29349	15	1	40
宁晋县北鱼乡	2061		6	10019	1		15
宁晋县徐家河乡	3914		11	26111	13	12	45
巨鹿县巨鹿镇	8336	34	18	92201	294	40	89
巨鹿县王虎寨镇	4721	6	17	30990	150	9	37
巨鹿县西郭城镇	3718		12	15876	124	9	27
巨鹿县官亭镇	6390		33	41154	158	8	59
巨鹿县阎疃镇	6352		20	35637	14	4	70
巨鹿县小吕寨镇	3759	2	13	26795	20	8	41
巨鹿县苏家营镇	7989		29	46637	27		69
巨鹿县观寨镇	6640		27	40264	20	2	60
巨鹿县堤村乡	7310	3	43	54043	53		79
巨鹿县张王疃乡	7456		34	48960	16	1	79
新河县新河镇	5706	8	43	34694	460	20	30
新河县寻寨镇	5456		25	28560	65	1	38
新河县白神首乡	4135		26	20010	70	2	27
新河县荆家庄乡	6664		19	27072	125	12	38
新河县西流乡	6689		28	27881	192	1	6
新河县仁让里乡	7665		28	26127	46	1	40
广宗县广宗镇	6480	16	18	58902	182	35	85
广宗县冯家寨镇	6813		28	47241	168	21	95
广宗县北塘疃镇	9219		33	56293	30	7	96
广宗县核桃园镇	6793		27	38707	11	1	62
广宗县葫芦乡	4199		23	27644	8		79
广宗县大平台乡	7309		33	47645	15	1	72
广宗县件只乡	4890		17	32385	5	1	55
广宗县东召乡	3669		17	25382	7	1	70
平乡县平乡镇	5270		42	47184	78	10	75
平乡县河古庙镇	6370		33	50062	351	43	93
平乡县田付村镇	4940		34	36846	142	4	54
平乡县节固镇	5730		28	51144	364	7	73
平乡县油召乡	6550		44	58384	97	6	93
平乡县寻召乡	5290		36	42129	176	1	71
威县洺州镇	6836	3	47	76935	812	5	253
威县梨园屯镇	5540		23	37350	131	21	142
威县章台镇	6257		30	42712	26	1	83

续表 24　　　　河北省　　　　单位：公顷、个、人

名　　称	行政区域面　　积	居民委员会(社区)个数	村民委员会个　　数	户籍人口	工业企业个　　数	#规模以上	营业面积50平方米以上的商店或超市个数
威县侯贯镇	7082		36	39330	289	3	48
威县七级镇	6146		31	34170	25	5	46
威县贺营镇	6562		32	38903	27	7	59
威县方家营镇	5308		26	31364	30	3	72
威县常庄镇	5613		22	32172	326	19	47
威县第什营镇	8244		42	46923	39	7	74
威县贺钊镇	6937		40	40932	19	2	71
威县赵村镇	5853		32	34625	37	2	42
威县固献镇	6654		36	39102	95	3	82
威县枣园乡	5546		36	43904	112	2	64
威县张家营乡	5290		25	29312	40		60
威县常屯乡	7586		31	36477	84	5	48
威县高公庄乡	5769		30	34390	40	3	45
清河县葛仙庄镇	12698	17	59	99903	620	12	130
清河县连庄镇	8220		50	68650	135	5	75
清河县油坊镇	7150		40	58926	62	11	131
清河县谢炉镇	7021		59	64200	156	9	88
清河县王官庄镇	7200		49	66860	520	32	103
清河县坝营镇	7771		49	52554	105	7	51
临西县临西镇	3350	3	15	44411	8	5	215
临西县河西镇	5300	2	34	45389	935	8	85
临西县下堡寺镇	6000		30	39655	15	3	20
临西县尖塚镇	6000		25	43625	120	3	70
临西县老官寨镇	7400		43	43484	27	6	74
临西县吕寨镇	5610		33	38989	231	7	64
临西县大刘庄镇	6500		34	43764	533	7	46
临西县东枣园乡	4400		23	29223	22	5	83
临西县摇鞍镇乡	7700		52	46347	319	2	28
邢台经济开发区东汪镇	2080	5	11	33015	65	6	30
邢台经济开发区王快镇	2860	14		40497	163	40	72
邢台经济开发区沙河城镇	2985	1	12	20192	15	5	24
南宫市苏村镇	5060		23	24025	7	2	23
南宫市大高村镇	4620		29	22681	12	2	14
南宫市垂杨镇	7760		38	46955	151	4	69
南宫市明化镇	6950		27	37285	7		33
南宫市段芦头镇	9290		42	62351	176	20	11
南宫市紫冢镇	8550		49	48154	78	4	52
南宫市大村乡	5870		25	26556	7		4
南宫市南便村乡	6080		30	33298	12	3	35
南宫市大屯乡	5640		33	23154	15	2	50
南宫市王道寨乡	5800		24	25549	27	1	11
南宫市薛吴村乡	6680		35	37052	66	2	62
沙河市新城镇	5244		21	49921	107	5	40
沙河市白塔镇	8400		34	50328	37	13	39
沙河市十里亭镇	6330		15	33977	18	4	60
沙河市綦村镇	10842		18	36003	32	4	28

续表 25　　河北省　　单位：公顷、个、人

名　　称	行政区域面　　积	居民委员会(社区)个数	村民委员会个　　数	户籍人口	工业企业个　　数	#规模以上	营业面积50平方米以上的商店或超市个数
沙河市刘石岗镇	7550		19	28106	4	2	39
沙河市册井镇	6066		23	31295	20		39
沙河市柴关乡	8310		20	19041			4
沙河市蝉房乡	15230		35	19706	2	1	2
竞秀区大激店镇	4286		16	39388	239	16	110
竞秀区颉庄乡	1135		9	21321	267	4	21
竞秀区富昌乡	1412	2	16	25763	172	14	8
竞秀区韩村乡	555	3	8	24337	5		22
竞秀区南奇乡	2272		14	23922	180	6	48
莲池区百楼镇	2707	2	13	26325	56	3	22
莲池区韩庄乡	2317	12	20	64336	146	1	59
莲池区东金庄乡	1530		17	23000	200	15	17
莲池区杨庄乡	1272	6	10	14463	47	2	16
莲池区南大园乡	1722	4	17	28643	196	9	21
莲池区焦庄乡	2980	5	18	35614	248	18	56
莲池区五尧乡	2779	7	15	38123	189	14	32
满城区满城镇	8542	14	34	85465	221	21	139
满城区大册营镇	4740		16	39517	478	21	42
满城区神星镇	7391		18	43608	32	7	38
满城区南韩村镇	5933		24	47114	270	27	24
满城区方顺桥镇	5199		20	45814	267	22	62
满城区于家庄镇	2947		7	24487	64	7	22
满城区要庄乡	2816		16	25679	63	13	54
满城区白龙乡	4939		12	18978	20	1	22
满城区石井乡	5924		10	25302	35	1	53
满城区坨南乡	6667		17	18330	4		39
满城区刘家台乡	7862		9	6958	3		3
清苑区清苑镇	4690		15	45917	83	25	43
清苑区冉庄镇	6440		16	38931	2	1	38
清苑区阳城镇	6563		20	39485	39		40
清苑区魏村镇	4529		22	41543	34	12	10
清苑区温仁镇	6709		17	53074	65	1	100
清苑区张登镇	5538		12	40222	6		53
清苑区大庄镇	2900		17	27003	310		33
清苑区臧村镇	4069		17	36199	34		206
清苑区望亭镇	4687		14	43029	98	7	71
清苑区东闾镇	5909		10	48202	533	2	55
清苑区白团乡	5060		22	37503	12	3	37
清苑区北店乡	4502		14	28421	129	5	55
清苑区石桥乡	6635		13	46714	78	5	86
清苑区李庄乡	4860		13	28379	9		36
清苑区北王力乡	4499		7	26020			27
清苑区何桥乡	3938		18	30443	37	10	22
清苑区孙村乡	2200		7	20182	44	2	46
清苑区阎庄乡	2233		12	22641	80		41
徐水区安肃镇	8154	21	39	136048	354	26	156

续表 26　　河北省　　单位：公顷、个、人

名　　称	行政区域面　　积	居民委员会(社区)个数	村民委员会个　　数	户籍人口	工业企业个　　数	#规模以上	营业面积50平方米以上的商店或超市个数
徐水区崔庄镇	7036		27	79353	56	3	103
徐水区大因镇	5744		25	64206	38	6	102
徐水区遂城镇	6790		31	54026	121	6	81
徐水区高林村镇	6577	1	21	47305	115	16	97
徐水区大王店镇	7876	4	31	55251	89	2	125
徐水区漕河镇	5287		27	40732	85		83
徐水区东史端镇	4236		15	39192	44	9	16
徐水区留村镇	3733		18	31497	70	7	24
徐水区正村镇	3589	2	16	29954	27	1	42
徐水区户木乡	3589		16	26516	27	1	43
徐水区瀑河乡	2752		9	12761	5		17
徐水区东釜山乡	3813		13	14485	6		33
徐水区义联庄乡	3122		16	9671	7		28
涞水县涞水镇	4906	6	18	38661	109	3	69
涞水县永阳镇	6468		21	29931	150	3	63
涞水县义安镇	5343		24	31401	77	3	39
涞水县石亭镇	5694		28	37463	86	2	70
涞水县赵各庄镇	25434		20	21926	21		62
涞水县九龙镇	22377		30	16320	18		46
涞水县三坡镇	21875		16	13359	12		43
涞水县一渡镇	6472		8	10184	25	3	16
涞水县明义镇	3327		18	21183	22	1	43
涞水县王村镇	3443		15	21541	32	1	38
涞水县娄村镇	16204		22	28750	29	2	63
涞水县东文山镇	3242		17	17667	37	2	38
涞水县其中口乡	17760		11	6569	5		
涞水县龙门乡	21102		20	10296	4		23
涞水县胡家庄乡	2516		10	15057	9	3	26
阜平县阜平镇	29440	5	30	58277	13	12	33
阜平县龙泉关镇	14872		12	7954			25
阜平县平阳镇	18726		22	27989	9	4	50
阜平县城南庄镇	27580		21	22051	45	5	34
阜平县天生桥镇	16483		13	11202	6	1	29
阜平县王林口镇	10550		20	20620	25	6	51
阜平县砂窝镇	23169		15	11878	55	3	30
阜平县北果园镇	15947		27	23790	15	3	57
阜平县台峪乡	11367		8	8379			12
阜平县大台乡	17714		9	13074	2	1	32
阜平县史家寨乡	26380		14	9433	9		18
阜平县吴王口乡	20423		13	6863	10		21
阜平县夏庄乡	16942		5	5549	6		20
定兴县定兴镇	6587	25	24	101229	517	39	138
定兴县固城镇	6724		18	56153	151	12	89
定兴县贤寓镇	6723		13	47821	59	3	67
定兴县北河镇	3329		10	24098	44	2	64
定兴县天宫寺镇	4259		25	40572	172	2	83

续表 27　　河北省　　单位：公顷、个、人

名　称	行政区域面　积	居民委员会(社区)个数	村民委员会个　数	户籍人口	工业企业个　数	#规模以上	营业面积50平方米以上的商店或超市个数
定兴县小朱庄镇	4486		25	36163	82	2	84
定兴县姚村镇	3091		9	22240	24	4	34
定兴县杨村镇	3859		22	34846	62		88
定兴县高里镇	8246		20	55421	61	2	88
定兴县内章镇	4879		21	42187	46	1	21
定兴县东落堡乡	3921		16	28799	45	4	34
定兴县张家庄乡	2793		10	20741	19		42
定兴县肖村乡	3751		11	27328	28	1	47
定兴县柳卓乡	3156		12	27300	22	1	38
定兴县北南蔡乡	2815		8	22488	100		49
定兴县李郁庄乡	2777		12	20808	78	2	35
唐县仁厚镇	5000	10	33	90869	52	5	73
唐县王京镇	4600		18	54363	127	11	63
唐县高昌镇	5500		20	35906	142		50
唐县北罗镇	4100		19	54552	44	4	81
唐县白合镇	11000		22	31061	52	11	68
唐县军城镇	9700		23	22903	18	1	50
唐县川里镇	10100		14	8816	1		24
唐县长古城镇	4310		20	44135	70	10	79
唐县罗庄镇	5400		17	40046	138	1	30
唐县北店头镇	7910		23	33688	142	3	51
唐县齐家佐镇	11600		24	25982	42	2	36
唐县都亭乡	3400		15	25890	101	2	54
唐县南店头乡	1780		8	24349	82	5	21
唐县雹水乡	2900		10	18586	10		33
唐县大洋乡	5100		16	25055	5		46
唐县迷城乡	5200		9	11655	62	3	14
唐县羊角乡	9200		14	11957	44		18
唐县石门乡	9215		10	9189			24
唐县黄石口乡	11800		22	16850	61		28
唐县倒马关乡	10300		8	4269			7
高阳县庞口镇	8609		26	50705	332	17	107
高阳县西演镇	7202		26	50150	465	23	95
高阳县邢家南镇	5047		17	36835	526	23	72
高阳县晋庄镇	5422		24	36032	264	22	66
高阳县小王果庄镇	4401		13	30577	298	14	62
高阳县蒲口镇	5246		16	25799	239	13	53
高阳县庞家佐镇	4276		19	26541	115	17	42
容城县容城镇	6219		24	73667	265	16	71
容城县小里镇	2711		10	30499	65	4	30
容城县南张镇	5401		13	52535	16	2	93
容城县大河镇	3531		15	25837	50	1	10
容城县晾马台镇	3428		18	28900	295	2	29
容城县八于乡	2785		20	23894	46		6
容城县贾光乡	3058		13	28370	76		42
容城县平王乡	3970		14	27979	69		31

续表 28　　河北省　　单位：公顷、个、人

名　　称	行政区域面　　积	居民委员会(社区)个数	村民委员会个　　数	户籍人口	工业企业个　　数	#规模以上	营业面积50平方米以上的商店或超市个数
涞源县涞源镇	6171	3	23	37941	49	7	29
涞源县银坊镇	24308		21	14141	12		12
涞源县走马驿镇	21229		20	18180	18	1	30
涞源县水堡镇	15429		11	7757	24	1	8
涞源县王安镇	11805		21	15803	3		40
涞源县杨家庄镇	17113	2	18	22636	12	2	13
涞源县白石山镇	15957	1	20	20070	30		54
涞源县南屯镇	6677		14	9114	6		5
涞源县泉坊镇	7199	3	18	43570	104	5	48
涞源县北石佛镇	13958		16	19210	23	4	20
涞源县南马庄乡	14240		14	10118	3		9
涞源县金家井乡	17739		19	14514	9	1	15
涞源县留家庄乡	14098		12	7187			4
涞源县上庄乡	20321		18	14773	4		16
涞源县东团堡乡	21051		19	15156	10	1	40
涞源县塔崖驿乡	8326		10	6639	12		23
涞源县乌龙沟乡	7336		9	6126	10		16
望都县望都镇	3980	12	18	47634	150	9	57
望都县固店镇	4273		16	31172	41	4	35
望都县贾村镇	4016		13	33228	7		40
望都县中韩庄镇	6610		20	32014	35	1	51
望都县寺庄镇	4883		18	35517	27	2	30
望都县赵庄镇	3413		18	27767	47	6	26
望都县高岭镇	4029		23	28939	79	5	40
望都县黑堡乡	3831		16	29461	39	3	34
安新县安新镇	7138		20	52095	140	13	94
安新县大王镇	7259		15	31177	232	1	42
安新县三台镇	5625		12	36234	403	11	93
安新县端村镇	7189		21	50270	3		65
安新县赵北口镇	2167		13	24503	5	1	45
安新县同口镇	8692		18	36191	18	5	75
安新县刘李庄镇	6272		17	53721	4		156
安新县安州镇	7751		28	41630	4	3	115
安新县老河头镇	6289		27	46071	11	2	110
安新县圈头乡	4485		11	31056			24
安新县寨里乡	5796		12	39961	85		85
安新县芦庄乡	4108		12	21996	75	6	12
安新县龙化乡	5345		16	34461	320	1	60
易县易州镇	5787	11	26	63707	280	7	159
易县梁格庄镇	13926		27	33726	64	4	79
易县西陵镇	8355		17	17896	13		26
易县裴山镇	8504		22	36029	47	5	81
易县塘湖镇	11290		36	44116	68		130
易县狼牙山镇	16980		20	17386	11		29
易县良岗镇	16833		18	12341	24		27
易县紫荆关镇	26003		25	20356	27	1	35

续表 29　　河北省　　单位：公顷、个、人

名　　称	行政区域面积	居民委员会(社区)个数	村民委员会个数	户籍人口	工业企业个数	#规模以上	营业面积50平方米以上的商店或超市个数
易县高村镇	9191		30	37996	126	8	90
易县桥头乡	5340		20	27407	81	3	45
易县白马乡	6941		18	16654	131		31
易县流井乡	11874		14	18193	34	5	40
易县高陌乡	6719		29	47336	56	2	69
易县大龙华乡	7423		18	13688	40	7	19
易县安格庄乡	10306		12	11918	2		17
易县凌云册乡	6265		19	32108	60	7	57
易县西山北乡	9201		21	23386	31		57
易县尉都乡	4078		11	16559	28		29
易县独乐乡	3322		6	10306	5		18
易县七峪乡	4731		6	2649	3		9
易县富岗乡	7375		8	6002	22		23
易县坡仓乡	6924		9	5916	20		11
易县牛岗乡	8204		10	5548	5		10
易县桥家河乡	7913		6	4209	15	2	2
易县甘河净乡	6071		5	1476	3		
易县蔡家峪乡	7001		5	2572	1		3
易县南城司乡	16942		21	14049	13		31
曲阳县恒州镇	5361	9	27	51692	483	19	44
曲阳县灵山镇	12120		35	67329	61	4	107
曲阳县燕赵镇	4709		22	50552	38		76
曲阳县羊平镇	4846	1	13	46379	784	4	57
曲阳县文德镇	4362		19	51520	189	2	82
曲阳县晓林镇	6283		22	42091	169	5	60
曲阳县邸村镇	3040		8	26807	231	1	29
曲阳县齐村镇	7754		21	18500	18	1	55
曲阳县孝墓镇	6802		25	33240	35	3	53
曲阳县产德镇	8372		28	36850	18	2	88
曲阳县下河镇	5930		25	35421	45	1	65
曲阳县路庄子乡	3199		16	18739	1641	11	42
曲阳县庄窠乡	2865		9	13203	19	2	24
曲阳县东旺乡	6210		23	41304	55		96
曲阳县党城乡	5723		14	26494	176	2	42
曲阳县郎家庄乡	9598		29	26241	17	1	46
曲阳县范家庄乡	5038		14	9650	8		9
曲阳县北台乡	6224		17	12890	7	1	37
蠡县蠡吾镇	9958	7	41	106373	223	21	103
蠡县留史镇	5964		26	57710	154	5	76
蠡县大百尺镇	7427		22	61916	83	8	60
蠡县辛兴镇	6255		14	51871	186	11	53
蠡县北郭丹镇	2562		11	21879	54	6	18
蠡县万安镇	2952		14	30334	43	3	24
蠡县桑园镇	3689		12	29291	75	3	26
蠡县南庄镇	7071		27	40990	235	2	36
蠡县大曲堤镇	2865		12	25704	40	1	25

续表 30 河北省 单位：公顷、个、人

名 称	行政区域面积	居民委员会(社区)个数	村民委员会个数	户籍人口	工业企业个数	#规模以上	营业面积50平方米以上的商店或超市个数
蠡县鲍墟镇	5828		23	42478	73	2	65
蠡县小陈镇	2958		7	24044	48	3	30
蠡县林堡乡	2725		7	21863	87	4	29
蠡县北埝头乡	5031		16	25137	112	2	44
顺平县蒲阳镇	6474	5	33	54843	120	17	113
顺平县高于铺镇	6729		25	53048	120	17	65
顺平县腰山镇	5224		33	37136	44	5	68
顺平县蒲上镇	5901		29	32326	312	26	54
顺平县神南镇	8981		18	12340	3	1	17
顺平县安阳镇	8884		19	18570	10	2	24
顺平县白云镇	6361		24	29337	29		48
顺平县河口乡	5837		16	17419	7		48
顺平县台鱼乡	5923		17	18090	11	2	35
顺平县大悲乡	10821		23	20351	4		23
博野县博野镇	7828	12	21	68226	256	18	118
博野县小店镇	3092		15	32041	132	7	28
博野县程委镇	7093	3	33	45079	100	5	85
博野县东墟镇	2874		15	25721	93	8	58
博野县北杨镇	2814		11	27551	35	3	26
博野县城东镇	4096	1	13	32093	17	1	39
博野县南小王镇	5295	1	19	37166	151	3	58
雄县雄州镇	9016		45	79872	99	35	133
雄县昝岗镇	4500		22	38582	85	10	81
雄县大营镇	6149		36	44011	50	3	82
雄县龙湾镇	8079		21	55143	35	8	100
雄县朱各庄镇	5105		23	39383	21	12	84
雄县米家务镇	5763		20	41346	64	11	79
雄县鄚州镇	5739		30	29734	32		58
雄县苟各庄镇	6408		23	32370	68	6	61
雄县北沙口乡	3741		12	25485	43	5	56
雄县双堂乡	4109		19	24946	7	1	49
雄县张岗乡	4872		18	35180	9	1	57
雄县七间房乡	5220		14	30383	16	2	74
保定高新技术产业开发区贤台乡	2867	11	10	23907	44	3	10
保定高新技术产业开发区大马坊乡	1930	9	4	20498	125	1	21
保定白沟新城白沟镇	5436		33	63361	3843	39	124
涿州市松林店镇	7160	1	32	63416	191	25	97
涿州市码头镇	5918		39	40350	88	3	102
涿州市东城坊镇	10063		31	42813	78	6	99
涿州市高官庄镇	4269		32	27808	46	1	71
涿州市东仙坡镇	4486		24	35710	120	7	71
涿州市百尺竿镇	5656		32	45517	69	2	71
涿州市义和庄镇	8130		39	41058	165	6	103
涿州市刁窝镇	6908	4	31	40488	98	2	90
涿州市林家屯镇	5023		37	37408	98	4	35
涿州市豆庄镇	6374		48	39570	60	2	75

续表 31　　河北省　　单位：公顷、个、人

名　称	行政区域面积	居民委员会(社区)个数	村民委员会个数	户籍人口	工业企业个数	#规模以上	营业面积50平方米以上的商店或超市个数
涿州市孙家庄乡	2986		15	18631	40	2	50
定州市留早镇	8687		37	49312	8	2	73
定州市清风店镇	5356		27	47798	32	5	86
定州市庞村镇	4662		17	49871	160	5	85
定州市砖路镇	5597		20	58185	18	3	102
定州市明月店镇	4137		31	53262	73	21	68
定州市叮咛店镇	8316		28	61442	65	14	94
定州市东亭镇	4917		15	35796	9		58
定州市大辛庄镇	4244		15	33052	4		55
定州市东旺镇	4425		16	32949	16	2	43
定州市高蓬镇	5615		16	48600	62	17	88
定州市邢邑镇	4839		13	38057	5	2	41
定州市李亲顾镇	4972		18	44780	132	25	64
定州市子位镇	6096		12	47343	5	1	63
定州市开元镇	4397		21	53790	59	15	69
定州市周村镇	5036		21	52521	168	9	60
定州市息冢镇	5544		13	43335	28	9	92
定州市东留春乡	4962		15	32307	7	3	35
定州市号头庄回族乡	5406		17	40379	5		49
定州市杨家庄乡	3600		23	34643	4		16
定州市大鹿庄乡	6023		19	48804	4		63
定州市西城乡	3488		12	27291	4	1	33
安国市伍仁桥镇	3784		14	34920	53	6	44
安国市石佛镇	5508		21	36258	70	5	4
安国市郑章镇	5354		22	40143	35	1	25
安国市大五女镇	3457		19	25277	6	1	15
安国市西佛落镇	3929		10	25070	50	1	39
安国市西城镇	4213		16	30882	12		41
安国市明官店乡	4382		25	35560	16		50
安国市南娄底乡	5020		14	38516	42	2	21
安国市北段村乡	3905		11	25901	16	1	18
高碑店市方官镇	6386		53	52323	315	18	96
高碑店市新城镇	7308		65	54534	105	3	89
高碑店市泗庄镇	5625		39	39491	59	3	66
高碑店市辛立庄镇	7099		38	45538	144	1	82
高碑店市东马营镇	3965		29	33758	47	5	65
高碑店市辛桥镇	7193		37	42398	65	6	87
高碑店市肖官营镇	4448		33	30254	40	2	67
高碑店市张六庄镇	6200		36	41382	108	1	76
高碑店市梁家营镇	2896		22	29215	72	1	57
桥东区姚家庄镇	4874		7	14220	63		13
桥东区大仓盖镇	11791		21	24083	40	2	46
桥东区东望山乡	18680		18	16597			24
桥西区东窑子镇	10408		20	20919	69		27
宣化区庞家堡镇	12803	2	16	21960	23		7
宣化区深井镇	33258		47	32419	3		30

续表 32　　河北省　　单位：公顷、个、人

名　　称	行政区域面　积	居民委员会(社区)个数	村民委员会个　　数	户籍人口	工业企业个　　数	#规模以上	营业面积50平方米以上的商店或超市个数
宣化区崞村镇	27194		42	21461	16	1	32
宣化区洋河南镇	12121	2	20	32276	46	3	58
宣化区贾家营镇	16426		21	20503	42		28
宣化区顾家营镇	4750		15	12995	28	4	14
宣化区赵川镇	17561		27	31105	48	1	56
宣化区江家屯镇	11110		22	26627	16		38
宣化区河子西镇	4900		12	18731	41	6	34
宣化区侯家庙镇	5398		13	16342	25	6	25
宣化区春光乡	3871		16	14163	9	2	19
宣化区李家堡乡	9634		12	11022	8	1	8
宣化区王家湾乡	23374		32	6822			8
宣化区塔儿村乡	16094		19	8287			9
下花园区花园乡	5199		11	10687	16	3	18
下花园区辛庄子乡	7626		12	4885	16	4	12
下花园区定方水乡	11227		15	8523	6	3	
下花园区段家堡乡	6420		8	2038	1		12
万全区孔家庄镇	6746		17	32779	52	13	32
万全区万全镇	7126	1	14	14559	18	1	29
万全区洗马林镇	13734	1	20	9506	2		8
万全区郭磊庄镇	6048	1	13	23171	4	2	30
万全区膳房堡乡	17622		21	11510	10	1	12
万全区北新屯乡	20062		26	8971	2	1	10
万全区宣平堡乡	7269		13	23968	170	36	53
万全区高庙堡乡	13328		16	12911	5		11
万全区旧堡乡	6466		6	10749	5		19
万全区安家堡乡	9972		14	24306	12	7	43
万全区北沙城乡	6118		11	18697			28
崇礼区西湾子镇	22440		11	30948	78	3	8
崇礼区高家营镇	34687	3	38	26295	23	2	30
崇礼区四台嘴乡	37488		31	13830	2	1	
崇礼区红旗营乡	17676		15	9243	1		17
崇礼区石窑子乡	14672		15	7861			10
崇礼区驿马图乡	35060		24	10156			7
崇礼区石嘴子乡	29905		17	8971	16		19
崇礼区狮子沟乡	12151		16	7511	1		14
崇礼区清三营乡	13888		14	5732			15
崇礼区白旗乡	15628		17	8035			18
张北县张北镇	13777	10	21	20430	20	12	63
张北县公会镇	25958	1	20	15816	2	1	16
张北县二台镇	31682	1	29	26003	5	2	23
张北县大囫囵镇	28008		22	18232			14
张北县小二台镇	18729		21	16225	1		12
张北县油篓沟镇	22754		30	23995	6	4	46
张北县大河镇	22133		20	18593			7
张北县台路沟乡	17232		22	11716	11		18
张北县馒头营乡	19540		23	15340			18

续表 33 河北省 单位：公顷、个、人

名　　称	行政区域面积	居民委员会(社区)个数	村民委员会个数	户籍人口	工业企业个数	#规模以上	营业面积50平方米以上的商店或超市个数
张北县二泉井乡	23251		28	19620			4
张北县单晶河乡	15924		14	14152	2	1	8
张北县海流图乡	28302		20	20480	4	3	3
张北县两面井乡	19919		19	16980			19
张北县大西湾乡	21800		16	12330			15
张北县郝家营乡	16330		17	14300	18		19
张北县白庙滩乡	22165		15	13400	3	2	9
张北县战海乡	17683		13	11538	1		26
张北县三号乡	19146		10	14792	1		25
康保县康保镇	32903	4	34	50796	62	21	26
康保县张纪镇	25918		30	19826	5	4	33
康保县土城子镇	19200		20	15351			7
康保县邓油坊镇	14467		22	15069			11
康保县李家地镇	15000		18	13071			13
康保县照阳河镇	23404		20	11912	1		10
康保县屯垦镇	41157		24	23184	4	3	30
康保县闫油坊乡	23300		21	17466	2	1	12
康保县丹清河乡	20301		21	15262			19
康保县哈咇嘎乡	16770		19	11741	1		20
康保县二号卜乡	18790		26	16504	3	2	13
康保县芦家营乡	15949		15	11302			17
康保县忠义乡	10533	1	14	10705	2		9
康保县处长地乡	14346		17	12336			6
康保县满德堂乡	29666		22	14649	6		17
沽源县平定堡镇	39600	14	27	47100			54
沽源县小厂镇	21811	1	15	14426			27
沽源县黄盖淖镇	17982		19	16318	2		45
沽源县九连城镇	32200	2	30	21561	5	1	62
沽源县高山堡乡	17700		10	10511	3		4
沽源县小河子乡	34760		26	18763			22
沽源县二道渠乡	21800		11	10583	6		18
沽源县大二号回族乡	6300		4	3022			5
沽源县闪电河乡	22700		12	13050			5
沽源县丰源店乡	28288		14	10410			23
沽源县西辛营乡	21300		23	15546	4	1	7
沽源县莲花滩乡	21900		11	7229			11
沽源县白土窑乡	25779		14	15855			7
尚义县南壕堑镇	24828	6	20	41598	13	4	25
尚义县大青沟镇	18187	4	14	19833			25
尚义县八道沟镇	20015		14	14775	4	1	14
尚义县红土梁镇	29324	1	16	11340	2	1	2
尚义县小蒜沟镇	37284	2	17	9849	1		23
尚义县三工地镇	10792		10	8838			2
尚义县满井镇	16490		11	13126	2		11
尚义县大营盘乡	25748		6	12545	6	5	7
尚义县大苏计乡	13854		13	10584	4	1	1

续表 34　　河北省　　单位：公顷、个、人

名　　称	行政区域面　　积	居民委员会(社区)个数	村民委员会个　　数	户籍人口	工业企业个　　数	#规模以上	营业面积50平方米以上的商店或超市个数
尚义县石井乡	13100		13	12263	5	4	8
尚义县七甲乡	7259		8	7065			9
尚义县套里庄乡	11461		10	8253	2	1	7
尚义县甲石河乡	14324		13	7408	1		14
尚义县下马圈乡	14587		7	4261			1
蔚县蔚州镇	3764	15	14	81669	128	7	42
蔚县代王城镇	6864	1	30	31474	7	4	30
蔚县西合营镇	14028		40	50900	11	3	162
蔚县吉家庄镇	13227		41	24190	1		86
蔚县白乐镇	6494		23	19680	1		19
蔚县暖泉镇	6261		16	17508	1		26
蔚县南留庄镇	7185		28	27376	4	3	75
蔚县北水泉镇	10710		22	12429			24
蔚县桃花镇	16215		38	20523			7
蔚县阳眷镇	13487	1	25	18315			1
蔚县宋家庄镇	39476		27	27993	3	2	1
蔚县下宫村乡	25327		29	24449			24
蔚县南杨庄乡	12220	1	13	15340	2	1	13
蔚县柏树乡	20206		20	12373	2	1	13
蔚县常宁乡	5815		14	9793			19
蔚县涌泉庄乡	9951		29	24266	2	1	37
蔚县杨庄窠乡	11809		29	16972	2		28
蔚县南岭庄乡	8326		18	13407			22
蔚县陈家洼乡	9691		19	8162			4
蔚县黄梅乡	7694		15	10109			7
蔚县白草村乡	12206	1	21	8571			12
蔚县草沟堡乡	47417		35	13218			7
阳原县西城镇	10460	7	22	60770	120	9	61
阳原县东城镇	16742	1	16	17295	6	3	9
阳原县化稍营镇	9412	1	22	24809	7	3	23
阳原县揣骨疃镇	28100	1	41	24913	9	1	46
阳原县东井集镇	12800		26	31194	2		15
阳原县要家庄乡	10660		19	20461	6		11
阳原县东坊城堡乡	11500		21	9793			9
阳原县井儿沟乡	12620		15	11209	3	1	16
阳原县三马坊乡	7770		11	9870			
阳原县高墙乡	17962		27	15461	9		30
阳原县大田洼乡	8050		18	5164			
阳原县辛堡乡	11640		26	12713			28
阳原县马圈堡乡	10880		17	8277	2		10
阳原县浮图讲乡	15330		20	11200	7	3	20
怀安县柴沟堡镇	16383	10	34	72135	32	8	566
怀安县左卫镇	27179		33	37618	47	4	78
怀安县头百户镇	8381		23	15424	7		51
怀安县怀安城镇	20487		41	29304	16	2	22
怀安县渡口堡乡	20237		27	15877			22

续表 35　　河北省　　单位：公顷、个、人

名　　称	行政区域面　　积	居民委员会(社区)个数	村民委员会个　　数	户籍人口	工业企业个　　数	#规模以上	营业面积50平方米以上的商店或超市个数
怀安县第六屯乡	8361		12	9959	4		2
怀安县西湾堡乡	11622		15	8064			
怀安县西沙城乡	8470		11	9872	3		13
怀安县太平庄乡	16877		17	9047	5		24
怀安县王虎屯乡	17383		26	11662	2	1	6
怀安县第三堡乡	13751		34	12760			18
怀来县沙城镇	5902	33	23	105402	184	13	120
怀来县北辛堡镇	7056	1	10	18213	1		35
怀来县新保安镇	6686	1	23	21511	17	4	39
怀来县东花园镇	13616	7	21	19598	71	7	40
怀来县官厅镇	17991	1	20	12044	35		22
怀来县桑园镇	12134		31	26890			40
怀来县存瑞镇	15125	1	24	28087	15		60
怀来县土木镇	9354	2	23	24701	5		65
怀来县大黄庄镇	4617		9	18277	47		17
怀来县西八里镇	3658		8	22071	3		26
怀来县小南辛堡镇	17236	1	21	18917	15	1	36
怀来县狼山乡	5790	1	12	12163	2		23
怀来县鸡鸣驿乡	4200		6	8843			15
怀来县东八里乡	2530	1	6	10471	6	1	16
怀来县瑞云观乡	11830	1	11	5774	18		16
怀来县孙庄子乡	11131		15	4802			1
怀来县王家楼回族乡	13200		16	7924	5		19
涿鹿县涿鹿镇	7544	7	30	72676	196	23	52
涿鹿县张家堡镇	6737		13	23547	3		39
涿鹿县武家沟镇	23939		26	12763	1		12
涿鹿县五堡镇	6596		19	26511	20		35
涿鹿县保岱镇	10386		22	29504	13		38
涿鹿县矾山镇	15204	2	27	21655	69		15
涿鹿县大堡镇	25492		44	17965			14
涿鹿县河东镇	35141		40	11220			5
涿鹿县东小庄镇	6074	1	17	32134	2		16
涿鹿县辉耀镇	22932		20	11804	1		19
涿鹿县大河南镇	23081		19	10082			27
涿鹿县温泉屯镇	7314		10	14148			11
涿鹿县蟒石口镇	29561		17	9461	11		12
涿鹿县卧佛寺镇	24289		23	10265	3	1	9
涿鹿县栾庄乡	13944		15	18966			32
涿鹿县黑山寺乡	6929		10	11057	2		12
涿鹿县谢家堡乡	17586		21	5707			5
赤城县赤城镇	24860		33	48281	64	7	107
赤城县田家窑镇	19694		24	19056	17	1	32
赤城县龙关镇	28513		35	26997	38	2	72
赤城县雕鹗镇	35324		30	15043	5		43
赤城县独石口镇	21755		12	6034	1		22
赤城县白草镇	24406		16	11524	1		25

续表 36　　河北省　　单位：公顷、个、人

名　　称	行政区域面　积	居民委员会(社区)个数	村民委员会个　数	户籍人口	工业企业个　数	#规模以上	营业面积50平方米以上的商店或超市个数
赤城县龙门所镇	23543		28	13270	1		31
赤城县后城镇	36980		38	19978			15
赤城县东卯镇	44255		25	22028	4		34
赤城县炮梁乡	15567		17	7299	10	6	15
赤城县大海陀乡	26610		32	9760			28
赤城县镇宁堡乡	32993		26	13423	3	1	20
赤城县马营乡	31495		23	10735			10
赤城县云州乡	52045		29	17736	1		22
赤城县三道川乡	21425		14	8594			18
赤城县东万口乡	28359		22	15469			50
赤城县茨营子乡	24203		13	10019			12
赤城县样田乡	19159		23	8518			18
张家口经济开发区老鸦庄镇	3222		10	36634	132	7	28
张家口经济开发区沈家屯镇	4245	5	10	32711	129	9	64
张家口经济开发区姚家房镇	4852		14	30687	74	2	49
张家口经济开发区沙岭子镇	3385		5	21622	95	10	40
张家口市察北管理区沙沟镇	9600		9	7175			7
张家口市察北管理区宇宙营乡	9734		9	6246			
双桥区水泉沟镇	4128	2	6	18989	48	2	12
双桥区狮子沟镇	3038	4	5	22740	20		16
双桥区牛圈子沟镇	6200	4	11	39708	51	3	35
双桥区大石庙镇	8230	2	12	23107	33		31
双桥区双峰寺镇	12849	1	18	36407	21	2	23
双滦区双塔山镇	8856		17	20076	97	5	42
双滦区滦河镇	1525		5	8303	180	7	17
双滦区大庙镇	9436	2	10	12698	24	2	21
双滦区偏桥子镇	5253	1	11	9976	12	1	11
双滦区西地镇	11309	1	10	20845			16
双滦区陈栅子镇	8795		10	15096	3		25
鹰手营子矿区鹰手营子镇	4129		6	7078	5		5
鹰手营子矿区北马圈子镇	2510	2	3	10800	40	4	4
鹰手营子矿区寿王坟镇	6037	2	3	11156	25		5
鹰手营子矿区汪家庄镇	2263	2	3	7909	4		3
承德县下板城镇	25364	8	26	42321	136	9	31
承德县甲山镇	17117		21	21996	78	8	30
承德县六沟镇	18040		33	33483	25		47
承德县三沟镇	18033		21	22530	13	2	11
承德县头沟镇	18514		28	27045	33	7	28
承德县高寺台镇	13364		17	15175	56	5	49
承德县鞍匠镇	18693		13	16882	6	5	8
承德县三家镇	30329		29	23562	12		56
承德县磴上镇	24997		25	17555	12	1	8
承德县上谷镇	12488		24	20630	7	1	33
承德县新杖子镇	10029		10	13306			30
承德县石灰窑镇	12869		17	22892	7	1	21
承德县东小白旗乡	11693		7	9365			23

续表 37　　河北省　　单位：公顷、个、人

名　　称	行政区域面　　积	居民委员会(社区)个数	村民委员会个　　数	户籍人口	工业企业个　　数	#规模以上	营业面积50平方米以上的商店或超市个数
承德县刘杖子乡	17587		10	12050	6		18
承德县孟家院乡	10147		11	11473	15	3	13
承德县大营子乡	17338		8	9580	6		12
承德县八家乡	13741		9	9882	9	1	10
承德县满杖子乡	11024		10	9135	2		15
承德县五道河乡	15857		11	8872			15
承德县岔沟乡	18367		14	16028	7	2	21
承德县岗子满族乡	8120		10	8820	5	1	20
承德县两家满族乡	10088		9	10905	7		22
承德县仓子乡	10991		15	10682	2		19
兴隆县兴隆镇	16654	8	29	71786	80	10	77
兴隆县半壁山镇	13296		22	21992	16		49
兴隆县挂兰峪镇	16815		13	13432	14		15
兴隆县青松岭镇	17487		12	14405	20	2	28
兴隆县六道河镇	18215		20	18341	7	1	12
兴隆县平安堡镇	8997		13	15163	24	4	19
兴隆县北营房镇	9863		10	13681	11	3	14
兴隆县孤山子镇	7720		8	11306	27	2	5
兴隆县蓝旗营镇	10081		14	14621	10		15
兴隆县雾灵山镇	14430		24	13596	11	1	14
兴隆县李家营镇	15387		7	11258	9	2	22
兴隆县大杖子镇	22847		20	17653	14	1	40
兴隆县三道河镇	11958		18	16426	1		12
兴隆县蘑菇峪镇	31375		22	17240	18		27
兴隆县大水泉镇	21479		14	14224			29
兴隆县南天门满族乡	9948		10	7312	5	1	11
兴隆县八卦岭满族乡	9968		8	14805	9	2	15
兴隆县陡子峪乡	7554		7	6405	4		7
兴隆县上石洞乡	13029		9	3647			1
兴隆县安子岭乡	7994		9	5511	4	2	1
滦平县滦平镇	14164		15	19539	41	2	18
滦平县长山峪镇	20038		13	22639	5		77
滦平县红旗镇	13499		9	16447	13	5	36
滦平县金沟屯镇	21025		13	20608	28	2	29
滦平县虎什哈镇	24221		14	22745	23	1	76
滦平县巴克什营镇	18477		10	21057	11		53
滦平县张百湾镇	21751		14	26336	55	7	61
滦平县付营子镇	21111		14	18928	21		6
滦平县大屯镇	15850	1	13	21612	33	7	38
滦平县火斗山镇	15816		10	15584	7	1	23
滦平县两间房镇	18949		11	17119			24
滦平县小营镇	12901		10	15220	45	14	22
滦平县安纯沟门镇	15706		11	13213	5		33
滦平县平坊满族乡	6749		8	7431	7	1	
滦平县西沟满族乡	15255		9	7781	10		15
滦平县邓厂满族乡	7389		3	2603			6

续表 38　　河北省　　单位：公顷、个、人

名　称	行政区域面积	居民委员会(社区)个数	村民委员会个数	户籍人口	工业企业个数	#规模以上	营业面积50平方米以上的商店或超市个数
滦平县五道营子满族乡	12362		6	4819	5		12
滦平县马营子满族乡	13850		10	9162	11		20
滦平县付家店满族乡	7923		6	5459	4	1	13
隆化县韩麻营镇	21667		21	23606	19	9	15
隆化县中关镇	8295		10	11318	19	5	2
隆化县七家镇	14610		11	13994			33
隆化县汤头沟镇	26420		31	29979	6	1	69
隆化县张三营镇	14279		19	24713			29
隆化县唐三营镇	27824		22	28183	10	1	17
隆化县蓝旗镇	26529		18	20214	10	3	20
隆化县步古沟镇	36663		20	24890	6	1	23
隆化县郭家屯镇	70271		21	24566	7	1	40
隆化县茅荆坝镇	30569		12	10861			5
隆化县苔山镇	25411		18	27538	71	8	29
隆化县荒地镇	28563		17	18320	1		24
隆化县章吉营镇	15627		13	18095	3		15
隆化县偏坡营镇	17888		14	13010	1		21
隆化县尹家营满族乡	8990		11	8644	2	1	12
隆化县庙子沟蒙古族满族乡	9825		6	6862			2
隆化县山湾乡	19097		11	10752	5		30
隆化县八达营蒙古族乡	18879		12	13948	1		14
隆化县太平庄满族乡	17132		11	11317			13
隆化县旧屯满族乡	17405		11	8030	4		4
隆化县西阿超满族蒙古族乡	18969		10	10638	3	1	13
隆化县碱房乡	20397		7	7249	2		13
隆化县韩家店乡	28286		10	14805			29
隆化县湾沟门乡	20204		11	10533	1		21
丰宁满族自治县大阁镇	45912	1	21	42807	290	11	70
丰宁满族自治县大滩镇	62414		22	23298	5		56
丰宁满族自治县鱼儿山镇	36132		9	15552	8		24
丰宁满族自治县土城镇	34370		13	17929	6	1	31
丰宁满族自治县黄旗镇	32170		18	15578	5		35
丰宁满族自治县凤山镇	36265	1	34	39912	26	2	102
丰宁满族自治县波罗诺镇	16098		11	12051	10	1	24
丰宁满族自治县黑山咀嘴镇	29748		19	20753	14	6	58
丰宁满族自治县天桥镇	15946		9	9775	2	1	18
丰宁满族自治县胡麻营镇	26661	1	16	17739	8	5	49
丰宁满族自治县将军营镇	35451		14	19358	12	1	38
丰宁满族自治县万胜永乡	25679		4	4929	4	2	7
丰宁满族自治县四岔口乡	65644		8	7406	1		2
丰宁满族自治县苏家店乡	48235		6	5934	6		15
丰宁满族自治县外沟门乡	57864		6	6331	1		23
丰宁满族自治县草原乡	20169		4	6675	3		4
丰宁满族自治县窟窿山乡	27452		7	4192			5
丰宁满族自治县小坝子乡	30946		6	5150			10
丰宁满族自治县五道营乡	36350		8	9195	8	1	26

续表 39　　河北省　　单位：公顷、个、人

名　　称	行政区域面积	居民委员会(社区)个数	村民委员会个数	户籍人口	工业企业个数	#规模以上	营业面积50平方米以上的商店或超市个数
丰宁满族自治县选将营乡	33145		10	14231	2		25
丰宁满族自治县西官营乡	26041		10	12945			28
丰宁满族自治县王营乡	13230		8	6415	7	1	8
丰宁满族自治县北头营乡	19860		7	7385			22
丰宁满族自治县石人沟乡	34707		14	16952	4		31
丰宁满族自治县汤河乡	44485		14	9750	4		10
丰宁满族自治县杨木栅子乡	18902		11	8261			18
宽城满族自治县宽城镇	17253	5	25	62412	137	8	143
宽城满族自治县龙须门镇	18621		22	24310	70	9	47
宽城满族自治县峪耳崖镇	14150		20	27312	61	16	48
宽城满族自治县板城镇	16136		17	23622	35	10	31
宽城满族自治县汤道河镇	23126		18	21428	26		20
宽城满族自治县桲罗台镇	8079		10	9049	14	1	11
宽城满族自治县碾子峪镇	7849		11	17486	38	9	25
宽城满族自治县亮甲台镇	6717		7	7760	5	1	12
宽城满族自治县化皮溜子镇	5840		6	10140	6		21
宽城满族自治县松岭镇	4844		7	6306	13	6	9
宽城满族自治县塌山乡	8268		9	6105	3		15
宽城满族自治县孟子岭乡	9632		8	7523	8		17
宽城满族自治县独石沟乡	4879		6	1595			2
宽城满族自治县铧尖乡	6274		8	7580	23	1	15
宽城满族自治县东黄花川乡	4416		7	6211	9	1	28
宽城满族自治县苇子沟乡	9592		8	7677	10		11
宽城满族自治县大字沟门乡	7174		5	5858	5		10
宽城满族自治县大石柱子乡	9732		11	7853	7		11
围场满族蒙古族自治县围场镇	18779	8	9	74186	156	11	68
围场满族蒙古族自治县四合永镇	15269	1	13	26326	70	7	31
围场满族蒙古族自治县克勒沟镇	16804		10	20369			81
围场满族蒙古族自治县棋盘山镇	27519		15	23265	3		95
围场满族蒙古族自治县半截塔镇	20782		11	12410	5	2	24
围场满族蒙古族自治县朝阳地镇	16289		10	19015	3		49
围场满族蒙古族自治县朝阳湾镇	18269		11	21270	5		26
围场满族蒙古族自治县腰站镇	20940		17	24016	17	7	51
围场满族蒙古族自治县龙头山镇	14856		8	12631	5	4	22
围场满族蒙古族自治县新拨镇	27274		13	16973	1		72
围场满族蒙古族自治县御道口镇	24240		4	5632	9	1	19
围场满族蒙古族自治县城子镇	29561		11	12834	4		51
围场满族蒙古族自治县新地镇	18052		9	21746			43
围场满族蒙古族自治县哈里哈镇	23433		7	11080	2		26
围场满族蒙古族自治县道坝子乡	19333		10	11149	4		16
围场满族蒙古族自治县黄土坎乡	24507		8	14373	9		25
围场满族蒙古族自治县四道沟乡	10901		6	8727			16
围场满族蒙古族自治县兰旗卡伦乡	20216		13	12338	1		28
围场满族蒙古族自治县银窝沟乡	20725		16	18108	6		42
围场满族蒙古族自治县广发永乡	13261		5	11245	6	1	15
围场满族蒙古族自治县育太和乡	9406		4	8418			15

续表 40　　河北省　　单位：公顷、个、人

名　称	行政区域面积	居民委员会(社区)个数	村民委员会个数	户籍人口	工业企业个数	#规模以上	营业面积50平方米以上的商店或超市个数
围场满族蒙古族自治县郭家湾乡	18381		7	10393	2	1	28
围场满族蒙古族自治县杨家湾乡	16753		8	12337	6		21
围场满族蒙古族自治县大唤起乡	12405		7	9830	2		12
围场满族蒙古族自治县张家湾乡	12878		4	5163	4	2	11
围场满族蒙古族自治县宝元栈乡	16984		6	10274	3	1	8
围场满族蒙古族自治县山湾子乡	22960		7	10260	2	1	14
围场满族蒙古族自治县三义永乡	24527		5	10065	2		26
围场满族蒙古族自治县姜家店乡	24244		5	8502	6	1	23
围场满族蒙古族自治县下伙房乡	17644		8	9024			11
围场满族蒙古族自治县燕格柏乡	29631		8	6377	3		12
围场满族蒙古族自治县牌楼乡	15169		9	10961	2		19
围场满族蒙古族自治县老窝铺乡	27666		3	3790			12
围场满族蒙古族自治县石桌子乡	16043		8	6660	3	1	21
围场满族蒙古族自治县大头山乡	17791		9	11760			21
围场满族蒙古族自治县南山嘴乡	17476		4	5130	4		8
围场满族蒙古族自治县西龙头乡	23678		4	5117			21
承德高新技术产业开发区冯营子镇	8328	11	15	28417	151	23	35
承德高新技术产业开发区上板城镇	19627	2	23	37663	95	14	38
平泉市平泉镇	22386	18	29	101215	113	21	113
平泉市黄土梁子镇	15340		12	20949	9	2	18
平泉市榆树林子镇	29872		20	30761	3		7
平泉市杨树岭镇	20476		20	32365	21	3	42
平泉市七沟镇	28119		13	27771	27	4	27
平泉市小寺沟镇	15067		14	24827	20	2	35
平泉市党坝镇	22243		16	26239	22		38
平泉市卧龙镇	23023		18	32946	80	14	54
平泉市南五十家子镇	9141	1	11	19915	21	1	27
平泉市北五十家子镇	11556		6	13226	14	3	46
平泉市梓椤树镇	13833		9	20844	8	1	20
平泉市柳溪镇	22811		7	12772	4		9
平泉市平北镇	12536		11	17238	3		32
平泉市青河镇	15460		11	17872	14		31
平泉市台头山镇	19015		12	21260	2		13
平泉市王土房乡	12803		4	6782	9	3	7
平泉市七家岱满族乡	11424		4	9561	7	1	11
平泉市茅兰沟满族蒙古族乡	16998		9	19218	6		23
平泉市道虎沟乡	7310		12	17000	5	2	8
新华区小赵庄乡	4904	4	20	45160	229	11	61
运河区小王庄镇	4243		28	32642	26	3	32
运河区南陈屯镇	4290		30	51864	123	6	69
沧县旧州镇	6415		14	24779	86	13	46
沧县兴济镇	9428	4	27	49416	126	8	158
沧县杜生镇	5971		40	43589	305	20	98
沧县崔尔庄镇	11800		48	59574	458	11	44
沧县李天木镇	8378		14	41786	348	13	38
沧县纸房头镇	7544		33	44936	148	24	127

续表 41　　河北省　　单位：公顷、个、人

名　　称	行政区域面积	居民委员会(社区)个数	村民委员会个数	户籍人口	工业企业个数	#规模以上	营业面积50平方米以上的商店或超市个数
沧县姚官屯镇	6592		13	36807	168	10	19
沧县薛官屯乡	9300		13	24327	245	13	45
沧县捷地回族乡	3435		16	31359	45	3	22
沧县张官屯乡	8827		35	49746	167	9	44
沧县风化店乡	10275		21	45390	88	14	86
沧县杜林回族乡	6107		38	46149	42	7	87
沧县汪家铺乡	6099		24	37495	50	8	56
沧县刘家庙乡	6500		26	28422	14		50
沧县仵龙堂乡	7787		19	32565	115	19	38
沧县大官厅乡	6492		41	43976	175	8	51
沧县高川乡	5554		33	34329	50	6	34
沧县黄递铺乡	3784		29	26643	29	1	72
沧县大褚村回族乡	4477		26	27445	34	3	55
青县清州镇	11611	14	50	110095	798	23	625
青县金牛镇	14412		32	46302	280	14	108
青县新兴镇	8752		38	38871	33	2	75
青县流河镇	10635		44	37933	48	1	72
青县木门店镇	7887		31	30980	66	4	47
青县马厂镇	14154		24	45004	1160	39	74
青县盘古镇	6582		31	31632	168	12	60
青县曹寺镇	12742		58	45626	83	1	80
青县上伍乡	6044		15	21862	138	9	42
青县陈嘴乡	4714		22	18868	109	6	33
东光县东光镇	7158	9	60	75248	516	70	68
东光县连镇镇	8785		64	44872	472	13	66
东光县找王镇	5701		36	29346	183	14	30
东光县秦村镇	7190		38	31049	79	8	36
东光县灯明寺镇	8042		43	32654	55	6	45
东光县南霞口镇	9075		54	40698	190	13	61
东光县龙王李镇	7863		48	40030	105	5	63
东光县于桥乡	8545		59	35787	175	41	98
海兴县苏基镇	11104	9	34	51935	46	12	88
海兴县辛集镇	4868		14	22800	33	2	33
海兴县高湾镇	7920		31	28937	82	2	57
海兴县赵毛陶镇	13920		44	36572	47	10	88
海兴县香坊乡	6520		19	20726	62	1	48
海兴县小山乡	23408		19	28317	46	2	63
海兴县张会亭乡	6340		36	31954	26	1	73
盐山县盐山镇	9640	4	59	63248	295	16	108
盐山县望树镇	5380		26	31506	46	5	8
盐山县庆云镇	5600		45	45135	303	3	90
盐山县韩集镇	5270		48	43050	23	5	36
盐山县千童镇	3810		29	29168	8		64
盐山县圣佛镇	7770		42	49912	196	2	71
盐山县边务镇	9070		40	32719	235	15	42
盐山县小庄镇	6470		37	35911	6		60

续表 42　　　　河北省　　　　单位：公顷、个、人

名　　称	行政区域面　　积	居民委员会(社区)个数	村民委员会个　　数	户籍人口	工业企业个　　数	#规模以上	营业面积50平方米以上的商店或超市个数
盐山县杨集镇	6810		36	32313	390	6	26
盐山县小营乡	5900	2	27	29723	16	2	75
盐山县孟店乡	8520		35	46800	92	1	80
盐山县常庄乡	3280		26	21985	23		22
肃宁县肃宁镇	4969	9	38	71419	63	7	87
肃宁县梁家村镇	8164		47	52416	134	5	86
肃宁县窝北镇	6087		24	37193	56	2	30
肃宁县尚村镇	5457	2	32	37075	250	9	47
肃宁县万里镇	5594		29	37884	48		24
肃宁县师素镇	6772		27	39923	61	2	67
肃宁县河北留善寺镇	5130		22	36745	132	5	49
肃宁县付家佐镇	5067		17	30143	50	2	44
肃宁县邵庄乡	4383		18	25725	66	9	48
南皮县南皮镇	6524	6	45	64220	662	29	118
南皮县冯家口镇	10095		50	46356	557	9	91
南皮县寨子镇	8571		43	58414	81	4	77
南皮县鲍官屯镇	9104		13	34886	37	5	47
南皮县王寺镇	9069		24	41049	87	9	63
南皮县乌马营镇	9657		33	28548	416	25	68
南皮县潞灌镇	9854		40	57127	203	6	70
南皮县大浪淀乡	9981		28	32934	82	4	88
南皮县刘八里乡	5716		36	29225	315	21	72
吴桥县桑园镇	4562	8	33	47906	621	11	36
吴桥县铁城镇	7376		84	37087	60	3	48
吴桥县于集镇	5714		40	24287	21	3	44
吴桥县梁集镇	5334		37	19926	16	2	25
吴桥县安陵镇	6771		67	22540	45	4	30
吴桥县曹家洼乡	5140		41	21552	30	4	35
吴桥县东宋门乡	6440		40	25634	92	6	70
吴桥县杨家寺乡	5126		39	21709	44	2	2
吴桥县沟店铺乡	6082		44	23959	70	2	64
吴桥县何庄乡	5672		48	23512	21	1	37
献县乐寿镇	9900	11	61	87318	73	10	119
献县淮镇镇	7200		31	45799	89	7	63
献县郭庄镇	5800		21	36539	258	12	59
献县河城街镇	8300		52	49907	284	15	110
献县韩村镇	11100		47	57062	65	1	81
献县陌南镇	8400		33	42236	41	2	72
献县陈庄镇	8600		42	36308	134	7	52
献县段村镇	6900		18	29786	76		45
献县高官镇	4900		21	31441	93	1	45
献县十五级镇	6500		19	30107	50	2	32
献县商林乡	5100		22	29214	16	1	30
献县张村乡	6700		19	28349	51	1	49
献县临河乡	5400		19	32109	28		55
献县小平王乡	4900		15	20411	34	1	30

续表 43　　河北省　　单位：公顷、个、人

名　　称	行政区域面　　积	居民委员会(社区)个数	村民委员会个　　数	户籍人口	工业企业个　　数	#规模以上	营业面积50平方米以上的商店或超市个数
献县垒头乡	4800		22	24185	55	4	38
献县南河头乡	3700		27	26962	356	16	79
献县西城乡	5800		20	27728	27	3	48
献县本斋回族乡	3000		11	16977	15	5	30
孟村回族自治县孟村镇	7600		25	43883	1201	15	79
孟村回族自治县新县镇	6400		23	34895	91	2	57
孟村回族自治县辛店镇	4100		17	30084	1121	53	16
孟村回族自治县高寨镇	6100		23	25701	362	6	46
孟村回族自治县宋庄子乡	5500		16	36280	68	2	30
孟村回族自治县牛进庄乡	8300		22	36929	133	10	65
泊头市泊镇	5780		49	49400	356	20	67
泊头市交河镇	7904	2	48	43966	260	32	56
泊头市齐桥镇	10392		68	61349	192	11	90
泊头市寺门村镇	8158		54	35597	112	23	23
泊头市郝村镇	9278		58	40200	120	15	61
泊头市富镇镇	7818	1	41	37253	272	16	61
泊头市文庙镇	8466		58	40315	472	5	88
泊头市洼里王镇	7044		50	45460	115	10	97
泊头市四营镇	7548		53	34321	159	29	53
泊头市王武庄乡	6942		50	34042	121	9	62
泊头市营子乡	9412		67	47326	33	6	96
任丘市出岸镇	5400		24	43036	258	6	78
任丘市石门桥镇	5990		32	49587	380	37	86
任丘市吕公堡镇	5170		28	46399	413	40	82
任丘市长丰镇	7862		32	53072	550	13	86
任丘市梁召镇	7390		23	50012	656	44	83
任丘市辛中驿镇	5880		25	45839	192	37	67
任丘市麻家坞镇	7230		24	47025	225	88	77
任丘市北辛庄镇	5023		22	36311	107	10	82
任丘市议论堡镇	7178		21	44038	518	50	68
任丘市青塔乡	5319		16	34691	56	6	67
任丘市北汉乡	5120		28	34357	342	17	54
任丘市于村乡	8292		22	44705	298	16	95
黄骅市黄骅镇	13410		39	49002	1250	22	333
黄骅市南排河镇	26375	1	21	54365	142	3	69
黄骅市吕桥镇	15000		35	43541	113	14	75
黄骅市旧城镇	14472		40	41084	103	13	33
黄骅市齐家务镇	16524		37	44572	538	13	74
黄骅市滕庄子镇	19794		26	45583	270	18	81
黄骅市常郭镇	16371		51	46138	780	16	51
黄骅市羊二庄镇	31083		48	52855	178	15	25
黄骅市官庄乡	9517		22	32304	67	3	54
黄骅市羊三木回族乡	6259		8	9715	59	8	26
河间市米各庄镇	9358		31	68109	282	15	88
河间市景和镇	6602		29	30271	56	3	39
河间市卧佛堂镇	8077		32	55398	94	9	87

续表 44　　　　河北省　　　　单位：公顷、个、人

名　　称	行政区域面　　积	居民委员会(社区)个数	村民委员会个　　数	户籍人口	工业企业个　　数	#规模以上	营业面积50平方米以上的商店或超市个数
河间市束城镇	9060		41	59502	568	32	76
河间市留古寺镇	6041		18	35976	139	10	52
河间市沙河桥镇	7767		45	47760	84	15	75
河间市诗经村镇	10217		38	63207	206	13	94
河间市尊祖庄镇	7729		31	43356	82	15	53
河间市兴村镇	8983		43	60482	148	10	114
河间市行别营镇	6322		27	47208	161	21	52
河间市故仙镇	8576		36	41251	42	7	89
河间市黎民居乡	9550		42	50116	78	11	43
河间市沙洼乡	5627		29	39099	174	6	73
河间市西九吉乡	5053		34	34638	36	4	38
河间市北石槽乡	4260		15	25995	123	6	38
河间市时村乡	5547		25	33326	44	5	25
河间市龙华店乡	4795		26	28429	16	1	29
河间市果子洼回族乡	2714		20	24379	80	4	36
安次区落垡镇	5963		30	26026	26	3	35
安次区码头镇	10508		44	50997	75	6	52
安次区葛渔城镇	8061		36	46838	44	3	69
安次区东沽港镇	6438		30	39915	25	2	38
安次区调河头镇	6220		30	28191	18	4	66
安次区北史家务镇	2549	4	20	35914	15	1	2
安次区杨税务镇	9190	5	49	41338	43	22	70
安次区仇庄镇	8200	1	47	29588	68	11	95
广阳区南尖塔镇	2630	10	14	45137	10	8	60
广阳区万庄镇	8842	11	42	77393			69
广阳区九州镇	7968		70	64272	9	6	67
广阳区北旺镇	3067	3	23	38518	30	13	35
固安县固安镇	16516	8	103	216224	325	109	156
固安县宫村镇	7375		35	40605	51	7	70
固安县柳泉镇	8621		55	52407	49	8	105
固安县牛驼镇	6705		50	44219	59	4	96
固安县马庄镇	5549		31	34685	41	2	71
固安县东湾镇	7451		47	46850	25	4	70
固安县渠沟镇	4988		22	34425	49	1	53
固安县彭村乡	4631		28	28914	56	2	40
固安县礼让店乡	3560		18	23176	38	2	45
永清县永清镇	17620		130	96521	311	32	148
永清县韩村镇	9060		34	32204	42	1	59
永清县后奕镇	5210		19	27469	25	2	40
永清县别古庄镇	9950		36	30960	134	12	50
永清县里澜城镇	6793		30	29003	28	8	64
永清县管家务回族乡	2947		12	12862	23	4	29
永清县曹家务乡	9057		43	31844	29	4	44
永清县龙虎庄乡	5251		25	30898	8	1	62
永清县刘街乡	5500		26	33656	101	16	25
永清县三圣口乡	5952		31	32114	85	3	14

续表 45　　河北省　　单位：公顷、个、人

名　　称	行政区域面　　积	居民委员会(社区)个数	村民委员会个　　数	户籍人口	工业企业个　　数	#规模以上	营业面积50平方米以上的商店或超市个数
香河县淑阳镇	5233		53	109584	289	9	122
香河县蒋辛屯镇	3288	1	18	28865	19	2	38
香河县渠口镇	6475		48	50503	299	16	98
香河县安头屯镇	4583		25	27866	96	1	84
香河县安平镇	3352	8	29	40034	52	4	39
香河县刘宋镇	6289		25	35501	58	4	77
香河县五百户镇	6199		43	38675	90	6	88
香河县钱旺镇	3651		21	27834	213	9	28
香河县钳屯镇	3421		21	23681	135	5	62
大城县平舒镇	6867		46	79010	142	11	96
大城县旺村镇	14542		45	46355	188	21	94
大城县大尚屯镇	13142		59	85000	185	1	150
大城县南赵扶镇	10675		38	47862	101	3	187
大城县留各庄镇	7945		39	52046	107	17	54
大城县权村镇	6315		22	42869	120	11	29
大城县里坦镇	6011		22	27500	47	5	53
大城县广安镇	6853		37	44595	165	5	95
大城县北魏镇	7311		32	52452	53	1	85
大城县臧屯镇	10046		54	53839	90	14	102
文安县文安镇	13315	4	50	93392	136	18	84
文安县新镇镇	4815		24	35387	1609	11	66
文安县苏桥镇	8292		29	36602	412	5	76
文安县大柳河镇	10499		35	42896	303	29	104
文安县左各庄镇	4280		22	27341	600	52	58
文安县滩里镇	6522		15	34308	260	40	29
文安县史各庄镇	3875		17	27349	390	13	46
文安县赵各庄镇	7926		39	50747	340	7	35
文安县兴隆宫镇	5462		18	32880	153	9	58
文安县大留镇镇	7083		25	45803	403	18	52
文安县孙氏镇	14392		60	66602	829	8	95
文安县德归镇	10203		25	22656	120	4	38
文安县大围河回族满族乡	6198		24	35445	330	18	48
大厂回族自治县大厂镇	4133		26	29403	240	4	52
大厂回族自治县夏垫镇	4118		30	39934	180	2	50
大厂回族自治县祁各庄镇	4748		20	48327	70	3	48
大厂回族自治县邵府镇	2218		8	11322	23		23
大厂回族自治县陈府镇	2376		21	12673	17	4	29
霸州市霸州镇	8393	3	45	74980	356	14	93
霸州市南孟镇	5197	1	30	37418	142	7	91
霸州市信安镇	4158		17	31246	367	16	73
霸州市堂二里镇	4638		36	35260	504	34	75
霸州市煎茶铺镇	7613	1	32	45510	760	10	101
霸州市胜芳镇	9701	1	39	98945	496	33	265
霸州市杨芬港镇	8528		22	39829	306	16	68
霸州市康仙庄镇	7789		40	52597	2665	10	118
霸州市王庄子镇	5127		7	38524	240	10	55

续表 46　　河北省　　单位：公顷、个、人

名　　称	行政区域面　　积	居民委员会(社区)个数	村民委员会个　　数	户籍人口	工业企业个　　数	#规模以上	营业面积50平方米以上的商店或超市个数
霸州市岔河集乡	7775		40	53045	719	111	122
霸州市东杨庄乡	3021		20	24603	260	5	54
霸州市东段乡	6367		35	46491	1426	67	132
三河市泃阳镇	6212		48	60386	203	11	67
三河市李旗庄镇	4396		32	25883	135	15	80
三河市杨庄镇	4829		36	28983	105	9	30
三河市皇庄镇	6703		49	46648	80	3	94
三河市新集镇	5973		38	48519	72	1	33
三河市段甲岭镇	5541		26	23082	8	2	21
三河市黄土庄镇	6516		39	36899	93	6	16
三河市高楼镇	7382		37	48320	94	12	76
三河市齐心庄镇	4391		35	25512	45	3	38
三河市燕郊镇	10957	78	55	391252	610	96	272
桃城区郑家河沿镇	10759		64	60786	476	7	69
桃城区赵家圈镇	11551		73	36871	102	23	24
桃城区邓庄镇	9995		33	29362	90	6	28
桃城区何家庄乡	1091		31	32208	5	1	11
冀州区冀州镇	13416		83	85767	228	24	49
冀州区官道李镇	6402		35	18905	13	5	24
冀州区南午村镇	11681		57	37426	43	11	76
冀州区周村镇	7721		45	24741	45	8	35
冀州区码头李镇	9300		32	29924	46	4	32
冀州区西王镇	7344		25	30685	57	12	35
冀州区门家庄乡	6206		17	20783	12	4	37
冀州区徐家庄乡	8123		28	26647	28	6	47
冀州区北漳淮乡	5878		21	21079	31	7	24
冀州区小寨乡	11712		39	31219	38	6	30
枣强县枣强镇	19180	6	131	106396	150	11	79
枣强县恩察镇	3737		23	15388			15
枣强县大营镇	13574		88	76564	543	30	20
枣强县嘉会镇	3214		20	12517	13	1	18
枣强县马屯镇	11469		61	37349	10	4	75
枣强县肖张镇	3370		14	14127	24	3	21
枣强县张秀屯镇	9252		55	31137	34	13	44
枣强县新屯镇	7261		57	37407	135	5	29
枣强县唐林镇	6945		30	22536	3	2	27
枣强县王均乡	6399		34	22787	2		10
枣强县王常乡	6058		40	19943	4	1	24
武邑县武邑镇	12856		95	72893	182	42	64
武邑县清凉店镇	8979		65	30674	40	6	5
武邑县审坡镇	10502		61	35402	52	3	6
武邑县赵桥镇	9765		64	36520	18	3	13
武邑县韩庄镇	10520		65	38470	16		6
武邑县肖桥头镇	7399		38	27918	106	6	6
武邑县龙店镇	7478		51	26980	12	1	4
武邑县圈头乡	5922		44	21325	6		2

续表 47　　河北省　　单位：公顷、个、人

名　　称	行政区域面　　积	居民委员会(社区)个数	村民委员会个　　数	户籍人口	工业企业个　　数	#规模以上	营业面积50平方米以上的商店或超市个数
武邑县大紫塔乡	6415		41	19503	7	3	8
武强县武强镇	9618	4	45	57885	130	29	73
武强县街关镇	7540	8	46	30481	110	6	56
武强县周窝镇	5315		40	24078	117	3	24
武强县东孙庄镇	7506		25	31919	69	14	39
武强县豆村镇	6237		39	29970	87	3	43
武强县北代乡	8090		35	30151	114	8	33
饶阳县饶阳镇	8901		37	42954	136	9	65
饶阳县大尹村镇	4707		19	23793	19	3	35
饶阳县五公镇	6614		21	35101	96	9	54
饶阳县大官亭镇	8687		28	42121	45	3	81
饶阳县王同岳镇	6413		28	29220	243	23	44
饶阳县东里满镇	7632		15	37424	29	2	55
饶阳县留楚镇	14275		49	55767	38	3	60
安平县安平镇	8183		48	85206	2180	19	28
安平县马店镇	8174		31	54812	410	5	28
安平县南王庄镇	6145		25	34774	281	5	48
安平县大子文镇	5618		24	31794	470	6	43
安平县东黄城镇	4811		25	30644	715	8	37
安平县大何庄乡	5884		24	35558	93		22
安平县程油子乡	6305		35	36995	245	1	17
安平县西两洼乡	4427		18	23350	460	8	23
故城县郑口镇	12076		79	114482	481	14	141
故城县夏庄镇	8041		46	37214	135	16	62
故城县青罕镇	4750		24	29099	135	9	51
故城县故城镇	5275		37	27819	47	4	40
故城县武官寨镇	7658		44	40259	53	4	57
故城县饶阳店镇	8448		37	34848	292	5	61
故城县军屯镇	3046		21	19356	22	6	28
故城县建国镇	6717		58	52212	52	6	62
故城县西半屯镇	8119	1	48	44385	98	7	65
故城县房庄镇	10090		54	34504	52	7	33
故城县三朗镇	7410		38	27591	45	9	87
故城县辛庄乡	7174	1	33	28746	10	4	40
故城县里老乡	5331		19	20191	46	1	46
景县景州镇	8946	8	83	63677	590	39	42
景县龙华镇	7832		37	41251	85	35	22
景县广川镇	8024		42	31584	111	25	22
景县王瞳镇	6278		38	28170	7	1	36
景县洚河流镇	6297		54	27891	63	6	34
景县安陵镇	5687		38	23428	12	5	35
景县杜桥镇	8987		74	39883	96	10	38
景县王谦寺镇	7557		52	29940	35	3	6
景县北留智镇	7711		45	31664	22	2	15
景县留智庙镇	8368		46	39151	45	14	53
景县梁集镇	8235		78	37621	21	1	26

续表 48　　河北省、山西省　　单位：公顷、个、人

名　　称	行政区域面积	居民委员会(社区)个数	村民委员会个数	户籍人口	工业企业个数	#规模以上	营业面积50平方米以上的商店或超市个数
景县刘集乡	7314		70	26471	6		43
景县连镇乡	5944		54	23313	18		34
景县温城乡	6339		46	24228	53	4	28
景县后留名府乡	7501		40	28170	25	3	27
景县青兰乡	7793		51	30533	10		49
阜城县阜城镇	7178		74	64825	98	10	37
阜城县古城镇	8748	1	76	44151	204	4	74
阜城县码头镇	9343		82	40701	220	5	18
阜城县霞口镇	6407		56	32578	232	8	59
阜城县崔家庙镇	8662	1	84	43815	252	4	48
阜城县漫河镇	6036		38	29010	105	5	40
阜城县建桥乡	4080		39	18239	113	6	4
阜城县蒋坊乡	4932	1	57	26666	83	4	43
阜城县大白乡	4272	1	46	20407	48	1	22
阜城县王集乡	5004		58	23549	98	3	5
衡水高新技术产业开发区大麻森乡	8073		63	32765	188	2	34
衡水滨湖新区魏家屯镇	4585		30	22750	436		23
衡水滨湖新区彭杜村乡	9142		42	40221	410	19	42
深州市唐奉镇	8373		29	40178	166	15	68
深州市深州镇	8301		28	81311	122	5	121
深州市辰时镇	9776		28	40958	37	4	56
深州市榆科镇	7334		28	26251	38	1	35
深州市魏家桥镇	7782		27	27867	19	5	31
深州市大堤镇	6743		35	22422	5	3	24
深州市前磨头镇	6223	1	27	21068	70	9	10
深州市王家井镇	8740		34	31849	49	3	63
深州市护驾迟镇	7413		29	21533	11	3	28
深州市大屯镇	8193		22	23079	18	2	39
深州市高古庄镇	6973		25	19961	21	6	17
深州市北溪村镇	7004		19	31279	14	2	32
深州市大冯营镇	8090		32	31007	26	1	45
深州市兵曹乡	6215		19	33439	18	6	47
深州市穆村乡	4216		16	30244	11	4	41
深州市东安庄乡	7200		27	40732	34	4	68
深州市乔屯乡	5943		40	18345	29	4	32
山西省							
小店区北格镇	6755		16	48730	86	14	68
小店区西温庄乡	4358	13		20240	20	4	43
小店区刘家堡乡	4587		12	41198	62	19	66
迎泽区郝庄镇	8848	23	9	71244	27	10	42
杏花岭区中涧河镇	9161	8	14	28206	92	16	26
尖草坪区向阳镇	2940	1	11	17544	40	13	35
尖草坪区阳曲镇	3500	1	13	17546	45	6	29
尖草坪区柏板乡	2556		7	12834	32	7	3
尖草坪区西墕乡	2181		5	5717	16	9	2
晋源区金胜镇	4453	18	3	43476	38	1	9

续表 49　　　　山西省　　　　单位：公顷、个、人

名　　称	行政区域面积	居民委员会(社区)个数	村民委员会个数	户籍人口	工业企业个数	#规模以上	营业面积50平方米以上的商店或超市个数
晋源区晋祠镇	7462	3	21	39324	75	4	78
晋源区姚村镇	5639	1	11	28468	65	12	23
清徐县清源镇	8010	24	18	103487	46	25	442
清徐县徐沟镇	8441	4	25	48654	45	13	40
清徐县东于镇	9592	1	12	30032	86	28	25
清徐县孟封镇	7582		20	33855	67	10	34
清徐县马峪乡	9975	1	13	21686	14	2	25
清徐县柳杜乡	3835		11	21301	33	4	22
清徐县西谷乡	3509		9	21622	29	7	34
清徐县王答乡	4451		14	33054	116	16	48
清徐县集义乡	5365		17	30046	9	3	23
阳曲县黄寨镇	9445	11	6	21468	154	34	34
阳曲县大盂镇	10108		12	14974	13	6	4
阳曲县东黄水镇	14066	2	10	16017	13	3	30
阳曲县泥屯镇	29832		21	24424	27	1	30
阳曲县高村乡	11304		9	13075	9	4	26
阳曲县侯村乡	13096	5	10	17483	7	2	4
阳曲县凌井店乡	18301		13	10696	5		19
阳曲县西凌井乡	54259		10	6310			3
阳曲县杨兴乡	42513		7	5324	3	1	10
娄烦县娄烦镇	15900	9	19	33248	23		70
娄烦县静游镇	13659	1	18	27952	18	6	29
娄烦县杜交曲镇	29213	2	16	18128	1		15
娄烦县马家庄乡	20127	2	15	17600	21	8	17
娄烦县盖家庄乡	11700		8	5472	5	3	
娄烦县米峪镇乡	21267		12	10035	2		7
娄烦县天池店乡	16958		14	11975	1		16
古交市河口镇	20147	6	13	22241	7		57
古交市镇城底镇	5001	4	8	12852	12	3	11
古交市马兰镇	11550	4	10	21179	27		6
古交市嘉乐泉乡	28658	2	12	12449	12	3	5
古交市梭峪乡	4227	5	4	14981	26		17
古交市岔口乡	17554		12	9582	9		3
古交市常安乡	9799		12	8442	4		13
古交市原相乡	10426		10	6748	14		5
古交市邢家社乡	26135		15	12066	4	2	1
新荣区新荣镇	10300	5	11	35888	6		15
新荣区古店镇	8378		10	11851	12	4	31
新荣区花园屯镇	22079		19	16745	26	3	10
新荣区破鲁堡乡	17589		20	20450	6		28
新荣区郭家窑乡	14740		19	12270	4		1
新荣区西村乡	16223		15	11421	17	6	20
新荣区堡子湾乡	17887		18	16716	23	7	30
云冈区高山镇	15651	10	12	17352	15		10
云冈区云冈镇	13400	8	13	22365	4		36
云冈区口泉乡	21033	2	31	47872	108	32	51

续表 50 山西省 单位：公顷、个、人

名　　称	行政区域面　　积	居民委员会(社区)个数	村民委员会个　　数	户籍人口	工业企业个　　数	#规模以上	营业面积50平方米以上的商店或超市个数
云冈区西韩岭乡	10534		17	28685	24	4	22
云冈区平旺乡	3610		10	24709	12	1	25
云冈区鸦儿崖乡	8200	2	11	10005	4		1
云州区西坪镇	26104	9	27	58828	5	3	55
云州区倍加造镇	6690		9	18728	20	6	31
云州区周士庄镇	14501		18	17727	20	3	61
云州区吉家庄乡	18912		13	10440			20
云州区峰峪乡	17317		13	11072			17
云州区杜庄乡	14627	3	15	14538	7	1	35
云州区党留庄乡	7432		11	14715	25	3	20
云州区聚乐乡	13947		8	7819	2	1	8
云州区许堡乡	27236		14	15177	7		14
阳高县龙泉镇	24577	15	35	103601	19	7	198
阳高县罗文皂镇	16074		14	27531	65		54
阳高县大白登镇	10905		22	19018	2		22
阳高县王官屯镇	20143		27	24372	35	16	31
阳高县古城镇	15218		22	17873	2	1	22
阳高县东小村镇	10581		13	10580			11
阳高县友宰镇	14101		11	10274			28
阳高县长城乡	13474		8	5237	2	1	2
阳高县狮子屯乡	11709		18	17519	2	1	2
阳高县下深井乡	15991		18	15744	2	1	29
阳高县鳌石乡	7057		9	11407	2	1	9
天镇县玉泉镇	16456	15	31	76423	14	4	73
天镇县谷前堡镇	8531	1	12	25240	13	5	24
天镇县米薪关镇	19470		18	19076			13
天镇县逯家湾镇	21692		19	14446	4	1	13
天镇县新平堡镇	18700		15	12480	15	1	7
天镇县卅里铺乡	11673		14	22345	5	4	38
天镇县贾家屯乡	12942		14	10589	3	2	11
天镇县赵家沟乡	12016		10	7743			2
天镇县南高崖乡	21844		9	8496	2		2
天镇县张西河乡	8521		18	10791	10	1	6
天镇县马家皂乡	7998		12	14059			22
广灵县壶泉镇	7929	9	24	61269	32		69
广灵县南村镇	27719		16	24273	33		23
广灵县加斗镇	11380		13	17064	4		15
广灵县作疃镇	9835		16	18785	8		37
广灵县梁庄镇	33551		21	20125	3		4
广灵县一斗泉乡	11598		11	11590	2		21
广灵县蕉山乡	8273		15	15971	24	5	23
广灵县宜兴乡	12104		13	11608	34		
灵丘县武灵镇	37085	14	50	100581	102	24	238
灵丘县东河南镇	26222		24	33976	25	1	61
灵丘县上寨镇	28986		14	18195	8		30
灵丘县落水河乡	28227		16	27374	22	2	37

续表 51　　山西省　　单位：公顷、个、人

名　　称	行政区域面　　积	居民委员会(社区)个数	村民委员会个　　数	户籍人口	工业企业个　　数	#规模以上	营业面积50平方米以上的商店或超市个数
灵丘县赵北乡	28861		19	17771	20		17
灵丘县石家田乡	18203		11	10167	31	1	11
灵丘县柳科乡	19471		11	8164	13	3	6
灵丘县白崖台乡	20879		10	6365	14		3
灵丘县红石塄乡	14631		7	4690	2		7
灵丘县下关乡	24189		10	9121	1		3
灵丘县独峪乡	26356		14	8885	17		7
浑源县永安镇	9155	11	25	112548	50	7	136
浑源县西坊城镇	5619		11	14610	1		2
浑源县蔡村镇	5968		8	13181	4		30
浑源县沙圪坨镇	17778		20	24459	7		29
浑源县王庄堡镇	18950		24	16330	2		25
浑源县青磁窑镇	15764		16	17847			13
浑源县东坊城乡	11960		11	26032	33	2	41
浑源县裴村乡	8870		9	16030			37
浑源县驼峰乡	8452		12	11917	6		21
浑源县西留村乡	8472		7	11983	2		27
浑源县下韩村乡	2818		7	10819	21		12
浑源县南榆林乡	11294		11	9264			9
浑源县吴城乡	10164		10	9300			5
浑源县大仁庄乡	22540		16	19757	5	1	15
浑源县千佛岭乡	19341		17	14491	11		4
浑源县官儿乡	19537		9	11114	3		6
左云县云兴镇	13407	7	17	50305	16	6	39
左云县鹊儿山镇	5432	1	8	6392	7	3	4
左云县店湾镇	18415	1	22	15177	6	5	6
左云县管家堡乡	12441		17	10515			10
左云县张家场乡	19044		24	14010	15	2	17
左云县三屯乡	23701		17	12080			11
左云县马道头乡	14587		17	11688	4	1	8
左云县小京庄乡	23030		23	12492	33	13	7
城区义井镇	4111		12	20081	62	2	17
郊区荫营镇	10331	9	23	59085	131	28	43
郊区河底镇	10305	1	24	35921	62	11	35
郊区平坦镇	10831		10	9635	42	5	7
郊区西南舁乡	5799		12	12676	85	9	12
郊区杨家庄乡	2023		7	7202	35	4	8
郊区李家庄乡	1622	4	6	15078	16	5	18
郊区旧街乡	8638		10	6239	13	5	14
平定县冠山镇	8712	15	39	111344	82	31	48
平定县冶西镇	14117	2	18	14092	16	7	2
平定县锁簧镇	5344		19	30606	38	11	33
平定县张庄镇	16194		30	38389	40	17	35
平定县东回镇	23898		22	28245	2		22
平定县柏井镇	11712		18	18482	6	2	11
平定县娘子关镇	15099	1	15	15913	13	1	22

续表 52　　山西省　　单位：公顷、个、人

名　　称	行政区域面　积	居民委员会(社区)个数	村民委员会个　数	户籍人口	工业企业个　数	#规模以上	营业面积50平方米以上的商店或超市个数
平定县巨城镇	15893	1	23	24796	36	4	10
平定县石门口乡	9072		12	17098	53	18	17
平定县岔口乡	19119		22	17377	33	5	35
盂县秀水镇	5418	11	28	82245	75	9	86
盂县孙家庄镇	9278		28	26680	35	7	34
盂县路家村镇	9377		27	23208	40	12	12
盂县南娄镇	17985		37	32402	115	19	41
盂县牛村镇	6938		26	21251	29	5	22
盂县苌池镇	22595		18	23012	39	5	20
盂县上社镇	44947		22	20958	31		2
盂县西烟镇	30986		17	20917	34	4	3
盂县仙人乡	20475		16	12819	20	4	17
盂县北下庄乡	12434		17	10551	4		4
盂县梁家寨乡	28644		17	12650	17		27
盂县西潘乡	26093		14	9744	46		5
盂县东梁乡	16271		10	10652	13	1	6
潞州区马厂镇	4400	5	20	54272	114	18	30
潞州区黄碾镇	4386	5	17	80107	25	12	28
潞州区西白兔镇	2800	3	7	21851	28	12	11
上党区苏店镇	7992		29	62841	35	15	62
上党区荫城镇	7400		32	49566	49	15	78
上党区西火镇	4469		16	24790	12	1	17
上党区八义镇	4650		16	24452	20	6	24
上党区郝家庄镇	3870	1	18	37625	121	16	56
上党区南宋镇	4834		14	17738	15	12	15
上党区西池乡	4101		16	23697	9	5	52
上党区北呈乡	3197		12	23758	10	3	24
上党区东和乡	3076		11	21064	14	6	33
屯留区上村镇	4629		16	23309	15	2	73
屯留区渔泽镇	2633	1	10	23445	36	13	41
屯留区余吾镇	6903		22	19915	19	11	47
屯留区吾元镇	16958		17	15569			60
屯留区张店镇	30121		23	20738			82
屯留区丰宜镇	6604		14	14841	2		19
屯留区李高乡	5126		17	22443	13		62
屯留区路村乡	7287		20	32443	38	12	88
屯留区河神庙乡	10703		18	17554	4		49
潞城区店上镇	8411		20	30507	200	24	42
潞城区微子镇	7765		18	19843	25	8	20
潞城区辛安泉镇	8710		14	13681	2		7
潞城区史回镇	4490		17	19760	32	8	10
潞城区黄牛蹄乡	5586		12	13903			17
襄垣县古韩镇	14056	6	37	87281	54	15	62
襄垣县王桥镇	9264	1	14	33532	27	5	46
襄垣县侯堡镇	8029	2	19	34843	31	10	50
襄垣县夏店镇	16294		40	26420	29	7	30

续表 53　　山西省　　单位：公顷、个、人

名　　称	行政区域面　　积	居民委员会(社区)个数	村民委员会个　　数	户籍人口	工业企业个　　数	#规模以上	营业面积50平方米以上的商店或超市个数
襄垣县虒亭镇	22664		37	22896	8		17
襄垣县西营镇	5984		17	10508	7		23
襄垣县王村镇	14104		20	14565			23
襄垣县下良镇	17205		24	15998	22	9	29
襄垣县善福镇	10199		21	14462	55	7	28
平顺县青羊镇	21924	4	25	41805	13	5	20
平顺县龙溪镇	9067		13	17007	9	4	50
平顺县石城镇	15681		18	12186	7		13
平顺县苗庄镇	3361		10	9178	4	2	6
平顺县玉峡关镇	19540		12	10876	11	5	16
平顺县西沟乡	6301		10	7675	7	1	13
平顺县东寺头乡	23388		13	8255	9	2	29
平顺县虹梯关乡	14717		11	6901	3	1	7
平顺县阳高乡	12948		9	8916	11	1	7
平顺县北耽车乡	17280		12	9504	5		12
平顺县北社乡	6828		18	16547	16	5	22
黎城县东阳关镇	14714		21	16908			5
黎城县上遥镇	24432		24	17336	19		30
黎城县西井镇	24627		35	28769	9		19
黎城县黄崖洞镇	12709		17	14691	8	1	21
黎城县黎侯镇	7088	12	22	47081	5	4	28
黎城县洪井镇	12817		26	16328	24		12
黎城县西仵镇	2938		13	11329	26	6	10
黎城县程家山镇	12008		15	9632	1		
壶关县龙泉镇	10181	3	51	58038	52	8	111
壶关县百尺镇	7942		36	34515	10	2	13
壶关县店上镇	9744		38	29758			9
壶关县晋庄镇	10214		26	28127	33	3	23
壶关县树掌镇	9933		17	11472	4		4
壶关县大峡谷镇	18745		27	17163			11
壶关县集店镇	7426		26	38765	25	19	25
壶关县黄山乡	5545		20	27652	2	2	12
壶关县东井岭乡	7825		21	17952	3		5
壶关县石坡乡	13218		17	13412			8
长子县丹朱镇	7331	5	43	83312	57	6	45
长子县鲍店镇	9441		41	44995	17	2	58
长子县石哲镇	32851		29	30457	10	2	8
长子县大堡头镇	7318		32	40016	23	5	75
长子县慈林镇	5886	1	24	30309	20	12	53
长子县色头镇	4458		15	19341	14	6	28
长子县南漳镇	3368		17	26026	10	5	47
长子县宋村镇	6463		29	37793	27	6	63
长子县南陈镇	12603		23	21911	6	1	26
长子县碾张乡	7748		17	15995	2		21
长子县常张乡	5652		16	16092	5		25
武乡县丰州镇	20267	4	45	55330	15	4	43

续表 54　　山西省　　单位：公顷、个、人

名　称	行政区域面积	居民委员会(社区)个数	村民委员会个数	户籍人口	工业企业个数	#规模以上	营业面积50平方米以上的商店或超市个数
武乡县洪水镇	26061	2	43	31626	16	12	33
武乡县蟠龙镇	17670		38	25139	15	4	28
武乡县监漳镇	4945		15	10733	2	1	7
武乡县故城镇	15320		25	18366	4		43
武乡县韩北镇	12009		19	12286	9	4	9
武乡县大有乡	9368		19	12688			7
武乡县贾豁乡	9704		15	10903			6
武乡县上司乡	5788		13	8356			9
武乡县石北乡	7856		12	5935			3
武乡县涌泉乡	7476		14	8652	2	1	5
武乡县分水岭乡	23246		11	6473	10	1	12
沁县定昌镇	10082	6	35	59572	181	2	61
沁县郭村镇	7900		15	11644			9
沁县故县镇	24200		27	15720	10		8
沁县新店镇	11938		23	14169	20	1	10
沁县漳源镇	12600		22	13730	7		2
沁县册村镇	12760		20	13782	9	1	64
沁县沁州黄镇	11548		20	10493	2	1	18
沁县南里镇	6432		19	10093	2		27
沁县松村镇	9900		18	10900	4	2	9
沁县牛寺乡	12500		11	6501			23
沁县杨安乡	9900		8	3138			10
沁源县沁河镇	31863	6	35	54468	37	15	27
沁源县郭道镇	26913	2	19	18255	20	4	10
沁源县灵空山镇	14902		16	9334	10	6	13
沁源县王和镇	15782		14	12690	13	6	26
沁源县王陶镇	29211		14	10226	35	8	16
沁源县景凤镇	27347		12	6284			13
沁源县中峪乡	11998		9	5550	1		23
沁源县法中乡	22638		11	8124	1		10
沁源县交口乡	22094		15	8998	9	4	6
沁源县聪子峪乡	7862		8	5703	11	4	4
沁源县韩洪乡	26052		15	9808			8
沁源县赤石桥乡	18223		13	7120	3	2	11
城区北石店镇	3980	8	17	85260	112	23	68
沁水县龙港镇	50772	10	25	56252	117	16	43
沁水县中村镇	24388		13	13027	29	8	9
沁水县郑庄镇	49024		25	18595	25	3	30
沁水县端氏镇	24681		20	23816	52	13	16
沁水县嘉峰镇	8216		18	23461	111	21	15
沁水县郑村镇	9275		15	15131	46	15	21
沁水县柿庄镇	24137		11	10879	9	1	8
沁水县土沃乡	14786		12	6491	7		1
沁水县张村乡	7902		7	4016	6	1	5
沁水县胡底乡	9158		13	9986	24	7	23
沁水县固县乡	16849		11	7000	7	1	8

续表 55 山西省 单位：公顷、个、人

名　　称	行政区域面积	居民委员会(社区)个数	村民委员会个数	户籍人口	工业企业个数	#规模以上	营业面积50平方米以上的商店或超市个数
沁水县十里乡	26636		12	9796	2	1	16
阳城县凤城镇	17520	11	44	132680	236	48	199
阳城县北留镇	8181		32	37331	75	21	58
阳城县润城镇	7281	1	22	32130	141	12	32
阳城县町店镇	6149		14	14227	34	9	19
阳城县芹池镇	13800		19	15682	24	14	24
阳城县次营镇	10130		28	20215	8	2	18
阳城县横河镇	25718		12	4982			10
阳城县河北镇	20026		32	21884	6		15
阳城县蟒河镇	15686		18	13003	8	2	19
阳城县东冶镇	25933		24	20806	18	2	40
阳城县演礼镇	3810		13	13071	7	6	16
阳城县白桑镇	7258		20	19868	40	10	8
阳城县寺头乡	7275		14	8434	7	3	16
阳城县西河乡	3583		12	15312	7	6	11
阳城县董封乡	19402		20	7301	3		
陵川县崇文镇	14304	7	39	71064	64	12	87
陵川县礼义镇	6544		28	30296	30	4	23
陵川县附城镇	17218		32	29633	35	1	58
陵川县西河底镇	7736		21	19488	26	2	25
陵川县平城镇	12533		42	36998	26	8	52
陵川县杨村镇	3999		17	16362	6	3	16
陵川县潞城镇	15277		23	14411			22
陵川县夺火乡	24806		11	4584	2	1	11
陵川县马圪当乡	24801		15	5976	3		7
陵川县古郊乡	22861		20	9075	7		17
陵川县六泉乡	20101		17	11248	6		3
泽州县南村镇	8825	7	26	47393	142	33	53
泽州县下村镇	9486	1	25	42414	41	18	22
泽州县大东沟镇	9600		24	31457	26	11	27
泽州县周村镇	6843		18	24550	24	9	12
泽州县犁川镇	4021		14	15462	16	4	11
泽州县晋庙铺镇	15000		20	17383	5		10
泽州县金村镇	21714	3	56	56497	113	12	44
泽州县高都镇	11911		34	38883	50	13	46
泽州县巴公镇	11216	2	36	59778	120	38	80
泽州县大阳镇	5258		20	25824	15	2	19
泽州县山河镇	22205		34	21768	2	1	7
泽州县大箕镇	13190	1	24	20721	16	5	3
泽州县柳树口镇	33644		20	14275	5		12
泽州县北义城镇	7173		28	28105	25	3	16
泽州县川底镇	6997		17	21252	38	21	19
泽州县南岭镇	15404		32	21051	12	3	13
高平市米山镇	7162		25	32345	59	12	28
高平市三甲镇	4130		18	24855	58	15	10
高平市神农镇	5087		23	22565	21	4	42

续表 56 山西省 单位：公顷、个、人

名　　称	行政区域面积	居民委员会(社区)个数	村民委员会个数	户籍人口	工业企业个数	#规模以上	营业面积50平方米以上的商店或超市个数
高平市陈区镇	6314		22	29580	26	7	17
高平市北诗镇	7654		26	29414	16	2	3
高平市河西镇	9957		31	45218	44	11	41
高平市马村镇	6890	2	18	32042	47	20	24
高平市野川镇	8922		17	21328	19	3	18
高平市寺庄镇	13703	1	33	43267	24	7	32
高平市建宁乡	3309		14	17745	10	2	12
高平市石末乡	4775		12	15992	4	1	14
高平市原村乡	7550		19	19086	20	11	11
朔城区神头镇	15888		27	37507	11	6	25
朔城区利民镇	26250		15	15094			4
朔城区下团堡乡	11767		27	32625	13	3	60
朔城区小平易乡	7558		17	33369	3	2	47
朔城区滋润乡	15574		22	26141			14
朔城区南榆林乡	21457		19	17392			34
朔城区贾庄乡	12225		24	30423	2		53
朔城区沙塄河乡	12485		16	17823	2		20
朔城区窑子头乡	12604		17	16619	4	2	34
朔城区张蔡庄乡	18679		15	10682			18
平鲁区井坪镇	17752	12	13	82795	20	17	215
平鲁区凤凰城镇	18049		13	9342			6
平鲁区白堂乡	10656		16	19994	21	11	8
平鲁区陶村乡	8482		14	13465	7	5	1
平鲁区下水头乡	47621		28	19219			21
平鲁区双碾乡	19872		15	9368			16
平鲁区阻虎乡	17713		21	8660	5	1	10
平鲁区高石庄乡	22923		18	10355			5
平鲁区西水界乡	20969		23	10935	1		1
平鲁区下面高乡	20615		26	21137	5	4	14
平鲁区向阳堡乡	17587		21	18370	5	1	28
平鲁区榆岭乡	9272		14	19877			5
山阴县玉井镇	15897		18	22091	8	7	9
山阴县北周庄镇	16278		18	20120	84	34	46
山阴县古城镇	13685		21	18318	4	3	35
山阴县岱岳镇	12818		23	26179			12
山阴县广武镇	19206		24	24659			42
山阴县吴马营乡	9964		12	8444			5
山阴县马营乡	12329		13	12099	10	5	26
山阴县下喇叭乡	14162		11	6420			1
山阴县合盛堡乡	9313		12	12200	4	1	25
山阴县安荣乡	8947		12	13392	6	4	4
山阴县薛圐圙乡	9228		16	11578	2		38
山阴县马营庄乡	10557		17	15441			27
应县金城镇	9823	10	22	71916	25	15	82
应县南河种镇	15030		23	38567	25	21	52
应县下社镇	5386		15	23260	3	1	39

续表 57　　山西省　　单位：公顷、个、人

名　　称	行政区域面　　积	居民委员会(社区)个数	村民委员会个　　数	户籍人口	工业企业个　　数	#规模以上	营业面积50平方米以上的商店或超市个数
应县镇了梁乡	7499		11	18447	7	2	27
应县义井乡	16065		16	21613			43
应县臧寨乡	18239		25	25325	95	9	38
应县大黄巍乡	9606		16	12138			28
应县杏寨乡	9571		18	18640	4	2	45
应县下马峪乡	11538		8	12610			24
应县南泉乡	14431		16	16064	2	1	18
应县大临河乡	18091		23	27749	3	2	23
应县白马石乡	32832		21	14475	3	2	2
右玉县新城镇	21786		30	17164	51	9	1
右玉县右卫镇	24048	1	26	13248	4		16
右玉县威远镇	32488		27	14219	7	1	8
右玉县元堡子镇	21324		21	11253	45	11	8
右玉县牛心堡乡	19422		14	6430	2	1	
右玉县高家堡乡	22864		18	10235	3	1	
右玉县杨千河乡	26878		17	7052	3	2	2
右玉县李达窑乡	24952		19	9380			8
怀仁市吴家窑镇	3794		4	9732	4	3	13
怀仁市金沙滩镇	18347		17	23264	73	40	45
怀仁市毛家皂镇	13107		16	16677	10	3	21
怀仁市何家堡乡	13778		15	23716	25	4	15
怀仁市新家园乡	14414	6	16	45883	113	28	39
怀仁市亲和乡	12628		15	24040	36	10	35
怀仁市海北头乡	20573		17	19593	6	5	41
怀仁市河头乡	13899		15	12493			29
榆次区乌金山镇	27817		40	54381	72	14	97
榆次区东阳镇	5789		21	30305	6		36
榆次区长凝镇	32807		18	14915	14		23
榆次区北田镇	10204		24	24839	12	4	50
榆次区修文镇	7468	1	21	34725	156	3	67
榆次区郭家堡乡	5590		17	53250	182	3	71
榆次区张庆乡	7798		21	39838	70	7	47
榆次区庄子乡	15957		18	16952	11		12
榆次区东赵乡	9089		14	15793	17	1	16
太谷区胡村镇	7101		16	46354	130	48	106
太谷区范村镇	29933		15	16763	8	1	40
太谷区水秀镇	5672		24	35709	84	20	41
太谷区侯城乡	19198		20	29053	44	5	33
太谷区北洸乡	5850		13	22743	19	4	36
太谷区阳邑乡	21105		19	21703	40	8	19
太谷区小白乡	7518		16	18210	14	7	18
太谷区任村乡	4688		14	16799	7	1	20
榆社县箕城镇	30766		41	34188	40	7	33
榆社县云簇镇	13026		22	19474	11	2	26
榆社县郝北镇	31222		37	23275	19	3	29
榆社县社城镇	32497		11	7679	1		6

续表 58　　山西省　　单位：公顷、个、人

名　　称	行政区域面积	居民委员会(社区)个数	村民委员会个数	户籍人口	工业企业个数	#规模以上	营业面积50平方米以上的商店或超市个数
榆社县河峪乡	22058		24	13397	2		8
榆社县北寨乡	20399		17	8172			2
榆社县西马乡	20039		17	10863	3		5
左权县辽阳镇	29775		23	16972	41	10	18
左权县桐峪镇	27171		15	17718	16	5	14
左权县麻田镇	22519		25	22571	10	1	17
左权县芹泉镇	18068		14	15674	5	1	16
左权县拐儿镇	23300		16	13111	3		26
左权县寒王乡	19376		18	16898	13	7	24
左权县石匣乡	42321		19	13280	13		8
左权县羊角乡	10157		11	7791	9	1	6
和顺县义兴镇	34514		43	32689	12	8	41
和顺县李阳镇	22384		31	30452	8	6	25
和顺县松烟镇	27029		23	15757	2		14
和顺县青城镇	17460		18	8662			19
和顺县横岭镇	44259		21	8974	3	2	15
和顺县喂马乡	11458		16	8431	6	4	
和顺县平松乡	17118		14	8659	4	3	11
和顺县马坊乡	35952		10	4852	2	1	4
昔阳县乐平镇	18285		38	32650	66	18	55
昔阳县皋落镇	18559		13	11618	4	2	15
昔阳县冶头镇	20172		21	17289	8		59
昔阳县沾尚镇	44583		23	13664	4	3	
昔阳县大寨镇	22972	1	48	35181	32	11	28
昔阳县李家庄乡	3643		13	15658	7	3	9
昔阳县界都乡	11776		17	12212	4	2	11
昔阳县三都乡	7026		12	10286	4	3	2
昔阳县赵壁乡	25078		31	25283	3		30
昔阳县孔氏乡	20161		15	11685	3		13
寿阳县朝阳镇	24823	10	24	90240	237	13	78
寿阳县南燕竹镇	15245		17	16026	5	2	16
寿阳县宗艾镇	6422		7	11654	17	2	19
寿阳县平头镇	19891		19	19844	17	3	48
寿阳县松塔镇	31145		14	11513			13
寿阳县西洛镇	33248		18	15719	3	1	23
寿阳县尹灵芝镇	21432		13	11072	4	1	
寿阳县平舒乡	12315		11	14144	15	7	25
寿阳县解愁乡	11530		9	10065	35	10	10
寿阳县温家庄乡	6130		9	6734	38	12	26
寿阳县景尚乡	7854		7	5477	2	1	6
寿阳县羊头崖乡	21532		15	8267			5
祁县昭馀镇	5374	3	17	47196	191	21	90
祁县东观镇	11134	2	28	57558	75	10	129
祁县古县镇	13428		22	33574	20	5	20
祁县贾令镇	5709		13	26272	14	3	20
祁县城赵镇	6965	1	16	35935	84	3	52

续表 59　　山西省　　单位：公顷、个、人

名　　称	行政区域面　　积	居民委员会(社区)个数	村民委员会个　　数	户籍人口	工业企业个　　数	#规模以上	营业面积50平方米以上的商店或超市个数
祁县来远镇	26993		7	3287			3
祁县峪口乡	12701		11	10558			12
平遥县古陶镇	3082		9	73959	39	11	45
平遥县段村镇	6220		16	33225	16	3	1
平遥县东泉镇	37217		20	22988			2
平遥县洪善镇	7190		20	34305	15	6	30
平遥县宁固镇	8100		20	41669	3	1	65
平遥县南政乡	5743		13	41247	34	13	55
平遥县中都乡	4152		16	39037	48	13	23
平遥县岳壁乡	7591		17	51309	54	6	93
平遥县卜宜乡	9579		21	33430	8	2	50
平遥县朱坑乡	18466		19	26634	21	7	20
平遥县襄垣乡	6551		14	23346	4	1	18
平遥县杜家庄乡	4472		10	20599			37
平遥县香乐乡	6747		16	27466	5	2	19
灵石县翠峰镇	20703	5	30	37319	75	23	55
灵石县静升镇	23205		22	34111	38	10	53
灵石县两渡镇	15430	3	25	33440	113	34	26
灵石县夏门镇	9412		16	16173	30	15	6
灵石县南关镇	16914	5	28	33827	40	18	54
灵石县段纯镇	8341		22	17802	18	12	10
灵石县王禹乡	5541		12	8671	5	3	11
灵石县坛镇乡	5879		11	8360	6	5	10
灵石县梁家焉乡	8652		14	10730			1
灵石县交口乡	6135		12	8017	23	9	23
介休市义安镇	8609	2	29	59969	135	62	95
介休市张兰镇	9990	2	26	50774	43	12	99
介休市连福镇	9059	10	22	33536	35	24	29
介休市洪山镇	4480		19	32631	30	13	72
介休市龙凤镇	5505		8	14044	48	4	15
介休市绵山镇	10395	4	20	32796	45	24	58
介休市义棠镇	7767		20	35108	28	22	35
介休市城关乡	1858		9	19509	38	9	82
介休市宋古乡	3932	3	10	34564	10	4	76
盐湖区解州镇	20465	1	26	62148	26	8	63
盐湖区龙居镇	9412		28	44806	11	3	58
盐湖区北相镇	6615	2	19	40344	170	27	131
盐湖区泓芝驿镇	3935		13	21902	5		22
盐湖区三路里镇	5689		4	13702	11	1	8
盐湖区陶村镇	5662	2	15	32490	60	2	30
盐湖区东郭镇	5718		7	17285	5		8
盐湖区席张乡	6950		7	16199	13		17
盐湖区金井乡	4995		12	25617			20
盐湖区王范乡	4345		7	18642	17		7
盐湖区冯村乡	5521		13	22672	19		14
盐湖区上郭乡	6956		12	23526	2		30

续表 60　　山西省　　单位：公顷、个、人

名　　称	行政区域面　　积	居民委员会(社区)个数	村民委员会个　　数	户籍人口	工业企业个　　数	#规模以上	营业面积50平方米以上的商店或超市个数
盐湖区上王乡	4109		6	10858	1		12
临猗县猗氏镇	8036		20	39498	53	2	76
临猗县嵋阳镇	6762		17	25533	41		28
临猗县临晋镇	9000	1	19	38435	75	1	45
临猗县七级镇	7273		19	30428	18	1	80
临猗县东张镇	7721		17	34157	4		46
临猗县孙吉镇	15840		24	55781	10	2	93
临猗县三管镇	4939		10	19080	7	2	15
临猗县牛杜镇	7550		19	33738	53	2	32
临猗县耽子镇	11890		23	37117	26	4	36
临猗县角杯镇	11126		22	39556	10		47
临猗县楚侯乡	6413	1	19	34176	37	10	37
临猗县庙上乡	7600		18	33044	26		61
临猗县北辛乡	7256		16	29549	13		40
临猗县北景乡	17632		29	62461	40	3	59
万荣县解店镇	8661	5	19	71538	20	17	42
万荣县通化镇	5136		14	29977	8		13
万荣县汉薛镇	9110		14	23986			33
万荣县荣河镇	13432		27	44980	19	17	65
万荣县裴庄镇	9744		16	27571	3	1	29
万荣县高村镇	8990		15	32166	5	1	43
万荣县万泉乡	4560		8	15326	1		15
万荣县里望乡	5151		13	25913	8		37
万荣县西村乡	5023		9	19262			26
万荣县南张乡	6452		14	32235	2	1	26
万荣县皇甫乡	8226		12	22463	24	3	22
万荣县贾村乡	6502		14	25684	5	1	16
万荣县王显乡	6994		14	29009			23
万荣县光华乡	8309		18	35317	2	1	39
闻喜县桐城镇	13173		40	116244	82	9	90
闻喜县郭家庄镇	12141		14	32947	38	6	19
闻喜县畖底镇	7693		18	28316	69		52
闻喜县薛店镇	4017		7	13228			19
闻喜县东镇镇	7822	2	16	46244	45	3	53
闻喜县礼元镇	8198		18	32756	43	6	43
闻喜县河底镇	12326		19	35983	6		37
闻喜县阳隅镇	8838		15	24297	29	3	34
闻喜县侯村镇	4696		11	21440	18	3	31
闻喜县裴社镇	8389		10	19597	9	2	11
闻喜县后宫乡	11709		11	18096			11
闻喜县石门乡	17292		5	8589	8	1	7
稷山县稷峰镇	15035		44	126213	107	7	187
稷山县西社镇	10260		16	31137	85	22	52
稷山县化峪镇	11313		22	43624	48	4	74
稷山县翟店镇	6000		16	41550	185	11	38
稷山县清河镇	7090		14	34057	92		49

续表 61　　山西省　　单位：公顷、个、人

名　称	行政区域面积	居民委员会(社区)个数	村民委员会个数	户籍人口	工业企业个数	#规模以上	营业面积50平方米以上的商店或超市个数
稷山县蔡村乡	5320		13	32075	2	1	40
稷山县太阳乡	10600		19	51915	75	1	59
新绛县龙兴镇	7251		27	45883	32	1	95
新绛县三泉镇	7466		21	42702	23		3
新绛县泽掌镇	8267		14	28721	28	1	47
新绛县北张镇	6111		12	23663	41		32
新绛县古交镇	5814		19	39036	30	4	38
新绛县万安镇	4517		10	19458	65		21
新绛县阳王镇	6599		12	24407	5		19
新绛县泉掌镇	2922		11	19606			1
新绛县横桥镇	10336		27	49852	43	4	47
绛县古绛镇	13995	6	26	72352	89	10	125
绛县横水镇	7993		25	48780	31		80
绛县陈村镇	9721		7	11322	2		9
绛县卫庄镇	13906		11	18655	3	2	8
绛县磨里镇	15246	1	7	9950	4	1	5
绛县南樊镇	5141		14	24647	7		30
绛县安峪镇	7288		13	27983	18	4	34
绛县大交镇	5247		11	23421	10	2	34
绛县郝庄乡	4964		13	21612	6		28
绛县冷口乡	9322		7	10187	1		4
垣曲县新城镇	10147	15	7	74554	124	13	52
垣曲县历山镇	40046		9	12309	11	2	21
垣曲县古城镇	11663		10	23352			30
垣曲县王茅镇	5178		5	10291	9	1	21
垣曲县毛家湾镇	19630		4	9622	5	2	10
垣曲县英言镇	10971		8	17934	30		12
垣曲县蒲掌乡	13781		6	14811	2	1	3
垣曲县解峪乡	20142		3	5946	5		2
垣曲县华峰乡	6277		8	21346			12
垣曲县长直乡	10149		7	13569	24	4	18
垣曲县皋落乡	12968		4	16439	13	10	15
夏县瑶峰镇	19743	4	36	86369	52	8	67
夏县庙前镇	12055		18	30114	22	1	20
夏县裴介镇	6104		18	53993	31	3	45
夏县水头镇	8903		20	47755	35	10	60
夏县埝掌镇	5295		7	12754	1		13
夏县泗交镇	38258		10	9609	5		8
夏县禹王镇	5378		12	31779	18	2	46
夏县尉郭乡	3157		11	26094	15	1	34
夏县胡张乡	8235		18	37415	20	2	22
夏县南大里乡	6488		10	18102	14	1	27
夏县祁家河乡	21177		11	9666			20
平陆县圣人涧镇	25015		29	50262	81	24	60
平陆县常乐镇	15884		23	44000	22	1	32
平陆县张店镇	9964		12	17704	8	1	18

续表 62　　山西省　　单位：公顷、个、人

名　　称	行政区域面　积	居民委员会(社区)个数	村民委员会个　数	户籍人口	工业企业个　数	#规模以上	营业面积50平方米以上的商店或超市个数
平陆县张村镇	8778		14	26585	7	1	15
平陆县曹川镇	16601		14	21238	15	7	21
平陆县三门镇	18909		11	17637	30	1	10
平陆县部官镇	7205		12	15144	5	1	21
平陆县洪池镇	4600		11	14589			14
平陆县杜马乡	8049		7	12724			16
芮城县古魏镇	12340	7	21	82062	101	14	76
芮城县风陵渡镇	18850		34	68300	232	2	63
芮城县陌南镇	14460	1	18	43469	29	1	35
芮城县西陌镇	8550		9	20707	4		12
芮城县永乐镇	7445		8	23192	60	2	18
芮城县大王镇	12620		12	28473	76		30
芮城县阳城镇	16163		17	38570	18	2	50
芮城县南礓镇	9345		9	33405	12		19
芮城县东垆乡	7009		13	20058	5		23
芮城县学张乡	10378		10	23578	12		30
永济市虞乡镇	16706		19	44135	23	3	46
永济市卿头镇	13089		22	49576	30	6	60
永济市开张镇	11015		23	41915	12	1	49
永济市栲栳镇	14340		33	55223	15		70
永济市蒲州镇	17660		22	43434	11	1	52
永济市韩阳镇	8936		15	25065	2	1	10
永济市张营镇	9344		19	33889	27		38
河津市樊村镇	5998		21	49454	131	27	64
河津市僧楼镇	7542		19	54598	138	31	41
河津市柴家镇	4541		11	32018	15	1	52
河津市小梁乡	5304		14	32821	18	1	45
河津市下化乡	8299		9	19350	39	6	19
忻府区奇村镇	38588		27	34186	10	1	53
忻府区三交镇	41736		16	11313	3		7
忻府区庄磨镇	12279		18	11452	11	1	9
忻府区豆罗镇	13200		20	20745	25	3	6
忻府区董村镇	9410		11	23181	82	3	32
忻府区西张镇	10206		18	26295	1		45
忻府区忻口镇	12548	1	20	35455	16	2	38
忻府区合索镇	14381		13	16103	8	1	16
忻府区兰村乡	10770		16	14445	29	11	18
忻府区东楼乡	2560		7	18153	12		33
忻府区北义井乡	3200		8	14831	13	1	23
定襄县晋昌镇	7793	6	17	75510	199	32	38
定襄县河边镇	23353		18	27150	43	12	33
定襄县宏道镇	5966		17	26124	12	1	50
定襄县季庄镇	7250		10	17800	25	10	27
定襄县蒋村镇	8367		14	13549	70	6	14
定襄县南王乡	17811		16	23731	33	3	39
定襄县神山乡	3400		8	13738	95	40	27

续表 63　　山西省　　单位：公顷、个、人

名　　称	行政区域面　　积	居民委员会(社区)个数	村民委员会个　　数	户籍人口	工业企业个　　数	#规模以上	营业面积50平方米以上的商店或超市个数
定襄县受禄乡	11111		18	18243			31
五台县台城镇	8360	6	20	37816	42	1	59
五台县耿镇镇	34840	1	20	15816	2		10
五台县豆村镇	32334		26	26685	34	7	11
五台县白家庄镇	8092		15	17778	4	1	5
五台县东冶镇	9699		19	35353	36	2	57
五台县建安镇	11272		16	20885	10		25
五台县沟南乡	11871		20	22141	5	3	15
五台县东雷乡	14470	1	15	11001	14	1	5
五台县高洪口乡	11062		8	7611			11
五台县门限石乡	24628		20	9849	5		14
五台县陈家庄乡	28514		20	13644	21	3	25
五台县蒋坊乡	11263		9	9715	6		9
五台县阳白乡	19269		19	21423	10		25
五台县茹村乡	16777		22	30753	2	1	8
代县上馆镇	8641		26	52624	70	8	148
代县阳明堡镇	11490		24	19508	30	4	21
代县峨口镇	4026	1	19	29538	8		32
代县聂营镇	19207		11	12122	44	7	8
代县枣林镇	30003		33	24799	46	4	32
代县雁门关镇	18186		11	6954	30	4	7
代县峪口镇	38459		27	23961	15		43
代县新高乡	21506		27	17989	59	10	33
代县上磨坊乡	21375		17	12336	28	1	28
繁峙县繁城镇	28650	9	38	87221	70	31	69
繁峙县砂河镇	25124	1	26	53758	38	22	16
繁峙县大营镇	25298		40	31097	16	6	7
繁峙县平型关镇	15754		19	14718	8	7	3
繁峙县下茹越乡	10148		8	11694	18	3	11
繁峙县光裕堡乡	10030		11	12374	7	2	6
繁峙县集义庄乡	7586		17	15694	3	1	31
繁峙县东山乡	25051		14	21271	5	1	14
繁峙县金山铺乡	16233		20	18962	6	5	17
繁峙县神堂堡乡	42093		12	6878	10	3	
繁峙县岩头乡	31241		19	9848	23	10	2
宁武县凤凰镇	19500		25	13152	63	7	35
宁武县阳方口镇	9500		17	9192	22	2	22
宁武县东寨镇	18400		20	14747	2		4
宁武县石家庄镇	13120		21	11009			9
宁武县宁化镇	15969		20	11433	5	4	33
宁武县薛家洼乡	15600		16	8064			
宁武县余庄乡	16320		17	8151			1
宁武县涔山乡	26400		9	4581			13
宁武县西马坊乡	13000		16	8767			8
宁武县迭台寺乡	17800		15	6856	4		6
宁武县怀道乡	13800		11	5718			

续表 64　　山西省　　单位：公顷、个、人

名　　称	行政区域面积	居民委员会(社区)个数	村民委员会个数	户籍人口	工业企业个数	#规模以上	营业面积50平方米以上的商店或超市个数
宁武县东马坊乡	12159	7	11	6878			2
静乐县鹅城镇	12691	13	26	16740	50	3	68
静乐县杜家村镇	28242		28	18651	22	4	56
静乐县康家会镇	16056		11	7493	4		4
静乐县丰润镇	10692		11	8350	4		5
静乐县双路镇	22943		34	18926			8
静乐县王村镇	15610		26	12269	8	1	
静乐县段家寨乡	11152		12	10614	5		18
静乐县辛村乡	12754		14	7443	5		1
静乐县神峪沟乡	16272		18	10039			7
静乐县娘子神乡	16350		16	8266	4	2	
静乐县娑婆乡	16695		11	7259			5
静乐县赤泥窊乡	28200		16	8793	12		21
神池县龙泉镇	57515	6	22	20355	2		39
神池县义井镇	23503		19	15389			31
神池县八角镇	22740		19	8855			6
神池县东湖乡	18504		20	9252			1
神池县贺职乡	14575		16	8773			6
神池县长畛乡	18232		9	4564			1
神池县烈堡乡	13600		9	4150			
神池县大严备乡	14632		8	4240			5
五寨县砚城镇	3531	8	8	30075	52	4	54
五寨县小河头镇	14337		17	12051	5		25
五寨县三岔镇	18756		8	10356	12	1	2
五寨县前所乡	20993		9	11729	32	3	6
五寨县李家坪乡	6633		9	5514	3		2
五寨县孙家坪乡	17422		17	10383	18	1	7
五寨县胡会乡	9013		10	7479			8
五寨县韩家楼乡	14013		12	6238	6	2	4
五寨县东秀庄乡	13960		10	6399			2
五寨县杏岭子乡	17997		7	5224	4	1	1
岢岚县岚漪镇	22049	5	14	14173	43	6	80
岢岚县三井镇	24740		22	12836	14	8	27
岢岚县宋家沟镇	34015		15	7726	2		15
岢岚县高家会乡	13057		13	6569	20	1	5
岢岚县李家沟乡	11072		4	1849			
岢岚县水峪贯乡	18430		6	4728			1
岢岚县西豹峪乡	15561		4	2968			
岢岚县温泉乡	11373		5	2459			
岢岚县阳坪乡	19988		7	3128	3	1	4
岢岚县大涧乡	12793		9	4056	6		1
河曲县西口镇	5877	10	12	15594	51	8	75
河曲县楼子营镇	5680		12	8408	4	3	19
河曲县刘家塔镇	12931		22	13663	3	2	3
河曲县巡镇镇	8557		14	13664	6	5	3
河曲县旧县镇	5606		17	8629			26

续表 65　　　　山西省　　　　单位：公顷、个、人

名　称	行政区域面积	居民委员会(社区)个数	村民委员会个数	户籍人口	工业企业个数	#规模以上	营业面积50平方米以上的商店或超市个数
河曲县沙泉镇	30536		26	11862	1		1
河曲县鹿固乡	15108		24	12420			6
河曲县单寨乡	19618		16	8063			
河曲县土沟乡	9829		11	3948	3		
河曲县沙坪乡	8757		12	7095	1		
河曲县社梁乡	8938		17	8175			
保德县东关镇	4660	11	24	18768	2	1	67
保德县义门镇	8935		27	20428	32	8	8
保德县桥头镇	15206		37	22797	29	3	6
保德县杨家湾镇	6519		18	12033	16	5	2
保德县孙家沟镇	21833		29	16364	21	10	9
保德县腰庄乡	5355		16	10754	4	3	
保德县韩家川乡	4747		11	6933	9		3
保德县林遮峪乡	4731		11	5747	1		3
保德县冯家川乡	4734		9	6246			4
保德县土崖塔乡	5017		13	5785			
保德县南河沟乡	16501		27	14476			19
偏关县新关镇	24144	6	36	25221	49	3	54
偏关县老营镇	21172		11	7652	6	5	9
偏关县万家寨镇	11116		10	3983	2	1	1
偏关县水泉镇	12945		10	4668	3	1	4
偏关县老牛湾镇	9829		9	3688	2		
偏关县尚峪镇	28179		19	8684	5	1	3
偏关县窑头乡	31683		42	19466	19	1	1
偏关县楼沟乡	27608		13	9634	7	2	1
五台山风景名胜区台怀镇	19125		13	8700			28
五台山风景名胜区石咀镇	15031		10	6339			12
五台山风景名胜区金岗库乡	9667		3	2776			17
原平市苏龙口镇	22782		20	14633	38	6	2
原平市崞阳镇	15794		35	28254	106	13	11
原平市大牛店镇	18161		20	20212	23	6	33
原平市闫庄镇	11100		17	23079	2	1	2
原平市轩岗镇	40572		31	33329	22	7	18
原平市云水镇	17784		22	19530	57	4	17
原平市同川镇	27454		55	44873	7		37
原平市子干乡	9576		11	18303			26
原平市中阳乡	12100		15	13365	21		10
原平市沿沟乡	14958		27	19285	8		19
原平市大林乡	10258		19	15909	11		10
原平市西镇乡	8365		19	25084	65	5	23
原平市王家庄乡	4852		19	14453	10		15
原平市段家堡乡	27123		19	20505	18	5	6
尧都区屯里镇	2151	2	10	19936			38
尧都区乔李镇	3266		9	22547	2		32
尧都区大阳镇	11565		17	29377	14	2	30
尧都区县底镇	14595		25	42289			50

续表 66　　山西省　　单位：公顷、个、人

名　　称	行政区域面　　积	居民委员会(社区)个数	村民委员会个　　数	户籍人口	工业企业个　　数	#规模以上	营业面积50平方米以上的商店或超市个数
尧都区刘村镇	6927	5	30	59369	18	2	60
尧都区金殿镇	10305		34	68927	12	8	103
尧都区吴村镇	4180		12	26186			90
尧都区土门镇	12700		16	29252	7	2	30
尧都区魏村镇	2856		7	13448	10	3	27
尧都区尧庙镇	3130	7	7	30779	40	2	99
尧都区段店乡	5020	6	25	41816	2	1	71
尧都区贾得乡	8968		28	54410	9	2	99
尧都区一平垣乡	13400		10	16276	7	6	5
尧都区枕头乡	28070		22	28966	4	1	14
曲沃县乐昌镇	3591	8	7	61714	114	4	65
曲沃县史村镇	9060		27	42162	48	5	79
曲沃县曲村镇	4570		14	24144	9		33
曲沃县高显镇	7020		16	29343	77	22	35
曲沃县里村镇	4829		13	18020	17	3	25
曲沃县北董乡	9028		24	36898	23	1	72
曲沃县杨谈乡	6718		13	20914	52	2	29
翼城县唐兴镇	6341	13	16	52697	43	11	100
翼城县南梁镇	12812	1	22	43400	25	9	39
翼城县里砦镇	8411		14	29478	30	3	30
翼城县隆化镇	25893		28	39784	2	1	54
翼城县桥上镇	6579		9	9959	6	5	7
翼城县西阎镇	23927		8	6069	12	6	16
翼城县工庄镇	12958		18	27534	58	2	6
翼城县中卫乡	14035		17	32120	44	2	9
翼城县南唐乡	5378		14	27597	23	3	26
襄汾县新城镇	11393	12	25	83667	24	3	33
襄汾县赵康镇	8057		21	37325			38
襄汾县汾城镇	12908	1	27	56935	21	5	66
襄汾县南贾镇	8861		14	34154			41
襄汾县古城镇	8721		27	49453	29	12	34
襄汾县襄陵镇	6935		20	42755	38	1	52
襄汾县邓庄镇	7831		20	45311	23	8	71
襄汾县陶寺乡	7806		15	22126	37	3	7
襄汾县永固乡	5194		11	24767	12	2	22
襄汾县景毛乡	3492		10	17124	40	9	32
襄汾县西贾乡	5512		13	24673	2		22
襄汾县南辛店乡	8522		21	42780	36	2	33
襄汾县大邓乡	7893		14	18494	32	3	5
洪洞县大槐树镇	9460	14	37	156614	38	6	150
洪洞县甘亭镇	5392		18	39603	45	20	49
洪洞县曲亭镇	12088		23	52760	16		54
洪洞县苏堡镇	11292		13	26131	5		65
洪洞县广胜寺镇	5764	2	19	50682	5	3	82
洪洞县明姜镇	11407		29	51633	24	5	65
洪洞县赵城镇	8529	2	28	78400	50	19	43

续表 67　　山西省　　单位：公顷、个、人

名　　称	行政区域面积	居民委员会(社区)个数	村民委员会个数	户籍人口	工业企业个数	#规模以上	营业面积50平方米以上的商店或超市个数
洪洞县万安镇	15846		41	64222	17	11	84
洪洞县刘家垣镇	11039		16	28542	23	2	13
洪洞县辛村镇	7472		17	59441	14	10	101
洪洞县淹底乡	9533		24	39679			26
洪洞县兴唐寺乡	7655		10	16259			39
洪洞县堤村乡	10391		20	54132	30	9	61
洪洞县龙马乡	5850		17	26040	3	2	42
洪洞县山目乡	17820		13	15505	6	5	15
古县岳阳镇	21013	6	10	33574	22	11	23
古县北平镇	12161		12	11423	19	3	22
古县古阳镇	13704		10	11696	10	7	7
古县旧县镇	12453		11	10738	4	1	46
古县三合镇	27446		16	11449			22
古县南垣乡	15125		14	9146	30	1	30
安泽县府城镇	32084	5	13	30557	6	5	16
安泽县和川镇	31277		13	11607	2		16
安泽县唐城镇	17646		6	9935	19	18	2
安泽县冀氏镇	28545		11	9912			15
安泽县良马镇	41050		11	9377			8
安泽县马壁镇	45388		12	9742			10
浮山县天坛镇	11770	6	16	52236			39
浮山县响水河镇	8999		16	13517	10	2	11
浮山县张庄镇	19909		33	23430	15	2	39
浮山县北王镇	18896		24	16152			21
浮山县东张乡	5578		12	11064	25		10
浮山县槐埝乡	7186		10	7331	5		5
浮山县寨圪塔乡	21706		10	5153	1		16
吉县吉昌镇	14488	6	7	36112	31	1	27
吉县屯里镇	64311		10	12229	5	3	37
吉县壶口镇	18690		13	12109	1		5
吉县车城乡	20554	1	7	8351	18		9
吉县文城乡	17922		8	10384			25
吉县柏山寺乡	18649		11	13068			9
吉县中垛乡	23354		10	15471			21
乡宁县昌宁镇	23138	7	13	67628	39	5	39
乡宁县光华镇	13782		13	21897	22	7	9
乡宁县台头镇	10311		8	9262	19	13	9
乡宁县管头镇	24814		13	17775	26	10	17
乡宁县西坡镇	7936		8	14509	12	6	24
乡宁县双鹤乡	17317		17	24107	8	1	19
乡宁县关王庙乡	34113		17	23201	10		21
乡宁县尉庄乡	23134		11	15894	7		20
乡宁县西交口乡	24150		10	12829	7	1	18
乡宁县枣岭乡	23790		20	30730	18	7	32
大宁县昕水镇	18258	4	13	35242	1		46
大宁县曲峨镇	18324		12	10654	3	2	14

续表 68　　山西省　　单位：公顷、个、人

名称	行政区域面积	居民委员会(社区)个数	村民委员会个数	户籍人口	工业企业个数	#规模以上	营业面积50平方米以上的商店或超市个数
大宁县太古镇	31606		16	13001			14
大宁县三多乡	21334		13	8104	2	1	9
大宁县太德乡	6736		6	4977			1
隰县龙泉镇	10874	3	6	31815	5	3	17
隰县午城镇	14075		9	12186			13
隰县黄土镇	9753		8	12082	3	1	5
隰县阳头升乡	20437		10	10099	1	1	3
隰县寨子乡	15501		13	12585			28
隰县下李乡	16079		8	9701	5	2	8
隰县城南乡	20440		16	17449	5	2	6
永和县芝河镇	26687	5	11	21529	12	8	3
永和县桑壁镇	18339		10	5845	1		4
永和县坡头乡	20529		6	4892	4		1
永和县乾坤湾乡	15759		12	12101			4
永和县望海寺乡	21390		14	12579			1
永和县楼山乡	18733		11	7912			6
蒲县蒲城镇	41692	5	11	33307	4	2	26
蒲县薛关镇	14023		9	9564			17
蒲县黑龙关镇	22642		11	18347	58	15	9
蒲县克城镇	20217		9	16814	16	2	9
蒲县乔家湾镇	11988		9	10274	62	17	36
蒲县山中乡	19130		5	4483			3
蒲县古县乡	9659		6	5685			17
蒲县太林乡	12149		6	7123	16	7	12
汾西县永安镇	15983	7	22	54464	18	3	100
汾西县对竹镇	10646		10	13948			3
汾西县勍香镇	13383		11	16858			14
汾西县和平镇	16792		13	20339			3
汾西县僧念镇	9389		10	15975			4
汾西县佃坪乡	13021		10	12702			5
汾西县团柏乡	5442		10	13340	2		16
侯马市新田乡	3956	2	22	33044	124	2	37
侯马市高村乡	3060		9	17895	2	1	33
侯马市凤城乡	3460		12	19113	28	2	34
霍州市白龙镇	5419	1	10	19004	23	8	17
霍州市辛置镇	4690	5	16	65760	7	4	28
霍州市大张镇	3670		11	29803	10	5	45
霍州市李曹镇	23495		27	26183	2	1	52
霍州市陶唐峪乡	6435		16	18634			37
霍州市三教乡	15370		19	21179			27
霍州市师庄乡	8973		13	13035	3		6
离石区吴城镇	42480		15	11874			22
离石区信义镇	42888		20	16488	6	2	28
离石区枣林乡	10993		19	10056	11	2	13
离石区坪头乡	7307		24	18034	6	2	1
文水县凤城镇	14954	14	12	119996	67	38	252

续表 69　　山西省　　单位：公顷、个、人

名　　称	行政区域面积	居民委员会(社区)个数	村民委员会个数	户籍人口	工业企业个数	#规模以上	营业面积50平方米以上的商店或超市个数
文水县开栅镇	37686		11	35528	54	6	37
文水县南庄镇	3930		10	22684	24	3	63
文水县南安镇	6499		19	35662	168	7	102
文水县刘胡兰镇	8087		22	48196	131	11	62
文水县下曲镇	9450		18	47621	35		70
文水县孝义镇	3895		12	30568	40	10	48
文水县南武乡	3072		9	25179	60	15	38
文水县西城乡	3378		7	27266	34	7	31
文水县北张乡	4128		10	28363	46	6	37
文水县马西乡	8686		7	12493			22
文水县西槽头乡	3094		7	17045	15	8	52
交城县天宁镇	20025	6	24	94965	115	23	122
交城县夏家营镇	5481		16	36519	138	50	56
交城县西营镇	2738		7	29131	68	7	28
交城县水峪贯镇	25956		14	15112	31	2	14
交城县西社镇	10679		9	11974	13		18
交城县庞泉沟镇	48014		12	8620	2	1	5
交城县洪相镇	10621		8	24100	96	3	29
交城县东坡底乡	59134		13	11940			12
兴县蔚汾镇	21898	8	29	67650	40	7	127
兴县魏家滩镇	23665		23	24341	3	2	23
兴县瓦塘镇	16511		21	19846	4	2	33
兴县康宁镇	19404		20	21749	9	1	21
兴县高家村镇	12230		15	15650	3		10
兴县罗峪口镇	18280		10	9468			14
兴县蔡家会镇	16396		12	11180			5
兴县交楼申乡	16773		9	9395	1		6
兴县东会乡	11430		10	7899			8
兴县固贤乡	16678		10	11327	4	1	11
兴县奥家湾乡	23223		21	25298	37	3	37
兴县蔡家崖乡	16653	1	20	25875	4	3	25
兴县孟家坪乡	38276		24	22818			10
兴县赵家坪乡	14600		10	7094			1
兴县圪垯上乡	15093		10	8666			10
临县临泉镇	14212	10	30	82423	74	4	58
临县白文镇	25829	2	29	46160	14	2	11
临县城庄镇	23582	3	18	29960	20	3	29
临县兔坂镇	21878	2	34	25725	8	4	10
临县克虎镇	8835	1	10	13406	8		3
临县二交镇	12238	4	35	61072	23	7	14
临县湍水头镇	6402		17	19200	16	4	13
临县林家坪镇	8666	1	23	30784	11	5	18
临县招贤镇	3203		16	17284	9	2	3
临县碛口镇	10878	2	30	33468	10	1	5
临县刘家会镇	12205	1	28	32333	8		6
临县丛罗峪镇	7723		19	18693	6		3

续表 70　　山西省　　单位：公顷、个、人

名　　称	行政区域面　　积	居民委员会(社区)个数	村民委员会个　　数	户籍人口	工业企业个　　数	#规模以上	营业面积50平方米以上的商店或超市个数
临县曲峪镇	12743	1	20	28168	8		2
临县木瓜坪乡	9522	1	15	18779	17	1	13
临县安业乡	5364	2	14	24877	45	1	21
临县玉坪乡	13087		15	20425	9		4
临县青凉寺乡	16042		10	17230	7		15
临县石白头乡	13516		20	22542	3		1
临县雷家碛乡	20269	2	16	19497	14		16
临县八堡乡	12686		13	14532	14		1
临县大禹乡	12632		33	42538	23	4	12
临县车赶乡	5861		11	16755	5	1	6
临县安家庄乡	9994		16	19776	8	1	7
柳林县柳林镇	10550	5	23	91775	20	10	60
柳林县穆村镇	3582	1	9	25520	8	2	65
柳林县薛村镇	8863		16	22081	5	2	35
柳林县庄上镇	8361		14	17380	2	1	2
柳林县留誉镇	15365		14	18923	3	2	14
柳林县三交镇	10597		15	22194			12
柳林县成家庄镇	7699		9	16444	22	6	42
柳林县孟门镇	7364		16	19504	3	2	25
柳林县陈家湾镇	12829		17	23346	6	5	59
柳林县金家庄镇	8487		9	13124	8	3	34
柳林县李家湾乡	5572		8	14673	23	3	11
柳林县贾家垣乡	7282		13	17717	6	1	3
柳林县高家沟乡	10932		12	18957			5
柳林县石西乡	5500		9	12263	2		
柳林县王家沟乡	8678		13	15061	9	5	27
石楼县灵泉镇	31798	7	18	41196	39	2	86
石楼县罗村镇	27734		6	12452			6
石楼县义牒镇	23141		4	6623			13
石楼县小蒜镇	20349		9	13663			20
石楼县辛关镇	18556		6	10305			6
石楼县龙交乡	15961		7	10425	3		14
石楼县和合乡	17701		5	9942	1		9
石楼县曹家垣乡	7548		5	7370			1
石楼县裴沟乡	10705		7	10038	1		7
岚县东村镇	11392		26	56789	95	5	55
岚县岚城镇	25462		16	19296	8	2	20
岚县普明镇	15449		18	25149	65	8	31
岚县界河口镇	27831		14	14333	13	1	27
岚县上明乡	11524		13	14835	10		
岚县王狮乡	18885		12	11867			14
岚县梁家庄乡	15862		15	15495	30	5	24
岚县顺会乡	13800		9	11025	6		9
岚县社科乡	11068		13	17445	19	6	12
方山县圪洞镇	21321	3	16	46050	105	2	27
方山县马坊镇	36822		15	18108	9	1	9

续表 71　　　　山西省、内蒙古自治区　　　　单位：公顷、个、人

名　称	行政区域面积	居民委员会(社区)个数	村民委员会个数	户籍人口	工业企业个数	#规模以上	营业面积50平方米以上的商店或超市个数
方山县峪口镇	16584		17	29282	6	2	24
方山县大武镇	15609	1	17	37257	36	14	55
方山县北武当镇	23139		7	7487	2	1	14
方山县积翠镇	29843		18	18926	4	2	29
中阳县宁乡镇	12212	14	2	46725	22	10	8
中阳县金罗镇	19792	1	20	42673	39	17	27
中阳县枝柯镇	24857		8	10558	27	8	7
中阳县武家庄镇	18395		10	14479	2	1	4
中阳县暖泉镇	52347		21	27671	7	2	26
中阳县下枣林乡	16260		13	13931	4	2	20
交口县水头镇	26594	6	12	23384	5	4	27
交口县康城镇	21441		12	16160	9	4	16
交口县双池镇	8867		16	21257	12	9	26
交口县桃红坡镇	28700		12	17828	28	4	27
交口县石口镇	15984		15	16306	4	1	24
交口县回龙镇	10796		10	13340	41	5	12
交口县温泉乡	14862		11	10889	23	5	7
孝义市兑镇镇	6442	3	21	47344	14	7	30
孝义市阳泉曲镇	7454	2	29	37057	40	6	16
孝义市下堡镇	6811	1	23	25061	25	6	33
孝义市西辛庄镇	7294	1	29	20083	36	4	3
孝义市高阳镇	4656	4	14	39552	70	6	41
孝义市梧桐镇	3554		20	30984	116	51	30
孝义市柱濮镇	6702	11	16	18356	10	3	2
孝义市大孝堡镇	5454		21	36185	42	14	56
孝义市下栅乡	6221		13	18144	56	8	25
孝义市驿马乡	7764	1	28	15430	11	6	17
孝义市杜村乡	12036	1	26	20105	62	6	4
汾阳市贾家庄镇	4849		9	25960	13	6	90
汾阳市杏花村镇	8538	1	10	36493	87	14	53
汾阳市冀村镇	6267		17	42314	23	1	78
汾阳市肖家庄镇	5741		14	34200	32	5	60
汾阳市演武镇	5809		13	29179	31	6	32
汾阳市三泉镇	8354		24	33457	60	8	84
汾阳市石庄镇	8702		11	12554	3		
汾阳市杨家庄镇	13976		13	16400	9	3	25
汾阳市峪道河镇	29760		21	23721	8		35
汾阳市阳城镇	7691		18	43983	50	8	90
汾阳市栗家庄镇	12946		16	24227	80	10	45
内蒙古自治区							
新城区保合少镇	46885		11	19549			64
回民区攸攸板镇	15061	10	5	35398	60		81
玉泉区小黑河镇	11956	5	29	31920	189	4	243
赛罕区榆林镇	24238	1	21	24117			32
赛罕区黄合少镇	34580	2	24	30961	5	3	50
赛罕区金河镇	22073		34	39714			118

续表 72　　内蒙古自治区　　单位：公顷、个、人

名　　称	行政区域面　　积	居民委员会(社区)个数	村民委员会个　　数	户籍人口	工业企业个　　数	#规模以上	营业面积50平方米以上的商店或超市个数
土默特左旗察素齐镇	59672	14	41	81121	70	3	115
土默特左旗毕克齐镇	45434	1	44	37826	70	9	39
土默特左旗善岱镇	20894		28	46660	14		71
土默特左旗台阁牧镇	8117	5	19	20103	5	4	197
土默特左旗白庙子镇	23621		49	43906	34	1	109
土默特左旗沙尔沁镇	19560		25	22714			55
土默特左旗敕勒川镇	47096		58	44376	9		93
土默特左旗北什轴乡	20528		36	31046	19		63
土默特左旗塔布赛乡	14648		21	26251			28
托克托县双河镇	27103	13	30	71112	56	3	323
托克托县新营子镇	36329	2	27	50394	40	25	101
托克托县五申镇	22873	1	23	32395	3		70
托克托县伍什家镇	23459		15	16234	10	4	29
托克托县古城镇	30971		25	26338	5	4	66
和林格尔县城关镇	57000	10	23	41575	29	4	51
和林格尔县盛乐镇	40578		29	37322	20	1	90
和林格尔县新店子镇	53752		16	15559	1	1	10
和林格尔县巧什营镇	13948		10	19335	1		58
和林格尔县舍必崖乡	44913		24	31571			58
和林格尔县大红城乡	58287		20	24476			18
和林格尔县羊群沟乡	38257		8	8666	2		8
和林格尔县黑老夭乡	22468		7	9824			8
清水河县城关镇	49812	8	20	35824	23	8	511
清水河县宏河镇	26239		10	13136	5	1	30
清水河县喇嘛湾镇	21795		9	14537	8	1	39
清水河县老牛湾镇	30985		12	12007			8
清水河县窑沟乡	23797		14	18700	14	5	17
清水河县北堡乡	50103		14	15472			1
清水河县韭菜庄乡	50120		16	16314	1		5
清水河县五良太乡	28955		8	10090	7	1	6
武川县可可以力更镇	26621	11	8	33349	115	21	150
武川县哈乐镇	59661		11	17418	10	1	24
武川县西乌兰不浪镇	59689		9	17582	18	4	14
武川县大青山乡	48149		6	7211	12		8
武川县上秃亥乡	49843		16	28584	21	2	28
武川县得胜沟乡	48002		8	7141	3		4
武川县二份子乡	72229		15	22085	21	1	23
武川县哈拉合少乡	81649		10	14123	7		10
武川县耗赖山乡	22361		10	14420	4		16
东河区河东镇	3489	2	26	22635	177	7	37
东河区沙尔沁镇	37100	1	23	57215	103	2	102
昆都仑区昆河镇	1530	8	3	14512	80		28
昆都仑区卜尔汉图镇	20100	1	16	17957	85	23	183
青山区青福镇	4285	7	6	66568	269		290
青山区兴胜镇	17550	2	15	16445	282		70
石拐区五当召镇	27100		5	9992	26	6	5

续表 73　　内蒙古自治区　　单位：公顷、个、人

名　　称	行政区域面　　积	居民委员会(社区)个数	村民委员会个　　数	户籍人口	工业企业个　　数	#规模以上	营业面积50平方米以上的商店或超市个数
石拐区吉忽伦图苏木	31500		5	6281			3
九原区麻池镇	4650	4	19	15618	50	5	38
九原区哈林格尔镇	16500		10	26000	53	5	69
九原区哈业胡同镇	21400		12	19079			40
九原区阿嘎如泰苏木	22600		4	1548	5	2	17
土默特右旗萨拉齐镇	10700	12	22	74492	29	9	242
土默特右旗双龙镇	24801		31	42854	7		110
土默特右旗美岱召镇	26699		21	37743	13		67
土默特右旗沟门镇	18790	1	13	28950	79	28	52
土默特右旗将军尧镇	39900		47	55999	13		159
土默特右旗海子乡	24900		22	39079	65	1	74
土默特右旗明沙淖乡	25006		18	38170	30	1	53
土默特右旗苏波盖乡	15200		20	33151			69
固阳县金山镇	138200	6	19	69875	198	15	60
固阳县西斗铺镇	77200		7	19961	15	1	39
固阳县下湿壕镇	64300		16	31781	30	4	26
固阳县银号镇	79000		10	23166	50	4	18
固阳县怀朔镇	78200		11	26921	10	7	20
固阳县兴顺西镇	65600		10	23613	11	3	11
达尔罕茂明安联合旗满都拉镇	181324	1	2	1459	1		2
达尔罕茂明安联合旗希拉穆仁镇	71123		3	2500	2	1	15
达尔罕茂明安联合旗百灵庙镇	62700	7	4	23408	9	8	7
达尔罕茂明安联合旗石宝镇	64188		10	19808	8	7	37
达尔罕茂明安联合旗乌克忽洞镇	63961		11	20706			17
达尔罕茂明安联合旗明安镇	232673		7	4208	19	18	4
达尔罕茂明安联合旗巴音花镇	306417		6	3164	10	1	1
达尔罕茂明安联合旗达尔汗苏木	208216		6	3593	3	2	2
达尔罕茂明安联合旗查干哈达苏木	217672		4	2149	4	3	1
达尔罕茂明安联合旗巴音敖包苏木	230131		7	3616	10	9	5
达尔罕茂明安联合旗西河乡	63024		8	12533	2	1	3
达尔罕茂明安联合旗小文公乡	44635		9	12059			14
包头稀土高新技术产业开发区万水泉镇	10922	6	4	28295	92	12	44
海勃湾区千里山镇	18514	3	5	14968	165	28	51
海南区公乌素镇	8500	3		4839	123	39	5
海南区拉僧庙镇	7600	1	1	4580	43	10	
海南区巴音陶亥镇	55000		6	18228	11	4	7
乌达区乌兰淖尔镇	7822	1	1	3937			7
红山区红庙子镇	6500	1	5	19559	33		60
红山区文钟镇	33700		9	36574	65		48
元宝山区风水沟镇	12860	1	7	17763	7		29
元宝山区元宝山镇	31404		16	42510	63	4	51
元宝山区美丽河镇	8364		7	22614	28	2	35
元宝山区平庄镇	22049	1	24	70802	89	7	71
元宝山区五家镇	4423	1	5	16573	18		17
元宝山区小五家乡	14044		6	5648	3		13
松山区穆家营子镇	22700		14	73351	8	2	127

续表 74　　内蒙古自治区　　单位：公顷、个、人

名　　称	行政区域面　　积	居民委员会(社区)个数	村民委员会个　　数	户籍人口	工业企业个　　数	#规模以上	营业面积50平方米以上的商店或超市个数
松山区初头朗镇	48920		20	32187	11	1	79
松山区大庙镇	45646	1	19	27608	15		19
松山区王府镇	28800	2	13	29675	12	1	24
松山区老府镇	60182		24	33483	6		60
松山区哈拉道口镇	31167		10	27600	6		78
松山区上官地镇	33000		14	20464	4		35
松山区安庆镇	29126	1	13	31792	32	7	58
松山区太平地镇	31600	1	21	46898	17		34
松山区当铺地满族乡	38600		25	43151	44	3	169
松山区夏家店乡	36800		17	36908	95	3	56
松山区城子乡	35700		20	32193	13		58
松山区大夫营子乡	69700		21	23804	11	3	39
松山区岗子乡	46600		13	16684	5	2	22
阿鲁科尔沁旗天山镇	53260		32	31462	34	3	59
阿鲁科尔沁旗天山口镇	49000		27	30837	16		56
阿鲁科尔沁旗双胜镇	32110		16	22810	10	1	70
阿鲁科尔沁旗坤都镇	146211	1	10	9332	5	1	32
阿鲁科尔沁旗巴彦花镇	50620		22	22934	10		64
阿鲁科尔沁旗绍根镇	209990	1	23	22130	18	2	54
阿鲁科尔沁旗扎嘎斯台镇	139940		16	10097			29
阿鲁科尔沁旗新民乡	31300		17	14436	5	1	31
阿鲁科尔沁旗先锋乡	27000		12	14360	2		34
阿鲁科尔沁旗罕苏木苏木	79850		7	7288			9
阿鲁科尔沁旗赛罕塔拉苏木	90520		10	6465	1		21
阿鲁科尔沁旗巴拉奇如德苏木	108081		17	15830	3		76
阿鲁科尔沁旗乌兰哈达乡	19690		13	12967	2		34
阿鲁科尔沁旗巴彦温都尔苏木	414180		23	15250	1		67
巴林左旗林东镇	82820		33	64777	140	9	114
巴林左旗隆昌镇	83404		32	49579	12	1	287
巴林左旗十三敖包镇	49515		20	35550	10	1	64
巴林左旗碧流台镇	76914		21	46858	20		100
巴林左旗富河镇	83712		10	22545	2	1	60
巴林左旗白音勿拉镇	87349	1	6	6170	20	5	37
巴林左旗哈拉哈达镇	32020		8	15285	1		28
巴林左旗查干哈达苏木	37177		8	7352	1		19
巴林左旗乌兰达坝苏木	46225		6	4868	2	1	23
巴林左旗三山乡	30677		7	11358	2		19
巴林左旗花加拉嘎乡	32751		13	18551			40
巴林右旗大板镇	170444		30	17198	14		25
巴林右旗索博日嘎镇	140200		20	21840	9		41
巴林右旗宝日勿苏镇	116500		19	16694	12		54
巴林右旗查干诺尔镇	96400		14	15166	9		25
巴林右旗巴彦琥硕镇	43100		11	7169	3		9
巴林右旗西拉沐沦苏木	127100		20	13816	9		37
巴林右旗巴彦塔拉苏木	83200		11	10129	8	1	13
巴林右旗幸福之路苏木	96500		18	10065	9	2	23

续表 75　　内蒙古自治区　　单位：公顷、个、人

名　称	行政区域面积	居民委员会(社区)个数	村民委员会个数	户籍人口	工业企业个数	#规模以上	营业面积50平方米以上的商店或超市个数
巴林右旗查干沐沦苏木	90100		12	6819	2	1	10
林西县林西镇	16700		8	16429	44	3	65
林西县新城子镇	61300		12	18572	17		38
林西县新林镇	51600		11	19511	10	1	10
林西县五十家子镇	66200		16	28580	13		55
林西县官地镇	40800		10	18422	7		23
林西县大井镇	24200	1	9	14306	12	2	24
林西县统部镇	55100		15	22857	32	2	83
林西县大营子乡	46800		13	20623	26		30
林西县十二吐乡	26300		7	12091	13	2	15
克什克腾旗经棚镇	186500	1	13	22349	69	7	21
克什克腾旗宇宙地镇	68354	1	7	17934	21	2	31
克什克腾旗土城子镇	98600		15	27149	16	1	81
克什克腾旗同兴镇	128500	1	7	14727	1		26
克什克腾旗万合永镇	184500		12	22414	7		30
克什克腾旗芝瑞镇	231300		17	34042	12	7	60
克什克腾旗达来诺日镇	154200	1	7	5955			42
克什克腾旗新开地乡	34000	1	7	15450	2	1	27
克什克腾旗红山子乡	142588		6	8782			22
克什克腾旗达日罕乌拉苏木	223400		10	7344	3	2	7
克什克腾旗巴彦查干苏木	331100	2	13	9743	5	4	67
克什克腾旗浩来呼热苏木	164000	1	4	5962			20
克什克腾旗乌兰布统苏木	120000		6	6560	1		69
翁牛特旗乌丹镇	187416		27	45435	10	1	72
翁牛特旗乌敦套海镇	54373	1	17	33872	31		102
翁牛特旗五分地镇	65185	1	14	28685	7		32
翁牛特旗桥头镇	74926	1	23	56850	22		142
翁牛特旗广德公镇	65359	1	14	34470	12		30
翁牛特旗梧桐花镇	83069	2	22	41686	13	2	50
翁牛特旗海拉苏镇	65621	1	4	7540	3		52
翁牛特旗亿合公镇	98128	1	22	37292	9	2	51
翁牛特旗解放营子乡	47588		13	24034	1		34
翁牛特旗白音套海苏木	62497		13	19501	18		48
翁牛特旗毛山东乡	56323	1	10	20242			28
翁牛特旗格日僧苏木	96726	1	13	7712			36
喀喇沁旗锦山镇	14100		13	19724	13	1	28
喀喇沁旗美林镇	55100		18	34331	12		149
喀喇沁旗王爷府镇	51200		24	37290	24		79
喀喇沁旗小牛群镇	39800		22	32269	16	5	54
喀喇沁旗牛家营子镇	35400	2	18	59119	111	7	1567
喀喇沁旗乃林镇	13932	1	14	34737	33	1	68
喀喇沁旗西桥镇	24200		15	28716	17		76
喀喇沁旗十家满族乡	34100		14	27122	68	6	37
喀喇沁旗南台子乡	17800		11	15258	6		33
宁城县天义镇	16524	2	19	47376	127	1	117
宁城县小城子镇	31645		19	30058	15		64

续表 76　　内蒙古自治区　　单位：公顷、个、人

名　　称	行政区域面　　积	居民委员会(社区)个数	村民委员会个　　数	户籍人口	工业企业个　　数	#规模以上	营业面积50平方米以上的商店或超市个数
宁城县大城子镇	39362		19	35930	10	1	83
宁城县八里罕镇	34909	1	26	35355	40	2	75
宁城县黑里河镇	53100		22	25708	9	3	67
宁城县右北平镇	26472		22	45963	20		60
宁城县大双庙镇	17133		16	27430	7		64
宁城县汐子镇	34200	1	34	60153	75	6	116
宁城县大明镇	17416		20	38235	11	1	135
宁城县忙农镇	29521		15	38789	22	3	75
宁城县五化镇	25034		16	24234	19	1	31
宁城县三座店镇	21510		15	29632	11		45
宁城县必斯营子镇	27432		20	28762	12		87
宁城县一肯中乡	22400		25	36729			62
宁城县存金沟乡	30226		14	17221	16	1	30
敖汉旗新惠镇	85835	1	25	48496			75
敖汉旗四家子镇	42571		17	44508	35	4	151
敖汉旗长胜镇	36777		14	41325	13	1	132
敖汉旗贝子府镇	70991		21	49965			120
敖汉旗四道湾子镇	37175		14	34553	7	2	109
敖汉旗下洼镇	49067		12	34011	7	1	133
敖汉旗金厂沟梁镇	35002		14	28956	14	1	128
敖汉旗兴隆洼镇	54655		16	35422	13	2	63
敖汉旗黄羊洼镇	57537	7	8	24723	9	2	48
敖汉旗古鲁板蒿镇	59540		12	37912			124
敖汉旗牛古吐镇	70500		19	43045	2		115
敖汉旗木头营子乡	57888		15	34121	7		60
敖汉旗丰收乡	40566		12	26520	2		45
敖汉旗玛尼罕乡	45500		8	19488	19	2	50
敖汉旗萨力巴乡	37426		8	19934			27
科尔沁区大林镇	55290	2	58	76626	40	3	243
科尔沁区钱家店镇	29538		43	55555	15		109
科尔沁区余粮堡镇	18263		38	34085	15		82
科尔沁区木里图镇	19877	1	40	37375	111	13	119
科尔沁区丰田镇	19427		28	30410	2	1	75
科尔沁区清河镇	22421		30	37507	7		112
科尔沁区育新镇	15480		28	35130	32		96
科尔沁区庆和镇	25459		21	24818	6		60
科尔沁区敖力布皋镇	22417		22	27032	3		111
科尔沁区莫力庙苏木	37860		18	19416	4	1	46
科尔沁区三义堂农场	2533		5	4060	3		9
科尔沁左翼中旗保康镇	38667		40	32637	29	1	68
科尔沁左翼中旗宝龙山镇	123310	2	52	54916	37	2	132
科尔沁左翼中旗舍伯吐镇	60601	3	47	47445	28	1	423
科尔沁左翼中旗巴彦塔拉镇	59241		47	35301	15	1	113
科尔沁左翼中旗门达镇	16207		17	19880			57
科尔沁左翼中旗架玛吐镇	56252		42	38443			95
科尔沁左翼中旗腰林毛都镇	61024		38	28333	9		100

续表 77　　　　内蒙古自治区　　　　单位：公顷、个、人

名　　称	行政区域面　积	居民委员会(社区)个数	村民委员会个　　数	户籍人口	工业企业个　　数	#规模以上	营业面积50平方米以上的商店或超市个数
科尔沁左翼中旗希伯花镇	56981		29	30721			84
科尔沁左翼中旗花吐古拉镇	41855		25	22059	20	1	70
科尔沁左翼中旗代力吉镇	66889		22	20228	4	3	44
科尔沁左翼中旗努日木镇	23250		26	18608			50
科尔沁左翼中旗花胡硕苏木	75372		21	16708	4		55
科尔沁左翼中旗协代苏木	36146		18	14433			39
科尔沁左翼中旗白兴吐苏木	42136		23	16197	3	2	46
科尔沁左翼中旗图布信苏木	36924		25	24335			52
科尔沁左翼中旗敖包苏木	18137		16	13795	12	1	38
科尔沁左翼中旗胜利乡	24067		23	20171	4		53
科尔沁左翼后旗甘旗卡镇	173804	10	34	78499	152	21	725
科尔沁左翼后旗吉尔嘎朗镇	71937		23	26178	6		153
科尔沁左翼后旗金宝屯镇	59042	4	16	29812	19	2	120
科尔沁左翼后旗常胜镇	55448		13	27864	2		106
科尔沁左翼后旗查日苏镇	67577		20	34431	12		272
科尔沁左翼后旗双胜镇	21919		24	36963	4		99
科尔沁左翼后旗阿古拉镇	91376		17	16644	7		48
科尔沁左翼后旗朝鲁吐镇	70490		12	11340			42
科尔沁左翼后旗努古斯台镇	60595		12	11139	9	2	35
科尔沁左翼后旗海鲁吐镇	77942		19	24018	8	2	78
科尔沁左翼后旗阿都沁苏木	81150		19	18849	1		80
科尔沁左翼后旗茂道吐苏木	84039		16	13335	8		42
科尔沁左翼后旗散都苏木	45376		12	18796			42
科尔沁左翼后旗巴彦毛都苏木	49255		8	6886			29
科尔沁左翼后旗乌兰敖道渔场	591		1	266			1
开鲁县开鲁镇	74400	10	52	108580	84	25	570
开鲁县大榆树镇	13171		14	24453			83
开鲁县黑龙坝镇	16055		15	21755			53
开鲁县麦新镇	22000		16	32701			171
开鲁县义和塔拉镇	60183		23	29958			91
开鲁县建华镇	69344		25	32831			76
开鲁县小街基镇	80294		35	53015			357
开鲁县东风镇	39398		14	20969	10		53
开鲁县吉日嘎郎吐镇	22052		16	21903	2		35
开鲁县东来镇	17091		13	18188	5		50
库伦旗库伦镇	125717		55	40567	9	1	106
库伦旗扣河子镇	40695	1	23	23337	1		81
库伦旗白音花镇	34400		20	14863	5		31
库伦旗六家子镇	42079		24	19120			292
库伦旗额勒顺镇	98726	1	11	11865			29
库伦旗茫汗苏木	76417	1	16	10971			44
库伦旗先进苏木	19416		16	11068	1		23
库伦旗水泉乡	32020		22	14214	6		60
奈曼旗大沁他拉镇	125967	15	44	107128	84	28	493
奈曼旗八仙筒镇	93415	2	44	54604	17		230
奈曼旗青龙山镇	47204	1	28	30561	42		96

续表 78　　内蒙古自治区　　单位：公顷、个、人

名　　称	行政区域面　　积	居民委员会(社区)个数	村民委员会个　　数	户籍人口	工业企业个　　数	#规模以上	营业面积50平方米以上的商店或超市个数
奈曼旗新镇	80889		37	42867	5		111
奈曼旗治安镇	38412		23	19352	10	1	95
奈曼旗东明镇	72096		33	47924	9	1	225
奈曼旗沙日浩来镇	39882		14	16433	5		42
奈曼旗义隆永镇	32246		23	21004	5		69
奈曼旗固日班花苏木	74783		22	14240	3	2	51
奈曼旗白音他拉苏木	51107		13	13834	27	3	70
奈曼旗明仁苏木	53992		27	27090	1		86
奈曼旗黄花塔拉苏木	35824		22	16040	5		102
奈曼旗土城子乡	20828		12	13460	5		54
奈曼旗苇莲苏乡	40691		13	14658			48
扎鲁特旗鲁北镇	137384	10	36	97865	105	10	299
扎鲁特旗黄花山镇	1131	4		5588	4		25
扎鲁特旗嘎亥图镇	137354		16	20852			60
扎鲁特旗巨日合镇	64809		27	29608	7		108
扎鲁特旗巴雅尔吐胡硕镇	147679	1	9	7307	12		44
扎鲁特旗香山镇	45565		16	22023			54
扎鲁特旗阿日昆都楞镇	242342	1	11	5576	11	10	16
扎鲁特旗巴彦塔拉苏木	61386		22	18718	1		73
扎鲁特旗乌力吉木仁苏木	102463		12	9707			32
扎鲁特旗道老杜苏木	156801		17	10896	2	1	35
扎鲁特旗格日朝鲁苏木	200008	1	16	13793	2	1	48
扎鲁特旗前德门苏木	39851		8	7132	1		21
扎鲁特旗乌兰哈达苏木	87053		8	5962			19
扎鲁特旗乌额格其苏木	41073		11	13535			41
通辽经济技术开发区辽河镇	23829	1	36	36381	80	13	87
霍林郭勒市达来胡硕苏木	30072		5	12140	24	11	17
东胜区泊尔江海子镇	92687		11	26544			30
东胜区罕台镇	52930	4	8	20703	12	10	50
东胜区铜川镇	54600		6	15962	30	25	17
达拉特旗树林召镇	112560		23	76932	147	3	166
达拉特旗吉格斯太镇	50342		7	18349	8		36
达拉特旗白泥井镇	24200	1	8	22418	2		104
达拉特旗王爱召镇	64070		20	53550	17		72
达拉特旗昭君镇	118210		18	41113	17	5	78
达拉特旗恩格贝镇	166500		15	26253	6		32
达拉特旗中和西镇	90909		9	14064			39
达拉特旗风水梁镇	126200		13	24790	14	4	41
达拉特旗展旦召苏木	103348		19	34926	38	4	49
准格尔旗薛家湾镇	117642		28	52886	62	55	8
准格尔旗沙圪堵镇	178138	7	26	53291	67	13	105
准格尔旗大路镇	73390	3	12	23744	24	17	32
准格尔旗纳日松镇	83840	2	19	27857	122	36	123
准格尔旗龙口镇	31569	2	11	30543	30	5	56
准格尔旗准格尔召镇	47935	1	8	13845	43	17	53
准格尔旗魏家峁镇	31480	1	8	16743	6	5	28

续表 79　　内蒙古自治区　　单位：公顷、个、人

名　　称	行政区域面　积	居民委员会(社区)个数	村民委员会个　数	户籍人口	工业企业个　数	#规模以上	营业面积50平方米以上的商店或超市个数
准格尔旗暖水乡	63900	1	11	14845	4	3	57
准格尔旗十二连城乡	69955	1	19	25046	1		49
准格尔旗布尔陶亥苏木	74562	1	9	10595			25
鄂托克前旗敖勒召其镇	160182	7	12	35196	118	3	77
鄂托克前旗上海庙镇	389147	4	11	9837	63	14	18
鄂托克前旗城川镇	243008	3	29	25957	17		94
鄂托克前旗昂素镇	429758	3	16	10838	9	1	18
鄂托克旗乌兰镇	336318	9	15	29414	89	7	55
鄂托克旗棋盘井镇	355782	10	10	21007	203	70	154
鄂托克旗蒙西镇	193835	2	8	10880	100	27	39
鄂托克旗木凯淖尔镇	250251	1	18	19090	1	1	8
鄂托克旗苏米图苏木	282200	2	10	6449	2	2	14
鄂托克旗阿尔巴斯苏木	619247		14	9826			19
杭锦旗锡尼镇	322447	6	21	49800			88
杭锦旗巴拉贡镇	197948	1	6	12951	12		26
杭锦旗吉日嘎朗图镇	283437	1	12	15403			35
杭锦旗独贵塔拉镇	467359	2	20	37823	42	17	61
杭锦旗呼和木独镇	120625	1	5	9298			24
杭锦旗伊和乌素苏木	490335	2	12	16939	11		36
乌审旗嘎鲁图镇	231383	6	12	32705	228	7	443
乌审旗乌审召镇	193352	2	7	9487	38	5	47
乌审旗图克镇	162357	2	10	15196	62	6	57
乌审旗乌兰陶勒盖镇	139638	1	7	8782	33	7	25
乌审旗无定河镇	134132	2	14	36947	41	4	282
乌审旗苏力德苏木	306963	2	11	13221	26		161
伊金霍洛旗阿勒腾席热镇	30679	14	8	39802	81	14	590
伊金霍洛旗札萨克镇	110500	1	27	25426	32	3	80
伊金霍洛旗乌兰木伦镇	72600	4	16	29796	62	19	132
伊金霍洛旗纳林陶亥镇	76280	1	16	17550	50	34	72
伊金霍洛旗苏布尔嘎镇	94964	1	27	22451	18	5	10
伊金霍洛旗红庆河镇	111173	1	28	30496			41
伊金霍洛旗伊金霍洛镇	71700	1	16	17190			38
海拉尔区哈克镇	96100	1	6	12264	107	8	34
海拉尔区奋斗镇	13972	9	6	49036	48	3	115
扎赉诺尔区灵泉镇	10351	4		12884	63	8	4
阿荣旗那吉镇	36865	13	1	80459	109	8	175
阿荣旗六合镇	45736	1	16	26870	18		44
阿荣旗亚东镇	60911	2	20	35514	5		84
阿荣旗霍尔奇镇	80478	1	17	32166	12	1	70
阿荣旗向阳峪镇	52895	2	18	30230	14		74
阿荣旗三岔河镇	60610	1	15	22348			69
阿荣旗复兴镇	54079	1	12	18947	4		28
阿荣旗兴安镇	33183	1	14	19592	1		48
阿荣旗得力其尔鄂温克民族乡	40652	1	9	13891			29
阿荣旗查巴奇鄂温克民族乡	76952		11	10337	3		24
阿荣旗音河达斡尔鄂温克民族乡	35195	1	8	12230	1		29

续表 80　　内蒙古自治区　　单位：公顷、个、人

名　　称	行政区域面　　积	居民委员会(社区)个数	村民委员会个　　数	户籍人口	工业企业个　　数	#规模以上	营业面积50平方米以上的商店或超市个数
阿荣旗新发朝鲜民族乡	15222		7	11613	21	1	32
莫力达瓦达斡尔族自治旗尼尔基镇	45921	8	24	35246	113	4	106
莫力达瓦达斡尔族自治旗宝山镇	50195	1	18	20769	2		89
莫力达瓦达斡尔族自治旗哈达阳镇	30796	1	5	5322			15
莫力达瓦达斡尔族自治旗阿尔拉镇	34540	1	11	7656	2	1	29
莫力达瓦达斡尔族自治旗汉古尔河镇	29337	1	13	17508	4		32
莫力达瓦达斡尔族自治旗西瓦尔图镇	80060	1	23	26067	11		76
莫力达瓦达斡尔族自治旗腾克镇	152892	1	16	15041	1		39
莫力达瓦达斡尔族自治旗奎勒河镇	49147	1	13	13720	1		18
莫力达瓦达斡尔族自治旗塔温敖宝镇	134576	1	24	29200	3		93
莫力达瓦达斡尔族自治旗登特科镇	40273	1	9	19110	6		46
莫力达瓦达斡尔族自治旗红彦镇	102473	3	14	16509	2		43
莫力达瓦达斡尔族自治旗库如奇乡	39300	1	9	5697			24
莫力达瓦达斡尔族自治旗额尔和乡	62859	1	14	11647	3		27
莫力达瓦达斡尔族自治旗杜拉尔鄂温克民族乡	54984		10	7824			24
莫力达瓦达斡尔族自治旗巴彦鄂温克民族乡	128039	4	17	38900	14		190
鄂伦春自治旗阿里河镇	345771	5	4	41648	34	2	35
鄂伦春自治旗大杨树镇	101600	11	14	63886	73	1	310
鄂伦春自治旗甘河镇	359980	5		29121	9		34
鄂伦春自治旗吉文镇	230181	2		16133	2	1	4
鄂伦春自治旗诺敏镇	954000	1	16	17312	11		86
鄂伦春自治旗乌鲁布铁镇	380650	2	20	16675	8		38
鄂伦春自治旗宜里镇	329000	2	21	19648	5		52
鄂伦春自治旗克一河镇	616441	3	1	16625	8		14
鄂伦春自治旗古里乡	1978169	1	2	6351	2		8
鄂伦春自治旗托扎敏乡	240000	1	4	1986	1		3
鄂温克族自治旗巴彦托海镇	50597	6	4	35513	164	6	246
鄂温克族自治旗大雁镇	28175	9		54530	30	2	181
鄂温克族自治旗伊敏河镇	20960	5	1	20036	23	3	49
鄂温克族自治旗红花尔基镇	25266	1		3276	2		6
鄂温克族自治旗巴彦嵯岗苏木	92901		3	1654	6		6
鄂温克族自治旗锡尼河西苏木	288659		4	4292	4		9
鄂温克族自治旗锡尼河东苏木	586665	1	8	5281	7	2	9
鄂温克族自治旗巴彦塔拉达斡尔民族乡	41930	1	6	2478	4		3
鄂温克族自治旗伊敏苏木	427687	1	7	3200	5		6
鄂温克族自治旗辉苏木	302814	1	11	4812	4		14
陈巴尔虎旗巴彦库仁镇	43549	5		18843	88	4	84
陈巴尔虎旗宝日希勒镇	63687	4	2	9877	33	4	64
陈巴尔虎旗呼和诺尔镇	309134	2	8	4107	6	1	12
陈巴尔虎旗西乌珠尔苏木	131763	1	3	1658	1		7
陈巴尔虎旗鄂温克民族苏木	522761	2	7	2610	4		5
陈巴尔虎旗东乌珠尔苏木	198499	1	4	2225	3		2
陈巴尔虎旗巴彦哈达苏木	276083	2	5	3657	5	1	12
新巴尔虎左旗嵯岗镇	312908	2	3	8453	13	1	28
新巴尔虎左旗阿木古郎镇	163702	5	6	14816	46	4	100
新巴尔虎左旗新宝力格苏木	331839	1	14	5622	7	1	19

续表 81　　内蒙古自治区　　单位：公顷、个、人

名　　称	行政区域面　　积	居民委员会(社区)个数	村民委员会个　　数	户籍人口	工业企业个　　数	#规模以上	营业面积50平方米以上的商店或超市个数
新巴尔虎左旗乌布尔宝力格苏木	525009	1	9	6035	1		13
新巴尔虎左旗罕达盖苏木	152292		4	1471	8		6
新巴尔虎左旗吉布胡郎图苏木	204650		7	3090			3
新巴尔虎左旗甘珠尔苏木	314230		12	3428	2		3
新巴尔虎右旗阿拉坦额莫勒镇	318220	6	11	18559	69	9	345
新巴尔虎右旗阿日哈沙特镇	263964	1	5	2279	4	3	
新巴尔虎右旗呼伦镇	287408	1	5	2608	16	4	3
新巴尔虎右旗贝尔苏木	185176		3	1792	1		3
新巴尔虎右旗克尔伦苏木	582830	2	15	4990	5	1	8
新巴尔虎右旗达赉苏木	372326	1	6	2340	4		2
新巴尔虎右旗宝格德乌拉苏木	474077	1	6	2411	1		3
满洲里市新开河镇	18359	4		6067	9	2	8
牙克石市免渡河镇	413750	2	4	23716	30		24
牙克石市博克图镇	398800	4	5	22206	18		27
牙克石市绰河源镇	222200	3		10398	11		38
牙克石市乌尔其汉镇	384800	4	1	29167	14	1	62
牙克石市库都尔镇	316380	2		22966	10		8
牙克石市图里河镇	369660	2		8756	10		7
牙克石市乌奴耳镇	222950	3	1	7037	10		12
牙克石市塔尔气镇	102900	2		15099	6		45
牙克石市伊图里河镇	113700	2		12039	5		6
牙克石市牧原镇	234000	5	3	15844	49	5	16
扎兰屯市蘑菇气镇	70453	2	19	38860	22		271
扎兰屯市卧牛河镇	158000	1	13	30827	22		99
扎兰屯市成吉思汗镇	99120	3	22	45965	36	1	73
扎兰屯市大河湾镇	55987	2	14	33169	2		90
扎兰屯市浩饶山镇	55540	1	3	5008	4		23
扎兰屯市柴河镇	568800	3		6501	7	1	26
扎兰屯市中和镇	104730	2	20	45125	10		104
扎兰屯市哈多河镇	56000	1	6	12837	6		18
扎兰屯市达斡尔民族乡	42326		7	10891	3		23
扎兰屯市鄂伦春民族乡	200556	2	8	12753	5		37
扎兰屯市萨马街鄂温克民族乡	193901		6	7918	7		16
扎兰屯市洼堤乡	73800		5	9348			29
额尔古纳市黑山头镇	94187		2	2401	3		6
额尔古纳市莫尔道嘎镇	921462	5		16987	10		17
额尔古纳市恩和哈达镇	595090						
额尔古纳市三河回族乡	352800	3		10288	4	1	18
额尔古纳市恩和俄罗斯族民族乡	208984	1		2888	3		11
额尔古纳市蒙兀室韦苏木	146483	1		1705	3		6
额尔古纳市奇乾乡	256176		1				
根河市金河镇	1020	4		18548	7		12
根河市阿龙山镇	760	3		17501			29
根河市满归镇	546	3		13174	7		27
根河市得耳布尔镇	660	3		15331	17	3	11
根河市敖鲁古雅鄂温克民族乡	176720	1		1458	5		

续表 82　　内蒙古自治区　　单位：公顷、个、人

名　称	行政区域面　积	居民委员会(社区)个数	村民委员会个　数	户籍人口	工业企业个　数	#规模以上	营业面积50平方米以上的商店或超市个数
临河区狼山镇	26951		19	34303	15	3	51
临河区新华镇	46658		29	52509	4		174
临河区干召庙镇	33460		27	51180	39		72
临河区乌兰图克镇	27604		14	30992	5	2	45
临河区双河镇	27467	2	16	24972	24	2	66
临河区城关镇	8771		7	22884	22	3	94
临河区白脑包镇	29639		21	35441	16	1	106
临河区曙光乡	4019	1	8	23094	70	3	61
临河区八一乡	12683	2	10	19223	252	51	84
五原县隆兴昌镇	47436	12	24	89734	296	24	113
五原县塔尔湖镇	39361	1	20	40698	4		78
五原县巴彦套海镇	25426	3	13	27736	19	2	31
五原县新公中镇	30196		15	32892	8		106
五原县天吉泰镇	23682		9	14632	9		31
五原县胜丰镇	27066		14	24093	2		49
五原县银定图镇	18174		7	15065			19
五原县复兴镇	15100		8	13875	2		59
五原县和胜乡	14327		7	12897			18
磴口县巴彦高勒镇	37222	6	6	41991	60	11	75
磴口县隆盛合镇	19292		14	17574	4		43
磴口县渡口镇	12429		8	12688	2		14
磴口县补隆淖镇	7300		7	7930	10		12
磴口县沙金套海苏木	210522		12	10542	14		7
乌拉特前旗乌拉山镇	33656	15	7	83675	21	4	221
乌拉特前旗白彦花镇	66077		10	7193	8	1	8
乌拉特前旗先锋镇	51191		12	47063	27	20	82
乌拉特前旗新安镇	47697		13	51277	11		126
乌拉特前旗西小召镇	47572		11	33460	5		49
乌拉特前旗大佘太镇	92272		10	30561	18	1	50
乌拉特前旗明安镇	68394		10	25865			19
乌拉特前旗小佘太镇	68910		4	11832	3	1	22
乌拉特前旗苏独仑镇	35929		5	12065			27
乌拉特前旗额尔登布拉格苏木	86730		7	4400	9	8	15
乌拉特前旗沙德格苏木	56601		4	2152	16	11	12
乌拉特中旗海流图镇	6385	6	2	28552	34	2	32
乌拉特中旗乌加河镇	42730	1	7	28245	7		74
乌拉特中旗德岭山镇	85974	1	7	31205	34	14	42
乌拉特中旗石哈河镇	183137	1	9	24410	7	4	24
乌拉特中旗甘其毛都镇	435565	1	5	2337	7	5	35
乌拉特中旗温更镇	181921		8	4827	11	3	1
乌拉特中旗呼勒斯太苏木	195649		14	5046	3		9
乌拉特中旗川井苏木	187994		8	2035	5	3	2
乌拉特中旗巴音乌兰苏木	672789		16	7082	4		5
乌拉特中旗新忽热苏木	268098		11	5632	6	2	8
乌拉特后旗巴音宝力格镇	97931	5	11	29687	54	14	330
乌拉特后旗呼和温都尔镇	152431	3	9	10196	35	19	6

续表 83　　内蒙古自治区　　单位：公顷、个、人

名　　称	行政区域面　　积	居民委员会(社区)个数	村民委员会个　　数	户籍人口	工业企业个　　数	#规模以上	营业面积50平方米以上的商店或超市个数
乌拉特后旗潮格温都尔镇	618216	2	8	8390	11	10	4
乌拉特后旗获各琦苏木	876175		7	2626	16	7	
乌拉特后旗巴音前达门苏木	617390		9	3202			
乌拉特后旗乌盖苏木	88937		6	4058	2		17
杭锦后旗陕坝镇	19855	13	19	102316	116	15	376
杭锦后旗头道桥镇	19731	1	9	23722	15	1	44
杭锦后旗二道桥镇	24093		17	34396	14	2	26
杭锦后旗三道桥镇	12056	1	8	17022	7		27
杭锦后旗团结镇	17247		8	15650	1		38
杭锦后旗双庙镇	19459		12	20790	5	1	27
杭锦后旗沙海镇	16659		10	23368	6		31
杭锦后旗蒙海镇	13051	1	9	16808	22	5	33
集宁区白海子镇	25100	4	17	38335	71	18	84
集宁区马莲渠乡	18950	1	8	15641	27	3	22
卓资县卓资山镇	37879	8	19	55140	104	6	38
卓资县旗下营镇	32267	2	7	17591	42	7	8
卓资县十八台镇	44880		24	35909	14	1	34
卓资县巴音锡勒镇	36500		13	20476	6	2	15
卓资县梨花镇	38479		13	16930	13		20
卓资县大榆树乡	52516		16	20766	9	1	15
卓资县红召乡	41800		9	8752	8		4
卓资县复兴乡	27520		8	12751	3		11
化德县长顺镇	40675	9	15	50112	105	3	18
化德县朝阳镇	53462		20	30658	10	2	14
化德县七号镇	44006		13	17521	3	1	19
化德县德包图乡	39475		12	19351			6
化德县公腊胡洞乡	39057		11	17477			
化德县白音特拉乡	36739		15	21295	2		23
商都县七台镇	31015	20	15	75602	241	23	288
商都县十八顷镇	43657	2	25	25865	7	4	66
商都县大黑沙土镇	41793		29	31585	2		29
商都县西井子镇	51910		31	34352	12		19
商都县屯垦队镇	58078		27	38677	8	4	20
商都县小海子镇	45210		28	35337	7	1	35
商都县大库伦乡	52484		19	22822	1		16
商都县卯都乡	28133		13	14528	1		12
商都县玻璃忽镜乡	44246		14	26447	5	3	28
商都县三大顷乡	31829		9	14207	18	3	7
兴和县城关镇	39816	12	19	81032	178	17	40
兴和县张皋镇	26410		10	20790			15
兴和县赛乌素镇	47261		25	37611	7	3	41
兴和县鄂尔栋镇	45706		21	31800	2		34
兴和县店子镇	48177	1	20	27024	6		22
兴和县大库联乡	44647		17	34542	2	1	37
兴和县民族团结乡	34167		22	38524	3		39
兴和县大同夭乡	37354		15	21358	4		25

续表 84　　内蒙古自治区　　单位：公顷、个、人

名　　称	行政区域面　　积	居民委员会(社区)个数	村民委员会个　　数	户籍人口	工业企业个　　数	#规模以上	营业面积50平方米以上的商店或超市个数
兴和县五股泉乡	27714		12	19362	2		15
凉城县鸿茅镇	26673	13	13	59500	54	4	498
凉城县六苏木镇	58363		22	38318	10	2	30
凉城县麦胡图镇	22802		13	27780	5		38
凉城县永兴镇	36162		11	12825	4		14
凉城县蛮汉镇	60293		18	22998	5		29
凉城县岱海镇	16653	1	8	14975	1		18
凉城县天成乡	52923		26	25187	5		18
凉城县曹碾满族乡	56605		21	24184	2	1	8
察哈尔右翼前旗土贵乌拉镇	26425	7	11	54518	116	12	62
察哈尔右翼前旗平地泉镇	19470	5	13	24398	187	21	110
察哈尔右翼前旗玫瑰营镇	39425	1	16	30028	9	1	42
察哈尔右翼前旗巴音塔拉镇	25603		13	23296	26		36
察哈尔右翼前旗黄旗海镇	3850	6	2	11121	86	4	70
察哈尔右翼前旗乌拉哈乌拉乡	22361		8	13454	15	9	28
察哈尔右翼前旗黄茂营乡	34292		9	18079			21
察哈尔右翼前旗三岔口乡	37361		14	19894	34	4	15
察哈尔右翼前旗老圈沟乡	26680		7	9848	3	2	8
察哈尔右翼中旗科布尔镇	28536	8	19	18100	16	9	5
察哈尔右翼中旗铁沙盖镇	29490		12	17614	3		26
察哈尔右翼中旗黄羊城镇	39914		22	21999	5	3	28
察哈尔右翼中旗广益隆镇	53809		24	16940	2		32
察哈尔右翼中旗乌素图镇	15480		8	10022	1		50
察哈尔右翼中旗大滩乡	63769		20	16696			15
察哈尔右翼中旗宏盘乡	49908		18	21243	6	4	20
察哈尔右翼中旗巴音乡	13057		7	8822	1		23
察哈尔右翼中旗库伦苏木	39429		4	2068	4	3	3
察哈尔右翼中旗乌兰哈页苏木	43194		13	18328	4	2	20
察哈尔右翼中旗土城子乡	20000		16	14477			13
察哈尔右翼后旗白音察干镇	58780	11	17	55084	67	18	20
察哈尔右翼后旗土牧尔台镇	56000	5	15	34093	18		20
察哈尔右翼后旗红格尔图镇	21600		8	21857	5	2	17
察哈尔右翼后旗贲红镇	40120	1	9	24777	6		22
察哈尔右翼后旗大六号镇	21700		8	17297	15		16
察哈尔右翼后旗当郎忽洞苏木	44800		8	18433	9		15
察哈尔右翼后旗乌兰哈达苏木	65300		10	12956			
察哈尔右翼后旗锡勒乡	82700		13	15991	5	3	3
四子王旗乌兰花镇	40215	13	8	47414	72	15	201
四子王旗吉生太镇	103384		13	26232	11	2	17
四子王旗库伦图镇	44197		13	23717	2		4
四子王旗供济堂镇	54629		12	23573			16
四子王旗白音朝克图镇	317917	1	9	7139	2	1	6
四子王旗红格尔苏木	304664		8	6696	3	2	7
四子王旗江岸苏木	417940		8	3610	3	2	5
四子王旗查干补力格苏木	274121		8	3978	4	2	9

续表 85　　内蒙古自治区　　单位：公顷、个、人

名　　称	行政区域面　　积	居民委员会(社区)个数	村民委员会个　　数	户籍人口	工业企业个　　数	#规模以上	营业面积50平方米以上的商店或超市个数
四子王旗东八号乡	46348		11	18788	3	1	3
四子王旗忽鸡图乡	67283		12	22100			11
四子王旗大黑河乡	33411		9	15876	1		14
四子王旗巴音敖包苏木	259333		4	1837			2
四子王旗乌兰牧场	8842		1	543			
丰镇市隆盛庄镇	42107	1	13	31615	7		24
丰镇市黑土台镇	25831		10	28385	2	1	17
丰镇市红砂坝镇	36279		9	15930	4		4
丰镇市巨宝庄镇	29894		13	36071	10		40
丰镇市三义泉镇	36400		12	18076	3	1	14
丰镇市浑源窑乡	29984		7	10662			3
丰镇市元山子乡	31571		9	19540			15
丰镇市官屯堡乡	30196		10	27393	4		27
乌兰浩特市乌兰哈达镇	36078	2	14	18118	137	19	81
乌兰浩特市葛根庙镇	59900	1	24	28918	20	11	84
乌兰浩特市太本站镇	110400		3	3693			8
乌兰浩特市义勒力特镇	17163	1	17	10582	26		74
阿尔山市天池镇	373477	1	2	1907	1		10
阿尔山市白狼镇	74453	1	2	2227	3	1	12
阿尔山市五岔沟镇	80868	1		4478			20
阿尔山市明水河镇	201200	2	1	4862			19
科尔沁右翼前旗科尔沁镇	19800	4	11	28746	87	13	151
科尔沁右翼前旗索伦镇	98904	2	11	16572	7	1	86
科尔沁右翼前旗德伯斯镇	135046	3	24	25672	3	1	176
科尔沁右翼前旗大石寨镇	87731	2	28	37692	2		164
科尔沁右翼前旗归流河镇	65486	2	22	30818			236
科尔沁右翼前旗居力很镇	20287	3	14	19987	18	2	99
科尔沁右翼前旗察尔森镇	66402	1	15	19771	5	1	127
科尔沁右翼前旗额尔格图镇	75532	1	14	18617	7	2	98
科尔沁右翼前旗俄体镇	44068	2	14	22381	8		83
科尔沁右翼前旗满族屯满族乡	282438	1	8	4480	3	1	21
科尔沁右翼前旗乌兰毛都苏木	203013	1	6	5062	10	2	25
科尔沁右翼前旗阿力得尔苏木	130222	2	19	31607	7		110
科尔沁右翼前旗巴日嘎斯台乡	92357	3	36	48250	5		143
科尔沁右翼前旗桃合木苏木	115744	1	6	4701			14
科尔沁右翼中旗巴彦呼舒镇	104347	13	22	75311	75	9	196
科尔沁右翼中旗巴仁哲里木镇	249483	1	16	13470	11	1	91
科尔沁右翼中旗吐列毛杜镇	139522	1	20	22526	5		61
科尔沁右翼中旗杜尔基镇	118548	1	18	21119	4		94
科尔沁右翼中旗高力板镇	96540	1	22	26546	15	1	72
科尔沁右翼中旗好腰苏木镇	74414	1	9	10581	2	1	39
科尔沁右翼中旗代钦塔拉苏木	88044		12	11084	1	1	29
科尔沁右翼中旗新佳木苏木	113935		13	13583	4		66
科尔沁右翼中旗哈日诺尔苏木	118484		8	4086	13	2	12
科尔沁右翼中旗额木庭高勒苏木	49244		16	18085	5	1	65

续表 86　　　　内蒙古自治区　　　　单位：公顷、个、人

名　　称	行政区域面　　积	居民委员会(社区)个数	村民委员会个　　数	户籍人口	工业企业个　　数	#规模以上	营业面积50平方米以上的商店或超市个数
科尔沁右翼中旗巴彦茫哈苏木	74222		8	9570	2		43
科尔沁右翼中旗巴彦淖尔苏木	52191		9	10244			29
扎赉特旗音德尔镇	145000	15	42	119496	26		998
扎赉特旗新林镇	71300	2	17	31536			121
扎赉特旗巴彦高勒镇	106432	2	25	49426	12		177
扎赉特旗胡尔勒镇	66700	1	10	13355			63
扎赉特旗阿尔本格勒镇	71992	1	11	17336	1		88
扎赉特旗巴达尔胡镇	58938	1	14	17704	4		103
扎赉特旗图牧吉镇	84700	1	7	14863			60
扎赉特旗好力保镇	25079	2	18	33970	22	3	75
扎赉特旗巴彦乌兰苏木	237818	1	11	19129	2		85
扎赉特旗宝力根花苏木	51552	1	10	12066			45
扎赉特旗阿拉达尔吐苏木	96000	1	8	10939			52
扎赉特旗巴彦扎拉嘎乡	35800	1	11	19943	6		56
扎赉特旗努文木仁乡	35600	1	10	11601	1		34
突泉县突泉镇	60600	13	41	93701	11	8	244
突泉县六户镇	74567	2	34	48619	11	2	122
突泉县东杜尔基镇	33362	1	20	23585			44
突泉县永安镇	39367	1	15	24635	10	1	83
突泉县水泉镇	62343	1	13	20160	9	1	60
突泉县宝石镇	101800	1	16	22915			97
突泉县学田乡	36708		15	19487	2		54
突泉县九龙乡	21557		13	13587	8	1	68
突泉县太平乡	59226		21	23149	33	3	51
二连浩特市格日勒敖都苏木	384560		5	1989	7	5	4
锡林浩特市阿尔善宝拉格镇	209838	2	4	1472			2
锡林浩特市宝力根苏木	326872	2	9	4832	17	5	4
锡林浩特市朝克乌拉苏木	181614	3	6	3593	2	1	3
阿巴嘎旗别力古台镇	474031	4	12	18668	22	9	3
阿巴嘎旗洪格尔高勒镇	301048		12	4243	13	13	14
阿巴嘎旗查干淖尔镇	409360		16	6421	14		13
阿巴嘎旗那仁宝拉格苏木	442121		9	3323	1		6
阿巴嘎旗伊和高勒苏木	335482		6	2703	1		6
阿巴嘎旗吉尔嘎郎图苏木	282618		7	2287			4
阿巴嘎旗巴彦图嘎苏木	504352		9	3311	2	2	4
苏尼特左旗满都拉图镇	568547	4	8	15723	96	14	32
苏尼特左旗查干敖包镇	393891		4	1667	3		
苏尼特左旗巴彦淖尔镇	609626	1	14	6849	3		4
苏尼特左旗赛罕高毕苏木	469011		6	1900	5		1
苏尼特左旗洪格尔苏木	572683		5	2215			2
苏尼特左旗达来苏木	383195		6	2504			
苏尼特右旗赛汉塔拉镇	288634	9	8	31818	210	16	395
苏尼特右旗朱日和镇	265397	3	15	15219	43	6	4
苏尼特右旗乌日根塔拉镇	374634	2	9	4940	15	1	3
苏尼特右旗桑宝拉格苏木	347010		9	3812			

续表 87　　内蒙古自治区　　单位：公顷、个、人

名　称	行政区域面积	居民委员会(社区)个数	村民委员会个数	户籍人口	工业企业个数	#规模以上	营业面积50平方米以上的商店或超市个数
苏尼特右旗额仁淖尔苏木	454421		8	2767			2
苏尼特右旗赛罕乌力吉苏木	269046		8	3755			4
苏尼特右旗阿其图乌拉苏木	194599		6	2737			3
东乌珠穆沁旗乌里雅斯太镇	546300	7	12	27656	35	21	411
东乌珠穆沁旗道特淖尔镇	276240	1	7	4683			2
东乌珠穆沁旗嘎达布其镇	360530	1	5	3579			7
东乌珠穆沁旗满都呼宝拉格镇	562900	1	4	2188	2	1	18
东乌珠穆沁旗额吉淖尔镇	403050	1	6	3831			5
东乌珠穆沁旗呼热图淖尔苏木	565950	1	11	7075			8
东乌珠穆沁旗萨麦苏木	772700	1	7	4480	3	2	5
东乌珠穆沁旗嘎海乐苏木	518730	1	6	3895	3	2	3
东乌珠穆沁旗阿拉坦合力苏木	259443	1	4	2975			8
东乌珠穆沁旗宝格达乌拉总场	8000	1		475			
西乌珠穆沁旗巴拉嘎尔高勒镇	20200	6		25603	130	7	82
西乌珠穆沁旗巴彦花镇	531217	1	18	15069	54	8	10
西乌珠穆沁旗吉仁高勒镇	420981	1	17	9441	11	5	7
西乌珠穆沁旗浩勒图高勒镇	382330	1	22	10666	15	3	12
西乌珠穆沁旗高日罕镇	156651	1	9	4960	4		5
西乌珠穆沁旗巴彦胡舒苏木	376717	1	14	7062	4		2
西乌珠穆沁旗乌兰哈拉嘎苏木	335597	1	13	7923	1		2
太仆寺旗宝昌镇	25102	6	21	58820	48	15	17
太仆寺旗千斤沟镇	57121		37	41229			8
太仆寺旗红旗镇	66306		40	38789	8	1	10
太仆寺旗骆驼山镇	56113		19	22222			7
太仆寺旗永丰镇	38643		19	21958			
太仆寺旗幸福乡	18902		21	15224			1
太仆寺旗万寿滩良种场	2794		6	742			
镶黄旗新宝拉格镇	3009	6		13114	19	6	244
镶黄旗巴彦塔拉镇	175762		21	6775	41	2	10
镶黄旗翁贡乌拉苏木	164693		18	5250	6	4	
镶黄旗宝格达音高勒苏木	170264		21	6912	1		
正镶白旗明安图镇	104237	7	13	20213	14	13	101
正镶白旗星耀镇	38783		23	25890	1		20
正镶白旗伊和淖尔苏木	173913		17	7441	1		8
正镶白旗乌兰查布苏木	179115		12	6893	1		9
正镶白旗宝拉根陶海苏木	129261		12	8405	2		8
正蓝旗上都镇	172652	6	15	23134	149	10	15
正蓝旗桑根达来镇	167752	1	22	10443	20		12
正蓝旗哈毕日嘎镇	39980	1	20	19322	2	1	14
正蓝旗宝绍岱苏木	122777		16	6420			8
正蓝旗那日图苏木	91212	1	12	5409			10
正蓝旗赛音呼都嘎苏木	207772		12	6174			6
正蓝旗扎格斯台苏木	129143		7	3608			
多伦县大北沟镇	44059	1	15	18990	12	1	31
多伦县多伦诺尔镇	51249	8	16	47898	114	5	120

续表 88　　内蒙古自治区、辽宁省　　单位：公顷、个、人

名　　称	行政区域面　　积	居民委员会(社区)个数	村民委员会个　　数	户籍人口	工业企业个　　数	#规模以上	营业面积50平方米以上的商店或超市个数
多伦县滦源镇	109261		9	13795	2		16
多伦县蔡木山乡	124143		11	17168	18	2	24
多伦县西干沟乡	54911		14	13560	5		18
乌拉盖管委会巴彦胡硕镇	78540	3	9	13783	26	1	146
阿拉善左旗温都尔勒图镇	331900	1	7	3611	2		5
阿拉善左旗巴润别立镇	318500	2	12	9636	17	6	31
阿拉善左旗巴彦浩特镇	543380		24	8925	22	4	7
阿拉善左旗嘉尔嘎勒赛汉镇	291454	1	13	7596	47	18	16
阿拉善左旗吉兰泰镇	1238600	5	25	16558	54	3	14
阿拉善左旗宗别立镇	202100	2	6	5917	27	10	15
阿拉善左旗敖伦布拉格镇	478900	2	9	4220	14	3	21
阿拉善左旗腾格里额里斯镇	268800		4	1937	26	20	5
阿拉善左旗巴彦木仁苏木	263300		6	3301			11
阿拉善左旗乌力吉苏木	770700		3	889	2		3
阿拉善左旗巴彦诺日公苏木	1221500		10	3943	14	1	5
阿拉善左旗额尔克哈什哈苏木	807060		8	2015	1		2
阿拉善左旗银根苏木	657300		3	996			3
阿拉善左旗超格图呼热苏木	424092		7	1612	1		
阿拉善右旗巴丹吉林镇	664000	5	3	11592	85	5	28
阿拉善右旗雅布赖镇	1147288	3	5	3766	36	13	3
阿拉善右旗阿拉腾敖包镇	419329	1	6	1573	18	1	10
阿拉善右旗曼德拉苏木	553499		7	1998	5		5
阿拉善右旗阿拉腾朝格苏木	2084728		6	2318	10		2
阿拉善右旗巴彦高勒苏木	241421		6	1819	4		2
阿拉善右旗塔木素布拉格苏木	2204226		7	1947	7	1	8
额济纳旗达来呼布镇	4900	6		13080	123	3	75
额济纳旗东风镇	3144090		4	1538			2
额济纳旗哈日布日格德音乌拉镇	1800000	1	1	182	27	2	5
额济纳旗赛汉陶来苏木	2452700		2	829	8	2	
额济纳旗马鬃山苏木	1500000		1	86	2		
额济纳旗苏泊淖尔苏木	447400		3	1402			
额济纳旗巴彦陶来苏木	445400		7	2144	3		1
额济纳旗温图高勒苏木	1401400		2	391	9	2	
额济纳旗巴音陶海苏木	246100		1	83			1
辽宁省							
辽中区于家房镇	7049	2	9	23998	7	1	40
辽中区朱家房镇	10622	2	9	30327	24	1	54
辽中区冷子堡镇	12900	2	13	26887	57	4	61
辽中区刘二堡镇	8830		11	18912	60	14	42
辽中区新民屯镇	4390		7	14599	140	25	87
辽中区满都户镇	8361	2	8	19942			40
辽中区杨士岗镇	5931		9	18117	59	5	62
辽中区肖寨门镇	13440		18	41709	31	23	73
辽中区长滩镇	6359		10	20384	78		56
辽中区四方台镇	6624		8	18736	30		34

续表 89　　辽宁省　　单位：公顷、个、人

名　　称	行政区域面　　积	居民委员会(社区)个数	村民委员会个　　数	户籍人口	工业企业个　　数	#规模以上	营业面积50平方米以上的商店或超市个数
辽中区六间房镇	9903		14	23035	33	4	51
辽中区养士堡镇	8108		10	15136	11	10	14
辽中区潘家堡镇	6369		8	16239	24	3	39
辽中区老大房镇	7765		11	14894	6	1	37
辽中区大黑岗子镇	8600		9	13459	7		49
辽中区牛心坨镇	11495		12	19243	3	1	79
康平县小城子镇	16240		12	18777	3	2	25
康平县张强镇	14767	1	14	25819	3	2	74
康平县方家屯镇	10100		11	18807	1		18
康平县郝官屯镇	13255		11	19748	2	1	55
康平县二牛所口镇	16017		14	22253	4	2	60
康平县北四家子乡	14200		9	17122	2		42
康平县两家子乡	11800		10	13837	2		27
康平县海洲窝堡乡	13655		9	14888			56
康平县沙金台蒙古族满族乡	14459		11	17351	4	1	39
康平县柳树屯蒙古族满族乡	10500		9	14693	3	1	61
康平县西关屯蒙古族满族乡	8866		9	13916	3	1	42
康平县东升满族蒙古族乡	12270		10	17404	3		63
法库县大孤家子镇	12674		11	18227	14	2	31
法库县二面船镇	12400		16	20031	9	1	43
法库县秀水河子镇	20400		19	31371	12	3	103
法库县叶茂台镇	16751		12	22408	32	13	60
法库县登仕堡子镇	9484		9	15737			40
法库县柏家沟镇	10632		12	20802	6	2	28
法库县丁家房镇	13200		13	21088	8		37
法库县孟家镇	9160		10	15243	8	4	52
法库县十间房镇	11579		13	15386	8	1	32
法库县冯贝堡镇	8925		10	15915	20		48
法库县依牛堡子镇	13000		13	22794	16	3	22
法库县包家屯镇	17500		15	26141	26	1	87
法库县慈恩寺乡	9996		11	16720	10	2	40
法库县和平乡	7300		6	10118	5	1	23
法库县四家子蒙古族乡	9550		9	15823	15	1	121
法库县双台子乡	11257		9	17301	4	1	38
新民市大红旗镇	12398	1	14	21729	2	1	59
新民市梁山镇	20520		15	24048	6		49
新民市公主屯镇	19379		21	36791	15		168
新民市兴隆镇	14000	1	17	27002	65	5	113
新民市前当堡镇	9428		12	20698	38	5	55
新民市大民屯镇	11217	1	16	33564	68	1	84
新民市大柳屯镇	22943		18	28227	1		58
新民市兴隆堡镇	15089	1	20	29240	68	2	89
新民市胡台镇	10404	4	19	37166	586	49	65
新民市法哈牛镇	10848	1	15	29803	213	16	87
新民市柳河沟镇	19460		16	25981	28	1	80

续表 90 辽宁省 单位：公顷、个、人

名　　称	行政区域面积	居民委员会(社区)个数	村民委员会个数	户籍人口	工业企业个数	#规模以上	营业面积50平方米以上的商店或超市个数
新民市高台子镇	9922		9	14220	12	1	56
新民市张家屯镇	7800		12	15880	85	6	42
新民市罗家房镇	13013		16	26312	68	5	30
新民市三道岗子镇	10493		13	20608	30	6	50
新民市东蛇山子镇	11793		14	24561	14		48
新民市陶家屯镇	5090		7	10554	4	1	28
新民市周坨子镇	13342		9	14927			46
新民市金五台子镇	13252		12	18036	4	1	64
新民市新农村镇	10558		8	13179	3		37
新民市红旗乡	9600		8	12587	4		26
新民市卢家屯乡	11806		10	13517	2		54
新民市姚堡乡	13725		10	17061	1		52
新民市于家窝堡乡	10970		7	10682	1		32
长海县大长山岛镇	4053	4	7	26825	55		85
长海县獐子岛镇	1582	3	3	13314	4	1	14
长海县广鹿岛镇	3771		5	11004	17	1	43
长海县小长山岛镇	2757		6	11565	11	2	42
长海县海洋岛镇	2044		2	4588	4		11
瓦房店市太阳街道	17000		10	31902	93	18	93
瓦房店市复州城镇	14792	4	15	51856	105	12	164
瓦房店市松树镇	13240	3	10	32270	18	2	30
瓦房店市得利寺镇	8900		7	22888	55	2	76
瓦房店市万家岭镇	13306		10	24164	5		57
瓦房店市许屯镇	15427	1	12	33366	9	2	71
瓦房店市永宁镇	14588	2	16	38468	25	3	81
瓦房店市谢屯镇	20789	1	8	25871	50	5	231
瓦房店市老虎屯镇	10759	1	14	23971	35	9	56
瓦房店市红沿河镇	13977		7	18079	2	1	81
瓦房店市李官镇	11172	2	13	22812	6	1	72
瓦房店市仙浴湾镇	8264		5	12798	15		16
瓦房店市元台镇	15000	1	10	39000	65	7	83
瓦房店市瓦窝镇	9933	1	6	20749	67	5	37
瓦房店市赵屯乡	14720		8	34732	10	3	60
瓦房店市土城乡	10292	2	7	23953	5	3	40
瓦房店市阎店乡	11216		7	26789	15	3	43
瓦房店市西杨乡	12860		12	29454	15	2	54
瓦房店市驼山乡	13382		10	22367	15	2	66
瓦房店市泡崖乡	13448		9	17571	38	4	31
瓦房店市杨家满族乡	10941		11	21854	15	7	40
庄河市青堆镇	19547	3	14	51008	29	3	102
庄河市徐岭镇	9750		10	30366	86	8	90
庄河市黑岛镇	13650		11	30472	59	12	78
庄河市栗子房镇	22202		20	53004	222	14	67
庄河市大营镇	13930		8	21351	16	3	43
庄河市塔岭镇	21693		9	21926	5	1	28

续表 91　　辽宁省　　单位：公顷、个、人

名　称	行政区域面　积	居民委员会(社区)个数	村民委员会个　数	户籍人口	工业企业个　数	#规模以上	营业面积50平方米以上的商店或超市个数
庄河市仙人洞镇	34727		11	31863	6		49
庄河市蓉花山镇	21277	1	9	33264	53	2	36
庄河市长岭镇	15360		7	26070	7		33
庄河市荷花山镇	15312		6	11694	3		13
庄河市城山镇	19687		10	32404	29	1	65
庄河市光明山镇	23745		13	50630	24	5	100
庄河市大郑镇	24300	1	19	54748	57	10	102
庄河市吴炉镇	17682		14	34600	32	5	66
庄河市王家镇	964		4	4451	3	2	7
庄河市太平岭满族乡	10438		6	20253	51		26
庄河市步云山乡	21082		5	18937	44		27
庄河市桂云花满族乡	21518		5	18686	91	3	36
庄河市兰店乡	8817		7	21092	298	6	49
庄河市石城乡	3749		5	9150	4	1	27
千山区唐家房镇	7551	1	9	17616	57	8	37
千山区大屯镇	10543	3	17	28713	51	13	78
千山区甘泉镇	5701	1	10	20978	48	10	8
台安县西佛镇	11514		14	27405	16	1	59
台安县新开河镇	12982		21	36457	23	2	85
台安县黄沙坨镇	11530		17	36737	34	7	48
台安县高力房镇	11352		18	37220	14	5	86
台安县桑林镇	19226		13	26943	22	1	25
台安县富家镇	12815		11	23418			69
台安县达牛镇	9912		15	25538	13		51
台安县韭菜台镇	5800		8	15124	8	2	15
台安县新台镇	13822		9	17555	16	4	44
台安县桓洞镇	14491		10	21018	3	2	31
岫岩满族自治县三家子镇	21738		10	16952	98	2	44
岫岩满族自治县石庙子镇	20003		9	15582	22	4	42
岫岩满族自治县黄花甸镇	17300		10	22990	8		49
岫岩满族自治县大营子镇	35997		11	21654	19	1	73
岫岩满族自治县苏子沟镇	16855		8	14021	15	5	9
岫岩满族自治县偏岭镇	25009		11	27268	240	19	24
岫岩满族自治县哈达碑镇	30711		13	28569	15	3	83
岫岩满族自治县新甸镇	12300		9	20316	5	2	9
岫岩满族自治县洋河镇	20600		9	17254	24		43
岫岩满族自治县杨家堡镇	14675		7	12563	25	1	23
岫岩满族自治县清凉山镇	21700		9	15069	8		26
岫岩满族自治县石灰窑镇	23073		10	21401	12	2	71
岫岩满族自治县前营镇	19151		8	14318	13	1	29
岫岩满族自治县龙潭镇	19891		8	15529	17	2	31
岫岩满族自治县牧牛镇	22000		6	15470	18		18
岫岩满族自治县药山镇	15100		5	12039	19	2	20
岫岩满族自治县大房身镇	18202		6	12815	44	7	11
岫岩满族自治县朝阳镇	20576		7	16214	16	1	25

续表 92　　辽宁省　　单位：公顷、个、人

名　　称	行政区域面　　积	居民委员会(社区)个数	村民委员会个　　数	户籍人口	工业企业个　　数	#规模以上	营业面积50平方米以上的商店或超市个数
岫岩满族自治县红旗营子乡	19211		7	14264	19	1	24
岫岩满族自治县岭沟乡	11900		7	9404			18
岫岩满族自治县哨子河乡	13719		7	9735	4		25
海城市孤山镇	20360		12	23346	4		38
海城市岔沟镇	14100		15	24359	9		54
海城市接文镇	17070		15	23281	10		41
海城市析木镇	14027		15	30584	29	3	51
海城市马风镇	16540	1	18	33888	51	15	81
海城市牌楼镇	10398	2	14	38642	247	60	35
海城市八里镇	8490	1	19	32364	142	16	67
海城市毛祁镇	6470		10	20458	75	7	46
海城市英落镇	16180	1	21	38434	154	21	55
海城市感王镇	9318		18	40791	196	7	171
海城市西柳镇	6480		14	44410	125	12	92
海城市中小镇	5160	1	11	23702	130	6	50
海城市王石镇	16045	1	24	37861	78	5	90
海城市南台镇	9360	5	18	52325	133	8	134
海城市腾鳌镇	12670		22	67805	415	68	212
海城市耿庄镇	11360		20	40561	37	4	95
海城市牛庄镇	4990	1	14	34137	66	4	112
海城市西四镇	9280		15	30693	8	3	38
海城市望台镇	7520		11	25066	20	5	39
海城市温香镇	13980		20	41712			146
海城市高坨镇	5930		11	20543	21	2	48
新抚区千金乡	6206		11	16234	30		20
东洲区章党镇	22200	1	12	17231	7	1	23
东洲区哈达镇	20170		13	20277	20	1	38
东洲区碾盘乡	8555		14	17862	131	3	19
东洲区兰山乡	3305		7	5917	42	11	9
望花区塔峪镇	5277		15	16532	20	5	37
望花区拉古满族乡	10413		10	17091	76	16	24
顺城区前甸镇	11938	7	12	34669	102	9	22
顺城区河北乡	7804	1	13	19707	105	8	27
顺城区会元乡	10500		9	14892	135	6	38
抚顺县石文镇	15100	1	15	21300	7	2	17
抚顺县后安镇	36830	1	13	16123	5	1	36
抚顺县上马镇	28910		17	19509	23	2	56
抚顺县救兵镇	26550		14	18933	145	6	40
抚顺县马圈子乡	14160		6	5554	8		13
抚顺县峡河乡	12580		10	8336	1		17
抚顺县海浪乡	12000		11	11265	8	3	14
抚顺县汤图满族乡	18580		9	7366	1		14
新宾满族自治县新宾镇	37340	5	31	62375	33	7	68
新宾满族自治县旺清门镇	23092		9	14108	10		30
新宾满族自治县永陵镇	52631	3	25	39765	201	4	78

续表 93 辽宁省 单位：公顷、个、人

名　称	行政区域面积	居民委员会(社区)个数	村民委员会个数	户籍人口	工业企业个数	#规模以上	营业面积50平方米以上的商店或超市个数
新宾满族自治县平顶山镇	34953		15	17702	5	3	47
新宾满族自治县大四平镇	26462	2	11	18401	4	1	26
新宾满族自治县苇子峪镇	40571		9	14382	58		43
新宾满族自治县木奇镇	43965		12	16984	12		47
新宾满族自治县上夹河镇	26718		11	15405	2		27
新宾满族自治县南杂木镇	9565	3	6	17674	10	9	23
新宾满族自治县红升乡	12659		7	7664	3		13
新宾满族自治县响水河子乡	14187		8	8126	92		21
新宾满族自治县红庙子乡	32391		10	14038			35
新宾满族自治县北四平乡	24655		7	8539	6		16
新宾满族自治县榆树乡	32617		12	12337	56	1	20
新宾满族自治县下夹河乡	16586		8	9542			30
清原满族自治县清原镇	30042	8	16	80728	19	4	96
清原满族自治县红透山镇	20033	3	8	25233	47	1	46
清原满族自治县草市镇	15226	1	16	14727	9		27
清原满族自治县英额门镇	27960	1	13	16615	22		14
清原满族自治县南口前镇	33440	2	13	21720	13		42
清原满族自治县南山城镇	42688	1	24	28200	15	1	55
清原满族自治县湾甸子镇	35895	1	11	16014	14		14
清原满族自治县大孤家镇	20600	1	13	18809	5		16
清原满族自治县夏家堡镇	45238	1	27	28791	23	1	40
清原满族自治县北三家镇	27261	1	10	14007	12	2	35
清原满族自治县土口子乡	28063	1	10	14645	10		48
清原满族自治县敖家堡乡	17187		9	9914	5	2	9
清原满族自治县大苏河乡	27530		10	8935	5		14
清原满族自治县枸乃甸乡	20884		8	7143	5		11
本溪满族自治县小市镇	56223		18	33816	59	3	48
本溪满族自治县草河掌镇	37454		7	10309	8		14
本溪满族自治县草河城镇	20517	1	7	12937	13	2	27
本溪满族自治县草河口镇	19714	2	5	19902	19	4	40
本溪满族自治县连山关镇	20337		7	12932	6	1	24
本溪满族自治县清河城镇	33281		7	11668	1		34
本溪满族自治县田师傅镇	13668	3	5	24890	15	5	40
本溪满族自治县南甸子镇	12984		6	14986	15	2	14
本溪满族自治县碱厂镇	27622	2	11	25450	31	2	42
本溪满族自治县高官镇	42997		14	20666	69	9	45
本溪满族自治县东营坊乡	41035		8	9004	8		28
桓仁满族自治县桓仁镇	30280		13	35994	38	6	39
桓仁满族自治县普乐堡镇	30700		7	12807	13		15
桓仁满族自治县二棚甸子镇	33447	6	6	21427	48	1	18
桓仁满族自治县沙尖子镇	28966		8	16455	4	2	43
桓仁满族自治县五里甸子镇	22447		6	10352	2		28
桓仁满族自治县八里甸子镇	37900		8	16648	130		44
桓仁满族自治县华来镇	59991	1	19	42915	30		120
桓仁满族自治县古城镇	31200		12	23925	9		34

续表 94　　辽宁省　　单位：公顷、个、人

名　　称	行政区域面　　积	居民委员会(社区)个数	村民委员会个　　数	户籍人口	工业企业个　　数	#规模以上	营业面积50平方米以上的商店或超市个数
桓仁满族自治县雅河朝鲜族乡	21200		8	19065	13	3	24
桓仁满族自治县向阳乡	20809		6	8763	6		23
桓仁满族自治县黑沟乡	21560	1	4	11471	26	1	28
桓仁满族自治县北甸子乡	12100		6	7477	20	1	19
元宝区金山镇	7781	3	7	26564	169	23	52
振兴区浪头镇	3314	3	7	33598	52	2	40
振兴区安民镇	2009	1	5	12172	57	2	20
振兴区汤池镇	8460		11	23429	169	7	66
振安区同兴镇	11080	2	8	20131	110	14	24
振安区五龙背镇	10511	3	6	25983	46	7	35
振安区楼房镇	11323		5	16490	33	7	21
振安区九连城镇	5500	1	11	24886	90	9	21
振安区汤山城镇	22630		9	19150	22	4	43
宽甸满族自治县宽甸镇	3470	12	4	80841	60	5	36
宽甸满族自治县灌水镇	38996	1	9	27797	8	1	44
宽甸满族自治县硼海镇	26960		8	12567	10	3	41
宽甸满族自治县红石镇	44295		9	19417	48	2	59
宽甸满族自治县毛甸子镇	32450		10	14697	7		15
宽甸满族自治县长甸镇	39870	1	9	25694	15	7	47
宽甸满族自治县永甸镇	29590	1	12	23250	10	1	118
宽甸满族自治县太平哨镇	34987	1	11	18811	2		54
宽甸满族自治县青山沟镇	26670		4	11873	5	1	11
宽甸满族自治县牛毛坞镇	30070		7	15453	10		60
宽甸满族自治县大川头镇	27798		7	10441	6		33
宽甸满族自治县青椅山镇	20502		9	12439	11		38
宽甸满族自治县杨木川镇	25990		8	12470	9		22
宽甸满族自治县虎山镇	21200		9	12152	7	2	26
宽甸满族自治县振江镇	29673		6	11157	11		30
宽甸满族自治县步达远镇	31800		11	16627			60
宽甸满族自治县大西岔镇	34597		9	13110	35		44
宽甸满族自治县八河川镇	29493		5	9934	3	2	40
宽甸满族自治县双山子镇	24598		8	13385	3	1	48
宽甸满族自治县石湖沟乡	19490	2	13	24692	77	6	22
宽甸满族自治县古楼子乡	13300		5	8664	6	1	39
宽甸满族自治县下露河朝鲜族乡	27601		6	10384			24
东港市孤山镇	19817	3	18	59698	51	8	95
东港市前阳镇	11763	1	14	60720	220	41	56
东港市长安镇	17800	1	6	13802	13		28
东港市十字街镇	11982		13	25420	28	1	12
东港市长山镇	15049		19	46177	56	5	32
东港市北井子镇	12335		13	31847	18	2	21
东港市椅圈镇	14493		17	31325	30	2	36
东港市黄土坎镇	10396		13	24239	25	3	15
东港市马家店镇	13218		14	28075	26	1	28
东港市龙王庙镇	8157	1	7	18245	24	1	17

续表 95　　辽宁省　　单位：公顷、个、人

名　　称	行政区域面　　积	居民委员会(社区)个数	村民委员会个　　数	户籍人口	工业企业个　　数	#规模以上	营业面积50平方米以上的商店或超市个数
东港市小甸子镇	11926	1	10	22437	8	1	21
东港市菩萨庙镇	8599		12	23903	34	4	10
东港市黑沟镇	15564		10	13455	10		19
东港市新农镇	11366		10	14878	28	8	18
东港市合隆满族乡	9911		10	19876	11	1	12
凤城市宝山镇	31857		10	19988	14	2	47
凤城市白旗镇	19198		7	12370			47
凤城市沙里寨镇	18977		8	13579	7	1	39
凤城市红旗镇	25837		9	18292	25	1	32
凤城市蓝旗镇	16043		9	15808	4	2	34
凤城市边门镇	40036		16	25874	55	3	74
凤城市东汤镇	32706		9	22886	4		48
凤城市石城镇	41028		10	19679	23		67
凤城市大兴镇	20213		6	9600	3	1	16
凤城市爱阳镇	36233	2	15	31627	25		81
凤城市赛马镇	41425	2	12	29762	23	6	41
凤城市弟兄山镇	20501	1	8	15001	22	3	27
凤城市鸡冠山镇	43747	1	13	22596	99	2	54
凤城市刘家河镇	35591		12	21850	29	5	38
凤城市通远堡镇	17976	3	9	24260	61	7	61
凤城市四门子镇	26985		9	14156	32	2	22
凤城市青城子镇	23708	3	7	26939	78	13	30
凤城市大堡蒙古族乡	26576		8	21504	12	2	71
黑山县芳山镇	14494		21	28013	9	2	53
黑山县白厂门镇	9426		13	15515	3		22
黑山县常兴镇	11748	1	17	22332	22	3	75
黑山县姜屯镇	9221	1	9	20735	13	4	20
黑山县励家镇	10234		13	23789	25	2	44
黑山县绕阳河镇	12391		16	23585	10	2	65
黑山县半拉门镇	11938		11	18104	16	1	38
黑山县无梁殿镇	12344		14	22478	4	2	50
黑山县胡家镇	10747		12	22059	14	1	35
黑山县新立屯镇	6925	3	10	24346	44	1	38
黑山县八道壕镇	9038	4	14	34827	18	5	57
黑山县四家子镇	13321		12	20068	9	1	37
黑山县新兴镇	16118	1	12	14685	7	1	44
黑山县太和镇	11541		17	22595	5	4	51
黑山县镇安镇	11865		22	29589	20	1	41
黑山县英城子乡	11564		14	18369	7	3	33
黑山县段家乡	8178		14	22282	4	1	49
黑山县大兴乡	6370		8	9551	6	1	13
黑山县薛屯乡	10110		11	17964	7		18
义县刘龙台镇	9602		6	6946	5	1	15
义县七里河镇	14975	1	17	29315	52	14	51
义县大榆树堡镇	20384	1	25	30826	21		40

续表 96 辽宁省 单位：公顷、个、人

名　　称	行政区域面　　积	居民委员会(社区)个数	村民委员会个　　数	户籍人口	工业企业个　　数	#规模以上	营业面积50平方米以上的商店或超市个数
义县稍户营子镇	14330	1	14	23552	4		30
义县九道岭镇	16003	1	22	32225	16	5	25
义县高台子镇	18090	1	14	23126	12	6	55
义县瓦子峪镇	23454		19	26414	2	1	33
义县头台镇	12389		9	11513	38	6	28
义县前杨镇	10260		15	21812	11	3	59
义县张家堡镇	15768		18	25173	3		77
义县头道河镇	18042		11	12628	6	2	28
义县留龙沟镇	16571		10	10879	3	2	8
义县聚粮屯镇	9165		14	19193	14	3	36
义县地藏寺满族乡	11574		5	6483	12	3	14
义县大定堡满族乡	10923		8	6454	4	2	14
义县白庙子乡	15634		15	19637	2		38
凌海市石山镇	8774		15	24685	48		45
凌海市余积镇	9912		14	21858	6		5
凌海市双羊镇	9780		14	25384	120	9	106
凌海市班吉塔镇	12243		13	15523	2	1	18
凌海市沈家台镇	18447		16	19908	15	1	46
凌海市三台子镇	15001		25	36927	31	4	42
凌海市右卫镇	8120		10	16003	15	1	53
凌海市阎家镇	7665	1	7	12955	42		34
凌海市新庄子镇	13951		14	26539	36	2	60
凌海市翠岩镇	10641		13	15508	1		31
凌海市安屯镇	8362		5	9400	14	2	53
凌海市大业镇	8974		14	21182	48	3	69
凌海市建业镇	15679		14	28315	15	1	61
凌海市温滴楼镇	16743		12	18141	10	1	36
凌海市白台子镇	17472		24	28397	68	1	87
凌海市板石沟乡	10237		10	12714			13
凌海市谢屯乡	5678		9	13939	18		55
北镇市大市镇	11405		9	11324	1		33
北镇市罗罗堡镇	14537		12	24818	4	2	29
北镇市常兴店镇	7266		10	21940	6		34
北镇市正安镇	10416		14	26594	2		46
北镇市闾阳镇	8206		13	27985	7	2	48
北镇市中安镇	22425		39	69297	6		185
北镇市廖屯镇	10192		20	35251	6	3	82
北镇市赵屯镇	6905		11	23486	5		69
北镇市青堆子镇	7970	2	9	21130	6	2	58
北镇市高山子镇	9707	1	11	19990	3	2	65
北镇市吴家镇	6178		6	11241	10	1	35
北镇市鲍家乡	5890		8	11721	5	1	27
北镇市大屯乡	4901		10	14683	1		44
北镇市柳家乡	6514		8	11074	2		24
鲅鱼圈区熊岳镇	5550	11	14	94566	48	8	321

续表 97 辽宁省 单位：公顷、个、人

名　　称	行政区域面　　积	居民委员会(社区)个数	村民委员会个　　数	户籍人口	工业企业个　　数	#规模以上	营业面积50平方米以上的商店或超市个数
鲅鱼圈区芦屯镇	10212	4	18	48381	1253	12	339
鲅鱼圈区红旗镇	3644	5	12	29965	46	6	59
老边区路南镇	5013	3	11	28599	336	20	175
老边区柳树镇	5975		18	21803	89	11	48
老边区边城镇	6067	2	16	23523	157	15	34
盖州市高屯镇	12559		9	19794	9	1	36
盖州市沙岗镇	5656		9	19821	30	4	75
盖州市九寨镇	11400	1	13	37165	20		67
盖州市万福镇	22364	1	16	34985	14		31
盖州市卧龙泉镇	18443		9	16530	4	1	62
盖州市青石岭镇	8260		12	24674	156	11	74
盖州市暖泉镇	10468		9	13297	11		53
盖州市榜式堡镇	15600		9	22547	25	7	50
盖州市团甸镇	5320		6	10760	10		17
盖州市双台镇	8759		10	17336	50	1	86
盖州市杨运镇	23259		13	23436	56		37
盖州市徐屯镇	10623		10	17897	137	1	44
盖州市什字街镇	28800		16	27573	6		4
盖州市矿洞沟镇	26000		14	24955	11		92
盖州市陈屯镇	7615		12	20118	31	1	92
盖州市梁屯镇	21939		9	27692	28		45
盖州市小石棚乡	14380		6	9582	15		15
盖州市果园乡	309		9	1637	8	1	
盖州市二台乡	2027		6	8592	4	1	26
大石桥市水源镇	11600		22	39904	52	9	60
大石桥市沟沿镇	8700		16	34501	74	8	43
大石桥市石佛镇	5851		10	23509	15	4	49
大石桥市高坎镇	15300	1	25	49817	52	7	86
大石桥市旗口镇	12321		26	53098	41	4	27
大石桥市虎庄镇	8700		13	30911	42	8	62
大石桥市官屯镇	9180	1	13	29199	123	43	53
大石桥市博洛铺镇	6545		10	28156	49	13	135
大石桥市永安镇	4930		10	25997	116	16	85
大石桥市汤池镇	13112		22	41267	9	5	62
大石桥市建一镇	15006		11	17879	4		30
大石桥市黄土岭镇	19900		20	29772	6		45
大石桥市周家镇	11400		16	22420	38		30
海州区韩家店镇	3811	1	9	17540	37	3	34
新邱区长营子镇	11719	1	9	24010	110		47
太平区水泉镇	5878	1	11	16232	45	3	32
清河门区河西镇	3718		7	9956	5	1	18
清河门区乌龙坝镇	4850		8	10802	2		12
细河区四合镇	6331	3	10	23731	42	7	24
阜新蒙古族自治县阜新镇	28175		18	31484	44	2	116
阜新蒙古族自治县东梁镇	11451		14	24051	11	1	94

续表 98　　辽宁省　　单位：公顷、个、人

名　　称	行政区域面　　积	居民委员会(社区)个数	村民委员会个　　数	户籍人口	工业企业个　　数	#规模以上	营业面积50平方米以上的商店或超市个数
阜新蒙古族自治县佛寺镇	11853		10	11879			46
阜新蒙古族自治县伊吗图镇	9210		14	25419	48	30	59
阜新蒙古族自治县旧庙镇	32208		14	26090	14	2	19
阜新蒙古族自治县务欢池镇	21384		17	28283	5		147
阜新蒙古族自治县建设镇	19452		17	26227	14	1	73
阜新蒙古族自治县大巴镇	19145		12	22187	25		81
阜新蒙古族自治县泡子镇	21170	1	14	29940	10		81
阜新蒙古族自治县十家子镇	11679		12	20651	19	7	42
阜新蒙古族自治县王府镇	15884		11	23423	30	1	80
阜新蒙古族自治县于寺镇	22350		11	16709	1		66
阜新蒙古族自治县富荣镇	14539		14	20132	3	1	59
阜新蒙古族自治县新民镇	14837		11	16109	5	1	34
阜新蒙古族自治县福兴地镇	26246		10	17063	12	4	164
阜新蒙古族自治县平安地镇	29443		13	20088	6		80
阜新蒙古族自治县沙拉镇	14275		11	15988	22		42
阜新蒙古族自治县大固本镇	15548		15	23873	3		120
阜新蒙古族自治县大五家子镇	25636		10	18456	8		38
阜新蒙古族自治县大板镇	13643		6	11523	2	1	50
阜新蒙古族自治县招束沟镇	18114		7	16347	3		41
阜新蒙古族自治县八家子镇	18477		8	12702	6	2	45
阜新蒙古族自治县蜘蛛山镇	18076		10	20053	5	1	50
阜新蒙古族自治县塔营子镇	11292		8	12382	1		41
阜新蒙古族自治县扎兰营子镇	20538		10	15943	1		43
阜新蒙古族自治县七家子镇	17785		9	14260	2		70
阜新蒙古族自治县红帽子镇	17283		7	13231	3	1	42
阜新蒙古族自治县紫都台镇	18444		8	12423	6		31
阜新蒙古族自治县化石戈镇	22760		8	14140	4		55
阜新蒙古族自治县哈达户稍镇	17119		7	13276	5		63
阜新蒙古族自治县老河土镇	14653		12	18719	6	1	44
阜新蒙古族自治县太平镇	16998		7	11399	4	1	41
阜新蒙古族自治县卧凤沟乡	8006		7	12556	2		24
阜新蒙古族自治县苍土乡	8304		9	12831			33
阜新蒙古族自治县国华乡	13715		8	10156	3		28
彰武县彰武镇	5893	16	7	67754	32	2	32
彰武县哈尔套镇	17481		11	21939	11		24
彰武县章古台镇	25190		6	12398	5	4	46
彰武县五峰镇	19049		11	19359	16	1	41
彰武县冯家镇	14732		8	16363	72	2	51
彰武县后新秋镇	17955		11	20442	8	3	75
彰武县东六家子镇	11494		9	15242	11		44
彰武县阿尔乡镇	13632		3	5656	13	3	14
彰武县前福兴地镇	11889		4	8545	1		7
彰武县双庙镇	14490		7	13449	1		24
彰武县大四家子镇	11093		6	11084	5	1	28
彰武县苇子沟镇	12961		9	15920	5	1	8

续表 99　　辽宁省　　单位：公顷、个、人

名　称	行政区域面积	居民委员会(社区)个数	村民委员会个数	户籍人口	工业企业个数	#规模以上	营业面积50平方米以上的商店或超市个数
彰武县兴隆山镇	7349		5	9691	13	2	16
彰武县满堂红镇	19407		6	12041	3	2	27
彰武县四合城镇	18099		6	12072	11		8
彰武县大冷镇	26042		10	17359	61		22
彰武县两家子镇	16764		10	16539	25		36
彰武县平安镇	11655		8	12223	3	1	3
彰武县四堡子镇	22393		7	13552	5		34
彰武县西六家子镇	13693		10	17990	10		45
彰武县大德镇	12414		6	9711	4	1	33
彰武县兴隆堡镇	14294		10	15579	4		9
彰武县二道河子蒙古族乡	9265		8	12602	2		16
彰武县丰田乡	14921		6	10663	3		23
文圣区小屯镇	12737	2	12	30485	48	9	73
文圣区罗大台镇	7366		17	27425	52	9	53
宏伟区曙光镇	8996	3	11	30376	145	9	99
宏伟区兰家镇	4177	2	7	17856	97	1	15
弓长岭区汤河镇	13636	1	9	15444	7	2	43
弓长岭区安平乡	15664		13	17977	35	6	28
太子河区祁家镇	4250	2	9	24900	91	14	31
太子河区沙岭镇	10200		18	39612	26	1	65
太子河区王家镇	6998		12	23617	45		33
太子河区东宁卫乡	2235	11		10581	57	5	23
辽阳县首山镇	8208	13	8	71403	166	23	113
辽阳县刘二堡镇	12500		18	61471	308	19	85
辽阳县小北河镇	13431		20	44670	246		88
辽阳县黄泥洼镇	10500		14	33771	43	2	46
辽阳县唐马寨镇	13920		17	38815	25		120
辽阳县穆家镇	11460		17	31958	40	4	74
辽阳县柳壕镇	10247		14	27472	17		58
辽阳县河栏镇	42130		16	21911	2		94
辽阳县隆昌镇	12164		7	12650	13		16
辽阳县八会镇	17550		12	15217	22		29
辽阳县寒岭镇	18900		8	17694	118	6	64
辽阳县兴隆镇	5065		14	24820	117	15	65
辽阳县下达河乡	14700		8	8689	3		29
辽阳县吉洞峪满族乡	27700		12	19175	33	2	16
辽阳县甜水满族乡	31392		14	19952	40	1	68
灯塔市佟二堡镇	9528	2	18	41567	288	1	113
灯塔市铧子镇	12015	4	21	50508	61	8	46
灯塔市张台子镇	4114	1	7	17972	11	4	32
灯塔市西大窑镇	8930		12	22977	30	10	23
灯塔市沈旦堡镇	8819		16	31690	2	1	66
灯塔市西马峰镇	7987		16	34358	25	3	93
灯塔市柳条寨镇	9627		18	34641	14	1	79
灯塔市柳河子镇	11731		15	17263	12	4	43

续表 100　　辽宁省　　单位：公顷、个、人

名　　称	行政区域面　积	居民委员会(社区)个数	村民委员会个　数	户籍人口	工业企业个　数	#规模以上	营业面积50平方米以上的商店或超市个数
灯塔市大河南镇	5811		13	19335	149	5	36
灯塔市五星镇	10959		18	43043	8		60
灯塔市鸡冠山乡	14821		8	6960	12	1	21
双台子区统一镇	4391	1	5	11188	10		43
双台子区陆家镇	2897		6	11221	134	3	19
大洼区田庄台镇	3868	13		25515	26	3	54
大洼区新开镇	6408		9	19882	64	6	44
大洼区清水镇	6912	1	10	21777	154	7	29
大洼区新兴镇	6510		9	20703	60	5	86
大洼区西安镇	8517		12	25331	5		56
大洼区新立镇	6101	1	7	17319	56	5	93
大洼区唐家镇	9917	1	11	22958	18	3	45
大洼区平安镇	7130		11	18980	22	2	30
大洼区赵圈河镇	16978		5	9962			27
盘山县沙岭镇	12993		21	37389	28	9	73
盘山县胡家镇	16328	1	21	28538	10		59
盘山县石新镇	9491	1	8	14749	9		28
盘山县羊圈子镇	24538	2	8	18492	8	2	22
盘山县古城子镇	7137		11	19727	13	4	39
盘山县坝墙子镇	6692	1	10	20026	32	8	48
盘山县陈家镇	7433	1	11	12909	15	7	32
盘山县甜水镇	8647	1	14	16109	31	4	60
盘山县吴家镇	3967	1	8	11308	27	4	48
银州区龙山乡	4000		12	23911	24		53
清河区张相镇	11274	2	13	20210	53	7	29
清河区杨木林子镇	19940		15	21917	20	3	55
铁岭县新台子镇	11144	2	15	32294	138	16	126
铁岭县阿吉镇	12064		13	27538	55	3	55
铁岭县平顶堡镇	8386		9	18277	23	4	27
铁岭县大甸子镇	27714		16	23200	7		26
铁岭县凡河镇	17334	1	27	58883	68	5	130
铁岭县腰堡镇	12217	1	13	25331	86	17	56
铁岭县镇西堡镇	14524	2	16	29049	30	3	35
铁岭县蔡牛镇	14337		25	33297	14	4	73
铁岭县李千户镇	29130		26	37554	7	6	89
铁岭县熊官屯镇	16161		13	20802	17	1	35
铁岭县横道河子镇	12888		10	13162	23	2	75
铁岭县双井子镇	12906		16	26257	9	5	53
铁岭县鸡冠山乡	19536		9	11030	61		26
铁岭县白旗寨满族乡	16592		9	11798			26
西丰县西丰镇	12903	7	14	18479	18	11	38
西丰县平岗镇	8990	1	9	16176			7
西丰县郜家店镇	23199	1	16	27406	12	3	34
西丰县凉泉镇	13147	1	10	14284	10	1	76
西丰县振兴镇	16141		12	16341	9		30

续表 101　　　　辽宁省　　　　单位：公顷、个、人

名　　称	行政区域面　　积	居民委员会(社区)个数	村民委员会个　　数	户籍人口	工业企业个　　数	#规模以上	营业面积50平方米以上的商店或超市个数
西丰县安民镇	17571		9	18938	15	2	21
西丰县天德镇	15688		10	21055	3		48
西丰县房木镇	22829		13	23112	2		17
西丰县柏榆镇	14591		9	15453	1		59
西丰县陶然镇	10162		7	11930	9		14
西丰县钓鱼镇	11622		7	10534	4		19
西丰县更刻镇	7485		6	10999	23		23
西丰县德兴满族乡	10636		7	9490			4
西丰县明德满族乡	11017		7	9831	3		4
西丰县成平满族乡	14836		10	12745			16
西丰县和隆满族乡	26361		10	16222	1		31
西丰县营厂满族乡	17792		9	9563	1		47
西丰县金星满族乡	13359		9	14139			21
昌图县昌图镇	19800	20	17	121664	45	7	350
昌图县老城镇	11200	2	13	36167	18	2	45
昌图县八面城镇	13740	5	23	57266	20	7	74
昌图县三江口镇	18785	1	12	29261	5	1	49
昌图县金家镇	10600	1	13	26368	2	1	63
昌图县宝力镇	15700	1	18	40720	23	1	103
昌图县泉头镇	14064	1	10	20286	6	2	12
昌图县双庙子镇	8432	1	8	17961	6	1	16
昌图县亮中桥镇	15700	1	21	37020	15		40
昌图县马仲河镇	8702		12	21022	5	1	22
昌图县毛家店镇	18630	1	20	35610	13		44
昌图县老四平镇	8200	1	9	18763	23	4	59
昌图县大洼镇	12951		14	26948	6		48
昌图县头道镇	10495	1	11	22538	3		39
昌图县鴜鹭树镇	14062		14	23119	3	1	17
昌图县傅家镇	22100	1	13	31746	11	1	42
昌图县四合镇	9400	1	12	19912	2		18
昌图县朝阳镇	10700		12	20441	10	2	288
昌图县古榆树镇	21212	1	15	37230			108
昌图县七家子镇	12460		10	17277	5		45
昌图县东嘎镇	10000		11	20643			91
昌图县四面城镇	11333		12	24243	4		30
昌图县前双井镇	13100		12	25312	2		34
昌图县通江口镇	12800		16	29160	9	1	47
昌图县大四家子镇	10440		13	21971	3	1	23
昌图县曲家店镇	14623	1	14	32402	3	1	38
昌图县十八家子镇	9600		10	19706	79	1	70
昌图县太平镇	10038	1	9	15967	4	1	24
昌图县下二台镇	13730		12	16328	3		35
昌图县平安堡镇	10500	1	11	19465	2	1	47
昌图县大兴镇	8000		10	16236	2	1	30
昌图县后窑镇	8900		11	16300			10

续表 102　　辽宁省　　单位：公顷、个、人

名　　称	行政区域面　　积	居民委员会(社区)个数	村民委员会个　　数	户籍人口	工业企业个　　数	#规模以上	营业面积50平方米以上的商店或超市个数
昌图县长发镇	8190		7	12935	2	1	58
调兵山市晓明镇	6098	2	9	22853	3	2	28
调兵山市大明镇	5888	2	9	24008	11	7	23
调兵山市晓南镇	10593	3	10	24667	78	15	11
开原市威远堡镇	17678		11	23898	10	2	55
开原市庆云堡镇	16951		22	43819	27	5	41
开原市中固镇	12668		15	25916	9	1	45
开原市八棵树镇	22593		18	31740	12		25
开原市金沟子镇	11296		16	27762			50
开原市八宝镇	10785		20	33410	34	3	56
开原市业民镇	9734		12	23036	23	2	31
开原市莲花镇	17973		10	15612			16
开原市靠山镇	19457	1	20	20194	2		24
开原市马家寨镇	10775		8	12160	5		34
开原市下肥镇	14304		10	15763	1		33
开原市松山镇	23500		16	20973	3		48
开原市城东镇	8553		12	18270	23		34
开原市李家台镇	19921		16	22623	8		45
开原市上肥镇	13812		11	10935	2		38
开原市黄旗寨镇	22095		10	15725	3		59
开原市林丰满族乡	14196		10	10266			27
双塔区桃花吐镇	11210		12	18402	15	6	30
双塔区他拉皋镇	7419		10	22282	72	10	34
双塔区孙家湾镇	16115		12	16904	4		45
双塔区长宝营子乡	6870		5	6690	9	3	15
龙城区七道泉子镇	4099		8	18052	95	4	21
龙城区西大营子镇	6333	1	9	25423	35	12	28
龙城区召都巴镇	8707		11	20395	28	22	46
龙城区大平房镇	11000	2	7	22683	6		55
龙城区联合镇	16438		12	18431	7		44
龙城区边杖子镇	13000		9	16752	24	2	39
朝阳县波罗赤镇	10876		8	17751	3		30
朝阳县木头城子镇	12997		14	26588	1		52
朝阳县二十家子镇	20927		18	34786	37	19	40
朝阳县羊山镇	19153		20	36942	3		82
朝阳县六家子镇	11881		13	25138	3		58
朝阳县瓦房子镇	10777		9	20329	49	5	17
朝阳县大庙镇	17291		11	17485	48	7	48
朝阳县古山子镇	22571		13	17555	16	7	40
朝阳县南双庙镇	17184		16	27172	5	2	41
朝阳县台子镇	19561		11	18306	35		49
朝阳县清风岭镇	8980		6	14712	2		19
朝阳县胜利镇	29670		23	35019	1		13
朝阳县七道岭镇	21093		16	24905	4		91
朝阳县杨树湾镇	10705		6	7935	11	1	9

续表 103　　辽宁省　　单位：公顷、个、人

名　　称	行政区域面　　积	居民委员会(社区)个数	村民委员会个　　数	户籍人口	工业企业个　　数	#规模以上	营业面积50平方米以上的商店或超市个数
朝阳县西五家子乡	12015		9	10811	2		13
朝阳县北沟门子乡	10049		5	6720	4		19
朝阳县东大道乡	12830		8	12482	5	1	19
朝阳县乌兰河硕蒙古族乡	6586		7	9164	3		27
朝阳县东大屯乡	11281		10	14770	4	1	38
朝阳县松岭门蒙古族乡	8022		6	9542	5	3	24
朝阳县根德营子乡	12974		10	15680	1		31
朝阳县西营子乡	9609		7	11082	3		16
朝阳县北四家子乡	13794		10	23629	38		16
朝阳县王营子乡	10793		8	11078	3		29
朝阳县黑牛营子乡	7995		10	16923	3	1	34
朝阳县尚志乡	5798		7	10832	22		18
建平县朱碌科镇	16814		12	23146	46	2	27
建平县建平镇	29048	1	14	22687	9	2	80
建平县黑水镇	17485	1	12	20774	20		88
建平县喀喇沁镇	18775		13	20462	22		52
建平县北二十家子镇	16790	1	8	14352	3		9
建平县沙海镇	27739		14	29500	53	15	54
建平县哈拉道口镇	14800		7	13194	14	1	15
建平县榆树林了镇	24754		17	33024	33	2	85
建平县老官地镇	16103		6	10169	12		20
建平县深井镇	16390		8	15971	53	5	15
建平县奎德素镇	21951		11	20061	6		38
建平县小塘镇	17806		10	18012	13	2	17
建平县马场镇	20737		9	15254	3		20
建平县昌隆镇	14844		9	15622			2
建平县张家营子镇	21988		10	15900	14		5
建平县青峰山镇	17509		8	13635	68	13	3
建平县太平庄镇	15229		8	18848	7		25
建平县青松岭乡	15526		6	10506	19		17
建平县杨树岭乡	11397		5	9075	2	1	8
建平县罗福沟乡	18806		7	11164			4
建平县烧锅营子乡	16972		6	7918	3		11
建平县白山乡	13871		7	13523	6	1	42
建平县三家蒙古族乡	16020	2	14	27394			65
建平县义成功乡	14840		5	6809	11	1	4
喀喇沁左翼蒙古族自治县南公营子镇	12162		10	25623	19	1	10
喀喇沁左翼蒙古族自治县山嘴子镇	9871		8	19546	17		8
喀喇沁左翼蒙古族自治县公营子镇	18226	2	14	31529	223	29	13
喀喇沁左翼蒙古族自治县白塔子镇	11804		13	27339	14	1	13
喀喇沁左翼蒙古族自治县中三家镇	16979		7	14496	101	9	17
喀喇沁左翼蒙古族自治县老爷庙镇	14363		10	22593	11		2
喀喇沁左翼蒙古族自治县六官营子镇	13382		7	11964	29	1	2
喀喇沁左翼蒙古族自治县平房子镇	13189		13	26769	18	2	29
喀喇沁左翼蒙古族自治县十二德堡镇	10651		10	18915	10	2	2

续表 104　　辽宁省　　单位：公顷、个、人

名　　称	行政区域面积	居民委员会(社区)个数	村民委员会个数	户籍人口	工业企业个数	#规模以上	营业面积50平方米以上的商店或超市个数
喀喇沁左翼蒙古族自治县羊角沟镇	16234		13	17277	19	1	7
喀喇沁左翼蒙古族自治县兴隆庄镇	6845		8	15923	27		7
喀喇沁左翼蒙古族自治县甘招镇	7998		10	13679	17	2	10
喀喇沁左翼蒙古族自治县东哨镇	8120		9	16314	22		4
喀喇沁左翼蒙古族自治县水泉镇	7358		7	15782	18	1	18
喀喇沁左翼蒙古族自治县尤杖子乡	6235		5	10523	4		6
喀喇沁左翼蒙古族自治县草场乡	6163		5	8011	12	1	18
喀喇沁左翼蒙古族自治县坤都营子乡	6716		6	11729	17		2
喀喇沁左翼蒙古族自治县大营子乡	12080		7	8791	43	5	11
喀喇沁左翼蒙古族自治县卧虎沟乡	10177		7	8892	21		2
北票市西官营镇	20190		12	23347	41	2	104
北票市大板镇	13212		6	6257	1	1	31
北票市上园镇	23930		11	14199	2		46
北票市宝国老镇	23444	1	16	23685	25	2	45
北票市黑城子镇	14795		10	15420	7		35
北票市五间房镇	10587		18	31770	39	4	43
北票市台吉镇	4896		6	13800	19		19
北票市东官营镇	16772		9	20067	19	3	73
北票市龙潭镇	20140		11	16482	13	7	37
北票市北塔镇	15313		10	13129	22	2	33
北票市蒙古营镇	14722		10	13959	2		38
北票市大三家镇	9939		9	14595	32	2	29
北票市长皋乡	20375		8	10722	5	2	47
北票市常河营乡	18172		7	8848	4	1	21
北票市小塔子乡	14247		7	8787	5	1	20
北票市马友营蒙古族乡	20700		9	15519			118
北票市泉巨永乡	16332		8	13138	10	1	3
北票市哈尔脑乡	14368		10	16340	2		38
北票市南八家子乡	11521		7	8209	3		11
北票市章吉营乡	13984		7	9779	1		35
北票市三宝营乡	9865		6	6570	3	1	20
北票市巴图营乡	15879		10	13270	1		41
北票市台吉营乡	16016		9	12799	4	3	32
北票市娄家店乡	17442		11	13758	17	1	40
北票市北四家乡	17285		8	9408	9	4	22
北票市凉水河蒙古族乡	10159		6	6552	1		13
北票市三宝乡	14036		11	18303	4	1	13
凌源市万元店镇	9130		7	13506	20	4	8
凌源市宋杖子镇	17432		14	32120	11	1	36
凌源市三十家子镇	19523	1	17	38705	14	2	34
凌源市杨杖子镇	3298	1	2	4846	22	1	3
凌源市刀尔登镇	22890		12	25266	12	1	21
凌源市松岭子镇	16556		12	24793	10		13
凌源市四官营子镇	15146		14	23220	7	2	78
凌源市沟门子镇	16510		14	30839	2		39

续表 105　　辽宁省　　单位：公顷、个、人

名　　称	行政区域面　　积	居民委员会(社区)个数	村民委员会个　　数	户籍人口	工业企业个　　数	#规模以上	营业面积50平方米以上的商店或超市个数
凌源市小城子镇	7576		7	17667	32	4	16
凌源市四合当镇	21730	1	16	35730	7		37
凌源市乌兰白镇	9108		8	12881	4		12
凌源市瓦房店镇	10145		7	15632	30		20
凌源市大河北镇	17616		12	18339	7		16
凌源市牛营子镇	14000		12	19693	30	1	21
凌源市三道河子镇	17053		9	18515	2	1	29
凌源市刘杖子镇	8161		6	10747			10
凌源市大王杖子乡	10461		9	14365	14		18
凌源市前进乡	8142		5	6947			3
凌源市北炉乡	10545		7	18345	11	2	13
凌源市三家子蒙古族乡	23416		17	36775	4	3	20
凌源市佛爷洞乡	10951		6	13251			20
凌源市河坎子乡	13852		8	14367	2	1	14
连山区钢屯镇	14815	1	17	30904	24		32
连山区寺儿堡镇	10487	1	12	24489	46	5	75
连山区新台门镇	16500		15	20740			39
连山区沙河营乡	12772		14	21315	31	6	53
连山区孤竹营子乡	5639		5	5734			10
连山区白马石乡	7900		6	7187	13	2	18
连山区塔山乡	14236		16	25659	61	6	72
连山区杨郊乡	10100		7	8624	11	2	5
龙港区双树乡	3310		5	10990	22		53
南票区缸窑岭镇	12590		13	19663	8	2	20
南票区暖池塘镇	12500		20	19963	6	2	41
南票区高桥镇	5571	1	10	23478	45	4	38
南票区虹螺岘镇	8959	2	15	32159	38	5	24
南票区金星镇	6353		15	29107	31	7	65
南票区台集屯镇	8100		12	17221	32	1	33
南票区沙锅屯乡	9700		11	12535	42	5	27
南票区黄土坎乡	8649		8	13829	13	5	43
南票区大兴乡	10406		12	22482	16	3	61
南票区张相公屯乡	8662		10	13502	3	2	32
绥中县绥中镇	2320	12		79773	3	1	850
绥中县西甸子镇	8507	1	13	22708	22		55
绥中县宽邦镇	15787	1	12	26248	2	1	20
绥中县大王庙镇	19992		21	32581	1		85
绥中县万家镇	6756	1	10	26718	13	1	103
绥中县前所镇	7152		10	23004			57
绥中县高岭镇	13253		14	27611	22		59
绥中县前卫镇	12300	2	12	23083	4		56
绥中县荒地镇	8631		12	25624	3		90
绥中县塔山屯镇	7383		13	32198	17		49
绥中县高台镇	11331		13	29228	3		86
绥中县王宝镇	6630		9	19503	23	3	66

续表 106　　辽宁省　　单位：公顷、个、人

名称	行政区域面积	居民委员会(社区)个数	村民委员会个数	户籍人口	工业企业个数	#规模以上	营业面积50平方米以上的商店或超市个数
绥中县沙河镇	14169		16	31082	21	4	78
绥中县小庄子镇	8545		16	33338	2	1	102
绥中县西平坡满族乡	11556		10	18185	3		39
绥中县葛家满族乡	10569		10	13988	3		44
绥中县高甸子满族乡	11147		9	18368	20		35
绥中县范家满族乡	12920		10	15850	7		44
绥中县明水满族乡	11319		8	14372	5		27
绥中县秋子沟乡	7767		7	11379	1		28
绥中县加碑岩乡	22608		11	17259	13		29
绥中县永安堡乡	22310		8	7215			13
绥中县李家堡乡	12740		14	19134	3		66
绥中县网户满族乡	7122		14	20538	38		57
绥中县城郊乡	4581		10	22013	31	4	53
建昌县建昌镇	1126	14	3	54280	50	1	69
建昌县八家子镇	9242	1	8	15385	3		27
建昌县喇嘛洞镇	10859		10	26807	2	1	57
建昌县药王庙镇	21730	1	18	28640	4	3	75
建昌县汤神庙镇	11700		13	31180	3		119
建昌县玲珑塔镇	12384	1	11	24506			71
建昌县大屯镇	16882		11	19169	3	1	18
建昌县牤牛营子乡	16892		18	40125	4		50
建昌县素珠营子乡	12508		10	23334	1		46
建昌县石佛乡	7406		8	17583	1		35
建昌县王宝营子乡	11342		8	19901	8		68
建昌县老大杖子乡	17145		11	24376	3	2	25
建昌县要路沟乡	10901		10	23910	3		34
建昌县魏家岭乡	10014		7	12123			24
建昌县西碱厂乡	7895		7	17049			21
建昌县头道营子乡	5493		7	12841			29
建昌县新开岭乡	9882		8	18238			28
建昌县贺杖子乡	6233		5	6303	1		8
建昌县养马甸子乡	13486		12	17454			24
建昌县和尚房子乡	19382		15	28993			50
建昌县杨树湾子乡	11614		9	15680			18
建昌县黑山科乡	8057		9	16940			24
建昌县雷家店乡	13614		9	16720	8	1	19
建昌县小德营子乡	9782		10	17029	5	1	24
建昌县二道湾子蒙古族乡	8900		12	23873			43
建昌县娘娘庙乡	7233		8	12939	1		37
建昌县谷杖子乡	13314		8	16565	10	1	28
兴城市曹庄镇	8892	6	16	35749	58	1	63
兴城市沙后所满族镇	10996	1	16	38351	125	2	102
兴城市东辛庄满族镇	7359	1	13	27925	5		82
兴城市郭家满族镇	11900	1	6	9675	9		6
兴城市红崖子镇	15010		19	29347	138	3	56

续表 107 辽宁省、吉林省 单位：公顷、个、人

名　　称	行政区域面积	居民委员会(社区)个数	村民委员会个数	户籍人口	工业企业个数	#规模以上	营业面积50平方米以上的商店或超市个数
兴城市徐大堡镇	8163	1	10	15808	24	1	53
兴城市高家岭满族镇	8400		10	15351	38		36
兴城市羊安满族乡	6833		11	20856	169	4	32
兴城市元台子满族乡	11150		9	18225	60		15
兴城市白塔满族乡	15289	2	11	22592	72	4	48
兴城市望海满族乡	8140		10	19500	23	1	66
兴城市刘台子满族乡	4703		10	14027	2		49
兴城市大寨满族乡	7840		13	20571	3		55
兴城市南大满族乡	13000		15	20551	9		45
兴城市围屏满族乡	11246		8	12834	10		23
兴城市碱厂满族乡	16130		7	11098	8		1
兴城市三道沟满族乡	16990		11	19349	8		16
兴城市旧门满族乡	8340		8	9574	24	2	41
兴城市药王满族乡	13840		11	15751	6		27
吉林省							
南关区幸福乡	1890	3	2	33619	1	1	113
宽城区兰家镇	10394	6	14	46543	467	40	220
宽城区米沙子镇	30554	6	18	43733	120	16	63
宽城区万宝镇	12127	4	16	28040	18	2	66
宽城区合隆镇	19800		20	66132	664	75	210
朝阳区乐山镇	13400		12	27722	23	2	67
朝阳区永春镇	5721		7	20835	31	1	56
二道区英俊镇	5438	1	6	20655	152	27	44
二道区劝农山镇	12412		10	18014	2	1	27
二道区泉眼镇	12486		8	19274	11	3	20
二道区四家乡	11323		8	13451			11
绿园区合心镇	7978		8	20676	68	4	65
绿园区西新镇	3580		4	15130	100	8	83
绿园区城西镇	4579	3	4	33050	209	18	103
双阳区鹿乡镇	25700	1	18	43638	73	2	375
双阳区齐家镇	27740	1	21	47485	73	2	78
双阳区太平镇	32570	1	22	43126	50		71
双阳区双营子回族乡	7500		6	17270	118	11	17
九台区其塔木镇	21232	1	17	47964	9		88
九台区上河湾镇	25064	1	22	51141	32		83
九台区胡家回族乡	16895		9	23091	2		94
九台区莽卡满族乡	15300		12	31445	4		52
农安县农安镇	57900		48	132772	38	4	216
农安县伏龙泉镇	30300	2	23	57667	162	16	89
农安县哈拉海镇	43500	1	26	74989	39	2	261
农安县靠山镇	9700	1	11	26017	21		80
农安县开安镇	31100	1	23	59772	40	4	146
农安县烧锅镇	13400	1	14	28465	36		126
农安县高家店镇	16411	1	14	33400	26		71
农安县华家镇	24406	1	18	40742	23	2	122

续表 108　　吉林省　　单位：公顷、个、人

名　　称	行政区域面　　积	居民委员会(社区)个数	村民委员会个　　数	户籍人口	工业企业个　　数	#规模以上	营业面积50平方米以上的商店或超市个数
农安县三盛玉镇	23836		13	35715	33		23
农安县巴吉垒镇	39766		19	53551	4		123
农安县三岗镇	19300		14	32000	5	1	40
农安县前岗乡	25100		23	49530	16	1	119
农安县龙王乡	23000		13	28976	2		73
农安县万顺乡	24401		11	38867	32	1	40
农安县杨树林乡	26800		12	40694	15	2	61
农安县永安乡	18800		12	29207	26	1	37
农安县青山口乡	15850		10	31727			93
农安县黄鱼圈乡	15105		13	32818	2		184
农安县新农乡	18400		14	37566	2		98
农安县万金塔乡	16400		16	36850	3		50
农安县小城子乡	18200		10	34398	6	1	92
长春经济技术开发区兴隆山镇	6130	7	7	41960	107	22	28
长春净月高新技术产业开发区新立城镇	3900	1	6	16437	15	1	23
长春净月高新技术产业开发区新湖镇	11300	1	9	23031	18		19
长春净月高新技术产业开发区玉潭镇	13180		7	15262	2	1	19
长春高新技术产业开发区奋进乡	6475	3	3	19068	16	1	25
榆树市五棵树镇	22250	2	17	64490	20	14	125
榆树市弓棚镇	23489	1	23	61382	3		142
榆树市闵家镇	13880		14	35078	2	1	74
榆树市大坡镇	12010	1	8	33749	115	5	74
榆树市黑林镇	24513		22	50623	22	1	98
榆树市土桥镇	37984		29	68166			144
榆树市新立镇	21800		18	50162	136	1	117
榆树市大岭镇	28316	1	19	56250	48		105
榆树市于家镇	29403	1	21	53581	6	3	182
榆树市泗河镇	15283		12	31390	8		65
榆树市八号镇	24944		20	53854	8		129
榆树市刘家镇	13729		13	33347	106	3	63
榆树市秀水镇	21519		16	48000	105	1	135
榆树市保寿镇	15674		14	38349	19	4	79
榆树市新庄镇	18615	1	13	40293	59	2	28
榆树市育民乡	15117		12	30215	3		41
榆树市红星乡	15623		11	32568	2		25
榆树市太安乡	12749		12	30953	3		33
榆树市先峰乡	12366		10	30152	2		87
榆树市青山乡	13052		11	30353			82
榆树市延和朝鲜族乡	2000		3	1960	1	1	2
榆树市恩育乡	13478		13	32822	3	1	79
榆树市城发乡	21425		18	47184			104
榆树市环城乡	26567		24	69781	85	4	66
德惠市大青嘴镇	16387	1	15	38151			22
德惠市郭家镇	19231	3	19	41739	1		114
德惠市松花江镇	16509	3	15	40440	45	2	201

续表 109　　吉林省　　单位：公顷、个、人

名　　称	行政区域面积	居民委员会(社区)个数	村民委员会个数	户籍人口	工业企业个数	#规模以上	营业面积50平方米以上的商店或超市个数
德惠市达家沟镇	16110	3	14	33918	14		80
德惠市大房身镇	27402	7	25	68569	17	4	76
德惠市岔路口镇	22100	4	19	55798	48	1	193
德惠市朱城子镇	15219	2	16	31000	18	4	60
德惠市布海镇	20137	5	17	45518	17	2	196
德惠市天台镇	18753	4	14	40745	17		137
德惠市菜园子镇	18333	3	15	44487	4	1	227
德惠市同太乡	25250		28	53125	7	1	81
德惠市边岗乡	18003		13	46090	4	1	50
德惠市五台乡	15400		14	34896	17		83
德惠市朝阳乡	14779		12	39641	16	4	80
公主岭市二十家子镇	11452	1	9	20470	25		66
公主岭市黑林子镇	24648	1	28	53116	8	2	157
公主岭市陶家屯镇	11962	1	15	29152	3	2	95
公主岭市范家屯镇	17434	12	18	78962	375	60	384
公主岭市响水镇	14454	1	20	37704	14		130
公主岭市大岭镇	14737	1	15	37241	76	11	280
公主岭市怀德镇	43900	5	49	95835	28	7	308
公主岭市双城堡镇	37793	1	37	72669	35		104
公主岭市双龙镇	12334	1	14	22333	1		138
公主岭市杨大城子镇	24598	1	21	47277			70
公主岭市毛城子镇	16499	1	11	22948	4		65
公主岭市玻璃城子镇	24888	1	15	29742			44
公主岭市朝阳坡镇	12879	1	18	29887	3	1	38
公主岭市大榆树镇	11560	1	14	25336	3	1	65
公主岭市秦家屯镇	19449	1	22	48423	22	1	85
公主岭市八屋镇	13761	1	11	31093	12	4	76
公主岭市十屋镇	14196	1	14	29557	5		69
公主岭市桑树台镇	14736	1	11	23651	12		46
公主岭市龙山乡	14632	1	8	13982			16
公主岭市永发乡	13580	1	14	22631	5	1	75
昌邑区孤店子镇	7140	1	10	25340	25	2	18
昌邑区桦皮厂镇	18414	1	27	43534	2	1	51
昌邑区左家镇	23272	1	21	24349	10	1	21
昌邑区两家子满族乡	15568		13	16901			29
昌邑区土城子满族朝鲜族乡	9208		12	19926	2		48
龙潭区缸窑镇	28802	1	27	32870	15	3	70
龙潭区江密峰镇	31317	1	30	36549	4	1	74
龙潭区大口钦镇	13573		12	19489	4	2	42
龙潭区金珠镇	11599	2	14	24450	1	1	56
龙潭区江北乡	9026		10	22882	20	13	26
船营区大绥河镇	14960	1	11	14820	15		27
船营区搜登站镇	29779	1	35	46553	15	1	64
船营区越北镇	3910	4	4	17866	115		75
船营区欢喜乡	9099		9	20113	5	1	33

续表 110　　吉林省　　单位：公顷、个、人

名　　称	行政区域面积	居民委员会(社区)个数	村民委员会个数	户籍人口	工业企业个数	#规模以上	营业面积50平方米以上的商店或超市个数
丰满区旺起镇	52595	1	10	18845			20
丰满区江南乡	18543		13	26913	55	10	60
丰满区前二道乡	11305		11	19741	26	2	43
丰满区小白山乡	13244		8	17165	28	4	50
永吉县口前镇	35634	9	19	90423	20	3	116
永吉县双河镇	31670	2	13	22036	13		45
永吉县西阳镇	42234	1	14	31041	3	2	24
永吉县北大湖镇	45261	1	16	37349	4		203
永吉县一拉溪镇	31524	1	24	52831	21	1	81
永吉县万昌镇	16881	1	17	43782	33	7	82
永吉县金家乡	15227		7	20501	1		44
永吉县黄榆乡	15734		10	16389			28
吉林中国新加坡食品区岔路河镇	21500	1	17	50501	47	5	70
蛟河市新站镇	56793	1	31	31966	10		79
蛟河市天岗镇	49238	1	21	27070	167	11	84
蛟河市白石山镇	57352	2	16	39304	3		54
蛟河市漂河镇	107567	1	23	35762	4		16
蛟河市黄松甸镇	58531	1	12	13023	12		17
蛟河市天北镇	40992	1	23	21770	9		50
蛟河市松江镇	58563	1	13	21464			75
蛟河市庆岭镇	42044	1	13	16504	1		39
蛟河市乌林朝鲜族乡	22784		20	15791	8		28
蛟河市前进乡	59681		17	16462	1		41
桦甸市夹皮沟镇	104773	2	5	20233	43	9	28
桦甸市二道甸子镇	82587	1	12	26921	2	1	44
桦甸市红石砬子镇	129694	3	13	41579	15	1	48
桦甸市八道河子镇	62410	2	23	34862	15	3	28
桦甸市常山镇	49086	1	12	22276			30
桦甸市金沙镇	60683		16	28606			17
桦甸市桦郊乡	70744		33	44573	53	1	55
桦甸市横道河子乡	32140		9	20193			34
桦甸市公吉乡	51879		20	28741	7	1	71
舒兰市法特镇	14543	2	9	35426	7	6	45
舒兰市白旗镇	14578	1	15	36664	37	5	75
舒兰市溪河镇	17089	1	11	29948	22		89
舒兰市朝阳镇	12192	1	8	20557	5	1	13
舒兰市小城镇	47400	2	10	20286	3		47
舒兰市上营镇	32048	2	11	17728	30	1	42
舒兰市水曲柳镇	20067	2	16	31867	33		49
舒兰市平安镇	15904	1	13	34663	41	7	40
舒兰市金马镇	15360	1	11	15994	12	2	48
舒兰市开原镇	43722	2	14	30575	22	4	38
舒兰市莲花乡	6805		6	17418	8	2	26
舒兰市亮甲山乡	13417		9	21073	9	1	10
舒兰市新安乡	82912	1	13	18878	8		58

续表 111　　吉林省　　单位：公顷、个、人

名　　称	行政区域面　　积	居民委员会(社区)个数	村民委员会个　　数	户籍人口	工业企业个　　数	#规模以上	营业面积50平方米以上的商店或超市个数
舒兰市七里乡	26607		13	28613	7	5	31
舒兰市天德乡	21495		14	37575	9	1	30
磐石市烟筒山镇	49380	3	46	62855	50	4	78
磐石市红旗岭镇	16365	2	7	24662	17	2	8
磐石市明城镇	26427	2	18	35425	47	13	17
磐石市石嘴镇	24297	1	19	25723	17	1	48
磐石市驿马镇	20493	1	11	13435	3		29
磐石市牛心镇	24042	1	17	25463	13	1	7
磐石市呼兰镇	28884	1	18	26424	6		76
磐石市吉昌镇	35933	1	32	43016	13		61
磐石市松山镇	26866	1	10	13735	2		57
磐石市黑石镇	23329	2	11	20828	1		58
磐石市朝阳山镇	24613	1	19	22753	12	1	76
磐石市富太镇	19361	1	14	19322	8	3	11
磐石市取柴河镇	28325	1	14	15216	6		24
磐石市宝山乡	24175		14	27532	8		29
铁西区平西乡	14961		20	52566	61	38	90
铁东区山门镇	11098	1	13	25575	15	2	48
铁东区石岭镇	34000	3	17	38652	11	3	101
铁东区叶赫满族镇	26500	1	13	29974	4		50
铁东区城东乡	9561		11	29511	22	8	70
梨树县梨树镇	14752		20	35190	20	5	50
梨树县郭家店镇	17622	7	17	52768	48	7	138
梨树县榆树台镇	18942	2	21	42201			63
梨树县孤家子镇	30632	10	9	66677	25	13	162
梨树县小城子镇	18485	1	23	40796	5		70
梨树县喇嘛甸镇	12314	1	14	29169	2	1	35
梨树县蔡家镇	12016	1	11	27778	1		73
梨树县刘家馆子镇	25333	1	17	26540	2		92
梨树县十家堡镇	21333	1	15	32170	25	6	80
梨树县孟家岭镇	16398	1	9	16425	5	1	60
梨树县万发镇	20182	1	24	40812	2	1	62
梨树县东河镇	13249	1	13	26979	4		40
梨树县沈洋镇	16680	1	13	20449			214
梨树县林海镇	30680	1	15	32752	19		50
梨树县小宽镇	9662	1	9	21798	10		45
梨树县白山乡	9834		13	22588			31
梨树县泉眼岭乡	9542		9	21041			20
梨树县胜利乡	12415		12	23053	2		49
梨树县四棵树乡	14457		12	25364	5		28
梨树县双河乡	12261		13	24538			23
梨树县金山乡	12898		10	22447	1		48
伊通满族自治县伊通镇	22292		23	45205	10		43
伊通满族自治县二道镇	15435	1	10	18062	4		87
伊通满族自治县伊丹镇	15167	1	12	24336	2	1	89

续表 112　　吉林省　　单位：公顷、个、人

名　称	行政区域面积	居民委员会(社区)个数	村民委员会个数	户籍人口	工业企业个数	#规模以上	营业面积50平方米以上的商店或超市个数
伊通满族自治县马鞍山镇	14674		13	27628	3	1	60
伊通满族自治县景台镇	24403	1	17	32002	4		70
伊通满族自治县靠山镇	14411	3	9	24488			42
伊通满族自治县大孤山镇	21521	1	17	36843			75
伊通满族自治县小孤山镇	16845	1	13	25097			31
伊通满族自治县营城子镇	26590	1	14	34196	4		105
伊通满族自治县西苇镇	12927	1	8	13636			24
伊通满族自治县河源镇	24453		12	20771	1		67
伊通满族自治县黄岭子镇	12664		7	16481			50
伊通满族自治县新兴乡	6505		8	13648	6	4	43
伊通满族自治县莫里青乡	9874		7	14668			62
伊通满族自治县三道乡	9702		11	19317			30
双辽市茂林镇	47436	3	27	40158	9	2	90
双辽市双山镇	40708	9	21	37069	4	1	145
双辽市卧虎镇	28744	2	19	25973	7	1	65
双辽市服先镇	29272		15	27025	2	1	75
双辽市王奔镇	12230		15	23369	2		25
双辽市玻璃山镇	30899	7	5	17292			149
双辽市兴隆镇	15610	1	10	13004			32
双辽市东明镇	10133		13	17472	3	2	30
双辽市那木乡	21021		10	18855	2	1	33
双辽市柳条乡	15800	1	15	16762	4	1	38
双辽市新立乡	7253	2	12	16574	4	1	44
双辽市永加乡	17000		10	11997	2		41
龙山区寿山镇	15400	1	18	32845	64	6	29
龙山区工农乡	5977		10	24122	58	3	20
西安区灯塔镇	16424		23	28635	9	5	25
东丰县东丰镇	13997		18	19836	10	2	28
东丰县大阳镇	29595		23	38767	21		21
东丰县横道河镇	28992	1	16	30245	13	1	35
东丰县那丹伯镇	15153		15	17849	11		41
东丰县猴石镇	12693		12	15391	11		14
东丰县杨木林镇	13527		13	16041	22		30
东丰县小四平镇	21437		16	21871	27		40
东丰县黄河镇	20477		21	23353	2	1	23
东丰县拉拉河镇	10321		10	14005	8		24
东丰县沙河镇	16609		12	14152	30		46
东丰县南屯基镇	16854		17	24296	95	2	37
东丰县大兴镇	10228		12	12440	2		15
东丰县三合满族朝鲜族乡	15454		16	25087	83	11	45
东丰县二龙山乡	24505		25	28487	26		56
东辽县白泉镇	16626	3	22	49274	18	13	89
东辽县渭津镇	19203	1	20	27503	18	4	29
东辽县安石镇	20470	1	22	27030	5	1	73
东辽县辽河源镇	40110	1	38	41666			69

续表 113　　吉林省　　单位：公顷、个、人

名　　称	行政区域面　积	居民委员会(社区)个数	村民委员会个　　数	户籍人口	工业企业个　数	#规模以上	营业面积50平方米以上的商店或超市个数
东辽县泉太镇	9564	1	12	16190	5		32
东辽县建安镇	17691	1	23	28191	3		40
东辽县安恕镇	20910	2	19	27195	33	4	30
东辽县平岗镇	9134	6	10	21031	4	2	25
东辽县云顶镇	11120	1	13	17499	4		25
东辽县凌云乡	15600		15	19471	1		3
东辽县甲山乡	9110		13	14089	1		42
东辽县足民乡	16500		17	17897	2		14
东辽县金州乡	12880		11	14921	1		17
东昌区金厂镇	17080	2	3	15805	71	7	9
东昌区环通乡	8420		7	12453	20	9	15
东昌区江东乡	9193		4	6410	21	6	11
二道江区鸭园镇	16477	1	8	14499	13	1	24
二道江区铁厂镇	5400	4	4	12898	110	2	24
二道江区五道江镇	4920	3	2	13723	52	1	3
二道江区二道江乡	10148		5	7015	60	5	12
通化县快大茂镇	23204		13	11483	392	3	33
通化县二密镇	18815	2	10	15236	55	6	30
通化县果松镇	36266	2	11	15728	41	1	27
通化县石湖镇	28280	1	3	3677	7	1	2
通化县大安镇	17580	1	6	8126	28	8	20
通化县光华镇	33310	1	8	10037	7	1	9
通化县兴林镇	25369		7	7035			3
通化县英额布镇	18515	1	12	9914	4	2	16
通化县三棵榆树镇	22919	1	11	12835	4		26
通化县西江镇	14260	1	13	15040	2	1	16
通化县富江乡	14290		7	8337			8
通化县四棚乡	27530	1	9	8518			14
通化县东来乡	17422		7	5531	2		15
通化县大泉源满族朝鲜族乡	33896	1	21	23537	20	1	46
通化县金斗朝鲜族满族乡	10509	1	5	7372	1		
辉南县朝阳镇	14537		18	31929	35	2	86
辉南县辉南镇	22229	2	15	34090	14	1	26
辉南县样子哨镇	24936	2	15	26309	10	2	70
辉南县杉松岗镇	12637	2	11	17154	3	1	22
辉南县石道河镇	33785	1	12	17194	5	1	15
辉南县辉发城镇	15819		13	21872	3		12
辉南县抚民镇	34570	1	7	19336	22		29
辉南县金川镇	31190		6	13033	8	1	37
辉南县团林镇	8840		11	14388	8		34
辉南县庆阳镇	12180		15	14053	11	2	20
辉南县楼街朝鲜族乡	11995		12	23830	10		41
柳河县柳河镇	24780		23	26670	28	1	80
柳河县三源浦朝鲜族镇	38542	1	20	27953	7		47
柳河县五道沟镇	18619	2	16	18939	1		55

续表 114　　吉林省　　单位：公顷、个、人

名　　称	行政区域面　　积	居民委员会(社区)个数	村民委员会个　　数	户籍人口	工业企业个　　数	#规模以上	营业面积50平方米以上的商店或超市个数
柳河县驼腰岭镇	12834	1	18	14137	11	2	30
柳河县孤山子镇	27095	1	26	25552	4	1	40
柳河县圣水镇	22873		21	28856	4		60
柳河县罗通山镇	12442		7	13737	3		58
柳河县安口镇	25754		17	20789	2	1	5
柳河县向阳镇	26656		13	17901	1		55
柳河县红石镇	14279		7	11711			22
柳河县凉水河子镇	57789	1	10	15648	9		18
柳河县亨通镇	10991		7	12833	7		30
柳河县柳南乡	15064		7	12040			26
柳河县时家店乡	11093	1	8	12409	5	2	19
柳河县姜家店朝鲜族乡	8258	2	10	11058	14	1	23
梅河口市山城镇	15285	4	32	47021	21	4	37
梅河口市红梅镇	9276	5	14	43434	10	2	18
梅河口市海龙镇	13996	3	17	35394	66	9	11
梅河口市新合镇	14871		16	27695	7		43
梅河口市曙光镇	8124		15	15462	27	5	32
梅河口市中和镇	6475		11	13849	6		26
梅河口市黑山头镇	4583		7	12504	40	5	13
梅河口市水道镇	8618		10	10723	4	1	11
梅河口市进化镇	9221		10	12971	11	2	30
梅河口市一座营镇	7748		13	12276	4	1	24
梅河口市康大营镇	10198		17	13708	14	1	46
梅河口市牛心顶镇	18333		21	26524	16	2	25
梅河口市杏岭镇	15973		30	32547	9	2	96
梅河口市湾龙镇	11170		13	23607	12	6	41
梅河口市兴华镇	11251		12	13001	3		38
梅河口市双兴镇	11555		12	15532	10		13
梅河口市李炉乡	6634		10	14620	20	7	30
梅河口市小杨满族朝鲜族乡	18045		17	15582	15		34
梅河口市吉乐乡	9505		10	9051	6		30
集安市青石镇	30697	1	8	7004	6		14
集安市榆林镇	28535	1	9	11297	3	2	16
集安市花甸镇	15531	1	8	8632			21
集安市头道镇	33098	1	18	23343	20	2	39
集安市清河镇	50492	4	15	18580	102	3	24
集安市台上镇	42190	2	12	14564	19		45
集安市财源镇	17364	1	10	14883	36	2	24
集安市大路镇	25331	1	7	8038	10	1	13
集安市太王镇	34497	2	9	7946	9		21
集安市麻线乡	29814		10	9456	27	2	11
集安市凉水朝鲜族乡	17483	1	9	5825	10		19
浑江区七道江镇	26334	1	15	22722	68	4	5
浑江区六道江镇	15487	2	11	18201	46	7	19
浑江区红土崖镇	34800	1	13	13054			36

续表 115　　吉林省　　单位：公顷、个、人

名　称	行政区域面积	居民委员会(社区)个数	村民委员会个数	户籍人口	工业企业个数	#规模以上	营业面积50平方米以上的商店或超市个数
浑江区三道沟镇	42662	1	6	3419	2	1	13
江源区湾沟镇	30300	5	9	32407	7	2	78
江源区松树镇	20800	4	11	21436	7	2	40
江源区砟子镇	3570	2	3	15531	10	4	6
江源区石人镇	20130	2	11	20110	40	6	23
江源区大阳岔镇	18100	1	7	4522	15	1	9
江源区大石人镇	6700	1	5	7955	5	3	12
抚松县抚松镇	16063	6	18	56784	16	6	46
抚松县松江河镇	20989	7	6	49780	46	13	106
抚松县泉阳镇	58988	6	10	27021	27	1	15
抚松县露水河镇	85558	6	5	29146	16	7	10
抚松县仙人桥镇	34178	2	16	12099	10		21
抚松县万良镇	21255		18	24782	41	8	26
抚松县新屯子镇	13943	1	4	6057	5		11
抚松县东岗镇	71154		6	3720	1	1	2
抚松县漫江镇	63385		4	1492	1		1
抚松县北岗镇	39806		6	9707			19
抚松县兴参镇	23791	1	12	10523	3	1	13
抚松县兴隆乡	15718		14	8861	8		14
抚松县抽水乡	13678		7	4671			5
抚松县沿江乡	39729		4	3027			9
靖宇县靖宇镇	5026	5	7	57755	26	14	28
靖宇县三道湖镇	54740	4	17	10529	25		30
靖宇县龙泉镇	18272		10	9076	11	1	13
靖宇县那尔轰镇	39847		8	7131			20
靖宇县花园口镇	50630	1	19	15203	25	1	13
靖宇县景山镇	54185		18	12951	8	1	40
靖宇县赤松镇	27533		14	6628			20
靖宇县濛江乡	58189		18	11288	28	9	22
长白朝鲜族自治县长白镇	2607	4	3	34304	40	2	33
长白朝鲜族自治县八道沟镇	11359	1	16	7611	42	5	5
长白朝鲜族自治县十四道沟镇	30483	1	6	4367	4		12
长白朝鲜族自治县马鹿沟镇	80120	1	18	7049	42	1	19
长白朝鲜族自治县宝泉山镇	30353	1	11	4638	6		5
长白朝鲜族自治县新房子镇	37990	1	7	5582	7		6
长白朝鲜族自治县十二道沟镇	30575	1	10	6232	14		14
长白朝鲜族自治县金华乡	8244		6	2124	7		
临江市桦树镇	74651	3	7	14905	13		2
临江市六道沟镇	53521	8	18	15773	26	7	6
临江市苇沙河镇	25665	4	5	4004	5		6
临江市花山镇	23081	2	6	6337	14	1	8
临江市闹枝镇	25313	1	6	4737	14		2
临江市四道沟镇	28997		9	8165	14	1	
临江市蚂蚁河乡	50023		8	5205	13		6
宁江区大洼镇	41737		33	55214	8	1	118

续表 116　　　　吉林省　　　　单位：公顷、个、人

名　　称	行政区域面　　积	居民委员会(社区)个数	村民委员会个　　数	户籍人口	工业企业个　　数	#规模以上	营业面积50平方米以上的商店或超市个数
宁江区善友镇	10574		11	21816	6		48
宁江区毛都站镇	14230		11	24625	8	1	40
宁江区哈达山镇	20931		17	25310			48
宁江区新城乡	14423		13	33105	24	3	56
宁江区伯都乡	28250		14	26501	9		87
前郭尔罗斯蒙古族自治县前郭尔罗斯镇	4171	11	5	90671	6		301
前郭尔罗斯蒙古族自治县长山镇	24121	5	16	38118	23	4	125
前郭尔罗斯蒙古族自治县海渤日戈镇	52526	1	11	20302			85
前郭尔罗斯蒙古族自治县乌兰图嘎镇	39000	1	12	27514	18	2	58
前郭尔罗斯蒙古族自治县查干花镇	44700	1	9	20455	5	1	51
前郭尔罗斯蒙古族自治县王府站镇	31800	2	15	28264	1	1	91
前郭尔罗斯蒙古族自治县八郎镇	25515		20	30099	9	8	77
前郭尔罗斯蒙古族自治县哈拉毛都镇	12890	1	12	21367	16	1	84
前郭尔罗斯蒙古族自治县查干湖镇	40375	1	16	30732	6		85
前郭尔罗斯蒙古族自治县宝甸乡	14534		9	13940			15
前郭尔罗斯蒙古族自治县平凤乡	20243		14	27090	6	3	69
前郭尔罗斯蒙古族自治县达里巴乡	10530		5	11296	5	3	18
前郭尔罗斯蒙古族自治县吉拉吐乡	13885	2	7	23220	1	1	45
前郭尔罗斯蒙古族自治县白依拉嘎乡	17002		9	21803	30	10	45
前郭尔罗斯蒙古族自治县洪泉乡	23329		9	20205			31
前郭尔罗斯蒙古族自治县额如乡	18304		11	18873	2	1	51
前郭尔罗斯蒙古族自治县套浩太乡	15486		7	14178	8		36
前郭尔罗斯蒙古族自治县长龙乡	21145		10	20085	2		61
前郭尔罗斯蒙古族自治县乌兰塔拉乡	31452		10	20294			32
前郭尔罗斯蒙古族自治县东三家子乡	25690		9	13339	2		20
前郭尔罗斯蒙古族自治县浩特芒哈乡	22110		9	16547	3	1	40
前郭尔罗斯蒙古族自治县乌兰敖都乡	31647	1	9	14445			15
长岭县长岭镇	48831		18	45896	22	16	70
长岭县太平川镇	44295	5	10	37647	53	8	68
长岭县巨宝山镇	19930		11	34588	3		28
长岭县太平山镇	17516		11	26122	3		93
长岭县前七号镇	35008		15	37527	13	1	64
长岭县新安镇	34809		18	43765	5	1	62
长岭县三青山镇	22305		10	36462			52
长岭县大兴镇	44306		15	34721	1	1	88
长岭县北正镇	40732		10	21823	4	4	47
长岭县流水镇	27705		15	36420			92
长岭县永久镇	11957		9	21292	2	1	59
长岭县利发盛镇	12891		8	17504			44
长岭县集体乡	11690		8	18651	1	1	40
长岭县光明乡	17155		7	20531			29
长岭县三县堡乡	14567		9	22244	2		59
长岭县海青乡	10298		7	12431			23
长岭县前进乡	12801		12	20492			62
长岭县东岭乡	12717		6	15877	2	2	27

续表 117　　　　吉林省　　　　单位：公顷、个、人

名　　称	行政区域面　　积	居民委员会(社区)个数	村民委员会个　　数	户籍人口	工业企业个　　数	#规模以上	营业面积50平方米以上的商店或超市个数
长岭县腰坨子乡	22149		8	18440			31
长岭县八十八乡	27980		7	13751			45
长岭县三团乡	35221		7	15060			30
长岭县三十号乡	22359		6	10224			23
乾安县乾安镇	15697		9	16997	4	2	50
乾安县大布苏镇	42809	1	17	24311	16		69
乾安县水字镇	27200	1	13	17541	8	1	59
乾安县让字镇	31043		16	22283	11		83
乾安县所字镇	42912		25	26371			93
乾安县安字镇	40873		15	23705	10	3	71
乾安县余字乡	38948	1	21	17816	1	1	62
乾安县道字乡	34505		18	18104	3	3	60
乾安县严字乡	27345		10	15863	5		42
乾安县赞字乡	23852		16	20385	19	2	96
松原经济开发区兴原乡	11453		13	29648	112	24	88
扶余市三岔河镇	17910		25	38436	12		78
扶余市长春岭镇	27307	2	31	49121	6		70
扶余市五家站镇	22478	1	25	41584			58
扶余市陶赖昭镇	29760	1	29	50541	14	4	84
扶余市蔡家沟镇	20133	1	17	37499	32	1	66
扶余市弓棚子镇	26809	1	23	42040	45	3	59
扶余市三井子镇	27723	1	29	42867	6	5	44
扶余市增盛镇	30235		17	36875	4		32
扶余市新万发镇	23184		21	35059	3		69
扶余市大林子镇	14990		13	25980	1		40
扶余市新源镇	8394		11	17387	10	3	60
扶余市得胜镇	29224	2	23	48223	3		30
扶余市三骏满族蒙古族锡伯族乡	22832		29	45699	2		43
扶余市永平乡	18226		19	28893	6		25
扶余市新站乡	20481		16	26207	10	3	68
扶余市更新乡	18052		12	25902	1	1	17
扶余市肖家乡	24702		30	48604	2		83
洮北区平安镇	11067	5	10	15815			22
洮北区青山镇	16349		14	12840	1		40
洮北区林海镇	8800		6	9031	6	5	70
洮北区洮河镇	16778		11	14194			39
洮北区平台镇	17333	1	14	18475			59
洮北区到保镇	21379		7	12334	4		18
洮北区岭下镇	16472	5	11	25050	6	1	43
洮北区东风乡	8272		12	25404			58
洮北区三合乡	8836		9	11957			15
洮北区东胜乡	14463		21	22288			61
洮北区金祥乡	12600		14	15728			36
洮北区德顺蒙古族乡	13999		19	21014			55
镇赉县镇赉镇	35273	10	17	23862	88	20	56

续表 118　　吉林省　　单位：公顷、个、人

名　　称	行政区域面积	居民委员会(社区)个数	村民委员会个数	户籍人口	工业企业个数	#规模以上	营业面积50平方米以上的商店或超市个数
镇赉县坦途镇	31700	1	14	18050			86
镇赉县东屏镇	38304		12	11679			95
镇赉县大屯镇	39000		15	20559			85
镇赉县沿江镇	35825		7	6472			23
镇赉县五棵树镇	31412		13	14976	12	1	88
镇赉县黑鱼泡镇	58400		16	16601	4	3	48
镇赉县哈吐气蒙古族乡	15580		5	4547			24
镇赉县莫莫格蒙古族乡	48700		13	10967	15		53
镇赉县建平乡	35945		14	22159			34
镇赉县嘎什根乡	27787		15	26922	21	3	103
通榆县开通镇	61591		21	26945			60
通榆县瞻榆镇	64500	1	20	33240			57
通榆县双岗镇	33441	2	5	12639	1		17
通榆县兴隆山镇	70520	8	10	26560			36
通榆县边昭镇	33628	1	10	16097			35
通榆县鸿兴镇	35172	1	10	13479			57
通榆县新华镇	63174	1	15	23764			56
通榆县乌兰花镇	54204	1	14	19121			70
通榆县新发乡	38450		6	10789			18
通榆县新兴乡	19429		6	11826			35
通榆县向海蒙古族乡	109124		16	22254			78
通榆县包拉温都蒙古族乡	24694		4	4667			16
通榆县团结乡	58426		9	14143			36
通榆县十花道乡	42895		10	11627			40
通榆县八面乡	44148		8	14589			31
通榆县苏公坨乡	30703		9	12317			27
洮南市瓦房镇	25464		17	21047	3		39
洮南市万宝镇	19912	3	17	29801			65
洮南市黑水镇	32860	1	8	17733	5	1	53
洮南市那金镇	26001		17	17544			60
洮南市安定镇	46372	1	10	18843			74
洮南市福顺镇	27392		29	33092			121
洮南市胡力吐蒙古族乡	14608		10	7907			23
洮南市万宝乡	9507		10	8229	1		25
洮南市聚宝乡	23249		8	9887	1		50
洮南市东升乡	18304		11	13008	1		25
洮南市野马乡	19197		11	10045			38
洮南市永茂乡	31470	1	12	14489			37
洮南市蛟流河乡	27094		10	18000			94
洮南市大通乡	36214		14	16141	3	2	53
洮南市二龙乡	54348		10	15034			59
洮南市呼和车力蒙古族乡	25561	3	7	9401			23
大安市月亮泡镇	22491	1	10	13820			56
大安市安广镇	15420	4	9	28660	8	7	67
大安市丰收镇	13282	1	9	8295			36

续表 119　　　　吉林省　　　　单位：公顷、个、人

名称	行政区域面积	居民委员会(社区)个数	村民委员会个数	户籍人口	工业企业个数	#规模以上	营业面积50平方米以上的商店或超市个数
大安市新平安镇	40800		11	10624			43
大安市两家子镇	48138		20	19298	7	3	58
大安市舍力镇	41296		20	23704			111
大安市大岗子镇	30366		7	8296			18
大安市叉干镇	34003		11	9874			102
大安市龙沼镇	40253		12	15702			53
大安市太山镇	19954		16	21373	4	2	92
大安市四棵树乡	22423		17	19365	3	1	66
大安市联合乡	14904		12	15078	3	2	46
大安市大赉乡	7381		8	10891	1		20
大安市红岗子乡	12554		8	7731			32
大安市海坨乡	44748		13	14186			76
大安市新艾里蒙古族乡	8263		5	5196			24
大安市烧锅镇乡	25925		17	16628			44
大安市乐胜乡	34915		18	22174			75
延吉市小营镇	13085		13	19218	2		29
延吉市依兰镇	61500		12	22356	14	4	44
延吉市三道湾镇	8855	2	9	5037			13
延吉市朝阳川镇	37687	5	20	45099	16	3	35
图们市月晴镇	24683	1	13	8662	20	3	2
图们市石岘镇	25797	4	12	21075	61	12	27
图们市长安镇	26509	1	13	8202	7	1	5
图们市凉水镇	37074	1	12	10323	7	3	3
敦化市大石头镇	139860	6	20	46457	32	5	35
敦化市黄泥河镇	16106	4	16	19695	18	3	40
敦化市官地镇	62311	2	45	36229	10	3	160
敦化市沙河沿镇	28166	1	22	16999			48
敦化市秋梨沟镇	9684	1	9	8412			11
敦化市额穆镇	16911		15	11118			27
敦化市贤儒镇	17250	1	11	11791	5		25
敦化市大蒲柴河镇	7440		9	9455	2	1	40
敦化市雁鸣湖镇	15447	1	12	10070	2	1	28
敦化市江源镇	11501	1	14	9843	3		33
敦化市江南镇	33365		53	31718	316	12	66
敦化市大桥乡	13334		15	7601			24
敦化市黑石乡	19142		20	11547			25
敦化市青沟子乡	8100		12	5637	1		13
敦化市翰章乡	16321		18	11809			57
敦化市红石乡	10861	1	12	8770	12		14
珲春市春化镇	212787	1	20	9391			32
珲春市敬信镇	32733		14	5350			17
珲春市板石镇	13355		7	6514	2	1	10
珲春市英安镇	27815	3	16	16419	40	8	33
珲春市马川子乡	8300		9	7378	17	5	14
珲春市杨泡满族乡	22675		7	3725			12

续表 120　　吉林省、黑龙江省　　单位：公顷、个、人

名称	行政区域面积	居民委员会(社区)个数	村民委员会个数	户籍人口	工业企业个数	#规模以上	营业面积50平方米以上的商店或超市个数
珲春市三家子满族乡	5962		8	8045	3	2	15
珲春市密江乡	73981		7	2190			2
珲春市哈达门乡	110000		20	10440			40
龙井市开山屯镇	19975	4	5	13695	5		16
龙井市老头沟镇	58195	4	22	23744	3	1	29
龙井市三合镇	32489	1	4	3835			11
龙井市东盛涌镇	24729	1	9	13599	22		10
龙井市智新镇	35705	1	15	11156	4	3	8
龙井市德新乡	12039		7	4971	1		9
龙井市白金乡	31910		3	1396	1		4
和龙市八家子镇	7405	2	6	8282	11	2	38
和龙市福洞镇	19234	3	4	7371	4	2	10
和龙市头道镇	51430	2	16	22082	21	1	30
和龙市西城镇	109576	2	7	8609	1		5
和龙市南坪镇	68891	1	8	5404			13
和龙市东城镇	14899	1	8	7852	4	2	6
和龙市崇善镇	61618	1	4	2894			8
和龙市龙城镇	172711	1	23	20652	23	1	19
汪清县汪清镇	25820		14	9690	4	3	12
汪清县大兴沟镇	100915	2	35	19863	10	2	30
汪清县天桥岭镇	60056	3	23	11535	10	1	27
汪清县罗子沟镇	149073	2	21	21214	2		21
汪清县百草沟镇	58402	1	34	12653	11	1	8
汪清县春阳镇	92351	1	19	12214	3		16
汪清县复兴镇	132073	2	10	6322	1		3
汪清县东光镇	125639		31	10442	14	1	8
汪清县鸡冠乡	81824		13	7500	1		8
安图县明月镇	89498		45	63544	10	4	46
安图县松江镇	137866	3	41	28430	20		30
安图县二道白河镇	60946	1	8	5829	13	5	16
安图县两江镇	42906	2	12	11233	13	2	11
安图县石门镇	32229	1	9	7225	29	4	2
安图县万宝镇	75783	1	17	8645	6		9
安图县亮兵镇	33170	1	13	6941	6	1	14
安图县新合乡	87687	1	18	4910			4
安图县永庆乡	46585	1	17	9586	5	1	33
黑龙江省							
道里区太平镇	16200	1	9	28990	3	1	63
道里区新发镇	11200	8	12	37193	152	8	61
道里区新农镇	10400	2	9	24613	67	5	25
道里区榆树镇	5500	1	7	20962	90	11	44
南岗区王岗镇	5701	27	12	124271	627	17	74
南岗区红旗满族乡	5605	1	8	18903	78	13	66
道外区永源镇	16013	3	11	38967	20	2	80
道外区巨源镇	21000	2	8	27488			73

续表 121　　　　黑龙江省　　　　单位：公顷、个、人

名　　称	行政区域面　　积	居民委员会(社区)个数	村民委员会个　　数	户籍人口	工业企业个　　数	#规模以上	营业面积50平方米以上的商店或超市个数
道外区团结镇	7670	5	11	49335	209		85
道外区民主镇	13200	1	10	29075	235	7	73
平房区平房镇	2275		6	12775	221	37	21
松北区对青山镇	19039	1	12	39103	18	6	41
松北区乐业镇	19600	1	12	36401	25	3	21
香坊区成高子镇	6720	5	8	22734	93	6	4
香坊区幸福镇	6750	5	13	29887	474	34	86
香坊区朝阳镇	5400	2	10	22905	348	16	29
香坊区向阳镇	7378	1	8	14815	162	15	46
呼兰区二八镇	11536		9	21797	9		43
呼兰区石人镇	12891		12	28118	22	1	46
呼兰区白奎镇	13678		12	28315	24		51
呼兰区方台镇	14943		10	25973	5		51
呼兰区莲花镇	12144		10	22896	7		38
呼兰区大用镇	14409		9	25047	3		50
呼兰区杨林乡	18885		8	28052	27		55
呼兰区许堡乡	17591		12	27120	23	1	69
呼兰区孟家乡	17971		13	33929	20	1	72
阿城区平山镇	23044	1	6	21994	9	2	24
阿城区松峰山镇	36532	1	5	11174	4	2	15
阿城区红星镇	15148		5	14211	8		51
阿城区金龙山镇	20173		6	14990	21		12
双城区韩甸镇	17177		13	37427	2		40
双城区单城镇	11890		10	24001	10		51
双城区东官镇	10760		8	22226	10		29
双城区农丰满族锡伯族镇	13035		9	19916	38		43
双城区杏山镇	15938		9	28564			30
双城区西官镇	15920		14	32245			92
双城区联兴镇	9200		8	17924	20		19
双城区永胜镇	13456		9	20748	15		32
双城区胜丰镇	17985		20	49373	113		61
双城区金城乡	13690		10	26217	25		85
双城区青岭满族乡	9773		9	18789	96	1	51
双城区临江乡	15382		7	18096	22		22
双城区水泉乡	12000		7	21197	40		82
双城区乐群满族乡	8825		9	20717	56		49
双城区万隆乡	19269		16	37190	93		80
双城区希勤满族乡	12600		8	19961	25		135
双城区同心满族乡	9700		7	18701	14	3	63
依兰县依兰镇	10887	11	4	69126	68	6	36
依兰县达连河镇	66633	4	11	50537	69	4	193
依兰县江湾镇	54734		15	31375	6		69
依兰县三道岗镇	62208		20	44027	13	1	85
依兰县道台桥镇	41831		22	44035	86		62
依兰县宏克利镇	40101		13	23800			70

续表 122　　黑龙江省　　单位：公顷、个、人

名　　称	行政区域面积	居民委员会(社区)个数	村民委员会个数	户籍人口	工业企业个数	#规模以上	营业面积50平方米以上的商店或超市个数
依兰县团山子乡	27771		17	32474			64
依兰县愚公乡	50597		15	37495	8		97
依兰县迎兰朝鲜族乡	97398		15	21480	16		68
依兰县松花江农场	8570	1	1	3958	12	1	6
方正县方正镇	4885	6	5	55160	23	12	69
方正县会发镇	46848	1	14	26937	21	6	48
方正县大罗密镇	11251		6	12870	28	3	18
方正县得莫利镇	19493		3	9104	9	2	18
方正县天门乡	35698		12	22763	9	7	30
方正县松南乡	12489		7	13693	10	3	28
方正县德善乡	36927		10	14660	18	1	39
方正县宝兴乡	17556		10	17161	21	9	26
宾县宾州镇	34706	15	14	120597	128	5	251
宾县居仁镇	12964		8	22110	27		19
宾县宾西镇	20784	5	6	33268	197	55	206
宾县糖坊镇	21158		11	35959	15		36
宾县宾安镇	15716		9	30470	11		27
宾县新甸镇	20461		5	23338	7		53
宾县胜利镇	34460		9	28759	9	1	6
宾县宁远镇	45034	1	13	40256	10		15
宾县摆渡镇	25836	1	5	14673	3	1	26
宾县平坊镇	23587		5	22726	8	1	10
宾县满井镇	17672		10	26175	11	1	4
宾县常安镇	24855		10	35452	4		13
宾县永和乡	8586		5	14759	9		25
宾县鸟河乡	17603		9	31329	3		25
宾县民和乡	15877		7	23970	1		28
宾县经建乡	13587		9	22083	13		38
宾县三宝乡	31434		8	30222	8	2	12
巴彦县巴彦镇	13520	6	7	91055	29	8	230
巴彦县兴隆镇	20146	5	8	67118	36	10	132
巴彦县西集镇	15500	2	6	33244	10	2	46
巴彦县洼兴镇	21037		8	27576	9	1	36
巴彦县龙泉镇	14959	1	5	26857	13		77
巴彦县巴彦港镇	10425	1	4	20495	9		34
巴彦县龙庙镇	20438		8	32216	6		67
巴彦县万发镇	14756		6	29750	5		62
巴彦县天增镇	23036		9	40177	3		65
巴彦县黑山镇	28514		6	21306			30
巴彦县松花江乡	18517		6	29659	8	1	39
巴彦县富江乡	12620		4	22100	5	2	37
巴彦县华山乡	14887		6	24062	8	1	38
巴彦县德祥乡	20430		8	38610	5	1	82
巴彦县红光乡	18624		8	39340	7	1	69
巴彦县山后乡	15349		5	28334	2		23

续表 123　　　　黑龙江省　　　　单位：公顷、个、人

名　　称	行政区域面积	居民委员会(社区)个数	村民委员会个数	户籍人口	工业企业个数	#规模以上	营业面积50平方米以上的商店或超市个数
巴彦县镇东乡	12418		4	18122			22
木兰县木兰镇	13188	7	9	59880	118	10	70
木兰县东兴镇	55146	4	13	37021	9	3	39
木兰县大贵镇	39352		12	29389	3	2	33
木兰县利东镇	13020		7	15394	2		29
木兰县柳河镇	37949		12	35261	8	1	43
木兰县新民镇	21188		13	27065	2	1	74
木兰县建国乡	28602		10	17783			38
木兰县吉兴乡	17079		10	22561	1		62
通河县通河镇	20275	29	10	64196	200	12	247
通河县乌鸦泡镇	10565	9	5	15081	36	2	19
通河县清河镇	20565	1	10	18942	132		25
通河县浓河镇	26964	1	13	23673	128	3	71
通河县凤山镇	24007	1	10	11679	61		47
通河县祥顺镇	46402	1	13	20671	50	5	62
通河县富林镇	23641	1	12	17547	106	3	31
通河县三站镇	19735		9	11932	25		19
延寿县延寿镇	37306	30	16	69764	134	25	236
延寿县六团镇	42500	1	15	25035	7	2	51
延寿县中和镇	13000	2	6	13263	16	5	38
延寿县加信镇	15000	1	9	21459			51
延寿县延河镇	27360	1	17	22817	16	2	57
延寿县玉河镇	49000	1	15	24184	4	2	21
延寿县安山乡	25000	1	12	19625	13	1	56
延寿县寿山乡	39500	1	6	15582			33
延寿县青川乡	36000	1	10	17506			46
尚志市尚志镇	22159	11	8	129248	320	7	189
尚志市一面坡镇	21163	3	11	31048	35	1	39
尚志市苇河镇	25419	3	13	38665	68	6	51
尚志市亚布力镇	41002	3	10	43363	79		114
尚志市帽儿山镇	64315	2	11	23297	93	2	47
尚志市亮河镇	16420		9	22683	4		39
尚志市庆阳镇	15236		9	19636	1		11
尚志市石头河子镇	11009		6	12587	9		13
尚志市元宝镇	45780		12	21381	21	2	71
尚志市黑龙宫镇	42155		12	17917	6		56
尚志市长寿乡	36147		13	26716	19	4	48
尚志市乌吉密乡	50676		11	20191	16		46
尚志市鱼池乡	8928		7	11001			18
尚志市珍珠山乡	8806		6	11292	14	3	20
尚志市老街基乡	51200		8	17541	24	1	28
尚志市马延乡	27300		9	17649	6	3	44
尚志市河东乡	11245		8	12622	5	2	15
五常市五常镇	8700	10	10	127600	237	17	148
五常市拉林满族镇	14774	5	13	44331	28	4	90

续表 124　　黑龙江省　　单位：公顷、个、人

名　称	行政区域面积	居民委员会(社区)个数	村民委员会个数	户籍人口	工业企业个数	#规模以上	营业面积50平方米以上的商店或超市个数
五常市山河镇	16040	6	13	47894	30	6	47
五常市小山子镇	60150		10	37082	30	9	27
五常市安家镇	11303		10	28612	35	7	10
五常市牛家满族镇	18887		15	40602	128	16	93
五常市杜家镇	15088		12	30328	28	6	
五常市背荫河镇	13099		7	23079	16	2	59
五常市冲河镇	84658		11	29864	5		13
五常市沙河子镇	22332		13	30937	20		75
五常市向阳镇	36110		17	33220	56	1	45
五常市龙凤山镇	43399		18	43231	32	5	10
五常市兴盛乡	17600		8	27409	8		12
五常市志广乡	25600		9	25320	38	3	6
五常市卫国乡	9895		6	18034	24	4	12
五常市常堡乡	12340		7	19096	16	3	5
五常市民意乡	18663		8	21552	13	2	16
五常市红旗满族乡	20900		12	40673	6		12
五常市八家子乡	22450		13	30883	2		16
五常市民乐朝鲜族乡	5530		6	12010	19	2	1
五常市营城子满族乡	11200		7	27760	11	2	35
五常市长山乡	20400		15	41934	14		23
五常市兴隆乡	20800		13	38210	7	1	9
五常市二河乡	31710		7	19376	9	1	
铁锋区扎龙镇	40894		12	24364	142	5	40
昂昂溪区水师营满族镇	19900		6	9770	21	9	31
昂昂溪区榆树屯镇	49900	3	12	35125	43	4	104
富拉尔基区长青乡	16404		7	20906	5	4	38
富拉尔基区杜尔门沁达斡尔族乡	10000		3	13278	3	1	30
梅里斯达斡尔族区雅尔塞镇	17450	1	7	19956	22	7	64
梅里斯达斡尔族区卧牛吐达斡尔族镇	45580	1	7	11747			49
梅里斯达斡尔族区达呼店镇	53450	2	13	37257			74
梅里斯达斡尔族区共和镇	19060		9	19104	2	1	60
梅里斯达斡尔族区梅里斯镇	36950		10	45960	4	3	89
梅里斯达斡尔族区莽格吐达斡尔族乡	27340		3	7450			18
龙江县龙江镇	28987	9	10	119757	77	10	327
龙江县景星镇	56025	1	18	59925	5	1	131
龙江县龙兴镇	62833	1	17	47578	4		94
龙江县山泉镇	70635		19	58057	6		166
龙江县七棵树镇	47998		15	46774	6		102
龙江县杏山镇	67496		17	40850	3	2	120
龙江县白山镇	27454		9	27666	46	2	47
龙江县头站镇	39093		10	29416	4	1	110
龙江县黑岗乡	25168		5	22245	3	2	50
龙江县广厚乡	26260		7	19841	6	3	88
龙江县华民乡	29011		9	29298			64
龙江县哈拉海乡	34819		8	20537	3	2	42

续表 125　　黑龙江省　　单位：公顷、个、人

名　　称	行政区域面积	居民委员会(社区)个数	村民委员会个数	户籍人口	工业企业个数	#规模以上	营业面积50平方米以上的商店或超市个数
龙江县鲁河乡	23656		7	23891	21	2	29
龙江县济沁河乡	32029		7	20334	1		29
依安县依安镇	3541	8	3	57547	52	24	148
依安县依龙镇	56313		18	50816	6		36
依安县双阳镇	17967		8	22852	2		32
依安县三兴镇	26884	1	8	23256	3		50
依安县中心镇	35520	1	17	44958			42
依安县新兴镇	47706		16	42260	10		108
依安县富饶乡	33227		9	26313			21
依安县解放乡	13397		8	20480			21
依安县阳春乡	16000		10	22803	6		17
依安县新发乡	21209	1	6	20489	7		27
依安县上游乡	16767		10	21285	1		26
依安县红星乡	15407		9	21776	4	1	14
依安县先锋乡	20882		9	26949			10
依安县新屯乡	19385		9	26418	4		25
泰来县泰来镇	25299	5	8	67482	23	7	409
泰来县平洋镇	22123	1	9	21448	2		41
泰来县汤池镇	41300	1	6	17330	9	1	8
泰来县江桥蒙古族镇	26537	1	6	19209	5	4	54
泰来县塔子城镇	13194	1	5	16200	3		18
泰来县大兴镇	66845	1	9	30389	11	2	83
泰来县和平镇	53340	1	12	37560	6		48
泰来县克利镇	37950	1	16	44904	30	8	78
泰来县胜利蒙古族乡	43513	1	5	17890	6	5	42
甘南县甘南镇	41760	8	12	81966	159	15	403
甘南县兴十四镇	26000		6	15232	23	4	32
甘南县平阳镇	11840		5	16048	10	3	8
甘南县东阳镇	34960		9	28722	22	3	44
甘南县巨宝镇	38000		6	18445	8		50
甘南县中兴乡	49290		11	36201			86
甘南县兴隆乡	31530	1	9	24635	10	1	73
甘南县宝山乡	62944		19	45683	30		169
甘南县查哈阳乡	19870		6	15265	6	1	41
富裕县富裕镇	6697	10	3	75704	64	12	205
富裕县富路镇	52141	1	13	30619	8		66
富裕县富海镇	24067	1	8	19785	9	1	33
富裕县二道湾镇	26667		10	22048	2	1	25
富裕县龙安桥镇	20980		6	12785	1		34
富裕县塔哈镇	61527	8	12	19977	12	8	64
富裕县繁荣乡	52360	2	10	28312	1		49
富裕县绍文乡	20593		7	32125			20
富裕县忠厚乡	16700		7	14035			19
富裕县友谊达斡尔族满族柯尔克孜族乡	44295		14	24945			54
克山县克山镇	2415	6	1	63284	16	8	50

续表 126　　黑龙江省　　单位：公顷、个、人

名　称	行政区域面积	居民委员会(社区)个数	村民委员会个数	户籍人口	工业企业个数	#规模以上	营业面积50平方米以上的商店或超市个数
克山县北兴镇	20704	1	8	27283	5		35
克山县西城镇	30772	2	9	45557	3	2	15
克山县古城镇	21165	1	9	28934			12
克山县北联镇	22572	1	7	19435	11	1	13
克山县西河镇	20860	1	9	25592	10	1	10
克山县双河镇	28224		12	35299	12	5	29
克山县河南乡	21100		9	29437	10		8
克山县河北乡	29429		9	27848	15		15
克山县古北乡	15378		7	22714	9	1	7
克山县西联乡	16679	1	8	25200	2	1	21
克山县发展乡	15790	1	9	23548			5
克山县西建乡	16044		7	19751			12
克山县向华乡	38100		11	29450			22
克山县曙光乡	17488		7	23870			22
克东县克东镇	6664	4	5	48450	59	10	74
克东县宝泉镇	35700	2	19	43326	20	2	24
克东县乾丰镇	19436		12	31479			17
克东县玉岗镇	57000		19	40882			34
克东县蒲峪路镇	18900		13	28707			13
克东县润津乡	32500		15	32947			16
克东县昌盛乡	23400		15	35403			15
拜泉县拜泉镇	15600	8	11	76783	17	12	204
拜泉县三道镇	34100		14	48177	2		49
拜泉县兴农镇	30600		16	41431	4		16
拜泉县长春镇	27200		13	38862			41
拜泉县龙泉镇	26300		14	37514			24
拜泉县国富镇	22800		12	27637	3		13
拜泉县富强镇	20100		10	24760	4		14
拜泉县新生乡	23000		10	30733	1		36
拜泉县兴国乡	17100		9	20607			9
拜泉县上升乡	20200		10	23613			3
拜泉县兴华乡	19100		10	27126	3		12
拜泉县大众乡	18400		8	24729	1	1	11
拜泉县丰产乡	31000		17	39357	1	1	21
拜泉县永勤乡	16500		8	21612	1	1	1
拜泉县爱农乡	23400		14	30770			4
拜泉县时中乡	14300		10	20210			9
讷河市拉哈镇	6837	5	2	27635	124	5	17
讷河市二克浅镇	42259		18	56998	14	1	135
讷河市学田镇	53400		15	42183	11		39
讷河市龙河镇	72644	1	13	51413	2		28
讷河市讷南镇	35796		12	40838	20	2	40
讷河市六合镇	36358		11	36500	15	1	40
讷河市长发镇	18975		8	27136	9		64
讷河市通南镇	32861		12	43312	21	2	43

续表 127　　黑龙江省　　单位：公顷、个、人

名　　称	行政区域面　　积	居民委员会(社区)个数	村民委员会个　　数	户籍人口	工业企业个　　数	#规模以上	营业面积50平方米以上的商店或超市个数
讷河市同义镇	26541		11	37942	42	1	31
讷河市九井镇	31520		10	35987	21		45
讷河市老莱镇	38502		10	48300	9		24
讷河市孔国乡	34572		12	40080	20	3	32
讷河市和盛乡	21782		10	27820	11		31
讷河市同心乡	25280		11	33786	10		30
讷河市兴旺鄂温克族乡	37401		12	33430	38	2	77
鸡冠区红星乡	7000		8	15138			18
鸡冠区西郊乡	4629		6	11759	20	5	15
恒山区红旗乡	43259		16	17092			16
恒山区柳毛乡	13450		8	15912	6	2	44
滴道区滴道河乡	31200		11	16180	18	2	27
滴道区兰岭乡	22100		8	12124	1	1	8
梨树区梨树镇	14800	1	11	20747			7
城子河区长青乡	9700		6	7104	15		8
城子河区永丰乡	7800		7	8548	14		14
麻山区麻山镇	16400		16	13247	9	2	24
鸡东县鸡东镇	13172	5	15	27212	35	5	45
鸡东县平阳镇	59233	1	14	22878	20		52
鸡东县向阳镇	37216	1	9	18130	18		45
鸡东县哈达镇	15600	2	9	15510	25	3	28
鸡东县永安镇	13293	2	11	19026	30		18
鸡东县永和镇	45062	2	12	17521	7		12
鸡东县东海镇	32675	1	16	25435	19	1	35
鸡东县兴农镇	9737	3	9	9123	17	1	21
鸡东县鸡林乡	4066		6	7103			5
鸡东县明德乡	6050		8	8732	1		
鸡东县下亮子乡	17100		14	19382	66		22
虎林市虎林镇	12431	5	11	11291	39	1	29
虎林市东方红镇	4657	2	3	4144	9	3	3
虎林市迎春镇	1451		3	4547	15		1
虎林市虎头镇	53764		10	10507	1		52
虎林市杨岗镇	49222		8	12918	6		40
虎林市东诚镇	13997		10	9272	8	3	30
虎林市宝东镇	15145		12	11928	21	4	48
虎林市新乐乡	16273		7	9421	3		22
虎林市伟光乡	11955		8	7973			17
虎林市珍宝岛乡	32179		6	4341			11
虎林市阿北乡	29846		7	4957			8
虎林市八五八农场	74248	3	10	8601	1		
密山市密山镇	16500		14	16416	10	7	17
密山市连珠山镇	21000		11	16434	5		43
密山市当壁镇	22500		8	11506	2	1	35
密山市知一镇	20020		7	10053	8	5	21
密山市黑台镇	28200		11	18623	3	2	22

续表 128　　黑龙江省　　单位：公顷、个、人

名　称	行政区域面积	居民委员会(社区)个数	村民委员会个数	户籍人口	工业企业个数	#规模以上	营业面积50平方米以上的商店或超市个数
密山市兴凯镇	47600		10	12404	1		31
密山市裴德镇	83500		9	18607	7	6	30
密山市白鱼湾镇	22733		9	19000			29
密山市柳毛乡	19700		7	10107			11
密山市杨木乡	25200		10	18103	8		64
密山市兴凯湖乡	19900		6	10088	2	1	5
密山市承紫河乡	12800		6	7026			16
密山市二人班乡	21100		15	21500			27
密山市太平乡	21300		8	13607	11	1	30
密山市和平乡	19100		12	16049	5	2	28
密山市富源乡	19986		11	16625			17
密山市八五一一农场	53397	3	34	13642	1		1
兴安区红旗镇	22500		6	10737			10
东山区新华镇	21000	1	10	14575	24	3	11
东山区蔬园乡	40000		10	14980	13	4	22
东山区东方红乡	50000		14	15214	19	7	8
萝北县凤翔镇	11143	5	4	36941	35		15
萝北县鹤北镇	10279	5	10	7384	6		15
萝北县名山镇	5626	4	4	3224	3		6
萝北县团结镇	41675		17	15189	9		24
萝北县肇兴镇	16587		10	9506			17
萝北县云山镇	4590		6	2483			9
萝北县东明朝鲜族乡	5220		7	3309			1
萝北县太平沟乡	4276		5	2433			6
萝北县延军农场	28701	6	5	9040	1		2
萝北县宝泉岭农场	55320	11		20715			90
绥滨县绥滨镇	25140	4	17	38716	31	8	80
绥滨县绥东镇	27196	4	15	16644	2	1	75
绥滨县忠仁镇	31948	2	20	21531	3	1	37
绥滨县北岗乡	15956		13	11867			28
绥滨县富强乡	23793		9	5541			14
绥滨县北山乡	7254		11	5079			16
绥滨县福兴乡	10425		3	4059			8
绥滨县新富乡	5967		5	3233			13
尖山区安邦乡	5728		13	19784	8		24
岭东区长胜乡	2108		7	3793			7
四方台区太保镇	12042		16	21345	6		42
宝山区七星镇	2300		6	2679			2
集贤县福利镇	12500	5	15	21860	10		42
集贤县集贤镇	20800	2	23	30561	93	3	92
集贤县升昌镇	18370	1	15	22977	20	1	60
集贤县丰乐镇	13259	1	16	22463			82
集贤县太平镇	10754	1	17	19317			45
集贤县腰屯乡	20800	1	16	18657	5		45
集贤县兴安乡	16800	1	20	23171			34

续表 129　　黑龙江省　　单位：公顷、个、人

名　　称	行政区域面积	居民委员会(社区)个数	村民委员会个数	户籍人口	工业企业个数	#规模以上	营业面积50平方米以上的商店或超市个数
集贤县永安乡	34571	1	28	27729	7		48
友谊县友谊镇	2430	5		23423	17	13	22
友谊县兴隆镇	21200	1	7	11610			2
友谊县龙山镇	8600	1	2	2132			
友谊县凤岗镇	12100	1	6	8462	1		12
友谊县东建乡	20700	1	7	5545			3
友谊县庆丰乡	12900	1	4	6086			2
友谊县建设乡	15600	1	5	5962	2		1
友谊县友邻乡	34850	1	3	6373			13
友谊县新镇乡	14000	1	3	3416			4
友谊县成富朝鲜族满族乡	8849	1	3	4818	1		3
宝清县宝清镇	28026	11	22	32090	16	8	68
宝清县七星泡镇	44591	1	28	52770	5	1	101
宝清县青原镇	29522	1	14	26493	2		55
宝清县夹信子镇	17800	1	16	18580	5		39
宝清县龙头镇	102211		10	9007			30
宝清县小城子镇	107800	9	9	14210	5	4	33
宝清县朝阳镇	153556		11	15733	7		33
宝清县万金山乡	15352		11	16496	18		37
宝清县尖山子乡	54421		14	16830			11
宝清县七星河乡	33797		10	13176			27
宝清县八五二农场	133592	9	11	44700			9
宝清县八五三农场	116082	6	7	27799	1		34
饶河县饶河镇	8034	4	7	2947	16	1	6
饶河县小佳河镇	47750	1	15	10132	9	1	24
饶河县西丰镇	51760		15	8267	2		23
饶河县五林洞镇	155400		4	1540			12
饶河县西林子乡	31000		9	5049			15
饶河县四排乡	5200	4	4	1694			3
饶河县大佳河乡	33580		10	4271			13
饶河县山里乡	21300		9	5656	2		4
饶河县大通河乡	27140		7	3231	24		6
龙凤区龙凤镇	22517	2	8	33362	184	9	97
让胡路区喇嘛甸镇	29500	2	6	39895	119	5	131
红岗区杏树岗镇	40444		10	30547	71	5	40
大同区大同镇	10130		6	18010	25	1	26
大同区高台子镇	24281		7	24429			41
大同区太阳升镇	14847		5	12556	7	1	42
大同区林源镇	37165		7	15695	9	3	36
大同区祝三乡	28189		12	27519	6	4	37
大同区老山头乡	21877		6	19948	8		23
大同区八井子乡	25800		9	26515	8		27
大同区双榆树乡	27571		6	17366	12		54
肇州县肇州镇	18821		7	29689	5	1	25
肇州县永乐镇	18625		8	22965	13	1	14

续表 130　　黑龙江省　　单位：公顷、个、人

名　称	行政区域面积	居民委员会(社区)个数	村民委员会个数	户籍人口	工业企业个数	#规模以上	营业面积50平方米以上的商店或超市个数
肇州县丰乐镇	13701	1	7	27560	42	12	17
肇州县朝阳沟镇	15331		9	30868	7		12
肇州县兴城镇	33365		16	43623	70	17	72
肇州县二井镇	22524		13	41450	34	2	43
肇州县双发乡	15264		6	24042	11	1	45
肇州县托古乡	18548		7	24739	11		39
肇州县朝阳乡	12772		7	23280	7	1	57
肇州县永胜乡	13123		4	22563	14	1	24
肇州县榆树乡	17767		7	21680	4	1	21
肇州县新福乡	34352		13	29974	8		21
肇源县肇源镇	21589		10	21972	5	2	35
肇源县三站镇	18222		11	28065			68
肇源县二站镇	30661		12	36996	6	3	101
肇源县茂兴镇	23092		7	18879	8	1	48
肇源县古龙镇	37310		14	34175			24
肇源县新站镇	34756	4	11	44711	29	8	196
肇源县头台镇	28698		10	22188	7	3	44
肇源县古恰镇	27096	1	10	27708	13		57
肇源县福兴乡	10518		7	19514	4		63
肇源县薄荷台乡	17272		7	19478			68
肇源县和平乡	16806		5	14817			35
肇源县超等乡	28177		7	16266	1	1	47
肇源县民意乡	11624		6	18565			92
肇源县义顺乡	30344		7	14194	50	49	33
肇源县浩德乡	15314		5	8781	4	3	11
肇源县大兴乡	22071		6	12570	3	1	15
林甸县林甸镇	15414		10	20771	80	12	15
林甸县红旗镇	29472		7	22541	27	4	31
林甸县花园镇	48877		11	32474	3	2	86
林甸县四季青镇	60240		13	26478	6		75
林甸县鹤鸣湖镇	45889		12	28277	17	2	70
林甸县东兴乡	45560		10	24752	12	7	106
林甸县宏伟乡	13498		9	17562	1		14
林甸县四合乡	37609		11	24831	3	1	46
杜尔伯特蒙古族自治县杜尔伯特镇	16405	4	4	54375	45	15	120
杜尔伯特蒙古族自治县胡吉吐莫镇	42231		6	9464	2	1	29
杜尔伯特蒙古族自治县烟筒屯镇	65659		10	20426			2
杜尔伯特蒙古族自治县他拉哈镇	56743		7	19975	7	1	17
杜尔伯特蒙古族自治县连环湖镇	56901		9	16269			45
杜尔伯特蒙古族自治县一心乡	77066		8	20566	8	7	51
杜尔伯特蒙古族自治县克尔台乡	48107		9	14776	2		60
杜尔伯特蒙古族自治县敖林西伯乡	111269		9	20908	9		92
杜尔伯特蒙古族自治县巴彦查干乡	46229		7	15593	4	2	104
杜尔伯特蒙古族自治县江湾乡	23086		2	10605	5		40
伊美区东升镇	39218	2	4	6843	1		2

续表 131　　黑龙江省　　单位：公顷、个、人

名　称	行政区域面积	居民委员会(社区)个数	村民委员会个数	户籍人口	工业企业个数	#规模以上	营业面积50平方米以上的商店或超市个数
伊美区美溪镇	225139	8	2	37644	80	1	5
友好区上甘岭镇	144880	4	4	12695	28		4
嘉荫县朝阳镇	7729	3	4	19921	15	3	256
嘉荫县乌云镇	32809	1	12	8124	3		13
嘉荫县乌拉嘎镇	98429	1	4	2621	3		7
嘉荫县保兴镇	121212	1	15	8102	4		40
嘉荫县常胜乡	46021		9	3524			3
嘉荫县向阳乡	58589		11	6620	1		10
嘉荫县沪嘉乡	52230		8	2541	1		3
嘉荫县红光乡	101193		8	3736	1		14
嘉荫县青山乡	144621	2	6	12367	1		25
汤旺县乌伊岭镇	89820	2	2	19124	5	1	9
汤旺县汤旺河镇	124371	2		28451	11	2	6
丰林县新青镇	104680	7		38803	45	4	103
丰林县红星镇	88491	4		20147	27	1	18
丰林县五营镇	103944	4	2	28959	45	6	28
大箐山县带岭镇	103856	7	5	28654	40	3	11
大箐山县朗乡镇	266708	9	5	51406	28	1	14
南岔县南岔镇	17507	6	4	42373	34	5	97
南岔县晨明镇	111100	6	8	9929			22
南岔县浩良河镇	91000	5	9	18714	2	1	16
南岔县迎春乡	88806	5	6	8461	4		
金林区西林镇	45700	10	2	37965	35	3	6
金林区金山屯镇	184949	8	2	37604	27	2	5
铁力市铁力镇	4136	9	6	132565	111	14	952
铁力市双丰镇	69948	2	22	44575	32	4	58
铁力市桃山镇	106497	3	10	33964	62	1	28
铁力市神树镇	72103	1	4	14504			5
铁力市年丰朝鲜族乡	14210	1	10	12723	10		5
铁力市工农乡	28942		10	9681	18		15
铁力市王杨乡	18832	1	9	14415	18		28
东风区建国镇	8100	1	8	13215	15	4	14
东风区松江乡	6136	3	12	36850	70	7	61
郊区大来镇	17601		12	17322	2		46
郊区敖其镇	9003		10	13677	9	1	35
郊区望江镇	15500	1	14	18903	14	4	37
郊区长发镇	14002		11	14139	4	1	34
郊区莲江口镇	10901	4	4	14510	9	1	30
郊区西格木镇	12605		8	12786	24	5	26
郊区沿江镇	6501		7	19221	21	5	29
郊区四丰镇	18600	1	8	11165	4	3	45
郊区长青乡	4503		7	36946	41	4	35
郊区平安乡	20200	1	13	18003	4	3	40
郊区群胜乡	18602		7	11435	2		20
桦南县驼腰子镇	14649		10	18366	3		33

续表 132　　黑龙江省　　单位：公顷、个、人

名　　称	行政区域面　积	居民委员会(社区)个数	村民委员会个　　数	户籍人口	工业企业个　　数	#规模以上	营业面积50平方米以上的商店或超市个数
桦南县石头河子镇	31688	2	11	18764	5		62
桦南县桦南镇	15770		16	19197	11		35
桦南县土龙山镇	28218		23	36179			68
桦南县孟家岗镇	61584	1	24	32470	7		22
桦南县闫家镇	24823		15	27567			46
桦南县柳毛河镇	13163		11	14408			35
桦南县金沙乡	27934	2	10	16619	2		36
桦南县梨树乡	26398		20	33745			64
桦南县明义乡	32906		19	24239	10		52
桦南县大八浪乡	30779		19	30600	6		68
桦南县五道岗乡	19082		14	23233			48
桦南县曙光农场	17443	1	1	9740	5	1	4
桦川县横头山镇	30080		10	15441			63
桦川县苏家店镇	14253		11	18926	6	2	41
桦川县悦来镇	21188	10	17	48812	46	23	43
桦川县新城镇	30005		19	27246	46	1	59
桦川县四马架镇	16421		17	20486	3	2	52
桦川县东河乡	21203		7	10328	2	1	22
桦川县梨丰乡	27573		8	17634			18
桦川县创业乡	10301		10	18325	5	2	44
桦川县星火乡	3552		6	4604	26	4	8
汤原县香兰镇	21648	2	19	25947			39
汤原县鹤立镇	8150	18	11	19045	56	3	35
汤原县竹帘镇	7290	1	10	13763	7		33
汤原县汤原镇	31344		23	20884			41
汤原县汤旺乡	5738		14	9687	7	2	5
汤原县胜利乡	10142		12	13880	2		27
汤原县吉祥乡	15265		11	14744			25
汤原县振兴乡	12708		9	11358			21
汤原县太平川乡	62087		15	13102			43
汤原县永发乡	18608		15	16686			52
同江市同江镇	8736		7	4349			11
同江市乐业镇	20209		13	11112	2		4
同江市三村镇	29095		10	11030	6	1	8
同江市临江镇	16561		10	5795			15
同江市向阳镇	19777	6	10	8420	16	1	16
同江市青河镇	29214		15	8335	2		15
同江市街津口乡	28625		6	3663			11
同江市八岔乡	31773		4	3447			10
同江市金川乡	23398		5	3382			8
同江市银川乡	22125		5	2583			4
富锦市富锦镇	6853		12	14534	3	2	13
富锦市长安镇	33519		20	22139	6	3	36
富锦市砚山镇	27692		20	21912	3		35
富锦市头林镇	49857		14	19193			69

续表 133　　黑龙江省　　单位：公顷、个、人

名　　称	行政区域面　　积	居民委员会(社区)个数	村民委员会个　　数	户籍人口	工业企业个　　数	#规模以上	营业面积50平方米以上的商店或超市个数
富锦市兴隆岗镇	67104	1	23	14195			7
富锦市宏胜镇	45150		24	15166	2		9
富锦市向阳川镇	58425	4	32	37507			58
富锦市二龙山镇	61129		32	37012	34	7	45
富锦市上街基镇	37080		30	26924	18	3	45
富锦市锦山镇	63142		26	40251	3	2	86
富锦市大榆树镇	40767		34	35815	5	3	48
富锦市大兴农场	82265	5		15285	3		
抚远市抚远镇	17607	6	2	23558			35
抚远市寒葱沟镇	32300	1	7	5353			10
抚远市浓桥镇	30750	1	9	5146	2		4
抚远市乌苏镇	26607	1	8	3936			10
抚远市黑瞎子岛镇	32100		2	583			2
抚远市通江镇	16900	2	2	1012	1		4
抚远市海青镇	122262		9	5098			14
抚远市浓江乡	24100		3	2346			3
抚远市别拉洪乡	10835	2	2	2376			2
抚远市鸭南乡	45856		6	2191			6
新兴区红旗镇	9500		12	13454			4
新兴区长兴乡	26267		12	18300			40
桃山区万宝河镇	5935	2	6	8742	7	2	6
茄子河区茄子河镇	9716		12	21389	17	10	24
茄子河区宏伟镇	93560		28	20930	22	3	28
茄子河区铁山乡	35000		9	12285	6		44
茄子河区中心河乡	18610		8	12076	34	10	63
勃利县勃利镇	17859		17	31468	3		28
勃利县小五站镇	38253		10	20680	5	1	59
勃利县大四站镇	51326		17	29006	3	2	59
勃利县双河镇	14445		16	27395	2	1	101
勃利县倭肯镇	10567		12	17323	9		26
勃利县青山乡	13100		10	17939			71
勃利县永恒乡	24985		19	24399	2		78
勃利县抢垦乡	8884		7	13329	6		23
勃利县杏树朝鲜族乡	12245		11	18196	8		22
勃利县吉兴朝鲜族满族乡	11680		14	15005			44
东安区兴隆镇	31241	1	11	19210	91	4	35
阳明区铁岭镇	28550	2	11	34175	148	8	37
阳明区桦林镇	7120	2	6	22881	19	1	6
阳明区磨刀石镇	48300	4	14	27128	18	2	28
阳明区五林镇	49669		24	44082	3	1	25
爱民区三道关镇	34800		12	22070	149	4	25
西安区温春镇	29900	1	20	50820	69		33
西安区海南朝鲜族乡	10900		11	16216	24		32
林口县林口镇	19097	30	15	72006	12	11	85
林口县古城镇	18873	1	19	24415	5	4	21

续表 134　　黑龙江省　　单位：公顷、个、人

名　称	行政区域面　积	居民委员会(社区)个数	村民委员会个　数	户籍人口	工业企业个　数	#规模以上	营业面积50平方米以上的商店或超市个数
林口县刁翎镇	31953		26	37980	6		93
林口县朱家镇	37193		17	20904	2	1	32
林口县柳树镇	63883	1	14	24006	10		42
林口县三道通镇	13498		11	18380	3	1	41
林口县龙爪镇	25520		20	30631	2		76
林口县莲花镇	8699		9	11008			31
林口县青山镇	52923		13	21053	5		37
林口县建堂镇	18997		16	19513	1		56
林口县奎山镇	32500		16	22025	20	4	49
绥芬河市绥芬河镇	9022	11	2	47457	28	3	120
绥芬河市阜宁镇	33214	5	9	18973	137	11	16
海林市海林镇	57178	11	32	115205	276	23	278
海林市长汀镇	29574	2	18	26041	29		37
海林市横道镇	3023	2	6	10171	8		5
海林市山市镇	10724	1	12	17615	8		34
海林市柴河镇	20807	3	10	20555	8	5	139
海林市二道镇	6595	1	9	13728	2	1	56
海林市新安朝鲜族镇	12059	1	17	17160	11		18
海林市三道镇	9522	1	8	9512			24
宁安市宁安镇	13714		30	27872	17	5	39
宁安市东京城镇	17583	3	15	32675	76	10	43
宁安市渤海镇	30005	2	28	33973	35	3	60
宁安市石岩镇	19713		18	26450	4		35
宁安市沙兰镇	100686		18	23657	5	1	42
宁安市海浪镇	36585		32	39045	3	2	63
宁安市兰岗镇	7901		10	13077	6		26
宁安市镜泊镇	21416		17	18400			42
宁安市江南朝鲜族满族乡	44741		25	25722	5	1	50
宁安市卧龙朝鲜族乡	22857		13	16209			36
宁安市马河乡	12678		16	15784	1		18
宁安市三陵乡	20984		18	20341	2		38
穆棱市八面通镇	20250	7	14	65073	53	4	118
穆棱市穆棱镇	20161	18	20	34126	60	8	60
穆棱市下城子镇	32062	4	17	31781	112	10	96
穆棱市马桥河镇	26757	5	16	24458	17	1	45
穆棱市兴源镇	25086	3	14	18094	15	1	16
穆棱市河西镇	26066	1	19	22240	21	4	26
穆棱市福录乡	47591		16	16928	2		35
穆棱市共和乡	7731		11	8248	2		12
东宁市东宁镇	48747	10	17	75773	89	5	27
东宁市三岔口镇	23786		13	17522	7	3	27
东宁市大肚川镇	61302		14	21398	22	4	37
东宁市老黑山镇	15613		16	13941	7	5	43
东宁市道河镇	36092		18	17606	3		31
东宁市绥阳镇	43599	10	24	26003	86	8	80

续表 135　　黑龙江省　　单位：公顷、个、人

名　称	行政区域面　积	居民委员会(社区)个数	村民委员会个　数	户籍人口	工业企业个　数	#规模以上	营业面积50平方米以上的商店或超市个数
爱辉区西岗子镇	74480	1	10	8972	3	1	15
爱辉区瑷珲镇	18638		16	8379	6		1
爱辉区罕达汽镇	3044	3	9	4417	7	4	43
爱辉区上马厂镇	3001		7	4408	4		8
爱辉区幸福乡	19220		10	12069			25
爱辉区四嘉子乡	9640		6	4518	5		14
爱辉区坤河乡	5169	1	6	2434			9
爱辉区张地营子乡	120399		6	5253			6
爱辉区西峰山乡	68400		5	2697	1		6
爱辉区新生乡	171347		3	1031			5
爱辉区二站乡	1606		11	2875			16
逊克县奇克镇	41558	5	16	31871	17	3	67
逊克县逊河镇	27491	1	9	8650	1		16
逊克县克林镇	326383		8	4188			2
逊克县干岔子乡	24019		8	9054			11
逊克县松树沟乡	28163		10	5260			15
逊克县车陆乡	52031		10	7764	3		13
逊克县新鄂乡	6211		5	1978	1		7
逊克县新兴乡	25135		4	1450	1		4
逊克县宝山乡	167647		8	3364	1		20
孙吴县孙吴镇	22871	6	9	5969	8		
孙吴县辰清镇	17554		5	3386	7		2
孙吴县西兴乡	24059		10	6128			6
孙吴县沿江满族达斡尔族乡	27822		8	7105	14		10
孙吴县腰屯乡	24071		11	5328			1
孙吴县卧牛河乡	24628		7	2758	4		8
孙吴县群山乡	25856		8	2642	2		5
孙吴县奋斗乡	8771		10	3641	4		2
孙吴县红旗乡	14817		6	2367	2		
孙吴县正阳山乡	34830		13	4922	8		1
孙吴县清溪乡	37280		7	2570	3		
北安市通北镇	13135	5	4	33095	32	2	69
北安市赵光镇	40978	3	7	22967	10	1	20
北安市海星镇	37316		6	16160	1		4
北安市石泉镇	40369		14	39291	2		26
北安市二井镇	32243		7	23736	19		17
北安市城郊乡	17560		8	17945			16
北安市东胜乡	62762		5	12655	1		9
北安市杨家乡	29560		7	22235			12
北安市主星乡	6349		4	4118			3
五大连池市龙镇	21492	4	9	21460	17	3	16
五大连池市和平镇	20705	2	9	21294	1		8
五大连池市五大连池镇	6530	3	3	13597	18	2	37
五大连池市双泉镇	13663	1	8	15218	7	2	8
五大连池市新发镇	16833	1	10	14249	13	2	10

续表 136　　黑龙江省　　单位：公顷、个、人

名　　称	行政区域面　　积	居民委员会(社区)个数	村民委员会个　　数	户籍人口	工业企业个　　数	#规模以上	营业面积50平方米以上的商店或超市个数
五大连池市团结镇	23101	1	7	17887	21		23
五大连池市兴隆镇	9627	1	7	9235			4
五大连池市朝阳山镇	22740		11	7416			14
五大连池市建设乡	13393		9	14402	2		9
五大连池市太平乡	15635		8	16825	3		22
五大连池市兴安乡	31002		9	3068			10
嫩江市嫩江镇	10115	15	5	92502	13		6
嫩江市伊拉哈镇	24030		13	27746			12
嫩江市双山镇	10820		5	8054	6		9
嫩江市多宝山镇	298579	1	7	13308	29	3	45
嫩江市海江镇	44532		16	39119	1		24
嫩江市前进镇	19484		13	21640	34	2	12
嫩江市长福镇	32371		12	19628	5		15
嫩江市科洛镇	84562		7	14247			22
嫩江市霍龙门镇	162749		14	11094	7		30
嫩江市临江乡	24390		14	17234	11	2	16
嫩江市联兴乡	96626		9	14832			25
嫩江市白云乡	123450		16	13380	12		29
嫩江市塔溪乡	140470		10	9000			
嫩江市长江乡	13888		7	6539			15
北林区宝山镇	13697		9	35661	24	3	75
北林区绥胜满族镇	9930		5	23240			23
北林区西长发镇	19100		10	43110	24	2	20
北林区永安满族镇	13230	1	7	24070	1		42
北林区太平川镇	15060		7	25939			37
北林区秦家镇	12380	1	7	31233	40	25	40
北林区双河镇	10750		7	22505	2		24
北林区三河镇	12805		6	27038	1		17
北林区四方台镇	18314	4	12	39234	9		19
北林区津河镇	8950		5	19381	17	2	26
北林区张维镇	16000		9	29521	42	3	43
北林区东津镇	14700	1	8	27064	7		58
北林区东富镇	16010		6	31863	47	10	57
北林区兴福镇	17170		9	34462	2	1	32
北林区三井镇	15190		10	27066			12
北林区红旗满族乡	9980		5	17496			31
北林区连岗乡	15470		5	25780	4		50
北林区新华乡	15470		7	28775	23	3	20
北林区五营乡	9210		6	21879			10
北林区兴和朝鲜族乡	2010		2	3057			4
望奎县望奎镇	4885		4	14490	10	9	27
望奎县通江镇	19812		8	29852			96
望奎县卫星镇	18086		7	36120			67
望奎县海丰镇	17355		7	25700			31
望奎县莲花镇	13521		9	25400			55

续表 137　　黑龙江省　　单位：公顷、个、人

名　称	行政区域面积	居民委员会(社区)个数	村民委员会个数	户籍人口	工业企业个数	#规模以上	营业面积50平方米以上的商店或超市个数
望奎县惠七满族镇	14656		8	23258	12	1	36
望奎县先锋镇	24781		10	40186	8	6	88
望奎县火箭镇	24549		11	43822	8	1	57
望奎县东郊镇	10933		7	18922	2	1	21
望奎县灯塔镇	15878		8	28350	1		55
望奎县灵山满族乡	9609		5	17562			33
望奎县后三乡	12015		5	18338	1		19
望奎县东升乡	9904		6	14331			38
望奎县恭六乡	13095		7	18740			18
望奎县厢白满族乡	15068		7	23653			31
兰西县兰西镇	11537		9	26771	43	15	41
兰西县榆林镇	17033		8	38388	35	1	105
兰西县临江镇	19862		8	36209	7	2	135
兰西县平山镇	20807		10	34072	18		65
兰西县红光镇	13906		6	25656	11		48
兰西县远大镇	27873		9	32515			35
兰西县康荣镇	13832		8	26884			59
兰西县燎原镇	16985		5	18587	5		55
兰西县奋斗镇	14453		8	25127	11		52
兰西县北安乡	13118		6	22104	8		60
兰西县长江乡	15825		6	25799	9	2	19
兰西县兰河乡	19426		7	29995	26	1	54
兰西县红星乡	10049		5	17982			53
兰西县长岗乡	14327		5	25528	14		43
兰西县星火乡	13598		5	17115	9		32
青冈县青冈镇	5834		9	12773	17	16	11
青冈县中和镇	14221	4	12	22312	1		14
青冈县祯祥镇	29187		14	36789	6	3	60
青冈县兴华镇	19229		12	26947	4	1	58
青冈县永丰镇	14325		13	22713	4		23
青冈县芦河镇	12816		11	21395	5		42
青冈县民政镇	17220		10	25504	2	1	43
青冈县柞岗镇	18973		13	31465	5	3	3
青冈县劳动镇	24161		16	31141	3	1	58
青冈县迎春镇	12944		12	20507	2		37
青冈县德胜镇	22839		12	30671			19
青冈县昌盛镇	14109		6	20710	5		77
青冈县建设乡	16510		12	21442	4		24
青冈县新村乡	21475		6	13642	2		15
青冈县连丰乡	14279		7	17981	3		15
庆安县庆安镇	13360		8	25070	36	14	74
庆安县民乐镇	11604		5	17638	3		24
庆安县大罗镇	13121		6	21583	3		44
庆安县平安镇	9737		6	16129			8
庆安县勤劳镇	13471		7	16782			21

续表 138　　黑龙江省　　单位：公顷、个、人

名　　称	行政区域面　　积	居民委员会(社区)个数	村民委员会个　　数	户籍人口	工业企业个　　数	#规模以上	营业面积50平方米以上的商店或超市个数
庆安县久胜镇	13763		7	24627	6	5	34
庆安县同乐镇	14737		5	18298	15	1	26
庆安县柳河镇	23287		10	32135	5	1	55
庆安县建民乡	12201		6	18362			34
庆安县巨宝山乡	10300		4	15201	2		39
庆安县丰收乡	18816		12	26872	6	3	27
庆安县发展乡	20784		6	18891	2	1	19
庆安县致富乡	12572		6	22549	9		25
庆安县欢胜乡	9816		5	19675	5	1	41
明水县明水镇	17115		8	89589	25		22
明水县兴仁镇	11610		8	18233	20		14
明水县永兴镇	18249		8	27026	4		35
明水县崇德镇	23030		7	24317	11		18
明水县通达镇	34959		11	35447	25		18
明水县双兴镇	22900		11	32016	25		40
明水县永久乡	12274		8	19007	25		8
明水县树人乡	11905		6	16156	15		24
明水县光荣乡	12586		7	18066	1		23
明水县繁荣乡	10721		7	15464	18	1	20
明水县通泉乡	15039		7	22054	15		10
明水县育林乡	27357		7	18952	13		15
绥棱县绥棱镇	2725		3	5305			3
绥棱县上集镇	11100		9	23315	1		28
绥棱县四海店镇	12000		5	7750	1		15
绥棱县双岔河镇	20597		8	22266			12
绥棱县阁山镇	12902		7	15592	1		13
绥棱县长山镇	31769		10	26643	5	4	50
绥棱县靠山乡	12000		7	14261			9
绥棱县后头乡	10231		5	15402	1		6
绥棱县克音河乡	13804		8	15575			15
绥棱县绥中乡	10370		6	12242			14
绥棱县泥尔河乡	12073		8	24130	2		6
安达市安达镇	9600		7	21194	13		25
安达市任民镇	21073	4	11	21478	17	5	28
安达市万宝山镇	28497		8	26534	29	2	26
安达市昌德镇	35333		7	20980	41	2	35
安达市升平镇	23061		9	23516	1		75
安达市羊草镇	27048		13	31636	8		11
安达市老虎岗镇	31286		10	24167	3	1	18
安达市中本镇	12209		5	12700	5	3	29
安达市太平庄镇	31330		7	10459	44	5	31
安达市吉兴岗镇	28270		10	30015	7	2	141
安达市卧里屯镇	26000		7	21013	43	3	38
安达市火石山镇	18950		6	14333			33
安达市古大湖镇	17457		7	16843	35	3	29

续表 139　　黑龙江省　　单位：公顷、个、人

名　称	行政区域面　积	居民委员会(社区)个数	村民委员会个　数	户籍人口	工业企业个　数	#规模以上	营业面积50平方米以上的商店或超市个数
安达市先源乡	34365		9	11633	26	6	25
肇东市肇东镇	26299		9	38738	139	18	20
肇东市昌五镇	13901		12	34349	75	2	36
肇东市宋站镇	24750		8	32608	60	3	34
肇东市五站镇	23481		11	65271	112	4	29
肇东市尚家镇	31000		10	33769	1		26
肇东市姜家镇	12361		7	23087	4		15
肇东市里木店镇	10841		9	21883	2		31
肇东市四站镇	11800		5	22609	12	2	20
肇东市涝洲镇	18533		12	34841	14		31
肇东市五里明镇	18487		5	37813	5		31
肇东市黎明镇	20371		14	39343	7	1	19
肇东市西八里镇	24637		7	26823	1		40
肇东市海城镇	12991		7	23352	4		77
肇东市太平乡	12627		7	21866	23		13
肇东市向阳乡	17600		9	23243			40
肇东市洪河乡	13681		9	25828	10		19
肇东市跃进乡	15132		7	26369	24		52
肇东市德昌乡	21213		8	29733	7	1	19
肇东市宣化乡	35234		9	22824			13
肇东市安民乡	18861		10	25889	1		13
肇东市明久乡	15086		11	21601	5		21
海伦市海伦镇	3245		3	7420	9	2	2
海伦市海北镇	27793	6	17	45529	5	2	37
海伦市伦河镇	19677	4	10	34503	9	2	42
海伦市共合镇	17416		11	31779	2		29
海伦市海兴镇	15853		10	26421			15
海伦市祥富镇	14280		11	25775	2		38
海伦市东风镇	21081		13	28619	3		31
海伦市百祥镇	13616		8	17540	2	1	37
海伦市向荣镇	13138		9	26902			23
海伦市永富镇	24436		14	39043			40
海伦市长发镇	10255		7	18315			10
海伦市联发镇	15440		10	23383			15
海伦市前进镇	19450		15	35155	4	1	20
海伦市共荣镇	15596		10	25890			26
海伦市东林镇	22896		15	32243	3		64
海伦市永和镇	18081		12	33137	2	1	26
海伦市海南乡	13877		10	18905	9		15
海伦市乐业乡	10930		9	17468	2		17
海伦市福民乡	11198		8	20890	1		3
海伦市丰山乡	14760		10	25539	2		15
海伦市爱民乡	17887		10	24761	10		12
海伦市扎音河乡	14280		12	25847	2		38
海伦市双录乡	15032		9	22370	4		26

续表 140　　黑龙江省、上海市　　单位：公顷、个、人

名　称	行政区域面　积	居民委员会(社区)个数	村民委员会个　数	户籍人口	工业企业个　数	#规模以上	营业面积50平方米以上的商店或超市个数
漠河市西林吉镇	1419	4	1	29384	42	4	67
漠河市图强镇	590	1		14706	12		7
漠河市阿木尔镇	106143	1		12680	7		4
漠河市兴安镇	198568	1	3	1437			5
漠河市北极镇	279832	1	3	2806	1		62
漠河市古莲镇	71753	1		2576	4	4	2
呼玛县呼玛镇	243749	4	10	21012	8	1	100
呼玛县韩家园镇	497011	1	5	6868			14
呼玛县三卡乡	179189		8	4843			17
呼玛县金山乡	80344		6	2232			10
呼玛县兴华乡	75395		6	1738			2
呼玛县鸥浦乡	140446		7	1611			
呼玛县白银纳鄂伦春族民族乡	51437		6	1923			
呼玛县北疆乡	152786		6	2084			6
塔河县塔河镇	140837	4		39870	70	2	142
塔河县瓦拉干镇	284679	1		3880			
塔河县盘古镇	421336	1		3755			2
塔河县古驿镇	51869	1		12101			25
塔河县十八站鄂伦春族乡	157371		6	3461			10
塔河县依西肯乡	189394		3	1524			5
塔河县开库康乡	160897		2	1214			2
加格达奇区白桦乡	105300		5	6638	5		
松岭区小扬气镇	262779	2		10377	1		35
松岭区劲松镇	124184	2		5880			
松岭区古源镇	190714	2		5449			4
新林区新林镇	169537	2		17912			5
新林区翠岗镇	264035	1		4895			2
新林区塔源镇	124163	1		3093			2
新林区大乌苏镇	82132	1		3108			
新林区塔尔根镇	60956	1		1570			2
新林区碧洲镇	89384	1	1	2410			1
新林区宏图镇	87005	1	1	1855			1
呼中区呼中镇	459189	2		17572	9	1	15
呼中区碧水镇	184417	1	1	6867			2
呼中区呼源镇	199006	1		6504			4
呼中区宏伟镇	62210	1		1170			
上海市							
闵行区莘庄镇	1950	54	2	169242	244	50	19
闵行区七宝镇	1962	57	5	163937	18	12	71
闵行区颛桥镇	2097	32	8	70502	352	89	12
闵行区华漕镇	2820	14	15	53870	72	47	38
闵行区虹桥镇	1108	39		83970	27	15	115
闵行区梅陇镇	2807	62	15	144506	527	106	51
闵行区吴泾镇	3760	18	8	63899	111	52	6
闵行区马桥镇	3750	18	9	49434	107	64	13

续表 141　　上海市　　单位：公顷、个、人

名　　称	行政区域面　　积	居民委员会(社区)个数	村民委员会个　　数	户籍人口	工业企业个　　数	#规模以上	营业面积50平方米以上的商店或超市个数
闵行区浦江镇	7851	41	33	127640	986	130	40
宝山区罗店镇	4420	51	20	84328	671	72	35
宝山区大场镇	2722	79	10	192098	120	8	64
宝山区杨行镇	3791	44	16	81038	200	65	25
宝山区月浦镇	4437	27	14	69506	439	65	29
宝山区罗泾镇	4800	10	21	32676	615	162	35
宝山区顾村镇	4166	63	16	132508	295	76	53
宝山区高境镇	710	32		76218	16	6	50
宝山区庙行镇	596	21	3	46897	39	10	8
宝山区淞南镇	1365	24		69363	39	10	18
嘉定区南翔镇	3338	31	8	84389	1429	107	36
嘉定区安亭镇	8902	35	42	116453	773	277	41
嘉定区马陆镇	5709	42	12	91300	1205	258	163
嘉定区徐行镇	3995	5	10	33123	832	124	22
嘉定区华亭镇	3955	3	10	24308	534	70	18
嘉定区外冈镇	5092	8	19	32162	913	146	14
嘉定区江桥镇	4231	41	16	96949	298	76	83
浦东新区川沙新镇	9670	48	42	160863	255	109	24
浦东新区高桥镇	3873	35	13	93827	65	19	14
浦东新区北蔡镇	2371	65	9	161566	34	22	22
浦东新区合庆镇	4186	8	29	59353	234	82	23
浦东新区唐镇	3232	22	16	65294	69	26	25
浦东新区曹路镇	4654	30	31	85482	62	38	60
浦东新区金桥镇	2528	17	2	33412	10	9	4
浦东新区高行镇	2285	36	1	75543	28	16	20
浦东新区高东镇	3516	16	11	40348	60	30	10
浦东新区张江镇	4296	38	8	113261	102	20	320
浦东新区三林镇	3419	64	14	177402	13	5	4
浦东新区惠南镇	6578	54	26	139296	223	10	57
浦东新区周浦镇	4268	45	10	111678	123	33	32
浦东新区新场镇	5345	12	13	59926	485	61	55
浦东新区大团镇	5057	5	16	65854	88	16	30
浦东新区康桥镇	4155	51	11	93644	406	54	99
浦东新区航头镇	5999	30	13	82920	198	55	80
浦东新区祝桥镇	16019	42	40	142142	773	90	62
浦东新区泥城镇	6150	15	11	58166	117	57	35
浦东新区宣桥镇	4600	10	12	43786	390	50	26
浦东新区书院镇	6691	8	13	53603	131	30	14
浦东新区万祥镇	2328	6	7	26811	116	39	17
浦东新区老港镇	6672	4	7	33884	121	33	16
浦东新区南汇新城镇	15200	20	1	43654	204	84	65
金山区朱泾镇	7566	19	11	85479	452	76	83
金山区枫泾镇	9167	12	23	63654	720	122	41
金山区张堰镇	3496	4	9	28250	357	59	38
金山区亭林镇	7912	9	15	57001	460	92	40

续表 142　　上海市　　单位：公顷、个、人

名　　称	行政区域面积	居民委员会(社区)个数	村民委员会个数	户籍人口	工业企业个数	#规模以上	营业面积50平方米以上的商店或超市个数
金山区吕巷镇	5947	2	10	41636	302	49	102
金山区廊下镇	4687	2	12	30170	188	39	10
金山区金山卫镇	5503	9	14	51478	232	21	8
金山区漕泾镇	5713	3	11	29322	158	50	69
金山区山阳镇	4209	27	10	63065	360	88	28
松江区泗泾镇	2454	42		64467	618	92	64
松江区佘山镇	6670	17	10	53809	847	100	11
松江区车墩镇	4530	8	16	37701	985	161	27
松江区新桥镇	3581	24		41949	810	199	22
松江区洞泾镇	2451	16		19357	743	100	104
松江区九亭镇	2454	27		39970	323	109	57
松江区泖港镇	5762	3	16	38342	338	44	47
松江区石湖荡镇	4418	3	10	27341	355	97	37
松江区新浜镇	4474	3	11	25244	230	48	198
松江区叶榭镇	7254	4	13	49659	541	72	14
松江区小昆山镇	4870	10	8	23753	301	103	9
青浦区朱家角镇	13685	18	28	63607	80	60	18
青浦区练塘镇	9389	5	25	53661	436	65	41
青浦区金泽镇	10842	5	30	61675	23	21	35
青浦区赵巷镇	4044	22	8	38115	15	8	22
青浦区徐泾镇	3873	28	9	52405	185	36	21
青浦区华新镇	4741	12	19	42258	576	119	47
青浦区重固镇	3021	6	9	22228	4	2	15
青浦区白鹤镇	5873	5	21	47826	620	84	39
奉贤区南桥镇	4996	43	11	82036	768	77	30
奉贤区奉城镇	10991	15	41	90458	1161	158	52
奉贤区庄行镇	6945	6	16	45782	541	107	10
奉贤区金汇镇	7259	19	18	62407	1395	107	11
奉贤区四团镇	7294	10	26	64772	660	68	46
奉贤区青村镇	7315	9	24	54414	1255	148	28
奉贤区柘林镇	9565	10	16	55844	352	126	32
奉贤区海湾镇	8318	8		13114	73	9	41
崇明区城桥镇	5752	31	14	88457	58	10	48
崇明区堡镇	6130	9	18	58163	132	13	18
崇明区新河镇	6196	6	17	45083	73	7	8
崇明区庙镇	9551	3	28	55349	99	3	26
崇明区竖新镇	5886	2	21	39478	139	3	10
崇明区向化镇	5378	1	11	30372	36	4	4
崇明区三星镇	6817	1	21	38679	17	1	5
崇明区港沿镇	7492	1	21	51163	68	8	10
崇明区中兴镇	5150	1	12	29452	24	8	8
崇明区陈家镇	8231	10	21	60018	54	11	26
崇明区绿华镇	3745	1	7	8443	17	2	2
崇明区港西镇	4573		12	27454	34		6
崇明区建设镇	4390		13	30999	50	6	9

续表 143　　上海市、江苏省　　单位：公顷、个、人

名　　称	行政区域面　　积	居民委员会(社区)个数	村民委员会个　　数	户籍人口	工业企业个　　数	#规模以上	营业面积50平方米以上的商店或超市个数
崇明区新海镇	10504	5		10126	20	5	2
崇明区东平镇	11970	6		10458	13	7	4
崇明区长兴镇	8296	12	22	41638	12	11	45
崇明区新村乡	2691		6	10420	13	4	9
崇明区横沙乡	5174	1	24	33265	1		8
江苏省							
六合区竹镇镇	21105	6	5	61958	32	15	30
溧水区白马镇	14588	6	4	41607	375	43	40
溧水区晶桥镇	14260	5	7	40074	93	9	43
溧水区和凤镇	19000	6	6	53142	123	46	28
高淳区阳江镇	13113		19	70008	89	17	72
高淳区砖墙镇	7585		10	34002	255	14	36
锡山区羊尖镇	5046	1	8	42124	1384	111	29
锡山区鹅湖镇	5457	4	9	45710	815	105	20
锡山区锡北镇	6323	4	13	65807	1711	147	170
锡山区东港镇	8505	5	14	77364	1450	230	198
惠山区洛社镇	7742	6	19	103739	3535	273	353
惠山区阳山镇	4211	4	10	41034	1075	98	111
滨湖区胡埭镇	3608	3	7	35080	2515	283	289
江阴市璜土镇	6449	1	12	55951	1197	108	300
江阴市月城镇	3853	2	8	41976	956	82	115
江阴市青阳镇	6757	4	15	69247	2130	118	116
江阴市徐霞客镇	11017		21	105672	2550	216	524
江阴市华士镇	7458	2	27	90949	1996	257	586
江阴市周庄镇	7596	1	15	103852	2321	290	569
江阴市新桥镇	1960	5	9	25756	331	76	220
江阴市长泾镇	5316		12	55740	1475	115	134
江阴市顾山镇	4971	3	12	54745	1704	163	137
江阴市祝塘镇	5959		12	58939	1911	174	558
宜兴市新街街道	10035	11	7	61361	1066	116	28
宜兴市张渚镇	18894	5	13	70165	656	53	23
宜兴市西渚镇	6661	1	8	27698	202	28	13
宜兴市太华镇	9600	1	8	24723	313	23	10
宜兴市徐舍镇	17991	2	23	95730	644	91	32
宜兴市官林镇	12400	1	17	68231	1038	238	267
宜兴市杨巷镇	8640	2	16	45393	271	33	25
宜兴市新建镇	4436	1	6	24625	250	47	8
宜兴市和桥镇	10134	7	14	64641	1885	127	27
宜兴市高塍镇	11267	3	14	58448	2635	111	25
宜兴市万石镇	4392	2	9	25875	1125	74	17
宜兴市周铁镇	7135	4	14	54246	815	84	239
宜兴市丁蜀镇	19218	17	28	141991	2583	147	308
宜兴市湖父镇	9802	2	7	23213	156	14	12
贾汪区青山泉镇	6647	5	11	42481	139	30	41
贾汪区紫庄镇	6668	4	15	68840	191	10	106

续表 144 江苏省 单位：公顷、个、人

名　　称	行政区域面　　积	居民委员会(社区)个数	村民委员会个　　数	户籍人口	工业企业个　　数	#规模以上	营业面积50平方米以上的商店或超市个数
贾汪区塔山镇	9466	3	20	79275	148	11	162
贾汪区汴塘镇	9831		17	58532	162	4	52
贾汪区江庄镇	7552		11	35497	48	14	132
铜山区何桥镇	7400		15	53082	30	2	116
铜山区黄集镇	8340		18	65206	95	7	158
铜山区马坡镇	6900	4	8	51929	210	9	56
铜山区郑集镇	6710		10	47861	72	11	36
铜山区柳新镇	9606		19	80394	703	38	58
铜山区刘集镇	8360		15	68443	98	28	99
铜山区大彭镇	7600	1	14	67250	395	40	68
铜山区汉王镇	6393		9	47199	24	1	86
铜山区棠张镇	8060	1	17	58594	598	23	122
铜山区张集镇	14800	1	18	81086	649	34	155
铜山区房村镇	13600		20	79664	312	8	120
铜山区伊庄镇	8565		15	48514	72		62
铜山区单集镇	13130		21	68901	75	5	130
铜山区利国镇	7769		13	56968	92	23	62
铜山区大许镇	12917		23	85015	119	9	62
铜山区茅村镇	8324		13	73923	361	35	106
铜山区柳泉镇	10520	1	17	62844	398	21	87
丰县首羡镇	12865		33	94289	687	8	143
丰县顺河镇	9397		22	57419	645	14	141
丰县常店镇	8187		27	70136	372	32	151
丰县欢口镇	10691		27	98237	884	14	136
丰县师寨镇	8518		28	66528	706	7	134
丰县华山镇	10100		25	78549	1292	16	258
丰县梁寨镇	8680		20	66211	502	5	125
丰县范楼镇	11873		31	80603	608	8	306
丰县宋楼镇	12214		32	93530	1116	29	216
丰县大沙河镇	8631		19	60404	768	5	145
丰县王沟镇	12955	3	31	105006	187	19	187
丰县赵庄镇	9100		18	72923	577	13	138
沛县龙固镇	5302	14	9	69366	252	42	120
沛县杨屯镇	5165	12	9	89902	712	64	278
沛县胡寨镇	4594	4	11	39599	102	7	43
沛县魏庙镇	6202	3	14	58525	165	10	26
沛县五段镇	4977	2	14	50778	649	9	47
沛县张庄镇	11200	8	24	92384	154	19	114
沛县张寨镇	10634	3	26	92965	76	11	228
沛县敬安镇	9600	8	18	67122	521	6	126
沛县河口镇	8257	2	16	60072	319	10	109
沛县栖山镇	8951	4	18	65913	291	11	66
沛县鹿楼镇	12540	2	22	75665	49	22	160
沛县朱寨镇	7900	2	20	66997	102	16	42
沛县安国镇	10294	8	23	95096	168	41	112

续表 145　　江苏省　　单位：公顷、个、人

名　　称	行政区域面　　积	居民委员会(社区)个数	村民委员会个　　数	户籍人口	工业企业个　　数	#规模以上	营业面积50平方米以上的商店或超市个数
睢宁县王集镇	13152	6	22	82187	109	11	81
睢宁县双沟镇	9532	4	16	63834	79	36	48
睢宁县岚山镇	11850	3	17	78681	182	11	74
睢宁县李集镇	6298	4	11	57661	251	20	154
睢宁县桃园镇	9489	4	21	74090	180	21	98
睢宁县官山镇	12499	8	16	87104	152	10	75
睢宁县高作镇	4171	5	8	38295	288	9	38
睢宁县沙集镇	6518	4	13	59505	720	16	98
睢宁县凌城镇	9368	6	19	79123	139	16	183
睢宁县邱集镇	14079	5	28	110146	202	11	157
睢宁县古邳镇	10666	6	20	72344	194	13	79
睢宁县姚集镇	16750	7	29	103452	175	8	165
睢宁县魏集镇	12380	6	20	72061	397	9	90
睢宁县梁集镇	7798	6	11	61647	143	8	82
睢宁县庆安镇	7841	6	16	71049	140	25	70
徐州经济技术开发区徐庄镇	13259		22	77639	132	19	156
新沂市瓦窑镇	6203		12	40581	325	18	72
新沂市港头镇	6710		11	45027	66	6	48
新沂市合沟镇	6733		20	60285	185	17	48
新沂市草桥镇	10122	1	16	69891	205	24	265
新沂市窑湾镇	11636		21	63550	169	12	214
新沂市棋盘镇	15789		26	79648	308	16	152
新沂市马陵山镇	9142		16	55656	235	9	205
新沂市新店镇	11199		15	50697	58	7	114
新沂市邵店镇	5849		14	38536	65	8	70
新沂市时集镇	13887		18	56119	167	18	131
新沂市高流镇	12189		14	63336	45	18	87
新沂市阿湖镇	12527		18	64291	463	25	127
新沂市双塘镇	9483		14	41169	321	22	61
邳州市邳城镇	9294	1	22	81533	14	9	115
邳州市官湖镇	8906		27	115155	1040	106	408
邳州市四户镇	8107		17	67762	126	4	73
邳州市宿羊山镇	9614	1	24	80649	277	18	126
邳州市八义集镇	12263	1	25	76120	686	8	59
邳州市土山镇	6491		21	51004	185	31	99
邳州市碾庄镇	12634	1	27	92911	395	30	109
邳州市港上镇	6181	3	19	72089	25	7	91
邳州市邹庄镇	7351	1	16	67912	67	5	59
邳州市占城镇	7920		18	46230	56	2	93
邳州市新河镇	11275		19	58600	47	10	55
邳州市八路镇	7043		14	44457	182	6	46
邳州市铁富镇	12755		30	123482	180	28	312
邳州市岔河镇	7085		12	49851	258	19	76
邳州市陈楼镇	4519		17	51128	640	14	226
邳州市邢楼镇	9684		18	60178	92	2	126

续表 146　　江苏省　　单位：公顷、个、人

名　　称	行政区域面　　积	居民委员会(社区)个数	村民委员会个　　数	户籍人口	工业企业个　　数	#规模以上	营业面积50平方米以上的商店或超市个数
邳州市戴庄镇	7455		16	55376	12	6	47
邳州市车辐山镇	9469		16	61317	176	6	105
邳州市燕子埠镇	7701		16	35975	112	5	76
邳州市赵墩镇	12086	1	27	94523	149	31	110
邳州市议堂镇	5775	3	12	36337	230	26	55
天宁区郑陆镇	8893	4	26	86945	2766	265	372
钟楼区邹区镇	6615	4	17	61049	2651	115	66
新北区孟河镇	8866	5	13	81563	2666	167	309
新北区薛家镇	3756	11	3	54763	2345	247	15
新北区罗溪镇	5379	6	6	42152	1362	167	125
新北区西夏墅镇	5196	5	5	44754	1721	104	80
新北区奔牛镇	5631	5	11	53459	1371	96	60
武进区湖塘镇	5900	45		198533	3913	179	567
武进区牛塘镇	3460	6	9	48453	2086	91	65
武进区洛阳镇	5577	3	18	51350	2248	134	85
武进区遥观镇	4468	7	15	46515	3256	184	61
武进区横林镇	4668	6	14	51091	1986	198	54
武进区横山桥镇	5840	4	19	59325	2309	195	112
武进区雪堰镇	10483	4	25	76703	1923	196	235
武进区前黄镇	10359	4	20	65134	1364	124	58
武进区礼嘉镇	5784	3	14	48324	2402	145	59
武进区嘉泽镇	10148	5	19	74471	267	30	42
武进区湟里镇	8610	4	16	61916	582	112	194
金坛区金城镇	9900	7	11	97826	1215	58	94
金坛区儒林镇	12390	1	6	34185	188	41	19
金坛区直溪镇	10652	2	12	55247	339	57	102
金坛区朱林镇	7733		9	36363	334	55	61
金坛区薛埠镇	13263		16	50420	331	50	48
金坛区指前镇	10238		12	53758	241	63	36
溧阳市埭头镇	4369	1	7	26667	241	58	20
溧阳市上黄镇	4760	1	8	25231	234	35	21
溧阳市戴埠镇	15367	1	15	45158	312	40	37
溧阳市天目湖镇	21063	2	12	58473	35	6	52
溧阳市别桥镇	12084	3	17	63482	268	40	84
溧阳市上兴镇	24560	2	23	80961	423	64	35
溧阳市竹箦镇	16396	2	15	52801	383	53	21
溧阳市南渡镇	11325	1	16	66786	245	53	49
溧阳市社渚镇	20700	2	22	73631	149	43	279
虎丘区通安镇	3698	10	8	52120	450	51	10
吴中区甪直镇	12081	6	16	75638	4512	158	146
吴中区木渎镇	7459	16	9	117995	3206	137	208
吴中区胥口镇	3586	2	6	37507	3438	207	75
吴中区东山镇	9600	1	12	53151	495	45	31
吴中区光福镇	6156	4	7	47676	642	37	22
吴中区金庭镇	8459	2	11	45211	60	5	15

续表 147　　江苏省　　单位：公顷、个、人

名　　称	行政区域面积	居民委员会(社区)个数	村民委员会个数	户籍人口	工业企业个数	#规模以上	营业面积50平方米以上的商店或超市个数
吴中区临湖镇	5221	2	12	47765	2713	108	119
相城区望亭镇	4406	3	7	39641	1043	108	46
相城区黄埭镇	5600	10	8	64312	2787	200	285
相城区渭塘镇	3936	4	8	36262	1295	142	49
相城区阳澄湖镇	12456	4	15	49718	1027	114	41
吴江区平望镇	13565	7	20	78138	2048	170	74
吴江区盛泽镇	14774	12	30	139086	2521	363	215
吴江区七都镇	8620	4	20	61471	1084	142	73
吴江区震泽镇	9561	6	21	65513	1822	147	76
吴江区桃源镇	9060	3	25	69119	865	143	45
吴江区黎里镇	25800	10	43	143039	6160	356	140
吴江区同里镇	9320	6	10	43654	1953	59	75
常熟市梅李镇	8084	3	15	79669	1081	141	121
常熟市海虞镇	10997	7	17	89150	1275	153	85
常熟市古里镇	9646	5	14	66952	1810	94	61
常熟市沙家浜镇	7024	2	13	40944	804	83	44
常熟市支塘镇	12896	3	16	69194	1605	129	26
常熟市董浜镇	6261	2	14	51050	803	107	8
常熟市辛庄镇	10426	4	20	75671	1622	154	158
常熟市尚湖镇	11250	3	22	79787	1402	132	167
张家港市杨舍镇	15309	51	23	289717	4278	379	1895
张家港市塘桥镇	9427	8	11	93583	2541	149	85
张家港市锦丰镇	11432	11	23	114464	1884	136	668
张家港市乐余镇	7858	6	19	74787	2052	104	20
张家港市凤凰镇	7879	5	15	67186	1807	161	50
张家港市南丰镇	6246	5	12	57629	680	42	16
张家港市大新镇	4048	4	8	38671	718	66	27
昆山市玉山镇	11800	72	22	328361	3158	421	389
昆山市巴城镇	15700	16	22	86112	2143	226	257
昆山市周市镇	7943	24	14	113478	6700	296	985
昆山市陆家镇	3560	9		52593	825	111	689
昆山市花桥镇	5009	19		110016	1453	76	109
昆山市张浦镇	10847	13	15	101606	4906	335	908
昆山市千灯镇	7853	9	16	83086	4062	271	345
太仓市城厢镇	5295	16	6	93630	639	105	41
太仓市沙溪镇	13240	8	20	84804	2255	221	492
太仓市浏河镇	6459	7	8	54285	1059	118	246
太仓市浮桥镇	16034	14	11	72767	1025	63	55
太仓市璜泾镇	8355	4	13	42827	1487	133	65
太仓市双凤镇	6250	5	9	31555	1383	135	22
通州区西亭镇	6921	2	9	47986	421	52	41
通州区二甲镇	6602	4	8	70487	322	32	46
通州区东社镇	11511	5	16	85643	411	42	165
通州区三余镇	36926	6	26	121810	1188	74	195
通州区十总镇	13317	5	15	75566	276	35	155

续表 148 江苏省 单位：公顷、个、人

名　称	行政区域面积	居民委员会(社区)个数	村民委员会个数	户籍人口	工业企业个数	#规模以上	营业面积50平方米以上的商店或超市个数
通州区石港镇	11015	5	10	62481	449	62	58
通州区刘桥镇	10728	2	10	72191	403	54	49
通州区平潮镇	10960	6	20	120884	804	82	135
通州区五接镇	8281	2	8	37950	187	45	17
通州区兴仁镇	7756	3	16	74481	885	87	70
通州区张芝山镇	4982	1	9	53558	943	70	40
通州区川姜镇	4986	2	14	56581	2465	104	109
海门区海永镇	800	1	2	7185			3
海门区常乐镇	9813	3	22	73683	332	47	45
海门区悦来镇	14144	4	35	100023	335	56	34
海门区四甲镇	9683	3	21	84277	1236	47	60
海门区余东镇	6830	2	17	60624	246	48	40
海门区正余镇	7636	2	17	59486	249	49	25
海门区海门港新区	15558	5	39	142550	484	81	63
海门区三星镇	10095	4	24	93205	1797	133	223
如东县栟茶镇	9570	1	14	53631	197	19	188
如东县洋口镇	13710		19	67422	274	107	111
如东县长沙镇	10270	1	12	38438	360	47	36
如东县大豫镇	20154	5	16	90565	199	27	93
如东县马塘镇	14083	1	17	72967	559	63	75
如东县丰利镇	14076	1	20	73119	375	38	66
如东县曹埠镇	9236	3	6	42840	854	54	73
如东县岔河镇	14163	3	22	75948	1597	75	98
如东县双甸镇	11233	3	13	67992	515	67	76
如东县新店镇	8074	2	10	34720	430	60	54
如东县河口镇	11610	2	11	59895	210	42	44
如东县袁庄镇	9919		11	54608	203	29	25
启东市汇龙镇	10419	40	27	251207	1208	69	182
启东市北新镇	9720	3	24	69870	286	9	67
启东市惠萍镇	7500	1	15	67496	367	21	36
启东市东海镇	8540		18	61058	203	13	73
启东市南阳镇	12680	1	29	92463	230	15	103
启东市海复镇	7380	1	17	49767	194	8	100
启东市合作镇	8870	1	17	56494	260	15	26
启东市王鲍镇	12600	3	22	80565	315	23	100
启东市吕四港镇	15280	5	35	171991	1950	101	185
如皋市东陈镇	11644	12	11	75197	420	47	54
如皋市丁堰镇	7053	8	5	48359	368	55	27
如皋市白蒲镇	14489	14	15	116614	637	60	113
如皋市下原镇	7081	8	7	57679	290	38	70
如皋市九华镇	7334	5	14	68203	357	54	53
如皋市石庄镇	8229	11	10	80628	305	49	94
如皋市长江镇	20060	27	6	134526	1244	190	130
如皋市吴窑镇	6430	8	9	62655	160	25	25
如皋市江安镇	11996	13	18	114059	684	49	102

续表 149　　江苏省　　单位：公顷、个、人

名　　称	行政区域面　　积	居民委员会(社区)个数	村民委员会个　　数	户籍人口	工业企业个　　数	#规模以上	营业面积50平方米以上的商店或超市个数
如皋市搬经镇	18178	18	17	130447	716	66	102
如皋市磨头镇	10309	5	16	78771	372	51	73
海安市海安镇	21271	22	40	299047	2980	353	269
海安市城东镇	17093	4	31	147051	2875	317	170
海安市曲塘镇	11892	2	26	84807	799	130	193
海安市李堡镇	9448	2	18	72057	742	56	235
海安市角斜镇	14535	2	19	59935	882	55	66
海安市大公镇	10457	3	12	55969	561	73	53
海安市雅周镇	8335	1	14	51858	402	37	30
海安市白甸镇	5328		10	27592	499	39	56
海安市南莫镇	7392		16	45721	504	60	40
海安市墩头镇	11730		18	56883	399	53	100
连云区前三岛乡	32		3	2			
海州区锦屏镇	5214	3	9	27823	121	11	24
海州区新坝镇	6952		16	30750	19	4	27
海州区板浦镇	8064	5	16	63815	284	5	98
海州区浦南镇	10850	2	18	56987	82	12	88
赣榆区青口镇	8728	37	19	246205	181	18	350
赣榆区柘汪镇	7624		24	55364	194	24	77
赣榆区石桥镇	7865		23	67218	231	18	144
赣榆区金山镇	6690		21	49569	86	11	300
赣榆区黑林镇	8262		21	45025	29	7	90
赣榆区厉庄镇	6203		16	35256	71	11	92
赣榆区海头镇	8333		29	85322	397	25	91
赣榆区塔山镇	10538		30	60302	51	4	190
赣榆区赣马镇	8561		36	83272	178	15	167
赣榆区班庄镇	17541		44	96035	396	18	192
赣榆区城头镇	11782		43	89239	267	12	192
赣榆区城西镇	4915		21	44399	147	8	63
赣榆区宋庄镇	5040		17	34648	125	52	78
赣榆区沙河镇	13255		52	120254	131	14	226
赣榆区墩尚镇	12854		29	78094	236	20	123
东海县白塔埠镇	10329		16	60561	71	16	70
东海县黄川镇	9438		22	62369	229	6	60
东海县石梁河镇	10395		24	63668	243	16	123
东海县青湖镇	9432		20	59147	142	19	106
东海县温泉镇	10271		18	54765	59	7	92
东海县双店镇	11710		15	52670	91	9	80
东海县桃林镇	16978		21	75506	375	31	108
东海县洪庄镇	6719	1	13	36357	73	5	70
东海县安峰镇	13417		26	72410	156	15	88
东海县房山镇	14972		25	78476	135	22	129
东海县平明镇	13743		24	71546	379	19	128
东海县曲阳镇	7495		13	38252	166	10	13
东海县山左口镇	8906		15	46236	93	13	72

续表 150　　江苏省　　单位：公顷、个、人

名　称	行政区域面积	居民委员会(社区)个数	村民委员会个数	户籍人口	工业企业个数	#规模以上	营业面积50平方米以上的商店或超市个数
东海县驼峰乡	10433		22	63018	396	14	98
东海县李埝乡	7031		11	39090	189	10	24
东海县石湖乡	7226		11	34073	225	10	68
东海县张湾乡	9026		12	32595	70	13	42
灌云县伊山镇	8233	13	21	155731	559	12	225
灌云县杨集镇	15449	1	39	118267	78	9	192
灌云县燕尾港镇	2580	4	2	8449	249	28	15
灌云县同兴镇	12870	2	28	76128	509	6	99
灌云县四队镇	8860	2	26	68209	154	6	25
灌云县圩丰镇	6901	1	18	46091	130	5	35
灌云县龙苴镇	12801	1	28	88957	560	9	44
灌云县下车镇	12625		32	90388	361	4	69
灌云县图河镇	10821		19	61253	169	6	164
灌云县东王集镇	9197	1	21	69836	187	4	141
灌云县小伊镇	8421		19	62396	15	1	73
灌云县南岗镇	14050		33	106060	311	13	61
灌南县新安镇	14328	4	29	179209	215	9	279
灌南县堆沟港镇	14082	4	27	90022	31	10	187
灌南县田楼镇	11144	1	25	83440	58	10	91
灌南县北陈集镇	5526	1	14	42906	20	1	21
灌南县张店镇	5918	1	12	41588	29	7	61
灌南县三口镇	8702	3	18	63345	58	7	40
灌南县孟兴庄镇	7809		20	62435	64	7	71
灌南县汤沟镇	3260		8	29479	36	3	88
灌南县百禄镇	10516		24	64584	59	21	58
灌南县新集镇	12738	1	25	74978	52	10	83
灌南县李集镇	8819	2	19	73441	87	15	88
淮安区平桥镇	7925	2	21	61086	712	15	38
淮安区朱桥镇	5158	1	12	44270	203	16	5
淮安区施河镇	10173	3	26	70458	489	42	608
淮安区车桥镇	11700	5	28	101789	599	21	29
淮安区流均镇	8860	2	16	57063	187	7	27
淮安区博里镇	14638	4	27	89837	63	11	5
淮安区复兴镇	6454	2	9	39464	33	7	4
淮安区苏嘴镇	9533	1	21	75676	372	10	26
淮安区钦工镇	9887	1	21	74009	46	20	61
淮安区顺河镇	7756	1	15	47239	365	3	3
淮安区漕运镇	13874	3	32	86410	441	14	9
淮安区石塘镇	6958	2	18	67893	95	14	49
淮安区范集镇	2615	1	3	11276	11	2	13
淮阴区南陈集镇	9382	1	21	63193	49	11	100
淮阴区丁集镇	9340	2	19	59106	57	14	53
淮阴区徐溜镇	13343	4	21	87801	83	11	39
淮阴区渔沟镇	15548	4	26	87311	389	19	48
淮阴区三树镇	7984	2	13	37430	39	6	20

续表 151　　江苏省　　单位：公顷、个、人

名　称	行政区域面积	居民委员会(社区)个数	村民委员会个数	户籍人口	工业企业个数	#规模以上	营业面积50平方米以上的商店或超市个数
淮阴区高家堰镇	9746	2	18	70101	223	8	65
淮阴区马头镇	16431	3	28	80571	261	6	104
淮阴区刘老庄镇	8493		19	45821	45	10	53
淮阴区淮高镇	17239	3	31	100132	248	24	104
清江浦区和平镇	8984	1	13	43552	144	6	29
清江浦区黄码镇	4327		11	35463	37	3	67
洪泽区蒋坝镇	1210	1	2	9022	77	9	6
洪泽区岔河镇	19122	4	22	63293	286	11	21
洪泽区西顺河镇	1854	1	4	8752	28	7	12
洪泽区老子山镇	30000	2	9	16509	21	8	14
洪泽区三河镇	9887	4	15	45636	70	14	16
洪泽区东双沟镇	12668	5	15	57830	272	20	23
涟水县高沟镇	25219	6	51	178649	266	44	1165
涟水县唐集镇	6506	1	12	33801	46	7	19
涟水县大东镇	5667	1	10	25549	51	5	19
涟水县五港镇	11218	4	18	55384	122	14	49
涟水县梁岔镇	6943	2	13	38727	98	7	76
涟水县石湖镇	8484	3	14	40334	97	5	84
涟水县岔庙镇	8330	1	16	40109	88	6	47
涟水县东胡集镇	11234	3	20	51983	45	4	29
涟水县南集镇	6116	1	11	29734	58	7	22
涟水县成集镇	7720	2	16	47475	259	8	48
涟水县红窑镇	15755	3	34	85113	229	16	83
涟水县黄营镇	11145	2	15	51421	263	6	46
盱眙县马坝镇	29836	7	15	93869	425	22	1043
盱眙县官滩镇	13345	1	8	37926	179	26	13
盱眙县桂五镇	11074	2	5	33972	52	12	20
盱眙县河桥镇	24005	2	9	59107	124	7	72
盱眙县鲍集镇	20714	3	15	91391	78	18	116
盱眙县黄花塘镇	29896	7	8	70442	543	22	78
盱眙县淮河镇	18598	2	12	66304	59	11	72
盱眙县天泉湖镇	24248	4	6	46476	56	10	28
盱眙县管仲镇	16298	3	15	67784	83	7	17
盱眙县穆店镇	14802	1	7	43313	48	9	66
金湖县金南镇	10201	4	15	32274	335	28	38
金湖县塔集镇	16577	6	18	42710	903	38	37
金湖县前锋镇	7915	3	12	25151	131	20	27
金湖县吕良镇	9997	3	15	30938	176	22	29
金湖县银涂镇	13307	5	20	42818	506	70	529
亭湖区南洋镇	12942	4	21	74097	189	20	73
亭湖区新兴镇	9084	5	19	60315	319	29	40
亭湖区便仓镇	7197	2	11	34674	152	16	53
亭湖区盐东镇	12218	2	12	49085	212	28	58
亭湖区黄尖镇	26298	5	7	36734	192	10	37
盐都区大纵湖镇	9215	4	16	47493	725	27	27

续表 152　　江苏省　　单位：公顷、个、人

名　称	行政区域面积	居民委员会(社区)个数	村民委员会个数	户籍人口	工业企业个数	#规模以上	营业面积50平方米以上的商店或超市个数
盐都区楼王镇	15071	6	22	64083	245	17	108
盐都区学富镇	8349	4	16	46673	183	14	24
盐都区尚庄镇	7257	5	13	42129	127	10	34
盐都区秦南镇	12599	5	27	78444	326	23	52
盐都区龙冈镇	10900	11	23	73360	740	41	110
盐都区郭猛镇	4303	2	8	32726	237	27	55
盐都区大冈镇	10142	5	16	57247	438	28	89
大丰区草堰镇	9589	1	12	33111	90	18	107
大丰区白驹镇	11326	1	16	36623	116	20	88
大丰区刘庄镇	9638	3	12	39417	257	19	91
大丰区西团镇	8638	2	11	27558	643	35	35
大丰区小海镇	12380		15	36770	236	27	52
大丰区大桥镇	10254		13	29779	50	15	51
大丰区草庙镇	12503	2	14	25525	105	11	68
大丰区万盈镇	14266		18	44830	346	23	68
大丰区南阳镇	9352	1	12	33752	170	20	22
大丰区新丰镇	27621	9	29	99509	581	33	145
大丰区三龙镇	15300	3	19	51355	129	14	58
响水县响水镇	5121	8	3	84325	310	26	55
响水县陈家港镇	30376	12	7	67247	349	63	380
响水县小尖镇	18849	6	24	100676	205	36	38
响水县黄圩镇	6885	2	8	34631	61	14	50
响水县大有镇	11235	3	11	58711	289	22	39
响水县双港镇	10371	5	12	63987	54	11	70
响水县南河镇	11698	3	16	60979	68	5	79
响水县运河镇	13193	3	19	73805	268	17	69
滨海县五汛镇	14963	2	29	84846	326	3	89
滨海县蔡桥镇	9199	2	15	58388	85	15	73
滨海县正红镇	14529	2	29	103711	72	5	86
滨海县通榆镇	5600	2	9	38868	96	10	36
滨海县界牌镇	12209	1	20	79938	138	11	162
滨海县八巨镇	6695	1	11	51992	42	4	92
滨海县八滩镇	11185	2	20	87587	45	13	74
滨海县滨淮镇	20132	1	26	106049	388	9	110
滨海县天场镇	8194		14	48237	39	7	88
滨海县陈涛镇	8392		19	69373	288	7	51
滨海县滨海港镇	13962		15	58750	35	6	48
阜宁县沟墩镇	11210	2	20	62137	292	14	56
阜宁县陈良镇	6755	1	15	43282	35	2	28
阜宁县三灶镇	8870	1	17	55462	72	6	112
阜宁县郭墅镇	7071	10	7	48919	205	30	101
阜宁县新沟镇	7740	2	13	53023	250	18	48
阜宁县陈集镇	8727	1	18	50242	127	7	80
阜宁县羊寨镇	9420	3	16	56708	233	5	125
阜宁县芦蒲镇	8673	3	16	48968	91	4	110

续表 153　　江苏省　　单位：公顷、个、人

名　　称	行政区域面　积	居民委员会(社区)个数	村民委员会个　　数	户籍人口	工业企业个　　数	#规模以上	营业面积50平方米以上的商店或超市个数
阜宁县板湖镇	6927	1	17	46926	392	11	80
阜宁县东沟镇	16968	7	33	105128	342	22	196
阜宁县益林镇	10918	9	14	87790	537	42	166
阜宁县古河镇	8978	1	19	57213	300	10	42
阜宁县罗桥镇	8871	1	20	56797	238	2	74
射阳县合德镇	14323	19	14	180232	503	52	193
射阳县临海镇	18489	10	10	75599	80	39	135
射阳县千秋镇	15748	4	14	59900	18	10	143
射阳县四明镇	17460	5	18	78702	153	10	67
射阳县海河镇	24316	3	25	99996	155	30	97
射阳县海通镇	8859	6	4	32964	122	25	25
射阳县兴桥镇	11931	8	7	51786	70	22	53
射阳县新坍镇	9584	5	9	47797	46	13	77
射阳县长荡镇	9600	4	10	42724	49	13	31
射阳县盘湾镇	9600	2	10	37947	80	37	74
射阳县特庸镇	10154	5	7	39862	70	18	114
射阳县洋马镇	9857	2	6	29393	124	17	77
射阳县黄沙港镇	3223	6	2	18192	75	27	36
建湖县建阳镇	9623	3	19	50560	550	50	28
建湖县九龙口镇	7480	1	10	30540	204	10	19
建湖县恒济镇	8008	1	11	30582	51	14	28
建湖县颜单镇	4984	1	7	24666	58	13	12
建湖县沿河镇	8181	2	13	34962	49	11	11
建湖县芦沟镇	6520	3	13	39478	101	27	18
建湖县庆丰镇	9400	3	18	54765	167	32	24
建湖县上冈镇	23127	10	35	139470	814	77	364
建湖县冈西镇	6803	2	13	31356	168	16	32
建湖县宝塔镇	5078	2	10	25123	25	7	4
建湖县高作镇	7018	1	15	35051	188	21	6
盐城经济技术开发区步凤镇	12790	4	14	57209	112	19	62
东台市溱东镇	7574	3	11	38917	904	50	42
东台市时堰镇	10226	3	28	62517	566	47	54
东台市五烈镇	13428	1	21	79137	265	33	85
东台市梁垛镇	13217	1	30	73051	289	50	68
东台市安丰镇	7128	1	17	43548	345	36	65
东台市南沈灶镇	10322	2	12	47762	78	21	63
东台市富安镇	17457	1	33	86151	240	51	96
东台市唐洋镇	10744	4	17	42736	54	16	66
东台市新街镇	10289	1	12	36584	158	16	65
东台市许河镇	10690	2	18	41492	84	7	52
东台市三仓镇	15283	8	17	57338	200	20	90
东台市头灶镇	20675		24	65938	780	44	106
东台市弶港镇	26132	10	10	41151	65	9	63
东台市东台镇	16989	18	21	215066	619	64	131
广陵区李典镇	7045	2	13	38002	410	47	116

续表 154　　江苏省　　单位：公顷、个、人

名　　称	行政区域面　　积	居民委员会(社区)个数	村民委员会个　　数	户籍人口	工业企业个　　数	#规模以上	营业面积50平方米以上的商店或超市个数
广陵区沙头镇	3295	1	7	19472	236	35	18
广陵区头桥镇	6421	2	15	40797	395	69	50
广陵区湾头镇	977	4	4	25578	79	3	45
广陵区扬州市生态科技新城杭集镇	4026	1	10	37156	1010	41	51
广陵区扬州市生态科技新城泰安镇	4100	1	11	26706	201	13	3
邗江区公道镇	10646	3	11	34960	238	33	20
邗江区方巷镇	8936	2	18	45365	360	44	26
邗江区槐泗镇	6000	2	13	40526	332	50	64
邗江区瓜洲镇	1602	2	3	15036	44	4	22
邗江区杨寿镇	4048	1	7	22466	411	34	108
邗江区杨庙镇	3102	1	8	23478	347	29	10
邗江区平山乡	1120	2	4	16782	98	2	14
江都区仙女镇	14158	33	31	245964	2328	188	236
江都区小纪镇	17823	3	30	86087	1641	66	193
江都区武坚镇	8558	3	14	39007	585	51	48
江都区樊川镇	11611	5	21	62304	605	48	312
江都区真武镇	7602	4	18	47266	425	36	81
江都区宜陵镇	5986	5	11	47204	853	62	25
江都区丁沟镇	10232	2	17	60396	463	46	81
江都区郭村镇	10450	2	23	81112	483	47	40
江都区邵伯镇	12700	3	22	77163	423	52	112
江都区丁伙镇	8020	2	16	42465	273	48	32
江都区大桥镇	15566	8	33	131705	1037	103	59
江都区吴桥镇	5596	2	14	47689	117	30	36
江都区浦头镇	4315	1	13	42078	965	23	21
宝应县安宜镇	14135	24	18	156353	1861	104	370
宝应县氾水镇	17200	7	20	75104	2346	43	819
宝应县夏集镇	12500	3	14	48742	121	21	27
宝应县柳堡镇	11677	3	16	48493	520	41	64
宝应县射阳湖镇	19650	3	30	83364	1005	33	92
宝应县广洋湖镇	9155	1	13	33446	216	26	17
宝应县鲁垛镇	6158	1	12	32053	216	23	13
宝应县小官庄镇	4600	1	9	28101	391	31	17
宝应县望直港镇	8904	2	19	58122	268	44	45
宝应县曹甸镇	10000	3	22	63188	302	40	43
宝应县西安丰镇	5864	3	8	32392	337	16	84
宝应县山阳镇	12277	2	16	51230	335	43	26
宝应县黄塍镇	4300	1	8	25946	176	17	23
宝应县泾河镇	8412	3	18	52956	287	27	40
扬州经济技术开发区施桥镇	3099	6	11	35301	298	54	21
扬州经济技术开发区八里镇	2326	4	8	22855	189	49	30
扬州经济技术开发区朴席镇	4301	1	9	30481	61	8	1
仪征市真州镇	6126	24	9	161098	779	64	390
仪征市新集镇	6389	2	13	42964	230	56	13
仪征市新城镇	5616	3	11	35936	122	20	13

续表 155　　江苏省　　单位：公顷、个、人

名　　称	行政区域面　　积	居民委员会(社区)个数	村民委员会个　　数	户籍人口	工业企业个　　数	#规模以上	营业面积50平方米以上的商店或超市个数
仪征市马集镇	6573	1	9	30327	327	49	47
仪征市刘集镇	9065	2	17	47126	256	36	20
仪征市陈集镇	8155	2	14	37681	542	47	51
仪征市大仪镇	10866	3	18	45829	592	55	78
仪征市月塘镇	14800	3	19	51692	471	33	33
仪征市青山镇	4603	5	9	32083	97	19	8
高邮市龙虬镇	7600	2	11	33799	143	23	29
高邮市汤庄镇	14582	4	17	57326	470	51	32
高邮市卸甲镇	17016	4	17	76666	751	43	55
高邮市三垛镇	18688	4	21	71483	969	32	65
高邮市甘垛镇	14972	3	16	56801	180	19	35
高邮市界首镇	8580	1	8	31174	165	13	30
高邮市周山镇	6202	1	8	26254	143	9	25
高邮市临泽镇	19940	6	22	84538	285	29	31
高邮市送桥镇	15300	4	15	69796	1033	109	136
高邮市菱塘回族乡	5392	2	6	22415	589	65	22
丹徒区高桥镇	4280		6	19005	258	13	10
丹徒区辛丰镇	7942		15	46523	902	44	45
丹徒区谷阳镇	5068	1	11	27836	402	21	43
丹徒区上党镇	11372	2	15	50408	837	39	32
丹徒区宝堰镇	4082		6	22638	133	12	21
丹徒区世业镇	5275		5	13799	6		7
镇江新区姚桥镇	5695	1	14	43428	920	36	26
镇江新区大路镇	4307		9	28461	489	32	4
镇江新区丁岗镇	3549	8	6	23523	275	28	16
丹阳市司徒镇	9165	5	10	44503	472	55	64
丹阳市延陵镇	11552	5	13	58877	487	42	56
丹阳市珥陵镇	8367	1	10	46091	442	32	53
丹阳市导墅镇	8060	1	11	45327	638	38	26
丹阳市皇塘镇	8045	2	11	47041	701	50	88
丹阳市吕城镇	6800	2	11	45920	682	67	74
丹阳市陵口镇	6438	2	12	39821	447	37	60
丹阳市访仙镇	7379	2	11	46424	531	53	17
丹阳市界牌镇	2363	11		21094	1225	80	73
丹阳市丹北镇	11491	3	20	73157	2040	195	104
扬中市新坝镇	4920	3	12	43537	2208	124	75
扬中市油坊镇	5028	2	10	37692	1062	65	35
扬中市八桥镇	3458	2	9	29849	542	57	69
扬中市西来桥镇	1950	1	5	16333	278	27	9
句容市下蜀镇	9644	2	9	33585	109	37	62
句容市白兔镇	11772	2	13	38735	279	24	58
句容市边城镇	10900		14	33663	496	30	46
句容市茅山镇	8100	1	10	28395	85	7	79
句容市后白镇	14328	4	21	56414	362	41	64
句容市郭庄镇	15055	2	20	65546	305	23	63

续表 156　　江苏省　　单位：公顷、个、人

名　　称	行政区域面　积	居民委员会(社区)个数	村民委员会个　　数	户籍人口	工业企业个　　数	#规模以上	营业面积50平方米以上的商店或超市个数
句容市天王镇	13143		16	52606	197	22	61
句容市宝华镇	10306	2	8	30006	183	21	124
海陵区九龙镇	2680	5	3	22108	677	68	42
海陵区罡杨镇	3400	2	5	21443	291	26	38
海陵区苏陈镇	4580	10	7	43383	351	25	42
海陵区华港镇	6977		13	37785	298	29	35
高港区港口物流产业园永安洲镇	5291	11		29488	376	57	47
高港区白马镇	2322	2	5	22072	296	8	39
高港区胡庄镇	5382	2	13	38777	158	12	29
高港区大泗镇	3678	1	12	31870	230	11	37
高港区野徐镇	2628	9		25494	240	10	25
姜堰区溱潼镇	11714	5	23	79292	806	51	201
姜堰区蒋垛镇	6505	2	17	46535	278	22	60
姜堰区顾高镇	3820	1	10	28422	113	15	39
姜堰区大伦镇	5503		15	38729	345	19	35
姜堰区张甸镇	9360	1	26	72646	465	26	81
姜堰区淤溪镇	7168	2	11	38611	264	33	56
姜堰区白米镇	5484		17	41956	612	48	35
姜堰区娄庄镇	6788		16	43438	495	44	44
姜堰区俞垛镇	7965	2	16	44135	282	32	32
兴化市戴窑镇	10046	1	25	63144	91	50	25
兴化市合陈镇	9890	1	20	49555	285	6	41
兴化市永丰镇	6961	1	18	42743	473	3	9
兴化市新垛镇	4908	1	11	24086	126	3	10
兴化市安丰镇	20859	5	42	116841	176	25	110
兴化市海南镇	7163	1	13	35329	54	10	77
兴化市钓鱼镇	7488	1	13	41976	82	5	36
兴化市大邹镇	4657	1	11	25293	151	5	26
兴化市沙沟镇	12781	1	17	50906	22	2	32
兴化市中堡镇	8393	1	10	33429	91	4	17
兴化市竹泓镇	6427	1	13	39371	466	9	25
兴化市沈伦镇	4957	1	10	25382	165	19	20
兴化市大垛镇	7277	1	18	40997	340	41	15
兴化市荻垛镇	7240	1	15	44058	265	36	51
兴化市陶庄镇	6963	1	14	43459	45	7	71
兴化市昌荣镇	6164	1	10	35626	68	10	4
兴化市周庄镇	9252	2	18	49902	301	24	55
兴化市陈堡镇	8057	1	15	42086	139	40	33
兴化市戴南镇	23516	6	58	181859	1782	236	155
兴化市大营镇	5081	1	10	24912	82	11	26
兴化市兴东镇	10417	2	19	56445	168	27	50
兴化市千垛镇	18481	1	28	78616	85	6	45
兴化市林湖乡	4719	1	9	27666	60	3	16
靖江市新桥镇	6135	4	18	59886	1236	86	613
靖江市东兴镇	4683	1	12	33459	655	31	134

续表 157　　江苏省　　单位：公顷、个、人

名　　称	行政区域面积	居民委员会(社区)个数	村民委员会个数	户籍人口	工业企业个数	#规模以上	营业面积50平方米以上的商店或超市个数
靖江市斜桥镇	10788	6	23	86077	486	48	100
靖江市西来镇	4666	4	16	46803	511	51	62
靖江市季市镇	4163	2	24	45070	409	24	55
靖江市孤山镇	4799	4	14	42572	840	27	25
靖江市生祠镇	7019	2	18	45866	678	42	29
靖江市马桥镇	5031	1	18	35940	534	41	73
泰兴市黄桥镇	17595	11	55	189427	1496	80	824
泰兴市分界镇	7113	1	13	58618	561	13	84
泰兴市古溪镇	7606	2	12	55930	468	21	82
泰兴市元竹镇	4749	2	10	38732	614	12	73
泰兴市珊瑚镇	4942	3	10	48001	176	25	70
泰兴市广陵镇	5866	2	15	55375	347	16	66
泰兴市曲霞镇	3531	1	8	27768	195	15	20
泰兴市张桥镇	5858	3	15	53961	554	29	46
泰兴市河失镇	6441	3	16	48434	169	25	137
泰兴市新街镇	7206		28	58368	467	34	141
泰兴市宣堡镇	3227	1	11	30519	167	12	53
泰兴市滨江镇	9837	4	31	86739	676	124	78
泰兴市虹桥镇	8825	3	24	74584	953	92	538
泰兴市根思乡	5890		10	42085	436	19	36
宿城区耿车镇	3501	1	7	34759	481	9	128
宿城区埠子镇	4401	3	11	43812	103	18	109
宿城区龙河镇	10712	5	22	97263	175	22	93
宿城区中扬镇	14515	3	10	56433	147	4	168
宿城区陈集镇	6813	1	14	49307	33	10	45
宿城区蔡集镇	4433	5	8	42887	125	6	181
宿城区王官集镇	6270	1	12	46182	102	6	12
宿城区屠园镇	6311	1	6	40134	48	3	19
宿城区洋河镇	19884	12	34	203176	412	25	167
宿豫区仰化镇	5233	3	2	31066	113	6	49
宿豫区大兴镇	10590	4	16	80529	130	17	111
宿豫区来龙镇	17646	6	14	92458	144	20	57
宿豫区关庙镇	7954	1	5	37842	50	11	82
宿豫区新庄镇	5374	3	1	21679	82	15	20
宿豫区皂河镇	31014	6	19	69871	69	4	84
宿豫区曹集乡	4686	2	2	28419	55	9	62
沭阳县陇集镇	4688	2	5	28336	70	9	37
沭阳县胡集镇	6868	6	10	55966	218	21	91
沭阳县钱集镇	8847	2	15	58654	113	14	103
沭阳县塘沟镇	10326	2	18	72556	203	12	153
沭阳县马厂镇	8436	5	19	70593	55	12	92
沭阳县沂涛镇	9458	1	20	74286	205	9	79
沭阳县庙头镇	5950	3	10	50322	71	15	42
沭阳县韩山镇	12526	3	20	79433	633	17	85
沭阳县华冲镇	5491	2	10	51183	260	23	36

续表 158　　江苏省、浙江省　　单位：公顷、个、人

名　　称	行政区域面积	居民委员会(社区)个数	村民委员会个数	户籍人口	工业企业个数	#规模以上	营业面积50平方米以上的商店或超市个数
沭阳县桑墟镇	11088	4	20	100785	471	133	138
沭阳县悦来镇	8847	1	11	48029	81	8	102
沭阳县刘集镇	7200	1	11	42443	82	15	84
沭阳县李恒镇	12005	2	22	84716	53	10	108
沭阳县扎下镇	5547	2	11	62226	229	30	161
沭阳县颜集镇	6941	1	13	60402	15	1	87
沭阳县潼阳镇	9968	2	13	53421	235	11	66
沭阳县龙庙镇	4960	2	11	54577	129	21	29
沭阳县高墟镇	12458	2	20	82785	472	34	149
沭阳县耿圩镇	10921	2	18	69244	216	13	146
沭阳县新河镇	4952	1	9	46141	28	2	47
沭阳县贤官镇	8499	6	16	93215	792	118	130
沭阳县吴集镇	7289	1	10	46722	55	4	29
沭阳县青伊湖镇	7117	6	11	53208	456	52	62
沭阳县西圩乡	4672	1	10	32164	133	6	47
泗阳县爱园镇	10688	5	16	95723	197	14	196
泗阳县王集镇	13732	6	21	111971	167	31	383
泗阳县裴圩镇	7686	6	11	63739	70	9	111
泗阳县新袁镇	5352	4	6	44364	89	8	157
泗阳县李口镇	6565	3	13	51942	74	19	41
泗阳县临河镇	7690	5	12	62498	698	67	56
泗阳县穿城镇	11280	4	15	79025	131	16	126
泗阳县卢集镇	13782	3	16	80024	187	9	101
泗阳县三庄镇	11073	11	11	73849	127	16	84
泗阳县庄圩乡	4876	2	5	39120	37	5	32
泗洪县双沟镇	19350	14	23	110754	291	47	397
泗洪县上塘镇	13299	5	13	56549	72	29	73
泗洪县魏营镇	10610	8	4	39338	86	6	11
泗洪县临淮镇	10400	13	2	40709	104	14	35
泗洪县半城镇	11429	9	12	57446	78	8	45
泗洪县孙园镇	9526	8	8	48922	230	17	42
泗洪县梅花镇	9385	4	6	35635	38	13	37
泗洪县归仁镇	11444	6	14	62310	115	8	110
泗洪县金锁镇	8069	5	10	44903	222	22	54
泗洪县朱湖镇	7370	5	9	42072	156	8	100
泗洪县界集镇	25480	15	23	117697	169	26	65
泗洪县龙集镇	8551	9	5	44562	45	16	31
泗洪县天岗湖乡	8918	4	7	35297	125	6	90
泗洪县车门乡	8270	1	7	32187	67	14	20
泗洪县瑶沟乡	6935	1	8	27931	273	14	40
泗洪县石集乡	5996	9		25178	38	5	30
宿迁经济技术开发区南蔡乡	3974	1	8	35231	24	3	30
浙江省							
西湖区三墩镇	3758	41	2	167690	450	68	49
西湖区双浦镇	8181	9	21	66388	221	19	34

续表 159　　浙江省　　单位：公顷、个、人

名　称	行政区域面积	居民委员会(社区)个数	村民委员会个数	户籍人口	工业企业个数	#规模以上	营业面积50平方米以上的商店或超市个数
萧山区楼塔镇	4805	1	12	26820	275	29	32
萧山区河上镇	6396	1	15	28859	336	46	28
萧山区戴村镇	6312	2	22	38887	508	29	46
萧山区浦阳镇	4578	1	18	32611	1080	57	51
萧山区进化镇	8704	1	25	47618	618	47	54
萧山区临浦镇	4258	14	20	56829	910	118	60
萧山区义桥镇	6105	5	21	62148	1148	93	88
萧山区所前镇	4445	2	19	41154	766	68	91
萧山区衙前镇	2032	2	11	26226	782	101	57
萧山区瓜沥镇	12692	13	61	165242	1850	319	152
萧山区益农镇	4659	1	19	43717	396	47	52
萧山区党湾镇	3273	2	17	43507	307	52	32
余杭区径山镇	15708	2	13	38988	350	38	24
余杭区瓶窑镇	12900	8	13	64005	993	95	426
余杭区鸬鸟镇	6981	1	6	12110	51	5	15
余杭区百丈镇	6040	1	6	10303	183	20	17
余杭区黄湖镇	5855	1	5	13509	165	24	19
富阳区万市镇	15538	1	15	21660	139	15	29
富阳区洞桥镇	14329		11	18864	198	11	25
富阳区渌渚镇	7924		13	17044	153	18	17
富阳区永昌镇	4959		5	11141	118	24	11
富阳区里山镇	2546		5	10177	40	14	8
富阳区常绿镇	4908		8	15376	34	1	43
富阳区场口镇	5805	2	24	43358	343	98	32
富阳区常安镇	6384		16	24709	62	10	6
富阳区龙门镇	2730		4	7208	20	2	5
富阳区新登镇	17937	7	28	67839	507	91	74
富阳区胥口镇	6882		13	18028	98	15	17
富阳区大源镇	10523	1	15	37135	565	32	24
富阳区灵桥镇	5485		13	27146	183	31	30
富阳区新桐乡	4982		7	14058	13	6	5
富阳区上官乡	2706		5	8128	115	7	10
富阳区环山乡	3870		7	12756	21	7	13
富阳区湖源乡	12711		10	15316	10	4	10
富阳区春建乡	4519		6	9195	54	16	14
富阳区渔山乡	3676		4	13036	43	3	12
临安区高虹镇	11328		9	14305	248	44	54
临安区太湖源镇	24040		20	30979	238	49	43
临安区於潜镇	25979	1	30	47477	193	47	66
临安区太阳镇	20520		18	26277	137	24	40
临安区潜川镇	17550		16	22863	67	17	38
临安区昌化镇	23263	1	14	20926	167	13	62
临安区河桥镇	19089		11	16803	30	3	18
临安区湍口镇	20650		13	12280	13		15
临安区清凉峰镇	30670		17	27138	121	17	37

续表 160　　浙江省　　单位：公顷、个、人

名　　称	行政区域面　　积	居民委员会(社区)个数	村民委员会个　　数	户籍人口	工业企业个　　数	#规模以上	营业面积50平方米以上的商店或超市个数
临安区岛石镇	13910		16	24711	14	2	73
临安区板桥镇	13930		15	24829	194	42	36
临安区天目山镇	24180		23	32658	123	25	36
临安区龙岗镇	26120		24	20531	152	34	27
临平区塘栖镇	5426	10	18	83621	1139	97	72
桐庐县富春江镇	19508	2	15	24628	210	34	34
桐庐县横村镇	12485	2	24	41250	951	44	93
桐庐县分水镇	29991	3	26	52073	612	43	49
桐庐县瑶琳镇	21662		16	34290	301	15	24
桐庐县百江镇	23500		15	19484	71		20
桐庐县江南镇	8166	2	19	51711	63	34	79
桐庐县莪山畲族乡	2900		7	9062	50	5	14
桐庐县钟山乡	10779		11	21054	49	3	23
桐庐县新合乡	7484		5	5144	32	4	5
桐庐县合村乡	12230		6	9943	12		8
淳安县千岛湖镇	35600	13	16	85291	45	6	335
淳安县文昌镇	22100		14	14367	66	8	29
淳安县石林镇	14400		7	4898	25	1	10
淳安县临岐镇	22200	1	16	20193	49	6	25
淳安县威坪镇	30100	1	35	45697	70	4	23
淳安县姜家镇	20600	1	17	25713	20	4	38
淳安县梓桐镇	15600		18	18270	47		19
淳安县汾口镇	23700	1	42	54188	72	8	125
淳安县中洲镇	16633		15	19872	32		57
淳安县大墅镇	16300	1	13	13724	23	3	19
淳安县枫树岭镇	30800		18	18023	43		21
淳安县里商乡	27600		13	11106	10		34
淳安县金峰乡	15000		9	5967	13	3	5
淳安县富文乡	15100		8	8187	18		15
淳安县左口乡	17500		9	11428	11		16
淳安县屏门乡	16350		11	12319	19		4
淳安县瑶山乡	12800		10	9451	22		4
淳安县王阜乡	16800		15	17092	32	1	35
淳安县宋村乡	8500		6	6827	10		3
淳安县鸠坑乡	10390		8	7352	43		9
淳安县浪川乡	10900		17	19773	8		23
淳安县界首乡	12100		8	9311	9		24
淳安县安阳乡	14600		12	11410	25	1	32
建德市莲花镇	8612	1	6	10227	18	3	7
建德市乾潭镇	36844	1	24	43913	598	84	123
建德市梅城镇	15489	5	13	39994	565	75	66
建德市杨村桥镇	13413	1	13	20636	125	15	24
建德市下涯镇	16178	1	11	27173	130	35	30
建德市大洋镇	22392	3	19	33038	52	14	90
建德市三都镇	18603	1	19	24218	84	16	24

续表 161　　浙江省　　单位：公顷、个、人

名　称	行政区域面积	居民委员会(社区)个数	村民委员会个数	户籍人口	工业企业个数	#规模以上	营业面积50平方米以上的商店或超市个数
建德市寿昌镇	15507	4	23	44545	154	30	40
建德市航头镇	15776	1	18	34236	38	16	25
建德市大慈岩镇	8658	1	12	20263	32	14	21
建德市大同镇	17221	3	34	54345	103	20	81
建德市李家镇	10497	1	10	19699	51	17	159
建德市钦堂乡	5547	1	7	8575	66	21	16
海曙区高桥镇	5238	9	20	67907	2266	119	186
海曙区横街镇	9867	2	28	36958	1209	76	39
海曙区集士港镇	4900	5	19	50282	2210	196	45
海曙区古林镇	4480	7	23	65055	2294	142	138
海曙区洞桥镇	3442	2	19	22507	826	101	65
海曙区鄞江镇	6443	2	12	21687	531	51	28
海曙区章水镇	12806	1	18	22741	164	9	13
海曙区龙观乡	7300	1	10	10646	137	10	3
江北区慈城镇	10230	10	35	61320	964	108	61
镇海区澥浦镇	2930	2	6	21037	1021	71	33
镇海区九龙湖镇	6530	3	11	26449	352	91	38
鄞州区瞻岐镇	9400	2	17	24029	430	36	26
鄞州区咸祥镇	6454	1	17	25407	451	27	39
鄞州区塘溪镇	8349		17	24446	1402	53	33
鄞州区东钱湖镇	12988	16	16	49800	1032	78	66
鄞州区东吴镇	7140	1	12	14487	540	105	24
鄞州区五乡镇	4800	2	19	27978	1328	144	89
鄞州区邱隘镇	1368	8	12	47736	895	45	36
鄞州区云龙镇	3282	2	16	27826	1016	156	62
鄞州区横溪镇	8446	2	15	25863	701	74	40
鄞州区姜山镇	8800	7	48	84189	2800	239	206
奉化区溪口镇	36785	6	52	75127	1071	86	125
奉化区裘村镇	8953	1	16	23592	217	21	51
奉化区大堰镇	12919	1	23	23765	2	1	5
奉化区松岙镇	5271	1	11	11700	96	13	25
象山县石浦镇	12610	8	36	76498	605	71	156
象山县西周镇	15500	4	36	43688	539	69	79
象山县鹤浦镇	10200	4	27	32558	146	13	51
象山县贤庠镇	6869	2	21	29336	290	45	8
象山县墙头镇	8700	1	16	20340	150	27	5
象山县泗洲头镇	8400	1	17	17431	54	14	11
象山县定塘镇	6066	1	25	33198	84	15	16
象山县涂茨镇	6201	1	20	19884	158	27	12
象山县大徐镇	5581	1	18	17560	621	35	5
象山县新桥镇	12580	1	23	26849	146	22	37
象山县东陈乡	5700	1	16	22536	605	48	55
象山县晓塘乡	4550		16	18246	98	23	24
象山县黄避岙乡	4360		13	12816	48	14	10
象山县茅洋乡	4800		13	13384	85	36	17

续表 162　　浙江省　　单位：公顷、个、人

名　　称	行政区域面　　积	居民委员会(社区)个数	村民委员会个　　数	户籍人口	工业企业个　　数	#规模以上	营业面积50平方米以上的商店或超市个数
象山县高塘岛乡	5800	1	18	21048	56	12	59
宁海县长街镇	27220	2	42	73002	235	17	31
宁海县力洋镇	14740	2	18	36506	255	19	38
宁海县一市镇	10800	1	18	22251	50	10	9
宁海县岔路镇	10800	1	21	28593	181	18	12
宁海县前童镇	6870	1	17	24970	165	21	7
宁海县桑洲镇	5870	1	21	23832	35	3	4
宁海县黄坛镇	18780	1	30	28771	264	30	31
宁海县大佳何镇	7560	1	9	19550	254	17	16
宁海县强蛟镇	6528	2	8	16770	314	42	22
宁海县西店镇	10230	1	22	46444	1981	141	207
宁海县深甽镇	17280	1	20	32120	329	41	11
宁海县胡陈乡	9640	1	18	22006	25	4	31
宁海县茶院乡	7841	1	14	26071	155	10	20
宁海县越溪乡	8990	1	15	19372	116	10	3
余姚市临山镇	4970	1	10	36638	749	75	100
余姚市黄家埠镇	4108	2	10	35854	520	53	79
余姚市小曹娥镇	3304	1	8	27097	1631	49	35
余姚市泗门镇	6630	4	16	63027	2277	161	113
余姚市马渚镇	6580	3	18	44371	2560	97	62
余姚市牟山镇	3850	1	7	18330	452	34	17
余姚市丈亭镇	5540	1	11	28438	838	68	47
余姚市三七市镇	6855	1	12	30422	1165	51	32
余姚市河姆渡镇	6502	1	9	19825	595	42	51
余姚市大隐镇	3079	1	5	8232	298	19	20
余姚市陆埠镇	11870	2	20	45122	3073	57	67
余姚市梁弄镇	9448	1	17	29757	400	11	25
余姚市大岚镇	6346	1	13	11638	44	2	7
余姚市四明山镇	12100	1	9	10280	36	2	17
余姚市鹿亭乡	7588		12	15926	83	5	14
慈溪市掌起镇	6830	1	15	47513	1403	90	104
慈溪市观海卫镇	14600	10	40	121381	2484	175	209
慈溪市附海镇	2255	1	7	23931	1180	66	101
慈溪市桥头镇	4390	1	8	36097	711	45	52
慈溪市匡堰镇	4200	1	9	20988	543	25	34
慈溪市逍林镇	2602	1	10	40650	1073	70	107
慈溪市新浦镇	3828	1	17	45297	1224	95	113
慈溪市胜山镇	2320	1	11	34245	689	48	60
慈溪市横河镇	8450	2	23	62448	1851	111	129
慈溪市崇寿镇	2000	1	8	26599	598	69	40
慈溪市庵东镇	17130	10	23	87788	690	102	195
慈溪市长河镇	2730	1	11	41707	1001	83	55
慈溪市周巷镇	8713	7	35	110804	2388	203	237
慈溪市龙山镇	14086	4	28	62127	1911	161	140
鹿城区藤桥镇	9766	1	34	50239	801	120	102

续表 163　　浙江省　　单位：公顷、个、人

名　称	行政区域面积	居民委员会(社区)个数	村民委员会个数	户籍人口	工业企业个数	#规模以上	营业面积50平方米以上的商店或超市个数
鹿城区山福镇	6050		18	35108	173	21	38
瓯海区泽雅镇	14540		39	60216	170	34	15
洞头区大门镇	3720	5	19	26014	35	7	19
洞头区鹿西乡	1020		6	7906	6		3
永嘉县桥头镇	9060	2	31	72583	854	34	95
永嘉县桥下镇	15288	5	38	70888	1725	69	122
永嘉县大若岩镇	9200	1	21	30700	1		28
永嘉县碧莲镇	17243	2	24	45120	23	1	26
永嘉县巽宅镇	18085	1	25	34677	19	1	26
永嘉县岩头镇	22308	3	43	86334	42	1	45
永嘉县枫林镇	7360	4	16	44828	12		13
永嘉县岩坦镇	44902	1	48	65231	20		50
永嘉县沙头镇	18045	4	36	75406	83	17	20
永嘉县鹤盛镇	18160		23	43361	17		31
永嘉县金溪镇	8630		22	40624	19	3	16
永嘉县云岭乡	9441		11	14243	7		9
永嘉县茗岙乡	4250		14	16152	6		
永嘉县溪下乡	10947		9	8848			
永嘉县界坑乡	513		9	10423			10
平阳县昆阳镇	8755	18	30	123887	649	43	132
平阳县鳌江镇	16900	28	59	198983	1028	113	236
平阳县水头镇	9421	18	42	119545	605	83	122
平阳县萧江镇	3680	6	29	65207	488	120	84
平阳县腾蛟镇	8025	7	31	68109	465	33	34
平阳县山门镇	3640	2	16	27941	26		7
平阳县顺溪镇	9911	5	22	23446	22		6
平阳县南雁镇	4693	1	15	26890	75	7	7
平阳县万全镇	5373	11	24	55090	1746	157	84
平阳县海西镇	3300	3	16	35244	34	12	13
平阳县南麂镇	1110		4	2296			
平阳县麻步镇	4312	2	24	44729	147	30	15
平阳县凤卧镇	3640		10	23203	48	3	4
平阳县怀溪镇	6280		16	29288	12		29
平阳县青街畲族乡	2175		9	9909	2		2
平阳县闹村乡	4580		12	22765	23		6
苍南县灵溪镇	17090	40	73	298245	1505	165	210
苍南县宜山镇	1290	2	14	42237	636	47	76
苍南县钱库镇	6286	6	47	128863	1657	96	162
苍南县金乡镇	5250	5	30	87400	1602	69	51
苍南县藻溪镇	7830	1	18	38449	100	6	48
苍南县桥墩镇	12990	3	33	64532	28	5	36
苍南县矾山镇	9206	9	15	44665	22		5
苍南县赤溪镇	8626	2	21	48443	31		6
苍南县马站镇	6893	3	21	45791	29		46
苍南县望里镇	3280	1	14	37104	852	45	24

续表 164　　　　浙江省　　　　单位：公顷、个、人

名　　称	行政区域面　　积	居民委员会(社区)个数	村民委员会个　　数	户籍人口	工业企业个　　数	#规模以上	营业面积50平方米以上的商店或超市个数
苍南县炎亭镇	1579		6	17336	10	1	1
苍南县大渔镇	1762		6	20245	42		4
苍南县莒溪镇	5446		14	16037	10		17
苍南县南宋镇	2188		7	14333	11	1	7
苍南县霞关镇	3211	1	10	22124	33		10
苍南县沿浦镇	3636	2	13	22857	12	1	4
苍南县凤阳畲族乡	2100		5	5739			
苍南县岱岭畲族乡	2032		7	7190			7
文成县大峃镇	12731	14	35	104997	118	6	62
文成县百丈漈镇	4783		10	12954	58	27	3
文成县南田镇	16460		21	35670	17	3	8
文成县西坑畲族镇	4894		8	11492	24	2	2
文成县黄坦镇	18623		32	33946	16		7
文成县珊溪镇	11504	1	21	43953	59	2	6
文成县巨屿镇	4765		14	22294	88	17	2
文成县玉壶镇	18175		29	51882	26		14
文成县峃口镇	2920		6	11964	46		1
文成县周壤镇	3100		10	19355	6	2	3
文成县铜铃山镇	16957		8	8276	7		
文成县二源镇	4661		11	12366	6	1	
文成县周山畲族乡	1357		6	4833	1		
文成县桂山乡	2729		4	6431	52		4
文成县双桂乡	1690		4	9129	1		1
文成县平和乡	2208		6	8265	2		
文成县公阳乡	2093		4	6508	3		2
泰顺县罗阳镇	43036	11	59	90149	217	18	45
泰顺县司前畲族镇	19603		12	18505	46	3	4
泰顺县百丈镇	10781	1	10	9613	4		3
泰顺县筱村镇	11462	1	19	23758	23	1	32
泰顺县泗溪镇	11935	1	22	29722	25	1	25
泰顺县彭溪镇	9268	5	15	19917	76	27	24
泰顺县雅阳镇	10154	1	20	26565	33	1	40
泰顺县仕阳镇	8282	1	19	27473	11		14
泰顺县三魁镇	6778	1	14	23555	17	1	12
泰顺县南浦溪镇	6130	1	13	13947	12		20
泰顺县龟湖镇	5392		7	9931	24	2	4
泰顺县西旸镇	8850		15	16527	27		3
泰顺县竹里畲族乡	4709		3	3203	3		3
泰顺县包垟乡	3685		8	7918	7		10
泰顺县凤垟乡	3736	11	7	9713	2		2
泰顺县东溪乡	3262		8	10831	3		1
泰顺县柳峰乡	3003		7	9011	9		3
泰顺县雪溪乡	2656		8	9879	6		6
泰顺县大安乡	2662		6	9611	8	1	3
瑞安市塘下镇	10964	21	66	177564	5838	458	1928

续表 165　　浙江省　　单位：公顷、个、人

名　称	行政区域面积	居民委员会(社区)个数	村民委员会个数	户籍人口	工业企业个数	#规模以上	营业面积50平方米以上的商店或超市个数
瑞安市马屿镇	15365	1	60	117250	501	46	79
瑞安市陶山镇	8842		47	98001	350	61	92
瑞安市湖岭镇	15414	1	29	68957	221	9	27
瑞安市高楼镇	24993	1	38	83909	28	1	17
瑞安市桐浦镇	4850		21	35194	447	30	48
瑞安市林川镇	6860		14	35060	51	6	13
瑞安市曹村镇	3652		14	27387	40	6	14
瑞安市平阳坑镇	2720		8	16203	39	6	13
瑞安市芳庄乡	4388		8	21262	1		4
瑞安市北麂乡	493		4	4174			2
乐清市大荆镇	13515	2	47	105113	142	4	66
乐清市仙溪镇	9850		17	32762	9		21
乐清市雁荡镇	10388	1	21	57304	22	4	29
乐清市芙蓉镇	8826		19	44672	148	18	25
乐清市清江镇	4940		19	37865	159	21	64
乐清市虹桥镇	5734	4	31	108976	1970	147	137
乐清市淡溪镇	8544	1	23	45737	483	43	33
乐清市柳市镇	9230	5	89	224529	14671	649	533
乐清市北白象镇	6004	1	50	113118	3736	253	183
乐清市湖雾镇	2874	1	6	20345	40	5	15
乐清市南塘镇	1818		12	24872	278	21	19
乐清市南岳镇	2567		10	27226	69	14	43
乐清市蒲岐镇	3363		12	39868	228	48	21
乐清市磐石镇	1473		9	16888	271	38	21
乐清市智仁乡	4071		11	20214	7	2	1
乐清市龙西乡	4180		9	12654	7	1	11
乐清市岭底乡	6486		11	19151			1
南湖区凤桥镇	8039	2	10	45085	621	81	43
南湖区余新镇	4778	5	7	31280	1027	83	88
南湖区新丰镇	6265	2	10	40303	460	89	95
南湖区大桥镇	9820	9	16	66655	747	161	168
秀洲区王江泾镇	12039	9	33	81041	609	186	80
秀洲区油车港镇	6331	3	16	54656	393	52	190
秀洲区新塍镇	13317	6	24	77408	436	64	276
秀洲区王店镇	11587	6	22	62866	811	92	96
秀洲区洪合镇	5491	2	10	30206	229	33	191
嘉善县大云镇	2873	1	6	17210	414	58	77
嘉善县西塘镇	8288	6	18	57337	1733	70	156
嘉善县干窑镇	3708	3	9	26526	658	84	51
嘉善县陶庄镇	4582	2	9	27047	316	56	37
嘉善县姚庄镇	7449	7	18	40791	636	151	82
嘉善县天凝镇	7571	3	22	55953	622	104	215
海盐县沈荡镇	6603	1	11	33043	387	46	129
海盐县百步镇	5924	1	10	32935	972	97	71
海盐县于城镇	4296	1	8	21496	336	60	85

续表 166　　浙江省　　单位：公顷、个、人

名　称	行政区域面积	居民委员会(社区)个数	村民委员会个数	户籍人口	工业企业个数	#规模以上	营业面积50平方米以上的商店或超市个数
海盐县澉浦镇	12070	1	13	28575	270	46	37
海盐县通元镇	6913	1	14	41258	446	77	85
海宁市许村镇	9116	3	27	120106	2638	208	882
海宁市长安镇	9100	13	20	94961	1751	244	692
海宁市周王庙镇	5384	1	13	47411	467	78	62
海宁市丁桥镇	6062	2	14	43313	533	109	121
海宁市斜桥镇	6451	4	16	63544	809	116	207
海宁市黄湾镇	8670	4	7	23620	519	165	12
海宁市盐官镇	5599	4	15	49856	698	83	43
海宁市袁花镇	7748	3	14	51861	895	123	267
平湖市乍浦镇	6624	11	9	59685	529	96	152
平湖市新埭镇	7612	2	9	47304	848	98	238
平湖市新仓镇	5716	3	8	37519	581	85	28
平湖市广陈镇	5584	1	11	34511	357	39	29
平湖市林埭镇	4622	1	11	32403	468	46	26
平湖市独山港镇	10243	6	13	74735	1296	160	111
桐乡市乌镇镇	11093	4	26	84696	499	86	999
桐乡市濮院镇	6050	8	13	51002	1735	116	1005
桐乡市屠甸镇	4133	1	8	29621	447	81	357
桐乡市石门镇	6325	1	18	51190	505	87	487
桐乡市河山镇	3902	1	9	26727	261	66	363
桐乡市洲泉镇	7333	1	19	63516	990	155	859
桐乡市大麻镇	3278	1	11	37107	554	85	338
桐乡市崇福镇	10010	5	26	100864	1553	135	911
吴兴区织里镇	10570	25	34	74643	4100	124	552
吴兴区八里店镇	6200		18	37070	803	43	62
吴兴区妙西镇	10600		15	16284	65	9	24
吴兴区埭溪镇	17070	4	20	34881	300	59	132
吴兴区东林镇	7884	3	23	32529	297	57	33
吴兴区道场乡	6615	2	7	16301	67	24	56
南浔区南浔镇	8978	13	32	84759	423	156	210
南浔区双林镇	8550	6	28	55600	420	115	43
南浔区练市镇	12257	3	38	82999	503	129	98
南浔区善琏镇	5555	2	15	25782	221	45	15
南浔区菱湖镇	10956	6	26	71409	555	94	18
南浔区和孚镇	9700	3	22	50910	454	95	135
南浔区千金镇	4324	1	10	21073	181	25	30
南浔区石淙镇	2649	1	7	13632	125	37	9
德清县乾元镇	5414	5	8	36907	386	95	17
德清县新市镇	9200	4	19	62740	537	137	47
德清县洛舍镇	4986	1	6	17161	394	36	34
德清县钟管镇	7919	1	19	39816	589	121	40
德清县雷甸镇	5400	2	10	35519	550	123	209
德清县禹越镇	3917	1	10	30533	368	83	188
德清县新安镇	5632	1	11	31152	370	70	27

续表 167　　浙江省　　单位：公顷、个、人

名　　称	行政区域面　　积	居民委员会(社区)个数	村民委员会个　　数	户籍人口	工业企业个　　数	#规模以上	营业面积50平方米以上的商店或超市个数
德清县莫干山镇	19144	2	17	32361	21	1	29
长兴县洪桥镇	7302	2	21	44945	227	59	59
长兴县李家巷镇	5312	1	12	28398	400	117	58
长兴县夹浦镇	6557	1	13	28778	543	128	66
长兴县林城镇	13592	1	18	55242	236	62	56
长兴县虹星桥镇	7207	1	17	37961	184	56	58
长兴县小浦镇	9650	1	11	26197	91	26	28
长兴县和平镇	18042	1	23	53609	130	75	75
长兴县泗安镇	23496	1	27	68830	286	67	93
长兴县煤山镇	20604	3	24	46782	452	98	52
长兴县水口乡	7976	1	8	19301	135	33	28
安吉县鄣吴镇	4955		6	11042	39		25
安吉县杭垓镇	26700		18	34156	60	5	87
安吉县孝丰镇	19100	6	15	44080	658	38	65
安吉县报福镇	15123		10	17321	25	4	70
安吉县章村镇	8916		8	14639	14	1	11
安吉县天荒坪镇	11363		11	21376	302	23	80
安吉县梅溪镇	19484	4	22	63400	210	59	146
安吉县天子湖镇	23264	1	20	50112	40		297
安吉县溪龙乡	3465		5	8871	50	16	22
安吉县上墅乡	7507		7	13526	83	13	20
安吉县山川乡	4672		6	5630	9		8
越城区富盛镇	7977	1	14	21920	164	10	24
柯桥区平水镇	17339	4	25	51373	262	56	89
柯桥区王坛镇	13769	1	24	30563			12
柯桥区稽东镇	11150	1	24	29420	4	3	18
柯桥区漓渚镇	3664	2	11	21303	731	59	36
柯桥区夏履镇	5101	1	11	18084	326	32	21
上虞区长塘镇	3835		8	12735	56	4	12
上虞区上浦镇	8520	1	13	21393	263	23	21
上虞区汤浦镇	6200	1	8	13915	343	52	9
上虞区章镇镇	13846	2	27	38379	232	27	22
上虞区下管镇	4800	1	9	10680	66	2	9
上虞区丰惠镇	11880	2	27	47777	911	31	35
上虞区永和镇	3132		8	15107	301	19	22
上虞区驿亭镇	5039		14	19821	240	35	21
上虞区谢塘镇	2440	1	14	23126	186	22	15
上虞区盖北镇	1681	1	10	23588	44	14	41
上虞区岭南乡	5800		8	9990	4		4
上虞区陈溪乡	4200		8	7793	9		4
上虞区丁宅乡	4280		7	9455	42	3	7
新昌县回山镇	9820	1	32	33764	155	1	62
新昌县小将镇	21620		22	29880	61	8	22
新昌县沙溪镇	11860		10	13084	20	7	8
新昌县镜岭镇	10037	1	23	28208	54	6	12

续表 168　　浙江省　　单位：公顷、个、人

名　　称	行政区域面积	居民委员会(社区)个数	村民委员会个数	户籍人口	工业企业个数	#规模以上	营业面积50平方米以上的商店或超市个数
新昌县儒岙镇	13221	1	28	35203	482	24	26
新昌县沃洲镇	15461	1	24	31106	270	30	44
新昌县城南乡	7650	1	17	22322	45	5	32
新昌县东茗乡	4800		11	12760	12	1	10
诸暨市应店街镇	11796	1	26	45737	223	45	70
诸暨市次坞镇	9720	2	20	38420	512	69	48
诸暨市店口镇	17681	11	29	97766	3235	250	589
诸暨市姚江镇	10406	2	21	54556	378	54	43
诸暨市山下湖镇	4260	3	9	28474	312	32	15
诸暨市枫桥镇	16664	6	23	69795	1220	67	75
诸暨市赵家镇	9644	2	12	30946	94	5	17
诸暨市马剑镇	11800	2	12	18771	23	1	18
诸暨市五泄镇	3938	1	7	15211	178	11	23
诸暨市牌头镇	8800	2	26	45849	1256	68	31
诸暨市同山镇	5785	1	13	21129	38	1	25
诸暨市安华镇	6197	2	16	32749	369	45	59
诸暨市璜山镇	13169	2	14	37006	150	35	26
诸暨市陈宅镇	7789	1	10	18083	55	4	16
诸暨市岭北镇	5972	1	7	13001	29	1	18
诸暨市浬浦镇	5667	1	11	19442	53	8	3
诸暨市东白湖镇	19840	1	18	35835	45	8	8
诸暨市东和乡	6432		12	21081	32	2	36
嵊州市甘霖镇	15940	2	35	79778	1175	94	30
嵊州市长乐镇	21440	1	27	60311	569	51	119
嵊州市崇仁镇	17860	3	32	74260	545	36	93
嵊州市黄泽镇	9764	1	13	41889	921	62	30
嵊州市三界镇	15831	1	19	55205	300	67	41
嵊州市石璜镇	13472	3	16	31158	121	10	25
嵊州市谷来镇	16437	1	17	32236			20
嵊州市仙岩镇	7453		9	14377	32	21	14
嵊州市金庭镇	16275	1	14	37895	210	9	42
嵊州市下王镇	8505	1	8	12070	8	1	15
嵊州市贵门乡	13942		13	20775			18
婺城区罗店镇	7640	1	25	24260	78	8	42
婺城区雅畈镇	7590		22	23356	78	11	36
婺城区安地镇	13040	1	22	17168	9		14
婺城区白龙桥镇	9412	13	28	69899	734	139	179
婺城区琅琊镇	9800	1	18	19249	75	7	38
婺城区蒋堂镇	5049		17	17716	107	15	44
婺城区汤溪镇	13787	1	39	49070	382	67	131
婺城区罗埠镇	4588		32	34923	170	22	65
婺城区洋埠镇	1807	1	15	14847	77	20	22
婺城区乾西乡	2400	11	5	24494	148	21	134
婺城区竹马乡	2382		8	11997	82	19	24
婺城区长山乡	5248		11	10400	24	1	15

续表 169　　浙江省　　单位：公顷、个、人

名　　称	行政区域面　积	居民委员会(社区)个数	村民委员会个　数	户籍人口	工业企业个　数	#规模以上	营业面积50平方米以上的商店或超市个数
婺城区箬阳乡	6280		8	4064	8		
婺城区沙畈乡	18037		17	12884	11		2
婺城区塔石乡	13600		22	13877	1		30
婺城区莘畈乡	7304		7	5752	15		
婺城区苏孟乡	4460	5	15	27607	152	3	88
金东区孝顺镇	12883	4	79	72810	2035	204	516
金东区傅村镇	3534	2	25	28503	987	62	148
金东区曹宅镇	9062		44	43132	385	67	126
金东区澧浦镇	9702		44	34761	140	16	61
金东区岭下镇	5858		20	15740	192	41	66
金东区江东镇	3482		17	12437	216	45	68
金东区塘雅镇	5308		32	31333	112	23	52
金东区赤松镇	5735		24	30481	115	19	146
金东区源东乡	4689		17	17009	1		35
武义县柳城畲族镇	17230	1	27	27683	32	1	39
武义县履坦镇	5060	1	12	14960	174	24	41
武义县桐琴镇	4690	1	20	23952	725	120	210
武义县泉溪镇	8726		23	21717	910	97	162
武义县新宅镇	17980		24	20516	3		86
武义县王宅镇	10170	1	21	27116	125	25	72
武义县桃溪镇	10560		16	17585	12		25
武义县茭道镇	5790	1	11	10965	407	33	70
武义县大田乡	4750		9	10578	15		12
武义县白姆乡	10354	1	11	12270	18	1	16
武义县俞源乡	6329		8	10709	35	2	2
武义县坦洪乡	3403		9	6377			12
武义县西联乡	12230		5	5636			7
武义县三港乡	4336		7	4381	7		10
武义县大溪口乡	7530		6	4603			6
浦江县黄宅镇	6707		42	65200	1704	61	150
浦江县白马镇	5918		19	28113	557	52	30
浦江县郑家坞镇	2496		9	11569	310	28	25
浦江县郑宅镇	4109		15	25925	541	18	93
浦江县岩头镇	4911		20	28124	212	3	37
浦江县檀溪镇	10768		13	15228			12
浦江县杭坪镇	9830		16	17791	1		18
浦江县大畈乡	9001		7	8356	2	1	6
浦江县中余乡	4440		8	12205	56		12
浦江县前吴乡	6397		13	13893	11		10
浦江县花桥乡	4834		11	9863	3		3
浦江县虞宅乡	5695		7	9035	1		29
磐安县仁川镇	11422		18	14938	43	2	29
磐安县大盘镇	8046		13	7634	22	2	3
磐安县方前镇	12600		20	11064	26	5	7
磐安县玉山镇	6204		15	15491	61	5	37

续表 170　　浙江省　　单位：公顷、个、人

名　称	行政区域面积	居民委员会(社区)个数	村民委员会个数	户籍人口	工业企业个数	#规模以上	营业面积50平方米以上的商店或超市个数
磐安县尚湖镇	10829		19	17918	48	10	19
磐安县冷水镇	3998		11	9503	49	11	30
磐安县尖山镇	11637	4	32	34179	276	43	56
磐安县双峰乡	4094		5	5271	11		2
磐安县双溪乡	5657		11	6832	9		20
磐安县窈川乡	4272		7	3961	9		3
磐安县九和乡	5600		11	5764	5		5
磐安县盘峰乡	13813		17	9560	3	1	9
兰溪市游埠镇	6492	2	19	36725	128	30	48
兰溪市诸葛镇	4684	1	15	25975	32	12	30
兰溪市黄店镇	13742		21	34189	56	9	87
兰溪市香溪镇	7561		21	34957	130	12	92
兰溪市马涧镇	15809	1	33	49764	119	21	94
兰溪市梅江镇	12542	1	26	42555	245	27	69
兰溪市横溪镇	8260	1	15	24370	130	26	28
兰溪市灵洞乡	7548		14	22018	82	32	32
兰溪市水亭畲族乡	4652		19	21483	37	7	40
兰溪市柏社乡	12384		20	28726	15	4	27
义乌市佛堂镇	13410	7	54	90136	1838	137	653
义乌市赤岸镇	14998	2	42	40196	235	28	115
义乌市义亭镇	5400	5	38	57875	969	67	388
义乌市上溪镇	10280	2	45	53981	1265	79	435
义乌市苏溪镇	10910	5	43	57427	2362	87	300
义乌市大陈镇	13600	1	31	39678	593	37	316
东阳市巍山镇	15270	2	29	69364	524	53	112
东阳市虎鹿镇	12461		18	29802	94	4	42
东阳市歌山镇	6318		21	41035	299	47	52
东阳市佐村镇	15096		25	25128	28	14	6
东阳市东阳江镇	14425		27	21913	20		39
东阳市湖溪镇	8620		28	40990	261	32	29
东阳市马宅镇	11991		17	24881	68	6	2
东阳市千祥镇	10218		33	44388	321	11	38
东阳市南马镇	11597		30	62937	698	63	138
东阳市画水镇	11654		18	54847	409	36	141
东阳市横店镇	11635	10	17	95177	869	95	789
东阳市三单乡	8352		14	11246	4		33
永康市石柱镇	6671	2	24	36052	987	46	285
永康市前仓镇	8027	1	17	25698	461	22	74
永康市舟山镇	7590	2	25	23233	57	1	24
永康市古山镇	4554	2	37	46437	1886	84	410
永康市方岩镇	6714	2	26	28998	389	24	153
永康市龙山镇	5661	2	27	36931	758	69	265
永康市西溪镇	8250		22	31283	347	27	130
永康市象珠镇	8578	2	27	41689	953	65	216
永康市唐先镇	8023	2	31	44538	330	17	98

续表 171　　浙江省　　单位：公顷、个、人

名　　称	行政区域面　积	居民委员会(社区)个数	村民委员会个　　数	户籍人口	工业企业个　　数	#规模以上	营业面积50平方米以上的商店或超市个数
永康市花街镇	11206	2	26	28374	279	50	115
永康市芝英镇	5667	5	42	55770	1649	90	357
柯城区石梁镇	11955	2	21	31973	52		39
柯城区航埠镇	6640	1	32	53537	155	25	104
柯城区黄家乡	1408	2	19	19602	30	2	15
柯城区七里乡	6025		7	5249			8
柯城区九华乡	8117	1	23	21855	5	1	65
柯城区沟溪乡	4450		16	16900	4		47
柯城区华墅乡	4452		10	16942	8		18
柯城区姜家山乡	1446	2	11	12798	1		8
柯城区万田乡	2520	1	16	18061	9		22
衢江区上方镇	15750		14	28841	27	3	31
衢江区峡川镇	6380		11	15303	9	3	6
衢江区莲花镇	7222		23	36438	8		34
衢江区全旺镇	9330		14	21694	13		49
衢江区大洲镇	14600		10	16913	15	6	13
衢江区后溪镇	6369		15	26507	13	1	34
衢江区廿里镇	6130	1	21	36438	88	23	35
衢江区湖南镇	13750		9	10854	14	1	5
衢江区高家镇	14127		37	62045	90	4	81
衢江区杜泽镇	10695		24	30681	10	2	22
衢江区灰坪乡	5200		5	4233	4		6
衢江区太真乡	5020		6	6147	1		6
衢江区双桥乡	3930		6	3946	9		8
衢江区周家乡	3912		11	15680	5		30
衢江区云溪乡	4620		17	26411	8	1	58
衢江区举村乡	7908		7	2706	2		2
衢江区岭洋乡	12267		11	5114	2		2
衢江区黄坛口乡	14654		7	9100	12		10
常山县白石镇	4620	1	7	10311	10	1	45
常山县招贤镇	6980	1	20	34012	11	5	46
常山县青石镇	7870		18	35590	123	7	91
常山县球川镇	12950	1	20	38461	40	13	27
常山县辉埠镇	12710	1	17	34642	205	57	39
常山县芳村镇	14870	1	20	28092	20	3	72
常山县何家乡	5690		8	13459	3		20
常山县同弓乡	3850		8	11487	5		55
常山县大桥头乡	4990		8	14882	23		24
常山县新昌乡	11060		10	16847	8		30
常山县东案乡	6880		10	15561	26		36
开化县桐村镇	12414		9	18052	22	5	47
开化县杨林镇	13811		11	16162	6	1	17
开化县苏庄镇	23087		11	21653	9		27
开化县齐溪镇	12821		10	7512			10
开化县村头镇	7387		19	17631	7	1	9

续表 172　　浙江省　　单位：公顷、个、人

名　　称	行政区域面　　积	居民委员会(社区)个数	村民委员会个　　数	户籍人口	工业企业个　　数	#规模以上	营业面积50平方米以上的商店或超市个数
开化县华埠镇	43250	12	61	106948	312	80	85
开化县马金镇	18037	1	36	43482	54	5	121
开化县池淮镇	23090	1	25	31018	33	2	20
开化县中村乡	9750		9	9370			64
开化县长虹乡	13807		10	14021	18		28
开化县何田乡	10780		10	11526			21
开化县林山乡	16560		13	18286			14
开化县音坑乡	10143		19	27967	45	1	57
开化县大溪边乡	8511		12	13387	1		33
龙游县湖镇镇	10217	1	40	51125	127	34	75
龙游县小南海镇	8360		18	31422	33	7	44
龙游县詹家镇	5590		21	26572	19	2	51
龙游县溪口镇	11285	1	14	21483	49	10	50
龙游县横山镇	8921		20	30761	44	6	59
龙游县塔石镇	7587		26	41237	17	2	62
龙游县罗家乡	5903		10	9313			9
龙游县庙下乡	8057		13	12673	2		5
龙游县石佛乡	6736		10	17404	12	5	40
龙游县社阳乡	9600		8	10602			4
龙游县大街乡	4250		8	7180	1		4
龙游县沐尘畲族乡	8650		10	11381	4		10
龙游县模环乡	7689	1	23	29934	58	2	78
江山市四都镇	4260		8	15369	54	15	38
江山市坛石镇	12395		13	27434	14	4	44
江山市大桥镇	8052		15	19023	4	2	27
江山市新塘边镇	4788	1	19	31696	42	13	22
江山市廿八都镇	18694		9	10473			15
江山市长台镇	6251	1	9	19280	25	2	13
江山市上余镇	14463		18	37233	40	2	22
江山市凤林镇	8986	1	18	41363	37	8	31
江山市峡口镇	20483	1	18	43481	113	23	31
江山市石门镇	9560	1	15	34421	30	3	33
江山市贺村镇	13064	3	45	87029	445	83	75
江山市大陈乡	3071		6	8415	13	3	13
江山市碗窑乡	9818		9	16385	12		30
江山市保安乡	7550		7	6090			2
江山市塘源口乡	10534		9	9248	8		5
江山市张村乡	27492		11	10515	9		9
定海区金塘镇	9034		13	38451	420	32	29
定海区白泉镇	8427	2	14	37352	120	11	12
定海区干览镇	2350	1	6	9435	106	15	21
普陀区六横镇	11880	5	30	60712	454	31	69
普陀区虾峙镇	2290	1	6	20666	6	3	9
普陀区桃花镇	4262	1	7	15465	15	1	7
普陀区东极镇	1170		1	5456			2

续表 173　　浙江省　　单位：公顷、个、人

名　　称	行政区域面　　积	居民委员会(社区)个数	村民委员会个　　数	户籍人口	工业企业个　　数	#规模以上	营业面积50平方米以上的商店或超市个数
普陀区普陀山镇	1250	4		5103	1		7
岱山县高亭镇	5080	10	21	60820	106	25	41
岱山县东沙镇	2300	2	3	15208	180	9	9
岱山县岱东镇	2290		5	12903	48	3	3
岱山县岱西镇	3138		8	13574	39	15	7
岱山县长涂镇	6428		4	10927	42	4	10
岱山县衢山镇	7592	1	30	48459	108	7	104
岱山县秀山乡	2280		3	6752	130	6	21
嵊泗县菜园镇	3300	4	9	30308	35	1	17
嵊泗县嵊山镇	713		4	7785	19	2	6
嵊泗县洋山镇	2100	4	1	11489	7	5	17
嵊泗县五龙乡	680		4	4437	14	1	3
嵊泗县黄龙乡	626		4	8130	4		6
嵊泗县枸杞乡	657		5	7549	15	3	7
嵊泗县花鸟乡	400	2	2	1875			4
椒江区大陈镇	1768	1	3	3763	4	1	6
黄岩区宁溪镇	8912	6	21	33347	160	10	6
黄岩区北洋镇	11254	2	20	32471	187	28	4
黄岩区头陀镇	5850	1	24	37025	234	17	47
黄岩区院桥镇	7980	4	39	73796	791	42	45
黄岩区沙埠镇	4407	2	15	23992	328	23	13
黄岩区屿头乡	9888		11	13562	17		3
黄岩区上郑乡	9382		10	12236	17		2
黄岩区富山乡	5386		10	13415	2		1
黄岩区茅畲乡	3032		10	13164	32		10
黄岩区上垟乡	6444		11	16717	13		2
黄岩区平田乡	4033		9	9389	3		1
路桥区新桥镇	1380	2	11	27831	810	58	31
路桥区横街镇	1500	1	14	28338	798	59	35
路桥区金清镇	10070	1	42	105583	1816	133	95
路桥区蓬街镇	7740	6	30	68094	1312	63	112
三门县珠岙镇	8341		34	43666	160	25	13
三门县亭旁镇	13319		54	55592	90	4	57
三门县健跳镇	17202	4	39	68606	137	29	68
三门县横渡镇	11763		13	22466			8
三门县浦坝港镇	25320	1	60	106705	405	113	52
三门县花桥镇	8305		17	26436	8		15
三门县蛇蟠乡	2321		4	2203			7
天台县白鹤镇	13470		49	64415	229	28	51
天台县石梁镇	17007		21	15429	23		11
天台县街头镇	14273		29	38298	20	1	10
天台县平桥镇	17692		70	110364	330	54	39
天台县坦头镇	8186		30	45436	322	11	80
天台县三合镇	5922		26	41879	132	20	27
天台县洪畴镇	3758		15	21817	154	17	8

续表 174　　浙江省　　单位：公顷、个、人

名　　称	行政区域面积	居民委员会(社区)个数	村民委员会个数	户籍人口	工业企业个数	#规模以上	营业面积50平方米以上的商店或超市个数
天台县三州乡	4440		11	9297			11
天台县龙溪乡	7590		7	7783	4	1	8
天台县雷峰乡	8260		13	15943	4		4
天台县南屏乡	5285		14	13804			6
天台县泳溪乡	7018		17	15818			11
仙居县横溪镇	21100	1	33	51825	118	9	290
仙居县埠头镇	6966		12	20139	39	3	29
仙居县白塔镇	10702	1	27	44486	202	24	104
仙居县田市镇	9258		23	29289	37	7	23
仙居县官路镇	7999		14	23562	97	8	14
仙居县下各镇	8950		31	52682	352	40	104
仙居县朱溪镇	18252		23	31407	12	1	7
仙居县安岭乡	4865		13	11983	1		5
仙居县溪港乡	6274		8	8455	1		2
仙居县湫山乡	13008		14	16104	14	1	8
仙居县淡竹乡	21139		11	13387	2		1
仙居县皤滩乡	7020		10	16254	18		6
仙居县上张乡	10284		10	13619	8		3
仙居县步路乡	7240		12	15415	33		4
仙居县广度乡	7936		9	9478	6	1	3
仙居县大战乡	5905		10	15483	11	2	7
仙居县双庙乡	6070		9	12459	17	1	10
温岭市泽国镇	6328	11	51	127172	2169	212	220
温岭市大溪镇	12950	9	70	131609	2432	221	227
温岭市松门镇	8270	8	48	90230	773	109	205
温岭市箬横镇	11790	14	74	142767	1391	73	117
温岭市新河镇	7140	2	62	119050	999	63	106
温岭市石塘镇	2820	1	34	64810	271	76	57
温岭市滨海镇	6170	1	45	73273	376	34	76
温岭市温峤镇	7750	4	35	62168	1003	97	200
温岭市城南镇	10910		49	72466	282	38	107
温岭市石桥头镇	2840	1	16	27718	135	12	4
温岭市坞根镇	3470	1	14	25202	119	14	40
临海市汛桥镇	5300		14	19631	157	15	22
临海市东塍镇	16500		33	63915	1469	55	70
临海市汇溪镇	5700		15	19556	92	6	10
临海市小芝镇	9000		21	35629	84	7	10
临海市河头镇	10000		30	41773	71	1	6
临海市白水洋镇	21700	1	60	101555	211	21	42
临海市括苍镇	15600		27	43633	131	8	70
临海市永丰镇	15600		39	60766	142	16	75
临海市尤溪镇	13600		18	24755	60	5	19
临海市涌泉镇	11200		32	53887	200	20	31
临海市沿江镇	8816		30	49277	544	49	70
临海市杜桥镇	18600	4	107	219369	1739	122	582

续表 175　　　　浙江省　　　　单位：公顷、个、人

名　　称	行政区域面　　积	居民委员会(社区)个数	村民委员会个　　数	户籍人口	工业企业个　　数	#规模以上	营业面积50平方米以上的商店或超市个数
临海市上盘镇	9900	1	30	59155	282	79	79
临海市桃渚镇	12900		55	97660	136	1	106
玉环市清港镇	5421	1	28	49806	1523	129	122
玉环市楚门镇	3543	3	18	55167	1396	152	172
玉环市干江镇	2996		15	21177	485	53	26
玉环市沙门镇	4954		18	25434	802	156	30
玉环市芦浦镇	1947		12	18723	604	67	23
玉环市龙溪镇	2415		12	18221	636	59	44
玉环市鸡山乡	1051		6	7263	7		3
玉环市海山乡	2608		7	7431	4		1
莲都区碧湖镇	21426	1	43	62928	298	103	169
莲都区大港头镇	10024	1	10	12544	37	1	19
莲都区老竹畲族镇	8184		12	16148	20		21
莲都区雅溪镇	15764		19	21458	9		18
莲都区太平乡	10557		19	23043	12	1	22
莲都区仙渡乡	6414		11	11423	4		9
莲都区峰源乡	15114		8	8653	10		3
莲都区丽新畲族乡	7900		9	10775	11	1	15
莲都区黄村乡	10347		11	11712			14
青田县温溪镇	5800	3	21	48123	198	63	78
青田县东源镇	8600		11	21878	48	43	8
青田县高湖镇	8900		10	20880	34	23	18
青田县船寮镇	15460	1	30	41063	131	25	53
青田县海口镇	11200		12	19427	23	11	6
青田县腊口镇	9227	2	19	23273	36	12	29
青田县北山镇	24480		15	16363	8		8
青田县山口镇	3458	1	4	13070	3	1	6
青田县仁庄镇	9300	2	19	25729			8
青田县祯埠镇	12800		8	15041	20	3	23
青田县万山乡	2700		5	4343			
青田县黄垟乡	4606		7	5553	12	2	
青田县季宅乡	7500		6	15742			4
青田县高市乡	5216		7	7850			1
青田县海溪乡	3300		9	9645	8		6
青田县章村乡	9900		15	16190			8
青田县祯旺乡	8400		6	5579	2		1
青田县舒桥乡	7400		14	15428	3	1	1
青田县巨浦乡	9956		10	10626	2	1	3
青田县万阜乡	7530		8	9026			15
青田县方山乡	4017		11	15133			2
青田县汤垟乡	7900		7	7701	1		2
青田县贵岙乡	6121		11	10162			
青田县小舟山乡	2446		7	7870			1
青田县吴坑乡	3596		10	11293	6		2
青田县仁宫乡	9130		8	14323			11

续表 176　　浙江省　　单位：公顷、个、人

名　　称	行政区域面　　积	居民委员会(社区)个数	村民委员会个　　数	户籍人口	工业企业个　　数	#规模以上	营业面积50平方米以上的商店或超市个数
青田县章旦乡	3736		8	9404			11
青田县阜山乡	11700		17	19047	4		4
缙云县壶镇镇	22800	7	55	77666	1618	72	910
缙云县新建镇	17360	1	27	66058	196	18	163
缙云县舒洪镇	6520		6	18476	32	5	35
缙云县大洋镇	16450		13	17070	9		7
缙云县东渡镇	12810		20	33800	88	15	66
缙云县东方镇	8060		12	24751	45	16	34
缙云县大源镇	8880		14	20568	11		11
缙云县七里乡	6140		16	20207	45		31
缙云县前路乡	4450		6	9177	11		1
缙云县溶江乡	5000		11	15738	8		8
缙云县双溪口乡	3500		8	11879	28		4
缙云县胡源乡	4450		7	14622	7		18
缙云县方溪乡	3300		5	4699	1		4
缙云县石笕乡	5340		5	7814	1		5
遂昌县新路湾镇	13600		12	11066	6		11
遂昌县北界镇	8300		9	8345	12	1	5
遂昌县金竹镇	14000		14	12979	11		23
遂昌县大柘镇	12300	1	12	13939	37		22
遂昌县石练镇	10959	1	12	11960	25	4	15
遂昌县王村口镇	16500	1	13	7989	14		13
遂昌县黄沙腰镇	16900		7	6839	11		7
遂昌县三仁畲族乡	7900	1	8	8416	19		14
遂昌县濂竹乡	5500		9	3710	3	2	5
遂昌县应村乡	8300		9	7538	5		7
遂昌县高坪乡	4800		6	5372	1		2
遂昌县湖山乡	18700		11	9035	10	4	4
遂昌县蔡源乡	5600		4	3187	3		4
遂昌县焦滩乡	8500		5	2764	14		10
遂昌县龙洋乡	14800		6	3962	3		2
遂昌县柘岱口乡	16900		5	5491	12	1	11
遂昌县西畈乡	13500		6	3959	5		5
遂昌县垵口乡	16300		9	6337	20		1
松阳县古市镇	4064	2	15	20383	70	10	42
松阳县玉岩镇	14432		14	13652	3	1	35
松阳县象溪镇	12011		13	14364	139	6	41
松阳县大东坝镇	20829		17	16555	22	1	50
松阳县新兴镇	14060		22	21877	2	1	36
松阳县叶村乡	3929		8	7243	15	11	35
松阳县斋坛乡	2807		7	9232	5		22
松阳县三都乡	6519		10	8261	5		4
松阳县竹源乡	5912		7	6814	1		6
松阳县四都乡	4338		5	3547			4
松阳县赤寿乡	5349		8	10968	106	9	12

续表 177　　浙江省　　单位：公顷、个、人

名　　称	行政区域面　　积	居民委员会(社区)个数	村民委员会个　　数	户籍人口	工业企业个　　数	#规模以上	营业面积50平方米以上的商店或超市个数
松阳县樟溪乡	2663		8	10109			17
松阳县枫坪乡	10104		10	8207	4		19
松阳县板桥畲族乡	2893		5	4674	4	1	5
松阳县裕溪乡	7573		7	6071	8		24
松阳县安民乡	8271		4	3559			1
云和县崇头镇	22190	1	18	19441	23	3	5
云和县石塘镇	17890		13	13780	3		20
云和县紧水滩镇	14765		7	6395	5		10
云和县雾溪畲族乡	3291		2	2005	17		1
云和县安溪畲族乡	3367		3	2609	1		
云和县赤石乡	12154		6	5094			
庆元县黄田镇	12580		16	15136	24	8	13
庆元县竹口镇	17190		11	10751	39	15	12
庆元县荷地镇	10271		13	11933	1		
庆元县左溪镇	14603		13	8951	3	1	
庆元县贤良镇	7590		6	4786			
庆元县百山祖镇	19026		9	7903	5		1
庆元县岭头乡	12050		12	9773	2		1
庆元县五大堡乡	16288		12	10376	7		
庆元县淤上乡	5778		9	9028	4	1	15
庆元县安南乡	7800		9	7970	13	2	2
庆元县张村乡	6630		8	6318	3	1	
庆元县隆宫乡	6790		9	7850	16	3	14
庆元县举水乡	8180		6	5992	2		2
庆元县江根乡	5823		7	5622	1		
庆元县龙溪乡	4020		6	4097	5		
庆元县官塘乡	5590		4	2809			2
景宁畲族自治县渤海镇	11113	1	6	6301	3		7
景宁畲族自治县东坑镇	16186	1	10	8523	4	2	4
景宁畲族自治县英川镇	12726	1	10	16210	10	1	2
景宁畲族自治县沙湾镇	12726	1	13	15888	8		3
景宁畲族自治县大均乡	8433		5	4301	5		3
景宁畲族自治县澄照乡	8490	1	5	7462	347	4	13
景宁畲族自治县梅岐乡	6895		5	4300	5		
景宁畲族自治县郑坑乡	3404		4	3309	5		2
景宁畲族自治县大漈乡	5433		4	3276			1
景宁畲族自治县景南乡	7835		5	4349	4		2
景宁畲族自治县雁溪乡	5640		5	3445	3		1
景宁畲族自治县鸬鹚乡	6091		8	9611	4	3	1
景宁畲族自治县梧桐乡	6417		6	5720	6		1
景宁畲族自治县标溪乡	4956		4	4531	10		
景宁畲族自治县毛垟乡	5645		4	4495	5		7
景宁畲族自治县秋炉乡	5359		4	4788			4
景宁畲族自治县大地乡	9913		6	6614	4		
景宁畲族自治县家地乡	4787		3	2249	3		3

续表 178　　浙江省、安徽省　　单位：公顷、个、人

名　称	行政区域面积	居民委员会(社区)个数	村民委员会个数	户籍人口	工业企业个数	#规模以上	营业面积50平方米以上的商店或超市个数
景宁畲族自治县九龙乡	19567	1	11	7933	7		5
龙泉市八都镇	14037		22	25456	57	5	15
龙泉市上垟镇	15739		12	17109	30	4	3
龙泉市小梅镇	10245		14	12227	15	3	12
龙泉市查田镇	12220		17	17141	36	8	40
龙泉市安仁镇	19520	1	14	18928	79	18	19
龙泉市锦溪镇	16326		10	10927	6	1	14
龙泉市住龙镇	27071		6	6201	21		5
龙泉市屏南镇	26811		9	10047	11	1	1
龙泉市兰巨乡	15400		18	18088	6	1	18
龙泉市宝溪乡	15692		6	7611	10		3
龙泉市竹垟畲族乡	10411		8	7726	6		6
龙泉市道太乡	34182		19	14685	9		4
龙泉市岩樟乡	9538		4	4011			1
龙泉市城北乡	22332		14	11646	8		14
龙泉市龙南乡	19660		15	21192	7		7
安徽省							
瑶海区大兴镇	1560	8		32496	41	2	33
庐阳区大杨镇	3610	11	5	87493	7	5	72
庐阳区三十岗乡	3240		9	15948			5
蜀山区井岗镇	1980	7	1	92771	26	7	35
蜀山区南岗镇	3920	1	5	17127	149	37	12
蜀山区小庙镇	14936	5	15	61067	9	3	34
包河区淝河镇	2650	3	6	41656	5	4	42
包河区大圩镇	3792		15	26697	4	1	49
长丰县水湖镇	12885	14	19	107205	236	16	244
长丰县庄墓镇	4148	6	5	27511	19	5	25
长丰县杨庙镇	9911	5	12	40463	71	15	92
长丰县吴山镇	12630	7	11	47656	295	34	44
长丰县岗集镇	15668	13	6	69135	471	67	103
长丰县双墩镇	21844	15	16	80334	125	9	149
长丰县下塘镇	22877	17	7	93940	205	43	122
长丰县朱巷镇	11500	4	9	43664	16	1	137
长丰县陶楼镇	10019	10	2	27419	10	2	28
长丰县杜集镇	16940	4	14	50428	4	1	58
长丰县义井镇	9533	3	16	48600	11		50
长丰县左店镇	10114	4	7	40264	4	2	48
长丰县罗塘乡	13477	5	20	79896	24	3	65
长丰县造甲乡	10805	7	6	30599	17	2	40
肥东县店埠镇	14780	21	13	177412	310	9	226
肥东县撮镇镇	11310		15	85380	618	52	120
肥东县梁园镇	16169		17	81406	167	9	108
肥东县桥头集镇	10200		10	42335	25	5	80
肥东县长临河镇	15668		11	51068	22		80
肥东县石塘镇	12539		17	66730	43	5	68

续表 179　　　　安徽省　　　　单位：公顷、个、人

名　　称	行政区域面　　积	居民委员会(社区)个数	村民委员会个　　数	户籍人口	工业企业个　　数	#规模以上	营业面积50平方米以上的商店或超市个数
肥东县古城镇	18358		18	75530	9	3	66
肥东县八斗镇	17971		17	75613	9	2	41
肥东县元疃镇	8991		8	29258	43	8	28
肥东县白龙镇	18577		17	72427	25	1	50
肥东县包公镇	13449		15	61235	7	1	40
肥东县陈集镇	8384		7	29045			36
肥东县众兴乡	5340		6	25446	52	5	27
肥东县张集乡	7200		8	32000	2		33
肥东县马湖乡	8201		7	29906	6	2	23
肥东县响导乡	8780		9	39885	10		13
肥东县杨店乡	9200		10	37541	5	1	32
肥东县牌坊回族满族乡	8651		11	46898	47		31
肥西县上派镇	12100	24	9	145599	750	21	395
肥西县三河镇	7877	14	12	63350	62	8	40
肥西县官亭镇	23700	10	21	95471	109	12	268
肥西县山南镇	20859	8	19	74339	45	3	101
肥西县花岗镇	21456	15	15	112803	473	30	136
肥西县紫蓬镇	7942	6	5	32118	242	39	38
肥西县桃花镇	4100	12		32464	784	50	101
肥西县丰乐镇	11600	6	17	59167	68	3	85
肥西县高店镇	10400	5	8	45000			18
肥西县严店镇	7325	7	8	55857	170	16	200
肥西县铭传乡	13427	6	12	38378	3	2	31
肥西县柿树岗乡	14477	7	15	54298	7		48
庐江县庐城镇	6929	4	4	64520	250		83
庐江县冶父山镇	15447	2	11	58283	88	11	97
庐江县万山镇	6466	2	6	31165	19	3	40
庐江县汤池镇	9192	2	10	50823	58	4	72
庐江县郭河镇	12072	2	12	63787	79	3	108
庐江县金牛镇	6742	1	8	36059	44	3	34
庐江县石头镇	7667	2	6	38106	81	6	41
庐江县同大镇	11777	2	19	89337	148	20	47
庐江县白山镇	14393	2	9	63276	52	3	90
庐江县盛桥镇	16036	1	10	70816	42	3	63
庐江县白湖镇	31456	5	14	99508	150	13	104
庐江县龙桥镇	10501	2	11	59120	50	6	50
庐江县矾山镇	12824	3	10	64092	62	2	42
庐江县罗河镇	11868	2	11	69531	30	6	33
庐江县泥河镇	18610	3	14	96899	113	15	121
庐江县乐桥镇	12873	2	10	59705	64	4	90
庐江县柯坦镇	12189	4	7	63480	50	2	74
巢湖市栏杆集镇	12395	3	5	47158	20	2	87
巢湖市苏湾镇	14778	3	6	57556	13	2	55
巢湖市柘皋镇	14975	2	16	76120	58	16	40
巢湖市银屏镇	8800		9	36451	52	12	27

续表 180　　安徽省　　单位：公顷、个、人

名　　称	行政区域面　　积	居民委员会(社区)个数	村民委员会个　　数	户籍人口	工业企业个　　数	#规模以上	营业面积50平方米以上的商店或超市个数
巢湖市夏阁镇	18427	2	14	65769	64	12	38
巢湖市中垾镇	6697	1	7	33230	70	12	30
巢湖市散兵镇	12165	2	7	40623	48	7	13
巢湖市烔炀镇	15959	2	15	60682	125	17	40
巢湖市黄麓镇	8340	2	7	42538	30	9	54
巢湖市槐林镇	16500	2	16	73636	266	16	47
巢湖市坝镇镇	6400	1	7	35159	32	6	17
巢湖市庙岗镇	10556	1	8	35357	19	3	39
鸠江区沈巷镇	23800	6	17	137885	247	13	317
鸠江区二坝镇	11400	4	10	69400	18	5	64
鸠江区汤沟镇	11845	2	12	65812	48	3	321
鸠江区白茆镇	12285	4	17	86475	42	4	70
弋江区峨桥镇	10831	1	16	56534	33	6	33
湾沚区湾沚镇	21920	11	9	115565	1813	356	237
湾沚区陶辛镇	8548	2	14	55844	133	7	85
湾沚区六郎镇	11105	2	19	88502	292	40	66
湾沚区花桥镇	10132	2	10	39795	37	21	77
湾沚区红杨镇	14224	2	14	55630	3	1	58
繁昌区繁阳镇	10905	12	12	81580	137	20	53
繁昌区荻港镇	8770	5	9	36637	85	32	9
繁昌区孙村镇	15400	4	19	56520	375	118	73
繁昌区平铺镇	9282	2	13	30879	25	8	16
繁昌区新港镇	3282	1	3	20109	62	17	15
繁昌区峨山镇	7615	1	8	25388	56	18	35
南陵县籍山镇	17210	15	22	134676	166	22	195
南陵县许镇镇	17754	3	28	107276	547	25	168
南陵县弋江镇	16137	3	28	102831	135	18	211
南陵县三里镇	17111	1	16	45798	58	12	74
南陵县何湾镇	21713	1	18	43000	24	4	36
南陵县工山镇	18010		18	54545	60	6	100
南陵县烟墩镇	10380	1	7	20077	29	3	19
南陵县家发镇	8180	1	10	30647	10	9	40
无为市无城镇	11924	18	15	183454	229	32	208
无为市襄安镇	7727	1	12	58966	31	4	53
无为市陡沟镇	13529	3	14	69816	36	4	28
无为市石涧镇	15750	3	17	78621	124	21	91
无为市严桥镇	17330	3	15	70732	36	7	85
无为市开城镇	11211	2	15	63365	23	6	84
无为市蜀山镇	12577	3	14	64947	23	3	90
无为市牛埠镇	13664	2	13	69871	57	3	29
无为市刘渡镇	7800	2	9	42808			35
无为市姚沟镇	6684	1	7	38367	63	20	68
无为市泥汊镇	12350	1	14	70745	201	15	76
无为市福渡镇	6681	2	8	44582	9	6	66
无为市泉塘镇	11915	2	13	60502	62	3	73

续表 181　　安徽省　　单位：公顷、个、人

名　　称	行政区域面积	居民委员会（社区）个数	村民委员会个数	户籍人口	工业企业个数	#规模以上	营业面积50平方米以上的商店或超市个数
无为市赫店镇	5942	1	9	42712	16	4	33
无为市红庙镇	8404	1	7	44405	16	1	26
无为市高沟镇	7083	4	6	48533	232	86	22
无为市鹤毛镇	7026	1	7	30254	6	3	24
无为市十里墩镇	5273	2	5	41088	44	9	30
无为市昆山镇	10644		11	38308	1		51
无为市洪巷镇	8420	3	10	46393	30		52
龙子湖区长淮卫镇	4706	1	13	44482	41	3	42
龙子湖区李楼乡	5236		15	29559	15	5	15
蚌山区燕山乡	6550	6	13	44174	185	29	93
禹会区秦集镇	7789	2	14	35776	68	5	9
禹会区马城镇	10686		21	75529	109	4	38
禹会区长青乡	5238	2	13	32495	135	19	24
淮上区小蚌埠镇	3530	5	18	60470	24	1	31
淮上区吴小街镇	3362		8	31448	57	3	22
淮上区曹老集镇	9732	3	12	56960	9	3	66
淮上区梅桥镇	5961	1	12	53677	22		42
淮上区沫河口镇	16367		24	79191	15	3	142
怀远县榴城镇	7583	20	9	99119	203	11	293
怀远县包集镇	17667		28	94322	58	5	176
怀远县龙亢镇	11115		24	72780	47	8	80
怀远县河溜镇	13473		20	77476	24	4	57
怀远县常坟镇	13382		29	104109	52	6	97
怀远县双桥集镇	13252		18	67002	23	2	76
怀远县魏庄镇	10879	1	12	50699	23	2	76
怀远县万福镇	12129		16	60123	6	1	79
怀远县唐集镇	15496		21	74948	55	9	189
怀远县白莲坡镇	13889		24	90481	73	18	104
怀远县褚集镇	10200		15	51581	3	2	92
怀远县古城镇	10849		20	60913	37	4	130
怀远县荆山镇	11566	22	12	146279	198	21	82
怀远县淝南镇	10610		17	57942	8	1	52
怀远县陈集镇	9785		12	44635	23	1	103
怀远县淝河镇	15445		21	88795	36	1	255
怀远县兰桥镇	7947		13	43679	24	1	48
怀远县徐圩乡	11458		14	57965	24	1	57
五河县城关镇	7878	24	7	106857	76	4	412
五河县新集镇	10308		14	53027	23	3	51
五河县小溪镇	9890		11	31319	39	5	96
五河县双忠庙镇	14132		19	59693	23	2	43
五河县小圩镇	10970		13	46587	8	2	44
五河县东刘集镇	17274		21	71953	10	2	86
五河县头铺镇	8908		18	57700	19		67
五河县大新镇	5515		9	29153	11	2	37
五河县武桥镇	7719		10	30459	45	2	47

续表 182　　安徽省　　单位：公顷、个、人

名　称	行政区域面　积	居民委员会(社区)个数	村民委员会个　数	户籍人口	工业企业个　数	#规模以上	营业面积50平方米以上的商店或超市个数
五河县朱顶镇	10900		18	51766	14	5	79
五河县浍南镇	16563		20	59672	14	1	71
五河县申集镇	12358		17	57852	3	1	35
五河县沱湖乡	2276		5	13760	6	1	8
五河县临北回族乡	5983		11	27925	92	2	85
固镇县谷阳镇	13143	28	9	122900	428	14	130
固镇县王庄镇	10840	2	13	43222	26	6	55
固镇县新马桥镇	13431	3	16	61284	45	3	71
固镇县连城镇	9046	5	7	43939	98	3	99
固镇县刘集镇	16550	2	22	59537	50	4	81
固镇县任桥镇	12778	1	24	58209	6	4	28
固镇县湖沟镇	13973	4	24	67147	37	2	87
固镇县濠城镇	7878	1	10	33155	7	2	30
固镇县杨庙镇	15412	4	22	73933	22	1	185
固镇县仲兴镇	14666	1	19	60278	35	1	77
固镇县石湖乡	8406	1	10	33712	14	9	62
大通区上窑镇	6440	1	11	31405	31	16	21
大通区洛河镇	4234	8	10	44483	13	1	25
大通区九龙岗镇	3350	5	8	27681	202	18	15
大通区孔店乡	12274		22	56156	5	1	47
田家庵区舜耕镇	4730	16	1	52765	38		40
田家庵区安成镇	3990	8	7	36301	54	3	27
田家庵区曹庵镇	5670	1	11	37926	52	1	26
田家庵区三和镇	6800	9	13	76865	45		60
田家庵区史院乡	3700		9	23044	1		35
谢家集区望峰岗镇	2600	5	8	39740	46	9	14
谢家集区李郢孜镇	1923	5	6	37038	38	5	7
谢家集区唐山镇	3998	3	12	26622	60	4	20
谢家集区杨公镇	6844	1	12	34445	11	7	52
谢家集区孙庙乡	5952		10	22835	2	1	28
谢家集区孤堆回族乡	4665		8	17982	7	3	14
八公山区八公山镇	2700		10	9514	129	2	34
八公山区山王镇	4400	4	11	48528	48	4	67
潘集区高皇镇	7463	1	24	55728	3	1	51
潘集区平圩镇	5238		16	42171	12	4	56
潘集区泥河镇	5034	3	14	37362	41	8	38
潘集区潘集镇	6239		17	40337	14	5	25
潘集区芦集镇	7102	6	14	52134	8	5	32
潘集区架河镇	4316		11	31206	7	4	29
潘集区夹沟镇	5645		15	35762	9	2	58
潘集区祁集镇	3400	3	5	23710	9	1	49
潘集区贺疃镇	6693		14	34737	5	3	9
潘集区古沟回族乡	4126		12	34051	29	13	39
凤台县城关镇	2997	23		81088	8	1	38
凤台县新集镇	6695	1	20	53552	43	5	41

续表 183　　安徽省　　单位：公顷、个、人

名　　称	行政区域面积	居民委员会(社区)个数	村民委员会个数	户籍人口	工业企业个数	#规模以上	营业面积50平方米以上的商店或超市个数
凤台县朱马店镇	7685		15	47964	21	7	55
凤台县岳张集镇	6265		23	54603	52	1	76
凤台县顾桥镇	4400		10	32618	48	5	34
凤台县毛集镇	6700	5	13	53969	127	32	93
凤台县夏集镇	3991	2	9	33380	38	21	36
凤台县桂集镇	6643	5	14	47894	40	13	62
凤台县焦岗湖镇	9432	1	15	49752	25	6	71
凤台县凤凰镇	6127	4	13	44409	61	15	66
凤台县杨村镇	5217		15	37720	9	4	44
凤台县丁集镇	5300		14	36936	36	5	33
凤台县刘集镇	7076	3	12	38783	123	8	29
凤台县大兴镇	7000		16	39333	16	4	14
凤台县尚塘镇	6290		13	46563	25	5	30
凤台县古店乡	5472		13	33532	20	8	49
凤台县钱庙乡	6018		16	43656	51	4	13
凤台县关店乡	4461	1	13	30453	35	9	38
凤台县李冲回族乡	2250		6	18584	41	1	17
寿县寿春镇	18833	17	7	130177	16	15	148
寿县双桥镇	11444	1	13	62775	28	5	92
寿县涧沟镇	7640	3	8	54141	4	3	46
寿县丰庄镇	7710	1	7	42928	24	5	22
寿县正阳关镇	10281	2	10	62764	35	4	88
寿县迎河镇	11100	2	12	76591	20	4	98
寿县板桥镇	10772	2	10	69123	14	4	73
寿县安丰塘镇	9373	2	8	51216	8	3	45
寿县堰口镇	14040	3	11	64366	30	13	95
寿县保义镇	13600	1	13	63156	23	10	131
寿县隐贤镇	9024	2	8	54247	11	3	50
寿县安丰镇	19413	2	14	83523	69	14	76
寿县众兴镇	11280	3	5	56695	31	6	47
寿县茶庵镇	10062	1	7	32472	12	3	40
寿县三觉镇	16700	2	12	59902	72	6	65
寿县炎刘镇	19012	2	11	74980	9	4	125
寿县刘岗镇	16120		13	42098	77	7	40
寿县双庙集镇	9201	1	7	33056	9	3	31
寿县小甸镇	18202	1	15	69365	5	1	82
寿县瓦埠镇	6697	1	5	25025	33	3	25
寿县大顺镇	10500	1	9	39694	16	6	12
寿县窑口镇	9746	1	8	36667	46	10	81
寿县八公山乡	3215	2	5	24989	3	2	62
寿县张李乡	8171		11	57749	20	6	34
寿县陶店回族乡	3777		4	14871	1		11
花山区濮塘镇	5800		4	11202	58	3	23
雨山区向山镇	5400	5	7	39532	217	15	18
雨山区银塘镇	3972	5	2	25383	16		65

续表 184　　安徽省　　单位：公顷、个、人

名　　称	行政区域面　　积	居民委员会(社区)个数	村民委员会个　　数	户籍人口	工业企业个　　数	#规模以上	营业面积50平方米以上的商店或超市个数
雨山区佳山乡	5600	10	10	53029	53	2	25
博望区博望镇	13300	2	11	94387	750	37	95
博望区丹阳镇	12700	3	12	54675	225	37	31
博望区新市镇	7240	1	14	40469	136	26	48
当涂县姑孰镇	11394	12	12	111238	306	51	164
当涂县黄池镇	8350	2	16	47519	138	22	50
当涂县乌溪镇	4700	1	7	25025	62	11	91
当涂县石桥镇	8930	2	15	47057	176	27	86
当涂县塘南镇	6302	1	13	32329	39	4	62
当涂县护河镇	6400	1	5	26203	27	14	101
当涂县太白镇	10296	2	14	45893	418	51	57
当涂县年陡镇	8950	2	12	38441	342	55	48
当涂县湖阳镇	16820	3	6	28942	95	1	65
当涂县大陇镇	5980	1	13	32546	38	6	65
当涂县江心乡	8900		10	25741	22	1	33
含山县环峰镇	22754	10	21	122471	163	18	98
含山县运漕镇	6856	1	8	38859	17	8	22
含山县铜闸镇	7645	1	7	33283	27	13	16
含山县陶厂镇	10900	1	9	40998	45	9	13
含山县林头镇	15154	4	15	66782	80	15	32
含山县清溪镇	15900	2	13	49071	85	20	27
含山县仙踪镇	17426	3	16	62947	28	8	99
含山县昭关镇	8400	1	7	25262	6	2	26
和县历阳镇	18179	14	13	136088	289	60	186
和县白桥镇	11337	3	9	53779	46	3	10
和县姥桥镇	13366	3	8	69761	92	52	43
和县功桥镇	12734	2	9	52404	7	1	22
和县西埠镇	16758	2	11	55202	61	14	42
和县香泉镇	14121	2	8	37926	67	13	94
和县乌江镇	15095	4	11	59287	218	49	104
和县善厚镇	13791	1	7	32712	21	5	15
和县石杨镇	16480	3	9	36729	65	8	92
杜集区朔里镇	5006	3	10	55263	201	24	58
杜集区石台镇	5132	2	6	42412	128	5	28
杜集区段园镇	4130	4	7	55944	65	29	88
相山区渠沟镇	5917		13	52944	28	9	54
烈山区烈山镇	7939	12	2	73656	19	5	93
烈山区宋町镇	10100	7	6	55380	48	5	78
烈山区古饶镇	15473	8	13	97443	84	6	133
濉溪县濉溪镇	6500	23	5	94368	169	14	475
濉溪县韩村镇	12082		15	72081	82	23	98
濉溪县刘桥镇	8419		17	61234	63	25	98
濉溪县五沟镇	18876		21	110841	37	8	134
濉溪县临涣镇	16738		19	98605	245	11	172
濉溪县双堆集镇	25348		23	111869	11	1	423

续表 185　　安徽省　　单位：公顷、个、人

名　　称	行政区域面　　积	居民委员会(社区)个数	村民委员会个　　数	户籍人口	工业企业个　　数	#规模以上	营业面积50平方米以上的商店或超市个数
濉溪县铁佛镇	22314		26	140026	64	5	352
濉溪县南坪镇	22529		20	104730	30	11	325
濉溪县百善镇	24461		22	123322	53	26	301
濉溪县孙疃镇	20494		22	110806	59	5	147
濉溪县四铺镇	19653		20	91336	15	6	120
铜官区西湖镇	4971	3	12	41181	47	11	16
义安区五松镇	1570	4	1	25936	4	3	17
义安区顺安镇	13656	4	12	55368	312	13	58
义安区钟鸣镇	15450	1	14	46584	98	15	41
义安区天门镇	16696	1	17	45422	72	9	72
义安区东联镇	5600	1	12	27998	25	9	39
义安区西联镇	9260	1	21	40269	23	7	56
义安区老洲乡	4200		5	14276			16
义安区胥坝乡	8600	1	16	34431			25
郊区铜山镇	3440	3	3	13256	14	9	6
郊区大通镇	7800	5	6	28129	48	6	49
郊区老洲镇	8376		19	76023	19	7	118
郊区陈瑶湖镇	8774		15	52246	94	9	51
郊区周潭镇	9722		11	46009	36	4	65
郊区灰河乡	1920		6	7062	12	5	
枞阳县横埠镇	11497	3	19	74983	97	5	82
枞阳县项铺镇	3601		6	27832	34	7	47
枞阳县钱桥镇	9240		11	54294	21	2	35
枞阳县麒麟镇	9230		7	41682	29	2	48
枞阳县义津镇	13248	2	13	50917	12	2	55
枞阳县浮山镇	4216		5	21341	9	2	54
枞阳县会宫镇	7621	1	11	44728	48	2	55
枞阳县官埠桥镇	10431		11	37825	31	7	38
枞阳县钱铺镇	7136		9	27899	10	5	54
枞阳县金社镇	6267		12	41099	44	4	85
枞阳县白柳镇	6200	1	8	37987	11	3	18
枞阳县雨坛镇	8713		10	29746	5	2	42
枞阳县枞阳镇	10288	14	16	107372	48	15	138
枞阳县欧山镇	11090	1	12	56882	42	2	175
枞阳县汤沟镇	12458	2	30	93991	61	3	50
枞阳县白梅乡	4417		8	22671			30
迎江区龙狮桥乡	1157	8		33914	3	2	226
迎江区长风乡	6708		11	24831	27	2	23
迎江区新洲乡	5404		5	11288	8		18
大观区海口镇	5577	2	8	49525	29	5	54
大观区十里铺乡	3000	1	6	10077	149	15	9
大观区山口乡	5555	1	4	13033	22	4	27
宜秀区大龙山镇	4753	8		23814	67	4	64
宜秀区杨桥镇	8939	5	8	27228	57	8	22
宜秀区罗岭镇	9614	4	4	28106	81	12	47

续表 186　　安徽省　　单位：公顷、个、人

名　　称	行政区域面积	居民委员会(社区)个数	村民委员会个数	户籍人口	工业企业个数	#规模以上	营业面积50平方米以上的商店或超市个数
宜秀区白泽湖乡	6771	5	4	32558	176	16	32
宜秀区五横乡	5027	2	3	18385	3	1	38
怀宁县高河镇	9313	8	16	78589	391	15	429
怀宁县石牌镇	9170	4	18	77426	102	9	402
怀宁县月山镇	7007	5	8	30301	226	24	170
怀宁县马庙镇	8596	4	12	43200	295	27	102
怀宁县金拱镇	6127	2	10	30428	254	11	40
怀宁县茶岭镇	6338	2	9	34488	115	9	57
怀宁县公岭镇	5656	1	10	26728	45	5	25
怀宁县黄墩镇	5750	2	10	37818	56	6	54
怀宁县三桥镇	5570	1	8	27577	16	4	44
怀宁县小市镇	5223	1	7	24200	78	4	49
怀宁县黄龙镇	2861	1	7	19741	14	5	8
怀宁县平山镇	7052	3	9	36114	93	8	62
怀宁县腊树镇	9255	1	12	35875	37	5	106
怀宁县洪铺镇	8482	1	12	39954	16	6	37
怀宁县江镇镇	8178		13	36554	14	2	59
怀宁县凉亭乡	6426	1	10	30950	12	5	48
怀宁县石镜乡	4807	2	8	24251	68	10	45
怀宁县秀山乡	4194	1	7	22808	10	3	27
怀宁县清河乡	4530	1	8	20819	22	5	91
怀宁县雷埠乡	5968	1	7	23538	11	4	55
太湖县晋熙镇	13928	8	14	82514	178	19	268
太湖县徐桥镇	10300	1	10	49721	87	8	287
太湖县新仓镇	16800		16	74793	80	9	323
太湖县小池镇	12465	1	14	43596	47	8	132
太湖县寺前镇	17128		15	29156	48	1	67
太湖县天华镇	18577		14	30624	10	1	95
太湖县牛镇镇	16250		10	24800	38		63
太湖县弥陀镇	15254	1	10	39449	122	5	119
太湖县北中镇	18130		18	36519	79	3	82
太湖县百里镇	9003	1	9	24973	13	2	153
太湖县大石乡	11420		9	34088	22	2	109
太湖县城西乡	9013		6	26951	23	4	36
太湖县江塘乡	9767		11	35784	10	3	186
太湖县汤泉乡	12400		10	17270	12		49
太湖县刘畈乡	11685		7	21829	26		28
宿松县孚玉镇	8807	11	4	85732	77	3	184
宿松县复兴镇	12670	3	7	57880	35	14	158
宿松县汇口镇	10600	2	9	49398	42	10	48
宿松县许岭镇	9801	2	10	56117	6	2	101
宿松县下仓镇	12870	1	11	40213	6	2	77
宿松县二郎镇	5864	1	7	35156	15	1	81
宿松县华亭镇	7471	1	8	39763	65	4	86
宿松县凉亭镇	8872	1	9	41640	37	4	118

续表 187　　安徽省　　单位：公顷、个、人

名　　称	行政区域面　　积	居民委员会(社区)个数	村民委员会个　　数	户籍人口	工业企业个　　数	#规模以上	营业面积50平方米以上的商店或超市个数
宿松县长铺镇	8441	1	5	35468	64	5	98
宿松县高岭乡	4280		7	25012	14	1	47
宿松县程岭乡	6900		8	30523	10	4	22
宿松县九姑乡	4882		8	27455	18	3	35
宿松县千岭乡	9147		11	46472	21	2	75
宿松县洲头乡	24550		11	50785	94	10	134
宿松县佐坝乡	20194		14	56550	64	2	98
宿松县北浴乡	4970		6	13435	18	3	28
宿松县陈汉乡	9400		13	26739	4	1	35
宿松县隘口乡	6403		11	25856	6	1	42
宿松县趾凤乡	4606		8	14113	3	1	19
宿松县河塌乡	6451		6	32833	21	4	53
望江县华阳镇	14324	15	9	116513	155	14	228
望江县杨湾镇	8347	2	6	32107	12	5	31
望江县漳湖镇	9401	1	6	29715	35	3	75
望江县赛口镇	6887	2	9	41438	23	6	74
望江县高士镇	14625	3	13	86291	90	11	301
望江县鸦滩镇	15564	3	12	81839	155	13	455
望江县长岭镇	18285	3	14	78453	209	17	196
望江县太慈镇	14376	2	13	75948	83	6	171
望江县雷池镇	14750	3	9	53129	58	5	140
望江县凉泉乡	13852	2	8	45537	45	7	90
岳西县天堂镇	4213	9	1	49784	95	11	65
岳西县店前镇	18300		11	25866	112	2	73
岳西县来榜镇	13499		12	22025	65	2	55
岳西县菖蒲镇	14297		12	24254	45	6	47
岳西县头陀镇	12071		5	10229	48	1	64
岳西县白帽镇	11650		10	21266	46	3	42
岳西县温泉镇	8600		12	36758	135	3	95
岳西县响肠镇	6437		7	19627	43	3	50
岳西县河图镇	17200		7	11494	36	1	55
岳西县五河镇	13200		12	19929	28	1	28
岳西县主簿镇	9270		6	8149	29	1	19
岳西县冶溪镇	10600		11	25254	23	1	52
岳西县黄尾镇	10293		6	7208	23		26
岳西县中关镇	7700		7	21089	22		14
岳西县毛尖山乡	9600		6	14468	30	1	34
岳西县莲云乡	4579		6	22296	1	1	33
岳西县青天乡	11700		8	11396	23	1	22
岳西县包家乡	12284		4	5536	10		11
岳西县古坊乡	4700		5	9168	3		29
岳西县田头乡	9100		8	11743	5	1	25
岳西县石关乡	9600		8	12444	9		44
岳西县姚河乡	7765		6	8156	28		24
岳西县和平乡	9207		6	9198	15	1	26

续表 188　　安徽省　　单位：公顷、个、人

名　　称	行政区域面　　积	居民委员会(社区)个数	村民委员会个　　数	户籍人口	工业企业个　　数	#规模以上	营业面积50平方米以上的商店或超市个数
岳西县巍岭乡	3971		3	3886			8
安庆经济开发区老峰镇	4800	4	10	32410	55	25	15
桐城市孔城镇	14684	2	20	80339	72	3	126
桐城市吕亭镇	16392		15	60970	199	23	90
桐城市范岗镇	13396	1	18	64087	1078	40	79
桐城市新渡镇	11694		20	65106	1096	53	110
桐城市双港镇	10079		18	52427	458	34	249
桐城市大关镇	16892		15	67411	128	21	112
桐城市青草镇	17220	2	20	68753	246	10	93
桐城市金神镇	13200		18	59155	270	41	151
桐城市嬉子湖镇	14111		9	23920	23	1	33
桐城市唐湾镇	7363		8	12500	29	2	30
桐城市黄甲镇	9635		8	13594	3	2	19
桐城市鲟鱼镇	281	2		957			
桐城市桐城双新经济开发区	1290		3	9338	130	46	15
潜山市梅城镇	10445	6	13	105232	125	10	256
潜山市源潭镇	16536	5	13	65490	563	60	101
潜山市余井镇	14372	1	13	58094	94	8	113
潜山市王河镇	9661	1	16	56149	13	2	125
潜山市黄铺镇	15064	1	14	54995	33	9	181
潜山市槎水镇	16019	1	12	35363	45	1	81
潜山市水吼镇	19508		14	33172	24	5	19
潜山市官庄镇	18214	1	13	29850	92		86
潜山市黄泥镇	3063	1	6	20499	12		44
潜山市黄柏镇	6174		6	35507	6		44
潜山市天柱山镇	6974		6	13587	23		51
潜山市塔畈乡	10335		11	21021	6	1	42
潜山市油坝乡	3187		6	20922	13		20
潜山市龙潭乡	9308		9	19643	14	1	27
潜山市痘姆乡	4186		6	18844	20		20
潜山市五庙乡	4000		6	10825	1		15
潜山市安徽潜山经济开发区	1754	3	3	13345	469	56	42
屯溪区屯光镇	4342	4	7	21276	27	4	32
屯溪区阳湖镇	1992	6	3	29043	36	7	22
屯溪区黎阳镇	2361	3	8	13586	30	7	36
屯溪区新潭镇	6661	4	14	28847	56	5	35
屯溪区奕棋镇	2838		9	10408	112	24	31
黄山区甘棠镇	11593	5	9	39904	99	8	270
黄山区仙源镇	4400	1	4	10360	28	7	10
黄山区汤口镇	12935	1	3	11642	20	1	82
黄山区谭家桥镇	15719		4	8065	21		12
黄山区太平湖镇	14704		7	9424	8	2	30
黄山区焦村镇	25649		10	14628	22	3	31
黄山区耿城镇	12231		5	9546	22	4	28
黄山区三口镇	5674		5	9441	18	8	19

续表 189　　安徽省　　单位：公顷、个、人

名　　称	行政区域面积	居民委员会(社区)个数	村民委员会个数	户籍人口	工业企业个数	#规模以上	营业面积50平方米以上的商店或超市个数
黄山区乌石镇	24794		8	12096	18	1	29
黄山区新明乡	15600		5	7329	28	2	15
黄山区龙门乡	11400		5	4944	4	1	3
黄山区新丰乡	4634		4	6750	13	1	20
黄山区永丰乡	8548		4	6333	3		13
徽州区岩寺镇	5989	5	11	24956	109	33	17
徽州区西溪南镇	4780		6	15023	73	17	47
徽州区潜口镇	3903		6	13400	25	8	32
徽州区呈坎镇	8271		7	13384	28	8	2
徽州区洽舍乡	3152		3	3200	68	14	22
徽州区富溪乡	9282		5	6966	73	15	5
歙县徽城镇	7729	10	13	63191	161	38	121
歙县深渡镇	9405	2	10	22201	25	14	13
歙县北岸镇	9183		11	23216	30	12	31
歙县富堨镇	5606		6	17608	53	12	70
歙县郑村镇	3895		5	17148	98	25	6
歙县桂林镇	14774	1	9	28501	112	25	67
歙县许村镇	6858		5	10021	9	4	8
歙县溪头镇	12155		7	15972	8	7	12
歙县杞梓里镇	16325		16	27400	15	2	2
歙县霞坑镇	9506		7	18297	6	2	20
歙县岔口镇	9435		7	16100	4		10
歙县街口镇	6132		6	13006	2	1	23
歙县王村镇	8730		6	23022	24	5	7
歙县雄村镇	4438		6	13159			14
歙县三阳镇	13032		7	20340	19	5	24
歙县坑口乡	4120		4	10818	3	2	4
歙县上丰乡	6929		5	12312			13
歙县昌溪乡	2062		3	6325	8	3	8
歙县武阳乡	4151		4	9878	4	3	4
歙县金川乡	5231		5	11082	2		6
歙县小川乡	6831		8	13781	2	1	22
歙县新溪口乡	4311		3	7573	3		2
歙县长陔乡	9947		5	13979			10
歙县森村乡	7094		5	13131	1		10
歙县绍濂乡	9800		6	12934	8		12
歙县石门乡	3604		2	3855	2		2
歙县狮石乡	4798		2	1741			2
休宁县海阳镇	13104	4	12	48674	108	30	85
休宁县齐云山镇	10797		7	13128	21		11
休宁县万安镇	6438		11	17526	43	3	13
休宁县五城镇	18939		14	23211	33	4	21
休宁县东临溪镇	11579	1	11	19075	43	4	12
休宁县蓝田镇	14811		5	12259	8		10
休宁县溪口镇	22400		13	22761	39	3	26

续表 190　　安徽省　　单位：公顷、个、人

名　　称	行政区域面　　积	居民委员会(社区)个数	村民委员会个　　数	户籍人口	工业企业个　　数	#规模以上	营业面积50平方米以上的商店或超市个数
休宁县流口镇	6727		3	5222	3		2
休宁县汪村镇	16769		7	10604	16		3
休宁县商山镇	9489		13	21462	39	18	46
休宁县月潭湖镇	9482		6	9979			26
休宁县山斗乡	4259		3	5031	4	1	1
休宁县岭南乡	7977		4	3511	2	1	4
休宁县渭桥乡	10800		10	13764	5		31
休宁县板桥乡	8063		5	6034	3		3
休宁县鹤城乡	13218		6	8540	2	1	7
休宁县源芳乡	5333		6	5022	5	2	14
休宁县榆村乡	5880		7	9892	2	1	8
休宁县龙田乡	9037		4	5086	3		1
休宁县璜尖乡	3905		3	2479			3
休宁县白际乡	3842		3	1979	2		2
黟县碧阳镇	11834	3	17	38556	176	7	40
黟县宏村镇	18895		13	18265	16	3	42
黟县渔亭镇	7249	1	6	8305	25	7	10
黟县西递镇	7615		6	5916	4	3	12
黟县柯村镇	8760		8	6491	13	1	
黟县美溪乡	6794		4	3723	5	1	14
黟县宏潭乡	12475		6	5155	3		14
黟县洪星乡	11973		6	4903	13	3	10
祁门县祁山镇	22608	6	16	48422	142	30	65
祁门县小路口镇	9560		6	6853	13	2	6
祁门县金字牌镇	13327	1	6	11716	37	8	7
祁门县平里镇	9360		4	7239	19		10
祁门县历口镇	18594		13	14961	30	1	28
祁门县闪里镇	13679		6	9100	6		3
祁门县安凌镇	20975		12	13241	27	2	25
祁门县凫峰镇	11766		6	10361	2	1	29
祁门县塔坊镇	8018		6	7685	20	3	7
祁门县新安镇	12505		5	7672	18		4
祁门县大坦乡	7886		4	4295	2		5
祁门县柏溪乡	6934		3	5121	8	3	6
祁门县祁红乡	11968		3	5828	7		4
祁门县溶口乡	8395		4	5243	7		10
祁门县芦溪乡	11550		3	5723	19		16
祁门县渚口乡	10732		5	7133	2		10
祁门县古溪乡	10730		5	6173	66		9
祁门县箬坑乡	12958		4	7211	17		25
南谯区乌衣镇	14450	6	11	58024	72	14	152
南谯区沙河镇	10388	2	4	23504	62	12	51
南谯区章广镇	20950	1	10	27140	2	1	36
南谯区黄泥岗镇	8470	1	5	20048	27	3	53
南谯区珠龙镇	11800	1	8	18956	6		15

续表 191　　安徽省　　单位：公顷、个、人

名　　称	行政区域面　　积	居民委员会(社区)个数	村民委员会个　　数	户籍人口	工业企业个　　数	#规模以上	营业面积50平方米以上的商店或超市个数
南谯区大柳镇	13178	1	3	11705	8	1	20
南谯区腰铺镇	7592	2	5	24147	68	12	56
南谯区施集镇	23520	1	11	31915	35	2	19
来安县新安镇	13994	11	8	103154	122	15	82
来安县半塔镇	28493	2	21	73780	81	15	59
来安县水口镇	18373		15	58198	95	19	25
来安县汊河镇	11629	7	10	42823	55	10	100
来安县大英镇	4789		5	14552	32	4	5
来安县雷官镇	9101		9	25041	41	6	22
来安县施官镇	14156		14	41157	26	5	87
来安县舜山镇	13321		10	35979	16	3	49
来安县三城镇	6981		9	22552	23	3	33
来安县独山镇	7519		7	19695	8	1	19
来安县张山镇	9742		9	24707	31	8	21
来安县杨郢乡	11281		7	19544	5	1	10
全椒县襄河镇	12404	13	8	121843	385	19	276
全椒县古河镇	10522	2	10	36409	61	12	25
全椒县大墅镇	15914	2	8	45804	37	14	37
全椒县二郎口镇	17804	1	13	51010	45	11	33
全椒县武岗镇	10042		6	20782	57	14	31
全椒县马厂镇	18352		11	37377	9	1	50
全椒县石沛镇	18812		8	27385	38	2	12
全椒县十字镇	18385	1	10	38263	338	5	43
全椒县西王镇	14695		9	25091			25
全椒县六镇镇	19908	1	11	42184	29	5	40
定远县定城镇	26731	21	12	146126	118	6	151
定远县炉桥镇	17311	11	14	108407	211	7	168
定远县永康镇	19200	1	14	62860	42	5	102
定远县吴圩镇	21260	1	20	70546	5	2	41
定远县朱湾镇	7149	1	5	22400	8		18
定远县张桥镇	18417	4	12	56718	61	5	130
定远县藕塘镇	19345	1	16	49654	48	4	165
定远县池河镇	22917	3	9	50892	17	6	40
定远县连江镇	10619	1	9	40244	7	1	16
定远县界牌集镇	11985	2	6	25905	14	2	47
定远县仓镇	11648	2	6	31250	6	4	27
定远县三和集镇	13590		9	33983	15	4	46
定远县西卅店镇	15895		11	38566	5	4	35
定远县桑涧镇	14927	2	8	37434	12	1	77
定远县蒋集镇	9605	2	5	30158	2	1	23
定远县大桥镇	8261	1	6	25608	8	1	134
定远县严桥乡	9048	1	6	21219	13	4	19
定远县拂晓乡	11137	2	5	25650	3		27
定远县能仁乡	5400	1	6	27630	2	1	11
定远县七里塘乡	9745	2	7	31686	5	3	16

续表 192　　安徽省　　单位：公顷、个、人

名　　称	行政区域面积	居民委员会(社区)个数	村民委员会个数	户籍人口	工业企业个数	#规模以上	营业面积50平方米以上的商店或超市个数
定远县二龙回族乡	4065		5	14898	5	1	5
定远县范岗乡	9385		5	16415	16	3	20
凤阳县府城镇	6606	6	12	78782	71	5	195
凤阳县临淮关镇	2965	9	2	37230	165	23	53
凤阳县武店镇	11530	1	25	62898	76	7	84
凤阳县西泉镇	7420	1	11	42898	65	9	26
凤阳县官塘镇	7830	2	8	41890	1		62
凤阳县刘府镇	21729	4	20	77770	191	17	99
凤阳县大庙镇	16416	3	11	55660	68	44	55
凤阳县殷涧镇	20480		11	28460	14		30
凤阳县总铺镇	17643	2	16	51149	3	2	69
凤阳县红心镇	15867	2	11	39100	9	1	63
凤阳县板桥镇	14405	3	15	65538	15	3	32
凤阳县大溪河镇	8943	1	9	31441	5	3	18
凤阳县小溪河镇	20548	3	12	53225	40	6	79
凤阳县枣巷镇	7307	1	7	29105	3		26
凤阳县黄湾乡	4172	1	6	24785			15
天长市铜城镇	21908	6	15	69728	850	72	170
天长市汊涧镇	16057	3	9	56497	205	30	108
天长市秦栏镇	11242	4	10	44423	712	70	53
天长市大通镇	15405	3	9	39382	98	16	26
天长市杨村镇	15324	3	7	39770	312	30	83
天长市石梁镇	10272	2	7	28791	298	23	47
天长市金集镇	9972	2	9	36482	202	38	68
天长市永丰镇	9680	4	5	27047	422	55	12
天长市仁和集镇	12670	3	8	38256	420	46	18
天长市冶山镇	9321	2	8	35653	171	40	19
天长市郑集镇	6425	1	6	21639	78	7	52
天长市张铺镇	12757	2	9	30747	89	13	51
天长市新街镇	8495	2	6	23721	75	11	56
天长市万寿镇	6776	1	4	14839	82	15	21
明光市张八岭镇	25326	1	10	31414	51	13	50
明光市三界镇	12862	1	7	20401	11	6	28
明光市管店镇	7352	1	5	18207	22	3	39
明光市自来桥镇	20566		11	29909	11	2	21
明光市涧溪镇	18893		12	50984	67	8	70
明光市石坝镇	23868	1	13	50390	33	5	15
明光市苏巷镇	10234		6	24566	18		25
明光市桥头镇	14376		9	33812	25	6	30
明光市女山湖镇	25347	1	9	41427	16	2	85
明光市古沛镇	10795		6	30050	6	2	4
明光市潘村镇	19300	1	13	69191	7	2	57
明光市柳巷镇	5992		8	31264	3	2	18
明光市泊岗乡	2703		4	16351	3	1	8
颍州区王店镇	6835	1	14	76855	115	3	198

续表 193　　安徽省　　单位：公顷、个、人

名　　称	行政区域面积	居民委员会(社区)个数	村民委员会个数	户籍人口	工业企业个数	#规模以上	营业面积50平方米以上的商店或超市个数
颍州区程集镇	4860	1	7	49408	46	5	116
颍州区三合镇	4642	2	6	44070	270	3	105
颍州区西湖镇	6032	3	8	52720	29	2	124
颍州区九龙镇	4776	1	8	47197	21	3	249
颍州区三十里铺镇	4182	8	3	54691	7	1	91
颍州区三塔集镇	8015	1	16	80725	15	11	362
颍州区马寨乡	5200	1	9	51399	11	2	189
颍东区口孜镇	8183	5	12	85846	10		369
颍东区插花镇	11000	7	8	85100	94	11	145
颍东区袁寨镇	5390	8	4	73543	15	3	101
颍东区枣庄镇	7070	1	8	46932	28		94
颍东区老庙镇	5880	2	7	48651	6	1	91
颍东区正午镇	6450	7	2	51540	24	2	67
颍东区杨楼孜镇	4070	4	4	42869	36	1	99
颍东区新乌江镇	6400	1	8	53779	39	3	105
颍东区冉庙乡	5547		7	39178	30		47
颍泉区伍明镇	14062	3	17	133194	162	2	332
颍泉区宁老庄镇	11720		20	118773	59	5	326
颍泉区闻集镇	14312	4	25	137400	176	15	222
颍泉区行流镇	10980		20	119736	99	8	198
临泉县杨桥镇	9480	3	18	110598	32	10	333
临泉县鲖城镇	9769	4	18	125819	169	12	925
临泉县谭棚镇	6477	1	10	70194	27	1	73
临泉县老集镇	7947	1	15	95685	107	2	438
临泉县滑集镇	12427	2	24	145598	106	4	284
临泉县吕寨镇	5810	1	10	63112	10	3	100
临泉县单桥镇	5060	1	8	58437	53	5	115
临泉县长官镇	7472	4	11	83854	54	2	212
临泉县宋集镇	13210	4	20	148690	66	3	282
临泉县张新镇	5260	1	9	62159	18	1	87
临泉县艾亭镇	7300	2	10	85661	64	3	234
临泉县陈集镇	7427	2	13	73002	25	1	295
临泉县韦寨镇	7200	1	15	91372	37	6	149
临泉县迎仙镇	6422	2	13	85249	38	2	471
临泉县瓦店镇	8194	1	11	78651	5	1	97
临泉县姜寨镇	5670	1	11	73856	26	6	290
临泉县庙岔镇	5860	3	10	75577	50	4	333
临泉县黄岭镇	6300	1	13	80612	38	1	121
临泉县白庙镇	4400	1	11	59288	24	2	55
临泉县关庙镇	7200	1	11	72637	7	3	70
临泉县高塘镇	7585	2	13	89146	48	3	744
临泉县土陂乡	6878	1	12	70728	14	1	133
临泉县陶老乡	5212		9	54075	9		61
太和县城关镇	5703	20		149399	165	83	578
太和县旧县镇	6281	2	10	64383	41	2	69

续表 194　　安徽省　　单位：公顷、个、人

名　　称	行政区域面积	居民委员会(社区)个数	村民委员会个数	户籍人口	工业企业个数	#规模以上	营业面积50平方米以上的商店或超市个数
太和县税镇镇	4368		9	48762	65	22	65
太和县皮条孙镇	3106		5	26690	69	13	21
太和县原墙镇	6831	2	7	60427	7		51
太和县倪邱镇	6886	3	10	63649	25	5	96
太和县李兴镇	7017	1	11	78361	52	2	49
太和县大新镇	6550		9	61362	24	6	59
太和县肖口镇	6116		9	62088	69	10	70
太和县关集镇	6602		10	53359	4		53
太和县三塔镇	8937		13	73610	38	3	70
太和县双浮镇	5550		10	51692	19	2	56
太和县蔡庙镇	3616		7	36002	28	1	31
太和县三堂镇	6593		9	54067	61	2	64
太和县苗老集镇	6600		10	53585	24		272
太和县赵庙镇	6497		11	65799	29	2	129
太和县宫集镇	5879		8	47802	26		72
太和县坟台镇	11700	1	16	92454	43		202
太和县洪山镇	8152		13	71674	35	1	95
太和县清浅镇	4873		8	44720	3	1	89
太和县五星镇	5160		9	48137	125	11	70
太和县高庙镇	2547		6	25469	54	4	160
太和县桑营镇	5825		9	45443	4	1	49
太和县大庙集镇	5055		10	54293	27	2	72
太和县阮桥镇	6659		9	51939	2	1	24
太和县双庙镇	5321		9	55790	4	1	59
太和县胡总镇	3758		4	27517			32
太和县郭庙镇	6900		10	52621	44	3	65
太和县二郎镇	4753		6	37189	11	1	355
太和县马集镇	5482		9	45820	374	50	18
太和县赵集乡	5979		9	50214	73		198
阜南县方集镇	4119	2	7	43419	20	1	65
阜南县中岗镇	5450	3	6	44329	36	15	66
阜南县柴集镇	8264	2	13	74375	36	4	118
阜南县新村镇	6214	3	8	62706	33		92
阜南县朱寨镇	8014	1	14	83051	20	2	135
阜南县柳沟镇	4577	2	8	48298	16		53
阜南县赵集镇	5960	2	9	55218	24	1	72
阜南县田集镇	6594	3	9	66125	37	3	75
阜南县苗集镇	6947	1	11	67187	35	6	140
阜南县黄岗镇	6627	1	13	64143	56	24	85
阜南县焦陂镇	6770	2	13	73278	32	5	62
阜南县张寨镇	7766	1	11	65536	9	1	60
阜南县王堰镇	7168	1	10	63925	28	1	125
阜南县地城镇	5114	1	6	44091	29	5	56
阜南县洪河桥镇	8407	1	13	76033	80	2	44
阜南县王家坝镇	3320	3	5	34926	3		125

续表 195　　安徽省　　单位：公顷、个、人

名　　称	行政区域面积	居民委员会(社区)个数	村民委员会个数	户籍人口	工业企业个数	#规模以上	营业面积50平方米以上的商店或超市个数
阜南县王化镇	5987	3	5	43216	13	1	134
阜南县曹集镇	6263	6	4	50920	23	3	66
阜南县鹿城镇	11472	23	11	198523	186	5	132
阜南县会龙镇	5450	2	9	49285	33	5	61
阜南县王店孜乡	6189		11	57219	12	1	75
阜南县许堂乡	7170		15	73186	15	5	118
阜南县段郢乡	7756		13	72335	22		190
阜南县公桥乡	6708		10	62218	3		63
阜南县龙王乡	4167		7	36857	33		81
阜南县于集乡	4620		8	35285	22	1	36
阜南县老观乡	5350	1	8	41301	22		29
阜南县郜台乡	7782	2	11	62727	49	8	78
颍上县慎城镇	10880	35		175605	508	103	491
颍上县谢桥镇	10423	9	5	89250	95	8	109
颍上县南照镇	6300	5	8	54413	85	12	24
颍上县杨湖镇	5240	3	9	55058	18	1	45
颍上县江口镇	7628	5	12	92713	5	1	218
颍上县润河镇	7800	3	12	71694	12	1	66
颍上县新集镇	5114	1	10	46708	6		220
颍上县六十铺镇	8250	7	4	65649	32	9	81
颍上县耿棚镇	8891	4	16	88443	22	8	60
颍上县半岗镇	7135	4	8	60844	32	9	96
颍上县王岗镇	7730	2	6	44686	13		85
颍上县夏桥镇	7648	3	9	57417	117	5	39
颍上县江店孜镇	7550	2	8	57921	17	6	89
颍上县陈桥镇	6783	3	6	51898	15	3	94
颍上县黄桥镇	7063	6	6	71882	94	5	162
颍上县八里河镇	7915	6	5	61933	12	1	164
颍上县迪沟镇	5880	2	7	44674	41	1	61
颍上县西三十铺镇	5169	1	9	48696	14	3	68
颍上县红星镇	5133	3	4	39705	27	7	46
颍上县十八里铺镇	5739	8	5	61525	91	4	95
颍上县鲁口镇	5900	3	6	39477	20	4	64
颍上县古城镇	5592	4	4	49010	49	6	252
颍上县建颍乡	8176	1	13	78256	61		127
颍上县五十铺乡	6250	5	3	42755	69	12	64
颍上县盛堂乡	5290	1	7	46502	6	2	46
颍上县关屯乡	5900		7	35759	4		50
颍上县垂岗乡	3400	1	5	26557	16	2	20
颍上县赛涧回族乡	4852		6	26218	6		29
颍上县刘集乡	7250	1	12	64045	21	2	118
颍上县黄坝乡	5586	3	6	41956	10	1	60
阜阳合肥现代产业园区袁集镇	4010	6	4	48544	59	2	50
界首市光武镇	4640	5	9	65268	149	72	118
界首市泉阳镇	5063	2	5	47102	54	4	83

续表 196　　安徽省　　单位：公顷、个、人

名　　称	行政区域面　　积	居民委员会(社区)个数	村民委员会个　　数	户籍人口	工业企业个　　数	#规模以上	营业面积50平方米以上的商店或超市个数
界首市芦村镇	3488		6	33640	11		38
界首市新马集镇	3960		9	49957	19	4	39
界首市大黄镇	3360		7	40642	36	12	85
界首市田营镇	2900		5	34814	40	26	49
界首市陶庙镇	5602		14	63483	40	6	101
界首市王集镇	5244		12	57569	10	3	110
界首市砖集镇	4100		10	52186	25	1	75
界首市顾集镇	4543		9	43187	5	2	44
界首市戴桥镇	3447		8	32690	2		31
界首市舒庄镇	3389		7	33476	11	1	28
界首市邴集乡	3374		8	37510	3	1	54
界首市任寨乡	2920		7	29646	17	2	21
埇桥区符离镇	14012	3	17	92348	249	49	179
埇桥区芦岭镇	13000	3	12	76130	90	6	165
埇桥区朱仙庄镇	12800	6	11	67544	159	49	164
埇桥区褚兰镇	13042		10	48798	28	3	98
埇桥区曹村镇	15448		12	66737	58	7	123
埇桥区夹沟镇	20502	2	17	69613	29	7	308
埇桥区栏杆镇	13700		18	77528	52	2	162
埇桥区时村镇	12100		20	87251	31	2	251
埇桥区永安镇	12067	1	14	61518	48	13	83
埇桥区灰古镇	6700		7	34907	24	7	113
埇桥区大店镇	21241		15	70120	65	5	189
埇桥区大泽乡镇	13760		14	65878	66	10	76
埇桥区桃园镇	9000	1	9	41901	108	15	38
埇桥区蕲县镇	10100	1	14	69914	245	11	150
埇桥区大营镇	9800		7	45142	12	2	63
埇桥区顺河镇	8200		10	44987	160	28	214
埇桥区蒿沟镇	5049		7	36800	13	1	40
埇桥区杨庄镇	7685		10	40012	29	14	79
埇桥区解集镇	12721		13	60902	15	4	63
埇桥区苗安镇	9470		10	46237	98		63
埇桥区支河镇	8793		10	38063	27	6	49
埇桥区桃沟镇	6727		9	37742	10	5	96
埇桥区永镇镇	6300		7	31536	2	1	194
埇桥区西二铺镇	3800		4	21179	92	9	50
埇桥区北杨寨乡	17896	1	13	57349	25	4	268
砀山县砀城镇	10782	22	8	156421	431	18	281
砀山县赵屯镇	7494		10	60084	20	3	91
砀山县李庄镇	6488	3	6	54411	53	2	121
砀山县唐寨镇	9532		14	76930	124	1	170
砀山县葛集镇	8502		11	62891	13		342
砀山县周寨镇	12660		13	73742	278	6	235
砀山县玄庙镇	16650	1	17	95726	127		383
砀山县官庄坝镇	7982		8	53352	33	2	113

续表 197　　安徽省　　单位：公顷、个、人

名　称	行政区域面积	居民委员会(社区)个数	村民委员会个数	户籍人口	工业企业个数	#规模以上	营业面积50平方米以上的商店或超市个数
砀山县曹庄镇	5395		8	46871	49	5	55
砀山县关帝庙镇	8310		11	64751	15	4	89
砀山县朱楼镇	5307		7	44139	5		43
砀山县良梨镇	6783	1	7	58762	24		274
砀山县程庄镇	7384		12	63547	55	1	489
砀山县高铁新区	3392	6	2	38704	19	8	79
萧县龙城镇	11408	20	7	134180	339	4	555
萧县黄口镇	8855	7	11	86431	30	12	188
萧县杨楼镇	10500	5	9	77174	17	2	101
萧县闫集镇	6684		11	52091	15	4	79
萧县新庄镇	11400		15	77339	29	2	202
萧县刘套镇	5576		10	44618	25		72
萧县马井镇	11175		15	82835	24		257
萧县大屯镇	8632		12	73145	50	3	205
萧县赵庄镇	8900		14	73546	36	1	94
萧县杜楼镇	9933		15	71998	45	3	189
萧县丁里镇	5798	4	4	39133	53	3	108
萧县王寨镇	10360	1	13	76199	49	3	119
萧县祖楼镇	5320	1	9	47228	9	2	65
萧县青龙集镇	3598		6	30518	8	2	29
萧县张庄寨镇	11371	1	15	82585	42	2	217
萧县永堌镇	6100		7	31701	38	15	76
萧县白土镇	5865	2	5	33379	7	3	78
萧县官桥镇	5997		5	21087	29	4	99
萧县圣泉镇	8881	8	3	55365	33	13	136
萧县庄里镇	8700		8	29628	15		58
萧县酒店镇	8351		13	65837	30	2	139
萧县孙圩子镇	7207		10	50625	14	4	65
萧县石林乡	3300		6	27365			46
灵璧县灵城镇	10975	13	9	117328	108	6	148
灵璧县韦集镇	13700		14	57469	9	1	44
灵璧县黄湾镇	13686		14	54797	25		189
灵璧县娄庄镇	22703		23	88077	24	3	137
灵璧县杨疃镇	15700		16	79941	36	5	119
灵璧县尹集镇	10895		17	81073	12	6	64
灵璧县浍沟镇	7950		15	55759	19	2	88
灵璧县游集镇	8121		16	60921	46	4	85
灵璧县下楼镇	12963		19	73239	42	7	115
灵璧县朝阳镇	13769		16	78912	34	4	78
灵璧县渔沟镇	11314		19	73785	54	5	140
灵璧县高楼镇	9023		17	74452	35	2	169
灵璧县冯庙镇	10899		18	85157	23	6	154
灵璧县禅堂镇	8891		14	52133	28	2	103
灵璧县虞姬镇	8278		10	49636	84	6	89
灵璧县向阳镇	11669		12	47901	12	1	59

续表 198 安徽省 单位：公顷、个、人

名　　称	行政区域面　积	居民委员会(社区)个数	村民委员会个　数	户籍人口	工业企业个　数	#规模以上	营业面积50平方米以上的商店或超市个数
灵璧县大庙镇	6488		15	59453	57	6	99
灵璧县朱集镇	7515		13	48557	10	2	50
灵璧县大路镇	5356		13	43619	4	2	117
泗县泗城镇	6710	3	3	29026	48	7	78
泗县墩集镇	9466		7	38005	3	2	343
泗县丁湖镇	16132		12	64498	5	1	71
泗县草沟镇	16000		19	89758	54	5	125
泗县长沟镇	12851		10	51594	23	7	194
泗县黄圩镇	9301		14	70812	89	8	105
泗县大庄镇	9783		13	67685	35	10	165
泗县山头镇	10093		13	72561	128	2	136
泗县刘圩镇	8250		10	50976	18	8	78
泗县黑塔镇	19290		18	85938	125	2	52
泗县草庙镇	4677		4	21492	3	2	42
泗县屏山镇	14323		12	53315	7	5	114
泗县大路口镇	6622		8	38870	28	3	137
泗县大杨镇	7659		10	46276	4		120
泗县瓦坊镇	10278		10	62545	3	1	330
金安区木厂镇	7332	1	15	40794	29	1	51
金安区马头镇	5080	1	12	35854	28	6	62
金安区东桥镇	10425	1	15	39363	21	2	42
金安区张店镇	14400	1	24	50436	2		97
金安区毛坦厂镇	6286	2	7	22987	2		61
金安区东河口镇	16080	1	28	52773	7	2	94
金安区双河镇	9432	1	20	44048	32	11	54
金安区施桥镇	11600	1	25	57684	12		145
金安区孙岗镇	13811	1	22	57682	36	6	49
金安区三十铺镇	12211	10	15	56795	180	55	132
金安区椿树镇	10372	1	18	37607	11	2	47
金安区城北镇	7280		13	33374	369	37	59
金安区中店镇	9125		12	32068	1		31
金安区先生店镇	5288		11	26144	26	11	37
金安区翁墩乡	6035	1	12	28641	22		29
金安区淠东乡	3687		12	44307	6		21
金安区横塘岗乡	8820		12	23310			45
裕安区苏埠镇	7010	4	16	81390	110	13	85
裕安区韩摆渡镇	4980	2	13	56331	16	5	98
裕安区新安镇	7400	2	17	73818	38	7	70
裕安区顺河镇	9812	1	15	50549	41	5	71
裕安区独山镇	18600	2	20	69708	16		102
裕安区石婆店镇	15320	1	16	45506	15		99
裕安区城南镇	10024	12	10	58848	44	12	254
裕安区丁集镇	10168	2	11	53503	46	2	19
裕安区固镇镇	9102	1	14	45240	70	16	143
裕安区徐集镇	6330	1	9	33467	27	4	28

续表 199　　安徽省　　单位：公顷、个、人

名　　称	行政区域面　积	居民委员会(社区)个数	村民委员会个　数	户籍人口	工业企业个　数	#规模以上	营业面积50平方米以上的商店或超市个数
裕安区分路口镇	10648	1	14	51171	28	7	80
裕安区江家店镇	11872	1	13	45075	34	3	38
裕安区单王乡	9187	1	16	52641	28		65
裕安区青山乡	12350		17	42506	23	2	81
裕安区石板冲乡	4368		9	26684	3		33
裕安区西河口乡	13386	1	12	34153	13	2	38
裕安区平桥乡	4850	13	5	40791	35	3	142
裕安区罗集乡	12500	1	14	54263	2		52
裕安区狮子岗乡	11821	1	9	35380	21	5	56
叶集区三元镇	8398	1	9	32655	18	3	70
叶集区洪集镇	10270	1	10	47552	16	2	49
叶集区姚李镇	14418		17	60259	65	7	59
叶集区孙岗乡	12634		15	46522	75	18	82
霍邱县城关镇	5584	12	12	119123	47	8	121
霍邱县河口镇	5472	1	7	26869	23	3	21
霍邱县周集镇	10220		21	87818	216	10	73
霍邱县临水镇	8811		16	67054	47	5	130
霍邱县新店镇	12951		20	81485	18	4	123
霍邱县石店镇	12150		14	59173	49	11	95
霍邱县马店镇	7810		12	44531	23	4	82
霍邱县孟集镇	14724	1	15	61887	97	9	46
霍邱县花园镇	10519		11	46070	25	5	47
霍邱县扈胡镇	14381		21	63552	71	4	62
霍邱县长集镇	7200		9	38163	40	13	100
霍邱县乌龙镇	10504		11	42051	12	4	34
霍邱县高塘镇	11000		14	53133	140	1	57
霍邱县龙潭镇	10528		12	45948	25	7	97
霍邱县岔路镇	8512	1	11	37185	9	1	54
霍邱县冯井镇	9956		12	57990	25	7	45
霍邱县众兴集镇	9194		11	39624	15	3	84
霍邱县夏店镇	8735		10	41804	180	1	51
霍邱县曹庙镇	7743		12	36634	18	4	36
霍邱县范桥镇	6858		11	42718	62	4	41
霍邱县潘集镇	10650		15	54914	37	2	94
霍邱县彭塔镇	9266		9	52300	12	2	68
霍邱县宋店镇	11400		13	53228	15	4	70
霍邱县临淮岗镇	12325		16	56918	16	1	49
霍邱县冯瓴镇	9960		13	54717	4		46
霍邱县王截流乡	7920		18	62192	5	1	60
霍邱县城西湖乡	23163		15	65094	15	4	68
霍邱县三流乡	10200		10	42823			47
霍邱县邵岗乡	8083		9	36205	3		90
霍邱县白莲乡	9420		9	37192	3	2	31
舒城县城关镇	11170	15	29	161580	343	27	164
舒城县晓天镇	34215	1	28	37218	30	3	57

续表 200　　安徽省　　单位：公顷、个、人

名　　称	行政区域面　　积	居民委员会(社区)个数	村民委员会个　　数	户籍人口	工业企业个　　数	#规模以上	营业面积50平方米以上的商店或超市个数
舒城县桃溪镇	5732	1	12	28117	17	3	29
舒城县万佛湖镇	11003	1	19	39466	48	2	119
舒城县千人桥镇	7618	1	21	57980	36	7	82
舒城县百神庙镇	6644	1	18	44420	40	2	84
舒城县杭埠镇	8000	1	26	59321	251	83	77
舒城县舒茶镇	8470	1	12	31793	22	6	44
舒城县南港镇	12626	1	18	51228	86	13	130
舒城县干汊河镇	8057	1	20	57278	159	10	105
舒城县张母桥镇	6250	1	13	33624	20	6	59
舒城县五显镇	9811	1	16	37277	31	1	127
舒城县山七镇	13430	1	16	35516	6		73
舒城县河棚镇	7281	1	9	20964	15	1	48
舒城县汤池镇	15921	1	31	52412	13	2	141
舒城县春秋乡	6970		15	31228	6	3	66
舒城县柏林乡	8969		23	45815	32	3	101
舒城县棠树乡	7762		16	39609	30	5	52
舒城县阙店乡	6055		18	37737	2	1	90
舒城县高峰乡	8342	1	14	30037	1		78
舒城县庐镇乡	13070		13	19433	23		101
金寨县梅山镇	33852	14	18	131331	103	4	392
金寨县麻埠镇	13380	1	5	15103	231	3	124
金寨县青山镇	16440	1	5	24056	48	3	7
金寨县燕子河镇	30940		14	32173	20	1	32
金寨县天堂寨镇	21436		7	18015	9		150
金寨县古碑镇	22159		15	45247	32		26
金寨县吴家店镇	21639		13	31280	20	3	65
金寨县斑竹园镇	14810	1	9	24401	13	2	42
金寨县汤家汇镇	26930	1	11	50085	48		163
金寨县南溪镇	20630	1	11	51370	115	4	77
金寨县双河镇	11256	1	10	25572	10	1	41
金寨县白塔畈镇	11400	1	11	41488	9	2	69
金寨县流波?镇	10200		6	12482	2	1	40
金寨县油坊店乡	20242		10	26978	50	1	83
金寨县长岭乡	13545		7	16869	5	1	44
金寨县槐树湾乡	11935		10	28972	1		33
金寨县花石乡	9561		6	15856	24	1	8
金寨县沙河乡	16250		9	15694			37
金寨县桃岭乡	11950		8	29114			33
金寨县果子园乡	8430		8	15153	8		29
金寨县关庙乡	16780		6	11889	8		19
金寨县全军乡	10800		6	11193	3	2	11
金寨县铁冲乡	10420		6	12857	3		30
霍山县衡山镇	16733	12	10	75852	377	89	160
霍山县佛子岭镇	12700	1	5	16740	8	2	34
霍山县下符桥镇	7020		6	20060	33	5	76

续表 201　　安徽省　　单位：公顷、个、人

名　称	行政区域面积	居民委员会(社区)个数	村民委员会个数	户籍人口	工业企业个数	#规模以上	营业面积50平方米以上的商店或超市个数
霍山县但家庙镇	7210		5	15769	11	1	32
霍山县与儿街镇	16000	1	10	38380	73	4	89
霍山县黑石渡镇	11110	1	8	25138	45	6	28
霍山县诸佛庵镇	17940	1	12	33540	65	2	62
霍山县落儿岭镇	6130		5	9699	40	3	17
霍山县磨子潭镇	19173		7	14541	22	2	32
霍山县大化坪镇	23090	1	13	23896	55	3	58
霍山县漫水河镇	15424	1	10	19814	17		34
霍山县上土市镇	11028	1	8	18855	12		41
霍山县单龙寺镇	13693		7	15265	2		37
霍山县东西溪乡	9830	1	6	11268	5		40
霍山县太平畈乡	8466		8	14454	20	3	50
霍山县太阳乡	10570		5	8170			51
谯城区古井镇	11254		12	78967	268	18	151
谯城区芦庙镇	6908		8	43484			90
谯城区华佗镇	6823	1	8	51419	31	2	93
谯城区魏岗镇	6313	1	12	60805	60	15	165
谯城区牛集镇	10633		15	76647	20	1	78
谯城区颜集镇	8578		11	58472	13	1	78
谯城区五马镇	7300		8	45639	29	5	69
谯城区十八里镇	8530	2	9	64233	43	15	110
谯城区谯东镇	4257		4	28682			119
谯城区十九里镇	3175	1	4	27400	175	7	57
谯城区沙土镇	10100		12	68717	8		114
谯城区观堂镇	8500		16	76500	25	2	42
谯城区大杨镇	13328		14	73475	30	4	112
谯城区城父镇	9252		13	78195	19	2	54
谯城区十河镇	11470		14	71621	55	6	271
谯城区双沟镇	17059	4	14	97048	110	3	175
谯城区淝河镇	8900	1	9	52969	6		164
谯城区古城镇	8900		15	57350	19	3	260
谯城区龙扬镇	9420		11	68948	8		103
谯城区立德镇	8708		8	54645	4		107
谯城区张店乡	5400		10	46529	59	2	60
谯城区赵桥乡	10273		7	59782	9	4	246
涡阳县西阳镇	6159	4	9	48028	50	10	103
涡阳县涡南镇	9799	1	15	75698	107	1	174
涡阳县楚店镇	7624	1	13	61990	54	9	113
涡阳县高公镇	5768	3	8	51765	23	4	101
涡阳县高炉镇	12483	2	13	79156	145	6	319
涡阳县曹市镇	13056	2	17	77951	62		136
涡阳县青疃镇	13838	1	19	86643	130	3	295
涡阳县石弓镇	7987	1	13	56422	201	1	435
涡阳县龙山镇	11027	2	18	83881	39	2	291
涡阳县义门镇	7954	5	15	89437	76	6	220

续表 202　　安徽省　　单位：公顷、个、人

名　　称	行政区域面积	居民委员会(社区)个数	村民委员会个数	户籍人口	工业企业个数	#规模以上	营业面积50平方米以上的商店或超市个数
涡阳县新兴镇	12008	2	18	89678	155	4	258
涡阳县临湖镇	10188	4	14	78167	8	1	68
涡阳县丹城镇	10463	1	15	74869	138	1	78
涡阳县马店集镇	8474	3	12	59866	16	3	80
涡阳县花沟镇	8333	2	14	71698	28	1	124
涡阳县店集镇	5065	1	9	43420	19		121
涡阳县陈大镇	6887		15	65171	32	3	70
涡阳县牌坊镇	15411	4	16	103349	11	1	107
涡阳县公吉寺镇	6596	2	12	59630	50	1	95
涡阳县标里镇	9093	1	15	72604	32	1	76
蒙城县双涧镇	14808	2	21	95154	351	9	227
蒙城县小涧镇	11878	3	11	73943	56	3	118
蒙城县坛城镇	13005	3	17	80738	30	4	122
蒙城县许疃镇	12797	2	12	76883	28	3	145
蒙城县板桥集镇	14376	3	13	88406	102	5	346
蒙城县马集镇	10624	2	11	76492	62	2	230
蒙城县岳坊镇	10397	2	10	67264	30	1	161
蒙城县立仓镇	20201	2	20	121997	29		267
蒙城县楚村镇	17156	3	23	111255	32	2	95
蒙城县乐土镇	18331	3	18	115406	129	38	170
蒙城县三义镇	11753	3	13	87731	16	1	85
蒙城县篱笆镇	10407	2	15	73125	28	2	96
蒙城县王集乡	14345	1	15	82836	25	1	130
蒙城县小辛集乡	13015	2	16	93006	82	5	119
利辛县城关镇	12247	19	16	178871	298	21	512
利辛县阚疃镇	11870	9	13	105907	48	3	159
利辛县张村镇	9645	5	13	91047	53	3	296
利辛县江集镇	9636	9	7	85290	22		116
利辛县旧城镇	7420		13	68004	53	1	150
利辛县西潘楼镇	7294	2	13	76802	35	10	133
利辛县孙集镇	6500	4	5	48338	29	2	42
利辛县汝集镇	10035		16	75820	25	2	179
利辛县巩店镇	9834	11	7	83357	27	1	143
利辛县王人镇	7728	6	9	66043	48		78
利辛县王市镇	7114	3	10	62491	10	1	126
利辛县永兴镇	6992	7	5	54992	25		150
利辛县马店孜镇	8876	6	10	75448	12		82
利辛县大李集镇	7541	5	9	62802	10	1	81
利辛县胡集镇	11180	7	12	97034	22	4	106
利辛县展沟镇	5295		10	46451	8		80
利辛县程家集镇	8707	10	3	71242	50	3	62
利辛县中疃镇	9831	11	6	77245	56	2	113
利辛县望疃镇	15313	1	20	114713	23	2	239
利辛县城北镇	6677	4	9	59667	32	2	108
利辛县纪王场乡	7199	8	3	56475	11	1	138

续表 203　　安徽省　　单位：公顷、个、人

名　　称	行政区域面　　积	居民委员会(社区)个数	村民委员会个　　数	户籍人口	工业企业个　　数	#规模以上	营业面积50平方米以上的商店或超市个数
利辛县孙庙乡	6450	3	9	54337	16	2	96
利辛县新张集乡	7268	4	9	60794	26		95
贵池区殷汇镇	17095	1	17	47419	38	2	114
贵池区牛头山镇	11300	4	9	42403	109	4	70
贵池区涓桥镇	15912	1	12	33887	98	13	78
贵池区梅街镇	26400	2	10	23485	48	14	26
贵池区梅村镇	24670	2	11	27020	148	5	41
贵池区唐田镇	15863	2	8	24700	20	2	90
贵池区牌楼镇	10723		10	23736	25	7	24
贵池区乌沙镇	10488	2	12	44279	149	6	93
贵池区棠溪镇	25241	1	7	11123	36	9	26
东至县尧渡镇	38810	8	30	78030	219	14	262
东至县东流镇	17444	3	12	31320	50	12	55
东至县大渡口镇	10017	3	15	70051	295	29	127
东至县胜利镇	19676		21	57171	50	2	6
东至县张溪镇	31057	1	25	59785	9	2	415
东至县洋湖镇	17890		14	31699	36	5	56
东至县葛公镇	25915		16	25269	12	3	56
东至县香隅镇	22703	1	17	37334	149	5	107
东至县官港镇	24365		16	29670	24	2	89
东至县昭潭镇	15166		8	19907	24	2	59
东至县龙泉镇	18575	1	14	28622	152	4	68
东至县泥溪镇	18330		13	25600	48	3	47
东至县花园乡	24975		12	13158	10	2	52
东至县木塔乡	24119		13	17852	45	2	46
东至县青山乡	10364		8	17653	30		81
石台县仁里镇	18900	6	9	25239	80	4	42
石台县七都镇	34500		15	13763	35	2	46
石台县仙寓镇	23900		12	14190	20		38
石台县丁香镇	11280		9	9883	18	3	19
石台县小河镇	13303		13	19741	39	7	47
石台县横渡镇	17400		7	8748	136		50
石台县大演乡	14400		7	7616	17		15
石台县矶滩乡	9700		6	5281	2		11
青阳县蓉城镇	11931	7	18	80829	181	4	56
青阳县木镇镇	10500	1	10	26627	139	20	27
青阳县庙前镇	5882	1	9	23237	49	1	35
青阳县陵阳镇	21385	1	15	24487	81	5	59
青阳县新河镇	11135		11	18850	90	23	30
青阳县丁桥镇	10270		10	20987	150	20	41
青阳县朱备镇	6800		4	9748	2		14
青阳县杨田镇	10800		9	20649	50	7	32
青阳县酉华镇	11770		8	14645	58	29	26
青阳县乔木乡	5461		5	11087	36	9	19
青阳县杜村乡	8403		11	21560	30	3	56

续表 204　　安徽省　　单位：公顷、个、人

名　称	行政区域面积	居民委员会(社区)个数	村民委员会个数	户籍人口	工业企业个数	#规模以上	营业面积50平方米以上的商店或超市个数
青阳县九华乡	5450		6	14419	16		43
宣州区水阳镇	15195	4	24	80936	161	17	47
宣州区狸桥镇	22800	1	12	67245	270	59	159
宣州区沈村镇	12370	2	8	41959	23	6	33
宣州区古泉镇	15322	1	4	21142	88	9	30
宣州区洪林镇	14103	2	10	42205	39	8	35
宣州区寒亭镇	8248	1	7	19424	42	20	17
宣州区文昌镇	3783		5	19652	17	5	16
宣州区孙埠镇	11450	1	8	53331	97	29	92
宣州区杨柳镇	15402	1	9	33868	34	4	47
宣州区水东镇	10917	3	7	30023	50	12	24
宣州区周王镇	10780	1	6	17728	12	4	21
宣州区溪口镇	18857	2	7	24341	19	3	13
宣州区朱桥乡	5847	2	5	24653	23	10	14
宣州区养贤乡	11843	2	8	41171	22	3	32
宣州区五星乡	4435		5	23926	22	3	21
宣州区黄渡乡	14800	1	9	36453	30	10	15
郎溪县建平镇	8443	1	9	34043	10	5	32
郎溪县十字镇	18927	2	7	33733	124	75	70
郎溪县新发镇	8670	2	8	26647	37	17	42
郎溪县涛城镇	10109	1	8	27885	45	7	51
郎溪县梅渚镇	8122	2	8	28253	82	39	138
郎溪县毕桥镇	5976	1	4	19501	39	3	33
郎溪县飞鲤镇	15367	1	12	38137	42	2	54
郎溪县凌笪镇	14377		10	28722	12	6	30
郎溪县姚村镇	12393	1	6	18748	16	1	29
泾县泾川镇	26842	14	4	96400	381	24	279
泾县茂林镇	22817	1	13	21787	28	4	24
泾县榔桥镇	34421	1	12	32895	82	7	41
泾县桃花潭镇	25247	1	14	30635	54	4	75
泾县琴溪镇	9312		8	19038	31	6	56
泾县蔡村镇	13445		9	18904	18	3	20
泾县云岭镇	19223	1	13	40658	159	33	110
泾县黄村镇	14956		9	21906	14	1	34
泾县丁家桥镇	5748		6	15500	210	5	37
泾县汀溪乡	16484		9	12476	4	3	14
泾县昌桥乡	16957		13	35337	41	6	28
绩溪县华阳镇	8700	6	3	43250	183	10	39
绩溪县临溪镇	9600		5	10517	41	9	24
绩溪县长安镇	12200		10	23089	29	1	42
绩溪县上庄镇	6953		7	13959	25	2	14
绩溪县扬溪镇	8900		6	12916	20	3	15
绩溪县伏岭镇	18300		12	19553	13	1	38
绩溪县金沙镇	10800		5	8838	6	3	7
绩溪县瀛洲镇	8303		5	9219	8	3	17

续表 205　　安徽省、福建省　　单位：公顷、个、人

名　　称	行政区域面　积	居民委员会(社区)个数	村民委员会个　数	户籍人口	工业企业个　数	#规模以上	营业面积50平方米以上的商店或超市个数
绩溪县板桥头乡	13000		10	13469	20		17
绩溪县家朋乡	8700		8	11671	5		10
绩溪县荆州乡	5234		4	6964			12
旌德县旌阳镇	10613	5	9	55424	90	4	65
旌德县蔡家桥镇	11875		8	14947	15	3	22
旌德县三溪镇	7008	1	5	12862	12	2	14
旌德县庙首镇	9450	1	5	11855	6	1	19
旌德县白地镇	9578		6	13643	36	1	12
旌德县俞村镇	10783		7	12506	8	4	40
旌德县兴隆镇	8513		4	8791	14	1	10
旌德县孙村镇	8360		6	9895	26	7	10
旌德县版书镇	8336		6	10535	42	5	9
旌德县云乐镇	8070		5	6272	12	1	7
宁国市港口镇	9711	2	7	32321	34	7	31
宁国市梅林镇	18550		8	21200	124	22	22
宁国市中溪镇	20400		6	24135	178	41	34
宁国市宁墩镇	12310		7	15112	21	15	34
宁国市仙霞镇	12829		7	19960	18	3	43
宁国市甲路镇	20100		4	14077	16	2	9
宁国市胡乐镇	18500		5	13764	33	2	20
宁国市霞西镇	20400		6	21757	12	1	47
宁国市云梯畲族乡	5110		4	5706	10		11
宁国市南极乡	11958		5	11465	28		37
宁国市万家乡	14587		4	14888	14		26
宁国市青龙乡	15140		3	12206	6	1	11
宁国市方塘乡	26700		6	13649			29
广德市桃州镇	9177	6	3	36332	17	8	99
广德市柏垫镇	25200	2	12	46030	76	5	95
广德市誓节镇	34200	2	18	70107	141	57	100
广德市邱村镇	32800	1	17	73291	250	47	100
广德市新杭镇	30124	6	13	69727	242	100	156
广德市杨滩镇	27500	3	13	47427	68	1	122
广德市卢村乡	24568	1	12	42707			71
广德市东亭乡	9873	1	5	21386	50	14	87
广德市四合乡	10900	1	5	21603	37	4	53
福建省							
鼓楼区洪山镇	1260	12		109010	12	12	38
仓山区仓山镇	560	5	10	20740	48	12	23
仓山区城门镇	5400	13	25	95273	463	40	59
仓山区盖山镇	3600	4	30	84561	310	123	47
仓山区建新镇	2500	19	22	78943	178	7	289
仓山区螺洲镇	640	3	7	16121	79	23	21
马尾区马尾镇	5363	7	13	48788	142	88	43
马尾区亭江镇	10566	3	17	28283	116	49	18
马尾区琅岐镇	8828	1	27	71252	17	2	44

续表 206　　福建省　　单位：公顷、个、人

名　　称	行政区域面积	居民委员会(社区)个数	村民委员会个数	户籍人口	工业企业个数	#规模以上	营业面积50平方米以上的商店或超市个数
晋安区鼓山镇	5000	20	23	119781	285	82	20
晋安区新店镇	4700	16	28	100820	210	55	50
晋安区岳峰镇	1130	16	4	89013	6	5	121
晋安区宦溪镇	13300		25	13701	28	15	52
晋安区寿山乡	17200		22	12101	20	7	24
晋安区日溪乡	12434		12	6932	2		21
长乐区首占镇	3259	2	13	38972	5	4	14
长乐区玉田镇	5470		11	43447	27	8	35
长乐区松下镇	5500		9	30254	183	36	33
长乐区江田镇	8850		17	60996	176	35	58
长乐区古槐镇	5297		23	64314	115	24	48
长乐区鹤上镇	3662		22	63513	150	24	49
长乐区湖南镇	3200	1	10	34641	154	35	24
长乐区金峰镇	2956	2	19	70468	369	69	43
长乐区文岭镇	3300		12	34373	119	41	36
长乐区梅花镇	1200	5	1	15024	28	7	3
长乐区潭头镇	4200		23	54419	101	35	26
长乐区罗联乡	2053		8	11818	21	2	5
长乐区猴屿乡	2421		4	5054			1
闽侯县白沙镇	17500	4	21	32281	51	20	27
闽侯县南屿镇	16434	3	22	78321	412	79	62
闽侯县尚干镇	500	2	11	18154	56	16	8
闽侯县祥谦镇	8940	2	18	65478	291	46	64
闽侯县青口镇	12700	2	38	90994	545	94	98
闽侯县南通镇	11200	2	15	44419	87	10	52
闽侯县上街镇	13915	5	18	101939	443	15	176
闽侯县荆溪镇	13100	6	14	50280	316	48	33
闽侯县竹岐乡	22400		22	30388	376	16	31
闽侯县鸿尾乡	14864		20	33485	118	35	31
闽侯县洋里乡	15100		24	28056	8	3	25
闽侯县大湖乡	30580		27	34936	15	1	8
闽侯县廷坪乡	21753		25	33860	5		2
闽侯县小箬乡	4600		8	9581	1		14
连江县凤城镇	710	11	4	93859			462
连江县敖江镇	4156	4	13	47658	116	25	56
连江县东岱镇	2641	1	8	31461	4	3	16
连江县琯头镇	6400	2	26	56360	52	17	35
连江县晓澳镇	2146	3	4	32750	38	11	38
连江县东湖镇	4389	1	10	16256	46	21	22
连江县丹阳镇	10937	1	18	29051	36	5	22
连江县长龙镇	4507		7	12434	20		7
连江县透堡镇	2560		8	22446			13
连江县马鼻镇	3811		15	48201	45	1	21
连江县官坂镇	3648		16	33397	5	2	22
连江县筱埕镇	3400		11	25969	15	5	25

续表 207　　福建省　　单位：公顷、个、人

名　　称	行政区域面　积	居民委员会(社区)个数	村民委员会个　数	户籍人口	工业企业个　数	#规模以上	营业面积50平方米以上的商店或超市个数
连江县黄岐镇	1584	4	7	22418	15	2	16
连江县苔菉镇	798		8	26116	51	3	25
连江县浦口镇	5266	7	7	33747	8	7	20
连江县坑园镇	2420		8	23354	42	14	28
连江县潘渡镇	17110	4	11	26055	2	1	26
连江县江南镇	7040	2	14	26739	79	2	6
连江县下宫镇	3695		9	14942	13	4	15
连江县蓼沿乡	15914		23	30449	18	4	27
连江县安凯乡	4250		11	16335	4	2	19
连江县小沧畲族乡	5840		5	4298			5
罗源县凤山镇	3558	8	9	63612	38	6	31
罗源县松山镇	11222	5	22	42987	40	2	22
罗源县起步镇	7182		21	26430	15	7	5
罗源县中房镇	13131		23	22861	19	2	6
罗源县飞竹镇	12168		19	15573	7	4	3
罗源县鉴江镇	6672		9	12441	9	3	4
罗源县白塔乡	7120		15	14254	35	12	12
罗源县洪洋乡	7040		18	12666	26	5	3
罗源县西兰乡	7837		17	12806	12	6	13
罗源县霍口畲族乡	19647		24	19732	5		9
罗源县碧里乡	10197		12	25809	10	3	22
闽清县梅城镇	1063	10	2	42895	60	8	8
闽清县梅溪镇	13589	2	20	24864	105	6	14
闽清县白樟镇	9100	1	13	18662	73	24	17
闽清县金沙镇	15667	1	18	13749	58	8	8
闽清县白中镇	4300	1	13	18756	58	32	44
闽清县池园镇	10168	1	19	23641	128	13	36
闽清县坂东镇	6100	1	27	44863	133	6	60
闽清县塔庄镇	7305	1	24	25840	47	2	11
闽清县省璜镇	10325	1	26	19765	7		9
闽清县雄江镇	11070	1	12	5933	7	2	2
闽清县东桥镇	18734	1	22	22131	38	5	7
闽清县云龙乡	4352		10	11515	93	26	22
闽清县上莲乡	11666		18	13067	20	3	21
闽清县三溪乡	4909		12	9507	11		3
闽清县桔林乡	10935		13	6533	8		5
闽清县下祝乡	8698		22	19271	5	1	24
永泰县樟城镇	504	7	1	34888	123	3	21
永泰县嵩口镇	24869	1	20	32294	20	1	1
永泰县梧桐镇	17185	1	21	40334	5	2	27
永泰县葛岭镇	23899	2	16	18117	12	4	33
永泰县城峰镇	8816	6	15	30620	127	10	12
永泰县清凉镇	10502		12	12278	7	5	4
永泰县长庆镇	16064		15	24123	22	3	18
永泰县同安镇	13884		23	31737	13	2	9

续表 208　　福建省　　单位：公顷、个、人

名　　称	行政区域面积	居民委员会(社区)个数	村民委员会个数	户籍人口	工业企业个数	#规模以上	营业面积50平方米以上的商店或超市个数
永泰县大洋镇	10793		18	34698	8	1	3
永泰县塘前乡	8943		6	4640	18	6	6
永泰县富泉乡	6450		9	7030	9	2	
永泰县岭路乡	11460		10	8180	3		1
永泰县赤锡乡	9867		15	17226	5	4	14
永泰县洑口乡	13304		10	13943	12	1	19
永泰县盖洋乡	11447		10	9920	11	1	10
永泰县东洋乡	4855		10	9168			11
永泰县霞拔乡	5952		11	17409			14
永泰县盘谷乡	3027		6	10572	2	1	2
永泰县红星乡	4609		8	8834	2	1	6
永泰县白云乡	10514		13	13580	2		6
永泰县丹云乡	5787		6	4014			
平潭县金井镇	7821	3	34	75378	2	1	12
平潭县君山镇	9954	1	44	99819	11	1	31
平潭县苏平镇	6241		51	91224	3	2	43
平潭县屿头乡	1250		10	17678			8
平潭县东庠乡	480		8	11087			10
平潭县南海乡	1090		7	10358			
福清市海口镇	5264	1	19	77726	102	29	38
福清市城头镇	7701	1	26	63122	70	57	7
福清市南岭镇	3400		8	7811			6
福清市龙田镇	11765	2	40	138855	150	26	80
福清市江镜镇	5816		26	103564	50	8	63
福清市港头镇	4801		31	86681	27	2	50
福清市高山镇	4600	2	23	72635	20	5	51
福清市沙埔镇	5492		22	52074	10	3	37
福清市三山镇	15246	1	35	126062	20	6	75
福清市东瀚镇	7000		17	43529	3		23
福清市渔溪镇	11530	2	20	50088	61	25	16
福清市上迳镇	4841		16	33770	51	16	25
福清市新厝镇	7365		16	26520	19	18	18
福清市江阴镇	13875	1	23	94035	131	64	58
福清市东张镇	12850	1	18	31129	5	1	15
福清市镜洋镇	8600		17	27204	138	59	34
福清市一都镇	10778	1	6	11662			4
集美区灌口镇	7020	7	12	75030	1884	192	175
集美区后溪镇	11000	6	9	69117	820	103	150
同安区莲花镇	21318	1	19	47653	187	15	51
同安区洪塘镇	3570	3	13	50125	336	24	106
同安区汀溪镇	15211	1	13	26236	56	5	42
同安区五显镇	8280	3	15	51103	258	17	127
翔安区新圩镇	10277	3	14	52367	112	37	52
翔安区内厝镇	6994	1	16	50119	312	61	110
城厢区常太镇	19013	1	27	38664	14		22

续表 209 福建省 单位：公顷、个、人

名　　称	行政区域面积	居民委员会(社区)个数	村民委员会个数	户籍人口	工业企业个数	#规模以上	营业面积50平方米以上的商店或超市个数
城厢区华亭镇	12878	3	32	111908	530	90	91
城厢区灵川镇	6650	1	14	70624	122	30	29
城厢区东海镇	4600	1	12	58325	217	34	162
涵江区三江口镇	2383		17	56488	246	54	48
涵江区白塘镇	1818		16	47179	199	28	36
涵江区国欢镇	1413		15	45983	287	44	78
涵江区梧塘镇	3014	2	14	37570	310	47	56
涵江区江口镇	7498	1	26	69594	228	83	109
涵江区萩芦镇	8570		20	27477	18	6	28
涵江区白沙镇	7457	1	12	21851	19		11
涵江区庄边镇	16628		22	29214	7		12
涵江区新县镇	13203		15	20579	6		3
涵江区大洋乡	11671		18	16126	26		4
荔城区西天尾镇	6135	6	11	52966	205	65	22
荔城区黄石镇	6152	6	32	177972	786	79	298
荔城区新度镇	5846	3	25	108415	265	20	135
荔城区北高镇	7117	1	23	123917	109	16	5
秀屿区笏石镇	6867	1	27	139764	273	44	141
秀屿区东庄镇	7543	1	23	92364	17	4	47
秀屿区忠门镇	4090	4	7	45947	29	1	54
秀屿区东埔镇	2263	4	9	63396	13	2	35
秀屿区东峤镇	8185	4	21	134984	936	137	726
秀屿区埭头镇	10554	3	20	137252	60	5	50
秀屿区平海镇	6849	1	19	103751	67	4	68
秀屿区南日镇	6270	1	16	61986	125	8	63
秀屿区湄洲镇	2935		11	50223	10		54
秀屿区山亭镇	5313	5	10	72075			100
秀屿区月塘镇	2870	3	8	62267	26	6	24
仙游县枫亭镇	9284	7	19	117368	160	71	60
仙游县榜头镇	13309	16	23	166821	419	102	170
仙游县郊尾镇	6078	1	20	86450	241	27	55
仙游县度尾镇	11489	3	16	92131	346	11	54
仙游县鲤南镇	4389	8	10	66192	136	33	37
仙游县赖店镇	8084	1	18	69641	68	13	49
仙游县盖尾镇	6985	1	24	106674	55	5	58
仙游县园庄镇	8225	1	16	59512			12
仙游县大济镇	11343	1	22	96172	58	10	58
仙游县龙华镇	6268	1	15	67999	36	8	59
仙游县钟山镇	13466		16	30577	6		14
仙游县游洋镇	17931		17	34400	12		16
仙游县西苑乡	30757		16	23902	7	1	7
仙游县石苍乡	13950		10	17598			5
仙游县社硎乡	7863		14	13723	1	1	3
仙游县书峰乡	3806		6	15872	2	1	9
仙游县菜溪乡	7640		8	11693			3

续表 210　　福建省　　单位：公顷、个、人

名　　称	行政区域面　　积	居民委员会(社区)个数	村民委员会个　　数	户籍人口	工业企业个　　数	#规模以上	营业面积50平方米以上的商店或超市个数
三元区陈大镇	18234	1	8	9516	76	25	3
三元区洋溪镇	7134	1	8	9151	25	21	9
三元区莘口镇	23797	2	14	14529	117	34	31
三元区岩前镇	27443	2	12	19926	55	20	13
三元区中村乡	19212	1	18	14212	7	6	7
沙县区青州镇	14358	1	12	19443	43	20	12
沙县区夏茂镇	25013	1	27	46075	19	6	17
沙县区高砂镇	15668		14	20140	28	11	5
沙县区高桥镇	21211	1	14	18551	23	7	15
沙县区富口镇	22609	1	15	17276	31	4	1
沙县区大洛镇	11749		14	10597	14	1	5
沙县区南霞乡	12212		11	12432	4		2
沙县区南阳乡	6355		9	11736			6
沙县区郑湖乡	11009		11	12957	10		2
沙县区湖源乡	3604		5	6837	6	2	5
明溪县雪峰镇	1287	6	2	27977	53	6	9
明溪县盖洋镇	35034	1	18	20423	16	7	7
明溪县胡坊镇	22678		10	9811	66	7	1
明溪县瀚仙镇	15323		11	10851	30	14	4
明溪县城关乡	13088		9	11743	36	15	6
明溪县沙溪乡	14291	1	6	6307	11	10	7
明溪县夏阳乡	36032		16	15312	45	4	3
明溪县枫溪乡	12275		7	5935	11	4	9
明溪县夏坊乡	22980		9	6897	8	5	1
清流县龙津镇	19774	4	14	34124	129	13	37
清流县嵩溪镇	17131	1	12	17270	45	15	24
清流县嵩口镇	22631	1	12	17186	34	14	13
清流县灵地镇	13397	1	14	12793	22	2	4
清流县长校镇	13699	1	10	14069	4	2	10
清流县赖坊镇	11425		8	10137	13	4	19
清流县林畲镇	11398	1	8	6827	4	3	10
清流县温郊乡	14952		4	4410	13	9	6
清流县田源乡	11089		4	6427	8	3	3
清流县沙芜乡	13454		5	4463	13	3	5
清流县余朋乡	16946		5	5816	24	5	1
清流县李家乡	7713		8	11070	22	3	10
清流县里田乡	7025		7	6556	7	3	23
宁化县翠江镇	2465	8	4	47480	59	9	27
宁化县泉上镇	20220	2	11	21965	115	5	7
宁化县湖村镇	16877	1	12	16141	41	15	4
宁化县石壁镇	13827	1	22	34259	110	8	11
宁化县曹坊镇	20109	1	14	27268	26	4	8
宁化县安远镇	27763	1	19	38217	23	4	29
宁化县淮土镇	10836	1	21	31942	58	4	28
宁化县安乐镇	17820	1	11	17862	10	5	7

续表 211 福建省 单位：公顷、个、人

名　　称	行政区域面　　积	居民委员会(社区)个数	村民委员会个　　数	户籍人口	工业企业个　　数	#规模以上	营业面积50平方米以上的商店或超市个数
宁化县水茜镇	23886	1	15	29211	24	4	19
宁化县城郊镇	20400	2	18	25251	70	17	9
宁化县城南镇	7533	1	9	10672	22	6	3
宁化县济村乡	15007	1	13	15127	9	4	2
宁化县方田乡	10335	1	8	10922	8	3	7
宁化县治平畲族乡	13700	1	12	13341	36	6	18
宁化县中沙乡	11560	1	13	16277	21	5	14
宁化县河龙乡	6439	1	8	8726	9	2	10
大田县均溪镇	14038	8	23	89223	364	14	45
大田县石牌镇	12952		16	20270	70	13	31
大田县上京镇	15298		16	23240	47	14	25
大田县广平镇	17158		15	39432	45	13	36
大田县桃源镇	21910		13	21412	42	9	2
大田县太华镇	24555		24	35653	56	12	7
大田县建设镇	6859		12	26934	101	9	32
大田县奇韬镇	7074		12	14662	46	5	7
大田县华兴镇	9286		10	13838	17	11	5
大田县吴山镇	8355		9	9713	295	5	13
大田县文江镇	11271		20	22444	3	2	19
大田县梅山镇	19209		21	25337	156	2	25
大田县屏山乡	10634		13	14770	79	2	
大田县济阳乡	6643		12	8987	12	5	1
大田县武陵乡	8030		9	12733	47	4	8
大田县谢洋乡	11612		14	7820	27	2	3
大田县湖美乡	13846		16	14073	2		
大田县前坪乡	4586		11	7747	38	13	2
尤溪县城关镇	12082	10	10	59738	195	29	16
尤溪县梅仙镇	23945	1	23	33876	134	7	20
尤溪县西滨镇	25251	1	21	24369	62	15	22
尤溪县洋中镇	33859	1	17	28934	93	27	21
尤溪县新阳镇	27417	1	23	48952	22	4	17
尤溪县管前镇	17611		20	26310	11	4	19
尤溪县西城镇	34667	4	22	48329	144	54	25
尤溪县尤溪口镇	210		1	779	6	2	
尤溪县坂面镇	41152	1	20	36817	78	14	8
尤溪县联合镇	10328	1	12	20799	25	1	12
尤溪县中仙镇	37515		19	37592	36	3	5
尤溪县汤川乡	30386		17	17627	28	2	2
尤溪县溪尾乡	16255		12	14182	19	3	11
尤溪县台溪乡	23463		24	33157	29	6	35
尤溪县八字桥乡	7879		10	12722	3	1	13
将乐县古镛镇	16154	4	13	35010	110	78	60
将乐县万安镇	14449	1	8	11453	14	5	2
将乐县高唐镇	25556		12	11799	19	11	1
将乐县白莲镇	23423	1	11	19195	30	5	13

续表 212　　福建省　　单位：公顷、个、人

名　　称	行政区域面　　积	居民委员会(社区)个数	村民委员会个　　数	户籍人口	工业企业个　　数	#规模以上	营业面积50平方米以上的商店或超市个数
将乐县黄潭镇	29397		14	15389	24	7	6
将乐县水南镇	3163	2	6	12480	13	10	15
将乐县光明镇	17296		11	11892	8	1	5
将乐县南口镇	19055		13	15249	28	8	4
将乐县漠源乡	12693		8	8143	19	1	1
将乐县万全乡	19625		9	7916	4	1	6
将乐县安仁乡	11588		11	13745	15	3	5
将乐县大源乡	12143		10	12094	5	2	3
将乐县余坊乡	13629		9	10670	6	5	1
泰宁县杉城镇	22937	6	21	41385	78	30	13
泰宁县朱口镇	21614		19	30465	75	13	1
泰宁县下渠镇	12690		12	10637	19	7	2
泰宁县新桥乡	10776		9	8473	58	3	1
泰宁县上青乡	8904		8	11433	25	6	1
泰宁县大田乡	14181		7	7118	40	5	2
泰宁县梅口乡	16458		9	6459	13	2	1
泰宁县开善乡	14018		10	8152	45	5	2
泰宁县大龙乡	31302		16	12033	30	9	3
建宁县濉溪镇	21000	4	10	30622	296	44	30
建宁县里心镇	26000	1	13	23944	50	13	16
建宁县溪口镇	22200	1	13	21460	51	25	30
建宁县均口镇	30163	1	13	19277	35	11	31
建宁县伊家乡	11704		8	13836	75	2	11
建宁县黄坊乡	21500		8	9712	39	7	10
建宁县溪源乡	14300		9	8464	30	7	7
建宁县客坊乡	11000		8	13149	32		5
建宁县黄埠乡	13400		10	12074	15	5	16
永安市西洋镇	33687	1	18	20149	92	13	39
永安市贡川镇	13697	1	15	10045	104	31	20
永安市安砂镇	29474	1	19	15590	31	12	16
永安市小陶镇	41983	1	34	30280	100	15	25
永安市大湖镇	19052	1	18	20590	79	18	16
永安市曹远镇	19685	2	22	19526	130	30	12
永安市洪田镇	34297	1	20	17581	76	19	33
永安市槐南镇	12686	1	14	23786	41	10	13
永安市上坪乡	16024		10	7172	39	6	4
永安市罗坊乡	23112		11	6364	30	1	1
永安市青水畲族乡	25751		21	18989	34	2	14
洛江区罗溪镇	10849		17	45434	47	3	30
洛江区马甲镇	11572		24	61664	222	17	300
洛江区河市镇	8559		21	37418	330	89	71
洛江区虹山乡	2256		5	12743	15		8
泉港区南埔镇	4457		14	72597	118	25	171
泉港区界山镇	4220		12	58019	28	9	39
泉港区后龙镇	2150	2	12	50264	44	6	43

续表 213　　福建省　　单位：公顷、个、人

名　　称	行政区域面积	居民委员会(社区)个数	村民委员会个数	户籍人口	工业企业个数	#规模以上	营业面积50平方米以上的商店或超市个数
泉港区峰尾镇	1536		8	57568	29		27
泉港区前黄镇	3330		13	42644	106	15	66
泉港区涂岭镇	13385	1	21	55140	82	10	52
惠安县螺城镇	2750	11	3	117890	1132	17	105
惠安县螺阳镇	4900		25	93464	42	38	165
惠安县黄塘镇	6980		18	45708	438	52	32
惠安县紫山镇	8840		15	37282	12	10	22
惠安县洛阳镇	6335		25	67616	249	45	105
惠安县东园镇	4953		17	60288	166	62	131
惠安县张坂镇	9044		31	82082	260	94	139
惠安县崇武镇	1960		12	75583	298	79	101
惠安县山霞镇	3450		16	54420	195	35	48
惠安县涂寨镇	5049		26	92696	23	22	106
惠安县东岭镇	3050		18	66235	19	8	62
惠安县东桥镇	3100		19	70443	178	9	70
惠安县净峰镇	3123		21	70730	12	2	44
惠安县小岞镇	740		9	34298	5	4	27
惠安县辋川镇	5000		25	71030	17	16	93
惠安县百崎回族乡	1603		5	18037	483	29	93
安溪县凤城镇	1326	25	3	70760	1696	34	18
安溪县蓬莱镇	12307	1	30	78684	273	3	58
安溪县湖头镇	10189	5	29	92086	175	14	52
安溪县官桥镇	10465	1	29	84092	586	34	27
安溪县剑斗镇	11902		16	55580	55	4	30
安溪县城厢镇	10752	7	25	84517	5471	81	203
安溪县金谷镇	10111		24	54652	104	2	41
安溪县龙门镇	15422	1	31	71129	251	21	52
安溪县虎邱镇	15882		18	55812	202	12	15
安溪县芦田镇	9211	1	10	17742	28	1	3
安溪县感德镇	20990		22	65583	84	8	32
安溪县魁斗镇	5646		14	24110	159	6	23
安溪县西坪镇	14916	1	26	61838	637	19	29
安溪县参内镇	4911	2	12	32992	430	5	25
安溪县长卿镇	19075		26	80299	101	4	47
安溪县白濑乡	4296		5	12044	5	2	2
安溪县湖上乡	4756		13	29331	28	3	14
安溪县尚卿乡	11694		18	43331	2402	21	60
安溪县大坪乡	7363		7	18329	41	9	3
安溪县龙涓乡	35803		36	77448	129	5	49
安溪县蓝田乡	9592		16	30435	38	1	23
安溪县祥华乡	24665		20	36725	58	3	10
安溪县桃舟乡	12438		8	13151	8	1	2
安溪县福田乡	15667	1	5	9005	11	2	8
永春县桃城镇	7200	14	8	69097	162	31	185
永春县五里街镇	4300	5	6	33835	45	20	40

续表 214　　福建省　　单位：公顷、个、人

名　　称	行政区域面　　积	居民委员会(社区)个数	村民委员会个　　数	户籍人口	工业企业个　　数	#规模以上	营业面积50平方米以上的商店或超市个数
永春县一都镇	19100		14	18557	36	7	8
永春县下洋镇	11150		10	15426	69	12	13
永春县蓬壶镇	8130		22	73863	168	14	37
永春县达埔镇	12100		21	84122	282	13	68
永春县吾峰镇	3303		8	21087	15	7	6
永春县石鼓镇	4924	5	8	35936	40	12	34
永春县岵山镇	5400		11	25054	20	7	21
永春县东平镇	4300		9	19881	21	13	18
永春县湖洋镇	13295		17	44222	41	4	150
永春县坑仔口镇	7500		8	18387	17	12	27
永春县玉斗镇	5746		9	22177	13	4	18
永春县锦斗镇	4113		6	18213	20	3	9
永春县东关镇	6086	3	9	14461	37	8	2
永春县桂洋镇	7800		8	14506	24	3	11
永春县苏坑镇	3071		7	16578	52	9	13
永春县仙夹镇	3414		8	14158			4
永春县横口乡	6257		10	8810	27	2	6
永春县呈祥乡	1930		3	9263	10	2	4
永春县介福乡	3300		3	10273	192	9	12
永春县外山乡	3530		4	6911	8	5	2
德化县浔中镇	6770	13	11	57760	1858	75	69
德化县龙浔镇	4040	16	6	69692	2056	80	89
德化县三班镇	5600	1	10	21729	603	12	16
德化县龙门滩镇	21555		12	14663	25	5	7
德化县雷峰镇	16989		14	17928	49	1	8
德化县南埕镇	24105		12	12265	10		3
德化县水口镇	26030		16	17664	16	1	3
德化县赤水镇	9418	1	14	16931			
德化县上涌镇	14010		17	20943	33		5
德化县葛坑镇	12734		12	15432	7	2	5
德化县盖德镇	9240		14	21478	26	3	15
德化县美湖镇	9345		8	15495	8	6	2
德化县杨梅乡	11160		7	6010	7		
德化县汤头乡	12510		7	9406	12	1	
德化县桂阳乡	12290		9	7818	16		1
德化县国宝乡	6110		8	12580	8		1
德化县大铭乡	7640		7	5982	7		5
德化县春美乡	13211		7	11046	8		1
石狮市灵秀镇	1627	1	12	40996	2371	72	58
石狮市宝盖镇	2600	2	18	63245	725	97	85
石狮市蚶江镇	3873		19	54019	1341	73	84
石狮市祥芝镇	1584		10	33289	299	55	29
石狮市鸿山镇	1612		11	31982	283	62	48
石狮市锦尚镇	1450		11	23093	306	58	27
石狮市永宁镇	2864	4	20	44960	233	45	48

续表 215　　福建省　　单位：公顷、个、人

名　　称	行政区域面　　积	居民委员会(社区)个数	村民委员会个　　数	户籍人口	工业企业个　　数	#规模以上	营业面积50平方米以上的商店或超市个数
晋江市安海镇	5403	6	36	132428	1753	140	257
晋江市磁灶镇	5646	2	24	97943	821	115	95
晋江市陈埭镇	3767	2	24	83633	5835	350	336
晋江市东石镇	6483	5	29	108629	1559	215	159
晋江市深沪镇	3326	7	12	48977	1050	218	47
晋江市金井镇	5668	2	20	56936	818	158	117
晋江市池店镇	2549		24	107104	2129	104	305
晋江市内坑镇	4753		28	72714	1127	111	111
晋江市龙湖镇	6355		42	85143	1330	176	280
晋江市永和镇	4802		24	71176	1280	90	150
晋江市英林镇	2993		20	47256	992	125	99
晋江市紫帽镇	2042	1	8	18308	90	8	27
晋江市西滨镇	210	1	2	1669	385	60	6
南安市省新镇	5812	1	11	52767	563	60	37
南安市仑苍镇	4462		11	53876	3609	52	302
南安市东田镇	17161		16	56785	195	2	106
南安市英都镇	8566		15	64082	477	19	34
南安市翔云镇	6404		12	27531	6	2	16
南安市金淘镇	10405		22	86577	390	9	53
南安市诗山镇	9413	1	18	87262	521	23	43
南安市蓬华镇	4466		9	22587	62		6
南安市码头镇	9772	1	24	70213	179	16	42
南安市九都镇	10207		10	17792	9	2	6
南安市乐峰镇	6768		8	39108	55	2	22
南安市罗东镇	6405	2	12	59521	175	15	26
南安市梅山镇	5900	2	18	68160	835	31	19
南安市洪濑镇	8615	4	18	88642	1414	42	96
南安市洪梅镇	4852	1	10	54766	26	1	36
南安市康美镇	6495		12	60322	498	38	78
南安市丰州镇	5528	1	13	47201	756	22	59
南安市霞美镇	5600		16	73258	803	122	50
南安市官桥镇	13254	7	22	110726	1178	120	128
南安市水头镇	12700	5	28	123459	1491	203	107
南安市石井镇	8533	1	25	77799	981	136	115
南安市眉山乡	5264		13	24336	23		40
南安市向阳乡	6845		7	15593	18		15
芗城区浦南镇	7300	6	16	31492	36	6	15
芗城区天宝镇	5378	12	11	51816	81	16	50
龙文区郭坑镇	3502	3	6	16999	76	12	20
龙海区海澄镇	7037	5	19	86583	423	56	31
龙海区角美镇	16041	17	31	163588	1075	207	350
龙海区白水镇	7225	1	15	43863	60	17	2
龙海区浮宫镇	7786	1	19	56196	155	33	46
龙海区程溪镇	24150	1	20	37121	161	26	15
龙海区港尾镇	11356	2	15	48241	65	38	49

续表 216 福建省 单位：公顷、个、人

名　　称	行政区域面积	居民委员会(社区)个数	村民委员会个数	户籍人口	工业企业个数	#规模以上	营业面积50平方米以上的商店或超市个数
龙海区九湖镇	9064	1	23	59758	301	38	64
龙海区颜厝镇	5062		20	59393	233	26	67
龙海区榜山镇	6266	2	20	88979	489	39	61
龙海区紫泥镇	7539		16	60923	145	20	23
龙海区东园镇	3509	1	14	41696	196	58	41
龙海区东泗乡	5804		14	23808			11
龙海区隆教畲族乡	7880	1	10	26152	39	5	23
长泰区武安镇	4630	9	8	61964	35		40
长泰区岩溪镇	20350	2	11	39638	69	23	50
长泰区陈巷镇	12725	1	13	28914	51	21	48
长泰区枋洋镇	11885		9	17505	2	1	24
长泰区坂里乡	11607	1	6	12439	11	2	15
云霄县云陵镇	1523	17	4	75212	113	8	59
云霄县陈岱镇	6767		18	38913	50	13	12
云霄县东厦镇	13004		15	59570	37	13	44
云霄县莆美镇	3887	11	16	53421	115	10	92
云霄县列屿镇	5484		12	26460	36	10	27
云霄县火田镇	19111	1	21	57995	50	10	53
云霄县下河乡	13734	1	23	47951	87	6	60
云霄县马铺乡	16597		28	43900	16	4	61
云霄县和平乡	12257	9	13	29802	28	8	53
漳浦县绥安镇	11726	19	19	131778	889	69	239
漳浦县旧镇镇	11618	1	28	80045	147	23	75
漳浦县佛昙镇	8038	1	20	63385	67	9	28
漳浦县赤湖镇	9216	1	13	62270	280	23	38
漳浦县杜浔镇	15548	1	16	73716	92	3	111
漳浦县霞美镇	9802	1	19	67003	31	2	87
漳浦县官浔镇	7711	1	9	23465	3	1	36
漳浦县石榴镇	20664	3	18	50251	60	13	36
漳浦县盘陀镇	10634	1	11	29787	75	7	19
漳浦县长桥镇	12684	2	9	17948	81	72	22
漳浦县前亭镇	10193	3	13	38808	11	6	62
漳浦县马坪镇	5264		6	19181	29	2	9
漳浦县深土镇	6959		19	59352	12	5	112
漳浦县六鳌镇	4604		10	28639	60	5	16
漳浦县沙西镇	11745		14	51258	27		41
漳浦县古雷镇	189	17		46686	296		10
漳浦县大南坂镇	4952	13	1	13631	204	41	7
漳浦县南浦乡	5402		9	14453	20		6
漳浦县赤岭畲族乡	11240	1	9	16011	22	2	5
漳浦县湖西畲族乡	7907		10	27576	23	5	12
漳浦县赤土乡	12108	4	11	27476	28	2	32
诏安县南诏镇	930	20	2	72377	75	2	13
诏安县四都镇	10973	1	20	57750	3	1	183
诏安县梅岭镇	3629		15	34853	30	12	45

续表 217　　福建省　　单位：公顷、个、人

名　　称	行政区域面　积	居民委员会(社区)个数	村民委员会个　数	户籍人口	工业企业个　数	#规模以上	营业面积50平方米以上的商店或超市个数
诏安县桥东镇	10739		23	67985	42	8	80
诏安县深桥镇	9084		31	74480	60		103
诏安县太平镇	14878		19	55655	30	8	33
诏安县霞葛镇	8054		10	46458	3	1	39
诏安县官陂镇	14865		17	64857	5	1	14
诏安县秀篆镇	13807		17	53788	10	1	55
诏安县西潭镇	6689		17	50016	20	2	72
诏安县金星乡	8432	3	8	20454	1		17
诏安县白洋乡	5353		15	32624	14	1	18
诏安县建设乡	4714	5	8	12686	18	1	1
诏安县红星乡	12966	7	8	17687	10	4	5
诏安县梅洲乡	4938		7	20041	8	2	9
东山县西埔镇	5143	5	13	62038	224	26	40
东山县樟塘镇	2785		9	17817	39	13	14
东山县康美镇	2792	2	8	22149	143	21	22
东山县杏陈镇	3838		10	26703	61	10	23
东山县陈城镇	6259		13	32388	81	13	63
东山县前楼镇	3436		7	12318	13	4	10
东山县铜陵镇	636	12	1	49490	98	31	11
南靖县山城镇	22430	7	27	99786	271	18	82
南靖县丰田镇	5832	3	6	8839	120	34	17
南靖县靖城镇	14005	1	25	66497	295	85	139
南靖县龙山镇	30487	2	23	36756	47	16	34
南靖县金山镇	23422	1	19	37266	75	21	30
南靖县和溪镇	17630	1	14	21333	51	5	35
南靖县奎洋镇	16110	1	12	12024	14	7	14
南靖县梅林镇	11113	1	9	12100	2	1	7
南靖县书洋镇	18165	1	18	22024	5	3	19
南靖县船场镇	20333	1	19	21972	23	10	45
南靖县南坑镇	16677	1	11	12284	27	6	11
平和县小溪镇	13719	8	23	103433	153	14	38
平和县山格镇	17772	1	13	44674	55	23	57
平和县文峰镇	24610	3	9	20461	89	36	20
平和县南胜镇	12717	1	11	26771	6	2	25
平和县坂仔镇	13367	1	14	39058	8	3	49
平和县安厚镇	12234	2	22	66203	15	2	30
平和县大溪镇	13926	1	25	63150	4	3	36
平和县霞寨镇	20390	1	26	46081	4	3	33
平和县九峰镇	20353	2	25	48476	10	8	42
平和县芦溪镇	30740	1	17	41912	3	1	37
平和县五寨乡	9178	1	9	20754	3	2	16
平和县国强乡	14409		14	22363	10	3	25
平和县崎岭乡	12799		13	24775	1		45
平和县长乐乡	6000		9	13176	4	1	8
平和县秀峰乡	8742		10	18919	3		12

续表 218　　福建省　　单位：公顷、个、人

名　称	行政区域面　积	居民委员会(社区)个数	村民委员会个　数	户籍人口	工业企业个　数	#规模以上	营业面积50平方米以上的商店或超市个数
华安县华丰镇	16741	4	17	39462	505	11	30
华安县丰山镇	6402		14	21995	177	20	60
华安县沙建镇	23117	4	13	25768	61	37	39
华安县新圩镇	21442	1	10	12019	26	9	15
华安县高安镇	10302		7	11877	30	11	6
华安县仙都镇	13761		13	29854	225	11	64
华安县高车乡	7483		3	5940	26	11	9
华安县马坑乡	11645		6	5201	25	15	6
华安县湖林乡	16868		8	8861	49	11	12
延平区来舟镇	6677	3	7	5478	46	3	8
延平区樟湖镇	19901	1	14	20453	45		10
延平区夏道镇	15150	2	19	29857	85	14	30
延平区西芹镇	25030	1	20	34974	87	7	4
延平区峡阳镇	17638	1	22	21939	30	2	32
延平区南山镇	19654		26	25659	69	1	26
延平区大横镇	19371	1	19	16684	20	6	2
延平区王台镇	21962		19	20691	69	5	3
延平区太平镇	23046	1	14	16161	22	1	25
延平区塔前镇	14679		14	25240			5
延平区茫荡镇	20773		19	13877	83	4	19
延平区洋后镇	11446		10	12141	20		2
延平区炉下镇	8970		10	12888	42	18	14
延平区巨口乡	14065		11	11627			5
延平区赤门乡	10689		9	10191	14		9
建阳区将口镇	19397	1	13	20901	60	10	6
建阳区徐市镇	28134	1	16	26307	37	13	13
建阳区莒口镇	36186	1	16	25697	34	5	12
建阳区麻沙镇	46241	1	24	35030	49	9	5
建阳区黄坑镇	38265	1	11	12700	99	11	10
建阳区水吉镇	27830	1	29	32871	70	9	6
建阳区漳墩镇	29827	1	24	27944	26	1	13
建阳区小湖镇	24038	1	16	18008	52	5	7
建阳区崇雒乡	12646	1	6	10944			8
建阳区书坊乡	21754	1	8	9806	13		6
建阳区回龙乡	20176	1	12	13514	11	1	8
顺昌县建西镇	13000	1	9	15007	34	6	1
顺昌县洋口镇	13900	2	14	16733	42	10	14
顺昌县元坑镇	17100	1	13	14955	49	13	10
顺昌县埔上镇	20315	1	12	20255	128	5	8
顺昌县大历镇	8840	1	8	8482	14	1	2
顺昌县大干镇	20300	2	13	15268	26	6	11
顺昌县仁寿镇	17074	1	8	15294	22	5	11
顺昌县郑坊镇	13200	1	7	10692	51	9	4
顺昌县洋墩乡	12900		10	9981	16	1	5
顺昌县岚下乡	20700		10	21532	22	4	11

续表 219　　福建省　　单位：公顷、个、人

名　　称	行政区域面积	居民委员会(社区)个数	村民委员会个数	户籍人口	工业企业个数	#规模以上	营业面积50平方米以上的商店或超市个数
顺昌县高阳乡	23000		14	20118	31	2	2
浦城县富岭镇	39775		28	38829	12		25
浦城县石陂镇	28057		23	35790	27	2	4
浦城县临江镇	11435		16	19518	18	4	7
浦城县仙阳镇	23924	1	23	36569	86	35	9
浦城县水北街镇	34412		24	22539			17
浦城县永兴镇	20790	1	20	23400	10	1	10
浦城县忠信镇	42016		23	28880	27	2	21
浦城县莲塘镇	15441	3	22	35128	13	9	23
浦城县九牧镇	15502		11	12635	12	2	11
浦城县万安乡	8019		10	16625	10	2	9
浦城县古楼乡	20752		12	11465	8	3	9
浦城县山下乡	11043		9	10480	5	1	9
浦城县枫溪乡	5454		7	6549			3
浦城县濠村乡	12709		7	7740	6		10
浦城县管厝乡	22198		19	21219			20
浦城县盘亭乡	11445		14	16402	21		19
浦城县官路乡	10128		10	11154	8		14
光泽县杭川镇	378	11		31120	102	5	35
光泽县寨里镇	72410		16	20944	36	2	27
光泽县止马镇	16001		10	16326	12		5
光泽县鸾凤乡	30124	2	15	24783	111	16	20
光泽县崇仁乡	13118		9	12838	83	17	4
光泽县李坊乡	19615		10	12830	8		1
光泽县华桥乡	30486		12	20962	22	1	6
光泽县司前乡	41894		14	19687	20	1	12
松溪县郑墩镇	17350		15	21657	89	13	6
松溪县渭田镇	17950		19	26876	41	4	5
松溪县河东乡	5290	1	6	14758	60	17	22
松溪县茶平乡	8420		10	15247	39	8	19
松溪县旧县乡	13183		12	15776	84	8	8
松溪县溪东乡	8250		11	13676	1		15
松溪县花桥乡	16607		12	14479	27		11
松溪县祖墩乡	9650		11	10194	19	3	7
政和县东平镇	21592	2	12	26009	51	7	12
政和县石屯镇	14424	1	9	22967	175	14	11
政和县铁山镇	13713	1	14	22627	73	13	25
政和县镇前镇	24317		22	28939	10	1	16
政和县星溪乡	20484	1	11	17212	57	12	16
政和县外屯乡	14988		9	13671	6		9
政和县杨源乡	23459		15	19977	5		4
政和县澄源乡	26714		22	28873	9	4	16
政和县岭腰乡	11979		7	10636	19	1	1
邵武市城郊镇	18832	2	9	16274	269	60	11
邵武市水北镇	50752		11	20986	45	7	12

续表 220　　福建省　　单位：公顷、个、人

名　称	行政区域面积	居民委员会(社区)个数	村民委员会个数	户籍人口	工业企业个数	#规模以上	营业面积50平方米以上的商店或超市个数
邵武市下沙镇	9337		6	7752	21	6	10
邵武市卫闽镇	11161		6	7712	10	3	7
邵武市沿山镇	25814	1	13	18537	6	1	3
邵武市拿口镇	34877	1	14	24808	37	6	11
邵武市洪墩镇	14336		8	15372	51	2	16
邵武市大埠岗镇	19185		11	15443	13		
邵武市和平镇	12375	1	10	20371	6		1
邵武市肖家坊镇	10967		11	13754	1		
邵武市大竹镇	13901		6	8961	3		3
邵武市吴家塘镇	11812	1	5	8721	85	38	8
邵武市桂林乡	15881		8	12387			1
邵武市张厝乡	13951		6	6640			3
邵武市金坑乡	13676		8	7257	7		2
武夷山市星村镇	67977	1	15	25618	240	3	24
武夷山市兴田镇	33311	1	14	29254	167	24	48
武夷山市五夫镇	17740	1	11	15116	15		10
武夷山市上梅乡	23199		11	14183	20		5
武夷山市吴屯乡	24421	1	17	20388	34	2	10
武夷山市岚谷乡	28570		15	17054	15		9
武夷山市洋庄乡	48115	1	10	12835	59	4	13
建瓯市徐墩镇	34675	3	16	36060	105	15	23
建瓯市吉阳镇	19479	1	12	30224	46	9	3
建瓯市房道镇	24323	1	20	34413	56	9	25
建瓯市南雅镇	39641	1	21	43128	70	9	12
建瓯市迪口镇	37316	1	17	34159	39	5	25
建瓯市小桥镇	30239	1	13	38824	45	6	8
建瓯市玉山镇	31948	1	12	23364	67	8	6
建瓯市东游镇	41690	1	19	38368	36	8	37
建瓯市东峰镇	30317	2	19	38743	16	4	8
建瓯市小松镇	23630		14	28406	6	5	2
建瓯市顺阳乡	17116	1	6	10792	18		6
建瓯市水源乡	29025	1	12	23418	22		6
建瓯市川石乡	26717	1	14	25106	15	2	4
建瓯市龙村乡	20843		12	16048	65	1	4
新罗区红坊镇	9240	2	19	30038	29	26	18
新罗区适中镇	29910		22	33944	159	22	25
新罗区雁石镇	30988		33	30232	55	33	15
新罗区白沙镇	40484		31	24083	41	13	8
新罗区万安镇	35910		20	12571	30	14	7
新罗区大池镇	11411		13	11001	53	14	14
新罗区小池镇	10185		13	12058	34	5	11
新罗区江山镇	24167		16	11526	24	2	4
新罗区岩山镇	10306		13	4755	18	13	20
新罗区苏坂镇	10864		16	14440	10	4	2
永定区坎市镇	6795	1	6	24356	45	14	19

续表 221　　　　福建省　　　　单位：公顷、个、人

名　　称	行政区域面积	居民委员会(社区)个数	村民委员会个数	户籍人口	工业企业个数	#规模以上	营业面积50平方米以上的商店或超市个数
永定区下洋镇	20781		20	35806	55	5	48
永定区湖雷镇	16649		27	38202	14	2	5
永定区高陂镇	11654	3	11	44827	95	45	30
永定区抚市镇	14656		17	27515	43	4	26
永定区湖坑镇	10132		16	22178	8	2	26
永定区培丰镇	10593		11	36446	11	3	5
永定区龙潭镇	8170		8	11715	19	9	2
永定区峰市镇	11237	2	9	7160	4	3	1
永定区城郊镇	10691		14	12288	10	4	23
永定区仙师镇	15142		16	18910	7	2	2
永定区虎岗镇	12501		6	16640	12		6
永定区堂堡镇	7089		10	14373	2	1	
永定区岐岭镇	8514		14	12845	11	3	12
永定区金砂镇	5256		7	6499	8	2	2
永定区洪山镇	13952		9	7734	36	8	2
永定区高头镇	2593		5	8619	2		7
永定区西溪乡	3803		8	4348	11	1	6
永定区湖山乡	12460		9	11340	15		3
永定区古竹乡	5458		9	14015	2	1	4
永定区合溪乡	10850		13	15803	29	1	2
永定区大溪乡	6284		8	12297	4	2	2
永定区陈东乡	7520		10	12076	7		7
长汀县汀州镇	2900	12		81644	105		24
长汀县大同镇	20967	3	30	58628	30	8	50
长汀县古城镇	23396		17	17199	59	7	31
长汀县新桥镇	13340		20	35813	1		35
长汀县馆前镇	16276		14	16035	1		4
长汀县童坊镇	24547		24	30432	5		31
长汀县河田镇	31580		31	71451	41	9	60
长汀县南山镇	22972	1	21	37407	6		77
长汀县濯田镇	33990		40	56252	18		67
长汀县四都镇	34030		18	16128	29		40
长汀县涂坊镇	16748		15	29431	11	2	3
长汀县策武镇	16772	1	14	30382	289	16	27
长汀县三洲镇	6445		8	15518			12
长汀县铁长乡	7540		4	6938			3
长汀县庵杰乡	6489		5	10145			2
长汀县宣成乡	9200		8	12098	1		2
长汀县红山乡	21121		11	8936	6	1	4
长汀县羊牯乡	8534		10	10090	2		14
上杭县临江镇	230	7		37398	12	5	14
上杭县临城镇	19578	5	20	73803	97	20	85
上杭县中都镇	14727		20	16261	10	1	27
上杭县蓝溪镇	7177		12	18050	12	1	18
上杭县稔田镇	14077		18	24505	32	3	37

续表 222　　福建省　　单位：公顷、个、人

名　　称	行政区域面　　积	居民委员会(社区)个数	村民委员会个　　数	户籍人口	工业企业个　　数	#规模以上	营业面积50平方米以上的商店或超市个数
上杭县白砂镇	19600		22	24633	23	1	8
上杭县古田镇	36828	1	30	23599	213	9	39
上杭县才溪镇	11537		14	25227	12		18
上杭县南阳镇	22085	1	20	49131	36	6	79
上杭县蛟洋镇	23125		25	25425	90	27	65
上杭县旧县镇	16273		20	27850	18	2	60
上杭县湖洋镇	12237		22	27695	43	6	15
上杭县溪口镇	15984		11	11687	34	2	14
上杭县太拔镇	12241		16	18789	11	3	21
上杭县通贤镇	6971		13	22329	15		56
上杭县下都镇	10305		11	10699	12	4	39
上杭县茶地镇	7976		13	8045	5	1	6
上杭县庐丰畲族乡	13130		14	25813	8	1	38
上杭县泮境乡	5237		7	5723	13		3
上杭县官庄畲族乡	11995		18	30897	21	3	28
上杭县珊瑚乡	4262		5	8265	4	2	10
武平县中山镇	19100		11	16713	45	10	7
武平县岩前镇	18500	1	16	39686	121	25	322
武平县十方镇	15615		19	37541	55	15	64
武平县中堡镇	17661		21	25958	33	2	39
武平县桃溪镇	18038		15	25503	36	5	16
武平县城厢镇	16579	3	16	28515	101	16	21
武平县东留镇	31927		18	20711	25	4	30
武平县武东镇	13769		20	26799	31	7	45
武平县万安镇	10895		6	11496	22	5	10
武平县永平镇	25133		15	19697	32	1	30
武平县象洞镇	13796		11	14514	13	8	40
武平县中赤镇	11142		7	9624	12	1	18
武平县湘店镇	10400		6	11372	3	2	1
武平县大禾镇	18252		13	16548	12	4	2
武平县民主乡	10211		6	5827	16	4	6
武平县下坝乡	9261		9	6403	9	1	1
连城县莲峰镇	3630	14	13	71014	104	11	70
连城县北团镇	12402		19	21805	19	4	10
连城县姑田镇	30719	1	14	19645	38	5	6
连城县朋口镇	21145	1	24	29180	60	22	9
连城县莒溪镇	35930		21	18468	45	8	22
连城县新泉镇	18539		19	31037	29	3	9
连城县庙前镇	17060		15	29868	73	16	27
连城县文亨镇	23642		22	29083	36	11	1
连城县四堡镇	6344		9	17705	6		1
连城县林坊镇	5120		15	12602	15	8	16
连城县隔川镇	3080		8	10109	7	4	8
连城县宣和镇	10080		13	14051	30	4	9
连城县揭乐乡	8661		9	8832	8	3	6

续表 223　　福建省　　单位：公顷、个、人

名　　称	行政区域面积	居民委员会(社区)个数	村民委员会个数	户籍人口	工业企业个数	#规模以上	营业面积50平方米以上的商店或超市个数
连城县塘前乡	10200		6	4947	8	3	1
连城县罗坊乡	8280		9	10785	6	1	9
连城县曲溪乡	15786		9	4715	21		1
连城县赖源乡	27480		8	4899	18	1	3
漳平市新桥镇	49711		23	30471	35	7	7
漳平市双洋镇	27230		12	10244	36	8	1
漳平市永福镇	53550		27	50368	38	7	10
漳平市溪南镇	26000		16	17666	63	12	10
漳平市和平镇	8300		7	10537	46	11	12
漳平市拱桥镇	10600		8	8652	26	6	
漳平市象湖镇	17000		13	11193	41	4	3
漳平市赤水镇	18400		9	7918	14	5	4
漳平市西园镇	7612		9	14125	26	12	3
漳平市南洋镇	9718		9	8075	5	4	4
漳平市芦芝镇	13300	1	7	10793	28	10	8
漳平市官田乡	16750		12	9804	31	3	8
漳平市吾祠乡	11274		9	7164	9	4	1
漳平市灵地乡	11402		11	8533	8	5	3
蕉城区城南镇	3960	4	12	42063	140	2	170
蕉城区漳湾镇	7536	2	25	58602	85	23	92
蕉城区七都镇	7837	1	19	28824	35	34	53
蕉城区八都镇	9955	1	25	23230	17		18
蕉城区九都镇	9160		13	11301	13	2	12
蕉城区霍童镇	16688	1	25	29290	19	1	39
蕉城区赤溪镇	11816	1	26	24503	14		3
蕉城区洋中镇	16261		34	29252	26	1	12
蕉城区飞鸾镇	9806	2	19	22503	43	13	12
蕉城区三都镇	16200	2	27	28834	17		105
蕉城区虎贝镇	15327		18	16608	42	1	8
蕉城区金涵畲族乡	6541	2	16	27135	173	8	42
蕉城区洪口乡	10376		7	7182	3	1	8
蕉城区石后乡	5910		14	10912	7		1
霞浦县长春镇	20456	1	27	53499	45	3	38
霞浦县牙城镇	11604	1	25	32424	171	33	16
霞浦县溪南镇	15113	1	25	43993	141	1	105
霞浦县沙江镇	13443	1	20	38442	134	1	50
霞浦县下浒镇	10290	1	21	34572	61		37
霞浦县三沙镇	7218	4	27	38669	87	14	14
霞浦县盐田畲族乡	15831	1	22	27506	70	7	15
霞浦县水门畲族乡	14958		23	20324	40	3	12
霞浦县崇儒畲族乡	14206		27	19766	21	1	9
霞浦县柏洋乡	17289		28	26280	16		4
霞浦县北壁乡	7180		11	18831	8		24
霞浦县海岛乡	3209		6	9275			5
古田县平湖镇	14687		29	41793	73	6	44

续表 224　　福建省　　单位：公顷、个、人

名　称	行政区域面积	居民委员会(社区)个数	村民委员会个数	户籍人口	工业企业个数	#规模以上	营业面积50平方米以上的商店或超市个数
古田县大桥镇	20200		36	38073	54	7	19
古田县黄田镇	21199	2	16	26247	57	8	25
古田县鹤塘镇	26068		23	37534	45	3	13
古田县杉洋镇	25896		22	29044	53	6	9
古田县凤都镇	16427		17	25460	29	3	13
古田县水口镇	12188	2	6	9661	16	5	5
古田县大甲镇	11114		16	17030	52	14	3
古田县吉巷乡	20144		24	34008	44	4	19
古田县泮洋乡	14533		15	10350	15	1	
古田县凤埔乡	19536		13	17167	29	4	10
古田县卓洋乡	9461		16	14859	29	5	12
屏南县古峰镇	2554	6		52403	105	5	55
屏南县双溪镇	18143	1	14	13813	4	1	10
屏南县代溪镇	18342		22	21116	31	1	2
屏南县长桥镇	15879		18	17139	42	1	1
屏南县棠口镇	16366		17	19543	55	4	3
屏南县屏城乡	14001	1	12	10991	51	1	8
屏南县甘棠乡	12062		17	13067	21	5	2
屏南县熙岭乡	10318		16	12035	15		
屏南县路下乡	14939		11	9532	38		4
屏南县寿山乡	10138		14	6351	5	3	2
屏南县岭下乡	15865		11	11351	11	1	5
寿宁县鳌阳镇	4945	9	2	43545	55	5	53
寿宁县斜滩镇	11962	1	15	19471	38	5	3
寿宁县南阳镇	12624	3	20	27727	40	9	16
寿宁县武曲镇	6160		12	12071	26	16	14
寿宁县犀溪镇	12858		12	14800	67	22	15
寿宁县平溪镇	13981		18	26494	17	3	37
寿宁县凤阳镇	8986		13	15370	21	5	6
寿宁县清源镇	8120		16	16970	20	5	6
寿宁县大安乡	12804		16	16201	1		5
寿宁县坑底乡	19771		20	18075	22	1	5
寿宁县竹管垅乡	4126		9	7386	24	2	3
寿宁县芹洋乡	8809		17	17297	23	1	9
寿宁县托溪乡	11548		15	15346	3	2	1
寿宁县下党乡	6497		10	6975	5	1	2
周宁县狮城镇	5793	6	8	53110	21	9	57
周宁县咸村镇	15875	1	23	26304	78	1	27
周宁县浦源镇	10504		17	27031	46	3	5
周宁县七步镇	11781		20	19504	22	6	2
周宁县李墩镇	8691		10	16778	57	21	21
周宁县纯池镇	20435		18	23160	6	1	12
周宁县泗桥乡	10010		12	16170	7		20
周宁县礼门乡	12976		17	15081	34	1	3
周宁县玛坑乡	7481		15	12726	45	2	5

续表 225　　福建省、江西省　　单位：公顷、个、人

名　　称	行政区域面积	居民委员会(社区)个数	村民委员会个数	户籍人口	工业企业个数	#规模以上	营业面积50平方米以上的商店或超市个数
柘荣县双城镇	1190	5	1	35128	150	15	19
柘荣县富溪镇	4844		11	8915	10	1	1
柘荣县城郊乡	7093		15	13767	308	17	4
柘荣县乍洋乡	7932		13	8115	5	3	
柘荣县东源乡	11590	1	18	9866	75	14	7
柘荣县黄柏乡	7465		16	9872	16	5	
柘荣县宅中乡	3542		9	6141	3	1	
柘荣县楮坪乡	4824		15	11139	32	1	2
柘荣县英山乡	5260		14	7487	10		4
福安市赛岐镇	7723	7	24	55662	260	8	35
福安市穆阳镇	1156	6	2	13860	25	2	4
福安市上白石镇	7460	1	21	27218	1		24
福安市潭头镇	14764		29	36416	15	1	10
福安市社口镇	9296		24	24407	35	15	2
福安市晓阳镇	8949		10	13861	15	1	13
福安市溪潭镇	11689	1	34	43218	117	12	32
福安市甘棠镇	9088	1	32	45943	105	21	61
福安市下白石镇	11724	1	41	47027	58	3	3
福安市溪尾镇	6256	1	14	18013			14
福安市溪柄镇	12084	1	24	35288	51	7	8
福安市湾坞镇	11629	1	24	32402	52	30	105
福安市城阳镇	15332	4	31	40072	701	65	57
福安市坂中畲族乡	6646	3	19	28813	252	21	12
福安市范坑乡	10344		17	21495			17
福安市穆云畲族乡	12117		33	26395	20		10
福安市康厝畲族乡	9945		32	28838	50	7	1
福安市松罗乡	8714		19	17555	20		1
福鼎市贯岭镇	8032		12	23781	152	21	9
福鼎市前岐镇	9911	2	19	43728	6	1	25
福鼎市沙埕镇	4497	3	19	31505	8		5
福鼎市店下镇	13000	1	16	44146	90	5	9
福鼎市太姥山镇	11908	6	26	56980	152	18	28
福鼎市磻溪镇	22021		18	30257	99	6	10
福鼎市白琳镇	13120	2	20	38522	36	7	8
福鼎市点头镇	11874	3	18	40980	256	16	30
福鼎市管阳镇	19645		27	46007	167	2	41
福鼎市嵛山镇	2683		5	4788			7
福鼎市硖门畲族乡	5850	1	9	17648	28	5	13
福鼎市叠石乡	7680		14	20314	31		
福鼎市佳阳乡	7153		12	21059	5	1	1
江西省							
东湖区扬子洲镇	3049	1	15	33691	53		8
青云谱区青云谱镇	1953	11	12	45511	66	5	68
青山湖区京东镇	780	19	10	55586	68	25	73
青山湖区罗家镇	4600	9	18	65137	230	67	78

续表 226 江西省 单位：公顷、个、人

名　　称	行政区域面积	居民委员会(社区)个数	村民委员会个数	户籍人口	工业企业个数	#规模以上	营业面积50平方米以上的商店或超市个数
青山湖区湖坊镇	750	21	15	99845	50	17	165
青山湖区塘山镇	1920	19	9	76201	88	11	78
新建区望城镇	5600	6	9	23788	60	16	21
新建区西山镇	12780	1	18	46767	21	2	20
新建区石岗镇	13200	2	24	57791	15	1	40
新建区松湖镇	8890	2	16	39923	28	3	12
新建区樵舍镇	10103	2	20	45394	71	31	33
新建区乐化镇	5468	2	9	25938	122	31	29
新建区溪霞镇	7823	2	13	28880	17	2	12
新建区象山镇	8005	2	20	30404	9	1	11
新建区石埠镇	6966	1	13	39951	40	1	21
新建区联圩镇	10699	1	25	39720	7	4	32
新建区太平镇	4739	1	9	12008	2	1	7
新建区罗亭镇	3574	1	5	11800	7		13
新建区招贤镇	8925	5	14	18407	40	2	31
新建区梅岭镇	3870	2	6	11000	5		45
新建区金桥乡	4230	1	15	29847	17		23
新建区铁河乡	5130	2	4	13468	4	1	4
新建区大塘坪乡	9394	2	18	33870	19	1	31
新建区昌邑乡	5590	2	11	25476	12	3	6
新建区南矶乡	30000	1	3	6523			13
红谷滩区流湖镇	12468	4	27	56333	23		56
红谷滩区厚田乡	7700	1	18	33962	11	2	11
南昌县莲塘镇	2371	39	9	135723	196	2	269
南昌县向塘镇	15517	12	20	120162	171	19	52
南昌县三江镇	3257	2	9	32097	16	2	25
南昌县塘南镇	13031	2	23	74142	72	1	53
南昌县幽兰镇	10410	3	29	78267	68	3	45
南昌县蒋巷镇	26611	2	17	94576	144	7	86
南昌县武阳镇	5984	2	16	55774	127	22	38
南昌县冈上镇	9749	4	12	45298	95	6	42
南昌县广福镇	6281	1	14	39957	16	3	21
南昌县昌东镇	13200	6	25	134797	91	80	102
南昌县麻丘镇	6523	8	16	67719	16	3	53
南昌县泾口乡	13918	1	23	69193	18	1	42
南昌县南新乡	12407	2	21	64675	38	4	36
南昌县塔城乡	9179	1	10	43620	15	1	17
南昌县黄马乡	7880	3	13	38906	21	3	15
南昌县富山乡	4328	1	7	25040	28	2	32
南昌县东新乡	3513	12	6	29351	32	2	42
南昌县八一乡	4121	2	15	41878	256	20	30
安义县龙津镇	3423	12	8	69609	56	18	34
安义县万埠镇	5321	2	16	30030	27	22	22
安义县石鼻镇	9610	2	16	43872	40	26	24
安义县鼎湖镇	4739	2	14	40117	38	37	25

续表 227　　江西省　　单位：公顷、个、人

名　　称	行政区域面　　积	居民委员会(社区)个数	村民委员会个　　数	户籍人口	工业企业个　　数	#规模以上	营业面积50平方米以上的商店或超市个数
安义县长埠镇	4649	1	9	24152	8	1	13
安义县东阳镇	9626	1	11	25115	24	19	18
安义县黄洲镇	6344	1	6	19230	22	18	7
安义县乔乐乡	5142	2	5	18192	16	10	14
安义县长均乡	5450	1	9	16493	53	11	18
安义县新民乡	11729	4	10	15664	26	12	17
进贤县民和镇	15032	41	22	168927	385	103	489
进贤县李渡镇	4558	5	14	43533	122	7	26
进贤县温圳镇	5653	6	15	47242	87	13	29
进贤县文港镇	5552	3	15	53907	108	13	31
进贤县梅庄镇	8315	2	13	38828	15	3	35
进贤县张公镇	5054	1	12	36801	42	10	31
进贤县罗溪镇	5377	1	11	33437	7	1	16
进贤县架桥镇	5206	1	10	32063	9	1	16
进贤县前坊镇	8715	2	12	33425	8	1	23
进贤县三里乡	18694	1	17	47711	9	1	71
进贤县二塘乡	5839	1	9	16836	13		10
进贤县钟陵乡	13499	1	14	29672	3		42
进贤县池溪乡	9623	1	10	26506	12	3	18
进贤县南台乡	6743	1	9	21404	7		14
进贤县三阳集乡	5203	1	10	34758	3		25
进贤县七里乡	6498	1	16	36020	3	2	20
进贤县下埠集乡	11951	1	12	33600	6	1	35
进贤县衙前乡	7512	1	9	18394	3	2	17
进贤县白圩乡	10933	1	13	32927	19	3	15
进贤县长山晏乡	5731	1	10	23163	106	16	21
进贤县泉岭乡	5109	1	11	31832	20	3	22
昌江区鲇鱼山镇	14661	1	14	37295	107	10	73
昌江区丽阳镇	7411	1	10	20064	29	12	60
昌江区荷塘乡	6303		4	5714	4	3	7
浮梁县浮梁镇	10684	5	9	28249	288	15	154
浮梁县鹅湖镇	18720	1	16	29202	56	3	77
浮梁县经公桥镇	23400	2	11	17631	12	2	51
浮梁县蛟潭镇	36439	3	16	22624	15	3	30
浮梁县湘湖镇	23733	2	12	26402	206	20	59
浮梁县瑶里镇	20320	1	10	14828	25	1	31
浮梁县洪源镇	8154	1	8	17569	202	14	73
浮梁县寿安镇	12410	4	8	21088	65	10	9
浮梁县三龙镇	10458	1	5	12923	177	15	63
浮梁县峙滩镇	20050	1	9	13927	15		15
浮梁县王港乡	12077	2	7	9658	57	1	25
浮梁县臧湾乡	11800	1	8	12341	23	2	20
浮梁县黄坛乡	20380		6	12360	39	2	16
浮梁县兴田乡	17671		7	8895	6	1	15
浮梁县江村乡	13830		7	10540	63	1	19

续表 228　　江西省　　单位：公顷、个、人

名　　称	行政区域面　　积	居民委员会(社区)个数	村民委员会个　　数	户籍人口	工业企业个　　数	#规模以上	营业面积50平方米以上的商店或超市个数
浮梁县勒功乡	10730		6	7269	17	2	19
浮梁县西湖乡	17300		7	9882	20	2	22
浮梁县罗家桥乡	2430	1	7	12031	84	12	33
乐平市镇桥镇	10200	2	20	58357	26	2	129
乐平市乐港镇	10970	5	28	87021	34	7	145
乐平市涌山镇	18500	6	16	56513	242	15	54
乐平市众埠镇	27900	2	32	102569	30	4	201
乐平市接渡镇	8499	7	22	78100	24	5	138
乐平市洪岩镇	11740		8	17173	8	2	36
乐平市礼林镇	16331	2	22	61524	47	7	55
乐平市后港镇	8470	6	15	54450	31	3	180
乐平市塔前镇	8639	1	17	46455	42	14	178
乐平市双田镇	11400	1	15	48078	29	6	55
乐平市临港镇	11700		16	32954	33	7	48
乐平市高家镇	11300	1	11	26802	26	3	37
乐平市名口镇	11113	1	12	30106	14	3	46
乐平市浯口镇	6640		13	34355	30	4	23
乐平市十里岗镇	8135	1	8	19868	13	3	25
乐平市鸬鹚乡	8200	1	12	28342	13	2	47
安源区安源镇	2524	8	5	51974	92	10	23
安源区高坑镇	6174	8	14	43141	45	20	55
安源区五陂镇	1411	3	4	15438	38	8	30
安源区青山镇	3997	5	10	29685	53	8	57
湘东区湘东镇	7577	3	18	72467	119	26	91
湘东区荷尧镇	5369	1	9	35410	64	8	59
湘东区老关镇	5264		11	36856	67	15	132
湘东区腊市镇	4018		8	32522	41	8	43
湘东区下埠镇	5713		13	43461	90	35	80
湘东区排上镇	8061		16	39416	15	5	64
湘东区东桥镇	13079		18	35614	20	3	68
湘东区麻山镇	9146		14	39218	68	5	144
湘东区广寒寨乡	9814		7	10540	11	7	12
湘东区白竺乡	18397		13	16156	58	2	34
莲花县琴亭镇	7688	5	18	67448	21	11	58
莲花县路口镇	5379		10	17016	11	4	10
莲花县良坊镇	12055		24	36115	28	7	61
莲花县升坊镇	4882		9	16360	9	2	22
莲花县坊楼镇	11723		15	23946	30	10	52
莲花县闪石乡	5721		8	13327	4	3	9
莲花县湖上乡	4506		10	15216	19	7	19
莲花县三板桥乡	3197		8	11263	15	3	15
莲花县神泉乡	11592		15	21596	12	4	24
莲花县六市乡	10996		8	9323	7	2	18
莲花县高洲乡	10693		12	17096	11	4	12
莲花县荷塘乡	13714		12	15523	20	6	10

续表 229　　　　江西省　　　　单位：公顷、个、人

名　　称	行政区域面　　积	居民委员会(社区)个数	村民委员会个　　数	户籍人口	工业企业个　　数	#规模以上	营业面积50平方米以上的商店或超市个数
莲花县南岭乡	5055		8	12314	16	4	6
上栗县上栗镇	5707	5	18	78488	203	19	198
上栗县桐木镇	10659	1	17	85711	170	26	194
上栗县金山镇	9630	1	21	80235	290	24	199
上栗县福田镇	4446	2	14	42107	178	51	132
上栗县彭高镇	4711	4	15	43727	211	52	149
上栗县赤山镇	8073	1	16	54161	143	15	117
上栗县鸡冠山乡	4114		13	32964	70	8	61
上栗县长平乡	9350		19	48470	64	7	194
上栗县东源乡	7441		15	54070	93	10	154
上栗县杨岐乡	8597	1	15	34048	61	10	65
芦溪县芦溪镇	10342	7	23	74987	378	40	102
芦溪县宣风镇	10034	2	13	38861	141	18	62
芦溪县上埠镇	7621	5	14	39060	161	33	78
芦溪县南坑镇	12159	1	18	40282	83	19	73
芦溪县银河镇	7937	1	12	45421	46	15	96
芦溪县麻田镇	8884	1	10	12744	16		24
芦溪县源南乡	3440		10	16808	42	6	31
芦溪县长丰乡	5953		5	4218	11	4	2
芦溪县张佳坊乡	8024		10	11114	20	6	20
芦溪县新泉乡	7589	1	11	14731	30	5	24
芦溪县万龙山乡	14146	1	13	13098	34		26
濂溪区姑塘镇	4950	2	8	19436	60	21	25
濂溪区威家镇	3760	1	5	9881	5		8
濂溪区新港镇	6800	3	12	28499	10	8	39
濂溪区莲花镇	4200	13	7	32635	356	43	27
濂溪区赛阳镇	2890	1	5	8880	11	4	18
濂溪区虞家河乡	3350	2	7	14468	17	13	22
濂溪区高垅乡	4020	1	5	11358	6	3	14
柴桑区马回岭镇	10000	1	9	31485	81		5
柴桑区江洲镇	8375		12	32701	19	3	25
柴桑区城子镇	4691		6	17511	27	4	16
柴桑区港口街镇	5886	3	8	34244	40	4	22
柴桑区新合镇	4313		7	21323			7
柴桑区永安乡	1432		10	33362			42
柴桑区涌泉乡	4962		7	18996	23	2	24
柴桑区新塘乡	7760	1	10	23244	13	3	9
柴桑区岷山乡	12171		15	34858	40	7	16
武宁县新宁镇	31976	2	19	33942	35	2	24
武宁县泉口镇	14460		9	23703	6	1	44
武宁县鲁溪镇	16339	1	15	36887	27	2	16
武宁县船滩镇	23437	1	16	31685	23	3	40
武宁县澧溪镇	29159		15	26320	95	3	26
武宁县罗坪镇	26990		5	18813	8	2	22
武宁县石门楼镇	15083	1	12	23250			11

续表 230　　江西省　　单位：公顷、个、人

名称	行政区域面积	居民委员会(社区)个数	村民委员会个数	户籍人口	工业企业个数	#规模以上	营业面积50平方米以上的商店或超市个数
武宁县宋溪镇	29970		10	13376	19	3	9
武宁县大洞乡	11168		5	9848	50	1	13
武宁县横路乡	14688		11	23569	4	1	52
武宁县官莲乡	12454		8	18750	22		20
武宁县巾口乡	8977		5	9584			9
武宁县东林乡	9306		7	10319			6
武宁县上汤乡	11718		7	7942	13	1	12
武宁县甫田乡	20292		7	14881	5	3	9
武宁县清江乡	12267		8	13399	22	1	13
武宁县石渡乡	18239		8	15064	34	1	16
武宁县杨洲乡	17723		6	10083	5		11
武宁县罗溪乡	21365		10	16307	61	4	2
修水县义宁镇	8060	19	8	75108	61		63
修水县白岭镇	7970	2	11	39686	10	6	43
修水县全丰镇	12188	1	14	32136	10	1	75
修水县古市镇	12550	2	14	45699	28		97
修水县大桥镇	12710	1	16	41722	19	1	63
修水县渣津镇	14410	4	16	54570	36	9	104
修水县马坳镇	34820	1	24	44006	27		51
修水县杭口镇	5470	1	10	22447	15	2	2
修水县港口镇	14400	1	9	24355	5	1	40
修水县溪口镇	18850	1	15	31681	23		24
修水县西港镇	5080	1	10	26875	4		20
修水县山口镇	17800	1	10	22421	4	2	11
修水县黄沙镇	23673	1	12	22983	6	3	57
修水县黄港镇	32960	1	8	19158	35		30
修水县何市镇	15566	1	10	26800	15	5	36
修水县上奉镇	12086	1	7	19000			40
修水县四都镇	13080	2	11	28752	30	3	18
修水县太阳升镇	10360	3	11	32869	70	1	83
修水县宁州镇	15190	5	13	24042	15		32
修水县路口乡	3910		6	18441	1		14
修水县黄龙乡	6281		10	22562			69
修水县上衫乡	7710		7	16395	1		5
修水县余段乡	3720		5	5117	1		1
修水县水源乡	4350		8	14527			47
修水县石坳乡	4690		8	18838	12	2	13
修水县东港乡	13300		7	13873			10
修水县上杭乡	5860		8	20729	10	1	30
修水县新湾乡	12890		8	13580	3		28
修水县布甲乡	10400		7	10120	13		19
修水县漫江乡	9870		7	10032	17	4	16
修水县复原乡	13920		6	5101			10
修水县竹坪乡	5960	2	6	10470			12
修水县征村乡	18710		10	18003	9	1	21

续表 231　　江西省　　单位：公顷、个、人

名　称	行政区域面积	居民委员会(社区)个数	村民委员会个数	户籍人口	工业企业个数	#规模以上	营业面积50平方米以上的商店或超市个数
修水县庙岭乡	12450		6	10919	9	2	11
修水县黄坳乡	17540		13	17354	2	1	30
修水县大椿乡	14800		11	21975	14	2	23
永修县涂埠镇	2644	6	6	81126	68	14	83
永修县吴城镇	35605	3	5	16035	17	2	7
永修县三溪桥镇	12600	1	6	14091	11	9	16
永修县虬津镇	5939	3	8	19937	11	1	27
永修县艾城镇	6710	1	12	20892	86	71	23
永修县滩溪镇	3361	1	13	20752	25	1	30
永修县白槎镇	5116	1	9	14426	6	2	13
永修县梅棠镇	7800	2	8	16261	4	1	15
永修县燕坊镇	4700	1	7	10670	16	5	18
永修县马口镇	9282	3	14	30182	26	24	19
永修县柘林镇	1500	2	2	9704	8	1	10
永修县三角乡	6839	2	13	26657	5		30
永修县九合乡	5049	1	12	24453	3	2	4
永修县立新乡	7822		13	30956	16	14	25
永修县江上乡	10500	1	6	10146	24	17	15
德安县蒲亭镇	1620	8	4	43023	18	12	547
德安县聂桥镇	5224	1	6	10157	18	5	7
德安县车桥镇	11401		9	11708	5	1	12
德安县丰林镇	5784		8	14360	22	11	14
德安县吴山镇	12870	2	8	13297	27	11	16
德安县宝塔乡	6726	1	8	12340	10	6	14
德安县河东乡	3300	2	4	13079	41	13	7
德安县高塘乡	3209		5	8079			8
德安县林泉乡	6656		5	10206	26	18	13
德安县磨溪乡	10400		9	12501	22	18	26
德安县爱民乡	5694		4	7384	11	5	6
德安县邹桥乡	7774		6	9311	10	5	5
德安县塘山乡	2700		4	6925	6	4	
都昌县都昌镇	6910	12	5	98769	50	21	156
都昌县周溪镇	5107	2	17	47062	49	6	45
都昌县三汊港镇	3985	2	10	30035			43
都昌县中馆镇	5130	1	8	24332	30	2	59
都昌县大沙镇	5300	1	10	33000	4		36
都昌县万户镇	3710	1	9	32162	8		52
都昌县南峰镇	3500	1	7	23453	4		35
都昌县土塘镇	12168	3	20	58605	10		61
都昌县大港镇	13093		11	25730	7	1	31
都昌县蔡岭镇	11790	1	14	35343	42		38
都昌县徐埠镇	9370	1	14	34988			159
都昌县左里镇	6762	1	13	26863	5		24
都昌县和合乡	3410	1	11	30005	7		24
都昌县阳峰乡	5211	1	9	30271	2		27

续表 232 江西省 单位：公顷、个、人

名　　称	行政区域面积	居民委员会(社区)个数	村民委员会个数	户籍人口	工业企业个数	#规模以上	营业面积50平方米以上的商店或超市个数
都昌县西源乡	2758	1	11	27401			25
都昌县芗溪乡	4104	1	8	26020			36
都昌县狮山乡	4826	1	7	20530	57	1	21
都昌县鸣山乡	6849	1	8	25371			25
都昌县春桥乡	4898	1	7	17118	7		37
都昌县苏山乡	7204	1	11	24402	2	1	31
都昌县多宝乡	7749	1	11	18845	28	1	25
都昌县汪墩乡	17190	1	23	46903	1		92
都昌县北山乡	5660	2	13	29986	19		35
都昌县大树乡	5565	2	12	32631			30
湖口县双钟镇	3270	14	4	68562	67	32	31
湖口县流泗镇	6200	2	16	32661	24	4	39
湖口县马影镇	3662	5	8	25780	23	11	25
湖口县武山镇	5522	1	9	14152	21	4	12
湖口县城山镇	8795	2	12	26036	13	4	19
湖口县均桥镇	6435	3	17	31242	26	6	28
湖口县凰村镇	3886	2	8	18553	41	11	30
湖口县大垅乡	3155		8	15068	14	7	24
湖口县张青乡	3245		11	20632	20	6	25
湖口县付垅乡	4139		9	16150	14	12	13
湖口县舜德乡	9255		10	17664	11	6	32
湖口县流芳乡	3800		6	10507	39	7	16
彭泽县龙城镇	8000	7	12	66350	197	65	135
彭泽县棉船镇	10620	1	12	35184	3	1	25
彭泽县马垱镇	13876	4	12	35645	15	9	97
彭泽县芙蓉墩镇	14574	1	13	33612	25	9	44
彭泽县定山镇	3819		10	17950	38	10	40
彭泽县天红镇	12150	1	11	17325	18	6	34
彭泽县杨梓镇	23353	1	18	34670	40	7	130
彭泽县东升镇	10895		8	13619	9	3	22
彭泽县瀼溪镇	8770		7	13522	4	2	7
彭泽县黄花镇	6400	1	10	20274	44	12	68
彭泽县太平关乡	7110		12	22138	8	2	32
彭泽县黄岭乡	11860		10	18753	31	4	28
彭泽县浩山乡	15670		11	14819	28	4	27
瑞昌市码头镇	7145	5	15	45113	323	104	43
瑞昌市白杨镇	5966	2	6	16866	48	5	13
瑞昌市南义镇	14278	1	13	23161			12
瑞昌市横港镇	11483	1	13	25876	15	5	20
瑞昌市范镇	11621	1	13	33762	28		31
瑞昌市肇陈镇	5301	1	6	16153			7
瑞昌市高丰镇	7935	1	8	21620	65	2	22
瑞昌市夏畈镇	4312	2	12	16951	8	6	22
瑞昌市乐园乡	8979		7	14557	32		10
瑞昌市洪一乡	9942		9	18542			23

续表 233　　江西省　　单位：公顷、个、人

名　　称	行政区域面　　积	居民委员会(社区)个数	村民委员会个　　数	户籍人口	工业企业个　　数	#规模以上	营业面积50平方米以上的商店或超市个数
瑞昌市花园乡	10165		7	21335	13	3	20
瑞昌市洪下乡	6036		6	13973	10	4	13
瑞昌市武蛟乡	3174		7	14898	17	1	16
瑞昌市横立山乡	5530		6	9986			10
瑞昌市黄金乡	3592		6	12144	19	13	13
瑞昌市南阳乡	6396		8	15359	7	5	13
共青城市甘露镇	4571	4	8	22613	168	112	25
共青城市江益镇	8520	1	11	16154	11	1	15
共青城市金湖乡	3014	1	8	11755	22	2	11
共青城市苏家垱乡	8762	1	10	33502	25	7	28
共青城市泽泉乡	4696		6	18648	12	2	12
庐山市南康镇	6400	10	3	44742	248	7	36
庐山市白鹿镇	10695	1	11	29601	6	5	38
庐山市温泉镇	11673	1	9	29959	22	13	28
庐山市星子镇	4543	1	6	23756	30	3	22
庐山市华林镇	4490		8	32296	12	10	45
庐山市蛟塘镇	6100	1	8	28053	6		16
庐山市横塘镇	4320	1	5	19998	270	15	5
庐山市牯岭镇	10415	10		20891	3	1	4
庐山市海会镇	1434	3	7	14132	10	2	14
庐山市蓼南乡	11339		9	31270	12	6	50
渝水区水北镇	13123	1	20	55123	9	1	19
渝水区下村镇	15947	1	18	58939	66	8	32
渝水区良山镇	17600	3	11	34187	30	9	9
渝水区罗坊镇	27000	1	36	79844	12	2	20
渝水区姚圩镇	6605	1	14	31545			17
渝水区珠珊镇	6953		21	48970	17	4	22
渝水区鹄山镇	4587	1	9	17164	2	1	14
渝水区河下镇	10800	1	12	20881	19	3	33
渝水区观巢镇	7875		13	27121			18
渝水区欧里镇	6720		13	20491	10	3	5
渝水区水西镇	24300	4	44	111642	89	31	75
渝水区人和乡	7200		13	23821	24	5	20
渝水区界水乡	6350		6	14334	2	1	50
渝水区南安乡	12900		8	13669	54		8
渝水区新溪乡	4680		11	16663			17
渝水区九龙山乡	7400		7	9416	18	4	6
分宜县分宜镇	10448	1	15	36378	66	5	157
分宜县杨桥镇	14478	1	19	46011	19	1	32
分宜县湖泽镇	7000	2	7	18659	6	1	17
分宜县双林镇	10070	1	14	30529	14	1	26
分宜县钤山镇	42060	1	26	35518	35	7	56
分宜县洋江镇	8811	1	10	21180	13		14
分宜县凤阳镇	10038	2	14	26598	32	3	21
分宜县洞村乡	6700	1	7	14248			26

续表 234　　江西省　　单位：公顷、个、人

名　称	行政区域面积	居民委员会(社区)个数	村民委员会个数	户籍人口	工业企业个数	#规模以上	营业面积50平方米以上的商店或超市个数
分宜县高岚乡	7618	1	13	20567	5	1	41
分宜县操场乡	8984	1	10	21376	2		20
月湖区童家镇	5319	3	9	25771	23	2	73
余江区锦江镇	12100	7	18	56843	81	12	52
余江区潢溪镇	4600	2	13	40998	20	8	53
余江区中童镇	6700	3	11	39602	10	2	72
余江区马荃镇	10600	2	11	28480	7		24
余江区画桥镇	10500	1	7	18764	3		17
余江区春涛镇	10200	1	16	34568	26		33
余江区平定乡	4436	1	14	30158			26
余江区杨溪乡	6900	1	8	20357			16
余江区洪湖乡	3585	1	5	15979			12
余江区黄庄乡	6103	1	8	14016	2	1	13
余江区刘家站乡	4800	6		14845	7		15
贵溪市泗沥镇	14822	1	13	37866	19	2	26
贵溪市河潭镇	11519		9	29385	36		38
贵溪市周坊镇	18425	1	15	43933	6		25
贵溪市鸿塘镇	10641	1	15	39897	10		58
贵溪市志光镇	7800	1	10	30224	8		40
贵溪市流口镇	6900	1	8	24314	26	1	42
贵溪市罗河镇	13101	1	18	66413	36		86
贵溪市金屯镇	9909	1	10	22030	13		3
贵溪市塘湾镇	18000	1	15	38238	9		18
贵溪市文坊镇	21816	1	15	28516	40		44
贵溪市冷水镇	6473	1	3	3664	10	3	5
贵溪市滨江镇	11469	3	12	49365	95	3	36
贵溪市天禄镇	11670		11	29597	10		18
贵溪市雷溪镇	4400	1	9	22586	120	4	44
贵溪市龙虎山镇	12870	1	9	23843			64
贵溪市上清镇	8849	1	9	20192			21
贵溪市白田乡	8860		9	18975	4		30
贵溪市彭湾乡	6500		5	12969			21
贵溪市樟坪畲族乡	6089		5	3968	6		10
贵溪市耳口乡	12609		6	10291			18
章贡区沙石镇	14033	3	18	44284	68	1	57
章贡区水东镇	2456	6	7	31951	60	8	17
章贡区湖边镇	10493	5	16	46000	45	9	35
章贡区沙河镇	6730	5	9	35132	130	121	40
章贡区水西镇	9939	4	14	40623	62	5	29
章贡区蟠龙镇	4017	4	14	39989	276	64	52
章贡区潭口镇	5810	1	12	47865	10		36
章贡区潭东镇	5126		14	50791	25		14
南康区唐江镇	9600	5	30	97876	185	20	72
南康区凤岗镇	6300	1	17	51291	2	1	41
南康区龙岭镇	7604	3	18	54010	335	35	152

续表 235　　江西省　　单位：公顷、个、人

名　　称	行政区域面　　积	居民委员会(社区)个数	村民委员会个　　数	户籍人口	工业企业个　　数	#规模以上	营业面积50平方米以上的商店或超市个数
南康区龙回镇	15133	1	16	40505	87	17	78
南康区镜坝镇	3150		10	37650	226	79	70
南康区横市镇	12122	1	13	26342	6		27
南康区龙华镇	14700	2	17	52624	46	14	35
南康区浮石乡	9392		12	26174	14	1	60
南康区赤土畲族乡	14213	1	17	54305	25	2	21
南康区横寨乡	2660	1	8	20779	85	14	26
南康区朱坊乡	10156	1	15	42767	26	4	70
南康区太窝乡	3451		9	24706	202	38	50
南康区三江乡	2910		11	34899	36		102
南康区十八塘乡	13294	2	14	38664	4		26
南康区麻双乡	11521	1	15	31095			30
南康区大坪乡	9716		10	26564	5		19
南康区坪市乡	11870	1	12	24248	6		20
南康区隆木乡	8976	1	13	21577	6		43
赣县区梅林镇	2294	11	6	92154	127	24	386
赣县区王母渡镇	19708	1	18	50223	10		59
赣县区沙地镇	27741	1	21	40866	21	15	26
赣县区江口镇	12077	1	17	43021	16	2	35
赣县区田村镇	22201	1	32	56464	1		56
赣县区南塘镇	15981	1	21	50625	10		72
赣县区茅店镇	12282	1	12	29261	27	3	44
赣县区吉埠镇	12705	1	14	36540	7		23
赣县区五云镇	13413	1	12	23377	3		9
赣县区湖江镇	27539	1	22	47010	5		45
赣县区储潭镇	8837	1	9	20401	3		11
赣县区韩坊镇	28182	1	20	44677	10		80
赣县区阳埠乡	15966	1	13	25307			48
赣县区大埠乡	23519	1	14	20894			11
赣县区长洛乡	14340	1	7	12802			9
赣县区大田乡	10435	1	9	16169	2	1	17
赣县区石芫乡	7405	1	7	17962			5
赣县区三溪乡	5291	1	9	16037			40
赣县区白鹭乡	7655	1	13	19040			26
信丰县嘉定镇	27394	19	39	163219	278	46	151
信丰县大塘埠镇	20727	4	15	70402	54	5	46
信丰县古陂镇	30374	2	15	39244	22		38
信丰县大桥镇	9349	3	6	21951	12		40
信丰县新田镇	23489	2	12	28667	30		43
信丰县安西镇	22565	1	14	49719	20		22
信丰县小江镇	20819	2	17	40671	21	4	34
信丰县铁石口镇	9299	3	14	43203	66	2	26
信丰县大阿镇	9594	1	17	52140	35		34
信丰县油山镇	15356	1	8	21809	13		29
信丰县小河镇	10569	1	17	46854	15		41

续表 236　　江西省　　单位：公顷、个、人

名　　称	行政区域面积	居民委员会(社区)个数	村民委员会个数	户籍人口	工业企业个数	#规模以上	营业面积50平方米以上的商店或超市个数
信丰县西牛镇	23476	4	33	63656	285	20	162
信丰县正平镇	16488	2	20	65364	32	2	43
信丰县虎山乡	20059	2	9	21289	65	2	4
信丰县崇仙乡	15484	1	14	24026	1		9
信丰县万隆乡	11532	1	13	28486	11		20
大余县南安镇	13037	10	9	80956	195	65	75
大余县新城镇	15976	1	23	66145	52	13	129
大余县樟斗镇	8720	1	6	11918	3	2	21
大余县池江镇	11899	1	15	46075	38		87
大余县青龙镇	11036		11	30744	20		44
大余县左拔镇	9785	1	4	7808	11	2	7
大余县黄龙镇	9431		10	19289	36	1	36
大余县吉村镇	20532		9	17530	72		35
大余县浮江乡	14358		6	8655	9	1	13
大余县河洞乡	8575		5	3929	15		11
大余县内良乡	10982		7	8005	22		7
上犹县东山镇	17022		17	80453	99	5	42
上犹县陡水镇	4088	1	4	4916			8
上犹县社溪镇	12861	1	16	36615	24	1	82
上犹县营前镇	6840	1	9	32361	46	3	59
上犹县黄埠镇	7275	1	10	19474	232	73	17
上犹县寺下镇	9393	1	9	15670	15		58
上犹县梅水乡	9667		10	17262			21
上犹县油石乡	8847		9	23871	39		56
上犹县安和乡	6785		6	12365			31
上犹县双溪乡	12402		8	13989	12	1	42
上犹县水岩乡	13944		12	28366			32
上犹县平富乡	8760		8	12888			14
上犹县五指峰乡	23846		7	9134			10
上犹县紫阳乡	12108		6	13692	8		18
崇义县横水镇	31880	5	16	54511	173	28	44
崇义县扬眉镇	7847	1	10	17172	15		15
崇义县过埠镇	14470	1	10	15123	27	2	26
崇义县铅厂镇	17394		5	11027	6	2	34
崇义县长龙镇	13639		8	11628	27	4	14
崇义县关田镇	16052	1	6	9570	43	14	6
崇义县龙勾乡	6617		8	15942	13	1	12
崇义县杰坝乡	11630		5	7846	3		2
崇义县金坑乡	7065		5	8634	5		6
崇义县思顺乡	21507		8	13140	19		21
崇义县麟潭乡	10168		7	7635	6	3	11
崇义县上堡乡	14926	1	10	13613	10		1
崇义县聂都乡	15670	1	9	8910	19		9
崇义县文英乡	10648		5	7058	1		10
崇义县乐洞乡	5786		4	3015	8	1	4

续表 237　　　　　　　　　　江西省　　　　　　　　　　单位：公顷、个、人

名　称	行政区域面积	居民委员会(社区)个数	村民委员会个数	户籍人口	工业企业个数	#规模以上	营业面积50平方米以上的商店或超市个数
崇义县丰州乡	15472	1	8	9578	28	2	9
安远县欣山镇	15635	11	15	93100	120	20	52
安远县孔田镇	11651	1	12	33005	24	4	71
安远县版石镇	15242	1	14	29582	39	17	18
安远县天心镇	24240	1	15	41055	13		21
安远县龙布镇	14669	1	9	27450	16		25
安远县鹤子镇	14100	1	9	16810	4	2	44
安远县三百山镇	12660	1	8	17678	14		28
安远县车头镇	15957	1	6	20377	43	4	56
安远县镇岗乡	10897	1	10	15834	3	1	8
安远县凤山乡	7800	1	5	13119			21
安远县新龙乡	19100	1	9	14473			14
安远县蔡坊乡	9600		4	6908	9	1	
安远县重石乡	6200	1	7	17655			22
安远县长沙乡	7600		6	16308			4
安远县浮槎乡	7550	1	6	20193			6
安远县双芫乡	10000		5	8401			26
安远县塘村乡	11700		6	9903			24
安远县高云山乡	20400	1	6	9504			3
定南县历市镇	25548	12	31	91273	168	57	153
定南县岿美山镇	13083	1	8	12636	5		6
定南县老城镇	8904	2	11	17705	16	3	11
定南县天九镇	15598	1	18	23736	12	5	19
定南县龙塘镇	15025	1	10	17937	17	3	13
定南县岭北镇	33714	1	20	23555	3	2	24
定南县鹅公镇	20242	1	22	36805	20		20
全南县城厢镇	8222		7	15467	21	2	
全南县大吉山镇	10425	2	8	22280	18	4	3
全南县陂头镇	31216	1	12	21596	40	1	30
全南县金龙镇	20489		18	32440	27	9	35
全南县南迳镇	22740	2	12	21397	17	1	5
全南县龙源坝镇	29147		8	13850	30		19
全南县中寨乡	9896		8	14320	3		4
全南县社迳乡	10875		7	12717	4	1	10
全南县龙下乡	10428		6	7171	3		2
宁都县梅江镇	20721	21	25	152828	318	10	135
宁都县青塘镇	17743	1	11	41232	43	1	20
宁都县长胜镇	19211	2	20	59132	23	3	17
宁都县黄陂镇	20946	2	16	39359	125		63
宁都县固村镇	28891	1	18	41209	8		47
宁都县赖村镇	17918	1	15	60215	63		45
宁都县石上镇	18382	1	12	30973	27	3	16
宁都县东山坝镇	17357	1	12	26168			13
宁都县洛口镇	32320	1	13	31318	16	1	21
宁都县小布镇	13849	1	9	15751	15	1	3

续表 238　　江西省　　单位：公顷、个、人

名　称	行政区域面积	居民委员会(社区)个数	村民委员会个数	户籍人口	工业企业个数	#规模以上	营业面积50平方米以上的商店或超市个数
宁都县黄石镇	7880	1	15	42483	26		83
宁都县田头镇	6606	1	15	40481	28		18
宁都县竹笮乡	9091	2	11	34722	35	2	70
宁都县对坊乡	14307	1	13	31415			9
宁都县固厚乡	13734	1	17	24126	8		3
宁都县田埠乡	16590	1	11	26479	17		38
宁都县会同乡	17521	1	10	31023			8
宁都县湛田乡	18709	1	9	17009	9		7
宁都县安福乡	8154	1	6	11371	8	1	6
宁都县东韶乡	27835	1	11	21124	12		25
宁都县肖田乡	22886	1	8	10235	1		7
宁都县钓峰乡	8937	1	7	11624			2
宁都县大沽乡	16759	1	8	15939	8		4
宁都县蔡江乡	8487	1	7	14808	3		2
于都县贡江镇	15760	21	26	211676	675	174	190
于都县铁山垅镇	6703	3	8	18508	14	1	17
于都县盘古山镇	15781	3	10	23247	16	3	14
于都县禾丰镇	14114	3	22	70685	22	2	59
于都县祁禄山镇	17031	2	11	13216	14		12
于都县梓山镇	16766	2	24	72058	40	1	40
于都县银坑镇	19117	3	25	76862			54
于都县岭背镇	14729	1	26	68855	16	1	45
于都县罗坳镇	16130	1	18	56717	58	5	53
于都县罗江乡	11807		15	41975	4		33
于都县小溪乡	15688		13	32337	12		24
于都县利村乡	12911		15	38123	9		32
于都县新陂乡	4952		11	27478	15		20
于都县靖石乡	15643	1	10	34847	7		27
于都县黄麟乡	17442	1	20	39196	11		40
于都县沙心乡	5390		5	10020	3		9
于都县宽田乡	15090	1	20	44879	16	1	36
于都县葛坳乡	19153	2	23	67644	21	1	48
于都县桥头乡	3404		7	17622	7		27
于都县马安乡	4747		7	23800	6	1	17
于都县仙下乡	14419		18	65018	34		35
于都县车溪乡	7061		14	37201	5		27
于都县段屋乡	5391		9	27548	12		24
兴国县潋江镇	5035	14	14	114419	458	69	193
兴国县江背镇	13243		13	32601	5	1	31
兴国县古龙冈镇	19892		15	45389	13	1	49
兴国县梅窖镇	8545		7	30096	5	3	45
兴国县高兴镇	23495	1	20	63349	7		148
兴国县良村镇	18699		15	29034	2		61
兴国县龙口镇	6964		10	25202	2	1	38
兴国县城岗镇	14585	2	18	30699	12		58

续表 239　　江西省　　单位：公顷、个、人

名　　称	行政区域面　　积	居民委员会(社区)个数	村民委员会个　　数	户籍人口	工业企业个　　数	#规模以上	营业面积50平方米以上的商店或超市个数
兴国县永丰镇	16017	2	17	43047	14	1	258
兴国县兴江乡	15422	2	11	28355	5	1	10
兴国县樟木乡	7242		7	15878			16
兴国县东村乡	7924		7	20922	7		36
兴国县兴莲乡	10432		8	23325			19
兴国县杰村乡	11289		9	22416			18
兴国县社富乡	16054		15	47487			80
兴国县埠头乡	9085		14	45977	109	9	69
兴国县隆坪乡	5569		8	14823	2	1	14
兴国县均村乡	19399	1	19	48396	7		58
兴国县茶园乡	12596		12	21046			31
兴国县崇贤乡	19858		12	28292			43
兴国县枫边乡	14471		12	16134			27
兴国县南坑乡	12817		6	12039	5		13
兴国县方太乡	9402		8	18504			58
兴国县鼎龙乡	10941		13	32182	3	2	48
兴国县长冈乡	12522		13	50629	10		50
会昌县文武坝镇	18403	10	26	96099	112	17	108
会昌县筠门岭镇	28625	2	26	47098	36	27	55
会昌县西江镇	19640	1	22	62387	24	4	43
会昌县周田镇	24473	2	23	64467	16	1	40
会昌县麻州镇	11972	2	16	35477	48	20	38
会昌县庄口镇	15628	1	12	32287	2	1	26
会昌县清溪乡	9189	1	5	3901	4	2	8
会昌县右水乡	12704	1	12	18895	6		17
会昌县高排乡	10168	1	7	16106	3		12
会昌县晓龙乡	13142	2	11	17393	2	1	20
会昌县珠兰乡	13196	1	13	19773	6	1	26
会昌县洞头乡	15140	1	8	10713	4		12
会昌县中村乡	10192	1	6	8600	2		9
会昌县站塘乡	10368	1	10	18937	7		58
会昌县永隆乡	12003	1	7	8989	3		12
会昌县富城乡	23527	1	13	17709	2		18
会昌县小密乡	8443	1	7	21856	2		20
会昌县庄埠乡	4987	1	6	11275			32
会昌县白鹅乡	9386	1	13	23510	5		35
寻乌县长宁镇	1875	10	3	57527	81	9	98
寻乌县晨光镇	18321		21	26544	39		29
寻乌县留车镇	23086		21	31646	40	1	44
寻乌县南桥镇	14353		18	31980	53	2	7
寻乌县吉潭镇	24973		16	25538	37		15
寻乌县澄江镇	18067	1	14	32868	9	2	42
寻乌县桂竹帽镇	23291	2	6	12079	22	1	12
寻乌县文峰乡	26244		17	29860	116	42	32
寻乌县三标乡	21295		12	15454	1		33

续表 240　　　　江西省　　　　单位：公顷、个、人

名　　称	行政区域面　　积	居民委员会(社区)个数	村民委员会个　　数	户籍人口	工业企业个　　数	#规模以上	营业面积50平方米以上的商店或超市个数
寻乌县菖蒲乡	8011		8	14428	14	1	20
寻乌县龙廷乡	7704		4	6465	8	1	15
寻乌县丹溪乡	16379		10	14751	25	2	20
寻乌县项山乡	7465		7	7451	2	1	7
寻乌县水源乡	11274		9	14286	20		17
寻乌县罗珊乡	12865		7	9824	5		2
石城县琴江镇	27476	12	27	104318	389	53	52
石城县小松镇	16784	3	14	36686	13	2	22
石城县屏山镇	11961	1	12	37713	21	5	7
石城县横江镇	14587	1	12	27447			9
石城县高田镇	24224	1	17	25168	6	1	32
石城县赣江源镇	15033	1	11	18945	6		5
石城县木兰乡	9309	1	7	12256	4		3
石城县丰山乡	11927	1	9	17882	5		5
石城县大由乡	12419	1	9	23295	5		17
石城县龙岗乡	7344	1	6	12007	6		4
石城县珠坑乡	5677	1	7	17898			8
瑞金市象湖镇	3703	18	7	148268	275	41	77
瑞金市瑞林镇	19622	1	19	43327	4	2	29
瑞金市壬田镇	16115	1	14	55722	19		25
瑞金市九堡镇	21209	1	24	64865	43		90
瑞金市沙洲坝镇	7994	1	12	28464			33
瑞金市谢坊镇	13308	1	13	44290	30		17
瑞金市武阳镇	15563	1	13	36430	23		90
瑞金市叶坪镇	15066	1	29	70937	23		109
瑞金市丁陂乡	5242		6	13838	4		5
瑞金市大柏地乡	15881		11	15245	1		10
瑞金市岗面乡	15103		8	22803			13
瑞金市日东乡	18174		10	23266			25
瑞金市万田乡	9634		8	16003	4		33
瑞金市黄柏乡	10681	1	13	42537	25	5	29
瑞金市云石山乡	11420	1	12	45458	38		95
瑞金市泽覃乡	24376		12	22868	17		11
瑞金市拔英乡	21047		8	12952	5		2
龙南市龙南镇	14156	12	10	90804	150	56	186
龙南市武当镇	10984	1	4	15766	12	3	14
龙南市杨村镇	14443	1	15	53152	11		27
龙南市汶龙镇	8381	1	6	19899	6		14
龙南市程龙镇	12088		6	10822	11		5
龙南市关西镇	7728		3	7278	2		3
龙南市里仁镇	14319	1	10	24126	25	5	36
龙南市渡江镇	7926		7	23919	25		28
龙南市九连山镇	20345		3	6094			2
龙南市桃江乡	9397		5	19705	9	1	4
龙南市东江乡	4891	1	3	13919	134	89	37

续表 241　　江西省　　单位：公顷、个、人

名　　称	行政区域面　　积	居民委员会(社区)个数	村民委员会个　　数	户籍人口	工业企业个　　数	#规模以上	营业面积50平方米以上的商店或超市个数
龙南市临塘乡	10858		6	19405	9		5
龙南市南亨乡	9796		6	15807	5		13
龙南市夹湖乡	12615		5	14174	4		3
吉州区兴桥镇	13359	1	18	29380	11	3	8
吉州区樟山镇	6208	1	15	26903	2		8
吉州区长塘镇	10706	1	21	43172	142	2	30
吉州区曲濑镇	6255	1	11	19111	22	3	17
青原区天玉镇	4922	1	7	17790	43	5	18
青原区值夏镇	4900	1	15	33011	16		35
青原区新圩镇	4900	1	13	20514	8	2	7
青原区富滩镇	18980	1	14	27876	40	4	37
青原区富田镇	21600	2	20	34324	28	3	35
青原区文陂镇	5100	1	10	17154	12	1	13
青原区东固畲族少数民族乡	24300	2	15	19732	44	2	18
吉安县敦厚镇	8900	8	19	100905	17	8	44
吉安县永阳镇	7300	1	18	32271	93	1	45
吉安县天河镇	15600	5	9	11502	14	1	4
吉安县横江镇	6900	1	15	22479	27	1	5
吉安县固江镇	11100	1	17	22698	15	4	12
吉安县万福镇	10300	2	27	44315	113	1	26
吉安县永和镇	3310	1	14	26553	3		69
吉安县桐坪镇	13200	1	24	38963	57	1	17
吉安县凤凰镇	5800	1	13	22752	17	2	38
吉安县油田镇	22700	2	23	27115	7	1	35
吉安县敖城镇	23200	1	18	20826	22	3	15
吉安县梅塘镇	13000	1	20	27816	7	1	21
吉安县浬田镇	13700	1	13	20130	13	4	23
吉安县北源乡	5500	1	16	20245	8		8
吉安县大冲乡	9000	1	12	14439	9	5	7
吉安县登龙乡	6900	1	15	19010	24	1	15
吉安县安塘乡	8100	1	10	13925	24	3	9
吉安县官田乡	14800	1	11	15479	6		12
吉安县指阳乡	10500	1	13	11681	1		23
吉水县文峰镇	21737	16	12	126120	152	10	752
吉水县阜田镇	13830	1	18	42549	52	2	41
吉水县盘谷镇	9320	1	15	34365	10	3	29
吉水县枫江镇	9350	1	19	38129	57	3	82
吉水县黄桥镇	8870	1	16	29338	30	3	93
吉水县金滩镇	15861	4	19	39045	132	27	269
吉水县八都镇	18630	2	20	38560	196	11	135
吉水县双村镇	9470		8	14069	41	5	27
吉水县醪桥镇	12930	1	12	24218	48	5	110
吉水县螺田镇	19900	2	15	21490	9	4	70
吉水县白沙镇	17730	1	14	24789	78	3	28
吉水县白水镇	10280	1	7	12276	47	7	11

续表 242　　江西省　　单位：公顷、个、人

名　称	行政区域面积	居民委员会(社区)个数	村民委员会个数	户籍人口	工业企业个数	#规模以上	营业面积50平方米以上的商店或超市个数
吉水县丁江镇	12980	1	10	15808	16	5	147
吉水县乌江镇	15620	1	12	25113	43	9	18
吉水县水南镇	34120	1	21	32767	49	3	37
吉水县尚贤乡	4815	1	13	24477	5	1	9
吉水县水田乡	7960		10	14599	4	1	13
吉水县冠山乡	7570	1	6	10078	37	1	16
峡江县水边镇	18607	4	11	54478	68	14	22
峡江县马埠镇	17053		8	15713	42	12	19
峡江县巴邱镇	13338	3	8	31256	56	16	56
峡江县仁和镇	14796		9	15397	21	11	25
峡江县砚溪镇	11996		10	13725	35	8	7
峡江县罗田镇	15098		11	19671	46	2	25
峡江县桐林乡	9605		5	8845	22	11	13
峡江县福民乡	10071		6	9379	10	2	6
峡江县戈坪乡	7811		6	8035	11	4	11
峡江县金江乡	9986		6	10737	36	17	20
峡江县金坪民族乡	1056		5	3300	13	11	2
新干县金川镇	13811	8	11	82103	538	22	31
新干县三湖镇	4782	1	16	41778	6	1	78
新干县大洋洲镇	7854	1	11	27035	41	12	32
新干县七琴镇	11863	1	15	34729	56	11	21
新干县麦斜镇	13473	1	10	22135	75	4	44
新干县界埠镇	11344	1	14	26614	96	20	65
新干县溧江镇	10001	1	9	20783	32	12	24
新干县桃溪乡	13657	1	7	15837	35	7	13
新干县城上乡	8819	1	7	16214	55	13	16
新干县潭丘乡	10341	1	9	22862	29	15	17
新干县神政桥乡	7674	1	6	10598	50	8	5
新干县沂江乡	5224	1	7	14271	61	15	27
新干县荷浦乡	3992	1	12	20397	40	12	23
永丰县恩江镇	7858	17	6	96608	387	40	28
永丰县坑田镇	13921		10	21626	60	18	10
永丰县沿陂镇	15497	1	12	27791	35	4	22
永丰县古县镇	23779	1	14	23291	30	5	17
永丰县瑶田镇	8941	1	9	24615	38	2	13
永丰县藤田镇	9913	2	11	43471	99	7	27
永丰县石马镇	21742	1	22	38170	98	19	23
永丰县沙溪镇	21573	1	16	23301	61	6	23
永丰县佐龙乡	14547	3	15	42940	43	6	27
永丰县八江乡	6996		6	12683	42	9	7
永丰县潭城乡	10367		10	18370	10	5	11
永丰县鹿冈乡	15911		9	15681	19	5	12
永丰县七都乡	14890		11	15871	16	4	11
永丰县陶唐乡	7416		9	18394	21	7	9
永丰县中村乡	10773		7	6942	19	3	7

续表 243 江西省 单位：公顷、个、人

名　　称	行政区域面　　积	居民委员会(社区)个数	村民委员会个　　数	户籍人口	工业企业个　　数	#规模以上	营业面积50平方米以上的商店或超市个数
永丰县上溪乡	9588		5	5594	11	3	7
永丰县潭头乡	11606		8	11592	22	3	10
永丰县三坊乡	8666		4	6593	6	1	5
永丰县上固乡	8278		7	10752	14	3	8
永丰县君埠乡	12239		10	13550	22	3	12
永丰县龙冈畲族乡	13955	1	10	15656	13	2	13
泰和县澄江镇	13046	10	18	125622	758	12	282
泰和县桥头镇	24790	1	13	16438	18		3
泰和县禾市镇	13505	1	18	24988	19		31
泰和县螺溪镇	8075	1	18	37069	10		45
泰和县苏溪镇	9987	1	11	21216	1		5
泰和县马市镇	13584	1	21	38980	6	2	10
泰和县塘洲镇	12983	1	18	37183	27	3	19
泰和县冠朝镇	16002	1	12	24082	6	1	33
泰和县沙村镇	8094	1	8	17079	27		51
泰和县老营盘镇	8500	1	7	6343	2		16
泰和县小龙镇	7984	3	5	5453			1
泰和县灌溪镇	16932	1	18	28968	16	1	3
泰和县苑前镇	11137	1	17	34681	10		27
泰和县万合镇	16893	1	28	57584	45	1	70
泰和县沿溪镇	9687	1	11	24670	30		6
泰和县石山乡	6053	1	9	14695	11		4
泰和县南溪乡	4687	1	8	14733	12		15
泰和县上模乡	10290	1	9	12359	7		18
泰和县水槎乡	17195	1	12	15074	11	1	15
泰和县上圯乡	9196	1	7	9424	5		8
泰和县中龙乡	9838	1	8	7617			
遂川县泉江镇	18790	13	38	132346	235	65	156
遂川县雩田镇	22120	1	28	63692	80	39	66
遂川县碧洲镇	11520	2	10	13796	17		6
遂川县草林镇	13710	2	14	36601	15	1	15
遂川县堆子前镇	10366	1	8	23865	26		24
遂川县左安镇	15650	2	24	36477	22		15
遂川县高坪镇	11165	1	10	15937	29		4
遂川县大汾镇	30055	3	23	43186	16	1	20
遂川县衙前镇	16610	1	7	13068	19	1	8
遂川县禾源镇	10690	1	10	24452	49	1	21
遂川县汤湖镇	9954	1	12	18007	16	3	12
遂川县枚江镇	6912	2	16	23360	43	4	17
遂川县珠田镇	8960	1	10	25941	40	2	13
遂川县巾石乡	14950	1	13	28949	28		26
遂川县大坑乡	15750	2	14	17877	8		29
遂川县双桥乡	9422		6	7587	12		7
遂川县新江乡	18800	1	11	11397	22		7
遂川县五斗江乡	22760	1	9	13738	16	1	11

续表 244　　江西省　　单位：公顷、个、人

名　称	行政区域面积	居民委员会(社区)个数	村民委员会个数	户籍人口	工业企业个数	#规模以上	营业面积50平方米以上的商店或超市个数
遂川县西溪乡	6740	1	8	17626			19
遂川县南江乡	4675	1	6	12787	14		12
遂川县黄坑乡	7580	1	14	21471	14		29
遂川县戴家埔乡	15400	2	11	15810	20	1	18
遂川县营盘圩乡	7094	1	7	5297	12	2	8
万安县芙蓉镇	12105	4	6	56205	119	10	42
万安县五丰镇	19400	3	13	23031	59	39	25
万安县枧头镇	23940	1	13	24623	29		33
万安县窑头镇	12791	1	14	31604	29		20
万安县百嘉镇	9968	1	9	20836	4		21
万安县高陂镇	13137	1	9	13232	15	2	5
万安县潞田镇	14494	1	10	19127	13		11
万安县沙坪镇	12871	1	7	13460			3
万安县夏造镇	10754	1	6	15757	11		16
万安县罗塘乡	6416	1	6	16187	68		18
万安县弹前乡	11561	1	5	13120	5	1	5
万安县武术乡	11922	1	6	6258			2
万安县宝山乡	13751	1	8	13478	10		12
万安县涧田乡	12225	1	8	14201	2		11
万安县顺峰乡	4326	1	4	10345	1		25
万安县韶口乡	13640	1	11	22258	10	1	20
安福县平都镇	7747	6	19	88875	80	3	62
安福县浒坑镇	4051	5	3	8927	12	1	4
安福县洲湖镇	18783	3	21	37901	24		40
安福县横龙镇	13826		15	24253	42	8	34
安福县洋溪镇	8951	1	9	17583	14	3	15
安福县严田镇	24725		16	28157	20	1	40
安福县枫田镇	12884	2	21	22106	106	58	26
安福县羊狮慕镇	21827	1	7	12849	21		25
安福县竹江乡	8309		11	16654	7	1	26
安福县瓜畲乡	9221		11	12560	52	35	9
安福县钱山乡	26230		15	12550	26	1	22
安福县赤谷乡	9075		7	8510	10	4	7
安福县山庄乡	23987		15	22205	22	2	23
安福县洋门乡	9063		18	25410	6		19
安福县金田乡	15257		23	22963	10	2	25
安福县彭坊乡	16015		9	7299	6	1	4
安福县寮塘乡	18738		18	28299	22	4	36
安福县甘洛乡	6620		9	13290	7		10
安福县章庄乡	24023		9	7169	15		11
永新县禾川镇	4671	10	21	96972	77	9	105
永新县石桥镇	9663	1	16	26420	17		56
永新县龙源口镇	18116	1	12	25651	2		46
永新县澧田镇	15785	1	26	42250	7		61
永新县龙门镇	10735	1	13	19734	4		18

续表 245 江西省 单位：公顷、个、人

名　　称	行政区域面积	居民委员会(社区)个数	村民委员会个数	户籍人口	工业企业个数	#规模以上	营业面积50平方米以上的商店或超市个数
永新县沙市镇	7909	1	7	19471	2	1	26
永新县文竹镇	4311	2	8	19391	3		114
永新县埠前镇	4726	2	11	23963	7		72
永新县怀忠镇	7958	1	9	21823	1		34
永新县高桥楼镇	10080	2	10	15691	8	3	148
永新县坳南乡	12289		4	8009			43
永新县曲白乡	11969	1	10	8804	6		35
永新县才丰乡	8415		7	15448	3		17
永新县烟阁乡	5899	1	7	18116	1		11
永新县在中乡	4916	1	5	15596	13	2	28
永新县三湾乡	21277		5	5347	3		12
永新县台岭乡	4531		7	12172	2		20
永新县龙田乡	8925		11	18633	10	1	29
永新县高溪乡	12239		8	19761	1		23
永新县莲洲乡	4609	1	9	18220	2		95
永新县高市乡	3884	1	7	13298	1		43
永新县象形乡	15680	1	12	31550	4		55
永新县芦溪乡	9509		13	24031			26
井冈山市厦坪镇	2911	1	5	10211	16	8	8
井冈山市龙市镇	9448	3	14	27574	43	8	15
井冈山市古城镇	5970	1	8	14460	19	5	15
井冈山市新城镇	6134	1	7	8477	2		9
井冈山市茨坪镇	474	5		11352	3		15
井冈山市拿山镇	7027	1	10	14770	12	1	14
井冈山市碧溪镇	16490	1	18	20221	40		40
井冈山市茅坪镇	10834	1	13	8468	13		54
井冈山市罗浮镇	2070	2	4	6277	11		3
井冈山市黄坳乡	7829		5	7764	8	1	9
井冈山市柏露乡	9995		12	9320	4		15
井冈山市葛田乡	4661		5	6972	10		2
井冈山市睦村乡	3759		8	7464	3		10
井冈山市东上乡	10836		10	8240	14	3	6
井冈山市光明乡	12432		9	10673	22	1	9
袁州区彬江镇	13700	2	15	54650	26	16	27
袁州区西村镇	14990	1	16	65477	85	19	133
袁州区金瑞镇	10800	1	16	44571	15	10	35
袁州区温汤镇	17160	1	12	25275	2	1	29
袁州区三阳镇	7960	2	11	44520	59	16	16
袁州区慈化镇	20360	1	18	87633	96	23	193
袁州区天台镇	18400		26	62542	9	7	68
袁州区洪塘镇	16930	1	25	62865	20	1	53
袁州区渥江镇	4000		6	17015	35	10	28
袁州区新坊镇	15901		11	25585	59	21	30
袁州区寨下镇	11800		16	48376	90	9	50
袁州区芦村镇	4810		9	26078	6	5	10

续表 246　　江西省　　单位：公顷、个、人

名　　称	行政区域面　　积	居民委员会(社区)个数	村民委员会个　　数	户籍人口	工业企业个　　数	#规模以上	营业面积50平方米以上的商店或超市个数
袁州区湖田镇	8710	1	11	39375	32	8	39
袁州区新田镇	9968		14	41973	23	6	73
袁州区南庙镇	7900		11	24635	18	6	40
袁州区竹亭镇	5459		9	23544	5	4	36
袁州区水江镇	6400		10	26493	4	3	73
袁州区辽市镇	9600	1	10	31414	5	3	58
袁州区洪江镇	17100	1	9	14152			6
袁州区楠木乡	7596		9	21236	10	5	32
袁州区柏木乡	7300		13	26810	12	8	19
袁州区飞剑潭乡	8670		10	25688	9	7	50
奉新县冯川镇	2461	15	2	70241	114	2	73
奉新县赤岸镇	19215	7	17	42639	33	5	35
奉新县赤田镇	12812	1	14	33752	34	5	28
奉新县宋埠镇	7953	1	12	33373	16	6	24
奉新县干洲镇	12946	1	19	36578	22	5	35
奉新县澡下镇	14767	1	9	13504	17	3	11
奉新县会埠镇	22198	1	12	23470	47	1	30
奉新县罗市镇	12883	2	9	15172	18	3	14
奉新县上富镇	14297	1	13	18153	43	3	62
奉新县甘坊镇	6813	1	6	5863	28		12
奉新县仰山乡	8402		8	8140	3		10
奉新县澡溪乡	7314		8	9592	24	4	14
奉新县柳溪乡	8255		8	5314	2	1	7
万载县株潭镇	8862	1	15	69962	92	11	156
万载县黄茅镇	13736	1	20	60985	84	18	40
万载县潭埠镇	9680	1	13	46939	43	14	40
万载县双桥镇	13018	1	15	38494	85	13	29
万载县高村镇	21813	1	12	16694	32	3	51
万载县罗城镇	15001	1	9	26195	262	6	41
万载县三兴镇	10790	1	10	31063	93	13	26
万载县高城镇	11677	1	13	36693	44	4	35
万载县白良镇	7375	1	8	24178	33	7	36
万载县鹅峰乡	7191	1	9	23226	84	17	38
万载县马步乡	6251	1	11	34080	86	8	22
万载县赤兴乡	7832	1	7	14058	110	5	30
万载县岭东乡	4615	1	7	13915	8	5	24
万载县白水乡	5928	1	7	11104	33	1	26
万载县仙源乡	14730	1	8	17512	29	1	35
万载县茭湖乡	8742	1	7	12217	22	2	32
上高县田心镇	16130	1	25	42513	158	16	34
上高县徐家渡镇	13355	1	19	32062	37	12	28
上高县锦江镇	7860	4	13	34126	95	14	78
上高县泗溪镇	16589	1	22	44725	395	22	67
上高县翰堂镇	9327	1	11	23801	30	12	14
上高县南港镇	11286	1	9	20455	27	13	18

续表 247　　江西省　　单位：公顷、个、人

名　称	行政区域面积	居民委员会(社区)个数	村民委员会个数	户籍人口	工业企业个数	#规模以上	营业面积50平方米以上的商店或超市个数
上高县敖山镇	4024	1	11	10244	47	16	23
上高县新界埠镇	10848	1	14	23055	42	9	27
上高县蒙山镇	9450	1	12	16535	138	17	2
上高县芦洲乡	7852	1	11	18590	62	17	19
上高县塔下乡	6360	1	10	15150	177	7	13
上高县镇渡乡	5319	1	12	11716	35	5	13
上高县野市乡	7665	1	10	11219	138	6	15
上高县墨山乡	2302	1	6	8388	16	8	3
宜丰县新昌镇	13393	7	16	75127	25	12	132
宜丰县澄塘镇	18125	1	22	23492	8	2	33
宜丰县棠浦镇	11500	2	19	23013	35	11	10
宜丰县新庄镇	8710	1	16	15804	100	10	8
宜丰县潭山镇	15850	3	16	14023	22	8	18
宜丰县芳溪镇	20000	2	19	24910	17	9	17
宜丰县石市镇	15315	1	17	33847	20	12	63
宜丰县黄岗镇	13478	1	9	10240	28	5	21
宜丰县黄垦镇	7493	1	16	8126	29	10	4
宜丰县花桥乡	12500	1	9	11481	24	10	11
宜丰县同安乡	9131	1	8	8155	35	10	19
宜丰县天宝乡	14300	1	19	15489	38	13	4
宜丰县桥西乡	14550	1	19	16477	39	11	5
靖安县双溪镇	3790	7	5	43422	14	3	12
靖安县仁首镇	11885	1	12	25059	68	11	3
靖安县宝峰镇	19650	1	6	8055	14	8	4
靖安县高湖镇	15642	1	7	12414	11	7	29
靖安县璪都镇	12010	1	5	5844	12	3	3
靖安县官庄镇	19500	1	10	11479	67	6	20
靖安县香田乡	6200	1	7	14899	33	15	10
靖安县水口乡	18400		9	11652	22	6	12
靖安县中源乡	15900		11	11795	10	4	21
靖安县三爪仑乡	11815		2	2565	6	1	1
靖安县雷公尖乡	2960	1	2	3703	11	3	1
铜鼓县永宁镇	9209	8	10	36098	81	3	41
铜鼓县温泉镇	15694	1	12	19398	45	6	14
铜鼓县棋坪镇	23757	1	12	13779	1		15
铜鼓县排埠镇	12958	1	11	10909	27	3	10
铜鼓县三都镇	21235	1	13	13534	39	5	19
铜鼓县大塅镇	21220	1	13	18830	29	1	24
铜鼓县高桥乡	14631	1	7	7590	7	3	17
铜鼓县港口乡	12422	1	5	5781	8	4	20
铜鼓县带溪乡	6914	1	7	8400	20	2	23
丰城市白土镇	9183	1	21	44645	24		55
丰城市袁渡镇	10236	1	18	52868	29	3	24
丰城市张巷镇	10144	2	19	59956	11	7	113
丰城市杜市镇	9577	2	13	39236	23	4	37

续表 248　　江西省　　单位：公顷、个、人

名　　称	行政区域面积	居民委员会(社区)个数	村民委员会个数	户籍人口	工业企业个数	#规模以上	营业面积50平方米以上的商店或超市个数
丰城市淘沙镇	16788	1	20	46752	4	2	9
丰城市秀市镇	24845	2	26	62270	22	4	72
丰城市洛市镇	12236	5	15	39298	35	4	25
丰城市铁路镇	13724	1	17	43427	30	5	40
丰城市丽村镇	9605	1	18	22364	2	1	16
丰城市董家镇	11283	1	17	23879	5	1	24
丰城市隍城镇	8496	1	17	38493	17		32
丰城市小港镇	8516	1	30	79254	38	2	103
丰城市石滩镇	6084	1	15	35950	19	4	17
丰城市桥东镇	11157	1	21	48982	29	5	85
丰城市荣塘镇	9408	2	17	74572	28	2	63
丰城市拖船镇	6775	2	20	57330	37	16	72
丰城市泉港镇	10097	1	19	40633	5	3	56
丰城市梅林镇	9060	1	15	33756	78	3	80
丰城市曲江镇	9453	1	14	51912	65	17	42
丰城市上塘镇	4480	11	5	57254	132	10	19
丰城市筱塘乡	3879	1	14	28995	4	3	16
丰城市段潭乡	5200	1	15	36835			6
丰城市蕉坑乡	6157	1	7	14311	2		13
丰城市石江乡	8169	1	9	12989			20
丰城市荷湖乡	12105	1	14	29802	8	1	8
丰城市湖塘乡	7110	1	14	21562	9	3	50
丰城市同田乡	10396	1	16	41972	15	7	75
樟树市临江镇	8484	5	18	42045	52	23	23
樟树市永泰镇	2700	1	9	18047	36	21	40
樟树市黄土岗镇	5372	1	22	27644	36	14	19
樟树市经楼镇	8166	1	15	28334	27	9	68
樟树市昌傅镇	6933	1	19	31219	36	11	35
樟树市店下镇	13896	1	11	22731	36	12	23
樟树市阁山镇	7070	2	7	20420	126	15	34
樟树市刘公庙镇	8410	2	13	20819	28	9	18
樟树市观上镇	6023	1	13	26711	40	28	44
樟树市义成镇	8599	1	13	27453	33	4	12
樟树市中洲乡	5447	1	11	19655	21	8	21
樟树市洲上乡	4715	1	20	38401	23	11	39
樟树市洋湖乡	5748	3	11	32191	70	30	42
樟树市吴城乡	12979	1	15	23402	22	12	31
高安市蓝坊镇	7250	1	15	44612	40	10	57
高安市荷岭镇	7707	1	14	26269	31	7	6
高安市黄沙岗镇	7625	1	13	36413	35	8	32
高安市新街镇	13094	2	14	41950	92	15	23
高安市八景镇	9679	7	11	43492	38	22	42
高安市独城镇	10530	3	12	31865	128	14	38
高安市太阳镇	7788	1	10	24335	39	7	10
高安市建山镇	11245	9	12	26227	33	14	15

续表 249　　江西省　　单位：公顷、个、人

名称	行政区域面积	居民委员会(社区)个数	村民委员会个数	户籍人口	工业企业个数	#规模以上	营业面积50平方米以上的商店或超市个数
高安市田南镇	9889	1	9	20783	48	8	11
高安市相城镇	12472	2	11	27986	40	8	26
高安市灰埠镇	12153	1	20	51131	72	13	74
高安市石脑镇	11062	1	16	46725	159	21	29
高安市龙潭镇	9191	1	14	41182	34	8	14
高安市杨圩镇	14587	1	21	45803	41	14	15
高安市村前镇	14718	1	12	26672	87	6	18
高安市伍桥镇	12772	1	12	19033	19	3	14
高安市祥符镇	11578	1	14	28934	30	6	24
高安市大城镇	13880	1	17	31277	61	7	49
高安市华林山镇	13770	1	11	13769	10	8	1
高安市上湖乡	4048	1	13	29815	27	6	62
高安市汪家圩乡	9335	1	9	15856	13	2	20
临川区上顿渡镇	6790	14	22	146481	152	9	36
临川区温泉镇	7942	2	18	38268	41		23
临川区高坪镇	12275	1	26	39449	35		40
临川区秋溪镇	5596	1	12	29403	15		10
临川区荣山镇	15654	1	18	26243	38		29
临川区龙溪镇	10873	1	12	23077	3		6
临川区大岗镇	11882	1	20	32546	18	2	8
临川区云山镇	9996	1	21	43889	30		40
临川区唱凯镇	4794	1	18	53579	28		30
临川区罗针镇	4543	1	18	52920	32		13
临川区罗湖镇	7885	2	30	57471	61		32
临川区太阳镇	4298	1	11	26488	7	1	29
临川区东馆镇	8038	1	8	21584	36	1	9
临川区腾桥镇	12850	1	21	29857	45	1	28
临川区青泥镇	6202	1	14	32001	23	1	18
临川区孝桥镇	2754	1	9	28703	42	2	25
临川区抚北镇	1403	3	3	10872	48	3	9
临川区展坪镇	6707	1	11	22499	51	4	26
临川区崇岗镇	7939	2	13	33722	10	6	23
临川区连城乡	4039		12	22656	17		11
临川区桐源乡	10455		13	28947	31	1	19
临川区湖南乡	7740	1	19	50105	46		41
临川区七里岗乡	4400		15	25629	16	1	27
临川区嵩湖乡	7015	1	11	27303	21	1	6
临川区鹏田乡	6660	1	9	14358	14		3
临川区茅排乡	7491		5	6952	21		1
临川区河埠乡	8163		9	13205	1		11
东乡区孝岗镇	10973	2	11	39449	109	5	50
东乡区小璜镇	14444	1	13	48105	25	2	9
东乡区圩上桥镇	7240		12	23174	30		5
东乡区马圩镇	7494		16	45226	30	1	10
东乡区詹圩镇	9097	1	10	30526	11	1	16

续表 250　　江西省　　单位：公顷、个、人

名　　称	行政区域面　　积	居民委员会(社区)个数	村民委员会个　　数	户籍人口	工业企业个　　数	#规模以上	营业面积50平方米以上的商店或超市个数
东乡区岗上积镇	6100		10	26973	14		8
东乡区杨桥殿镇	15033		17	38748	22	1	18
东乡区黎圩镇	7735		9	16433	15		16
东乡区王桥镇	7447		8	17116	21		11
东乡区珀玕乡	4941		7	19903	24		12
东乡区邓家乡	8603		10	23184	19	2	28
东乡区虎圩乡	7111		10	19323	26	2	15
东乡区瑶圩乡	8092		6	15651	3		9
南城县建昌镇	12559	13	17	96859	192		379
南城县株良镇	18935	1	22	41525	231	25	39
南城县上唐镇	17720	1	17	29708	52	4	3
南城县里塔镇	15440	1	12	19121	66	5	15
南城县洪门镇	20102	1	8	14584	17	3	6
南城县沙洲镇	9904	1	8	16785	29	1	11
南城县龙湖镇	23823	1	13	21649	18	1	7
南城县新丰街镇	5620	1	6	11370	38	5	8
南城县万坊镇	17139	1	14	29377	41		17
南城县徐家镇	12336	1	13	26215	51	3	3
南城县天井源乡	7629	1	13	21327	39	2	2
南城县浔溪乡	10060		7	7767	10	1	4
黎川县日峰镇	22211	12	16	71869	316	80	102
黎川县宏村镇	11140	1	5	15326	8		7
黎川县洵口镇	12032	1	6	11351	10		5
黎川县熊村镇	13686	1	12	17741	6		3
黎川县龙安镇	15023	1	11	17054	5		9
黎川县德胜镇	15537	2	5	16594	10		15
黎川县华山镇	6264	1	3	4292			5
黎川县潭溪乡	8639	1	11	21326	7		10
黎川县湖坊乡	8249	1	7	10518	3		10
黎川县荷源乡	8405	1	5	9536	4		9
黎川县厚村乡	6014	1	4	7986	10		6
黎川县社苹乡	7628	1	4	9774			3
黎川县樟溪乡	12520	1	4	7076	4		2
黎川县西城乡	11185	1	8	10679	1		6
黎川县中田乡	12381	1	7	14724			2
南丰县琴城镇	6722	11	14	87122	396	52	166
南丰县太和镇	19884	1	10	25098	31		39
南丰县白舍镇	35030	1	32	41669	29		41
南丰县市山镇	21867		24	39067	37	2	49
南丰县洽湾镇	10382		11	18286	28	8	13
南丰县桑田镇	10471		11	16777	8		5
南丰县紫霄镇	28060		19	16668	36	2	9
南丰县三溪乡	12616		12	10963	7		9
南丰县东坪乡	9566		8	8410	3		5
南丰县莱溪乡	8432		10	19103	23		16

续表 251　　江西省　　单位：公顷、个、人

名　称	行政区域面积	居民委员会(社区)个数	村民委员会个数	户籍人口	工业企业个数	#规模以上	营业面积50平方米以上的商店或超市个数
南丰县太源乡	11389		9	11070	6		7
南丰县傅坊乡	16431		12	17632	12		21
崇仁县巴山镇	14655	11	19	100612	349	100	45
崇仁县相山镇	25566	1	11	24843	33	2	13
崇仁县航埠镇	5684	1	9	32550	15		14
崇仁县孙坊镇	5818	1	13	26515			19
崇仁县河上镇	13297	1	17	33545	18		20
崇仁县礼陂镇	9537	1	8	14369	24	2	5
崇仁县马鞍镇	12264	1	9	22150	2	1	22
崇仁县石庄乡	8097		7	12972	13	3	9
崇仁县六家桥乡	7632		8	22575	56	3	38
崇仁县白路乡	2654		8	20782	5		9
崇仁县三山乡	7830		9	15441	13		22
崇仁县白陂乡	6289		6	13809	3		13
崇仁县桃源乡	14451		11	17919	2	1	7
崇仁县许坊乡	9097		8	14388	20		15
崇仁县郭圩乡	8093		8	17777	4	1	20
乐安县鳌溪镇	22777	10	16	76715	153	18	182
乐安县公溪镇	13052	2	10	24984	19	2	32
乐安县山砀镇	13933	2	13	27122	6	2	18
乐安县龚坊镇	15574	1	10	24677	8		19
乐安县戴坊镇	25521	1	20	39671	15	1	36
乐安县牛田镇	13159	1	8	23744	12		42
乐安县万崇镇	9649	1	8	17179	6		10
乐安县增田镇	11919	1	10	22459	22		8
乐安县招携镇	25542	1	17	25688	58	1	17
乐安县湖溪乡	13193		9	13715	12		18
乐安县罗陂乡	6758		8	19088			23
乐安县湖坪乡	10472	1	10	21118	4	1	16
乐安县南村乡	14286	1	13	21606	20		24
乐安县谷岗乡	16110		10	16035	24		2
乐安县金竹畲族乡	24001		10	12039	10		23
乐安县大马头乡	6702		4	5345	6		3
宜黄县凤冈镇	22525	7	20	62202	134	2	74
宜黄县棠阴镇	18381	1	14	19396	22	1	8
宜黄县黄陂镇	27015	1	18	25104	44		26
宜黄县东陂镇	15198	1	11	11041	20		13
宜黄县梨溪镇	14497	1	11	20213	21	1	13
宜黄县二都镇	17173	1	12	17065	24		15
宜黄县中港镇	20483	1	14	22123	30		16
宜黄县桃陂镇	8141		7	15517	18		55
宜黄县新丰乡	13490		7	7930	4		9
宜黄县神岗乡	16550		10	10944	19		9
宜黄县圳口乡	11637		7	11748	17		2
宜黄县南源乡	8212		8	8859	15		1

续表 252　　江西省　　单位：公顷、个、人

名　　称	行政区域面　　积	居民委员会(社区)个数	村民委员会个　　数	户籍人口	工业企业个　　数	#规模以上	营业面积50平方米以上的商店或超市个数
金溪县秀谷镇	15787	9	15	75361	410	38	178
金溪县浒湾镇	7119	3	10	27768	16	2	30
金溪县双塘镇	6605	1	8	12004	14	1	24
金溪县何源镇	13236		9	16845	19		26
金溪县合市镇	11921		15	25644	7		35
金溪县琅琚镇	14206		23	34482	9	1	40
金溪县左坊镇	12667		13	23051	23	2	29
金溪县对桥镇	10832		10	18712	12	1	22
金溪县黄通乡	10261		6	12048			10
金溪县陆坊乡	8782		9	17255	22	4	36
金溪县陈坊积乡	3761		6	11762			15
金溪县琉璃乡	9639		15	24640	17	1	10
金溪县石门乡	9270		11	15568	4		18
资溪县鹤城镇	15319	4	10	37027	121	15	36
资溪县马头山镇	23772	1	13	11799	41	1	6
资溪县高阜镇	18125	1	11	17369	63	10	4
资溪县嵩市镇	12608	1	9	10183	30	1	7
资溪县乌石镇	17895	1	12	15669	24	2	4
资溪县高田乡	13102		8	14731	21	1	8
资溪县石峡乡	10515		7	6558	10	1	
广昌县盱江镇	31226	11	24	78972	448	87	439
广昌县头陂镇	19723	1	13	24196	31	4	11
广昌县赤水镇	12775	1	13	23111	11		5
广昌县驿前镇	19666	1	18	24489	13		32
广昌县甘竹镇	11640	1	12	28312	47		25
广昌县塘坊镇	15532	1	15	20811	8		14
广昌县千善乡	6714	1	5	7008	2		6
广昌县水南圩乡	6277	1	5	6725	10	1	7
广昌县长桥乡	7179	1	6	9429	7	1	18
广昌县杨溪乡	7022	1	6	6472	3		13
广昌县尖峰乡	16050	1	12	20397	3		13
信州区沙溪镇	7600	2	13	56511	53	18	53
信州区朝阳镇	6700	2	11	45114	34	13	91
信州区秦峰镇	5830		11	44136	36	7	98
广丰区五都镇	7270	7	11	85447	52	12	76
广丰区洋口镇	6730	10	13	78772	148	22	179
广丰区横山镇	6974	1	10	49447	33	13	35
广丰区桐畈镇	8004	2	11	50063	30	6	50
广丰区湖丰镇	3350	1	5	30803	121	25	59
广丰区大南镇	4657	1	5	22139	34	19	23
广丰区排山镇	5962	1	10	42366	23	18	36
广丰区毛村镇	4048	1	6	25975	10	8	15
广丰区枧底镇	2550	1	5	24959	29	10	33
广丰区泉波镇	5804	1	7	34264	30	12	24
广丰区壶峤镇	4513	2	6	33435	38	18	67

续表 253　　江西省　　单位：公顷、个、人

名　　称	行政区域面积	居民委员会(社区)个数	村民委员会个数	户籍人口	工业企业个数	#规模以上	营业面积50平方米以上的商店或超市个数
广丰区霞峰镇	2742	4	5	43556	15	7	63
广丰区吴村镇	7003	1	10	43562	26	13	14
广丰区沙田镇	4742	1	7	36815	21	7	32
广丰区铜钹山镇	29803		10	26664	14	4	20
广丰区东阳乡	8677		12	26205	27	10	52
广丰区嵩峰乡	8576		6	27283	15	6	14
广丰区少阳乡	2197		7	30115	26	8	38
广信区田墩镇	9012	1	14	64212	40	5	34
广信区上泸镇	6406	2	8	30548	12	3	16
广信区华坛山镇	20310	2	9	25719	23	3	34
广信区茶亭镇	8848	1	13	46513	246	86	33
广信区皂头镇	4223	1	10	38541	64	4	92
广信区四十八镇	6039	2	5	25156	13	2	17
广信区枫岭头镇	7722	1	10	37823	160	14	94
广信区煌固镇	11464	1	15	55917	26	9	70
广信区花厅镇	7976	1	8	35067	21	2	21
广信区五府山镇	41447	1	7	22831	43	2	44
广信区郑坊镇	6868	1	8	31908	23		33
广信区望仙乡	9726		5	19954	9		26
广信区石人乡	6028		10	38102	20		99
广信区清水乡	9978		8	32581	4	1	50
广信区石狮乡	3914	3	5	24567	44	2	47
广信区湖村乡	17672		15	53399	18	1	83
广信区尊桥乡	6881		11	35256	21		36
广信区应家乡	5829		7	34326	16	1	45
广信区黄沙岭乡	5751		7	27687	10		14
广信区铁山乡	4650		5	15842	13		20
广信区董团乡	12555		11	53514	99	34	48
玉山县临湖镇	9158	2	13	40011	22	13	76
玉山县必姆镇	9330		11	35112	33	12	39
玉山县横街镇	11373	1	9	28134	59	20	35
玉山县下镇镇	8126	1	12	47809	24	16	46
玉山县岩瑞镇	12910	3	25	55839	405	32	65
玉山县双明镇	13603	3	9	28296	44	17	33
玉山县紫湖镇	15229		9	22934	31	24	37
玉山县仙岩镇	6494	3	10	28206	36	14	30
玉山县樟村镇	10150	2	10	35441	96	18	42
玉山县枫林镇	12800	1	7	13090			23
玉山县南山乡	9544		6	14887	31	11	16
玉山县怀玉乡	12133	2	10	23853	26	12	33
玉山县下塘乡	6590		11	24983	59	16	28
玉山县四股桥乡	7271		13	32592	22	17	47
玉山县六都乡	13462	1	18	50308	35	17	63
玉山县三清乡	13420		7	8381			58
铅山县河口镇	8146	5	12	74379	67	19	60

续表 254　　江西省　　单位：公顷、个、人

名　　称	行政区域面　积	居民委员会(社区)个数	村民委员会个　数	户籍人口	工业企业个　数	#规模以上	营业面积50平方米以上的商店或超市个数
铅山县永平镇	12643	6	15	56518	85	15	34
铅山县石塘镇	5515	1	6	17614	8	7	15
铅山县鹅湖镇	9666		15	40331	25	5	35
铅山县湖坊镇	11630	1	10	29225	18	8	63
铅山县武夷山镇	45296	2	8	25023	55	6	38
铅山县汪二镇	14664	1	14	35792	44	13	37
铅山县葛仙山镇	20133	1	18	38559	10		90
铅山县陈坊乡	10939	1	7	13238	12	7	18
铅山县虹桥乡	7289		7	22394	6	3	14
铅山县新滩乡	9860		14	37453	14	8	63
铅山县稼轩乡	7994		7	21468	7	3	9
铅山县英将乡	9417		5	13799	18	1	25
铅山县紫溪乡	7522	1	7	19532	6	1	16
铅山县太源畲族乡	7854		4	2237	2		6
铅山县天柱山乡	18721		4	6982	10	3	18
铅山县篁碧畲族乡	8089		4	4245	9	2	3
横峰县岑阳镇	4746	1	6	17352	10	4	36
横峰县葛源镇	20400	1	13	42491	42	8	236
横峰县姚家乡	4592		7	15325	17	3	13
横峰县莲荷乡	8791		8	29240	66	12	32
横峰县司铺乡	4298		5	13663	17	10	23
横峰县港边乡	3807		5	20520	17	6	28
横峰县龙门畈乡	8039		11	29162	31	5	160
横峰县青板乡	7357		6	20014	20	6	47
弋阳县曹溪镇	15810		11	31740	20	11	40
弋阳县漆工镇	20086	4	12	41782	45	7	66
弋阳县樟树墩镇	6809		6	14816	20	9	32
弋阳县朱坑镇	8342		10	27747	37	6	21
弋阳县圭峰镇	16655		12	36567	13	8	51
弋阳县叠山镇	10271	1	6	13305	13	4	19
弋阳县港口镇	11343		8	19727	18	8	31
弋阳县弋江镇	1164	7	2	39867	28	12	6
弋阳县三县岭镇	11473	7	5	21914	32	17	51
弋阳县中畈乡	15315		11	42893	20	10	38
弋阳县葛溪乡	7895		9	28232	17	8	41
弋阳县湾里乡	6413		7	21113	21	7	40
弋阳县清湖乡	5732		6	19124	9	7	26
弋阳县旭光乡	5756	4		7817	27	5	33
余干县玉亭镇	3743	2	10	57781	21	1	106
余干县瑞洪镇	26900	4	30	76685	8	1	69
余干县黄金埠镇	15639	5	34	84767	81	58	78
余干县古埠镇	11973	1	25	69048	19	5	76
余干县乌泥镇	1900	1	4	11845	40	10	21
余干县石口镇	8319	1	14	47012	13		32
余干县杨埠镇	7844	2	17	39574	8	1	104

续表 255　　江西省　　单位：公顷、个、人

名　称	行政区域面积	居民委员会(社区)个数	村民委员会个数	户籍人口	工业企业个数	#规模以上	营业面积50平方米以上的商店或超市个数
余干县九龙镇	10617	1	15	32716	17	1	35
余干县社赓镇	16559	2	19	48107	7		92
余干县康山乡	6143		5	10657			13
余干县东塘乡	6718		7	21647			20
余干县大塘乡	27800		6	10935	15	5	22
余干县鹭鸶港乡	5336		12	35290	9		51
余干县三塘乡	13200	1	29	84678	23	5	106
余干县洪家嘴乡	7725		33	93871	12	7	89
余干县白马桥乡	6189	2	17	47061	54	4	39
余干县江埠乡	7830	1	21	53984	5		53
余干县枫港乡	8800	1	24	54356	15		118
余干县大溪乡	9633	3	13	38560	6	1	76
余干县梅港乡	14733	1	24	57780	18	1	118
鄱阳县鄱阳镇	7450	11	15	88406	5	4	45
鄱阳县谢家滩镇	23000	1	19	77149	17	8	98
鄱阳县石门街镇	9271	1	11	24405	25	3	39
鄱阳县四十里街镇	6580		17	40757	1		59
鄱阳县油墩街镇	16606	1	29	104384	25	3	135
鄱阳县田畈街镇	23650	1	30	72981	63	25	79
鄱阳县金盘岭镇	20170	1	14	39209	28	1	25
鄱阳县高家岭镇	9890		17	42644	7	4	66
鄱阳县凰岗镇	25400	1	32	84369	36	1	142
鄱阳县双港镇	27802	1	29	86583	53		36
鄱阳县古县渡镇	19970	2	34	100687	17		165
鄱阳县饶丰镇	12500	1	9	44133	5	2	20
鄱阳县乐丰镇	7960	2	12	30739	12	3	12
鄱阳县饶埠镇	5890	1	17	53136	41		50
鄱阳县侯家岗乡	27150	1	17	40165	2	1	70
鄱阳县莲花山乡	12500		6	7673	3		18
鄱阳县响水滩乡	16160		16	50326			22
鄱阳县枧田街乡	23360	1	11	27177	12	3	43
鄱阳县柘港乡	13930		17	55012	24	2	31
鄱阳县鸦鹊湖乡	4000	1	8	11203	2		18
鄱阳县银宝湖乡	8260		7	26618	3		42
鄱阳县游城乡	19324	1	24	53205	10	1	32
鄱阳县珠湖乡	10498		16	32887	36		39
鄱阳县白沙洲乡	7468		9	10508			15
鄱阳县团林乡	7618		22	43725	3	1	57
鄱阳县昌洲乡	2380		15	33729			45
鄱阳县三庙前乡	9613	1	26	75786	13	1	116
鄱阳县莲湖乡	25100		31	81438	2		141
鄱阳县芦田乡	12800	2	14	54142	312	90	98
万年县陈营镇	7013	18	13	98560	308	22	45
万年县石镇镇	11245	2	15	48629	156	20	135
万年县青云镇	8733	3	10	26938	170	11	44

续表 256　　江西省、山东省　　单位：公顷、个、人

名　　称	行政区域面积	居民委员会(社区)个数	村民委员会个数	户籍人口	工业企业个数	#规模以上	营业面积50平方米以上的商店或超市个数
万年县梓埠镇	9000	2	13	50441	62	21	70
万年县大源镇	9563	1	8	22478	113	23	33
万年县裴梅镇	15260	1	12	27363	46	13	35
万年县湖云乡	6496	1	9	27874	48	18	75
万年县齐埠乡	7280	1	11	30678	102	11	39
万年县汪家乡	6964	1	8	24001	226	14	23
万年县上坊乡	11424	2	9	26735	42	14	33
万年县苏桥乡	14974	2	15	47448	96	14	74
万年县珠田乡	6017	1	7	17388	57	13	18
婺源县紫阳镇	31543	8	18	50916	298	57	35
婺源县清华镇	13110	3	8	16173	24	1	20
婺源县秋口镇	22074	1	15	24240	20	6	17
婺源县江湾镇	29400	3	18	33361	20	2	19
婺源县思口镇	12070	1	8	14583	13	4	20
婺源县赋春镇	31160	1	17	31190	33	5	17
婺源县镇头镇	8999	1	5	11505	11	4	9
婺源县太白镇	18490	2	8	15676	20	4	10
婺源县中云镇	23353	1	8	26074	23	4	32
婺源县许村镇	21695	1	13	19464	26	4	23
婺源县溪头乡	11859		8	12285	8		11
婺源县段莘乡	17234		12	15296	8	6	28
婺源县浙源乡	10064		7	13860	12		25
婺源县沱川乡	8555	1	4	6712	10	1	11
婺源县大鄣山乡	20879		15	20981	9		62
婺源县珍珠山乡	12393	6	4	10892	17		11
德兴市绕二镇	27300	1	10	32669	51	11	32
德兴市海口镇	15000	2	5	14917	11	10	15
德兴市新岗山镇	24868	2	8	26261	56	24	29
德兴市泗洲镇	9761	9	3	18864	73	22	31
德兴市大茅山镇	17400	6	1	3782	12	7	5
德兴市花桥镇	15770	4	4	18560	42	14	13
德兴市黄柏乡	14920	1	11	38337	30	19	56
德兴市万村乡	12468	1	6	18017	35	17	65
德兴市张村乡	14851	2	8	25787	11	5	34
德兴市昄大乡	13786	1	4	10366	5	4	9
德兴市李宅乡	12800	1	6	11761	16	4	22
德兴市龙头山乡	22500	2	5	9934	14	12	13
山东省							
长清区马山镇	8840		53	35296	13	4	31
长清区双泉镇	9984	1	48	29325	47	9	31
章丘区垛庄镇	12950		19	30203	3	1	30
济阳区仁风镇	12698		82	66307	25	4	72
济阳区新市镇	10191		77	41383	66	4	69
莱芜区牛泉镇	14309		69	73158	185	21	186
莱芜区茴山镇	21394		85	54209	75	7	325

续表 257 山东省 单位：公顷、个、人

名　　称	行政区域面积	居民委员会(社区)个数	村民委员会个数	户籍人口	工业企业个数	#规模以上	营业面积50平方米以上的商店或超市个数
莱芜区大王庄镇	16118		62	43125	32	3	74
莱芜区寨里镇	6960		48	55132	112	5	149
莱芜区杨庄镇	5884		45	46610	392	13	122
莱芜区茶业口镇	17400		60	35495	2		97
莱芜区和庄镇	8618		31	24275	50	14	77
平阴县东阿镇	8180		55	37216	32	4	24
平阴县孝直镇	12619		36	60186	64	15	308
平阴县孔村镇	9962	1	46	39163	72	18	196
平阴县洪范池镇	9561		34	25334	4		81
平阴县玫瑰镇	9866		48	47298	88	14	85
平阴县安城镇	11271		44	41320	110	20	130
商河县殷巷镇	12278		52	60734	41	8	188
商河县怀仁镇	5934		33	34523	34	4	166
商河县龙桑寺镇	9261		57	44330	74	7	354
商河县郑路镇	12719		57	65714	52	6	404
商河县贾庄镇	10909		45	54697	90	19	273
商河县玉皇庙镇	15346	2	57	66948	248	43	82
商河县白桥镇	8340		45	49735	176	4	75
商河县孙集镇	10589		40	53952	51	6	294
商河县韩庙镇	6819		24	32234	32	7	97
商河县沙河镇	8738		39	41250	13	3	95
商河县张坊镇	3756		17	24657	14	5	65
黄岛区琅琊镇	10220	4	12	42323	128	9	78
黄岛区泊里镇	17012	10	10	82718	246	30	91
黄岛区大场镇	11696	1	17	55832	61	11	74
黄岛区大村镇	21300		20	61020	63	11	35
黄岛区六汪镇	18192		13	51705	87	14	70
黄岛区海青镇	10300		10	42074	30	3	69
黄岛区宝山镇	12031		9	29409	25	7	53
黄岛区藏马镇	8830		9	31560	61	4	51
即墨区田横镇	22862		10	88327	75	4	80
即墨区金口镇	19405		10	78963	183	25	86
即墨区段泊岚镇	16699		9	61030	238	9	83
即墨区移风店镇	18784		10	92370	157	7	57
胶州市李哥庄镇	7579	9	5	64608	1125	50	105
胶州市铺集镇	12167	7	13	61471	315	43	84
胶州市里岔镇	15741	1	12	63150	145	42	77
胶州市洋河镇	12967	2	17	55330	197	43	65
平度市古岘镇	8105	1	5	43814	65	3	62
平度市仁兆镇	11891		13	68585	81	12	59
平度市南村镇	31149	4	23	131139	1075	76	110
平度市蓼兰镇	23821	2	23	83748	180	19	107
平度市崔家集镇	21360		19	76770	63	13	162
平度市明村镇	24677	1	20	81922	210	25	96
平度市田庄镇	21097	2	15	66853	310	28	74

续表 258　　山东省　　单位：公顷、个、人

名　　称	行政区域面　　积	居民委员会(社区)个数	村民委员会个　　数	户籍人口	工业企业个　　数	#规模以上	营业面积50平方米以上的商店或超市个数
平度市新河镇	18932	2	18	69735	318	52	125
平度市店子镇	14044	1	15	50969	96	9	69
平度市大泽山镇	15059	1	10	57082	294	3	64
平度市旧店镇	40001		28	98981	107	4	100
平度市云山镇	15451		14	52391	88	8	33
莱西市姜山镇	21731	2	12	84583	243	91	135
莱西市夏格庄镇	10836		16	33353	69	20	39
莱西市院上镇	17076		10	80105	312	26	75
莱西市日庄镇	9922		6	46089	41	10	53
莱西市南墅镇	15929	2	7	42637	86	26	44
莱西市河头店镇	11628		9	41650	41	11	71
莱西市店埠镇	10590	1	13	55915	73	13	118
莱西市马连庄镇	14300		7	45064	66	14	26
淄川区昆仑镇	10073	5	44	78581	1050	58	70
淄川区岭子镇	7628	2	27	28965	198	10	30
淄川区西河镇	12937	1	62	48446	139	11	20
淄川区龙泉镇	4092	3	16	38047	181	19	43
淄川区寨里镇	11647	3	40	53511	312	19	72
淄川区罗村镇	6394	1	31	51113	270	51	63
淄川区洪山镇	3118	9	17	42714	116	18	56
淄川区双杨镇	5297	2	36	58097	356	53	70
淄川区太河镇	27025		95	55997	56		32
张店区南定镇	2666	13	14	72540	369	46	27
张店区沣水镇	4229	1	21	31602	150	31	15
张店区傅家镇	3282	7	19	56098	87	55	111
张店区中埠镇	2041	1	12	18739	84	18	12
张店区房镇镇	3840	6	24	64185	310	30	87
博山区域城镇	11965	22	45	72622	1360	63	66
博山区白塔镇	2966	11	9	34627	374	45	46
博山区八陡镇	3976	6	17	29804	310	28	17
博山区石马镇	6169		14	25978	98	7	10
博山区源泉镇	8088		28	32276	269	12	28
博山区池上镇	15599		44	20105	28	4	34
博山区博山镇	13488	1	37	37689	71	5	68
临淄区齐都镇	5277	3	47	46384	383	17	37
临淄区皇城镇	8742		50	54348	85	11	62
临淄区敬仲镇	6058		50	35320	50	15	45
临淄区朱台镇	7449		57	55731	464	43	55
临淄区金岭镇	1870	1	9	15125	109	32	19
临淄区凤凰镇	10334		75	80342	291	67	145
临淄区金山镇	11473	10	43	73794	132	76	62
周村区北郊镇	5622	1	51	41297	930	42	75
周村区南郊镇	5717		46	37606	323	23	67
周村区王村镇	5861	1	38	40908	288	41	51
周村区萌水镇	4863		36	31992	270	28	48

续表 259　　山东省　　单位：公顷、个、人

名　称	行政区域面积	居民委员会(社区)个数	村民委员会个数	户籍人口	工业企业个数	#规模以上	营业面积50平方米以上的商店或超市个数
周村区商家镇	4192		27	23843	181	7	30
桓台县起凤镇	5539		24	61700	108	10	41
桓台县田庄镇	5099		30	47470	73	5	40
桓台县荆家镇	5590		29	45995	37	3	55
桓台县马桥镇	7912		52	53125	109	24	65
桓台县新城镇	4451		40	34903	113	10	110
桓台县唐山镇	6963	1	50	62006	210	41	59
桓台县果里镇	8645	3	65	73366	432	76	70
高青县青城镇	7721		26	34043	54	5	98
高青县高城镇	12646		42	46735	81	27	67
高青县黑里寨镇	9461		47	43422	30	4	96
高青县唐坊镇	9665		32	32911	87	6	55
高青县常家镇	9031		23	33109	138	48	96
高青县花沟镇	11729		45	47582	75	11	23
高青县木李镇	7299		37	32569	10	2	110
沂源县鲁村镇	20216	1	67	68147	108	9	102
沂源县东里镇	13225		48	53120	38	7	118
沂源县悦庄镇	16563		55	59576	128	28	60
沂源县西里镇	12615		44	47964	38	4	117
沂源县大张庄镇	19291		44	39295	32	4	90
沂源县中庄镇	10686		26	30191	13	1	40
沂源县张家坡镇	9320		24	26327	46	4	68
沂源县燕崖镇	12591		33	30009	15	3	102
沂源县石桥镇	11210		18	30826	67	11	52
沂源县南鲁山镇	20637		33	34524	168	5	96
市中区税郭镇	6928		21	47039	216	38	76
市中区孟庄镇	5893		15	31090	101	22	60
市中区齐村镇	8977	1	25	69783	125	17	150
市中区永安镇	5556	5	18	78099	311	23	70
市中区西王庄镇	5168		18	46786	86	26	65
薛城区沙沟镇	8485		35	57277	68	13	99
薛城区周营镇	8620		37	51511	14	8	96
薛城区邹坞镇	5895	1	32	40816	70	20	44
薛城区陶庄镇	6417	6	30	68154	114	23	71
峄城区古邵镇	12920		63	70096	245	17	208
峄城区阴平镇	10001		56	52599	196	29	104
峄城区底阁镇	7435		44	49650	362	14	82
峄城区榴园镇	12296		54	60013	124	20	122
峄城区峨山镇	12060		56	66065	135	19	87
台儿庄区邳庄镇	5351		26	32507	69	10	59
台儿庄区张山子镇	11387		46	44862	32	9	101
台儿庄区泥沟镇	11216		55	68395	110	12	88
台儿庄区涧头集镇	12572		32	66817	128	14	59
台儿庄区马兰屯镇	10965	2	37	67164	318	23	50
山亭区店子镇	6557		17	36905	75	8	61

续表 260　　山东省　　单位：公顷、个、人

名　　称	行政区域面　积	居民委员会(社区)个数	村民委员会个　数	户籍人口	工业企业个　数	#规模以上	营业面积50平方米以上的商店或超市个数
山亭区西集镇	6607		15	32358	75	9	69
山亭区桑村镇	6654		20	56005	149	13	240
山亭区北庄镇	13894		21	41702	57	7	88
山亭区城头镇	4842		21	47189	132	5	96
山亭区徐庄镇	17897		42	59068	24	7	190
山亭区水泉镇	10118		34	43368	19	5	96
山亭区冯卯镇	9359		35	58261	78	5	105
山亭区凫城镇	10790		18	28028	30	9	71
滕州市洪绪镇	3792		32	40792	321	36	46
滕州市南沙河镇	4620		38	52180	318	22	66
滕州市大坞镇	10186		65	88302	70	12	153
滕州市滨湖镇	14412		90	115612	65	6	127
滕州市级索镇	7888		50	86039	136	17	182
滕州市西岗镇	7986	8	64	106602	339	15	127
滕州市姜屯镇	8461		83	89136	202	25	79
滕州市鲍沟镇	7439		66	87489	232	25	111
滕州市张汪镇	8547		83	85087	178	9	273
滕州市官桥镇	6339		54	69498	106	15	77
滕州市柴胡店镇	5762		41	40153	37	7	56
滕州市羊庄镇	11830	1	88	82061	60	7	55
滕州市木石镇	6693	4	37	52252	62	23	70
滕州市界河镇	8232	1	63	74871	68	15	99
滕州市龙阳镇	7877		56	77191	88	5	114
滕州市东郭镇	14676		89	124195	141	15	118
东营区牛庄镇	11399	1	42	40152	49	12	374
东营区六户镇	33156	1	13	19806	13	1	29
东营区史口镇	7834	1	61	39978	34	12	64
东营区龙居镇	10723		55	38011	20	5	48
河口区义和镇	12773		6	26506	27	7	36
河口区仙河镇	67222	6	4	32827	40	3	6
河口区孤岛镇	16336	6	2	31910	86	26	15
河口区新户镇	73376		12	28790	23	7	61
垦利区胜坨镇	18161	2	59	64841	177	37	14
垦利区郝家镇	6059	3	28	19403	32	4	55
垦利区永安镇	42470	1	49	22725	37	6	48
垦利区黄河口镇	132595		63	26005	8	1	48
垦利区董集镇	6785	1	33	23719	25	8	90
利津县北宋镇	10259		72	38013	9	2	73
利津县盐窝镇	24393		125	78882	65	8	225
利津县陈庄镇	22693		95	57912	28	11	61
利津县汀罗镇	20455	1	73	34882	38	2	56
利津县明集乡	11746		38	19855	11	6	41
利津县刁口乡	24120	1	1	1212	6	3	5
广饶县大王镇	11829	4	97	95350	567	70	95
广饶县稻庄镇	11399		85	74248	230	54	105

续表 261　　山东省　　单位：公顷、个、人

名　　称	行政区域面　　积	居民委员会(社区)个数	村民委员会个　　数	户籍人口	工业企业个　　数	#规模以上	营业面积50平方米以上的商店或超市个数
广饶县李鹊镇	6649		57	39193	69	19	56
广饶县大码头镇	13033		37	52006	38	11	77
广饶县花官镇	11675		39	42960	55	8	93
广饶县陈官镇	10201		26	26108	16	6	41
福山区高疃镇	8734		41	25961	71	6	38
福山区张格庄镇	7327		27	18418	41	1	48
福山区回里镇	10325		29	32894	35	5	107
福山区臧家庄镇	16268		78	51485			59
牟平区观水镇	22788		80	49687	59	2	51
牟平区龙泉镇	10846		52	22296	15	1	52
牟平区玉林店镇	7593		23	11132	33		29
牟平区水道镇	19369		56	28605	67	8	8
牟平区高陵镇	15601		56	31511	30	4	13
牟平区王格庄镇	12725		53	17997	44	4	23
牟平区昆嵛镇	13268		36	11865	5		14
牟平区莒格庄镇	9530		31	14759	16	1	19
蓬莱区刘家沟镇	10405		60	29067	425	14	24
蓬莱区潮水镇	8084		54	36048	75	13	32
蓬莱区大柳行镇	9653		32	22806	39	11	57
蓬莱区小门家镇	11355		65	34515	62	9	34
蓬莱区大辛店镇	25002		126	64156	112	17	76
蓬莱区村里集镇	17420		46	38319	32	2	41
蓬莱区北沟镇	15571		80	54906	470	50	69
蓬莱区砣矶镇	866	6	8	6758	10		4
蓬莱区北长山乡	1164		6	3523	6		6
蓬莱区黑山乡	1019		7	1648	13		4
蓬莱区大钦岛乡	694		4	3928	7		10
蓬莱区小钦岛乡	137		1	804	2		1
蓬莱区南隍城乡	204		1	951			1
蓬莱区北隍城乡	290		2	1966	8		2
龙口市黄山馆镇	5811		9	11298	15	3	27
龙口市北马镇	8782		73	53820	313	23	21
龙口市芦头镇	4235		23	27194	238	26	65
龙口市下丁家镇	6022		20	14785	15	1	21
龙口市七甲镇	8015		7	23769	44	2	9
龙口市石良镇	12759		45	52117	101	10	20
龙口市兰高镇	6195		9	33613	128	16	12
龙口市诸由观镇	10122		65	51359	209	27	35
莱阳市沐浴店镇	18843		84	58802	44	6	140
莱阳市团旺镇	15945		71	64817	173	9	88
莱阳市穴坊镇	13097		48	58175	26	5	26
莱阳市羊郡镇	8255		23	27511	56	8	54
莱阳市姜疃镇	11337		41	48867	111	15	95
莱阳市万第镇	15803		64	50881	22	7	80
莱阳市照旺庄镇	10066		45	50829	24	5	97

续表 262　　山东省　　单位：公顷、个、人

名　　称	行政区域面　　积	居民委员会(社区)个数	村民委员会个　　数	户籍人口	工业企业个　　数	#规模以上	营业面积50平方米以上的商店或超市个数
莱阳市谭格庄镇	15782		84	49539	6	3	54
莱阳市河洛镇	5926		39	24750	59	6	36
莱阳市吕格庄镇	5989		18	25209	86	8	47
莱阳市高格庄镇	6089		30	30085	13	1	26
莱阳市大夼镇	7386		29	28300	76	2	39
莱阳市山前店镇	8921		37	26786	14	3	28
莱州市沙河镇	14251		116	92684	862	20	100
莱州市朱桥镇	15019		99	56811	149	7	57
莱州市郭家店镇	23993		88	47925	25	3	60
莱州市金城镇	7972		35	29485	118	15	54
莱州市平里店镇	7642		55	37021	134	12	28
莱州市驿道镇	18007		81	42057	30	4	29
莱州市程郭镇	13393	3	69	46200	141	13	47
莱州市虎头崖镇	11886		71	43683	285	21	50
莱州市柞村镇	14759		62	38291	465	11	20
莱州市夏邱镇	6401		49	35470	585	9	33
莱州市土山镇	21604		48	50118	438	40	99
招远市辛庄镇	11378		63	37502	117	7	10
招远市蚕庄镇	12007		60	28356	101	13	20
招远市金岭镇	11516		61	37072	162	10	26
招远市毕郭镇	11016		44	33136	41	3	26
招远市玲珑镇	7798		31	28072	95	7	20
招远市张星镇	16094		91	60108	641	23	44
招远市夏甸镇	19090		78	40786	36	5	40
招远市阜山镇	19230		78	48991	57	3	8
招远市齐山镇	14901		77	40364	70	3	40
栖霞市观里镇	9725		55	30224	7		13
栖霞市蛇窝泊镇	20165		97	54525	27	1	31
栖霞市唐家泊镇	13961		67	24076	20	1	65
栖霞市桃村镇	27647		113	80270	264	19	66
栖霞市亭口镇	15121		68	29295	19		77
栖霞市寺口镇	9290		40	19734	19	1	4
栖霞市苏家店镇	13642		51	32067	12	1	8
栖霞市杨础镇	8673		47	23064	20		35
栖霞市西城镇	9010		41	18639	60	3	75
栖霞市官道镇	11350		55	26908	13	2	67
栖霞市庙后镇	8527		33	17678	34	4	3
海阳市留格庄镇	12921		42	39290	46	3	46
海阳市盘石店镇	13572		41	27302	15	2	1
海阳市郭城镇	16595		72	38262	36	4	47
海阳市徐家店镇	15541		71	41543	144	9	21
海阳市发城镇	14323		63	37860	23	5	34
海阳市小纪镇	16974		76	46456	27	6	46
海阳市行村镇	15818		52	49030	232	11	87
海阳市辛安镇	14303		49	49967	78	10	87

续表 263　　山东省　　单位：公顷、个、人

名称	行政区域面积	居民委员会(社区)个数	村民委员会个数	户籍人口	工业企业个数	#规模以上	营业面积50平方米以上的商店或超市个数
海阳市二十里店镇	10262		42	29247	74	4	50
海阳市朱吴镇	19790		68	38194	16	3	56
临朐县五井镇	19249		31	73806	95	16	81
临朐县寺头镇	25585		34	77041	185	11	50
临朐县九山镇	25386		26	53421	16		82
临朐县山旺镇	16750		32	71952	156	33	94
临朐县柳山镇	9730		21	41419	16	2	57
临朐县蒋峪镇	26093		43	93033	60	6	110
昌乐县乔官镇	18825		73	90532	428	41	183
昌乐县唐吾镇	21866		43	105781	142	9	200
昌乐县红河镇	19447		62	91891	251	17	94
昌乐县营丘镇	21744		64	97145	265	44	172
青州市弥河镇	8416		77	55711	389	32	87
青州市王坟镇	22320		100	50465	152	8	72
青州市庙子镇	20163		68	39328	40	9	11
青州市邵庄镇	17074		92	69282	518	65	109
青州市高柳镇	9505		71	58328	123	21	94
青州市何官镇	11486		74	75115	126	9	52
青州市东夏镇	7392		72	50727	363	10	88
青州市谭坊镇	15999		114	99931	120	23	167
诸城市枳沟镇	8717		9	49731	101	12	54
诸城市贾悦镇	28409		27	107988	140	20	126
诸城市石桥子镇	16947		18	62289	59	12	74
诸城市相州镇	12013		12	67778	204	20	85
诸城市昌城镇	11836		16	67005	299	45	81
诸城市百尺河镇	12525		13	48445	82	8	53
诸城市辛兴镇	8083		13	42843	367	29	71
诸城市林家村镇	32383		27	92424	141	22	75
诸城市皇华镇	23919		18	72704	261	10	89
诸城市桃林镇	13459		11	32866	56	3	61
寿光市化龙镇	8763		53	55539	140	19	101
寿光市营里镇	19149		50	60602	31	11	64
寿光市台头镇	9769		41	56104	526	81	88
寿光市田柳镇	10692		68	69220	59	23	71
寿光市上口镇	8078		65	70049	129	8	74
寿光市侯镇	21313	1	86	101159	192	66	141
寿光市纪台镇	8436		72	57404	47	2	90
寿光市稻田镇	13873		112	100422	118	17	148
寿光市羊口镇	41040	2	23	42663	271	67	37
安丘市景芝镇	20199		135	134747	221	21	143
安丘市官庄镇	12493	6	59	55513	46	5	83
安丘市大盛镇	7536		62	34816	39	4	31
安丘市石埠子镇	15698		67	64986	26	6	120
安丘市石堆镇	6626		47	39781	45	10	54
安丘市柘山镇	14752		41	31771	35	2	40

续表 264　　山东省　　单位：公顷、个、人

名称	行政区域面积	居民委员会(社区)个数	村民委员会个数	户籍人口	工业企业个数	#规模以上	营业面积50平方米以上的商店或超市个数
安丘市辉渠镇	20010	9	40	65301	15	3	47
安丘市吾山镇	11393		54	37525	63	7	58
安丘市金冢子镇	8259		56	42354	55	9	71
高密市柏城镇	14936		92	72758	191	35	188
高密市夏庄镇	17942		103	89253	852	74	275
高密市姜庄镇	17247		97	75376	464	88	278
高密市大牟家镇	17277		83	51592	37	6	79
高密市阚家镇	13470		93	78371	104	13	206
高密市井沟镇	13371		98	68033	385	11	101
高密市柴沟镇	20925		124	84012	112	13	147
昌邑市柳疃镇	32466	10	72	43683	383	50	36
昌邑市龙池镇	18243		27	23747	480	20	22
昌邑市卜庄镇	14311		95	52131	66	22	47
昌邑市饮马镇	16607		101	82128	234	26	130
昌邑市北孟镇	17521		92	68764	158	21	65
昌邑市下营镇	21759		35	22823	105	53	23
任城区长沟镇	6849		39	64655	162	19	135
任城区石桥镇	7560	2	33	69280	49	9	89
任城区喻屯镇	14477		51	84342	50	7	136
兖州区大安镇	7558		36	54374	230	23	72
兖州区新驿镇	6684		38	51072	110	11	66
兖州区颜店镇	9833		60	72817	145	22	178
兖州区新兖镇	10140	2	65	83671	362	66	85
兖州区漕河镇	4762		21	32996	55	7	52
兖州区小孟镇	5421		29	40322	40	7	63
微山县韩庄镇	16012	4	76	59933	120	6	144
微山县欢城镇	10303		77	97426	276	22	130
微山县南阳镇	16628		25	32434	29	1	54
微山县鲁桥镇	18860		34	53194	51	2	69
微山县留庄镇	13247		21	58228	95	5	63
微山县两城镇	13415		48	79828	122	8	139
微山县马坡镇	7225		30	60155	35	3	63
微山县赵庙镇	3287		6	14214	58	4	16
微山县张楼镇	6932		9	15075	33	6	14
微山县微山岛镇	5324		12	19026	18	1	75
微山县西平镇	2045		7	8978	77	8	23
微山县高楼乡	39031		16	22866	25	2	45
鱼台县清河镇	7823		29	43839	147	12	140
鱼台县鱼城镇	5354		25	40854	182	11	123
鱼台县王鲁镇	3854		13	29193	102	11	78
鱼台县张黄镇	9813		54	62548	242	28	130
鱼台县王庙镇	9581		39	62131	169	8	66
鱼台县李阁镇	7370		26	41165	45	6	72
鱼台县唐马镇	4108	1	15	31553	91	8	67
鱼台县老砦镇	4792		28	30316	138	8	70

续表 265　　山东省　　单位：公顷、个、人

名　　称	行政区域面　　积	居民委员会(社区)个数	村民委员会个　　数	户籍人口	工业企业个　　数	#规模以上	营业面积50平方米以上的商店或超市个数
鱼台县罗屯镇	5288		24	31894	49	3	78
金乡县羊山镇	7202		62	56338	98	8	230
金乡县胡集镇	9243		77	65928	165	38	215
金乡县霄云镇	7381		33	50258	60	2	92
金乡县鸡黍镇	9058		70	67223	104	7	193
金乡县司马镇	5262		43	34179	43	4	76
金乡县马庙镇	9711	8	48	58332	77	7	217
金乡县化雨镇	7284		46	49708	4	3	92
金乡县卜集镇	8030		45	48780	41	3	102
金乡县兴隆镇	5530		34	42382	17	1	70
嘉祥县纸坊镇	9192		34	85740	290	8	302
嘉祥县梁宝寺镇	9735		53	70659	162	10	140
嘉祥县疃里镇	9300		45	103843	456	83	222
嘉祥县马村镇	4999		25	49009	232	12	134
嘉祥县金屯镇	9281		36	69224	186	8	537
嘉祥县大张楼镇	7259		30	42227	113	29	56
嘉祥县马集镇	4344		37	42506	58	12	87
嘉祥县孟姑集镇	4576		23	42235	59	5	57
嘉祥县老僧堂镇	6034		26	44829	79	12	79
嘉祥县仲山镇	8015		31	67344	86	6	121
嘉祥县满硐镇	4058		19	34333	54	5	64
嘉祥县黄垓镇	3787		18	37992	52	8	55
汶上县南旺镇	5949		34	64967	121	3	59
汶上县次邱镇	8668		41	83222	112	10	55
汶上县寅寺镇	5292		45	49695	188	22	93
汶上县郭楼镇	5882		27	50098	119	15	53
汶上县康驿镇	8679		37	80009	242	21	113
汶上县苑庄镇	5032		21	40047	89	10	61
汶上县义桥镇	6721		40	52064	118	4	95
汶上县郭仓镇	4292		18	37968	121	11	41
汶上县白石镇	7831		27	42318	393	13	73
汶上县杨店镇	5281		18	36611	58	6	71
汶上县刘楼镇	4130		29	40521	74	8	56
汶上县军屯乡	5193		16	27372	30	4	52
泗水县泉林镇	11182		44	72592	138	18	171
泗水县星村镇	9685		52	54894	25	15	124
泗水县柘沟镇	6580		33	36834	402	6	75
泗水县金庄镇	9893		35	53227	149	17	109
泗水县苗馆镇	11406		41	53378	62	7	63
泗水县中册镇	6767		37	37798	59	10	88
泗水县杨柳镇	5717		31	38768	21	9	92
泗水县泗张镇	14024		32	51544	19	7	132
泗水县圣水峪镇	13258		39	47526	14	6	106
泗水县高峪镇	8289		27	42383	16	9	104
泗水县华村镇	5075		16	27618	54	11	116

续表 266　　山东省　　单位：公顷、个、人

名　　称	行政区域面积	居民委员会(社区)个数	村民委员会个数	户籍人口	工业企业个数	#规模以上	营业面积50平方米以上的商店或超市个数
梁山县小路口镇	6902		38	56953	69	5	116
梁山县韩岗镇	8233		36	67589	223	9	120
梁山县拳铺镇	14487		78	130064	475	103	225
梁山县杨营镇	7335		36	62878	252	10	220
梁山县韩垓镇	7772		33	63556	152	11	147
梁山县馆驿镇	9568		32	55924	57	5	142
梁山县小安山镇	10905		23	57088	55	8	140
梁山县寿张集镇	4218		21	39966	167	11	61
梁山县黑虎庙镇	4218		18	34669	215	14	105
梁山县马营镇	5110		15	36758	89	10	67
梁山县赵堌堆乡	3950		18	32540	92	6	68
梁山县大路口乡	4369		24	37218	79	3	120
曲阜市吴村镇	7753		20	37919	51	1	99
曲阜市姚村镇	7220		28	43610	83	13	67
曲阜市陵城镇	7630	1	33	64586	165	30	69
曲阜市尼山镇	10109		29	58874	21	5	110
曲阜市王庄镇	7622		29	51256	110	9	68
曲阜市息陬镇	5565		25	52532	312	7	61
曲阜市石门山镇	8525		26	45095	43	7	38
曲阜市防山镇	8308		22	46500	165	34	74
邹城市香城镇	17606		66	86814	26	5	175
邹城市城前镇	19100		111	92755	33	6	130
邹城市大束镇	14634	1	77	80381	36	9	172
邹城市北宿镇	8522	4	50	93720	398	62	278
邹城市中心店镇	9023	1	46	77197	192	33	866
邹城市唐村镇	3656	2	28	35051	67	18	76
邹城市太平镇	13055	1	92	121247	190	40	210
邹城市石墙镇	14404		49	78371	81	9	146
邹城市峄山镇	9766		33	54852	36	5	135
邹城市看庄镇	7312		26	35840	33	3	76
邹城市张庄镇	17268		43	72699	36	5	128
邹城市田黄镇	10538		34	45638	24	1	154
邹城市郭里镇	8814		18	48211	23	5	70
泰山区省庄镇	7120	1	40	62524	537	34	182
泰山区邱家店镇	6144		44	71383	315	23	252
泰山区大津口乡	5546		7	12900	27		20
岱岳区山口镇	5760		43	51805	312	18	207
岱岳区祝阳镇	8712		56	56119	52	10	159
岱岳区范镇	6868		39	58526	46	15	89
岱岳区角峪镇	6374	1	29	32812	11	3	164
岱岳区徂徕镇	13315		34	55387	30	6	76
岱岳区满庄镇	11287	1	41	72783	406	58	172
岱岳区夏张镇	11674		71	62044	96	10	174
岱岳区道朗镇	10536		43	33567	95	4	116
岱岳区黄前镇	10440		29	34959	22	2	99

续表 267　　　　山东省　　　　单位：公顷、个、人

名　称	行政区域面　积	居民委员会(社区)个数	村民委员会个　数	户籍人口	工业企业个　数	#规模以上	营业面积50平方米以上的商店或超市个数
岱岳区大汶口镇	9073		45	70845	308	10	97
岱岳区马庄镇	5724		36	48767	128	4	104
岱岳区房村镇	9473		31	59034	25	4	156
岱岳区良庄镇	13681		40	73565	10	2	275
岱岳区下港镇	15475		34	39086	6	1	52
岱岳区化马湾乡	9982		31	36805	17	2	72
宁阳县泗店镇	5606		36	43359	55	12	67
宁阳县东疏镇	8398		49	58567	51	5	93
宁阳县伏山镇	8432		59	65538	89	18	114
宁阳县堽城镇	11830		62	79463	83	21	116
宁阳县蒋集镇	6500		32	39358	57	7	77
宁阳县磁窑镇	15872		92	113784	129	43	220
宁阳县华丰镇	10809		59	84353	58	9	105
宁阳县葛石镇	13225		27	65704	40	5	91
宁阳县东庄镇	9965		45	61645	92	6	207
宁阳县鹤山镇	9811	1	45	54415	41	6	140
宁阳县乡饮乡	6787		15	36451	13	6	57
东平县沙河站镇	6622		65	58164	16	2	61
东平县老湖镇	11290		71	68991	96	8	84
东平县银山镇	10451		44	60791	222	3	120
东平县斑鸠店镇	7611		40	48665	38	1	182
东平县接山镇	14937		52	61628	117	6	263
东平县大羊镇	8286		37	33532	22	7	73
东平县梯门镇	8976		42	35959	38	9	151
东平县新湖镇	10481		54	52882	18	1	198
东平县戴庙镇	8688		48	41561	76	1	101
东平县商老庄乡	9291		35	34954	52	4	115
东平县旧县乡	7091		30	26844	95	4	59
新泰市东都镇	6339	2	31	70147	118	17	86
新泰市小协镇	3907	1	17	47542	79	11	51
新泰市翟镇	6359		46	74018	235	20	120
新泰市泉沟镇	9260	1	32	47904	19	4	175
新泰市羊流镇	17222		90	106200	563	52	185
新泰市果都镇	4813		34	40323	56	10	247
新泰市西张庄镇	4296		28	44782	178	15	173
新泰市天宝镇	14742		50	80438	45		245
新泰市楼德镇	9384		36	75192	78	19	80
新泰市禹村镇	8919		36	56030	51	3	147
新泰市宫里镇	8513		43	62609	73	3	96
新泰市谷里镇	9480		51	57132	113	7	187
新泰市石莱镇	16314		69	69206	35	5	298
新泰市放城镇	6896		23	35339	26	3	62
新泰市刘杜镇	5158		28	32639	29	3	76
新泰市汶南镇	18522		85	109606	338	24	108
新泰市龙廷镇	15216		53	64659	25	3	134

续表 268　　山东省　　单位：公顷、个、人

名　　称	行政区域面　　积	居民委员会(社区)个数	村民委员会个　　数	户籍人口	工业企业个　　数	#规模以上	营业面积50平方米以上的商店或超市个数
新泰市岳家庄乡	6810		25	40022	27		56
肥城市潮泉镇	5288		11	21406	63	10	40
肥城市桃园镇	10096		40	55042	93	11	248
肥城市王庄镇	9360		53	52281	51	6	96
肥城市湖屯镇	8492	9	44	78475	132	13	313
肥城市石横镇	9451	11	37	81783	147	35	90
肥城市安临站镇	13100		48	57224	96	12	125
肥城市孙伯镇	7097		17	29100	42	7	80
肥城市安驾庄镇	13457		71	84316	45	9	66
肥城市边院镇	11099		80	81063	145	15	190
肥城市汶阳镇	7950		53	72215	115	8	140
环翠区张村镇	4904	17	4	34346	1110	70	41
环翠区羊亭镇	7035	8	25	23667	571	47	60
环翠区温泉镇	6659	13	19	29544	372	22	271
环翠区桥头镇	11124	1	51	28139	61	14	26
文登区文登营镇	11476	1	71	26120	74	5	42
文登区大水泊镇	12342		89	33380	35	4	27
文登区张家产镇	10632	1	64	28489	52	9	20
文登区高村镇	9667		46	27203	45	4	26
文登区泽库镇	6835		23	21398	69	6	36
文登区侯家镇	7478		38	21135	21	6	28
文登区宋村镇	11909		53	35801	63	11	120
文登区泽头镇	8667	1	47	32789	74	4	37
文登区小观镇	12600	1	35	37806	203	25	25
文登区葛家镇	18528		68	48125	69	8	85
文登区米山镇	8524		44	22001	74	10	31
文登区界石镇	18862		65	28072	30	3	45
威海火炬高技术产业开发区初村镇	10529	1	37	25959	315	43	32
威海经济技术开发区崮山镇	4900	2	14	17549	300	28	50
威海经济技术开发区泊于镇	7300	5	16	25101	34	12	26
威海临港经济技术开发区草庙子镇	8246	6	31	22680	206	65	26
威海临港经济技术开发区汪疃镇	10275	1	58	25657	96	15	35
威海临港经济技术开发区苘山镇	11149	6	65	36636	285	39	56
荣成市俚岛镇	10622	1	71	32400	139	14	42
荣成市成山镇	12258	3	49	35812	179	11	64
荣成市埠柳镇	9654		37	19292	42	1	21
荣成市港西镇	4914	1	21	14600	87	11	44
荣成市夏庄镇	5033		30	10773	31	3	24
荣成市崖西镇	8395		46	17526	14	3	16
荣成市荫子镇	4782		39	11794	62	6	19
荣成市滕家镇	8403		41	24363	25	7	21
荣成市大疃镇	7072		45	15018	21	1	16
荣成市上庄镇	8493		42	22130	45	3	27
荣成市虎山镇	11525	1	45	33733	90	15	58
荣成市人和镇	12171	2	84	57181	332	29	96

续表 269 山东省 单位：公顷、个、人

名 称	行政区域面积	居民委员会(社区)个数	村民委员会个数	户籍人口	工业企业个数	#规模以上	营业面积50平方米以上的商店或超市个数
乳山市夏村镇	9982		46	38652	25	5	62
乳山市乳山口镇	8926	1	36	27477	52	21	32
乳山市海阳所镇	9829	2	40	28620	24	2	31
乳山市白沙滩镇	12044	8	45	39189	60	7	74
乳山市大孤山镇	9597	7	36	23913	23	6	19
乳山市南黄镇	8931		33	22034	35	2	31
乳山市冯家镇	13575		53	28371	26		40
乳山市下初镇	12631		37	26692	26	4	56
乳山市午极镇	10998		35	23758	6	4	28
乳山市育黎镇	11010		42	30670	15	1	67
乳山市崖子镇	18704		58	35885	38	3	54
乳山市诸往镇	16017		49	34192	42	1	30
乳山市乳山寨镇	13592		44	29955	57	1	24
乳山市徐家镇	6931	7	23	16413	45	5	21
东港区河山镇	6373		7	27150	72	18	151
东港区后村镇	12500		61	59205	91	3	39
东港区西湖镇	8175	9	40	34302	16	1	42
东港区陈疃镇	7803		38	29026	8	1	57
东港区南湖镇	17407	2	75	69046	146	14	120
东港区三庄镇	19290		62	65315	21	2	78
东港区涛雒镇	11200		75	73144	166	18	160
岚山区碑廓镇	9267		8	52005	105	45	107
岚山区虎山镇	10796	2	31	67454	112	51	104
岚山区巨峰镇	16093		90	75458	368	4	141
岚山区高兴镇	6440		46	35124	96	12	70
岚山区黄墩镇	15318		9	51054	30	1	75
岚山区中楼镇	13137		12	64146	354	14	132
岚山区前三岛乡	8	1		551	2	1	
五莲县街头镇	23068		73	53523	1028	16	162
五莲县潮河镇	10212	17	43	35561	307	44	88
五莲县许孟镇	14817		66	55916	97	19	63
五莲县于里镇	12818		62	43333	122	15	81
五莲县汪湖镇	8429		35	23987	10	2	48
五莲县叩官镇	11618	1	37	26687	13	3	39
五莲县中至镇	9899	1	33	24947	36	5	50
五莲县松柏镇	8363		26	16271	26	6	34
五莲县石场乡	8137		31	18800	12	3	110
五莲县户部乡	10204		38	18626	9	2	59
莒县招贤镇	10723		11	74611	45	20	212
莒县夏庄镇	11662		8	71371	116	17	120
莒县刘官庄镇	8104		10	75230	672	24	103
莒县峤山镇	9664		10	61823	30	10	127
莒县小店镇	11840		9	55911	50	6	51
莒县龙山镇	10881		8	48566	72	8	85
莒县东莞镇	10548		7	38012	41	10	43

续表 270　　山东省　　单位：公顷、个、人

名　　称	行政区域面　　积	居民委员会(社区)个数	村民委员会个　　数	户籍人口	工业企业个　　数	#规模以上	营业面积50平方米以上的商店或超市个数
莒县长岭镇	5739		8	42223	76	12	66
莒县安庄镇	8164		6	38429	32	5	26
莒县棋山镇	19855		8	85384	265	4	107
莒县洛河镇	7250		8	45023	69	12	65
莒县寨里河镇	7188		7	39337	72	4	49
莒县桑园镇	12672		7	55191	23	5	97
莒县果庄镇	6485		6	34614	116	3	50
莒县库山乡	10694		6	30246	33	4	170
兰山区白沙埠镇	7163		33	82049	226	48	115
兰山区枣园镇	6342		36	88746	899	74	196
兰山区半程镇	9563		32	82728	563	80	163
兰山区义堂镇	10143		14	128375	2119	286	154
兰山区李官镇	8330		10	55927	51	17	62
兰山区方城镇	11922		53	113052	1925	129	231
兰山区汪沟镇	10860		30	65215	567	47	240
罗庄区沂堂镇	7586		16	55286	146	11	116
罗庄区褚墩镇	7200		14	63536	27	7	82
罗庄区黄山镇	5320		12	53865	98	12	43
河东区汤河镇	5223		10	64956	170	14	119
河东区八湖镇	8714		10	75867	237	22	58
河东区郑旺镇	8145		34	78782	115	26	95
沂南县岸堤镇	14349		16	57939	26	6	42
沂南县孙祖镇	15213		19	45104	45	7	72
沂南县双堠镇	15502		10	47677	102	12	62
沂南县青驼镇	13853		31	71622	106	18	151
沂南县张庄镇	11447		27	53160	60	15	68
沂南县砖埠镇	6948		13	43600	27	10	61
沂南县大庄镇	15951		24	102414	259	29	175
沂南县辛集镇	8999		15	63255	93	21	163
沂南县蒲汪镇	9777		12	60414	52	13	37
沂南县湖头镇	8885		21	53234	18	5	92
沂南县苏村镇	6788		21	58754	58	15	125
沂南县铜井镇	11867		21	68027	112	17	103
沂南县依汶镇	12409		27	54476	35	8	146
沂南县马牧池乡	9186		9	35720	34	2	50
郯城县马头镇	8548		10	94509	246	16	254
郯城县重坊镇	8224		11	110141	162	3	100
郯城县李庄镇	14150		12	111442	315	39	153
郯城县杨集镇	8126		8	57886	9	2	91
郯城县港上镇	4011		6	48853	88	3	94
郯城县高峰头镇	7046		7	55721	30	8	68
郯城县庙山镇	7164		8	51742	40	11	50
郯城县红花镇	12121		12	71050	242	5	220
郯城县胜利镇	5568		6	56473	59	5	64
郯城县花园镇	7423		8	59673	28	4	27

续表 271 山东省 单位：公顷、个、人

名 称	行政区域面 积	居民委员会(社区)个数	村民委员会个 数	户籍人口	工业企业个 数	#规模以上	营业面积50平方米以上的商店或超市个数
郯城县泉源镇	11605		8	56946	17	7	83
郯城县归昌乡	5963		6	44510	58	4	58
沂水县马站镇	13428		26	70362	74	14	90
沂水县高桥镇	11630		20	65969	89	14	139
沂水县许家湖镇	20528	3	42	138436	472	32	265
沂水县黄山铺镇	9446		18	53891	93	15	66
沂水县诸葛镇	21282		26	77219	59	12	80
沂水县崔家峪镇	9409		12	33951	16	6	46
沂水县四十里堡镇	12045		26	71290	63	20	100
沂水县杨庄镇	15897		22	66233	92	19	131
沂水县夏蔚镇	15027		16	53013	32	7	89
沂水县沙沟镇	21031		21	66266	54	10	94
沂水县高庄镇	13164		12	50608	37	11	65
沂水县院东头镇	10670		12	30429	55	6	46
沂水县富官庄镇	13335		16	44307	92	17	33
沂水县道托镇	8966		12	41300	82	18	69
沂水县泉庄镇	9756		12	33308	26	8	34
沂水县圈里乡	11006		16	35619	22	7	39
兰陵县大仲村镇	15135		48	95574	166	15	139
兰陵县兰陵镇	14162		61	129946	120	4	162
兰陵县长城镇	12571		50	116367	49	2	202
兰陵县磨山镇	7942		21	82983	105	4	96
兰陵县神山镇	6696		20	60002	126	11	122
兰陵县车辋镇	12760		39	62948	26	2	73
兰陵县尚岩镇	8416		23	57234	46	12	114
兰陵县向城镇	10885		59	125293	98	5	197
兰陵县新兴镇	6804		22	49870	92	7	60
兰陵县南桥镇	8521		30	80443	31	2	93
兰陵县庄坞镇	8871		42	98150	149	7	113
兰陵县鲁城镇	7617		30	44957	174	8	107
兰陵县矿坑镇	8466		20	38297	201	23	94
兰陵县芦柞镇	9376		34	92308	50	1	139
兰陵县下村乡	12141		33	49819	28	1	82
费县上冶镇	7332		28	64656	901	73	106
费县薛庄镇	21608		32	82273	303	49	274
费县探沂镇	16254	2	60	111594	4633	265	291
费县朱田镇	15560		31	64320	260	10	95
费县梁邱镇	19233		35	100463	442	7	96
费县新庄镇	11801		33	56820	123	13	104
费县马庄镇	14249		40	62042	1194	40	118
费县胡阳镇	6588		17	50787	685	33	70
费县石井镇	10196		21	39704	11	3	55
费县东蒙镇	7420		16	42737	584	53	57
费县大田庄乡	9645		12	24994	5	2	27
平邑县仲村镇	11479		40	86763	288	18	138

续表 272　　山东省　　单位：公顷、个、人

名　　称	行政区域面积	居民委员会(社区)个数	村民委员会个数	户籍人口	工业企业个数	#规模以上	营业面积50平方米以上的商店或超市个数
平邑县武台镇	7933		25	40337	63	2	57
平邑县保太镇	9691		51	84684	52	8	185
平邑县柏林镇	20249		32	64176	28	11	127
平邑县卞桥镇	7625		26	56517	256	59	79
平邑县地方镇	14842		62	85808	114	27	138
平邑县铜石镇	15772		46	83663	121	13	190
平邑县温水镇	7384		30	62030	42	15	97
平邑县流峪镇	10434		39	57147	10	1	112
平邑县郑城镇	16096		37	76023	35	10	132
平邑县白彦镇	19035		41	86350	48	12	136
平邑县临涧镇	12083		22	54590	42	9	45
平邑县丰阳镇	9609		28	43067	80	11	75
莒南县大店镇	13169		18	76973	343	24	278
莒南县坊前镇	18355		20	88521	91	6	141
莒南县板泉镇	10119		17	80910	86	36	110
莒南县洙边镇	12142		16	54720	89	11	130
莒南县文疃镇	11442		10	45259	32	1	75
莒南县石莲子镇	11954		13	76118	54	11	148
莒南县岭泉镇	5962		30	46185	94	8	95
莒南县筵宾镇	7568		19	50401	40	6	134
莒南县涝坡镇	15007		11	58989	42	7	101
莒南县道口镇	5239		19	38652	42	5	70
莒南县相沟镇	10791		16	43858	24	11	100
莒南县团林镇	7931		8	45493	86	26	99
莒南县坪上镇	11602		6	68870	139	51	130
莒南县壮岗镇	9268		8	50041	36	13	37
莒南县朱芦镇	7551		5	38686	65	3	48
蒙阴县常路镇	7515		24	35865	56	14	15
蒙阴县岱崮镇	18552		34	52437	46	2	72
蒙阴县坦埠镇	8068		25	33958	33	9	71
蒙阴县垛庄镇	26639		52	77941	272	27	66
蒙阴县高都镇	9046		24	33679	69	8	47
蒙阴县野店镇	19364		25	36306	21	3	113
蒙阴县桃墟镇	17072		39	47136	23	3	127
蒙阴县联城镇	16108		38	49583	24	7	57
蒙阴县旧寨乡	12193		35	43339	18	3	107
临沭县蛟龙镇	7641		16	49364	48	7	115
临沭县大兴镇	11802		26	69594	40	6	106
临沭县石门镇	12966	2	22	58589	56	6	117
临沭县曹庄镇	7816		13	48026	47	11	80
临沭县青云镇	16143	1	36	101003	156	29	152
临沭县玉山镇	15661		38	86290	69	18	114
临沭县店头镇	8406	4	23	53256	142	18	62
临沂高新技术产业开发区马厂湖镇	7960		20	66123	500	63	158
德城区二屯镇	4100	1	7	18434	150	16	25

续表 273　　山东省　　单位：公顷、个、人

名　　称	行政区域面　积	居民委员会(社区)个数	村民委员会个　数	户籍人口	工业企业个　数	#规模以上	营业面积50平方米以上的商店或超市个数
德城区黄河涯镇	10536		29	58522	117	10	117
陵城区郑家寨镇	11860		62	43736	17	4	61
陵城区糜镇	9936		73	52921	109	17	61
陵城区宋家镇	10718		75	42264	39	8	93
陵城区徽王庄镇	10611		64	40931	52	8	55
陵城区神头镇	11488		74	56459	52	7	105
陵城区滋镇	7419		43	36953	32	5	37
陵城区前孙镇	8130		47	29724	26	5	31
陵城区边临镇	4999		23	21974	89	18	63
陵城区义渡口镇	6842		40	35545	31	7	31
陵城区丁庄镇	6975		10	20459	30	8	31
陵城区于集乡	5617		30	22357	33	8	39
宁津县柴胡店镇	11181		90	61984	142	11	40
宁津县长官镇	6482		35	43779	214	15	34
宁津县杜集镇	10164		76	55986	45	8	76
宁津县保店镇	9045		51	36764	55	10	54
宁津县大柳镇	5547		35	29535	109	7	68
宁津县大曹镇	8250		51	34828	62	13	53
宁津县相衙镇	5141		46	24633	61	5	44
宁津县时集镇	5310		49	30764	375	29	47
宁津县张大庄镇	5167		30	36538	168	10	41
宁津县刘营伍乡	3880		25	22126	77	6	70
庆云县庆云镇	4514		41	34746			41
庆云县常家镇	8721		56	52196	240	16	82
庆云县尚堂镇	10538		59	68573	44	17	67
庆云县崔口镇	3426		21	15961	112	6	37
庆云县东辛店镇	4311		42	30703	54	7	34
庆云县严务乡	5966		20	25008	18	3	24
庆云县中丁乡	4012		28	24512	50	8	30
庆云县徐园子乡	3430		24	19814	28	5	39
临邑县临邑镇	8860		61	51324	37	17	23
临邑县临南镇	11228		54	46230	30	9	58
临邑县德平镇	12403		37	60639	36	3	47
临邑县林子镇	6439		28	27504	16	11	24
临邑县兴隆镇	10253		47	43863	24	14	13
临邑县孟寺镇	12379		59	45313	36	12	17
临邑县翟家镇	5175		35	29455	30	7	18
临邑县理合务镇	5637		22	29749	18	6	16
临邑县宿安乡	5950		25	28883	29	6	29
齐河县表白寺镇	6913		55	26779	70	15	59
齐河县焦庙镇	10783		91	47533	29	4	62
齐河县赵官镇	6716		55	29953	25	1	70
齐河县祝阿镇	11615	1	96	53513	26	11	85
齐河县仁里集镇	12533		99	52496	43	3	68
齐河县潘店镇	13791		95	50870	24	7	85

续表 274　　山东省　　单位：公顷、个、人

名　　称	行政区域面　　积	居民委员会(社区)个数	村民委员会个　　数	户籍人口	工业企业个　　数	#规模以上	营业面积50平方米以上的商店或超市个数
齐河县胡官屯镇	10984		70	37587	22	2	124
齐河县宣章屯镇	6405		37	24052	19	4	94
齐河县马集镇	6649		48	30057	6	1	37
齐河县华店镇	10324	1	73	40594	159	24	89
齐河县刘桥镇	8813		65	37623	31	8	94
齐河县安头乡	7451		36	22756	16	2	54
齐河县大黄乡	6647		42	27777	37	4	70
平原县王凤楼镇	12786		85	52735	85	6	110
平原县前曹镇	15110		46	51415	119	6	94
平原县恩城镇	10510		49	57230	118	13	129
平原县王庙镇	11700		45	37820	116	6	116
平原县王杲铺镇	7264		50	36259	32	6	167
平原县张华镇	6020		33	22823	63	6	41
平原县腰站镇	6133		20	26877	81	6	88
平原县王打卦镇	3800		14	25809	22	2	30
平原县三唐乡	7300		20	22566	35	3	32
夏津县南城镇	5636		50	41401	160	17	76
夏津县苏留庄镇	11987		49	53045	12	3	108
夏津县新盛店镇	12038		69	55573	20	6	131
夏津县雷集镇	9022		57	39475	24	3	65
夏津县郑保屯镇	4758		15	25500	85	5	42
夏津县白马湖镇	6606		26	35225	70	4	95
夏津县东李官屯镇	5283		33	31462	20	4	31
夏津县宋楼镇	4066		28	33319	165	23	61
夏津县香赵庄镇	3674		37	26837	121	11	58
夏津县双庙镇	4064		20	29283	33	5	59
夏津县渡口驿乡	4147		15	21033	10	3	31
夏津县田庄乡	3925		24	25679	16	1	29
武城县武城镇	13225		55	55200	300	16	99
武城县老城镇	9561		43	64030	135	12	260
武城县鲁权屯镇	16321		75	72674	1649	65	120
武城县郝王庄镇	5344		32	25301	15	2	16
武城县甲马营镇	7395		26	34688	93	9	69
武城县四女寺镇	10235		57	42112	88	12	103
武城县李家户镇	6683		24	32021	18	1	33
德州天衢新区赵虎镇	10252		50	44409	26	3	34
德州天衢新区抬头寺镇	5048		32	29575	80	11	35
德州天衢新区袁桥镇	5089	3	1	29687	241	52	43
乐陵市杨安镇	8996		4	47113	198	11	98
乐陵市朱集镇	8867		12	60670	20		342
乐陵市黄夹镇	12327		11	79457	40	3	161
乐陵市丁坞镇	8191		8	39802	30	1	72
乐陵市花园镇	8882		10	48144	17		167
乐陵市郑店镇	14339		12	64279	181	7	161
乐陵市化楼镇	8546		13	39411	19		181

续表 275　　山东省　　单位：公顷、个、人

名　　称	行政区域面　　积	居民委员会(社区)个数	村民委员会个　　数	户籍人口	工业企业个　　数	#规模以上	营业面积50平方米以上的商店或超市个数
乐陵市孔镇	11155		10	47713	17	1	193
乐陵市铁营镇	7424		6	30531	47	23	52
乐陵市西段乡	4093		5	28029	9	1	105
乐陵市大孙乡	3930		4	25188	5		27
乐陵市寨头堡乡	4165		7	25164	28	4	44
禹城市伦镇	11446		70	40279	86	20	90
禹城市房寺镇	14594		50	70165	131	20	131
禹城市张庄镇	5321		35	24170	46	12	46
禹城市辛店镇	9348		49	35962	37	11	276
禹城市安仁镇	6649		34	29800	18	8	64
禹城市辛寨镇	9344		27	44392	45	17	220
禹城市梁家镇	9456		61	43770	86	18	66
禹城市十里望回族镇	5738	2	42	33535	142	16	278
禹城市莒镇	9760		78	52653	95	20	170
东昌府区侯营镇	7674	2	8	51857	143	7	94
东昌府区沙镇镇	13192		37	98491	164	12	396
东昌府区堂邑镇	6141	3	12	38102	110	10	96
东昌府区梁水镇	14388		14	73024	85	8	200
东昌府区斗虎屯镇	8327		12	45512	16	4	136
东昌府区郑家镇	6793		10	52323	1442	20	139
东昌府区张炉集镇	5067		10	36340	276	4	93
东昌府区于集镇	6934		11	42951	50	7	79
东昌府区许营镇	6471	1	18	42596	91	17	195
东昌府区朱老庄镇	6460		13	41080	28	6	153
东昌府区顾官屯镇	7239		16	44141	30	15	117
东昌府区韩集镇	5987		10	32550	89	9	55
东昌府区广平镇	6143		11	33788	154	15	103
茌平区乐平铺镇	12605		9	54271	91	28	245
茌平区冯官屯镇	10363		7	45552	78	18	91
茌平区菜屯镇	5888		4	27628	34	6	31
茌平区博平镇	8724		8	53346	142	13	113
茌平区杜郎口镇	7357		6	32515	38	4	38
茌平区韩屯镇	7118		4	32690	31	7	100
茌平区胡屯镇	4940		4	26766	94	20	55
茌平区肖家庄镇	5626		4	26558	12	3	23
茌平区贾寨镇	5622		4	29730	16	3	32
茌平区洪官屯镇	4559		4	24778	51	4	95
茌平区杨官屯乡	3654		3	17724	19	3	115
阳谷县阎楼镇	6611		13	53327	86	19	79
阳谷县阿城镇	11555		56	68021	37	8	152
阳谷县七级镇	7339		17	40005	28	7	71
阳谷县安乐镇	6674		23	38563	109	15	58
阳谷县定水镇	5838		17	30289	90	10	25
阳谷县石佛镇	5770	1	16	39105	25	14	48
阳谷县李台镇	3484		19	38325	13	4	50

续表 276　　山东省　　单位：公顷、个、人

名　称	行政区域面积	居民委员会(社区)个数	村民委员会个数	户籍人口	工业企业个数	#规模以上	营业面积50平方米以上的商店或超市个数
阳谷县寿张镇	6828		31	74575	145	7	96
阳谷县十五里园镇	5597		19	48715	30	7	82
阳谷县张秋镇	6630		14	50842	23	11	87
阳谷县郭店屯镇	5490	1	21	30612	22	11	60
阳谷县西湖镇	7110		32	41013	76	21	54
阳谷县高庙王镇	6150		14	43470	43	2	47
阳谷县金斗营镇	3769		15	31710	48	8	87
阳谷县大布乡	5725		12	37394	140	11	71
莘县张鲁镇	8276		43	57287	49	2	66
莘县朝城镇	7117		49	58732	139	16	157
莘县观城镇	6537		45	42161	35	4	86
莘县古城镇	6722		60	57302	50	6	209
莘县大张家镇	5740		39	46134	48	8	109
莘县古云镇	4922	1	36	53754	100	34	96
莘县十八里铺镇	8029		55	45435	44	11	54
莘县燕店镇	4664		30	43205	13	4	85
莘县董杜庄镇	5105		35	33917	19	4	97
莘县王奉镇	8703		34	57147	118	3	124
莘县樱桃园镇	7060		50	64785	15	4	87
莘县河店镇	4555		31	38083	52	7	138
莘县妹冢镇	6767		49	56963	11	3	273
莘县魏庄镇	6568		29	44829	27	4	113
莘县张寨镇	5907		52	53401	56	7	104
莘县大王寨镇	7145		23	40330	58	6	90
莘县徐庄镇	4781		27	30523	29	2	50
莘县王庄集镇	5563		41	45235	33	4	78
莘县柿子园镇	5115		34	36315	22	2	65
莘县俎店镇	4131		22	24682	43	4	74
东阿县刘集镇	11956		10	71441	60	7	109
东阿县牛角店镇	10850		12	53689	35	4	58
东阿县大桥镇	5074		5	22290	41	8	97
东阿县高集镇	7001		5	28865	11	3	24
东阿县姜楼镇	5500		6	30876	78	5	65
东阿县姚寨镇	8393		9	34731	7	3	33
东阿县鱼山镇	6451		6	29633	32	1	34
东阿县陈集镇	4591		5	20793	39	8	169
冠县贾镇	6399		8	41882	141	8	59
冠县桑阿镇	11200		60	67773	145	7	133
冠县柳林镇	7023		50	50758	112	8	222
冠县清水镇	5362		15	41317	330	12	180
冠县东古城镇	12022		26	82218	92	5	264
冠县北馆陶镇	5128		7	39808	80	8	120
冠县店子镇	4252		6	34118	109	5	255
冠县定远寨镇	6289		6	37098	65	15	127
冠县辛集镇	8228		8	47809	34	8	109

续表 277　　山东省　　单位：公顷、个、人

名　　称	行政区域面　　积	居民委员会(社区)个数	村民委员会个　　数	户籍人口	工业企业个　　数	#规模以上	营业面积50平方米以上的商店或超市个数
冠县梁堂镇	5461		26	37472	78	8	141
冠县范寨镇	5932		28	34075	32	3	85
冠县甘官屯镇	5967		5	47045	137	7	69
冠县斜店乡	5601		6	39871	32	8	81
冠县兰沃乡	5387		28	36211	74	4	86
冠县万善乡	5532		32	34128	26	7	98
高唐县梁村镇	9548		21	39110	70	11	66
高唐县尹集镇	8118	8	17	34902	32	9	67
高唐县清平镇	10672		13	44059	47	10	145
高唐县固河镇	9385		18	36900	21	10	112
高唐县三十里铺镇	5853		10	26563	62	14	87
高唐县琉璃寺镇	7938		20	38145	24	9	168
高唐县赵寨子镇	7538		12	34929	97	6	80
高唐县姜店镇	8173		16	44570	42	10	99
高唐县杨屯镇	10430		18	47562	25	7	115
临清市松林镇	5212		9	38145	313	10	61
临清市老赵庄镇	5592		5	42830	163	8	76
临清市康庄镇	9738		9	63774	175	10	178
临清市魏湾镇	5557		5	27445	16	3	60
临清市刘垓子镇	5712		8	31702	21	6	62
临清市八岔路镇	4854		5	36387	37	10	176
临清市潘庄镇	4221		4	42539	206	22	74
临清市烟店镇	5531		6	53425	276	42	128
临清市唐园镇	5379		6	45121	96	15	106
临清市金郝庄镇	8556		7	55946	664	19	165
临清市戴湾镇	6770		4	32330	20	3	40
临清市尚店镇	4860		8	33378	29	4	65
滨城区三河湖镇	9917		67	43160	14	4	158
滨城区杨柳雪镇	10104		40	45759	79	13	158
滨城区秦皇台乡	11616		9	21933	135	9	62
沾化区下洼镇	15116		62	58357	36	1	132
沾化区古城镇	7359		50	25835	10	1	105
沾化区冯家镇	25768		44	60235	34	8	92
沾化区泊头镇	10740		36	33086	39	4	68
沾化区大高镇	10466		67	40109	26	1	146
沾化区黄升镇	6153		35	26179	37	1	24
沾化区滨海镇	58974	5	15	8933	42	30	35
沾化区下河乡	8670		27	16363	15	2	39
沾化区利国乡	10023		28	14485	1		41
沾化区海防办事处乡	41356		1	448	5		
惠民县石庙镇	13592		10	59082	31	3	228
惠民县桑落墅镇	6611		6	29162	29	5	46
惠民县淄角镇	7004		6	29239	22	7	95
惠民县胡集镇	13699		9	59918	185	9	148
惠民县李庄镇	10089		8	56129	442	38	214

续表 278　　山东省　　单位：公顷、个、人

名　　称	行政区域面　　积	居民委员会(社区)个数	村民委员会个　　数	户籍人口	工业企业个　　数	#规模以上	营业面积50平方米以上的商店或超市个数
惠民县麻店镇	7791		5	30019	29	3	47
惠民县魏集镇	5349		6	31075	61	4	87
惠民县清河镇	6774		6	34000	24	3	233
惠民县姜楼镇	13246		10	58312	252	29	150
惠民县辛店镇	14662		9	46861	141	18	104
惠民县大年陈镇	8326		6	34750	76	4	232
惠民县皂户李镇	8253		5	29773	26	9	11
阳信县商店镇	9261		29	46869	423	14	131
阳信县温店镇	7874		59	43458	478	7	83
阳信县河流镇	6171	1	19	46654	435	30	100
阳信县翟王镇	6692		35	40425	70	15	108
阳信县流坡坞镇	7159		40	44975	330	6	102
阳信县水落坡镇	13080		31	57383	103	4	119
阳信县劳店镇	9603		34	44593	316	23	116
阳信县洋湖乡	9999		40	54705	20	6	216
无棣县水湾镇	14251		82	58183	45	4	125
无棣县碣石山镇	7126		37	26409	43	3	27
无棣县小泊头镇	10820		52	43341	102	3	118
无棣县埕口镇	33548	1	30	25661	47	7	65
无棣县马山子镇	51576	2	21	33883	132	38	39
无棣县车王镇	14825		74	55200	93	12	45
无棣县柳堡镇	25805	1	38	37421	39	3	112
无棣县佘家镇	12397		55	38075	30	3	71
无棣县信阳镇	4829		57	35460	251	10	75
无棣县西小王镇	18727		31	22725	82	7	10
博兴县曹王镇	5293		32	41812	1298	15	41
博兴县兴福镇	5137		36	41367	1190	63	42
博兴县陈户镇	7598	2	41	33027	46	6	25
博兴县湖滨镇	6594		25	46482	440	31	60
博兴县店子镇	8612		38	48084	380	51	63
博兴县吕艺镇	11347		32	48316	22	7	96
博兴县纯化镇	8513		32	25322	5	1	22
博兴县庞家镇	7086		50	26572	67	7	23
博兴县乔庄镇	13001		66	34477	63		17
邹平市长山镇	10646		110	70635	455	58	329
邹平市魏桥镇	14610		82	78616	249	13	96
邹平市临池镇	5160		43	27496	396	25	60
邹平市焦桥镇	8261		48	37635	145	25	93
邹平市韩店镇	8780		46	42017	83	28	96
邹平市孙镇镇	9792		41	39397	107	21	79
邹平市九户镇	9145		67	41256	79	9	46
邹平市青阳镇	4932		17	38643	411	29	42
邹平市明集镇	6878		36	36423	421	23	52
邹平市台子镇	8701		72	37999	134	10	69
邹平市码头镇	11483		78	52036	141	7	8

续表 279　　山东省　　单位：公顷、个、人

名　称	行政区域面积	居民委员会(社区)个数	村民委员会个数	户籍人口	工业企业个数	#规模以上	营业面积50平方米以上的商店或超市个数
牡丹区沙土镇	12964	2	38	114425	180	37	270
牡丹区吴店镇	5730	3	37	61857	91	11	171
牡丹区王浩屯镇	7695		49	62314	16	4	106
牡丹区黄堽镇	8231		47	88939	40	11	134
牡丹区都司镇	4221		23	43008	50	11	129
牡丹区高庄镇	8446		34	70596	67	4	78
牡丹区小留镇	6034		38	61270	47	2	201
牡丹区李村镇	10827		32	70845	11	4	141
牡丹区安兴镇	6016		31	53102	55	7	129
牡丹区大黄集镇	5785		36	48984	95	23	92
牡丹区胡集镇	4624		10	43845	52	24	84
定陶区冉固镇	12617		51	90737	95	25	232
定陶区张湾镇	6347		22	55390	49	15	64
定陶区黄店镇	10274	2	48	79908	70	12	146
定陶区孟海镇	6301		21	47554	23	7	81
定陶区马集镇	6964	1	38	57573	56	10	108
定陶区仿山镇	7570		48	59943	26	15	144
定陶区半堤镇	6364		27	45431	44	4	220
定陶区杜堂镇	4833		16	34317	26	12	106
定陶区南王店镇	5296		19	34157	15	6	53
曹县庄寨镇	14478	3	70	156726	1178	144	275
曹县普连集镇	7531		30	64975	132	28	76
曹县青堌集镇	13977		65	103318	132	15	323
曹县韩集镇	7629		32	66813	79	8	188
曹县砖庙镇	5967		19	43028	87	9	89
曹县古营集镇	11756		38	89915	243	17	179
曹县魏湾镇	11416		47	82294	45	8	146
曹县侯集镇	5752		20	46638	33	9	267
曹县苏集镇	11735		46	88607	118	5	198
曹县孙老家镇	5919		37	57265	76	7	160
曹县阎店楼镇	7553		31	62079	81	6	115
曹县梁堤头镇	6834		29	50683	86	6	168
曹县安蔡楼镇	9594		37	71224	248	7	120
曹县邵庄镇	8252		31	63273	45	12	129
曹县王集镇	4805		15	38976	106	24	64
曹县青岗集镇	9341		32	63813	27	6	66
曹县常乐集镇	6149		25	53561	28	8	97
曹县大集镇	4521		25	47048	86	6	165
曹县仵楼镇	6004		15	41309	41	4	74
曹县楼庄镇	4494		21	44674	39	5	60
曹县朱洪庙镇	5404		18	37627	4	2	93
单县郭村镇	9750		30	75233	76	10	115
单县黄岗镇	12101		39	89285	60	6	153
单县终兴镇	12138		39	80153	65	6	139
单县高韦庄镇	6335		19	47445	48	5	133

续表 280　　山东省　　单位：公顷、个、人

名　　称	行政区域面积	居民委员会(社区)个数	村民委员会个数	户籍人口	工业企业个数	#规模以上	营业面积50平方米以上的商店或超市个数
单县徐寨镇	9872		31	66657	26	6	108
单县蔡堂镇	8441		26	57224	84	7	151
单县朱集镇	5376		18	39554	54	4	84
单县李新庄镇	6847		20	43570	31	3	124
单县浮岗镇	11402		31	72981	27	4	70
单县莱河镇	6744		20	58055	98	10	140
单县时楼镇	6448		21	46982	16	4	88
单县杨楼镇	8679		25	56488	95	1	121
单县张集镇	7863		25	55460	28	7	76
单县龙王庙镇	8597		24	57194	40	7	120
单县谢集镇	8064		25	62324	128	4	63
单县李田楼镇	8575		24	52591	21	3	148
单县高老家乡	9718		29	69157	52	7	106
单县曹庄乡	5399		11	36695	23	9	35
成武县大田集镇	10729		62	79866	265	23	216
成武县天宫庙镇	8008		30	46174	55	14	101
成武县汶上集镇	10412		59	77863	125	7	328
成武县南鲁集镇	6524		28	49664	71	11	114
成武县伯乐集镇	7782		43	57469	38	9	170
成武县苟村集镇	6415		26	41929	46	16	96
成武县白浮图镇	8536		30	46108	24	9	118
成武县孙寺镇	8832		37	57680	160	12	100
成武县九女集镇	10500		51	70079	86	8	122
成武县党集镇	6287		26	37472	52	15	61
成武县张楼镇	5800		29	35660	30	9	146
巨野县龙固镇	8147	2	45	72798	237	22	298
巨野县大义镇	10877		50	85325	59	8	120
巨野县柳林镇	10336		44	72831	223	13	301
巨野县章缝镇	6084		28	48728	56	12	82
巨野县大谢集镇	7632		39	64581	53	4	180
巨野县独山镇	9480		42	73465	69	14	178
巨野县麒麟镇	9309		31	67522	94	15	171
巨野县核桃园镇	3815		20	30969	38	11	61
巨野县田庄镇	7250		38	57184	48	13	80
巨野县太平镇	7310		31	56150	332	30	119
巨野县万丰镇	8912		42	79469	50	12	80
巨野县陶庙镇	5738		33	41910	46	7	109
巨野县董官屯镇	10819		55	73736	138	16	145
巨野县田桥镇	6153		27	46251	25	7	116
巨野县营里镇	6099		30	44612	52	9	104
郓城县黄安镇	7802		34	69294	185	65	167
郓城县杨庄集镇	9409		38	65494	82	37	127
郓城县侯咽集镇	10516		42	72457	115	13	125
郓城县武安镇	9028		37	66665	116	5	96
郓城县郭屯镇	5648		18	38957	22	5	92

续表 281　　山东省、河南省　　单位：公顷、个、人

名　　称	行政区域面　　积	居民委员会(社区)个数	村民委员会个　　数	户籍人口	工业企业个　　数	#规模以上	营业面积50平方米以上的商店或超市个数
郓城县玉皇庙镇	8707		38	60449	137	16	53
郓城县程屯镇	8956		33	59082	44	6	242
郓城县随官屯镇	9100		26	57139	163	32	108
郓城县潘渡镇	7932		37	60311	89	18	116
郓城县双桥镇	9567		40	63841	201	23	123
郓城县南赵楼镇	5829		24	41757	103	14	100
郓城县黄泥冈镇	5705		23	43025	126	33	76
郓城县唐庙镇	7555		32	58012	126	22	233
郓城县李集镇	8952		35	58009	48	5	107
郓城县黄集镇	7605		37	55833	194	4	96
郓城县张鲁集镇	7018		33	50053	57	4	68
郓城县水堡乡	3750		18	28586	20	4	131
郓城县陈坡乡	4986		22	32557	43	12	84
鄄城县什集镇	7924		21	71421	168	20	62
鄄城县红船镇	5434		25	38572	48	8	116
鄄城县旧城镇	10056		30	78385	36	8	75
鄄城县闫什镇	6798		30	61625	160	28	112
鄄城县箕山镇	7313		27	59918	128	20	123
鄄城县李进士堂镇	4049		16	32288	38	10	34
鄄城县董口镇	9615		33	71603	31	7	83
鄄城县临濮镇	5827		23	43415	35	7	128
鄄城县彭楼镇	7274		18	71672	40	15	154
鄄城县凤凰镇	4132		20	39617	57	14	98
鄄城县郑营镇	5322		24	51879	142	28	51
鄄城县大埝镇	4366		21	39372	45	19	48
鄄城县引马镇	4454		18	35700	50	17	56
鄄城县左营镇	7569		23	52111	14	12	81
鄄城县富春镇	4541		17	43862	92	36	102
东明县东明集镇	11416		34	65825	39	7	113
东明县刘楼镇	8818		30	56204	20	5	148
东明县陆圈镇	11683	1	39	87815	73	7	225
东明县马头镇	8843		18	46663	168	12	52
东明县三春集镇	8182		22	46559	26	9	85
东明县大屯镇	8310		25	49399	169	51	148
东明县武胜桥镇	7475		27	55252	35	14	139
东明县菜园集镇	9366		34	50654	70	13	171
东明县沙窝镇	14084		29	79905	67	5	127
东明县小井镇	10739	1	22	56941	38	5	89
东明县长兴集乡	10019		37	71503	39	3	115
东明县焦园乡	9695		32	57055	9	2	83
菏泽经济技术开发区陈集镇	8396	18	8	70977	243	28	71
菏泽高新技术开发区吕陵镇	7410	1	40	67979	263	12	130
菏泽高新技术开发区马岭岗镇	12619		66	106383	131	20	229
河南省							
二七区马寨镇	3040	9	4	32095	245	64	19

续表 282　　河南省　　单位：公顷、个、人

名　　称	行政区域面积	居民委员会(社区)个数	村民委员会个数	户籍人口	工业企业个数	#规模以上	营业面积50平方米以上的商店或超市个数
管城回族区圃田乡	666	2	1	7822	1	1	12
上街区峡窝镇	4475	7	22	43685	265	67	59
惠济区花园口镇	5385	1	8	27930	12	3	59
惠济区古荥镇	7767	2	10	44398	33	4	46
中牟县韩寺镇	5107		22	45275			180
中牟县官渡镇	12192	1	43	72572	110	15	106
中牟县狼城岗镇	11779		15	44689			42
中牟县万滩镇	6815		15	21954	3		26
中牟县白沙镇	4520		16	56919	96	19	58
中牟县郑庵镇	5060		18	30237	42	10	49
中牟县黄店镇	5471		21	32588	7	2	74
中牟县刘集镇	3022		10	22910	5	3	52
中牟县雁鸣湖镇	10042		19	34632	8	1	79
中牟县姚家镇	8421		22	42782	168	49	212
中牟县刁家乡	8709		28	43402	3		47
郑州经济技术开发区九龙镇	2903	13		18013	74	22	14
郑州高新技术产业开发区石佛镇	1720	8	7	47985	207	22	47
郑州高新技术产业开发区沟赵乡	3600	6	12	56652	258	75	55
郑州航空港经济综合实验区张庄镇	3721		9	30127	3	2	86
郑州航空港经济综合实验区八岗镇	2449		8	16906	3		20
郑州航空港经济综合实验区三官庙镇	4809		24	45221			61
郑州航空港经济综合实验区八千乡	3515		14	34533	23	5	40
郑州航空港经济综合实验区龙王乡	3571		14	33131	15	8	83
郑州航空港经济综合实验区岗李乡	9244		38	73933	32	5	290
郑州航空港经济综合实验区大马乡	9004		26	57263	10	5	103
巩义市米河镇	5267		19	51159	66	24	29
巩义市新中镇	5290	1	15	21146	30	4	12
巩义市小关镇	5598		13	34830	133	24	43
巩义市竹林镇	2648	7	1	14483	38	14	12
巩义市大峪沟镇	8184	2	21	41257	60	18	19
巩义市河洛镇	11449		22	37898	49	22	21
巩义市站街镇	4200		20	41936	292	35	17
巩义市康店镇	10915		22	52549	68	25	31
巩义市北山口镇	5518		13	40941	148	41	25
巩义市西村镇	7811		16	66029	448	31	19
巩义市芝田镇	3962		14	50776	123	37	52
巩义市回郭镇	4707		21	92828	470	128	85
巩义市鲁庄镇	8958		29	71304	118	34	15
巩义市夹津口镇	5223	1	13	28159	24	5	20
巩义市涉村镇	9476		29	43857	18	4	21
荥阳市乔楼镇	6762		19	49773	850	29	108
荥阳市豫龙镇	6489	5	28	67303	499	63	135
荥阳市广武镇	16630	1	43	114119	270	17	210
荥阳市王村镇	10969		24	63854	276	12	49
荥阳市汜水镇	6333		14	27849	80	6	18

续表 283　　河南省　　单位：公顷、个、人

名　　称	行政区域面　　积	居民委员会(社区)个数	村民委员会个　　数	户籍人口	工业企业个　　数	#规模以上	营业面积50平方米以上的商店或超市个数
荥阳市高山镇	5962		19	35000	869	11	17
荥阳市刘河镇	5544		21	26877	18	4	12
荥阳市崔庙镇	8323		22	55224	148	8	34
荥阳市贾峪镇	8207	4	26	66180	1050	24	163
荥阳市城关乡	5179	1	29	49370	558	43	62
荥阳市高村乡	10611		30	65146	320	16	79
荥阳市金寨回族乡	564		2	7907	105	17	8
新密市城关镇	2999		10	35980	120	17	16
新密市米村镇	5907	1	21	41717	65	10	26
新密市牛店镇	7919		22	51956	85	6	41
新密市平陌镇	5805		20	44961	59	13	34
新密市超化镇	7906		24	82414	116	38	91
新密市苟堂镇	8930		24	60955	173	17	77
新密市大隗镇	5880		25	67690	204	26	60
新密市刘寨镇	6616		20	53915	156	16	78
新密市白寨镇	9200		23	73521	102	12	91
新密市岳村镇	6274		22	47967	126	18	34
新密市来集镇	6300		21	61755	256	39	58
新密市曲梁镇	10200		29	92669	638	41	179
新密市袁庄乡	5871	2	20	28360	24	9	34
新郑市新村镇	6428		23	40197	265	20	38
新郑市辛店镇	8600		36	77367	192	27	71
新郑市观音寺镇	6308		21	55758	64	8	160
新郑市梨河镇	4255		24	39930	139	26	39
新郑市和庄镇	3752		16	36181	180	35	36
新郑市薛店镇	5600		20	41610	412	53	148
新郑市孟庄镇	6600	1	22	47121	66	7	79
新郑市郭店镇	7768	4	28	65068	410	45	92
新郑市龙湖镇	9600	11	17	72558	423	14	521
新郑市城关乡	4004		14	37604	48	4	28
登封市大金店镇	11444	1	33	64936	47	20	85
登封市颍阳镇	8918	1	24	56410	9	4	58
登封市告成镇	8452	1	29	63316	163	46	64
登封市大冶镇	9860	5	29	80112	215	32	77
登封市宣化镇	6707	1	15	25323	44	10	14
登封市徐庄镇	7244	1	13	30599	28	9	25
登封市东华镇	8271	2	21	62762	84	17	17
登封市唐庄镇	11326	2	25	44342	30	9	12
登封市白坪乡	8319	3	17	34616	37	6	22
登封市君召乡	10086	1	20	42513	17	3	18
登封市石道乡	10270	1	24	43922	10	1	35
龙亭区杏花营镇	6441	13		25221	124	40	71
龙亭区北郊乡	3400	33		80639	221	4	71
龙亭区柳园口乡	5300	24		40189	1		93
龙亭区水稻乡	8493	16		34960	17	3	51

续表 284　　河南省　　单位：公顷、个、人

名　　称	行政区域面积	居民委员会(社区)个数	村民委员会个数	户籍人口	工业企业个数	#规模以上	营业面积50平方米以上的商店或超市个数
龙亭区杏花营农场	5700	7	1	17793	51	15	64
顺河回族区东郊乡	4070	26		59968	70	9	65
顺河回族区土柏岗乡	2956	13		26471	94	3	43
禹王台区南郊乡	2100	20		23900	75	9	403
禹王台区汪屯乡	3399	13		25563	108	34	38
祥符区陈留镇	6811	1	28	63112	261	7	127
祥符区仇楼镇	7459		32	65385	248	4	98
祥符区八里湾镇	8388		23	59899	31	6	133
祥符区曲兴镇	6487		16	43641	185	2	35
祥符区朱仙镇	6989	1	15	38727	112	3	135
祥符区罗王镇	8274		24	61112	6	4	136
祥符区半坡店乡	9006		24	59403	35	2	90
祥符区刘店乡	6367	1	22	45237	2		49
祥符区袁坊乡	7833	2	19	46519	30	2	53
祥符区杜良乡	10307		31	69945	60	7	114
祥符区兴隆乡	5677	5	17	49405	83	5	50
祥符区西姜寨乡	13163		31	71647	56	4	122
祥符区万隆乡	14783		28	62862	56	2	206
祥符区范村乡	13166		23	46033	29	5	121
杞县五里河镇	6258		35	68041	91	14	63
杞县傅集镇	7097		40	64290	24	3	98
杞县圉镇镇	7617		32	69056	55	5	123
杞县高阳镇	7093	4	29	76614	55	3	130
杞县葛岗镇	7833		35	80344	26	18	133
杞县阳堌镇	6490		33	57423	60	8	52
杞县邢口镇	5710		25	55489	49		154
杞县裴村店乡	7932		29	68202	63	11	40
杞县宗店乡	4648		15	39442	65	12	59
杞县板木乡	5742		24	44790	34	1	10
杞县竹林乡	4545		16	37281	40	2	48
杞县官庄乡	5815	1	26	45584	43	6	75
杞县湖岗乡	4544		20	46552	34	2	65
杞县苏木乡	4990		30	55559	42	3	72
杞县沙沃乡	4559		26	49369	52	2	70
杞县平城乡	7790		40	74183	75	8	49
杞县泥沟乡	6468		34	57470	34	3	100
杞县柿园乡	7296		33	71430	6	4	84
杞县西寨乡	6781		32	51682	3	1	162
杞县城郊乡	3297	7	15	40414	56	30	113
通许县竖岗镇	6557	1	28	54410	40	8	96
通许县玉皇庙镇	7500	1	32	65219	17	2	55
通许县四所楼镇	7301		28	70011	45	8	118
通许县朱砂镇	8372	2	36	74888	76	7	220
通许县长智镇	6309	2	20	54489	16	5	112
通许县冯庄乡	5540	1	22	44889	38	5	16

续表 285　　河南省　　单位：公顷、个、人

名　　称	行政区域面　积	居民委员会(社区)个数	村民委员会个　数	户籍人口	工业企业个　数	#规模以上	营业面积50平方米以上的商店或超市个数
通许县孙营乡	7364		31	54086	16	4	79
通许县大岗李乡	7223	1	24	55500	16	3	71
通许县邸阁乡	5400		22	47447	28	4	51
通许县练城乡	5171		24	49001	34	4	58
通许县厉庄乡	5300	1	22	44527	47	3	78
尉氏县洧川镇	6584		37	62638	158	12	97
尉氏县朱曲镇	5887		32	59331	158	21	97
尉氏县蔡庄镇	6548		41	66452	201	20	131
尉氏县永兴镇	10592		35	79629	3543	4	87
尉氏县张市镇	7149		25	57824	103	11	49
尉氏县十八里镇	7532		35	69758	232	10	84
尉氏县水坡镇	8122		34	67626	32	12	85
尉氏县大营镇	9733		32	65956	78	31	68
尉氏县庄头镇	11343		35	62751	235	20	338
尉氏县邢庄乡	7780		29	55381	27	14	107
尉氏县门楼任乡	6102		26	45067	206	13	53
尉氏县大桥乡	5862		30	60634	265	35	117
尉氏县南曹乡	8625		34	65095	210	12	98
尉氏县小陈乡	4401		20	33412	65	10	55
兰考县堌阳镇	6667		48	78446	262	25	89
兰考县南彰镇	7464		33	75647	225	17	77
兰考县考城镇	12515		50	95903	193	4	233
兰考县红庙镇	6441		27	68452	104	14	77
兰考县谷营镇	10498		41	94933	275	12	179
兰考县东坝头镇	7745		15	40412	205	30	215
兰考县小宋镇	7429		38	62827	203	10	102
兰考县仪封镇	9315		33	57429	149	4	179
兰考县三义寨乡	8954		37	65780	90	16	91
兰考县孟寨乡	3845		19	39898	227	12	70
兰考县许河乡	4729		24	36429	176	7	110
兰考县葡萄架乡	4925		20	38818	76	2	107
兰考县阎楼乡	3785		24	36927	125	16	84
瀍河回族区白马寺镇	4421	16	4	75647	31	9	27
瀍河回族区瀍河回族乡	2044	10		33737	106	7	11
偃师区翟镇镇	3065	1	19	46481	78	11	44
偃师区岳滩镇	2936		18	44908	462	50	24
偃师区顾县镇	4385	1	15	64100	305	55	48
偃师区缑氏镇	8031	2	24	72000	47	12	53
偃师区府店镇	12713		29	57505	43	8	80
偃师区高龙镇	4261		16	39428	66	21	41
偃师区山化镇	6509	1	17	48718	185	14	69
偃师区大口镇	8856		28	47578	29	8	56
偃师区邙岭镇	5931		14	34701	65	5	27
孟津区城关镇	7850	30		78141	157	13	89
孟津区会盟镇	12860	1	19	55674	72	12	58

续表 286　　河南省　　单位：公顷、个、人

名　称	行政区域面积	居民委员会(社区)个数	村民委员会个数	户籍人口	工业企业个数	#规模以上	营业面积50平方米以上的商店或超市个数
孟津区平乐镇	5148	1	17	41129	60	23	44
孟津区送庄镇	4638	1	16	31844	66	12	30
孟津区白鹤镇	11740	4	27	60083	138	21	28
孟津区朝阳镇	6800	3	24	51275	197	40	62
孟津区马屯镇	11107	1	27	40402	13	6	26
孟津区麻屯镇	4883	2	23	45632	255	74	79
孟津区横水镇	6020	1	16	38504	31	3	30
孟津区常袋镇	4170	1	18	29103	112	49	25
洛龙区寇店镇	6397	21		42110	116	31	45
洛龙区诸葛镇	6042	23		67861	185	15	43
洛龙区庞村镇	3290	14		46589	258	72	15
洛龙区佃庄镇	3847	19		46663	55	15	44
新安县石寺镇	7541	2	18	42924	100	4	50
新安县五头镇	8950	1	26	56566	10	2	92
新安县磁涧镇	10879	9	27	70505	470	117	43
新安县铁门镇	11831	14	19	76796	191	58	68
新安县南李村镇	8651	1	30	36000	50	3	80
新安县北冶镇	15183	1	31	43833	70	7	36
新安县仓头镇	7374	1	20	27517	22	1	17
新安县正村镇	5765	1	20	37787	160	8	29
新安县石井镇	19158	2	28	29696	4	1	40
新安县青要山镇	14079	1	22	20269	28	2	15
栾川县赤土店镇	15131	2	8	15715	52	6	10
栾川县合峪镇	31041	1	20	23160	20	2	26
栾川县潭头镇	23054	1	23	33152	19	3	13
栾川县三川镇	9686	1	10	27890	8	2	12
栾川县冷水镇	5302	2	5	18701	23	4	7
栾川县陶湾镇	20184	1	18	35183	24	3	9
栾川县石庙镇	9261	2	8	20580	27	4	16
栾川县庙子镇	28817	1	22	29302	50	7	16
栾川县狮子庙镇	27564	1	20	20808	18	1	18
栾川县白土镇	14803	2	10	15514	18	4	10
栾川县叫河镇	17846	1	14	21172	15	1	25
栾川县栾川乡	14613	3	12	41033	43	7	71
栾川县秋扒乡	16663	2	7	10967			16
嵩县城关镇	10089	20		81191	40	2	60
嵩县田湖镇	12291	1	30	73432	45	8	69
嵩县旧县镇	14842	1	13	28178	10	1	22
嵩县车村镇	55474	1	26	59140	67	4	51
嵩县闫庄镇	13019	1	21	49985	16	2	72
嵩县德亭镇	31646	2	24	47263	23	8	31
嵩县大章镇	26783	1	17	36089	42	8	37
嵩县白河镇	30829	1	12	14945	2	1	62
嵩县纸房镇	18685	5	17	38523	22	2	46
嵩县饭坡镇	8528	1	17	30005	10	4	23

续表 287　　河南省　　单位：公顷、个、人

名　称	行政区域面积	居民委员会(社区)个数	村民委员会个数	户籍人口	工业企业个数	#规模以上	营业面积50平方米以上的商店或超市个数
嵩县九皋镇	9403	1	17	25386	11	2	30
嵩县陆浑镇	7641	2	27	47998	2	1	72
嵩县大坪乡	11690	1	18	38334	13	1	49
嵩县何村乡	9280	2	16	34967	15	4	36
嵩县黄庄乡	18510	1	26	28596	3		42
嵩县木植街乡	22754	1	15	13999	9	2	17
汝阳县城关镇	9586	19		79080	50	3	68
汝阳县上店镇	5159		15	46721	30	2	55
汝阳县付店镇	22109	1	13	18214	7	3	21
汝阳县小店镇	7231		20	59463	45	11	50
汝阳县三屯镇	14041		24	47241	17	1	90
汝阳县刘店镇	7633		12	41435	6	1	41
汝阳县内埠镇	3664		12	29375	30	15	36
汝阳县陶营镇	5000		14	43164	32	3	78
汝阳县柏树乡	7018		13	29985	14	4	20
汝阳县十八盘乡	11151		16	24708	4		36
汝阳县靳村乡	12896		11	14021	12		17
汝阳县王坪乡	15596		12	14778	20	2	65
汝阳县蔡店乡	7915		27	59241	47	3	79
汝阳县大安工业园区	3318	1	6	27325	41	17	61
宜阳县城关镇	1246	6		69160	30		70
宜阳县柳泉镇	12108		29	66135	126	8	74
宜阳县韩城镇	8281		25	49493	39	4	76
宜阳县白杨镇	8054		25	52139	15	5	60
宜阳县香鹿山镇	12248	5	27	68816	145	75	91
宜阳县锦屏镇	9001	4	19	59935	33	30	56
宜阳县三乡镇	6776		27	38836	15	5	26
宜阳县张坞镇	11501		25	39655	28	3	79
宜阳县莲庄镇	7639	1	16	32431	31	2	40
宜阳县赵保镇	13172		19	36980	13	1	36
宜阳县樊村镇	6088		15	31921	13	5	36
宜阳县高村镇	14891		39	50506	12	3	74
宜阳县盐镇乡	17043		36	73485	6	1	102
宜阳县花果山乡	9773		8	4240	2		7
宜阳县上观乡	14485		7	6903			
宜阳县董王庄乡	9130		20	35242	19	2	61
洛宁县城关镇	850	4	1	45264	18		118
洛宁县王范回族镇	1500	2	3	29033	4	2	19
洛宁县上戈镇	22050		18	17361	2	1	13
洛宁县下峪镇	20680		19	17202	9	5	22
洛宁县河底镇	13370		35	47969	16	2	40
洛宁县兴华镇	16870		25	21425	5	1	28
洛宁县东宋镇	14904		37	43843	10	3	84
洛宁县马店镇	12460		24	26277	9	2	5
洛宁县故县镇	14150		12	8372	2	1	15

续表 288　　河南省　　单位：公顷、个、人

名　　称	行政区域面　　积	居民委员会(社区)个数	村民委员会个　　数	户籍人口	工业企业个　　数	#规模以上	营业面积50平方米以上的商店或超市个数
洛宁县赵村镇	13880		34	49630	12	3	51
洛宁县长水镇	12140		13	14662	25	3	38
洛宁县景阳镇	7995		19	22194	16	3	18
洛宁县城郊乡	5660		21	47921	96	7	98
洛宁县小界乡	17410		32	30996	6	2	22
洛宁县罗岭乡	15150		14	10897	4	1	42
洛宁县底张乡	12100		29	24173	28	5	36
洛宁县陈吴乡	16170		28	38287	28	3	23
洛宁县涧口乡	12670		20	28678	30	1	32
伊川县鸣皋镇	7903		39	75272	90	16	46
伊川县水寨镇	3518		11	37175	55	11	21
伊川县彭婆镇	7525		33	70642	175	32	71
伊川县白沙镇	11394		26	90488	45	9	73
伊川县江左镇	8034		35	60348	8	2	49
伊川县高山镇	6378		23	59560	11	2	42
伊川县吕店镇	10529		38	72604	27	4	90
伊川县半坡镇	4662		12	19845	18	1	13
伊川县酒后镇	7237		27	43509	19	2	42
伊川县白元镇	6546		20	67373	14	4	67
伊川县鸦岭镇	12555		41	83550	14	2	87
伊川县葛寨镇	6270		19	44446	6	4	39
伊川县平等乡	5303		16	61211	34	5	32
新华区焦店镇	2097		10	18201	30	5	13
湛河区曹镇乡	4220		27	48985	12	3	58
宝丰县城关镇	1150	10		47676	254	1	180
宝丰县周庄镇	5677	3	23	43230	39	6	39
宝丰县闹店镇	6150		26	43879	25	7	95
宝丰县石桥镇	6994		28	49476	29	6	99
宝丰县商酒务镇	6295		27	49611	53	10	77
宝丰县大营镇	12665	1	52	73299	52	15	103
宝丰县张八桥镇	6106		23	32472	59	22	76
宝丰县杨庄镇	6200	7	19	60073	63	41	73
宝丰县赵庄镇	4460		22	44069	17	1	29
宝丰县肖旗乡	6382		28	43431	26	3	71
宝丰县前营乡	4878		25	34998	55	10	62
宝丰县李庄乡	4223	2	24	29794	27	6	49
叶县任店镇	8237		36	68015	28	3	126
叶县保安镇	11700		30	39498	31	4	67
叶县仙台镇	8528		51	63574	49	3	139
叶县叶邑镇	10331		43	67243	25	2	131
叶县廉村镇	8993		53	64798	93	4	107
叶县常村镇	17800		37	49056	73	4	63
叶县辛店镇	14000		39	52590	15	2	116
叶县洪庄杨镇	4600		24	40699	42	2	30
叶县龚店镇	6900		29	59963	237	29	240

续表 289　　河南省　　单位：公顷、个、人

名　称	行政区域面　积	居民委员会(社区)个数	村民委员会个　数	户籍人口	工业企业个　数	#规模以上	营业面积50平方米以上的商店或超市个数
叶县夏李乡	10810		31	50909	22	2	69
叶县马庄回族乡	1069		8	11846	15	3	10
叶县田庄乡	5900		28	43962	153	7	58
叶县龙泉乡	7350		35	49853	43	2	84
叶县水寨乡	6157		33	36542	61	1	53
叶县邓李乡	6600		32	50697	23	2	86
鲁山县下汤镇	12129	2	20	37861	6	1	72
鲁山县梁洼镇	5928		14	33068	45	25	37
鲁山县张官营镇	8208		45	63916	36	3	92
鲁山县张良镇	9024		41	60123	30	3	185
鲁山县尧山镇	30490		22	21368	3	2	59
鲁山县瓦屋镇	12408		19	37908	20	3	103
鲁山县赵村镇	21751		29	28921	9	2	59
鲁山县四棵树乡	12874		12	17137	2	1	29
鲁山县团城乡	10114		11	15412	8		72
鲁山县熊背乡	13523		20	24273	4	2	27
鲁山县让河乡	8890		26	53600	18	3	43
鲁山县观音寺乡	6205		11	28854	15	4	38
鲁山县昭平台库区乡	10200		18	28669	7	2	65
鲁山县背孜乡	20578		19	28101	4	3	40
鲁山县仓头乡	7900		19	28142	4	3	56
鲁山县董周乡	9448		34	54703	13	2	96
鲁山县张店乡	6310		16	42080	40	4	55
鲁山县辛集乡	7966		36	58489	46	10	70
鲁山县滚子营乡	10636		48	74590	12	3	226
鲁山县马楼乡	15090		58	96580	53	5	156
郏县冢头镇	5409		35	62739	35	16	97
郏县安良镇	9192	2	39	67316	68	16	189
郏县堂街镇	7189		36	50421	13	7	245
郏县薛店镇	6973		38	75357	51	10	101
郏县长桥镇	5454	2	34	66150	47	8	61
郏县茨芭镇	10297		41	61169	21	9	95
郏县黄道镇	4609		13	22345	24	10	31
郏县李口镇	4423		23	29772	16	9	75
郏县王集乡	5321		30	47976	35	6	99
郏县姚庄回族乡	754		6	10315	10	6	18
郏县白庙乡	4994		24	39377	43	10	55
郏县广阔天地乡	1400		11	16372	69	17	26
郏县渣元乡	4028		25	37793	33	16	74
平顶山高新技术产业开发区遵化店镇	5159		24	39364	37	18	35
平顶山市城乡一体化示范区滍阳镇	3200		18	32665	4	2	55
舞钢市尚店镇	10700		32	46215	37	3	93
舞钢市八台镇	5590		20	36051	38	2	30
舞钢市尹集镇	10150		19	25809	27	2	41
舞钢市枣林镇	8210		39	52212	46	5	87

续表 290　　河南省　　单位：公顷、个、人

名　　称	行政区域面　　积	居民委员会(社区)个数	村民委员会个　　数	户籍人口	工业企业个　　数	#规模以上	营业面积50平方米以上的商店或超市个数
舞钢市庙街乡	5630		12	16138	19	2	26
舞钢市武功乡	5120		22	26290	40	10	40
舞钢市杨庄乡	13400		21	28090	36	7	37
汝州市寄料镇	17749		34	68971	27	6	65
汝州市温泉镇	6894		29	65344	20	6	96
汝州市临汝镇	8487		24	68816	62	8	83
汝州市小屯镇	12325	1	46	100952	382	30	121
汝州市杨楼镇	7387		24	77362	39	11	137
汝州市蟒川镇	14590		34	69556	78	25	102
汝州市庙下镇	8774		25	83741	97	6	106
汝州市米庙镇	8045		23	45307	12	1	64
汝州市陵头镇	9925		27	55578	244	3	75
汝州市纸坊镇	7900		37	86363	20	3	115
汝州市大峪镇	13364		24	24971	10	4	22
汝州市夏店镇	6660		20	36924	5	4	5
汝州市焦村镇	6888		16	28650	26	3	47
汝州市王寨乡	7750		33	54797	18	2	72
汝州市骑岭乡	5920		14	57632	34	5	95
文峰区宝莲寺镇	4137		24	57035	41	10	89
北关区柏庄镇	4139		38	41044	360	13	50
殷都区曲沟镇	3272		17	53934	133	17	63
殷都区水冶镇	9610	18	41	146838	239	42	265
殷都区西郊乡	2330	1	18	41191	10	2	33
龙安区龙泉镇	5700		33	32615	71	18	38
龙安区马投涧镇	10200		44	55093	42	12	118
龙安区善应镇	6975		22	30249	24	3	48
龙安区东风乡	3743	2	31	58500	105	5	77
龙安区马家乡	6100		22	30028	16	4	48
安阳县铜冶镇	6000		26	37571	58	31	31
安阳县白璧镇	6142		39	83540	291	7	140
安阳县吕村镇	6361		40	82853	13	1	113
安阳县伦掌镇	7336		23	41559	11	2	64
安阳县崔家桥镇	5560		44	58196	15	2	82
安阳县辛村镇	7610		43	77384	5	1	102
安阳县韩陵镇	3640		18	33283	31	4	43
安阳县永和镇	4673		40	55710	19	4	71
安阳县都里镇	9487		18	22943	3	1	21
安阳县高庄镇	6030		27	60357	60	13	103
安阳县磊口乡	5905		16	23185	17	2	25
安阳县许家沟乡	6000		20	42706	43	6	44
安阳县安丰乡	8333		42	66079	26	1	84
安阳县洪河屯乡	5860		33	41463	46	5	72
安阳县瓦店乡	5766		30	54468	10	3	93
安阳县北郭乡	5300		24	58309	12	1	66
汤阴县城关镇	1951	6	16	73613	82	14	81

续表 291　　　　河南省　　　　单位：公顷、个、人

名　　称	行政区域面　　积	居民委员会(社区)个数	村民委员会个　　数	户籍人口	工业企业个　　数	#规模以上	营业面积50平方米以上的商店或超市个数
汤阴县菜园镇	7658		36	58144	19	5	94
汤阴县任固镇	8025		35	58804	29	2	85
汤阴县五陵镇	6351		27	52029	14	1	65
汤阴县宜沟镇	12763		56	62963	77	30	96
汤阴县白营镇	3886	1	26	42453	145	21	82
汤阴县伏道镇	7609		29	49762	77	21	69
汤阴县韩庄镇	6780	1	33	47442	135	20	80
汤阴县古贤镇	3791		21	35227	35	16	50
汤阴县瓦岗乡	5933		16	40550	12	1	41
滑县白道口镇	11364		37	80829	152	34	230
滑县留固镇	11807		56	90152	49	8	189
滑县上官镇	9388		52	88039	229	16	149
滑县牛屯镇	11433		64	81533	21	4	157
滑县万古镇	8604		18	67704	51	1	129
滑县高平镇	7242		44	74858	95	5	173
滑县王庄镇	7628		30	69271	75	8	143
滑县老店镇	9766		49	86789	286	4	284
滑县慈周寨镇	6321		39	58744	109	4	110
滑县焦虎镇	8041		28	64199	57	1	87
滑县四间房镇	7100		26	49112	51	8	73
滑县八里营镇	11815		45	78032	23		130
滑县赵营镇	7290		19	47081	25	2	118
滑县半坡店镇	8912		33	61165	129	2	125
滑县枣村乡	8616		30	52516	53	3	113
滑县大寨乡	6692		27	54662	25	2	194
滑县桑村乡	5048		23	46179	28	1	77
滑县老爷庙乡	7970		34	67927	47	1	123
滑县瓦岗寨乡	5613		26	43515	43	3	55
滑县小铺乡	5413	4	8	52228	62	3	133
内黄县东庄镇	9215		44	72998	40	6	126
内黄县井店镇	4778		35	45741	42	2	123
内黄县梁庄镇	10918		40	44476	21	6	83
内黄县后河镇	12000	1	31	50032	52	8	103
内黄县楚旺镇	3933		22	42666	16	6	43
内黄县田氏镇	5371		42	55525	13	1	83
内黄县二安镇	5713		29	46094	99	6	92
内黄县亳城镇	7240		28	57837	56	2	86
内黄县豆公镇	4420		20	38017	13	2	211
内黄县马上乡	7806	2	36	55032	37	6	92
内黄县高堤乡	5996		25	47760	23	1	116
内黄县六村乡	6379		22	36110	20	5	57
内黄县中召乡	5919		28	38579	13	1	98
内黄县宋村乡	4068		26	42056	11	1	73
内黄县石盘屯乡	4403		26	35907	5	1	61
林州市合涧镇	13174		31	67932	20	9	82

续表 292　　河南省　　单位：公顷、个、人

名　　称	行政区域面　　积	居民委员会(社区)个数	村民委员会个　　数	户籍人口	工业企业个　　数	#规模以上	营业面积50平方米以上的商店或超市个数
林州市临淇镇	18555	1	45	102160	55	6	140
林州市东姚镇	17200		39	56976	9	1	33
林州市横水镇	12109		42	72188	43	19	159
林州市河顺镇	10558		41	66858	14	7	118
林州市任村镇	18404		33	47021	10	3	236
林州市姚村镇	8740		37	81185	342	54	72
林州市陵阳镇	3274	3	20	39315	114	34	64
林州市原康镇	13356		34	40494	33		38
林州市五龙镇	19000		25	65377	7	2	65
林州市采桑镇	8478		28	50896	15	4	39
林州市东岗镇	13924		25	49791	25	7	38
林州市桂林镇	9465		33	42777	13	3	32
林州市茶店镇	9434		23	35020	10	4	54
林州市石板岩镇	8985		17	9342	1		36
林州市黄华镇	8887		25	41463	11	7	42
鹤山区鹤壁集镇	7928	12	32	53290	40	10	55
鹤山区姬家山乡	5793		15	13301	7	5	19
山城区石林镇	9700	1	38	42046	90	18	58
淇滨区大赉店镇	4875		20	34394	15	1	20
淇滨区钜桥镇	6820	8	28	61125	22	3	179
淇滨区上峪乡	6647		17	9189	6		16
淇滨区大河涧乡	9700		15	13092	12	6	5
浚县善堂镇	12842		62	106259	35	4	168
浚县屯子镇	12571	1	52	82996	42	9	133
浚县新镇镇	12360		50	92683	28	3	145
浚县小河镇	11400		62	81520	49	1	154
浚县卫贤镇	9667	1	48	68874	34	3	62
浚县王庄镇	9950	4	42	76321	23	4	120
浚县白寺镇	11141		43	51446	21	1	148
淇县高村镇	7353	12	27	59183	98	12	67
淇县北阳镇	11661		34	44255	84	6	115
淇县西岗镇	6283		35	53060	62	8	143
淇县庙口镇	9175		20	36758	127	11	71
淇县黄洞乡	11393		14	11298	9	1	19
鹤壁经济技术开发区东杨路办事处	1103	4		7752	71	25	13
红旗区洪门镇	3260	12	12	28504	80	9	315
红旗区小店镇	3600		23	32763	120	5	58
卫滨区平原镇	3200	1	26	58707	323	25	58
凤泉区大块镇	5121		14	55921	690	47	125
凤泉区耿黄镇	2700		12	42995	106	13	46
凤泉区潞王坟乡	3201		12	27655	50	10	33
牧野区王村镇	2402	3	18	49695	433	30	67
牧野区牧野镇	2314	3	13	45529	80	3	36
新乡县翟坡镇	4633		22	42129	260	33	52
新乡县小冀镇	3709	8	19	56981	298	35	65

续表 293　　河南省　　单位：公顷、个、人

名称	行政区域面积	居民委员会(社区)个数	村民委员会个数	户籍人口	工业企业个数	#规模以上	营业面积50平方米以上的商店或超市个数
新乡县七里营镇	11206		53	110216	322	54	106
新乡县朗公庙镇	8263		29	65750	152	11	102
新乡县古固寨镇	4858		15	44361	58	13	49
新乡县大召营镇	2987		13	24561	182	25	43
新乡县合河乡	3817		20	35948	282	3	49
获嘉县城关镇	2963	16	6	35185	87	22	63
获嘉县照镜镇	3291		17	30408	38	15	19
获嘉县黄堤镇	3530		11	24156	26	5	18
获嘉县中和镇	2478		14	32821	8	4	45
获嘉县徐营镇	4220		25	36611	21		217
获嘉县冯庄镇	5268		23	48306	75	2	39
获嘉县亢村镇	5571		23	49790	320	24	37
获嘉县史庄镇	4617		19	39977	26	4	35
获嘉县太山镇	6080		26	47012	55	5	53
获嘉县位庄乡	3530	2	13	29600	42	2	29
获嘉县大新庄乡	4955		24	43157	37	5	50
原阳县齐街镇	7071		42	56216	74	3	140
原阳县太平镇	8748	2	48	47196	57	8	135
原阳县福宁集镇	9907		44	52846	21	7	79
原阳县官厂镇	9369		37	48801	35	1	100
原阳县大宾镇	6489		31	44457	76	1	79
原阳县葛埠口乡	4199		19	29164	14	7	75
原阳县蒋庄乡	8016		41	39287	42		90
原阳县陡门乡	13431	1	44	70240	5	1	91
原阳县路寨乡	5984		34	44456	43	1	254
原阳县阳阿乡	7088		36	43103	34	4	90
原阳县靳堂乡	8900		31	49517	41	5	67
延津县东屯镇	4434		22	35501	68	2	46
延津县丰庄镇	4900		19	37153	85		59
延津县石婆固镇	7628		27	36547	13	2	69
延津县王楼镇	5973		35	34151	21	11	59
延津县僧固乡	5147		22	33804	38	3	38
延津县魏邱乡	10854		44	50380	18	3	66
延津县司寨乡	7000		28	44030	49	3	51
延津县马庄乡	10247		38	51269	59		74
延津县胙城乡	9254		19	39109	51	4	42
延津县榆林乡	7408		27	38710	25	3	63
封丘县城关镇	1294	13		55151	227	10	123
封丘县黄陵镇	5263	13	30	45720	82	16	86
封丘县黄德镇	5765		26	38237	30	1	54
封丘县应举镇	9647		55	57573	78	3	79
封丘县陈桥镇	9079		46	56069	35	3	150
封丘县赵岗镇	7915		39	63636	125	11	93
封丘县留光镇	5849		28	52590	54	6	84
封丘县潘店镇	7328		45	64073	90	8	96

续表 294　　河南省　　单位：公顷、个、人

名　　称	行政区域面积	居民委员会(社区)个数	村民委员会个数	户籍人口	工业企业个数	#规模以上	营业面积50平方米以上的商店或超市个数
封丘县李庄镇	8297		22	37966	8		25
封丘县陈固镇	6352		23	44327	41	1	14
封丘县居厢镇	5260		19	35277	48	4	64
封丘县鲁岗镇	5296		37	45060	35	3	147
封丘县尹岗镇	4750		29	38199	43	17	49
封丘县城关乡	6982	6	42	59517	73	1	119
封丘县荆乡回族乡	778		5	7190	17	1	14
封丘县王村乡	5425	8	42	49496	82	23	79
封丘县荆隆宫乡	12560		38	68105	9	4	70
封丘县曹岗乡	8004		25	39766	6	1	65
封丘县冯村乡	5156		31	45831	58	2	62
新乡高新技术产业开发区关堤乡	4100	1	18	48225	33	6	73
新乡市平原城乡一体化示范区原武镇	5119		26	30323	38	3	47
新乡市平原城乡一体化示范区师寨镇	6661		28	55390	97	4	113
新乡市平原城乡一体化示范区韩董庄镇	5758		28	40230	78	8	69
新乡市平原城乡一体化示范区祝楼乡	6678		23	46173	22	20	114
新乡市平原城乡一体化示范区桥北乡	6958		21	34136	38	2	73
卫辉市汲水镇	2047	7	7	62792	39	6	84
卫辉市太公镇	7705		32	30260	23	4	57
卫辉市孙杏村镇	3289		17	27868	179	10	39
卫辉市后河镇	4358		33	36203	46	8	70
卫辉市李源屯镇	6683		32	58919	24		118
卫辉市唐庄镇	7747		33	49652	275	40	90
卫辉市上乐村镇	6363		33	40213	21		72
卫辉市狮豹头乡	21217		42	14077	2	1	25
卫辉市安都乡	8026		32	38270	15	3	115
卫辉市顿坊店乡	5606		21	34879	22		61
卫辉市柳庄乡	3766		19	33723	27	2	52
卫辉市庞寨乡	4406		13	26621	9	2	42
卫辉市城郊乡	5154	8	27	90932	48	5	72
辉县市薄壁镇	14141		37	47248	26	4	53
辉县市峪河镇	6913		33	55312	25	1	80
辉县市百泉镇	6726	9	18	82043	81	15	72
辉县市孟庄镇	3662		27	72564	513	57	92
辉县市常村镇	7687		35	55967	127	32	77
辉县市吴村镇	9474		42	69819	32	15	95
辉县市南村镇	8999		25	30489	15	1	21
辉县市南寨镇	10924		28	24049	42	6	31
辉县市上八里镇	16274		17	21970	5	1	106
辉县市北云门镇	4976		29	59235	68	10	53
辉县市占城镇	5629		28	43312	32	1	40
辉县市冀屯镇	7973		33	56367	75	7	70
辉县市赵固镇	6038		30	52120	53	5	78
辉县市黄水乡	9232		13	13004	14	1	34
辉县市拍石头乡	9774		17	10848	8		8

续表 295　　河南省　　单位：公顷、个、人

名　　称	行政区域面　　积	居民委员会(社区)个数	村民委员会个　　数	户籍人口	工业企业个　　数	#规模以上	营业面积50平方米以上的商店或超市个数
辉县市高庄乡	9200		23	50892	41	5	88
辉县市张村乡	8443		24	18349	21	3	54
辉县市西平罗乡	4234		19	22310	7	1	15
辉县市洪洲乡	4569		7	12444	27	16	21
辉县市沙窑乡	8599		18	13309			14
长垣市丁栾镇	4940		34	57139	45	17	60
长垣市樊相镇	5245		37	50304	151	14	61
长垣市恼里镇	9402		30	63127	137	20	86
长垣市常村镇	7818		40	60095	34	13	96
长垣市赵堤镇	4591		30	41249	9	4	65
长垣市孟岗镇	5126		34	50015	89	7	123
长垣市满村镇	4317		23	45284	180	21	44
长垣市苗寨镇	5687	2	30	61640			60
长垣市张三寨镇	3951		28	38310	34	15	143
长垣市方里镇	5120	2	28	53702	30	1	73
长垣市佘家镇	5416		49	64525	23	6	102
长垣市芦岗乡	7600		41	72332	126	7	82
长垣市武邱乡	8600		36	46441	10	3	32
修武县城关镇	2922	5	29	60404	45	2	73
修武县七贤镇	9126	2	27	37794	9	6	56
修武县郇封镇	9030		37	72536	65	44	96
修武县周庄镇	2238		11	16693	45	16	24
修武县云台山镇	10300		10	3509			72
修武县王屯乡	2811		16	22357	9	3	32
修武县五里源乡	5689		22	41024	37	12	55
修武县西村乡	18873		35	17256	6	1	42
博爱县柏山镇	2497	1	11	39754	43	5	22
博爱县月山镇	2900		20	32336	45	3	31
博爱县许良镇	2927		23	52442	68	8	72
博爱县磨头镇	3613		34	32097	16	5	43
博爱县孝敬镇	6029		28	51612	28	3	61
博爱县寨豁乡	13088		24	13799	7	3	
博爱县金城乡	6237		28	55428	50	3	72
武陟县詹店镇	8300		27	49648	417	34	208
武陟县西陶镇	3674		22	52958	120	13	85
武陟县谢旗营镇	5801		28	64992	170	7	83
武陟县大封镇	8398		32	81048	397	19	116
武陟县乔庙镇	5270		28	52921	178	16	46
武陟县圪垱店镇	3727		18	37223	122	10	70
武陟县嘉应观乡	7587		15	46142	11	2	43
武陟县三阳乡	7364		37	48069	86	13	54
武陟县小董乡	5040		20	46841	31		50
武陟县大虹桥乡	7574		49	60788	144	5	58
武陟县北郭乡	7743		30	42039	71	4	43
温县祥云镇	6341		28	50974	184	15	75

续表 296 河南省 单位：公顷、个、人

名称	行政区域面积	居民委员会(社区)个数	村民委员会个数	户籍人口	工业企业个数	#规模以上	营业面积50平方米以上的商店或超市个数
温县番田镇	6304		42	49964	84	7	53
温县黄庄镇	6680		48	59969	156	6	71
温县武德镇	4709		27	49870	63	9	60
温县赵堡镇	4869		22	47207	90	1	29
温县招贤乡	3543		16	23408	35	1	23
温县北冷乡	2083		11	23717	32	1	24
焦作城乡一体化示范区阳庙镇	2664		15	37727	15	3	42
焦作城乡一体化示范区宁郭镇	3725		18	29715	28	4	37
焦作城乡一体化示范区苏家作乡	3019		14	36036	29	4	49
沁阳市崇义镇	4792		38	35752	32	10	34
沁阳市西向镇	9425		27	64359	152	54	113
沁阳市西万镇	3620		12	38858	70	32	17
沁阳市柏香镇	8340		62	62702	120	8	51
沁阳市山王庄镇	1867		17	31326	77	7	14
沁阳市紫陵镇	5922		13	28026	97	13	25
沁阳市常平乡	7050		12	9097	8	2	5
沁阳市王召乡	6535		46	52231	50	7	54
沁阳市王曲乡	5457		39	41848	84	12	50
孟州市化工镇	6644		20	38905	32	3	47
孟州市南庄镇	4656		28	44465	12	4	78
孟州市城伯镇	3890		23	34054	36	4	39
孟州市谷旦镇	4042		29	28246	30	4	32
孟州市赵和镇	8131		38	37092	23	5	44
孟州市西虢镇	7685		21	36269	150	54	45
孟州市槐树乡	7300		44	22854	13	3	25
华龙区岳村镇	2956	19	18	33128	15	4	34
华龙区孟轲乡	2500	25	2	57349	13	6	40
清丰县城关镇	2610	5	25	62856	120	35	76
清丰县马庄桥镇	1648		13	15546	41	11	39
清丰县瓦屋头镇	5728		33	46665	20	5	66
清丰县仙庄镇	6840		38	50846	238	2	218
清丰县柳格镇	4185		29	48120	131	10	101
清丰县韩村镇	5034		34	42477	11	4	65
清丰县固城镇	4434		24	37719	15	5	223
清丰县阳邵镇	6847		32	53167	27	2	98
清丰县六塔乡	5126		33	42288	23	2	115
清丰县巩营乡	4811		33	39985	14	2	110
清丰县马村乡	5889		37	47245	15	2	69
清丰县高堡乡	5093		30	41030	62	4	76
清丰县古城乡	4933		25	42185	10	3	148
清丰县大流乡	4932		31	37665	26	9	66
清丰县大屯乡	4720		22	40257	18	2	111
清丰县双庙乡	4552		29	44009	18	1	78
清丰县纸房乡	5716		35	50352	28	4	213
南乐县城关镇	3100	8	15	55312	104	16	64

续表 297　　河南省　　单位：公顷、个、人

名　　称	行政区域面　　积	居民委员会(社区)个数	村民委员会个　　数	户籍人口	工业企业个　　数	#规模以上	营业面积50平方米以上的商店或超市个数
南乐县韩张镇	4300	1	27	41547	104	6	166
南乐县元村镇	6000		18	55069	196	7	36
南乐县福堪镇	6700		41	51267	40	11	329
南乐县张果屯镇	5570		30	43900	40	4	60
南乐县千口镇	6300	1	36	51388	152	15	101
南乐县谷金楼镇	4862		25	40623	46	10	57
南乐县杨村乡	4933		37	35323	35	7	73
南乐县西邵乡	4801		27	53515	192	1	166
南乐县寺庄乡	5802	1	24	60279	90	13	75
南乐县梁村乡	4798		21	52753	42	3	68
南乐县近德固乡	4900		20	40422	64	3	55
范县城关镇	1010	2	13	47361	89	2	934
范县濮城镇	4152	1	51	53999	173	29	101
范县龙王庄镇	6141	2	69	65770	157	10	133
范县高码头镇	4969		51	49214	155	14	118
范县王楼镇	3826		38	39362	42	15	150
范县辛庄镇	7170	1	56	58991	32	1	122
范县陈庄镇	5632		56	44658	5	1	73
范县张庄镇	4960	2	55	48913	149	15	237
范县杨集乡	5795		54	55323	46		65
范县白衣阁乡	5096		44	46863	89	6	88
范县颜村铺乡	4760		42	46833	67	9	58
范县陆集乡	5021	2	46	46984	136	1	380
台前县城关镇	3662	5	28	51507	112	15	49
台前县侯庙镇	5595		53	63932	136	16	126
台前县孙口镇	3082	1	29	36723	171	14	186
台前县打渔陈镇	5906		52	63412	81	15	272
台前县马楼镇	6851		55	65188	147	7	147
台前县吴坝镇	3600		37	36543	34	12	46
台前县后方乡	3383		30	39924	196	11	72
台前县清水河乡	4336		43	41140	102	12	95
台前县夹河乡	4247	1	45	42606	56	7	61
濮阳县城关镇	5102	24	48	72529	120	20	182
濮阳县柳屯镇	6153	2	43	65538	520	24	220
濮阳县文留镇	7969	2	63	76668	136	18	373
濮阳县庆祖镇	7336		54	68330	90	4	50
濮阳县八公桥镇	7999		64	70868	37	5	155
濮阳县徐镇镇	6166	2	53	48936	49	3	88
濮阳县户部寨镇	6435		49	57747	50	11	118
濮阳县鲁河镇	6728		47	59096	47	5	91
濮阳县子岸镇	7650		41	58145	21	2	90
濮阳县胡状镇	7067		55	61518	36	6	97
濮阳县王称堌镇	7801	1	64	63596	21	1	93
濮阳县梁庄镇	6465		53	56826	38	3	80
濮阳县清河头乡	4758		21	47698	32	4	55

续表 298　　河南省　　单位：公顷、个、人

名　称	行政区域面积	居民委员会(社区)个数	村民委员会个数	户籍人口	工业企业个数	#规模以上	营业面积50平方米以上的商店或超市个数
濮阳县白堽乡	5457		52	41314	24		117
濮阳县梨园乡	6776		50	53872	36		123
濮阳县五星乡	5262		39	51440	35	9	98
濮阳县郎中乡	8487	1	63	65997	68		208
濮阳县海通乡	6521		47	59953	25	7	61
濮阳县渠村乡	7700		34	53338	26	1	136
濮阳县习城乡	7011		45	52457	5	2	41
濮阳经济技术开发区王助镇	6290	7	30	55271	83	10	76
濮阳经济技术开发区新习镇	7090		47	62566	21	2	74
濮阳经济技术开发区胡村乡	5552		21	27664	8	3	62
建安区将官池镇	1933	8		17474	34	7	28
建安区五女店镇	7455	16	22	62850	166	6	63
建安区尚集镇	4137	19	7	58238	197	30	54
建安区苏桥镇	5538	29		54925	145	7	116
建安区蒋李集镇	8508	3	31	65266	127	9	45
建安区张潘镇	6317	7	22	51200	107	21	192
建安区灵井镇	7058	11	18	69852	98	16	232
建安区陈曹乡	8566	12	31	78527	241	5	105
建安区河街乡	4919	25		48302	152	10	240
建安区桂村乡	4965	2	19	38935	28	9	50
建安区椹涧乡	8277	2	37	66556	117	5	82
建安区榆林乡	7376	2	29	68884	60	5	46
建安区艾庄回族乡	1355	3	6	14502	43	4	23
鄢陵县安陵镇	1448	12		59370	60	16	61
鄢陵县马栏镇	8528	50		89554	1617	19	84
鄢陵县柏梁镇	6080	24	7	59720	35	3	89
鄢陵县陈化店镇	4946	27		38080	32	6	78
鄢陵县望田镇	7950	5	25	50662	3	2	185
鄢陵县大马镇	7670	18	16	51441	42	4	71
鄢陵县陶城镇	10409		27	70715	1158	7	215
鄢陵县张桥镇	8459		35	76221	158	3	118
鄢陵县彭店镇	8777		40	68450	281	6	108
鄢陵县只乐镇	8643	4	35	59656	39	5	106
鄢陵县南坞镇	6440		26	45216	20	2	110
鄢陵县马坊镇	7238	2	39	64490	240	20	119
襄城县城关镇	780	14		50071	7	6	145
襄城县颍桥回族镇	950		5	9380	12	5	9
襄城县麦岭镇	6029	5	24	57273	35	9	127
襄城县颍阳镇	5821	7	18	59462	68	8	140
襄城县王洛镇	6670	12	22	72248	116	9	80
襄城县紫云镇	8190	9	17	51016	78	15	60
襄城县库庄镇	6280	27	2	63651	75	11	58
襄城县十里铺镇	6824	10	30	81182	119	5	78
襄城县山头店镇	6294	11	24	66840	71	9	102
襄城县汾陈镇	4518	7	23	56640	120	1	66

续表 299　　河南省　　单位：公顷、个、人

名　称	行政区域面　积	居民委员会(社区)个数	村民委员会个　数	户籍人口	工业企业个　数	#规模以上	营业面积50平方米以上的商店或超市个数
襄城县湛北乡	5518	11	10	31209	72	15	65
襄城县茨沟乡	4235	21	6	64531	5	4	100
襄城县丁营乡	5100	2	25	55207	52	3	138
襄城县姜庄乡	8800	2	36	52566	21	5	119
襄城县范湖乡	9658	3	31	88290	14	2	177
襄城县双庙乡	5400	2	32	54739	13	2	74
禹州市火龙镇	4678		26	60190	112	28	80
禹州市顺店镇	7155	5	34	85056	104	27	146
禹州市方山镇	7400		27	44000	46	26	60
禹州市神垕镇	4910	10	10	45826	265	34	340
禹州市鸿畅镇	6900		38	63340	41	13	93
禹州市梁北镇	4650	8	18	51636	330	14	57
禹州市古城镇	5382		25	50653	135	20	111
禹州市无梁镇	8648	2	28	40040	17	16	65
禹州市文殊镇	6200		34	51289	57	14	47
禹州市鸠山镇	9600		31	36877	36	15	82
禹州市范坡镇	7180		35	72992	20	13	81
禹州市郭连镇	5044	10	19	61801	103	23	67
禹州市朱阁镇	7083	2	27	51751	70	16	77
禹州市浅井镇	11200		23	33642	19	18	118
禹州市方岗镇	4400		24	44565	22	15	51
禹州市花石镇	7202		33	65289	205	19	103
禹州市张得镇	7044		38	65414	35	6	105
禹州市苌庄镇	8862		31	36541	56	15	64
禹州市小吕镇	5321		28	58884	38	9	75
禹州市磨街乡	5900		17	24957	18	8	36
禹州市山货回族乡	1200		6	13356	70	6	19
长葛市和尚桥镇	4070	23		38041	655	73	74
长葛市坡胡镇	4662	4	30	59460	330	29	75
长葛市后河镇	4438	6	22	55203	886	44	227
长葛市石固镇	3880	7	22	48606	362	42	74
长葛市老城镇	4914	19	12	65681	523	32	130
长葛市南席镇	6318	2	29	54135	192	2	85
长葛市大周镇	6440	11	27	78136	615	105	83
长葛市董村镇	5250	1	26	60240	554	21	43
长葛市石象镇	5600	5	25	57474	68	6	77
长葛市古桥镇	5630	4	29	52020	47	4	84
长葛市增福镇	3285	12	6	32963	149	23	57
长葛市佛耳湖镇	6202	6	19	51452	168	21	57
源汇区大刘镇	4782		23	37710	6	2	54
源汇区阴阳赵镇	4600		31	48771	11	5	82
源汇区空冢郭镇	5168		25	46554	71	11	71
源汇区问十乡	4718		16	26838	12	3	21
郾城区孟庙镇	4908	4	22	59056	140	19	64
郾城区商桥镇	5352		21	44020	40	5	76

续表 300　　河南省　　单位：公顷、个、人

名　　称	行政区域面积	居民委员会(社区)个数	村民委员会个数	户籍人口	工业企业个数	#规模以上	营业面积50平方米以上的商店或超市个数
郾城区裴城镇	7974		24	53802	37	10	49
郾城区新店镇	6989		25	49248	20	3	54
郾城区龙城镇	5308		21	63371	43	2	76
郾城区李集镇	5470		22	46171	31	3	103
郾城区黑龙潭镇	3809	1	15	37660	40	2	26
召陵区召陵镇	6254		36	73351	132	22	88
召陵区万金镇	7248		37	80596	47	4	129
召陵区老窝镇	7318		37	73548	28	7	139
召陵区姬石镇	2609		14	31684	92	3	32
召陵区青年镇	7575		32	67838	69	6	141
舞阳县舞泉镇	2248	6	14	57439	226	14	78
舞阳县吴城镇	6617		35	44644	34	2	72
舞阳县北舞渡镇	4138		20	30797	35	3	33
舞阳县莲花镇	6310		27	45685	22		71
舞阳县辛安镇	5070	3	27	38448	47	3	52
舞阳县孟寨镇	6226		34	43597	10	2	74
舞阳县太尉镇	3677		18	27738	45	10	80
舞阳县侯集镇	5874		34	48905	25	4	60
舞阳县九街镇	7038		33	45385	25	2	64
舞阳县章化镇	4754		28	38041	20	3	53
舞阳县文峰乡	5692	1	31	40999	45	4	50
舞阳县保和乡	6918		36	48984	18	4	85
舞阳县马村乡	6431		29	38749	25	5	65
舞阳县姜店乡	6580		32	38575	17	3	54
临颍县繁城回族镇	6917		32	60314	20	5	88
临颍县杜曲镇	5401		30	63052	541	98	63
临颍县王岗镇	9400		36	64370	25	1	73
临颍县台陈镇	6768		32	60496	80	7	51
临颍县巨陵镇	5087		26	43446	16	5	81
临颍县瓦店镇	5250		23	44001	15	5	69
临颍县三家店镇	4700		23	34235	5	2	64
临颍县窝城镇	4900		21	34937	6	4	41
临颍县王孟镇	6000		26	39113	4	2	52
临颍县大郭镇	7450		27	53534	15	2	82
临颍县皇帝庙乡	4818		19	31994	28	5	47
临颍县固厢乡	2599		11	25241	38	8	33
临颍县石桥乡	4550		22	27182	10	3	41
临颍县陈庄乡	3100		14	26768			50
漯河经济技术开发区后谢镇	4980	4	29	80000	351	129	98
漯河经济技术开发区邓襄镇	3241		19	36323	11	4	35
湖滨区交口乡	4171		12	22406	12	6	19
湖滨区磁钟乡	2360		8	9372	16	4	7
湖滨区高庙乡	5907		9	12438	9	5	13
陕州区大营镇	6684	4	8	29300	55	7	41
陕州区原店镇	1863	6	5	22419	42	8	11

续表 301 河南省 单位：公顷、个、人

名 称	行政区域面积	居民委员会(社区)个数	村民委员会个数	户籍人口	工业企业个数	#规模以上	营业面积50平方米以上的商店或超市个数
陕州区西张村镇	30035		41	55345	8	2	2
陕州区观音堂镇	12042	3	25	35136	45	8	8
陕州区张汴乡	13254		11	11865	10	2	13
陕州区张湾乡	6576		19	28403	7	1	13
陕州区菜园乡	14737		34	36751	9	4	6
陕州区张茅乡	8155		22	20433	30	4	19
陕州区王家后乡	13165		19	18436	27	3	25
陕州区硖石乡	6925		13	12143	16	5	
陕州区西李村乡	14432		27	23488			10
陕州区宫前乡	22260		25	14535	7	1	34
陕州区店子乡	18950		9	4278			19
渑池县城关镇	3315	6	13	70351	23	12	231
渑池县英豪镇	8900	2	32	35612	18	11	35
渑池县张村镇	5411	2	13	22917	31	3	8
渑池县洪阳镇	6945		15	21809	32	9	36
渑池县天池镇	13700	1	29	44130	21	5	33
渑池县仰韶镇	9600		25	41230	68	21	31
渑池县仁村乡	11994		14	17582	10	4	62
渑池县果园乡	12147	1	35	40806	51	6	39
渑池县陈村乡	12355	1	23	31115	22	8	28
渑池县坡头乡	21200		16	16247	6	2	20
渑池县段村乡	20196		11	9084	15	2	22
渑池县南村乡	10792		10	5747	27		13
卢氏县城关镇	7200	19		41486	18	1	28
卢氏县杜关镇	20100	1	17	18874	7		19
卢氏县五里川镇	16820	1	13	19018	3	2	21
卢氏县官道口镇	21100	1	8	21374	6	2	18
卢氏县朱阳关镇	13750	1	9	16680	1		10
卢氏县官坡镇	26821	1	13	25733	12	1	12
卢氏县范里镇	31162	2	31	35333	20	1	20
卢氏县东明镇	20760	2	16	31160	65	3	11
卢氏县双龙湾镇	14605	1	10	13327	7	4	14
卢氏县文峪乡	23579	1	21	29511	18	6	56
卢氏县横涧乡	24842	1	19	40887	11	1	39
卢氏县双槐树乡	13649	1	9	11551	2	1	25
卢氏县汤河乡	15170	1	9	9515	4	2	14
卢氏县瓦窑沟乡	24737	1	11	13011			17
卢氏县狮子坪乡	24092		9	9795	1		11
卢氏县沙河乡	14261		10	13906	4	2	1
卢氏县徐家湾乡	15978	1	8	9521	5	1	37
卢氏县潘河乡	25322	1	12	12823	10	3	13
卢氏县木桐乡	18599		7	7789	2	1	17
灵宝市城关镇	1935	5		9476	35	10	15
灵宝市尹庄镇	8238	2	26	55876	65	7	46
灵宝市朱阳镇	81400	1	41	44901	51	6	48

续表 302 河南省 单位：公顷、个、人

名　　称	行政区域面积	居民委员会(社区)个数	村民委员会个数	户籍人口	工业企业个数	#规模以上	营业面积50平方米以上的商店或超市个数
灵宝市阳平镇	27992		44	73939	19	12	60
灵宝市故县镇	19546		26	41085	65	8	26
灵宝市豫灵镇	18215		22	60309	106	12	39
灵宝市大王镇	9220		26	47360	24	2	30
灵宝市阳店镇	19515	1	37	59724			86
灵宝市函谷关镇	6090		17	26529	1		16
灵宝市焦村镇	12652		38	54413	10	1	49
灵宝市川口乡	10630		24	30545	10	6	55
灵宝市寺河乡	13547		16	6676			17
灵宝市苏村乡	27028		31	27010	16	5	37
灵宝市五亩乡	24185	1	31	36316	6	4	18
灵宝市西阎乡	14900		39	53093	21		79
宛城区官庄镇	4910	1	12	37045	13	2	39
宛城区瓦店镇	8746	2	19	64078	89	11	60
宛城区红泥湾镇	13664	1	26	79185	85	21	81
宛城区黄台岗镇	9070		20	58216	54	7	27
宛城区金华镇	6865		24	52871	60	2	88
宛城区高庙镇	8140		24	50801	60	3	26
宛城区溧河乡	4701		12	33794	61	22	48
宛城区汉冢乡	8187		16	50360	20	3	64
宛城区茶庵乡	5118		18	40197	94	4	107
卧龙区石桥镇	3973		12	46039	17	2	308
卧龙区潦河镇	7644		26	73789	78	6	55
卧龙区安皋镇	7428		15	43654	26	2	56
卧龙区蒲山镇	12470	2	31	105351	107	18	220
卧龙区陆营镇	7500		25	78280	85	1	72
卧龙区青华镇	9159		24	78865	33	2	72
卧龙区英庄镇	8940	2	27	89961	32	1	85
卧龙区潦河坡镇	10600		10	24731	18	1	47
卧龙区谢庄镇	10600		19	45736	21		30
卧龙区七里园乡	4621		11	30739	28	11	52
卧龙区王村乡	4422		12	38871	60	16	14
南召县城关镇	1075	6	1	54050	6	1	97
南召县留山镇	16940	2	20	38825	9	2	73
南召县云阳镇	13486	7	19	62083	56	10	97
南召县皇路店镇	11889	1	32	82061	91	9	89
南召县南河店镇	13059		25	55115	591	26	88
南召县板山坪镇	36460		24	28690	48	4	53
南召县乔端镇	34224		19	18425	16	6	21
南召县白土岗镇	19600		28	50135	198	18	78
南召县城郊乡	14400	2	16	40546	23	7	78
南召县小店乡	16853		25	42204	22	2	31
南召县皇后乡	15600	1	14	40208	116	6	22
南召县太山庙乡	8722		19	38073	12	2	17
南召县石门乡	9408		15	27164	39	5	15

续表 303　　河南省　　单位：公顷、个、人

名　称	行政区域面积	居民委员会(社区)个数	村民委员会个数	户籍人口	工业企业个数	#规模以上	营业面积50平方米以上的商店或超市个数
南召县四棵树乡	22250		25	33888	34	8	48
南召县马市坪乡	29200		19	24714	12	2	6
南召县崔庄乡	31328		25	44217	14	2	35
方城县独树镇	22403		44	88749	115	11	316
方城县博望镇	15715		51	112867	172	5	211
方城县拐河镇	17909		35	50729	16	8	85
方城县小史店镇	26552		42	84652	113	8	190
方城县赵河镇	15360		48	109425	18	7	405
方城县广阳镇	13628	1	38	79462	129	6	542
方城县杨楼镇	19930		40	79318	15	4	109
方城县券桥镇	7352		26	48830	78	4	82
方城县清河镇	14853		35	73489	64	3	136
方城县四里店镇	27940		38	63468	58	8	83
方城县古庄店镇	19253		44	81612	89	9	78
方城县杨集镇	15957		33	66592	85	6	91
方城县柳河镇	13168		25	50648	36	4	35
方城县二郎庙镇	11778		28	52032	75	8	85
方城县袁店回族乡	3561		9	20220	20	4	26
西峡县丹水镇	13313	1	28	45918	41	7	85
西峡县西坪镇	25670	1	19	37635	70	16	36
西峡县双龙镇	29367		22	24530	118	21	55
西峡县回车镇	18743	3	20	40357	269	21	65
西峡县丁河镇	40026		29	37585	198	16	24
西峡县桑坪镇	27503		20	27198	186	4	2
西峡县米坪镇	21933		17	24348	79	16	36
西峡县五里桥镇	22278		22	59658	153	19	315
西峡县重阳镇	23237		20	31420	132	14	53
西峡县太平镇	30453		11	11192	218	9	20
西峡县阳城镇	9782		15	17296	75	8	28
西峡县二郎坪镇	20207		12	9744	51	7	13
西峡县石界河镇	19524	1	9	11741	36	7	22
西峡县军马河镇	16370		13	18196	86	8	25
西峡县田关镇	9097		19	22294	55	8	25
西峡县寨根乡	16885		7	8449	30	6	11
镇平县石佛寺镇	8714	1	21	62112	7	5	80
镇平县晁陂镇	4501		24	55505	21	5	58
镇平县贾宋镇	5587	1	23	65504	70	4	53
镇平县侯集镇	6925		28	70519	7	6	117
镇平县老庄镇	14034	1	22	38619	45	8	20
镇平县卢医镇	5228		16	39621	6	3	50
镇平县遮山镇	6872		17	38376	70	13	25
镇平县高丘镇	17255		29	65134	2	1	40
镇平县曲屯镇	5017		13	35557	5	4	32
镇平县枣园镇	6197		19	45259	29	5	23
镇平县杨营镇	5707		20	62968	47	3	57

续表 304　　河南省　　单位：公顷、个、人

名　称	行政区域面积	居民委员会(社区)个数	村民委员会个数	户籍人口	工业企业个数	#规模以上	营业面积50平方米以上的商店或超市个数
镇平县安字营镇	6886		25	59663	8	3	34
镇平县张林镇	8410		31	72028	16	4	97
镇平县柳泉铺镇	6398		19	40479	22	8	55
镇平县彭营镇	7271		19	58842	5	3	42
镇平县二龙乡	14876		14	16719	3	2	28
镇平县王岗乡	3860		16	30842	28	8	26
镇平县马庄乡	3806		10	33564	9	4	45
镇平县郭庄回族乡	1623		9	13935	4	1	13
内乡县城关镇	1300	6	6	71750	13	5	18
内乡县夏馆镇	35386		19	25562	47	5	39
内乡县师岗镇	12147		27	71492	16	4	65
内乡县马山口镇	28300	1	24	66391	15	2	85
内乡县湍东镇	12340		26	68176	203	51	77
内乡县赤眉镇	15436		21	51569	34	2	30
内乡县瓦亭镇	8096		16	35015	5	2	41
内乡县王店镇	8240		19	53049	17	2	19
内乡县灌涨镇	9124		25	57535	145	6	73
内乡县桃溪镇	12636		9	28790	44	2	12
内乡县岞岖镇	12919		16	32780	21	2	50
内乡县余关镇	11176		18	39111	8	2	29
内乡县板场乡	15544		16	11789	76	2	19
内乡县大桥乡	5296		15	37786	22	6	18
内乡县赵店乡	9076		15	49161	25	6	52
内乡县七里坪乡	32841		16	17569	10	1	27
淅川县荆紫关镇	16666	1	37	58158	35	8	152
淅川县老城镇	11777		19	23189	5	1	42
淅川县香花镇	31874		25	34785	11	3	36
淅川县厚坡镇	15730	1	44	106425	54	15	170
淅川县丹阳镇	13600	1	30	70046	106	17	210
淅川县盛湾镇	31490	37	36	46326	22		43
淅川县金河镇	15912	11	20	39910	13	5	87
淅川县寺湾镇	14170	1	29	41623	5	3	47
淅川县仓房镇	15568		12	11140	25	1	20
淅川县上集镇	18802	20	39	77852	23	13	180
淅川县马蹬镇	20800	2	32	42283	13	1	55
淅川县西簧乡	23500	1	20	32690	7	3	23
淅川县毛堂乡	20958		32	30124	24	9	50
淅川县大石桥乡	13052		28	21418	4	1	22
淅川县滔河乡	15626	1	37	36180	8		40
社旗县赊店镇	2312	18	2	64325	952	4	135
社旗县桥头镇	8347		18	51685	30	6	68
社旗县饶良镇	10851		18	65618	122	1	40
社旗县兴隆镇	5180		9	30219	8	3	34
社旗县晋庄镇	5543		16	33754	81	1	43
社旗县李店镇	11354		22	61299	42	3	47

续表 305　　河南省　　单位：公顷、个、人

名　称	行政区域面积	居民委员会(社区)个数	村民委员会个数	户籍人口	工业企业个数	#规模以上	营业面积50平方米以上的商店或超市个数
社旗县苗店镇	7165		17	43154	42	1	63
社旗县郝寨镇	10146		24	66870	14	4	126
社旗县朱集镇	11049		27	67569	28		256
社旗县下洼镇	11435		19	58872	23	2	395
社旗县太和镇	6177		8	37326	45	3	32
社旗县大冯营镇	6607		16	42533	16	5	48
社旗县陌陂镇	6671		19	47598	10	3	57
社旗县唐庄乡	6504		18	43732	33	5	32
唐河县源潭镇	15486	1	43	96168	19	5	135
唐河县张店镇	12739		24	74211	157	6	70
唐河县郭滩镇	12200	1	31	87051	210	5	78
唐河县湖阳镇	14950	3	23	60972	229	7	67
唐河县黑龙镇	11980	3	24	57728	22	4	82
唐河县大河屯镇	13700		26	84681	36	10	99
唐河县龙潭镇	9800		23	52160	254	7	28
唐河县桐寨铺镇	16000		39	93410	30	8	86
唐河县苍台镇	8570		20	53633	3	2	68
唐河县上屯镇	11700		32	77631	32	9	60
唐河县毕店镇	11330		23	69483	139	5	65
唐河县少拜寺镇	9900		20	51916	17	4	103
唐河县祁仪镇	18720		26	48863	30	4	39
唐河县马振抚镇	16171		24	54945	36	2	81
唐河县城郊乡	5873		23	40097	45	10	71
唐河县桐河乡	9536		20	40370	167	4	50
唐河县昝岗乡	14880		27	79031	129	10	71
唐河县古城乡	11270		26	68671	176	13	73
唐河县东王集乡	8400		20	57069	12	5	23
新野县王庄镇	6300		19	38634	126	9	34
新野县沙堰镇	7999		21	53067	39	8	54
新野县新甸铺镇	10600		26	64179	166	12	68
新野县施庵镇	10600		24	68977	38	8	61
新野县歪子镇	10255		22	76728	187	10	42
新野县五星镇	8200		20	55817	70	11	65
新野县溧河铺镇	9600		27	62190	155	13	67
新野县王集镇	7400		18	56885	19	6	53
新野县城郊乡	6650		15	43524	42	9	51
新野县前高庙乡	5906		17	47130	113	6	35
新野县樊集乡	4600		13	34018	98	7	30
新野县上庄乡	8300		18	58980	24	7	44
新野县上港乡	6150		16	44408	142	28	43
桐柏县城关镇	1107	14		62863	44	2	51
桐柏县月河镇	12870		18	42253	11	4	8
桐柏县吴城镇	14016		16	34709	17	3	49
桐柏县固县镇	12045	1	12	30843	116	8	35
桐柏县毛集镇	17658		19	44893	24	10	57

续表 306　　河南省　　单位：公顷、个、人

名　　称	行政区域面积	居民委员会(社区)个数	村民委员会个数	户籍人口	工业企业个数	#规模以上	营业面积50平方米以上的商店或超市个数
桐柏县大河镇	15073		13	17170	2		11
桐柏县埠江镇	4316	2	10	37441	46	2	60
桐柏县平氏镇	4759		12	28712	81	1	16
桐柏县淮源镇	16945		14	25899	85	2	21
桐柏县黄岗镇	12710		14	21485	21	9	23
桐柏县安棚镇	9347		16	38226	43	9	53
桐柏县朱庄镇	13712		9	13788	29	6	16
桐柏县程湾镇	12944		12	19405	17	6	20
桐柏县城郊乡	21139		21	38433	99	11	60
桐柏县回龙乡	15756		10	10845	3	1	11
桐柏县新集乡	6988		11	23052	15	3	25
南阳市城乡一体化示范区新店乡	9260	25		80552	80	11	95
邓州市罗庄镇	8080	2	22	56840	6	3	128
邓州市汲滩镇	8816	2	30	75426	22	3	111
邓州市穰东镇	9898	4	28	90162	356	10	105
邓州市孟楼镇	5450	4	11	29374	8	1	22
邓州市林扒镇	8761	3	17	57406	4	1	63
邓州市构林镇	16275	6	24	99091	30	12	40
邓州市十林镇	9218	3	25	73473	14	1	62
邓州市张村镇	8665	2	24	78268	14	4	146
邓州市都司镇	9530	2	18	53982	12	1	33
邓州市赵集镇	12600	2	25	84818	22	6	121
邓州市刘集镇	12900	3	23	77890	25	3	78
邓州市桑庄镇	8035	1	18	64720	12	5	83
邓州市彭桥镇	10471	2	19	51569	12	3	75
邓州市白牛镇	7528	1	24	55445	17	2	37
邓州市腰店镇	8064	4	22	63293	22	9	104
邓州市九龙镇	7650	1	19	56779	28		113
邓州市文渠镇	7738		21	71475	11	3	78
邓州市高集镇	7867	2	21	73979	9	1	20
邓州市夏集镇	11077	2	28	86826	53	7	126
邓州市陶营镇	9330	2	16	58545	21	5	63
邓州市小杨营镇	4868	1	16	44701	12	1	25
邓州市张楼乡	6149	2	20	50816	270	10	203
邓州市裴营乡	14792	2	28	103512	246	5	324
邓州市龙堰乡	8360		23	65850	52	5	93
梁园区谢集镇	5740		25	49625	11	4	71
梁园区双八镇	4287		14	41796	132	4	140
梁园区观堂镇	6700		25	50004	11	5	224
梁园区刘口镇	5510		17	39977	7	5	25
梁园区水池铺镇	5750		21	45830	21	5	28
梁园区李庄镇	9600		26	67820	35	10	124
梁园区王楼乡	4700		18	37835	98	16	75
梁园区孙福集乡	5351		30	49402	9	6	534
睢阳区宋集镇	6986		22	49258	17	11	102

续表 307　　河南省　　单位：公顷、个、人

名　　称	行政区域面积	居民委员会(社区)个数	村民委员会个数	户籍人口	工业企业个数	#规模以上	营业面积50平方米以上的商店或超市个数
睢阳区郭村镇	9660		30	68965	28	4	192
睢阳区李口镇	6450		23	57128	44	6	160
睢阳区高辛镇	6600		25	62553	2	1	108
睢阳区坞墙镇	7770		23	55229	149	9	579
睢阳区冯桥镇	5930		17	37456	56	6	34
睢阳区路河镇	7823		26	70490	62	13	607
睢阳区闫集镇	7002	4	23	61335	65	14	135
睢阳区毛固堆镇	6616		24	60910	73	8	84
睢阳区包公庙镇	5190		20	43770	24	2	463
睢阳区临河店镇	5430		22	50860	88	4	182
睢阳区娄店乡	4328		18	39409	7		45
睢阳区勒马乡	8178		23	62281	38	8	697
民权县人和镇	7054		43	61860	255	23	73
民权县龙塘镇	7840		34	74994	171	17	80
民权县北关镇	9221		39	85346	98	13	117
民权县程庄镇	10933		54	96916	51	12	235
民权县王庄寨镇	4666		22	41738	8	5	62
民权县孙六镇	6034		26	44853	172	15	156
民权县白云寺镇	8663		41	77338	168	15	93
民权县王桥镇	6687		39	64641	60	9	111
民权县庄子镇	4822		22	39881	22	16	52
民权县双塔镇	6850		28	38148	62	14	61
民权县野岗镇	9433		40	60250	128	13	72
民权县伯党乡	2713		9	24489	14	10	29
民权县花园乡	3497		17	27790	76	33	78
民权县林七乡	5737		23	45437	71	15	380
民权县胡集乡	2342		13	21017	12	8	32
民权县褚庙乡	5110		20	42461	10	8	50
民权县老颜集乡	5883		27	45670	53	12	83
睢县长岗镇	4099		25	43240	14	2	109
睢县平岗镇	4277		25	44610	9	7	30
睢县周堂镇	4034		24	38536	16	4	79
睢县蓼堤镇	6051		27	53268	17	4	63
睢县西陵寺镇	7041		31	54297	48	5	84
睢县城关镇	1172	7	7	58279	55	11	38
睢县潮庄镇	4017		29	42139	25	5	118
睢县尚屯镇	5248		25	47369	27	8	40
睢县后台乡	2964		16	28300	16	11	30
睢县河集乡	5105		34	58679	48	4	93
睢县孙聚寨乡	5202		30	52236	10	3	57
睢县白楼乡	3468		26	38925	33	5	41
睢县河堤乡	4110		29	45357	36	4	97
睢县白庙乡	3805		21	37779	18	5	67
睢县胡堂乡	2990		17	25209	17	4	23
睢县尤吉屯乡	4411		29	42003	21	9	32

续表 308　　河南省　　单位：公顷、个、人

名　　称	行政区域面积	居民委员会(社区)个数	村民委员会个数	户籍人口	工业企业个数	#规模以上	营业面积50平方米以上的商店或超市个数
睢县涧岗乡	4539		22	36400	42	6	45
睢县匡城乡	5973		39	61286	29	5	64
宁陵县城关回族镇	1324	5	5	56150	51		182
宁陵县张弓镇	4431		27	53193	74	6	87
宁陵县柳河镇	7785		27	65089	58	11	88
宁陵县逻岗镇	10732	1	31	55759	60	6	62
宁陵县石桥镇	6982		23	58458	22	2	186
宁陵县黄岗镇	4937		25	46416	67	6	75
宁陵县华堡镇	7251		41	71807	64	2	183
宁陵县刘楼乡	4798		22	47442	53	4	38
宁陵县程楼乡	3970		22	43439	33	3	29
宁陵县乔楼乡	5295		29	49242	76	6	90
宁陵县城郊乡	4502		26	42450	51	7	33
宁陵县阳驿乡	6912		31	56247	65	4	80
宁陵县孔集乡	5637		25	41683	56	2	141
宁陵县赵村乡	5148		25	47031	38		108
柘城县陈青集镇	5402		25	51613	26	3	288
柘城县起台镇	6447		29	52386	121	6	182
柘城县胡襄镇	5539		30	51133	29	2	56
柘城县慈圣镇	6002		34	67085	47	3	245
柘城县安平镇	8190		34	81077	9	8	106
柘城县远襄镇	5278		26	52870	15	4	99
柘城县岗王镇	5203	1	27	67239	72	10	69
柘城县伯岗镇	5480		30	60550	79		75
柘城县张桥镇	3700		20	44933	90	2	82
柘城县老王集镇	4630		20	44242	42	4	87
柘城县朱襄镇	5581		22	45766	42	5	232
柘城县洪恩乡	3400		16	38193	64	3	80
柘城县马集乡	4755		22	41979	29	3	76
柘城县牛城乡	5567		24	45230	36	6	118
柘城县惠济乡	6067		27	58855	44	4	86
柘城县申桥乡	5157		21	55435	59	6	87
柘城县李原乡	4380		21	54747	15	1	57
柘城县皇集乡	4128		14	45140	46	2	80
虞城县城关镇	1200	9	3	58068	287	60	103
虞城县界沟镇	6641		25	52126	145	4	69
虞城县木兰镇	6310		20	34120	172	62	201
虞城县杜集镇	7304		32	63968	275	5	299
虞城县谷熟镇	3424		21	37142	238	7	82
虞城县大杨集镇	6016		17	39916	55	2	162
虞城县利民镇	7210	4	33	62389	35	18	345
虞城县张集镇	5600		27	53985	9	4	76
虞城县站集镇	4963		27	51650	56	14	96
虞城县稍岗镇	10329		44	82166	478	28	242
虞城县乔集镇	4490		17	38615	196	1	188

续表 309　　河南省　　单位：公顷、个、人

名　　称	行政区域面积	居民委员会(社区)个数	村民委员会个数	户籍人口	工业企业个数	#规模以上	营业面积50平方米以上的商店或超市个数
虞城县大侯镇	11281		36	72844	347	7	85
虞城县黄冢乡	6200		24	53497	42	10	97
虞城县沙集乡	4777		22	44802	69	3	182
虞城县店集乡	4929		30	51121	148	4	66
虞城县闻集乡	6088		25	53113	59	4	224
虞城县芒种桥乡	2680		17	30298	16	2	62
虞城县刘店乡	6303		37	71039	30	12	235
虞城县城郊乡	5230	1	28	63157	182	60	135
虞城县郑集乡	4600		21	35024	51	2	63
虞城县李老家乡	7186		33	62798	64	6	172
虞城县镇里堌乡	4521		15	36153	11	2	109
虞城县古王集乡	1977		8	15489	23	3	85
虞城县刘集乡	7112		23	54310	68	4	193
虞城县田庙乡	2991		13	34016	12	7	121
夏邑县城关镇	2495	10	13	112706	46	19	268
夏邑县会亭镇	6440		35	58862	138	20	102
夏邑县马头镇	5441		26	52668	48	3	160
夏邑县济阳镇	5102		27	41455	57		86
夏邑县李集镇	10414		49	84248	105	10	111
夏邑县车站镇	7102		31	64084	76	6	90
夏邑县杨集镇	6228		37	56400	32	2	97
夏邑县韩道口镇	6931		31	60567	26		194
夏邑县太平镇	8630		33	67683	48	4	121
夏邑县罗庄镇	4770		21	42315	34	3	142
夏邑县火店镇	6894		34	54322	36	2	61
夏邑县北岭镇	6951		35	58650	55		72
夏邑县郭店镇	6142		28	49580	79	11	89
夏邑县曹集乡	4900	4	24	48230	258	109	350
夏邑县胡桥乡	6777		33	54522	38	14	73
夏邑县歧河乡	6610		26	48243	31	3	100
夏邑县业庙乡	6914		33	59792	55	2	66
夏邑县中峰乡	4290		23	36346	10		101
夏邑县桑堌乡	6999		33	58579	36		110
夏邑县何营乡	4501		24	39731	292	7	50
夏邑县王集乡	5187		32	47705	65	2	42
夏邑县刘店集乡	4318		26	40130	34	9	81
夏邑县骆集乡	6500		36	53190	56	3	100
夏邑县孔庄乡	7451		39	64257	2	1	120
豫东综合物流产业聚集区张阁镇	4200		16	38385	22	10	132
豫东综合物流产业聚集区贾寨镇	7682		30	62951	41	4	46
商丘经济开发区周集乡	3600	1	15	32689	9	2	52
永城市芒山镇	7100		26	62703	48	9	103
永城市高庄镇	7600		31	61036	63	18	51
永城市酂城镇	7036		33	60797	18	10	989
永城市裴桥镇	11958		30	73590	22	7	390

续表 310　　河南省　　单位：公顷、个、人

名　称	行政区域面积	居民委员会(社区)个数	村民委员会个数	户籍人口	工业企业个数	#规模以上	营业面积50平方米以上的商店或超市个数
永城市马桥镇	10337		30	67434	28	8	497
永城市薛湖镇	12512		54	93650	48	11	650
永城市蒋口镇	8386		33	62998	16	7	190
永城市陈集镇	7706		34	69163	150	9	399
永城市十八里镇	4781	1	19	35352	18	14	33
永城市太丘镇	4859		20	37861	95	5	90
永城市李寨镇	7073		21	43348	30	4	56
永城市苗桥镇	5321		20	38337	39	9	59
永城市顺和镇	6196		29	45043	98	8	138
永城市茴村镇	5159		24	44396	40	8	36
永城市酂阳镇	7213		30	58295	24	9	90
永城市龙岗镇	7856		28	59666	47	14	128
永城市马牧镇	6286		30	52322	30	7	176
永城市大王集镇	5665		17	40652	18	10	65
永城市刘河镇	6850		27	51188	11	5	289
永城市双桥镇	8160		25	52436	12	8	56
永城市卧龙镇	6163		17	44982	80	25	120
永城市黄口镇	7260		20	47689	18	3	53
永城市新桥镇	7438		18	52126	32	9	49
永城市条河镇	6453		26	59888	27	4	85
永城市陈官庄乡	3150		14	25168	7	5	16
浉河区李家寨镇	23450	2	18	30838			42
浉河区吴家店镇	14980	2	19	55564	25	2	57
浉河区东双河镇	11780	1	19	41530	70	2	43
浉河区董家河镇	25710	1	24	44665	18	1	49
浉河区浉河港镇	23110	1	17	31047	82	2	90
浉河区游河乡	13940	1	18	58118	13	3	96
浉河区谭家河乡	28200	1	17	33506	36	2	26
浉河区柳林乡	10590	1	12	24664	7	3	18
浉河区十三里桥乡	10174	1	15	36066	37	10	47
平桥区明港镇	16700	11	24	120780	100	36	111
平桥区五里镇	7983	1	10	28443	10	1	13
平桥区邢集镇	15950	1	14	43565	23	8	30
平桥区平昌镇	10160	1	17	63993	5		162
平桥区洋河镇	10000	2	14	31860	22	6	13
平桥区肖王镇	9114	1	9	39769	3		84
平桥区龙井乡	10100	1	14	29252	1		25
平桥区胡店乡	14830		18	46883	4	1	59
平桥区彭家湾乡	5938	1	8	22978	6		22
平桥区长台乡	6111	1	9	33796	95	1	40
平桥区肖店乡	5050	1	12	26646	3	1	27
平桥区王岗乡	10000		15	38046	9	4	15
平桥区高粱店乡	10500	1	12	25643	3	2	17
平桥区查山乡	7904	2	12	33208	6	3	58
罗山县周党镇	12550	4	19	57120	6	3	13

续表 311　　河南省　　单位：公顷、个、人

名　　称	行政区域面　　积	居民委员会(社区)个数	村民委员会个　　数	户籍人口	工业企业个　　数	#规模以上	营业面积50平方米以上的商店或超市个数
罗山县竹竿镇	11076	1	21	55594	6	4	57
罗山县灵山镇	12500	3	10	25368	9	2	10
罗山县子路镇	14303	1	23	49692	6	2	29
罗山县楠杆镇	12686	3	15	39963	12	8	25
罗山县青山镇	9700	1	14	30316	29	1	21
罗山县潘新镇	9500	1	13	36911	4	1	95
罗山县彭新镇	19600	1	19	48856	6	1	72
罗山县莽张镇	12601	1	19	47850	7	2	11
罗山县东卜镇	8930	1	15	46105	98	4	55
罗山县铁铺镇	11800	1	9	16132	20	1	25
罗山县庙仙乡	9200		15	37379	2	1	64
罗山县定远乡	10500	1	16	36887	13	9	15
罗山县山店乡	9911		14	23690	6		8
罗山县朱堂乡	10239	1	10	27847	25		13
罗山县尤店乡	8210	2	10	33289	10	3	78
罗山县高店乡	10400	1	12	43906	16	1	57
光山县十里镇	5400	3	10	35051	29	7	40
光山县寨河镇	11766	1	17	53836	46	3	39
光山县孙铁铺镇	14781	3	25	71003	5	3	52
光山县马畈镇	10021	3	13	47418	13	4	144
光山县泼陂河镇	14210	1	23	68138	23	6	391
光山县白雀园镇	12770	1	33	67306	24	6	150
光山县砖桥镇	6960	1	13	33346	2	1	45
光山县仙居乡	11000	1	17	44363			62
光山县北向店乡	7580	2	13	36492	4	1	18
光山县罗陈乡	7800	1	13	30724	10	4	42
光山县殷棚乡	5270		9	18781	3		36
光山县南向店乡	9350	1	18	41626	9	3	25
光山县晏河乡	14193	2	23	61000	6	4	60
光山县凉亭乡	6250		15	25646	29	5	41
光山县斛山乡	13400	2	22	52669	23	4	97
光山县槐店乡	10257	4	14	39804	75	52	45
光山县文殊乡	12300	1	21	49588	5	1	32
新县新集镇	14571	14	7	81923	51	2	77
新县沙窝镇	13158	1	13	31867	21	4	176
新县吴陈河镇	5341	1	14	22857	3		64
新县苏河镇	9544	1	14	27480	17	4	65
新县八里畈镇	8858	1	11	28255	16	3	20
新县周河乡	11093	1	10	14800	2	1	40
新县陡山河乡	13384	1	14	22455			33
新县浒湾乡	4949	1	11	17688	26	1	14
新县千斤乡	9738	2	17	34178	20	1	25
新县卡房乡	11614	1	8	9293	7	1	25
新县郭家河乡	7704	1	6	10435	1		25
新县陈店乡	7510	1	9	16103	8	1	22

续表 312　　河南省　　单位：公顷、个、人

名　称	行政区域面积	居民委员会(社区)个数	村民委员会个数	户籍人口	工业企业个数	#规模以上	营业面积50平方米以上的商店或超市个数
新县箭厂河乡	6196	1	12	18368	13	2	20
新县泗店乡	9756	4	8	15600	21	1	56
新县田铺乡	11140	2	6	7863			7
商城县上石桥镇	15190	4	30	84611	63	8	165
商城县鄢岗镇	11550		22	54229	24	5	59
商城县双椿铺镇	16120	1	29	61411	91	7	63
商城县汪桥镇	9130	2	23	51317	41	5	31
商城县余集镇	8940	2	24	50437	42	2	7
商城县达权店镇	15360	1	22	33058	11		217
商城县丰集镇	8602		16	43521	10	2	38
商城县汪岗镇	7950		16	28752	29	1	68
商城县观庙镇	9140	1	19	39963	26	1	45
商城县金刚台镇	9178		12	26382	15	2	80
商城县河凤桥乡	7842		19	43129	85	3	30
商城县李集乡	9574		16	35591	43	3	32
商城县苏仙石乡	9230		10	16038	55	2	83
商城县伏山乡	14160		18	31625	18		60
商城县吴河乡	11150		16	30636	104	2	82
商城县冯店乡	13220		16	25682	12	3	69
商城县长竹园乡	22900		22	35572	4	2	120
固始县陈淋子镇	10600	6	19	63409	195	80	84
固始县黎集镇	15189	3	22	82757	60	7	43
固始县蒋集镇	7500	4	20	73514	67	5	37
固始县往流镇	9840	3	18	59527	14	1	55
固始县郭陆滩镇	9833	2	19	59326	17	8	73
固始县胡族铺镇	20100	2	28	84614	27	7	125
固始县方集镇	10095	2	18	39249	5	2	52
固始县三河尖镇	7920	2	16	41442	79	7	38
固始县段集镇	10776	3	16	33620	38	8	51
固始县汪棚镇	12961	5	18	61600	27	8	80
固始县张广庙镇	10139	4	21	49452	17	7	40
固始县陈集镇	10300	1	21	66342	149	10	58
固始县武庙集镇	10786	3	14	33857	11	6	53
固始县分水亭镇	8300	2	21	56777	5	4	34
固始县石佛店镇	6400	2	12	43299	15	1	19
固始县泉河铺镇	8498	2	16	44978	12	2	15
固始县祖师庙镇	9261	3	14	39732	18	6	55
固始县李店镇	7320	3	14	53247	5	1	30
固始县沙河铺镇	7100	4	20	70331	32	8	71
固始县徐集镇	7500	3	15	59142	8	1	62
固始县洪埠乡	8694	2	18	75667	22	5	51
固始县杨集乡	11636	3	16	50473	12	1	43
固始县马堽集乡	10241	1	16	46682	15	6	46
固始县草庙集乡	7726	3	12	38759	7	3	41
固始县南大桥乡	6519	2	12	41242	22	2	77

续表 313　　河南省　　单位：公顷、个、人

名　　称	行政区域面　　积	居民委员会(社区)个数	村民委员会个　　数	户籍人口	工业企业个　　数	#规模以上	营业面积50平方米以上的商店或超市个数
固始县赵岗乡	6505	2	13	30613	19	2	39
固始县张老埠乡	7650	3	16	36457	3	2	68
固始县丰港乡	8300	2	21	69594	16	11	73
固始县柳树店乡	3983	1	13	38116	3		32
固始县观堂乡	7661	1	12	34270	5	1	35
潢川县双柳树镇	8450	1	14	57497	45	4	89
潢川县伞陂镇	9864		16	40954	9	1	29
潢川县卜塔集镇	4000	1	9	29764	2		35
潢川县仁和镇	9598	1	15	40926	7	5	69
潢川县付店镇	8570	1	13	37454	8	1	57
潢川县踅孜镇	5400	1	8	32380	6	1	40
潢川县桃林铺镇	12600		16	39173	35	4	52
潢川县黄寺岗镇	11773	1	12	46620	18	5	52
潢川县江家集镇	9740		14	41616	36	9	112
潢川县魏岗镇	12600	1	20	57655	60	16	93
潢川县传流店乡	8210		11	35067	4	2	55
潢川县张集乡	9607		15	38591	13	7	59
潢川县来龙乡	8300		13	50553	10	3	41
潢川县隆古乡	7441		11	29104	2	1	31
潢川县谈店乡	13042	2	20	53974	53	5	101
潢川县上油岗乡	8627		18	35627	22	1	32
潢川县白店乡	11859		21	49436	15	3	69
潢川县河南省潢川经济技术开发区	1583	1	4	8288	43	14	35
淮滨县马集镇	6954		15	37092	9	4	30
淮滨县防胡镇	7810		16	57570	35	4	38
淮滨县新里镇	7800		19	46590	18	2	142
淮滨县期思镇	8500		16	44304	57	1	107
淮滨县赵集镇	4800		14	38462	4	1	95
淮滨县台头乡	7300		14	40848	53	4	41
淮滨县王家岗乡	4629		17	37915	7	2	32
淮滨县固城乡	7889		20	54223	54	7	106
淮滨县三空桥乡	7100		22	49889	2	1	95
淮滨县张里乡	6000		12	35585	42	1	24
淮滨县邓湾乡	5100		13	35993	1		62
淮滨县张庄乡	9150		14	34628	25	6	55
淮滨县王店乡	11400		17	39838	17	1	95
淮滨县谷堆乡	7679		24	65997	97	3	122
淮滨县芦集乡	9100		25	60975	3	1	120
息县包信镇	8737	1	19	61762	18	7	53
息县夏庄镇	7935		16	47334	4	2	48
息县东岳镇	11200		20	59133	6	2	31
息县项店镇	11846		18	61585	6	4	60
息县小茴店镇	14465		25	81501	6	5	37
息县曹黄林镇	12200		21	62358	43	3	25
息县孙庙乡	9812		12	34555	5	3	37

续表 314　　　　河南省　　　　单位：公顷、个、人

名称	行政区域面积	居民委员会(社区)个数	村民委员会个数	户籍人口	工业企业个数	#规模以上	营业面积50平方米以上的商店或超市个数
息县路口乡	12300		20	51408	3	1	21
息县彭店乡	9560	15	14	40946	7		16
息县杨店乡	10628		20	51603	12	3	45
息县张陶乡	10100		18	57307	9	3	33
息县白土店乡	8641		16	47728	15	1	36
息县岗李店乡	7400		21	61789	5	3	43
息县长陵乡	5889	15	14	36809	7		31
息县陈棚乡	5104		10	35082	7	1	22
息县临河乡	8556		15	50165	2	1	25
息县关店乡	9068		22	74285	3		35
息县八里岔乡	14049		20	63050	11	6	45
淮阳区城关回族镇	4075	8	9	93055	96	3	557
淮阳区新站镇	6534		28	81880	146	4	110
淮阳区鲁台镇	6473		26	85988	36	3	217
淮阳区四通镇	6850		28	64911	21	4	149
淮阳区临蔡镇	7521		24	73383	22		75
淮阳区安岭镇	10137		34	94007	52	1	102
淮阳区白楼镇	5820		19	57664	32	3	52
淮阳区刘振屯镇	7839		26	83434	120	17	98
淮阳区朱集乡	7155		31	85422	22	2	86
淮阳区豆门乡	5068		20	60931	8	2	56
淮阳区冯塘乡	8813		28	97251	49	1	156
淮阳区大连乡	9293		32	94036	231	3	129
淮阳区葛店乡	7232		25	81992	20	1	49
淮阳区黄集乡	6101		20	64435	50		86
淮阳区齐老乡	9310		28	81385	473	3	66
淮阳区郑集乡	7459		22	68795	2		80
淮阳区曹河乡	8253		23	67779	8	1	75
扶沟县崔桥镇	8402		34	58496	15	8	86
扶沟县江村镇	9318		36	71041	16	9	77
扶沟县白潭镇	8861	1	32	52779	44	4	107
扶沟县韭园镇	7901		40	57995	22	7	155
扶沟县练寺镇	8821		28	54647	4	3	68
扶沟县大新镇	7713		22	43783	4	2	35
扶沟县包屯镇	8384		28	53520	17	2	66
扶沟县汴岗镇	8231		27	49951	29	6	133
扶沟县曹里乡	8030		26	47058	34	3	55
扶沟县柴岗乡	5944		25	43718	21	6	68
扶沟县固城乡	7687		24	52851	30	5	135
扶沟县吕潭乡	9698		34	55304	5	3	71
扶沟县大李庄乡	3211		14	28415	6	4	35
扶沟县城郊乡	2720		14	26896	17	9	39
西华县西夏亭镇	7331	9	27	65190	50	6	122
西华县逍遥镇	5686		29	53765	10	6	60
西华县奉母镇	7286		35	59405	6	3	125

续表 315　　河南省　　单位：公顷、个、人

名　　称	行政区域面　　积	居民委员会(社区)个数	村民委员会个　　数	户籍人口	工业企业个　　数	#规模以上	营业面积50平方米以上的商店或超市个数
西华县红花集镇	9000	1	26	69475	32	14	138
西华县聂堆镇	7026		22	55172	14	6	81
西华县东夏亭镇	4926		23	41635	20	3	60
西华县西华营镇	7490		31	67076	2	1	127
西华县址坊镇	5131		21	38972	100	4	40
西华县迟营镇	5303	2	21	47585	33	4	75
西华县田口乡	4515		17	35412	20	4	68
西华县清河驿乡	4839		19	37167	62	4	35
西华县东王营乡	4022		20	35094	107	3	62
西华县大王庄乡	4198		20	36529	9	3	20
西华县李大庄乡	4463		19	45336	9	4	43
西华县叶埠口乡	5701		28	60835	124	3	50
西华县黄桥乡	4480		17	37696	106	7	17
西华县艾岗乡	5605		22	42897	4	3	58
商水县黄寨镇	6165		24	62794	85	3	152
商水县练集镇	5127		23	56869	24	2	73
商水县魏集镇	5977		29	72287	60	3	136
商水县固墙镇	8200		37	92990	12	1	165
商水县白寺镇	6191		23	52043	206	8	63
商水县巴村镇	6377		28	56534	60	6	90
商水县谭庄镇	9588		38	78152	61	3	108
商水县邓城镇	6920		30	68213	8	3	125
商水县胡吉镇	5600	1	28	60046	320	3	36
商水县郝岗镇	5100		27	52161	35	3	49
商水县姚集镇	8300		38	81809	4	3	105
商水县张庄镇	7145		28	60260	9	1	86
商水县城关乡	2780	2	15	41457	81	8	63
商水县平店乡	5500		28	62947	168	5	20
商水县袁老乡	5530		27	57960	36	2	272
商水县化河乡	3800		22	49602	22	1	48
商水县舒庄乡	5993		29	48506	4	3	158
商水县大武乡	5506		32	55592	40	1	55
商水县张明乡	6180		23	69085	10		107
商水县汤庄乡	5701		24	52502	28	15	53
沈丘县槐店回族镇	3018	13	7	122243	203	82	276
沈丘县刘庄店镇	5827		36	74389	20	4	103
沈丘县留福镇	4747		22	63377	265	4	77
沈丘县老城镇	5491	7	36	69302	225	1	110
沈丘县赵德营镇	7019		33	82017	31	2	303
沈丘县付井镇	6820		31	83012	25	9	160
沈丘县纸店镇	3830		20	52894	204	3	269
沈丘县新安集镇	5151		28	61709	228	3	116
沈丘县白集镇	6111		38	79689	215	1	86
沈丘县刘湾镇	3375		18	38985	53	5	66
沈丘县莲池镇	4308		26	55197	185	7	89

续表 316　　河南省　　单位：公顷、个、人

名　称	行政区域面积	居民委员会(社区)个数	村民委员会个数	户籍人口	工业企业个数	#规模以上	营业面积50平方米以上的商店或超市个数
沈丘县洪山镇	6023		23	75039	26		166
沈丘县北杨集镇	4694		19	55186	6	1	62
沈丘县邢庄镇	2860		21	34130	12		43
沈丘县周营镇	4171		20	49366	33	3	56
沈丘县冯营镇	6750		29	71293	32	1	120
沈丘县石槽集乡	6284		33	66310	173	1	74
沈丘县范营乡	7010		35	75885	109	5	127
沈丘县李老庄乡	4703		29	59940	40	2	103
沈丘县卞路口乡	5499		24	58703	62	1	43
郸城县吴台镇	6905		25	81256	13	8	85
郸城县南丰镇	7723		28	67996	55	7	255
郸城县白马镇	11057		35	94337	23	4	277
郸城县宁平镇	7952		26	77562	12	8	156
郸城县宜路镇	12420		27	86059	15	9	142
郸城县钱店镇	8742		27	99000	32	8	120
郸城县汲冢镇	9495	2	31	86327	48	5	96
郸城县石槽镇	7175		25	75420	33	7	121
郸城县汲水镇	7981		27	76767	38	5	251
郸城县城郊乡	5190	3	17	51321	32	8	58
郸城县虎岗乡	8143		22	74600	19	10	96
郸城县张完集乡	8860		29	78842	25	2	102
郸城县丁村乡	7362		25	72618	12	7	276
郸城县双楼乡	4859		17	59384	26	3	109
郸城县秋渠乡	7520		26	76017	13	10	91
郸城县东风乡	4773		23	61634	9	7	40
郸城县巴集乡	6531		26	71813	9	6	57
郸城县李楼乡	6793		25	76111	15	9	80
郸城县胡集乡	6675	5	22	74434	83	16	54
太康县城关回族镇	1340	30		80273	82	7	96
太康县常营镇	10030		36	71089	49	1	180
太康县逊母口镇	9495		39	82257	208	2	161
太康县老冢镇	7500		40	78973	37	8	68
太康县朱口镇	10700		52	115833	183	3	221
太康县马头镇	10650		55	98753	114	4	99
太康县龙曲镇	5750		27	46021	15	1	43
太康县板桥镇	8939		33	68301	32	1	81
太康县符草楼镇	7114	1	34	62096	59	7	93
太康县马厂镇	10026		43	101486	30		117
太康县毛庄镇	6025		24	73295	225	6	185
太康县张集镇	6189		25	67804	19	9	60
太康县清集镇	8500		35	68914	31	7	82
太康县大许寨镇	7582		34	68785	96	2	100
太康县转楼镇	7747		33	60327	25	2	105
太康县城郊乡	4426		18	46404	55	4	59
太康县杨庙乡	9778		30	63105	22	2	201

续表 317　　河南省　　单位：公顷、个、人

名　　称	行政区域面　积	居民委员会(社区)个数	村民委员会个　数	户籍人口	工业企业个　数	#规模以上	营业面积50平方米以上的商店或超市个数
太康县王集乡	8420		37	69526	16	8	62
太康县高贤乡	7409		29	65287	20	2	80
太康县芝麻洼乡	8100		30	68012	5	2	150
太康县独塘乡	6231		34	57629	126	1	76
太康县五里口乡	6127		23	59043	5	3	122
太康县高朗乡	8808		41	74514	9	1	52
鹿邑县涡北镇	4573	12	6	39663	381	109	58
鹿邑县玄武镇	5774	5	26	69105	231	9	73
鹿邑县宋河镇	5567	4	16	56982	43	7	122
鹿邑县太清宫镇	4842	10	9	52412	22	10	40
鹿邑县王皮溜镇	7854	2	25	71928	4	2	258
鹿邑县试量镇	6696	4	25	72231	42	6	197
鹿邑县辛集镇	5757	5	21	59770	26	5	98
鹿邑县马铺镇	6328	4	21	59052	34	12	93
鹿邑县贾滩镇	8035	3	28	76256	236	15	111
鹿邑县杨湖口镇	7518	4	38	87051	165	4	100
鹿邑县张店镇	5561	3	24	64886	12	11	32
鹿邑县观堂镇	6070	3	22	59034	86	4	75
鹿邑县生铁冢镇	5608	2	18	61135	52	16	60
鹿邑县郑家集乡	4270	2	12	35116	2	1	89
鹿邑县赵村乡	6387	3	29	68448	17	11	125
鹿邑县任集乡	6353	3	31	72289	3	2	101
鹿邑县唐集乡	4403	2	18	42801	12	8	54
鹿邑县高集乡	6363	2	21	56672	4	2	85
鹿邑县邱集乡	4208	2	17	50234	7	3	82
鹿邑县穆店乡	6362	2	34	63843	28	7	85
项城市南顿镇	5732		23	76215	135	10	136
项城市孙店镇	7080		34	96403	132	6	278
项城市李寨镇	6750		27	83503	3		242
项城市贾岭镇	8772		34	106559	4	2	219
项城市高寺镇	6468		26	74199	14	7	74
项城市新桥镇	7452		29	74674	7	3	241
项城市付集镇	4688		21	54492	3	2	125
项城市官会镇	7249		27	78983	50	5	167
项城市丁集镇	6364		30	67630	175	15	72
项城市郑郭镇	6037		25	66053	346	4	104
项城市秣陵镇	6240	4	29	71305	39	8	275
项城市王明口镇	7587		26	73392	56	2	72
项城市范集镇	5814		28	73296	141	3	61
项城市三店镇	6150		25	59433	42	7	81
项城市永丰镇	5775		29	69720	17	9	150
驿城区水屯镇	9617		19	72457	48	6	78
驿城区沙河店镇	9600		16	40503	5	4	90
驿城区板桥镇	24209		20	50235	20	4	49
驿城区诸市镇	7300	2	10	36439	4	3	50

续表 318　　河南省　　单位：公顷、个、人

名　称	行政区域面积	居民委员会(社区)个数	村民委员会个数	户籍人口	工业企业个数	#规模以上	营业面积50平方米以上的商店或超市个数
驿城区蚁蜂镇	11600		13	24746	36	3	53
驿城区老河乡	12700		12	37591	15		38
驿城区朱古洞乡	6943		7	23940	6	1	38
驿城区胡庙乡	14901		16	49578	35	8	47
西平县五沟营镇	5218		17	48425	6		115
西平县权寨镇	5743		13	38917	5	1	54
西平县师灵镇	6501		14	44395	16	4	87
西平县出山镇	10979		20	45706	14	1	52
西平县盆尧镇	6242		14	62161	20	3	68
西平县嫘祖镇	6606		20	42908	18	1	52
西平县宋集镇	6317		14	38698	14	4	52
西平县二郎镇	5844		13	49242	52	1	55
西平县重渠乡	5204		13	42648	13	2	55
西平县人和乡	6231		16	45295	29	2	70
西平县谭店乡	5532		20	43561	10	4	55
西平县芦庙乡	7448		12	47289	21	1	62
西平县杨庄乡	6140		16	38750	5	1	38
西平县专探乡	8041		22	62658	12	1	55
西平县蔡寨回族乡	2167		6	17552	11	2	28
西平县焦庄乡	4302		17	38045	18	1	66
上蔡县黄埠镇	4579	1	13	46352	62	2	111
上蔡县杨集镇	5600		20	78496	24		80
上蔡县洙湖镇	7209		24	67620	29		55
上蔡县党店镇	6450		19	71024	98		49
上蔡县朱里镇	8378		25	83586	16	2	20
上蔡县华陂镇	7600		21	67268	245		38
上蔡县塔桥镇	8252		24	89129	18		123
上蔡县东洪镇	9176	2	26	91597	17		23
上蔡县邵店镇	8001	1	19	80797	171	1	135
上蔡县五龙镇	4063		9	34211	71	1	23
上蔡县和店镇	9000		30	95815	9		52
上蔡县韩寨镇	5600		15	57125	28		49
上蔡县蔡沟镇	7512		23	75276	16	1	92
上蔡县大路李乡	5559	6	11	53654	13		20
上蔡县无量寺乡	6214		15	46520	17		81
上蔡县杨屯乡	3961		11	33028	4	1	22
上蔡县齐海乡	4482	1	12	44906	21	2	43
上蔡县崇礼乡	5600		16	63451	2		45
上蔡县东岸乡	6500		20	69395	18	3	64
上蔡县小岳寺乡	4810		16	46284	8		26
上蔡县西洪乡	5603	1	18	64616	44	1	110
上蔡县百尺乡	7988	1	18	75068			121
平舆县杨埠镇	7860	1	13	73254	25	6	53
平舆县东和店镇	7996	1	12	77226	33	14	298
平舆县庙湾镇	7529	1	14	65724	41	13	125

续表 319　　河南省　　单位：公顷、个、人

名　称	行政区域面积	居民委员会(社区)个数	村民委员会个数	户籍人口	工业企业个数	#规模以上	营业面积50平方米以上的商店或超市个数
平舆县射桥镇	6494	2	12	59562	52	9	48
平舆县西洋店镇	13074	1	18	89284	29	12	83
平舆县阳城镇	9763	2	15	78930	55	8	57
平舆县李屯镇	6450	1	9	44029	28	3	61
平舆县万金店镇	7380	1	11	60441	35	8	48
平舆县高杨店镇	7896	1	14	72196	16	12	129
平舆县万冢镇	7900	1	11	58521	20	4	98
平舆县十字路乡	4456		8	52696	13	6	33
平舆县玉皇庙乡	5625		10	48349	54	2	21
平舆县老王岗乡	7046		10	44199	28	7	48
平舆县辛店乡	5399		8	40352	15	10	60
平舆县双庙乡	4851		8	34317	21	7	42
正阳县寒冻镇	9964		16	54535	15	2	74
正阳县汝南埠镇	10455	1	24	64682	9	1	166
正阳县铜钟镇	10776		15	41158	4	3	105
正阳县陡沟镇	10069	1	15	44284	10	1	59
正阳县熊寨镇	8237		13	33756	21	6	62
正阳县大林镇	12861	2	15	50266	12	6	178
正阳县永兴镇	8902		13	32491	37	1	46
正阳县袁寨镇	8952		15	44299	21	1	61
正阳县慎水乡	12957	4	12	55778	286	7	79
正阳县傅寨乡	9273		14	38711	62	4	63
正阳县新阮店乡	7626	1	12	31711	21	1	76
正阳县油坊店乡	8204	1	13	44916	49	3	58
正阳县雷寨乡	12420	3	18	59798	27		68
正阳县王勿桥乡	8422	1	11	36278	20	4	84
正阳县闾河乡	9345	1	15	36377	11	3	31
正阳县皮店乡	10302		11	40388	67	1	146
正阳县彭桥乡	7825		9	29861	7	3	64
正阳县兰青乡	11479		16	39557	7	6	93
确山县竹沟镇	18657		15	35025	91	4	80
确山县任店镇	25300		25	53963	55	4	94
确山县新安店镇	16509		22	58633	30	1	51
确山县留庄镇	12276		20	60547	28	3	84
确山县刘店镇	9663		16	49374	37	3	90
确山县瓦岗镇	17229		15	30480	42		51
确山县双河镇	13862	1	23	56754	92	7	72
确山县石滚河镇	13944		12	26318	16		37
确山县李新店镇	8765		13	29023	20	1	58
确山县普会寺镇	7166		10	29347	20	6	63
泌阳县羊册镇	14698	4	25	77263	35	2	102
泌阳县马谷田镇	21430	2	20	49116	60	1	44
泌阳县春水镇	11801	1	18	44149	162	31	76
泌阳县官庄镇	12529	2	20	61753	25	2	52
泌阳县赊湾镇	6649	1	15	41304	15	1	56

续表 320 河南省 单位：公顷、个、人

名　　称	行政区域面积	居民委员会(社区)个数	村民委员会个数	户籍人口	工业企业个数	#规模以上	营业面积50平方米以上的商店或超市个数
泌阳县郭集镇	10183	1	16	56962	45	2	58
泌阳县泰山庙镇	8756	2	17	60516	12		48
泌阳县王店镇	9866	3	15	37661	43	1	36
泌阳县杨家集镇	8290	1	13	44231	13	3	22
泌阳县高店镇	6962	2	12	34480	33		29
泌阳县高邑镇	7927	1	11	30499	1		88
泌阳县盘古乡	14849	4	16	40438	128	5	72
泌阳县铜山乡	22684		18	33447	39		63
泌阳县下碑寺乡	9976		13	26419	20	4	24
泌阳县象河乡	13047		11	37530	187	39	35
泌阳县付庄乡	11924	1	13	41384	13	1	21
泌阳县贾楼乡	10707		13	26723	18		24
泌阳县黄山口乡	11675		10	24296	18	3	14
泌阳县双庙街乡	6754		18	37833	26	2	43
汝南县王岗镇	7646	1	17	49907	66	4	70
汝南县梁祝镇	11033	2	16	54715	36	7	190
汝南县和孝镇	7619	1	15	37564	57	15	97
汝南县老君庙镇	7024	1	11	43179	31	3	112
汝南县留盆镇	8250	1	19	70392	31	7	183
汝南县金铺镇	7137	2	16	59062	18	3	102
汝南县东官庄镇	10443	1	21	51095	26	1	69
汝南县常兴镇	14474	2	23	62867	38	3	80
汝南县罗店镇	5965	1	16	58519	59	5	104
汝南县韩庄镇	7606	2	11	38402	16	7	16
汝南县三桥镇	12726	3	21	72859	15	3	178
汝南县张楼镇	4302	3	8	43100	17	5	25
汝南县南余店乡	5136		10	24883	4	1	46
汝南县板店乡	6136		14	39879	12	4	33
遂平县玉山镇	6979		15	32826	41	2	27
遂平县查岈山镇	9270		13	28340	16	1	39
遂平县石寨铺镇	7616		10	30865	5	1	31
遂平县和兴镇	11712		24	75819	85	4	81
遂平县沈寨镇	10313	2	19	57268	31	1	80
遂平县阳丰镇	7598		15	41314	47	3	75
遂平县常庄镇	8252		16	52980	42	2	101
遂平县花庄镇	8135		12	31649	15	1	39
遂平县槐树乡	8031		14	35248	3		50
遂平县文城乡	7408		16	36968	3		67
新蔡县砖店镇	5158		10	41783	6	5	26
新蔡县陈店镇	6382		14	42362	12	4	65
新蔡县佛阁寺镇	8213		14	53056	55	2	81
新蔡县练村镇	8312		23	77825	26	1	40
新蔡县棠村镇	6073		18	63435	50	2	68
新蔡县韩集镇	6429		18	63917	8	2	68
新蔡县龙口镇	6675		20	63325	50		50

续表 321　　河南省、湖北省　　单位：公顷、个、人

名　　称	行政区域面积	居民委员会(社区)个数	村民委员会个数	户籍人口	工业企业个数	#规模以上	营业面积50平方米以上的商店或超市个数
新蔡县李桥回族镇	4103		10	33955	18	1	46
新蔡县黄楼镇	6484		11	49043	130	5	49
新蔡县孙召镇	7437		17	54307	179	3	67
新蔡县余店镇	13376		20	81263	3	1	117
新蔡县河坞乡	4447		10	29479	2	1	48
新蔡县关津乡	6557		14	51870	28	3	105
新蔡县宋岗乡	5326		14	44657	8	1	57
新蔡县顿岗乡	5793		20	50342	3		77
新蔡县涧头乡	7890		24	69691	260	7	79
新蔡县杨庄户乡	4948		15	46133	26	1	23
新蔡县化庄乡	6595		20	71626	12		69
新蔡县栎城乡	6604		18	59622	32	2	108
新蔡县弥陀寺乡	5850		11	49339	38		27
驻马店经济开发区关王庙乡	4782		10	30566	94	7	58
济源市克井镇	20839		46	66910	198	20	94
济源市五龙口镇	10420		31	55164	161	18	244
济源市轵城镇	13688		69	91850	134	18	85
济源市承留镇	19283	2	49	62982	110	20	62
济源市邵原镇	33700		50	43325	25	6	30
济源市坡头镇	13700		23	27163	15	3	24
济源市梨林镇	5733		45	46000	137	12	49
济源市大峪镇	22584		30	31000	17	5	68
济源市思礼镇	6970	1	27	32131	65	19	60
济源市王屋镇	24034		44	34805	32	2	183
济源市下冶镇	14701		38	38750	14	7	15
湖北省							
洪山区天兴乡	2600		3	4198			4
蔡甸区消泗乡	14333	1	12	19294	4		19
黄陂区木兰乡	16910	1	38	50163	10	1	35
新洲区凤凰镇	5721	1	19	29819	50	5	32
阳新县兴国镇	10036	19	8	107837	540	50	425
阳新县富池镇	12256		17	46125	121	24	56
阳新县黄颡口镇	8818	1	17	44496	35	4	83
阳新县韦源口镇	7831	1	18	37182	40	13	40
阳新县太子镇	10484	1	31	59158	32	1	108
阳新县大王镇	9116		32	54692	118		52
阳新县陶港镇	15333	1	16	37067	17	8	16
阳新县白沙镇	18267	1	38	108435	101	6	136
阳新县浮屠镇	18059	2	43	95621	100	8	119
阳新县三溪镇	14470		20	50767	116	1	69
阳新县龙港镇	25087	1	39	120684	50	2	143
阳新县洋港镇	14709		21	47685	7	1	81
阳新县排市镇	15694	1	24	52110	23	1	65
阳新县木港镇	24606	1	26	60079	12	3	89
阳新县枫林镇	26684	1	24	52555	104	1	87

续表 322　　湖北省　　单位：公顷、个、人

名　　称	行政区域面　　积	居民委员会(社区)个数	村民委员会个　　数	户籍人口	工业企业个　　数	#规模以上	营业面积50平方米以上的商店或超市个数
阳新县王英镇	27130	1	29	59937	31		105
阳新县半壁山农场	2170	3		7344	4	1	13
阳新县金海开发区	2131	1	5	15757	9	1	11
大冶市金牛镇	15469	4	31	81960	58	6	47
大冶市保安镇	14031	2	28	66926	123	25	48
大冶市灵乡镇	14418	2	21	52491	61	32	71
大冶市金山店镇	5937	2	22	46336	73	11	26
大冶市还地桥镇	19785	3	31	83856	135	56	90
大冶市殷祖镇	12008	1	20	44962	75	5	16
大冶市刘仁八镇	11150		20	41184	13	3	22
大冶市陈贵镇	11180	2	19	66938	332	31	51
大冶市大箕铺镇	8930	2	24	63278	102	14	72
大冶市汪仁镇	7125	1	20	48468	532	42	30
大冶市茗山乡	6983		29	45822	18	2	40
茅箭区大川镇	18701		10	5625			10
茅箭区茅塔乡	17175		10	6010	4		3
茅箭区鸳鸯乡	4864	5	10	26887	428	118	33
张湾区黄龙镇	13300	2	13	18997	4		14
张湾区柏林镇	10700	1	8	9930	15	3	10
张湾区方滩乡	6600		7	6261			9
张湾区西沟乡	11352		9	5580	1		6
郧阳区安阳镇	20679	1	23	26338	3	2	118
郧阳区杨溪铺镇	13841	1	15	23617	47		42
郧阳区青曲镇	17048		18	27582	6	1	21
郧阳区白桑关镇	21781		24	34705	8	2	29
郧阳区南化塘镇	41499		28	62543	40	6	72
郧阳区白浪镇	6657		10	13114	14	1	27
郧阳区刘洞镇	8554		15	19057	5	1	25
郧阳区谭山镇	11845		18	35431	37	5	36
郧阳区梅铺镇	11054		17	31163	2	1	29
郧阳区青山镇	13369		12	18232	13	5	22
郧阳区茶店镇	9887	1	10	32336	248	103	80
郧阳区柳陂镇	17902		29	49742	20	13	38
郧阳区鲍峡镇	38756		25	34298	19	4	110
郧阳区胡家营镇	21639		19	24809	28	2	36
郧阳区谭家湾镇	15039	1	13	20474	38	15	17
郧阳区城关镇	15682	7	14	98326	398	17	69
郧阳区大柳乡	36729		12	13853	10	3	5
郧阳区五峰乡	23315		22	34670	3	2	28
郧阳区叶大乡	32040		13	17055	9		15
郧西县城关镇	12997	7	14	82812	95	21	154
郧西县土门镇	21763		18	31677	6	3	40
郧西县上津镇	22650	1	15	29025	8	1	42
郧西县店子镇	25000	1	14	25093	11		43
郧西县夹河镇	19750	1	19	41032	7	1	41

续表 323　　　　湖北省　　　　单位：公顷、个、人

名　　称	行政区域面　　积	居民委员会(社区)个数	村民委员会个　　数	户籍人口	工业企业个　　数	#规模以上	营业面积50平方米以上的商店或超市个数
郧西县羊尾镇	11718	1	15	24942	1		32
郧西县观音镇	18172		22	39065	25	3	114
郧西县马鞍镇	17420		12	22973	2		50
郧西县河夹镇	24580		22	31518	26	6	21
郧西县香口乡	26944		19	27616	3		30
郧西县关防乡	20700		14	17406	4		75
郧西县湖北口回族乡	25149		17	22963	4		77
郧西县景阳乡	21638		18	33476	4	1	24
郧西县六郎乡	20730		20	30233	6		51
郧西县涧池乡	10530		13	21729	2	1	5
郧西县安家乡	23388		13	12374	10		13
竹山县城关镇	6900	9	8	54048	105	11	55
竹山县溢水镇	19970	1	19	32225	21	2	82
竹山县麻家渡镇	19967		21	32193	17	3	40
竹山县宝丰镇	18835	1	28	66302	75	23	130
竹山县擂鼓镇	10145	1	16	30712	8	6	61
竹山县秦古镇	10069	1	15	24945	57	3	41
竹山县得胜镇	27379		14	27347	25	2	75
竹山县上庸镇	18303	1	9	16820	20	1	26
竹山县官渡镇	32687	1	10	19375	18	2	64
竹山县潘口乡	8282	1	6	19382	27	10	44
竹山县竹坪乡	16347	1	16	23954	26	1	71
竹山县大庙乡	12513		12	13712	2	1	35
竹山县双台乡	40329		14	16984	19	1	45
竹山县楼台乡	32934		15	28960	12	3	70
竹山县文峰乡	17415		10	15130	10		33
竹山县深河乡	15585		8	13000	6		13
竹山县柳林乡	47710		6	12763	9	1	29
竹溪县城关镇	3640	4	15	60129	52	7	55
竹溪县蒋家堰镇	12324		32	37922	49		76
竹溪县中峰镇	9396	1	29	35157	20	2	77
竹溪县水坪镇	23479		45	54682	94	27	112
竹溪县县河镇	12001		22	21705	17		46
竹溪县泉溪镇	33177	1	17	12515	2	1	26
竹溪县丰溪镇	42277	1	17	12789	19		25
竹溪县龙坝镇	16049		20	20313	8		50
竹溪县兵营镇	16851		10	11280	22		19
竹溪县汇湾镇	17812		21	17184	30	1	20
竹溪县新洲镇	19163		19	17080	12		35
竹溪县鄂坪乡	19787		20	8601	4	1	9
竹溪县天宝乡	27214		21	16875	31	1	121
竹溪县桃源乡	43152		12	10000	27	1	28
竹溪县向坝乡	31261		12	10323	28		50
房县城关镇	7541	11	7	80842	272	72	339
房县军店镇	16080	1	20	38859	35	2	96

续表 324　　湖北省　　单位：公顷、个、人

名　称	行政区域面积	居民委员会(社区)个数	村民委员会个数	户籍人口	工业企业个数	#规模以上	营业面积50平方米以上的商店或超市个数
房县化龙堰镇	16215		16	26833	20	5	41
房县土城镇	35301		15	22808	12	1	3
房县大木厂镇	42307	1	17	33280	11	2	38
房县青峰镇	41902	1	25	35539	42	2	45
房县门古寺镇	42093		28	33902	28		63
房县白鹤镇	22879		14	32898	67	8	45
房县野人谷镇	39260		20	13689	26	1	20
房县红塔镇	25150		27	43226	102	27	60
房县窑淮镇	24350		14	17893	8	1	43
房县尹吉甫镇	10300		8	9920	4	2	7
房县姚坪乡	21450		16	17389	2		30
房县沙河乡	26043		12	8076	2	1	35
房县万峪河乡	19600		9	8611	25		18
房县上龛乡	37010		8	7137	20	1	12
房县中坝乡	24387		15	11333	38		41
房县九道乡	33450		9	10712			38
房县回龙乡	15160		7	6314	4		9
房县五台乡	10941		4	4450	1		
丹江口市土关垭镇	11197	1	11	14245	4	3	18
丹江口市浪河镇	13784	4	9	18836	43	17	65
丹江口市丁家营镇	8485	2	7	12112	37	6	20
丹江口市六里坪镇	19132	3	20	47701	588	84	213
丹江口市盐池河镇	19980	1	12	11124	1		16
丹江口市均县镇	27285	1	19	23553	4		24
丹江口市习家店镇	33051	1	23	37819	22	2	27
丹江口市蒿坪镇	12241	1	9	13488	6		12
丹江口市石鼓镇	17613	1	8	15111	1		18
丹江口市凉水河镇	24762	1	15	29938	10		29
丹江口市官山镇	30911	1	13	14210			23
丹江口市龙山镇	15691	1	14	16625	1		31
丹江口市大沟林业开发管理区	8780		6	5713			5
丹江口市武当山特区	32539	2	31	44947	84	9	56
伍家岗区伍家乡	7000	8	16	44449	373	49	123
点军区艾家镇	7031	1	5	7626			5
点军区桥边镇	13300	1	14	29766	16	8	31
点军区联棚乡	9419		6	14739	3	1	21
点军区土城乡	18501		14	23314	10	2	61
夷陵区樟村坪镇	45076	1	14	21481	45	24	56
夷陵区雾渡河镇	38357	1	8	29436	43	9	38
夷陵区分乡镇	31874	1	15	37094	33	3	51
夷陵区太平溪镇	15364	1	12	25712	47	8	69
夷陵区三斗坪镇	17715	1	19	31301	24	4	73
夷陵区乐天溪镇	25254	1	14	25967	43	8	65
夷陵区龙泉镇	25756	1	19	54201	162	34	90
夷陵区鸦鹊岭镇	24671	1	19	61135	115	21	180

续表 325　　湖北省　　单位：公顷、个、人

名　　称	行政区域面　　积	居民委员会(社区)个数	村民委员会个　　数	户籍人口	工业企业个　　数	#规模以上	营业面积50平方米以上的商店或超市个数
夷陵区黄花镇	28878	1	13	34777	78	11	83
夷陵区下堡坪乡	25501		8	20850	36	12	36
夷陵区邓村乡	32010	1	16	26666	49	8	70
远安县鸣凤镇	7525	8	6	44323	40	34	65
远安县花林寺镇	21970	2	15	17088	30	7	45
远安县旧县镇	17177	1	15	24484	18	11	52
远安县洋坪镇	24088	1	22	36625	46	10	71
远安县茅坪场镇	44717	1	16	23530	13	4	21
远安县嫘祖镇	38606	1	16	26200	49	20	52
远安县河口乡	20030	1	12	13925	16	4	29
兴山县古夫镇	44536	3	7	40909	60	9	36
兴山县昭君镇	14392	2	9	20225	8		13
兴山县峡口镇	21633	1	15	23173	29	9	5
兴山县南阳镇	27346		10	9900	7		16
兴山县黄粮镇	24572		14	20562	6	2	32
兴山县水月寺镇	46147	1	16	21285	22		28
兴山县高桥乡	17299		9	13632	7		5
兴山县榛子乡	35791		8	10457	7		7
秭归县茅坪镇	19332	8	18	90005	500	47	210
秭归县归州镇	10106	1	11	26125			11
秭归县屈原镇	21803	1	12	16884	13		38
秭归县沙镇溪镇	17614	1	15	32650	21	1	46
秭归县两河口镇	23393		12	26888	15		81
秭归县郭家坝镇	29943	1	20	48831	20	1	81
秭归县杨林桥镇	23483		14	23268	7	1	50
秭归县九畹溪镇	23922		14	22538	29	2	35
秭归县水田坝乡	20987		13	32870	14		65
秭归县泄滩乡	13877		13	13878			28
秭归县梅家河乡	10158		13	17217	10		51
秭归县磨坪乡	12777		12	11021	1		34
长阳土家族自治县龙舟坪镇	33860	13	13	91658	156	7	102
长阳土家族自治县高家堰镇	21289		11	19570	16	2	54
长阳土家族自治县磨市镇	21968		12	29114	37	10	76
长阳土家族自治县都镇湾镇	51728		26	47027	40	5	145
长阳土家族自治县资丘镇	38419	1	19	36927	29	2	67
长阳土家族自治县渔峡口镇	28151		16	33448	24	2	35
长阳土家族自治县榔坪镇	53182		12	36801	44	1	70
长阳土家族自治县贺家坪镇	35141		9	26314	24	5	48
长阳土家族自治县大堰乡	24942		15	30795	33	7	84
长阳土家族自治县鸭子口乡	22088		10	19226	15		77
长阳土家族自治县火烧坪乡	11217		3	7288	4	1	23
五峰土家族自治县渔洋关镇	35577	4	11	48042	55	18	79
五峰土家族自治县仁和坪镇	24343	1	14	22282	6	1	58
五峰土家族自治县长乐坪镇	37504	1	16	23111	9	1	65
五峰土家族自治县五峰镇	45658	3	13	32232	20	6	28

续表 326　　湖北省　　单位：公顷、个、人

名　　称	行政区域面　积	居民委员会(社区)个数	村民委员会个　数	户籍人口	工业企业个　数	#规模以上	营业面积50平方米以上的商店或超市个数
五峰土家族自治县湾潭镇	33889	1	10	16261	15	4	36
五峰土家族自治县傅家堰乡	13541	1	9	16011	6	1	52
五峰土家族自治县牛庄乡	18217	1	9	7676	4		40
五峰土家族自治县采花乡	29998	1	15	26524	5	4	50
宜都市红花套镇	14981	1	9	28133	183	33	48
宜都市高坝洲镇	9345	2	11	27700	93	14	73
宜都市聂家河镇	11500	1	9	16048	42	18	41
宜都市松木坪镇	13363	1	10	27793	75	21	63
宜都市枝城镇	23500	4	28	80976	241	47	192
宜都市姚家店镇	6700	3	8	26247	315	30	66
宜都市五眼泉镇	10556	1	11	22138	79	18	61
宜都市王家畈镇	25500	3	17	29836	78	16	72
宜都市潘家湾土家族乡	14400	1	9	14726	34	10	32
当阳市两河镇	8392	1	12	32462	45	13	31
当阳市河溶镇	22387	1	20	51811	36	21	48
当阳市淯溪镇	37406	2	23	49677	40	13	89
当阳市庙前镇	33231	2	18	38009	46	18	85
当阳市王店镇	26472	1	15	39165	53	20	74
当阳市半月镇	21774	1	10	30861	39	19	28
当阳市草埠湖镇	9446	1	14	21407	18	12	25
枝江市安福寺镇	22187	2	25	48940	72	21	62
枝江市白洋镇	15436	1	18	40242	66	15	88
枝江市顾家店镇	8111	1	14	24484	28	14	63
枝江市董市镇	14917	3	24	52321	292	52	116
枝江市仙女镇	17120	2	22	33609	96	25	124
枝江市问安镇	16599	1	23	45273	92	19	87
枝江市七星台镇	14005	1	21	44581	59	16	67
枝江市百里洲镇	22852	1	41	76714	40	9	151
襄城区欧庙镇	12489	2	41	71123	64	5	89
襄城区卧龙镇	25812	4	40	79209	85	7	135
襄城区尹集乡	10808	1	19	34523	50	5	57
樊城区牛首镇	16419	7	29	86402	30	8	136
樊城区太平店镇	23270	5	41	110168	131	18	126
樊城区高新区团山镇	6027	18	4	70699	431	125	37
樊城区高新区米庄镇	5600	11	3	56321	452	141	55
襄州区龙王镇	24738	2	47	73632	41	2	89
襄州区石桥镇	20410	2	36	82813	44	4	190
襄州区黄集镇	19870	3	39	73766	40	8	118
襄州区伙牌镇	15700	2	23	49723	306	70	131
襄州区古驿镇	23882	2	30	82875	73	9	91
襄州区朱集镇	11225	1	31	72925	32	4	161
襄州区程河镇	12112	2	27	78419	6	2	56
襄州区双沟镇	14335	6	38	91114	29	16	180
襄州区张家集镇	13561	1	29	55109	38	3	69
襄州区黄龙镇	15234	2	23	44568	24	5	67

续表 327　　湖北省　　单位：公顷、个、人

名　称	行政区域面　积	居民委员会(社区)个数	村民委员会个　数	户籍人口	工业企业个　数	#规模以上	营业面积50平方米以上的商店或超市个数
襄州区峪山镇	25800	2	37	59485	56	13	107
襄州区东津镇	24900	1	51	123748	72	26	79
南漳县城关镇	31200	7	32	146799	256	16	244
南漳县武安镇	40185	6	44	107728	99	6	156
南漳县九集镇	47141	4	41	107819	275	82	175
南漳县李庙镇	53912	2	24	23734	20	1	42
南漳县长坪镇	25465	1	14	16514	14	1	43
南漳县薛坪镇	39837	2	27	29154	19	2	91
南漳县板桥镇	25588	2	21	16770	12	3	36
南漳县巡检镇	36693	2	23	29426	25	5	75
南漳县东巩镇	43197	3	21	33838	28	3	112
南漳县肖堰镇	38901	2	22	31041	28	1	113
谷城县城关镇	14410	30	15	153579	607	89	245
谷城县石花镇	26318	8	37	125216	256	45	201
谷城县盛康镇	30100	2	26	66859	85	9	85
谷城县庙滩镇	22140	4	30	55680	81	12	97
谷城县五山镇	24390	2	20	38229	82	12	58
谷城县茨河镇	18440	1	15	19228	20	3	31
谷城县南河镇	24140		19	20965	22	6	34
谷城县紫金镇	37847	1	26	19937	27	2	33
谷城县冷集镇	26680	2	37	59722	118	17	92
谷城县赵湾乡	23164		10	10742			17
保康县城关镇	24336	5	20	53250	40	23	300
保康县黄堡镇	28832	1	29	21032	7	5	92
保康县后坪镇	20992	1	13	9624	7	4	51
保康县龙坪镇	20172	1	10	8821	5	1	23
保康县店垭镇	13849	1	17	16210	14	6	69
保康县马良镇	33740	2	39	31324	18	4	155
保康县歇马镇	64357	3	49	44187	8	4	162
保康县马桥镇	47946	2	30	29577	110	38	131
保康县寺坪镇	35902	1	26	26820	66	3	56
保康县过渡湾镇	15699	1	13	11014	49	5	24
保康县两峪乡	16327	1	11	8492	4		68
老河口市孟楼镇	6496	1	19	35244	21	9	64
老河口市竹林桥镇	10123	1	23	35848	4	3	31
老河口市薛集镇	9586	2	22	47157	6	4	67
老河口市张集镇	17278	2	33	47204	29	5	85
老河口市仙人渡镇	11442	2	31	42994	39	24	46
老河口市洪山嘴镇	20108	4	26	47346	135	20	58
老河口市李楼镇	7850	1	22	42978	388	117	49
老河口市袁冲乡	12834	1	23	34446	21	4	30
枣阳市琚湾镇	22143	2	33	85123	102	6	63
枣阳市七方镇	31042	5	68	104709	102	13	146
枣阳市杨当镇	17809	4	38	65148	47	2	95
枣阳市太平镇	25731	2	64	98826	84	9	152

续表 328　　湖北省　　单位：公顷、个、人

名　　称	行政区域面积	居民委员会(社区)个数	村民委员会个数	户籍人口	工业企业个数	#规模以上	营业面积50平方米以上的商店或超市个数
枣阳市新市镇	26241	1	39	61949	59	6	110
枣阳市鹿头镇	20892	2	29	71809	95	14	70
枣阳市刘升镇	19670		27	39587	36	5	27
枣阳市兴隆镇	18771	5	29	63673	134	12	73
枣阳市王城镇	19079	2	32	46732	25	6	53
枣阳市吴店镇	35846	3	43	87419	220	32	95
枣阳市熊集镇	26408	2	21	46797	42	8	39
枣阳市平林镇	20284	1	18	24385	18	4	55
宜城市郑集镇	22069	2	30	83623	40	15	90
宜城市小河镇	17776	3	28	59080	54	13	56
宜城市刘猴镇	19013	3	19	36279	28	8	35
宜城市孔湾镇	8538	1	11	27948	52	11	22
宜城市流水镇	51154	4	28	47096	61	4	85
宜城市板桥店镇	38119	2	18	40483	20	8	50
宜城市王集镇	14633	1	16	43273	9	3	52
宜城市雷河镇	12995	3	12	41083	46		30
梁子湖区太和镇	7893	1	21	55545	15	1	76
梁子湖区东沟镇	3640		8	15891	7	2	12
梁子湖区梁子镇	11573		5	10783	15	2	10
梁子湖区涂家垴镇	14911		27	40067	5	3	47
梁子湖区沼山镇	6460	1	18	45508	62	1	22
华容区华容镇	7476	3	18	53877	152	33	91
华容区葛店镇	9373	4	31	82356	689	144	53
华容区庙岭镇	9042		15	36536	33	16	40
华容区段店镇	7157		17	36687	50	13	28
华容区临江乡	6151		13	35023	35	14	17
华容区蒲团乡	8387		9	26637	24	8	22
鄂城区泽林镇	9288	2	16	56694	101	21	15
鄂城区杜山镇	4959		7	22658	8	4	14
鄂城区新庙镇	4367	2	11	34902	48	27	31
鄂城区碧石镇	3020	1	10	29237	40	11	21
鄂城区汀祖镇	7800	1	19	57958	74	13	61
鄂城区燕矶镇	6203	2	12	37940	95	15	30
鄂城区杨叶镇	1983	1	6	28882	48	19	38
鄂城区花湖镇	5510	4	8	39759	149	28	38
鄂城区长港镇	3937		4	16748	9	4	3
鄂城区沙窝乡	5849		10	33233	7	1	31
东宝区栗溪镇	37445	2	25	18287	21	6	20
东宝区子陵铺镇	30283	1	29	43576	387	57	78
东宝区漳河镇	36190	4	38	41876	8	1	80
东宝区马河镇	16246	1	9	8314	15	6	13
东宝区石桥驿镇	17563	2	25	31821	45	16	29
东宝区牌楼镇	7212	1	9	17798	182	31	40
东宝区仙居乡	15901	1	27	24770	15	6	42
掇刀区团林铺镇	24288	2	41	45863	37	11	75

续表 329　　湖北省　　单位：公顷、个、人

名　　称	行政区域面　　积	居民委员会(社区)个数	村民委员会个　　数	户籍人口	工业企业个　　数	#规模以上	营业面积50平方米以上的商店或超市个数
掇刀区麻城镇	15659	1	19	26565	52	16	22
沙洋县沙洋镇	3923	9	3	41976	145	10	37
沙洋县五里铺镇	20200	2	19	45538	22	4	47
沙洋县十里铺镇	16437	1	17	36317	35	8	40
沙洋县纪山镇	10053	1	12	25673	41	18	62
沙洋县拾回桥镇	14286	4	17	40826	30	11	73
沙洋县后港镇	27379	4	30	76500	47	15	69
沙洋县毛李镇	16043	1	23	41113	20	4	46
沙洋县官垱镇	14847	4	10	37232	28	9	44
沙洋县李市镇	9282	2	22	41408	16	7	51
沙洋县马良镇	11134	2	12	39463	22	4	50
沙洋县高阳镇	19614	1	22	38858	27	8	29
沙洋县沈集镇	19639	1	23	37597	38	11	38
沙洋县曾集镇	21557	2	22	46010	14	5	78
钟祥市洋梓镇	40300	2	34	54677	52	14	113
钟祥市长寿镇	27500	1	15	27711	17	4	49
钟祥市丰乐镇	19642	2	40	68989	37	8	69
钟祥市胡集镇	39400	11	41	131009	213	29	142
钟祥市双河镇	23500	2	34	40129	27	13	62
钟祥市磷矿镇	22979	2	19	41956	62	9	48
钟祥市文集镇	12800	1	26	46961	55	7	79
钟祥市冷水镇	31480	1	39	45098	13	6	68
钟祥市石牌镇	29500	2	51	88319	32	10	87
钟祥市旧口镇	24871	2	53	100158	35	2	128
钟祥市柴湖镇	15430	2	54	104556	56	3	105
钟祥市长滩镇	15300	1	15	19451	13	6	22
钟祥市东桥镇	24670	1	19	22751	15	5	40
钟祥市客店镇	26946	1	13	13720	16	2	32
钟祥市张集镇	29000	1	28	20177	23	7	35
钟祥市九里乡	9980	1	8	14399	76	6	28
京山市曹武镇	18589	2	28	31650	57	5	34
京山市罗店镇	29850	2	66	81533	38	8	130
京山市宋河镇	31200	2	27	53000	83	18	74
京山市坪坝镇	8880	1	8	23215	21	7	24
京山市三阳镇	23032	1	11	33439	20	11	26
京山市绿林镇	24601	1	14	12122	82	5	34
京山市杨集镇	28488	1	21	13189	38	2	14
京山市孙桥镇	34400	1	29	36041	31	14	44
京山市石龙镇	22062	1	22	29105	25	4	45
京山市永灘镇	10290	2	30	58461	9	4	80
京山市雁门口镇	25800	1	31	43249	69	17	55
京山市钱场镇	21015	1	23	40702	124	32	46
孝南区新铺镇	4390	2	12	37373	60	17	58
孝南区西河镇	5707	1	9	29412	29	5	30
孝南区杨店镇	12340		22	70013	52	2	77

续表 330　　湖北省　　单位：公顷、个、人

名　　称	行政区域面积	居民委员会(社区)个数	村民委员会个数	户籍人口	工业企业个数	#规模以上	营业面积50平方米以上的商店或超市个数
孝南区陡岗镇	5580		16	51568	33		111
孝南区肖港镇	10800	4	35	99664	70	9	121
孝南区毛陈镇	9960	1	14	41456	230	23	135
孝南区三汊镇	7153		13	47664	61	6	42
孝南区祝站镇	5986		16	41006	56	16	41
孝南区朋兴乡	7260	1	16	50278	11	6	64
孝南区卧龙乡	6464		15	51255	27	6	21
孝南区闵集乡	9710		28	31881	17	4	28
孝昌县花园镇	10270	8	18	95896	50	13	152
孝昌县丰山镇	4224	1	10	27538	11	1	28
孝昌县周巷镇	12409	1	18	63212	5	2	86
孝昌县小河镇	7131	1	12	47402	14	4	77
孝昌县王店镇	8018	1	12	46042	8	2	61
孝昌县卫店镇	6566	1	10	34765	4	1	12
孝昌县白沙镇	7654	1	18	50992	5	1	8
孝昌县邹岗镇	13350	1	21	66712	11	1	47
孝昌县小悟乡	7640	1	12	22898	4	3	40
孝昌县季店乡	9175	1	13	51757	12	2	55
孝昌县花西乡	9162	1	14	47155	8		47
孝昌县陡山乡	9608	1	24	56682	11	4	73
大悟县城关镇	9388	8	11	116801	166	35	63
大悟县阳平镇	11571		14	20157	109	3	14
大悟县芳畈镇	16392	1	16	34503	134	3	27
大悟县新城镇	12183	3	19	42797	46	2	34
大悟县夏店镇	9479	1	14	33519	109	5	44
大悟县刘集镇	6691		14	30476	198	1	31
大悟县河口镇	4280	2	10	22483	38	3	39
大悟县四姑镇	5782		11	27322	145		42
大悟县吕王镇	7796		16	30312	8	1	52
大悟县黄站镇	5119		8	16177	11	1	68
大悟县宣化店镇	28926	1	32	58117	358	3	133
大悟县丰店镇	15676		16	32855	23	3	38
大悟县大新镇	9466	1	16	32330	37	3	42
大悟县三里镇	9307	1	13	21576	93	1	17
大悟县高店乡	17761		17	43720	38	2	41
大悟县彭店乡	11506		17	33482	68	2	142
大悟县东新乡	13558	1	18	33257	10	1	33
云梦县城关镇	2723	11	4	93573	99	8	82
云梦县义堂镇	6300	3	17	51042	39	5	63
云梦县曾店镇	6200	1	14	39418	62	3	39
云梦县吴铺镇	6242	4	10	35607	189	32	28
云梦县伍洛镇	4400	2	16	40598	63	8	52
云梦县下辛店镇	8100	10	10	58079	37	4	26
云梦县道桥镇	3200	6	6	26868	45	4	26
云梦县隔蒲潭镇	6200	4	17	59202	55	9	21

续表 331　　湖北省　　单位：公顷、个、人

名　　称	行政区域面　　积	居民委员会(社区)个数	村民委员会个　　数	户籍人口	工业企业个　　数	#规模以上	营业面积50平方米以上的商店或超市个数
云梦县胡金店镇	3000	1	10	33138	11	2	21
云梦县倒店乡	4800	2	11	28384	20	6	36
云梦县沙河乡	4800	2	12	38162	43	5	108
云梦县清明河乡	3300	1	11	28797	15	1	29
应城市田店镇	6346	1	12	21952	16	1	17
应城市杨河镇	11373	2	24	46028	22	3	8
应城市三合镇	8111	2	21	35936	7	5	30
应城市郎君镇	8146	1	29	57052	34	4	22
应城市黄滩镇	6188	1	20	44852	30	2	11
应城市天鹅镇	7065	1	14	32330	19	3	20
应城市义和镇	9068	1	13	24450	2		20
应城市陈河镇	13201	3	20	54630	15	6	28
应城市杨岭镇	12407		19	38329	32	10	17
应城市汤池镇	5030	1	11	15657	1		23
安陆市赵棚镇	11420	1	15	38113	58	1	33
安陆市李店镇	5646	2	21	29544	89	8	37
安陆市巡店镇	10130	2	26	41335	12	2	39
安陆市棠棣镇	8400	4	17	31416	82	7	46
安陆市雷公镇	12010	2	22	38291	126	3	8
安陆市王义贞镇	13408	2	17	30473	15	1	87
安陆市烟店镇	11000	4	22	41157	86	6	19
安陆市孛畈镇	11720	3	14	34382	160	4	52
安陆市洑水镇	9600	5	16	36332	48	7	47
安陆市陈店乡	8209	3	17	32918	23	7	17
安陆市辛榨乡	4500	2	15	37990	38	1	13
安陆市木梓乡	8600	3	10	25560	3	2	30
安陆市接官乡	10104	2	14	26344	10	2	45
汉川市马口镇	6268	9	14	71368	463	71	374
汉川市脉旺镇	4034	2	10	32390	74	12	26
汉川市城隍镇	6223	2	19	48753	198	26	65
汉川市分水镇	8535	2	21	63677	238	15	91
汉川市沉湖镇	7825	1	19	66084	105	19	83
汉川市田二河镇	7577	2	10	38933	24	2	42
汉川市回龙镇	5365		14	34662	38	4	13
汉川市新堰镇	8107	1	16	36824	6	4	25
汉川市垌塚镇	3484	1	9	19278	3	2	15
汉川市麻河镇	7742	1	19	34107	8	5	33
汉川市刘家隔镇	12176		16	44318	105	27	64
汉川市新河镇	11952	4	24	63617	1252	172	226
汉川市庙头镇	4643	2	14	34212	376	25	66
汉川市杨林沟镇	6721	1	18	41013	48	3	43
汉川市西江乡	9155	2	23	46174	149	11	92
汉川市湾潭乡	4411		11	23867	33	5	73
汉川市南河乡	7978	1	22	38312	55	6	5
汉川市马鞍乡	4730		15	31940	119	18	30

续表 332　　湖北省　　单位：公顷、个、人

名　称	行政区域面积	居民委员会(社区)个数	村民委员会个数	户籍人口	工业企业个数	#规模以上	营业面积50平方米以上的商店或超市个数
汉川市里潭乡	5966	1	11	30448	9	8	18
汉川市韩集乡	7720	1	17	39976	15	4	30
沙市区锣场镇	3133	1	7	12996	178	75	20
沙市区岑河镇	14242	1	10	41436	192	44	85
沙市区观音垱镇	17455	1	18	43282	54	13	106
沙市区关沮镇	2894	2	8	18879	193	26	36
荆州区纪南镇	14198	1	19	55972	17	5	95
荆州区川店镇	17902	1	16	34222	33	11	65
荆州区马山镇	12886	1	13	30255	24	7	49
荆州区八岭山镇	11796	2	11	34806	29	5	78
荆州区李埠镇	7988		9	25229	35	7	31
荆州区弥市镇	16862	1	23	77879	21	5	142
荆州区郢城镇	1847	4	6	30208	20	1	35
公安县埠河镇	22912	3	27	91227	55	4	105
公安县斗湖堤镇	9381	20	10	133228	245	68	405
公安县夹竹园镇	13221	2	18	53780	42	12	105
公安县闸口镇	13155	2	12	48696	30	2	45
公安县杨家厂镇	13770	2	17	51941	96	8	53
公安县麻豪口镇	18210	3	17	60596	33	6	52
公安县藕池镇	10287	3	12	42805	75	11	46
公安县黄山头镇	11880	3	12	36321	2	1	68
公安县孟家溪镇	12271	3	15	47093	31	6	50
公安县南平镇	8706	3	14	49596	60	7	77
公安县章庄铺镇	18260	3	16	65815	37	7	70
公安县狮子口镇	16708	3	17	60792	28	1	96
公安县斑竹垱镇	15920	2	20	63920	32	2	73
公安县毛家港镇	19331	3	23	68753	19	1	55
公安县甘家厂乡	9791	1	14	40708	16	1	45
公安县章田寺乡	11889	2	15	43951	25	5	54
江陵县资市镇	7849	1	7	23805	8	3	20
江陵县熊河镇	13966	1	15	48615	57	33	47
江陵县白马寺镇	14940	2	14	49439	21	6	56
江陵县沙岗镇	14709	1	16	48733	18	6	43
江陵县普济镇	7814	1	13	37145	12	3	38
江陵县郝穴镇	3694	8	5	36519	221	36	29
江陵县马家寨乡	13083	1	17	44665	11	4	48
江陵县秦市乡	5574	1	12	27293	14	2	19
荆州经济技术开发区联合街道	2931	5	11	43906	866	144	22
荆州经济技术开发区滩桥镇	7779	3	8	33351	48	11	18
石首市新厂镇	9540	1	11	39403	34	8	37
石首市横沟市镇	6170	1	10	35880	18	4	45
石首市大垸镇	16086	1	18	50324	6	1	57
石首市小河口镇	13800	1	9	32502	7	2	51
石首市桃花山镇	9710	1	8	25178	75	4	65
石首市调关镇	13304	1	14	44058	40	6	75

续表 333　　湖北省　　单位：公顷、个、人

名　　称	行政区域面　　积	居民委员会(社区)个数	村民委员会个　　数	户籍人口	工业企业个　　数	#规模以上	营业面积50平方米以上的商店或超市个数
石首市东升镇	17616	3	17	58696	88	15	60
石首市高基庙镇	8593	2	12	40990	75	9	72
石首市南口镇	9092	1	9	30419	16	8	34
石首市高陵镇	7685	1	11	33958	35	9	54
石首市团山寺镇	6686	1	10	29300	21	5	40
石首市久合垸乡	6159	1	11	24177	21	4	21
洪湖市螺山镇	14083	1	12	38672	36	1	63
洪湖市乌林镇	12184	1	17	53687	36	3	30
洪湖市龙口镇	12386	1	14	44066	45	3	74
洪湖市燕窝镇	15389	1	13	39674	5	3	15
洪湖市新滩镇	16341	1	11	38246	101	41	19
洪湖市峰口镇	13601	4	22	86003	121	6	81
洪湖市曹市镇	10225	1	18	57915	212	18	38
洪湖市府场镇	2751	1	4	18587	128	31	21
洪湖市戴家场镇	10196	1	19	57494	4	1	53
洪湖市瞿家湾镇	3863	1	5	16361	3		13
洪湖市沙口镇	12324	1	16	47933	12	1	4
洪湖市万全镇	16353	2	26	68509	69	6	149
洪湖市汊河镇	16028	1	18	53684	13	4	45
洪湖市黄家口镇	12196	1	12	35979	21	1	20
洪湖市老湾乡	6131	1	6	14912	12	1	13
松滋市南海镇	17569	1	21	62081	45	6	115
松滋市八宝镇	13709	1	16	61668	80	9	111
松滋市涴市镇	13462	1	17	51444	13	2	24
松滋市老城镇	11409	1	17	47048	4	3	145
松滋市陈店镇	11310	1	9	28354	5	4	32
松滋市王家桥镇	8216	1	13	30426	9	5	48
松滋市斯家场镇	9510	1	13	28791	28	9	48
松滋市杨林市镇	12171	1	13	45162	35	6	61
松滋市纸厂河镇	10630	1	12	38489	21	3	34
松滋市街河市镇	8108	1	14	39260	24	6	41
松滋市洈水镇	29006	4	25	80047	49	7	128
松滋市刘家场镇	25272	5	21	60478	102	17	84
松滋市沙道观镇	6954	2	6	33824	13	6	60
松滋市万家乡	6467	1	8	24887	10	6	49
松滋市卸甲坪土家族乡	10315	1	8	14302	3	1	35
监利市容城镇	11169	15	12	123147	59	31	102
监利市朱河镇	11972	5	19	97417	58	17	116
监利市新沟镇	16435	5	21	94120	56	11	98
监利市龚场镇	10753	3	12	56069	10	4	20
监利市周老嘴镇	14746	3	16	70741	36	4	80
监利市黄歇口镇	15184	3	17	63367	27	6	43
监利市汪桥镇	15632	4	15	76367	24	9	149
监利市程集镇	11566	1	14	60383	19	4	42
监利市分盐镇	14593	1	15	62115	17	2	52

续表 334　　湖北省　　单位：公顷、个、人

名　　称	行政区域面积	居民委员会(社区)个数	村民委员会个数	户籍人口	工业企业个数	#规模以上	营业面积50平方米以上的商店或超市个数
监利市毛市镇	13593	1	17	69749	20	5	55
监利市福田寺镇	9863	3	10	46623	13	5	54
监利市上车湾镇	7736	1	10	46194	21	5	65
监利市汴河镇	18701	2	16	70166	22	5	32
监利市尺八镇	15740	3	21	89094	24	3	40
监利市白螺镇	17326	1	10	50675	11	5	39
监利市网市镇	9521	2	16	61562	21	2	18
监利市三洲镇	17654	1	10	39554	9	2	48
监利市桥市镇	14414	3	15	61446	7	1	54
监利市红城乡	21298	4	28	122416	70	33	114
监利市棋盘乡	14409	1	11	48937	8	2	17
监利市柘木乡	16361	1	18	71443	6	1	53
黄州区路口镇	6390	5	7	28435	52	5	35
黄州区堵城镇	5900		18	28587	12	1	34
黄州区陈策楼镇	5888		30	33968	68	39	45
黄州区陶店乡	4764		17	25211	13	2	44
团风县团风镇	11210	11	27	86892	51	32	95
团风县淋山河镇	11650	1	34	60199	26	3	115
团风县方高坪镇	4687		16	24593	62	4	28
团风县回龙山镇	6790	1	16	33475	10	2	30
团风县马曹庙镇	5210	1	15	21377	28	2	50
团风县上巴河镇	6160	1	19	31751	7	1	48
团风县总路咀镇	5231	1	12	24978	15	2	35
团风县但店镇	12890	1	26	43703	64	2	49
团风县贾庙乡	10236		15	19024	38		27
团风县杜皮乡	8350		13	18792	4	1	7
红安县城关镇	12142	13	25	125281	48	12	268
红安县七里坪镇	36200	2	67	90461	36	4	152
红安县华家河镇	20469	1	37	52465	40	4	95
红安县二程镇	13036	1	31	46573	16	4	55
红安县上新集镇	8570	1	24	38486	84	3	47
红安县高桥镇	15200	1	43	59553	41	12	214
红安县觅儿寺镇	7827	1	20	30459	97	10	51
红安县八里湾镇	6765	1	14	26598	35	5	76
红安县太平桥镇	6857	1	19	26614	47	8	59
红安县永佳河镇	22842	1	46	65550	33	4	128
红安县杏花乡	16999	6	37	56828	21	3	143
罗田县凤山镇	25723	12	48	118676	307	10	209
罗田县骆驼坳镇	8920	1	27	33964	13	3	89
罗田县大河岸镇	15152	1	25	33721	21	2	82
罗田县九资河镇	24800	3	22	37722	32	1	87
罗田县胜利镇	22632	2	43	59012	66	2	124
罗田县河铺镇	21608	1	40	54603	49	1	213
罗田县三里畈镇	17048	2	43	67141	37	6	160
罗田县匡河镇	19608	3	50	60835	23	2	192

续表 335　　湖北省　　单位：公顷、个、人

名　称	行政区域面积	居民委员会(社区)个数	村民委员会个数	户籍人口	工业企业个数	#规模以上	营业面积50平方米以上的商店或超市个数
罗田县白庙河镇	18470	2	29	31823	12		153
罗田县大崎镇	13042	1	28	38476	14		108
罗田县白莲河乡	10163	1	20	24130	25	11	99
罗田县平湖乡	10006	1	22	22758	12	1	59
英山县温泉镇	19025	10	49	106993	280	10	400
英山县南河镇	7671		21	21436	24	11	50
英山县红山镇	6981		20	23184	114	5	78
英山县金家铺镇	9831		27	27467	48	1	135
英山县石头咀镇	26177	1	40	38195	50	3	109
英山县草盘地镇	13831	1	19	23218	66	1	62
英山县雷家店镇	16279		32	34550	15	2	99
英山县杨柳湾镇	21353		42	51104	18	4	132
英山县方家咀乡	8028		24	29669	48	3	132
英山县孔家坊乡	9146		21	25421	5	3	59
英山县陶家河乡	7034		12	9139	4	1	25
浠水县清泉镇	25950	6	69	178600	130	17	480
浠水县巴河镇	22707		87	117932	130	8	360
浠水县竹瓦镇	13970	1	55	74136	34	3	290
浠水县汪岗镇	8934	1	40	55695	10	2	142
浠水县团陂镇	20732	1	72	91120	38	4	193
浠水县关口镇	22112	1	74	94428	63	4	200
浠水县白莲镇	4950	1	13	21044	8	3	47
浠水县蔡河镇	9899	1	31	40658	16		111
浠水县洗马镇	13370	1	41	56708	40	1	151
浠水县丁司垱镇	11245	1	33	41211	27	3	94
浠水县散花镇	13183	1	44	77275	144	44	213
浠水县兰溪镇	11632	1	38	50587	18	10	128
浠水县绿杨乡	11494		26	24797	7		51
蕲春县漕河镇	15357	14	36	165130	412	31	242
蕲春县赤东镇	14019		45	67438	117	28	71
蕲春县蕲州镇	17286	11	35	89641	246	13	93
蕲春县管窑镇	8736	1	16	31455	40	7	52
蕲春县彭思镇	10238		29	48254	54	4	78
蕲春县横车镇	19439		48	98146	372	13	110
蕲春县株林镇	14743	1	34	49574	62	4	213
蕲春县刘河镇	23109	2	54	94721	251	11	193
蕲春县狮子镇	23893		29	66885	53	3	144
蕲春县青石镇	20726	1	43	71948	11	5	212
蕲春县张塝镇	20926	1	37	63508	124	4	158
蕲春县大同镇	13766		27	30055	29	2	89
蕲春县檀林镇	17269		42	48873	87	1	107
蕲春县向桥乡	16300		19	44637	13	1	87
黄梅县黄梅镇	8371	17	21	133333	183	8	326
黄梅县孔垄镇	12536	6	32	127993	88	23	118
黄梅县小池镇	12921	16	34	106181	168	34	212

续表 336　　湖北省　　单位：公顷、个、人

名　　称	行政区域面积	居民委员会(社区)个数	村民委员会个数	户籍人口	工业企业个数	#规模以上	营业面积50平方米以上的商店或超市个数
黄梅县下新镇	13996	1	19	28560	15	4	40
黄梅县大河镇	14500	1	36	69612	45	4	55
黄梅县停前镇	9117		17	39175	7		47
黄梅县五祖镇	8911	3	18	28736	6		31
黄梅县濯港镇	16353	4	41	87432	47	13	133
黄梅县蔡山镇	17988	1	54	95358	43	4	100
黄梅县新开镇	9570	1	32	59100	36	4	117
黄梅县独山镇	8964	1	19	32776	29	9	96
黄梅县分路镇	7253		32	49397	11	7	82
黄梅县柳林乡	6217	1	12	17429			35
黄梅县杉木乡	7792		29	47071	7	6	93
黄梅县苦竹乡	8600		27	33311	3	2	45
黄梅县刘佐乡	4835	1	12	20210	6	3	55
麻城市中馆驿镇	14402	1	25	66112	45	21	220
麻城市宋埠镇	14245	1	21	65278	54	10	140
麻城市歧亭镇	8042	1	15	31483	29	1	100
麻城市白果镇	16243	1	34	88239	105	80	93
麻城市夫子河镇	11321	1	17	39544	11	5	40
麻城市阎家河镇	12530		19	47429	15	1	110
麻城市龟山镇	24527		27	51285	28	11	99
麻城市盐田河镇	13940		20	45558			54
麻城市张家畈镇	18593		26	62010	8	4	78
麻城市木子店镇	25642		29	61163	31	2	167
麻城市三河口镇	28787		24	45808	10	2	68
麻城市黄土岗镇	27255		23	49549	25	3	110
麻城市福田河镇	25675		24	52507	31	7	136
麻城市乘马岗镇	29835		27	60842	10	2	241
麻城市顺河镇	29260		30	63929	15	1	187
麻城市铁门岗乡	15872		23	63586	6	4	91
武穴市梅川镇	27200	6	75	140439	133	11	223
武穴市余川镇	18877	1	45	72948	24	2	92
武穴市花桥镇	14741	4	37	87752	185	16	97
武穴市大金镇	7093	2	20	48578	98	8	63
武穴市石佛寺镇	9929	2	28	70978	47	25	120
武穴市四望镇	10166	1	24	51698	13	1	82
武穴市大法寺镇	11720	1	36	65405	142	4	78
武穴市龙坪镇	6400	1	9	49241	43	19	62
咸安区汀泗桥镇	17920	1	15	35757	25	4	26
咸安区向阳湖镇	9590	2	8	29092	52	13	40
咸安区官埠桥镇	16189	2	11	36969	75	21	50
咸安区横沟桥镇	13780	2	13	47311	54	16	44
咸安区贺胜桥镇	8120	1	7	23671	16	6	30
咸安区双溪桥镇	17760	2	17	58257	47	8	52
咸安区马桥镇	11950	2	13	39051	9	6	50
咸安区桂花镇	18560	2	13	39868	26	1	50

续表 337　　湖北省　　单位：公顷、个、人

名　　称	行政区域面　　积	居民委员会(社区)个数	村民委员会个　　数	户籍人口	工业企业个　　数	#规模以上	营业面积50平方米以上的商店或超市个数
咸安区高桥镇	9240	1	10	27482	7	1	19
咸安区大幕乡	16600	2	13	39142	9	3	35
嘉鱼县陆溪镇	8967	2	8	24822	13	10	23
嘉鱼县高铁岭镇	12209	1	10	33131	23	11	17
嘉鱼县官桥镇	16172	3	13	38113	48	14	16
嘉鱼县鱼岳镇	11119	9	7	96471	214	27	172
嘉鱼县新街镇	12553	1	8	28921	20	9	22
嘉鱼县渡普镇	12404	1	8	30658	23	12	5
嘉鱼县潘家湾镇	13127	3	11	55652	153	63	54
嘉鱼县牌洲湾镇	15402	2	14	53008	55	13	32
通城县隽水镇	10165	10	9	110603	58	29	110
通城县麦市镇	10462	1	18	37476	69	10	59
通城县塘湖镇	11211	1	16	43805	27	1	83
通城县关刀镇	11927	1	19	47356	30	13	40
通城县沙堆镇	5050	1	9	27471	29	2	47
通城县五里镇	10416	1	16	36222	17	1	48
通城县石南镇	5458	1	10	35471	41	4	22
通城县北港镇	5445	2	10	34824	10	5	28
通城县马港镇	15394	1	21	46600	16	11	66
通城县四庄乡	13552		15	35056	8	1	66
通城县大坪乡	11869	1	22	66769	66	29	73
崇阳县天城镇	21038	11	28	117609	237	86	748
崇阳县沙坪镇	12324	1	11	36085	70	2	131
崇阳县石城镇	18657	1	21	49206	11	6	127
崇阳县桂花泉镇	13710		8	13315	8	1	6
崇阳县白霓镇	14951	1	22	60172	78	6	134
崇阳县路口镇	22489	1	21	40839	51	1	203
崇阳县金塘镇	23702	1	13	25755	2		37
崇阳县青山镇	22190	1	26	59697	41	6	105
崇阳县肖岭乡	8809		10	38947	10	2	75
崇阳县铜钟乡	8007		8	23753	28	4	39
崇阳县港口乡	22369		13	31522	26	2	40
崇阳县高枧乡	7894		6	12895	5		56
通山县通羊镇	19485	7	25	109799	145	17	98
通山县南林桥镇	19104	1	12	43380	40	12	68
通山县黄沙铺镇	26940	1	18	45813	5	2	70
通山县厦铺镇	31147	1	16	23507	20		18
通山县九宫山镇	19770	1	10	41786	49	5	40
通山县闯王镇	24232	1	13	22491	8	4	19
通山县洪港镇	28600	1	15	36446	110	9	54
通山县大畈镇	17274	1	14	30272	7	2	41
通山县大路乡	9155	2	20	40125	80	6	115
通山县杨芳林乡	13516	1	9	22183	20		29
通山县燕厦乡	18588	1	18	41268	38	1	141
通山县慈口乡	13538	1	11	25487	4		24

续表 338　　湖北省　　单位：公顷、个、人

名　　称	行政区域面　　积	居民委员会(社区)个数	村民委员会个　　数	户籍人口	工业企业个　　数	#规模以上	营业面积50平方米以上的商店或超市个数
赤壁市新店镇	10300	1	10	34165	11	1	24
赤壁市赵李桥镇	12074	3	9	30067	215	22	29
赤壁市茶庵岭镇	11000	1	9	21042	21	1	69
赤壁市车埠镇	14460	1	15	45484	38	13	40
赤壁市赤壁镇	8210	1	8	25580	1		33
赤壁市柳山湖镇	3020		6	12238	5	1	15
赤壁市神山镇	18587	1	17	38485	10	4	28
赤壁市中伙铺镇	14600	3	11	36124	22	5	28
赤壁市官塘驿镇	29200	3	22	62430	59	13	45
赤壁市黄盖湖镇	2840	1	5	7229	3	2	5
赤壁市余家桥乡	10970		9	15864			6
曾都区万店镇	23475	2	19	51022	62	12	135
曾都区何店镇	21870	2	18	47616	88	11	82
曾都区洛阳镇	22851	2	16	33538	10	4	73
曾都区府河镇	19387	2	24	56184	35	2	75
曾都区淅河镇	27981	5	43	128239	155	23	100
随县厉山镇	23707	13	14	73621	171	48	95
随县高城镇	18478	1	13	26285	26	5	35
随县殷店镇	67640	3	27	59105	105	10	104
随县草店镇	30009	1	14	31347	40	6	72
随县小林镇	12257	3	8	34379	35	5	31
随县淮河镇	25227	1	13	30943	28	4	34
随县万和镇	70389	2	35	69047	88	30	198
随县尚市镇	20682	1	19	46252	16	6	81
随县唐县镇	29243	4	23	76711	120	6	100
随县吴山镇	35641	1	15	33543	74	49	79
随县新街镇	14454	1	15	43699	30	10	47
随县安居镇	11476	1	23	59247	145	12	75
随县澴潭镇	43406	3	29	62759	13	8	101
随县洪山镇	47788	5	29	70418	133	11	114
随县长岗镇	23051	1	9	19065	8	2	48
随县三里岗镇	31885	1	18	41709	15	11	93
随县柳林镇	19749	2	10	22942	5	3	37
随县均川镇	22569	2	28	60604	90	11	87
随县万福店镇	6644	1	5	25563	12	6	17
广水市武胜关镇	21867	3	23	40506	87	18	59
广水市杨寨镇	11199	2	23	51706	62	13	89
广水市陈巷镇	14657	1	25	51801	50	8	44
广水市长岭镇	23455	1	38	78437	25	7	101
广水市马坪镇	9431	2	14	38511	12	6	40
广水市关庙镇	15870	1	26	57432	12	7	26
广水市余店镇	22924	1	38	65561	55	11	65
广水市吴店镇	22433	1	14	28897	37	5	46
广水市郝店镇	23115	1	17	32667	26	7	50
广水市蔡河镇	22647	1	23	49388	32	8	72

续表 339　　湖北省　　单位：公顷、个、人

名　　称	行政区域面　　积	居民委员会(社区)个数	村民委员会个　　数	户籍人口	工业企业个　　数	#规模以上	营业面积50平方米以上的商店或超市个数
广水市李店镇	10025	1	19	41543	43	7	57
广水市太平镇	8239	1	15	32804	41	5	35
广水市骆店镇	9700	1	19	43191	36	4	51
恩施市龙凤镇	27704	1	18	68178	157	8	81
恩施市崔家坝镇	22277	1	11	40623	24	1	62
恩施市板桥镇	27281	1	4	21820	10	2	45
恩施市白杨坪镇	24936	1	12	59695	58	12	122
恩施市三岔镇	24913	1	12	41469	16	3	74
恩施市盛家坝镇	36919	1	10	37525	9	3	96
恩施市新塘乡	40845	3	10	49682	9	1	110
恩施市红土乡	22873	2	11	44787	18		19
恩施市沙地乡	19029	1	9	33640	16	2	41
恩施市太阳河乡	24788	1	12	20683	13	2	29
恩施市屯堡乡	25901	1	13	48606	22	8	41
恩施市白果乡	32450	1	11	28521	20	5	19
恩施市芭蕉侗族乡	28477	1	17	63403	126	9	125
利川市谋道镇	33828	8	14	70690	19	3	212
利川市柏杨坝镇	57993	3	26	87577	23	2	133
利川市汪营镇	35502		30	98947	42	7	77
利川市建南镇	32595	1	29	72763	12	4	125
利川市忠路镇	51362	1	23	83487	30	5	107
利川市团堡镇	44773	1	30	70625	12	2	200
利川市毛坝镇	32542	1	14	42673	26	6	57
利川市文斗镇	43189		26	73406	17		232
利川市凉雾乡	41904		25	72417	27	9	41
利川市元堡乡	26621		14	35804	16	3	112
利川市南坪乡	14846		13	60641	7	6	97
利川市沙溪乡	29286		12	36349	7	2	80
建始县业州镇	37284	17	33	111264	105	10	202
建始县高坪镇	25972	6	36	52633	18	3	165
建始县红岩寺镇	8600	2	13	19846	5	2	31
建始县景阳镇	16003	2	30	39150	12	2	63
建始县官店镇	37177	1	48	53701	17		80
建始县花坪镇	40522	1	56	54238	18	4	101
建始县长梁镇	38914	7	58	77917	43	7	169
建始县茅田乡	21925	1	28	22460	6	2	38
建始县龙坪乡	22987	1	28	26757	18	7	26
建始县三里乡	17071	5	32	44026	15	2	86
巴东县信陵镇	8769	7	9	48073	74	8	161
巴东县东瀼口镇	10906	2	14	26001	24	1	25
巴东县沿渡河镇	48463	3	36	48817	40	2	120
巴东县官渡口镇	32762	6	35	57295	19	3	79
巴东县茶店子镇	26626		32	32841	30	5	90
巴东县绿葱坡镇	28063	1	21	23190	16	2	35
巴东县大支坪镇	21178		15	21010	16	1	90

续表 340 湖北省 单位：公顷、个、人

名　　称	行政区域面　　积	居民委员会(社区)个数	村民委员会个　　数	户籍人口	工业企业个　　数	#规模以上	营业面积50平方米以上的商店或超市个数
巴东县野三关镇	52915	7	26	69711	38	11	236
巴东县水布垭镇	32878	2	28	45222	8	2	132
巴东县清太坪镇	27923	1	31	39178	20	2	66
巴东县溪丘湾乡	25138		31	38684	30	4	111
巴东县金果坪乡	18228		14	24058	14	2	22
宣恩县珠山镇	16377	11	2	45217	120	10	73
宣恩县椒园镇	17598	3	12	25670	120	19	13
宣恩县沙道沟镇	64995	2	28	65965	54	4	17
宣恩县李家河镇	21679	1	18	52110	37	5	14
宣恩县高罗镇	28718	1	19	45130	30	2	19
宣恩县万寨乡	18358	1	13	29734	60	4	12
宣恩县长潭河侗族乡	43271	1	17	36670	54	1	28
宣恩县晓关侗族乡	42138	1	21	41918	38	5	13
宣恩县椿木营乡	20584	1	10	12039	15		5
咸丰县高乐山镇	32208	6	28	78674	102	6	94
咸丰县忠堡镇	13983	1	10	17083	19	6	26
咸丰县坪坝营镇	35095	2	29	58132	7	3	145
咸丰县朝阳寺镇	6350	1	7	14798	6	1	30
咸丰县清坪镇	30940	1	26	45771	28	1	59
咸丰县唐崖镇	31990	1	22	41170	9	2	60
咸丰县曲江镇	17630	1	14	33456	7	1	38
咸丰县活龙坪乡	31394	1	23	38494	14	4	31
咸丰县小村乡	22500	1	11	22274	26	3	15
咸丰县黄金洞乡	26114	1	16	26228	20		40
来凤县翔凤镇	13778	5	27	103358	55	22	110
来凤县百福司镇	19014	1	23	31213	4	3	40
来凤县大河镇	32484	1	40	50525	6	1	31
来凤县绿水镇	11548	1	17	25596	19	3	36
来凤县旧司镇	19850	1	32	47352	10	4	59
来凤县革勒车镇	11627	1	17	20091	5	2	20
来凤县漫水乡	13358	1	13	22647			42
来凤县三胡乡	12542	1	15	30788	9	3	33
鹤峰县走马镇	49803	1	33	43655	83	10	113
鹤峰县容美镇	30984	4	31	40262	52	5	101
鹤峰县太平镇	32019	1	18	16697	75	7	20
鹤峰县燕子镇	36992	1	29	21419	30	5	91
鹤峰县中营镇	41545	2	32	22687	15	5	62
鹤峰县铁炉乡	22777		12	14797	9	3	40
鹤峰县五里乡	37970	1	21	20637	11	4	31
鹤峰县下坪乡	16067	1	13	14863	28	5	29
鹤峰县邬阳乡	18614	1	16	14499	17	4	33
仙桃市郑场镇	10800	1	28	75216	84	13	61
仙桃市毛嘴镇	11602	2	30	75597	425	31	103
仙桃市豆河镇	17549	2	41	81068	122	5	54
仙桃市三伏潭镇	11141	2	34	80869	59	19	50

续表 341　　湖北省　　单位：公顷、个、人

名　　称	行政区域面　　积	居民委员会(社区)个数	村民委员会个　　数	户籍人口	工业企业个　　数	#规模以上	营业面积50平方米以上的商店或超市个数
仙桃市胡场镇	9587	2	40	88954	37	17	69
仙桃市长倘口镇	19234	1	65	117332	285	25	35
仙桃市西流河镇	24800	2	70	98299	35	25	36
仙桃市沙湖镇	17144	1	39	52754	105	13	54
仙桃市杨林尾镇	25493	2	60	93893	56	17	100
仙桃市彭场镇	15877	1	57	94699	550	91	75
仙桃市张沟镇	14129	2	45	77869	93	34	65
仙桃市郭河镇	12162	2	35	71611	89	19	65
仙桃市沔城回族镇	3641	1	12	25174	17	3	33
仙桃市通海口镇	12610	2	26	57657	82	13	71
仙桃市陈场镇	14866	1	36	79465	37	12	81
潜江市竹根滩镇	8641	2	29	59418	58	5	92
潜江市渔洋镇	14561	1	27	53428	86	9	73
潜江市王场镇	10307	1	20	44383	43	24	68
潜江市高石碑镇	11464	1	26	43612	62	5	56
潜江市熊口镇	10177	3	23	44654	46	4	54
潜江市老新镇	12553	2	31	53360	45	11	56
潜江市浩口镇	17090	2	30	59514	130	11	124
潜江市积玉口镇	11000	1	24	41708	38	4	38
潜江市张金镇	15502	2	35	66112	264	22	56
潜江市龙湾镇	13147	1	22	42101	65	8	65
天门市多宝镇	22908	1	36	85898	55	5	78
天门市拖市镇	14932	1	32	71194	21	4	90
天门市张港镇	14695	1	32	81116	140	5	97
天门市蒋场镇	7978	1	17	47291	36	3	42
天门市汪场镇	6459	1	16	45006	56	5	51
天门市渔薪镇	9197	1	24	66856	73	10	26
天门市黄潭镇	7550	1	25	58676	109	11	39
天门市岳口镇	12470	7	35	114162	351	55	181
天门市横林镇	10173	1	31	74722	30	3	97
天门市彭市镇	7597	1	25	57783	25	2	19
天门市麻洋镇	7307	1	25	54788	29	6	18
天门市多祥镇	13645	5	21	70638	255	56	17
天门市干驿镇	8280	2	21	53868	18	7	26
天门市马湾镇	8400	1	15	40485	21	3	59
天门市卢市镇	12245	1	25	55313	36	4	37
天门市小板镇	6329	1	16	38237	91	19	62
天门市九真镇	15945	2	30	70347	88	9	62
天门市皂市镇	14485	6	22	68013	109	29	96
天门市胡市镇	7542	1	14	34975	30	4	11
天门市石家河镇	13293	1	23	55657	47	5	51
天门市佛子山镇	11336	1	14	37116	33	3	28
天门市净潭乡	6898	1	11	30563	43	1	38
神农架林区松柏镇	37842	3	10	30819	79	2	19
神农架林区阳日镇	23859	1	12	9390	12	1	19

续表 342　　湖北省、湖南省　　单位：公顷、个、人

名　　称	行政区域面积	居民委员会(社区)个数	村民委员会个数	户籍人口	工业企业个数	#规模以上	营业面积50平方米以上的商店或超市个数
神农架林区木鱼镇	46407	3	8	10076	26		13
神农架林区红坪镇	74200	1	8	5802	11		13
神农架林区新华镇	22885	1	9	3798	5	1	17
神农架林区九湖镇	23205	1	6	4189			9
神农架林区宋洛乡	64540	1	8	6563	11	3	21
神农架林区下谷坪土家族乡	21600	1	6	5823	6	1	12
湖南省							
岳麓区莲花镇	11365	1	11	52055	62	9	33
岳麓区雨敞坪镇	7706	1	7	36276	17	1	24
雨花区跳马镇	17695	2	13	69552	25	2	19
望城区桥驿镇	9637		9	40373	96	9	4
望城区茶亭镇	11690	1	12	51214	83	17	8
望城区靖港镇	9241		12	70386	28	6	
望城区乔口镇	4434	1	7	36436	18	1	1
望城区白箬铺镇	9970	1	10	48725	145	14	11
长沙县黄兴镇	15714	5	14	89895	692	26	99
长沙县江背镇	17451	4	9	62021	212	40	64
长沙县黄花镇	14417	6	13	78536	557	46	135
长沙县春华镇	12529	1	8	47952	85	7	12
长沙县果园镇	6858	3	4	25951	82	8	5
长沙县路口镇	8807	2	5	29245	22	2	18
长沙县高桥镇	11160	1	5	29349	32	5	22
长沙县金井镇	20943	2	12	65477	55	11	79
长沙县福临镇	8219	1	6	29492	13		23
长沙县青山铺镇	4639	1	4	19987	24	2	4
长沙县安沙镇	15944	5	11	56456	225	18	13
长沙县北山镇	14479	3	8	53244	62	11	28
长沙县开慧镇	11480	2	8	43422	33	3	32
浏阳市社港镇	17476		12	46798	26	8	6
浏阳市官渡镇	10200		7	31100	46	16	19
浏阳市张坊镇	31985		9	32143	11	6	19
浏阳市达浒镇	18259		7	27448	59	14	15
浏阳市沿溪镇	11940		7	31844	83	10	22
浏阳市古港镇	21000	1	15	63317	176	58	25
浏阳市永和镇	23517	1	11	37874	61	21	5
浏阳市大瑶镇	14929	1	14	93851	164	33	24
浏阳市金刚镇	7984		10	63937	70	27	36
浏阳市文家市镇	15587		10	54868	102	37	39
浏阳市枨冲镇	18626		9	44300	96	27	39
浏阳市镇头镇	15874		11	56054	248	34	7
浏阳市普迹镇	17635		9	40402	57	13	43
浏阳市永安镇	11210		12	68360	546	16	50
浏阳市北盛镇	27360		12	60648	150	11	41
浏阳市龙伏镇	13198		10	47548	72	17	5
浏阳市澄潭江镇	15883		12	65790	137	23	37

续表 343　　湖南省　　单位：公顷、个、人

名　　称	行政区域面积	居民委员会(社区)个数	村民委员会个数	户籍人口	工业企业个数	#规模以上	营业面积50平方米以上的商店或超市个数
浏阳市中和镇	15180		7	24077	37	18	2
浏阳市柏加镇	5035		5	23693			6
浏阳市洞阳镇	10404	1	8	46575	450	15	7
浏阳市大围山镇	40168		12	27238	66	9	16
浏阳市沙市镇	20985		15	68749	135	17	521
浏阳市淳口镇	23362		15	66968	67	19	39
浏阳市高坪镇	25690		12	38226	63	24	21
浏阳市官桥镇	8804		7	26399	30	9	18
浏阳市葛家镇	10673		5	20516	47	14	4
浏阳市蕉溪镇	8739		6	29457	53	9	6
浏阳市小河乡	11178		5	15869	15	5	6
宁乡市道林镇	14126	1	8	55025	23	3	29
宁乡市花明楼镇	11335	1	8	50359	76	9	30
宁乡市东湖塘镇	13165	1	7	48390	20	4	18
宁乡市夏铎铺镇	10274	3	6	45472	101	9	13
宁乡市双江口镇	15503	4	13	86907	27	14	24
宁乡市煤炭坝镇	7282	1	6	48108	102	35	21
宁乡市坝塘镇	16259	1	13	71013	29	1	31
宁乡市灰汤镇	21081	2	16	98122	7		39
宁乡市双凫铺镇	8812	1	7	40566	25	12	26
宁乡市老粮仓镇	12208	2	8	63252	18		33
宁乡市流沙河镇	14059	2	11	69175	52	4	17
宁乡市巷子口镇	10385	1	9	45682	2	1	23
宁乡市龙田镇	7184	1	5	22795	4	3	11
宁乡市横市镇	12416	1	11	55190	45	3	25
宁乡市回龙铺镇	7284	1	6	42759	61	6	5
宁乡市黄材镇	22294	1	16	65744	3	2	30
宁乡市大成桥镇	5912	1	7	34448	25	8	19
宁乡市青山桥镇	13236	1	8	50981	35	1	24
宁乡市金洲镇	6138	2	4	34473	8	4	19
宁乡市大屯营镇	10666	1	6	45065	34	4	25
宁乡市资福镇	8837	1	7	38915			29
宁乡市菁华铺乡	6571		6	36722	65	5	8
宁乡市喻家坳乡	9664		8	39816	30	4	20
宁乡市沙田乡	7430		6	34287	11	1	31
宁乡市沩山乡	7295	1	4	17584	5	4	11
荷塘区仙庾镇	6392	1	10	25475	31	7	37
芦淞区白关镇	15008	1	20	51225	114	39	25
石峰区云田镇	1709	9		26284	86	14	35
天元区群丰镇	5380	16		30711	101	41	54
天元区雷打石镇	8511	1	14	34067	26	5	48
天元区三门镇	9203	1	14	34255	16	3	26
渌口区渌口镇	13831	4	22	96484	363	59	44
渌口区朱亭镇	14627	1	18	39959	24	3	5
渌口区古岳峰镇	7087	1	10	23166	16		

续表 344　　湖南省　　单位：公顷、个、人

名　称	行政区域面积	居民委员会(社区)个数	村民委员会个数	户籍人口	工业企业个数	#规模以上	营业面积50平方米以上的商店或超市个数
渌口区淦田镇	14325	2	14	35428	17		9
渌口区龙门镇	12641		12	20279	16	3	3
渌口区龙潭镇	13064		9	20457	20	1	
渌口区南洲镇	13684	1	19	51946	151	44	8
渌口区龙船镇	16091	1	25	54248	38	6	10
攸县酒埠江镇	14005	2	11	29780	57	8	33
攸县桃水镇	9725	1	13	36235	57	10	43
攸县网岭镇	22237	3	20	67706	106	38	28
攸县渌田镇	10028	1	13	47951	14	6	48
攸县石羊塘镇	8233	1	13	37826	33	11	33
攸县黄丰桥镇	31955	2	20	34444	101	34	29
攸县鸾山镇	26958	2	14	26935	151	23	18
攸县丫江桥镇	16123	1	15	42108	29	3	55
攸县皇图岭镇	22672	2	24	68474	165	16	24
攸县新市镇	18650	2	25	74375	71	19	27
攸县菜花坪镇	10601	2	11	34999	48	11	12
攸县莲塘坳镇	26203	4	16	44627	59	12	25
攸县宁家坪镇	20206	1	20	50959	80	20	38
茶陵县界首镇	8270	1	11	30863	20	6	1
茶陵县湖口镇	29930	2	24	45665	62	12	5
茶陵县马江镇	8458	1	12	31720	25	10	4
茶陵县高陇镇	12913	1	9	24224	16	3	10
茶陵县虎踞镇	22998	2	21	61346	62	10	48
茶陵县枣市镇	11284	1	11	29466	29	4	11
茶陵县火田镇	25768	1	17	31962	39	6	2
茶陵县严塘镇	22768	1	19	43841	35	3	2
茶陵县秩堂镇	15071	1	11	29215	16	1	14
茶陵县腰潞镇	29187	1	20	65683	67	20	4
茶陵县舲舫乡	8994		11	32706	14	1	3
茶陵县桃坑乡	25342		15	18307	13		39
炎陵县霞阳镇	21333	5	20	58953	255	90	34
炎陵县沔渡镇	19414	1	14	19868	47	6	42
炎陵县十都镇	38373	1	12	13627	32	2	18
炎陵县水口镇	17630	1	12	15936	34	4	3
炎陵县鹿原镇	19257	1	21	35159	28	1	14
炎陵县垄溪乡	13781		8	8437	21	4	9
炎陵县策源乡	16297		7	5913	24	3	2
炎陵县下村乡	18726		8	7898	17		10
炎陵县船形乡	10460		6	8052	21	3	2
炎陵县中村瑶族乡	27706		12	12994	40	2	22
醴陵市白兔潭镇	7131	2	10	50786	64	34	38
醴陵市浦口镇	7836	4	12	57258	118	35	29
醴陵市王仙镇	7371	2	8	35977	85	37	6
醴陵市泗汾镇	7056	4	7	39104	40	17	37
醴陵市沈潭镇	5353	2	7	28260	43	10	44

续表 345　　湖南省　　单位：公顷、个、人

名　　称	行政区域面积	居民委员会(社区)个数	村民委员会个数	户籍人口	工业企业个数	#规模以上	营业面积50平方米以上的商店或超市个数
醴陵市船湾镇	12061	2	10	51183	237	37	30
醴陵市均楚镇	17240	2	11	40279	30	12	20
醴陵市东富镇	8039	1	10	39009	83	36	12
醴陵市石亭镇	10619	1	9	38045	10	6	2
醴陵市孙家湾镇	5281		6	22312	83	35	36
醴陵市官庄镇	18493		7	17585	14	4	35
醴陵市嘉树镇	6304		7	24173	64	29	8
醴陵市板杉镇	8987		10	38788	33	11	27
醴陵市沩山镇	8598		7	19467	24	17	22
醴陵市枫林镇	10060	2	11	40960	35	11	33
醴陵市李畋镇	12212	2	14	67099	98	55	3
醴陵市明月镇	16903	5	15	73574	62	12	3
醴陵市左权镇	12295	1	11	45594	43	10	4
醴陵市茶山镇	16692	5	13	64396	43	16	6
雨湖区鹤岭镇	15644	3	18	78293	112	9	2
雨湖区楠竹山镇	890	4	1	20359	77	15	6
雨湖区姜畲镇	9023	1	15	54339	122	20	125
雨湖区长城乡	2551		13	26908	177	20	15
湘潭县易俗河镇	21241	14	30	137305	531	170	45
湘潭县谭家山镇	10045	3	14	44511	35	8	82
湘潭县中路铺镇	18300	1	20	59023	52	6	215
湘潭县茶恩寺镇	13700	1	17	46561	28	3	1
湘潭县河口镇	9510		16	45309	78	20	3
湘潭县射埠镇	17096	1	22	62233	37	6	127
湘潭县花石镇	26268	1	31	87050	95	19	99
湘潭县青山桥镇	11147	1	18	46067	33	16	37
湘潭县石鼓镇	9650	1	16	46549	17	3	1
湘潭县云湖桥镇	13520	1	21	59756	94	23	5
湘潭县石潭镇	12380	3	24	70207	42	8	4
湘潭县杨嘉桥镇	11592	2	21	61769	65	20	28
湘潭县乌石镇	9742	1	13	35807	8	1	46
湘潭县白石镇	10040	1	13	39927	16	3	7
湘潭县分水乡	9187		15	37586	11		14
湘潭县排头乡	12888		18	56809	22	8	21
湘潭县锦石乡	5914		11	30064	16	2	46
湘潭昭山示范区昭山镇	6913	4	11	32100			3
湘乡市山枣镇	10170	1	19	49071	21	6	76
湘乡市栗山镇	6884	1	11	27117	8	4	22
湘乡市中沙镇	6850	1	9	26424	3	1	25
湘乡市虞唐镇	8671	1	14	35128	17	11	30
湘乡市潭市镇	12750	1	20	47472	14	7	64
湘乡市棋梓镇	13890	3	15	52805	21	13	115
湘乡市壶天镇	14470	1	18	50209	18	3	64
湘乡市翻江镇	13339	1	16	42690	6	2	42
湘乡市金石镇	7997	1	10	31730	11	7	35

续表 346　　湖南省　　单位：公顷、个、人

名　　称	行政区域面　　积	居民委员会(社区)个数	村民委员会个　　数	户籍人口	工业企业个　　数	#规模以上	营业面积50平方米以上的商店或超市个数
湘乡市白田镇	10573	1	17	45426	11	3	43
湘乡市月山镇	14743	1	19	66386	15	8	52
湘乡市泉塘镇	9876	1	18	50909	49	14	75
湘乡市梅桥镇	13656	1	17	50484	8	5	176
湘乡市毛田镇	11201	1	18	35875	6	2	98
湘乡市龙洞镇	7480	1	10	28091	25	15	36
湘乡市东郊乡	9053		19	54932	84	44	64
湘乡市金薮乡	10400		15	38702			47
湘乡市育塅乡	8800		15	38965	16	9	75
韶山市清溪镇	7116	4	12	45145	197	62	66
韶山市银田镇	2800	1	4	16570	48	16	12
韶山市韶山乡	9855		10	36173	21	3	34
韶山市杨林乡	6228		7	20881	12	4	23
珠晖区茶山坳镇	5786	2	9	30015	27	5	13
珠晖区和平乡	1791	2	6	25520	4	3	3
珠晖区酃湖乡	3366	2	8	31824	11	2	11
雁峰区岳屏镇	3415	2	8	20886	46	12	7
石鼓区角山镇	3844	1	6	23025	2	1	37
蒸湘区呆鹰岭镇	2880	2	8	32711	24	15	18
蒸湘区雨母山镇	3849	1	7	20796	2	1	8
南岳区南岳镇	7754	3	13	35503	14		22
南岳区寿岳乡	5092		5	6976	2		
衡阳县西渡镇	15295	13	22	165442	356	76	4
衡阳县集兵镇	9534	1	15	39693	34	7	4
衡阳县杉桥镇	7105	2	10	23140	7	1	1
衡阳县井头镇	15519	3	29	67070	49	8	6
衡阳县演陂镇	8747	2	21	42296	35	12	2
衡阳县金兰镇	16318	2	28	75394	30	4	
衡阳县洪市镇	11302	1	23	59139	17	1	30
衡阳县曲兰镇	11792	2	22	51675	16	1	8
衡阳县金溪镇	11242	2	17	38071	12	1	4
衡阳县界牌镇	9892	4	12	32284	55	23	2
衡阳县渣江镇	14041	2	28	70285	23	5	2
衡阳县三湖镇	11260	1	24	53376	5	2	2
衡阳县台源镇	11887	1	20	58698	26	8	1
衡阳县关市镇	9074	2	22	51010	25	2	6
衡阳县库宗桥镇	10138	1	20	48330	17	2	
衡阳县岘山镇	15662	2	28	66930	16	2	4
衡阳县石市镇	14521	1	23	56654	9	1	2
衡阳县樟木乡	9902	2	8	28283	27	2	3
衡阳县岣嵝乡	12021		10	23751	15		1
衡阳县栏垅乡	5133		11	23316	6		2
衡阳县大安乡	7906	1	15	43012	16		2
衡阳县溪江乡	8421	1	16	33891	6	1	2
衡阳县长安乡	3901	1	8	18179	7	2	6

续表 347　　湖南省　　单位：公顷、个、人

名　　称	行政区域面积	居民委员会(社区)个数	村民委员会个数	户籍人口	工业企业个数	#规模以上	营业面积50平方米以上的商店或超市个数
衡阳县板市乡	2430		6	15438	10	2	1
衡阳县樟树乡	2818	1	5	15114	48	5	10
衡南县茶市镇	7118	2	14	33379	31	4	7
衡南县冠市镇	7921	2	15	47134	16	2	22
衡南县江口镇	9965	2	17	57116	20	1	19
衡南县宝盖镇	17647	2	16	50095	11	1	5
衡南县花桥镇	23835	3	28	58782	38	4	2
衡南县铁丝塘镇	7467	1	9	24010	5		1
衡南县泉溪镇	5349	3	8	28656	17	2	10
衡南县洪山镇	11156	3	15	45487	31	5	2
衡南县三塘镇	16609	9	23	90720	91	18	21
衡南县谭子山镇	11053	2	17	44385	13	3	1
衡南县岐山镇	10767	2	16	46446	21	2	5
衡南县泉湖镇	9036	2	16	37250	13	1	19
衡南县柞市镇	7966	1	13	31345			2
衡南县茅市镇	15808	3	22	60431	5	1	33
衡南县硫市镇	12350	2	20	44552	9		9
衡南县栗江镇	13009	4	22	64561	14	2	28
衡南县近尾洲镇	8403	2	17	30544	6	1	18
衡南县咸塘镇	4969	2	8	21532	15	3	1
衡南县松江镇	12635	2	18	49084	16	3	
衡南县相市乡	7678	2	12	28712	5		
衡山县开云镇	14331	8	17	105481	298	94	884
衡山县白果镇	8613	2	17	51163	16	4	9
衡山县东湖镇	9360	2	11	33153	32	9	14
衡山县萱洲镇	9598	2	12	39901	15	7	32
衡山县长江镇	7469	1	11	33114	33	6	16
衡山县新桥镇	7870	2	10	25800	21	9	18
衡山县店门镇	9659	2	9	29553	24	6	10
衡山县永和乡	6785	2	10	30580	19	8	41
衡山县福田铺乡	4715	1	5	16410	13	4	36
衡山县岭坡乡	8201	1	11	29774	12	4	6
衡山县贯塘乡	3456	1	8	22279	9	2	3
衡山县江东乡	3441	1	7	18462	6	2	7
衡东县洣水镇	13104	9	19	88431	82	21	60
衡东县石湾镇	7771	1	11	33335	17	8	32
衡东县新塘镇	9749	1	15	49590	54	14	30
衡东县大浦镇	11513	2	16	55538	117	65	2
衡东县吴集镇	27432	3	32	93170	36	18	46
衡东县甘溪镇	11010	1	11	33073	30	11	15
衡东县杨林镇	13083	1	13	33062	29	7	18
衡东县草市镇	14394	1	18	59278			25
衡东县杨桥镇	11089	1	14	34526	7	5	24
衡东县霞流镇	9890	1	15	47949	19	6	51
衡东县荣桓镇	8702	1	7	31472	6	5	11

续表 348　　湖南省　　单位：公顷、个、人

名　　称	行政区域面　　积	居民委员会(社区)个数	村民委员会个　　数	户籍人口	工业企业个　　数	#规模以上	营业面积50平方米以上的商店或超市个数
衡东县高湖镇	9747	1	10	32391	11	6	5
衡东县白莲镇	8482	1	10	28289	4	2	11
衡东县三樟镇	11221	1	14	42414	16	6	22
衡东县蓬源镇	8556	1	10	26280	6		13
衡东县南湾乡	7975		5	14262	4	1	12
衡东县石滩乡	8956		11	38528			9
祁东县金桥镇	7997	2	15	43714	5	4	21
祁东县鸟江镇	6527	1	11	26949	5	2	6
祁东县粮市镇	5450	1	7	18671			7
祁东县河洲镇	6570	3	15	32832	4	3	11
祁东县归阳镇	7946	3	12	42478	36	32	91
祁东县过水坪镇	9720	2	19	46483	8	7	25
祁东县双桥镇	5643	1	12	33656	4	3	12
祁东县灵官镇	7787	2	12	38875	6	5	16
祁东县风石堰镇	10692	1	15	54270	6	5	36
祁东县白地市镇	10813	3	18	70907	7	6	100
祁东县黄土铺镇	9313	2	13	45688	15	13	35
祁东县石亭子镇	5539	1	11	34223	5	4	6
祁东县官家嘴镇	9372	3	12	35087	11	6	8
祁东县步云桥镇	14968	3	23	69594	8	5	45
祁东县砖塘镇	6830	2	13	39567	2	1	12
祁东县蒋家桥镇	6686	2	12	41885	4	3	13
祁东县太和堂镇	16160	2	25	60584			56
祁东县马杜桥乡	6042		6	14334	3	2	1
祁东县凤歧坪乡	3918		6	12407			1
祁东县城连圩乡	3976		9	25323			5
耒阳市黄市镇	9244	1	7	28648	17	2	8
耒阳市小水镇	12489	1	18	65121	26	4	32
耒阳市公平圩镇	9723	1	13	47362	23	3	25
耒阳市三都镇	11789	1	16	55371	14	6	
耒阳市南阳镇	10475	1	11	47871	22	8	12
耒阳市夏塘镇	7643	2	11	39649	11	1	13
耒阳市龙塘镇	7454	1	10	34610	15	6	16
耒阳市哲桥镇	12670	2	11	45753	23	6	2
耒阳市永济镇	4936	1	8	33323	4	1	2
耒阳市遥田镇	5184	1	8	32180	12	4	7
耒阳市新市镇	7501	4	12	45742	15	2	3
耒阳市淝田镇	5140		8	26779	6	2	
耒阳市大市镇	11433	1	16	64565	29	4	64
耒阳市仁义镇	9643		12	48186	17		24
耒阳市南京镇	7667		9	29771	13	2	20
耒阳市大义镇	10436		13	38177	13	4	27
耒阳市东湖圩镇	12636	1	11	42890	15	2	13
耒阳市马水镇	16923		15	52030	19	2	12
耒阳市导子镇	13731	1	12	38995	13	2	20

续表 349　　　　湖南省　　　　单位：公顷、个、人

名　　称	行政区域面　　积	居民委员会(社区)个数	村民委员会个　　数	户籍人口	工业企业个　　数	#规模以上	营业面积50平方米以上的商店或超市个数
耒阳市亮源乡	10618		8	25161	9		10
耒阳市太平圩乡	4969		9	24715	9		9
耒阳市长坪乡	7736		13	36819	8		11
耒阳市太和圩乡	7887		10	38806	7		29
耒阳市坛下乡	6414		9	28315	3		2
常宁市柏坊镇	12325	3	20	58677	37	4	
常宁市水口山镇	8555	8	14	65166	95	25	33
常宁市烟洲镇	10698	1	17	38041	14	3	1
常宁市荫田镇	10119	1	17	44371	26		
常宁市白沙镇	7544	2	15	36908	14		11
常宁市西岭镇	12428	1	16	40020	29	8	4
常宁市三角塘镇	11881	2	26	56191	25	5	2
常宁市洋泉镇	17259	1	26	62318	25	8	5
常宁市庙前镇	7865	1	11	19730	4		11
常宁市罗桥镇	10669	1	19	40448	17	7	2
常宁市板桥镇	8006	1	20	44127	22	3	21
常宁市胜桥镇	7759	1	24	49582	10	2	7
常宁市官岭镇	8976	1	19	42745			420
常宁市新河镇	13305	2	22	43621	24	8	1
常宁市蓬塘乡	11291	1	19	46138	14	1	3
常宁市兰江乡	7707	1	19	35204	14	1	4
常宁市大堡乡	8294	1	15	30660	7	2	2
常宁市塔山瑶族乡	11984		11	11401	28	9	
双清区高崇山镇	3039	1	8	28532	141	125	36
双清区渡头桥镇	2405	1	6	21810	22		16
双清区火车站乡	2205	3	7	22150	40	20	18
大祥区罗市镇	4236	1	10	23989	8	7	27
大祥区蔡锷乡	4038		9	22392	3		4
大祥区板桥乡	2872		10	24616	15	6	29
北塔区陈家桥镇	2851	7	7	23929	12	10	17
新邵县酿溪镇	6335	24	8	93595	258	71	61
新邵县严塘镇	12111	2	26	55042	41	9	101
新邵县雀塘镇	9067	2	28	55132	56	34	45
新邵县陈家坊镇	10373	2	36	69378	38	10	46
新邵县潭溪镇	11077	1	22	37647	20	1	40
新邵县寸石镇	9818	1	23	45859	32	8	22
新邵县坪上镇	17267	2	41	85598	57	20	127
新邵县龙溪铺镇	12820	2	28	58018	58	14	3
新邵县巨口铺镇	16012	1	29	59199	31	12	52
新邵县新田铺镇	11317	2	28	62413	50	9	4
新邵县小塘镇	10599	2	27	53362	40	4	6
新邵县太芝庙镇	8842	1	18	30787	31	3	3
新邵县大新镇	13461	5	17	40205	7	2	1
新邵县潭府乡	9802		20	31337	28	6	7
新邵县迎光乡	5374		15	34084	21	3	26

续表 350　　湖南省　　单位：公顷、个、人

名　称	行政区域面积	居民委员会(社区)个数	村民委员会个数	户籍人口	工业企业个数	#规模以上	营业面积50平方米以上的商店或超市个数
邵阳县塘渡口镇	24679	8	40	179629	255	56	38
邵阳县白仓镇	14027	2	31	79450	37	3	1
邵阳县塘田市镇	9989	2	21	49232	18	3	51
邵阳县黄亭市镇	13537	1	26	62347	26	2	4
邵阳县长阳铺镇	9684	1	19	45430	59	8	21
邵阳县岩口铺镇	8800	1	17	34051	25	4	29
邵阳县九公桥镇	11156	3	21	58031	39	9	45
邵阳县下花桥镇	8160	1	21	55605	26	3	2
邵阳县谷洲镇	8469	1	23	59605	14	1	
邵阳县郦家坪镇	11019	1	25	59475	7		33
邵阳县五峰铺镇	13784	4	39	99794	63	7	36
邵阳县小溪市乡	9091	1	13	38267	11		14
邵阳县长乐乡	6381		12	29723	9		3
邵阳县蔡桥乡	6972		15	30368	7	1	20
邵阳县河伯乡	9462		14	33653	10	2	4
邵阳县黄荆乡	4917		9	20020	2		13
邵阳县诸甲亭乡	4900		10	30016	9	1	14
邵阳县罗城乡	3548		9	20547	11		2
邵阳县金江乡	809		3	3330	1		3
隆回县小沙江镇	14273	1	14	25957	43	2	5
隆回县金石桥镇	20026	2	29	72366	25	3	20
隆回县司门前镇	16655	2	28	60745	28	3	16
隆回县高平镇	15946	1	34	84321	25	5	56
隆回县六都寨镇	16531	5	20	63119	71	4	30
隆回县荷香桥镇	12314	1	26	61791	42	2	29
隆回县横板桥镇	9795	2	20	52981	28	1	21
隆回县周旺镇	7546	1	16	34964	40	3	12
隆回县滩头镇	17740	3	31	78744	23		
隆回县鸭田镇	7449	1	18	32222	6	1	23
隆回县西洋江镇	9956	2	16	43765	8	1	2
隆回县岩口镇	19577	3	34	69438	64	3	63
隆回县北山镇	10039	4	18	44397	30	6	3
隆回县三阁司镇	11788	4	26	78856	48	4	35
隆回县南岳庙镇	6828	3	10	34856	46	1	6
隆回县七江镇	10662	4	25	59768	42	2	101
隆回县羊古坳镇	6093	2	13	35826	35	2	9
隆回县罗洪镇	6466	2	13	26992	11		2
隆回县麻塘山乡	6694	10	10	15909	1		2
隆回县虎形山瑶族乡	9595		12	17459			5
隆回县大水田乡	11937		10	12863	8	1	1
隆回县荷田乡	8080		14	29639	25		
隆回县山界回族乡	4693	16	16	28823	12	1	
洞口县江口镇	9597	1	9	13577	14	1	14
洞口县毓兰镇	11540	1	21	52498	32	3	26
洞口县高沙镇	15332	4	37	116600	85	14	108

续表 351　　湖南省　　单位：公顷、个、人

名　　称	行政区域面积	居民委员会(社区)个数	村民委员会个数	户籍人口	工业企业个数	#规模以上	营业面积50平方米以上的商店或超市个数
洞口县竹市镇	13881	1	33	89197	45	10	57
洞口县石江镇	13978	3	30	87932	27	7	78
洞口县黄桥镇	13242	2	27	100907	42	4	17
洞口县山门镇	10124	2	20	59087	39	3	68
洞口县醪田镇	5416	1	9	29661	7		28
洞口县花园镇	8147	2	11	34178	17	9	25
洞口县岩山镇	8006		10	25048	16	2	17
洞口县水东镇	3479		7	22544	9	1	9
洞口县杨林镇	4561		11	25279	7		4
洞口县月溪镇	13012		14	15614	23	1	10
洞口县石柱镇	9251		11	29630	5	2	9
洞口县古楼乡	8250		6	6327	7	1	3
洞口县长塘瑶族乡	5932		6	5262	11	1	1
洞口县罗溪瑶族乡	23583		12	11682	29	2	4
洞口县渣坪乡	8907		8	8305	12	1	2
洞口县桐山乡	8925		10	11388	10	1	
洞口县大屋瑶族乡	7316		7	5231	8	1	1
绥宁县长铺镇	1261	8		32089	34	8	18
绥宁县武阳镇	19916	2	13	29380	18	4	5
绥宁县李熙桥镇	17977	1	15	30099	20	4	4
绥宁县红岩镇	12422	1	22	30819	6		3
绥宁县唐家坊镇	9885	1	12	21990	7	2	2
绥宁县金屋塘镇	14270	1	9	17151	20		2
绥宁县瓦屋塘镇	14402	2	11	22473	14	4	2
绥宁县黄土矿镇	5514	1	8	17661	1		2
绥宁县东山侗族乡	11665		12	18142	2		3
绥宁县鹅公岭侗族苗族乡	7339		11	12545	1		11
绥宁县寨市苗族侗族乡	41532	2	27	31156	19	4	28
绥宁县乐安铺苗族侗族乡	10566		8	9936	10	4	8
绥宁县关峡苗族乡	21748		9	24952	33	16	8
绥宁县长铺子苗族侗族乡	55106	1	29	38553	78	27	8
绥宁县麻塘苗族瑶族乡	24958		13	16231	13	3	7
绥宁县河口苗族乡	14154		10	15262	7		12
绥宁县水口乡	8986		6	10404	4	1	1
新宁县金石镇	42240	7	48	158641	284	73	121
新宁县水庙镇	16154	1	13	23631	18	4	11
新宁县崀山镇	26625	1	17	32904	32	1	14
新宁县黄龙镇	21305	1	17	27157	29	2	9
新宁县高桥镇	15670	1	18	38392	29	6	6
新宁县回龙寺镇	23650	2	35	81477	63	8	18
新宁县一渡水镇	24379	1	22	41114	21		31
新宁县马头桥镇	18224	2	31	58503	39		15
新宁县黄金瑶族乡	12852		11	8771	21	1	5
新宁县麻林瑶族乡	17225		11	13724	33	2	3
新宁县万塘乡	10672		16	27713	19		3

续表 352　　湖南省　　单位：公顷、个、人

名　　称	行政区域面积	居民委员会(社区)个数	村民委员会个数	户籍人口	工业企业个数	#规模以上	营业面积50平方米以上的商店或超市个数
新宁县清江桥乡	12849	1	16	29335	21		26
新宁县安山乡	10493		16	31310	12		18
新宁县丰田乡	7796		12	27709	17		12
新宁县巡田乡	9152		11	27375	12	1	14
新宁县靖位乡	6328		5	8405	10		2
城步苗族自治县茅坪镇	15944	5	9	18812	26	7	1
城步苗族自治县西岩镇	23318	5	21	49975	24	2	8
城步苗族自治县丹口镇	45533	1	23	26159	22	2	5
城步苗族自治县五团镇	13121	2	9	12202	18		7
城步苗族自治县长安营镇	25752	2	9	8351	15	1	15
城步苗族自治县白毛坪镇	39839	2	16	17778	17	1	1
城步苗族自治县威溪乡	6531		10	8688	17		6
城步苗族自治县兰蓉乡	11299		7	9210	4		2
城步苗族自治县汀坪乡	26036		16	17612	22	1	26
城步苗族自治县蒋坊乡	8659		7	12119	9	1	
城步苗族自治县金紫乡	5425	3	6	20689	3	1	2
武冈市邓元泰镇	14216	1	25	74161	14	3	81
武冈市湾头桥镇	13941	1	26	75809	6	4	64
武冈市文坪镇	8417	1	14	37908	5	2	27
武冈市荆竹铺镇	7900	1	16	44082	8		7
武冈市稠树塘镇	10920	1	21	41106	8	2	36
武冈市邓家铺镇	10949	1	22	60545	2		38
武冈市龙溪镇	4984	1	14	38975	12	5	23
武冈市司马冲镇	7486	1	12	25603	11	3	1
武冈市秦桥镇	7399	1	11	23968	3	2	3
武冈市双牌镇	10993	3	16	46961	8		12
武冈市大甸镇	6605	1	11	27210	8	4	20
武冈市马坪乡	6110		16	37168	2	1	47
武冈市晏田乡	6669	1	15	27090	5		20
武冈市水浸坪乡	7261		15	29428	1		5
邵东市牛马司镇	8189	3	27	79413	131	32	50
邵东市界岭镇	5264	2	14	32651	3	1	39
邵东市九龙岭镇	8495	1	24	48413	30	7	10
邵东市仙槎桥镇	8021	1	25	55784	126	68	58
邵东市火厂坪镇	9599	1	28	62998	67	30	21
邵东市佘田桥镇	5253	2	15	30632	40	6	20
邵东市灵官殿镇	15912	1	41	89698	83	8	34
邵东市团山镇	9724	1	35	68652	16	7	5
邵东市砂石镇	4135	2	14	34761	13	2	6
邵东市廉桥镇	8681	2	35	76450	168	12	30
邵东市流光岭镇	4014	1	13	21730	7	2	18
邵东市流泽镇	5332	1	22	46067	55	17	6
邵东市魏家桥镇	7116	2	19	47089	52	8	7
邵东市野鸡坪镇	7702	1	22	43357	12	1	3
邵东市杨桥镇	5100	2	16	28811	21	7	35

续表 353　　湖南省　　单位：公顷、个、人

名　　称	行政区域面　　积	居民委员会(社区)个数	村民委员会个　　数	户籍人口	工业企业个　　数	#规模以上	营业面积50平方米以上的商店或超市个数
邵东市水东江镇	9919	1	21	48572	22	3	2
邵东市黑田铺镇	10031	1	23	73248	141	59	14
邵东市简家陇镇	11867	1	29	56747	13	4	30
邵东市双凤乡	5919		14	21545	1		13
邵东市周官桥乡	4746		15	37507	92	27	43
邵东市堡面前乡	5512		10	16872			14
邵东市斫曹乡	5054		17	29928	3		2
岳阳楼区西塘镇	14015	2	17	51203	161	10	42
岳阳楼区郭镇乡	2011		5	8289	25	3	9
岳阳楼区康王乡	6132	1	9	26927	94	14	21
云溪区陆城镇	9608	2	8	22876	36	6	49
云溪区路口镇	6664	1	10	23534	44	12	24
君山区广兴洲镇	8471	3	9	37461	21	3	3
君山区许市镇	9654	2	9	30450	19	2	7
君山区钱粮湖镇	16160	7	14	63511	44	6	27
君山区良心堡镇	6987	2	9	27301	11	3	10
岳阳县荣家湾镇	21715	22	19	164970	335	108	267
岳阳县黄沙街镇	13057	2	13	54650	39	7	64
岳阳县新墙镇	7608	2	7	31927	71	25	130
岳阳县柏祥镇	9984	1	8	33282	38	8	94
岳阳县筻口镇	13986	2	13	58185	49	8	77
岳阳县公田镇	14622	1	13	44334	39	7	172
岳阳县毛田镇	18459	1	17	53074	12		69
岳阳县月田镇	17582	1	14	44417	19		9
岳阳县张谷英镇	17730	1	13	45429	37	2	15
岳阳县新开镇	13277	1	9	39754	60	19	44
岳阳县步仙镇	10370	1	9	35173	12		11
岳阳县杨林街镇	8511		8	32838	33	9	103
岳阳县中洲乡	7315		8	30174	13	5	53
岳阳县长湖乡	12054		10	40656	43	6	138
华容县三封寺镇	8328	1	8	29274	160	101	15
华容县治河渡镇	4535	2	6	28241	15	2	20
华容县北景港镇	7604	1	11	37137	13	6	27
华容县鲇鱼须镇	10993	2	13	53182	32	9	63
华容县万庾镇	9680	2	10	42665	36	8	33
华容县插旗镇	5144	1	7	27632	8	3	24
华容县注滋口镇	17586	3	19	63607	9	1	55
华容县操军镇	9554	2	11	44200	12	2	23
华容县东山镇	34648	3	22	80147	48	7	113
华容县梅田湖镇	9177	2	10	37145	18	2	6
华容县章华镇	12879	25	8	146087	235	12	228
华容县禹山镇	16077	2	15	45298	25	5	5
华容县新河乡	7074	1	9	36671	22	6	15
华容县团洲乡	5817	1	6	24183	11	2	15
湘阴县东塘镇	4310	1	9	29032	28	3	10

续表 354　　湖南省　　单位：公顷、个、人

名　　称	行政区域面　　积	居民委员会(社区)个数	村民委员会个　　数	户籍人口	工业企业个　　数	#规模以上	营业面积50平方米以上的商店或超市个数
湘阴县樟树镇	5496	1	7	26340	17	3	131
湘阴县三塘镇	6767	2	7	21790	22	5	51
湘阴县岭北镇	11477	5	16	76505	36	9	7
湘阴县新泉镇	15009	4	16	79837	30	5	201
湘阴县湘滨镇	18322	2	12	57117	19	6	73
湘阴县南湖洲镇	10323	5	12	54847	34	4	26
湘阴县鹤龙湖镇	14050	5	14	68938	27	6	269
湘阴县静河镇	6115	1	9	29038	19	2	7
湘阴县石塘镇	7202	2	10	30606	42	7	63
湘阴县洋沙湖镇	9442	3	12	46593	230	78	36
湘阴县金龙镇	9043	2	10	38123	139	50	95
湘阴县六塘乡	3609	1	4	15413	9	1	11
湘阴县杨林寨乡	3025	1	14	25409	12		14
平江县安定镇	16778	3	33	74195	77	19	51
平江县三市镇	13813	1	26	59097	66	19	58
平江县加义镇	43857	3	31	59152	46	6	2
平江县长寿镇	49443	3	43	80003	51	11	50
平江县龙门镇	20338	1	26	41289	17	3	27
平江县虹桥镇	18318	1	22	38891	26		3
平江县南江镇	19520	6	26	82894	54	10	9
平江县梅仙镇	20474	2	28	69320	39	6	59
平江县浯口镇	18995	1	25	39316	18	1	82
平江县瓮江镇	25388	1	29	54768	29	3	43
平江县伍市镇	19103	1	37	72380	284	116	70
平江县向家镇	4132	2	6	16777	14	1	12
平江县童市镇	15879	1	19	30551	19	2	5
平江县岑川镇	9209	1	11	21921	10		10
平江县福寿山镇	13658		13	22822	14	3	13
平江县余坪镇	18210	1	17	40686	26	3	19
平江县石牛寨镇	10800		14	24524	10		32
平江县上塔市镇	5986	2	10	25110	7		23
平江县三阳乡	12282		11	27191	16	11	34
平江县木金乡	11894		14	26786	8		3
平江县板江乡	7020		9	15068	5	2	1
平江县大洲乡	10031		10	22539	8	3	26
平江县三墩乡	11754		13	32705	24	1	17
岳阳市屈原管理区营田镇	4884	5	6	34691	63	29	12
岳阳市屈原管理区河市镇	6836	1	10	27206	17	14	41
岳阳市屈原管理区凤凰乡	8266		8	18070	3	3	8
汨罗市汨罗镇	3447	1	6	27885	48	5	283
汨罗市新市镇	5468	3	4	28010	164	3	13
汨罗市古培镇	8364		8	34224	61	9	
汨罗市白水镇	7160	1	10	35750	31	4	9
汨罗市川山坪镇	15038		16	56412	122	17	
汨罗市弼时镇	14021	1	17	56106	139	14	5

续表 355　　湖南省　　单位：公顷、个、人

名　　称	行政区域面　　积	居民委员会(社区)个数	村民委员会个　　数	户籍人口	工业企业个　　数	#规模以上	营业面积50平方米以上的商店或超市个数
汨罗市长乐镇	5828	2	7	32083	60	13	11
汨罗市大荆镇	8109	1	7	26309	40	7	3
汨罗市桃林寺镇	15402	2	16	69738	32	5	3
汨罗市三江镇	12912	1	8	31370	55	9	3
汨罗市屈子祠镇	10173		11	44999	59	8	
汨罗市归义镇	2662	22		80931	166	22	16
汨罗市神鼎山镇	11944	1	12	46862	41	14	29
汨罗市罗江镇	15594		14	60661	102	26	4
汨罗市白塘镇	10825		9	28023	39	10	24
临湘市忠防镇	10601	5	8	31170	25	1	22
临湘市聂市镇	26818	3	14	54017	46	13	19
临湘市江南镇	17049	3	11	43668	82	27	204
临湘市桃林镇	16539	2	16	58402	55	17	7
临湘市长塘镇	5769	2	6	28537	20	3	10
临湘市白羊田镇	8099	1	6	22259	20	3	108
临湘市詹桥镇	13584	3	11	40509	38	1	82
临湘市黄盖镇	3767	1	3	10728	2	1	55
临湘市羊楼司镇	28108	5	15	49143	82	17	36
临湘市坦渡镇	15309	2	11	36187	18	4	25
武陵区河洑镇	1910	7	3	18849	45	6	29
武陵区白鹤镇	11483	11	5	30833	44	2	9
武陵区芦荻山乡	5673	4	14	34100	31	5	36
武陵区丹洲乡	2936	2	8	22477	15	4	20
鼎城区蒿子港镇	5405	3	7	26983	18	1	7
鼎城区中河口镇	6775	1	10	30106	26	3	52
鼎城区十美堂镇	12280	5	18	57194	6	4	23
鼎城区牛鼻滩镇	8784	2	10	34892	5	2	13
鼎城区韩公渡镇	13739	3	17	44517	3	1	24
鼎城区石公桥镇	11389	3	12	39321	29	2	31
鼎城区镇德桥镇	4282	3	6	18670	6	1	9
鼎城区周家店镇	13869	2	12	34293	20	5	30
鼎城区双桥坪镇	11494	3	11	31755	10	4	1
鼎城区蔡家岗镇	15390	4	13	42000	28	6	21
鼎城区草坪镇	7573	2	8	24650	10	2	10
鼎城区石门桥镇	10089	2	15	48410	45	12	14
鼎城区谢家铺镇	12346	2	17	41261	20	4	50
鼎城区黄土店镇	21744	3	21	50624	39		45
鼎城区尧天坪镇	11694	3	11	31142	5	3	23
鼎城区石板滩镇	6545	4	6	22217	66	23	3
鼎城区花岩溪镇	10926	4	8	32043	7	1	49
鼎城区许家桥回族维吾尔族乡	11669	3	13	37182	20	5	25
安乡县深柳镇	7258	13	5	107917	152	31	56
安乡县大鲸港镇	9000	9	6	44630	83	39	59
安乡县黄山头镇	7592	4	9	33653	15	4	19
安乡县三岔河镇	14193	6	16	60456	31	8	47

续表 356　　湖南省　　单位：公顷、个、人

名　　称	行政区域面积	居民委员会(社区)个数	村民委员会个数	户籍人口	工业企业个数	#规模以上	营业面积50平方米以上的商店或超市个数
安乡县官垱镇	8396	4	12	34783	13	4	15
安乡县下渔口镇	8510	2	10	33537	9		50
安乡县陈家嘴镇	11133	4	12	38825	7		39
安乡县大湖口镇	16345	6	16	58637	20	2	45
安乡县安障乡	4125	3	5	19751	16	6	9
安乡县安全乡	6613	2	9	26794	12	3	46
安乡县安丰乡	8650	2	7	25608	9	4	27
安乡县安康乡	6782	2	8	24330	10	1	33
汉寿县蒋家嘴镇	6565	5	8	42102	64	9	131
汉寿县岩汪湖镇	15124	3	19	59765	30	3	12
汉寿县坡头镇	10794	2	15	49227	18	3	73
汉寿县西港镇	9140	1	11	38178	13	3	40
汉寿县洲口镇	11128	2	15	47079	22	2	23
汉寿县罐头嘴镇	7100	1	9	31332	15	4	19
汉寿县沧港镇	10921	2	13	42854	24	5	13
汉寿县朱家铺镇	8090	1	7	23421	2	1	9
汉寿县太子庙镇	12147	3	13	46821	108	34	16
汉寿县崔家桥镇	15110	3	19	55290	29	3	102
汉寿县军山铺镇	7040	1	8	26648	16	2	26
汉寿县百禄桥镇	4950	1	7	21158	2		25
汉寿县西湖镇	2933	2	9	25438	39	5	1
汉寿县洋淘湖镇	3290	1	5	15040			9
汉寿县丰家铺镇	14591	3	16	49571	11	4	37
汉寿县龙潭桥镇	13219	2	16	51212	5	1	21
汉寿县聂家桥乡	4830	2	6	19318	32	3	25
汉寿县毛家滩回族维吾尔族乡	5340	2	6	26489	16	6	16
汉寿县西洲乡	4104		11	25072	10	2	1
澧县小渡口镇	14647	1	19	65118	32	4	23
澧县梦溪镇	12892	3	13	50826	34	4	7
澧县复兴镇	11981	2	9	34930	24	1	11
澧县盐井镇	13467	2	14	38443	25	1	16
澧县大堰垱镇	11256	5	14	59570	31	4	15
澧县王家厂镇	10170	2	8	28163	25	4	10
澧县金罗镇	10058	2	8	31491	24	6	10
澧县码头铺镇	15336	2	18	48057	42		20
澧县甘溪滩镇	18557	1	15	39117	15	4	16
澧县火连坡镇	15352	3	15	40588	69	4	15
澧县澧南镇	12204	3	11	43278	34	11	14
澧县如东镇	12601	2	14	50712	26	3	20
澧县涔南镇	9012	1	10	38514	22	3	19
澧县官垸镇	16328	1	5	18729	4	1	6
澧县城头山镇	10108	3	16	68359	51	11	7
临澧县合口镇	4801	11	6	45765	91	11	29
临澧县新安镇	5959	8	8	47316	120	19	121
临澧县佘市桥镇	16897	4	11	39651	44	4	15

续表 357 湖南省 单位：公顷、个、人

名　　称	行政区域面积	居民委员会(社区)个数	村民委员会个数	户籍人口	工业企业个数	#规模以上	营业面积50平方米以上的商店或超市个数
临澧县太浮镇	14192	2	11	27658	17		70
临澧县四新岗镇	19422	5	15	47279	22	9	60
临澧县停弦渡镇	11699	3	10	31927	60	17	52
临澧县修梅镇	11759	3	9	31315	32	3	25
临澧县烽火乡	9838	2	7	23603	13	2	9
临澧县刻木山乡	12173	2	13	41579	79	11	71
桃源县陬市镇	10483	7	13	56058	123	36	36
桃源县盘塘镇	8493	2	7	22529	15	3	27
桃源县热市镇	19135	3	24	42314	31	3	16
桃源县黄石镇	13353	4	13	20160	6	1	2
桃源县漆河镇	22175	5	23	71384	35		104
桃源县理公港镇	22032	2	15	30429	13		9
桃源县观音寺镇	23077	2	16	22709	13	3	5
桃源县龙潭镇	24747	2	13	26598	15		38
桃源县三阳港镇	17703	2	11	39031	15	3	4
桃源县剪市镇	9191	2	7	20807	9	1	
桃源县茶庵铺镇	33300	3	16	35211	41	6	60
桃源县西安镇	19922	1	10	15388	8	2	
桃源县沙坪镇	30373	3	13	31072	17		5
桃源县桃花源镇	13624	2	15	37448	32	3	31
桃源县架桥镇	9820	2	10	30613	18		98
桃源县马鬃岭镇	6865	1	7	21785	6	1	4
桃源县夷望溪镇	24587	4	12	29141	23	3	42
桃源县双溪口镇	6486	3	8	24120	7		24
桃源县九溪镇	9847	1	12	21763	7		19
桃源县牛车河镇	17088	2	10	12939	21	1	24
桃源县杨溪桥镇	18686	2	12	16469	26	6	16
桃源县郑家驿镇	15291	2	12	26180	35	4	2
桃源县木塘垸镇	5683	2	5	32224	10		33
桃源县佘家坪镇	12726	2	7	19718	4		2
桃源县青林回族维吾尔族乡	10108		13	39394	73	22	25
桃源县枫树维吾尔族回族乡	6824		12	32370	21	9	37
桃源县泥窝潭乡	9183	1	8	17270	1		21
石门县蒙泉镇	23803	4	16	66462	39	8	215
石门县夹山镇	18512	5	12	55841	28	11	44
石门县易家渡镇	4196	1	6	25222	19	4	7
石门县新关镇	5650	2	3	15853	28	10	16
石门县皂市镇	17250	2	9	24366	6	2	91
石门县维新镇	17015	3	13	19306	4		108
石门县太平镇	36074	5	13	29591	26	2	4
石门县磨市镇	21329	3	15	30599	19	1	12
石门县壶瓶山镇	66471	4	33	27659	28		61
石门县南北镇	14838	2	6	7822	15		8
石门县白云镇	13232	2	13	30349	6		57
石门县新铺镇	16280	2	21	32257	8	1	

续表 358　　湖南省　　单位：公顷、个、人

名　　称	行政区域面　积	居民委员会(社区)个数	村民委员会个　　数	户籍人口	工业企业个　　数	#规模以上	营业面积50平方米以上的商店或超市个数
石门县子良镇	19939	2	13	28385	8	1	34
石门县三圣乡	27093	3	16	39531	15	3	138
石门县所街乡	21515	3	14	30265	25	1	7
石门县雁池乡	23725	3	17	31817	21	2	5
石门县罗坪乡	20788	2	11	15214	22	4	25
常德市西洞庭管理区祝丰镇	6982		8	14259	3	1	
津市市新洲镇	8405	4	7	26589	37	3	13
津市市白衣镇	8289	2	7	20550	12	2	28
津市市药山镇	13366	2	11	35404			25
津市市毛里湖镇	15504	5	11	40614	24	6	108
永定区新桥镇	6430	2	6	11897	10	3	3
永定区茅岩河镇	18968	1	12	14950	11		11
永定区教字垭镇	12344	1	18	25866	12	2	8
永定区天门山镇	11874	2	6	10234	8		111
永定区沅古坪镇	14317	1	12	14968	9		20
永定区尹家溪镇	8078	1	12	20786	12	2	30
永定区王家坪镇	16862	2	11	14862	12		13
永定区三家馆乡	14061		11	12238	9		16
永定区合作桥乡	6151		8	13069	9		3
永定区谢家垭乡	14363		11	15194	7		7
永定区罗塔坪乡	8532		8	7922	23	2	8
永定区罗水乡	5793		6	7931	2		2
永定区桥头乡	5455		10	12836	5		3
永定区四都坪乡	16991		8	10271	3	1	3
武陵源区协合乡	5759	2	4	8096	10	2	17
武陵源区中湖乡	6763	2	6	13785	3		11
慈利县岩泊渡镇	12104	1	18	31338	22	2	17
慈利县溪口镇	11111	2	10	16764	5		29
慈利县东岳观镇	10928	1	15	26366	8	2	33
慈利县通津铺镇	9411	4	13	26784	11	1	7
慈利县杉木桥镇	9095	2	17	26672	7		11
慈利县象市镇	10312	1	15	23530	4		26
慈利县江垭镇	27474	5	30	46659	20	2	22
慈利县苗市镇	10401	1	13	25306	17	4	6
慈利县零溪镇	15896	1	18	36628	30	11	1
慈利县高桥镇	16209	2	12	13156	9		9
慈利县龙潭河镇	18571	2	19	20899	24		17
慈利县广福桥镇	9878	1	9	14249	13	3	8
慈利县三合镇	22532	2	15	22766	23	6	19
慈利县二坊坪镇	16499		14	20626	17	1	48
慈利县南山坪乡	11720		11	11047	5		7
慈利县洞溪乡	11983		8	9994	7	3	3
慈利县杨柳铺乡	11053	2	15	20934	7	1	59
慈利县高峰土家族乡	14467		16	16445	7		19
慈利县许家坊土家族乡	7739		10	19443	3		27

续表 359　　湖南省　　单位：公顷、个、人

名　　称	行政区域面积	居民委员会(社区)个数	村民委员会个数	户籍人口	工业企业个数	#规模以上	营业面积50平方米以上的商店或超市个数
慈利县金岩土家族乡	13778		12	17953	2		10
慈利县赵家岗土家族乡	7251		12	15683	5		17
慈利县甘堰土家族乡	16732		20	33420	10		5
慈利县阳和土家族乡	7303		10	20133	13	1	4
桑植县澧源镇	8345	8	12	65938	95	15	238
桑植县瑞塔铺镇	11026	4	11	24694	32	6	66
桑植县官地坪镇	20578	1	16	23803	11	2	51
桑植县凉水口镇	7331	1	10	14687	4		11
桑植县龙潭坪镇	26137	1	15	20593	11	5	8
桑植县五道水镇	28486	2	6	12128	9	2	39
桑植县陈家河镇	22161	2	19	36700	12	2	55
桑植县廖家村镇	5868	2	6	11233	3		21
桑植县利福塔镇	8463	1	13	21270	25	10	46
桑植县八大公山镇	26053		16	17708	12		21
桑植县桥自弯镇	11621	4	14	18503	6		27
桑植县人潮溪镇	29971		17	15856	18	3	79
桑植县空壳树乡	6651		9	16022	8	4	16
桑植县竹叶坪乡	13769		9	10733	4		23
桑植县走马坪白族乡	13169	1	14	17996	8		40
桑植县刘家坪白族乡	3825		6	12009	4	2	17
桑植县芙蓉桥白族乡	20583		13	18098	7	1	19
桑植县马合口白族乡	12546		9	15053	8		32
桑植县洪家关白族乡	14695		23	33586	13	1	23
桑植县沙塔坪乡	13033		10	15934	5	1	15
桑植县河口乡	13756		12	11971	4	1	12
桑植县上河溪乡	13621		9	11438	2		14
桑植县上洞街乡	6289		7	11083	2	1	26
资阳区迎风桥镇	5877	1	8	36179	38	5	46
资阳区沙头镇	5200	1	8	27196	10		34
资阳区茈湖口镇	9192	1	13	39642	12	1	18
资阳区长春镇	11405	1	22	74990	149	15	56
资阳区新桥河镇	13975	2	27	86684	152	15	74
资阳区张家塞乡	8029	1	10	47124	16	2	36
赫山区八字哨镇	3772	1	6	24729	12	3	3
赫山区泉交河镇	10696	1	12	47795	25	12	3
赫山区欧江岔镇	11713	1	18	64511	28	4	4
赫山区沧水铺镇	6465	1	9	38967	77	18	8
赫山区岳家桥镇	7860	1	11	40547	33	11	4
赫山区新市渡镇	6483	1	7	21923	21	7	10
赫山区兰溪镇	11479	2	22	86098	147	36	2
赫山区衡龙桥镇	11414	1	12	52498	71	18	3
赫山区泥江口镇	13781	2	15	59911	71	17	2
赫山区笔架山乡	8138	1	10	35860	13	6	1
南县明山头镇	6288	2	8	36463	19		8
南县青树嘴镇	7701	1	10	40918	9		13

续表 360　　湖南省　　单位：公顷、个、人

名　称	行政区域面积	居民委员会(社区)个数	村民委员会个数	户籍人口	工业企业个数	#规模以上	营业面积50平方米以上的商店或超市个数
南县厂窖镇	9838	1	8	34447	17	3	21
南县武圣宫镇	5545	1	7	26540	13	1	13
南县南洲镇	8810	10	11	125573	300	69	50
南县华阁镇	10703	2	16	62777	20	1	15
南县茅草街镇	9485	7	13	67587	75	12	12
南县三仙湖镇	9234	3	11	48078	23	4	26
南县麻河口镇	10884	2	13	49859	19	4	26
南县浪拔湖镇	9582	2	13	50114	74	9	15
南县中鱼口镇	9526	2	13	50397	26	5	13
南县乌嘴乡	7011	1	9	38889	11	2	22
桃江县修山镇	9378	3	9	35183	97	4	21
桃江县鸬鹚渡镇	12227	2	10	38623	84	9	33
桃江县石牛江镇	6336	1	9	36246	37	4	28
桃江县牛田镇	7112	1	9	34504	37	5	27
桃江县松木塘镇	19479	2	14	36526	49	1	26
桃江县桃花江镇	17953	13	18	146769	524	16	517
桃江县灰山港镇	23002	4	29	119387	257	53	178
桃江县武潭镇	22580	2	21	76057	112	19	108
桃江县马迹塘镇	22146	2	20	65162	58	8	117
桃江县三堂街镇	14495	1	15	62710	64	12	32
桃江县大栗港镇	17129	1	16	67457	101	5	45
桃江县沾溪镇	6586	2	7	28896	36	4	21
桃江县高桥镇	9118		10	31345	63	7	26
桃江县鲊埠回族乡	3878	1	8	21312	75	10	17
桃江县浮丘山乡	12201		17	56396	94	12	38
安化县清塘铺镇	22499	3	21	58506	34	4	5
安化县仙溪镇	27964	2	19	52379	52	5	4
安化县长塘镇	17864	2	15	47024	23	6	14
安化县小淹镇	17617	3	15	38600	28	12	5
安化县羊角塘镇	24676	3	18	63735	23	7	33
安化县冷市镇	18323	5	13	35334	31	7	11
安化县奎溪镇	24110	1	11	22905	20	5	5
安化县烟溪镇	19674	3	15	23966	29	9	3
安化县渠江镇	8588	1	8	13984	12	1	30
安化县平口镇	10123	3	9	20794	21	3	7
安化县柘溪镇	15495	4	5	16284	27	7	24
安化县乐安镇	19122	4	20	48715	17	5	3
安化县滔溪镇	15375	3	10	27250	22	2	11
安化县梅城镇	27884	5	27	78736	64	13	13
安化县大福镇	31716	6	33	96800	31	3	19
安化县马路镇	39090	2	24	41917	56	11	3
安化县东坪镇	43593	15	17	131210	139	30	158
安化县江南镇	28972	2	25	61471	85	10	5
安化县龙塘镇	14308	2	12	27806	22	4	21
安化县高明乡	9782		10	18597	34	16	3

续表 361　　湖南省　　单位：公顷、个、人

名　　称	行政区域面　　积	居民委员会(社区)个数	村民委员会个　　数	户籍人口	工业企业个　　数	#规模以上	营业面积50平方米以上的商店或超市个数
安化县田庄乡	20950	2	12	32741	53	19	22
安化县南金乡	19474		10	12172	12	3	1
安化县古楼乡	17321		13	16294	3		14
益阳市大通湖管理区河坝镇	17461	4	11	40264	10	5	48
益阳市大通湖管理区金盆镇	4665	2	5	19974	3	1	2
益阳市大通湖管理区北洲子镇	4108	2	4	15807	3	2	10
益阳市大通湖管理区千山红镇	7625	3	7	26070	5	2	7
益阳高新技术产业园区谢林港镇	7919	2	8	38967	189	38	13
沅江市四季红镇	1725	1	7	16460	10		6
沅江市泗湖山镇	10236	1	13	60002	52	9	22
沅江市南嘴镇	5485	1	7	21324	49	7	18
沅江市新湾镇	5129	1	7	24847	31	2	18
沅江市茶盘洲镇	5249	2	8	26252	13	3	6
沅江市南大膳镇	15027	1	21	85184	48	8	31
沅江市黄茅洲镇	12023	1	15	70780	30	5	23
沅江市草尾镇	13985	1	20	82267	56	7	28
沅江市阳罗洲镇	9857	1	13	47997	26	4	23
沅江市共华镇	13066	1	16	70170	41	9	32
北湖区华塘镇	17022	1	16	35858	49	13	22
北湖区鲁塘镇	10876	1	17	33292	35	7	5
北湖区仰天湖瑶族乡	17137	1	15	24697	30	2	8
北湖区保和瑶族乡	10285	1	11	18915	20	1	5
苏仙区白露塘镇	12261	4	12	32433	439	77	56
苏仙区良田镇	19188	3	23	44321	87	14	
苏仙区栖凤渡镇	10414	4	18	46751	27	5	48
苏仙区坳上镇	16277	2	10	21463	29	5	17
苏仙区许家洞镇	19654	2	17	35905	40	5	19
苏仙区五里牌镇	10329	1	12	33695	49	17	17
苏仙区五盖山镇	11739	1	6	10247	13	2	
苏仙区飞天山镇	27333	2	16	33546	49	12	2
桂阳县仁义镇	21170	3	13	36914	18	2	17
桂阳县太和镇	11843	2	12	37884	56	6	11
桂阳县洋市镇	17088	2	16	49035	17		8
桂阳县和平镇	11337	1	11	22299	2		1
桂阳县流峰镇	22144	5	28	90147	22	3	14
桂阳县塘市镇	11082	1	17	35910	11	2	16
桂阳县莲塘镇	16774	2	25	46877	23		1
桂阳县春陵江镇	25816	4	41	95968	50	18	4
桂阳县荷叶镇	8036	2	12	28208	19	8	2
桂阳县方元镇	22115	2	21	49768	25	4	11
桂阳县樟市镇	19572	2	16	46543	20	3	14
桂阳县敖泉镇	11582	1	9	26243	6	1	7
桂阳县正和镇	10714	2	8	24661	60	16	5
桂阳县浩塘镇	7364	1	13	22152	3		1
桂阳县雷坪镇	11801	2	11	32191	17	4	12

续表 362　　湖南省　　单位：公顷、个、人

名　　称	行政区域面　　积	居民委员会(社区)个数	村民委员会个　　数	户籍人口	工业企业个　　数	#规模以上	营业面积50平方米以上的商店或超市个数
桂阳县欧阳海镇	10087	1	12	27723	4		6
桂阳县四里镇	12623	2	20	51575	7	1	5
桂阳县桥市乡	17800	1	9	17820	26	9	13
桂阳县白水瑶族乡	13537	2	14	22654	22		1
宜章县白石渡镇	5396	3	4	11825	17	2	1
宜章县杨梅山镇	11752	1	13	25555	12	4	30
宜章县瑶岗仙镇	9858	3	10	20767	12	4	13
宜章县梅田镇	13427	2	17	60369	55	12	6
宜章县黄沙镇	10286		15	36912	21	6	13
宜章县迎春镇	8681		9	25720	16	4	21
宜章县一六镇	6770	1	17	48186	43	11	27
宜章县栗源镇	7144	1	13	37075	16	4	21
宜章县岩泉镇	7324	1	15	40137	43	11	5
宜章县玉溪镇	23923	6	18	89918	164	39	26
宜章县天塘镇	15278		21	50313	31	10	32
宜章县笆篱镇	14196	1	23	47778	18	6	6
宜章县里田镇	7032	1	11	21531	8	1	6
宜章县五岭镇	14049		15	37147	22	7	2
宜章县浆水乡	8581		11	24491	10	2	26
宜章县长村乡	5915		6	17362	11	3	11
宜章县莽山瑶族乡	28671		6	9545	6	1	16
宜章县关溪乡	5452		10	17330	7	3	2
宜章县赤石乡	8057		12	21927	8	1	25
永兴县马田镇	12648	6	27	92158	27	5	62
永兴县金龟镇	9390	1	16	40040	10	2	24
永兴县柏林镇	19576	2	22	52815	56	15	8
永兴县鲤鱼塘镇	20948	1	17	32938	20	1	52
永兴县悦来镇	5379	1	11	31533	8	1	10
永兴县黄泥镇	12812	1	13	30555	34	4	4
永兴县樟树镇	9495	1	12	36691	15	2	7
永兴县太和镇	9903	1	10	22010	33	16	23
永兴县油麻镇	9317	1	17	47725	22	3	20
永兴县高亭司镇	7378	2	19	57496	50	10	20
永兴县洋塘乡	5349	1	9	24102	16	4	9
永兴县大布江乡	11795	1	9	16314	6	1	1
永兴县龙形市乡	15583	1	9	15512	13	1	1
永兴县七甲乡	12361	1	8	14771	20		14
嘉禾县珠泉镇	9015	9	26	107838	281	84	151
嘉禾县塘村镇	3068	5	12	27320	81	38	29
嘉禾县袁家镇	5240	2	17	31963	35	16	47
嘉禾县行廊镇	7523	4	16	39637	25	4	29
嘉禾县龙潭镇	7542	1	14	30341	33	16	8
嘉禾县石桥镇	5779	1	13	35328	13	1	42
嘉禾县坦坪镇	7267	3	23	56955	30	9	20
嘉禾县广发镇	6832	1	16	41603	6	3	25

续表 363　　湖南省　　单位：公顷、个、人

名　　称	行政区域面　　积	居民委员会(社区)个数	村民委员会个　　数	户籍人口	工业企业个　　数	#规模以上	营业面积50平方米以上的商店或超市个数
嘉禾县晋屏镇	7492	2	18	34624	9	1	85
嘉禾县普满乡	7594	1	12	23362	6		63
临武县舜峰镇	10701	6	14	69046	67	3	232
临武县金江镇	4984	1	13	21886	40	8	15
临武县武水镇	9772	4	24	44986	146	35	276
临武县南强镇	17905		27	40851	35	10	13
临武县汾市镇	10686	1	20	31380	37	4	11
临武县水东镇	10967		16	25967	43		4
临武县楚江镇	7658		14	22296	22	3	9
临武县麦市镇	7640		16	31207	12		3
临武县香花镇	7804	2	11	20139	9	2	19
临武县花塘乡	14781		10	19374	56	10	2
临武县万水乡	6911		14	23951	8	1	
临武县镇南乡	8212		8	12647	10	3	10
临武县西山瑶族乡	20287		13	13440	15		4
汝城县热水镇	13900	1	8	11555	12	2	4
汝城县土桥镇	16729	1	25	49504	24	3	2
汝城县泉水镇	9310	1	15	33085	15	2	21
汝城县暖水镇	17428	1	16	30487	22	8	5
汝城县大坪镇	11955	1	14	35355	20	1	5
汝城县三江口瑶族镇	11670	1	8	9464	24		7
汝城县卢阳镇	11557	10	21	70057	41	9	73
汝城县马桥镇	18503	2	16	32583	21	2	3
汝城县井坡镇	8902	1	11	23599			4
汝城县南洞乡	15821	1	8	10925	3	1	2
汝城县濠头乡	17752	1	11	14731	11	2	2
汝城县延寿瑶族乡	17416	1	17	29757	12	2	6
汝城县集益乡	17013	1	10	13432	21	5	1
汝城县文明瑶族乡	38090	3	36	52004	24	1	5
桂东县沤江镇	32314	4	25	52383	116	12	52
桂东县沙田镇	15820	2	15	27023	42	7	13
桂东县清泉镇	6462	1	5	10197	14	1	3
桂东县大塘镇	6217	1	6	15271	44	7	8
桂东县四都镇	15803	1	10	16197	9		4
桂东县寨前镇	12697	1	11	19617	16	2	17
桂东县普乐镇	12745		9	13798	15		6
桂东县桥头乡	8594	1	6	8971	16	2	11
桂东县新坊乡	8638		4	9239	20		2
桂东县东洛乡	9043		6	5405	10	1	
桂东县青山乡	11278		4	4449	10		
安仁县安平镇	12321	3	16	58077	24	2	43
安仁县龙海镇	7070		7	19419	18	5	12
安仁县灵官镇	6907		11	23023	18	5	26
安仁县永乐江镇	35045	4	33	136012	202	37	298
安仁县金紫仙镇	41328	1	23	46154	24		24

续表 364　　湖南省　　单位：公顷、个、人

名　　称	行政区域面　　积	居民委员会(社区)个数	村民委员会个　　数	户籍人口	工业企业个　　数	#规模以上	营业面积50平方米以上的商店或超市个数
安仁县龙市乡	7044		6	16503	4		6
安仁县渡口乡	5327		10	23561	7		6
安仁县华王乡	6200		7	20665	7	1	8
安仁县牌楼乡	8345		12	33837	10		24
安仁县平背乡	4519		9	21749	8	3	9
安仁县承坪乡	3566		7	18243	3		11
安仁县竹山乡	3250		6	14760	4		21
安仁县洋际乡	5295		7	17567	10	1	6
资兴市滁口镇	17769	1	11	14506	6		2
资兴市三都镇	9151	2	10	38455	16	9	19
资兴市蓼江镇	8884	1	8	18711	8		21
资兴市兴宁镇	22618	1	24	34179	28	7	24
资兴市州门司镇	35099	1	35	39169	35	10	6
资兴市黄草镇	37425	1	18	18108	20	2	3
资兴市汤溪镇	17578	1	10	11266	14	2	3
资兴市清江镇	16670	1	11	12630	4		4
资兴市白廊镇	34065	1	13	17505	15		6
资兴市回龙山瑶族乡	12962	1	11	18810	10	2	11
资兴市八面山瑶族乡	30833	1	15	15032	33	3	17
零陵区水口山镇	12892	1	29	45512	52	4	32
零陵区珠山镇	19482	2	35	68957	45	13	38
零陵区黄田铺镇	12863	1	19	31563	28	5	30
零陵区富家桥镇	25634	2	30	51505	112	9	68
零陵区菱角塘镇	15307	1	20	34018	33	1	
零陵区邮亭圩镇	33567	2	34	51703	23	3	38
零陵区石岩头镇	11524	1	23	41978	34	1	27
零陵区大庆坪乡	14707	1	26	32757	12		74
零陵区梳子铺乡	9982	1	23	29788	18	3	24
零陵区凼底乡	8294	1	12	23050	9		16
冷水滩区花桥街镇	6475	1	10	20131	10		8
冷水滩区普利桥镇	13385	1	23	49688	16	5	48
冷水滩区牛角坝镇	8564	1	14	29624	8		9
冷水滩区高溪市镇	8110	1	10	18028	12	2	8
冷水滩区黄阳司镇	12780	1	23	44182	15	2	12
冷水滩区上岭桥镇	18335	1	29	46570	76	11	18
冷水滩区伊塘镇	8662	1	16	22903	19	6	15
冷水滩区蔡市镇	7215	1	11	20393	10	1	6
冷水滩区杨村甸乡	8285	1	12	23201	9		3
东安县白牙市镇	24990	8	39	123745	327	57	452
东安县大庙口镇	35138	3	28	40790	38	2	8
东安县紫溪市镇	17078	4	23	39682	23	2	45
东安县横塘镇	14100	2	19	32638	9		27
东安县石期市镇	12242	3	19	38227	27	8	73
东安县井头圩镇	16565	3	23	55140	27	11	68
东安县端桥铺镇	13491	1	22	44462	14	5	83

续表 365　　湖南省　　单位：公顷、个、人

名　　称	行政区域面积	居民委员会(社区)个数	村民委员会个数	户籍人口	工业企业个数	#规模以上	营业面积50平方米以上的商店或超市个数
东安县鹿马桥镇	17942	3	17	40233	16	1	17
东安县芦洪市镇	13645	5	33	60948	47	13	432
东安县新圩江镇	13254	2	14	30808	11		52
东安县花桥镇	5298	3	9	16431	4	1	13
东安县大盛镇	10312	2	16	30902	8		45
东安县南桥镇	10372	2	20	34471	10		32
东安县川岩乡	10041		10	18983	7		2
东安县水岭乡	5990		9	14104			1
双牌县泷泊镇	31518	3	27	58524	291	52	75
双牌县江村镇	16124		10	19681	14	3	2
双牌县五里牌镇	8028		8	16925	24	8	82
双牌县茶林镇	12953		9	9221	16	2	49
双牌县何家洞镇	19915		13	10904	33	1	1
双牌县麻江镇	8249		9	8696	11	1	36
双牌县塘底乡	10787		6	6702	6		
双牌县上梧江瑶族乡	19646		13	14169	11		
双牌县理家坪乡	8051		9	18495	11	1	12
双牌县五星岭乡	7466		6	4342	15	1	
双牌县打鼓坪乡	5800		4	4789	8	1	
道县梅花镇	8546	1	17	41524	12		65
道县寿雁镇	19905	2	42	94740	38	3	250
道县仙子脚镇	13380	1	20	44806	39	7	61
道县清塘镇	26973	2	22	52755	17	1	63
道县祥霖铺镇	20824	1	36	68823	40	7	76
道县蚣坝镇	13949	1	24	52293	15	2	62
道县四马桥镇	12055	1	20	39262	17		36
道县白马渡镇	10524	2	13	39197	10	2	54
道县柑子园镇	7997	1	14	34263	12		49
道县白芒铺镇	10270	2	17	36920			18
道县桥头镇	19478	1	17	36118	8	1	21
道县乐福堂镇	12310	1	10	21844	5		20
道县审章塘瑶族乡	10764	1	13	28182	9	2	13
道县横岭瑶族乡	10068		8	10096	11	1	14
道县洪塘营瑶族乡	24390		10	14891	32	1	11
江永县潇浦镇	21811	5	14	69792	189	41	89
江永县上江圩镇	8366	1	8	25690	9	3	70
江永县夏层铺镇	11383	1	12	25156	9	3	74
江永县桃川镇	11182	4	14	42406	20	3	137
江永县粗石江镇	7484	1	8	20068	9	1	3
江永县松柏瑶族乡	22856	2	12	29143	20	5	9
江永县千家峒瑶族乡	15060	1	11	23036	13	1	19
江永县兰溪瑶族乡	6436		6	9831	2		3
江永县源口瑶族乡	19434	1	11	25470	5		35
宁远县天堂镇	8404		17	39691	6	1	7
宁远县水市镇	22484	1	33	72159	20	5	6

续表 366　　湖南省　　单位：公顷、个、人

名　　称	行政区域面　　积	居民委员会(社区)个数	村民委员会个　　数	户籍人口	工业企业个　　数	#规模以上	营业面积50平方米以上的商店或超市个数
宁远县湾井镇	9707	1	17	42767	11	1	3
宁远县冷水镇	16382		39	73698	10	9	4
宁远县太平镇	13499		31	69384	13	4	5
宁远县禾亭镇	8367	1	24	44182	7	2	4
宁远县仁和镇	6231		16	32806	13	1	33
宁远县中和镇	30924		37	71751	6	2	5
宁远县柏家坪镇	16258	1	27	64369	14	1	4
宁远县清水桥镇	11407		21	40217	11	1	3
宁远县鲤溪镇	14791		27	48430	4	2	3
宁远县保安镇	7028		19	32859	1		3
宁远县九疑山瑶族乡	31980		21	34565	20	2	4
宁远县五龙山瑶族乡	16859		11	11561			1
宁远县棉花坪瑶族乡	4901		5	7391			
宁远县桐木漯瑶族乡	7203		6	7167	2	1	1
蓝山县塔峰镇	28524	6	52	147515	67	62	152
蓝山县毛俊镇	10719	2	16	26456	5	4	13
蓝山县楠市镇	9049	1	17	35890	4	3	1
蓝山县所城镇	17228	2	16	27115	3	2	38
蓝山县新圩镇	14155	1	24	49870	4	3	26
蓝山县祠堂圩镇	7245	2	17	24412	3	2	21
蓝山县土市镇	11375		20	40725			16
蓝山县太平圩镇	7173		14	32369	19	14	8
蓝山县汇源瑶族乡	5070		5	3144			6
蓝山县犁头瑶族乡	3326		4	3108			
蓝山县浆洞瑶族乡	10290		6	5567	2	1	
蓝山县湘江源瑶族乡	6239		5	3308	2	1	
蓝山县大桥瑶族乡	9213		7	9180			8
蓝山县荆竹瑶族乡	18978		6	4292			6
新田县金陵镇	7608	4	10	20556			53
新田县骥村镇	9680	4	14	27498	2		1
新田县枧头镇	11033	5	22	47261	3		45
新田县新圩镇	6306	4	16	38751	7	1	70
新田县石羊镇	6380	3	18	36017	9		76
新田县新隆镇	4205	1	10	22101	3		56
新田县三井镇	6801	2	20	34768			86
新田县大坪塘镇	7735	2	15	38031	6	1	18
新田县陶岭镇	4002	1	14	22574	8	2	21
新田县金盆镇	4625	1	16	28315	2		19
新田县门楼下瑶族乡	13413		13	9509	2		14
江华瑶族自治县沱江镇	29279	7	39	129018	423	117	27
江华瑶族自治县大路铺镇	15492	1	20	37042	19	8	3
江华瑶族自治县白芒营镇	17917	1	32	56764	11		8
江华瑶族自治县涛圩镇	18197	1	18	35551	5	2	2
江华瑶族自治县河路口镇	13822	1	13	27519	12	4	3
江华瑶族自治县大圩镇	22225	1	29	37906	22		10

续表 367　　湖南省　　单位：公顷、个、人

名称	行政区域面积	居民委员会(社区)个数	村民委员会个数	户籍人口	工业企业个数	#规模以上	营业面积50平方米以上的商店或超市个数
江华瑶族自治县水口镇	32345	6	16	28924	28	3	3
江华瑶族自治县码市镇	53427	2	27	32776	13	4	13
江华瑶族自治县涔天河镇	34049	2	22	36344	14	1	3
江华瑶族自治县界牌乡	7335		12	22572	5	2	2
江华瑶族自治县桥市乡	6978	1	11	14472	5		2
江华瑶族自治县大石桥乡	9269		17	25825	5	1	1
江华瑶族自治县湘江乡	22441		6	6065	12	1	
江华瑶族自治县蔚竹口乡	15249		7	8569	12		
江华瑶族自治县大锡乡	12067		7	5652			2
江华瑶族自治县小圩壮族乡	13340	1	19	27917	8	1	4
永州市回龙圩管理区回龙圩镇	9668	2	9	11156	2	1	4
祁阳市观音滩镇	8118	3	22	37665	10	3	30
祁阳市茅竹镇	9201	2	16	26231	16	7	46
祁阳市三口塘镇	6179	1	13	23296	4	3	12
祁阳市大忠桥镇	12844	3	33	49574	38	2	2
祁阳市肖家镇	22038	2	27	46653	14	2	38
祁阳市八宝镇	11991	4	22	41394	99	3	11
祁阳市白水镇	12698	4	42	67773	57	24	52
祁阳市进宝塘镇	6473	2	18	31313	16	1	22
祁阳市黄泥塘镇	7060	3	19	35981	3	1	4
祁阳市羊角塘镇	12692	3	32	62699	12	6	58
祁阳市梅溪镇	6337	3	15	28517	17	4	7
祁阳市潘市镇	12835	3	33	46381	3	1	10
祁阳市七里桥镇	10834	2	29	40779	15	4	1
祁阳市下马渡镇	12531	2	33	53830	35	1	15
祁阳市黎家坪镇	8433	5	22	50061	124	15	23
祁阳市文富市镇	6129	1	20	33534	8	1	1
祁阳市大村甸镇	9276	1	20	37178	5	2	8
祁阳市文明铺镇	11210	3	29	52777	24	2	3
祁阳市龚家坪镇	7997	2	22	36788	4		3
祁阳市金洞镇	18596	3	12	17729	21	1	10
祁阳市凤凰乡	12098		11	14016	7		13
祁阳市石鼓源乡	7984		10	16020	4		3
祁阳市晒北滩瑶族乡	11823		9	6603	3	1	
鹤城区黄金坳镇	15899	1	14	32792	20	1	15
鹤城区凉亭坳乡	19027		10	17075	9		11
中方县中方镇	28841	6	24	63381	288	91	24
中方县泸阳镇	20887	3	11	42950	126	51	79
中方县花桥镇	16048	2	13	29365	16	2	4
中方县铜湾镇	10829	2	14	27053	8	2	3
中方县桐木镇	10021	1	9	21500	9	3	3
中方县铁坡镇	10325	1	11	23427	15		2
中方县新建镇	12034	1	8	15124	6	1	3
中方县接龙镇	5031		5	10064	2		
中方县铜鼎镇	4827		8	15295			11

续表 368　　湖南省　　单位：公顷、个、人

名　　称	行政区域面　　积	居民委员会(社区)个数	村民委员会个　　数	户籍人口	工业企业个　　数	#规模以上	营业面积50平方米以上的商店或超市个数
中方县新路河镇	10740	1	14	22027	10		1
中方县袁家镇	9439		7	14349	3		1
中方县蒿吉坪瑶族乡	7140		6	7017	3		
沅陵县麻溪铺镇	9433	2	8	17989	18	2	15
沅陵县五强溪镇	29095	4	15	27572	22	2	23
沅陵县明溪口镇	25332	2	18	20476	3	2	4
沅陵县凉水井镇	55728	3	42	59978	69	12	10
沅陵县七甲坪镇	43553	2	27	41632	16	1	35
沅陵县筲箕湾镇	23759	2	16	34917	20	2	5
沅陵县官庄镇	46194	3	32	47968	53	11	27
沅陵县沅陵镇	55463	17	37	132050	82	5	270
沅陵县杜家坪乡	15692		7	6855	2		
沅陵县楠木铺乡	16684		7	15634	4		2
沅陵县肖家桥乡	14406		7	11733			23
沅陵县火场土家族乡	9959		6	7038			7
沅陵县陈家滩乡	11696		6	9668	1		9
沅陵县清浪乡	31595		16	24872	2		18
沅陵县借母溪乡	29073		19	20316	2		
沅陵县荔溪乡	29230		16	34023	5		3
沅陵县大合坪乡	23778		15	18066	2		20
沅陵县马底驿乡	24439		17	22361	7	1	3
沅陵县北溶乡	35919		14	18207	1		15
沅陵县二酉乡	35606		30	40394	3		35
沅陵县盘古乡	16662		16	20165	2		20
辰溪县辰阳镇	10948	6	16	78597	56	7	31
辰溪县孝坪镇	9974	4	16	36917	6	2	10
辰溪县田湾镇	9156	1	9	10400	4		1
辰溪县火马冲镇	13842	2	18	38574	94	27	25
辰溪县黄溪口镇	6103	1	8	20762	7		15
辰溪县潭湾镇	9920	1	18	42037	7		10
辰溪县安坪镇	8027	1	16	35808	8		4
辰溪县锦滨镇	7422	2	17	31750	32	9	12
辰溪县修溪镇	18981	1	17	24596	2	1	3
辰溪县长田湾乡	9093		10	16987	10	2	11
辰溪县小龙门乡	6418	1	9	12507	7		4
辰溪县后塘瑶族乡	6933		12	19124	3	1	10
辰溪县苏木溪瑶族乡	5496		10	9952	3		10
辰溪县罗子山瑶族乡	4871		8	7741	2		1
辰溪县仙人湾瑶族乡	12376	1	15	24269	13	3	2
辰溪县龙头庵乡	5378	1	8	18100			5
辰溪县大水田乡	10124		11	20957	4		4
辰溪县桥头溪乡	6217		8	10772	1		11
辰溪县龙泉岩乡	5228		7	11987	1		3
辰溪县柿溪乡	10060		11	18481	2		11
辰溪县谭家场乡	8947		11	12981	4	1	3

续表 369　　　　湖南省　　　　单位：公顷、个、人

名　　称	行政区域面积	居民委员会(社区)个数	村民委员会个数	户籍人口	工业企业个数	#规模以上	营业面积50平方米以上的商店或超市个数
溆浦县卢峰镇	18602	10	31	167126	258	43	325
溆浦县低庄镇	20821	4	21	61318	8	6	3
溆浦县桥江镇	13309	2	27	52231	15	4	35
溆浦县龙潭镇	24832	4	33	71143	28	9	31
溆浦县均坪镇	8798	1	11	24425			1
溆浦县观音阁镇	16359	1	18	47335	5	3	18
溆浦县双井镇	10410	2	18	65067	17	6	21
溆浦县水东镇	12447	1	14	44968	14	1	18
溆浦县两丫坪镇	8524	1	8	15056			2
溆浦县黄茅园镇	11598	4	17	38605	14	6	8
溆浦县葛竹坪镇	10119	1	12	25941	23	5	6
溆浦县大江口镇	21158	6	18	62801	15	4	6
溆浦县思蒙镇	9128		10	18938	3		3
溆浦县深子湖镇	24532	1	22	37921	11	6	9
溆浦县祖师殿镇	11653	2	16	33080	4		5
溆浦县三江镇	28750		23	35207	7		16
溆浦县统溪河镇	9528		8	15919	4		11
溆浦县北斗溪镇	17111		14	18871	13	1	15
溆浦县舒溶溪乡	5966		9	14841	2		10
溆浦县油洋乡	8382		10	23919	2		1
溆浦县小横垅乡	13243		9	17783	6	1	55
溆浦县中都乡	12340		6	10897			1
溆浦县沿溪乡	13846		9	12601	3		2
溆浦县龙庄湾乡	4659		6	9586	8		7
溆浦县淘金坪乡	7060		4	10104			3
会同县林城镇	29754	3	33	82120	49	13	20
会同县坪村镇	7592	2	12	22777	8	1	3
会同县堡子镇	6956	1	11	17830	4		5
会同县团河镇	13235	1	10	13657			4
会同县若水镇	20003	1	20	20855	12		3
会同县广坪镇	13337	1	12	22319	6	1	3
会同县马鞍镇	12149	1	11	13159	5	1	2
会同县金竹镇	20184		15	20080	7	1	4
会同县沙溪乡	12989		13	15134	2		4
会同县金子岩侗族苗族乡	24400		26	33019	5		6
会同县高椅乡	10059		12	8945	1		6
会同县宝田侗族苗族乡	6482		6	9791	4	2	2
会同县漠滨侗族苗族乡	7774	1	7	13486	1		5
会同县蒲稳侗族苗族乡	5669		6	9897	2	1	2
会同县青朗侗族苗族乡	11803	1	13	23286	2	1	5
会同县炮团侗族苗族乡	7942		8	12884	1		3
会同县地灵乡	8727		7	10037			2
会同县连山乡	6826	1	8	15380	22	13	3
麻阳苗族自治县锦和镇	13568	2	20	31122	2	1	4
麻阳苗族自治县江口墟镇	10773	1	10	19687	2	1	2

续表 370　　湖南省　　单位：公顷、个、人

名　　称	行政区域面　　积	居民委员会(社区)个数	村民委员会个　　数	户籍人口	工业企业个　　数	#规模以上	营业面积50平方米以上的商店或超市个数
麻阳苗族自治县岩门镇	7242	1	12	22432	3	2	6
麻阳苗族自治县兰里镇	8017	1	14	27725			12
麻阳苗族自治县吕家坪镇	5316	2	8	19476			10
麻阳苗族自治县高村镇	18715	12	27	105100	34	32	13
麻阳苗族自治县尧市镇	17617	2	14	23081	1		16
麻阳苗族自治县郭公坪镇	11486		13	17428			3
麻阳苗族自治县文昌阁乡	6765		9	12368			2
麻阳苗族自治县大桥江乡	6156		6	10853			3
麻阳苗族自治县舒家村乡	4130		6	11923	2	1	
麻阳苗族自治县隆家堡乡	6885		9	13321			
麻阳苗族自治县谭家寨乡	7259		8	13294			1
麻阳苗族自治县石羊哨乡	7600		8	11617			1
麻阳苗族自治县板栗树乡	7180		9	13809			1
麻阳苗族自治县兰村乡	6973		10	9960	1		
麻阳苗族自治县和平溪乡	5883		7	15268			9
麻阳苗族自治县黄桑乡	5006	1	11	18857			1
新晃侗族自治县波洲镇	11276	1	11	18937	11		4
新晃侗族自治县鱼市镇	9216	1	10	17506	85	26	5
新晃侗族自治县凉伞镇	23775	1	22	30793			7
新晃侗族自治县扶罗镇	22228	1	14	29564	10	1	7
新晃侗族自治县中寨镇	12780	1	10	15158	5		15
新晃侗族自治县晃洲镇	20349	9	29	75621	70	18	35
新晃侗族自治县林冲镇	10722		10	13138	4		16
新晃侗族自治县贡溪镇	7148		7	12043	3		2
新晃侗族自治县禾滩镇	12303		9	15945	3		5
新晃侗族自治县步头降苗族乡	9754		7	10281			3
芷江侗族自治县芷江镇	26937	13	40	111500	91	21	24
芷江侗族自治县罗旧镇	8201	1	9	17106	31	7	11
芷江侗族自治县新店坪镇	21224	1	22	36259	18		2
芷江侗族自治县碧涌镇	20074	1	19	31877	12		10
芷江侗族自治县公坪镇	8489	1	5	8763	34	14	3
芷江侗族自治县岩桥镇	8861	1	10	18436	6	1	5
芷江侗族自治县三道坑镇	18950	1	7	12256	10		1
芷江侗族自治县土桥镇	17734	1	14	26926	18		2
芷江侗族自治县楠木坪镇	9601	1	7	15185	4		4
芷江侗族自治县牛牯坪乡	11459		6	7340	6		10
芷江侗族自治县水宽乡	7543		7	10804	2		1
芷江侗族自治县大树坳乡	10459		8	10122	5		2
芷江侗族自治县梨溪口乡	8329		8	11061			
芷江侗族自治县洞下场乡	6215		7	9637	4	3	5
芷江侗族自治县禾梨坳乡	5185		7	10035	2		2
芷江侗族自治县冷水溪乡	7477		8	12630	3		10
芷江侗族自治县晓坪乡	6032		8	11180			2
芷江侗族自治县罗卜田乡	6394		7	9051			1
靖州苗族侗族自治县渠阳镇	60895	9	43	119766	114	42	95

续表 371　　　　湖南省　　　　单位：公顷、个、人

名　　称	行政区域面积	居民委员会(社区)个数	村民委员会个数	户籍人口	工业企业个数	#规模以上	营业面积50平方米以上的商店或超市个数
靖州苗族侗族自治县甘棠镇	13755	1	12	23360	13	10	4
靖州苗族侗族自治县大堡子镇	18323	1	12	21348	5		3
靖州苗族侗族自治县坳上镇	18872	1	7	20073	5		5
靖州苗族侗族自治县新厂镇	19914	1	10	22789	2	1	2
靖州苗族侗族自治县平茶镇	15131	1	7	11530	6	1	2
靖州苗族侗族自治县太阳坪乡	9093		8	14495	3		6
靖州苗族侗族自治县三锹乡	17336		5	6949	2		1
靖州苗族侗族自治县文溪乡	11541		8	10966	1		2
靖州苗族侗族自治县寨牙乡	14340		5	8211	3		1
靖州苗族侗族自治县藕团乡	15050		7	14322	4		5
通道侗族自治县双江镇	23908	3	20	45491	56	26	7
通道侗族自治县县溪镇	31459	1	19	28114	23	14	3
通道侗族自治县播阳镇	16412	1	11	17866	8	1	2
通道侗族自治县牙屯堡镇	18022	1	12	21296	5	2	2
通道侗族自治县菁芜洲镇	14970	1	13	17682	10	2	1
通道侗族自治县溪口镇	29399	1	14	19038	13	2	3
通道侗族自治县陇城镇	15708	1	15	20263	7	2	2
通道侗族自治县万佛山镇	41459	1	20	27411	33	3	2
通道侗族自治县独坡镇	15221		9	16999	3	1	1
通道侗族自治县坪坦乡	12951		16	19323	3	1	1
怀化市洪江管理区横岩乡	3442		3	3891	3	1	
怀化市洪江管理区桂花园乡	6980	1	11	14726	24	22	3
洪江市黔城镇	33683	6	23	86573	64	38	18
洪江市安江镇	19350	9	17	80545	32	20	26
洪江市托口镇	11711	1	12	29645	9	2	3
洪江市雪峰镇	15668	1	11	16322	7		1
洪江市江市镇	9505	1	10	20752	9		
洪江市沅河镇	5408	1	7	12357			1
洪江市塘湾镇	7032	1	8	12690	8	1	5
洪江市岔头乡	11629		11	15614	4		
洪江市茅渡乡	5426		7	7969	5		
洪江市大崇乡	7784		7	10085	2		1
洪江市熟坪乡	12749	1	9	13444	7	1	2
洪江市铁山乡	12110		7	10174	9		
洪江市群峰乡	7037		7	10278	3		1
洪江市湾溪乡	4560		8	9977	11	1	
洪江市洗马乡	6684		11	16559	6	1	1
洪江市沙湾乡	8696	1	8	20590			4
洪江市深渡苗族乡	8741		9	10261	1		1
洪江市龙船塘瑶族乡	10236	1	6	8253	6		1
洪江市太平乡	7758	1	7	14567	4		3
洪江市岩垅乡	6775		9	15799	2		2
娄星区杉山镇	6741	1	19	43229	52	8	55
娄星区万宝镇	8658		25	49633	158	16	216
娄星区石井镇	6386		19	40878	229	25	60

续表 372　　湖南省　　单位：公顷、个、人

名　　称	行政区域面　　积	居民委员会(社区)个数	村民委员会个　　数	户籍人口	工业企业个　　数	#规模以上	营业面积50平方米以上的商店或超市个数
娄星区水洞底镇	8177	1	24	46528	35	5	24
娄星区蛇形山镇	11741	1	37	68659	42	7	38
娄星区双江乡	6335		10	17284	20	1	15
双峰县荷叶镇	14095	2	37	57342	18	2	69
双峰县井字镇	7916	1	21	35772	17	4	49
双峰县梓门桥镇	13002	1	37	66507	74	13	55
双峰县杏子铺镇	17328	1	42	73512	45	8	41
双峰县走马街镇	9567	1	37	63511	32	6	56
双峰县洪山殿镇	5583	4	22	47446	23	6	50
双峰县甘棠镇	13274	1	50	79166	33	10	85
双峰县三塘铺镇	6801	5	29	49491	61	17	99
双峰县青树坪镇	9645	2	35	65418	70	15	91
双峰县花门镇	9822	1	32	60491	26	2	75
双峰县锁石镇	7888	1	23	36524	34	6	23
双峰县石牛乡	17932	1	30	45894	36	5	40
双峰县沙塘乡	6958	1	18	30981	21	4	27
双峰县印塘乡	8207	3	25	45846	45	8	55
新化县石冲口镇	9797	1	21	67329	64	8	39
新化县洋溪镇	13294	1	36	88956	34	3	107
新化县槎溪镇	11374	1	16	41498	19	2	38
新化县水车镇	12275	1	19	44594	30	3	118
新化县文田镇	8951	1	11	26168	19	3	27
新化县奉家镇	23420	1	17	24712	23	3	16
新化县炉观镇	13224	3	36	80181	82	11	88
新化县游家镇	12930	2	35	69248	35	6	55
新化县西河镇	14949	3	30	73084	36	5	110
新化县孟公镇	11716	1	31	76360	25	2	85
新化县琅塘镇	13770	3	24	59993	64	19	125
新化县白溪镇	21425	2	41	74765	55	7	52
新化县圳上镇	25776	3	40	66529	41	2	42
新化县吉庆镇	18250	1	32	53631	18	1	62
新化县温塘镇	17017	1	29	65062	61	6	60
新化县田坪镇	12809	2	14	41581	13		35
新化县桑梓镇	14977	2	29	68517	84	13	86
新化县曹家镇	12126	2	22	57233	24	4	75
新化县科头乡	6542		19	45614	46	1	69
新化县维山乡	8320		16	45812	11	1	30
新化县天门乡	14962		11	13988	15	1	4
新化县荣华乡	12064	2	14	28821	29	2	15
新化县金凤乡	10907	1	13	18316	21	1	25
新化县油溪乡	8882	1	18	34594	9	3	49
新化县坐石乡	8734		13	30535	16	1	65
冷水江市禾青镇	4252	4	13	35365	70	11	34
冷水江市渣渡镇	7489	2	13	30383	16	2	18
冷水江市铎山镇	5181	4	20	45697	49	7	36

续表 373　　　　湖南省　　　　单位：公顷、个、人

名　　称	行政区域面　　积	居民委员会(社区)个数	村民委员会个　　数	户籍人口	工业企业个　　数	#规模以上	营业面积50平方米以上的商店或超市个数
冷水江市三尖镇	4340	3	8	21864	25	3	23
冷水江市金竹山镇	2812	6	7	23391	30	3	7
冷水江市中连乡	5292	2	11	27015	39	3	22
涟源市安平镇	9138	2	25	49664	34	4	39
涟源市湄江镇	11803	7	18	59262	33	1	33
涟源市伏口镇	18314	5	29	62093	25	3	140
涟源市桥头河镇	11388	7	40	98795	51	15	50
涟源市七星街镇	15678	4	29	78871	42	14	111
涟源市杨市镇	11952	9	27	81315	69	9	66
涟源市枫坪镇	4163	2	12	30843	24	3	24
涟源市斗笠山镇	7403	2	21	53722	58	14	94
涟源市白马镇	9007	4	21	47445	31	4	27
涟源市茅塘镇	8298	3	12	38243	37	5	29
涟源市荷塘镇	10200	2	19	54412	29	6	8
涟源市金石镇	11083	2	28	60922	28	5	25
涟源市龙塘镇	10272	3	34	80949	31	6	136
涟源市渡头塘镇	6184	5	19	34649	31	10	91
涟源市湖泉镇	6709	1	15	36316	19	4	44
涟源市三甲乡	8221	3	16	49791	23	4	26
涟源市古塘乡	5194	2	14	22190	17	6	33
吉首市矮寨镇	15874	2	19	23517	8		4
吉首市马颈坳镇	16580	1	20	29505	11	3	376
吉首市河溪镇	9750	1	9	13268	24	12	116
吉首市丹青镇	12504	1	13	15263	4		57
吉首市太平镇	12088		11	13727			7
吉首市己略乡	7836		7	8194	2		5
泸溪县达岚镇	11840	1	9	19502	3		3
泸溪县兴隆场镇	13182	1	13	35205	7		2
泸溪县潭溪镇	14487	1	11	17802	1		3
泸溪县洗溪镇	29801	1	23	35919	34		4
泸溪县武溪镇	18596	7	11	60366	189	26	7
泸溪县浦市镇	23614	4	24	58120	18		5
泸溪县合水镇	12736	1	12	28559	9		3
泸溪县石榴坪乡	5486		7	15557	1		1
泸溪县解放岩乡	8659		6	15530	7		3
泸溪县小章乡	6978		7	12908	1		1
泸溪县白羊溪乡	9235		8	10991	3		
凤凰县廖家桥镇	11159	3	19	33513	53	12	43
凤凰县茶田镇	9552	1	8	14135	5	1	16
凤凰县吉信镇	11546	1	13	22817	6		24
凤凰县腊尔山镇	8397	1	14	20628	6		112
凤凰县禾库镇	17334	2	25	32060	10	1	52
凤凰县沱江镇	18926	12	24	76860	62	5	223
凤凰县阿拉营镇	7644	3	15	31692	21	1	39
凤凰县木江坪镇	11865	1	16	20888	4		26

续表 374　　湖南省　　单位：公顷、个、人

名　　称	行政区域面　　积	居民委员会(社区)个数	村民委员会个　　数	户籍人口	工业企业个　　数	#规模以上	营业面积50平方米以上的商店或超市个数
凤凰县山江镇	10508	1	15	22116	6		11
凤凰县落潮井镇	6007		11	15362	11		18
凤凰县新场镇	10544	1	17	25810	6		39
凤凰县筸子坪镇	10341		20	23089	12	1	24
凤凰县千工坪镇	11145	1	18	29399	11	1	35
花垣县龙潭镇	5859	1	12	15561	5		13
花垣县民乐镇	10594	2	17	26847	17	2	27
花垣县吉卫镇	8758	2	11	18503	11		4
花垣县麻栗场镇	5429	1	15	16596	3		8
花垣县雅酉镇	5365	1	9	8522	2		4
花垣县边城镇	7531	2	19	25491	7	1	13
花垣县花垣镇	20082	14	42	103755	105	24	65
花垣县双龙镇	15301		27	28772	6	1	12
花垣县石栏镇	8629		17	18838	9		12
花垣县长乐乡	8161		12	14712	3		8
花垣县猫儿乡	6861		12	14892	7	2	12
花垣县补抽乡	6656		12	12011	6		3
保靖县普戎镇	11504		8	12161	3	1	11
保靖县复兴镇	11994		13	22495	11	5	30
保靖县迁陵镇	37589	10	30	85068	77	26	66
保靖县清水坪镇	19657	1	19	33564	8		33
保靖县比耳镇	6401		6	10767	1		9
保靖县毛沟镇	18606	1	20	34463	12		45
保靖县水田河镇	11599		12	18329	8	1	19
保靖县葫芦镇	12412		11	14366	10	4	15
保靖县碗米坡镇	13418		10	13909	6	1	16
保靖县吕洞山镇	12665		8	14359	7	1	35
保靖县阳朝乡	12017		14	19645	3		29
保靖县长潭河乡	7521		9	13058	1		20
古丈县古阳镇	33837	7	29	54829	12	10	70
古丈县岩头寨镇	26789		20	19791	5		
古丈县默戎镇	11653	1	10	14923	2	1	24
古丈县红石林镇	10373	1	11	13782	18	13	5
古丈县断龙山镇	9791		11	12485	3	2	8
古丈县高峰镇	25105		13	13302	2		1
古丈县坪坝镇	11082		9	10709	1		5
永顺县首车镇	11797	2	5	13225	5	1	90
永顺县芙蓉镇	25183	5	17	32354	37	7	979
永顺县永茂镇	8117	1	6	8515	4		130
永顺县小溪镇	46191	2	20	23866	8		39
永顺县青坪镇	14751	1	8	11870	16		73
永顺县石堤镇	30854	3	24	46234	36	1	32
永顺县万坪镇	14436	3	13	27314	14	1	61
永顺县塔卧镇	13867	2	12	37653	13		87
永顺县砂坝镇	13668	3	9	26635	9	1	201

续表 375　　湖南省、广东省　　单位：公顷、个、人

名　　称	行政区域面　　积	居民委员会(社区)个数	村民委员会个　　数	户籍人口	工业企业个　　数	#规模以上	营业面积50平方米以上的商店或超市个数
永顺县灵溪镇	62260	12	45	128614	136	14	915
永顺县松柏镇	16314	2	12	23844	14	2	218
永顺县泽家镇	15322	2	12	19155	10		17
永顺县两岔乡	11099		9	11467	1		42
永顺县西歧乡	9023		7	10692			40
永顺县对山乡	8852		6	9146	1		20
永顺县高坪乡	12588		8	14004	6		12
永顺县朗溪乡	11392		6	6012	1		3
永顺县润雅乡	9029		6	8865	1		4
永顺县车坪乡	7687		7	12846	1		46
永顺县万民乡	13931		8	11800	2	1	6
永顺县盐井乡	7793		9	7450			16
永顺县颗砂乡	7861		9	17613	2	1	30
龙山县洗车河镇	17203	2	15	13299	6	2	8
龙山县石牌镇	11510	4	14	27523	9	5	26
龙山县茨岩塘镇	13978	2	16	21557	5	1	11
龙山县红岩溪镇	18359	2	20	25348	2	1	12
龙山县靛房镇	17897	3	17	21745	1		18
龙山县苗儿滩镇	20357	2	16	28601	3		17
龙山县里耶镇	26175	7	31	42623	4	1	38
龙山县桂塘镇	20303	3	16	30940	1		12
龙山县召市镇	23026	4	28	50536	2		26
龙山县水田坝镇	19155	2	13	18501	1		8
龙山县农车镇	20814	2	21	22702	3		14
龙山县洛塔乡	17158		14	16325	3		2
龙山县大安乡	17198		15	12405	6	2	11
龙山县内溪乡	8378		12	14023	3		6
龙山县咱果乡	10643		10	12511			2
龙山县茅坪乡	9879		12	15179	4	1	16
广东省							
白云区人和镇	7440	3	25	110320	2137	134	278
白云区太和镇	16462	3	11	55808	1078	72	226
白云区钟落潭镇	23047	5	37	156676	2580	227	244
白云区江高镇	10228	10	35	137376	1380	199	202
番禺区南村镇	4700	12	16	121855	3196	109	534
番禺区新造镇	1412	1	10	19344	136	16	27
番禺区化龙镇	6028	2	13	36845	270	82	107
番禺区石楼镇	12650	3	22	131295	850	173	260
番禺区石碁镇	4620	2	17	56580	2336	172	137
花都区梯面镇	9120	1	8	11148	19	4	7
花都区花山镇	11687	3	26	95759	1667	135	187
花都区花东镇	20844	5	45	138166	908	121	223
花都区炭步镇	11350	2	27	57344	909	96	19
花都区赤坭镇	16010	2	30	60818	234	32	29
花都区狮岭镇	13619	7	17	76593	4921	211	162

续表 376　　广东省　　单位：公顷、个、人

名　　称	行政区域面　积	居民委员会(社区)个数	村民委员会个　数	户籍人口	工业企业个　数	#规模以上	营业面积50平方米以上的商店或超市个数
南沙区万顷沙镇	14285	1	15	37605	48	19	60
南沙区横沥镇	5400	2	14	34272	108	27	21
南沙区黄阁镇	7650	3	14	71431	240	70	24
南沙区东涌镇	9153	2	22	90804	975	234	383
南沙区大岗镇	9008	6	25	86376	797	101	61
南沙区榄核镇	7450	1	23	61771	695	124	63
从化区温泉镇	21090	4	22	55078	79	10	56
从化区良口镇	52890	3	30	48673	25	2	3
从化区吕田镇	38890	2	21	32054	21	1	4
从化区太平镇	20890	4	33	104195	492	100	83
从化区鳌头镇	34990	4	61	151977	324	21	60
增城区新塘镇	8632	20	33	190015	5486	392	1075
增城区石滩镇	16197	6	44	132681	320	83	115
增城区中新镇	23237	3	35	103686	366	51	120
增城区正果镇	23941	1	31	65945	71	6	30
增城区派潭镇	28965	1	36	90950	119	1	42
增城区小楼镇	13667	1	20	56190	72	6	71
增城区仙村镇	5665	2	17	50619	266	65	45
武江区西联镇	7330	5	7	43915	328	70	50
武江区西河镇	6390	1	13	21938	19	4	26
武江区龙归镇	22770	1	15	39962	29	4	24
武江区江湾镇	23383	1	6	7356			4
武江区重阳镇	7043	1	8	18087	4		8
浈江区新韶镇	10600	1	12	21266	69	2	17
浈江区乐园镇	2918	6	7	47878	78	15	55
浈江区十里亭镇	5449	10	6	57460	144	12	20
浈江区犁市镇	30479	3	18	45015	127	29	5
浈江区花坪镇	7650	2	5	8552	5		3
曲江区马坝镇	17786	8	16	113494	151	24	134
曲江区大塘镇	17280	1	15	36394	54	21	12
曲江区枫湾镇	19691	1	9	18432	8	2	29
曲江区小坑镇	16446	1	5	5972	4		10
曲江区沙溪镇	19576	2	7	19654	40	6	8
曲江区乌石镇	11866	2	6	17052	32	9	13
曲江区樟市镇	22560	2	11	29199	17	1	22
曲江区白土镇	13905	1	11	26123	96	26	142
曲江区罗坑镇	21866	1	5	10976	20		4
始兴县太平镇	28725	6	18	65375	110	24	97
始兴县马市镇	27710	1	18	41737	34	5	17
始兴县澄江镇	21029	1	7	17758	13		1
始兴县顿岗镇	9500	1	11	26001	20	4	57
始兴县罗坝镇	31419	1	12	22083	23		4
始兴县司前镇	25789	1	9	17040	25		22
始兴县隘子镇	31072	1	13	22334	29		4
始兴县城南镇	5286	1	10	22543	17		17

续表 377　　广东省　　单位：公顷、个、人

名　　称	行政区域面积	居民委员会(社区)个数	村民委员会个数	户籍人口	工业企业个数	#规模以上	营业面积50平方米以上的商店或超市个数
始兴县沈所镇	12513	1	11	20214	6		2
始兴县深渡水乡	19040		4	7639	16	1	
仁化县闻韶镇	9800	1	5	5796	3		7
仁化县扶溪镇	18000	1	9	13759	20		11
仁化县长江镇	31300	1	16	27226	69		7
仁化县城口镇	32200	1	7	10853	21	1	5
仁化县红山镇	16670	1	8	11082	6		10
仁化县石塘镇	8000	1	6	13504	8	1	12
仁化县董塘镇	19300	3	17	41591	43	9	7
仁化县大桥镇	16900	1	6	10901	10	1	8
仁化县周田镇	28900	1	15	28562	67	14	17
仁化县黄坑镇	17500	1	7	15261	26		10
翁源县龙仙镇	43162	6	34	126043	150	3	83
翁源县坝仔镇	38298	2	22	53461	43		16
翁源县江尾镇	33355	3	24	48269	47	1	9
翁源县官渡镇	23694	2	19	51563	136	21	11
翁源县周陂镇	21381	2	18	49577	20	1	13
翁源县翁城镇	13720	1	17	38203	95	34	39
翁源县新江镇	34298	1	19	48468	30	2	18
翁源县铁龙镇	9586	1	3	5910	25	3	5
乳源瑶族自治县乳城镇	20798	5	13	69270	159	53	100
乳源瑶族自治县一六镇	7749	1	7	17757	8	1	7
乳源瑶族自治县桂头镇	12446	1	14	38484	48	8	39
乳源瑶族自治县洛阳镇	58879	1	12	10415	52		6
乳源瑶族自治县大布镇	22002	1	7	13985	13		3
乳源瑶族自治县大桥镇	46547	1	21	45272	22		36
乳源瑶族自治县东坪镇	33807	1	11	13835	19		17
乳源瑶族自治县游溪镇	13367	1	11	13087	20		2
乳源瑶族自治县必背镇	14306	1	7	8384	11		3
新丰县黄礤镇	25664	1	13	18946	14		3
新丰县马头镇	50947	3	30	45440	38	13	20
新丰县梅坑镇	33352	2	20	28671	32	1	36
新丰县沙田镇	24398	1	17	23825	12	1	3
新丰县遥田镇	19333	1	19	37787	12		8
新丰县回龙镇	15432	1	17	22883	28	10	17
乐昌市北乡镇	11040		8	15967	25		16
乐昌市九峰镇	19273	1	12	21562	14		5
乐昌市廊田镇	16312	1	17	37464	86	45	7
乐昌市长来镇	9408	1	12	25787	24	4	23
乐昌市梅花镇	19757	1	17	60713	20	1	23
乐昌市三溪镇	7240		8	12446	5		2
乐昌市坪石镇	27086	4	25	53132	59	6	9
乐昌市黄圃镇	7762	1	10	19076	5		5
乐昌市五山镇	18564		11	22205	20		10
乐昌市两江镇	13094		7	13267	17		9

续表 378　　广东省　　单位：公顷、个、人

名　　称	行政区域面　　积	居民委员会(社区)个数	村民委员会个　　数	户籍人口	工业企业个　　数	#规模以上	营业面积50平方米以上的商店或超市个数
乐昌市沙坪镇	11833		7	24950	9		1
乐昌市云岩镇	6642		9	16959	1		11
乐昌市秀水镇	5573		10	20471	13	2	5
乐昌市大源镇	32988		9	10976	35	1	1
乐昌市庆云镇	8838		8	12719	6	1	1
乐昌市白石镇	7952		9	16813	2		1
南雄市乌迳镇	15750	1	21	47818	12		11
南雄市界址镇	5608	1	8	15811	1		10
南雄市坪田镇	13826	1	14	27562	11		11
南雄市黄坑镇	5851	1	10	25369	14	2	8
南雄市邓坊镇	11831	1	9	16661	15		11
南雄市油山镇	14678	1	17	33056	12	1	4
南雄市南亩镇	11110	1	11	17515	6		6
南雄市水口镇	11397	1	13	24878	13		6
南雄市江头镇	13270	1	9	12343	20		5
南雄市湖口镇	7322	1	12	35315	27	2	15
南雄市珠玑镇	19753	1	22	45520	32	3	54
南雄市主田镇	16547	1	8	14321	11	1	2
南雄市古市镇	11281	1	8	21418	175	58	21
南雄市全安镇	19044	1	13	29062	50	2	14
南雄市百顺镇	19129	1	9	13101	32	1	3
南雄市澜河镇	13930	1	6	10415	17		3
南雄市帽子峰镇	12610	1	5	9522	8		6
宝安区福永街道	3760	7		57535	1159	337	48
香洲区唐家湾镇	13900	18		76808	1438	275	103
香洲区南屏镇	6070	13		60693	356	14	300
香洲区横琴镇	10600	4		32627	914	16	31
香洲区桂山镇	1423		2	1280	3	2	3
香洲区万山镇	2300		2	1010	17	1	1
香洲区担杆镇	234200		3	753	3	2	
斗门区莲洲镇	8660	3	27	47207	38	10	21
斗门区斗门镇	10500	1	10	48312	38	6	65
斗门区乾务镇	19062	2	16	58374	383	26	228
斗门区白蕉镇	17800	4	33	127451	480	75	176
斗门区井岸镇	9960	10	15	126851	233	81	93
金湾区三灶镇	20304	5	4	54380	783	223	508
金湾区南水镇	15000	3	5	15162	311	161	123
金湾区红旗镇	7079	9	5	80914	727	177	666
金湾区平沙镇	15500	11		65141	448	93	51
潮阳区海门镇	3153	11	5	137935	98	19	26
潮阳区河溪镇	5557	1	11	95220	3		7
潮阳区和平镇	5894	19	2	200553	703	98	71
潮阳区西胪镇	10982	4	23	207895	14		134
潮阳区关埠镇	5456	4	27	139350	38	1	24
潮阳区谷饶镇	7029	5	22	192469	1840	242	100

续表 379　　广东省　　单位：公顷、个、人

名　　称	行政区域面　　积	居民委员会(社区)个数	村民委员会个　　数	户籍人口	工业企业个　　数	#规模以上	营业面积50平方米以上的商店或超市个数
潮阳区贵屿镇	5213	8	19	175949	580	71	77
潮阳区铜盂镇	4291	3	25	145043	568	35	90
潮阳区金灶镇	7914	4	42	155638	28	4	129
潮南区井都镇	4607	4	9	104004	42	2	40
潮南区成田镇	5708	3	12	103124	57	16	28
潮南区司马浦镇	3065	6	13	145887	391	62	83
潮南区陈店镇	2606	10	13	135347	443	95	90
潮南区两英镇	8520	13	17	224318	423	61	105
潮南区仙城镇	5472	3	9	128328	50	6	69
潮南区胪岗镇	5020	4	10	174895	720	46	75
潮南区红场镇	6956	1	23	39276	13		16
潮南区雷岭镇	6229	1	14	48748	5	1	16
潮南区陇田镇	7146	8	23	153850	156	14	51
澄海区上华镇	2174		18	38319	192	25	23
澄海区隆都镇	3384	1	14	79487	113	12	39
澄海区莲下镇	5609		30	119681	2538	76	168
澄海区莲上镇	2950		8	61161	319	23	35
澄海区溪南镇	4066		21	71306	175	25	25
澄海区东里镇	3492	3	19	77666	429	19	22
澄海区盐鸿镇	3774	1	8	51512	130	20	9
澄海区莲华镇	1991		19	28857	165	3	1
南澳县后宅镇	4199	3	20	42946	33	2	6
南澳县云澳镇	2046	1	8	19330	6	1	6
南澳县深澳镇	4705	1	13	13216	6	3	9
禅城区南庄镇	7605	5	18	121528	1714	266	135
南海区九江镇	9525	20	7	116546	2918	305	535
南海区西樵镇	17356	24	9	188183	2093	383	701
南海区丹灶镇	14249	22	6	125613	3770	494	613
南海区狮山镇	33525	48	28	400335	13277	1818	398
南海区大沥镇	9164	43		346282	4550	307	178
南海区里水镇	14830	24	16	201381	6526	714	283
顺德区陈村镇	5070	8	7	111398	1394	201	27
顺德区北滘镇	9211	10	10	175603	2818	368	380
顺德区乐从镇	7785	7	19	155793	2469	118	246
顺德区龙江镇	7385	10	13	122702	5165	357	129
顺德区杏坛镇	12198	6	24	146804	2761	406	183
顺德区均安镇	7945	8	5	100166	1518	208	275
三水区大塘镇	9818	1	7	46099	512	173	36
三水区乐平镇	19807	3	14	92628	1599	369	331
三水区白坭镇	6667	1	2	31573	621	158	11
三水区芦苞镇	10386	1	6	39522	492	106	68
三水区南山镇	12437	4	1	26957	57	24	5
高明区杨和镇	22836	3	7	44915	487	139	70
高明区明城镇	18356	1	13	54654	436	118	72
高明区更合镇	34687	3	19	72761	257	74	27

续表 380　　广东省　　单位：公顷、个、人

名　　称	行政区域面　　积	居民委员会(社区)个数	村民委员会个　　数	户籍人口	工业企业个　　数	#规模以上	营业面积50平方米以上的商店或超市个数
蓬江区棠下镇	13102	3	23	85950	901	154	75
蓬江区荷塘镇	3918	1	13	49196	1341	135	91
蓬江区杜阮镇	8052	4	19	52528	1646	161	78
新会区大泽镇	8345	1	14	41912	542	56	41
新会区司前镇	8956	1	13	64454	575	92	51
新会区罗坑镇	11789	2	15	34953	230	30	25
新会区双水镇	20744	2	37	91723	607	61	50
新会区崖门镇	25570	2	17	37267	180	52	48
新会区沙堆镇	9577	1	11	34440	89	34	41
新会区古井镇	11232	1	17	41870	163	33	60
新会区三江镇	8243	1	15	51308	325	49	20
新会区睦洲镇	7979	1	15	44722	350	60	23
新会区大鳌镇	5257	1	16	35603	58	8	21
台山市大江镇	6903	3	18	45419	350	47	29
台山市水步镇	11461	1	20	45228	208	43	8
台山市四九镇	24659	3	20	36892	140	40	19
台山市白沙镇	16984	2	18	61735	42	9	15
台山市三合镇	21406	1	9	43576	82	8	9
台山市冲蒌镇	11471	1	16	35565	65	18	8
台山市斗山镇	13705	1	18	51065	21	9	19
台山市都斛镇	15836	1	17	47740	21	2	19
台山市赤溪镇	28369	2	10	35775	15	3	21
台山市端芬镇	29931	1	16	53434	24	10	11
台山市广海镇	13792	2	7	41469	85	6	13
台山市海宴镇	24591	2	23	83738	23	4	24
台山市汶村镇	16434	1	15	61434	26	6	25
台山市深井镇	32173	2	16	61158	5	1	15
台山市北陡镇	17943	1	11	34526	8	1	14
台山市川岛镇	28048	2	17	35482	4		17
开平市沙塘镇	8530	1	15	31983	70	20	12
开平市苍城镇	12810	1	12	31937	73	22	20
开平市龙胜镇	16380	2	16	37759	49	5	10
开平市大沙镇	21560	1	14	33318			10
开平市马冈镇	9336	2	20	56872	14	2	5
开平市塘口镇	7280	1	16	31035	37	3	19
开平市赤坎镇	6210	1	19	43297	36	14	9
开平市百合镇	6630	1	13	24884	40	7	27
开平市蚬冈镇	6790	1	11	18839	16	2	4
开平市金鸡镇	12050	1	11	20956	18	4	3
开平市月山镇	12120	2	18	45576	129	25	17
开平市赤水镇	28390	3	16	39205	15	3	8
开平市水口镇	8050	5	25	70064	832	133	203
鹤山市龙口镇	15736	1	15	37084	149	54	15
鹤山市雅瑶镇	8253	3	10	30047	324	65	116
鹤山市古劳镇	6822	1	12	29966	293	55	25

续表 381　　广东省　　单位：公顷、个、人

名　称	行政区域面　积	居民委员会(社区)个数	村民委员会个　数	户籍人口	工业企业个　数	#规模以上	营业面积50平方米以上的商店或超市个数
鹤山市桃源镇	5546	2	11	20294	281	59	53
鹤山市鹤城镇	15913	1	15	28812	209	71	63
鹤山市共和镇	8992	2	9	27031	377	147	144
鹤山市址山镇	9822	2	11	30351	490	69	25
鹤山市宅梧镇	20656	1	10	32653	60	10	52
鹤山市双合镇	12347	1	4	19884	18	6	20
恩平市横陂镇	20101	2	19	40344	30	9	15
恩平市圣堂镇	4920	1	11	27326	36	12	40
恩平市良西镇	12175	1	8	24316			2
恩平市沙湖镇	16486	1	21	59415	49	18	58
恩平市牛江镇	12658	1	12	23041	8	5	7
恩平市君堂镇	9798	2	18	45919	31	10	21
恩平市大田镇	39927	2	10	32506	15		68
恩平市那吉镇	19315	1	7	20988	17	1	11
恩平市大槐镇	9857	1	12	20186	25	10	7
恩平市东成镇	11235	2	15	28665	90	6	15
坡头区南三镇	16463	1	13	101645	16	3	117
坡头区坡头镇	8910	1	11	82692	32	7	180
坡头区乾塘镇	4889	1	7	43455	10	1	58
坡头区龙头镇	11341	1	11	73504	51	9	48
坡头区官渡镇	9505	1	14	65261	123	35	58
麻章区麻章镇	13444	6	34	97603	316	51	176
麻章区太平镇	12135	1	30	115674	25	5	12
麻章区湖光镇	15242	2	27	85241	29	2	53
麻章区硇洲镇	5600	3	5	50543	1		23
遂溪县黄略镇	14900	1	25	117931	72	13	68
遂溪县洋青镇	16833	1	40	89149	28	11	19
遂溪县界炮镇	13301	1	20	80394	10	2	18
遂溪县乐民镇	9660		10	47150	16		49
遂溪县江洪镇	5950	1	8	37048	17	1	11
遂溪县杨柑镇	18710	2	26	102289	31	7	11
遂溪县城月镇	20909	3	23	113924	119	7	38
遂溪县乌塘镇	4970		34	20735	6	1	12
遂溪县建新镇	5620		28	28047	5	2	14
遂溪县岭北镇	10906		7	32397	97	23	24
遂溪县北坡镇	16400	2	15	58336	20	4	12
遂溪县港门镇	10534		12	43897	2	1	14
遂溪县草潭镇	12281	2	31	73565	12		37
遂溪县河头镇	14400		11	41035	13	1	168
遂溪县附城镇	12884		20	65542	92	7	26
徐闻县迈陈镇	15543	2	11	78076	10	2	10
徐闻县海安镇	4188	2	5	25471	15	3	10
徐闻县曲界镇	30843	3	14	60788	44	6	82
徐闻县前山镇	11521	2	13	47000	6	3	3
徐闻县西连镇	8271	1	15	46250	5		16

续表 382　　广东省　　单位：公顷、个、人

名　　称	行政区域面积	居民委员会(社区)个数	村民委员会个数	户籍人口	工业企业个数	#规模以上	营业面积50平方米以上的商店或超市个数
徐闻县下桥镇	28983	4	12	57257	11	7	62
徐闻县龙塘镇	23134	3	11	67961	6	2	30
徐闻县下洋镇	10048	1	11	33851	2	1	11
徐闻县锦和镇	10454	4	17	49298	12		33
徐闻县和安镇	10279	1	9	39169	13	4	10
徐闻县新寮镇	8595		10	34535	2	1	8
徐闻县南山镇	15502		18	82166	21	2	61
徐闻县城北乡	12963		14	48402	5	4	7
徐闻县角尾乡	4962		12	34825	4	3	5
廉江市石城镇	12638		17	89234	64	7	28
廉江市新民镇	10200	1	15	62254	38	8	41
廉江市吉水镇	11100	2	17	88134	236	64	146
廉江市河唇镇	16002	2	18	110634	46	7	61
廉江市石角镇	16400	1	20	74117	21		93
廉江市良垌镇	33136	1	37	146354	73	8	142
廉江市横山镇	18561	1	19	138078	122	15	70
廉江市安铺镇	8550	14	18	131061	105	6	116
廉江市营仔镇	20400	1	21	107602	47	4	257
廉江市青平镇	24281	2	23	113064	52	6	360
廉江市车板镇	11100	1	15	54842	25	2	129
廉江市高桥镇	12118	1	8	55595	15	8	41
廉江市石岭镇	24072	3	24	139953	246	23	79
廉江市雅塘镇	7600	2	11	57714	26	1	20
廉江市石颈镇	9549	1	14	59404	18	2	32
廉江市长山镇	16784	1	18	84867	43	2	40
廉江市塘蓬镇	16000	1	23	106269	58	4	37
廉江市和寮镇	10761	1	15	58434	13		30
雷州市白沙镇	11053		27	105698	98	6	83
雷州市沈塘镇	6660	1	17	68623	31		85
雷州市客路镇	35276	2	30	153767	48	1	36
雷州市杨家镇	16764		25	98472	4	2	28
雷州市唐家镇	19200	2	14	60891	59	6	28
雷州市企水镇	10928	1	20	62160	7		5
雷州市纪家镇	33913	2	28	121943	70	3	45
雷州市松竹镇	6793	1	16	85202	25	1	24
雷州市南兴镇	13500	1	33	122726	36		45
雷州市雷高镇	16503	2	21	61691	6	2	6
雷州市东里镇	14225	1	20	103695	1		20
雷州市调风镇	36819	3	18	82102	28	5	19
雷州市龙门镇	46302	6	21	105918	68	11	42
雷州市英利镇	34169	4	27	100100	54	4	35
雷州市北和镇	19996	3	28	96460	3	1	5
雷州市乌石镇	12690	2	25	103121	30	4	2
雷州市覃斗镇	10400	1	19	59623	5	2	13
雷州市附城镇	12612		33	148680	3	2	114

续表 383　　广东省　　单位：公顷、个、人

名　　称	行政区域面　　积	居民委员会(社区)个数	村民委员会个　　数	户籍人口	工业企业个　　数	#规模以上	营业面积50平方米以上的商店或超市个数
吴川市浅水镇	7681	1	7	43125	54	4	22
吴川市长岐镇	5832	1	14	93827	30	6	56
吴川市覃巴镇	7954		15	94497	73	5	66
吴川市王村港镇	2783	1	5	30085	19	4	23
吴川市振文镇	5826	1	16	146060	23	6	65
吴川市樟铺镇	5200		10	68520	23	3	31
吴川市吴阳镇	9188	4	15	108244	25	1	50
吴川市塘缀镇	15403	2	25	163138	20	8	75
吴川市黄坡镇	14395	1	29	187759	121	9	64
吴川市兰石镇	3312		7	42045	1	1	12
茂南区金塘镇	10443	1	22	80308	49	6	48
茂南区公馆镇	10267	1	22	77561	11	10	53
茂南区新坡镇	2475	1	13	33335	426	10	27
茂南区镇盛镇	5959	1	18	70339	105	7	20
茂南区鳌头镇	5508	1	25	93405	5	1	31
茂南区袂花镇	2792	1	17	53513	86	2	19
茂南区高山镇	1219	1	5	18107	158	5	30
茂南区山阁镇	4474	1	10	39891	46	8	33
茂南区羊角镇	10956	1	22	184109	158	6	141
电白区马踏镇	16191	1	19	96037	20	3	18
电白区岭门镇	10399	1	17	93500	39	8	22
电白区坡心镇	5254	1	17	99908	38	6	48
电白区七迳镇	8107	3	17	86403	134	54	75
电白区树仔镇	6259	1	13	71484	63	11	24
电白区沙院镇	4814	2	10	59346	85	10	17
电白区麻岗镇	9428	1	20	83574	71	13	48
电白区旦场镇	8756	1	15	85479	38	7	55
电白区小良镇	6195	1	14	69139	24	5	20
电白区霞洞镇	11907	1	24	111379	26	3	62
电白区观珠镇	18964	1	24	117504	30	5	75
电白区沙琅镇	11224	3	15	90200	25	7	11
电白区黄岭镇	7832	1	14	53440	14	7	45
电白区望夫镇	9533	1	10	46202	9	2	9
电白区罗坑镇	15110	1	15	41972	39	1	19
电白区那霍镇	14105	1	15	75889	36	2	25
电白区博贺镇	5667	5	10	79282	51	6	30
电白区林头镇	14572	2	33	154106	48	11	99
电白区电城镇	16509	4	28	190420	55	8	95
高州市谢鸡镇	8000	1	19	63586	16	1	33
高州市新垌镇	16800	1	19	81084	30	3	46
高州市云潭镇	8400	1	13	56269	41	3	109
高州市分界镇	6100	1	12	53263	45	4	48
高州市根子镇	8700	1	17	80159	25	5	78
高州市泗水镇	7600	1	12	66054	24	3	44
高州市镇江镇	10100	1	14	59740	22	3	21

续表 384　　广东省　　单位：公顷、个、人

名　　称	行政区域面　　积	居民委员会(社区)个数	村民委员会个　　数	户籍人口	工业企业个　　数	#规模以上	营业面积50平方米以上的商店或超市个数
高州市沙田镇	9800	1	13	50317	7	3	15
高州市南塘镇	14400	1	14	60125	23	5	53
高州市荷花镇	10800	1	18	61784	15		23
高州市石板镇	9100	1	13	53557	45	1	70
高州市大井镇	13400	1	14	57961	5	1	22
高州市潭头镇	8200	1	14	53274	18	1	28
高州市大坡镇	23600	1	25	86887	50	1	53
高州市平山镇	14900	1	15	46740	11	1	28
高州市深镇镇	10300	1	13	33266	40		40
高州市马贵镇	16700	1	14	42015	38	3	16
高州市古丁镇	11300	1	14	41680	23	1	41
高州市曹江镇	12500	2	23	78016	55	8	39
高州市荷塘镇	11600	1	12	40573	4	1	31
高州市石鼓镇	15500	3	29	128708	123	18	109
高州市东岸镇	26000	2	27	97814	18	5	39
高州市长坡镇	21400	2	33	96345	32	5	52
化州市长岐镇	3788	1	13	67593	32	1	55
化州市同庆镇	6303	1	17	78469	34	9	51
化州市杨梅镇	8994	1	19	93221	35	8	117
化州市良光镇	10431	1	17	81663	25	5	63
化州市笪桥镇	8292	1	13	55695	8	7	86
化州市丽岗镇	7789	1	11	62812	13	4	69
化州市新安镇	15671	2	15	68544	16	3	9
化州市官桥镇	11727	1	10	63990	18	5	27
化州市林尘镇	12931	1	21	87952	20	2	83
化州市合江镇	17487	1	23	118083	16	5	111
化州市那务镇	17399	1	30	102119	15	5	31
化州市播扬镇	12677	1	14	63086	15	3	51
化州市宝圩镇	5150	1	10	29882	18	3	28
化州市平定镇	21947	1	24	126145	182	7	88
化州市文楼镇	16378	1	16	85948	4	3	19
化州市江湖镇	5574	1	8	33020	27	3	31
化州市中垌镇	26323	2	30	127762	67	5	41
信宜市镇隆镇	8127	2	20	70531	108	3	69
信宜市水口镇	12292	1	20	84148	39	4	68
信宜市丁堡镇	8221	1	12	54725	45	4	25
信宜市池洞镇	14769	1	21	83483	33	1	69
信宜市贵子镇	15869	1	16	44273	21	1	31
信宜市怀乡镇	16200	2	24	93718	86	4	46
信宜市茶山镇	10087	1	11	28423	9		37
信宜市洪冠镇	14801	1	14	49062	63		54
信宜市白石镇	17963	1	19	76983	28		70
信宜市大成镇	12985	1	15	52610	46	1	42
信宜市钱排镇	20353	1	15	79008	77	1	121
信宜市合水镇	14172	1	16	52845	135		53

续表 385　　　　　　　　广东省　　　　　　　　单位：公顷、个、人

名　　称	行政区域面　　积	居民委员会(社区)个数	村民委员会个　　数	户籍人口	工业企业个　　数	#规模以上	营业面积50平方米以上的商店或超市个数
信宜市新宝镇	18434	1	16	52207	30		38
信宜市平塘镇	19236	1	21	65238	24		44
信宜市思贺镇	17973	1	12	47024	23		32
信宜市金垌镇	19504	2	23	82824	8	1	52
信宜市朱砂镇	28235	3	32	99086	83		46
信宜市北界镇	18342	2	33	101386	63		62
鼎湖区永安镇	7835	2	18	33601	92	43	18
鼎湖区沙浦镇	11900	1	13	23901	10		5
鼎湖区凤凰镇	16192	1	9	12863	27	5	3
鼎湖区莲花镇	8722	1	13	32381	94	29	18
高要区河台镇	14805	2	19	39729	14	3	3
高要区乐城镇	9457	1	14	30911	3	1	8
高要区水南镇	11069	1	14	15604	7		1
高要区禄步镇	25138	1	25	73396	52	9	3
高要区小湘镇	19976	2	18	34764	26	9	9
高要区大湾镇	10163	3	14	41928	38	10	26
高要区新桥镇	3444	3	10	38899	60	15	18
高要区白诸镇	12744	2	21	42246	76	10	22
高要区莲塘镇	11979	1	20	65932	41	15	6
高要区活道镇	23111	1	33	47706	37	5	16
高要区蛟塘镇	12990	1	20	34517	66	27	2
高要区回龙镇	11387	3	14	28661	45	19	6
高要区白土镇	10749	7	23	84991	126	28	24
高要区金渡镇	13134	16		52894	292	66	36
高要区金利镇	15240	13	19	80289	717	154	47
高要区蚬岗镇	7205	2	10	34401	92	25	10
广宁县排沙镇	15368	2	12	33191	31	4	41
广宁县潭布镇	13291	1	13	34659	9	1	6
广宁县江屯镇	24725	1	18	62908	34	1	52
广宁县螺岗镇	9744	1	5	14313	9		2
广宁县北市镇	23051	1	9	24511	22	1	21
广宁县坑口镇	18100	1	12	33214	7	1	13
广宁县赤坑镇	17993	1	9	23796	23		15
广宁县宾亨镇	17163	3	13	50682	75	24	18
广宁县五和镇	11615	1	6	23547	30	15	25
广宁县横山镇	13753	1	10	46846	44	11	17
广宁县木格镇	12317	1	6	22612	10	2	12
广宁县石咀镇	8373	1	5	17962			7
广宁县古水镇	25981	1	14	49713	27	8	38
广宁县洲仔镇	15292	1	6	22171	24		8
怀集县坳仔镇	22152	1	16	45775	29	4	11
怀集县汶朗镇	8668		5	16516	9		4
怀集县甘洒镇	12827		13	31336	25	1	2
怀集县凤岗镇	27782	1	20	47567	32	2	3
怀集县洽水镇	52580	1	21	38551	106		12

续表 386　　广东省　　单位：公顷、个、人

名　称	行政区域面积	居民委员会(社区)个数	村民委员会个数	户籍人口	工业企业个数	#规模以上	营业面积50平方米以上的商店或超市个数
怀集县梁村镇	8784	2	18	91503	58		70
怀集县大岗镇	11749	1	20	92220	50		8
怀集县岗坪镇	5527	1	13	45719	27	1	20
怀集县冷坑镇	19323	1	32	137699	44	3	5
怀集县马宁镇	5878	1	16	56625	23		44
怀集县蓝钟镇	19850		8	25282	51		20
怀集县永固镇	18825	1	12	55844	5		3
怀集县诗洞镇	32950	1	19	78582	10		75
怀集县桥头镇	21064	1	13	66661	40	3	32
怀集县中洲镇	25184	1	16	55311	33	2	20
怀集县连麦镇	12258	1	14	44119	22		6
怀集县下帅壮族瑶族乡	7659		5	11665	9		12
封开县江川镇	11980	1	7	12484	6		10
封开县白垢镇	14140	1	7	15715	12		17
封开县大洲镇	16269	1	8	18388	11		2
封开县渔涝镇	10298	1	9	22126	14		12
封开县河儿口镇	37452	1	15	25773	79		3
封开县连都镇	25581	1	11	33451	28	1	58
封开县杏花镇	15608	1	11	33204	17	1	15
封开县罗董镇	13644	1	9	25044	23	2	3
封开县长岗镇	15129	1	13	24989	45	10	20
封开县平凤镇	11178	1	11	21762	28	14	20
封开县南丰镇	30806	2	30	104005	35	4	5
封开县大玉口镇	13118	1	9	18125	5		10
封开县都平镇	13081	1	7	13339	10		1
封开县金装镇	11916	1	11	45148	14		10
封开县长安镇	14208	1	10	47010	16		7
德庆县新圩镇	11518	1	11	26480	34	3	10
德庆县回龙镇	15812	1	9	23621	15	2	2
德庆县官圩镇	23256	2	23	37688	37	4	4
德庆县马圩镇	11065	1	11	24280	8	2	4
德庆县高良镇	29470	1	23	36324	13	2	12
德庆县莫村镇	26950	2	15	33864	21	1	7
德庆县永丰镇	13241	1	11	25212	8	1	4
德庆县武垄镇	8747	1	11	19919	7		3
德庆县播植镇	8001	1	10	20834	11		4
德庆县凤村镇	13676	1	18	34999	13	2	2
德庆县悦城镇	20623	1	15	36955	50	13	2
德庆县九市镇	15461	1	14	32666	20	3	2
四会市龙甫镇	7999	1	7	18188	149	14	23
四会市地豆镇	9090	1	12	29107	19	7	3
四会市威整镇	6402	1	8	16735	13	2	2
四会市罗源镇	2623	1	5	9030	5	1	7
四会市迳口镇	9750	1	8	21736	23	5	3
四会市大沙镇	8628	3	13	36348	177	53	55

续表 387 广东省 单位：公顷、个、人

名 称	行政区域面积	居民委员会(社区)个数	村民委员会个数	户籍人口	工业企业个数	#规模以上	营业面积50平方米以上的商店或超市个数
四会市石狗镇	14247	1	10	27407	8	1	7
四会市黄田镇	8745	1	6	16226	16		1
四会市江谷镇	13278	2	13	42040	18	1	7
四会市下茆镇	10677	2	13	33798	77	29	15
惠城区汝湖镇	15700	4	23	58556	178	24	78
惠城区三栋镇	6774	2	10	35775	231	48	28
惠城区潼湖镇	11261	1	11	32048	205	42	84
惠城区沥林镇	4900	1	10	22383	1084	153	180
惠城区马安镇	7297	2	13	40928	340	54	48
惠城区横沥镇	31809	3	40	79459	45	7	35
惠城区芦洲镇	20296	2	19	30889	2	1	5
惠城区潼侨镇	3098	5	3	15345	716	103	66
惠阳区沙田镇	7383	1	8	16926	300	68	119
惠阳区新圩镇	15352	2	11	33249	2758	261	315
惠阳区镇隆镇	14941	2	13	32772	1056	161	145
惠阳区永湖镇	11465	1	13	31654	165	48	66
惠阳区良井镇	7200	1	17	42131	40	21	69
惠阳区平潭镇	9970	1	17	48673	140	45	313
博罗县石坝镇	17802	2	22	51701	15	2	36
博罗县麻陂镇	8613	1	13	27801	36	6	6
博罗县观音阁镇	10401	1	14	28735	10	2	9
博罗县公庄镇	29837	2	22	53813	131	12	36
博罗县杨村镇	12518	2	20	47522	69	22	11
博罗县柏塘镇	26745	2	36	65005	85	17	36
博罗县泰美镇	20194	1	20	45677	94	37	38
博罗县湖镇镇	25002	2	35	58459	192	52	129
博罗县长宁镇	23004	2	14	47745	117	25	39
博罗县福田镇	9369	1	17	36237	329	35	68
博罗县龙华镇	5945	1	10	26625	101	26	16
博罗县园洲镇	11076	2	27	82748	1981	221	284
博罗县石湾镇	8135	2	12	67246	2455	227	301
博罗县杨侨镇	8921	2		34415	125	20	33
博罗县横河镇	23435	1	18	31660	4	3	5
惠东县白花镇	20389	2	26	82256	385	63	48
惠东县梁化镇	26310	1	21	66634	76	9	82
惠东县稔山镇	19155	3	17	77718	55	12	83
惠东县铁涌镇	11666	1	19	45442	12	8	35
惠东县平海镇	23858	3	22	72484	58	4	57
惠东县吉隆镇	12802	3	7	40774	230	51	62
惠东县黄埠镇	8424	7	11	40001	282	81	271
惠东县多祝镇	40902	1	27	74282	69	8	30
惠东县安墩镇	47910	1	22	66191	25	2	69
惠东县高潭镇	19621	1	13	18347	11		2
惠东县宝口镇	32925	2	12	27065	30		17
惠东县白盆珠镇	39772	1	12	23400	35		25

续表 388　　广东省　　单位：公顷、个、人

名　称	行政区域面积	居民委员会(社区)个数	村民委员会个数	户籍人口	工业企业个数	#规模以上	营业面积50平方米以上的商店或超市个数
龙门县麻榨镇	24014	1	18	30933	68	7	31
龙门县永汉镇	39184	7	22	59029	76	6	72
龙门县龙田镇	17425		15	26640	14	4	29
龙门县龙潭镇	25746	2	14	27748	79	1	43
龙门县地派镇	25374	2	11	18777	15	1	17
龙门县龙华镇	37454	2	20	39175	93	6	117
龙门县龙江镇	17188	2	16	28819	14	6	19
龙门县蓝田瑶族乡	13215	1	7	11094	15	3	1
梅江区三角镇	3952	6	13	55726	98	35	53
梅江区长沙镇	9477	1	6	12395			8
梅江区城北镇	12000	5	20	52116	4	3	151
梅江区西阳镇	27268	3	27	36139	73	15	56
梅县区城东镇	7941	1	12	21077	25	10	36
梅县区石扇镇	9104	1	12	21369	14	3	20
梅县区梅西镇	9270	2	17	30857	22	4	36
梅县区大坪镇	7670	1	12	20075	2		24
梅县区石坑镇	8807	1	17	27256			17
梅县区水车镇	12290	1	18	23098	10	1	14
梅县区梅南镇	12599	1	16	16364	27	7	20
梅县区丙村镇	17083	1	21	42010	45	8	26
梅县区白渡镇	18761	1	24	28584	62	9	35
梅县区松源镇	14950	1	22	42125	5		5
梅县区隆文镇	11340	1	14	22800	18		17
梅县区桃尧镇	11800	1	15	17140	16		5
梅县区畲江镇	17562	2	23	50106	70	12	30
梅县区雁洋镇	18300	2	27	34488	46	8	62
梅县区松口镇	33936	5	41	62242	6	1	78
梅县区南口镇	26332	3	46	70011	66	5	51
梅县区程江镇	5800	3	14	45670	208	9	210
大埔县湖寮镇	20145	4	19	85173	13	8	35
大埔县青溪镇	16405		13	20240	8	1	6
大埔县三河镇	15224	1	12	19694	38	5	30
大埔县银江镇	20807		13	26373	2	1	7
大埔县洲瑞镇	8328		9	17728	5	1	2
大埔县光德镇	12596	1	10	34440	44	10	25
大埔县桃源镇	7676		6	18713	10	3	3
大埔县百侯镇	11227	1	14	28548	15		7
大埔县大东镇	9826		13	23035			25
大埔县大麻镇	22982	1	22	37102	5	1	17
大埔县枫朗镇	16783		23	51357	24	2	46
大埔县茶阳镇	28881	1	26	52364	37	2	29
大埔县高陂镇	30892	1	35	83332	109	14	25
大埔县西河镇	20873	1	27	35165	1		33
丰顺县北斗镇	9044		8	17686	18		3
丰顺县汤西镇	19183	1	12	59500	88	8	52

续表 389　　广东省　　单位：公顷、个、人

名　　称	行政区域面积	居民委员会(社区)个数	村民委员会个数	户籍人口	工业企业个数	#规模以上	营业面积50平方米以上的商店或超市个数
丰顺县汤南镇	4501	1	8	51900	51	3	8
丰顺县埔寨镇	9794	1	9	44764	41	5	26
丰顺县建桥镇	9379		10	29528	18		25
丰顺县龙岗镇	11299		11	21154	25	1	5
丰顺县潘田镇	14823	1	13	40008	21		104
丰顺县黄金镇	15589	1	24	37779	17		26
丰顺县小胜镇	7532		11	16204	8		5
丰顺县砂田镇	14070	1	16	19493	18		25
丰顺县八乡山镇	18851		15	22785	26	1	16
丰顺县丰良镇	24924	1	22	63907	27		50
丰顺县潭江镇	22179	1	18	29652	82	1	40
丰顺县汤坑镇	22072	11	32	145264	610	33	118
丰顺县留隍镇	42268	1	36	101282	110	3	68
丰顺县大龙华镇	22673		16	20703	26		33
五华县转水镇	17567	1	21	72562	22	3	48
五华县潭下镇	23006	1	21	62851	22	1	86
五华县郭田镇	13660	1	12	46227	17	1	7
五华县双华镇	14445	1	16	43545	19	1	22
五华县梅林镇	13585	1	18	62314	19		112
五华县华阳镇	14890	1	13	66129	13		16
五华县华城镇	22416	3	34	124109	45	2	101
五华县周江镇	20129	2	22	61217	7		72
五华县水寨镇	8342	6	24	169871	194	31	142
五华县河东镇	23894	3	43	154432	65	3	325
五华县岐岭镇	15486	2	25	76817	19	2	21
五华县长布镇	30401	2	25	76305	41		12
五华县横陂镇	24069	3	35	117571	29	3	77
五华县安流镇	24706	4	42	160474	40	4	60
五华县棉洋镇	24291	2	26	115235	9		217
五华县龙村镇	32895	3	37	109570	43	1	183
平远县石正镇	10100	1	17	33289	160	14	13
平远县八尺镇	10850	1	11	14538	21	2	4
平远县差干镇	9472		7	8349	28	2	13
平远县河头镇	8442		9	10638	11		6
平远县中行镇	7260		6	8771	27	1	19
平远县上举镇	9892		6	7337	14		8
平远县泗水镇	13162		8	10554	38		11
平远县长田镇	6823		7	9338	20	4	16
平远县热柘镇	10484		8	12841	19	1	14
平远县东石镇	16313	1	17	33891	61	3	41
平远县仁居镇	18840	1	15	23106	23	1	6
平远县大柘镇	15440	3	25	84401	105	27	148
蕉岭县三圳镇	9600	1	9	17201	3		1
蕉岭县文福镇	12270	1	8	21312	43	7	3
蕉岭县广福镇	10713	1	10	14979	6	2	9

续表 390　　广东省　　单位：公顷、个、人

名　　称	行政区域面　　积	居民委员会(社区)个数	村民委员会个　　数	户籍人口	工业企业个　　数	#规模以上	营业面积50平方米以上的商店或超市个数
蕉岭县新铺镇	18499	1	21	42356	45	6	52
蕉岭县蓝坊镇	12880	1	11	18407	3		1
蕉岭县南礤镇	17390		16	21963			7
蕉岭县蕉城镇	5733	4	11	64828	38	12	32
蕉岭县长潭镇	9159	1	11	20926			29
兴宁市永和镇	10906	1	24	44867	18	2	27
兴宁市新圩镇	10192	1	19	44366	30	4	4
兴宁市罗浮镇	27444	1	25	57359	11		3
兴宁市罗岗镇	14856	1	30	74604	10		139
兴宁市黄槐镇	9295	1	12	34556	10		20
兴宁市龙田镇	4590	1	16	42869	27	3	6
兴宁市石马镇	10576	1	26	37288	5		20
兴宁市宁中镇	4364	1	23	35109	27	4	25
兴宁市径南镇	14106	1	24	33603	11	1	34
兴宁市坭陂镇	8788	1	31	80364	29	3	12
兴宁市水口镇	22340	1	38	82050	43	21	13
兴宁市黄陂镇	12659	1	28	74040	14	1	36
兴宁市合水镇	10062	2	21	37205	24	4	20
兴宁市大坪镇	16686	1	37	75462	11	1	33
兴宁市叶塘镇	13737	1	41	82313	95	21	9
兴宁市新陂镇	4312	1	13	38888	34	4	20
兴宁市刁坊镇	5686	1	22	39965	13		3
城区红草镇	6827	1	14	42648	98	12	5
城区东涌镇	8859	3	15	71363	22	6	25
城区捷胜镇	4798	4	14	55368	19	3	20
海丰县梅陇镇	14761	8	31	108533	492	14	46
海丰县小漠镇	3645	1	6	14455	7	1	11
海丰县鹅埠镇	9020	1	10	19352	115	39	38
海丰县赤石镇	30681	2	11	27453	30		9
海丰县鲘门镇	3450	1	7	19703	8	1	10
海丰县联安镇	5213	1	16	38858	7	1	25
海丰县陶河镇	6414	1	17	36616	5	1	14
海丰县赤坑镇	10510	1	20	72856	19	4	10
海丰县大湖镇	3185	1	5	13961			4
海丰县可塘镇	7673	1	21	65750	230	10	64
海丰县黄羌镇	15156	1	22	41662	11		24
海丰县平东镇	13375	1	9	30849	12		40
海丰县海城镇	23129	15	9	150899	95	1	561
海丰县公平镇	15414	7	23	71771	47	12	118
海丰县附城镇	6959	6	14	67853	81	10	432
海丰县城东镇	7523	2	16	69881	142	60	75
陆河县河田镇	8354	5	16	82227	130	5	86
陆河县水唇镇	15100	1	15	47193	32	1	58
陆河县河口镇	16196	1	18	63079	14	13	69
陆河县新田镇	14462	1	13	40138	24	5	9

续表 391　　广东省　　单位：公顷、个、人

名　　称	行政区域面积	居民委员会(社区)个数	村民委员会个数	户籍人口	工业企业个数	#规模以上	营业面积50平方米以上的商店或超市个数
陆河县上护镇	11114	1	13	40455	18	3	28
陆河县螺溪镇	14455	1	15	38694	20	1	14
陆河县东坑镇	7800	1	13	27649			18
陆河县南万镇	11110		14	16145	16		1
陆丰市甲子镇	1573	14	1	125965	55	4	13
陆丰市碣石镇	11102	5	37	248503	67	20	41
陆丰市湖东镇	5882	4	18	111868	7	1	90
陆丰市大安镇	9421	1	16	61477	9		84
陆丰市博美镇	5846	1	11	85601	19		30
陆丰市内湖镇	3551		9	44025	1		24
陆丰市南塘镇	16764	5	24	154652	12	2	31
陆丰市陂洋镇	17643	1	13	56507	1		35
陆丰市八万镇	13041	1	11	38311			37
陆丰市金厢镇	5862	1	12	61617	1		118
陆丰市潭西镇	7374	1	14	82682	13	1	26
陆丰市甲东镇	5565	1	15	104945	9	1	59
陆丰市河东镇	5928		10	45720	3	2	168
陆丰市上英镇	4854		14	37015			60
陆丰市桥冲镇	6597		10	67872	4	1	20
陆丰市甲西镇	9574		22	158548	3	1	72
陆丰市西南镇	8065	1	11	41923	10		60
源城区源南镇	9786	2	5	24591	102	9	1512
源城区埔前镇	13067	2	16	50589	60	19	243
紫金县紫城镇	38480	12	31	162891	63	29	177
紫金县龙窝镇	42872	1	33	84654	14	2	116
紫金县九和镇	25497	1	13	31412	13		28
紫金县上义镇	17894	1	7	24906	22	1	30
紫金县蓝塘镇	30190	1	26	77532	22	8	224
紫金县凤安镇	13000	1	11	27508	2	1	24
紫金县义容镇	35620	1	24	59609	28	7	26
紫金县古竹镇	27810	1	18	55534	22	9	108
紫金县临江镇	13500	2	10	39267	238	33	44
紫金县柏埔镇	13498	1	14	35777	6	4	19
紫金县黄塘镇	22628	1	12	42763	14		62
紫金县敬梓镇	10910	1	13	35846			15
紫金县水墩镇	11483	1	10	26523	2		31
紫金县南岭镇	10098	1	6	19516			13
紫金县苏区镇	12500	1	8	23348	3	2	60
紫金县瓦溪镇	23000	1	16	34381	19		5
紫金县好义镇	9288	1	8	16318	6	5	36
紫金县中坝镇	17633	1	13	48910	5	1	6
龙川县老隆镇	10757	15	14	139479	90	5	130
龙川县义都镇	10640	1	9	30896			7
龙川县佗城镇	14952	1	17	44231	30	12	37
龙川县鹤市镇	5200	1	9	28817	10		2

续表 392　　广东省　　单位：公顷、个、人

名　　称	行政区域面　　积	居民委员会(社区)个数	村民委员会个　　数	户籍人口	工业企业个　　数	#规模以上	营业面积50平方米以上的商店或超市个数
龙川县黄布镇	5614	1	6	28958	3		6
龙川县紫市镇	10974	1	9	32225	6		6
龙川县通衢镇	10857	2	17	37441	26		38
龙川县登云镇	6893	1	7	23761	39	1	8
龙川县丰稔镇	13512	1	15	41645	13	1	30
龙川县四都镇	8057	1	8	20725	1		33
龙川县铁场镇	19758	3	30	80491	4		89
龙川县龙母镇	14911	1	17	54470			7
龙川县田心镇	8860	1	16	44965			27
龙川县黎咀镇	13701	1	18	33026	17	1	18
龙川县黄石镇	10954	1	10	18013	3	1	6
龙川县赤光镇	14239	1	16	47210	13	2	22
龙川县廻龙镇	8350	1	14	35008	6		8
龙川县新田镇	6730	1	6	17977			32
龙川县车田镇	31200	2	23	64819			12
龙川县岩镇	12164	1	6	21210	5	1	15
龙川县麻布岗镇	18156	1	15	44862	16		20
龙川县贝岭镇	10499	1	8	19069			4
龙川县细坳镇	14405	1	12	23026	14		9
龙川县上坪镇	20818	1	13	33665	1		3
连平县元善镇	28500	5	15	73688	37	5	45
连平县上坪镇	30095	1	15	34243	16	1	3
连平县内莞镇	23100		11	19356	6		22
连平县陂头镇	36432	1	16	34564	21	2	4
连平县溪山镇	11099		9	18588	2	1	29
连平县隆街镇	24064	1	20	44773	6	3	14
连平县田源镇	12978		7	13758	4		7
连平县油溪镇	28356	1	18	37472	57	3	24
连平县忠信镇	8768	5	12	53078	219	5	43
连平县高莞镇	6767		10	24704	7		3
连平县大湖镇	6424	1	8	22094	9	1	14
连平县三角镇	4707		9	17614	42	21	50
连平县绣缎镇	6206	1	9	15548	1		4
和平县阳明镇	18838	12	22	105854	796		32
和平县大坝镇	17818	1	15	42190	65		7
和平县长塘镇	16918	1	12	24235			17
和平县下车镇	13449	1	11	23252	2		4
和平县上陵镇	14336	1	17	30521			20
和平县优胜镇	11731	1	8	17599			11
和平县贝墩镇	13249	1	15	31555	3		4
和平县古寨镇	6428	1	7	14873	2	1	1
和平县彭寨镇	20889	5	27	71536	26	2	12
和平县合水镇	12416	1	12	29786			4
和平县公白镇	6377	1	7	13565			32
和平县青州镇	11951	1	10	18562			11

续表 393　　广东省　　单位：公顷、个、人

名　　称	行政区域面　　积	居民委员会(社区)个数	村民委员会个　　数	户籍人口	工业企业个　　数	#规模以上	营业面积50平方米以上的商店或超市个数
和平县浰源镇	13211	1	8	22594	7	5	14
和平县热水镇	17254	1	7	18417			9
和平县东水镇	15388	1	19	41555	14		8
和平县礼士镇	7414	1	8	21481	55		2
和平县林寨镇	9308	1	11	30492			7
东源县仙塘镇	16410	5	13	32037	42	26	62
东源县灯塔镇	19835	1	13	40624	48	11	48
东源县骆湖镇	9849	1	9	22372	17	9	30
东源县船塘镇	19229	3	21	69080	50	2	33
东源县顺天镇	11428	1	11	24500	13	2	9
东源县上莞镇	9749	1	13	36561	22	1	21
东源县曾田镇	13958	1	9	19687			9
东源县柳城镇	9855	1	9	21584	56	7	10
东源县义合镇	17913	1	9	20842	5	1	12
东源县蓝口镇	19697	2	22	44191	39	10	17
东源县黄田镇	24525	2	17	24638	18	1	14
东源县叶潭镇	16483	1	13	34272	1		6
东源县黄村镇	23485	1	16	54544			25
东源县康禾镇	23093	1	11	25155	9		7
东源县锡场镇	40236	1	11	11191	10		4
东源县新港镇	24497	3	9	18403			6
东源县双江镇	12129	1	11	15985			8
东源县涧头镇	17411	1	12	18163	3		36
东源县新回龙镇	38987		10	9696			2
东源县半江镇	25322		9	9919	1		9
东源县漳溪乡	6825	1	10	20633	5	4	14
江城区埠场镇	6354	1	9	42782	112	1	15
江城区平冈镇	21300	2	22	103912	303	60	51
江城区闸坡镇	13259	5	19	99993	40	6	23
江城区双捷镇	9610	2	10	33749	16	3	17
阳东区东城镇	4054	8	8	54015	1025	75	109
阳东区北惯镇	11373	2	13	47977	846	82	60
阳东区那龙镇	15515	2	15	31405	23	6	21
阳东区东平镇	12936	1	10	44407	17	2	102
阳东区雅韶镇	6873	1	7	29183	45	5	14
阳东区大沟镇	10560	1	15	47654	15	4	14
阳东区新洲镇	26937	2	16	58760	38	1	38
阳东区合山镇	9027	1	13	43931	61	6	60
阳东区塘坪镇	20328	2	16	48931	16	2	60
阳东区大八镇	30377	1	21	65810	15		20
阳东区红丰镇	9464	1	14	48961	75	4	45
阳西县织篢镇	33776	10	27	145936	459	35	94
阳西县程村镇	19735	1	21	70009	59	4	27
阳西县塘口镇	19392	1	15	44920	19		39
阳西县上洋镇	17160	1	18	73662	12		38

续表 394　　广东省　　单位：公顷、个、人

名　　称	行政区域面　　积	居民委员会(社区)个数	村民委员会个　　数	户籍人口	工业企业个　　数	#规模以上	营业面积50平方米以上的商店或超市个数
阳西县溪头镇	20573	1	21	95657	32	4	30
阳西县沙扒镇	2937	5	4	32935	13		15
阳西县儒洞镇	12948	2	12	56847	71	1	24
阳西县新圩镇	18100	1	13	39279	62	4	66
阳春市河朗镇	19800	1	14	49285	20	2	51
阳春市松柏镇	17412	1	17	54213	22		74
阳春市石望镇	10947	1	10	41606	5	1	21
阳春市春湾镇	34241	3	25	105112	52	3	56
阳春市合水镇	23804	3	18	70666	17	2	25
阳春市陂面镇	12300	2	17	64483	31	2	44
阳春市圭岗镇	38598	1	22	59287	35	1	14
阳春市永宁镇	36474	1	24	60863	67		61
阳春市马水镇	13985	1	15	50038	42	7	29
阳春市岗美镇	19426	1	19	65173	14	2	38
阳春市河口镇	21697	1	14	33332	35	2	35
阳春市潭水镇	22985	2	22	83699	35	1	31
阳春市三甲镇	30911	3	24	77209	6	2	18
阳春市双窖镇	27298	1	23	80199	37		77
阳春市八甲镇	41931	1	20	86306	59	2	55
清城区源潭镇	22734	5	16	98375	113	39	100
清城区龙塘镇	21900	10	6	78320	409	112	57
清城区石角镇	17819	7	15	97321	74	73	100
清城区飞来峡镇	37149	7	18	85987	12	8	146
清新区太和镇	18265	7	18	90253	322	47	736
清新区太平镇	21329	1	22	71272	252	64	58
清新区山塘镇	8709	1	14	62055	116	16	40
清新区三坑镇	11215	1	14	52000	37	6	62
清新区龙颈镇	55331	5	36	122540	132	8	28
清新区禾云镇	43129	4	32	120267	112	18	46
清新区浸潭镇	47196	2	30	116300	56	2	3
清新区石潭镇	30218	2	20	96110	42	4	52
佛冈县石角镇	40005	7	17	130430	147	42	193
佛冈县水头镇	14622	1	10	32171	15	3	12
佛冈县汤塘镇	22938	2	19	78998	42	30	95
佛冈县龙山镇	16048	1	14	52099	48	26	93
佛冈县高岗镇	17402	1	8	33310			8
佛冈县迳头镇	18504	1	10	34916	24	14	90
阳山县青莲镇	21357		12	40810	15	1	7
阳山县江英镇	31376		15	46882	14	1	31
阳山县杜步镇	16171		8	34846	5	2	48
阳山县七拱镇	31582	1	17	72766	55	5	156
阳山县太平镇	27277		12	44725	18	1	4
阳山县杨梅镇	16481		6	6881	12	1	5
阳山县大崀镇	9680		8	17501	21	1	2
阳山县小江镇	23203	1	13	41815	33	5	17

续表 395　　广东省　　单位：公顷、个、人

名　　称	行政区域面　　积	居民委员会(社区)个数	村民委员会个　　数	户籍人口	工业企业个　　数	#规模以上	营业面积50平方米以上的商店或超市个数
阳山县岭背镇	23005		12	44321	11	1	7
阳山县黄坌镇	16387		7	16190	7		4
阳山县黎埠镇	28272	1	18	70115	21	2	8
阳山县阳城镇	31213	5	21	123569	154	7	133
阳山县秤架瑶族乡	56948		10	18832	47	1	6
连山壮族瑶族自治县永和镇	19904	1	9	24309	31	1	14
连山壮族瑶族自治县吉田镇	17340	2	8	30148	56	4	29
连山壮族瑶族自治县太保镇	14765	1	7	14568	29		4
连山壮族瑶族自治县禾洞镇	12767		4	8804	20		6
连山壮族瑶族自治县福堂镇	18937		8	21557	13		8
连山壮族瑶族自治县小三江镇	28074		9	20333	49	1	6
连山壮族瑶族自治县上帅镇	10200		4	5399	15		5
连南瑶族自治县三江镇	21887	1	10	42665	132	5	16
连南瑶族自治县大麦山镇	14354		9	20901	37		
连南瑶族自治县寨岗镇	33061	1	23	50872	150	7	8
连南瑶族自治县三排镇	14964		10	28539	11		
连南瑶族自治县涡水镇	13203		6	8448	33		
连南瑶族自治县大坪镇	9895		5	13880	12		
连南瑶族自治县香坪镇	16771		6	12216	17		
英德市沙口镇	32227	1	13	49437	8	7	77
英德市望埠镇	20730	3	13	56731	14	13	196
英德市横石水镇	11847	1	6	36293			22
英德市桥头镇	14555	1	10	40463	9	6	106
英德市青塘镇	12151	1	7	38377	7	1	5
英德市白沙镇	16280	1	10	41098	32	7	17
英德市大站镇	24597	1	11	44931	6	5	14
英德市西牛镇	24523	1	12	57696	21	1	14
英德市九龙镇	23561	1	16	65706	12	3	5
英德市浛洸镇	23594	3	14	73442	26	2	42
英德市大湾镇	38207	3	15	87373	3	1	11
英德市石灰铺镇	22695	1	14	44828	10	1	24
英德市石牯塘镇	33255	1	12	40704	8	1	3
英德市下石太镇	17410	1	5	13063	3	2	6
英德市波罗镇	17296		9	15798			1
英德市横石塘镇	20183	2	9	31060	4	2	3
英德市大洞镇	18478	1	7	20282			7
英德市连江口镇	38045	2	9	38863	8	2	16
英德市黎溪镇	28500	1	11	39050	8	3	30
英德市水边镇	10514	1	6	19885			5
英德市英红镇	21875	6	6	36890	201	44	25
英德市东华镇	55870	4	24	115889	231	67	45
英德市黄花镇	20547	1	11	57302			10
连州市连州镇	17564	10	19	139836	10	4	37
连州市星子镇	47161	1	20	69778	11	2	48
连州市大路边镇	22335		20	60443	17	1	136

续表 396　　广东省　　单位：公顷、个、人

名　称	行政区域面积	居民委员会(社区)个数	村民委员会个数	户籍人口	工业企业个数	#规模以上	营业面积50平方米以上的商店或超市个数
连州市龙坪镇	30327		16	40701	36	8	111
连州市西岸镇	21715		14	51656			7
连州市保安镇	18111		16	42339	19	7	56
连州市丰阳镇	17043		11	30810			131
连州市东陂镇	10855		9	32245	8		14
连州市九陂镇	16268		13	32328	33	21	10
连州市西江镇	18533		11	18385	48	15	7
连州市瑶安瑶族乡	22040		10	13397			2
连州市三水瑶族乡	13722		4	4381			
东莞市石碣镇	3621	1	14	72262	4082	378	460
东莞市石龙镇	1383	3	7	89311	662	65	3223
东莞市茶山镇	4540	2	16	61569	5369	397	1167
东莞市石排镇	4872	1	18	55565	5775	405	306
东莞市企石镇	5822	1	19	53809	3934	304	277
东莞市横沥镇	4467	2	16	60363	5816	528	6341
东莞市桥头镇	5600	6	11	51500	5024	463	430
东莞市谢岗镇	9104	1	11	27073	2544	227	808
东莞市东坑镇	2383	2	14	43268	3925	285	588
东莞市常平镇	10327	2	31	129918	9497	625	3935
东莞市寮步镇	7254	10	20	136135	9034	643	7770
东莞市樟木头镇	11870	10		57880	4762	196	326
东莞市大朗镇	9754	12	16	110623	11580	700	17909
东莞市黄江镇	9286	7		50754	6111	425	1872
东莞市清溪镇	14000	1	20	61954	8848	778	719
东莞市塘厦镇	12800	20		103530	15433	890	1060
东莞市凤岗镇	8243	1	11	54594	10274	479	6756
东莞市大岭山镇	9553	2	21	75076	8420	490	1120
东莞市长安镇	8153	15		97877	19905	971	364
东莞市虎门镇	17850	30		187236	15333	755	6930
东莞市厚街镇	12570	24		147839	9419	581	955
东莞市沙田镇	10759	2	16	62581	3018	282	334
东莞市道滘镇	5427	1	13	70496	2196	253	1104
东莞市洪梅镇	3320	1	9	28245	363	85	151
东莞市麻涌镇	9111	2	13	93378	1727	163	70
东莞市望牛墩镇	3157	1	21	55509	1039	197	229
东莞市中堂镇	5989	5	15	91067	2945	250	3345
东莞市高埗镇	3460	1	18	49404	2554	264	2463
中山市黄圃镇	8838	4	12	99962	3033	327	225
中山市东凤镇	5624	5	9	101752	5731	304	332
中山市古镇镇	5220	1	12	90761	875	226	2952
中山市沙溪镇	5239	2	15	93034	2158	103	212
中山市坦洲镇	12958	7	7	104301	3817	274	149
中山市港口镇	7127	8	2	83696	1527	140	255
中山市三角镇	7010	1	7	66741	1539	272	79
中山市横栏镇	7573	1	10	79851	8729	311	568

续表 397　　　　广东省　　　　单位：公顷、个、人

名　　称	行政区域面积	居民委员会(社区)个数	村民委员会个数	户籍人口	工业企业个数	#规模以上	营业面积50平方米以上的商店或超市个数
中山市南头镇	2574	6		57566	3515	291	246
中山市阜沙镇	3540	1	8	42857	1099	133	120
中山市三乡镇	9362	5	12	81472	3831	272	150
中山市板芙镇	7968	1	10	45871	1003	125	111
中山市大涌镇	4066	9	2	32137	1332	62	154
中山市神湾镇	6093	1	5	21847	604	77	25
中山市小榄镇	14730	23	6	313747	16759	926	852
湘桥区意溪镇	7200	3	24	50546	112	10	40
湘桥区磷溪镇	7640	1	31	89862	273	16	13
湘桥区铁铺镇	6579	1	23	40580	84	22	24
湘桥区官塘镇	3109	1	15	34350	130	11	4
潮安区古巷镇	6112	1	18	71977	762	95	74
潮安区登塘镇	15732	2	27	43556	241	27	33
潮安区凤塘镇	3858	1	30	91278	865	90	59
潮安区浮洋镇	3884	4	35	108731	487	67	55
潮安区龙湖镇	2082	1	15	62955	415	14	42
潮安区金石镇	2246	1	21	75858	372	15	37
潮安区沙溪镇	3487	1	17	64198	161	12	48
潮安区彩塘镇	4387	1	32	120349	1521	90	239
潮安区东凤镇	3423	1	34	97102	1366	39	57
潮安区庵埠镇	3041	6	31	137041	2012	142	59
潮安区江东镇	3804	1	29	80541	137	16	63
潮安区归湖镇	12817	2	32	31136	84	2	7
潮安区文祠镇	7146	1	22	18562	25	6	2
潮安区凤凰镇	22706	2	27	45031	6	2	7
潮安区赤凤镇	8857	1	17	13767			
潮安区枫溪镇	2447	6	26	118135	823	108	163
饶平县黄冈镇	10172	12	24	193891	209	27	48
饶平县上饶镇	9937	2	22	65140	26		41
饶平县饶洋镇	8741	1	25	71345	22	3	20
饶平县新丰镇	11741	3	14	69725	103	8	21
饶平县建饶镇	7238		15	17527	22		20
饶平县三饶镇	9217	1	18	58728	71	33	19
饶平县新塘镇	7995		14	22979	13		
饶平县汤溪镇	8083		13	11856	14		15
饶平县浮滨镇	15936		32	26672	182	2	18
饶平县浮山镇	6971	1	18	33360	11	4	13
饶平县东山镇	7457		10	23459	1		26
饶平县新圩镇	9327		30	37308	24	1	15
饶平县樟溪镇	10821		21	20021	14	8	13
饶平县钱东镇	12266	3	25	96998	134	32	40
饶平县高堂镇	2542		12	25709	20	1	17
饶平县联饶镇	8204		24	39421	31	10	7
饶平县所城镇	5281	1	11	44198	11	2	17
饶平县大埕镇	3175		7	34621	11		5

续表 398　　广东省　　单位：公顷、个、人

名　　称	行政区域面积	居民委员会(社区)个数	村民委员会个数	户籍人口	工业企业个数	#规模以上	营业面积50平方米以上的商店或超市个数
饶平县柘林镇	1422	3	4	16175	31	7	7
饶平县汫洲镇	3833	8	5	60988	48	8	8
饶平县海山镇	6918	5	12	78546	26	1	13
榕城区炮台镇	5249	1	11	132473	310	22	80
榕城区地都镇	8529	1	23	111311	285	29	61
榕城区登岗镇	3505	1	13	81504	22	2	28
揭东区云路镇	6804	1	20	91675	151	35	29
揭东区玉窖镇	4461	1	10	57886	85	36	62
揭东区锡场镇	5079	1	12	126101	159	47	88
揭东区新亨镇	9276	1	13	120341	175	26	95
揭东区玉湖镇	13523	1	20	115703	108	7	30
揭东区埔田镇	7308	1	19	69649	101	31	29
揭东区霖磐镇	2878	1	11	84151	60	10	55
揭东区月城镇	1737	1	14	59331	105	24	41
揭东区白塔镇	6093	1	18	105827	63	18	52
揭东区龙尾镇	5228	1	9	38521	16	3	20
揭东区桂岭镇	3189	1	16	72530	9	8	18
揭西县龙潭镇	7796	1	15	38722	13	2	25
揭西县南山镇	13454	1	18	37516	26	4	12
揭西县五经富镇	16861	2	26	56809	40	2	30
揭西县京溪园镇	7346	1	13	50623	44	8	30
揭西县灰寨镇	5358	1	16	43462	22	4	28
揭西县塔头镇	2935	1	14	54278	27	2	3
揭西县东园镇	2606	1	10	40298	5	3	16
揭西县凤江镇	3466	1	15	87818	200	15	15
揭西县棉湖镇	3040	13	14	104845	252	41	40
揭西县金和镇	4847	1	13	78554	108	10	29
揭西县大溪镇	3535	1	16	28048			8
揭西县钱坑镇	4668	1	13	46080	25	2	2
揭西县坪上镇	9305	1	19	43293	25		3
揭西县五云镇	14598	1	20	56287	13	1	4
揭西县上砂镇	12589	1	22	57723	12		18
揭西县良田乡	13022	1	10	21913	21		6
惠来县惠城镇	17800	14	19	181773	228	8	151
惠来县华湖镇	6170	1	17	80720	30	9	41
惠来县仙庵镇	8351	1	20	105247	74	5	79
惠来县靖海镇	4935	2	21	76541	40	9	29
惠来县周田镇	7433	1	17	90390	30	2	26
惠来县前詹镇	6114	1	20	66313	7	7	19
惠来县神泉镇	5926	2	19	109011	76	14	25
惠来县东陇镇	5395	1	12	115309	5	4	30
惠来县岐石镇	5265	1	10	101721	15	5	27
惠来县隆江镇	12568	3	35	186873	15	8	42
惠来县溪西镇	6272	1	20	94574	20		35
惠来县鳌江镇	6306	1	16	69724	13	2	59

续表 399　　广东省　　单位：公顷、个、人

名　　称	行政区域面　积	居民委员会(社区)个数	村民委员会个　数	户籍人口	工业企业个　数	#规模以上	营业面积50平方米以上的商店或超市个数
惠来县东港镇	5092	1	15	42230	71		8
惠来县葵潭镇	14430	3	23	125751	6	5	74
惠来县侨园镇	4579	4	14	21581	7	2	6
普宁市赤岗镇	2365	1	15	62845	94	14	23
普宁市大坝镇	6017	1	26	117856	85	17	26
普宁市洪阳镇	6513	2	32	175004	43	6	61
普宁市南溪镇	4874	1	40	128851	22	5	67
普宁市广太镇	3587	1	21	67046	16	2	37
普宁市麒麟镇	5598	1	19	136351	13	4	71
普宁市南径镇	5337	1	20	156089	24	5	29
普宁市占陇镇	5024	2	37	199518	210	41	112
普宁市军埠镇	2528	1	15	132660	90	13	30
普宁市下架山镇	8292	1	32	113526	66	9	29
普宁市高埔镇	10480	1	16	75175	68	4	46
普宁市云落镇	10450	2	18	78773	34	8	67
普宁市大坪镇	7680	1	12	34101	20	2	5
普宁市船埔镇	12801	1	28	58276	29		16
普宁市梅林镇	14607	1	36	77443	23	2	16
普宁市里湖镇	9620	2	23	117214	91	9	25
普宁市梅塘镇	7586	1	23	147868	59	10	63
普宁市普侨镇	1538	1	5	11941	35	10	16
普宁市后溪乡	6692	1	6	14364	12	1	15
云城区腰古镇	10781	1	12	33798	182	8	15
云城区思劳镇	9666	1	14	22690	190	15	24
云城区前锋镇	12899	1	11	27341	25		15
云城区南盛镇	13934	1	15	38803			44
云安区六都镇	16461	1	13	54012	288	38	52
云安区高村镇	18460	1	14	37137	4	2	25
云安区白石镇	7231	1	9	33765	12	1	22
云安区镇安镇	11000	1	13	48882	56	1	89
云安区富林镇	17233	1	15	61270	18		43
云安区石城镇	18188	2	21	56204	398	1	25
云安区都杨镇	25296	2	20	56518	66	27	91
新兴县新城镇	11776	21	15	112159	260	72	61
新兴县车岗镇	8848	1	18	30169	26	4	15
新兴县水台镇	7680	1	9	16042	14	9	8
新兴县稔村镇	11245	1	15	38910	14	8	16
新兴县东成镇	12000	1	15	30426	270	4	8
新兴县太平镇	15282	2	17	62722	72	2	69
新兴县里洞镇	9045	1	7	20097	13		8
新兴县大江镇	10592	1	4	11106			13
新兴县天堂镇	13390	5	17	64295	40	2	42
新兴县河头镇	16937	1	7	24172	14	1	15
新兴县簕竹镇	10180	1	8	15622	11	3	12
新兴县六祖镇	18696	2	29	66832	18	4	40

续表 400　　广东省、广西壮族自治区　　单位：公顷、个、人

名　　称	行政区域面　　积	居民委员会(社区)个数	村民委员会个　　数	户籍人口	工业企业个　　数	#规模以上	营业面积50平方米以上的商店或超市个数
郁南县都城镇	9260	5	11	78962	188	23	56
郁南县平台镇	13280	1	13	28431	8	3	20
郁南县桂圩镇	16690	2	20	38410	13		8
郁南县通门镇	15800	1	11	18880	2	1	14
郁南县建城镇	22892	2	20	41439	24	4	40
郁南县宝珠镇	9690	1	5	14495	6	1	11
郁南县大方镇	6545	1	6	13593	5	1	7
郁南县千官镇	18348	2	19	49158	8	3	31
郁南县大湾镇	4590	1	7	22438	25	12	4
郁南县河口镇	7645	1	11	36499	2	1	5
郁南县宋桂镇	8180	1	7	27103	18	2	5
郁南县东坝镇	10697	1	11	43016	4	2	20
郁南县连滩镇	9510	2	10	59704	15		33
郁南县历洞镇	13300	1	12	20697	12		14
郁南县南江口镇	24900	1	14	39041	37	7	8
罗定市罗镜镇	16140	1	24	105122	167	2	41
罗定市太平镇	9382	1	16	72470	32	2	35
罗定市分界镇	9750	1	9	32562	15		5
罗定市罗平镇	13580	1	23	93590	70	1	25
罗定市船步镇	12812	1	18	88968	26		375
罗定市朗塘镇	8410	1	12	50381	17	2	14
罗定市苹塘镇	8840	1	11	44913	20	5	9
罗定市金鸡镇	8610	1	10	37696	50	3	55
罗定市围底镇	6610	1	15	47717	56	4	18
罗定市华石镇	6250	1	10	37597	16	5	2
罗定市替滨镇	15410	1	13	52630	61	6	30
罗定市黎少镇	13420	1	18	60291	9	2	24
罗定市生江镇	6200	1	11	41837	19	1	6
罗定市连州镇	12584	1	16	61125	3		21
罗定市泗纶镇	23380	1	27	81212	35	1	64
罗定市加益镇	8689	1	9	28938	5	1	2
罗定市龙湾镇	12620	1	11	35201	2	1	7
广西壮族自治区							
兴宁区三塘镇	22400	11	13	115505	60	15	57
兴宁区五塘镇	28000	1	13	70929	69	13	26
兴宁区昆仑镇	13301	1	8	28964	11		4
青秀区刘圩镇	16008	1	14	58970	2		42
青秀区南阳镇	9410	1	7	33899	1		4
青秀区伶俐镇	26400	1	8	37415	41	8	46
青秀区长塘镇	16698	1	7	29974			10
江南区吴圩镇	39400	3	10	83963	235	53	52
江南区苏圩镇	22300	1	15	69921	15	1	166
江南区延安镇	13198	1	5	29121	2		28
江南区江西镇	21400	1	10	50431	11	2	114
西乡塘区金陵镇	22100	2	14	72868	74	13	30

续表 401　　广西壮族自治区　　单位：公顷、个、人

名　　称	行政区域面　积	居民委员会(社区)个数	村民委员会个　数	户籍人口	工业企业个　数	#规模以上	营业面积50平方米以上的商店或超市个数
西乡塘区双定镇	18800		6	32755	22	12	19
西乡塘区坛洛镇	43255	1	20	91983	31	4	59
良庆区良庆镇	8710	6	6	131099	40	5	70
良庆区那马镇	16766	1	7	34030	5	3	9
良庆区那陈镇	33126	1	15	36537			27
良庆区大塘镇	49800	2	13	52661	8	5	23
良庆区南晓镇	29400	1	13	47418	4		41
邕宁区蒲庙镇	26072	11	17	184217	233	43	90
邕宁区那楼镇	35274	2	20	97445	10		188
邕宁区新江镇	16535	1	8	34802	8		17
邕宁区百济镇	30810	1	13	50916	5		46
邕宁区中和镇	16818	1	7	35471	2		5
武鸣区城厢镇	24748	8	21	121016	389	43	82
武鸣区太平镇	36745	1	12	40671	24	2	15
武鸣区双桥镇	21331	1	15	62659	344	4	62
武鸣区宁武镇	25398	1	13	41882	53	7	51
武鸣区锣圩镇	40151	1	25	66893	15	3	44
武鸣区仙湖镇	20898	1	10	41813	14	1	22
武鸣区府城镇	30885	3	23	65622	13	3	113
武鸣区陆斡镇	25431	1	23	62809	27	1	88
武鸣区两江镇	20014	1	14	42062	11		38
武鸣区罗波镇	16785	1	13	37424	12		38
武鸣区灵马镇	19495	1	13	56300	2	1	50
武鸣区甘圩镇	10268	1	4	26897	37	4	7
武鸣区马头镇	16515	1	12	24353	1		32
隆安县城厢镇	39172	4	14	80171	20	3	12
隆安县南圩镇	32067	2	18	65972	21	4	9
隆安县雁江镇	12157	1	9	28099	3		5
隆安县那桐镇	19396	1	11	50316	15	5	101
隆安县乔建镇	20632	1	14	43375	3		14
隆安县丁当镇	27323	1	10	36083	17	1	45
隆安县古潭乡	12382	1	6	26712	7		5
隆安县都结乡	22283	1	19	41023	4		21
隆安县布泉乡	17434	1	8	23965			26
隆安县屏山乡	24814	1	9	18170	6		6
马山县白山镇	23465	10	13	89201	125	5	103
马山县百龙滩镇	8800	1	5	22429	5	3	29
马山县林圩镇	32091	1	18	100486	17	1	112
马山县古零镇	29003	1	14	58210	8	2	97
马山县金钗镇	12438	2	7	32573	139	1	70
马山县周鹿镇	34147	1	18	97045	35	1	70
马山县永州镇	19921	1	17	56248	2		70
马山县乔利乡	17134	2	9	45191	31	6	106
马山县加方乡	20469	1	16	29309	6	1	45
马山县古寨瑶族乡	15125	1	8	23388	3		25

续表 402　　广西壮族自治区　　单位：公顷、个、人

名　　称	行政区域面　　积	居民委员会(社区)个数	村民委员会个　　数	户籍人口	工业企业个　　数	#规模以上	营业面积50平方米以上的商店或超市个数
马山县里当瑶族乡	14704	1	9	20852			28
上林县大丰镇	10933	5	9	67520	41	2	315
上林县明亮镇	12006	2	8	32960	2	1	50
上林县巷贤镇	18054	1	12	45061	2	1	33
上林县白圩镇	23470	2	17	84739	32	2	57
上林县三里镇	19465	1	14	55333			85
上林县乔贤镇	12779	1	7	36376	41		25
上林县西燕镇	25335	1	11	45618	13		23
上林县澄泰乡	11896	2	11	42333	20	14	70
上林县木山乡	14811	1	6	20532	1		5
上林县塘红乡	18321	2	10	42731	5		19
上林县镇圩瑶族乡	11300	1	10	25420	15		16
宾阳县宾州镇	23373	17	33	240861	274	32	241
宾阳县黎塘镇	21954	10	14	117524	182	64	167
宾阳县甘棠镇	19151	1	14	53190	33	2	35
宾阳县思陇镇	17366	2	15	60599	31	1	19
宾阳县新桥镇	10798	1	15	83130	134	4	34
宾阳县新圩镇	6589	1	6	30474	21	2	2
宾阳县邹圩镇	14392	1	14	49930	39	2	34
宾阳县大桥镇	11467	1	16	76981	38	4	17
宾阳县武陵镇	15841	1	13	61856	51		85
宾阳县中华镇	7722	1	5	35813	13	2	24
宾阳县古辣镇	11392	2	9	52068	34	4	5
宾阳县露圩镇	12477	1	5	39030	20	3	33
宾阳县王灵镇	16053	2	9	43123	15	3	23
宾阳县和吉镇	11962	1	8	42419	21	5	22
宾阳县洋桥镇	12198	1	8	34497	13	2	40
宾阳县陈平镇	15478	2	8	24968	5		7
横州市横州镇	18191	11	21	187321	406	24	210
横州市百合镇	18417	1	27	107810	31	2	10
横州市那阳镇	13996	1	15	63218	36	3	37
横州市南乡镇	34218	2	18	97166	16	1	40
横州市新福镇	34753	2	16	57947	10	1	12
横州市莲塘镇	15447	1	11	44788	18	3	29
横州市平马镇	13927	1	8	39717	10	2	30
横州市峦城镇	7700	1	15	57117	3	1	11
横州市六景镇	36774	3	27	104244	133	63	62
横州市石塘镇	22193	2	15	77171	22	7	61
横州市陶圩镇	18443	1	18	92642	30	2	160
横州市校椅镇	24038	1	21	108861	42	18	81
横州市云表镇	25505	1	13	85509	280	14	63
横州市马岭镇	9201	1	12	30493	80	30	36
横州市马山镇	13003	1	16	64225	11		114
横州市平朗镇	12560	1	13	28461	5		4
横州市镇龙乡	26623	1	10	20180	3		8

续表 403　　广西壮族自治区　　单位：公顷、个、人

名　　称	行政区域面积	居民委员会(社区)个数	村民委员会个数	户籍人口	工业企业个数	#规模以上	营业面积50平方米以上的商店或超市个数
鱼峰区雒容镇	35300	6	13	89387	450	181	14
鱼峰区白沙镇	14580	1	6	19434	2		1
鱼峰区里雍镇	24355	1	10	35313	28	6	41
柳南区太阳村镇	10338	1	13	33548	715	109	32
柳南区洛满镇	21644	1	12	36669	40	10	13
柳南区流山镇	15590	1	7	20801	8	1	5
柳北区石碑坪镇	8757	2	10	26839	36	6	23
柳北区沙塘镇	8750	3	10	26350	61	52	37
柳北区长塘镇	7190	2	8	22989	153	28	27
柳江区拉堡镇	4578	16	6	115270	413	37	937
柳江区百朋镇	32200	1	15	65557	33	1	21
柳江区成团镇	13300	2	13	60552	75	11	35
柳江区三都镇	12700	1	9	35959	7	2	7
柳江区里高镇	14170	1	8	25487	192	1	12
柳江区进德镇	11932	1	11	61283	54	6	36
柳江区穿山镇	46794	2	14	76917	389	110	168
柳江区土博镇	41667	1	16	44888	8	1	51
柳城县大埔镇	23063	3	18	71256	380	14	62
柳城县龙头镇	11654	1	8	19325	20		22
柳城县太平镇	30151	1	14	46074	46		11
柳城县沙埔镇	15511	2	7	36665	43	17	34
柳城县东泉镇	27140	2	19	68654	8		123
柳城县凤山镇	11903	1	9	21566	40		22
柳城县六塘镇	16605	1	7	31849	56	11	23
柳城县冲脉镇	8870	1	5	17875	3		2
柳城县寨隆镇	8535	1	6	15825	3		5
柳城县马山镇	14861	1	8	25091	66	34	6
柳城县古砦仫佬族乡	24650	1	13	35932	3		13
柳城县社冲乡	12867	1	7	17631	26	1	12
鹿寨县鹿寨镇	44007	6	17	118474	453	129	38
鹿寨县中渡镇	39192	1	14	49290	16		15
鹿寨县寨沙镇	47561	1	22	70572	50	3	20
鹿寨县平山镇	29625	1	10	43651	8		15
鹿寨县黄冕镇	44709		11	33128	11	3	5
鹿寨县四排镇	36133		16	47123	17	1	7
鹿寨县江口乡	11957		6	19338	40	1	4
鹿寨县导江乡	18878		7	17780	6		3
鹿寨县拉沟乡	25420		7	12029	7		2
融安县长安镇	31454	6	24	99019	173	43	50
融安县浮石镇	24939	1	12	31800	52	22	20
融安县泗顶镇	27906	1	9	20842	4	1	12
融安县板榄镇	44147	1	17	24073	34	3	9
融安县大将镇	25363	1	14	25493	4		23
融安县大良镇	22389	1	12	25663	11		20
融安县雅瑶乡	24814		8	15911	2		1

续表 404　　广西壮族自治区　　单位：公顷、个、人

名　　称	行政区域面　　积	居民委员会(社区)个数	村民委员会个　　数	户籍人口	工业企业个　　数	#规模以上	营业面积50平方米以上的商店或超市个数
融安县大坡乡	21077		9	14179			1
融安县东起乡	11841		5	10346	2	2	
融安县沙子乡	15704		6	13806			4
融安县桥板乡	23170		10	19916			6
融安县潭头乡	17007		11	23714	13	1	4
融水苗族自治县融水镇	31245	7	15	92772	81	44	43
融水苗族自治县和睦镇	16222	1	9	24766	4	2	7
融水苗族自治县三防镇	28677	1	10	23279	8		9
融水苗族自治县怀宝镇	31812	1	10	17518			7
融水苗族自治县洞头镇	21142		7	19712			29
融水苗族自治县大浪镇	21347	1	10	23588			10
融水苗族自治县永乐镇	22141		8	29797			20
融水苗族自治县四荣乡	28599		10	20377			1
融水苗族自治县香粉乡	15097		8	13862	11		15
融水苗族自治县安太乡	29366		13	24530			31
融水苗族自治县汪洞乡	30257		9	18006	5		13
融水苗族自治县同练瑶族乡	20718		6	11233	2		2
融水苗族自治县滚贝侗族乡	29196		11	19843			25
融水苗族自治县杆洞乡	31254		12	26871			40
融水苗族自治县安陲乡	29606		13	22031	6	2	2
融水苗族自治县白云乡	25319		13	36589			43
融水苗族自治县红水乡	13580		8	25332	5		7
融水苗族自治县拱洞乡	15126		11	29979	4		44
融水苗族自治县良寨乡	12887		7	22258			3
融水苗族自治县大年乡	10227		8	19806			5
三江侗族自治县古宜镇	20472	5	13	57861	378	10	15
三江侗族自治县斗江镇	26502	1	9	22672	2	1	33
三江侗族自治县丹洲镇	22955	1	8	16563	3	1	9
三江侗族自治县八江镇	16913		14	36112			31
三江侗族自治县林溪镇	14447	1	14	30456	14		14
三江侗族自治县独峒镇	17801		15	51288			55
三江侗族自治县同乐苗族乡	17982		19	46709			73
三江侗族自治县梅林乡	8036		4	13714			1
三江侗族自治县富禄苗族乡	16763	1	14	36364	20		28
三江侗族自治县洋溪乡	11732		9	22222			2
三江侗族自治县良口乡	16912		15	31747	7		13
三江侗族自治县老堡乡	16940	1	10	15497	3		12
三江侗族自治县高基瑶族乡	16877		8	7226	47		34
三江侗族自治县和平乡	10819		5	7561	10		9
三江侗族自治县程村乡	6569		3	7993			22
叠彩区大河乡	3900		15	29486	73		54
象山区二塘乡	6297		6	20013	48	5	11
七星区朝阳乡	4820		6	13500	62		42
雁山区雁山镇	9849	2	15	28322	21	1	11
雁山区柘木镇	8634	1	6	20593	22	7	8

续表 405　　广西壮族自治区　　单位：公顷、个、人

名　称	行政区域面　积	居民委员会(社区)个数	村民委员会个　数	户籍人口	工业企业个　数	#规模以上	营业面积50平方米以上的商店或超市个数
雁山区大埠乡	8770		11	15939	5	1	11
雁山区草坪回族乡	2952	1	3	5576			5
临桂区临桂镇	21343	26	16	148303	543	53	120
临桂区六塘镇	10766	1	15	43673	12	2	4
临桂区会仙镇	17450		16	56836	57	8	44
临桂区两江镇	25946	1	26	80316	28		41
临桂区五通镇	26298	1	22	58759	202	2	105
临桂区四塘镇	15882		15	48010	158	6	34
临桂区南边山镇	15766		13	31463	19		26
临桂区中庸镇	8504		7	20554			12
临桂区茶洞镇	21996		11	22726	21		4
临桂区宛田瑶族乡	34232		15	23162	28		29
临桂区黄沙瑶族乡	26174		5	5601			4
阳朔县阳朔镇	7665	6	5	49307	78		64
阳朔县白沙镇	15420	1	15	49816	300		49
阳朔县福利镇	23266	1	16	50575	10	1	16
阳朔县兴坪镇	30540	2	14	46612	16		20
阳朔县葡萄镇	13140	1	11	36942	53		12
阳朔县高田镇	15660	1	11	37932	53		29
阳朔县金宝乡	20490	1	12	34536	37		6
阳朔县普益乡	7020	1	8	13374	6	1	17
阳朔县杨堤乡	9289	1	7	11869			7
灵川县灵川镇	11800	15	12	108041	110	21	49
灵川县大圩镇	21392	1	17	58305	17	3	39
灵川县定江镇	8530	4	7	28258	236	24	22
灵川县三街镇	18300	1	11	20954	45	13	1
灵川县潭下镇	14643	1	14	37991	30	9	27
灵川县九屋镇	30876	1	15	31286	16		6
灵川县灵田镇	26738	1	10	31027	109	1	7
灵川县潮田乡	22892	1	10	27515	4	3	28
灵川县大境瑶族乡	26520		8	12541			9
灵川县海洋乡	21883	1	13	24415	2		5
灵川县兰田瑶族乡	12489		3	6173	5		4
灵川县公平乡	15942	1	9	14070	6	1	13
全州县全州镇	16920	8	12	111188	1588	27	42
全州县黄沙河镇	11200	1	9	27830	4	1	4
全州县庙头镇	12088	1	11	36288	90	1	6
全州县文桥镇	28380		18	57748	392	1	21
全州县大西江镇	36657		15	37439	3	1	22
全州县龙水镇	28493		19	54957	85	2	3
全州县才湾镇	39497	1	16	55217	125	7	28
全州县绍水镇	26280	2	17	53502	113	1	18
全州县石塘镇	28340	1	31	78628	231		7
全州县咸水镇	21549		12	37136	1		13
全州县凤凰镇	18067		20	60825	116		3

续表 406　　广西壮族自治区　　单位：公顷、个、人

名　　称	行政区域面积	居民委员会(社区)个数	村民委员会个数	户籍人口	工业企业个数	#规模以上	营业面积50平方米以上的商店或超市个数
全州县安和镇	16180		14	42002	61	1	12
全州县两河镇	16148		16	41135	37	1	6
全州县枧塘镇	12300		12	34225	13	6	8
全州县永岁镇	18096		17	42522	125	2	16
全州县蕉江瑶族乡	23000		8	15527			4
全州县白宝乡	13070		9	20296	12		12
全州县东山瑶族乡	42000		16	35047			32
兴安县兴安镇	20584	7	15	94316	126	11	28
兴安县湘漓镇	15960		14	55195	26	2	16
兴安县界首镇	15913	1	11	38496	20	4	18
兴安县高尚镇	26750	1	16	49752	23	2	30
兴安县严关镇	12064		6	21130	41		34
兴安县溶江镇	46185	1	17	54976	52	4	31
兴安县漠川乡	31200		13	22825			10
兴安县白石乡	8643		6	12178			10
兴安县崔家乡	9643		8	23223	6		20
兴安县华江瑶族乡	43754		9	17790	36	4	19
永福县永福镇	27896	3	11	56576	116	6	71
永福县罗锦镇	23690	1	13	44428	24	4	16
永福县百寿镇	41337	1	11	33456	12		11
永福县苏桥镇	12404	1	8	28742	181	48	12
永福县三皇镇	19901	1	10	25857	10		5
永福县堡里镇	38218	1	11	26094	14		12
永福县广福乡	44511		8	21661	21	1	14
永福县永安乡	35274		9	26551	15	1	10
永福县龙江乡	36253		10	25122	17		2
灌阳县灌阳镇	40608	4	26	75096	171	11	43
灌阳县黄关镇	20613		15	45950	22		31
灌阳县文市镇	14048		21	38311	367	12	6
灌阳县新街镇	16735		21	43581	91	5	23
灌阳县新圩镇	18304		16	25470	5		18
灌阳县水车镇	20801		14	33507	27	1	23
灌阳县洞井瑶族乡	20742		9	9427	93		7
灌阳县观音阁乡	12878		6	9343	8		1
灌阳县西山瑶族乡	18802		10	13160	101		20
龙胜各族自治县龙胜镇	26745	5	14	36998	43	4	17
龙胜各族自治县瓢里镇	20952	1	10	14701	39	5	2
龙胜各族自治县三门镇	37276	1	13	14265	41	2	15
龙胜各族自治县龙脊镇	23284	1	15	15961	11	1	12
龙胜各族自治县平等镇	36820	1	21	27748	17	1	69
龙胜各族自治县乐江镇	24381		13	18796	10	1	21
龙胜各族自治县泗水乡	19031		9	13382	23	3	20
龙胜各族自治县江底乡	24683		8	8883	15		20
龙胜各族自治县马堤乡	15320		8	11443	10		8
龙胜各族自治县伟江乡	16560		8	9596	5	1	9

续表 407　　　　广西壮族自治区　　　　单位：公顷、个、人

名　　称	行政区域面积	居民委员会(社区)个数	村民委员会个数	户籍人口	工业企业个数	#规模以上	营业面积50平方米以上的商店或超市个数
资源县资源镇	35713	2	14	51126	64	6	35
资源县中峰镇	37995		10	32466	72	10	23
资源县梅溪镇	38641	1	13	31966	25	1	16
资源县瓜里乡	24412		11	23693	5	2	12
资源县车田苗族乡	31035	1	12	25126	11	2	20
资源县两水苗族乡	18084		6	10167	14		10
资源县河口瑶族乡	11200		5	4897	28		8
平乐县平乐镇	31324	12	29	103209	756	7	56
平乐县二塘镇	22372	1	18	76257	325	17	41
平乐县沙子镇	19421	1	10	44313	232		25
平乐县同安镇	13627	1	12	51898	232	13	8
平乐县张家镇	11653	2	12	46240	209	3	18
平乐县源头镇	22586	2	17	52024	253	2	2
平乐县阳安乡	6763		10	28227	1		9
平乐县青龙乡	7152		8	24421	66		8
平乐县桥亭乡	10823	1	8	18410	82		3
平乐县大发瑶族乡	43694	1	10	18055	103	1	9
恭城瑶族自治县恭城镇	9310	5	14	61810	52		32
恭城瑶族自治县栗木镇	39815	2	17	44079	49	1	56
恭城瑶族自治县莲花镇	36500	1	23	56378	378		43
恭城瑶族自治县嘉会镇	24902	1	13	25869	2	1	39
恭城瑶族自治县西岭镇	42823	1	17	37536	49	2	40
恭城瑶族自治县平安镇	24342		15	37640	36	2	19
恭城瑶族自治县三江乡	32402		10	14109	34	1	18
恭城瑶族自治县观音乡	13260		4	9656	26		8
恭城瑶族自治县龙虎乡	7443		4	10627	3	1	6
荔浦市荔城镇	9500	10	10	76431	451	12	58
荔浦市东昌镇	14500	1	10	25367	42	4	15
荔浦市新坪镇	25100	1	13	29886	244	8	35
荔浦市杜莫镇	11900	1	10	26419	17	6	18
荔浦市青山镇	7146	1	10	37284	42	10	52
荔浦市修仁镇	11957	1	9	35312	23	8	23
荔浦市大塘镇	10400	1	11	23445	36	5	13
荔浦市花篢镇	12956	1	8	23988	137	2	9
荔浦市双江镇	14492	1	10	30468	42	3	25
荔浦市马岭镇	14369	1	14	43918	45	9	23
荔浦市龙怀乡	8100	1	4	10124	7		1
荔浦市茶城乡	9800	1	5	11139	8	2	4
荔浦市蒲芦瑶族乡	25900	1	8	10177	32	6	4
万秀区城东镇	12200		5	18237	36	13	31
万秀区龙湖镇	5668		4	14138	30	12	7
万秀区夏郢镇	22720	1	22	52780	20	1	93
长洲区长洲镇	3625	2	6	57082	13	2	86
长洲区倒水镇	27000	1	17	43460	23	2	15
龙圩区龙圩镇	17599	12	12	99074	78	38	79

续表 408 广西壮族自治区 单位：公顷、个、人

名　　称	行政区域面　　积	居民委员会(社区)个数	村民委员会个　　数	户籍人口	工业企业个　　数	#规模以上	营业面积50平方米以上的商店或超市个数
龙圩区大坡镇	26184	1	18	63594	5		30
龙圩区广平镇	29551	1	20	77645	2	1	25
龙圩区新地镇	23809	1	20	78806	74	39	58
苍梧县石桥镇	24860	2	13	72644	12	5	18
苍梧县沙头镇	41300	1	20	77261	6		8
苍梧县梨埠镇	25328	1	12	38453			9
苍梧县岭脚镇	45600	2	22	66095	15		23
苍梧县京南镇	39841	2	21	45336	8	2	4
苍梧县狮寨镇	28388	1	12	19610	4		13
苍梧县旺甫镇	28000	1	11	50298	42	19	10
苍梧县六堡镇	29100	1	16	27102	22	1	5
苍梧县木双镇	14850	1	7	17351	5		85
藤县藤州镇	37235	12	27	177309	824	12	97
藤县塘步镇	24358	2	16	73547	36	14	25
藤县埌南镇	19712	1	13	52926	9	2	14
藤县同心镇	13832	1	9	26756	8		24
藤县金鸡镇	24267	1	20	76289	36	2	16
藤县新庆镇	13386	1	11	44414	3	1	8
藤县象棋镇	18300	1	15	49302	3	1	67
藤县岭景镇	19005	1	14	45447	4		25
藤县天平镇	35186	1	20	87803	30	5	46
藤县蒙江镇	29139	2	21	93645	15	8	68
藤县和平镇	16819	2	17	87152	3	1	4
藤县太平镇	28301	6	20	116725	89	6	58
藤县古龙镇	17638	1	10	47111			196
藤县东荣镇	20932	1	13	42723	2	1	4
藤县大黎镇	31354	1	18	46029	5		63
藤县平福乡	33275	1	14	37778			23
藤县宁康乡	11883	1	8	20584			4
蒙山县蒙山镇	8540	5	8	54154	91	20	104
蒙山县西河镇	19498		13	35144	7	3	31
蒙山县新圩镇	14750		9	24087	1		21
蒙山县文圩镇	14379		12	37342	7	2	48
蒙山县黄村镇	24079		10	23469			20
蒙山县陈塘镇	15428	1	9	24819	14	4	48
蒙山县汉豪乡	10213		6	13798	2		4
蒙山县长坪瑶族乡	13189		5	2999			2
蒙山县夏宜瑶族乡	8091		6	6814			2
岑溪市岑城镇	21331	19	14	174879	292	40	277
岑溪市马路镇	23097	2	18	78122	142	60	407
岑溪市南渡镇	24130	2	24	88583	36	5	107
岑溪市水汶镇	20457	1	22	61218	28	12	28
岑溪市大隆镇	13455	1	14	38695	15	1	18
岑溪市梨木镇	20108	1	16	54211	68	2	34
岑溪市大业镇	14811	1	14	57880	72	2	60

续表 409　　广西壮族自治区　　单位：公顷、个、人

名　　称	行政区域面　积	居民委员会(社区)个数	村民委员会个　数	户籍人口	工业企业个　数	#规模以上	营业面积50平方米以上的商店或超市个数
岑溪市筋竹镇	18592	1	17	53017	15	8	44
岑溪市诚谏镇	18771	1	19	52994	15	3	51
岑溪市归义镇	16737	1	22	84217	55	22	62
岑溪市糯垌镇	19171	1	20	83422	74	24	46
岑溪市安平镇	14149	1	16	34700	16	1	6
岑溪市三堡镇	31620	1	24	72200	36	13	134
岑溪市波塘镇	20596	1	16	39271	45	3	25
海城区涠洲镇	2663	2	9	19551	4	1	35
银海区福成镇	29964	2	21	94023	28	5	68
银海区银滩镇	8001	6	9	66332	154	7	75
银海区平阳镇	8002	1	7	17346	35	11	25
银海区侨港镇	96	3	2	20686	3	2	36
铁山港区南康镇	17586	3	15	65198	43	3	76
铁山港区营盘镇	12034	2	10	65991	27	6	146
铁山港区兴港镇	12342	2	12	59872	165	37	38
合浦县廉州镇	21293	15	16	189241	184	78	774
合浦县党江镇	8200	1	17	53716	20		77
合浦县西场镇	18200	2	25	102057	44	1	74
合浦县沙岗镇	10300	1	15	42086	6	3	37
合浦县乌家镇	16000	1	6	16503	72	21	28
合浦县闸口镇	11400	1	17	46199	28	1	22
合浦县公馆镇	17778	2	22	143108	84	5	162
合浦县白沙镇	23320	1	23	124592	43	3	66
合浦县山口镇	12360	1	15	87813	82		96
合浦县沙田镇	3600	1	5	20357			13
合浦县石湾镇	22700	1	16	53546	28	2	49
合浦县石康镇	19100	3	23	81690	23	11	37
合浦县常乐镇	25600	2	22	90003	47	3	36
合浦县星岛湖镇	18795	1	8	29229	62	8	20
合浦县曲樟乡	12700		11	29085	2	1	16
港口区企沙镇	8659	7	8	36452	20	10	295
港口区光坡镇	9780	2	8	30230	15	5	142
防城区大菉镇	22400	1	16	45613	13		22
防城区华石镇	9260		7	14552			20
防城区那梭镇	20572	2	9	30343	4	1	29
防城区那良镇	39734	3	25	62409	1		56
防城区峒中镇	28856	1	19	31331	1	1	32
防城区江山镇	19239		11	24345	11	2	20
防城区茅岭镇	12314		9	27416	11	7	35
防城区扶隆镇	23070	2	15	32448	5	1	14
防城区滩营乡	28534	1	16	46558	43	7	30
防城区十万山瑶族乡	9880	1	5	12110	2		1
上思县思阳镇	24663	7	10	77365	43	32	101
上思县在妙镇	23612	1	11	40343	16	7	101
上思县华兰镇	14670		6	12900			35

续表 410　　广西壮族自治区　　单位：公顷、个、人

名　　称	行政区域面　　积	居民委员会(社区)个数	村民委员会个　　数	户籍人口	工业企业个　　数	#规模以上	营业面积50平方米以上的商店或超市个数
上思县叫安镇	58400	1	17	47770	13	3	69
上思县南屏瑶族乡	52646	1	9	14046			18
上思县平福乡	27670		9	23540			3
上思县那琴乡	36300		9	20631	7	6	15
上思县公正乡	33639		10	16526			22
东兴市东兴镇	21906	7	8	88977	125	10	603
东兴市江平镇	20555	2	15	54702	98	15	261
东兴市马路镇	16551	2	8	19253	28	6	15
钦南区沙埠镇	14550	2	13	50808	46	10	56
钦南区康熙岭镇	8920		12	48005	45	2	68
钦南区黄屋屯镇	22670	1	16	59301	17	5	32
钦南区大番坡镇	15363	1	9	28832	24	4	18
钦南区龙门港镇	3677		4	8237	9		18
钦南区久隆镇	22290	1	17	49196	2		84
钦南区东场镇	18050		7	22447			9
钦南区那丽镇	22608	1	10	34882	46	6	29
钦南区那彭镇	29138	1	13	45471	6	5	38
钦南区那思镇	24476		10	30597	3	1	54
钦南区犀牛脚镇	19491	2	14	70619	18	3	37
钦北区大垌镇	13833	2	9	37992	42	17	58
钦北区平吉镇	30041	1	19	98915	23	4	12
钦北区青塘镇	12945	1	13	55524	13		20
钦北区小董镇	15134	1	16	97668	29	2	59
钦北区板城镇	18011	2	19	102104			23
钦北区那蒙镇	13629	1	13	58437	36	2	71
钦北区长滩镇	11652	1	14	64090	1		82
钦北区新棠镇	11264	1	8	51405	8		16
钦北区大直镇	41619	1	22	97360	6	3	74
钦北区大寺镇	27484	1	18	96202	26	10	42
钦北区贵台镇	22907	1	10	39265	3		48
灵山县新圩镇	17137	3	29	119296	174	12	98
灵山县丰塘镇	12664	2	17	48994	18	2	113
灵山县平山镇	14197	2	16	52390	7	4	55
灵山县石塘镇	11701	3	15	55401	30	3	46
灵山县佛子镇	16818	2	16	70759	3	1	200
灵山县平南镇	11155	2	18	67833	33	1	23
灵山县烟墩镇	14605	2	19	86353	32		89
灵山县檀圩镇	15538	3	22	117988	112	6	110
灵山县那隆镇	24912	2	29	129025	21	4	147
灵山县三隆镇	14115	2	16	80081	23	4	39
灵山县陆屋镇	30763	3	28	117955	20	7	140
灵山县旧州镇	22006	2	28	122034	55	3	146
灵山县太平镇	27745	3	27	135059	23	1	81
灵山县沙坪镇	11202	3	12	63620	5	1	121
灵山县武利镇	18753	3	17	86133	45	24	97

续表 411　　广西壮族自治区　　单位：公顷、个、人

名　　称	行政区域面　　积	居民委员会(社区)个数	村民委员会个　　数	户籍人口	工业企业个　　数	#规模以上	营业面积50平方米以上的商店或超市个数
灵山县文利镇	35596	2	14	38838	81	2	7
灵山县伯劳镇	38932	2	20	103735	60	5	55
浦北县泉水镇	10300	2	6	30138	115	37	73
浦北县石埇镇	4559	1	7	20727			58
浦北县安石镇	10981	1	10	36750	1		64
浦北县张黄镇	20932	3	22	87441	10	7	300
浦北县大成镇	18400	1	15	35689	12		106
浦北县白石水镇	8634	1	12	43923	12	1	90
浦北县北通镇	15000	2	13	73731	21		158
浦北县三合镇	7856	1	8	40537	11		43
浦北县龙门镇	26352	3	25	102410	25	5	68
浦北县福旺镇	23148	1	25	84931	2	1	53
浦北县寨圩镇	17944	3	19	78933	42	9	18
浦北县乐民镇	8424	1	12	41367	33	3	24
浦北县六硍镇	21625	2	16	50264	1		309
浦北县平睦镇	11434	1	10	32107	5	1	185
浦北县官垌镇	19921	1	16	47575	8	1	11
港北区大圩镇	15855	1	18	113227	32	18	207
港北区庆丰镇	13502		23	103299	5	2	17
港北区根竹镇	6145		8	33680	33	12	42
港北区武乐镇	7097		8	40869	7		19
港北区奇石乡	14644		11	34281			46
港北区中里乡	23506		23	83008	2	1	114
港南区桥圩镇	12274	3	24	111966	215	91	63
港南区木格镇	21769		26	106037	18	12	48
港南区木梓镇	16367		17	65067	3	2	15
港南区湛江镇	8088		14	74190	31	14	4
港南区东津镇	10930		18	79846	21	19	38
港南区新塘镇	10572		19	68040	69	22	40
港南区瓦塘镇	16435		20	62465	15	14	11
覃塘区东龙镇	11971	1	15	68790	683	53	239
覃塘区三里镇	12764	1	10	62951	306	30	23
覃塘区黄练镇	13982	1	15	51606	64	12	30
覃塘区石卡镇	20097	1	18	84619	220	33	53
覃塘区五里镇	10139	1	7	44334	175	15	4
覃塘区樟木镇	24831	1	24	86372	18	2	85
覃塘区蒙公镇	11705		14	45016	126	2	16
覃塘区山北乡	7788		11	43868	421	24	2
覃塘区大岭乡	8538		10	32647	19	2	27
平南县平山镇	11574	2	14	55245	66	22	3
平南县寺面镇	11493	1	11	49044	5	2	44
平南县六陈镇	23128	1	18	79547	61		67
平南县大新镇	13356		13	100696	180	2	93
平南县大安镇	12142	5	20	117999	48	5	36
平南县武林镇	4663	1	6	30897	5	4	2

续表 412　　广西壮族自治区　　单位：公顷、个、人

名　称	行政区域面积	居民委员会(社区)个数	村民委员会个数	户籍人口	工业企业个数	#规模以上	营业面积50平方米以上的商店或超市个数
平南县大坡镇	9979	1	11	41246	3	1	26
平南县大洲镇	11778	1	13	43365	1		8
平南县镇隆镇	17547	1	19	95380	39	2	32
平南县安怀镇	21110		12	73314	19	8	28
平南县丹竹镇	15822	1	11	113390	112	27	20
平南县官成镇	19761	1	16	110351	30	2	14
平南县思旺镇	17440	1	16	104819	146	3	22
平南县大鹏镇	23033	1	15	46744	17	1	19
平南县同和镇	19596		14	64612	4	1	10
平南县东华镇	8080	1	5	47467	3	2	6
平南县思界乡	3108		6	36922	8	1	8
平南县国安瑶族乡	11047	1	9	23758			10
平南县马练瑶族乡	23648		12	47989	5	4	4
桂平市木乐镇	8855	1	12	75593	207	29	43
桂平市木圭镇	11254		12	83943	34	6	43
桂平市石咀镇	6793	1	11	58833	10	6	15
桂平市油麻镇	16444		18	56959	5	1	41
桂平市社坡镇	15919		20	83448	34	5	7
桂平市罗秀镇	18182		21	76604	6	4	14
桂平市麻垌镇	20541		27	105984	14	2	45
桂平市社步镇	12826	1	15	64571	12	3	63
桂平市下湾镇	15221	1	14	80879	3	2	40
桂平市木根镇	12084		17	66954	14	1	96
桂平市中沙镇	20919		23	60757	10	2	48
桂平市大洋镇	13322		15	83292	4	3	74
桂平市大湾镇	13706	1	17	69594	4	2	54
桂平市白沙镇	15931		14	83567	57	17	31
桂平市石龙镇	27902	2	20	90235	27	4	46
桂平市蒙圩镇	17582	1	15	93182	60	12	20
桂平市西山镇	32652	14	13	185650	122	22	796
桂平市南木镇	22439	1	28	131364	16	7	130
桂平市江口镇	14932	2	20	113248	15	9	79
桂平市金田镇	20355	1	18	92004	12	1	54
桂平市紫荆镇	23390	2	15	26083	15		20
桂平市马皮乡	6134		8	50387	10	2	95
桂平市寻旺乡	10587	3	13	68708	90	20	41
桂平市罗播乡	9736		11	48207	2	1	23
桂平市厚禄乡	8233	1	7	54250	7	2	40
桂平市垌心乡	11119		7	26946	3		11
玉州区大塘镇	3201		5	23485	11	2	12
玉州区茂林镇	8607	16		88311	78	35	73
玉州区仁东镇	6480	1	12	60945	112	4	36
玉州区仁厚镇	3621		9	31243	67	2	20
福绵区福绵镇	7349	7	19	94336	406	10	48
福绵区成均镇	21840	1	22	81800	78	2	65

续表 413　　广西壮族自治区　　单位：公顷、个、人

名　称	行政区域面积	居民委员会(社区)个数	村民委员会个数	户籍人口	工业企业个数	#规模以上	营业面积50平方米以上的商店或超市个数
福绵区樟木镇	21048	1	25	96200	286	56	68
福绵区新桥镇	8273	1	16	69039	65	15	29
福绵区沙田镇	16060	1	14	65612	26	3	17
福绵区石和镇	8331	1	9	35204	25	11	20
容县容州镇	18053	12	16	162917	573	40	354
容县杨梅镇	14681		21	60432	48	2	98
容县灵山镇	13539		14	47711	30	6	75
容县六王镇	18522		18	69449	38	1	131
容县黎村镇	20483		24	98925	49	3	82
容县杨村镇	20513		14	67861	39	1	45
容县县底镇	19820		20	62560	35	1	56
容县自良镇	10671		12	40335	28	2	53
容县松山镇	13424		13	46480	34	2	44
容县罗江镇	7717		7	28653	28	4	20
容县石头镇	20819		19	67693	51	4	31
容县石寨镇	14540		12	40479	56	6	62
容县十里镇	14988		12	42874	79	8	93
容县容西镇	4678		5	18546	54	8	24
容县浪水镇	13057		8	24088	6	1	12
陆川县温泉镇	12328	6	14	164293	220	12	371
陆川县米场镇	9009		9	64270	52	6	29
陆川县马坡镇	14522	1	13	107277	54	5	10
陆川县珊罗镇	5350		7	63128	55	5	33
陆川县平乐镇	7099		7	56999	34	3	34
陆川县沙坡镇	15480		13	84032	15	4	69
陆川县大桥镇	8904		11	59021	4		31
陆川县乌石镇	22815	1	23	135245	54	8	109
陆川县良田镇	13275	1	13	102652	90	5	121
陆川县清湖镇	12719	1	12	78611	20	4	78
陆川县古城镇	11330		10	82173	95	7	27
陆川县沙湖镇	7135		5	30740	5	3	21
陆川县横山镇	9147		11	50315	27	1	24
陆川县滩面镇	6300		6	36998	2	1	4
博白县博白镇	15962	11	23	246954	191	20	81
博白县双凤镇	9532	1	9	29912	2		5
博白县顿谷镇	13113	1	10	52422	32	2	14
博白县水鸣镇	14495	2	16	72080	11	1	102
博白县那林镇	19914	1	12	54186	11	1	12
博白县江宁镇	14962	1	11	57012	23	2	5
博白县三滩镇	10599	1	10	76970	22	5	20
博白县黄凌镇	10255	1	5	28666	2		9
博白县亚山镇	13152	1	14	88224	35	13	97
博白县旺茂镇	11218	1	10	75334	26	5	16
博白县东平镇	27247	2	23	132759	28	6	26
博白县沙河镇	18902	1	16	79679	20		32

续表 414　　广西壮族自治区　　单位：公顷、个、人

名　　称	行政区域面积	居民委员会(社区)个数	村民委员会个数	户籍人口	工业企业个数	#规模以上	营业面积50平方米以上的商店或超市个数
博白县菱角镇	15627	1	11	52345	4		11
博白县新田镇	11872	1	12	55970	1		7
博白县凤山镇	15791	1	16	95970	6		18
博白县宁潭镇	13072	1	9	77875	3		20
博白县文地镇	15935	2	17	105961	29	2	50
博白县英桥镇	12076	1	14	82213	7	1	13
博白县那卜镇	5730	1	4	25980	3		3
博白县大垌镇	7396	1	5	36663	10	2	7
博白县沙陂镇	10707	1	8	45995	17		48
博白县双旺镇	11793	1	7	47293	8	1	10
博白县松旺镇	20242	1	11	50789	14	7	10
博白县龙潭镇	16449	1	13	107317	61	11	11
博白县大坝镇	8210	1	6	35214	10	2	14
博白县永安镇	11219	1	9	37616	4	2	12
博白县径口镇	16347	2	10	60033	9	2	14
博白县浪平镇	11180	1	6	33294	6		48
兴业县石南镇	13814	5	17	88655	74	12	60
兴业县大平山镇	10165	2	19	52849	48	19	73
兴业县葵阳镇	16569	1	16	78407	116	17	92
兴业县城隍镇	15912	2	17	61949	27	1	57
兴业县山心镇	18721	1	22	83460	29		72
兴业县沙塘镇	8263	1	17	68990	16		38
兴业县蒲塘镇	9947	1	16	56977	26	1	69
兴业县北市镇	13261		13	62912	4		29
兴业县龙安镇	9935		15	43599	9		22
兴业县高峰镇	8442		19	53096	12		39
兴业县小平山镇	10759		13	39148	15		15
兴业县卖酒镇	5316	1	9	34087	19	1	6
兴业县洛阳镇	5708		8	28927	3		13
北流市北流镇	13875		20	109814	240	39	22
北流市新荣镇	8200		7	43968	46	7	23
北流市民安镇	8900	1	7	46465	126	21	11
北流市山围镇	8236	1	7	38035	24	6	20
北流市民乐镇	16700	1	17	81305	222	17	13
北流市西埌镇	6800		14	67197	120	22	77
北流市新圩镇	7517	1	13	75509	35	16	35
北流市大里镇	8387		16	57382	26	5	17
北流市塘岸镇	11400	1	11	64758	80	7	52
北流市清水口镇	12756		10	54659	18	6	13
北流市隆盛镇	17299	1	16	94636	21	10	27
北流市大坡外镇	12354	1	11	52846	43	4	8
北流市六麻镇	19707	1	19	94991	23	3	35
北流市新丰镇	10300	1	9	56787	17	3	8
北流市沙垌镇	7706	1	9	37951	18		4
北流市平政镇	15276	1	18	90249	23	7	34

续表 415　　广西壮族自治区　　单位：公顷、个、人

名　　称	行政区域面积	居民委员会(社区)个数	村民委员会个数	户籍人口	工业企业个数	#规模以上	营业面积50平方米以上的商店或超市个数
北流市白马镇	7770	1	9	61362	46	7	5
北流市大伦镇	8167	1	9	50129	27	9	25
北流市扶新镇	6300	1	6	32137	14	2	18
北流市六靖镇	11861	1	15	92354	24	6	26
北流市石窝镇	14514	1	20	79153	15	5	35
北流市清湾镇	11192	1	15	78631	17	3	15
右江区阳圩镇	70475		18	35443	4	2	20
右江区四塘镇	36327	2	13	32307	82	14	59
右江区龙川镇	40364		16	37483	12		44
右江区永乐镇	42201	1	8	19862	24	1	32
右江区汪甸瑶族乡	54709		13	27908	12		18
右江区大楞乡	65757		15	25729	6	1	33
右江区泮水乡	24153		9	11399	4		6
田阳区田州镇	10472	8	10	70248	206	15	248
田阳区那坡镇	25429	1	20	44186	69	9	48
田阳区坡洪镇	30957		24	38758	10	1	30
田阳区那满镇	13087		13	23510	4		12
田阳区百育镇	13068	1	6	29326	41	4	74
田阳区玉凤镇	57066		17	40170	8		16
田阳区头塘镇	14437	1	8	26254	102	35	44
田阳区五村镇	22043		20	27746	2		26
田阳区洞靖镇	31567		20	33400	3	1	16
田阳区巴别乡	19180		13	20945	2		6
田东县平马镇	21486	7	17	81688	177	37	177
田东县祥周镇	26241		21	65260	29	3	102
田东县林逢镇	37434	3	21	56028	33	4	48
田东县思林镇	45598	1	29	62884	18	1	41
田东县印茶镇	21139		9	27636	6		27
田东县江城镇	14176		8	25203	10		19
田东县朔良镇	39141		16	36054	4		18
田东县义圩镇	18701		11	26355	7		31
田东县那拔镇	20032		8	17236	8	3	7
田东县作登瑶族乡	37108		21	40520	7	2	17
德保县城关镇	16182	6	10	52800	162	11	79
德保县足荣镇	15961		10	22787	16	2	45
德保县隆桑镇	11024		11	18066	6		9
德保县敬德镇	27285		20	32410	5		9
德保县马隘镇	20632		21	39695	29	9	72
德保县东凌镇	35082		19	39528	5		65
德保县那甲镇	20644		17	27721	14	4	14
德保县都安乡	13461		10	18948	5		49
德保县荣华乡	21945		10	19793	5		14
德保县燕峒乡	32639		19	34000	7	2	25
德保县龙光乡	24825		19	36898			96
德保县巴头乡	17846		14	22209	4		33

续表 416　　广西壮族自治区　　单位：公顷、个、人

名　称	行政区域面积	居民委员会(社区)个数	村民委员会个数	户籍人口	工业企业个数	#规模以上	营业面积50平方米以上的商店或超市个数
那坡县城厢镇	33738	4	26	58762	88	10	78
那坡县平孟镇	22416		10	16389	12	4	34
那坡县龙合镇	27627		19	37793	8	1	44
那坡县坡荷乡	13302		13	15981	12	1	11
那坡县德隆乡	24521		13	20751	8	1	22
那坡县百合乡	26501		10	15354	9		36
那坡县百南乡	13499		8	10245	3		22
那坡县百省乡	33145		13	18386	10		42
那坡县百都乡	27532		15	24409	10		46
凌云县泗城镇	33322	5	18	55742	93	15	365
凌云县逻楼镇	33318		20	42530	5	1	17
凌云县加尤镇	27190		12	31802	24	3	20
凌云县下甲镇	18514		10	24370	7	1	10
凌云县伶站瑶族乡	21158		9	19684	21	5	27
凌云县朝里瑶族乡	17571		6	9683	1		2
凌云县沙里瑶族乡	22104		12	21280	3		95
凌云县玉洪瑶族乡	31570		18	24240	32	2	66
乐业县同乐镇	31219	4	15	49462	75	8	38
乐业县甘田镇	15468		8	17755	3		24
乐业县新化镇	37146		14	26166	13		58
乐业县花坪镇	32536		7	16645	6		5
乐业县逻沙乡	23132		11	19737	5	1	5
乐业县逻西乡	47926		13	22502	4	2	13
乐业县幼平乡	45027		11	21543	7	1	9
乐业县雅长乡	30865		5	8932			9
田林县乐里镇	30423	4	12	34848	102	13	52
田林县旧州镇	46546		14	21158	26	3	12
田林县定安镇	30089		8	14386	17	2	15
田林县六隆镇	46350		18	21191	8	1	51
田林县浪平镇	45450		20	34776	4		11
田林县潞城瑶族乡	78839		19	28306	94	13	20
田林县利周瑶族乡	25257		9	17425	5	1	16
田林县平塘乡	19060		10	14359	16	1	18
田林县八桂瑶族乡	33560		12	15281	6		20
田林县八渡瑶族乡	67724		17	22928	20	3	12
田林县那比乡	21713		5	8814	6	2	9
田林县高龙乡	27127		7	8947	8		12
田林县百乐乡	52143		7	13514	6		5
田林县者苗乡	28101		7	10444			2
西林县八达镇	35924	4	13	40021	96	11	66
西林县古障镇	62709	1	19	34043	33	1	52
西林县那劳镇	22676		6	9193	9	1	20
西林县马蚌镇	42345		13	17326	9		17
西林县普合苗族乡	19459		7	12305	6	1	26
西林县西平乡	28644		12	14591	3	1	21

续表 417　　广西壮族自治区　　单位：公顷、个、人

名　称	行政区域面积	居民委员会(社区)个数	村民委员会个数	户籍人口	工业企业个数	#规模以上	营业面积50平方米以上的商店或超市个数
西林县那佐苗族乡	59751		18	27943	8	1	81
西林县足别瑶族苗族乡	28220		6	9757	9		7
隆林各族自治县新州镇	18895	5	13	59308	261	23	681
隆林各族自治县桠杈镇	9880		7	13847	1		12
隆林各族自治县天生桥镇	17174		10	25576	14	2	26
隆林各族自治县平班镇	21594		17	34879	46	4	45
隆林各族自治县德峨镇	31349		15	45443	19	1	26
隆林各族自治县隆或镇	22966		15	33609	28		11
隆林各族自治县沙梨乡	14235		7	17632	10		25
隆林各族自治县者保乡	19558		13	30902	14	2	40
隆林各族自治县者浪乡	15980		11	20108	46	3	21
隆林各族自治县革步乡	29528		15	27226	8		64
隆林各族自治县金钟山乡	25888		6	15428	1		38
隆林各族自治县猪场乡	23839		8	24931	10		17
隆林各族自治县蛇场乡	23251		8	19713	3		45
隆林各族自治县克长乡	29006		13	33423	15		41
隆林各族自治县岩茶乡	28606		9	23264	13		23
隆林各族自治县介廷乡	20010		8	15389	20		16
靖西市新靖镇	20393	10	21	103755	308	14	457
靖西市化峒镇	9371		10	21544	19		14
靖西市湖润镇	20424		14	25009	61	10	23
靖西市安德镇	22087		20	43677	4		210
靖西市龙临镇	14922		14	37860	16		74
靖西市渠洋镇	24043		22	44129	28	8	76
靖西市岳圩镇	9714		7	15045	13		87
靖西市龙邦镇	11288		12	21231	13	6	50
靖西市禄峒镇	30207		23	52280	9		70
靖西市武平镇	26254		22	49463	25	1	80
靖西市地州镇	18852		15	30945	3		41
靖西市同德乡	15451		11	28167	6		52
靖西市壬庄乡	11617		12	22702	12		88
靖西市安宁乡	12753		10	17454			67
靖西市南坡乡	18736		12	28700	7		108
靖西市吞盘乡	13885		9	18402	1		21
靖西市果乐乡	13187		13	27817	8		41
靖西市新甲乡	19302		19	47438	32	5	109
靖西市魁圩乡	20076		16	24682	3		37
平果市马头镇	22598	9	11	99090	264	32	1600
平果市新安镇	22539	1	18	57419	192	55	25
平果市果化镇	23081	1	18	55266	36	10	44
平果市太平镇	34643		20	78239	9		34
平果市坡造镇	11653		10	24804	14	3	20
平果市四塘镇	19488		12	22958	11	1	11
平果市旧城镇	26044		19	46018	9		18
平果市榜圩镇	15053	1	13	39127	3		14

续表 418　　广西壮族自治区　　单位：公顷、个、人

名　　称	行政区域面　　积	居民委员会(社区)个数	村民委员会个　　数	户籍人口	工业企业个　　数	#规模以上	营业面积50平方米以上的商店或超市个数
平果市凤梧镇	21225		18	36759	2		35
平果市海城乡	25818		16	34767	10		20
平果市黎明乡	10884		7	14774	2		3
平果市同老乡	12696		9	15532			10
八步区贺街镇	34394	3	24	76141	28	4	260
八步区步头镇	44202		16	36011	18	2	96
八步区莲塘镇	19330		19	90056	51	12	200
八步区大宁镇	34866		12	48495	30	1	112
八步区南乡镇	22521		8	23333	2	1	43
八步区桂岭镇	41577	1	24	101625	38	1	121
八步区开山镇	12599		7	16261			25
八步区里松镇	17028		6	19390	17	2	21
八步区信都镇	17430	3	15	59294	45	15	115
八步区灵峰镇	13131		3	8486	10	6	7
八步区仁义镇	24213		19	67432	25	10	96
八步区铺门镇	17702	1	24	72626	1		180
八步区黄洞瑶族乡	16983		4	7494	14	1	6
平桂区黄田镇	24213	1	14	79619	278	36	200
平桂区鹅塘镇	20359		17	55901	32	4	27
平桂区沙田镇	27526		25	110070	42	1	484
平桂区公会镇	26844	1	24	81663	4	1	89
平桂区水口镇	15769		6	13772			3
平桂区望高镇	19428	1	10	31520	196	61	42
平桂区羊头镇	15073		12	45292	15		6
平桂区大平瑶族乡	19272		6	14447	13		10
昭平县昭平镇	53782	5	14	85150	62	12	226
昭平县文竹镇	26022		5	10824	1		9
昭平县黄姚镇	24318		19	65989	2	1	13
昭平县富罗镇	32749		13	29953	22	2	8
昭平县北陀镇	27545		13	40564	4		25
昭平县马江镇	30275	2	14	38898	6	3	69
昭平县五将镇	29284	1	19	36195	5	1	57
昭平县走马镇	37700		12	31073	10	3	41
昭平县樟木林镇	14328		14	43116	5	4	52
昭平县仙回瑶族乡	18517		6	15105	5		28
昭平县凤凰乡	6034		12	31390	2		7
昭平县木格乡	21813		11	22315	3		25
钟山县钟山镇	25754	4	23	110437	212	31	175
钟山县回龙镇	8582		10	47185	21	5	68
钟山县石龙镇	6192		5	34340	4		41
钟山县凤翔镇	7408		6	32499	7		74
钟山县珊瑚镇	4277	1	4	18765	8	1	16
钟山县同古镇	11665		9	29577	8		6
钟山县公安镇	13620		15	58845	21	3	38
钟山县清塘镇	18420		17	58779	14	1	22

续表 419　　广西壮族自治区　　单位：公顷、个、人

名　　称	行政区域面　　积	居民委员会(社区)个数	村民委员会个　　数	户籍人口	工业企业个　　数	#规模以上	营业面积50平方米以上的商店或超市个数
钟山县燕塘镇	11408		7	27539	68	22	29
钟山县红花镇	9421		7	23333	14	1	23
钟山县花山瑶族乡	18829		6	8218	39	4	7
钟山县两安瑶族乡	14407		6	18014	10		34
富川瑶族自治县富阳镇	21355	8	18	89471	12	9	219
富川瑶族自治县白沙镇	9025	1	6	14471	17	4	12
富川瑶族自治县莲山镇	11347	1	11	29361	75	13	26
富川瑶族自治县古城镇	4299	1	9	23773	13	2	167
富川瑶族自治县福利镇	9089	1	10	23781	5		74
富川瑶族自治县麦岭镇	19137	1	13	24822	3	2	44
富川瑶族自治县葛坡镇	9898	1	12	22307	17		20
富川瑶族自治县城北镇	12299	1	11	24124	20		31
富川瑶族自治县朝东镇	21742	1	21	35211	16		21
富川瑶族自治县新华乡	10434	1	10	21420	3		122
富川瑶族自治县石家乡	8968	1	7	15265	6		37
富川瑶族自治县柳家乡	16383	1	9	19485	1		25
金城江区东江镇	19313	4	7	35140	59	9	41
金城江区六圩镇	22842	2	12	33141	25		35
金城江区六甲镇	8401	2	5	12260	11	1	4
金城江区河池镇	32598	2	14	26451	23	3	40
金城江区拔贡镇	19973	1	9	16667	3	1	25
金城江区九圩镇	46528	2	23	30858	10	1	3
金城江区五圩镇	16928	1	9	13463	10	4	11
金城江区白土乡	17869	1	10	19455	38	15	14
金城江区侧岭乡	16723	1	5	11439			6
金城江区保平乡	16063	1	7	12061	3		12
金城江区长老乡	19015	1	10	15124			29
宜州区庆远镇	31510	13	16	163195	249	46	156
宜州区三岔镇	12805	1	8	18039	1		3
宜州区洛西镇	12887	1	8	30639	53		44
宜州区怀远镇	23323	1	10	33979	56	5	23
宜州区德胜镇	34513	1	18	46975	105	3	82
宜州区石别镇	20244	1	10	34488	5	4	28
宜州区北山镇	15783	1	8	35171	2	1	40
宜州区刘三姐镇	36991	2	16	41598	11	1	26
宜州区洛东镇	10548	1	5	24142	11	1	14
宜州区祥贝乡	21134	1	14	20031	6		58
宜州区屏南乡	14692	1	6	27432	7		32
宜州区福龙瑶族乡	40012	1	14	38904	5		58
宜州区北牙瑶族乡	37019	2	17	61826	3	1	60
宜州区同德乡	16275	1	7	23160	10		28
宜州区安马乡	27900	1	11	24750	1		17
宜州区龙头乡	30077	2	12	42903	2		75
南丹县城关镇	39309	9	12	66398	133	9	440
南丹县大厂镇	25342	4	7	22643	10	7	6

续表 420　　广西壮族自治区　　单位：公顷、个、人

名　　称	行政区域面　　积	居民委员会(社区)个数	村民委员会个　　数	户籍人口	工业企业个　　数	#规模以上	营业面积50平方米以上的商店或超市个数
南丹县车河镇	16317	2	7	15991	28	12	49
南丹县芒场镇	37895	1	13	30427	19	2	10
南丹县六寨镇	64798	2	18	48175	28	4	20
南丹县月里镇	31830	1	9	25977	5		17
南丹县吾隘镇	27233	1	12	19158			6
南丹县罗富镇	44719	1	18	28488			44
南丹县中堡苗族乡	15830	1	5	9081	3	1	5
南丹县八圩瑶族乡	51043	3	15	32480	12	1	56
南丹县里湖瑶族乡	36177	2	12	30094			34
天峨县六排镇	41011	4	10	38273	194	16	53
天峨县向阳镇	65513		15	30219			42
天峨县岜暮乡	25473		14	14005	4	1	9
天峨县八腊瑶族乡	33337		9	22327			20
天峨县纳直乡	19915		5	7253			20
天峨县更新乡	31432		12	16991			43
天峨县下老乡	32786		8	16184			73
天峨县坡结乡	42003		10	14995			13
天峨县三堡乡	26901		8	16032			21
凤山县凤城镇	27315	3	11	41522	65	2	61
凤山县长洲镇	19479		12	23493			50
凤山县三门海镇	11030		7	14283	9	2	52
凤山县砦牙乡	16371		11	16478			8
凤山县乔音乡	34216		16	37036			58
凤山县金牙瑶族乡	23608		12	27199	3		57
凤山县中亭乡	11005		7	14730	3		31
凤山县平乐瑶族乡	17025		10	23193	2	1	41
凤山县江洲瑶族乡	10029		7	13150			49
东兰县东兰镇	26292	2	17	57222	99	9	147
东兰县隘洞镇	33026		21	42712	34	1	85
东兰县长乐镇	16812		10	21481	7		39
东兰县三石镇	29557		13	25934	11	3	14
东兰县武篆镇	19012		15	27409	2		14
东兰县长江镇	15335		10	24332			53
东兰县泗孟乡	13043		6	14610	4		29
东兰县兰木乡	16379		11	18087	4		53
东兰县巴畴乡	11946		8	15359	2		44
东兰县金谷乡	12834		8	12132	3		33
东兰县三弄瑶族乡	6654		5	5768			2
东兰县大同乡	15562		7	17164	2		13
东兰县花香乡	18422		11	20843	3		30
东兰县切学乡	8371		5	8922	4	1	34
罗城仫佬族自治县东门镇	38524	5	19	101424	380	21	52
罗城仫佬族自治县龙岸镇	37046	1	16	54529	3	1	28
罗城仫佬族自治县黄金镇	17639	1	7	24566	6	1	17
罗城仫佬族自治县小长安镇	25518	1	11	39990	3	2	18

续表 421　　广西壮族自治区　　单位：公顷、个、人

名　　称	行政区域面　积	居民委员会(社区)个数	村民委员会个　　数	户籍人口	工业企业个　　数	#规模以上	营业面积50平方米以上的商店或超市个数
罗城仫佬族自治县四把镇	28860	2	21	56521	10	1	12
罗城仫佬族自治县天河镇	19107	1	14	22439	3		20
罗城仫佬族自治县怀群镇	17119	1	9	23490	4		9
罗城仫佬族自治县宝坛乡	29638	1	7	21406	9	1	23
罗城仫佬族自治县乔善乡	14537	1	6	20619	3		12
罗城仫佬族自治县纳翁乡	16868	1	5	7016	2		9
罗城仫佬族自治县兼爱乡	19748	1	10	14484			19
环江毛南族自治县思恩镇	24304	2	10	47372	113	14	94
环江毛南族自治县水源镇	35499	2	11	41970	21		44
环江毛南族自治县洛阳镇	46760	3	12	48356	40	3	68
环江毛南族自治县川山镇	66441	2	15	47314	17	5	75
环江毛南族自治县明伦镇	45775	1	15	40943			5
环江毛南族自治县东兴镇	49514	1	10	25051	18		68
环江毛南族自治县大才乡	12839	1	6	13335			14
环江毛南族自治县下南乡	25387	1	6	18398			25
环江毛南族自治县大安乡	22087	1	6	21726			30
环江毛南族自治县长美乡	23817	1	5	16034			4
环江毛南族自治县龙岩乡	40999	1	12	23306	6	1	24
环江毛南族自治县驯乐苗族乡	58360	2	10	28253	14	5	25
巴马瑶族自治县巴马镇	27583	5	14	76297	18	15	55
巴马瑶族自治县甲篆镇	15712		11	29671	22	1	53
巴马瑶族自治县燕洞镇	22713		12	29336	4	1	59
巴马瑶族自治县那社乡	17668		7	18381			18
巴马瑶族自治县所略乡	34444		18	40215	11		11
巴马瑶族自治县西山乡	25360		16	23025			7
巴马瑶族自治县东山乡	12060		8	17298			43
巴马瑶族自治县凤凰乡	8855		5	11526	4		9
巴马瑶族自治县百林乡	11989		5	18412			32
巴马瑶族自治县那桃乡	21259		8	34527	6	3	2
都安瑶族自治县安阳镇	6153	8		61839	91	8	321
都安瑶族自治县高岭镇	28700	1	21	82711	28	1	84
都安瑶族自治县地苏镇	25303	1	17	76495	54	4	123
都安瑶族自治县下坳镇	35353	2	19	46242	6		194
都安瑶族自治县拉烈镇	31623	2	18	39034	5		27
都安瑶族自治县百旺镇	23047	1	9	33145	11	2	33
都安瑶族自治县澄江镇	20604	3	13	63563	71	14	117
都安瑶族自治县大兴镇	16671		13	37362	7		59
都安瑶族自治县拉仁镇	18987		9	29637			43
都安瑶族自治县永安镇	20006		13	29009			7
都安瑶族自治县东庙乡	15723		12	30565	13		58
都安瑶族自治县隆福乡	15550		9	22839			74
都安瑶族自治县保安乡	22668		11	33571			4
都安瑶族自治县板岭乡	28403		13	36639	6		75
都安瑶族自治县三只羊乡	26582		14	19527	3		39
都安瑶族自治县龙湾乡	16585		11	15661	1	1	21

续表 422　　广西壮族自治区　　单位：公顷、个、人

名　　称	行政区域面　　积	居民委员会(社区)个数	村民委员会个　　数	户籍人口	工业企业个　　数	#规模以上	营业面积50平方米以上的商店或超市个数
都安瑶族自治县菁盛乡	21740		13	23253			23
都安瑶族自治县加贵乡	18161		11	21688			55
都安瑶族自治县九渡乡	16917		9	21602			46
大化瑶族自治县大化镇	27206	9	13	104117	158	13	292
大化瑶族自治县都阳镇	17412	1	6	26521	9	1	17
大化瑶族自治县岩滩镇	18744	2	6	34001	37	3	6
大化瑶族自治县北景镇	20586	1	9	32958	1		5
大化瑶族自治县共和乡	12360		10	22538	3		40
大化瑶族自治县贡川乡	10921		8	18662			3
大化瑶族自治县百马乡	13269		10	22100	2		8
大化瑶族自治县古河乡	5763		6	7939			7
大化瑶族自治县古文乡	9747		8	12668	2		17
大化瑶族自治县江南乡	16843		13	34521	2		18
大化瑶族自治县羌圩乡	12534		6	23054	5		72
大化瑶族自治县乙圩乡	11972		5	18532	10	1	23
大化瑶族自治县板升乡	30193		13	35484	2		157
大化瑶族自治县七百弄乡	20229		10	21350			13
大化瑶族自治县雅龙乡	26482		13	41084			120
大化瑶族自治县六也乡	20740		11	30072			14
兴宾区凤凰镇	41390	5	18	93223	138	22	55
兴宾区良江镇	20150	2	11	54929	165	56	113
兴宾区小平阳镇	21857	2	10	61907	24	4	38
兴宾区迁江镇	46380	1	19	79104	75	15	64
兴宾区石陵镇	15640	1	11	36599	42	8	85
兴宾区平阳镇	30420	1	21	57181	35	1	11
兴宾区蒙村镇	28225	2	13	59356	66	8	19
兴宾区大湾镇	14278	1	7	39371	58		37
兴宾区桥巩镇	20570		11	43932	36	2	62
兴宾区寺山镇	19680	1	16	63264	57	1	48
兴宾区城厢镇	17500	1	10	41210	106	23	46
兴宾区三五镇	21600	1	14	60770	28	11	22
兴宾区陶邓镇	20120	1	12	44908	25	1	52
兴宾区石牙镇	13520	1	9	43678	36	4	21
兴宾区五山镇	13420		9	37344	15		26
兴宾区良塘镇	23861		10	36975	10		16
兴宾区七洞乡	18700		8	22198	8	1	10
兴宾区南泗乡	17600		10	39893	15		83
兴宾区高安乡	8620		7	19929	7		12
兴宾区正龙乡	8700		6	29458	10	1	17
忻城县城关镇	41623	4	21	91565	152	11	57
忻城县大塘镇	30520	1	12	53440	23	1	15
忻城县思练镇	37900	2	15	54922	35	2	25
忻城县红渡镇	22186	1	11	38939	19	1	27
忻城县古蓬镇	14347	1	11	35770	12		16
忻城县果遂镇	16103	1	7	29603	7		23

续表 423　　广西壮族自治区　　单位：公顷、个、人

名　　称	行政区域面积	居民委员会(社区)个数	村民委员会个数	户籍人口	工业企业个数	#规模以上	营业面积50平方米以上的商店或超市个数
忻城县马泗乡	18627		6	20565	6	1	9
忻城县欧洞乡	17360		4	16300	5		15
忻城县安东乡	11878		5	21073	3		7
忻城县新圩乡	6427		4	14179			15
忻城县遂意乡	15762		11	23782	11	1	20
忻城县北更乡	19460		14	27483	3		14
象州县象州镇	20286	5	9	48890	33	32	94
象州县石龙镇	13399	1	7	26944	105	19	36
象州县运江镇	26476	1	17	43164			28
象州县寺村镇	23998	1	14	50346	22	8	32
象州县中平镇	9791	1	8	33466	7		17
象州县罗秀镇	12904	1	9	29695	16	1	47
象州县大乐镇	12695	1	10	28113	6	3	11
象州县马坪镇	21702	1	10	39410	28	11	92
象州县妙皇乡	20776		12	25840	1		12
象州县百丈乡	7477		7	19330	6		10
象州县水晶乡	17656		8	23130	1		20
武宣县武宣镇	20341	8	17	78990	311	48	140
武宣县桐岭镇	18825		16	61441	12	4	19
武宣县通挽镇	8857		11	43022	15	2	67
武宣县东乡镇	22375		24	54360	21		10
武宣县三里镇	19360		15	44916	25	1	20
武宣县二塘镇	31960		22	51789	29	6	71
武宣县黄茆镇	12417		8	27575	9		8
武宣县禄新镇	12711		12	44253	19	4	37
武宣县思灵镇	8520		9	27836	7	3	20
武宣县金鸡乡	15040		8	20930	14	3	20
金秀瑶族自治县金秀镇	30322	2	7	17890	74	3	20
金秀瑶族自治县桐木镇	20484	1	14	51524	116	18	83
金秀瑶族自治县头排镇	10742	1	4	20587	38	6	21
金秀瑶族自治县三角乡	18444		6	5762	4		
金秀瑶族自治县忠良乡	33635		11	11103	14		6
金秀瑶族自治县罗香乡	29122		9	13677			13
金秀瑶族自治县长垌乡	19652		7	5584	1		8
金秀瑶族自治县大樟乡	37673		8	12275	10		7
金秀瑶族自治县六巷乡	26254		5	5514	3	1	7
金秀瑶族自治县三江乡	20976		6	10548	8	2	1
合山市岭南镇	9800	5	8	69342	94	11	59
合山市北泗镇	14128		11	31456	28	4	15
合山市河里镇	13042		10	29683	15	4	35
江州区新和镇	21700	1	8	20139	35	12	20
江州区濑湍镇	17477	1	10	28812	2		17
江州区江州镇	27911	1	11	50817			22
江州区左州镇	21017	1	12	40858			55
江州区那隆镇	35375	1	14	38929			11

续表 424　　广西壮族自治区　　单位：公顷、个、人

名　　称	行政区域面　　积	居民委员会(社区)个数	村民委员会个　　数	户籍人口	工业企业个　　数	#规模以上	营业面积50平方米以上的商店或超市个数
江州区驮卢镇	44308	3	17	62894	71	2	16
江州区罗白乡	15960	1	8	29091	5	1	7
江州区板利乡	10700	1	5	14893			3
扶绥县新宁镇	14479	7	7	86105	208	39	129
扶绥县渠黎镇	32238	1	16	58155	88	37	57
扶绥县渠旧镇	16539	1	10	28801	2		6
扶绥县柳桥镇	29956	1	12	31431	34	3	58
扶绥县东门镇	37760	2	15	43737	75	17	4
扶绥县山圩镇	29799	2	11	36047	131	74	5
扶绥县中东镇	38892	1	14	39719	25	2	45
扶绥县东罗镇	21364	1	9	26248	11	2	16
扶绥县龙头乡	14862	1	8	34340	11	1	29
扶绥县岜盆乡	18268		8	31219	6		25
扶绥县昌平乡	18066	1	9	26649	5	3	30
宁明县城中镇	22082	8	11	75147	82	13	29
宁明县爱店镇	8371	2	2	10606			15
宁明县明江镇	18753	1	12	40563	16	1	6
宁明县海渊镇	21763	2	15	44436	7	1	66
宁明县桐棉镇	65468	1	16	42179	4	1	58
宁明县那堪镇	29926	1	17	43405			32
宁明县亭亮镇	34661	1	12	36645			50
宁明县寨安乡	23353	1	13	24726			61
宁明县峙浪乡	27788	1	8	24243			38
宁明县东安乡	14508	1	7	20070			9
宁明县板棍乡	24034	1	7	22281			29
宁明县北江乡	17890	1	10	24140	4		29
宁明县那楠乡	55379	1	12	25447			85
龙州县龙州镇	17404	11	10	57244	91	14	138
龙州县下冻镇	17164	2	9	21975	7	2	21
龙州县水口镇	21135	2	10	25933	34	5	11
龙州县金龙镇	20212		15	29344	8		49
龙州县响水镇	20655	1	9	15082	3	1	8
龙州县八角乡	8932		7	11385	4		4
龙州县上降乡	9323		8	12003	3		19
龙州县彬桥乡	17231	1	12	19913	2		19
龙州县上龙乡	23680		8	20188	11	8	23
龙州县武德乡	23772		8	20086	9	1	24
龙州县逐卜乡	24896		11	18633			24
龙州县上金乡	26703		10	21332	3	1	26
大新县桃城镇	24243	4	11	73372	179	18	188
大新县全茗镇	17626	1	7	27751	15	1	11
大新县雷平镇	37567	1	22	53480	24	2	171
大新县硕龙镇	16935	1	9	13578	9		14
大新县下雷镇	25290	2	12	26208	56	10	17
大新县五山乡	14430	1	8	21328	1		20

续表 425　　广西壮族自治区、海南省　　单位：公顷、个、人

名　　称	行政区域面　　积	居民委员会(社区)个数	村民委员会个　　数	户籍人口	工业企业个　　数	#规模以上	营业面积50平方米以上的商店或超市个数
大新县龙门乡	14973	1	7	19071	5		13
大新县昌明乡	13709	1	7	20347	5		10
大新县福隆乡	14409	1	5	17028	7		3
大新县那岭乡	17956	1	9	17341			8
大新县恩城乡	14199	1	7	16235	2		9
大新县榄圩乡	36213	1	14	32920	9		14
大新县宝圩乡	11268	1	5	18656	5		33
大新县堪圩乡	12800	1	6	18940	6		42
天等县天等镇	21231	4	12	74785	60	13	425
天等县龙茗镇	17432	1	6	24552	4		23
天等县进结镇	21626	1	12	42140	5	1	34
天等县向都镇	23187	1	13	55103			16
天等县东平镇	12982	1	7	26060	1		4
天等县福新镇	28071	1	12	33644			5
天等县都康乡	13429		10	33860	4		2
天等县宁干乡	9325		6	23788	2		3
天等县驮堪乡	21523		11	41114	4		5
天等县进远乡	6488		4	12642			5
天等县上映乡	16884		10	40942	6	1	10
天等县把荷乡	14606		8	29541	1		17
天等县小山乡	9709		5	15360			9
凭祥市凭祥镇	6602	5	5	48647	66	27	11
凭祥市友谊镇	16334	2	9	19994	12	3	29
凭祥市上石镇	18169	1	8	20070	14	4	34
凭祥市夏石镇	23392	1	9	27969	49	25	7
海南省							
秀英区长流镇	4830	4	12	52242	32	11	48
秀英区西秀镇	6800	2	10	89890	35	6	118
秀英区海秀镇	1970	2	6	21911	16		112
秀英区石山镇	13553	1	11	46681	9	8	16
秀英区永兴镇	11218	1	8	37524			27
秀英区东山镇	13109	3	21	71962	1		72
龙华区城西镇	3922	14	6	90235	95	30	258
龙华区龙桥镇	5006	1	8	27969	16		25
龙华区新坡镇	5412		13	38903			7
龙华区遵谭镇	5657		7	28034			17
龙华区龙泉镇	7357	1	17	49618	5	1	79
琼山区龙塘镇	3906	1	10	38092	7		6
琼山区云龙镇	7923	1	7	19645	14	4	12
琼山区红旗镇	12407	1	11	29306	5		15
琼山区三门坡镇	21900	3	12	46216	13		23
琼山区大坡镇	13064	2	5	26780			16
琼山区甲子镇	15238	1	17	39081	23		15
琼山区旧州镇	12600	1	10	32512			15
美兰区灵山镇	11230	2	22	94610	2		186

续表 426　　海南省　　单位：公顷、个、人

名　　称	行政区域面　　积	居民委员会(社区)个数	村民委员会个　　数	户籍人口	工业企业个　　数	#规模以上	营业面积50平方米以上的商店或超市个数
美兰区演丰镇	12651	1	13	29269	14	2	48
美兰区三江镇	12262	2	8	27871	21	3	39
美兰区大致坡镇	11394	3	10	27273	28		10
儋州市那大镇	30180	13	20	184360	31	3	777
儋州市和庆镇	16540	2	10	37878	3	2	36
儋州市南丰镇	22859	1	10	31212	2	1	22
儋州市大成镇	33362	4	20	89892	4	1	98
儋州市雅星镇	52193	10	20	77454	5	3	64
儋州市兰洋镇	32689	2	14	30469	6	2	29
儋州市光村镇	16492	3	10	52476	2		11
儋州市木棠镇	15833		25	67619	12	6	2
儋州市海头镇	18199	4	10	48011	11	1	77
儋州市峨蔓镇	9105		13	31874	1		15
儋州市王五镇	14162	1	8	31401	4	3	41
儋州市白马井镇	8349	6	15	70337	28	4	142
儋州市中和镇	5510	1	11	45747	1		17
儋州市排浦镇	14259	2	7	26565	7	1	46
儋州市东成镇	22943	1	19	69857	12	3	51
儋州市新州镇	7900	11	19	89591	1		32
五指山市通什镇	21463	4	16	63885	32	2	36
五指山市南圣镇	15280		6	10058	4		5
五指山市毛阳镇	23650		13	14999	6	2	5
五指山市番阳镇	12330		5	9874			7
五指山市畅好乡	15867		10	5665	1		7
五指山市毛道乡	11310		4	5603			8
五指山市水满乡	10806		5	4586	2	1	38
琼海市嘉积镇	13630	14	33	150499	60	7	203
琼海市万泉镇	15883	2	16	38100	3	1	65
琼海市石壁镇	17010	1	7	24279			27
琼海市中原镇	10400		22	32822	30	4	23
琼海市博鳌镇	8696		17	31332	2		65
琼海市阳江镇	10757		15	27343	2		56
琼海市龙江镇	5100		9	23308	2		36
琼海市潭门镇	8950		14	32665	9		38
琼海市塔洋镇	6900		15	30558	7	2	87
琼海市长坡镇	16903		21	52897	8	1	84
琼海市大路镇	13817	1	15	40491	3		52
琼海市会山镇	29233	2	5	30773	1		8
文昌市文城镇	32280	16	38	136000	12	11	225
文昌市重兴镇	13192	2	13	31511	9		52
文昌市蓬莱镇	12100	1	9	17997	2	1	34
文昌市会文镇	13660	1	14	30723	46	1	54
文昌市东路镇	10338	3	10	26012	9	7	27
文昌市潭牛镇	14099	3	13	35390	23	3	59
文昌市东阁镇	10911	2	14	23882	3		32

续表 427　　　　海南省　　　　单位：公顷、个、人

名　　称	行政区域面　　积	居民委员会(社区)个数	村民委员会个　　数	户籍人口	工业企业个　　数	#规模以上	营业面积50平方米以上的商店或超市个数
文昌市文教镇	7684	1	13	23893	4		10
文昌市东郊镇	9418	1	15	50099	49	1	37
文昌市龙楼镇	9800	2	9	25661	4	1	10
文昌市昌洒镇	19062	1	10	18345	5	1	17
文昌市翁田镇	26487	2	14	35354	6	2	10
文昌市抱罗镇	12593	1	10	17053	4		3
文昌市冯坡镇	9761	1	9	13839	2		12
文昌市锦山镇	20547	2	21	53697	15	1	47
文昌市铺前镇	13470	1	11	44330	11	2	25
文昌市公坡镇	8460	1	6	11844			12
万宁市万城镇	10890	18	24	155478	15	9	1073
万宁市龙滚镇	15200		17	24616	9	1	7
万宁市和乐镇	8084	2	20	68863	18	1	77
万宁市后安镇	9622		23	56306	18	2	36
万宁市大茂镇	5210		11	29629	40		19
万宁市东澳镇	9348	3	16	49928	4		31
万宁市礼纪镇	13017		15	46132	21	7	38
万宁市长丰镇	10600	1	12	45964	7	2	44
万宁市山根镇	6000		9	14712	1		7
万宁市北大镇	53755	2	19	54554			34
万宁市南桥镇	27800	1	7	30226			26
万宁市三更罗镇	26700	1	11	31411	5		13
东方市八所镇	30300	14	31	170470	374	10	105
东方市东河镇	32300	1	19	32832	8	3	76
东方市大田镇	19774	1	24	32639			13
东方市感城镇	21863	1	15	56444	4	1	41
东方市板桥镇	30369		21	38975	40	1	34
东方市三家镇	17282		14	40041			44
东方市四更镇	8009		20	38143	18		20
东方市新龙镇	11020		9	22322			10
东方市天安乡	27248		15	13135			5
东方市江边乡	19853		10	6839			8
定安县定城镇	14582	13	21	96316	98	25	147
定安县新竹镇	7926		7	20821	6		61
定安县龙湖镇	9900	1	11	20122	8	1	10
定安县黄竹镇	17848	1	8	33801	3	1	10
定安县雷鸣镇	12944		11	34944	6	1	35
定安县龙门镇	10300		12	25081	3		50
定安县龙河镇	12003	1	13	34819	12	2	23
定安县岭口镇	6500		9	26692	5		92
定安县翰林镇	14954	1	6	29046	9		18
定安县富文镇	11672	1	10	25719	8		3
屯昌县屯城镇	20429	9	20	88980	55	7	60
屯昌县新兴镇	13885	1	12	31041	7		32
屯昌县枫木镇	9458	2	9	23429	4		36

续表 428　　海南省　　单位：公顷、个、人

名　称	行政区域面积	居民委员会(社区)个数	村民委员会个数	户籍人口	工业企业个数	#规模以上	营业面积50平方米以上的商店或超市个数
屯昌县乌坡镇	7896	1	11	22223	4		9
屯昌县南吕镇	8375	1	14	32481	5		16
屯昌县南坤镇	35263	2	25	61945	7		40
屯昌县坡心镇	15659	2	8	29779	25	3	4
屯昌县西昌镇	11434	2	5	17385	7		9
澄迈县金江镇	37398	18	44	166219	12	3	174
澄迈县老城镇	14913	3	15	63304	259	58	91
澄迈县瑞溪镇	7352	2	14	37781	9		6
澄迈县永发镇	12664	2	17	45958	8	1	36
澄迈县加乐镇	11909	1	10	25585	1		12
澄迈县文儒镇	17177	1	13	45155	4	1	27
澄迈县中兴镇	25367	2	11	36899	3	2	32
澄迈县仁兴镇	33979	3	6	48965	3	1	16
澄迈县福山镇	25115	2	7	42251	9	2	45
澄迈县桥头镇	8030	1	7	26386	2		27
澄迈县大丰镇	11145	12		20427	7	1	49
临高县临城镇	16640	7	33	136320	4	1	230
临高县波莲镇	11806	1	12	32029	2	1	35
临高县东英镇	8330	1	12	28818			27
临高县博厚镇	17440	2	20	45434	20		39
临高县皇桐镇	18830	3	16	32134			52
临高县多文镇	23788	3	13	43385	3	1	146
临高县和舍镇	13910	1	10	23631	7		182
临高县南宝镇	10696		9	14177	3	2	27
临高县新盈镇	5200	1	14	56422			34
临高县调楼镇	4960	3	16	56109			34
临高县加来镇	10632	4	3	33092	1		72
白沙黎族自治县牙叉镇	26448	5	14	55532	27	3	327
白沙黎族自治县七坊镇	48311	4	14	46530	14	2	62
白沙黎族自治县邦溪镇	14040	2	6	14405	9	4	24
白沙黎族自治县打安镇	21078	2	8	18786	6		15
白沙黎族自治县细水乡	25298	1	4	5869			22
白沙黎族自治县元门乡	18246	1	6	7205	1		5
白沙黎族自治县南开乡	34899		4	4742			7
白沙黎族自治县阜龙乡	6420		4	5759			7
白沙黎族自治县青松乡	24879		6	9686			10
白沙黎族自治县金波乡	11623	1	3	10147			3
白沙黎族自治县荣邦乡	23581	2	6	17571	1		13
昌江黎族自治县石碌镇	29664	10	12	90742	141	9	42
昌江黎族自治县叉河镇	10039	1	7	14904	17	13	10
昌江黎族自治县十月田镇	24774	1	11	29588	4	1	20
昌江黎族自治县乌烈镇	8900		7	34296			7
昌江黎族自治县昌化镇	12587	2	12	28722	1		29
昌江黎族自治县海尾镇	20260	3	12	34642	1	1	66
昌江黎族自治县七叉镇	12813		9	19217			3

续表 429　　海南省、重庆市　　单位：公顷、个、人

名　　称	行政区域面　　积	居民委员会(社区)个数	村民委员会个　　数	户籍人口	工业企业个　　数	#规模以上	营业面积50平方米以上的商店或超市个数
昌江黎族自治县王下乡	34500		4	3350			
乐东黎族自治县抱由镇	42446	4	26	76429	4	1	50
乐东黎族自治县万冲镇	30799	1	15	32945	3	1	27
乐东黎族自治县大安镇	13737		15	30812			14
乐东黎族自治县志仲镇	33100	1	12	41487			65
乐东黎族自治县千家镇	16500	2	19	47598	18	2	102
乐东黎族自治县九所镇	19870	1	15	57960	7	3	60
乐东黎族自治县利国镇	25743	3	22	84075	1		69
乐东黎族自治县黄流镇	14212	1	22	76359	3		117
乐东黎族自治县佛罗镇	8900	1	16	41698			39
乐东黎族自治县尖峰镇	20500		11	30694	3	1	27
乐东黎族自治县莺歌海镇	1204	6		21914	1	1	5
陵水黎族自治县椰林镇	7250	8	15	111121			53
陵水黎族自治县光坡镇	17175	1	7	40095	3		182
陵水黎族自治县三才镇	4319		6	16079			55
陵水黎族自治县英州镇	12900		17	47257	3	1	122
陵水黎族自治县隆广镇	8400		9	21433	1	1	16
陵水黎族自治县文罗镇	5200		6	16345	2		22
陵水黎族自治县本号镇	18700		22	32763			110
陵水黎族自治县新村镇	5400	1	9	34393	2		63
陵水黎族自治县黎安镇	4280		6	21003			119
陵水黎族自治县提蒙乡	4677		6	19019	3	2	29
陵水黎族自治县群英乡	14437	1	4	23708			14
保亭黎族苗族自治县保城镇	25848	3	8	38340	7		21
保亭黎族苗族自治县什玲镇	17688		12	15434			11
保亭黎族苗族自治县加茂镇	23341	1	6	25231			10
保亭黎族苗族自治县响水镇	25128	2	8	24954	11	1	8
保亭黎族苗族自治县新政镇	17210		10	14452			18
保亭黎族苗族自治县三道镇	10036	1	4	19235			28
保亭黎族苗族自治县六弓乡	8173		5	7361			11
保亭黎族苗族自治县南林乡	5982		3	5809			5
保亭黎族苗族自治县毛感乡	12752		4	4071	2		12
琼中黎族苗族自治县营根镇	35227	5	16	57240	81	2	139
琼中黎族苗族自治县湾岭镇	32678	3	18	33583	32	3	38
琼中黎族苗族自治县黎母山镇	44940	4	12	44766	30	3	40
琼中黎族苗族自治县和平镇	30381	2	9	14047			36
琼中黎族苗族自治县长征镇	17905	2	9	13061			7
琼中黎族苗族自治县红毛镇	26896	2	11	12920	1		8
琼中黎族苗族自治县中平镇	24794	2	6	15514	4	1	25
琼中黎族苗族自治县吊罗山乡	20554	2	6	8831			21
琼中黎族苗族自治县上安乡	20663	1	7	7130	4		15
琼中黎族苗族自治县什运乡	16379		6	5599	3		9
重庆市							
万州区小周镇	2678	1	5	10811	8	1	10
万州区大周镇	2433	1	5	13728	6	1	26

续表 430　　重庆市　　单位：公顷、个、人

名　称	行政区域面积	居民委员会(社区)个数	村民委员会个数	户籍人口	工业企业个数	#规模以上	营业面积50平方米以上的商店或超市个数
万州区新乡镇	4330	1	5	11133	1		11
万州区孙家镇	4620	1	7	14792	16	1	8
万州区龙沙镇	6850	3	12	36707	24		34
万州区响水镇	6208	2	9	22464	7		9
万州区武陵镇	8070	3	12	31815	11		14
万州区瀼渡镇	3640	1	6	12574	1		11
万州区甘宁镇	10480	3	25	52947	26	1	47
万州区熊家镇	8250	2	10	36499	15		46
万州区高梁镇	10090	4	14	48838	59	6	15
万州区李河镇	7717	3	14	36436	42	7	40
万州区分水镇	22090	8	18	92349	68	3	29
万州区余家镇	13895	5	17	53858	21		33
万州区后山镇	7830	1	11	29301	9		24
万州区弹子镇	7403	2	9	22500	10		9
万州区长岭镇	9940	4	11	38402	24		22
万州区新田镇	15348	5	9	48718	60	3	20
万州区白羊镇	9849	5	12	48970	50		32
万州区龙驹镇	24790	5	16	50504	35	1	38
万州区走马镇	17649	3	16	47410	18		22
万州区罗田镇	8218	3	11	30254	12		22
万州区太龙镇	5688	2	8	22186	6	1	23
万州区长滩镇	12780	3	11	29649	19		30
万州区太安镇	6868	2	8	29811	14		17
万州区白土镇	6630	1	9	24343	17		24
万州区郭村镇	5739	2	11	22601	1		10
万州区柱山乡	5388	1	9	15299			15
万州区铁峰乡	5146	1	6	13783	13		11
万州区溪口乡	4464	1	4	9559			4
万州区长坪乡	4430	1	4	10459	2		6
万州区燕山乡	5640	1	4	11450	2		11
万州区梨树乡	4857	1	3	7173	4		6
万州区普子乡	8570	1	7	14490	1		12
万州区地宝土家族乡	3928	1	3	7735	2		4
万州区恒合土家族乡	8400	1	13	26886	11	1	74
万州区黄柏乡	3206	1	5	12798	3		7
万州区茨竹乡	4380	1	5	9481	4		14
涪陵区南沱镇	6801	1	11	36322	13	7	24
涪陵区青羊镇	10762	2	9	24674	10	4	21
涪陵区百胜镇	14739	1	19	46363	90	12	42
涪陵区珍溪镇	18446	3	25	80099	55	6	23
涪陵区清溪镇	7919	1	9	31917	26	9	21
涪陵区焦石镇	16637	3	11	29955	34	1	28
涪陵区马武镇	16344	2	17	38170	48	5	50
涪陵区龙潭镇	12918	2	20	45077	15	5	33
涪陵区新妙镇	13912	1	22	44741	34	6	150

续表 431　　重庆市　　单位：公顷、个、人

名　　称	行政区域面积	居民委员会(社区)个数	村民委员会个数	户籍人口	工业企业个数	#规模以上	营业面积50平方米以上的商店或超市个数
涪陵区石沱镇	10227	1	13	32804	6	1	22
涪陵区同乐镇	9754	1	13	23839	16	3	27
涪陵区大顺镇	9669	1	10	23115			15
涪陵区增福镇	8189		9	18783	11		5
涪陵区罗云镇	7255	1	8	17585	9	1	5
涪陵区大木乡	9250	1	5	4166			12
涪陵区武陵山乡	12754	1	6	8724	7	1	7
大渡口区八桥镇	2049	10	10	30322	245	11	11
大渡口区建胜镇	1606	6	6	23385	76	8	4
大渡口区跳磴镇	4968	5	15	28740	113	28	14
江北区鱼嘴镇	3967	6	1	32593	77	55	11
江北区五宝镇	4280	1	7	13729	6		4
沙坪坝区青木关镇	3227	2	5	23095	142	23	15
沙坪坝区凤凰镇	3170	1	7	22075	266	22	13
沙坪坝区回龙坝镇	3910	2	10	29720	275	9	9
沙坪坝区曾家镇	3403	6	6	46405	99	25	74
沙坪坝区中梁镇	4037	1	6	18752	32	7	14
九龙坡区华岩镇	2550	9	3	57811	211	16	28
九龙坡区含谷镇	2950	1	9	23565	100	34	25
九龙坡区金凤镇	3694	3	6	22886	185	42	20
九龙坡区白市驿镇	5195	4	11	53209	264	62	38
九龙坡区走马镇	3659	1	10	23046	88	9	8
九龙坡区石板镇	2311	1	5	11523	48	6	7
九龙坡区巴福镇	1815	3	6	15278	274	29	5
九龙坡区陶家镇	4250	1	8	21946	142	29	15
九龙坡区西彭镇	8820	5	23	102610	430	48	141
九龙坡区铜罐驿镇	2331	2	7	25008	55	7	20
南岸区涂山镇	890	10	1	79775	33	1	24
南岸区鸡冠石镇	890	3	1	10026	38	4	5
南岸区峡口镇	930	1	6	14623	6		4
南岸区长生桥镇	5655	7	12	92264	367	114	40
南岸区迎龙镇	4570	1	11	23369	30	5	5
南岸区广阳镇	3712	2	8	20596	27	3	3
北碚区澄江镇	6387	2	11	32518	132	12	5
北碚区童家溪镇	2272	3	2	16191	175	38	6
北碚区天府镇	5267	1	8	25096	53	4	9
北碚区施家梁镇	1900	1	4	8828	149	11	4
北碚区静观镇	7250	2	15	51965	50	1	16
北碚区柳荫镇	6383	1	7	22386	10	1	2
北碚区三圣镇	6122	2	10	24880	5	3	9
北碚区金刀峡镇	7419	1	8	14834			14
綦江区万东镇	5599	11	8	58106	75	17	8
綦江区南桐镇	6440	8	10	57482	41	31	5
綦江区青年镇	5550	1	6	23500	62	6	9
綦江区关坝镇	7878	2	8	26615	20	10	12

续表 432 重庆市 单位：公顷、个、人

名称	行政区域面积	居民委员会(社区)个数	村民委员会个数	户籍人口	工业企业个数	#规模以上	营业面积50平方米以上的商店或超市个数
綦江区丛林镇	5683	2	6	6167	14	3	3
綦江区石林镇	9428	2	8	11381	15	1	12
綦江区金桥镇	6800	1	6	17026	14		3
綦江区黑山镇	9865	2	4	10131	12	1	9
綦江区石角镇	16410	2	32	56632	32	2	60
綦江区东溪镇	15374	4	20	75972	26		39
綦江区赶水镇	19823	5	21	62277	46	1	31
綦江区打通镇	11767	6	11	45744	23	3	48
綦江区石壕镇	10630	5	15	44349	10		12
綦江区永新镇	23102	3	30	67010	30	2	15
綦江区三角镇	10600	2	19	45085	28	3	9
綦江区隆盛镇	13000	1	17	34561	23	4	19
綦江区郭扶镇	15700	1	21	45387	11		23
綦江区篆塘镇	7022	2	14	26536	28	4	4
綦江区丁山镇	3300	1	7	11105	2	1	12
綦江区安稳镇	9800	5	10	39377	21	4	53
綦江区扶欢镇	6378	1	15	34569	36	3	26
綦江区永城镇	6298	1	8	23546	35	9	29
綦江区中峰镇	8000	1	5	16648	3		12
綦江区横山镇	4500	1	6	13709	3		8
大足区龙水镇	9863	15	13	116565	2425	164	26
大足区宝顶镇	6378	2	8	31464	12		26
大足区中敖镇	10873	7	14	60554	62		19
大足区三驱镇	7800	6	12	55962	32	6	40
大足区宝兴镇	5169	3	7	33815	32	9	30
大足区玉龙镇	5107	5	6	24308	145	4	32
大足区石马镇	5152	2	7	33877	52	4	13
大足区拾万镇	4458	2	8	28962	23		7
大足区回龙镇	5136	1	7	24552	1		4
大足区金山镇	3421	2	6	23173	14	1	17
大足区万古镇	6646	4	11	58917	159	38	91
大足区国梁镇	3890	1	7	22929	1		7
大足区雍溪镇	3992	1	7	31660	8	3	22
大足区珠溪镇	10330	2	18	58064	22	2	87
大足区龙石镇	3090	1	7	22386	6		18
大足区邮亭镇	9101	2	15	58181	147	41	23
大足区铁山镇	5996	2	12	32316	26		25
大足区高升镇	4900	1	8	26196	6		42
大足区季家镇	5353	1	7	21347	6		15
大足区古龙镇	1709	1	5	10400	32	3	8
大足区高坪镇	5104	1	7	26071			31
渝北区玉峰山镇	6112	1	10	29864	92	16	9
渝北区龙兴镇	11131	14	4	65428	125	46	43
渝北区统景镇	11730	2	21	44184	10		9
渝北区大湾镇	11771	2	23	40824	10		9

续表 433　　重庆市　　单位：公顷、个、人

名　　称	行政区域面　　积	居民委员会(社区)个数	村民委员会个　　数	户籍人口	工业企业个　　数	#规模以上	营业面积50平方米以上的商店或超市个数
渝北区兴隆镇	9350	2	15	34155	4	1	22
渝北区木耳镇	8274	7	11	35239	70	7	54
渝北区茨竹镇	11279	2	16	33998	11		22
渝北区古路镇	9296	1	15	34843	34	1	5
渝北区石船镇	12970	3	21	62125	19		6
渝北区大盛镇	10376	2	16	39727	1		15
渝北区洛碛镇	9534	5	16	47948	16	1	16
巴南区界石镇	6840	7	6	47265	389	83	35
巴南区安澜镇	12224	4	14	33210	8	1	6
巴南区圣灯山镇	13624	3	11	32965	9	2	5
巴南区木洞镇	10430	4	14	41368	260	17	16
巴南区双河口镇	6200	1	7	17644	4	1	15
巴南区麻柳嘴镇	7794	2	10	26106	21	2	13
巴南区丰盛镇	6900	1	8	18708	10	1	4
巴南区二圣镇	5996	1	6	20182	10	1	5
巴南区东温泉镇	12270	4	14	33994	9		15
巴南区姜家镇	8036	1	7	19583	9	4	8
巴南区天星寺镇	4610	1	5	11310			
巴南区接龙镇	18820	3	17	55487	12		22
巴南区石滩镇	5209	1	4	14651	5		3
巴南区石龙镇	10443	2	9	27467	10		4
黔江区阿蓬江镇	17225	3	10	26036	15	3	56
黔江区石会镇	12700	3	6	21117	14		13
黔江区黑溪镇	9500	2	4	21217	6		23
黔江区黄溪镇	6632	1	6	14447	2		18
黔江区黎水镇	8072	1	5	13548	5		23
黔江区金溪镇	8420	1	7	14349	7		62
黔江区马喇镇	14660	1	7	18140	19		16
黔江区濯水镇	9700	5	4	28835	1		31
黔江区石家镇	9321	1	9	14167	3		14
黔江区鹅池镇	7212	2	6	12698	15		65
黔江区小南海镇	11330	1	7	9606	5		13
黔江区邻鄂镇	4984	2	4	14486	14		11
黔江区白石镇	8957	1	7	17855	2		31
黔江区中塘镇	8164	2	3	17565	8		19
黔江区沙坝镇	7900	2	5	16319	2		38
黔江区太极镇	6400	1	6	12762	15		30
黔江区五里镇	4349	1	5	12377			17
黔江区水市镇	9676	1	7	11149	2		10
黔江区蓬东乡	3494	1	4	9247	9	1	21
黔江区杉岭乡	5347	2	4	10016	7		28
黔江区水田乡	3184	1	3	8739	3	1	13
黔江区白土乡	6647	1	4	7680			13
黔江区金洞乡	9626	1	5	11556			29
黔江区新华乡	7200	1	6	10901	1		17

续表 434　　重庆市　　单位：公顷、个、人

名　　称	行政区域面积	居民委员会(社区)个数	村民委员会个数	户籍人口	工业企业个数	#规模以上	营业面积50平方米以上的商店或超市个数
长寿区邻封镇	5788	1	10	32214			9
长寿区但渡镇	5735	1	8	15609	7		2
长寿区云集镇	11532	1	11	33884	15		16
长寿区长寿湖镇	10450	1	13	46949	18	3	6
长寿区双龙镇	5700	1	11	37055	26	1	10
长寿区龙河镇	8990	1	17	46389			14
长寿区石堰镇	10720	1	20	58567	38		36
长寿区云台镇	8900	1	13	50442	35	3	12
长寿区海棠镇	4600		9	31238	4	3	6
长寿区葛兰镇	11090	1	21	65757	79	31	28
长寿区洪湖镇	10300	1	14	36820	37		25
长寿区万顺镇	5525	1	8	28310			18
江津区油溪镇	15327	5	9	73614	95	3	89
江津区吴滩镇	8081	1	8	37727	40	1	45
江津区石门镇	8464	1	5	41623	30		23
江津区朱杨镇	5801	3	3	31641	12		50
江津区石蟆镇	20875	3	16	97776	30		29
江津区永兴镇	14176	1	8	43619	20		35
江津区塘河镇	6142	1	3	17541	14		16
江津区白沙镇	24125	10	14	130274	267	47	62
江津区龙华镇	8071	1	8	41096	32	1	17
江津区李市镇	17952	2	9	83817	97	2	47
江津区慈云镇	5163	2	4	28942	68		12
江津区蔡家镇	20993	1	10	60344	40		48
江津区中山镇	15442	1	6	28105	27		13
江津区嘉平镇	8900	1	7	23856	9		15
江津区柏林镇	10694	1	5	34669	50		45
江津区先锋镇	12664	2	8	61828	187	9	57
江津区珞璜镇	14791	7	5	81923	1189	130	115
江津区贾嗣镇	8090	1	6	32595	23		31
江津区夏坝镇	3710	3	5	16881	12	3	12
江津区西湖镇	14181	2	6	49710	33	2	25
江津区杜市镇	8945	3	10	31451	72		10
江津区广兴镇	3749	2	4	14514	63	4	7
江津区四面山镇	25115	2	5	14757	12		10
江津区支坪镇	8168	6	2	42886	83	2	47
江津区四屏镇	6141	1	4	12534	10		9
合川区沙鱼镇	2236	1	5	16614	5		7
合川区官渡镇	6159	1	8	35530	12	1	17
合川区涞滩镇	6447	1	11	39115	4		6
合川区肖家镇	2940	1	4	24460	10		42
合川区古楼镇	4855	1	8	25364	10		4
合川区三庙镇	10123	2	16	51185	17	1	35
合川区二郎镇	3741	1	7	24644	16		8
合川区龙凤镇	6611	1	12	29568	21		14

续表 435　　重庆市　　单位：公顷、个、人

名　　称	行政区域面积	居民委员会(社区)个数	村民委员会个数	户籍人口	工业企业个数	#规模以上	营业面积50平方米以上的商店或超市个数
合川区隆兴镇	9063	2	11	37238	12		90
合川区铜溪镇	8369	1	9	39916	36	1	25
合川区双凤镇	9666	1	14	39853	43	3	12
合川区狮滩镇	5378	1	8	25686	17	6	6
合川区清平镇	5756	2	7	19313	189	21	25
合川区土场镇	3802	3	4	18994	86	26	15
合川区小沔镇	6305	1	10	31811	15		16
合川区三汇镇	9346	5	9	40169	54	9	28
合川区香龙镇	5905	1	11	37477	3		5
合川区钱塘镇	13999	3	24	87821	58	2	57
合川区龙市镇	12022	1	15	77495	55	2	33
合川区燕窝镇	6511	2	11	41237	12	1	24
合川区太和镇	15741	3	21	77767	69	1	31
合川区渭沱镇	10033	1	12	49799	20	2	38
合川区双槐镇	9510	3	16	54761	25	2	59
永川区青峰镇	4913	1	5	26069	31	8	8
永川区金龙镇	7346	1	7	33052	2		38
永川区临江镇	7710	1	10	37718	59	2	7
永川区何埂镇	8040	1	15	54514	18	2	40
永川区松溉镇	3446	2	5	19843	65	14	7
永川区仙龙镇	8319	2	12	51610	40	1	39
永川区吉安镇	6001	1	7	28222	10	1	7
永川区五间镇	3770	1	7	25102	40	3	30
永川区来苏镇	9321	1	13	52438	69	5	8
永川区宝峰镇	3817	1	5	20270	4	1	8
永川区双石镇	6452	3	9	29147	45	15	10
永川区红炉镇	6400	4	5	25641	22	7	8
永川区永荣镇	5991	2	4	16607	9	2	6
永川区三教镇	10779	2	13	62325	319	32	36
永川区板桥镇	5380	1	11	32512	40	3	10
永川区朱沱镇	12727	2	18	85797	46	14	37
南川区三泉镇	19150	2	6	20207	17		12
南川区南平镇	12992	1	11	37657	102	36	38
南川区神童镇	3916	2	3	9693	8	1	16
南川区鸣玉镇	3668	2	5	15910	9	3	3
南川区大观镇	6642	1	7	27470	39	5	30
南川区兴隆镇	7652	1	5	25965	30	4	9
南川区太平场镇	6710	1	4	17069	3		7
南川区白沙镇	3675		7	9744	3	1	14
南川区水江镇	23303	8	9	52082	57	15	42
南川区石墙镇	3729		4	9660	4		4
南川区金山镇	10127	1	4	14874	19		12
南川区头渡镇	16419		4	11831	12	1	25
南川区大有镇	12069	1	4	16885	18		74
南川区合溪镇	10353	2	3	11640	5		10

续表 436　　重庆市　　单位：公顷、个、人

名　称	行政区域面积	居民委员会(社区)个数	村民委员会个数	户籍人口	工业企业个数	#规模以上	营业面积50平方米以上的商店或超市个数
南川区黎香湖镇	3480	1	4	8766	1		6
南川区山王坪镇	10500		4	8595	3		11
南川区木凉镇	3560		3	10039	5	1	6
南川区楠竹山镇	5845		7	10300	3	2	6
南川区石溪镇	5406	1	5	16119	15		14
南川区德隆镇	7505		6	9075			3
南川区民主镇	3298		5	11742	19	1	10
南川区福寿镇	4219		5	12001			4
南川区河图镇	3300	1	6	9014	5		4
南川区庆元镇	7326		6	13356			1
南川区古花镇	5828		11	13409			8
南川区石莲镇	3767		5	6773	2		6
南川区乾丰镇	3409		5	8556	7	1	1
南川区骑龙镇	3824		7	9497	1		20
南川区冷水关镇	3738		9	12704	5		12
南川区中桥乡	4328		4	10668	4	1	1
南川区峰岩乡	3838		7	10851	5		1
璧山区八塘镇	6316	1	10	30150	48	2	7
璧山区七塘镇	5700	2	8	32395	8	3	8
璧山区河边镇	5250	1	6	25136	51	8	15
璧山区福禄镇	4135	1	6	19919	3	1	13
璧山区大兴镇	10014	2	17	57807	60	2	14
璧山区正兴镇	7281	2	12	39962	30	2	14
璧山区广普镇	4715	1	8	24653	19	2	10
璧山区三合镇	3598	1	7	16585	7		11
璧山区健龙镇	4976	2	9	24927	31	6	5
铜梁区土桥镇	4533	1	10	22377	45	5	30
铜梁区二坪镇	2635	1	6	13281	13	1	48
铜梁区水口镇	2274	1	4	9792	5		7
铜梁区安居镇	5664	4	13	34116	103	6	15
铜梁区白羊镇	3819	1	7	14579	7	1	4
铜梁区平滩镇	9106	1	17	47456	16	2	30
铜梁区小林镇	2903	1	4	12307	9		8
铜梁区双山镇	3253	1	7	11693	16		13
铜梁区虎峰镇	7713	4	22	42797	129	23	9
铜梁区石鱼镇	3168	1	8	19588	65	9	23
铜梁区福果镇	3800	1	10	17808	87	2	13
铜梁区庆隆镇	2615	1	4	16120	25	3	8
铜梁区少云镇	6686	2	12	28774	53	2	18
铜梁区维新镇	4814	1	7	17847	1		15
铜梁区高楼镇	2681	1	4	11435	18		13
铜梁区大庙镇	4127	1	11	24494	57	10	18
铜梁区围龙镇	4633	1	13	22683	17	5	10
铜梁区华兴镇	3467	1	6	13935	18	3	4
铜梁区永嘉镇	6384	1	13	32223	72	2	7

续表 437　　重庆市　　单位：公顷、个、人

名　称	行政区域面积	居民委员会(社区)个数	村民委员会个数	户籍人口	工业企业个数	#规模以上	营业面积50平方米以上的商店或超市个数
铜梁区安溪镇	2911	1	4	10000	15	2	9
铜梁区西河镇	3427	1	7	17413	17	5	10
铜梁区侣俸镇	8854	3	19	47412	58	16	23
铜梁区太平镇	5167	1	10	25081	19	2	7
潼南区上和镇	6814	4	7	28103	15	2	11
潼南区龙形镇	8036	4	8	39425	60	2	17
潼南区古溪镇	11440	5	18	62514	69	5	35
潼南区宝龙镇	4227	2	7	26059	21		8
潼南区玉溪镇	5441	4	7	27513	7		12
潼南区米心镇	5455	2	11	26323	30	1	12
潼南区群力镇	4856	2	6	20108	2		7
潼南区双江镇	11906	6	15	49681	51	8	8
潼南区花岩镇	2530	2	3	11926	1		2
潼南区柏梓镇	12670	9	19	79201	45	1	55
潼南区崇龛镇	8510	3	14	47183	19	1	30
潼南区塘坝镇	10160	5	14	64291	35	3	21
潼南区新胜镇	5042	1	7	28083	17	1	13
潼南区太安镇	6081	2	11	36225	36	3	11
潼南区小渡镇	8823	4	13	44842	128	6	16
潼南区卧佛镇	9669	3	13	39151	20		11
潼南区五桂镇	3280	2	3	13645	6		14
潼南区田家镇	6313	4	8	34528	91	17	7
潼南区别口镇	4133	1	6	15744	41		8
潼南区寿桥镇	2094	2	2	10564	4		3
荣昌区荣隆镇	6422	2	7	39233	73	27	14
荣昌区仁义镇	8538	4	5	51512	41	13	20
荣昌区盘龙镇	11800	4	12	75441	110	23	35
荣昌区吴家镇	8151	3	5	46093	65	29	21
荣昌区直升镇	2982	1	4	16255	22	12	3
荣昌区万灵镇	2497	1	3	16259	6	4	9
荣昌区清升镇	2791	2	2	18917	23	13	5
荣昌区清江镇	1780	1	3	13980	22	6	21
荣昌区古昌镇	3537	1	5	22521	15	9	10
荣昌区河包镇	6601	3	3	40928	58	18	10
荣昌区观胜镇	4252	2	3	18670	25	6	20
荣昌区铜鼓镇	3877	1	3	16045	7	4	9
荣昌区清流镇	2614	1	3	14549	10	9	6
荣昌区远觉镇	2710	1	4	13576	15	7	12
荣昌区龙集镇	2147	1	3	16189	7	4	11
开州区大德镇	11800	3	12	53453	13	1	42
开州区厚坝镇	4846	1	7	32647	13	1	60
开州区金峰镇	6072	1	6	25628	10		21
开州区温泉镇	14931	4	10	54124	36	4	32
开州区郭家镇	7900	2	10	43991	61	8	24
开州区白桥镇	7278	1	9	27638	16		3

续表 438　　重庆市　　单位：公顷、个、人

名　　称	行政区域面　　积	居民委员会(社区)个数	村民委员会个　　数	户籍人口	工业企业个　　数	#规模以上	营业面积50平方米以上的商店或超市个数
开州区和谦镇	7284	1	6	27630	36	2	46
开州区河堰镇	15400	3	12	34261	6		53
开州区大进镇	23987	2	17	44280	45		98
开州区谭家镇	12500	1	8	22347	40		42
开州区敦好镇	14400	3	17	51500	40		46
开州区高桥镇	8247	2	10	37243	16		22
开州区九龙山镇	13500	2	17	51585	17	3	74
开州区天和镇	6700	1	9	18205	16		20
开州区中和镇	8698	3	15	59171	52		29
开州区义和镇	6161	1	9	35268	27		25
开州区临江镇	12342	7	22	102102	126	15	58
开州区竹溪镇	8196	1	14	44631	50	5	30
开州区铁桥镇	10587	3	15	58484	42	3	91
开州区南雅镇	5968	1	10	44803	24	1	18
开州区巫山镇	11691	2	11	29784	26		52
开州区岳溪镇	16920	2	23	73501	78	3	66
开州区长沙镇	13600	5	20	76417	40	4	93
开州区南门镇	14880	2	21	71126	70		114
开州区渠口镇	6840	2	8	26658			13
开州区满月镇	14897	1	6	12490	17		12
开州区雪宝山镇	19974	1	6	10780	6		14
开州区关面乡	13674	1	7	9605	7	1	11
开州区麻柳乡	9600	2	11	29705	12		42
开州区三汇口乡	7282	2	8	19745	18		20
开州区五通乡	5000	1	5	8863	12		8
梁平区礼让镇	4574	1	9	26529	12	2	26
梁平区云龙镇	7796	4	9	37282	55	4	45
梁平区屏锦镇	10301	5	16	61656	160	6	45
梁平区袁驿镇	4260	1	10	23507	29	3	9
梁平区新盛镇	6800	2	10	35121	98	1	20
梁平区福禄镇	8750	1	14	30762	29		17
梁平区聚奎镇	5700	1	12	40746	56	4	27
梁平区明达镇	5890	2	9	29544	38	1	16
梁平区荫平镇	5400	2	8	24961	10		14
梁平区和林镇	5800	3	7	25528	9		26
梁平区回龙镇	8950	3	13	43092	77	3	20
梁平区碧山镇	3870	2	8	25627	50	3	17
梁平区虎城镇	7776	3	15	41822	82	1	160
梁平区七星镇	3308	1	4	11628	11		7
梁平区龙门镇	5297	2	9	26757	34		17
梁平区文化镇	3563	1	7	17299	15		17
梁平区石安镇	5200	1	9	20904	8		17
梁平区柏家镇	6950	2	6	21365	9		23
梁平区大观镇	5324	3	6	17008			19
梁平区竹山镇	4939	3	4	7824	50	1	18

续表 439　　重庆市　　单位：公顷、个、人

名　称	行政区域面积	居民委员会(社区)个数	村民委员会个数	户籍人口	工业企业个数	#规模以上	营业面积50平方米以上的商店或超市个数
梁平区蟠龙镇	9627	1	9	25051	27	4	3
梁平区星桥镇	5310	1	7	20787	16	1	22
梁平区曲水镇	4703	2	6	15819	8	1	10
梁平区安胜镇	2800	1	4	13509	9		10
梁平区复平镇	3120	1	3	8043			2
梁平区紫照镇	3550	1	3	13772			6
梁平区铁门乡	3066	1	2	7293	4	2	3
梁平区龙胜乡	3600	1	4	8086	2		
武隆区白马镇	21150	2	10	25935	39	17	23
武隆区江口镇	12910	2	8	21148	17	1	20
武隆区火炉镇	17960	1	14	31189	10		22
武隆区鸭江镇	12070	1	9	20752	23	3	15
武隆区长坝镇	10530	1	9	20380	20	2	30
武隆区平桥镇	7340	1	8	17862	12	2	11
武隆区桐梓镇	10150	1	6	11940	13		10
武隆区和顺镇	10320	1	9	13297	4	2	5
武隆区双河镇	16900	1	8	11336	2		25
武隆区凤来镇	5230		6	16492	2	1	13
武隆区庙垭乡	3590		5	11975	3		5
武隆区石桥苗族十家族乡	10270	1	6	11089	9		15
武隆区黄莺乡	14681	1	6	9905	12		23
武隆区沧沟乡	7350		5	10472	11		5
武隆区文复苗族土家族乡	10960		6	9451	1		7
武隆区土地乡	7580		4	7466	8		4
武隆区白云乡	4010		4	7040	5		8
武隆区后坪苗族土家族乡	8730		6	7466	9		15
武隆区浩口苗族仡佬族乡	8450		6	6273	3	1	5
武隆区接龙乡	11470		3	5669			11
武隆区赵家乡	6020		2	5150	4		7
武隆区大洞河乡	6270		3	3847	4	1	9
城口县巴山镇	13016	1	10	12812	7	3	27
城口县坪坝镇	6044	1	8	11684	10	1	38
城口县庙坝镇	16776	1	10	12613	10	1	22
城口县明通镇	8242	1	6	8900			30
城口县修齐镇	16620	1	11	18270	25	2	33
城口县高观镇	13796	1	10	9389	4		42
城口县高燕镇	13787	2	12	15666	4	1	26
城口县东安镇	39957	1	9	10058			41
城口县咸宜镇	13100	1	7	11138	25		16
城口县高楠镇	11324	1	5	6461			26
城口县龙田乡	22750		8	9336	7	2	10
城口县北屏乡	14378	2	4	6997			24
城口县左岚乡	8009		6	7096	4		33
城口县沿河乡	11100		6	8133	3		4
城口县双河乡	17880	1	8	10182			7

续表 440　　重庆市　　单位：公顷、个、人

名　称	行政区域面积	居民委员会(社区)个数	村民委员会个数	户籍人口	工业企业个数	#规模以上	营业面积50平方米以上的商店或超市个数
城口县蓼子乡	15106	2	11	12392			37
城口县鸡鸣乡	8700	1	5	5492	6		23
城口县周溪乡	12432		7	6366	1		13
城口县明中乡	17716	1	5	6337			22
城口县治平乡	5900	1	4	4466	5		9
城口县岚天乡	10102		4	3424	1		7
城口县厚坪乡	14849		7	7514	5		14
城口县河鱼乡	13100	1	4	4740	1		11
丰都县虎威镇	7431	1	10	22490	25	4	19
丰都县社坛镇	10134	1	17	45503	91	5	22
丰都县三元镇	7480	1	8	20722	8		17
丰都县许明寺镇	5454	1	6	17618	11		16
丰都县董家镇	6782	1	8	28190	14	1	54
丰都县树人镇	8212	1	8	23301	16	1	7
丰都县十直镇	11989	1	17	35110	12	2	20
丰都县高家镇	15666	6	5	41860	37	6	23
丰都县兴义镇	11076	5	11	36558	117	26	41
丰都县双路镇	10001	4	3	17223	34	1	10
丰都县江池镇	6866	1	9	16268	5		18
丰都县龙河镇	13683	1	23	47856	28	1	30
丰都县武平镇	12630	2	8	16953	22	3	18
丰都县包鸾镇	18430	1	12	27808	9	2	13
丰都县湛普镇	3768	2	5	8883	11	4	3
丰都县南天湖镇	14766	1	9	16866	2		40
丰都县保合镇	8182	1	12	23306	5		11
丰都县兴龙镇	5986	1	5	18402	15	1	10
丰都县仁沙镇	9119	1	13	28809	7		18
丰都县龙孔镇	7869	1	10	25321	3	2	9
丰都县暨龙镇	15243	1	7	12483	10	3	11
丰都县双龙镇	7675	1	9	18166	4		8
丰都县仙女湖镇	22001	1	9	13702	7	1	40
丰都县青龙乡	5135	1	7	12367	9	2	17
丰都县太平坝乡	6370	1	4	4586	2		25
丰都县都督乡	7518	1	4	4123	3		8
丰都县栗子乡	4398	1	5	12286	7		7
丰都县三建乡	6314	1	7	13650	2		19
垫江县新民镇	6388	1	11	39491	81	1	6
垫江县沙坪镇	8103	2	17	51088	86	3	32
垫江县周嘉镇	8387	2	14	44926	57	6	22
垫江县普顺镇	8995	2	11	34688	18	1	12
垫江县永安镇	8367	3	11	40938	27		15
垫江县高安镇	10520	3	16	66231	82		48
垫江县高峰镇	4647	2	7	34401	81	4	62
垫江县五洞镇	4187	1	6	27120	43	1	38
垫江县澄溪镇	5617	6	7	59406	297	7	82

续表 441　　　　重庆市　　　　单位：公顷、个、人

名　　称	行政区域面　积	居民委员会(社区)个数	村民委员会个　数	户籍人口	工业企业个　数	#规模以上	营业面积50平方米以上的商店或超市个数
垫江县太平镇	5142	4	10	40352	16	4	30
垫江县鹤游镇	3289	1	7	18740	33	2	18
垫江县坪山镇	7495	3	13	47727	79	4	41
垫江县砚台镇	7580	4	12	42698	6	3	36
垫江县曹回镇	6784	1	11	35720	18	1	26
垫江县杠家镇	6833	2	11	32676	75	3	52
垫江县包家镇	4257	1	6	20958	6		10
垫江县白家镇	6240	2	10	30415	30	1	17
垫江县永平镇	3803	1	6	18120	28		9
垫江县三溪镇	6545	2	6	17218	39	1	12
垫江县裴兴镇	6002	1	8	20682	12	1	12
垫江县黄沙镇	3058	3	1	22670	46	4	11
垫江县长龙镇	3831	2	6	30239	78	11	26
垫江县沙河乡	3042	1	4	11208	20		6
垫江县大石乡	3238	1	6	15966	14		15
忠县任家镇	7100	1	8	22120	16	1	26
忠县洋渡镇	8100	1	9	28466	15		51
忠县东溪镇	3900	1	8	21081	25	1	8
忠县复兴镇	4500	3	6	16505	185	6	32
忠县石宝镇	8500	2	17	40302	16	1	35
忠县汝溪镇	9500	4	10	43227	92	2	56
忠县野鹤镇	5800	2	10	23964	33		34
忠县官坝镇	9600	2	12	40705	41	1	30
忠县石黄镇	5500	2	6	15272	22	1	11
忠县马灌镇	11400	4	16	45388	27	2	31
忠县金鸡镇	7400	3	7	24619	22		12
忠县新立镇	11600	5	14	48089	40	1	175
忠县双桂镇	5300	1	11	26105	14		43
忠县拔山镇	15600	5	17	59935	29	4	73
忠县花桥镇	4900	1	8	25365	13		9
忠县永丰镇	5300	2	7	19870	31	2	23
忠县三汇镇	10100	5	15	34199	25		49
忠县白石镇	14600	3	15	43465	19	2	53
忠县黄金镇	10800	1	18	43636	33		35
忠县善广乡	5100	1	7	15051	10		7
忠县石子乡	4000		5	7639	3	2	25
忠县磨子土家族乡	3100	1	7	18197	8	1	13
忠县涂井乡	7602		11	23506	34		16
忠县金声乡	3700	2	4	14372	15		18
忠县兴峰乡	2900	1	4	11330	30		30
云阳县龙角镇	6554	1	11	19150	46	1	30
云阳县故陵镇	11403	1	7	27897	110		11
云阳县红狮镇	13800	1	9	33312	74	4	43
云阳县路阳镇	5360	1	4	35538	36	2	54
云阳县农坝镇	8640	2	5	29817	39		52

续表 442　　重庆市　　单位：公顷、个、人

名　　称	行政区域面　　积	居民委员会(社区)个数	村民委员会个　　数	户籍人口	工业企业个　　数	#规模以上	营业面积50平方米以上的商店或超市个数
云阳县渠马镇	3552	1	11	18115	55	1	20
云阳县黄石镇	4165	3	4	16747	45	5	38
云阳县巴阳镇	5130	1	7	16607	28		12
云阳县沙市镇	8848	1	8	25249	23	1	21
云阳县鱼泉镇	6664	1	12	28878	28		41
云阳县凤鸣镇	13433	4	20	63567	161	6	68
云阳县宝坪镇	12350	2	12	41691	44		52
云阳县南溪镇	28120	5	29	109003	173	6	230
云阳县双土镇	9040	1	10	34772	23	3	57
云阳县桑坪镇	11603	2	8	33442	112	1	33
云阳县江口镇	25609	6	30	108154	235	6	144
云阳县高阳镇	13512	2	15	36800	76	7	23
云阳县平安镇	11850	3	15	37632	150	2	53
云阳县云阳镇	12424	2	10	29258	18	1	20
云阳县云安镇	6446	5	6	23400	33	1	21
云阳县栖霞镇	6880	1	6	21167	32	2	28
云阳县双龙镇	7638	2	7	38699	91	2	25
云阳县泥溪镇	12700	2	8	16690	21		12
云阳县蔈草镇	10080	2	8	23265	28	1	36
云阳县养鹿镇	5614	1	8	21069	50	1	2
云阳县水口镇	3942	1	4	16306	76	4	15
云阳县堰坪镇	5230	1	5	14276	20	1	18
云阳县龙洞镇	13270	1	8	26345	68		23
云阳县后叶镇	4790	1	6	22101	12		40
云阳县耀灵镇	5380	1	3	13011	15		38
云阳县大阳镇	4363	1	6	15385	31	1	46
云阳县外郎乡	4922	1	4	10472	5	1	7
云阳县新津乡	5223	1	7	14748	25		26
云阳县普安乡	5547	1	10	15633	26		28
云阳县洞鹿乡	9218	1	4	13576	31	1	27
云阳县石门乡	3865	1	3	8336	18		10
云阳县上坝乡	7160	1	5	12157	9		17
云阳县清水土家族乡	10239		14	19266	25	18	27
奉节县白帝镇	10358	2	11	39029	37	5	26
奉节县草堂镇	17066	2	12	40512	71	31	23
奉节县汾河镇	13327	1	13	40138	2	1	33
奉节县康乐镇	14275	3	14	44343	30	3	70
奉节县大树镇	14270	2	14	31444	9	1	18
奉节县竹园镇	18058	3	15	43596	58	4	57
奉节县公平镇	13450	3	18	49980	12	1	42
奉节县朱衣镇	14500	2	11	43398	20	1	22
奉节县甲高镇	18102	3	11	39567	7	1	61
奉节县羊市镇	6568	2	5	16011	5		4
奉节县吐祥镇	24484	3	18	56210	44		51
奉节县兴隆镇	34461	3	20	53803	61	4	87

续表 443　　重庆市　　单位：公顷、个、人

名　　称	行政区域面　　积	居民委员会(社区)个数	村民委员会个　　数	户籍人口	工业企业个　　数	#规模以上	营业面积50平方米以上的商店或超市个数
奉节县青龙镇	11475	3	9	25608	17		16
奉节县新民镇	9738	2	10	31379	15	2	36
奉节县永乐镇	12653	3	7	35153	6	2	22
奉节县安坪镇	14469	3	9	37877	13	1	82
奉节县五马镇	15524	1	15	38119	25		24
奉节县青莲镇	17803	1	19	39341	16		46
奉节县岩湾乡	4954		6	13671			4
奉节县平安乡	12711	1	11	21114	6	3	36
奉节县红土乡	8847	1	10	25287	8	2	8
奉节县石岗乡	10159	1	12	31531	1		15
奉节县康坪乡	3509	1	4	13639			8
奉节县太和土家族乡	14117	1	7	13261	1		27
奉节县鹤峰乡	8361	1	7	18997	29	5	19
奉节县冯坪乡	11255	1	7	20882			13
奉节县长安土家族乡	12647	1	7	16261	1		20
奉节县龙桥土家族乡	11356	1	5	11293	3	2	16
奉节县云雾土家族乡	8292	1	2	4490	2		7
巫山县庙宇镇	15180	2	18	49730	13		24
巫山县大昌镇	19087	4	27	49319	21		105
巫山县福田镇	12629	1	21	43624	10		28
巫山县龙溪镇	7530	1	13	25188	10		36
巫山县双龙镇	14199	1	20	33343	9		35
巫山县官阳镇	11847	1	13	17762			17
巫山县骡坪镇	15940	1	17	29190	11	1	45
巫山县抱龙镇	14813	1	17	26601	11		33
巫山县官渡镇	20645	1	25	54264	5		54
巫山县铜鼓镇	12450	1	11	26369	4		32
巫山县巫峡镇	14125	3	16	32439	77	5	42
巫山县两坪乡	13069		11	22174	3		19
巫山县曲尺乡	11700	1	10	18258	1		28
巫山县建平乡	10467		8	12917	1		14
巫山县大溪乡	7600	1	6	12177	1		18
巫山县金坪乡	4810		4	4128			5
巫山县平河乡	16900		8	13988	2		26
巫山县当阳乡	11230	1	6	6642	1		18
巫山县竹贤乡	9470		6	5304			10
巫山县三溪乡	14138	1	18	22587	9		25
巫山县培石乡	5100	1	5	8346	1		34
巫山县邓家乡	5780		5	3858	1		4
巫溪县城厢镇	14336	1	15	22886	33		50
巫溪县凤凰镇	4282	1	10	19104	16	6	127
巫溪县宁厂镇	9527	4	6	7766	7		
巫溪县上磺镇	9272	1	16	36527	17	1	80
巫溪县古路镇	10410	1	16	32216	6		48
巫溪县文峰镇	49089	2	15	40903	69	4	58

续表 444 重庆市 单位：公顷、个、人

名　　称	行政区域面　　积	居民委员会(社区)个数	村民委员会个　　数	户籍人口	工业企业个　　数	#规模以上	营业面积50平方米以上的商店或超市个数
巫溪县徐家镇	14689	1	12	16835			30
巫溪县白鹿镇	15741	2	10	22160	6		52
巫溪县尖山镇	12520	2	7	23360	22	1	76
巫溪县下堡镇	20800	2	9	16227	12		76
巫溪县峰灵镇	6484	1	11	24530	4		45
巫溪县塘坊镇	9651	1	8	22292	6	3	46
巫溪县朝阳镇	14717	1	6	18178			18
巫溪县田坝镇	18176	1	16	14809	11	1	4
巫溪县通城镇	10149	1	12	16514	8	1	25
巫溪县菱角镇	5963	1	14	21468	7		60
巫溪县蒲莲镇	4506	1	9	14253	4		5
巫溪县土城镇	19190	1	11	10749	5	1	49
巫溪县红池坝镇	22938	1	12	17614	18		46
巫溪县胜利乡	6623		8	11847			25
巫溪县大河乡	7057	1	10	11089	3		7
巫溪县天星乡	14160		8	3857	8		1
巫溪县长桂乡	13218		10	5210			8
巫溪县鱼鳞乡	11100	1	4	7751	3		23
巫溪县乌龙乡	15212	1	7	7363	4		12
巫溪县花台乡	2923		4	8147	3		20
巫溪县兰英乡	9728		3	3529	7		
巫溪县双阳乡	16393		4	2639			2
巫溪县中梁乡	12470	1	6	4493	1		13
巫溪县天元乡	20403		9	8347	4		34
石柱土家族自治县西沱镇	6101	5	6	29345	36	2	54
石柱土家族自治县悦崃镇	8621	1	8	16928	9		35
石柱土家族自治县临溪镇	14914	1	9	24129	5		14
石柱土家族自治县黄水镇	21379	4	4	12603	22	2	55
石柱土家族自治县马武镇	9282	2	5	13372	6		29
石柱土家族自治县沙子镇	17833	1	9	15464	34		29
石柱土家族自治县王场镇	5767	1	6	17231	4		15
石柱土家族自治县沿溪镇	5575	1	6	20069	6		17
石柱土家族自治县龙沙镇	7606	3	5	15949	1		12
石柱土家族自治县鱼池镇	9963		8	14532	13		19
石柱土家族自治县三河镇	10203	3	10	27041	19	2	16
石柱土家族自治县大歇镇	12849	1	9	25145	14	2	6
石柱土家族自治县桥头镇	6672	1	6	12407	1		14
石柱土家族自治县万朝镇	7774		6	16936	6	1	5
石柱土家族自治县冷水镇	7251		5	6720	8	4	5
石柱土家族自治县黄鹤镇	3907		3	5113	6		9
石柱土家族自治县枫木镇	13641		7	12321			9
石柱土家族自治县黎场乡	3596		5	13021			12
石柱土家族自治县三星乡	9451		6	17027	1		7
石柱土家族自治县六塘乡	17067		10	14486	8		12
石柱土家族自治县三益乡	2888		4	5759	1		5

续表 445　　　　重庆市　　　　单位：公顷、个、人

名　　称	行政区域面　　积	居民委员会(社区)个数	村民委员会个　　数	户籍人口	工业企业个　　数	#规模以上	营业面积50平方米以上的商店或超市个数
石柱土家族自治县王家乡	4738		6	10061			13
石柱土家族自治县河嘴乡	5966		7	12227	5		9
石柱土家族自治县石家乡	6248		5	9663	1		10
石柱土家族自治县中益乡	16054		7	8195	2	1	17
石柱土家族自治县洗新乡	8940		5	5014	1		5
石柱土家族自治县龙潭乡	13708		5	4659	1		2
石柱土家族自治县新乐乡	5554		4	4421			15
石柱土家族自治县金铃乡	6099		4	3612	1		7
石柱土家族自治县金竹乡	3964		3	1652			
秀山土家族苗族自治县隘口镇	13357	1	10	23638	6		19
秀山土家族苗族自治县溶溪镇	11049	2	6	21053	1		8
秀山土家族苗族自治县龙池镇	12551	1	13	34761	36	6	43
秀山土家族苗族自治县石堤镇	8556	1	8	17385	3		27
秀山土家族苗族自治县峨溶镇	8130	1	7	22766	10		15
秀山土家族苗族自治县洪安镇	8704	4	6	25991	5		46
秀山土家族苗族自治县雅江镇	6915	1	5	17618	10		3
秀山土家族苗族自治县石耶镇	3840	2	4	11759	18	1	17
秀山土家族苗族自治县梅江镇	14954	1	17	46213	26	1	86
秀山土家族苗族自治县兰桥镇	6819	1	5	19117	6		24
秀山土家族苗族自治县膏田镇	12897	3	5	14543	1		12
秀山土家族苗族自治县溪口镇	10025	3	5	16712	4		28
秀山土家族苗族自治县妙泉镇	7139	1	5	10294	2	1	13
秀山土家族苗族自治县宋农镇	7062	1	5	9433	6	1	12
秀山土家族苗族自治县里仁镇	7758	1	5	13165	10		10
秀山土家族苗族自治县钟灵镇	16561	1	10	22808	30	1	36
秀山土家族苗族自治县龙凤坝镇	6983		11	20552			25
秀山土家族苗族自治县涌洞镇	6460		8	11604			19
秀山土家族苗族自治县海洋乡	9131		6	8679	1		10
秀山土家族苗族自治县大溪乡	10991		6	10620	1		6
秀山土家族苗族自治县中平乡	4545		6	9689	1		12
秀山土家族苗族自治县岑溪乡	4931		6	9618	1		4
酉阳土家族苗族自治县龙潭镇	36600	2	20	80422	105	8	51
酉阳土家族苗族自治县麻旺镇	26286		15	56803	75	1	90
酉阳土家族苗族自治县酉酬镇	20600		9	29952	18	1	31
酉阳土家族苗族自治县大溪镇	12700		7	20482	17		58
酉阳土家族苗族自治县兴隆镇	18000		6	18013			21
酉阳土家族苗族自治县黑水镇	21300		8	22604	2		25
酉阳土家族苗族自治县丁市镇	16600		10	27726	11		35
酉阳土家族苗族自治县龚滩镇	13300	1	7	22176	10		62
酉阳土家族苗族自治县李溪镇	22400		9	34854	33		28
酉阳土家族苗族自治县泔溪镇	15300		6	21085	20		12
酉阳土家族苗族自治县酉水河镇	11994		7	19681	12		30
酉阳土家族苗族自治县苍岭镇	14000		8	16709	15	1	17
酉阳土家族苗族自治县小河镇	9500		4	17996	12		10
酉阳土家族苗族自治县板溪镇	16008		6	15516	57	6	10

续表 446　　重庆市　　单位：公顷、个、人

名　　称	行政区域面　　积	居民委员会(社区)个数	村民委员会个　　数	户籍人口	工业企业个　　数	#规模以上	营业面积50平方米以上的商店或超市个数
酉阳土家族苗族自治县涂市镇	14199		10	22620	9		30
酉阳土家族苗族自治县铜鼓镇	19387		10	30024	7	1	55
酉阳土家族苗族自治县五福镇	7200		5	14298	16		46
酉阳土家族苗族自治县万木镇	10400		8	23422	21		41
酉阳土家族苗族自治县南腰界镇	9300		7	21404	3		31
酉阳土家族苗族自治县可大乡	10700		8	17569	4		19
酉阳土家族苗族自治县偏柏乡	10700		7	18185	7		15
酉阳土家族苗族自治县木叶乡	13200		5	9966	2		5
酉阳土家族苗族自治县毛坝乡	15100		7	12914	4		27
酉阳土家族苗族自治县花田乡	7900		6	10384			40
酉阳土家族苗族自治县后坪乡	13704		5	15585	6		32
酉阳土家族苗族自治县天馆乡	11880		6	12383			29
酉阳土家族苗族自治县宜居乡	15300		10	20066			26
酉阳土家族苗族自治县两罾乡	7200		6	12028	2		20
酉阳土家族苗族自治县板桥乡	7600		4	11024			14
酉阳土家族苗族自治县官清乡	6300		4	13886	5		35
酉阳土家族苗族自治县车田乡	7200		4	8356	5		17
酉阳土家族苗族自治县腴地乡	8200		4	12017	1		12
酉阳土家族苗族自治县清泉乡	7400		4	9946	1		14
酉阳土家族苗族自治县庙溪乡	10800		5	15397	1		50
酉阳土家族苗族自治县浪坪乡	6750		3	10544	5		21
酉阳土家族苗族自治县双泉乡	14800		6	12858			29
酉阳土家族苗族自治县楠木乡	5700		4	6506	1		11
彭水苗族土家族自治县保家镇	20518	3	9	49940	90	7	47
彭水苗族土家族自治县郁山镇	13888	4	11	40377	21	2	35
彭水苗族土家族自治县高谷镇	11666	2	6	18905	10		30
彭水苗族土家族自治县桑柘镇	18675	3	11	31790	21	2	16
彭水苗族土家族自治县鹿角镇	12174	1	6	12943	5		19
彭水苗族土家族自治县黄家镇	7733	1	9	14632			14
彭水苗族土家族自治县普子镇	17855	3	8	29583	7		9
彭水苗族土家族自治县龙射镇	16036	1	9	22960	11		15
彭水苗族土家族自治县连湖镇	7226	2	5	22748			9
彭水苗族土家族自治县万足镇	6199	2	2	6910	2	1	11
彭水苗族土家族自治县平安镇	7687	1	6	12532	6		3
彭水苗族土家族自治县长生镇	5740	3		10191	1		10
彭水苗族土家族自治县新田镇	12895	3	11	23835	15	1	34
彭水苗族土家族自治县鞍子镇	12604	2	7	16982	6		14
彭水苗族土家族自治县太原镇	9886	1	3	12340	1		5
彭水苗族土家族自治县龙溪镇	8123	1	7	16748	5		10
彭水苗族土家族自治县梅子垭镇	6985	1	6	13838	3		10
彭水苗族土家族自治县大同镇	4766	1	3	8649			34
彭水苗族土家族自治县岩东乡	7224		4	9822			10
彭水苗族土家族自治县鹿鸣乡	12802		10	18607	6		11
彭水苗族土家族自治县三义乡	7476		6	7165			17
彭水苗族土家族自治县联合乡	6958		4	13955	2	1	9

续表 447　　重庆市、四川省　　单位：公顷、个、人

名　　称	行政区域面　　积	居民委员会(社区)个数	村民委员会个　　数	户籍人口	工业企业个　　数	#规模以上	营业面积50平方米以上的商店或超市个数
彭水苗族土家族自治县石柳乡	4388		4	11416	3		24
彭水苗族土家族自治县走马乡	7597		8	17786			7
彭水苗族土家族自治县芦塘乡	4753		5	8285	8		8
彭水苗族土家族自治县乔梓乡	6606		5	11679	4	2	14
彭水苗族土家族自治县诸佛乡	12146		10	16150	6	1	33
彭水苗族土家族自治县桐楼乡	3796		3	5741	1		7
彭水苗族土家族自治县善感乡	7742		5	7299	2		23
彭水苗族土家族自治县双龙乡	5498		3	5393	1		3
彭水苗族土家族自治县石盘乡	5941		2	3436			9
彭水苗族土家族自治县大垭乡	6856		4	5676	2		16
彭水苗族土家族自治县润溪乡	10666		8	13178	10		25
彭水苗族土家族自治县朗溪乡	6812		5	8290	1		11
彭水苗族土家族自治县龙塘乡	8491		8	8020			23
四川省							
龙泉驿区洛带镇	4265	3	4	29690	53	2	23
龙泉驿区洪安镇	5364	2	7	51518	96	17	45
龙泉驿区山泉镇	14900	3	6	39177	4	3	26
青白江区弥牟镇	2960	4	3	29687	128	31	31
青白江区城厢镇	7283	12	3	82314	379	52	47
青白江区姚渡镇	7198	4	10	70669	130	12	47
青白江区清泉镇	7981	3	9	52706	74	25	28
青白江区福洪镇	8637	4	5	37136	19		21
新都区清流镇	3511	2	6	32520	74	5	45
新都区军屯镇	5492	5	9	58028	197	17	47
温江区和盛镇	3981	5	6	36072	22	2	45
温江区万春镇	5341	8	6	66651	36	1	57
温江区寿安镇	4814	7	3	41126	12	2	43
双流区彭镇	7750	16	6	84136	367	37	226
双流区黄龙溪镇	5037	5	2	30123	10	8	46
双流区永安镇	5659	3	4	35603	16	9	61
双流区黄水镇	6704	12	1	56475	31	28	72
郫都区唐昌镇	7455	5	17	73868	195	8	77
郫都区三道堰镇	3703	3	7	38966	68	5	75
郫都区友爱镇	6823	5	13	65827	61	3	63
新津区兴义镇	3753	2	7	35605	5	3	20
新津区安西镇	3521	2	5	27826	58	16	57
新津区永商镇	5877	4	9	44091	46	29	50
新津区宝墩镇	3768	4	6	37603	71	16	19
金堂县五凤镇	5967	6	2	27561	2	1	22
金堂县三溪镇	4370	4	4	37635			44
金堂县福兴镇	7345	6	5	49499	8	1	89
金堂县金龙镇	4091	1	5	26342	2		37
金堂县赵家镇	6125	5	3	37684	2	1	71
金堂县竹篙镇	11735	11	9	83388	51	2	118
金堂县转龙镇	9936	3	10	56636	6		38

续表 448　　　　四川省　　　　单位：公顷、个、人

名　　称	行政区域面积	居民委员会(社区)个数	村民委员会个数	户籍人口	工业企业个数	#规模以上	营业面积50平方米以上的商店或超市个数
金堂县土桥镇	4004	2	5	29518	1		37
金堂县云合镇	4427	1	7	30643			48
金堂县又新镇	5051	3	6	34028	7		44
大邑县王泗镇	5793	4	9	55621	89	7	59
大邑县新场镇	7984	8	4	45092	46	1	60
大邑县悦来镇	10701	6	9	30269	19	1	31
大邑县安仁镇	14567	28	6	126641	88	8	171
大邑县邮江镇	11319	3	7	18299	6		74
大邑县花水湾镇	8697	2	2	8045	8		38
大邑县西岭镇	41251	1	4	5912	5		5
大邑县鹤鸣镇	10045	3	5	15091	3		16
蒲江县大塘镇	2981	1	5	14484	5	3	10
蒲江县朝阳湖镇	6655	1	7	15973			10
蒲江县西来镇	11542	5	11	43421	26	1	40
蒲江县大兴镇	5895	1	6	18370	8	2	33
蒲江县甘溪镇	2903	1	3	11212	1		16
蒲江县成佳镇	4045	3	3	10529	39	2	19
都江堰市聚源镇	7919	3	16	75150	211	10	8
都江堰市天马镇	7776	2	17	68035	86	7	108
都江堰市石羊镇	9702	3	18	81883	36	3	63
都江堰市青城山镇	20027	8	18	87508	56	3	89
都江堰市龙池镇	48604	10	1	17697	3	1	15
彭州市龙门山镇	44342	2	9	24676	18		20
彭州市丽春镇	7706	5	13	67041	149	21	60
彭州市九尺镇	6008	4	7	61957	65	13	49
彭州市通济镇	8294	6	6	34973	2	1	27
彭州市丹景山镇	6542	4	6	30152	35	1	35
彭州市敖平镇	7561	2	9	44410	31	2	62
彭州市桂花镇	11208	5	9	42996	64	7	34
彭州市白鹿镇	10767	2	6	15980	2		16
彭州市葛仙山镇	6807	3	9	35927	13	1	21
邛崃市桑园镇	9350	3	12	45861	39	2	9
邛崃市平乐镇	9733	6	7	41835	18		11
邛崃市夹关镇	9590	2	9	26877	20		20
邛崃市火井镇	11460	1	8	21218	7		14
邛崃市临济镇	5177	2	3	18221	5		26
邛崃市天台山镇	14219	2	6	19657	2		27
邛崃市南宝山镇	8991	1	8	15342	1		13
邛崃市大同镇	16285	3	12	30460	13		18
崇州市廖家镇	4371	2	7	36694	78	2	62
崇州市元通镇	4832	3	7	35362	117	12	20
崇州市观胜镇	4015	2	7	33524	30	6	17
崇州市怀远镇	8235	6	11	53914	307	6	85
崇州市街子镇	12616	7	7	45917	48	3	56
崇州市文井江镇	35323	3	5	10327			6

续表 449　　四川省　　单位：公顷、个、人

名　　称	行政区域面　　积	居民委员会(社区)个数	村民委员会个　　数	户籍人口	工业企业个　　数	#规模以上	营业面积50平方米以上的商店或超市个数
崇州市白头镇	7145	5	11	60137	74	2	62
崇州市道明镇	7088	3	11	48385	112	5	66
崇州市隆兴镇	5255	3	8	43605	92	8	47
简阳市杨家镇	4624	1	9	24673	14	1	30
简阳市禾丰镇	10709	6	13	58277	13	2	73
简阳市云龙镇	11971	8	16	69526	3	1	38
简阳市三星镇	8668	3	15	50722	6		47
简阳市镇金镇	8208	2	11	42251	9	3	31
简阳市石钟镇	6636	4	9	37505	4		3
简阳市施家镇	9656	3	17	52648	1		44
简阳市三合镇	4065	1	6	21904	2		3
简阳市平武镇	4064	3	5	24433	9	2	35
简阳市踏水镇	4157	1	8	22037	2		26
简阳市江源镇	7499	2	12	40064	9	1	30
简阳市涌泉镇	3048	1	7	17382			9
简阳市芦葭镇	7804	3	12	56129			25
简阳市青龙镇	4366	1	9	25739			52
简阳市高明镇	5704	3	6	25651	1		14
简阳市武庙镇	4536	1	6	14871	2		14
简阳市壮溪镇	2579	2	3	14758			14
简阳市宏缘镇	4472	1	8	26305			7
简阳市雷家镇	7325	2	7	31826	6	1	33
简阳市董家埂镇	6401		12	43976	2		34
简阳市海螺镇	4069	2	7	27518	3		20
自流井区仲权镇	3428	2	9	24597	11	1	20
自流井区荣边镇	2824	1	5	15369	11		14
自流井区飞龙峡镇	3391	1	5	12068	9	1	18
贡井区艾叶镇	1693	3	6	17587	52	10	4
贡井区建设镇	4526	2	13	29344	31	9	2
贡井区龙潭镇	5299	1	11	28442	10	2	5
贡井区桥头镇	2954	1	6	14294	18	5	4
贡井区五宝镇	7467	1	14	29589	22	3	4
贡井区莲花镇	8004	2	12	21205	5		14
贡井区成佳镇	8622	3	24	59172	69	15	11
大安区大山铺镇	3106	2	6	37158	49	13	15
大安区团结镇	2064	1	5	16447	23	3	33
大安区三多寨镇	4126	1	9	30607	8	2	45
大安区何市镇	7076	1	13	51801	22	3	11
大安区新店镇	2249	1	5	18666			1
大安区新民镇	3060	2	8	29906	60	15	12
大安区牛佛镇	7396	2	18	66306	24	3	47
大安区庙坝镇	3436	1	8	24693	2	1	26
大安区回龙镇	4311	1	9	34485	5		56
沿滩区沿滩镇	3803	3	10	48683	164	46	90
沿滩区兴隆镇	2797	1	6	19897	16		8

续表 450　　四川省　　单位：公顷、个、人

名　称	行政区域面积	居民委员会(社区)个数	村民委员会个数	户籍人口	工业企业个数	#规模以上	营业面积50平方米以上的商店或超市个数
沿滩区富全镇	3234	1	5	23909	4	1	25
沿滩区永安镇	5296	2	11	38377	23	5	15
沿滩区联络镇	3132	1	5	20893	5		15
沿滩区王井镇	2885	1	6	18295	24	5	4
沿滩区黄市镇	3451	1	7	28450	37		7
沿滩区瓦市镇	4944	1	12	40878	5	1	3
沿滩区仙市镇	5536	1	16	40678	9	3	35
沿滩区九洪乡	5105	1	8	31219	11	2	17
荣县旭阳镇	16044	11	22	122400	129	20	78
荣县双石镇	8912	3	17	55309	22	4	10
荣县鼎新镇	5320	1	8	21759	5		23
荣县乐德镇	8765	2	10	31798	6	1	30
荣县古文镇	5010	1	6	15047	9	1	7
荣县河口镇	10461	3	11	29952	7		15
荣县新桥镇	8990	2	9	24883	12	3	21
荣县正紫镇	3764	1	5	9908	2		5
荣县度佳镇	8358	2	9	26100	26	4	16
荣县东佳镇	12151	2	11	26112	7		18
荣县长山镇	7993	3	10	32962	27	11	49
荣县保华镇	6640	2	7	22015	11	1	3
荣县留佳镇	8348	1	11	33823	10		20
荣县来牟镇	5700	2	7	25323	36	11	4
荣县双古镇	11737	2	12	30846	23	8	4
荣县观山镇	6584	3	12	25871	15	2	6
荣县高山镇	7001	2	11	28881	24	6	36
荣县东兴镇	10120	2	9	15261	11	2	
荣县铁厂镇	5922	1	6	12419	29	6	6
富顺县琵琶镇	7642	1	12	46124	8	1	13
富顺县狮市镇	3528	1	7	27043	9	2	10
富顺县骑龙镇	6499	3	11	52777	13		39
富顺县代寺镇	7170	2	11	64744	34	13	38
富顺县童寺镇	8564	3	12	57247	23	6	25
富顺县古佛镇	6102	2	9	45129	8	3	16
富顺县永年镇	11458	2	16	74246	21	7	39
富顺县兜山镇	7328	2	10	39978	11	2	12
富顺县板桥镇	8212	3	14	57438	16	2	3
富顺县福善镇	6829	1	10	36466	12		2
富顺县李桥镇	7172	2	9	31951	5	1	19
富顺县赵化镇	7970	3	12	57915	7	5	16
富顺县安溪镇	7245	2	7	39924	16	2	8
富顺县飞龙镇	5295	2	8	36614	5	2	15
富顺县怀德镇	4513	2	8	35799	4	3	20
富顺县长滩镇	5173	2	9	38688	7	3	17
富顺县龙万乡	4877	2	9	33387	8	1	4
东区银江镇	13443	4	7	18456	189	56	28

续表 451　　四川省　　单位：公顷、个、人

名　　称	行政区域面　　积	居民委员会(社区)个数	村民委员会个　　数	户籍人口	工业企业个　　数	#规模以上	营业面积50平方米以上的商店或超市个数
西区格里坪镇	10893	2	6	21013	127	59	15
仁和区仁和镇	12964	8	7	66857	119	7	44
仁和区平地镇	17567	1	5	14337	12	3	5
仁和区大田镇	10497	1	5	8712	11		11
仁和区福田镇	5018	1	4	4672	7	1	7
仁和区同德镇	9343	1	5	13975	4		11
仁和区金江镇	10809	4	4	16016	237	82	14
仁和区布德镇	13083		5	16556	21	2	5
仁和区前进镇	9971	3	4	18094	183	43	19
仁和区大龙潭彝族乡	22358		6	14989	16	7	22
仁和区啊喇彝族乡	18177		5	8938	4		2
仁和区太平乡	21697		6	9130	43	11	2
仁和区务本乡	9966		4	8448	13	2	6
仁和区中坝乡	10017		4	10343	15		4
米易县攀莲镇	17399	4	6	56552	105	32	48
米易县丙谷镇	18650	1	9	24938	27	5	11
米易县得石镇	28276	1	6	8388	8	1	6
米易县撒莲镇	21749	2	10	30008	32	10	4
米易县白马镇	19587	1	9	31724	43	14	40
米易县普威镇	13587	1	4	12840	11		3
米易县草场镇	14115	1	7	22006	8		11
米易县湾丘彝族乡	13458	1	5	15359	35	15	21
米易县白坡彝族乡	34460		7	9819	18		18
米易县麻陇彝族乡	22119		6	9944	2		1
米易县新山傈僳族乡	7121	1	4	7383	13		4
盐边县桐子林镇	17229	4	1	21740	46	2	10
盐边县红格镇	26196	1	10	31507	68	7	13
盐边县渔门镇	49088	1	9	28007	16	1	5
盐边县永兴镇	37635	1	9	28085	20		2
盐边县新九镇	18929		7	16991	150	54	4
盐边县惠民镇	15154		7	17136	6	1	7
盐边县红果彝族乡	28432	1	6	13297	17		5
盐边县共和乡	23115		7	8832	2		5
盐边县国胜乡	30634		8	17423	28		8
盐边县红宝苗族彝族乡	31217		5	5380	4		
盐边县温泉彝族乡	17995		5	7404	3		2
盐边县格萨拉彝族乡	33276		6	12908	5	1	2
江阳区黄舣镇	11076	3	13	73583	86	17	50
江阳区通滩镇	10545	3	17	77823	63	9	110
江阳区江北镇	4771	1	7	29195	8	6	43
江阳区方山镇	5264	1	7	28804	9	5	12
江阳区丹林镇	3586	1	5	23464	21	1	3
江阳区分水岭镇	5824	1	10	35811	15	5	25
纳溪区大渡口镇	13430	2	10	39511	32	8	62
纳溪区护国镇	17587	3	17	60684	73	12	71

续表 452　　四川省　　单位：公顷、个、人

名　　称	行政区域面　　积	居民委员会(社区)个数	村民委员会个　　数	户籍人口	工业企业个　　数	#规模以上	营业面积50平方米以上的商店或超市个数
纳溪区打古镇	13364	1	14	32562	15	3	40
纳溪区上马镇	10703	1	8	29233	18	8	33
纳溪区合面镇	8911	1	11	37874	18	4	25
纳溪区丰乐镇	8208	1	11	35530	8	6	33
纳溪区白节镇	12468	1	15	38650	18	9	45
纳溪区天仙镇	11252	2	13	34610	48	6	50
纳溪区新乐镇	4054	1	6	19853	24	6	24
纳溪区龙车镇	7217	1	9	29390	25	3	66
龙马潭区胡市镇	3896	3	4	29888	18	7	19
龙马潭区双加镇	3639	2	5	27902	30	16	24
龙马潭区金龙镇	3728	2	4	22949	4	2	24
泸县福集镇	8937	3	16	53180	74	8	13
泸县嘉明镇	4791	1	10	40007	45	15	97
泸县喻寺镇	6570	2	11	48205	30	5	39
泸县得胜镇	7974	3	14	55377	53	14	36
泸县牛滩镇	7582	2	16	44451	20	7	76
泸县兆雅镇	5979	2	8	42126	27	9	21
泸县玄滩镇	11416	6	20	87811	20	4	88
泸县太伏镇	12287	3	18	74481	42	7	71
泸县云龙镇	6945	2	13	50321	50	13	12
泸县石桥镇	8678	2	12	42248	141	6	46
泸县毗卢镇	6811	3	12	38998	49	4	26
泸县奇峰镇	6859	3	12	46797	38	10	20
泸县潮河镇	8430	2	13	57847	32	7	32
泸县云锦镇	10707	2	16	68699	52	5	21
泸县立石镇	6275	2	10	40770	45	6	72
泸县百和镇	8100	2	11	47832	29	6	18
泸县天兴镇	4119	1	8	28165	22	8	17
泸县方洞镇	6925	2	12	44503	35	3	20
泸县海潮镇	5285	1	7	32417	26	1	32
合江县望龙镇	5517	1	9	32141	10	2	35
合江县白沙镇	7685	2	10	49179	16	3	33
合江县先市镇	6532	3	9	40440	18	3	19
合江县尧坝镇	6839	1	9	29432	12	3	113
合江县九支镇	22212	4	16	62622	40	4	62
合江县凤鸣镇	12738	1	8	35852	9	1	14
合江县榕山镇	9365	1	9	28016	8	1	6
合江县白鹿镇	7711	1	8	37191	14	4	50
合江县甘雨镇	8329	1	7	28538	16	2	31
合江县福宝镇	42593	2	9	34969	19	2	45
合江县先滩镇	27985	2	13	34603	18		16
合江县大桥镇	13297	2	14	83175	38	15	95
合江县车辋镇	8589	1	7	23095	17	2	16
合江县白米镇	7428	1	9	43593	9		22
合江县法王寺镇	9916	1	11	33675	4	2	38

续表 453　　四川省　　单位：公顷、个、人

名　　称	行政区域面　积	居民委员会(社区)个数	村民委员会个　数	户籍人口	工业企业个　数	#规模以上	营业面积50平方米以上的商店或超市个数
合江县神臂城镇	3390	1	5	20837	22	1	22
合江县石龙镇	10088	2	9	29420	11		29
合江县真龙镇	4502	1	5	21128	5	1	11
合江县荔江镇	13601	2	13	62312	44	8	127
叙永县叙永镇	11753	13	14	103493	148	12	381
叙永县江门镇	16475	2	10	35053	40	3	64
叙永县马岭镇	10274	1	10	35079	8	3	15
叙永县天池镇	6659	1	5	19926	19	1	8
叙永县水尾镇	23014	1	10	27189	30	1	27
叙永县两河镇	12476	2	9	34964	25	1	35
叙永县落卜镇	10226	2	8	34820	26	7	28
叙永县后山镇	12632	2	8	25581	25	3	47
叙永县分水镇	14780	1	11	33839	5		142
叙永县摩尼镇	21851	2	17	49437	16		113
叙永县赤水镇	16322	2	12	33037	3		39
叙永县龙凤镇	21107	2	17	59777	42	8	85
叙永县正东镇	12730	1	10	30909	49	7	42
叙永县观兴镇	12065	1	9	25419	13	2	14
叙永县向林镇	14593	2	7	22777	12	3	13
叙永县麻城镇	8697	1	7	20053	19		32
叙永县大石镇	12079	1	7	20757	18		7
叙永县黄坭镇	15808	1	10	24422	23	1	27
叙永县合乐苗族乡	9745	1	5	12121	2	1	28
叙永县白腊苗族乡	13972		7	20501	8		26
叙永县枧槽苗族乡	8113	1	5	12709	2		15
叙永县水潦彝族乡	8273	1	10	23842	3	1	30
叙永县石厢子彝族乡	3679	1	4	9271	3		23
古蔺县龙山镇	17366	2	17	63346	13	2	84
古蔺县太平镇	10144	2	8	37244	23	6	200
古蔺县二郎镇	12736	4	16	62323	15	5	70
古蔺县大村镇	11709	1	12	46552	18	1	66
古蔺县石宝镇	17888	1	15	52959	9	2	175
古蔺县丹桂镇	11233	1	13	42497	5		106
古蔺县茅溪镇	18295	1	14	43310	85	3	90
古蔺县观文镇	12276	1	12	34805	7	3	103
古蔺县双沙镇	19821	1	14	49855	3		70
古蔺县德耀镇	10738	1	7	18778	11	3	40
古蔺县石屏镇	8122	2	9	37278	8	3	65
古蔺县皇华镇	12924	1	14	41398	2	1	45
古蔺县东新镇	6413	1	8	26424	24		31
古蔺县椒园镇	8958	1	6	22990	5		110
古蔺县马蹄镇	13355	1	8	24703	7	1	38
古蔺县黄荆镇	34826	2	9	16584	2	1	25
古蔺县白泥镇	6651	1	4	15567	1		46
古蔺县马嘶苗族乡	8165	1	5	13314			188

续表 454　　四川省　　单位：公顷、个、人

名　　称	行政区域面　　积	居民委员会(社区)个数	村民委员会个　　数	户籍人口	工业企业个　　数	#规模以上	营业面积50平方米以上的商店或超市个数
古蔺县箭竹苗族乡	12140	1	8	15323	11	2	60
古蔺县大寨苗族乡	4835	1	3	7372	5	1	48
旌阳区黄许镇	8751	5	12	57998	136	15	60
旌阳区孝泉镇	4832	4	8	38218	73	15	5
旌阳区柏隆镇	3755	1	6	25255	28	8	35
旌阳区德新镇	4582	1	7	31852	122	7	8
旌阳区双东镇	7914	4	8	25831	10	2	23
旌阳区新中镇	4234	1	5	12029	6	1	24
旌阳区和新镇	5847	1	6	16080	13	1	12
罗江区万安镇	5782	21	4	55573	126	50	54
罗江区鄢家镇	6506	2	10	30177	17	3	26
罗江区金山镇	9801	3	11	53110	235	82	63
罗江区略坪镇	5571	1	10	27042	21	1	24
罗江区调元镇	3645	1	5	13941	11	3	19
罗江区新盛镇	6119	2	11	34491	18	5	14
罗江区白马关镇	7364	1	11	23921	15	3	37
中江县凯江镇	2319	21	8	105389	99	24	162
中江县南华镇	9381	10	18	71896	144	31	61
中江县回龙镇	7234	2	16	51291	22	3	24
中江县通济镇	5226	1	10	33798	16	1	18
中江县永太镇	11024	3	22	56949	24	2	35
中江县黄鹿镇	8188	2	16	37957	13	5	8
中江县集凤镇	14586	3	21	50295	10	2	48
中江县富兴镇	8430	3	17	31400	15	1	34
中江县辑庆镇	10355	5	21	67581	73	21	22
中江县兴隆镇	13452	4	26	99594	107	32	112
中江县龙台镇	12685	4	28	90290	51	5	66
中江县永安镇	4821	2	11	30975	5		10
中江县玉兴镇	4258	1	9	32630	12	1	6
中江县永兴镇	7628	2	13	40362	3	1	45
中江县悦来镇	3929	2	10	23422	1		23
中江县继光镇	9801	2	15	37667	4		27
中江县仓山镇	14712	3	30	91270	55	2	82
中江县广福镇	6592	2	12	38881	12		26
中江县会龙镇	4668	1	10	25215	2		6
中江县万福镇	5509	1	9	24876	4		26
中江县普兴镇	5109	1	9	28143	2	1	28
中江县联合镇	6685	2	15	34580	3	1	28
中江县冯店镇	7271	1	16	43051	9	1	11
中江县积金镇	3499	1	10	19847	1		27
中江县太安镇	4995	1	10	24895	5	1	11
中江县东北镇	7558	1	18	57037	23	2	66
中江县柏树乡	5604	2	11	27213			17
中江县白果乡	6169	1	9	29870	1		12
中江县永丰乡	3804	1	8	24066	8		18

续表 455　　四川省　　单位：公顷、个、人

名　　称	行政区域面　　积	居民委员会(社区)个数	村民委员会个　　数	户籍人口	工业企业个　　数	#规模以上	营业面积50平方米以上的商店或超市个数
中江县通山乡	4553	1	8	18838	5		5
广汉市三水镇	3796	4	5	42535	151	11	18
广汉市连山镇	8609	2	11	57611	65	8	32
广汉市高坪镇	5194	2	6	40786	68	10	23
广汉市向阳镇	3390	4	4	34004	251	39	30
广汉市小汉镇	5042	4	6	45227	215	73	45
广汉市金轮镇	5357	2	7	45913	38	5	34
广汉市金鱼镇	4749	3	10	44177	84	20	70
广汉市南丰镇	3963	2	6	35193	97	16	30
广汉市三星堆镇	6450	3	8	51790	206	31	50
什邡市洛水镇	4450	5	7	31047	187	101	36
什邡市禾丰镇	3146	1	6	23758	42	16	22
什邡市马祖镇	5210	3	9	49683	134	22	66
什邡市马井镇	7570	2	13	51659	58	14	54
什邡市蓥华镇	42473	3	15	31524	29	3	44
什邡市南泉镇	3505	1	5	28599	42	4	25
什邡市湔氐镇	4618	2	9	29390	35	7	20
什邡市师古镇	4607	2	10	40779	101	28	149
绵竹市九龙镇	8721	2	9	30493	31	8	21
绵竹市汉旺镇	19527	10	17	77991	90	32	71
绵竹市麓棠镇	4180	1	7	26029	11	4	31
绵竹市广济镇	21750	2	10	27725	53	4	25
绵竹市玉泉镇	3009	1	5	19217	14	5	14
绵竹市新市镇	6078	2	13	34938	38	24	26
绵竹市孝德镇	8210	5	10	57850	41	35	56
绵竹市富新镇	6989	3	9	47027	59	13	79
绵竹市什地镇	3354	1	5	24782	23	7	25
绵竹市清平镇	33169	1	5	5898			9
涪城区丰谷镇	5121	3	10	24283	17	9	52
涪城区青义镇	7441	3	12	46996	178	39	69
涪城区吴家镇	7512	2	9	31757	50	4	24
涪城区杨家镇	6493	2	8	28459	22	1	49
涪城区新皂镇	7019	2	8	31028	150	21	9
涪城区永兴镇	8538	5	11	62719	310	70	53
游仙区石马镇	5360	6	9	31225	140	35	35
游仙区新桥镇	9120	4	14	42012	76	22	67
游仙区魏城镇	16790	4	22	67287	45	5	186
游仙区沉抗镇	7370	4	7	22919			20
游仙区忠兴镇	12850	3	15	43593	13	2	16
游仙区松垭镇	2750	5	1	22160	190	33	32
游仙区小枧镇	8900	10	7	42940	93	33	45
游仙区信义镇	13330	3	18	49318	26	8	75
游仙区仙鹤镇	7870	2	9	24712	7	1	12
游仙区盐泉镇	11050	3	14	40063	6	1	57
安州区桑枣镇	15700	2	14	42290	36	7	50

续表 456　　四川省　　单位：公顷、个、人

名　　称	行政区域面　　积	居民委员会(社区)个数	村民委员会个　　数	户籍人口	工业企业个　　数	#规模以上	营业面积50平方米以上的商店或超市个数
安州区花荄镇	12700	10	11	75347	214	41	186
安州区黄土镇	12122	3	15	56726	23	8	52
安州区塔水镇	13000	4	23	77825	80	9	188
安州区秀水镇	9600	3	18	64260	257	6	180
安州区河清镇	8240	3	14	50368	35	12	36
安州区界牌镇	3100	5	5	19443	81	48	8
安州区睢水镇	11560	2	9	32629	57	11	26
安州区千佛镇	14792	1	4	8415	18		3
安州区高川乡	17300	1	4	5958	20	4	7
三台县潼川镇	8578	10	13	112302	134	29	191
三台县塔山镇	12721	3	16	50653	20	3	62
三台县龙树镇	8067	1	8	20151	5		53
三台县石安镇	10883	2	11	31856	9		17
三台县富顺镇	6659	1	8	18480	5		7
三台县三元镇	7245	1	8	19575	8	3	20
三台县秋林镇	5088	1	6	16505			5
三台县新德镇	5599	2	9	30401	20	4	25
三台县新生镇	7358	2	13	40046	10		61
三台县鲁班镇	10350	3	16	46217	3		17
三台县景福镇	9991	3	15	52066	12		20
三台县紫河镇	8098	3	16	37236			14
三台县观桥镇	9723	2	16	50595	9		49
三台县郪江镇	6870	3	11	30327			20
三台县中新镇	6744	2	11	32424	4		26
三台县古井镇	9823	3	17	54210	10	1	59
三台县西平镇	13257	5	25	81876	21	4	114
三台县八洞镇	3932	1	7	25694	12	2	13
三台县乐安镇	7569	1	12	41447	9	1	29
三台县建平镇	7298	3	11	39500	4	1	33
三台县中太镇	5878	1	9	26049	10	4	17
三台县金石镇	8527	2	12	46238	19	1	52
三台县新鲁镇	8433	2	11	41374	2	1	23
三台县刘营镇	7984	1	10	39670	19	9	48
三台县灵兴镇	4838	1	8	26054	9	2	7
三台县芦溪镇	13242	4	19	87476	91	28	175
三台县立新镇	6938	1	9	30207	7		22
三台县永明镇	9302	3	11	41572	35	4	22
三台县建中镇	5342	1	8	22481	3		28
三台县老马镇	8099	2	13	37648	8	1	30
三台县北坝镇	8461	5	10	83060	130	36	91
三台县忠孝乡	8746	2	7	18991	5		13
三台县断石乡	4329	2	7	22627	2	1	21
盐亭县云溪镇	7212	2	7	24222	4		21
盐亭县玉龙镇	9305	3	11	32145	52		24
盐亭县富驿镇	17280	4	21	55591	18	1	88

续表 457　　四川省　　单位：公顷、个、人

名　　称	行政区域面积	居民委员会(社区)个数	村民委员会个数	户籍人口	工业企业个数	#规模以上	营业面积50平方米以上的商店或超市个数
盐亭县金孔镇	11712	6	21	44283	15		27
盐亭县黄甸镇	13260	3	12	38989	36	1	41
盐亭县巨龙镇	7225	8	7	24903	30	29	110
盐亭县高渠镇	12583	3	14	40830	3	1	58
盐亭县鹅溪镇	10188	2	7	16299			18
盐亭县岐伯镇	16910	3	13	29985	4		27
盐亭县文通镇	10140	2	10	19581	24		52
盐亭县永泰镇	6880	3	10	23138	2		36
盐亭县九龙镇	11790	4	15	40505	22		30
盐亭县西陵镇	8425	2	12	25958	7		35
盐亭县嫘祖镇	6107	2	12	29010			32
盐亭县大兴回族乡	4526	1	7	11988	1		18
盐亭县莲花湖乡	7160	2	9	14839	3		33
梓潼县文昌镇	20754	4	24	81227	39	9	247
梓潼县长卿镇	8799	1	9	31289	37	35	80
梓潼县许州镇	17056	2	19	45076	17	3	228
梓潼县黎雅镇	9389	2	12	29480	6	1	56
梓潼县卧龙镇	4153	1	5	12586	1		45
梓潼县观义镇	6899	1	8	14287	2	1	15
梓潼县玛瑙镇	9583	1	10	15259	3	1	23
梓潼县石牛镇	8140	1	10	22244	2	1	11
梓潼县自强镇	10261	1	9	15782			14
梓潼县仁和镇	11372	1	12	20281	2		25
梓潼县双板镇	4871	1	6	11629			31
梓潼县金龙镇	3982	1	7	11720			8
梓潼县文兴镇	5503	1	5	9487	1		17
梓潼县演武镇	6189		6	7089			3
梓潼县宏仁镇	7624	1	9	19971	6	4	18
梓潼县宝石乡	9819		11	17890			26
北川羌族自治县曲山镇	10968	2	13	11035	3	2	13
北川羌族自治县擂鼓镇	14639	1	19	17598	90	7	23
北川羌族自治县永昌镇	11753	11	15	70014	152	32	46
北川羌族自治县通泉镇	13335	2	15	14632	77	16	15
北川羌族自治县永安镇	9784	1	11	22103	45	14	10
北川羌族自治县禹里镇	21827	1	16	12360	23		25
北川羌族自治县桂溪镇	12077	1	11	11135	2	1	19
北川羌族自治县陈家坝镇	12827	1	12	11847	2	1	23
北川羌族自治县小坝镇	18621	1	16	10353	5		10
北川羌族自治县漩坪乡	11273	1	10	8137			1
北川羌族自治县白坭乡	12694	1	8	4365			2
北川羌族自治县片口乡	24958	1	8	6201			19
北川羌族自治县开坪乡	17203	1	6	3270			
北川羌族自治县坝底乡	14819	2	14	8169			17
北川羌族自治县白什乡	10539	1	5	3288			2
北川羌族自治县青片乡	54362	1	5	3299	2	1	3

续表 458　　四川省　　单位：公顷、个、人

名　称	行政区域面积	居民委员会(社区)个数	村民委员会个数	户籍人口	工业企业个数	#规模以上	营业面积50平方米以上的商店或超市个数
北川羌族自治县桃龙藏族乡	6722	1	5	3130			5
北川羌族自治县马槽乡	11811	1	5	2331	2	1	
北川羌族自治县都贯乡	18061	2	8	6001	1		10
平武县龙安镇	18357	6	13	35001	58	21	15
平武县古城镇	28684	1	16	16570	3		2
平武县响岩镇	24265	1	10	9950	6	5	6
平武县大桥镇	25094	1	8	7230	4		4
平武县水晶镇	21733	1	8	11198	6	2	6
平武县江油关镇	40517	1	20	21761	14	3	14
平武县高村乡	18003	1	5	5850	4		3
平武县坝子乡	14943	1	9	7290	1		3
平武县锁江羌族乡	50000	1	12	12147	10	2	10
平武县土城藏族乡	22094		6	5760	4	1	12
平武县旧堡羌族乡	10379		4	3450			
平武县阔达藏族乡	13807		5	4956	4	1	8
平武县黄羊关藏族乡	19868		4	1522	1		1
平武县虎牙藏族乡	48012		5	2586	2	1	5
平武县泗耳藏族乡	40016		3	837	1		
平武县白马藏族乡	78467		4	1619	2	1	
平武县木座藏族乡	45252		3	1668			
平武县木皮藏族乡	25070		3	1063			
平武县豆叩羌族乡	26996	1	12	10450	4	3	2
平武县平通羌族乡	23433	1	12	11627	7	1	3
江油市太平镇	8636	11	11	85661	147	8	89
江油市三合镇	7801	10	9	94844	260	92	42
江油市含增镇	6863	1	5	6498	43	22	21
江油市青莲镇	6514	2	8	36807	52	10	12
江油市彰明镇	2329	2	4	19002	54	16	37
江油市龙凤镇	6659	2	8	24126	21	7	15
江油市武都镇	15462	3	8	49336	69	15	30
江油市大康镇	11276	1	6	21047	28	7	20
江油市新安镇	9743	2	10	30923	8		32
江油市战旗镇	4938	1	5	15469	6		11
江油市双河镇	9402	2	8	30665	13	3	14
江油市永胜镇	20859	2	10	43375	4		23
江油市小溪坝镇	9150	2	8	28728	17	5	19
江油市河口镇	10117	1	8	17577	2		53
江油市重华镇	9588	1	6	29257	87		17
江油市厚坝镇	18226	3	7	34005	25	11	67
江油市二郎庙镇	22997	2	12	35321	35	13	25
江油市马角镇	14825	1	6	13981	18	4	10
江油市雁门镇	29491	1	11	20355	12	4	2
江油市西屏镇	7298	1	7	26251	23	8	22
江油市大堰镇	8360	1	8	23508	2		24
江油市方水镇	10596	2	9	32813	23	3	34

续表 459　　四川省　　单位：公顷、个、人

名　　称	行政区域面积	居民委员会(社区)个数	村民委员会个数	户籍人口	工业企业个数	#规模以上	营业面积50平方米以上的商店或超市个数
江油市枫顺乡	19859	1	7	5046	1		14
利州区荣山镇	22771	2	10	24878	9	5	34
利州区大石镇	10932	1	10	19723	35	16	13
利州区盘龙镇	7675	6	12	33541	331	94	23
利州区宝轮镇	21222	11	12	67575	47	26	88
利州区三堆镇	21490	4	11	22529	9	4	24
利州区白朝乡	14443	1	8	6120			15
利州区金洞乡	14381	1	6	7907			11
利州区龙潭乡	12843	1	12	16722			12
昭化区元坝镇	17585	5	11	36290	46	45	44
昭化区卫子镇	20997	2	15	26420	12	2	20
昭化区王家镇	10613	1	11	17892			13
昭化区磨滩镇	8780	1	8	10965			9
昭化区柏林沟镇	9062	2	8	13901	2	1	29
昭化区太公镇	12250	2	13	18827	2	1	36
昭化区虎跳镇	12240	3	12	20040	3	2	12
昭化区红岩镇	15063	3	11	17032	3	1	3
昭化区昭化镇	13703	2	13	30447	10	4	65
昭化区青牛镇	3627	1	4	6031			9
昭化区射箭镇	10028	2	9	14350	2	1	12
昭化区清水镇	9429	1	12	18463	26	1	23
朝天区朝天镇	23795	3	23	41862	15	7	36
朝天区大滩镇	16189	1	15	17301	1		7
朝天区羊木镇	14743	1	12	21815	11	4	13
朝天区曾家镇	14129	1	11	16798	4	2	23
朝天区中子镇	13630	2	14	23898	56	32	28
朝天区沙河镇	14324	1	10	17340	4	3	17
朝天区两河口镇	13061	1	8	10829			16
朝天区云雾山镇	19056	1	7	12104	2	1	5
朝天区水磨沟镇	9771	1	5	6991	2		8
朝天区李家镇	12288	1	11	15117	1		8
朝天区麻柳乡	5109	1	4	7987	2	1	5
朝天区临溪乡	5209	1	5	6623			4
旺苍县东河镇	13559	12	13	73417	70	8	35
旺苍县嘉川镇	14732	6	19	49926	69	29	42
旺苍县木门镇	11167	1	17	35379	7	2	24
旺苍县白水镇	17248	3	13	25349	19	10	13
旺苍县张华镇	12098	1	15	21247			10
旺苍县黄洋镇	10925	2	8	20290	23	9	1
旺苍县普济镇	15766	2	12	26059	19	5	17
旺苍县三江镇	12149	3	9	22750	17	5	12
旺苍县五权镇	10432	1	10	15542	9	3	18
旺苍县高阳镇	9863		7	8742	7	1	2
旺苍县双汇镇	16183	1	10	13888	12	2	7
旺苍县英萃镇	19524	1	9	10532	10	2	9

续表 460 四川省 单位：公顷、个、人

名称	行政区域面积	居民委员会(社区)个数	村民委员会个数	户籍人口	工业企业个数	#规模以上	营业面积50平方米以上的商店或超市个数
旺苍县国华镇	11374	1	9	11699			6
旺苍县龙凤镇	6365		8	12821			2
旺苍县九龙镇	4959		8	15473			23
旺苍县米仓山镇	12442	1	4	4375			
旺苍县大德镇	7872	2	7	13535	2	1	12
旺苍县大两镇	12738		8	10115	1		14
旺苍县水磨镇	14132		10	10762	10	2	29
旺苍县盐河镇	20355		7	8872			8
旺苍县天星镇	12016		9	11403			11
旺苍县燕子乡	8144		5	5981			1
旺苍县檬子乡	14465		3	3348	7		1
青川县乔庄镇	34977	7	18	39775	55	6	35
青川县青溪镇	52626	2	9	14277	38	11	5
青川县房石镇	9955	1	6	6106	3		17
青川县关庄镇	12711	3	8	11485	4		5
青川县凉水镇	12851	1	9	11345	6		6
青川县竹园镇	16783	8	7	27534	78	24	13
青川县木鱼镇	11027	3	5	13396	12	2	7
青川县沙州镇	28753	2	11	15921	3		2
青川县姚渡镇	18241	1	3	5930	1		4
青川县三锅镇	27209	2	8	14218	12	1	4
青川县建峰镇	11533	2	7	11516	18	3	5
青川县乐安镇	10171	1	7	8545	10	1	12
青川县茶坝乡	13117	1	7	5147	3		7
青川县蒿溪回族乡	10992		4	3786	4		2
青川县曲河乡	6262	2	3	4350	1		5
青川县石坝乡	10190		6	3720	2		9
青川县大院回族乡	5017	1	5	5528			4
青川县七佛乡	10659	1	4	5163	10	1	6
青川县骑马乡	9380	1	6	7649	2		4
青川县观音店乡	8993	1	5	4175			1
剑阁县普安镇	29776	7	31	80826	63	15	72
剑阁县龙源镇	12237	1	14	20657	2		17
剑阁县盐店镇	12029	1	9	14886	2		24
剑阁县柳沟镇	13544	1	11	19468	3		13
剑阁县武连镇	11653	3	10	16833	3		5
剑阁县东宝镇	6660	1	5	11748	1		29
剑阁县开封镇	33661	3	27	47099	18	4	26
剑阁县元山镇	9418	1	10	27643	5	1	30
剑阁县演圣镇	4291	1	6	10151	1		12
剑阁县王河镇	13087	1	15	23414	1		44
剑阁县公兴镇	11361	1	17	32094	5		45
剑阁县金仙镇	8032	1	10	18078	3		42
剑阁县香沉镇	5093	2	4	13600			14
剑阁县白龙镇	21632	4	19	51004	10	2	72

续表 461　　　　四川省　　　　单位：公顷、个、人

名　　称	行政区域面　　积	居民委员会(社区)个数	村民委员会个　　数	户籍人口	工业企业个　　数	#规模以上	营业面积50平方米以上的商店或超市个数
剑阁县鹤龄镇	8560	2	9	23448	9		10
剑阁县杨村镇	6640	1	9	19185	4		19
剑阁县羊岭镇	6146	2	4	16881	1		5
剑阁县江口镇	6589	3	7	14370	5		21
剑阁县木马镇	9892	1	11	17149	2	1	30
剑阁县剑门关镇	17246	2	17	26155	8	2	15
剑阁县汉阳镇	6335	1	7	10352	5	1	10
剑阁县下寺镇	22746	9	12	44866	131	35	70
剑阁县涂山镇	4556		6	11320			16
剑阁县店子镇	6681	1	7	11214	1		22
剑阁县张王镇	6390	1	8	9676	3	1	9
剑阁县姚家镇	10473	1	9	12538	6	1	13
剑阁县义兴镇	6329	1	6	10429	3	1	9
剑阁县秀钟乡	5078		5	7609			18
剑阁县樵店乡	4162		6	9822	1		10
苍溪县陵江镇	16340	23	18	114807	105	29	201
苍溪县云峰镇	9243	5	18	27556	46	26	75
苍溪县东青镇	8893	3	15	26643	2		27
苍溪县白桥镇	6201	2	9	16446			3
苍溪县五龙镇	6147	2	7	16434	7		19
苍溪县永宁镇	5021	1	5	11565	4		14
苍溪县鸳溪镇	7032	1	8	13077	2		5
苍溪县三川镇	8299	2	10	17945	2		8
苍溪县龙王镇	18473	4	19	29908	12		15
苍溪县元坝镇	15490	7	34	57155	23	4	80
苍溪县唤马镇	4130	1	7	12407	4	1	11
苍溪县歧坪镇	8115	4	16	32993	13	2	36
苍溪县白驿镇	5983	2	14	24023	7	1	36
苍溪县漓江镇	8273	2	14	19382	2	1	16
苍溪县文昌镇	6668	2	10	19811	5		14
苍溪县岳东镇	7161	2	13	22939	8		7
苍溪县石马镇	5504	1	10	19214	3		23
苍溪县运山镇	2979	1	6	10743	3		11
苍溪县东溪镇	13846	4	23	38402	6		40
苍溪县高坡镇	9570	3	11	23955	2		28
苍溪县龙山镇	9913	4	21	37915	11		32
苍溪县亭子镇	4614	1	5	10569	1		23
苍溪县百利镇	5742	2	9	16718	5		36
苍溪县黄猫垭镇	5756	2	7	14077	5		10
苍溪县河地镇	5624	3	13	19757	4		29
苍溪县白鹤乡	5751	2	7	15224			17
苍溪县浙水乡	4889	1	6	10156	3		8
苍溪县月山乡	5335	2	13	18750			4
苍溪县白山乡	3093	1	6	10178	4		3
苍溪县彭店乡	3626	1	3	9892	2		10

续表 462　　四川省　　单位：公顷、个、人

名　　称	行政区域面　　积	居民委员会(社区)个数	村民委员会个　　数	户籍人口	工业企业个　　数	#规模以上	营业面积50平方米以上的商店或超市个数
苍溪县桥溪乡	5654	1	7	9556	2	1	2
船山区龙凤镇	5167	3	10	31828	30	9	53
船山区仁里镇	3718	3	7	17950	1		10
船山区永兴镇	7092	5	15	38101	7	2	35
船山区河沙镇	5815	1	11	23251	3	1	25
船山区新桥镇	6125	1	25	56425	23	10	22
船山区桂花镇	3971	1	11	27899	28	4	14
船山区老池镇	6525	1	12	38056	6	5	30
船山区保升镇	3581	6	6	25890	324	65	7
船山区北固镇	3391	2	12	23918	213	50	38
船山区唐家乡	3177	1	7	20507	4	2	17
安居区安居镇	4655	1	12	25781			1
安居区东禅镇	8445	1	20	49525	6		32
安居区分水镇	6630	2	14	39662	1		37
安居区石洞镇	5627	1	12	31898	2		8
安居区拦江镇	9955	3	27	64824			42
安居区保石镇	5083	1	14	34986	3	1	9
安居区白马镇	9555	3	22	57621	7		57
安居区中兴镇	3930	1	9	25413			20
安居区横山镇	11523	3	27	64530	5	2	88
安居区会龙镇	4408	1	11	25068	2		6
安居区三家镇	15962	5	35	90972	8	1	34
安居区玉丰镇	6021	3	12	30905	9	2	23
安居区西眉镇	14701	2	25	78128	37	3	52
安居区磨溪镇	5415	1	9	29377	2	1	19
安居区聚贤镇	4457	1	13	22839	4	3	14
安居区常理镇	4421	1	12	26000	2		14
蓬溪县赤城镇	10231	11	24	69586	21	9	155
蓬溪县新会镇	3691	1	10	17355	2		5
蓬溪县文井镇	10608	4	22	47673	6		35
蓬溪县明月镇	8060	2	16	34532	1		13
蓬溪县常乐镇	4746	1	11	25013	3		33
蓬溪县天福镇	4658	2	10	31257	9		11
蓬溪县红江镇	2701	2	5	22188	15	2	6
蓬溪县宝梵镇	3938	2	9	18087	3	2	9
蓬溪县大石镇	4917	2	10	25608			88
蓬溪县吉祥镇	5531	2	11	27044	3		13
蓬溪县鸣凤镇	10574	3	23	44735	11	3	25
蓬溪县任隆镇	10165	3	16	42275	4		21
蓬溪县三凤镇	9138	2	20	46248	6		30
蓬溪县蓬南镇	10177	5	26	72530	14	4	27
蓬溪县群利镇	3394	2	10	23097	2		11
蓬溪县金桥镇	6220	3	10	26052	34	11	20
蓬溪县槐花镇	7258	3	17	26419	1		10
蓬溪县荷叶乡	3110	1	4	13671			1

续表 463　　四川省　　单位：公顷、个、人

名　　称	行政区域面　　积	居民委员会(社区)个数	村民委员会个　　数	户籍人口	工业企业个　　数	#规模以上	营业面积50平方米以上的商店或超市个数
蓬溪县高升乡	3948	1	6	14453			10
大英县蓬莱镇	12786	4	26	75206	3	1	62
大英县隆盛镇	10905	2	30	77005	5	4	56
大英县回马镇	5208	2	11	38876	12	4	21
大英县天保镇	5159	1	11	29433	6		83
大英县河边镇	9365	2	26	65644			33
大英县卓筒井镇	4265	1	12	32648	1		36
大英县玉峰镇	8206	1	21	53792	15		30
大英县象山镇	5316	1	11	33299			16
大英县金元镇	5353	1	13	30897			13
射洪市武安镇	6262	3	12	33624			27
射洪市大榆镇	11638	4	28	77064	15	2	92
射洪市广兴镇	5495	1	10	31934	10	2	1
射洪市金华镇	10078	4	15	52703	57	4	65
射洪市沱牌镇	9112	4	19	73574	11	5	123
射洪市太乙镇	6386	2	14	40366	3	1	58
射洪市金家镇	8596	3	17	41978	4	1	57
射洪市复兴镇	7237	2	15	28213			73
射洪市天仙镇	9689	2	17	34647	9	1	28
射洪市仁和镇	7749	1	13	33374	3		35
射洪市青岗镇	8021	1	15	32029	3		17
射洪市洋溪镇	6984	2	14	43285	23	2	35
射洪市香山镇	3598	1	7	17735	1		18
射洪市明星镇	5422	3	11	28877			10
射洪市涪西镇	3979	1	8	21147	1		10
射洪市潼射镇	4736	1	9	17946	3		42
射洪市曹碑镇	4303	1	9	20579			18
射洪市官升镇	3976	2	7	17290	1		22
射洪市文升镇	4573	2	9	17002	1		20
射洪市东岳镇	9113	2	15	34651	2	1	16
射洪市瞿河镇	9065	4	17	52120	16	6	55
市中区白马镇	4743	4	12	57394	72	24	7
市中区史家镇	3942	2	9	28184	18	2	15
市中区凌家镇	7195	2	16	51070	4	3	16
市中区朝阳镇	3545	1	10	28240	6	1	10
市中区永安镇	4865	1	15	42245	6	1	14
市中区全安镇	3913	2	11	36205	4		15
市中区龙门镇	2675	1	8	19084	1		9
市中区交通镇	1376	4	1	23388	147	47	13
市中区靖民镇	2676	6	4	35724	30	14	15
东兴区田家镇	15757	7	23	87312	25	5	58
东兴区郭北镇	5971	2	11	45435	6	1	14
东兴区高梁镇	9395	2	15	41338	30		13
东兴区白合镇	10771	3	18	60746	5		34
东兴区顺河镇	8357	2	16	42866	1		73

续表 464 四川省 单位：公顷、个、人

名称	行政区域面积	居民委员会(社区)个数	村民委员会个数	户籍人口	工业企业个数	#规模以上	营业面积50平方米以上的商店或超市个数
东兴区双才镇	7929	4	16	55990	18	2	33
东兴区杨家镇	4656	1	8	26667			11
东兴区椑木镇	11676	12	20	114772	112	15	32
东兴区石子镇	4122	1	7	25814	4	1	17
东兴区永兴镇	5473	1	12	35515	7	3	7
东兴区平坦镇	6041	1	9	25624	1		10
东兴区双桥镇	9769	2	15	46949	6		146
东兴区富溪镇	3880	1	9	24594	5	3	12
东兴区永福镇	4260	1	8	22795	2		14
威远县严陵镇	10288	27	13	176795	288	28	45
威远县新店镇	6981	1	12	48776	29	6	9
威远县向义镇	4724	2	10	32456	15	4	13
威远县界牌镇	4350	1	9	27370	8	1	3
威远县龙会镇	5549	2	12	35690	6	2	7
威远县高石镇	5418	2	12	33747	23	6	11
威远县东联镇	6602	2	14	42008	33	4	6
威远县镇西镇	15088	4	22	80244	26	8	22
威远县山王镇	10490	3	14	32249	10	3	6
威远县观英滩镇	9914	1	9	23499	3		17
威远县新场镇	13532	1	13	37317	30	6	11
威远县连界镇	16856	8	16	62697	54	19	86
威远县越溪镇	10985	2	14	28564	7	4	10
威远县小河镇	8199	2	10	21633	32	2	31
资中县重龙镇	11334	15	14	121526	37	5	32
资中县归德镇	8332	2	18	44869	12	2	23
资中县鱼溪镇	9749	2	20	62071	56	2	49
资中县铁佛镇	5564	1	9	30875	8	6	9
资中县球溪镇	9435	4	15	59917	22	7	43
资中县龙结镇	5859	1	12	37417	3	1	24
资中县罗泉镇	6440	1	9	31026	11	1	26
资中县发轮镇	9643	2	18	57145	6		5
资中县银山镇	8272	4	13	57757	21	7	16
资中县太平镇	8674	2	15	58398	4		18
资中县水南镇	7976	13	13	124597	82	26	65
资中县新桥镇	10642	2	17	45041	36	9	14
资中县明心寺镇	3799	1	9	31681	32	4	5
资中县双河镇	9380	2	15	53921	57	7	10
资中县公民镇	6298	2	11	46509	24	2	47
资中县龙江镇	8997	2	15	53614	6	1	23
资中县双龙镇	10246	2	18	70896	8	1	54
资中县高楼镇	8962	2	22	66109	19	3	16
资中县陈家镇	5366	2	8	31626	1		25
资中县孟塘镇	9363	1	14	46517	3		31
资中县马鞍镇	4146	1	7	28187	9	1	31
资中县狮子镇	5006	1	9	35034	3		13

续表 465　　四川省　　单位：公顷、个、人

名　　称	行政区域面　　积	居民委员会(社区)个数	村民委员会个　　数	户籍人口	工业企业个　　数	#规模以上	营业面积50平方米以上的商店或超市个数
隆昌市响石镇	5443	3	11	46181	15	1	18
隆昌市圣灯镇	2899	2	5	23022	36	11	32
隆昌市黄家镇	8019	4	19	73439	34	14	53
隆昌市双凤镇	5542	2	13	44984	13	2	40
隆昌市龙市镇	7932	3	19	64951	9	4	43
隆昌市界市镇	7797	3	14	50281	8		15
隆昌市石碾镇	6186	3	13	49691	26	3	26
隆昌市石燕桥镇	7813	4	13	54537	80	16	48
隆昌市胡家镇	4867	2	13	46019	19		18
隆昌市云顶镇	5402	3	12	39670	29	4	30
隆昌市普润镇	6013	2	14	47966	15	2	36
市中区牟子镇	4918	1	9	23367	11	2	69
市中区土主镇	5803	1	7	17162	56	22	28
市中区白马镇	8993	2	15	29221	7	3	15
市中区茅桥镇	6250	1	11	23274	4	2	24
市中区青平镇	5286		8	15962			11
市中区苏稽镇	6645	2	21	59167	111	7	49
市中区水口镇	3372	1	8	21997	45	11	27
市中区安谷镇	7143	5	11	46969	123	37	23
市中区棉竹镇	3607	2	4	13966	29	3	50
市中区平兴镇	4599		8	16884	4		17
市中区悦来镇	4312		5	9337	3		49
市中区剑峰镇	5134		7	11725	5		14
沙湾区沙湾镇	12978	2	9	13362	18	6	1
沙湾区嘉农镇	3894	1	7	24207	83	26	18
沙湾区太平镇	8564	3	13	28843	8	2	8
沙湾区福禄镇	9772	2	14	23150	17	1	77
沙湾区牛石镇	5272	1	6	8992	11	1	2
沙湾区葫芦镇	4677	1	5	10459	11	2	5
沙湾区踏水镇	7837	2	12	20885	31	5	9
沙湾区轸溪镇	6708	2	7	9553	10	4	4
五通桥区竹根镇	4587	9	10	71831	81	28	37
五通桥区牛华镇	6475	6	15	46969	98	17	11
五通桥区金粟镇	5201	3	9	30891	45	14	7
五通桥区金山镇	7598	2	15	35619	7		20
五通桥区西坝镇	5861	1	9	23185	6	5	11
五通桥区冠英镇	5604	2	16	40303	12	2	19
五通桥区蔡金镇	3457	1	8	14374			11
五通桥区石麟镇	7731	1	12	22271	10	1	20
金口河区永和镇	9071	4	5	20010	64	9	11
金口河区金河镇	17563	1	7	10477	19	1	6
金口河区和平彝族乡	4105		5	6801	8		
金口河区共安彝族乡	16816		4	6227	84		3
金口河区永胜乡	12252		4	4809	15		3
犍为县玉津镇	7118	14	4	101245	144	30	79

续表 466　　四川省　　单位：公顷、个、人

名　　称	行政区域面　　积	居民委员会(社区)个数	村民委员会个　　数	户籍人口	工业企业个　　数	#规模以上	营业面积50平方米以上的商店或超市个数
犍为县孝姑镇	7344	2	11	36593	34	5	20
犍为县石溪镇	8804	2	10	26804	7	1	13
犍为县清溪镇	8488	2	14	48174	38	4	55
犍为县罗城镇	14922	4	22	66755	35	13	31
犍为县芭沟镇	11491	3	13	27285	17	2	12
犍为县龙孔镇	9789	1	10	27183	10	1	12
犍为县定文镇	7829	1	10	27190	6	1	9
犍为县舞雩镇	8580	2	13	37287	39	13	15
犍为县玉屏镇	9643	2	11	22648	5		4
犍为县大兴镇	10616	1	11	22475			16
犍为县九井镇	7242	2	9	21390	1		9
犍为县铁炉镇	7907	1	7	23193	3		6
犍为县寿保镇	8104	2	11	31295	5	1	18
犍为县双溪镇	8915		8	20253	9	1	8
井研县马踏镇	9422	1	11	39567	11	1	16
井研县竹园镇	8261	1	9	33430	25		41
井研县研经镇	4452	1	7	24181	2		7
井研县周坡镇	11404	2	12	34201	21		25
井研县千佛镇	4191	1	5	20490	24	9	19
井研县王村镇	6360	2	6	29401	14	5	25
井研县三江镇	3116	1	3	14998	14	3	5
井研县东林镇	2987	1	4	13462	1		9
井研县集益镇	5704	1	7	24299	16	3	28
井研县纯复镇	5005	1	5	15532			14
井研县宝五镇	5242	1	5	16547	16	5	19
井研县镇阳镇	5708	1	5	14400	16		2
井研县高凤镇	3316	1	4	16355	2		7
井研县门坎镇	2244	1	3	10078	2		6
夹江县黄土镇	6232	3	5	27274	64	13	18
夹江县甘江镇	10877	2	10	62883	57	15	54
夹江县吴场镇	9738	2	10	31892	48	17	34
夹江县木城镇	10916	2	12	42892	28	6	40
夹江县华头镇	14248	2	12	28174	6	1	56
夹江县新场镇	10509	4	9	37261	106	50	57
夹江县马村镇	5849	2	7	23968	53	16	56
沐川县沐溪镇	24823	6	23	64875	68	8	246
沐川县永福镇	11202	1	8	16954	3	1	22
沐川县大楠镇	12875	2	13	23305	5		13
沐川县箭板镇	4811	1	6	10632	4		3
沐川县舟坝镇	9027	1	9	15400	9	3	12
沐川县黄丹镇	9332	2	8	18742	16	4	39
沐川县利店镇	17493	2	15	22715	15	1	15
沐川县富新镇	13207	2	13	17877	6	2	3
沐川县底堡乡	7083	1	7	17215	5		3
沐川县杨村乡	9943	1	7	7791	5		3

续表 467　　四川省　　单位：公顷、个、人

名　　称	行政区域面　　积	居民委员会(社区)个数	村民委员会个　　数	户籍人口	工业企业个　　数	#规模以上	营业面积50平方米以上的商店或超市个数
沐川县高笋乡	5026	1	5	8996	5		5
沐川县茨竹乡	7724	1	7	8348	13	3	4
沐川县武圣乡	8152	1	8	11409	8		5
峨边彝族自治县沙坪镇	12245	4	15	46439	95	17	16
峨边彝族自治县大堡镇	32322	1	7	14547	19	1	7
峨边彝族自治县毛坪镇	7749	1	7	11363	13	1	15
峨边彝族自治县五渡镇	16731	1	8	9666	25	5	8
峨边彝族自治县新林镇	30057		11	19108	20		9
峨边彝族自治县黑竹沟镇	34364	1	7	7290	14	2	23
峨边彝族自治县红旗镇	16485		5	7969	3		2
峨边彝族自治县宜坪乡	3849		5	6046	2		1
峨边彝族自治县杨河乡	11319		4	4318			4
峨边彝族自治县新场乡	4676		5	5512	7	2	4
峨边彝族自治县平等乡	19394		4	5295	2		1
峨边彝族自治县金岩乡	7561		8	8571	5	1	
峨边彝族自治县勒乌乡	41367		5	5870	10		5
马边彝族自治县民建镇	8769	6	5	43721	90	6	25
马边彝族自治县荣丁镇	9588	1	7	15128	7	1	5
马边彝族自治县下溪镇	8707	1	6	13557	8		15
马边彝族自治县苏坝镇	20807	1	8	20574	5		2
马边彝族自治县烟峰镇	20632	1	4	11718	7	6	1
马边彝族自治县劳动镇	13777		12	21332	30	3	14
马边彝族自治县莜坝镇	21125		10	15346	3		2
马边彝族自治县建设镇	7467		6	13994	5	1	3
马边彝族自治县民主镇	15254		8	13661	3		15
马边彝族自治县梅林镇	17560		9	13391	7	3	11
马边彝族自治县雪口山镇	12646	1	8	15473	7	1	5
马边彝族自治县三河口镇	24186		8	10461	5		10
马边彝族自治县大竹堡乡	12209		3	5005	5		3
马边彝族自治县高卓营乡	8768		5	8643	6	2	11
马边彝族自治县永红乡	27837		4	5228	8	2	1
峨眉山市绥山镇	11146	3	18	62694	106	15	52
峨眉山市高桥镇	16068	1	13	20938	19	2	9
峨眉山市罗目镇	3888	1	9	23409	23		8
峨眉山市九里镇	7765	3	13	37209	34	29	14
峨眉山市龙池镇	19838	2	10	24792	5	1	11
峨眉山市符溪镇	4233	2	9	31176	44	20	10
峨眉山市双福镇	9564	1	18	36955	69	7	86
峨眉山市桂花桥镇	4181	2	8	35960	17	8	28
峨眉山市大为镇	11835		8	12163	6	2	5
峨眉山市黄湾镇	18122	2	7	19761	1		41
峨眉山市龙门乡	6788		6	8796	1		4
顺庆区共兴镇	5978		10	22932	8	7	24
顺庆区金台镇	3832	2	8	26222	11	6	21
顺庆区芦溪镇	6692	2	13	34449	12	2	28

续表 468　　四川省　　单位：公顷、个、人

名　　称	行政区域面　　积	居民委员会(社区)个数	村民委员会个　　数	户籍人口	工业企业个　　数	#规模以上	营业面积50平方米以上的商店或超市个数
顺庆区李家镇	6927	4	15	37389	2	1	56
顺庆区双桥镇	6465		16	32579	13		13
顺庆区渔溪镇	3844	2	6	19192			32
顺庆区新复乡	3913	1	7	13794			23
高坪区江陵镇	4895	1	9	26995			66
高坪区擦耳镇	3609	1	6	14783			25
高坪区东观镇	9505	4	26	62699			61
高坪区长乐镇	10200	2	23	64498	5	2	74
高坪区胜观镇	5620	1	10	20733			8
高坪区阙家镇	5072	1	10	26909			29
高坪区石圭镇	1984	1	5	10620			36
高坪区青居镇	2553	1	5	17427	2	1	23
高坪区会龙镇	5248	1	11	30396	1		15
高坪区走马镇	3695		11	29555	4	1	32
高坪区佛门乡	4574	1	9	18756	2	1	5
嘉陵区曲水镇	6182	2	8	26943	4	3	27
嘉陵区李渡镇	10417	6	19	70920	2	1	33
嘉陵区吉安镇	7875	4	15	48925			40
嘉陵区龙岭镇	3975	1	6	19322	2	1	14
嘉陵区金凤镇	7549	3	12	37162			19
嘉陵区安福镇	4538	2	8	28010			23
嘉陵区安平镇	5550	3	7	28395			50
嘉陵区世阳镇	4960	1	8	21431	2	1	9
嘉陵区大通镇	8068	3	16	37833	10	2	31
嘉陵区一立镇	5857	2	10	24273			7
嘉陵区龙蟠镇	9326	5	21	47325			25
嘉陵区里坝镇	2048	1	4	10779			6
嘉陵区金宝镇	4578	3	9	22936			39
嘉陵区三会镇	1838	1	4	8923			10
嘉陵区双桂镇	7470	2	15	25625			15
嘉陵区七宝寺镇	4208	3	7	17873			9
嘉陵区河西镇	3104	1	5	16429	15	14	16
嘉陵区盐溪乡	4278	2	8	17069			15
嘉陵区大兴乡	2860	1	6	12508			8
南部县老鸦镇	3343	1	7	22170	1		5
南部县永定镇	3107	1	6	18601	3	1	15
南部县碑院镇	2952	1	5	17706	10		3
南部县谢河镇	3833		10	23084	1		6
南部县盘龙镇	5628	3	10	35008	6	1	14
南部县铁佛塘镇	5284		10	27491	2		46
南部县石河镇	2789	1	5	18393			8
南部县王家镇	5774	4	13	35929	9		51
南部县富利镇	4082	2	7	18395	8	4	8
南部县楠木镇	7023	3	11	42323	4		26
南部县长坪镇	4961	2	9	25418	2		30

续表 469　　四川省　　单位：公顷、个、人

名　　称	行政区域面积	居民委员会(社区)个数	村民委员会个数	户籍人口	工业企业个数	#规模以上	营业面积50平方米以上的商店或超市个数
南部县东坝镇	8461	4	16	48076	15	2	208
南部县河坝镇	4512	1	9	27125	5		22
南部县定水镇	8250	4	15	49260	15	14	38
南部县大王镇	3592	1	9	19822	5		31
南部县黄金镇	5987	4	12	36020	2	1	3
南部县流马镇	4421	2	9	23660	5		25
南部县建兴镇	9056	5	17	57315	15	1	309
南部县三官镇	3203		7	16715			9
南部县伏虎镇	7428	7	12	38612	15		132
南部县双佛镇	2931	1	5	14368	18		28
南部县花罐镇	6254	2	10	24937	2		30
南部县大桥镇	5877	1	12	33224	1		32
南部县大河镇	4505	1	10	25139	6	1	51
南部县万年镇	4840	2	8	23218			31
南部县升钟镇	13136	5	15	48433	7	4	87
南部县升水镇	5704	2	6	17905			32
南部县大坪镇	7706	3	8	23192	4		22
南部县神坝镇	6815	2	6	19299	1		31
南部县八尔湖镇	4160	2	6	21330			20
南部县石龙镇	5338	2	9	26784	23	3	13
南部县西水镇	7096	2	9	18765			11
南部县桐坪镇	9409	2	9	18699			51
南部县五灵乡	3674	1	6	17491	1		4
南部县小元乡	3205	1	6	15524			16
南部县宏观乡	3369		8	17060			44
南部县双峰乡	5396	1	7	11401	1		7
南部县太霞乡	5355		7	11865			12
营山县渌井镇	6167	4	9	29231	1		21
营山县东升镇	7136	6	12	48109	132	50	101
营山县骆市镇	7583	5	14	52753			60
营山县黄渡镇	7217	3	12	30428			9
营山县小桥镇	5812	3	13	44418	4		39
营山县灵鹫镇	5785	3	14	40680	3	1	109
营山县老林镇	7031	2	11	23930	3		46
营山县木垭镇	4953	2	10	24305			30
营山县消水镇	7505	3	13	28580	2		42
营山县双流镇	8896	4	15	37220	29		26
营山县绿水镇	5883	3	10	26664	1		36
营山县蓼叶镇	5498	2	8	16707			26
营山县新店镇	7604	3	12	32244	1		76
营山县回龙镇	8024	4	14	62014	6	3	18
营山县星火镇	6966	6	9	27698	3		37
营山县西桥镇	3853	2	6	20364			28
营山县望龙湖镇	4750	2	10	18307	2	1	18
营山县青山镇	4435	2	7	21019			10

续表 470　　四川省　　单位：公顷、个、人

名　称	行政区域面积	居民委员会(社区)个数	村民委员会个数	户籍人口	工业企业个数	#规模以上	营业面积50平方米以上的商店或超市个数
营山县木顶乡	4568	2	7	19002	9		29
营山县明德乡	4045	1	7	11702			10
营山县太蓬乡	5676	2	8	20614			30
营山县柏林乡	6974	2	11	24803			104
营山县悦中乡	4865	2	6	15302			23
营山县大庙乡	7518	2	15	26792	1		64
营山县安化乡	2932	1	5	8888			7
营山县清水乡	4854	2	7	18374	4	1	15
蓬安县锦屏镇	8878	12	10	44450	1		50
蓬安县巨龙镇	9178	4	22	46904			50
蓬安县正源镇	2775	1	6	13882	1		7
蓬安县金溪镇	7576	1	17	31146	51		32
蓬安县徐家镇	11473	3	22	57259	7		101
蓬安县河舒镇	9908	9	9	42288	86	36	33
蓬安县利溪镇	7666	2	11	34727	1		38
蓬安县龙蚕镇	3417	1	7	15936	8	1	23
蓬安县杨家镇	4125	2	5	15243	1		3
蓬安县罗家镇	11597	5	23	45101	16		142
蓬安县福德镇	6661	2	9	30028	4		25
蓬安县银汉镇	3780	1	6	15446			164
蓬安县兴旺镇	10500	4	25	48585			88
蓬安县睦坝镇	3047	1	10	18274	2	1	10
蓬安县平头乡	4811	2	10	22497	1		12
蓬安县鲜店乡	2800	1	5	10333			9
蓬安县金甲乡	5859	2	10	24162	2		22
蓬安县新园乡	5855	2	10	24598	1		129
蓬安县石孔乡	2785	1	4	9711			25
仪陇县金城镇	8741	9	23	83712	110	4	216
仪陇县新政镇	12663	12	23	105363	209	50	610
仪陇县马鞍镇	9840	3	24	62651	28	4	98
仪陇县永乐镇	6910	3	20	41641	5		21
仪陇县日兴镇	8580	1	24	56287	16	3	46
仪陇县土门镇	4631	1	13	35791	9	1	35
仪陇县复兴镇	5258	2	14	38019	11	3	42
仪陇县观紫镇	4892	1	12	27755	8		54
仪陇县先锋镇	2055	1	7	12280	1		11
仪陇县三蛟镇	4386	1	13	26349	1		60
仪陇县回春镇	4110	1	15	22039	1		18
仪陇县柳垭镇	5975	2	12	30998	4	1	74
仪陇县义路镇	5865	3	15	31741	1		39
仪陇县立山镇	8487	1	19	36619	11		104
仪陇县三河镇	6718	1	18	29293	3		50
仪陇县瓦子镇	2402	1	7	10963	2		20
仪陇县大寅镇	8969	1	24	34958	5		51
仪陇县二道镇	4788	1	12	20759	1		14

续表 471　　四川省　　单位：公顷、个、人

名　　称	行政区域面积	居民委员会(社区)个数	村民委员会个数	户籍人口	工业企业个数	#规模以上	营业面积50平方米以上的商店或超市个数
仪陇县赛金镇	2793	1	10	20721	5		38
仪陇县丁字桥镇	5241	1	15	31354	4	1	38
仪陇县大仪镇	3229	1	8	16396	7		18
仪陇县张公镇	3101	1	8	17825	8		20
仪陇县五福镇	2473	1	7	17323			37
仪陇县杨桥镇	3186	1	9	16047			12
仪陇县保平镇	3315	1	10	21365	2		20
仪陇县文星镇	3086	1	10	16182			13
仪陇县双胜镇	4420	1	12	23383	7	1	35
仪陇县永光镇	4359		11	16184	3		58
仪陇县思德镇	4109	1	10	15635	2		8
仪陇县铜鼓乡	2661	1	8	19146	23		13
仪陇县凤仪乡	2328	1	8	12294	2		16
仪陇县福临乡	2327		6	10127			13
仪陇县来仪乡	2372		6	11289	1		21
仪陇县板桥乡	2707		8	10156			21
仪陇县芭蕉乡	2440		6	8109			11
仪陇县柴井乡	3951	1	10	22096	5		16
西充县太平镇	2761	2	6	15958	3		23
西充县大全镇	3973	2	9	18195	1		20
西充县仙林镇	4741	2	9	19725			52
西充县古楼镇	7258	3	16	37623	6	3	119
西充县义兴镇	7784	5	15	37396	5	2	121
西充县关文镇	4031	2	8	20561	2	1	75
西充县凤鸣镇	7765	4	18	36217	3		106
西充县青狮镇	5132	2	11	23615	1		34
西充县槐树镇	5710	4	12	26185	1		11
西充县鸣龙镇	3115	2	5	13449	1		36
西充县双凤镇	4972	4	10	27921	12	3	46
西充县高院镇	4719	2	12	23248	2		29
西充县仁和镇	6537	4	14	32670	4	3	95
西充县多扶镇	7343	7	12	31529	187	43	274
西充县莲池镇	2730	1	5	11259			45
西充县常林镇	7324	7	11	29901	41	21	45
西充县占山乡	4130	1	9	13786			3
西充县祥龙乡	2718	1	6	12439	1		31
西充县车龙乡	3370	1	9	15782	2		39
西充县东太乡	2731	1	5	10402			26
西充县罐垭乡	2784	1	5	10870			33
阆中市彭城镇	3370	1	5	16325	3	1	16
阆中市柏垭镇	9672	4	8	37239	5	4	102
阆中市飞凤镇	5509	2	6	17828			72
阆中市思依镇	11710	4	13	34888			94
阆中市文成镇	10759	4	15	32185	12	1	55
阆中市二龙镇	8574	3	10	26908	2	1	36

续表 472　　四川省　　单位：公顷、个、人

名　　称	行政区域面　　积	居民委员会(社区)个数	村民委员会个　　数	户籍人口	工业企业个　　数	#规模以上	营业面积50平方米以上的商店或超市个数
阆中市石滩镇	7964	3	10	24606	1		15
阆中市老观镇	12203	5	16	42153	2		124
阆中市龙泉镇	4113	2	6	12523	12		25
阆中市千佛镇	9941	4	10	33378	2	1	51
阆中市望垭镇	4625	2	6	15725			22
阆中市妙高镇	7288	2	9	21934			53
阆中市洪山镇	8675	4	11	47086	1		77
阆中市水观镇	7772	3	9	35805	2	1	55
阆中市金垭镇	5003	2	6	18515	5	1	23
阆中市玉台镇	5128	2	6	17021			19
阆中市木兰镇	6941	2	8	15250	2		20
阆中市五马镇	5356	2	8	16186			33
阆中市天宫镇	7120	1	7	18988			113
阆中市桥楼乡	3494	1	4	8221	2	1	13
阆中市博树回族乡	2348	1	4	6696			17
阆中市峰占乡	3269	1	6	9787			14
阆中市鹤峰乡	4554	2	7	13501			25
东坡区太和镇	8253	3	12	61880	76	18	51
东坡区尚义镇	12260	10	7	80690	191	65	76
东坡区多悦镇	10480	1	11	40080	21	1	46
东坡区秦家镇	11333	3	8	36380	4		36
东坡区万胜镇	9072	1	10	33431	26	4	29
东坡区思蒙镇	15107	3	17	67282	45	22	45
东坡区修文镇	9596	2	8	43333	86	2	22
东坡区松江镇	5942	3	10	38828	91	30	19
东坡区崇礼镇	8814	8	6	63360	58	1	24
东坡区富牛镇	10012	8	6	52361			44
东坡区永寿镇	4760	2	9	50729	7	2	39
东坡区三苏镇	15121	2	12	55322	24	2	40
东坡区复兴镇	7611	3	9	48832	3	1	44
彭山区锦江镇	6473	4	3	32979	2		17
彭山区公义镇	7486	2	7	38174	20	1	14
彭山区黄丰镇	4038	2	4	17483			20
仁寿县文宫镇	13550	4	12	83593	25	1	59
仁寿县禾加镇	8654	3	11	55646	2		51
仁寿县龙马镇	10112	2	11	50916	2	1	36
仁寿县方家镇	8253	2	8	45717	10	1	64
仁寿县大化镇	6625	3	5	34157	24	4	34
仁寿县高家镇	9679	3	7	34934	3		20
仁寿县禄加镇	10008	4	11	53586	17	1	70
仁寿县宝飞镇	7609	5	7	47539	9	1	46
仁寿县彰加镇	7063	3	10	39440	2	1	39
仁寿县慈航镇	6048	3	5	31091	4		31
仁寿县汪洋镇	17343	10	18	103020	86	34	113
仁寿县钟祥镇	7009	5	5	43513	13	2	39

续表 473　　四川省　　单位：公顷、个、人

名　称	行政区域面积	居民委员会(社区)个数	村民委员会个数	户籍人口	工业企业个数	#规模以上	营业面积50平方米以上的商店或超市个数
仁寿县始建镇	5350	6	3	33666			21
仁寿县满井镇	7915	3	6	39991	23	3	53
仁寿县富加镇	9251	7	11	78010	30	9	20
仁寿县龙正镇	10955	7	6	41987	46	14	36
仁寿县黑龙滩镇	15003	7	4	51895	2	1	32
仁寿县北斗镇	9252	2	9	47977	5		10
仁寿县宝马镇	3850	2	3	17869	5	1	13
仁寿县珠嘉镇	3626	2	2	20691	6	3	7
仁寿县曹家镇	6121	2	5	21848			23
仁寿县谢安镇	5255	1	7	28799			12
仁寿县新店镇	5671	2	8	37755			28
仁寿县藕塘镇	8073	3	9	51292			25
仁寿县板桥镇	4275	3	4	25531	1		10
仁寿县贵平镇	10642	2	14	66401	2	1	51
仁寿县虞丞乡	8052		7	15993			18
仁寿县青岗乡	2943		5	14368	4	1	14
洪雅县止戈镇	4603	3	2	22715	25	5	36
洪雅县洪川镇	8004	7	8	71968	24	12	218
洪雅县余坪镇	9935	1	6	40656	22	2	36
洪雅县槽渔滩镇	8772	2	4	19483	5	1	52
洪雅县中保镇	6766	1	4	23648	11	2	14
洪雅县东岳镇	11531	1	5	26021	10		22
洪雅县柳江镇	22138	2	7	35200	27		46
洪雅县高庙镇	14611	1	4	12799	31	1	2
洪雅县瓦屋山镇	69473	4	7	17554	23		48
洪雅县七里坪镇	13432	1	3	8517	21		19
洪雅县将军镇	9284	3	6	36774	93	27	56
洪雅县中山镇	11100	2	5	25331			16
丹棱县仁美镇	8187	2	8	36534	25	4	70
丹棱县杨场镇	8566	2	6	29026	38	21	18
丹棱县张场镇	9773	1	9	22884	13		47
丹棱县齐乐镇	12704	10	8	63628	172	31	78
丹棱县顺龙乡	5699		4	8740			8
青神县汉阳镇	2161	1	2	9860	4		3
青神县瑞峰镇	4936	1	3	13225	11	1	11
青神县西龙镇	6318	2	5	20868	51	1	30
青神县高台镇	4602	2	6	21683	1		16
青神县白果乡	8231	1	6	20677	2	1	26
青神县罗波乡	4942	1	5	13674	17	3	10
翠屏区李庄镇	7582	2	14	48377	23	2	32
翠屏区菜坝镇	4662	1	12	37765	38	7	21
翠屏区金坪镇	7755	1	9	31240	16	2	17
翠屏区牟坪镇	5380	1	12	26197	8		19
翠屏区李端镇	5386	1	12	31088	15	1	21
翠屏区宗场镇	7142	1	9	22947	27	1	22

续表 474　　四川省　　单位：公顷、个、人

名　　称	行政区域面积	居民委员会(社区)个数	村民委员会个数	户籍人口	工业企业个数	#规模以上	营业面积50平方米以上的商店或超市个数
翠屏区宋家镇	6063	1	11	31869	45	24	33
翠屏区思坡镇	9158	1	11	28188	11	7	25
翠屏区白花镇	23864	4	33	107998	20	6	108
翠屏区双谊镇	12207	2	15	31826	21	7	20
翠屏区永兴镇	11456	2	17	41666	13	3	26
翠屏区金秋湖镇	20764	4	20	69671	22	3	59
南溪区刘家镇	5528	1	11	29940	15	5	46
南溪区江南镇	9309	1	17	33041	1		51
南溪区大观镇	10372	3	17	47466	18	3	51
南溪区汪家镇	7291	1	11	28731	2		9
南溪区黄沙镇	3848	1	6	16560	4	1	12
南溪区仙临镇	6598	1	12	40856	5		13
南溪区长兴镇	3713	1	9	26974	9	2	15
南溪区裴石镇	6096	2	15	46311	56	10	39
叙州区南广镇	8089	2	11	35410	40	13	3
叙州区观音镇	33893	6	42	106689	53	14	52
叙州区横江镇	18239	2	20	57252	4	1	98
叙州区柳嘉镇	17844	1	22	47514	6		80
叙州区泥溪镇	13049	1	13	38571	13	3	30
叙州区蕨溪镇	27777	2	26	74285	23	8	40
叙州区商州镇	16360	1	12	27532			15
叙州区高场镇	9780	1	13	40793	33	10	27
叙州区安边镇	5962	2	7	24475	14	5	9
叙州区双龙镇	15898	1	21	53364	1		6
叙州区合什镇	8918	2	15	30253	6	2	23
叙州区樟海镇	34864	5	35	95859	28	1	33
叙州区龙池乡	6702	1	7	10759	2		25
叙州区凤仪乡	8177	1	9	22322	5		17
江安县江安镇	5604	7	8	63935	30	10	43
江安县红桥镇	4850	1	7	32157	15	1	20
江安县怡乐镇	8169	1	14	34992	7	5	24
江安县留耕镇	4380	1	10	25905	14	4	15
江安县五矿镇	2100	1	6	17857	18	7	28
江安县迎安镇	4234	1	12	30645	2	1	16
江安县夕佳山镇	13688	3	31	81529	18	4	42
江安县铁清镇	5266	1	14	38062	2		21
江安县四面山镇	8233	2	15	59991	21	5	37
江安县大井镇	6542	1	11	33631	9	1	28
江安县阳春镇	13967	4	34	102611	78	40	68
江安县大妙镇	3121	1	7	17502	3	2	9
江安县仁和镇	9248	1	10	18890	2	1	27
江安县下长镇	5446	1	10	28926	16	4	29
长宁县长宁镇	12607	7	26	109841	130	44	75
长宁县梅硐镇	7775	1	10	25887	12	3	7
长宁县双河镇	13535	2	14	42822	45	16	15

续表 475　　四川省　　单位：公顷、个、人

名　　称	行政区域面积	居民委员会(社区)个数	村民委员会个数	户籍人口	工业企业个数	#规模以上	营业面积50平方米以上的商店或超市个数
长宁县硐底镇	5121	1	8	20532	50	9	3
长宁县花滩镇	5241	1	9	23072	3	2	7
长宁县竹海镇	13415	3	16	46414	3	2	50
长宁县老翁镇	5982	1	10	28377	3	2	6
长宁县古河镇	5658	1	9	19357	10	4	16
长宁县龙头镇	5873	1	8	23828	24	3	5
长宁县铜鼓镇	6795	2	11	34321	12	4	15
长宁县井江镇	4328	1	7	16629	4		4
长宁县铜锣镇	3530	1	5	13663			6
长宁县梅白镇	4311	1	7	22430	3		6
高县文江镇	14511	5	21	71815	54	6	50
高县庆符镇	17877	5	30	78314	111	14	57
高县沙河镇	10409	1	14	51080	42	3	35
高县嘉乐镇	6583	1	10	23560	8		27
高县罗场镇	10204	1	17	46459	53	6	86
高县蕉村镇	8758	1	12	33752	18	1	47
高县可久镇	8991	1	13	20440	9		19
高县来复镇	17323	3	24	61448	38	10	45
高县月江镇	8883	2	9	32043	88	28	68
高县胜天镇	7902	1	12	25925	14	1	7
高县复兴镇	5896	1	7	18074	18	1	9
高县落润镇	6606	1	11	21871	24		12
高县庆岭镇	8090	1	15	34975	14	1	8
珙县珙泉镇	10369	3	14	40723	8	7	20
珙县巡场镇	10737	7	16	107892	121	35	85
珙县孝儿镇	16290	1	26	56550	3	1	24
珙县底洞镇	12670	1	19	29208	29	4	47
珙县上罗镇	17252	1	24	51961	5	2	24
珙县洛表镇	8164	1	12	34044	10	1	49
珙县洛亥镇	6358	1	9	24695	20	2	59
珙县王家镇	10135	1	10	23963	12	1	27
珙县沐滩镇	4724		7	14102	4	3	14
珙县曹营镇	9204		10	20455	15	4	33
珙县玉和苗族乡	2495		4	6134			22
珙县罗渡苗族乡	4095		6	14348	1		9
珙县观斗苗族乡	2035		4	5495			10
筠连县筠连镇	25033	7	36	141650	111	27	240
筠连县腾达镇	9832	1	11	28711	58	9	31
筠连县巡司镇	18879	2	23	77862	46	19	115
筠连县沐爱镇	15171	2	20	63726	22	4	56
筠连县镇舟镇	9555	1	10	29070	16	5	33
筠连县蒿坝镇	9791	1	10	20477	9	1	63
筠连县大雪山镇	9026	1	15	26353	27	4	38
筠连县乐义乡	4483		6	14962	7		47
筠连县团林苗族乡	4627		6	7050	7		10

续表 476　　四川省　　单位：公顷、个、人

名　　称	行政区域面积	居民委员会(社区)个数	村民委员会个数	户籍人口	工业企业个数	#规模以上	营业面积50平方米以上的商店或超市个数
筠连县联合苗族乡	3891		5	9867			6
筠连县高坪苗族乡	3279		5	8287	6	1	51
筠连县丰乐乡	12123		10	18184	4		95
兴文县古宋镇	22070	6	35	128712	174	41	130
兴文县僰王山镇	17220	2	22	64892	46	6	48
兴文县共乐镇	5497	1	10	45821	22	3	53
兴文县莲花镇	7537	1	9	29412	15		15
兴文县九丝城镇	18876	1	14	34060	19		43
兴文县石海镇	8136	1	7	17337	5		31
兴文县周家镇	6224	1	5	10025	7	2	17
兴文县五星镇	4827	1	9	34032	20	5	36
兴文县大坝苗族乡	12797	1	11	31069	25	4	60
兴文县大河苗族乡	12506	1	14	42480	40	14	69
兴文县麒麟苗族乡	11413	1	16	31351	20	3	53
兴文县仙峰苗族乡	10887	1	8	12335	10	1	30
屏山县锦屏镇	20300	1	22	37144	22	14	114
屏山县新市镇	15103	1	13	24185	4		37
屏山县中都镇	21100	1	22	42751	11	1	32
屏山县龙华镇	17960	1	19	27389	31		40
屏山县大乘镇	10813	1	8	18579	23	1	24
屏山县新安镇	14306	1	13	24459	24	1	20
屏山县书楼镇	12306	1	17	27457	18		28
屏山县屏山镇	16051	9	19	82539	148	61	158
屏山县夏溪乡	7090		7	9047	11		4
屏山县屏边彝族乡	9388		5	9591	8		9
屏山县清平彝族乡	8595	1	6	9124	3		10
广安区官盛镇	6876	3	19	50633	51	7	16
广安区协兴镇	3641	7	5	36951	24	2	45
广安区浓溪镇	2880	1	9	19943	4		15
广安区悦来镇	4094	1	11	27889	2		18
广安区兴平镇	5836	2	14	30564	3	1	19
广安区井河镇	9019	2	20	37450	3		26
广安区花桥镇	11605	3	31	72079	11	1	24
广安区龙台镇	6892	1	20	43962	5	1	8
广安区肖溪镇	6182	1	16	37739	3		21
广安区恒升镇	4985	1	15	34701	2	1	18
广安区石笋镇	5903	2	15	41109	2	1	21
广安区白市镇	3523	1	11	26682			11
广安区大安镇	2713	1	8	18592	1		9
广安区穿石镇	3131	5	5	26807	4		9
广安区大龙镇	7475	1	16	37077	3		15
广安区东岳镇	3260	1	7	19741	1		1
广安区龙安乡	1727	1	5	10827	2	1	1
广安区彭家乡	1888	1	5	12270	5	1	7
广安区白马乡	2469	1	6	15166	1		10

续表 477　　四川省　　单位：公顷、个、人

名　　称	行政区域面　　积	居民委员会(社区)个数	村民委员会个　　数	户籍人口	工业企业个　　数	#规模以上	营业面积50平方米以上的商店或超市个数
前锋区桂兴镇	9183	1	12	21645	9	6	16
前锋区观阁镇	4386	2	13	39485	1		11
前锋区广兴镇	3250	1	9	25013	1		4
前锋区代市镇	7027	5	24	75816	25	8	50
前锋区观塘镇	4929	2	17	39221	12		57
前锋区护安镇	3035	4	6	24016	14	3	20
前锋区龙滩镇	5921		8	18927	7		9
前锋区虎城镇	3543	1	10	22364	2		9
岳池县花园镇	6897	1	19	43804	6	1	8
岳池县坪滩镇	5937	3	18	48933	7		22
岳池县龙孔镇	5883	2	17	43362	3		8
岳池县镇裕镇	3702	1	10	26579	4		24
岳池县白庙镇	9394	2	23	67026	2	1	10
岳池县西溪镇	7848	4	20	52097	10	1	26
岳池县同兴镇	2728	1	6	14590	2		16
岳池县兴隆镇	6130	1	11	26758	2		4
岳池县秦溪镇	7246	1	15	27112	1		7
岳池县顾县镇	13137	4	29	67876	7	1	42
岳池县苟角镇	6851	2	23	51181	5	1	22
岳池县天平镇	6459	1	19	32851	1		5
岳池县石垭镇	4581	2	16	45942	12	6	62
岳池县乔家镇	3623	1	12	31113	4		1
岳池县罗渡镇	7570	4	24	66267	24	10	15
岳池县裕民镇	4121	1	13	33442	1		23
岳池县中和镇	3468	1	9	29285	2		3
岳池县新场镇	4119	1	13	30263	1		10
岳池县普安镇	6104	2	21	45632	10	2	8
岳池县临溪镇	1885	1	6	17933			8
岳池县西板镇	3212	1	10	21344	1		2
岳池县齐福镇	3144	1	10	22939	3	2	15
岳池县伏龙镇	4610	1	14	38172			15
岳池县黄龙乡	3001		5	8850			1
岳池县鱼峰乡	3434	1	7	11888	2		16
武胜县沿口镇	9122	13	29	136735	201	46	236
武胜县中心镇	6231	3	15	37773	17	8	3
武胜县烈面镇	6545	5	18	56412	27	1	116
武胜县飞龙镇	5659	2	15	47244	24	2	66
武胜县乐善镇	5274	2	18	40055	14		25
武胜县万善镇	4798	2	12	39999	23		83
武胜县龙女镇	4535	1	13	35900	11	1	16
武胜县三溪镇	3196	1	9	24640	7		12
武胜县赛马镇	5944	3	19	47286	13		31
武胜县胜利镇	4191	1	15	36978	4		10
武胜县金牛镇	2868	1	9	23826	7	1	13
武胜县清平镇	3580	1	10	20027	9	1	3

续表 478　　　　四川省　　　　单位：公顷、个、人

名　　称	行政区域面　　积	居民委员会(社区)个数	村民委员会个　　数	户籍人口	工业企业个　　数	#规模以上	营业面积50平方米以上的商店或超市个数
武胜县街子镇	4963	2	15	32427	80	34	26
武胜县万隆镇	4447	2	14	37197	19		9
武胜县礼安镇	2447	1	6	15731	4	1	6
武胜县华封镇	3292	1	7	28259	13	2	6
武胜县宝箴塞镇	2661	1	8	20551	4		6
武胜县石盘镇	3458	1	8	22668	5		9
武胜县鸣钟镇	3157	1	9	25582	14		12
武胜县真静乡	1856	1	6	11973	4		5
武胜县猛山乡	2228	1	6	16113	4		15
武胜县双星乡	2526	1	7	17505	7		12
武胜县鼓匠乡	2632	1	8	18828	5	1	3
邻水县鼎屏镇	4978	25	10	144030	217	75	161
邻水县城北镇	12924		15	45767	8		3
邻水县城南镇	8094		12	31765	17	5	6
邻水县柑子镇	10484	3	12	38710	15		23
邻水县观音桥镇	10387	2	10	38274	10	2	6
邻水县牟家镇	7224	1	11	33805	19		9
邻水县合流镇	7813	3	11	32630	15	5	14
邻水县坛同镇	13192	3	16	50684	22		11
邻水县高滩镇	10307	5	11	46272	117	38	25
邻水县九龙镇	8461	5	14	66960	28	1	20
邻水县御临镇	6315	2	10	26131	8		5
邻水县袁市镇	8884	5	17	60678	12	1	60
邻水县丰禾镇	12999	6	20	75750	25	5	76
邻水县八耳镇	4639	1	7	16478	6		22
邻水县石永镇	9300	4	8	49582	5		11
邻水县兴仁镇	8528	4	9	39680	11		12
邻水县王家镇	5315	2	6	25786	7		2
邻水县石滓镇	6653	2	10	34604	11	1	23
邻水县三古镇	4439	2	6	18557	4		10
邻水县两河镇	4376	2	8	23582	3		8
邻水县太和镇	8554	3	7	27221	4		8
邻水县椿木镇	3053		5	10364	3		3
邻水县梁板镇	4906		5	14395	2	1	3
邻水县复盛镇	3571	1	7	21399	6		2
邻水县黎家镇	5355	1	6	14036	8		5
华蓥市天池镇	3869	2	5	17097	2	1	12
华蓥市禄市镇	2693	1	7	23273	10	2	6
华蓥市永兴镇	2496	1	7	28195	4		16
华蓥市明月镇	3002	2	7	27847	28		12
华蓥市阳和镇	3962	1	8	27571	10		23
华蓥市高兴镇	8562	3	13	44803	19	6	37
华蓥市溪口镇	5403	3	5	19524	19	8	8
华蓥市庆华镇	4480	1	9	31102	20	5	8
华蓥市红岩乡	3629		4	3780	2	1	1

续表 479 四川省 单位：公顷、个、人

名　　称	行政区域面　　积	居民委员会(社区)个数	村民委员会个　　数	户籍人口	工业企业个　　数	#规模以上	营业面积50平方米以上的商店或超市个数
通川区罗江镇	7066	4	9	37497	44	36	9
通川区蒲家镇	6106	3	8	30765	17	2	11
通川区复兴镇	4057	7		25733	35	16	8
通川区双龙镇	13386	6	18	36140	15	4	15
通川区江陵镇	7014	1	13	24613	6		6
通川区碑庙镇	5958	2	7	22373	6	2	6
通川区磐石镇	7413	5	13	26202	58	10	22
通川区东岳镇	3475	6	3	14911	55	34	13
通川区梓桐镇	3198	1	6	12720	4		14
通川区北山镇	5760	1	10	21979	1		5
通川区金石镇	5947	2	10	18482			3
通川区青宁镇	3725	2	5	14579			1
通川区安云乡	6606	1	7	13610	5	1	1
达川区亭子镇	10079	3	13	48234	34	7	12
达川区福善镇	4106	1	8	14350	3	2	3
达川区麻柳镇	20421	10	31	102891	23	4	49
达川区大树镇	10694	3	14	43807	8	2	12
达川区南岳镇	4224	1	8	23856	5	1	8
达川区万家镇	10394	2	15	51625	14	2	23
达川区景市镇	8620	3	13	28678	1	1	36
达川区百节镇	9803	3	18	47466	42	22	22
达川区赵家镇	7023	4	10	33617	7	4	19
达川区渡市镇	8069	3	12	37812	3	1	8
达川区管村镇	10867	4	16	55514	23	6	21
达川区石梯镇	9876	5	18	54600	9		4
达川区石桥镇	20276	10	29	87315	13	2	9
达川区堡子镇	6357	2	10	22695	3	1	10
达川区平滩镇	4151	1	5	16133	7	3	10
达川区双庙镇	7629	3	16	37959	1	1	16
达川区赵固镇	4783	1	9	20961	2		3
达川区桥湾镇	6386	1	9	23308	2		2
达川区大堰镇	4902	1	4	14914	6		7
达川区罐子镇	7389	2	10	32460	17	1	7
达川区河市镇	8626	6	15	45580	29	5	36
达川区金垭镇	7003	3	11	28158	12	2	6
达川区安仁乡	2924	1	7	13302	1		55
达川区龙会乡	3331	1	5	15064	5	1	4
达川区虎让乡	4021	1	7	13174	2		2
达川区米城乡	2962	1	4	9757	2		3
达川区幺塘乡	2774	1	4	10208	23	13	6
宣汉县君塘镇	10202	3	12	36119	10	2	6
宣汉县清溪镇	10425	2	10	43558	9	1	8
宣汉县普光镇	24989	7	22	93269	143	61	227
宣汉县天生镇	11275	1	11	39517	17	4	25
宣汉县柏树镇	6291	1	8	23499	1		11

续表 480　　四川省　　单位：公顷、个、人

名　　称	行政区域面积	居民委员会(社区)个数	村民委员会个数	户籍人口	工业企业个数	#规模以上	营业面积50平方米以上的商店或超市个数
宣汉县芭蕉镇	11064	1	10	26529	6	1	4
宣汉县南坝镇	17101	8	21	108969	53	6	59
宣汉县五宝镇	7249	1	8	26992	2		4
宣汉县峰城镇	8820	1	7	21459	5	2	9
宣汉县土黄镇	11111	2	11	36610	9	1	48
宣汉县华景镇	11724	1	12	29223	5	1	15
宣汉县樊哙镇	10424	2	8	26911	21	5	11
宣汉县新华镇	17107	1	9	23656	9	1	6
宣汉县黄金镇	12489	1	7	29071	11		8
宣汉县胡家镇	14340	4	9	51015	25	4	37
宣汉县毛坝镇	13904	2	6	25054	11		13
宣汉县大成镇	9475	1	10	34463	12	1	8
宣汉县下八镇	7287	2	9	33786	6	2	14
宣汉县塔河镇	8303	1	6	21541	3	2	25
宣汉县茶河镇	14300	1	11	30377	1		5
宣汉县厂溪镇	18358	1	11	29009			39
宣汉县红峰镇	16738	2	11	35096	3		17
宣汉县白马镇	8217	1	5	17079	1		10
宣汉县桃花镇	6475	1	6	20976	2		3
宣汉县马渡关镇	13194	3	12	49516	13	1	70
宣汉县庙安镇	4662	2	7	11850	1	1	6
宣汉县上峡镇	12556	2	10	24752	12	2	18
宣汉县南坪镇	9821	1	10	18055			25
宣汉县老君乡	7719	1	6	18098			4
宣汉县黄石乡	4410	1	6	15169			4
宣汉县三墩土家族乡	8589	1	5	14853	5	2	12
宣汉县漆树土家族乡	9825	2	6	18204	7	1	9
宣汉县龙泉土家族乡	22112	1	9	11161	5		8
宣汉县渡口土家族乡	10391	1	5	7648	2		3
宣汉县石铁乡	7152	1	4	9378	1		3
开江县新宁镇	10105	1	12	32721	76	7	17
开江县普安镇	10074	3	17	76798	185	53	102
开江县回龙镇	9735	3	11	37632	35	6	35
开江县永兴镇	8766	2	9	42598	39	7	36
开江县讲治镇	11811	3	12	49050	13	2	44
开江县甘棠镇	9269	2	11	51700	27	4	49
开江县任市镇	12472	5	18	84609	38	15	82
开江县广福镇	4964	1	6	20747	15	3	14
开江县长岭镇	7503	1	8	37308	7		29
开江县八庙镇	4529	1	6	18853	3		24
开江县灵岩镇	6768	1	6	14952	5	1	11
开江县梅家乡	4547	1	6	13412	5		8
大竹县乌木镇	5141	1	5	20180	8	4	5
大竹县团坝镇	5103	1	6	18205	8	6	2
大竹县杨家镇	7850	3	11	39784	10	2	11

续表 481　　四川省　　单位：公顷、个、人

名　　称	行政区域面　　积	居民委员会(社区)个数	村民委员会个　　数	户籍人口	工业企业个　　数	#规模以上	营业面积50平方米以上的商店或超市个数
大竹县清河镇	7576	2	11	31471	6	2	19
大竹县柏林镇	4499	1	4	19287	5		3
大竹县石河镇	18162	6	22	79465	42	11	20
大竹县中华镇	11911	2	10	28940	14	12	10
大竹县石桥铺镇	8707	3	12	43970	19	2	16
大竹县观音镇	12346	4	18	58919	13	6	21
大竹县周家镇	11006	4	11	52158	13	6	10
大竹县石子镇	7358	1	7	23978	11		6
大竹县文星镇	7863	3	10	36610	9	1	16
大竹县妈妈镇	6985	2	9	26262	4	2	5
大竹县高穴镇	6356	2	9	27655	7	1	8
大竹县欧家镇	4771	1	5	15475	3	2	6
大竹县庙坝镇	12418	4	13	55178	26	14	18
大竹县清水镇	8217	1	9	31886	11	5	5
大竹县月华镇	5630	1	8	28731	6	2	4
大竹县高明镇	5109	2	6	29832	6	2	5
大竹县童家镇	4637	1	7	26066	1		6
大竹县天城镇	3560	1	4	14652	10	1	7
大竹县四合镇	5528	2	5	23163	2		4
大竹县永胜镇	4793	1	6	21430	6	1	12
大竹县朝阳乡	5271	1	5	17096	8	1	10
大竹县安吉乡	4424	1	4	14698	2	1	4
大竹县八渡乡	5657	1	4	12894	1		3
大竹县杨通乡	2304	1	4	14059			6
大竹县川主乡	4562	2	7	19874	5	2	
渠县临巴镇	16476	6	20	81499	25	13	108
渠县土溪镇	10861	8	14	74656	14	4	95
渠县三汇镇	14961	16	12	83941	27	16	35
渠县文崇镇	4058	4	4	19358	2		21
渠县涌兴镇	6818	5	12	53171	4	3	66
渠县贵福镇	9030	5	11	49673	17		68
渠县岩峰镇	5241	4	6	33791	2	1	15
渠县静边镇	8772	6	16	54796	2	1	78
渠县清溪场镇	7113	3	12	44732	2		4
渠县宝城镇	3657	3	6	29055	11	1	2
渠县有庆镇	7248	5	11	54423	9	1	85
渠县鲜渡镇	3876	1	6	19937			10
渠县琅琊镇	5780	2	6	30026	8	2	46
渠县李渡镇	4773	5	5	35614	7	4	4
渠县中滩镇	4488	3	8	33107	14	1	58
渠县三板镇	2841	2	4	17506	3	2	4
渠县丰乐镇	3677	2	6	21514	3	1	36
渠县李馥镇	5173	2	7	25409			16
渠县合力镇	4012	6	4	29338	95	89	18
渠县青龙镇	4341	1	7	24737	5	3	5

续表 482　　四川省　　单位：公顷、个、人

名　　称	行政区域面积	居民委员会(社区)个数	村民委员会个数	户籍人口	工业企业个数	#规模以上	营业面积50平方米以上的商店或超市个数
渠县卷硐镇	4452	2	3	11275	12	5	8
渠县望溪镇	6305	2	7	28859	15	7	8
渠县龙凤镇	3052	1	5	18565			10
渠县新市镇	4702	3	7	28809	2		32
渠县万寿镇	5561	5	5	28551	4		39
渠县渠北镇	4468	2	8	28159	11	3	14
渠县定远镇	2471	1	5	19909	3	1	17
渠县东安镇	7324	2	10	34341	1		17
渠县报恩乡	4331	2	5	19683			7
渠县安北乡	3115	1	5	15770			2
渠县大义乡	5132	2	6	15065			1
渠县巨光乡	4588	2	8	20517	1		12
渠县望江乡	3976	2	8	19308	4	2	21
渠县拱市乡	2747	1	4	14461	2	1	9
万源市太平镇	14106	2	9	17951	197	14	16
万源市青花镇	16399	1	9	17586	10	5	4
万源市旧院镇	8808	1	7	18612			10
万源市罗文镇	16577	2	11	25003			29
万源市河口镇	14896	2	11	27843			8
万源市草坝镇	16449	2	11	23418			10
万源市竹峪镇	31349	2	18	29614	4		40
万源市大竹镇	19591	2	14	27698	6	2	10
万源市黄钟镇	24459	2	12	23617			20
万源市官渡镇	24323	2	13	26459	12	4	46
万源市白沙镇	28056	2	12	33066	25	7	6
万源市沙滩镇	9412	3	7	19250	7	6	14
万源市石窝镇	7848	1	6	14667			7
万源市八台镇	11674		8	13962	15	4	5
万源市石塘镇	6987	1	5	15144	1		12
万源市铁矿镇	6985	1	3	8659	5	1	3
万源市大沙镇	7228	1	8	12626			3
万源市魏家镇	5172	1	5	12028			5
万源市白果镇	12104		7	13422			25
万源市长坝镇	14269	1	9	19493			14
万源市井溪镇	12912	1	8	13200			10
万源市鹰背镇	3899	1	4	10211			7
万源市永宁镇	21073	2	11	15434			23
万源市固军镇	12574	2	12	21812			4
万源市黑宝山镇	13661	1	7	11052			8
万源市蜂桶乡	8650		3	4304			8
万源市曾家乡	8250		5	10589			2
万源市玉带乡	6928		5	10910			4
万源市庙子乡	12622		7	7066			8
万源市紫溪乡	3597		2	2270			1
雨城区草坝镇	12020	2	18	45577	376	22	21

续表 483　　四川省　　单位：公顷、个、人

名　　称	行政区域面积	居民委员会(社区)个数	村民委员会个数	户籍人口	工业企业个数	#规模以上	营业面积50平方米以上的商店或超市个数
雨城区上里镇	10519		9	25118			34
雨城区晏场镇	19720		11	19834			10
雨城区多营镇	4966	1	5	17452	5	2	41
雨城区碧峰峡镇	10672		14	21426			45
雨城区望鱼镇	18429		7	11301	4		12
雨城区周公山镇	10851		12	19208	3	1	26
雨城区八步镇	10718		7	13732	1		3
名山区百丈镇	7063	1	11	33390	7	6	48
名山区车岭镇	5663		9	23923	18	1	20
名山区马岭镇	4335	1	7	13937	19		4
名山区新店镇	4584		9	19174	74	5	35
名山区蒙顶山镇	4787	2	5	14930	22	3	20
名山区黑竹镇	4407		6	19549	38	10	33
名山区红星镇	5872		8	23136	49	4	9
名山区中峰镇	3911		6	10957	28	2	8
名山区茅河镇	3143		6	12589	22		12
名山区前进镇	4844		7	17257	56		97
名山区万古镇	4580		6	13962	25		12
荥经县花滩镇	7137	1	8	17337	115	13	20
荥经县龙苍沟镇	45850		4	7219	49	5	12
荥经县牛背山镇	47974		4	5051	7	3	1
荥经县新添镇	6429		7	13100	26	5	13
荥经县青龙镇	9385		5	9152	18	1	
荥经县荥河镇	24290		7	12781	32		11
荥经县五宪镇	3290		3	7700	21	1	
荥经县安靖乡	14535		4	4677	39	4	5
荥经县民建彝族乡	2289		4	5386	2	1	1
荥经县泗坪乡	10785		3	4160	20	1	8
荥经县宝峰彝族乡	1231		3	3155			1
汉源县富林镇	6667	5	3	38583	33	3	87
汉源县九襄镇	17516	3	14	68934	18	2	165
汉源县乌斯河镇	5906	1	3	8408	10	3	8
汉源县宜东镇	42742		14	30722	2	1	67
汉源县富庄镇	10291	1	8	15878			1
汉源县清溪镇	6640		5	9124	2	1	22
汉源县大树镇	11892	1	8	19601	2	1	17
汉源县皇木镇	6070	1	2	6749	1		2
汉源县唐家镇	10928	1	9	38841	35	12	26
汉源县富泉镇	5125	1	5	15262	15	1	15
汉源县安乐镇	12685		7	11719	23	13	22
汉源县前域镇	7661	1	5	14354	1		4
汉源县富乡乡	11610		3	6600	8		33
汉源县马烈乡	15412		2	4643	5		7
汉源县河南乡	14595		4	5342	9		
汉源县晒经乡	2961		2	3965			

续表 484　　四川省　　单位：公顷、个、人

名　称	行政区域面积	居民委员会(社区)个数	村民委员会个数	户籍人口	工业企业个数	#规模以上	营业面积50平方米以上的商店或超市个数
汉源县小堡藏族彝族乡	5107		2	2135			3
汉源县片马彝族乡	5683		4	4907	4	1	9
汉源县坭美彝族乡	6502		2	2363			1
汉源县永利彝族乡	7520		3	3056			1
汉源县顺河彝族乡	7939		3	4811			4
石棉县回隆镇	29929		6	13164	61	24	3
石棉县美罗镇	7316		6	13738	12		15
石棉县安顺场镇	30602		9	16430	28	10	1
石棉县蟹螺藏族乡	20264		4	3686	18		4
石棉县永和乡	7544		3	5073	4		2
石棉县栗子坪彝族乡	50984		4	5957	33	1	10
石棉县迎政乡	5942		3	6777	4	3	2
石棉县丰乐乡	23143		3	2876	15		4
石棉县新民藏族彝族乡	8826		5	6595	8		7
石棉县草科藏族乡	34050		3	2419	22	1	6
石棉县王岗坪彝族藏族乡	33390		5	6455	15	3	15
天全县城厢镇	4698	9	5	36586	58	5	80
天全县始阳镇	7422	8	10	32394	69	14	37
天全县思经镇	20210		11	12849	12	8	22
天全县喇叭河镇	122023		5	4550	18	2	5
天全县小河镇	49431		7	9798	49	8	
天全县仁义镇	12053		13	17507	13		17
天全县新场镇	6504		8	11540	12	1	23
天全县乐英乡	2895		5	8191	7	1	10
天全县新华乡	3257		7	6775			4
天全县兴业乡	10541		8	7086			2
芦山县飞仙关镇	5218		3	10870	11	10	16
芦山县双石镇	7719		4	8139			16
芦山县太平镇	19235		4	12106	27		9
芦山县大川镇	52211		3	6000	30	4	11
芦山县思延镇	2519		3	11260	9	8	5
芦山县龙门镇	8553		4	17371	20	2	22
芦山县宝盛乡	11370		3	6745	9	2	16
宝兴县穆坪镇	16413	1	4	11048	25	4	3
宝兴县灵关镇	23575	2	8	17662	236	16	5
宝兴县陇东镇	115660		6	6910	17	3	1
宝兴县蜂桶寨乡	37566		4	4686	11	2	
宝兴县硗碛乡	93745		4	5263	5		
宝兴县五龙乡	19240		6	7324	8	1	2
宝兴县大溪乡	5193		3	3738	2		
巴州区大茅坪镇	1953	1	4	9309			11
巴州区清江镇	9195	4	17	48240	17		39
巴州区水宁寺镇	8614	2	15	38604	6	2	171
巴州区化成镇	8512	3	15	36353	1		17
巴州区曾口镇	15230	5	28	74560	23	8	273

续表 485　　四川省　　单位：公顷、个、人

名　　称	行政区域面　　积	居民委员会(社区)个数	村民委员会个　　数	户籍人口	工业企业个　　数	#规模以上	营业面积50平方米以上的商店或超市个数
巴州区梁永镇	7342	2	11	29169	14	1	76
巴州区三江镇	3818	1	7	18784			8
巴州区鼎山镇	15236	4	26	53648			102
巴州区大罗镇	5270	1	7	17317			24
巴州区枣林镇	5687	1	10	16988	43	4	16
巴州区平梁镇	8305	3	13	32815	31	5	45
巴州区光辉镇	2254	1	5	11089	38	7	19
巴州区凤溪镇	5047	1	9	16697			3
巴州区天马山镇	9232	3	13	16307	1		40
巴州区大和乡	3418	1	5	12482	1		14
巴州区白庙乡	5422	1	7	10055			2
恩阳区明阳镇	6294	9	9	33921	30	12	52
恩阳区玉山镇	14329	13	27	60866	9	1	33
恩阳区渔溪镇	13148	7	27	63780	5		146
恩阳区花丛镇	7834	7	14	36144	6	1	13
恩阳区柳林镇	8044	8	13	41773	13	7	256
恩阳区下八庙镇	9563	5	19	47313	15	1	85
恩阳区茶坝镇	4076	2	8	19370	2	1	26
恩阳区上八庙镇	3692	1	8	17673	3		8
恩阳区关公镇	5746	3	13	22880	2		13
恩阳区兴隆镇	6609	1	14	32293	6		36
恩阳区双胜镇	5059	4	9	24474	2		83
恩阳区群乐镇	3754	2	6	15969	8		8
恩阳区尹家镇	2766	1	5	12122	1		9
恩阳区九镇	2803	1	6	12172	1		14
恩阳区雪山镇	10346	3	20	36775	7		43
通江县诺江镇	11515	1	13	30668	12	6	15
通江县民胜镇	7975	1	9	25754	7	3	5
通江县火炬镇	12448	1	9	23752	4	2	3
通江县广纳镇	11491	1	16	39541	13	2	10
通江县铁佛镇	20286	1	24	70417	10	2	113
通江县麻石镇	9482	1	10	22473	2		8
通江县至诚镇	9241	1	9	18367	8		16
通江县洪口镇	24454	2	16	31021	5	1	33
通江县沙溪镇	16728	1	18	38264	3		37
通江县瓦室镇	8403	2	8	16634	1		5
通江县永安镇	19756	2	15	22840			9
通江县铁溪镇	23191	2	11	15125	14	2	14
通江县涪阳镇	10164	1	10	21870	4		8
通江县诺水河镇	40238	1	21	24803	11	4	13
通江县毛浴镇	9318	1	7	14233	10	3	
通江县泥溪镇	8245	1	6	11347	1		10
通江县两河口镇	15893		9	10416			2
通江县板桥口镇	15014	1	12	17437			3
通江县新场镇	8096	1	7	17860			4

续表 486　　　　四川省　　　　单位：公顷、个、人

名　　称	行政区域面　　积	居民委员会(社区)个数	村民委员会个　　数	户籍人口	工业企业个　　数	#规模以上	营业面积50平方米以上的商店或超市个数
通江县杨柏镇	5413	1	9	18315	3		3
通江县三溪镇	2955	1	5	10749	1		
通江县春在镇	6204		6	13415	13	10	1
通江县龙凤场镇	10007	1	9	17945	3		2
通江县空山镇	13910	1	5	7164			3
通江县唱歌镇	10785		11	16056	3		6
通江县陈河镇	11467	1	5	12760	1	1	2
通江县青峪镇	10404	1	6	12155			4
通江县兴隆镇	9188	1	6	13951			
通江县烟溪镇	8531	1	6	9632	3	2	2
通江县长坪镇	15913	1	10	11087	1		2
通江县松溪乡	10669		6	8943	1		
通江县胜利乡	12072		6	6511			3
南江县沙河镇	7132	5	10	24740	38	4	35
南江县长赤镇	15252	9	22	61536	24	1	272
南江县正直镇	15400	7	23	56401	1		116
南江县大河镇	17528	5	16	31247	4		20
南江县光雾山镇	55769	7	8	5783	2		11
南江县下两镇	8169	4	13	23181	3		78
南江县赶场镇	14482	2	11	19238	4		18
南江县杨坝镇	8165	2	7	8131			16
南江县天池镇	5137	2	10	21287			6
南江县关坝镇	12496	1	6	6917			2
南江县红光镇	4393	2	7	18529	1		85
南江县元潭镇	6164	2	10	17961	3	2	48
南江县赤溪镇	4357	1	8	14380			26
南江县八庙镇	5252	2	10	18996			24
南江县双流镇	5170	2	7	15298			25
南江县坪河镇	6754	1	5	10289	8	2	15
南江县桥亭镇	17179	4	12	14511	7	4	11
南江县和平镇	4963	1	6	15327	1		9
南江县侯家镇	3293	2	6	14624			12
南江县仁和镇	10000	2	11	15939			22
南江县高塔镇	4753	2	8	14338	1		8
南江县兴马镇	11496	2	10	15664			22
南江县关门镇	8294	1	6	12700	2		8
南江县石滩镇	5193	2	6	14297	2	1	11
南江县高桥镇	7774	2	10	16156			8
南江县贵民镇	14348	3	10	9182	1		11
南江县关路镇	11836	3	10	14744	4		29
南江县云顶镇	5507	2	6	11321			16
南江县公山镇	20844	4	18	31582	20	8	32
南江县团结乡	5533	1	6	8369			2
南江县神门乡	9157	2	5	6116	1		6
平昌县响滩镇	11983	8	21	49827	60	1	69

续表 487　　四川省　　单位：公顷、个、人

名　　称	行政区域面积	居民委员会(社区)个数	村民委员会个数	户籍人口	工业企业个数	#规模以上	营业面积50平方米以上的商店或超市个数
平昌县西兴镇	8589	2	12	31920	3	2	43
平昌县佛楼镇	4440	1	6	13252	1		4
平昌县白衣镇	8408	10	6	27762	1		10
平昌县涵水镇	4090	3	3	14167			11
平昌县岳家镇	4553	1	6	16127	2	1	21
平昌县兰草镇	5667	2	7	22805	1		26
平昌县驷马镇	10727	12	11	50458	7	5	89
平昌县元山镇	7345	2	7	30516	4	3	27
平昌县云台镇	8506	4	10	27583	5	3	113
平昌县邱家镇	8870	3	9	34004	5	3	184
平昌县笔山镇	9606	3	14	39672	2	1	63
平昌县镇龙镇	8902	5	10	25632	3	2	33
平昌县得胜镇	9015	8	13	39012	2		44
平昌县灵山镇	5012	4	3	16820			23
平昌县土兴镇	7877	3	13	30956	2	1	34
平昌县望京镇	6771	2	8	18999	1		17
平昌县龙岗镇	6009	2	6	17734	2		22
平昌县板庙镇	8532	5	8	25165	2	1	19
平昌县泥龙镇	4564	2	6	22089			15
平昌县青云镇	5121	1	7	17576	1		40
平昌县大寨镇	6403	3	6	21596			43
平昌县土垭镇	4861	1	6	13822			39
平昌县澌岸镇	3915	2	5	17056			22
平昌县粉壁镇	2864	2	4	12279			10
平昌县三十二梁镇	5569	2	7	14610	1		28
平昌县江家口镇	7704	2	11	22124	1		25
平昌县岩口镇	6369	2	9	22463			42
雁江区雁江镇	4820	4	7	29306	19	4	29
雁江区松涛镇	5400	8	8	48318	150	74	80
雁江区宝台镇	9805	1	15	37697	26	3	27
雁江区临江镇	8950	1	14	47450	28	12	28
雁江区保和镇	12429	1	22	58478	10	2	34
雁江区老君镇	9477	1	17	48532	2	1	20
雁江区中和镇	12091	1	17	53623	13	5	95
雁江区丹山镇	23193	2	40	122313	5		95
雁江区小院镇	8320	1	16	46961	7		14
雁江区堪嘉镇	5574	1	13	35791			29
雁江区伍隍镇	7658	1	16	51031	2		48
雁江区石岭镇	5412	1	12	37730			45
雁江区东峰镇	7140	1	13	37430	9	1	16
雁江区南津镇	9320	1	19	54567	7		29
雁江区丰裕镇	14240	2	32	91364	24		56
雁江区迎接镇	7493	1	12	32690	18	2	10
雁江区祥符镇	8012	1	11	34263	1		113
安岳县岳阳镇	9987	5	17	69647	8	7	54

续表 488　　四川省　　单位：公顷、个、人

名　　称	行政区域面积	居民委员会(社区)个数	村民委员会个数	户籍人口	工业企业个数	#规模以上	营业面积50平方米以上的商店或超市个数
安岳县鸳大镇	5001	1	9	22695	1		8
安岳县通贤镇	11080	3	15	54320	58	3	22
安岳县龙台镇	10063	7	15	69854	16	8	56
安岳县姚市镇	6373	1	11	35321	11	3	29
安岳县林凤镇	4728	1	9	30002	8		21
安岳县毛家镇	3344	1	5	16053	5		34
安岳县永清镇	8255	3	15	46910	7	1	19
安岳县永顺镇	5732	1	12	27693	11	1	13
安岳县石羊镇	11998	3	26	78780	75	5	151
安岳县两板桥镇	4917	1	8	25911	1		12
安岳县护龙镇	5944	1	8	30208	2		11
安岳县李家镇	10319	6	16	63240	18		66
安岳县元坝镇	7069	2	10	33522	1		34
安岳县兴隆镇	8788	2	15	51707	4		132
安岳县天林镇	6631	2	10	33753			19
安岳县镇子镇	7834	4	11	43743	8	2	21
安岳县文化镇	7482	3	12	39133	2		11
安岳县周礼镇	9972	4	17	62097	16	4	30
安岳县驯龙镇	6871	4	10	39253	5		16
安岳县华严镇	4859	1	8	26522	3	1	10
安岳县卧佛镇	9909	3	14	44265			25
安岳县长河源镇	8034	2	11	38270	5		8
安岳县忠义镇	4664	1	9	22957	1		1
安岳县护建镇	4904	1	9	25826	1		10
安岳县南薰镇	5060	1	10	24944			14
安岳县思贤镇	3580	1	6	18610	3		35
安岳县清流镇	2999	1	6	16324			6
安岳县协和镇	4088	1	8	21206	2	1	30
安岳县朝阳镇	4880	2	8	22984			13
安岳县乾龙镇	5705	2	9	25413			33
安岳县大平镇	7682	3	12	35483	1		26
安岳县来凤乡	4440	1	6	18554	1		12
安岳县天马乡	3321	1	5	16926	3		9
安岳县云峰乡	3211	1	5	16526	1		3
安岳县岳新乡	2777	1	5	15153	1		7
安岳县东胜乡	2836	1	5	14233			9
安岳县高升乡	4223	1	8	23243			18
安岳县横庙乡	3423	1	6	18136	3		37
安岳县白塔寺乡	4950	1	8	26967			8
安岳县双龙街乡	3796	1	6	21148	1		5
安岳县合义乡	3610	1	5	17151	1		7
安岳县千佛乡	4088	1	9	23555	1		10
安岳县拱桥乡	3053	1	5	16526			9
乐至县石佛镇	9962	4	16	39498	4	2	25
乐至县回澜镇	11596	5	16	48387	3		20

续表 489　　四川省　　单位：公顷、个、人

名　　称	行政区域面　积	居民委员会(社区)个数	村民委员会个　数	户籍人口	工业企业个　数	#规模以上	营业面积50平方米以上的商店或超市个数
乐至县石湍镇	6763	4	11	34970	7	3	20
乐至县童家镇	9463	4	17	50207	7	2	47
乐至县宝林镇	6671	3	15	38784	1		39
乐至县大佛镇	6856	3	12	39423	3		110
乐至县良安镇	10687	4	24	59969	2		44
乐至县金顺镇	5960	2	11	35021	3		17
乐至县中和场镇	4500	2	8	22108	1		17
乐至县劳动镇	6065	3	13	35661	4		26
乐至县中天镇	5233	4	8	25920	15	10	43
乐至县佛星镇	5744	3	8	25217	1		21
乐至县蟠龙镇	3978	1	7	16595	1		4
乐至县东山镇	8942	3	13	39892	5	3	30
乐至县通旅镇	4567	2	8	25041			4
乐至县高寺镇	10782	6	14	51731	8	1	71
乐至县龙门镇	4508	2	8	20843			21
乐至县盛池镇	4682	2	9	26358			16
乐至县双河场乡	5231	2	6	21084	1		28
马尔康市马尔康镇	72061	3	11	24692	44	2	6
马尔康市松岗镇	24860		7	2164	4	1	
马尔康市沙尔宗镇	38645		6	2029	2		4
马尔康市梭磨乡	109479		6	2336			2
马尔康市白湾乡	26316		9	2511	6	1	12
马尔康市党坝乡	32654		8	2478	3		1
马尔康市木尔宗乡	21383		5	1397	1		1
马尔康市脚木足乡	43101		10	3658			7
马尔康市龙尔甲乡	35454		7	1636			
马尔康市大藏乡	40752		4	1035			4
马尔康市康山乡	65347		5	1574			6
马尔康市草登乡	56484		8	3247			13
马尔康市日部乡	95950		8	3758	1		4
汶川县威州镇	28054	4	14	31380	7	6	8
汶川县映秀镇	39227	1	6	7718	11	10	9
汶川县卧龙镇	81845		3	2542	2	1	6
汶川县水磨镇	8920	1	9	11323	13	4	12
汶川县漩口镇	10316	1	11	10681	18	15	9
汶川县三江镇	49042		6	3990	8		4
汶川县耿达镇	85503		3	2888	6	1	5
汶川县绵虒镇	77659	1	14	11821	31	3	6
汶川县灞州镇	27774		9	7750			
理县杂谷脑镇	19013	4	5	11759	4	2	20
理县米亚罗镇	102773	1	9	2901	1		4
理县古尔沟镇	50449		6	2229			3
理县薛城镇	29660	1	12	5786	6	1	4
理县桃坪镇	9605	1	4	2848			2
理县朴头镇	85173		6	3939	3	2	8

续表 490　　四川省　　单位：公顷、个、人

名　　称	行政区域面　　积	居民委员会(社区)个数	村民委员会个　　数	户籍人口	工业企业个　　数	#规模以上	营业面积50平方米以上的商店或超市个数
理县甘堡乡	11902		3	2807			2
理县蒲溪乡	12200		3	1080			
理县上孟乡	72558		4	2766			3
理县下孟乡	7505		6	2387			2
理县通化乡	30873	1	5	2794			2
茂县凤仪镇	29655	4	16	37070	63	8	30
茂县南新镇	38093		8	8528	16	3	
茂县叠溪镇	98849		13	9310	1		3
茂县富顺镇	29093		11	11041	9	6	6
茂县土门镇	20364		11	10868	10	5	12
茂县洼底镇	17437		5	2928			1
茂县沙坝镇	34093		11	6209	12	1	6
茂县渭门镇	20294		9	7692	3		10
茂县黑虎镇	15274		4	2900			7
茂县沟口镇	14088		7	5623	3		5
茂县赤不苏镇	72390		9	6481	6	1	
松潘县进安镇	42484	9	8	16611			37
松潘县川主寺镇	171902	2	20	10904	11		187
松潘县青云镇	18181	1	7	5477	5	4	5
松潘县毛儿盖镇	111733		5	4021			21
松潘县镇江关镇	12209		3	3538	1		3
松潘县红土镇	51486		7	3336			7
松潘县小河镇	53548		8	4592	4	3	12
松潘县十里回族乡	7304		7	3991			1
松潘县安宏乡	11974		9	4222			
松潘县镇坪乡	21365		5	3643			
松潘县岷江乡	31263		5	3117			1
松潘县大姓乡	46715		6	1407	1		1
松潘县白羊乡	54322		6	2352			
松潘县小姓乡	31242		5	2101	3	1	
松潘县燕云乡	52974		3	1137			3
松潘县黄龙乡	36084		3	946			6
松潘县下八寨乡	79401		3	1115			12
九寨沟县漳扎镇	134859	4	11	7569			150
九寨沟县南坪镇	23079	3	19	23099	7	2	23
九寨沟县双河镇	17546		14	7241			3
九寨沟县黑河镇	82563		10	4814	1		
九寨沟县勿角镇	51399		8	3848			4
九寨沟县永和乡	3984		7	3676	1		
九寨沟县白河乡	23871		5	2665			3
九寨沟县保华乡	3786		4	2771			
九寨沟县郭元乡	13610		8	4355	2	1	1
九寨沟县草地乡	8764		3	1362	1		
九寨沟县玉瓦乡	33493		6	2006			2
九寨沟县大录乡	131857		5	2417	1		11

续表 491　　四川省　　单位：公顷、个、人

名　　称	行政区域面　　积	居民委员会(社区)个数	村民委员会个　　数	户籍人口	工业企业个　　数	#规模以上	营业面积50平方米以上的商店或超市个数
金川县观音桥镇	52972		6	3023	3	1	3
金川县安宁镇	11368		4	3329	2		5
金川县勒乌镇	60969	3	10	18134	5		8
金川县马奈镇	21454		4	2479	2		3
金川县沙耳乡	5487		4	5523	3		2
金川县庆宁乡	5748		3	2570	3		12
金川县咯尔乡	13054		4	5279	3		13
金川县河东乡	7172		3	1295			
金川县河西乡	4943		5	3310	5		
金川县集沐乡	21468		4	1848	2	1	3
金川县撒瓦脚乡	17088		2	1032	1	1	4
金川县卡拉脚乡	13135		3	1058			
金川县俄热乡	74333		6	3056	1	1	8
金川县二嘎里乡	34567		5	2704	1		5
金川县阿科里乡	45829		2	1761			1
金川县卡撒乡	22821		6	3742	1		10
金川县曾达乡	16387		5	2838	4		6
金川县独松乡	28238		4	1968	4	1	
金川县毛日乡	78636		5	2499			5
小金县美兴镇	8973	2	11	16900	13	6	25
小金县四姑娘山镇	57878		5	3336			14
小金县两河口镇	105415		7	4751			11
小金县达维镇	37532		6	4230	2	1	5
小金县沃日镇	10372		5	3363	2		1
小金县宅垄镇	22147		8	5321			8
小金县八角镇	16703		11	5091			8
小金县崇德乡	13455		4	2588	1		3
小金县新桥乡	11843		6	4499			
小金县美沃乡	36984		6	3878	2	1	
小金县沙龙乡	13157		4	2440	1		
小金县日尔乡	19047		5	3034	7	1	
小金县结斯乡	46132		5	2422	3		5
小金县木坡乡	25871		7	3579			1
小金县抚边乡	48111		8	4588	1		1
小金县窝底乡	36145		4	2347			4
小金县汗牛乡	32039		4	1949			
小金县潘安乡	15016		3	1279	4		3
黑水县芦花镇	117132	3	12	12642	16	4	21
黑水县卡龙镇	39117		3	1023			1
黑水县色尔古镇	5354	1	4	3392			1
黑水县西尔镇	18959		12	6155	1		2
黑水县木苏镇	17176		11	6336			
黑水县沙石多镇	71652		5	1687	3	2	3
黑水县知木林镇	19324		8	3684	1		9
黑水县扎窝镇	17943		7	4271	1		

续表 492　　四川省　　单位：公顷、个、人

名　　称	行政区域面　　积	居民委员会(社区)个数	村民委员会个　　数	户籍人口	工业企业个　　数	#规模以上	营业面积50平方米以上的商店或超市个数
黑水县瓦钵梁子乡	7009		4	2347			
黑水县石碉楼乡	12560		9	4183	1		
黑水县龙坝乡	4287		4	2394			1
黑水县洛多乡	18183		5	2176			
黑水县维古乡	6750		7	3059	1		1
黑水县晴朗乡	54585		7	2939	6	2	2
黑水县慈坝乡	4182		2	922			
壤塘县南木达镇	48226		5	5689			15
壤塘县中壤塘镇	33427		4	5137			8
壤塘县岗木达镇	120228	2	6	9964	3		5
壤塘县蒲西乡	116574		4	2482	2	1	5
壤塘县宗科乡	54471		3	2884	1		12
壤塘县石里乡	34248		5	2007	1		7
壤塘县吾伊乡	66036		5	3411	1		20
壤塘县上杜柯乡	85277		5	4337			5
壤塘县茸木达乡	22238		4	2515			16
壤塘县尕多乡	32147		5	6332			21
壤塘县上壤塘乡	51540		5	3657			9
阿坝县阿坝镇	70312	1	11	17354	30	2	126
阿坝县贾洛镇	174404		8	10761			9
阿坝县麦尔玛镇	79987		5	5941	2	1	5
阿坝县河支镇	51877		5	5667			5
阿坝县各莫镇	78118		9	8768			14
阿坝县安羌镇	67239		8	6953			10
阿坝县麦昆乡	22560		5	3873	1		5
阿坝县龙藏乡	49937		3	3099			3
阿坝县求吉玛乡	53524		3	4172			8
阿坝县四洼乡	19711		3	3034	1		3
阿坝县安斗乡	31519		3	2249			5
阿坝县柯河乡	75131		2	1897			2
阿坝县垮沙乡	71017		5	1746			5
阿坝县查理乡	66598		4	4255			7
阿坝县茸安乡	100446		6	3138			7
若尔盖县达扎寺镇	88867	2	4	11455	25	4	41
若尔盖县唐克镇	146860	1	6	8012			6
若尔盖县红星镇	57512		7	6602			8
若尔盖县辖曼镇	115550		7	8469			24
若尔盖县巴西镇	100089		7	6195			4
若尔盖县阿西镇	109363		13	9605	2	1	23
若尔盖县铁布镇	62268		15	8351			1
若尔盖县麦溪乡	80652		6	5984			3
若尔盖县嫩哇乡	46922		3	3510			2
若尔盖县占哇乡	18823		3	2812			
若尔盖县降扎乡	23626		6	3013	3		
若尔盖县求吉乡	49895		6	3433	2		1

续表 493　　　　四川省　　　　单位：公顷、个、人

名　　称	行政区域面　　积	居民委员会(社区)个数	村民委员会个　　数	户籍人口	工业企业个　　数	#规模以上	营业面积50平方米以上的商店或超市个数
若尔盖县包座乡	132145		5	3459			
红原县邛溪镇	89594	2	5	11498	36	9	15
红原县刷经寺镇	98644	1	3	2946	1		5
红原县瓦切镇	99100	1	5	8162			7
红原县安曲镇	88471		3	4364			2
红原县色地镇	119906		3	7950			1
红原县龙日镇	64471		3	2454			2
红原县江茸乡	51391		2	1446			
红原县查尔玛乡	72862		3	2264			
红原县阿木乡	89220		2	3519			1
红原县麦洼乡	55914		2	4980			4
康定市姑咱镇	25915	3	15	8934	26	4	3
康定市新都桥镇	96023	1	25	10799			11
康定市塔公镇	84430		15	9606	2	1	24
康定市沙德镇	83737		7	3544			14
康定市金汤镇	45998		25	6124	6	1	15
康定市甲根坝镇	68600		20	5378			3
康定市贡嘎山镇	214550		8	3013	1		7
康定市鱼通镇	37266		11	4225	2	1	1
康定市雅拉乡	70448		9	3369	2	1	
康定市麦崩乡	11736		9	2379	2	1	1
康定市捧塔乡	71214		11	2548			11
康定市普沙绒乡	66839		6	2401			1
康定市吉居乡	36166		5	2050			19
康定市呷巴乡	45532		11	4451			20
康定市孔玉乡	119157		12	3458	16	5	15
泸定县泸桥镇	37465	3	16	29654	31	2	30
泸定县冷碛镇	12789	2	12	10747	25	2	21
泸定县兴隆镇	10355	1	12	8995	5	1	5
泸定县磨西镇	31342	1	7	7054	12	1	15
泸定县燕子沟镇	59060		7	5528	6		1
泸定县得妥镇	21792		12	8066	11	3	1
泸定县烹坝镇	11632		6	4562	3		2
泸定县德威镇	26224		14	8623	13		11
泸定县岚安乡	5784		4	2746	4		2
丹巴县章谷镇	23034	4	8	12086	8	5	12
丹巴县巴底镇	46932		16	4654	2		11
丹巴县革什扎镇	36674		14	4554	1		7
丹巴县东谷镇	95497		10	4113	7	1	8
丹巴县墨尔多山镇	10492		17	6179			4
丹巴县甲居镇	8059		11	3696			5
丹巴县格宗镇	35629		9	3787	7		
丹巴县半扇门镇	24021		16	4555	1		3
丹巴县丹东镇	127763		10	3573	3	2	2
丹巴县巴旺乡	13586		8	1945			

续表 494　　四川省　　单位：公顷、个、人

名　　称	行政区域面　积	居民委员会(社区)个数	村民委员会个　数	户籍人口	工业企业个　数	#规模以上	营业面积50平方米以上的商店或超市个数
丹巴县梭坡乡	12829		8	2987			
丹巴县太平桥乡	16185		9	4025			7
九龙县呷尔镇	66055	3	4	13603	15		11
九龙县烟袋镇	11843	1	5	4969	4		3
九龙县三垭镇	22987		7	6513			1
九龙县雪洼龙镇	89678		6	5361	1		
九龙县湾坝镇	61583		5	7081	6	1	2
九龙县汤古镇	84828		3	1894	1		3
九龙县乌拉溪镇	20479		4	3115	6	4	1
九龙县魁多镇	7072		5	5045	7	3	2
九龙县乃渠镇	42111		3	2794	2	1	
九龙县三岩龙乡	93837		3	2571			
九龙县上团乡	35530		2	594			2
九龙县八窝龙乡	32669		2	1300			3
九龙县子耳彝族乡	35359		5	3951	2	1	3
九龙县小金彝族乡	3488		3	2670	1	1	1
九龙县朵洛彝族乡	12362		2	1439	1		
九龙县洪坝乡	56592		2	1072	4	2	
雅江县河口镇	48671	2	6	7766	21		63
雅江县呷拉镇	36305		5	3392	4	1	14
雅江县西俄洛镇	52393		5	3213			1
雅江县红龙镇	45396	1	5	3931			4
雅江县麻郎措镇	52358		6	2702	1	1	1
雅江县波斯河镇	54441		7	2376			
雅江县八角楼乡	55328		7	3716	1		
雅江县普巴绒乡	42158		4	2097			1
雅江县祝桑乡	41431		6	3242			5
雅江县米龙乡	30351		5	2164			
雅江县八衣绒乡	42076		3	2887			11
雅江县牙衣河乡	52630		3	933			2
雅江县德差乡	57949		5	1768			1
雅江县柯拉乡	41240		4	3522			4
雅江县瓦多乡	49014		4	2359			2
雅江县木绒乡	55117		4	2087			1
道孚县鲜水镇	24578	2	12	11589	69		25
道孚县八美镇	28063	1	8	5060			4
道孚县亚卓镇	43936		8	2728			2
道孚县玉科镇	47506		4	2609			7
道孚县仲尼镇	29706		6	1562			6
道孚县泰宁镇	33424		6	2534			9
道孚县瓦日镇	13405		6	1810			1
道孚县麻孜乡	26142		10	3729			4
道孚县孔色乡	20784		10	2809			
道孚县葛卡乡	32673		7	2354			5
道孚县扎拖乡	14632		4	1483	1		4

续表 495　　四川省　　单位：公顷、个、人

名　称	行政区域面　积	居民委员会(社区)个数	村民委员会个　数	户籍人口	工业企业个　数	#规模以上	营业面积50平方米以上的商店或超市个数
道孚县下拖乡	24487		5	1228			4
道孚县木茹乡	28459		4	1242			7
道孚县甲斯孔乡	97629		6	2566			
道孚县七美乡	51428		3	2377			
道孚县银恩乡	55997		4	2561			1
道孚县龙灯乡	38000		6	2641			2
道孚县色卡乡	39686		6	3509	1		3
道孚县沙冲乡	51742		3	963			3
炉霍县新都镇	4498	4	15	9045	60		32
炉霍县朱倭镇	8986		8	2650			6
炉霍县虾拉沱镇	18870		18	5686			1
炉霍县上罗柯马镇	38983		7	2732			16
炉霍县泥巴乡	12473		8	2575			7
炉霍县雅德乡	9966		12	2925			1
炉霍县洛秋乡	80600		6	2763			
炉霍县仁达乡	11524		6	2513			22
炉霍县旦都乡	12708		8	2867			
炉霍县充古乡	3592		9	1960			1
炉霍县更知乡	43000		10	1832			
炉霍县卡娘乡	39500		7	1277			6
炉霍县宗塔乡	27000		6	2356			17
炉霍县宗麦乡	81200		11	3361			6
炉霍县下罗柯马乡	54800		8	3563			2
甘孜县甘孜镇	24129	4	27	15501	26	3	17
甘孜县查龙镇	36382		5	3036			
甘孜县来马镇	25485		14	3273			2
甘孜县呷拉乡	14567		8	2295			
甘孜县色西底乡	6715		11	2025			
甘孜县南多乡	7822		5	1349			
甘孜县生康乡	17194		12	1852			3
甘孜县贡隆乡	17031		7	1437			2
甘孜县扎科乡	49634		13	3321			
甘孜县昔色乡	20254		11	2006			
甘孜县卡攻乡	22483		9	1315			5
甘孜县仁果乡	4518		7	1568			
甘孜县拖坝乡	6208		7	3015			4
甘孜县庭卡乡	19711		6	2123			6
甘孜县下雄乡	10173		9	3094	2	1	9
甘孜县四通达乡	23297		8	2979			7
甘孜县夺多乡	34699		5	1409			3
甘孜县泥柯乡	37884		6	1846			7
甘孜县茶扎乡	84427		7	4135			
甘孜县大德乡	168407		9	4765			16
甘孜县卡龙乡	55173		8	3180			
新龙县如龙镇	43029	1	15	7784	37		42

续表 496　　四川省　　单位：公顷、个、人

名　称	行政区域面积	居民委员会(社区)个数	村民委员会个数	户籍人口	工业企业个数	#规模以上	营业面积50平方米以上的商店或超市个数
新龙县拉日马镇	164263		7	6259			1
新龙县大盖镇	16246		7	3554			5
新龙县通宵镇	45381		6	3955			5
新龙县色威镇	56089		10	5272			1
新龙县尤拉西镇	21829		5	2381	1		1
新龙县沙堆乡	35722		5	2453			4
新龙县绕鲁乡	20857		6	2304			
新龙县博美乡	24678		5	2711	1		5
新龙县子拖西乡	80119		4	1961			3
新龙县和平乡	23606		4	2169	1		
新龙县洛古乡	24915		4	1763			1
新龙县雄龙西乡	79758		5	3978			2
新龙县麻日乡	23157		3	1612			2
新龙县友谊乡	71491		3	1595			
新龙县银多乡	125900		3	1954			4
德格县更庆镇	41944	3	15	8277			3
德格县马尼干戈镇	111081		8	6262	1		12
德格县竹庆镇	110080		9	7249			13
德格县阿须镇	38117		7	3579			16
德格县错阿镇	52794		3	3352			
德格县麦宿镇	58921		12	4008	1		3
德格县打滚镇	37693		6	4410			3
德格县龚垭镇	25969		11	3505			7
德格县温拖镇	29312		6	3865			
德格县中扎科镇	41037		13	5024			1
德格县岳巴乡	41848		5	2127			5
德格县八帮乡	57020		8	3022			4
德格县白垭乡	18590		7	2093			3
德格县汪布顶乡	22529		6	2557			
德格县柯洛洞乡	97808		7	4927			1
德格县卡松渡乡	29764		4	1417			
德格县俄南乡	29873		4	1539			
德格县俄支乡	31326		6	4153			
德格县玉隆乡	19892		4	2800			
德格县上燃姑乡	46558		3	2849			
德格县年古乡	39493		6	3835			
德格县浪多乡	62099		4	3896			7
德格县亚丁乡	59166		8	4221			
白玉县建设镇	20694	2	7	5355	35		56
白玉县阿察镇	53970	1	4	2905			7
白玉县河坡镇	27422		13	3901			8
白玉县盖玉镇	147482		12	7172			35
白玉县金沙乡	36971		11	3312			7
白玉县绒盖乡	45881		9	2389			3
白玉县章都乡	72746		8	2668			10

续表 497　　四川省　　单位：公顷、个、人

名　称	行政区域面积	居民委员会（社区）个数	村民委员会个数	户籍人口	工业企业个数	#规模以上	营业面积50平方米以上的商店或超市个数
白玉县麻绒乡	47146		7	1946			3
白玉县热加乡	71811		17	4659			24
白玉县登龙乡	22993		6	2251			7
白玉县赠科乡	63327		13	4141			24
白玉县麻邛乡	43549		4	3356	2	2	
白玉县辽西乡	65566		3	1618			7
白玉县纳塔乡	148251		6	4399			9
白玉县安孜乡	99202		5	3080			5
白玉县沙马乡	58756		5	1413			8
石渠县尼呷镇	49316	2	6	10906	34		9
石渠县洛须镇	65911	1	17	5769			1
石渠县色须镇	152729	1	10	8280			2
石渠县虾扎镇	80217		6	4610			7
石渠县温波镇	63217		6	4900			4
石渠县蒙宜镇	52130	8	8	5169			
石渠县阿日扎镇	162565		9	7609			2
石渠县真达乡	70758		11	2984			9
石渠县奔达乡	25996		9	1668			6
石渠县正科乡	61469		13	4102			8
石渠县德荣马乡	81692		4	4478			
石渠县长沙贡马乡	359276		9	4679			6
石渠县呷衣乡	221233		8	5851			1
石渠县格孟乡	159316		6	5219			1
石渠县新荣乡	108936		6	4262			1
石渠县宜牛乡	85773		5	2900			5
石渠县起坞乡	121566		6	4427			4
石渠县长须贡马乡	80071		6	4512			5
石渠县长沙干马乡	74032		6	4445	1		1
石渠县长须干马乡	70398		6	3900			
石渠县瓦须乡	91458		6	6033			
色达县色柯镇	80685	4	8	4317	6		9
色达县翁达镇	23875		6	2229			2
色达县洛若镇	52969	1	10	3649			2
色达县泥朵镇	123452		13	5178			1
色达县甲学镇	37076		8	2279			3
色达县克果乡	33522		8	2963			1
色达县然充乡	75550		8	3652			9
色达县康勒乡	32922		7	2897			6
色达县大章乡	79642		8	3217			8
色达县大则乡	55189		8	3853			1
色达县亚龙乡	38613		8	3379			3
色达县塔子乡	46304		9	3229			3
色达县年龙乡	73129		4	3079			1
色达县霍西乡	92643		11	5188			3
色达县旭日乡	16853		6	2613			6

续表 498　　四川省　　单位：公顷、个、人

名　　称	行政区域面积	居民委员会(社区)个数	村民委员会个数	户籍人口	工业企业个数	#规模以上	营业面积50平方米以上的商店或超市个数
色达县杨各乡	15532		7	2858			7
理塘县高城镇	15397	6	10	10375	10	4	165
理塘县甲洼镇	20528		5	2095			10
理塘县格聂镇	164362		12	4331	1		4
理塘县木拉镇	77450		16	5404	2		6
理塘县君坝镇	43017		9	2755			13
理塘县拉波镇	49500		8	2607			3
理塘县觉吾镇	22282		6	2594			7
理塘县哈依乡	17053		4	1090			2
理塘县莫坝乡	24195		3	1100			1
理塘县亚火乡	18371		4	1974			1
理塘县绒坝乡	22827		5	1508			1
理塘县呷洼乡	59541		8	2190			3
理塘县奔戈乡	107366		7	4723			6
理塘县村戈乡	83688		7	3211			2
理塘县禾尼乡	180658		5	4539	8		7
理塘县曲登乡	141438		7	5058			2
理塘县上木拉乡	22578		7	2062			6
理塘县濯桑乡	79620		7	2982			9
理塘县藏坝乡	19941		5	2199			7
理塘县格木乡	101914		3	2476			3
理塘县麦洼乡	48377		5	1280			5
理塘县德巫乡	80244		6	2718			1
巴塘县夏邛镇	50438	1	13	10316	47	1	7
巴塘县中咱镇	57099		7	4655			2
巴塘县措拉镇	4295		4	1618			4
巴塘县甲英镇	51759		7	3924			
巴塘县地巫镇	28083		8	4064			4
巴塘县拉哇乡	14041		4	1368			
巴塘县竹巴龙乡	39039		5	1856			4
巴塘县苏哇龙乡	51035		6	2970			13
巴塘县昌波乡	11929		4	1771			1
巴塘县亚日贡乡	94114		5	4267			
巴塘县波密乡	117120		3	2459			1
巴塘县莫多乡	51654		4	2121			
巴塘县松多乡	38556		6	1967			
巴塘县波戈溪乡	41418		4	2207			3
巴塘县茶洛乡	60516		4	1579			1
巴塘县列衣乡	9759		3	1075			
巴塘县德达乡	45518		4	2004			30
乡城县香巴拉镇	27341	3	12	9968	44	3	6
乡城县青德镇	24709		10	4596			15
乡城县热打镇	99972		5	2761			26
乡城县沙贡乡	62402		4	1436			
乡城县水洼乡	49100		5	2200			1

续表 499 四川省 单位：公顷、个、人

名　　称	行政区域面积	居民委员会(社区)个数	村民委员会个数	户籍人口	工业企业个数	#规模以上	营业面积50平方米以上的商店或超市个数
乡城县然乌乡	26600		4	1796			1
乡城县洞松乡	20900		5	1161			4
乡城县定波乡	70801		4	1555	1		5
乡城县正斗乡	46214		4	2121	1		15
乡城县白依乡	66100		4	1299			
稻城县金珠镇	32077	2	10	7163	55		16
稻城县香格里拉镇	97866	1	11	3055	1		13
稻城县桑堆镇	93938		3	2819			6
稻城县吉呷镇	55087		4	1327			1
稻城县噶通镇	48141		13	3430			
稻城县省母乡	44037		6	1752			
稻城县巨龙乡	58973		8	2113			7
稻城县邓坡乡	77907		2	1152			
稻城县木拉乡	72173		3	1752			5
稻城县赤土乡	29773		8	2701			4
稻城县蒙自乡	19608		9	1967			1
稻城县各卡乡	54135		5	810			1
稻城县俄牙同乡	24883		7	1272			
得荣县瓦卡镇	19468	1	6	1799	3		30
得荣县白松镇	39398		13	3601			13
得荣县日雨镇	24261		11	2788			12
得荣县太阳谷镇	30345	2	14	2546	16		7
得荣县徐龙乡	16745		8	1393	1		1
得荣县奔都乡	34017		11	1772	1		12
得荣县八日乡	29570		11	1371			15
得荣县古学乡	33288		10	2424			1
得荣县贡波乡	24383		6	1178			
得荣县茨巫乡	39891		10	2971			15
西昌市礼州镇	11242	1	12	53564	3	2	54
西昌市安宁镇	8441	1	14	64056	20	2	51
西昌市川兴镇	22410	1	12	48197			88
西昌市黄联关镇	15057		6	21135	2		10
西昌市佑君镇	23756	1	13	39540			8
西昌市太和镇	3131	2	3	19058	5	4	17
西昌市安哈镇	21535		7	28549	12	11	7
西昌市阿七镇	15452		6	13994			8
西昌市樟木箐镇	19325		8	24285			17
西昌市琅环镇	20014		8	19300			9
西昌市巴汝镇	50817		6	14759	1		9
西昌市四合乡	5239		3	8850			5
西昌市开元乡	12113		3	10602			1
西昌市大兴乡	7175		4	15396			9
西昌市经久乡	5644	2	5	14127	35	31	9
西昌市裕隆回族乡	4336		5	18514			12
西昌市高草回族乡	3352		4	14360			9

续表 500　　　　四川省　　　　单位：公顷、个、人

名　　称	行政区域面　　积	居民委员会(社区)个数	村民委员会个　　数	户籍人口	工业企业个　　数	#规模以上	营业面积50平方米以上的商店或超市个数
西昌市马鞍山乡	14574		4	7613	1		4
会理市鹿厂镇	23693	1	8	26919	28	2	45
会理市黎溪镇	27587	1	10	33909	27	7	48
会理市通安镇	26438	2	8	28883	26	6	26
会理市太平镇	24236	1	7	17665	2		24
会理市益门镇	33519	1	10	26177	11	2	18
会理市绿水镇	26341		9	16263	14	13	15
会理市云甸镇	16139		8	18909	17	1	17
会理市新发镇	22640		10	21374	6	3	19
会理市关河镇	17435	1	6	13961	19	1	18
会理市彰冠镇	34201		10	42268	9		61
会理市木古镇	19239		6	19581	3		110
会理市六华镇	55974		10	15597	5	4	25
会理市小黑箐镇	22972		8	14728	14	7	10
会理市内东乡	13253		5	13099			
会理市树堡乡	12812		5	10002	2	1	17
会理市新安傣族乡	13727		6	9213	3		8
会理市槽元乡	16534		7	10827	3		3
木里藏族自治县乔瓦镇	53198	3	7	23732	27	4	41
木里藏族自治县瓦厂镇	73357		4	5554			4
木里藏族自治县茶布朗镇	18921		2	3598			9
木里藏族自治县雅砻江镇	62960		4	2486	1		4
木里藏族自治县水洛镇	99430		6	5957			6
木里藏族自治县列瓦镇	36472		9	10344			9
木里藏族自治县博科乡	30161		4	4947			5
木里藏族自治县宁朗乡	39803		3	2153			8
木里藏族自治县依吉乡	21147		3	3732			2
木里藏族自治县俄亚纳西族乡	59041		6	6040			
木里藏族自治县牦牛坪乡	25696		4	5064	1		19
木里藏族自治县屋脚蒙古族乡	21907		2	2464			2
木里藏族自治县项脚蒙古族乡	13859		3	3642			5
木里藏族自治县李子坪乡	17728		3	4411			3
木里藏族自治县西秋乡	13493		3	3061			1
木里藏族自治县克尔乡	23030		3	4113			13
木里藏族自治县白碉苗族乡	20165		4	5921			3
木里藏族自治县三桷桠乡	30113		5	4694			
木里藏族自治县倮波乡	42550		5	6122			19
木里藏族自治县卡拉乡	121106		7	4441			
木里藏族自治县后所乡	22068	1	5	7301			6
木里藏族自治县沙湾乡	126191		4	5346			10
木里藏族自治县固增苗族乡	65293		4	3505	1		5
木里藏族自治县麦日乡	65357		4	2957			4
木里藏族自治县东朗乡	50498		3	2766			17
木里藏族自治县唐央乡	111608		4	4536			12
木里藏族自治县博窝乡	57162		3	1612	9		13

续表 501　　四川省　　单位：公顷、个、人

名　　称	行政区域面积	居民委员会(社区)个数	村民委员会个数	户籍人口	工业企业个数	#规模以上	营业面积50平方米以上的商店或超市个数
盐源县卫城镇	30740	1	8	26175	1		45
盐源县梅雨镇	21626	2	7	29386	3	1	64
盐源县白乌镇	61369		8	23436	1		18
盐源县树河镇	47944	1	18	17619	1		32
盐源县黄草镇	56125		10	21124	1		6
盐源县平川镇	43401	1	7	16685	5	1	3
盐源县泸沽湖镇	75542	1	10	25437	1		40
盐源县官地镇	47328		12	10776	2	1	1
盐源县梅子坪镇	47244		4	6478	1		
盐源县润盐镇	38637		11	46028	2	1	102
盐源县长柏镇	39509		7	12935	3		12
盐源县甲米镇	50456		5	10125	3		5
盐源县棉桠镇	53864		5	19768	2	1	14
盐源县盐塘镇	50960		6	16720			12
盐源县金河镇	15517	2	9	11680	3		15
盐源县龙塘镇	15453		7	23350	19	3	25
盐源县兴隆镇	1000	10		57			1
盐源县藤桥乡	18549		6	7010	1		22
盐源县田湾乡	15042		9	7700	1		11
盐源县右所乡	22353		33	8424			7
盐源县沃底乡	28048		4	5340			2
盐源县大坡蒙古族乡	14837		5	3435	1		4
盐源县洼里乡	16662		5	3513	1		2
德昌县永郎镇	25751	1	6	23904	15		10
德昌县乐跃镇	47065		11	20925			6
德昌县麻栗镇	30641		8	29921	7	6	17
德昌县茨达镇	29232		7	15968			11
德昌县巴洞镇	18598		6	19453			9
德昌县黑龙潭镇	9199		3	5374			
德昌县铁炉镇	11760		3	6506			17
德昌县热河镇	20855		3	10295			9
德昌县南山傈僳族乡	3667		3	2150			3
德昌县金沙傈僳族乡	7843		3	3433			
会东县鲹鱼河镇	25220		13	28634	11	9	6
会东县铅锌镇	35756	1	23	51269	28	3	86
会东县堵格镇	18558	1	10	19873	5		16
会东县姜州镇	20682	1	16	33850	5	1	11
会东县乌东德镇	23774		11	24548	6		36
会东县淌塘镇	17335		7	14858	11		8
会东县铁柳镇	20186		12	24617	11	1	13
会东县嘎吉镇	11162		8	23590	3		8
会东县满银沟镇	20538		9	17803	8	4	9
会东县新街镇	15865	1	12	22265	6	1	15
会东县鲁吉镇	13275		8	18917	1		6
会东县大崇镇	11823	1	8	21392	3		40

续表 502 四川省 单位：公顷、个、人

名　　称	行政区域面　　积	居民委员会(社区)个数	村民委员会个　　数	户籍人口	工业企业个　　数	#规模以上	营业面积50平方米以上的商店或超市个数
会东县松坪镇	14280		11	13360	5		7
会东县老君滩乡	20438		8	11338			6
会东县江西街乡	15705		10	18478	2		1
会东县溜姑乡	5842		5	9827	5		79
会东县野租乡	24370		13	19965	12	3	8
宁南县松新镇	24987	2	9	22417	23	2	110
宁南县竹寿镇	13354	1	11	20327	2		34
宁南县华弹镇	6856	1	6	20882	5		28
宁南县白鹤滩镇	12227	1	5	14647	7		1
宁南县西瑶镇	8017		5	8995	6	1	15
宁南县大同镇	5952	2	3	8646	6		19
宁南县骑骡沟镇	8622	1	4	9137	2		21
宁南县跑马镇	13677		5	10615	6		2
宁南县幸福镇	15998		5	9277	9		2
宁南县石梨镇	11447	1	6	12227	2	1	28
宁南县六铁镇	16109		5	11537	5		
宁南县宁远镇	12331	3	8	43875	46	9	301
宁南县俱乐镇	17456		7	9980	4		
普格县普基镇	12083	3	12	36321	22	2	54
普格县荞窝镇	11637	1	7	13700	1		30
普格县螺髻山镇	26246	1	7	25856			12
普格县五道箐镇	20841		7	14581			25
普格县花山镇	18494	1	9	26023			26
普格县日都迪萨镇	20816		8	22460			8
普格县西洛镇	11341	1	3	16660			4
普格县夹铁镇	20648	1	7	21204			35
普格县黎安乡	13444		4	10595	2		4
普格县大坪乡	10712		5	12253	2		21
普格县特兹乡	10114		5	10265			10
普格县瓦洛乡	7713		4	7198			5
普格县大槽乡	6401	3	3	6481			2
布拖县特木里镇	22095	3	18	54691	16	1	48
布拖县龙潭镇	21410	1	14	21294	4	1	18
布拖县拖觉镇	21488		94	25761	1		3
布拖县九都镇	9038		11	16040			8
布拖县乐安镇	20978		13	25705			4
布拖县俄里坪镇	10421		8	11787			20
布拖县地洛镇	14580		12	12351			20
布拖县牛角湾镇	10521		7	13880	5	2	52
布拖县补尔乡	6923		4	11809			1
布拖县拉果乡	9894		9	11132			8
布拖县委只洛乡	4179		5	7161			5
布拖县基只乡	6053		6	7307			14
金阳县天地坝镇	18665	5	10	42554	11	3	16
金阳县派来镇	7759	1	7	14826			4

续表 503　　　　四川省　　　　单位：公顷、个、人

名　　称	行政区域面　积	居民委员会(社区)个数	村民委员会个　数	户籍人口	工业企业个　数	#规模以上	营业面积50平方米以上的商店或超市个数
金阳县芦稿镇	9594		9	18802			7
金阳县对坪镇	10570		8	21738			7
金阳县南瓦镇	11367		7	16876			4
金阳县百草坡镇	27735		5	11962	2	1	15
金阳县洛觉镇	10788		7	17127			3
金阳县德溪镇	8130	1	6	13654			1
金阳县丙底镇	15573		4	8615	1		5
金阳县热水河乡	5560		4	7858			1
金阳县甲依乡	9652		6	8909			1
金阳县基觉乡	6554		4	7073			1
金阳县小银木乡	4190		5	8054			1
金阳县青松乡	6425		5	8491	2		1
金阳县山江乡	6142		4	8484			2
昭觉县新城镇	10004	6	10	50485	117	4	41
昭觉县城北镇	5867	4	12	27360			11
昭觉县竹核镇	8909		9	18885	1		6
昭觉县谷曲镇	11662		7	15509	3		7
昭觉县比尔镇	30407		15	28702			3
昭觉县解放沟镇	23641		8	12902			1
昭觉县三岔河镇	26518		7	22052			18
昭觉县四开镇	14736	1	10	29090			2
昭觉县地莫镇	10700		7	23795			86
昭觉县古里镇	12128		13	8387	2	1	1
昭觉县俄尔镇	11331		11	15747			4
昭觉县美甘乡	5957		4	9360			4
昭觉县博洛乡	13171		5	10659	1		1
昭觉县特布洛乡	10482		7	11009			6
昭觉县庆恒乡	7047		5	12369			2
昭觉县补约乡	7255		3	6655			
昭觉县金曲乡	12377		6	9356			1
昭觉县则普乡	13100		7	9812			6
昭觉县日哈乡	15958		8	9480			8
昭觉县哈甘乡	4532		4	7622			1
喜德县光明镇	25700	6	13	42778	19	1	24
喜德县冕山镇	19116	1	9	18099	6	2	8
喜德县红莫镇	14697		9	15647	2		13
喜德县两河口镇	9201	1	9	15592			9
喜德县米市镇	16002		8	14719			
喜德县洛哈镇	22200		7	14011			1
喜德县尼波镇	20984		6	18084			2
喜德县贺波洛乡	13496		7	13787	2		2
喜德县鲁基乡	9852	1	5	14794	1		15
喜德县李子乡	7012		5	13621	9	1	15
喜德县北山乡	19890		5	11069			3
喜德县且拖乡	9204		5	9665			4

续表 504　　四川省　　单位：公顷、个、人

名　　称	行政区域面　　积	居民委员会(社区)个数	村民委员会个　　数	户籍人口	工业企业个　　数	#规模以上	营业面积50平方米以上的商店或超市个数
喜德县沙马拉达乡	18422		6	19098			6
冕宁县漫水湾镇	19100	2	11	41917	2	1	39
冕宁县大桥镇	76100		6	19857	2		5
冕宁县复兴镇	9600	1	7	26326	8	7	30
冕宁县泸沽镇	28034	7	11	59788	7	6	32
冕宁县彝海镇	51364		6	20257			3
冕宁县石龙镇	12500		9	33000	3	2	20
冕宁县河边镇	11400	1	8	21860			14
冕宁县锦屏镇	25750		12	11159	5	1	26
冕宁县里庄镇	19400		4	5923	5	1	3
冕宁县惠安镇	17400		5	10654	3	2	23
冕宁县宏模镇	5732	2	5	17481			12
冕宁县泽远镇	16900		7	15824			6
冕宁县若水镇	33020	2	9	35613	2	1	5
冕宁县棉沙镇	24600		6	10763			1
冕宁县磨房沟镇	35900		7	8542	8		7
冕宁县和爱藏族乡	9500		5	3268			5
冕宁县新兴乡	9100		2	2322			
冕宁县健美乡	8200		3	2127			
越西县越城镇	13500	3	21	62824	7	3	50
越西县中所镇	2323	1	9	20306	3	1	22
越西县新民镇	4078		11	23956	3	1	98
越西县乃托镇	7135	1	6	10357	4	3	5
越西县普雄镇	10460	2	10	27795	3	1	5
越西县大瑞镇	2700		8	16542			6
越西县竹阿觉镇	14500		8	15685			28
越西县书古镇	14810		10	23458			3
越西县依洛地坝镇	11300		7	20374			2
越西县南箐镇	10100		9	13486			3
越西县贡莫镇	6840		11	21230			
越西县梅花镇	14300		7	12122			15
越西县尔觉镇	6800		10	13891			13
越西县拉普镇	11700		7	17121	76		8
越西县马拖镇	11390		9	21963			1
越西县大花镇	12000		6	9726	2		3
越西县板桥镇	21900		10	22559			4
越西县保安藏族乡	3500		3	5307			1
越西县拉吉乡	29800		2	11014			
越西县申果庄乡	16564		4	16348			
甘洛县新市坝镇	23146	5	18	56160	88	8	75
甘洛县田坝镇	14195	1	39	33159	6		36
甘洛县海棠镇	33772		10	16500	25	3	2
甘洛县吉米镇	36517		9	17911	6	1	2
甘洛县斯觉镇	18521		8	19583			1
甘洛县普昌镇	11818		18	41556			11

续表 505　　四川省　　单位：公顷、个、人

名　称	行政区域面积	居民委员会(社区)个数	村民委员会个数	户籍人口	工业企业个数	#规模以上	营业面积50平方米以上的商店或超市个数
甘洛县玉田镇	9380		8	12002			
甘洛县乌史大桥镇	18899		7	9343	2	1	
甘洛县苏雄镇	21318		6	7887	8		
甘洛县新茶乡	6948		5	5318			5
甘洛县团结乡	8283		6	7655	2		
甘洛县嘎日乡	4604		6	11369			4
甘洛县沙岱乡	7419		5	4680	2		11
美姑县巴普镇	11192	3	15	35585			38
美姑县洪溪镇	30089	1	10	15996			4
美姑县新桥镇	11741		17	24771			5
美姑县牛牛坝镇	15957	2	16	31100	1		11
美姑县拉马镇	18884	1	18	26162	3	2	6
美姑县候播乃拖镇	26418		13	17349			13
美姑县候古莫镇	10185	1	8	14864			1
美姑县觉洛乡	7039		7	13990			1
美姑县井叶特西乡	10829		7	9096			3
美姑县合姑洛乡	9291		5	5848			6
美姑县典补乡	8172		7	13126			6
美姑县九口乡	4813	1	6	13291			2
美姑县洛俄依甘乡	4385		7	9524			2
美姑县柳洪乡	8964	1	9	11967			10
美姑县峨曲古乡	14928	1	7	15294			13
美姑县龙门乡	9087		10	12536			2
美姑县洒库乡	6059	1	7	11207	1		2
美姑县瓦候乡	43417		35	8888			22
雷波县锦城镇	8700	3	7	30345			64
雷波县西宁镇	40121	3	9	16850	2		12
雷波县汶水镇	8866	1	7	14753	2	1	9
雷波县黄琅镇	15621	1	14	26428			55
雷波县金沙镇	7400	2	8	21905	2	1	46
雷波县永盛镇	10848		15	21781			19
雷波县渡口镇	10483	1	14	23755	3	2	15
雷波县马颈子镇	10894		12	16308			9
雷波县上田坝镇	11928		7	10086	3		6
雷波县瓦岗镇	13171		7	12904			5
雷波县宝山镇	13111		11	18078			3
雷波县箐口乡	5966		6	9625			9
雷波县柑子乡	10709		4	5868			12
雷波县桂花乡	27108		5	8600			40
雷波县山棱岗乡	7579		5	6857			15
雷波县谷堆乡	29600		4	6980	1		1
雷波县拉咪乡	21532		2	2265	3		
雷波县千万贯乡	6080		6	9963			2
雷波县莫红乡	13654	7	6	11987	4	3	18
雷波县巴姑乡	4622		5	8945	5	1	20

续表 506 四川省、贵州省 单位：公顷、个、人

名　　称	行政区域面积	居民委员会(社区)个数	村民委员会个数	户籍人口	工业企业个数	#规模以上	营业面积50平方米以上的商店或超市个数
雷波县卡哈洛乡	5411		4	7314	1		7
贵州省							
南明区后巢乡	1495	2	4	34214	29	2	31
南明区云关乡	2849		6	27284	10	4	117
南明区小碧布依族苗族乡	6604		12	21049	5		28
南明区永乐乡	4241		5	12187			19
云岩区黔灵镇	4200	10	11	83733	115	10	186
花溪区青岩镇	9449	2	17	36786	18	1	58
花溪区石板镇	5160	3	13	24960	86	10	42
花溪区麦坪镇	4981		13	22423	6	1	22
花溪区燕楼镇	6486		8	15345	37	10	16
花溪区孟关苗族布依族乡	6944	2	8	23469	32	7	39
花溪区湖潮苗族布依族乡	8931		13	27935	54	28	42
花溪区久安乡	4859		7	15820	4	1	9
花溪区高坡苗族乡	10910		19	27873	1	1	35
花溪区黔陶布依族苗族乡	7446	1	7	10946	8	2	17
花溪区马铃布依族苗族乡	8196		3	9674			12
乌当区东风镇	7819	7	13	31174	212	40	66
乌当区水田镇	11209	1	11	18124	28	9	41
乌当区羊昌镇	7356	1	8	16362	7	2	28
乌当区下坝镇	10629		8	17590	3	1	17
乌当区新场镇	8976	1	13	17481	15	1	22
乌当区百宜镇	9822		9	14652	5		10
乌当区新堡布依族乡	5394		7	5909	1		7
乌当区偏坡布依族乡	1361		2	2058	7		5
白云区艳山红镇	2264	1	11	29689	175	19	18
白云区麦架镇	5939	5	9	31271	179	24	32
白云区沙文镇	7080	1	16	26153	51	18	25
白云区都拉布依族乡	3265		7	11553	9	1	13
白云区牛场布依族乡	6749		13	14946	17		14
观山湖区金华镇	6875	8	12	47319	226	34	52
观山湖区朱昌镇	5642	6	11	31972	14	3	97
观山湖区百花湖镇	10900	1	16	25012			55
开阳县双流镇	12885	2	5	24844	40	10	27
开阳县金中镇	7367	2	9	11006	9	5	8
开阳县冯三镇	17847	1	10	38601			20
开阳县楠木渡镇	19408	1	8	45340	11		10
开阳县龙岗镇	20555	1	10	41571	15	2	13
开阳县永温镇	9999	1	5	20390	21	6	14
开阳县花梨镇	13286	1	7	27624	9	1	18
开阳县南龙乡	12484		6	19621	12	1	11
开阳县宅吉乡	9922		5	19162	8		12
开阳县龙水乡	5880		5	12451	3	1	20
开阳县米坪乡	4122		7	7456			5
开阳县禾丰布依族苗族乡	8133	1	6	17905	18	1	32

续表 507　　贵州省　　单位：公顷、个、人

名　　称	行政区域面　　积	居民委员会(社区)个数	村民委员会个　　数	户籍人口	工业企业个　　数	#规模以上	营业面积50平方米以上的商店或超市个数
开阳县南江布依族苗族乡	11703		6	21770	12		18
开阳县高寨苗族布依族乡	17565		8	26576	18	2	19
开阳县毛云乡	8403		4	12403	2		6
息烽县永靖镇	12599	1	15	26075	50	8	44
息烽县温泉镇	8503	2	11	21443	33	13	10
息烽县九庄镇	11320	1	25	32788	12		24
息烽县小寨坝镇	13808	3	20	35062	68	13	44
息烽县西山镇	7399		13	19273	15	3	9
息烽县养龙司镇	9564	1	17	25199	30	3	36
息烽县石硐镇	11951		18	27804	9	3	42
息烽县鹿窝镇	9767		13	17845	7		16
息烽县流长镇	10589		15	21733	20		25
息烽县青山苗族乡	4911		5	7415	3		11
修文县六广镇	9693	1	12	29731	13	2	21
修文县六屯镇	8277		6	17908	3		9
修文县洒坪镇	8498		10	18105	7	1	27
修文县六桶镇	10930	1	13	29370	1		121
修文县谷堡镇	12249		10	26783	6	2	9
修文县小箐镇	10337	1	8	25255	4	2	31
修文县大石布依族乡	5091		7	13887	7		17
清镇市红枫湖镇	12839	6	17	49214	1		81
清镇市站街镇	16965	5	21	72487	159	62	106
清镇市卫城镇	19751	1	24	66510	47	3	153
清镇市新店镇	14221	2	21	55558	20	1	36
清镇市暗流镇	10172	1	14	26481	6	1	18
清镇市犁倭镇	14255	1	14	43958	16	3	37
清镇市麦格苗族布依族乡	12697	1	15	26322	11	4	24
清镇市王庄布依族苗族乡	7738	1	10	24788	16	12	66
清镇市流长苗族乡	15452	1	26	54913	10	1	48
钟山区大河镇	6944	3	7	37514	23	2	20
钟山区汪家寨镇	7735	4	7	49185	19	4	18
钟山区大湾镇	9384	5	9	52167	12	5	23
钟山区木果镇	15996	2	7	43155	4		26
钟山区保华镇	12862	1	6	41883	15	3	30
钟山区金盆苗族彝族乡	10228		6	32569	5	1	52
钟山区南开苗族彝族乡	13794	2	12	54082			29
钟山区青林苗族彝族乡	6416	1	4	21117	1		17
六枝特区岩脚镇	13107	2	25	66622	38	3	112
六枝特区木岗镇	5665	1	10	27555	51	6	45
六枝特区大用镇	6946	1	7	27737	13	2	15
六枝特区关寨镇	19731	2	18	48393	169	1	21
六枝特区牂牁镇	16134	1	10	20040			25
六枝特区新华镇	6347	1	9	31785	15		35
六枝特区龙河镇	5953	2	11	47151	4	1	58
六枝特区新窑镇	10317	1	13	50800	54	4	31

续表 508　　贵州省　　单位：公顷、个、人

名　　称	行政区域面积	居民委员会(社区)个数	村民委员会个数	户籍人口	工业企业个数	#规模以上	营业面积50平方米以上的商店或超市个数
六枝特区郎岱镇	18852	2	21	70156	33	1	91
六枝特区梭戛苗族彝族回族乡	5743	1	7	24192	77		43
六枝特区牛场苗族彝族乡	8452	1	9	27371	1		40
六枝特区新场乡	14203	2	16	47683	18	2	39
六枝特区中寨苗族彝族布依族乡	16472	1	17	40624	8	3	37
六枝特区落别布依族彝族乡	9642	1	13	41560	4	2	51
六枝特区月亮河彝族布依族苗族乡	11718	1	17	35592	21	2	65
水城区蟠龙镇	15070	4	5	45185	30	1	136
水城区发耳镇	9371	3	5	43317	15	5	133
水城区都格镇	7305	3	3	30769	9	4	38
水城区鸡场镇	11520	1	6	31330	15	2	45
水城区勺米镇	11312		6	25288	14	4	15
水城区化乐镇	8436	3	6	39808	5	3	77
水城区比德镇	8896	1	7	34299	6	2	12
水城区阿戛镇	17261	1	10	62810	31	9	54
水城区玉舍镇	16858	1	7	39556	9	8	11
水城区陡箐镇	20922	1	9	44305	11	2	68
水城区米箩镇	11845	1	5	34082	14		50
水城区坪寨彝族乡	9798		4	11886			7
水城区龙场苗族白族彝族乡	9616	1	7	26510	1		35
水城区营盘苗族彝族白族乡	11462		6	19696	2		16
水城区顺场苗族彝族布依族乡	11495	1	6	26682	6	1	84
水城区花戛苗族布依族彝族乡	16064		5	18120	4	1	30
水城区杨梅彝族苗族回族乡	16307		6	28191	6	2	34
水城区新街彝族苗族布依族乡	5337		3	14115	2		4
水城区野钟苗族彝族布依族乡	13807		5	21412	6		72
水城区果布戛彝族苗族布依族乡	11169		5	18917	1		35
水城区猴场苗族布依族乡	15442		6	21841	12		82
盘州市民主镇	13739	3	19	39761	4	1	29
盘州市大山镇	21011	4	24	68392	51	11	67
盘州市保田镇	21785	4	16	49323	88	4	114
盘州市石桥镇	19083	6	24	80962	154	3	439
盘州市响水镇	8521	5	8	31800	69	3	73
盘州市柏果镇	20827	40	13	100834	38	20	116
盘州市新民镇	13369	1	16	46519	75	2	70
盘州市盘关镇	17623	13	15	65672	29	1	31
盘州市竹海镇	24332	7	25	64702	35	1	62
盘州市英武镇	16154	4	13	40314	28		140
盘州市鸡场坪镇	26182	14	17	102652	134	29	334
盘州市双凤镇	14553	24	4	82558	76	2	69
盘州市丹霞镇	18253	7	15	63613	23	1	43
盘州市乌蒙镇	9899	2	8	26759	3		22
盘州市普田回族乡	7358	1	5	15482	9		21
盘州市坪地彝族乡	15531	2	13	39141	37	1	36
盘州市淤泥彝族乡	17520	2	18	31868	52	5	51

续表 509　　贵州省　　单位：公顷、个、人

名　　称	行政区域面　　积	居民委员会(社区)个数	村民委员会个　　数	户籍人口	工业企业个　　数	#规模以上	营业面积50平方米以上的商店或超市个数
盘州市普古彝族苗族乡	14995	3	18	28077	12		89
盘州市旧营白族彝族苗族乡	10206	1	10	33242	14		45
盘州市羊场布依族白族苗族乡	12890	1	15	41896	27		81
盘州市保基苗族彝族乡	14663	1	6	16859	14	1	23
红花岗区巷口镇	4900		4	16361	75	2	28
红花岗区海龙镇	4347		4	19055	5		10
红花岗区深溪镇	9873	1	8	38277	252	41	34
红花岗区金鼎山镇	14650	1	8	38890	8		7
红花岗区新舟镇	16400	1	12	80234	28	1	118
红花岗区虾子镇	16310	2	9	72203	75	30	52
红花岗区三渡镇	10397		7	22508			31
红花岗区永乐镇	21954	2	11	42069	7		10
红花岗区喇叭镇	9745		7	29948	16		21
汇川区团泽镇	17510	1	10	56697	39		24
汇川区板桥镇	13760	3	6	27453	13		26
汇川区泗渡镇	11348	2	7	38323	15	2	21
汇川区沙湾镇	18453		8	26384	7	2	15
汇川区山盆镇	22480	2	13	65732	19	1	30
汇川区芝麻镇	8570	1	5	19864			27
汇川区松林镇	15119	1	5	27756	3	1	41
汇川区毛石镇	15249	1	5	22975	5		16
播州区三岔镇	11800	3	4	39959	28	8	147
播州区苟江镇	8049	2	6	28643	62	10	10
播州区三合镇	20804	4	8	74026	41	8	28
播州区乌江镇	6409	1	4	15916	7	4	16
播州区龙坪镇	12645	2	4	46630	63	7	22
播州区团溪镇	18438	3	9	57390	76	9	47
播州区铁厂镇	10618	1	5	16862	8	1	20
播州区西坪镇	13275	1	9	40178	8		77
播州区尚嵇镇	10550	4	5	43431	11	4	58
播州区茅栗镇	13496	1	5	32609	30	2	16
播州区新民镇	9367	2	4	23204	4	1	11
播州区鸭溪镇	12162	4	6	68705	144	22	95
播州区石板镇	13244	1	8	37079	22	3	10
播州区乐山镇	10743	1	5	27778	6		11
播州区枫香镇	14643	3	7	41038	32	3	20
播州区泮水镇	11116	2	7	42720	243	4	18
播州区马蹄镇	11651	2	8	39422	12	1	26
播州区平正仡佬族乡	14497	1	6	21210	4	2	20
播州区洪关苗族乡	6297		3	11382	22	1	25
桐梓县楚米镇	14033	4	3	31141	6		26
桐梓县新站镇	15256	1	9	28945	19	1	49
桐梓县松坎镇	12422	3	4	20346	14	3	22
桐梓县高桥镇	10496	3	6	34617	10		23
桐梓县水坝塘镇	16390	2	7	26547	20		23

续表 510　　贵州省　　单位：公顷、个、人

名　　称	行政区域面　　积	居民委员会(社区)个数	村民委员会个　　数	户籍人口	工业企业个　　数	#规模以上	营业面积50平方米以上的商店或超市个数
桐梓县官仓镇	13808	3	11	41469	6	2	89
桐梓县花秋镇	14669	3	11	59799	22	4	90
桐梓县羊磴镇	17838	1	8	22640	5	3	17
桐梓县九坝镇	14250	2	6	37007	12		72
桐梓县大河镇	10762	2	5	12345			3
桐梓县夜郎镇	14265	3	7	26891	4		11
桐梓县木瓜镇	15656	3	10	29712	10		23
桐梓县坡渡镇	11226	2	5	23950			12
桐梓县燎原镇	8525	7	3	38318	121	9	259
桐梓县狮溪镇	19712	3	7	41684	9	1	68
桐梓县茅石镇	13753	1	7	17769	5	2	35
桐梓县尧龙山镇	12632	2	9	27583	9		55
桐梓县风水镇	7077	3	6	27269			10
桐梓县容光镇	6662	2	5	23915	2		31
桐梓县芭蕉镇	12181	1	4	12900	1		4
桐梓县小水乡	13272		6	14202			14
桐梓县黄莲乡	19783		12	8536	3	2	6
桐梓县马鬃苗族乡	10723		10	8044			10
绥阳县郑场镇	15542	2	7	47124	15	1	17
绥阳县旺草镇	27251	2	12	70080	8		28
绥阳县蒲场镇	14366	2	7	43919	41	3	62
绥阳县风华镇	13740	5	5	53418	158	17	7
绥阳县茅垭镇	18035		7	31972			5
绥阳县枧坝镇	22079	1	6	25455	4	1	46
绥阳县宽阔镇	19271	1	5	26623	1		10
绥阳县黄杨镇	17089	1	6	27698	2		12
绥阳县青杠塘镇	24166		6	29581	4		13
绥阳县太白镇	17678		7	23438	1		63
绥阳县温泉镇	16753		7	32138	1		25
绥阳县坪乐镇	10910		5	21976			8
绥阳县大路槽乡	9587		5	17090	1		8
绥阳县小关乡	14439		6	18713	2		22
正安县瑞溪镇	10868	1	8	36264	19	3	34
正安县和溪镇	14704	2	8	41543	46	2	53
正安县安场镇	11065	6	5	55190	80		249
正安县土坪镇	21512	2	11	51777	19		28
正安县流渡镇	17058	1	7	41620	3		28
正安县格林镇	13278	1	9	36309	8	1	29
正安县新州镇	17010	1	8	33185	15	1	17
正安县庙塘镇	19286	2	6	23907	10		11
正安县小雅镇	16649	1	7	35464	11	1	29
正安县中观镇	18476	1	6	33014	21		11
正安县芙蓉江镇	8141	1	5	24171	8		27
正安县班竹镇	13983	1	5	28002	4		14
正安县碧峰镇	12869	1	5	27500	1		6

续表 511　　贵州省　　单位：公顷、个、人

名　　称	行政区域面　　积	居民委员会(社区)个数	村民委员会个　　数	户籍人口	工业企业个　　数	#规模以上	营业面积50平方米以上的商店或超市个数
正安县乐俭镇	9184	1	4	16448	2		11
正安县杨兴镇	8177	2	3	19925			12
正安县桴焉镇	16456	1	5	18481	17	1	23
正安县谢坝仡佬族苗族乡	9258	1	5	14623	14		11
正安县市坪苗族仡佬族乡	10980	1	3	22736	5		29
道真仡佬族苗族自治县玉溪镇	25186		8	42773	55	6	21
道真仡佬族苗族自治县三江镇	7853	1	3	12426	7		15
道真仡佬族苗族自治县隆兴镇	16829	1	8	30656	3		16
道真仡佬族苗族自治县旧城镇	15938	1	5	25691	38	2	17
道真仡佬族苗族自治县忠信镇	15030	1	6	20526	13	1	16
道真仡佬族苗族自治县洛龙镇	23925	1	6	19955	29		27
道真仡佬族苗族自治县阳溪镇	18026	1	3	11958	13		12
道真仡佬族苗族自治县三桥镇	23122	1	7	28820	3		26
道真仡佬族苗族自治县大磏镇	15623	1	4	19072	4	2	15
道真仡佬族苗族自治县平模镇	8924	1	2	16339	13		7
道真仡佬族苗族自治县河口镇	12904	1	6	20725	17		13
道真仡佬族苗族自治县上坝土家族乡	9205	5	1	26247	119	10	52
道真仡佬族苗族自治县棕坪乡	7751	1	4	13643	13		11
道真仡佬族苗族自治县桃源乡	10502	1	2	9552	11		7
务川仡佬族苗族自治县丰乐镇	21272	2	7	32893	21		63
务川仡佬族苗族自治县黄都镇	21119	2	7	35271	25		58
务川仡佬族苗族自治县涪洋镇	22626	2	7	46041	19		59
务川仡佬族苗族自治县镇南镇	12046	2	3	25096	15	6	21
务川仡佬族苗族自治县砚山镇	8975	2	3	16914	1		42
务川仡佬族苗族自治县泥水镇	22489	3	7	40438	17		136
务川仡佬族苗族自治县茅天镇	20349	2	3	27554			95
务川仡佬族苗族自治县柏村镇	9281	2	4	16852	10		48
务川仡佬族苗族自治县泥高镇	23754	2	6	32361	25	2	30
务川仡佬族苗族自治县分水镇	20420	2	6	22523	6		13
务川仡佬族苗族自治县蕉坝镇	19014	2	5	25759	16		48
务川仡佬族苗族自治县红丝乡	17009		4	16312			19
务川仡佬族苗族自治县石朝乡	12581		5	14903	7		22
凤冈县进化镇	18118	1	7	36750	6	2	30
凤冈县琊川镇	11477	2	5	30580	62	1	120
凤冈县蜂岩镇	18949	2	6	35292	8	1	88
凤冈县永和镇	11703	1	3	26855	8		67
凤冈县绥阳镇	15236	1	6	39156	83		123
凤冈县土溪镇	20347	1	7	40729	17		25
凤冈县永安镇	11640	2	3	28270	104	11	24
凤冈县天桥镇	15268	1	6	24455	13		33
凤冈县王寨镇	12376	1	4	26113	7		56
凤冈县新建镇	11332	1	3	24433	7		14
湄潭县永兴镇	16456	2	13	56164	166	2	27
湄潭县复兴镇	14429	1	11	38207	83		35
湄潭县马山镇	8206	1	8	30661	55	2	37

续表 512　　贵州省　　单位：公顷、个、人

名　　称	行政区域面　　积	居民委员会(社区)个数	村民委员会个　　数	户籍人口	工业企业个　　数	#规模以上	营业面积50平方米以上的商店或超市个数
湄潭县高台镇	15776	1	7	28479	8		18
湄潭县茅坪镇	7983	1	3	12554			4
湄潭县兴隆镇	14614		10	36387	78		128
湄潭县新南镇	12848		6	26369	7	1	37
湄潭县石莲镇	20324	1	5	27421	13		29
湄潭县西河镇	15522	1	8	28324	14		27
湄潭县洗马镇	9691	1	5	26034	25		18
湄潭县抄乐镇	9724	1	5	19469	12		36
湄潭县天城镇	7056	1	4	18311	16		121
余庆县龙溪镇	16049	1	6	37284	140	10	37
余庆县构皮滩镇	20657	1	9	36692	76	4	46
余庆县大乌江镇	25810	1	8	34752	28	1	16
余庆县敖溪镇	10858	1	5	24568	26		37
余庆县龙家镇	11468	1	4	23607	22		35
余庆县松烟镇	13873	1	7	33417	61	6	27
余庆县关兴镇	15590	1	3	21770	35	1	14
余庆县白泥镇	33407	2	11	48098	113	5	30
余庆县花山苗族乡	10605		4	14810	16	2	29
习水县土城镇	28836	3	16	46623	21	5	32
习水县同民镇	11456	1	7	21498	1		19
习水县醒民镇	5333	1	7	19219	10		18
习水县隆兴镇	8430	1	7	26331			19
习水县习酒镇	8128	1	10	40235	50	11	20
习水县回龙镇	8153	1	9	37666	12	2	32
习水县桑木镇	10371	1	10	26698	2		16
习水县永安镇	10521	1	8	27382	2	1	32
习水县良村镇	18715	1	6	40893	21	3	67
习水县温水镇	16751	3	12	53992	20	8	57
习水县仙源镇	17113	1	11	27980	12	1	66
习水县官店镇	13876	1	9	32808			7
习水县寨坝镇	16214	2	13	29208	9		31
习水县民化镇	5004	1	7	19599	14	7	11
习水县二郎镇	6443	1	8	26980	22	5	30
习水县二里镇	7900	1	7	23604	6		20
习水县三岔河镇	16784	1	7	23398			25
习水县大坡镇	16809	1	10	34612	2	1	48
习水县桃林镇	12616	1	8	27704	3		34
习水县程寨镇	18659	1	8	20406	5		32
习水县双龙乡	10355	1	5	15368	2		9
习水县坭坝乡	7960	1	5	16420			23
赤水市天台镇	9943	2	7	23102	102	34	14
赤水市复兴镇	9931	2	6	19606	78	7	99
赤水市大同镇	11088	2	5	20136	18	2	140
赤水市旺隆镇	11011	1	10	20842	12	1	11
赤水市葫市镇	25514	3	7	15701	9	1	27

续表 513　　贵州省　　单位：公顷、个、人

名称	行政区域面积	居民委员会(社区)个数	村民委员会个数	户籍人口	工业企业个数	#规模以上	营业面积50平方米以上的商店或超市个数
赤水市元厚镇	20416	1	9	16404	17	1	15
赤水市官渡镇	21829	2	9	30182	27	3	27
赤水市长期镇	11410	1	10	28160	10		18
赤水市长沙镇	8746	1	6	20397	17	4	15
赤水市两河口镇	17888	1	6	6322	1		5
赤水市丙安镇	12572	1	3	6420	9	1	10
赤水市宝源乡	7112	1	5	8328	24		4
赤水市石堡乡	9251	1	4	9838	4		17
赤水市白云乡	4950	1	3	10908	13		49
仁怀市长岗镇	11575	1	10	24456	7	1	14
仁怀市五马镇	12420	1	6	33446	7	2	37
仁怀市茅坝镇	13970	1	12	43495	1		35
仁怀市九仓镇	9200	1	7	29511			11
仁怀市喜头镇	9140	1	7	26641			42
仁怀市大坝镇	7142	1	6	39287	25		25
仁怀市三合镇	7541	1	8	36816	6		11
仁怀市合马镇	4732	1	5	19174	44	2	10
仁怀市火石镇	6039	1	5	28411			12
仁怀市学孔镇	6841	1	6	27121	13		16
仁怀市龙井镇	7714	1	6	22164			18
仁怀市美酒河镇	4778	1	3	13082	22		20
仁怀市高大坪镇	7551	1	9	40228			22
仁怀市茅台镇	22526	6	28	115684	908	106	206
仁怀市后山苗族布依族乡	7200		4	13559			10
西秀区宋旗镇	4875	3	12	30902	109	30	127
西秀区幺铺镇	9442	7	29	50830	60	15	165
西秀区宁谷镇	9730	1	11	47524	30	4	150
西秀区龙宫镇	9044	1	12	28459	11		24
西秀区双堡镇	13395	4	14	37448	41	3	122
西秀区大西桥镇	7121	2	11	44250	46	11	68
西秀区七眼桥镇	9612	1	24	65981	144	14	75
西秀区蔡官镇	11677	4	21	63778	50	17	47
西秀区轿子山镇	8593	2	18	59110	83	13	72
西秀区旧州镇	11684	2	12	43083	29	3	51
西秀区新场布依族苗族乡	6763	1	7	17460			25
西秀区岩腊苗族布依族乡	11531	1	7	22728	8		39
西秀区鸡场布依族苗族乡	10611	1	4	19549	41	1	24
西秀区杨武布依族苗族乡	15523	2	10	30265	5	3	92
西秀区东屯乡	9977	1	13	30650	5	1	29
西秀区黄腊布依族苗族乡	7166	1	6	17757	7	1	11
西秀区刘官乡	3957	2	6	17062	62	2	20
平坝区白云镇	7386		11	31301	38	3	29
平坝区高峰镇	11883	6	16	34528	30	1	44
平坝区天龙镇	6310		6	24950	28	2	45
平坝区夏云镇	6711	4	8	34874	352	73	30

续表 514　　　　贵州省　　　　单位：公顷、个、人

名　称	行政区域面积	居民委员会(社区)个数	村民委员会个数	户籍人口	工业企业个数	#规模以上	营业面积50平方米以上的商店或超市个数
平坝区马场镇	19353	11	20	58194	332	18	79
平坝区乐平镇	12876	1	16	49376	37	4	118
平坝区齐伯镇	8148		9	21421	9	3	37
平坝区十字回族苗族乡	10989		11	37420	9		16
平坝区羊昌布依族苗族乡	7481		7	23260	46	7	17
普定县马官镇	6870	3	7	38052	11	2	79
普定县化处镇	10957	8	11	59265	39	2	88
普定县马场镇	9743	3	17	50265	22		37
普定县白岩镇	7296	5	3	38567	75	8	52
普定县坪上镇	10307	3	11	35980	10		11
普定县鸡场坡镇	8352	4	10	40987	20	3	66
普定县补郎苗族乡	8021	2	9	26894	11		28
普定县猴场苗族仡佬族乡	8697	1	9	25790	2	1	34
普定县猫洞苗族仡佬族乡	9014	1	14	32151	11	1	22
镇宁布依族苗族自治县黄果树镇	8784	10		24098	7	5	58
镇宁布依族苗族自治县马厂镇	12341	1	12	25393	67		23
镇宁布依族苗族自治县良田镇	19836	2	12	20611	15	1	49
镇宁布依族苗族自治县扁担山镇	4941	1	10	20478	16		49
镇宁布依族苗族自治县募役镇	10493	1	10	18794	21		20
镇宁布依族苗族自治县江龙镇	14435	2	22	38294	37		68
镇宁布依族苗族自治县本寨镇	9908	1	9	20378	8	1	34
镇宁布依族苗族自治县六马镇	25156	2	19	30029	15	1	45
镇宁布依族苗族自治县沙子乡	13577		12	14486	11		19
镇宁布依族苗族自治县革利乡	7900		10	16236	6	1	8
镇宁布依族苗族自治县简嘎乡	12855		8	11828	6	3	16
关岭布依族苗族自治县永宁镇	11953	1	11	31638	31	2	38
关岭布依族苗族自治县岗乌镇	12385		13	26824	4	3	34
关岭布依族苗族自治县上关镇	9660	1	8	23400	26		33
关岭布依族苗族自治县坡贡镇	6279	1	9	21964	3		18
关岭布依族苗族自治县白水镇	5678	8		22112	11		22
关岭布依族苗族自治县新铺镇	15467		9	20221	3	2	42
关岭布依族苗族自治县沙营镇	8715		10	23023	2	1	46
关岭布依族苗族自治县花江镇	29488	4	28	72980	33	1	288
关岭布依族苗族自治县断桥镇	15635		15	28694	9	3	53
关岭布依族苗族自治县普利乡	10754		9	21289	8	5	33
紫云苗族布依族自治县格凸河镇	17314	1	10	28858	8		23
紫云苗族布依族自治县猴场镇	20622		20	41981	24		81
紫云苗族布依族自治县猫营镇	28691	2	17	52190	78	7	46
紫云苗族布依族自治县板当镇	21677	1	16	46669			43
紫云苗族布依族自治县宗地镇	30834		17	36205	3	2	77
紫云苗族布依族自治县大营镇	17623	1	13	27653	1		43
紫云苗族布依族自治县坝羊镇	12232		8	23217	19	2	109
紫云苗族布依族自治县火花镇	26659		15	32071			38
紫云苗族布依族自治县白石岩乡	10186		9	18277	2	1	24
紫云苗族布依族自治县四大寨乡	18522		16	25426	8		59

续表 515　　贵州省　　单位：公顷、个、人

名　　称	行政区域面　积	居民委员会(社区)个数	村民委员会个　数	户籍人口	工业企业个　数	#规模以上	营业面积50平方米以上的商店或超市个数
七星关区鸭池镇	8501	26		65370	45	8	86
七星关区梨树镇	5698	8	3	27089	112	10	50
七星关区岔河镇	12860	2	13	50452	4	3	57
七星关区朱昌镇	9532	6	8	55280	21	3	77
七星关区田坝镇	6857	2	6	29005	3		42
七星关区长春堡镇	12720	6	14	63158	38		76
七星关区撒拉溪镇	14548	1	18	75416	25		264
七星关区杨家湾镇	9865	3	14	59328	19		18
七星关区放珠镇	8582	3	12	37788	3		53
七星关区青场镇	9956	3	10	41510	15		36
七星关区水箐镇	9908	2	10	33170	4		76
七星关区何官屯镇	11032	8	11	52474	15		42
七星关区对坡镇	9298	2	11	37917	17		30
七星关区大银镇	9939	1	8	30527	13		22
七星关区林口镇	8369	5	11	39914	37		51
七星关区生机镇	11582	1	11	39582	12		22
七星关区清水铺镇	12511	4	12	38217	10		21
七星关区亮岩镇	8334	1	11	28095	13		26
七星关区燕子口镇	12405	2	22	50645	16		46
七星关区八寨镇	8490	7	8	35115	7		39
七星关区田坝桥镇	6130	2	6	23255	9		12
七星关区海子街镇	6847	8	10	37361	13	3	26
七星关区小坝镇	3528	4	5	28782	4		89
七星关区层台镇	7470	1	13	34106	6		63
七星关区小吉场镇	12167	2	24	62766	25		97
七星关区普宜镇	8800	3	8	29598	25		15
七星关区龙场营镇	5871	1	8	27102	6		42
七星关区千溪彝族苗族白族乡	5470		5	23200	5		11
七星关区阴底彝族苗族白族乡	11413		12	46966	7		110
七星关区野角乡	12154		11	27271	11		51
七星关区大河乡	7309		8	24197			16
七星关区团结彝族苗族乡	8866		13	24563	19		27
七星关区阿市苗族彝族乡	10725	4	13	27369	9		17
七星关区大屯彝族乡	5961		8	22536	4		19
七星关区田坎彝族乡	6115		7	15138	2		13
大方县双山镇	8190	9	4	46399	12	1	37
大方县猫场镇	10220	6	5	41580	46		13
大方县马场镇	13208	3	8	54003	47		19
大方县羊场镇	9578	6	5	29403	30		23
大方县黄泥塘镇	25368	5	12	66749	49		67
大方县六龙镇	7708	6	5	30518	17		31
大方县达溪镇	11685	4	6	34753	10		42
大方县瓢井镇	12865	3	7	42987	15	1	34
大方县长石镇	11601	5	11	46660	18		53
大方县对江镇	10295	6	10	50038	30	1	25

续表 516　　　　贵州省　　　　单位：公顷、个、人

名　　称	行政区域面　　积	居民委员会(社区)个数	村民委员会个　　数	户籍人口	工业企业个　　数	#规模以上	营业面积50平方米以上的商店或超市个数
大方县东关乡	4324	7	3	23657	84	8	21
大方县竹园彝族苗族乡	5318		9	27759	8	2	50
大方县响水白族彝族仡佬族乡	11166		16	40901	16	6	17
大方县文阁乡	6443	2	4	29700			54
大方县绿塘乡	7607		7	18985	24	1	21
大方县鼎新彝族苗族乡	11025		12	46716	123		26
大方县牛场苗族彝族乡	10590		10	45238	33		76
大方县小屯乡	4509	3	2	23961	11		20
大方县理化苗族彝族乡	13107		10	52697	28		30
大方县凤山彝族蒙古族乡	5364	1	7	16479	39	5	27
大方县安乐彝族仡佬族乡	6787		8	16691	32	2	22
大方县核桃彝族白族乡	8615	2	7	36374			29
大方县八堡彝族苗族乡	10854		9	39953	16		43
大方县兴隆苗族乡	9962		8	31114	15		9
大方县果瓦乡	9474		11	17023	4		30
大方县大山苗族彝族乡	8535		11	19454			19
大方县雨冲乡	15016		8	18004	30	2	9
大方县黄泥彝族苗族满族乡	8954		8	17465	2		18
大方县大水彝族苗族布依族乡	9072		9	16215	1		24
大方县沙厂彝族乡	7352	1	5	13082	1		14
大方县普底彝族苗族白族乡	7056		10	14871	3	2	62
大方县百纳彝族乡	9595		6	21477	9	3	33
大方县三元彝族苗族白族乡	9368		8	20889			15
大方县星宿苗族彝族仡佬族乡	12752	2	8	14355	12	2	20
金沙县安底镇	6830		7	30399	9	3	57
金沙县沙土镇	20641	11	10	62401	3	2	86
金沙县禹谟镇	12377	2	9	34948	8	1	27
金沙县岚头镇	6560	2	4	18116	7		42
金沙县清池镇	11028	2	6	25242			23
金沙县柳塘镇	9912	1	9	22660	38	4	14
金沙县平坝镇	23980	3	15	31414	13	1	22
金沙县源村镇	8802	3	6	27588	4		86
金沙县高坪镇	7640	1	9	18835	7	3	39
金沙县化觉镇	8746	1	11	26331	6	2	28
金沙县茶园镇	7989	1	8	27238	4	2	10
金沙县木孔镇	7435	2	4	17835	4	3	30
金沙县长坝镇	10724	1	7	24771	3	1	32
金沙县后山镇	10025	1	6	17325			37
金沙县石场苗族彝族乡	12236		11	29001			47
金沙县桂花乡	8607	1	4	14782	2	1	23
金沙县太平彝族苗族乡	8481		5	13950	2		9
金沙县安洛苗族彝族满族乡	10671		8	21506	5	3	28
金沙县新化苗族彝族满族乡	9188	2	8	22343	15	6	33
金沙县大田彝族苗族布依族乡	8476	1	7	10045	5	1	
金沙县马路彝族苗族乡	8250		7	13804			10

续表 517　　贵州省　　单位：公顷、个、人

名　称	行政区域面积	居民委员会(社区)个数	村民委员会个数	户籍人口	工业企业个数	#规模以上	营业面积50平方米以上的商店或超市个数
织金县桂果镇	10171	10	6	29648	10		16
织金县牛场镇	10929	7	23	50195	42	3	14
织金县猫场镇	15925	13	15	74325	98		72
织金县化起镇	9642	8	17	47612	10	3	37
织金县龙场镇	7830	6	15	31716	13	1	32
织金县以那镇	8047	10	8	45877	4		28
织金县三塘镇	13041	7	21	48956	55	10	75
织金县阿弓镇	10254	5	14	39089	2	1	21
织金县珠藏镇	12528	20	3	56273	75	8	32
织金县中寨镇	10333	2	14	25834	6	3	18
织金县马场镇	6989	3	12	29980	9	2	23
织金县板桥镇	6856	1	12	29760	8		22
织金县白泥镇	6718	1	14	32692	5	1	25
织金县少普镇	8554	2	23	45302	18	6	52
织金县熊家场镇	9372	2	17	30429	22	1	13
织金县黑土镇	9267	1	17	29455	6		18
织金县自强苗族乡	5271		11	16659	5		53
织金县大平苗族彝族乡	5509		13	23410	17		31
织金县官寨苗族乡	6459	6	10	33377	14		9
织金县茶店布依族苗族彝族乡	10203	7	14	43363	6		25
织金县金龙苗族彝族布依族乡	11279		20	55758	4		19
织金县后寨苗族乡	10611		13	28887	53	2	43
织金县鸡场苗族彝族乡	10645		24	53922	9		63
织金县实兴乡	9338		13	23765	2	1	29
织金县上坪寨乡	5815		14	22934	5		22
织金县纳雍乡	5235		12	26496	8		31
纳雍县骔岭镇	11050	9	8	37981	18	5	38
纳雍县阳长镇	10978	8	12	65456	40	5	37
纳雍县维新镇	7369	5	10	40240	17		67
纳雍县龙场镇	11361	12	12	49746	13		25
纳雍县乐治镇	7725	10	8	39105	7		32
纳雍县百兴镇	8510	8	11	47790	3		71
纳雍县张家湾镇	14525	8	13	48877	3		38
纳雍县勺窝镇	7048	8	9	35675	30	1	15
纳雍县寨乐镇	9042	10	9	50406	24	1	24
纳雍县玉龙坝镇	10930	11	11	52383	7		44
纳雍县沙包镇	8574	7	11	39134	4	1	26
纳雍县水东镇	13065	6	9	37354			30
纳雍县曙光镇	9785	6	19	49285	8	1	21
纳雍县新房彝族苗族乡	9967		25	44799	6	3	51
纳雍县厍东关彝族白族苗族乡	5868		10	24523	5		43
纳雍县董地苗族彝族乡	9910		12	31298	30		29
纳雍县化作苗族彝族乡	9747		20	42785	5		52
纳雍县姑开苗族彝族乡	7731		14	36788			57
纳雍县羊场苗族彝族乡	11741		16	34011	3		47

续表 518　　贵州省　　单位：公顷、个、人

名　　称	行政区域面　　积	居民委员会(社区)个数	村民委员会个　　数	户籍人口	工业企业个　　数	#规模以上	营业面积50平方米以上的商店或超市个数
纳雍县锅圈岩苗族彝族乡	10394		15	31086	8	1	94
纳雍县昆寨苗族彝族白族乡	8980		17	27672			78
纳雍县左鸠戛彝族苗族乡	5667	6	6	12865			12
纳雍县猪场苗族彝族乡	8686		11	21255	13		15
威宁彝族回族苗族自治县草海镇	10248	5	4	41736	4	3	87
威宁彝族回族苗族自治县么站镇	19183	5	11	40486	2		143
威宁彝族回族苗族自治县金钟镇	14623	5	14	56076	12	1	87
威宁彝族回族苗族自治县炉山镇	19341	4	19	71311	58	5	231
威宁彝族回族苗族自治县龙场镇	23812	6	26	66005			84
威宁彝族回族苗族自治县黑石头镇	33396	5	18	50235			62
威宁彝族回族苗族自治县哲觉镇	27882	2	24	48567			69
威宁彝族回族苗族自治县观风海镇	17504	1	13	42819			78
威宁彝族回族苗族自治县牛棚镇	17789	6	14	49698	2		246
威宁彝族回族苗族自治县迤那镇	20536	5	11	44452	43		131
威宁彝族回族苗族自治县中水镇	10223	6	13	51355			56
威宁彝族回族苗族自治县龙街镇	28485	1	23	54425	10	7	79
威宁彝族回族苗族自治县雪山镇	34318	1	24	52605			48
威宁彝族回族苗族自治县羊街镇	15502	2	15	48229			208
威宁彝族回族苗族自治县小海镇	19746	3	10	63934			194
威宁彝族回族苗族自治县盐仓镇	16995	7	9	38417			106
威宁彝族回族苗族自治县东风镇	11056	4	11	54920	2		51
威宁彝族回族苗族自治县二塘镇	10480	5	7	24890	7	2	35
威宁彝族回族苗族自治县猴场镇	8522	3	13	30865			36
威宁彝族回族苗族自治县秀水镇	14101	2	13	28536			60
威宁彝族回族苗族自治县双龙镇	12874	3	5	34797			70
威宁彝族回族苗族自治县麻乍镇	27588	1	16	49409	6		53
威宁彝族回族苗族自治县兔街镇	14603	1	12	36690	8		53
威宁彝族回族苗族自治县海拉镇	22157	1	17	39917			55
威宁彝族回族苗族自治县玉龙镇	14958	5	8	35621			105
威宁彝族回族苗族自治县哈喇河镇	14246	1	7	24626			18
威宁彝族回族苗族自治县斗古镇	11821	1	10	23817			46
威宁彝族回族苗族自治县金斗镇	10317	5	12	37742			12
威宁彝族回族苗族自治县岔河镇	18260	1	16	27129			45
威宁彝族回族苗族自治县黑土河镇	12734	1	11	22440			57
威宁彝族回族苗族自治县新发布依族乡	15082		31	48262			166
威宁彝族回族苗族自治县石门乡	14004		12	21356	2		57
威宁彝族回族苗族自治县云贵乡	13296		10	22192	2		69
威宁彝族回族苗族自治县板底乡	10555		8	18219	1		8
威宁彝族回族苗族自治县大街乡	11156		9	20621	2		33
赫章县妈姑镇	13723	8	18	42098	12	6	63
赫章县财神镇	18196	5	19	43543	24	1	41
赫章县六曲河镇	10830	3	17	36484	13	1	137
赫章县野马川镇	9257	13	13	52864	28	13	125
赫章县罗州镇	11083	3	18	31036	9		74
赫章县平山镇	8976	5	12	32570	4		37

续表 519　　贵州省　　单位：公顷、个、人

名　　称	行政区域面积	居民委员会(社区)个数	村民委员会个数	户籍人口	工业企业个数	#规模以上	营业面积50平方米以上的商店或超市个数
赫章县哲庄镇	8653	5	14	34720	15	1	109
赫章县古基镇	11108	1	15	27873	6		21
赫章县朱明镇	12411	1	15	32140			27
赫章县德卓镇	11524	1	13	27865	9		54
赫章县达依乡	6308	1	10	18849	8		3
赫章县水塘堡彝族苗族乡	12100	2	12	19697	2	1	25
赫章县兴发苗族彝族回族乡	18723		16	28885	8		41
赫章县松林坡白族彝族苗族乡	11196	2	16	29699	14		137
赫章县雉街彝族苗族乡	13994		10	17590	22	5	36
赫章县珠市彝族乡	15819		18	23514	51	13	42
赫章县双坪彝族苗族乡	19280		26	42994	10		60
赫章县铁匠苗族乡	8797	2	9	20707	10		42
赫章县辅处彝族苗族乡	8094		9	16449	3		24
赫章县可乐彝族苗族乡	13199		19	42428	12	1	30
赫章县河镇彝族苗族乡	17410	1	20	39797	7	1	30
赫章县安乐溪乡	9981	1	13	17001	6		139
赫章县结构彝族苗族乡	10558		8	19459			16
赫章县古达苗族彝族乡	12945		25	31348			52
赫章县威奢乡	8794	1	11	16373	4	1	12
黔西市金碧镇	8944	4	14	49665	15		60
黔西市雨朵镇	5682	7	6	31034	12		29
黔西市大关镇	6807	4	10	30720			34
黔西市谷里镇	5931	7	8	30806	12	2	34
黔西市素朴镇	10526	2	18	38953	2	1	24
黔西市中坪镇	12604	4	13	35725			135
黔西市重新镇	13898	3	15	39781			49
黔西市林泉镇	9304	4	11	33729			33
黔西市金兰镇	5495	1	9	23964	16	1	12
黔西市锦星镇	9994	3	6	32328			47
黔西市洪水镇	7045	3	8	26885	17	1	90
黔西市甘棠镇	11715	4	10	35758	15	1	46
黔西市钟山镇	10864	5	15	47856			105
黔西市协和镇	9035	2	11	30551	5	1	68
黔西市观音洞镇	11740	3	17	46815	2	1	65
黔西市五里布依族苗族乡	8292		10	23952	4	1	58
黔西市绿化白族彝族乡	4435	1	6	18666	47	2	10
黔西市新仁苗族乡	6974		9	26311	4	1	49
黔西市铁石苗族彝族乡	8814		11	21469			22
黔西市太来彝族苗族乡	10281		13	31815	3	1	11
黔西市永燊彝族苗族乡	9303		13	26902	2		60
黔西市中建苗族彝族乡	6186		6	12466	2	1	17
黔西市花溪彝族苗族乡	8261		10	18977	3	1	50
黔西市定新彝族苗族乡	9294		13	22960			28
黔西市金坡苗族彝族满族乡	5638		10	17049	13	8	21
黔西市仁和彝族苗族乡	10016	1	10	26229	2	1	55

续表 520　　贵州省　　单位：公顷、个、人

名　　称	行政区域面积	居民委员会(社区)个数	村民委员会个数	户籍人口	工业企业个数	#规模以上	营业面积50平方米以上的商店或超市个数
黔西市红林彝族苗族乡	10322		13	24955			72
碧江区坝黄镇	19059	3	12	36995	12		39
碧江区云场坪镇	3471	2	2	4176	2	1	8
碧江区漾头镇	8151	1	2	7238			1
碧江区桐木坪侗族乡	6850	1	2	9932	1		26
碧江区滑石侗族苗族土家族乡	5163		5	15963	4	3	41
碧江区和平土家族侗族乡	11832	1	8	21355			16
碧江区瓦屋侗族乡	11539	1	5	11333	4		12
碧江区六龙山侗族土家族乡	8647		4	4380			2
万山区万山镇	1630	6		16058	18	10	18
万山区高楼坪侗族乡	7597	2	12	16795	61	17	28
万山区黄道侗族乡	8921	1	10	14210			16
万山区敖寨侗族乡	8905	2	5	9008	2		14
万山区下溪侗族乡	6885	1	8	7918	4	3	20
万山区鱼塘侗族苗族乡	12806		12	26203			10
万山区大坪侗族土家族苗族乡	15474		12	24643	5		25
江口县闵孝镇	25583	1	10	28396	10		17
江口县太平镇	44081	1	7	20009	4	1	8
江口县坝盘镇	18350	1	10	28855	10		28
江口县民和镇	21417	1	16	30204	9		49
江口县桃映镇	14349	2	11	31361	7		54
江口县怒溪镇	14160	1	11	22169	12		20
江口县德旺土家族苗族乡	19091	1	9	16640	5	1	60
江口县官和侗族土家族苗族乡	11970	1	4	9192			2
玉屏侗族自治县新店镇	5796		9	13147	7	4	20
玉屏侗族自治县朱家场镇	11157		18	22866	12	1	35
玉屏侗族自治县田坪镇	15287	1	20	33595	33	15	24
玉屏侗族自治县亚鱼乡	3337		4	9433	1		7
石阡县本庄镇	25217	1	25	43520	44		98
石阡县白沙镇	12509	1	23	27849	35	1	41
石阡县龙塘镇	10226	1	24	37218	44	1	70
石阡县花桥镇	9673	1	16	18284	17	3	23
石阡县五德镇	13390	1	20	17111	19	3	50
石阡县河坝镇	15612		15	19797	18		26
石阡县国荣乡	5466		14	14828	19	1	4
石阡县聚凤仡佬族侗族乡	15941		18	20925	32	3	29
石阡县龙井仡佬族侗族乡	10409		23	27818	21	1	51
石阡县大沙坝仡佬族侗族乡	6149		15	20234	20		60
石阡县枫香仡佬族侗族乡	6643		12	9256	17	2	22
石阡县青阳苗族仡佬族侗族乡	13452		14	11364	15		52
石阡县石固仡佬族侗族乡	16410		14	13045	23	1	21
石阡县坪地场仡佬族侗族乡	12285		18	19234	23	1	66
石阡县甘溪仡佬族侗族乡	15866		9	13867	9		21
石阡县坪山仡佬族侗族乡	12228		8	7834	36	3	8
思南县塘头镇	11235	3	28	49400	31	5	61

续表 521 贵州省 单位：公顷、个、人

名　　称	行政区域面　　积	居民委员会(社区)个数	村民委员会个　　数	户籍人口	工业企业个　　数	#规模以上	营业面积50平方米以上的商店或超市个数
思南县许家坝镇	10840	1	21	38411	2	1	80
思南县大坝场镇	15333	1	22	27574	10	1	90
思南县文家店镇	6127	1	12	15058	5		26
思南县鹦鹉溪镇	16048	1	29	31515	7	3	9
思南县合朋溪镇	5868	1	12	17798	15	2	47
思南县张家寨镇	9969	1	22	23878	5	4	244
思南县孙家坝镇	6047	1	16	19906	8	5	46
思南县青杠坡镇	9921	1	23	26995	3	2	174
思南县瓮溪镇	13135	1	23	29097	2	1	63
思南县凉水井镇	10086	1	25	26408	2	1	12
思南县邵家桥镇	9094	1	32	35754	7	6	57
思南县大河坝镇	8522	1	21	20670	3		17
思南县亭子坝镇	6307	1	10	14058			34
思南县香坝镇	8191	2	23	25590	13	2	45
思南县长坝镇	6025	1	14	13706	8		17
思南县板桥镇	4153	2	10	16546	5		25
思南县思林土家族苗族乡	5111	1	13	12830	2	1	20
思南县胡家湾苗族土家族乡	5971	1	14	15381	2	1	29
思南县宽坪苗族土家族乡	7119	1	14	14657			41
思南县枫芸土家族苗族乡	6661	1	15	16285	3	1	24
思南县三道水土家族苗族乡	6030	1	17	19237	2	1	46
思南县天桥土家族苗族乡	6988	1	12	15364	1		35
思南县兴隆土家族苗族乡	5393	1	13	15242			33
思南县杨家坳苗族土家族乡	7894	1	18	20868	7		40
印江土家族苗族自治县板溪镇	11331	1	30	33689	10		4
印江土家族苗族自治县沙子坡镇	12245		20	27904	25		64
印江土家族苗族自治县天堂镇	13499	1	27	27759	12		25
印江土家族苗族自治县木黄镇	25168	1	43	43590	12	1	138
印江土家族苗族自治县合水镇	10151	1	29	30873	12		78
印江土家族苗族自治县朗溪镇	6741	1	14	15922	13	2	6
印江土家族苗族自治县缠溪镇	13828	1	23	20220	1		10
印江土家族苗族自治县洋溪镇	18670	1	15	16085	24		16
印江土家族苗族自治县新寨镇	9752	1	21	23920	10		27
印江土家族苗族自治县杉树镇	7363		17	18954	15		25
印江土家族苗族自治县刀坝镇	13673		28	29834	10		25
印江土家族苗族自治县紫薇镇	13349		17	12554	16		10
印江土家族苗族自治县杨柳镇	10841	1	13	11986	9		48
印江土家族苗族自治县罗场乡	8540		15	13072	1		18
德江县煎茶镇	20034	4	17	45007	52	5	108
德江县潮砥镇	6114	3	13	19445	4	1	17
德江县枫香溪镇	10578	3	17	28572	35	2	50
德江县稳坪镇	7034	2	17	19308	8		11
德江县复兴镇	13838	3	17	37433	20	3	21
德江县合兴镇	12801	2	13	24606	18	1	41
德江县高山镇	9109	3	10	17492	4		6

续表 522　　贵州省　　单位：公顷、个、人

名　称	行政区域面积	居民委员会(社区)个数	村民委员会个数	户籍人口	工业企业个数	#规模以上	营业面积50平方米以上的商店或超市个数
德江县泉口镇	12215	2	19	25356	15		13
德江县长堡镇	8758	2	17	25334	10		31
德江县共和镇	10769	3	17	21076	19	3	22
德江县平原镇	8393	2	13	14822	7	1	8
德江县荆角土家族乡	9224	1	15	15905	3		16
德江县堰塘土家族乡	10243	3	11	15840	17	5	12
德江县龙泉土家族乡	8478	1	12	13597	35	3	19
德江县钱家土家族乡	7378	2	12	14397	13		27
德江县沙溪土家族乡	12218	1	14	12698	5	1	17
德江县楠杆土家族乡	12158	1	13	15671	8		20
德江县长丰土家族乡	9576	1	14	17677	3		8
德江县桶井土家族乡	8852	1	22	19811	8	1	48
沿河土家族自治县黑水镇	8984	2	14	24079	8	1	31
沿河土家族自治县谯家镇	16387	3	22	54886	2	1	85
沿河土家族自治县夹石镇	13561	2	36	49680	12	1	8
沿河土家族自治县淇滩镇	9315	2	21	32044	26	1	44
沿河土家族自治县官舟镇	14424	4	35	66993	72	9	261
沿河土家族自治县土地坳镇	9685	2	13	27115	1		55
沿河土家族自治县思渠镇	18596	1	27	26134	2		56
沿河土家族自治县客田镇	14775	2	9	19218			41
沿河土家族自治县洪渡镇	7615	1	6	10547	14	1	19
沿河土家族自治县中界镇	7133	3	18	23365	4		39
沿河土家族自治县甘溪镇	10901	2	27	37986	29		56
沿河土家族自治县板场镇	10318	2	21	35718	21		96
沿河土家族自治县泉坝镇	10326	1	14	26535	12		43
沿河土家族自治县中寨镇	11534	2	13	26219	9		53
沿河土家族自治县黄土镇	16774	2	13	22051	15		86
沿河土家族自治县新景镇	16552	2	11	20262	5	1	35
沿河土家族自治县塘坝镇	12118	1	15	21691	28		62
沿河土家族自治县晓景乡	8322		17	15765	11		29
沿河土家族自治县后坪乡	15204		11	14013	14		23
松桃苗族自治县盘石镇	11228		20	21926	5		33
松桃苗族自治县盘信镇	16239		27	33655	60		17
松桃苗族自治县大坪场镇	6070	1	18	25144	40	2	38
松桃苗族自治县普觉镇	11432	1	21	33972	34	2	171
松桃苗族自治县寨英镇	19822		24	37577	41	2	69
松桃苗族自治县孟溪镇	13250	1	21	34732	33	2	104
松桃苗族自治县乌罗镇	17004		17	27339	3	2	35
松桃苗族自治县甘龙镇	11865		20	32859	20		62
松桃苗族自治县长兴堡镇	7124		25	26024	1		47
松桃苗族自治县迓驾镇	7246	1	16	23160	2	1	36
松桃苗族自治县牛郎镇	9427	1	15	21159			54
松桃苗族自治县黄板镇	10062	1	28	29799			19
松桃苗族自治县平头镇	10318		19	24086			24
松桃苗族自治县大路镇	7712		14	30058	13		20

续表 523　　贵州省　　单位：公顷、个、人

名　　称	行政区域面　　积	居民委员会(社区)个数	村民委员会个　　数	户籍人口	工业企业个　　数	#规模以上	营业面积50平方米以上的商店或超市个数
松桃苗族自治县木树镇	7456	1	22	20055	3	2	10
松桃苗族自治县冷水溪镇	13489	3	17	23997	2	1	63
松桃苗族自治县正大镇	11259	1	20	26558	24	2	27
松桃苗族自治县长坪乡	8021		14	15874			2
松桃苗族自治县妙隘乡	6391		18	17525			13
松桃苗族自治县石梁乡	8271		9	14330			11
松桃苗族自治县瓦溪乡	11095		9	10391			16
松桃苗族自治县永安乡	8336		11	14376	10		12
松桃苗族自治县沙坝河乡	6916		10	14436			12
兴义市敬南镇	15506		12	40624	37	6	38
兴义市泥凼镇	13780	1	9	30974	2	1	34
兴义市南盘江镇	14887		9	23626	7		57
兴义市捧乍镇	14397	1	10	36443	16		30
兴义市鲁布格镇	6164		4	15066	7		12
兴义市三江口镇	8575	1	3	14233			17
兴义市乌沙镇	13394	1	8	36218	43		28
兴义市白碗窑镇	11908	1	7	30105	5		40
兴义市威舍镇	8596	1	4	19694	62	12	11
兴义市清水河镇	16118	2	7	32913	71	20	60
兴义市郑屯镇	15104		7	30751	104	15	45
兴义市万屯镇	17963	1	10	50304	65	7	33
兴义市鲁屯镇	6792	2	4	26872	42	5	30
兴义市仓更镇	7183	1	3	14076			56
兴义市七舍镇	11405		6	23958	30	1	14
兴义市则戎镇	10712	1	10	24696	14	1	55
兴义市猪场坪镇	9603	1	7	23346			73
兴义市沧江乡	9477		6	10976			7
兴义市洛万乡	16107	1	5	13978			20
兴义市雄武乡	6863		4	18226	6	1	4
兴仁市屯脚镇	13194	2	10	35136	206	9	138
兴仁市巴铃镇	21857	3	18	65963	152	12	127
兴仁市百德镇	9484	1	9	39387	39		210
兴仁市雨樟镇	15123		11	34006	36	1	75
兴仁市潘家庄镇	10388	1	10	33384	30	8	52
兴仁市回龙镇	11458	1	12	45928	17	1	94
兴仁市下山镇	16197	2	10	41211	24	5	270
兴仁市新龙场镇	9854	1	7	30275	4	2	49
兴仁市大山镇	11537	1	8	35517	16	1	35
兴仁市马马崖镇	10091	1	9	31080	31		148
兴仁市波阳镇	8402	1	7	28771	13		39
兴仁市鲁础营回族乡	14162		8	19570	17		18
普安县龙吟镇	17458	1	7	23896	3	2	15
普安县江西坡镇	3984	1	2	11857	15		8
普安县地瓜镇	10306	1	4	22261	3	1	19
普安县楼下镇	13399	1	8	41017	26	12	21

续表 524　　贵州省　　单位：公顷、个、人

名　称	行政区域面积	居民委员会(社区)个数	村民委员会个数	户籍人口	工业企业个数	#规模以上	营业面积50平方米以上的商店或超市个数
普安县兴中镇	9744	1	5	19048	3	2	16
普安县青山镇	25617	3	10	60946	10	4	61
普安县罗汉镇	9997	1	5	21594	2	1	6
普安县新店镇	14010	1	5	25667	20	1	42
普安县白沙乡	8418	1	4	13739	20	1	13
普安县高棉乡	6741	1	5	17384	4		20
晴隆县沙子镇	5887	4	2	18341	47	2	22
晴隆县碧痕镇	9830	4	4	21907	53	1	17
晴隆县大厂镇	9971	2	4	23876	54	3	10
晴隆县鸡场镇	10016	2	8	33802	28	1	22
晴隆县花贡镇	16288	3	6	25415	27		4
晴隆县中营镇	8274	2	7	25836	32	2	19
晴隆县光照镇	15651	2	5	26741	42	2	19
晴隆县茶马镇	14961	3	9	40535	13		28
晴隆县长流乡	6271		7	28204	19		24
晴隆县紫马乡	6984		5	17571	13	3	14
晴隆县安谷乡	10201		5	21608	10	1	16
贞丰县龙场镇	8731	2	8	23972	74	16	44
贞丰县者相镇	8952	1	7	26668	71	1	30
贞丰县北盘江镇	11386	2	11	33618	68	3	32
贞丰县白层镇	15601	1	14	24036	14	2	4
贞丰县鲁贡镇	15887	1	15	26159	2	1	55
贞丰县小屯镇	8621	1	10	35576	2	1	18
贞丰县长田镇	5965	1	6	23619	36	1	28
贞丰县沙坪镇	14187	1	12	18473	13	1	13
贞丰县挽澜镇	9233	1	7	16059	20	2	20
贞丰县连环乡	8021	1	7	18170			15
贞丰县平街乡	8296	1	6	24987			39
贞丰县鲁容乡	13565	1	9	16755			16
望谟县乐元镇	24038		14	26245	10		28
望谟县打易镇	21120		14	29148	22		79
望谟县乐旺镇	21539		11	20558	11	1	12
望谟县桑郎镇	11489		6	11272	18		18
望谟县麻山镇	22731		13	18935	16		30
望谟县石屯镇	29538		22	34653	1		7
望谟县蔗香镇	35579		9	17653	27	1	9
望谟县郊纳镇	11490	1	10	19005	18	1	27
望谟县大观镇	16557		10	16276	31	3	22
望谟县边饶镇	26016		12	25045	54		39
望谟县昂武镇	23288	7	7	8949	6		20
望谟县油迈瑶族乡	15640	1	8	13506	8		
册亨县丫他镇	23684	1	11	18805	4	3	46
册亨县巧马镇	24798	5	8	15609	14	12	193
册亨县秧坝镇	19229	3	11	16410	49	1	29
册亨县岩架镇	17392	1	9	19674	3	1	66

续表 525　　贵州省　　单位：公顷、个、人

名　　称	行政区域面　　积	居民委员会(社区)个数	村民委员会个　　数	户籍人口	工业企业个　　数	#规模以上	营业面积50平方米以上的商店或超市个数
册亨县八渡镇	23487		8	9319	7		9
册亨县冗渡镇	24191	3	14	34782	7		49
册亨县坡妹镇	23580	3	18	49393	29		53
册亨县双江镇	42516	3	19	22172	4		22
册亨县弼佑镇	18785		10	15157	4		17
册亨县百口乡	23351	5	4		4		22
安龙县龙广镇	16622		18	55507	140	3	202
安龙县德卧镇	20198	1	12	42260	26	4	102
安龙县万峰湖镇	14054	2	8	16290	11		29
安龙县木咱镇	6052		7	11979			53
安龙县洒雨镇	12768	2	11	29626			95
安龙县普坪镇	19370	3	12	41777	42	6	148
安龙县龙山镇	12581	2	11	28519	18		34
安龙县新桥镇	11135	1	8	26327	53	8	113
安龙县海子镇	12910	2	8	23981	31	1	26
安龙县笃山镇	12634	1	11	19608	12	3	67
凯里市三棵树镇	19081	2	15	42720	27		27
凯里市舟溪镇	10183		12	23604	20		21
凯里市旁海镇	9180	1	13	35473	11		16
凯里市湾水镇	7674	1	12	28667	7		29
凯里市炉山镇	19821	1	15	33810	38		16
凯里市万潮镇	8148	1	10	17949	21	2	22
凯里市龙场镇	9713	1	12	23777	30	2	9
凯里市碧波镇	11418		8	26108	32	16	8
凯里市下司镇	7253	1	6	21613	2		26
凯里市凯棠镇	4973		11	24933	10		18
凯里市大风洞镇	16908		17	37884	10	1	8
黄平县新州镇	30989	7	28	77444	155	8	52
黄平县旧州镇	22539	3	15	55572	33	1	63
黄平县重安镇	15596	1	21	59559	8	1	76
黄平县谷陇镇	23139	2	24	76770	11	2	97
黄平县平溪镇	10334		7	16983			17
黄平县野洞河镇	15236		10	22033			13
黄平县浪洞镇	11821		11	20754			14
黄平县上塘镇	15134		8	17462			12
黄平县一碗水乡	9239		7	13365			26
黄平县纸房乡	8039		3	11725	1		5
黄平县翁坪乡	4943		8	18423			16
施秉县城关镇	32874	12	12	52191	160	10	29
施秉县杨柳塘镇	15236		7	22284			16
施秉县双井镇	12274		10	23886	12		9
施秉县牛大场镇	28288		9	26364	12		23
施秉县马号镇	16891		9	25878	18		19
施秉县白垛乡	19209		7	9945	4		2
施秉县甘溪乡	10659		5	11047	6		2

续表 526　　贵州省　　单位：公顷、个、人

名　　称	行政区域面积	居民委员会(社区)个数	村民委员会个数	户籍人口	工业企业个数	#规模以上	营业面积50平方米以上的商店或超市个数
施秉县马溪乡	17754		5	8269	4		10
三穗县八弓镇	10669		14	19611	26		3
三穗县台烈镇	14934		9	28752	18		9
三穗县瓦寨镇	8204	1	7	18347	13		40
三穗县桐林镇	12994		9	18029	3		16
三穗县雪洞镇	8678		7	13897	5		37
三穗县长吉镇	9750		9	26008	16		15
三穗县良上镇	13345		8	18837	4		9
三穗县滚马乡	8210		8	13638	7		10
三穗县款场乡	10459		5	13096	8		10
镇远县舞阳镇	30000	13	12	61725	55	1	67
镇远县蕉溪镇	16090	1	13	25895			13
镇远县青溪镇	14127	2	16	34254	60	19	95
镇远县羊坪镇	10329	1	10	21952	2	1	43
镇远县羊场镇	24097	1	9	20824	12		18
镇远县都坪镇	18743		9	21038			44
镇远县金堡镇	18822		10	22480	5		18
镇远县江古镇	17761		11	24370	20		17
镇远县涌溪乡	15312	1	5	14487	11	1	17
镇远县报京乡	6869		6	11241			7
镇远县大地乡	9800		5	10256	11		13
镇远县尚寨土家族乡	7030		4	7522	4		35
岑巩县思旸镇	11450	2	10	24919	35	7	17
岑巩县水尾镇	10245	1	9	22693	25	3	31
岑巩县天马镇	19876	1	6	23305			10
岑巩县龙田镇	15229	1	8	21174	17		14
岑巩县大有镇	13986	3	9	19781	36	17	42
岑巩县注溪镇	15581	1	6	21057	6		26
岑巩县凯本镇	15623	1	8	17830	8		14
岑巩县平庄镇	13504	1	6	17245			5
岑巩县客楼镇	7433		4	10468	7		8
岑巩县天星乡	7685		7	16340	2		15
岑巩县羊桥土家族乡	16441	1	9	28325			29
天柱县坪地镇	18199		7	19390			10
天柱县蓝田镇	15548	1	11	32181	1		15
天柱县瓮洞镇	12576	1	8	23048	1		4
天柱县高酿镇	24035	1	12	29561	19		13
天柱县石洞镇	18488		11	29521			10
天柱县远口镇	13483	1	7	26943	1		30
天柱县坌处镇	13395	1	7	16491	7		17
天柱县白市镇	15854	1	10	36487	8	1	31
天柱县渡马镇	8453		5	20631	4		12
天柱县江东镇	10117		6	17255	1		1
天柱县竹林镇	8948		5	15526			6
天柱县注溪乡	3885		2	6008			3

续表 527　　贵州省　　单位：公顷、个、人

名　　称	行政区域面　积	居民委员会(社区)个数	村民委员会个　数	户籍人口	工业企业个　数	#规模以上	营业面积50平方米以上的商店或超市个数
天柱县地湖乡	2601		2	4496			1
锦屏县三江镇	12504	7	10	37491	149	6	216
锦屏县茅坪镇	4673		3	5147	8		3
锦屏县敦寨镇	17234	2	8	24628	38	8	20
锦屏县启蒙镇	19813		12	25611	6	2	5
锦屏县平秋镇	11558	1	8	16762			4
锦屏县铜鼓镇	14968		7	15826			11
锦屏县平略镇	11783		7	14357	26	3	19
锦屏县大同乡	12071		7	16018	7		5
锦屏县新化乡	5384		5	10571	2	1	3
锦屏县隆里乡	4845		3	6564	6		7
锦屏县钟灵乡	8991		6	12516	3		18
锦屏县偶里乡	9086		8	12876	2		15
锦屏县固本乡	7551		8	13324	4	1	14
锦屏县河口乡	12421		7	15749	2	1	1
锦屏县彦洞乡	9034		7	12123			5
剑河县柳川镇	24005	2	16	25573	17		4
剑河县岑松镇	13274	1	16	25729	24	13	14
剑河县南加镇	18071	2	13	23803	4		9
剑河县南明镇	22933	1	13	22450	6		17
剑河县革东镇	10339		17	20386	2		2
剑河县太拥镇	26200	1	14	18372			7
剑河县磻溪镇	14906	1	12	19335	5		4
剑河县久仰镇	16150	1	16	23210			9
剑河县南哨镇	18367	1	8	14945	9		16
剑河县南寨镇	17994	1	15	20585			12
剑河县观么镇	14108		7	12423			7
剑河县敏洞乡	17312	1	8	14852	10		8
台江县施洞镇	10147	1	8	19280	165		17
台江县南宫镇	26591		11	18506	4		25
台江县革一镇	9297		5	17211	15	14	8
台江县方召镇	9256		9	23969			12
台江县排羊乡	11007		5	9888			9
台江县台盘乡	9553	1	7	18474	23	2	16
台江县老屯乡	9393		8	16596	1		6
黎平县中潮镇	29433	1	13	33464	10	9	33
黎平县孟彦镇	17195		11	20144			24
黎平县敖市镇	8250		8	17084	18		43
黎平县九潮镇	29319		15	29604	1		32
黎平县岩洞镇	15102		8	16969			41
黎平县水口镇	25226	1	26	37588	25		40
黎平县洪州镇	30240		15	32073	8	1	21
黎平县尚重镇	21889	1	19	36583			52
黎平县双江镇	26878		12	22430			51
黎平县肇兴镇	13484		15	24758	2	1	22

续表 528　　　　贵州省　　　　单位：公顷、个、人

名　　称	行政区域面　积	居民委员会(社区)个数	村民委员会个　数	户籍人口	工业企业个　数	#规模以上	营业面积50平方米以上的商店或超市个数
黎平县龙额镇	12422		20	25447			12
黎平县永从镇	15799		9	19465			18
黎平县茅贡镇	16545		11	18804			12
黎平县地坪镇	11934		12	25327			36
黎平县顺化瑶族乡	6012		4	5592			1
黎平县雷洞瑶族水族乡	8649		13	12312			3
黎平县罗里乡	16728	10	10	17406	4		40
黎平县坝寨乡	14111		8	14564	2	1	12
黎平县口江乡	11487		7	11409			13
黎平县德顺乡	21897		8	16575	20		32
黎平县大稼乡	11148	1	14	16060			1
黎平县平寨乡	8402		9	12132	1		6
黎平县德化乡	10443		8	12398			10
榕江县古州镇	26642	13	14	73354	62	10	85
榕江县忠诚镇	18077	4	11	31429	22	12	13
榕江县寨蒿镇	18953	2	19	26234	4		12
榕江县平永镇	15734	1	15	20615			21
榕江县乐里镇	18763	1	18	27794	31		30
榕江县朗洞镇	23638	2	19	24522	1		47
榕江县栽麻镇	16495	1	8	19830			13
榕江县平江镇	17049	1	9	14168			20
榕江县八开镇	23605	1	16	22651	4		13
榕江县崇义乡	8930		11	11920			
榕江县三江水族乡	19903		13	14383	1		9
榕江县仁里水族乡	8218		8	11891			2
榕江县塔石瑶族水族乡	8972		9	10093			16
榕江县定威水族乡	14469		7	5834			6
榕江县兴华水族乡	17582		9	11593			14
榕江县计划乡	26104		12	11517			39
榕江县水尾水族乡	17119		5	3557			3
榕江县平阳乡	16155	7	9	10413			9
榕江县两汪乡	12060		7	8384			15
从江县丙妹镇	28253		15	32451	17	2	28
从江县贯洞镇	11486	5	10	26167	105	10	127
从江县洛香镇	12778	2	12	23759	44	3	24
从江县下江镇	27096	2	26	40731	28	1	31
从江县宰便镇	17259	1	11	16062	10		9
从江县西山镇	13400	1	10	17602	17		15
从江县停洞镇	12215	1	15	33828	12		34
从江县往洞镇	24400		10	22930	15		81
从江县庆云镇	7850		8	12551	8		15
从江县斗里镇	9909		7	15109	52		22
从江县东朗镇	13979		13	25528	5		52
从江县加鸠镇	23157	1	12	16083	5		38
从江县高增乡	14725		9	18189	14		17

续表 529　　贵州省　　单位：公顷、个、人

名　　称	行政区域面　积	居民委员会(社区)个数	村民委员会个　数	户籍人口	工业企业个　数	#规模以上	营业面积50平方米以上的商店或超市个数
从江县谷坪乡	17078		11	16856	11	2	20
从江县刚边壮族乡	13875	1	10	11639	16		19
从江县加榜乡	21694		8	11641	1		11
从江县秀塘壮族乡	18114		6	8235	10		6
从江县翠里瑶族壮族乡	16257		11	14591	11		14
从江县加勉乡	15081		7	9559	1		6
雷山县丹江镇	13875	5	27	38703	255	9	195
雷山县西江镇	17898	1	21	28258	55		43
雷山县永乐镇	24765	1	27	26132	31		26
雷山县郎德镇	7335		13	10841	12		17
雷山县大塘镇	23363	1	32	25519	19		39
雷山县望丰乡	9869		17	15831	29	1	2
雷山县达地水族乡	7183	1	10	10877	13	6	5
雷山县方祥乡	16147		7	6020	5		11
麻江县谷硐镇	18993	1	13	27124	14	1	270
麻江县宣威镇	22250	1	17	39703	16		91
麻江县龙山镇	11027		7	19213	17	1	71
麻江县贤昌镇	10380		6	18605	14		19
麻江县坝芒布依族乡	12775		7	17211	9	1	26
丹寨县龙泉镇	11199	6	22	49918	188	6	236
丹寨县兴仁镇	18893		22	36449	54	2	25
丹寨县排调镇	29183	1	21	26828			30
丹寨县扬武镇	15597	4	20	40167	86		37
丹寨县雅灰乡	8175		9	7757			14
丹寨县南皋乡	10128		10	13469	8		30
都匀市墨冲镇	31740	1	18	47004	35	1	72
都匀市平浪镇	41862	1	13	36188	18	1	36
都匀市毛尖镇	25001		9	21436	26		25
都匀市匀东镇	49621	3	22	94661	237	15	150
都匀市归兰水族乡	15636		12	33549	16		19
福泉市凤山镇	11345	1	8	26021	21	10	52
福泉市陆坪镇	36290	1	10	51167	26	3	66
福泉市龙昌镇	13109	1	6	26791	56	9	11
福泉市牛场镇	24332	4	13	62600	180	29	105
福泉市道坪镇	22095	2	10	41795	62	7	22
福泉市仙桥乡	16201		4	15289	16	1	9
荔波县朝阳镇	15442		6	13263	11	2	25
荔波县茂兰镇	29932		10	15613	27	3	15
荔波县甲良镇	24320	1	14	34672	4	2	21
荔波县佳荣镇	35434		12	18387	18	1	18
荔波县小七孔镇	30491		13	28521	21		38
荔波县瑶山瑶族乡	19049		6	10640	3	2	22
荔波县黎明关水族乡	48576		14	19991	16		16
贵定县新巴镇	8098	1	4	12727	10		22
贵定县德新镇	19730		10	32359	17	1	40

续表 530 贵州省 单位：公顷、个、人

名　　称	行政区域面　　积	居民委员会(社区)个数	村民委员会个　　数	户籍人口	工业企业个　　数	#规模以上	营业面积50平方米以上的商店或超市个数
贵定县盘江镇	19583	1	10	31779	51	8	49
贵定县沿山镇	17585	1	12	30598	72	12	38
贵定县昌明镇	42561	2	25	64785	90	28	64
贵定县云雾镇	32998	1	17	42897	60	1	83
瓮安县平定营镇	8391	1	4	24654	6	2	15
瓮安县中坪镇	15412	1	5	30385	3	2	20
瓮安县建中镇	21962	2	6	35913	15	3	26
瓮安县永和镇	18248	2	7	34847	6	3	13
瓮安县珠藏镇	26396	2	12	55742	10	1	53
瓮安县玉山镇	12499	1	7	25602	9	3	32
瓮安县天文镇	11676	1	2	20297			29
瓮安县银盏镇	20199	8	3	56746	121	27	70
瓮安县猴场镇	22156	3	9	62426	18	1	75
瓮安县江界河镇	19080	2	7	31885	5		30
瓮安县岚关乡	11088		3	14284	10	1	15
独山县百泉镇	34223	1	10	47194	24	16	21
独山县影山镇	21115		6	21658	34	2	21
独山县基长镇	28835	2	10	48010	146	5	65
独山县下司镇	27947		6	27738	57	5	43
独山县麻尾镇	49442	3	12	56172	92	23	82
独山县麻万镇	12274	3	4	31198	45	11	39
独山县上司镇	58048		11	43838	70	10	47
独山县玉水镇	14658		6	26641	33	5	32
平塘县平舟镇	24330	1	15	30943	21	2	45
平塘县牙舟镇	39500	1	14	33565	32		66
平塘县通州镇	31485	1	10	35281	69	12	109
平塘县大塘镇	28954	1	12	26903	8	7	26
平塘县克度镇	27862	1	13	42351	25	1	150
平塘县塘边镇	19522		10	31578	32	2	77
平塘县甲茶镇	31475		13	33065	2	1	75
平塘县者密镇	36128	1	14	31711	4	1	27
平塘县掌布镇	20503		6	15346	2	1	22
平塘县卡蒲毛南族乡	10482	1	6	13055	5	2	9
罗甸县龙坪镇	48850	2	27	54345	54	6	41
罗甸县边阳镇	52213	5	34	85064	97	11	142
罗甸县沫阳镇	40585	1	30	51063	15	5	41
罗甸县逢亭镇	20932	1	11	21061	17	2	23
罗甸县罗悃镇	32645		19	27880	15	4	44
罗甸县茂井镇	31467		14	19675			32
罗甸县红水河镇	33214		15	18299			14
罗甸县木引镇	17714	1	11	24514	2	1	36
罗甸县凤亭乡	21418		10	13062			25
长顺县广顺镇	39571	8	19	74405	52	35	112
长顺县摆所镇	22045	1	12	41942	2		96
长顺县代化镇	16548	2	7	26962			55

续表 531　　贵州省、云南省　　单位：公顷、个、人

名　　称	行政区域面积	居民委员会(社区)个数	村民委员会个数	户籍人口	工业企业个数	#规模以上	营业面积50平方米以上的商店或超市个数
长顺县白云山镇	18877	2	5	21784	111	20	114
长顺县鼓扬镇	17824	1	8	24119			43
长顺县敦操乡	6644		4	9235	2	1	16
龙里县龙山镇	36367	3	9	36216	98	27	62
龙里县醒狮镇	16393	2	6	24789	25		56
龙里县谷脚镇	23864	6	5	31633	280	51	62
龙里县湾滩河镇	24214	3	15	43580	2	1	64
龙里县洗马镇	30229	3	11	43268	28		42
惠水县好花红镇	24227		27	60423	40	1	172
惠水县摆金镇	34726	1	30	64381			84
惠水县雅水镇	26379		20	37097	33		34
惠水县断杉镇	36560		19	43276			68
惠水县芦山镇	8976	2	15	24423	9		61
惠水县王佑镇	19755		17	33296	3	1	34
惠水县羡塘镇	22596		14	27201			37
惠水县岗度镇	27425		12	23732	31		28
三都水族自治县大河镇	29783	1	11	58378	69	3	63
三都水族自治县普安镇	15639		7	43086	45	2	37
三都水族自治县都江镇	60286	1	20	57522	13		25
三都水族自治县中和镇	32471	1	20	77326	70	1	37
三都水族自治县周覃镇	28092	1	17	58970	44	1	109
三都水族自治县九阡镇	40411	1	6	33414	51	3	109
云南省							
东川区汤丹镇	29142	2	26	34763	44	5	14
东川区因民镇	14458	4	11	11742	15	1	9
东川区阿旺镇	27482	1	16	38144	22	3	19
东川区乌龙镇	13154	3	11	26402	5		13
东川区红土地镇	30212		15	23573	11		34
东川区拖布卡镇	19427	2	18	29366	5		23
东川区舍块乡	16832		8	2400	3		2
晋宁区二街镇	16386		9	17633	151	33	21
晋宁区上蒜镇	12109		15	35981	120	17	47
晋宁区六街镇	11130		9	14039			8
晋宁区双河彝族乡	15544		6	9469	17		13
晋宁区夕阳彝族乡	16026		10	9609			5
富民县罗免镇	13140		10	15713	10	4	3
富民县赤鹫镇	16465		10	10266	2	1	9
富民县东村镇	12301		7	14805			3
富民县款庄镇	17709	1	10	23410	6	4	8
富民县散旦镇	9493		6	11301	4	2	5
宜良县北古城镇	25821	12	9	62483	97	58	21
宜良县狗街镇	20778	12	9	66696	10	1	53
宜良县竹山镇	24492	3	16	27320	10	1	28
宜良县马街镇	11110	4	4	20175	1		9
宜良县耿家营彝族苗族乡	19438	2	7	19317	11	2	12

续表 532　　云南省　　单位：公顷、个、人

名　　称	行政区域面　　积	居民委员会(社区)个数	村民委员会个　　数	户籍人口	工业企业个　　数	#规模以上	营业面积50平方米以上的商店或超市个数
宜良县九乡彝族回族乡	30178	3	5	19435	4		13
石林彝族自治县西街口镇	29182		10	21100	43	6	15
石林彝族自治县长湖镇	29912		10	17061	8		42
石林彝族自治县圭山镇	32043		14	25695	4	1	33
石林彝族自治县大可乡	10498		6	17551	6		2
嵩明县小街镇	11706	1	16	72007	174	14	46
嵩明县杨林镇	16854	9	7	60027	276	94	67
嵩明县牛栏江镇	21808		16	56518	20	3	34
禄劝彝族苗族自治县撒营盘镇	51160		18	48166			34
禄劝彝族苗族自治县转龙镇	25613		13	36349	6		46
禄劝彝族苗族自治县茂山镇	23700		10	38468	11		27
禄劝彝族苗族自治县团街镇	19160		8	26945	3	1	24
禄劝彝族苗族自治县中屏镇	25010		13	19896	3	2	60
禄劝彝族苗族自治县皎平渡镇	25080		11	22623			33
禄劝彝族苗族自治县乌东德镇	18720	3	8	21635			30
禄劝彝族苗族自治县翠华镇	30735		17	38807	5	2	20
禄劝彝族苗族自治县九龙镇	37584		18	45406	8	2	64
禄劝彝族苗族自治县云龙乡	27590		7	10633			8
禄劝彝族苗族自治县汤郎乡	21003		9	13900			27
禄劝彝族苗族自治县马鹿塘乡	22220		10	21192			9
禄劝彝族苗族自治县则黑乡	33640		13	29588	1		50
禄劝彝族苗族自治县乌蒙乡	17531		9	17631			26
禄劝彝族苗族自治县雪山乡	13725		7	11771	7		3
寻甸回族彝族自治县羊街镇	16305		12	50945	123	7	143
寻甸回族彝族自治县柯渡镇	27228		13	41091	10	1	23
寻甸回族彝族自治县倘甸镇	21220	1	12	48987	16	1	55
寻甸回族彝族自治县功山镇	40465		16	43937	15		78
寻甸回族彝族自治县河口镇	44100		16	36953	5		73
寻甸回族彝族自治县七星镇	12700		7	20212	3		26
寻甸回族彝族自治县先锋镇	15600		9	25585	25	3	10
寻甸回族彝族自治县鸡街镇	22680		11	34462	7		27
寻甸回族彝族自治县凤合镇	23341		13	43485	8		27
寻甸回族彝族自治县六哨乡	18841		11	20553	3	1	29
寻甸回族彝族自治县联合乡	16394		8	13940	6	1	10
寻甸回族彝族自治县金源乡	15400		9	31120	1		5
寻甸回族彝族自治县甸沙乡	20536		9	21870	12	1	25
麒麟区越州镇	22171	5	9	79920	124	31	70
麒麟区东山镇	42093	2	12	90695	25	13	69
麒麟区茨营镇	19400	1	9	41876	13	4	58
沾益区白水镇	32259	4	9	34150	38	28	75
沾益区盘江镇	20656	1	9	37391	162	1	37
沾益区炎方乡	43560		15	44061	5	2	52
沾益区播乐乡	28502		10	37972	12	2	35
沾益区大坡乡	48414		21	48084	10		47
沾益区菱角乡	61433		13	49243	1		69

续表 533　　　　云南省　　　　单位：公顷、个、人

名　　称	行政区域面　　积	居民委员会(社区)个数	村民委员会个　　数	户籍人口	工业企业个　　数	#规模以上	营业面积50平方米以上的商店或超市个数
沾益区德泽乡	16197		12	22448	1		68
马龙区马过河镇	13111	1	4	16661			16
马龙区纳章镇	15549	1	4	15434	2		2
马龙区马鸣乡	23765	1	6	14459	6	1	16
马龙区大庄乡	12978	1	5	14867	1		21
马龙区月望乡	21481	1	9	33003			26
陆良县板桥镇	18219	6	11	104434	126	2	83
陆良县三岔河镇	12140	7	17	128314	102	15	112
陆良县马街镇	16716	6	15	117101	215	3	122
陆良县召夸镇	18670	2	5	35594	49	5	69
陆良县大莫古镇	21590	3	9	55673	63	17	133
陆良县芳华镇	23421	2	8	34547	13	3	66
陆良县小百户镇	44987	4	10	45420	28	4	63
陆良县活水乡	20868	1	6	26965	9	1	44
陆良县龙海乡	15487	1	9	29887	3		123
师宗县雄壁镇	23444	1	13	60823	49	8	29
师宗县葵山镇	12913	1	9	41307	10		102
师宗县彩云镇	19052	1	7	41752	9		23
师宗县竹基镇	22690	3	10	56533	8	2	30
师宗县龙庆彝族壮族乡	45034		14	43501	1		86
师宗县五龙壮族乡	47106		13	37341			29
师宗县高良壮族苗族瑶族乡	56138		11	31070	14		40
罗平县板桥镇	18188	4	9	56883	8	5	243
罗平县马街镇	26612	1	11	72248	2	1	57
罗平县富乐镇	21097	3	10	56073	27	1	509
罗平县阿岗镇	36859	2	11	83548	27	9	102
罗平县大水井乡	25948	1	11	32398	9	1	8
罗平县鲁布革布依族苗族乡	24246	2	7	21053	6		24
罗平县旧屋基彝族乡	12032	1	6	12407			5
罗平县钟山乡	20158	1	10	36259	3		24
罗平县长底布依族乡	9490	2	4	19125	2	1	4
罗平县老厂乡	21030	1	12	46359	36		40
富源县营上镇	15230	1	15	83909	107	5	96
富源县黄泥河镇	26327	2	12	70048	34	3	341
富源县竹园镇	16405	1	10	54899	8	7	37
富源县后所镇	43000	1	11	73726	26	3	30
富源县大河镇	24759	1	16	96336	20	6	35
富源县墨红镇	49550	1	15	66451	35	8	65
富源县富村镇	33053	1	20	107557	62	4	77
富源县十八连山镇	33400	2	15	78504	26	9	57
富源县老厂镇	23600	1	8	52847	36	10	70
富源县古敢水族乡	8260		3	16829	3		4
会泽县娜姑镇	25299	2	16	70911	3		63
会泽县迤车镇	46559	1	26	94542	19	2	117
会泽县乐业镇	36360	1	24	77710	13		12

续表 534　　云南省　　单位：公顷、个、人

名　称	行政区域面积	居民委员会(社区)个数	村民委员会个数	户籍人口	工业企业个数	#规模以上	营业面积50平方米以上的商店或超市个数
会泽县矿山镇	22474	1	13	25853	5		30
会泽县者海镇	36502	6	25	101773	52	5	59
会泽县大井镇	24866	1	16	44775	4	1	27
会泽县待补镇	33697	1	14	54127	11		29
会泽县大海乡	31428		17	30218	10	2	18
会泽县老厂乡	16129		13	22283	2		19
会泽县五星乡	21246		10	32245	12	2	11
会泽县大桥乡	21611		14	35511	5		43
会泽县纸厂乡	9800		9	21029	5		11
会泽县马路乡	19411		16	29107	4	1	46
会泽县火红乡	26758		18	38160	3		25
会泽县新街回族乡	26469		16	44093	3		21
会泽县雨碌乡	24600		13	45545	5	1	41
会泽县鲁纳乡	17320		11	27953			16
会泽县上村乡	28372		18	39154	4	1	23
会泽县驾车乡	29692		12	28159	6	2	11
会泽县田坝乡	33247		19	38548	5	1	12
宣威市格宜镇	24473		14	63127	20	4	40
宣威市田坝镇	26973	2	16	78097	35	3	48
宣威市羊场镇	27674	1	13	56725	43	5	25
宣威市倘塘镇	38276		18	94304	30	3	311
宣威市落水镇	23223		11	45141	41	7	16
宣威市务德镇	44977	1	17	52956	27	2	155
宣威市海岱镇	22082	1	16	66671	14	1	93
宣威市龙场镇	26322		13	61111	140	4	45
宣威市龙潭镇	31544		17	69710	5	4	79
宣威市热水镇	60019	1	22	83228	10	2	281
宣威市宝山镇	22982		16	76338	38	3	62
宣威市东山镇	29336	1	22	62795	32	6	43
宣威市杨柳镇	16052		10	49281	8		15
宣威市普立乡	17358		13	46739	5	1	46
宣威市西泽乡	36096		15	48519	5		23
宣威市得禄乡	17045		10	41648	9		11
宣威市双河乡	10723		10	37321	58	5	67
宣威市乐丰乡	24380		14	59507	28	2	34
宣威市文兴乡	13310		15	64100	14	2	53
宣威市阿都乡	12530		12	45541	8		97
红塔区小石桥彝族乡	6894		3	6546	5	2	6
红塔区洛河彝族乡	16107		5	10118	4	2	4
江川区江城镇	19010	2	19	73825	68	6	39
江川区前卫镇	8947	1	10	50436	35	14	22
江川区九溪镇	11400	1	8	27745	3	1	20
江川区路居镇	7792	2	6	30227	26		21
江川区安化彝族乡	9560	1	4	9734	2		2
江川区雄关乡	6303	1	4	11583	6	3	12

续表 535　　云南省　　单位：公顷、个、人

名　称	行政区域面积	居民委员会(社区)个数	村民委员会个数	户籍人口	工业企业个数	#规模以上	营业面积50平方米以上的商店或超市个数
通海县杨广镇	9922	2	10	52287	55	7	26
通海县河西镇	18726	1	14	52743	103	9	97
通海县四街镇	7495	2	8	44839	96	12	38
通海县纳古镇	1200		2	9575	126	18	8
通海县里山彝族乡	10010	1	5	8958	26	14	4
通海县高大傣族彝族乡	10122	1	5	11423	14	1	4
通海县兴蒙蒙古族乡	477		3	5886	3		3
华宁县盘溪镇	17650	6	11	52770	50	4	27
华宁县华溪镇	15100	2	4	14085	10	3	13
华宁县青龙镇	43315	3	18	53531	32	5	58
华宁县通红甸彝族苗族乡	11450	1	5	10592	1		22
易门县绿汁镇	23271	1	8	15260	47		13
易门县浦贝彝族乡	17695	1	6	17267	72	3	9
易门县十街彝族乡	16097		8	12165	39		20
易门县铜厂彝族乡	29145		9	21492	21		20
易门县小街乡	14958		6	12390	27		20
峨山彝族自治县甸中镇	18865	1	10	19354	4	1	26
峨山彝族自治县化念镇	29842	5	2	14407	5	4	6
峨山彝族自治县塔甸镇	27675		7	13684	11	1	17
峨山彝族自治县岔河乡	18577		7	9633			9
峨山彝族自治县大龙潭乡	21318		7	12338	3		14
峨山彝族自治县富良棚乡	24880		7	10326			9
新平彝族傣族自治县扬武镇	48700	2	8	21985	34	10	56
新平彝族傣族自治县漠沙镇	68400	3	15	45480	17	3	28
新平彝族傣族自治县戛洒镇	41560	6	12	35732	32	13	23
新平彝族傣族自治县水塘镇	30200	1	8	22170	2	1	32
新平彝族傣族自治县平甸乡	43560		10	14676			10
新平彝族傣族自治县新化乡	49000	1	12	23877			26
新平彝族傣族自治县建兴乡	20500	1	6	17197	4	1	25
新平彝族傣族自治县老厂乡	44221	1	10	16571	3	1	28
新平彝族傣族自治县者竜乡	30600	1	7	12748	5		11
新平彝族傣族自治县平掌乡	24400	1	9	14497	7		10
元江哈尼族彝族傣族自治县曼来镇	39812	2	11	32066	14	3	14
元江哈尼族彝族傣族自治县因远镇	32980	2	7	30123	23	4	14
元江哈尼族彝族傣族自治县龙潭乡	27200	1	6	7974	1		
元江哈尼族彝族傣族自治县羊街乡	18154	1	5	19162	1		23
元江哈尼族彝族傣族自治县那诺乡	10800	1	5	20783			15
元江哈尼族彝族傣族自治县洼垤乡	32900	1	6	10685	4	1	5
元江哈尼族彝族傣族自治县咪哩乡	19013	1	5	16012	1		6
澄江市右所镇	7840	5	2	41011	16		48
澄江市阳宗镇	13140		7	25947	3		13
澄江市海口镇	10270	1	3	11853	6		8
澄江市九村镇	10930	1	3	12033	119	21	8
隆阳区板桥镇	33017		31	102290	91	12	42
隆阳区汉庄镇	15281		12	47121	40	2	37

续表 536　　云南省　　单位：公顷、个、人

名　　称	行政区域面积	居民委员会(社区)个数	村民委员会个数	户籍人口	工业企业个数	#规模以上	营业面积50平方米以上的商店或超市个数
隆阳区蒲缥镇	30846		24	51893	20	5	89
隆阳区瓦窑镇	46097		25	37627	48	6	54
隆阳区潞江镇	77325	3	27	74528	48	7	118
隆阳区金鸡乡	5164		6	28720	6		19
隆阳区辛街乡	10851		15	57321	6	3	39
隆阳区西邑乡	19919		22	55127	17	3	55
隆阳区丙麻乡	21916		15	29349	6	1	44
隆阳区瓦渡乡	23379		10	24442	8		12
隆阳区水寨乡	10720		10	14226	6		12
隆阳区瓦马彝族白族乡	30464		21	25324	13		28
隆阳区瓦房彝族苗族乡	31266		19	34037	4		21
隆阳区杨柳白族彝族乡	47764		18	39116	7	1	58
隆阳区芒宽彝族傣族乡	54007		15	48554	45	2	85
施甸县甸阳镇	13157	6	9	52864	37	9	51
施甸县由旺镇	10979		16	41095	1		42
施甸县姚关镇	19085		12	39566	3	2	19
施甸县仁和镇	14410		20	54826	7	1	35
施甸县太平镇	23502		18	31529			66
施甸县万兴乡	9611		7	15145	1		45
施甸县摆榔彝族布朗族乡	8253		4	7378			8
施甸县酒房乡	32807		10	26066			44
施甸县旧城乡	22422		8	16503	4		21
施甸县木老元布朗族彝族乡	7138		4	5949			3
施甸县老麦乡	11030		7	22541			26
施甸县何元乡	13735		9	16475	1	1	8
施甸县水长乡	9134		9	17997	51	7	21
龙陵县龙山镇	31639	5	13	54620	343	25	297
龙陵县镇安镇	25671		19	44661	31	3	113
龙陵县勐糯镇	22750		6	19371	24	3	31
龙陵县腊勐镇	18238		10	21923	11	1	24
龙陵县象达镇	42314		15	38547	16		33
龙陵县龙江乡	19441		15	31590	14		39
龙陵县碧寨乡	28492		12	22611	13	3	129
龙陵县龙新乡	31721		11	33775	35	10	47
龙陵县平达乡	35833		10	29502	20		53
龙陵县木城彝族傈僳族乡	23426	2	5	9437	8		27
昌宁县田园镇	25600	5	8	64355	141	27	63
昌宁县漭水镇	31100		9	27154	25	2	42
昌宁县柯街镇	21100	1	11	32942	19	2	144
昌宁县卡斯镇	24400		11	40284	22	3	55
昌宁县勐统镇	29800		9	26113	14	2	27
昌宁县温泉镇	22500		10	26045	21	3	14
昌宁县大田坝镇	31200		6	22060	15	1	11
昌宁县鸡飞镇	33800		10	19497	9	1	26
昌宁县翁堵镇	19100		7	14790	8		25

续表 537　　　　云南省　　　　单位：公顷、个、人

名　　称	行政区域面积	居民委员会(社区)个数	村民委员会个数	户籍人口	工业企业个数	#规模以上	营业面积50平方米以上的商店或超市个数
昌宁县湾甸傣族乡	31600		5	18766	23	5	39
昌宁县更戛乡	54700		11	25793	14	1	169
昌宁县珠街彝族乡	28100		10	14087			26
昌宁县耈街彝族苗族乡	35800		11	23446	6	1	2
腾冲市固东镇	24200		9	47296	20	2	56
腾冲市滇滩镇	39300		9	29426	16	6	36
腾冲市猴桥镇	108600		9	29297	21	2	9
腾冲市和顺镇	1800		3	7034	13	9	6
腾冲市界头镇	83900		28	71871			100
腾冲市曲石镇	37300		17	46095	5	1	18
腾冲市明光镇	73100		9	40999	35	2	33
腾冲市中和镇	41200		11	41622	18	3	20
腾冲市芒棒镇	29600		17	44659	5		62
腾冲市荷花镇	13200		10	29573	30	4	15
腾冲市北海镇	18100		9	24993	15	1	10
腾冲市清水镇	9900		6	16952	35		1
腾冲市马站乡	16800		8	29234	16	1	14
腾冲市五合乡	16900		13	36125	2		8
腾冲市新华乡	12200		11	18145	1		19
腾冲市蒲川乡	17500		12	29484	8	1	23
腾冲市团田乡	9900		8	20142	5	1	11
昭阳区旧圃镇	9089	4	5	82472	8	1	55
昭阳区永丰镇	9141	6	2	54301	3	2	64
昭阳区盘河镇	15390		9	28931	1		24
昭阳区靖安镇	18394	6	11	48180	10		21
昭阳区洒渔镇	22219		9	65157	16	1	96
昭阳区乐居镇	8295		5	35028	2		45
昭阳区苏家院镇	10939		5	45436	5		30
昭阳区大山包镇	19200		5	17186			1
昭阳区炎山镇	8040		8	24136			13
昭阳区布嘎回族乡	9243		5	36880			19
昭阳区守望回族乡	6706	4	3	52684	17	1	11
昭阳区小龙洞回族彝族乡	12335	2	4	40604	7	1	70
昭阳区青岗岭回族彝族乡	11019		7	31484	6	1	30
昭阳区苏甲乡	21298		12	31620			34
昭阳区大寨子乡	7800		8	15397			15
昭阳区田坝乡	5337		6	11491			6
鲁甸县水磨镇	27014	1	9	48037	12		10
鲁甸县龙头山镇	21082	2	10	57772			24
鲁甸县小寨镇	9746	1	3	24154	2		11
鲁甸县江底镇	14032	1	6	32218	4	1	7
鲁甸县火德红镇	9191	1	5	24610	3	1	21
鲁甸县龙树镇	10826	4	3	44586	3		23
鲁甸县新街镇	11287	1	4	23132	1		28
鲁甸县梭山镇	13461	2	8	35717	7	1	13

续表 538　　云南省　　单位：公顷、个、人

名　称	行政区域面积	居民委员会(社区)个数	村民委员会个数	户籍人口	工业企业个数	#规模以上	营业面积50平方米以上的商店或超市个数
鲁甸县乐红镇	12994	1	7	38206	3	1	7
鲁甸县桃源回族乡	5802	2	5	45208	23	3	5
鲁甸县茨院回族乡	4196	2	4	32178	27	5	21
巧家县大寨镇	18886	5	8	37830	8		43
巧家县小河镇	19217	2	12	43970	8		32
巧家县药山镇	38527	3	14	55224	5	1	14
巧家县马树镇	29267	1	7	39096	14		81
巧家县老店镇	43291	4	14	66079	6		85
巧家县茂租镇	13117	1	6	21436	6	1	17
巧家县东坪镇	15761	3	6	33671	8		11
巧家县新店镇	14786	1	12	33974	4	1	20
巧家县崇溪镇	24702	1	12	41626	5		45
巧家县金塘镇	12114	1	6	18824	12		36
巧家县蒙姑镇	12103	2	6	20419	9		43
巧家县红山乡	10923	1	7	23026	2		17
巧家县包谷垴乡	12560	1	7	28134	1		8
巧家县中寨乡	8636	1	6	14927			11
巧家县炉房乡	13329	1	5	23568	2		45
盐津县盐井镇	23400	7	10	65733	57	1	80
盐津县普洱镇	37300	4	12	63731	9	1	51
盐津县豆沙镇	15600	1	6	23693	5		10
盐津县中和镇	23950	2	7	34748	19	1	27
盐津县庙坝镇	33600	2	10	50944	33	3	44
盐津县柿子镇	17400	1	8	25963	32	1	43
盐津县兴隆乡	15500	1	6	38295	18		32
盐津县落雁乡	13024	2	5	28508	3	1	8
盐津县滩头乡	13700	1	6	28807	9		19
盐津县牛寨乡	15700	1	7	36364	13	3	28
大关县翠华镇	15204	3	9	44509	66	1	45
大关县玉碗镇	10294	1	4	15487	9		70
大关县吉利镇	12618	1	8	18990	12	3	48
大关县天星镇	41151	3	16	63733	35	1	351
大关县木杆镇	23984	1	8	29712	11		67
大关县悦乐镇	15486	1	9	37057	6		64
大关县寿山镇	18220	1	7	26933	16	3	33
大关县高桥镇	24831	1	8	26830	8		43
大关县上高桥回族彝族苗族乡	10335	1	6	21372	5	1	15
永善县桧溪镇	9150	1	5	17587	2		12
永善县黄华镇	20127	3	11	59167	15		79
永善县茂林镇	26567	1	6	29218	8	1	11
永善县大兴镇	14089	3	7	36514	13	1	51
永善县莲峰镇	28932	1	13	40099	12		57
永善县务基镇	13452	2	6	28849	4		41
永善县码口镇	14493	1	9	32150	2		39
永善县团结乡	19829	1	8	20522	9	1	32

续表 539　　云南省　　单位：公顷、个、人

名　　称	行政区域面积	居民委员会(社区)个数	村民委员会个数	户籍人口	工业企业个数	#规模以上	营业面积50平方米以上的商店或超市个数
永善县细沙乡	15993	1	6	20555	4	1	48
永善县青胜乡	9215	1	3	11968			
永善县马楠苗族彝族乡	20971	1	5	16431	1		31
永善县水竹乡	17915	1	4	9174			5
永善县墨翰乡	16552	1	9	26028	10	1	16
永善县伍寨彝族苗族乡	17259	1	4	15805	1	1	21
绥江县中城镇	24106	7	10	87376	51		48
绥江县南岸镇	8665	1	4	15154	1		7
绥江县新滩镇	8711	2	5	21833	6	1	18
绥江县会仪镇	10203	1	4	25337	8	2	15
绥江县板栗镇	23192	1	8	19365	10	3	4
镇雄县泼机镇	12851	1	14	130322	18	5	55
镇雄县黑树镇	8835		5	35312	2		15
镇雄县母享镇	13016	1	10	73481	5		22
镇雄县大湾镇	11985	1	8	60233	4		32
镇雄县以勒镇	17500	2	10	91161	5	2	191
镇雄县赤水源镇	18048		10	75851	16	5	17
镇雄县芒部镇	14800		9	58349	2		46
镇雄县雨河镇	13588		10	50457	7		188
镇雄县罗坎镇	22129	1	17	84595	7		42
镇雄县牛场镇	16747		9	50614	3		41
镇雄县五德镇	19035	1	13	79773	3		137
镇雄县坡头镇	14808		12	79002	1		9
镇雄县以古镇	16791		7	37105			33
镇雄县场坝镇	17518		9	68256	1		56
镇雄县塘房镇	9871		8	69057	7	4	46
镇雄县中屯镇	7335		7	70877	14	4	93
镇雄县木卓镇	8495		7	33004	4		74
镇雄县盐源镇	15269		10	42378	6		107
镇雄县碗厂镇	15808	1	5	26123			35
镇雄县坪上镇	9875		6	49002	2	1	5
镇雄县鱼洞乡	5497		4	24010			18
镇雄县花朗乡	5965		5	24579			35
镇雄县尖山乡	6558		5	40099	1		18
镇雄县杉树乡	15512		6	24493	8		25
镇雄县花山乡	18758		6	33321	4	2	55
镇雄县果珠彝族乡	9089		5	48708	2	1	5
镇雄县林口彝族苗族乡	12084		8	52758			19
彝良县洛泽河镇	27917	2	11	66894	29	5	83
彝良县牛街镇	17650	1	11	42863	16		106
彝良县海子镇	19203	1	8	34088	4		118
彝良县荞山镇	20269	1	10	44075			38
彝良县龙安镇	12879	1	6	25491	2		65
彝良县钟鸣镇	10679	1	5	19700	5	4	8
彝良县两河镇	16364	1	6	24070	3		23

续表 540　　云南省　　单位：公顷、个、人

名　　称	行政区域面积	居民委员会(社区)个数	村民委员会个数	户籍人口	工业企业个数	#规模以上	营业面积50平方米以上的商店或超市个数
彝良县小草坝镇	20691	1	6	27623	16		38
彝良县龙海镇	15332	1	6	22224	13	1	17
彝良县龙街苗族彝族乡	23861	1	11	49507	17	2	123
彝良县奎香苗族彝族乡	22900	2	9	56939	8		108
彝良县树林彝族苗族乡	11861	1	5	28479			51
彝良县柳溪苗族乡	9696	1	4	23174	5		41
彝良县洛旺苗族乡	17035	1	8	32654	5	3	36
威信县扎西镇	33800	13	12	140020	80	5	248
威信县旧城镇	16200	1	6	31998	4	1	30
威信县罗布镇	16400	1	10	58463	2	1	48
威信县麟凤镇	13300	2	7	47548	10	4	36
威信县长安镇	7800	1	4	34329	4		22
威信县庙沟镇	5700	1	4	23516			13
威信县水田镇	4500	1	3	18697			10
威信县双河苗族彝族乡	14500		8	35124	12	1	45
威信县高田乡	17300		8	32999			134
威信县三桃乡	10500		7	35359			42
水富市向家坝镇	6135	1	5	25263	31	3	25
水富市太平镇	19917	1	5	17386	13	1	15
水富市两碗镇	12184		6	19641	5	1	45
古城区金安镇	14450		7	5990	2	1	15
古城区七河镇	36630		11	23045	5	1	25
古城区大东乡	22090		3	6563			20
古城区金江白族乡	8920		5	3341			3
玉龙纳西族自治县石鼓镇	63400		11	21893			38
玉龙纳西族自治县巨甸镇	40760		8	21242			49
玉龙纳西族自治县白沙镇	24630		5	9074			8
玉龙纳西族自治县拉市镇	16896		6	17869	5	1	21
玉龙纳西族自治县奉科镇	35500		6	7663			8
玉龙纳西族自治县鸣音镇	36060		6	7003	1		2
玉龙纳西族自治县太安乡	29430		6	9776	2	1	30
玉龙纳西族自治县龙蟠乡	27771		6	10661	1		8
玉龙纳西族自治县黎明傈僳族乡	70620		7	15540			19
玉龙纳西族自治县鲁甸乡	52080		5	17559			32
玉龙纳西族自治县塔城乡	27300		5	8687	1		9
玉龙纳西族自治县大具乡	46810		4	10462			3
玉龙纳西族自治县宝山乡	48070		5	8582			8
玉龙纳西族自治县石头白族乡	56930		5	9462			8
玉龙纳西族自治县九河白族乡	36810		11	29432	13	3	89
永胜县永北镇	24294	9	4	58151	88	12	131
永胜县仁和镇	45240		13	25069	6		7
永胜县期纳镇	26488		9	35936	11		16
永胜县三川镇	21614		19	65898	22		134
永胜县程海镇	44386		12	44698	20	2	52
永胜县涛源镇	46131		13	36897	11		47

续表 541　　云南省　　单位：公顷、个、人

名　　称	行政区域面积	居民委员会(社区)个数	村民委员会个数	户籍人口	工业企业个数	#规模以上	营业面积50平方米以上的商店或超市个数
永胜县鲁地拉镇	43446		9	11673			18
永胜县片角镇	37765		8	23235	6		7
永胜县顺州镇	47522		13	32133	13		35
永胜县羊坪彝族乡	16380		5	8345			6
永胜县六德傈僳族彝族乡	30073		8	14024	21		4
永胜县东山傈僳族彝族乡	43543		5	8161			1
永胜县光华傈僳族彝族乡	16350		8	14621			26
永胜县松坪傈僳族彝族乡	28307		8	7828	7		6
永胜县大安彝族纳西族乡	23996		8	15303	1		6
华坪县中心镇	32640	5	9	47798	52		97
华坪县荣将镇	41719	2	7	31033	46	3	36
华坪县兴泉镇	22870	1	8	17732	25	3	29
华坪县石龙坝镇	31540	2	4	15316	52	2	11
华坪县新庄傈僳族傣族乡	27660		7	17631	6		27
华坪县通达傈僳族乡	15170		5	8350	3		30
华坪县永兴傈僳族乡	31460		7	13364	4	3	7
华坪县船房傈僳族傣族乡	17360		4	9891	1		9
宁蒗彝族自治县永宁镇	64644		5	22814	16	2	44
宁蒗彝族自治县红桥镇	53235		6	21864	18		32
宁蒗彝族自治县战河镇	50161		7	25536	23		26
宁蒗彝族自治县拉伯乡	47580		5	10908	4		28
宁蒗彝族自治县翠玉傈僳族普米族乡	59293		6	15217	2		13
宁蒗彝族自治县宁利乡	33660		5	15612			15
宁蒗彝族自治县金棉乡	26048		4	8078	1		13
宁蒗彝族自治县西川乡	40311		6	16376			12
宁蒗彝族自治县西布河乡	48919		7	20914	4		18
宁蒗彝族自治县永宁坪乡	24904		4	8493	7		2
宁蒗彝族自治县跑马坪乡	24180		4	12301			35
宁蒗彝族自治县蝉战河乡	25341		3	9039	2		5
宁蒗彝族自治县新营盘乡	22371		5	23291	13	1	25
宁蒗彝族自治县烂泥箐乡	43808		7	15102	1		3
思茅区南屏镇	48121	6	5	63389	416	35	141
思茅区倚象镇	101156		16	39820	40	1	107
思茅区思茅港镇	68640	1	7	17949	23	3	91
思茅区六顺镇	53547		8	13936	14	1	24
思茅区龙潭彝族傣族乡	30122		6	11716	6		5
思茅区云仙彝族乡	65140		12	18400	3		38
宁洱哈尼族彝族自治县宁洱镇	53894	3	20	71955	173	20	123
宁洱哈尼族彝族自治县磨黑镇	49117	1	10	21938	14		19
宁洱哈尼族彝族自治县德化镇	35432		8	13155	2	1	38
宁洱哈尼族彝族自治县同心镇	33363		10	15807	24	3	32
宁洱哈尼族彝族自治县勐先镇	49249		11	21565	5		19
宁洱哈尼族彝族自治县梅子镇	28156		6	11266	4		22
宁洱哈尼族彝族自治县德安乡	33822		6	10765	2		12
宁洱哈尼族彝族自治县普义乡	36762		8	11114	2		28

续表 542　　云南省　　单位：公顷、个、人

名　　称	行政区域面　　积	居民委员会(社区)个数	村民委员会个　　数	户籍人口	工业企业个　　数	#规模以上	营业面积50平方米以上的商店或超市个数
宁洱哈尼族彝族自治县黎明乡	46815		6	11290			33
墨江哈尼族自治县联珠镇	67671	7	29	87083	76	8	147
墨江哈尼族自治县通关镇	55168	1	16	27808	21		7
墨江哈尼族自治县龙坝镇	21385		8	23184	6		3
墨江哈尼族自治县新安镇	30396		12	18373	2		4
墨江哈尼族自治县团田镇	47973		8	16445	3		4
墨江哈尼族自治县新抚镇	45340		10	19517	5		5
墨江哈尼族自治县景星镇	42615		11	21995	13	1	6
墨江哈尼族自治县鱼塘镇	29150		9	17197	1		3
墨江哈尼族自治县文武镇	36415		6	22426	2		4
墨江哈尼族自治县坝溜镇	27667		9	25260	7	1	3
墨江哈尼族自治县泗南江镇	30615		8	21603	3	2	4
墨江哈尼族自治县雅邑镇	33757		14	21844	6		4
墨江哈尼族自治县孟弄彝族乡	21680		7	12691	6		2
墨江哈尼族自治县龙潭乡	22452		8	13621			1
墨江哈尼族自治县那哈乡	17908		5	15775			1
景东彝族自治县锦屏镇	53039	4	15	62702	121	8	16
景东彝族自治县文井镇	84267		25	68630	44	2	174
景东彝族自治县漫湾镇	30623		8	20010	8		21
景东彝族自治县大朝山东镇	54222		15	27423	26		25
景东彝族自治县花山镇	29360		12	27939	14		98
景东彝族自治县大街镇	18760		8	22360	25	2	35
景东彝族自治县太忠镇	29288		14	22425	16		26
景东彝族自治县文龙镇	28626		12	17790	15		22
景东彝族自治县安定镇	23075		16	20936	19	1	49
景东彝族自治县景福镇	28320		13	20501	6		18
景东彝族自治县曼等乡	16852		9	15461	5		31
景东彝族自治县龙街乡	27277		12	20391	11		40
景东彝族自治县林街乡	21900		7	13627	8		18
景谷傣族彝族自治县威远镇	112700	6	22	82057	268	11	65
景谷傣族彝族自治县永平镇	146700	2	30	73415	132	1	243
景谷傣族彝族自治县正兴镇	88310	1	11	20996	15	2	128
景谷傣族彝族自治县民乐镇	76130	1	9	26121	60		214
景谷傣族彝族自治县凤山镇	57598	1	12	22092	16		26
景谷傣族彝族自治县景谷镇	26350	1	9	18212	23		10
景谷傣族彝族自治县碧安乡	95784	2	17	23995	10		47
景谷傣族彝族自治县益智乡	78900	1	9	14269	3	2	8
景谷傣族彝族自治县半坡乡	35510	1	9	12110	7		12
景谷傣族彝族自治县勐班乡	49339	1	9	25651	5		20
镇沅彝族哈尼族拉祜族自治县恩乐镇	50850	3	9	32037	56	4	30
镇沅彝族哈尼族拉祜族自治县按板镇	44076	1	12	18760	27	3	36
镇沅彝族哈尼族拉祜族自治县勐大镇	86553		24	42644	27	1	54
镇沅彝族哈尼族拉祜族自治县者东镇	56434		15	28841	26	1	46
镇沅彝族哈尼族拉祜族自治县九甲镇	20465		8	15863	11		39
镇沅彝族哈尼族拉祜族自治县古城镇	41036		9	14765	19		22

续表 543　　云南省　　单位：公顷、个、人

名　　称	行政区域面积	居民委员会(社区)个数	村民委员会个数	户籍人口	工业企业个数	#规模以上	营业面积50平方米以上的商店或超市个数
镇沅彝族哈尼族拉祜族自治县振太镇	66341		19	36262	30		39
镇沅彝族哈尼族拉祜族自治县和平镇	23059		5	11678	10	3	21
镇沅彝族哈尼族拉祜族自治县田坝乡	25988		8	11291	10		14
江城哈尼族彝族自治县勐烈镇	38537	3	7	26138	53	3	58
江城哈尼族彝族自治县整董镇	29357	2	3	10383	32	1	12
江城哈尼族彝族自治县曲水镇	58942		7	15147	9	2	8
江城哈尼族彝族自治县宝藏镇	52529		6	10960	16	1	21
江城哈尼族彝族自治县康平镇	73426	1	9	24469	110	5	67
江城哈尼族彝族自治县国庆乡	35408		6	14749	33		1
江城哈尼族彝族自治县嘉禾乡	54707		10	16449	13	3	3
孟连傣族拉祜族佤族自治县娜允镇	35928	3	9	40370	58	7	25
孟连傣族拉祜族佤族自治县勐马镇	51505	3	8	30101	17	3	21
孟连傣族拉祜族佤族自治县芒信镇	34076		6	16991	2		32
孟连傣族拉祜族佤族自治县富岩镇	23920		5	15935	3	1	27
孟连傣族拉祜族佤族自治县景信乡	16988		5	14123	9		31
孟连傣族拉祜族佤族自治县公信乡	26919		6	15890	2		35
澜沧拉祜族自治县勐朗镇	71000	5	13	68624	122	13	51
澜沧拉祜族自治县上允镇	43300	1	11	47598	18	2	122
澜沧拉祜族自治县糯扎渡镇	93800		10	31650	22	1	64
澜沧拉祜族自治县惠民镇	38661		5	17947	56	2	33
澜沧拉祜族自治县东回镇	33000	1	6	15977	5		28
澜沧拉祜族自治县发展河哈尼族乡	11882		4	16238	7		54
澜沧拉祜族自治县谦六彝族乡	89600		15	49339	4		207
澜沧拉祜族自治县糯福乡	87967		9	17708	6	1	29
澜沧拉祜族自治县东河乡	25633		7	15033	3		12
澜沧拉祜族自治县大山乡	25013		8	22786	1		6
澜沧拉祜族自治县南岭乡	47100		8	25492	6		10
澜沧拉祜族自治县雪林佤族乡	24711		7	14609			24
澜沧拉祜族自治县木戛乡	27850		6	15471	6		11
澜沧拉祜族自治县酒井哈尼族乡	38100	1	4	14104			7
澜沧拉祜族自治县拉巴乡	32319		6	15238	6	1	9
澜沧拉祜族自治县竹塘乡	63600		11	34523	19		9
澜沧拉祜族自治县富邦乡	33200		8	20091	5		113
澜沧拉祜族自治县安康佤族乡	17900		5	13128	2		19
澜沧拉祜族自治县文东佤族乡	18000		6	17485	4		48
澜沧拉祜族自治县富东乡	25134		8	18070	15		16
西盟佤族自治县勐梭镇	25187	1	6	25194	2		4
西盟佤族自治县勐卡镇	15916	2	7	17210	29	3	19
西盟佤族自治县翁嘎科镇	22245		5	11223			9
西盟佤族自治县中课镇	31249		5	12293	6	1	8
西盟佤族自治县新厂镇	12889		5	13391	15		58
西盟佤族自治县力所拉祜族乡	18500		5	11990	28		20
西盟佤族自治县岳宋乡	9322		3	8448			13
临翔区博尚镇	33450		19	41068	190	2	73
临翔区南美拉祜族乡	12724		4	4916	35		7

续表 544　　云南省　　单位：公顷、个、人

名　称	行政区域面积	居民委员会(社区)个数	村民委员会个数	户籍人口	工业企业个数	#规模以上	营业面积50平方米以上的商店或超市个数
临翔区蚂蚁堆乡	34821		14	36137	115	3	65
临翔区章驮乡	21504		9	22231	36		10
临翔区圈内乡	30122		11	31977	62	3	92
临翔区马台乡	29232		9	26413	13		82
临翔区邦东乡	19389		7	15063	235		18
临翔区平村彝族傣族乡	28529		5	9076	29		15
凤庆县凤山镇	21149	4	18	79997	234	16	180
凤庆县鲁史镇	31803		17	26444	12		42
凤庆县小湾镇	19834		12	27983	37		65
凤庆县营盘镇	36692		17	44578	14	1	112
凤庆县三岔河镇	28078		13	27509	43		53
凤庆县勐佑镇	38578		20	50528	99	1	57
凤庆县雪山镇	23057		13	29506	27		34
凤庆县洛党镇	25151		20	39231	39	4	58
凤庆县诗礼乡	21168		14	24478	6		82
凤庆县新华彝族苗族乡	31973		11	25141	15		96
凤庆县大寺乡	20400		11	34809	86		32
凤庆县腰街彝族乡	9157		6	9115	13		27
凤庆县郭大寨彝族白族乡	25337		11	21916	20		27
云县爱华镇	50112	4	29	93398	260	27	696
云县漫湾镇	25455		11	22161	24	1	58
云县大朝山西镇	20834		10	17702	73	2	22
云县涌宝镇	34857		20	42652	28		76
云县茂兰镇	37904		15	42627	48		29
云县幸福镇	63203		18	46705	52	6	54
云县大寨镇	21855		13	36249	53		80
云县忙怀彝族布朗族乡	24907		11	20191	12	1	78
云县晓街乡	25310		20	40432	24	1	32
云县茶房乡	17983		16	35999	61	1	59
云县栗树彝族傣族乡	24443		16	21723	7		43
云县后箐彝族乡	19155		11	21075	6		37
永德县德党镇	36444	3	16	64006	102	3	410
永德县小勐统镇	57150		16	52643	49		165
永德县永康镇	51422	2	17	61156	83	8	385
永德县勐板乡	21830		10	29634	12		25
永德县亚练乡	29341		11	26720	26	1	83
永德县乌木龙彝族乡	20606		10	28548	21		109
永德县大雪山彝族拉祜族傣族乡	39230		8	22259	20	2	56
永德县班卡乡	16588		8	21999	36		12
永德县崇岗乡	31320		11	35533	43	2	185
永德县大山乡	17523		8	22669	46		23
镇康县凤尾镇	19276	1	6	17466	37	4	16
镇康县勐捧镇	54813	1	16	46205	18	1	122
镇康县南伞镇	54410	3	14	43341	58	10	663
镇康县忙丙乡	21518		9	21645	16		14

续表 545　　云南省　　单位：公顷、个、人

名　称	行政区域面积	居民委员会(社区)个数	村民委员会个数	户籍人口	工业企业个数	#规模以上	营业面积50平方米以上的商店或超市个数
镇康县勐堆乡	52938		10	21882	12	1	48
镇康县木场乡	31550		10	20808			43
镇康县军赛佤族拉祜族傈僳族德昂族乡	18421		6	14449	14	3	26
双江拉祜族佤族布朗族傣族自治县勐勐镇	42196	3	14	47675	14	8	48
双江拉祜族佤族布朗族傣族自治县勐库镇	44691		16	33704	46	8	45
双江拉祜族佤族布朗族傣族自治县沙河乡	41398	3	10	30835	21	11	54
双江拉祜族佤族布朗族傣族自治县大文乡	30420		11	20946			19
双江拉祜族佤族布朗族傣族自治县忙糯乡	23460		10	21690			5
双江拉祜族佤族布朗族傣族自治县邦丙乡	33545		9	18244	3		25
耿马傣族佤族自治县耿马镇	42555	4	10	53675	73	7	95
耿马傣族佤族自治县勐永镇	39934	2	7	33554	15	2	14
耿马傣族佤族自治县勐撒镇	47570	1	8	35075	73	3	28
耿马傣族佤族自治县孟定镇	100581	11	12	85646	99	16	65
耿马傣族佤族自治县大兴乡	15991		6	11821	15	1	8
耿马傣族佤族自治县芒洪拉祜族布朗族乡	25930		5	8516	11		2
耿马傣族佤族自治县四排山乡	34977		8	15949	14	1	4
耿马傣族佤族自治县贺派乡	25167	1	6	18739	12	1	12
耿马傣族佤族自治县勐简乡	28096		5	14974	15	1	6
沧源佤族自治县勐董镇	26343	3	7	31928	79	4	56
沧源佤族自治县岩帅镇	45450		22	32076	38		69
沧源佤族自治县勐省镇	19760		8	20908	8	3	18
沧源佤族自治县芒卡镇	27599		9	14171	19		29
沧源佤族自治县单甲乡	20198		6	11518	7		15
沧源佤族自治县糯良乡	14077		8	14366	1		34
沧源佤族自治县勐来乡	18803		9	14444			6
沧源佤族自治县勐角傣族彝族拉祜族乡	21784		9	14397	7		4
沧源佤族自治县班洪乡	33353		6	10374	7	1	11
沧源佤族自治县班老乡	17283		6	8830	4	2	15
楚雄市鹿城镇	37200	19	3	181055	248	30	390
楚雄市东瓜镇	22852	10	3	88738	277	39	202
楚雄市吕合镇	19340		9	25293	13	1	75
楚雄市紫溪镇	24619	2	6	15611	15	3	18
楚雄市东华镇	43565		11	30099	29	1	16
楚雄市子午镇	36417		13	34204	14	1	32
楚雄市苍岭镇	34448		8	32427	23	3	45
楚雄市三街镇	20350		11	23657	4		40
楚雄市八角镇	14543		7	16128	2		97
楚雄市中山镇	30113		11	23990	6	1	67
楚雄市新村镇	35781		8	14348	9		24
楚雄市西舍路镇	38057		11	19144	4		38
楚雄市树苴乡	13460		7	17957	7	1	28
楚雄市大过口乡	34229		9	16244	13	3	17
楚雄市大地基乡	38742		6	10885	4		58
禄丰市金山镇	41920	19	6	82151	129	12	180
禄丰市仁兴镇	23100	1	11	35843	11	2	42

续表 546　　云南省　　单位：公顷、个、人

名　　称	行政区域面　　积	居民委员会(社区)个数	村民委员会个　　数	户籍人口	工业企业个　　数	#规模以上	营业面积50平方米以上的商店或超市个数
禄丰市碧城镇	18689	2	13	50044	87	8	13
禄丰市勤丰镇	25340	1	10	28646	16	8	30
禄丰市一平浪镇	53500	3	11	35712	11	2	29
禄丰市广通镇	35220	3	13	39936	29	4	30
禄丰市黑井镇	13360	1	8	17610			12
禄丰市土官镇	9560	5		13226	38	11	5
禄丰市彩云镇	30281		9	20140	5	1	16
禄丰市和平镇	28470	1	12	24298	5		20
禄丰市恐龙山镇	24200	1	8	18314	3		20
禄丰市中村乡	30170		9	17662	8		30
禄丰市高峰乡	15044		8	10894			7
禄丰市妥安乡	13630		12	24888	11		7
双柏县妥甸镇	70279	3	16	41604	94	21	101
双柏县大庄镇	53493	1	12	25032	5	2	39
双柏县法脿镇	36123		13	22795	19	1	27
双柏县鄂嘉镇	60163	1	13	26984	46	2	51
双柏县大麦地镇	49697	1	8	9255	6	1	20
双柏县安龙堡乡	28759	1	7	8488			23
双柏县爱尼山乡	65588	1	6	12281	38		23
双柏县独田乡	24714		2	4005	6		14
牟定县共和镇	24567	5	19	76876	57	16	177
牟定县新桥镇	15151		15	27864	19	3	20
牟定县江坡镇	20847		13	27128	12	6	21
牟定县凤屯镇	20378		9	17915	4	2	16
牟定县蟠猫乡	17263		7	11762	3	1	16
牟定县戌街乡	20168		8	16821	4	1	14
牟定县安乐乡	26582		13	22853	6	1	7
南华县龙川镇	48809	12	17	84409	1750	24	344
南华县沙桥镇	35187		19	35162	5	2	54
南华县五街镇	26205		14	19224	2		40
南华县红土坡镇	16787		10	13438	2		33
南华县马街镇	17831		13	17685	2		46
南华县兔街镇	19659		11	14241	3		61
南华县雨露白族乡	24300		7	14417	2		45
南华县一街乡	17263		12	19623	12	1	17
南华县罗武庄乡	12340		7	12282	1		27
南华县五顶山乡	9080		6	10113			20
姚安县栋川镇	19500	10	11	93528	76	11	159
姚安县光禄镇	13664	1	10	34486	25	11	31
姚安县前场镇	30516	1	8	17931	20		26
姚安县弥兴镇	19500		8	20385	7		36
姚安县太平镇	20263		5	9730	8	3	6
姚安县官屯镇	27461	1	7	16243	48		15
姚安县适中乡	10913		4	5439	1		6
姚安县左门乡	20300		5	4445	3		4

续表 547　　云南省　　单位：公顷、个、人

名　　称	行政区域面　　积	居民委员会(社区)个数	村民委员会个　　数	户籍人口	工业企业个　　数	#规模以上	营业面积50平方米以上的商店或超市个数
姚安县大河口乡	18500		6	7488	1		2
大姚县金碧镇	41549	12	15	100825	97	27	36
大姚县石羊镇	40296	1	13	27023	9	1	49
大姚县六苴镇	26713	1	7	12069	4	1	1
大姚县龙街镇	32006	1	7	24411	10	2	7
大姚县新街镇	21928	2	7	26860	6	2	9
大姚县赵家店镇	39212	1	11	16135	7	2	3
大姚县三岔河镇	30474	1	8	13065	5	1	16
大姚县桂花镇	35310	1	8	11358	1		14
大姚县昙华乡	19927	1	6	7504	1		7
大姚县湾碧傣族傈僳族乡	57753	1	11	17420			52
大姚县铁锁乡	23080	1	5	10073	2	1	16
大姚县三台乡	34870	1	7	11509	5	1	29
永仁县永定镇	27177	3	9	32327	71	19	35
永仁县宜就镇	32846		12	16228			11
永仁县中和镇	42603		9	9971	4		1
永仁县莲池乡	18968		6	13968	11	2	13
永仁县维的乡	20546		7	11541	2	1	6
永仁县猛虎乡	19586		5	9551	19		25
永仁县永兴傣族乡	53396		12	11593	3		15
元谋县元马镇	13731	10	6	71495	85	17	78
元谋县黄瓜园镇	17026		11	37142	108	13	38
元谋县羊街镇	26346		10	17981	8	2	19
元谋县老城乡	24576		10	27421	12	3	10
元谋县物茂乡	24845		5	16115	6	4	12
元谋县江边乡	25484		6	9184			4
元谋县新华乡	20010		4	7889	2		12
元谋县平田乡	16900		5	14843	12	2	15
元谋县凉山乡	8170		4	4234			
元谋县姜驿乡	25468		6	11085	8		10
武定县狮山镇	43900	9	21	90043	188	29	28
武定县高桥镇	41200		17	36531	28	1	13
武定县猫街镇	46100		15	27215	35	2	5
武定县插甸镇	34000		12	24059	66	2	22
武定县白路镇	30800		10	14693	6		2
武定县万德镇	24000		8	15664	5		7
武定县己衣镇	23600		9	14569	5		3
武定县田心乡	13700		7	18794	11	2	6
武定县发窝乡	28400		12	14793	6		3
武定县环州乡	24600		8	11194	5		11
武定县东坡傣族乡	21900		8	13057	6		2
个旧市鸡街镇	28397	3	16	50952	49	23	37
个旧市老厂镇	14618	2	3	8359	30	4	1
个旧市卡房镇	34260	2	15	35864	118	1	18
个旧市蔓耗镇	10327		6	5815	11	2	24

续表 548 云南省 单位：公顷、个、人

名称	行政区域面积	居民委员会(社区)个数	村民委员会个数	户籍人口	工业企业个数	#规模以上	营业面积50平方米以上的商店或超市个数
个旧市贾沙乡	31650		11	21481	1		9
个旧市保和乡	14463		6	11361			13
开远市中和营镇	60496	1	12	37117	7	1	48
开远市小龙潭镇	17944	2	5	14815	78	49	2
开远市大庄回族乡	10370		5	18975	2		8
开远市羊街乡	22600	2	8	37652	19	3	40
开远市碑格乡	22825		6	15883			15
蒙自市草坝镇	13090	1	13	36622	68		24
蒙自市芷村镇	30100	1	10	35115	66		3
蒙自市鸣鹫镇	24140	1	5	22814	2	1	13
蒙自市冷泉镇	41890	1	7	22801			27
蒙自市期路白苗族乡	21240	1	5	19253			30
蒙自市老寨苗族乡	15700	1	3	12292			15
蒙自市水田乡	18130	1	3	7594			9
蒙自市西北勒乡	20028	1	5	10678			5
弥勒市新哨镇	31520	11	2	60638	29	13	13
弥勒市虹溪镇	15674	1	8	46409	7		8
弥勒市竹园镇	20400	1	9	59045	22	6	21
弥勒市朋普镇	34180	2	9	49758	8	2	32
弥勒市巡检司镇	39900	2	9	30604	22	10	30
弥勒市西一镇	34500		10	26510	6		63
弥勒市西二镇	39800		12	42958	2	1	58
弥勒市西三镇	28880	1	8	23723	39	1	16
弥勒市东山镇	36800	1	8	21796	6	1	19
弥勒市五山乡	36582		8	18526	2	1	56
弥勒市江边乡	39100		7	14653			13
屏边苗族自治县玉屏镇	31369	4	13	32321	40	5	92
屏边苗族自治县新现镇	32588		12	24476	15	4	46
屏边苗族自治县和平镇	26219		14	27870	8		50
屏边苗族自治县白河镇	36937		12	24080	10	4	36
屏边苗族自治县白云乡	20487		8	16800	3	1	6
屏边苗族自治县新华乡	18943		9	21371	2	1	9
屏边苗族自治县湾塘乡	17883		8	13515	6	1	28
建水县临安镇	35081	17	14	166350	87	14	67
建水县官厅镇	38157		12	37483	18		21
建水县西庄镇	14453		10	36134	12		18
建水县青龙镇	33049		6	16242	1		48
建水县南庄镇	17188		11	53861	15	14	19
建水县岔科镇	28329		9	26222	2		21
建水县曲江镇	34700	1	19	70668	17		33
建水县面甸镇	35083		10	41311	16	1	38
建水县普雄乡	26029		6	13601	14	1	13
建水县坡头乡	31704		11	24632	17		20
建水县盘江乡	22450		8	12005	10	2	6
建水县利民乡	25535		8	15098			8

续表 549　　　　云南省　　　　单位：公顷、个、人

名　　称	行政区域面积	居民委员会(社区)个数	村民委员会个数	户籍人口	工业企业个数	#规模以上	营业面积50平方米以上的商店或超市个数
建水县甸尾乡	15225		6	15044			19
石屏县异龙镇	44946	8	19	98133	197	25	109
石屏县宝秀镇	43825	1	19	53805	38	2	25
石屏县坝心镇	22563	1	11	31393	15	1	7
石屏县龙朋镇	29595	1	11	29284	8	2	12
石屏县龙武镇	32501	1	13	23717	19	2	28
石屏县哨冲镇	25550	1	7	19616	12	1	42
石屏县牛街镇	61120	1	10	30786	1		50
石屏县新城乡	13263	1	3	10993	4	1	10
石屏县大桥乡	26442	1	8	18198	10		33
泸西县中枢镇	25130	15	9	128084	59	12	138
泸西县金马镇	11850		7	61166	10	1	83
泸西县旧城镇	15600		11	63937	15	4	70
泸西县午街铺镇	21600		11	51731	3	2	107
泸西县白水镇	23500		12	59466	12	8	83
泸西县向阳乡	21539		8	33536	7	1	50
泸西县三塘乡	21600		8	26557	2	1	38
泸西县永宁乡	22980		6	27270	11	2	39
元阳县南沙镇	16872	3	7	26466	125	4	29
元阳县新街镇	23433	2	21	85314	6		25
元阳县牛角寨镇	11687		8	37259			26
元阳县沙拉托乡	10200		7	29034			23
元阳县嘎娘乡	12580		7	21375			8
元阳县上新城乡	13905		10	27161	12	4	18
元阳县逢春岭乡	17883		13	37036			27
元阳县攀枝花乡	7973		6	21891			5
元阳县黄茅岭乡	11913		7	20612	2		34
元阳县黄草岭乡	22960		12	37784			17
元阳县俄扎乡	20532		8	23928			6
元阳县马街乡	19627		10	33394			17
红河县迤萨镇	24108	3	7	37090	24	11	16
红河县甲寅镇	8758		6	30182	4		12
红河县宝华镇	12170		6	26690	3		6
红河县乐育镇	9412		6	27912	43		9
红河县浪堤镇	10924		8	35978	3		5
红河县洛恩乡	19476		8	31257			11
红河县石头寨乡	7760		5	18469	7		12
红河县阿扎河乡	16790		10	47855	2		21
红河县大羊街乡	9719		6	25290			10
红河县车古乡	11771		6	16149			7
红河县架车乡	33225		8	25328	1		15
红河县垤玛乡	21989		6	19463			4
红河县三村乡	16749		6	17763	8		8
金平苗族瑶族傣族自治县金河镇	34800	4	17	81762	5	3	58
金平苗族瑶族傣族自治县金水河镇	42600		6	26558	2	1	15

续表 550　　云南省　　单位：公顷、个、人

名　　称	行政区域面积	居民委员会(社区)个数	村民委员会个数	户籍人口	工业企业个数	#规模以上	营业面积50平方米以上的商店或超市个数
金平苗族瑶族傣族自治县勐拉镇	34599		7	32490	4	2	47
金平苗族瑶族傣族自治县老勐镇	19300		5	20881	2		10
金平苗族瑶族傣族自治县铜厂乡	28500		9	39440	2	1	29
金平苗族瑶族傣族自治县老集寨乡	32100		7	31463	2	1	12
金平苗族瑶族傣族自治县者米拉祜族乡	38300		4	25028			21
金平苗族瑶族傣族自治县阿得博乡	11400		4	15652	1		8
金平苗族瑶族傣族自治县沙依坡乡	14300		7	22602			27
金平苗族瑶族傣族自治县大寨乡	18000		6	16883	6	2	12
金平苗族瑶族傣族自治县马鞍底乡	30500		6	19584	4	2	21
金平苗族瑶族傣族自治县勐桥乡	38300		6	26470	16	6	13
金平苗族瑶族傣族自治县营盘乡	21400		9	33940	1		25
绿春县大兴镇	31950	6	8	56257	45	4	30
绿春县牛孔镇	40197	1	12	36915			13
绿春县大黑山镇	45294	1	8	19509			12
绿春县平河镇	43553	1	11	34954	3		25
绿春县戈奎乡	17387	1	8	25687	1		5
绿春县大水沟乡	23487	1	9	19833	19	2	12
绿春县半坡乡	34850	2	5	11219	3	1	2
绿春县骑马坝乡	47183	1	8	14194	5		30
绿春县三猛乡	25384	1	8	28061	2		5
河口瑶族自治县河口镇	19002	13	2	15597	6	5	53
河口瑶族自治县南溪镇	43178	7	4	17345	2		21
河口瑶族自治县老范寨乡	18050		2	4483			2
河口瑶族自治县桥头苗族壮族乡	16506		8	19139			27
河口瑶族自治县瑶山乡	25721		5	11380			4
河口瑶族自治县莲花滩乡	28365	1	6	10052			5
文山市古木镇	17579	1	9	27645	12		51
文山市平坝镇	26265		13	36685	3	2	25
文山市马塘镇	32604		10	40605	9	6	36
文山市德厚镇	32100		14	41386			70
文山市小街镇	20767		8	25883			36
文山市薄竹镇	29574		12	34616			23
文山市追栗街镇	9158		5	11727	10		9
文山市东山彝族乡	15840		4	10875	5		24
文山市柳井彝族乡	16796		7	15736			8
文山市新街乡	14299		6	17062			7
文山市喜古乡	8955		7	13903	1	1	12
文山市坝心彝族乡	12566		5	8517			2
文山市秉烈彝族乡	28291		10	26177	1		49
文山市红甸回族乡	9042		4	15164			15
砚山县江那镇	26700	9	5	84151	137	17	96
砚山县平远镇	59522	8	12	100577	36	8	148
砚山县稼依镇	23062	3	6	45923	20		142
砚山县阿猛镇	52900		13	61781	15		107
砚山县阿舍彝族乡	26800		7	28132	11	1	51

续表 551　　　　云南省　　　　单位：公顷、个、人

名　　称	行政区域面　　积	居民委员会(社区)个数	村民委员会个　　数	户籍人口	工业企业个　　数	#规模以上	营业面积50平方米以上的商店或超市个数
砚山县维摩彝族乡	58100	1	9	61095	7		449
砚山县盘龙彝族乡	23836	1	5	35841	11	1	74
砚山县八嘎乡	37760		12	37318			22
砚山县者腊乡	26100		7	33529	5	1	45
砚山县蚌峨乡	23800		6	16653	1		25
砚山县干河彝族乡	23710		4	27384	88	8	46
西畴县西洒镇	17587	5	8	43072	8		55
西畴县兴街镇	25470	4	11	51310	27	3	113
西畴县蚌谷乡	13280		7	21167			11
西畴县莲花塘乡	16552		10	23439	3	2	71
西畴县新马街乡	10610		3	17409	3		8
西畴县柏林乡	7090		3	11449	2		6
西畴县法斗乡	22375		9	29375	7		25
西畴县董马乡	12785		7	20861	3	1	8
西畴县鸡街乡	24851		9	40606	3	1	33
麻栗坡县麻栗镇	27600	5	12	51357	85	7	65
麻栗坡县大坪镇	18900	1	9	24815	5	1	9
麻栗坡县董干镇	45400	2	16	51882	5		104
麻栗坡县天保镇	22900	4	6	19475	78	4	20
麻栗坡县猛硐瑶族乡	20100		5	15697	13		5
麻栗坡县下金厂乡	13200		6	11642	3		20
麻栗坡县八布乡	17600	1	8	23047			11
麻栗坡县六河乡	13773		6	19046	2		6
麻栗坡县杨万乡	14027	1	7	19482			28
麻栗坡县铁厂乡	20800		10	30579	1		67
麻栗坡县马街乡	19100		8	31217	4		28
马关县马白镇	27725	5	10	70125	106	7	85
马关县八寨镇	35189	1	15	43911	14	1	47
马关县仁和镇	19154		13	35833	2	1	32
马关县木厂镇	16263		11	28407			29
马关县夹寒箐镇	25228		11	43888	17	2	52
马关县小坝子镇	12750		4	16524	3	1	5
马关县都龙镇	21168	1	7	36975	18	2	15
马关县金厂镇	6925		3	10204			18
马关县坡脚镇	19287		12	24213			18
马关县南捞乡	18454		5	13701	5	1	13
马关县大栗树乡	24120		12	33475			42
马关县篾厂乡	16903		8	17773			7
马关县古林箐乡	21514		7	11804	2		8
丘北县锦屏镇	25800	8	5	80255	43	10	177
丘北县曰者镇	34600		6	43161	6		97
丘北县双龙营镇	63535		13	87426			64
丘北县八道哨彝族乡	23620		5	38500	7	3	176
丘北县天星乡	38389		8	53231	2	1	296
丘北县平寨乡	35500		8	42393	4		22

续表 552　　云南省　　单位：公顷、个、人

名　称	行政区域面积	居民委员会(社区)个数	村民委员会个数	户籍人口	工业企业个数	#规模以上	营业面积50平方米以上的商店或超市个数
丘北县树皮彝族乡	59432		9	51725	1		50
丘北县腻脚彝族乡	42218		7	34392	4	1	67
丘北县新店彝族乡	47200		6	24895	1		28
丘北县舍得彝族乡	28813		7	24452	1		24
丘北县官寨乡	52606		10	55185	3		34
丘北县温浏乡	49400		10	44885	3	2	21
广南县莲城镇	64300	14	8	121286	168	16	500
广南县八宝镇	56900	1	15	84417	20	1	315
广南县南屏镇	38000	1	8	48178	2		247
广南县珠街镇	26900	1	6	46541	6		46
广南县那洒镇	44700	1	10	60040	7		71
广南县珠琳镇	49700	1	10	77692	11		175
广南县坝美镇	88800	3	14	70002	13		53
广南县董堡乡	23800		7	21215	3		41
广南县旧莫乡	54500		11	67924	9		120
广南县杨柳井乡	50800		10	37995	16	2	88
广南县板蚌乡	29700		5	17962	4	1	26
广南县曙光乡	26100		6	39108	9		34
广南县黑支果乡	45300		12	64964	4		210
广南县篆角乡	23200		7	30958	1		40
广南县五珠乡	24600		6	32697			73
广南县者兔乡	48600		8	47693			176
广南县者太乡	45500		4	23555			19
广南县底圩乡	39600		8	40177	5		50
富宁县新华镇	34000	8	9	60271	85	4	824
富宁县归朝镇	52000		15	44922	20	2	68
富宁县剥隘镇	49243	1	7	24532	9		74
富宁县里达镇	19000		8	26315	6	1	81
富宁县田蓬镇	46200		20	65185	5		245
富宁县木央镇	56666		18	61630	19	3	154
富宁县板仑乡	31900		11	28781	21	5	108
富宁县谷拉乡	38667		11	26501	3	2	76
富宁县者桑乡	31333		8	15830	8		43
富宁县那能乡	39333		8	20100			156
富宁县洞波瑶族乡	53333		12	40993	2		165
富宁县阿用乡	49333		6	20220	3	1	64
富宁县花甲乡	34201		8	26012	6		95
景洪市勐龙镇	116453		22	75479	3	2	46
景洪市勐罕镇	32227		9	28990	23	11	32
景洪市勐养镇	68850	3	8	23739	17		14
景洪市普文镇	52100	2	4	13680	3	1	5
景洪市景哈哈尼族乡	38030		6	15170			8
景洪市景讷乡	65962	1	6	14273	13		7
景洪市大渡岗乡	78700	1	6	13528	23	2	42
景洪市勐旺乡	75800	1	5	12158			62

续表 553　　云南省　　单位：公顷、个、人

名　　称	行政区域面积	居民委员会(社区)个数	村民委员会个数	户籍人口	工业企业个数	#规模以上	营业面积50平方米以上的商店或超市个数
景洪市基诺山基诺族乡	62290		7	13109	8		1
勐海县勐海镇	35759	10	3	60364	421	40	36
勐海县打洛镇	38529	1	5	20278	4		12
勐海县勐混镇	35255		7	33362	22		23
勐海县勐遮镇	48845		13	57586	47	8	99
勐海县勐满镇	44853		7	19901	14	2	27
勐海县勐阿镇	47291		7	25510	4		20
勐海县勐宋乡	49370		9	24050	25	1	3
勐海县勐往乡	45618		6	15620	5	1	13
勐海县格朗和哈尼族乡	32074		5	18132	12	1	12
勐海县布朗山布朗族乡	100065		7	22886			6
勐海县西定哈尼族布朗族乡	59156		11	26226			34
勐腊县勐腊镇	86813	6	5	44931	108	6	183
勐腊县勐捧镇	65786	1	8	36617	26	5	93
勐腊县勐满镇	35303		3	15649	8	4	33
勐腊县勐仑镇	32782	1	4	15723	5	4	29
勐腊县磨憨镇	75532	2	6	20393	43	15	41
勐腊县勐伴镇	58052		4	12869			13
勐腊县关累镇	98106		5	15747	17	2	20
勐腊县易武镇	93875		6	18899			21
勐腊县象明彝族乡	93440		5	12660			4
勐腊县瑶区瑶族乡	46420		4	9290	9	2	8
大理市大理镇	8888	6	11	72065	16	2	65
大理市凤仪镇	26930	1	13	65112	122	12	28
大理市喜洲镇	16695		13	68671	8	2	58
大理市海东镇	12458		8	27168	22	3	33
大理市挖色镇	10680		6	23329			25
大理市湾桥镇	6182		7	27305	10		73
大理市银桥镇	6752		8	33285	15	3	18
大理市双廊镇	17349		7	19815	3		29
大理市上关镇	12900		13	44961	2		18
大理市太邑彝族乡	9942		5	9265	7		
漾濞彝族自治县苍山西镇	35584	1	16	42817	132	21	24
漾濞彝族自治县漾江镇	37738		12	15925	19	1	4
漾濞彝族自治县平坡镇	12940		4	8714	20	2	17
漾濞彝族自治县顺濞镇	13427		5	6271	2	1	9
漾濞彝族自治县富恒乡	22532		6	8877	10		8
漾濞彝族自治县太平乡	23928		6	7049	2		7
漾濞彝族自治县瓦厂乡	11030		5	5154	2	1	10
漾濞彝族自治县龙潭乡	14552		7	6373	2		20
漾濞彝族自治县鸡街乡	14238		4	5018	2		19
祥云县祥城镇	31137	7	27	122766	261	33	178
祥云县沙龙镇	5577		7	34308	26	1	11
祥云县云南驿镇	23253		27	99467	68	1	118
祥云县下庄镇	22504		12	56242	30	2	45

续表 554　　云南省　　单位：公顷、个、人

名　　称	行政区域面　　积	居民委员会(社区)个数	村民委员会个　　数	户籍人口	工业企业个　　数	#规模以上	营业面积50平方米以上的商店或超市个数
祥云县普棚镇	32023		14	28187	11		26
祥云县刘厂镇	8735		8	38845	45	5	46
祥云县禾甸镇	31658		12	49984	35		50
祥云县米甸镇	40882		10	29211	25		24
祥云县鹿鸣乡	15079		7	13196	4		7
祥云县东山彝族乡	32412		8	9972	2		14
宾川县金牛镇	27300	9	11	107532	116	19	750
宾川县宾居镇	15800	2	6	38958	11	1	12
宾川县州城镇	20092	1	8	49486	16		22
宾川县大营镇	30524	1	4	28688	14	4	28
宾川县鸡足山镇	31600		9	30871	7		56
宾川县力角镇	19300		8	34024	11	2	66
宾川县平川镇	45900		14	34741	4		42
宾川县乔甸镇	19600		6	24391	5		31
宾川县钟英傈僳族彝族乡	29200		6	8660			12
宾川县拉乌彝族乡	23100		7	10428	1		7
弥渡县弥城镇	17432	12	5	88837	39	6	59
弥渡县红岩镇	12660		12	51955	14	1	38
弥渡县新街镇	12460		12	53147	13	6	27
弥渡县寅街镇	20720		11	47127	22	5	41
弥渡县苴力镇	19556		7	24913	17	1	25
弥渡县密祉镇	13205		6	16237			19
弥渡县德苴乡	29923		13	23819			46
弥渡县牛街彝族乡	26389		11	19527			22
南涧彝族自治县南涧镇	36698	4	11	49843	57	12	8
南涧彝族自治县小湾东镇	20345		7	18854	7		45
南涧彝族自治县公郎镇	28276		14	33165	17	2	27
南涧彝族自治县宝华镇	22254		10	31223			14
南涧彝族自治县无量山镇	25548		13	36731	19	4	97
南涧彝族自治县拥翠乡	11833		7	20522			3
南涧彝族自治县乐秋乡	16708		7	18258			26
南涧彝族自治县碧溪乡	12254		8	18058	2		28
巍山彝族回族自治县南诏镇	14977	4	9	48554	39	6	18
巍山彝族回族自治县庙街镇	19082		12	65826	28	3	179
巍山彝族回族自治县大仓镇	19075		10	53963	22	11	29
巍山彝族回族自治县永建镇	20890		10	57477	13	1	56
巍山彝族回族自治县巍宝山乡	15850		6	13842			16
巍山彝族回族自治县马鞍山乡	27197		6	16355	23		27
巍山彝族回族自治县紫金乡	16878		4	13680	3		14
巍山彝族回族自治县五印乡	44040		8	25670	1		31
巍山彝族回族自治县牛街乡	16550		4	11658			4
巍山彝族回族自治县青华乡	24779		10	16289	3		23
永平县博南镇	46600	3	13	55679	100	4	78
永平县杉阳镇	42210		12	42388	13	3	33
永平县龙街镇	46400		11	23961			51

续表 555　　云南省　　单位：公顷、个、人

名　　称	行政区域面　　积	居民委员会(社区)个数	村民委员会个　　数	户籍人口	工业企业个　　数	#规模以上	营业面积50平方米以上的商店或超市个数
永平县龙门乡	29740		7	12618	25	2	27
永平县北斗彝族乡	48190		9	13231	8		16
永平县厂街彝族乡	35700		11	19608	11		31
永平县水泄彝族乡	39550		9	16709	13	1	32
云龙县诺邓镇	28722	3	8	23632	17		39
云龙县功果桥镇	42747	1	12	28653	60		84
云龙县漕涧镇	51322	2	6	35059	45	3	68
云龙县白石镇	32270		7	14161	1		133
云龙县宝丰乡	48309		7	17672	14	1	25
云龙县关坪乡	27460		5	11967			13
云龙县团结彝族乡	30615		5	11288	8	2	18
云龙县长新乡	46343		12	22341	11		17
云龙县检槽乡	41684		9	15497	2	1	24
云龙县苗尾傈僳族乡	67665	1	8	17992	9	1	39
云龙县民建乡	19868		5	9111	6		8
洱源县茈碧湖镇	28000	2	13	62779	20	5	55
洱源县邓川镇	5700		4	17040	15	5	9
洱源县右所镇	26900		14	58784	14		34
洱源县三营镇	27700		10	42277	15		21
洱源县凤羽镇	18430		9	34753	11		11
洱源县乔后镇	47916		11	20941	17		27
洱源县牛街乡	26700		11	24767			20
洱源县炼铁乡	25701		11	24381	8		24
洱源县西山乡	51700		5	13722			14
剑川县金华镇	35476	5	18	53484	148	6	70
剑川县老君山镇	22980		10	18916	18	1	52
剑川县甸南镇	27212		16	35408	7	5	20
剑川县沙溪镇	28145		14	24331	4		24
剑川县马登镇	31123		12	22917	14	1	6
剑川县羊岑乡	32183		7	14722	9		26
剑川县弥沙乡	27666		6	9404			13
剑川县象图乡	19039		5	5904			12
鹤庆县云鹤镇	1769	3	3	26713	28	4	30
鹤庆县辛屯镇	11417		12	40044	6	2	9
鹤庆县松桂镇	33892		15	32831	13	1	22
鹤庆县黄坪镇	54616		14	38059	15	1	56
鹤庆县草海镇	29730		16	49257	59	1	58
鹤庆县西邑镇	29887		9	13230	32	4	42
鹤庆县龙开口镇	31172		15	26100	7	4	22
鹤庆县金墩乡	21898		17	39076	49	3	11
鹤庆县六合彝族乡	22180		13	15626	3		19
瑞丽市畹町镇	9565	3	3	10988	39	2	10
瑞丽市弄岛镇	10205		4	13300	15	2	12
瑞丽市姐相镇	6370		4	17023	25	4	19
瑞丽市户育乡	21069		4	8177	8	6	4

续表 556　　云南省　　单位：公顷、个、人

名　　称	行政区域面　　积	居民委员会(社区)个数	村民委员会个　　数	户籍人口	工业企业个　　数	#规模以上	营业面积50平方米以上的商店或超市个数
瑞丽市勐秀乡	26455		7	12213	8		12
芒市芒市镇	33779		10	44949	39	2	58
芒市遮放镇	43945		13	49303	41	7	64
芒市勐戛镇	35226		9	31470	7		32
芒市芒海镇	10631		3	6280	2		1
芒市风平镇	39525	1	16	84720	136	21	49
芒市轩岗乡	16038	1	7	29209	14	1	3
芒市江东乡	21969		6	22971	1		7
芒市西山乡	25271		6	12272	2	1	
芒市中山乡	27940		5	11432	3	1	2
芒市三台山德昂族乡	14674		4	7805	2		9
芒市五岔路乡	19598		6	15329	2		3
梁河县遮岛镇	5262	6	1	21567	45	4	51
梁河县芒东镇	20407		13	34430	8	1	28
梁河县勐养镇	25181		8	18353	13	2	34
梁河县平山乡	12589		6	17594	9		43
梁河县小厂乡	5245		5	10725	7		2
梁河县大厂乡	8552		5	9109	12		2
梁河县九保阿昌族乡	13389		6	15310	26	1	10
梁河县曩宋阿昌族乡	10926		9	25071			15
梁河县河西乡	12118		8	20327	2		3
盈江县平原镇	39003	7	12	66311	246	23	107
盈江县旧城镇	13461		6	23570	6		6
盈江县那邦镇	8778		3	2003	3	1	4
盈江县弄璋镇	35402		15	50931	38	6	33
盈江县盏西镇	34959		8	26007	9	1	36
盈江县卡场镇	34590		5	9979	9	3	4
盈江县昔马镇	22802		3	14287	3	1	3
盈江县太平镇	42587		11	31397	38	8	28
盈江县新城乡	29284		8	20211	19	4	3
盈江县油松岭乡	8127		4	14829	4		9
盈江县芒章乡	26086		6	13547			27
盈江县支那乡	37482		5	16333	3		6
盈江县苏典傈僳族乡	46591		4	8673	8		15
盈江县勐弄乡	22493		3	11441	2		12
盈江县铜壁关乡	30051		4	7025			5
陇川县章凤镇	12119	2	7	51422	74	14	70
陇川县陇把镇	17596	1	5	20397	13	3	15
陇川县景罕镇	24459	1	8	31689	14	3	9
陇川县城子镇	20380	1	8	24728	24	3	6
陇川县户撒阿昌族乡	25609		11	26892	19	5	8
陇川县护国乡	15711		6	5377	3	1	
陇川县清平乡	19992		9	11191	4		2
陇川县王子树乡	25652		9	13884	6	1	2
陇川县勐约乡	19936		5	7252	2	1	1

续表 557　　云南省　　单位：公顷、个、人

名　　称	行政区域面积	居民委员会(社区)个数	村民委员会个数	户籍人口	工业企业个数	#规模以上	营业面积50平方米以上的商店或超市个数
泸水市鲁掌镇	33942		6	12886	4		3
泸水市片马镇	15736	1	4	1955	9	2	7
泸水市上江镇	12709	2	4	21960	21	1	5
泸水市老窝镇	23750		6	15155	21	8	25
泸水市大兴地镇	38566	1	7	15979	1		19
泸水市称杆乡	58630	1	11	15555	13	2	8
泸水市古登乡	32935	1	11	14569	3		30
泸水市洛本卓白族乡	26214	1	8	15562			5
福贡县上帕镇	38352	6	12	30150	11	3	15
福贡县匹河怒族乡	40165	1	10	12152	3		12
福贡县子里甲乡	30635		7	14363	4		12
福贡县架科底乡	27430		6	20724	10		18
福贡县鹿马登乡	41384		9	16224	2		14
福贡县石月亮乡	47628	1	9	14368	7		24
福贡县马吉乡	50185	1	7	10379	4	1	14
贡山独龙族怒族自治县茨开镇	79060	3	6	12101	3	2	47
贡山独龙族怒族自治县丙中洛镇	82318		4	6134			9
贡山独龙族怒族自治县捧当乡	45582		4	5598	7		12
贡山独龙族怒族自治县普拉底乡	42200		6	6221	1		31
贡山独龙族怒族自治县独龙江乡	194005		6	4225			22
兰坪白族普米族自治县啦井镇	50877		9	16342	3		17
兰坪白族普米族自治县营盘镇	56150	1	17	38169	15		17
兰坪白族普米族自治县通甸镇	51960	2	13	24724	17		30
兰坪白族普米族自治县河西乡	57680		13	17792	5		9
兰坪白族普米族自治县中排乡	70098		12	24749	4		21
兰坪白族普米族自治县石登乡	55173		14	28337	5		40
兰坪白族普米族自治县兔峨乡	54655	1	14	20530	5		13
香格里拉市建塘镇	145445	5	5	43080	122	9	91
香格里拉市小中甸镇	88094		3	10770	1		8
香格里拉市虎跳峡镇	75896		9	17285	3	1	19
香格里拉市金江镇	62683		7	18215			25
香格里拉市上江乡	37354		5	12160	5	1	36
香格里拉市三坝纳西族乡	97970		7	18762	4	1	18
香格里拉市洛吉乡	100601		3	5024			3
香格里拉市尼西乡	83778		4	7048			15
香格里拉市格咱乡	282465		6	6939	5	2	11
香格里拉市东旺乡	128169		5	6537			15
香格里拉市五境乡	33590		3	4127	1		8
德钦县升平镇	76625	2	2	8986			43
德钦县奔子栏镇	116410	1	6	9775			37
德钦县佛山乡	91352		5	3973	1		19
德钦县云岭乡	93196		5	5722			45
德钦县燕门乡	58075		7	8070			65
德钦县拖顶傈僳族乡	37483	1	8	9483	1		9
德钦县霞若傈僳族乡	141491	1	7	8280			8

续表 558 云南省、西藏自治区 单位：公顷、个、人

名 称	行政区域面积	居民委员会(社区)个数	村民委员会个数	户籍人口	工业企业个数	#规模以上	营业面积50平方米以上的商店或超市个数
德钦县羊拉乡	114485	1	3	5605	2	1	29
维西傈僳族自治县保和镇	31863	4	8	30350	51	1	82
维西傈僳族自治县叶枝镇	47298		8	10505	5		37
维西傈僳族自治县塔城镇	76668		7	16053	10		37
维西傈僳族自治县永春乡	34179		6	15356	13		13
维西傈僳族自治县攀天阁乡	28611		8	15532	7		26
维西傈僳族自治县白济汛乡	57498		11	27116	17		72
维西傈僳族自治县康普乡	45054		9	10708	9		23
维西傈僳族自治县巴迪乡	56709		6	7599	6	2	8
维西傈僳族自治县中路乡	31358		7	10786	9		32
维西傈僳族自治县维登乡	38430		9	13742	7		22
西藏自治区							
堆龙德庆区古荣镇	76371		6	7047	3		22
堆龙德庆区马镇	48001		6	5641	2		11
堆龙德庆区德庆镇	74619		6	8191	2		11
达孜区德庆镇	41349	1	5	8353	48	8	32
达孜区塔杰乡	17086		3	3413			7
达孜区章多乡	16440		4	4644	19		16
达孜区唐嘎乡	24159		3	5542	1		10
达孜区雪乡	18957		2	2988			2
达孜区帮堆乡	18109		4	4217			2
林周县甘丹曲果镇	20264		6	12170	17		18
林周县春堆乡	29402		3	6236	3	1	19
林周县松盘乡	23369		4	5260	3		6
林周县强嘎乡	22208		5	7407	15		3
林周县卡孜乡	49828		6	6778	1		18
林周县边交林乡	13673		3	5574	5		10
林周县江热夏乡	23261		5	5982	1		4
林周县阿朗乡	57272		4	5299			2
林周县唐古乡	121580		4	6035	5		10
林周县旁多乡	85596		5	4812	4	1	18
当雄县当曲卡镇	32491	2		8181	17	1	46
当雄县羊八井镇	120122	1	3	5678	7	1	48
当雄县格达乡	179621		4	4879			22
当雄县宁中乡	173743		4	10246	6		4
当雄县公塘乡	63958		4	6528	3	1	2
当雄县龙仁乡	42037		3	5075			45
当雄县乌玛塘乡	127853		4	9641	8	2	35
当雄县纳木湖乡	283043		4	5562			17
尼木县塔荣镇	9768	1	6	6906	3		16
尼木县吞巴镇	18272		3	2663			6
尼木县麻江乡	109395		3	2832			
尼木县普松乡	7286		3	2384			1
尼木县卡如乡	27107		2	1446			1
尼木县尼木乡	25642		7	7032			12

续表 559　　西藏自治区　　单位：公顷、个、人

名　称	行政区域面积	居民委员会(社区)个数	村民委员会个数	户籍人口	工业企业个数	#规模以上	营业面积50平方米以上的商店或超市个数
尼木县续迈乡	57749		6	4765			3
曲水县曲水镇	45624	3	3	9857	23	2	30
曲水县达嘎镇	44999		5	9127			8
曲水县才纳乡	17029		5	5939			26
曲水县南木乡	17992		2	3451	4	1	13
曲水县聂当乡	14325		2	4873	43	11	23
曲水县茶巴拉乡	22727		3	4615			10
墨竹工卡县工卡镇	19878	1	3	10320	3		16
墨竹工卡县扎雪乡	68598		6	8276	1		10
墨竹工卡县门巴乡	137215		6	4256			7
墨竹工卡县扎西岗乡	88120		7	8772			23
墨竹工卡县日多乡	92702		3	2761			3
墨竹工卡县尼玛江热乡	86666		7	9100	8	3	42
墨竹工卡县甲玛乡	28652		3	4950	3		6
墨竹工卡县唐加乡	27718		5	8013			12
桑珠孜区曲布雄乡	32484		15	6654			9
桑珠孜区曲美乡	37245		18	7411	2		3
桑珠孜区聂日雄乡	37143		16	5914			9
桑珠孜区甲措雄乡	41742		23	16247			46
桑珠孜区纳尔乡	23745		10	2333			6
桑珠孜区东嘎乡	92583		28	10395			22
桑珠孜区边雄乡	15410		10	5137	6		10
桑珠孜区江当乡	32485		15	6246			36
桑珠孜区年木乡	16717		10	4250			20
桑珠孜区联乡	23023		16	5854			4
南木林县南木林镇	34956		13	12688			5
南木林县达那乡	21565		4	2920	1		4
南木林县卡孜乡	23803		11	6684			14
南木林县多角乡	22670		11	5685			5
南木林县秋木乡	26981		6	2848			4
南木林县艾玛乡	37810		17	12130			41
南木林县土布加乡	46289		14	6809			9
南木林县查尔乡	23090		6	2933	2		5
南木林县索金乡	35905		10	4074			20
南木林县达孜乡	21934		7	5246	2		7
南木林县奴玛乡	21758		8	3934			12
南木林县热当乡	46351		12	8523			14
南木林县拉布普乡	170918		5	2374			5
南木林县普当乡	42180		6	3726			13
南木林县仁堆乡	124693		3	1637			2
南木林县芒热乡	76286		8	3615			7
南木林县甲措乡	33492		10	5626			3
江孜县江孜镇	4437	3	4	12821	14		28
江孜县纳如乡	29591		10	4591			16
江孜县卡麦乡	17036		10	5007			17

续表 560　　西藏自治区　　单位：公顷、个、人

名　　称	行政区域面　　积	居民委员会(社区)个数	村民委员会个　　数	户籍人口	工业企业个　　数	#规模以上	营业面积50平方米以上的商店或超市个数
江孜县卡堆乡	15124		11	5527	11		10
江孜县藏改乡	12383		7	2850			5
江孜县日朗乡	20446		4	1334	1		4
江孜县达孜乡	6110		9	3164	4		11
江孜县热索乡	6905		7	3895			4
江孜县重孜乡	12000		9	5206			5
江孜县龙马乡	46491		10	2029	1		26
江孜县加克西乡	19826		3	650			6
江孜县紫金乡	4911		7	4071			21
江孜县江热乡	15285		13	5554			12
江孜县年雄乡	12779		9	3989			16
江孜县康卓乡	25472		8	2645			13
江孜县金嘎乡	36961		8	2886			18
江孜县日星乡	15630		8	2507			22
江孜县车仁乡	13552		8	3152	2		9
江孜县热龙乡	70708		7	2324			7
定日县协格尔镇	74918		33	11055	1		13
定日县岗嘎镇	135335		27	8901	2	1	1
定日县扎西宗乡	292164		30	8204			11
定日县绒辖乡	97980		3	960			15
定日县措果乡	34319		7	4487			18
定日县曲洛乡	40357		9	3541			10
定日县长所乡	24731		10	4222			5
定日县尼辖乡	46400		7	1954			11
定日县扎果乡	52785		8	2940			8
定日县克玛乡	103577		14	4544			5
定日县盆吉乡	105196		5	1731			
定日县加措乡	127244		7	1549			1
萨迦县萨迦镇	59403		6	5758	9		26
萨迦县吉定镇	27890		14	7689	6	1	20
萨迦县雄麦乡	48237		7	2684	2		10
萨迦县麻布加乡	55071		8	4647	1		10
萨迦县雄玛乡	38617		12	6340	2		10
萨迦县扎西岗乡	53514		8	5287			21
萨迦县扯休乡	43373		15	7499	7		59
萨迦县赛乡	32791		7	3795	4		8
萨迦县拉洛乡	81439		11	2429	4		18
萨迦县查荣乡	51381		12	4297	3		13
萨迦县木拉乡	83435		6	3459	2		16
拉孜县曲下镇	12177		9	7690	1		132
拉孜县拉孜镇	42949		10	7066			62
拉孜县扎西宗乡	21464		6	3333			8
拉孜县曲玛乡	40441		12	5317			23
拉孜县彭措林乡	66378		7	4556	1		5
拉孜县扎西岗乡	39848		12	7858			30

续表 561　　　　　　　　　　西藏自治区　　　　　　　　　　单位：公顷、个、人

名　　称	行政区域面　　积	居民委员会(社区)个数	村民委员会个　　数	户籍人口	工业企业个　　数	#规模以上	营业面积50平方米以上的商店或超市个数
拉孜县柳乡	30329		5	4428			7
拉孜县热萨乡	51747		10	4085			12
拉孜县锡钦乡	35772		11	7399			13
拉孜县查务乡	44187		9	4623	1		15
昂仁县卡嘎镇	150702		25	10800			18
昂仁县桑桑镇	273349		16	4992			10
昂仁县达若乡	192216		4	715			10
昂仁县贡久布乡	110686		6	1427			3
昂仁县措迈乡	305510		9	1767			8
昂仁县雄巴乡	95356		4	883			5
昂仁县查孜乡	231186		5	1540			1
昂仁县阿木雄乡	157603		6	932			1
昂仁县如萨乡	267946		5	899			1
昂仁县孔隆乡	138955		4	922			
昂仁县尼果乡	274838		6	1856			
昂仁县日吾其乡	96808		14	5859			10
昂仁县多白乡	96026		18	6402			29
昂仁县切热乡	183873		6	1483			
昂仁县秋窝乡	94842		23	8095			3
昂仁县达居乡	53746		15	4976			3
昂仁县亚木乡	96998		20	7135			6
谢通门县卡嘎镇	17940		8	6347	30		7
谢通门县达木夏乡	76211		6	5368	2		7
谢通门县查布乡	61923		5	2048	3		14
谢通门县春哲乡	76923		4	1391			6
谢通门县则许乡	60527		3	793			4
谢通门县娘热乡	149706		5	1319	4	1	7
谢通门县措布西乡	130176		7	2065			1
谢通门县纳当乡	89642		3	1555			5
谢通门县青都乡	109887		2	786			3
谢通门县切琼乡	103794		2	774			2
谢通门县美巴切勤乡	211629		5	1332			3
谢通门县塔丁乡	11251		4	2399	8		3
谢通门县荣玛乡	18294		6	2701			16
谢通门县通门乡	12412		6	3297	26		
谢通门县达那普乡	32297		6	2546			2
谢通门县达那答乡	11209		6	4254	19	1	4
谢通门县南木切乡	19002		2	1288			1
谢通门县仁钦则乡	46945		11	6432			9
白朗县洛江镇	16155		15	8941	72	2	76
白朗县嘎东镇	21056		14	8942	34	2	23
白朗县巴扎乡	9876		13	6362			17
白朗县玛乡	19298		11	5100	31		5
白朗县旺丹乡	22732		10	4824	31		20
白朗县曲奴乡	12610		12	3807	12		25

续表 562　　西藏自治区　　单位：公顷、个、人

名　　称	行政区域面积	居民委员会(社区)个数	村民委员会个数	户籍人口	工业企业个数	#规模以上	营业面积50平方米以上的商店或超市个数
白朗县杜琼乡	11654		9	3836	1		7
白朗县强堆乡	9756		7	2939	30		1
白朗县嘎普乡	29654		5	2383	13		7
白朗县者下乡	32683		7	2073	2		5
白朗县东喜乡	95111		8	1339			
仁布县德吉林镇	31729	1	8	6727	11		93
仁布县康雄乡	22644		12	4192	7		7
仁布县普松乡	15817		7	2167	4		2
仁布县帕当乡	16889		6	3850	5		21
仁布县然巴乡	28860		9	2302	15		4
仁布县查巴乡	30835		9	4929	11		9
仁布县切娃乡	37739		8	4554	2		2
仁布县姆乡	14805		6	4319	5		5
仁布县仁布乡	13098		7	3146	4		3
康马县康马镇	51889		7	3794	5		10
康马县南尼乡	19600		5	2597			7
康马县少岗乡	29728		4	2596	1		3
康马县康如乡	33840		5	2021			5
康马县萨玛达乡	66821		5	2133			8
康马县嘎拉乡	103993		4	3798			5
康马县涅如堆乡	170881		8	2357	2		10
康马县涅如麦乡	42254		5	1893			7
康马县雄章乡	99032		4	2186			4
定结县江嘎镇	48693		6	4259	7		11
定结县陈塘镇	43062		6	2760			6
定结县日屋镇	79603		5	1342			2
定结县确布乡	34421		9	1803			8
定结县定结乡	28672		6	1675			6
定结县多布扎乡	72796		6	1762			10
定结县扎西岗乡	53170		6	2091			8
定结县琼孜乡	138523		11	2919			16
定结县萨尔乡	45301		9	2718			6
定结县郭加乡	39225		6	866			4
仲巴县帕羊镇	261236		4	2362			5
仲巴县拉让乡	169925		3	1007			
仲巴县琼果乡	200321		7	1418			2
仲巴县亚热乡	170352	3	3	1721			2
仲巴县布多乡	244280		3	741			
仲巴县偏吉乡	330222		4	2045			2
仲巴县纳久乡	172893		3	1498			3
仲巴县吉拉乡	617064		3	1097			
仲巴县霍尔巴乡	311076		4	1900			
仲巴县隆格尔乡	668684		8	4106			14
仲巴县吉玛乡	264297		5	2383			3
仲巴县仁多乡	601358		5	2100			40

续表 563　　西藏自治区　　单位：公顷、个、人

名　　称	行政区域面　　积	居民委员会(社区)个数	村民委员会个　　数	户籍人口	工业企业个　　数	#规模以上	营业面积50平方米以上的商店或超市个数
仲巴县帕江乡	348640		6	3041			7
亚东县下司马镇	22938	1	2	3598			30
亚东县帕里镇	42541	4		2834			16
亚东县下亚东乡	65073		2	1066			4
亚东县上亚东乡	21901		3	1247			8
亚东县康布乡	61043		2	1237			8
亚东县堆纳乡	108123		8	3067			13
亚东县吉汝乡	102401		3	978			5
吉隆县宗嘎镇	161376	1	6	4583	13		28
吉隆县吉隆镇	74786	2	9	3943	17		36
吉隆县差那乡	167014		6	3312	4		12
吉隆县贡当乡	133418		4	1257			4
吉隆县萨勒乡	64599		7	1740	1		23
聂拉木县聂拉木镇	125699		7	4059	3	1	50
聂拉木县樟木镇	33421	4		2382			17
聂拉木县亚来乡	86817		6	1858	3		26
聂拉木县锁作乡	113606		8	3976			39
聂拉木县乃龙乡	33557		2	1670			16
聂拉木县门布乡	154889		9	3528			54
聂拉木县波绒乡	238404		8	2887			58
萨嘎县加加镇	201934		5	3532			2
萨嘎县昌果乡	300959		4	1765			17
萨嘎县雄如乡	134471		6	2398			19
萨嘎县拉藏乡	119940		5	1872			11
萨嘎县如角乡	180908		4	1233			2
萨嘎县达吉岭乡	111928		5	1420			3
萨嘎县旦嘎乡	89098		3	1788			10
萨嘎县夏如乡	103215		6	2813			8
岗巴县岗巴镇	67618		9	4237			10
岗巴县昌龙乡	74128		7	2342			11
岗巴县直克乡	51400		3	1439			2
岗巴县孔玛乡	80085		3	1559			13
岗巴县龙中乡	120821		8	2629			2
卡若区城关镇	21944	11	9	36627	33	27	31
卡若区俄洛镇	77600		12	7188			12
卡若区卡若镇	69537		10	4703	9	8	7
卡若区芒达乡	45405		11	4040			20
卡若区约巴乡	56174		10	5110			8
卡若区妥坝乡	176161		12	9575			124
卡若区拉多乡	142183		13	9972			17
卡若区面达乡	21758		11	7636			40
卡若区嘎玛乡	39340		10	5164			18
卡若区柴维乡	96018		10	8997	1		16
卡若区日通乡	78000		12	6290			18
卡若区如意乡	30871		9	3977			2

续表 564　　西藏自治区　　单位：公顷、个、人

名　称	行政区域面　积	居民委员会(社区)个数	村民委员会个　数	户籍人口	工业企业个　数	#规模以上	营业面积50平方米以上的商店或超市个数
卡若区埃西乡	44142		10	5630			1
卡若区若巴乡	91158		9	4024			15
卡若区沙贡乡	58970		10	5383			9
江达县江达镇	36584	2	8	11771	17		45
江达县岗托镇	32490		5	4090	1		4
江达县卡贡乡	67774		4	5136	1		2
江达县岩比乡	39716		6	4480	1		1
江达县邓柯乡	181811		6	8655	1		3
江达县生达乡	198339		9	13645			5
江达县娘西乡	51920		7	2646			3
江达县字嘎乡	161076		10	10900			4
江达县青泥洞乡	81361		4	4387	2	1	8
江达县汪布顶乡	117173		6	9715	1		4
江达县德登乡	145339		12	4090	1		5
江达县同普乡	97970		9	8734	1		4
江达县波罗乡	104381		8	8207	1		3
贡觉县莫洛镇	84191	3	29	12419			1
贡觉县相皮乡	152558		23	7742			8
贡觉县哈加乡	46596		22	6673			4
贡觉县雄松乡	23006	1		117			
贡觉县拉妥乡	72013		9	2406			8
贡觉县阿旺乡	86200		12	2410			7
贡觉县木协乡	38400		10	1867			2
贡觉县罗麦乡	14590		4	1456			
贡觉县沙东乡	13466		3	1400			4
贡觉县克日乡	32484		4	648			
贡觉县则巴乡	129600		10	3368			11
贡觉县敏都乡	20587		8	1043			7
类乌齐县类乌齐镇	68844		11	8748			13
类乌齐县桑多镇	68481	4	8	16599	3	1	170
类乌齐县甲桑卡乡	39679		10	4732			12
类乌齐县长毛岭乡	88822		14	7816			15
类乌齐县岗色乡	100219		8	2915			8
类乌齐县吉多乡	39873		5	5878			5
类乌齐县宾达乡	35578		3	2752			3
类乌齐县卡玛多乡	97622		9	6066			9
类乌齐县尚卡乡	51289		7	3623			8
类乌齐县伊日乡	43199		5	3029			6
丁青县丁青镇	127574	2	6	17398			55
丁青县尺犊镇	119445		11	12784			3
丁青县觉恩乡	90516		7	13405			33
丁青县沙贡乡	19671		2	4826			12
丁青县当堆乡	122832		5	7614			3
丁青县桑多乡	81597		3	4959			3
丁青县木塔乡	129411		2	1832	7		

续表 565 西藏自治区 单位：公顷、个、人

名　称	行政区域面积	居民委员会(社区)个数	村民委员会个数	户籍人口	工业企业个数	#规模以上	营业面积50平方米以上的商店或超市个数
丁青县布塔乡	175452		2	3590			10
丁青县巴达乡	34644		6	2918			10
丁青县甘岩乡	54904		5	2332			1
丁青县嘎塔乡	134180		5	5169			5
丁青县色扎乡	86081		6	12880			9
丁青县协雄乡	60851		6	11516			
察雅县烟多镇	72001	1	26	12520			16
察雅县香堆镇	123699	1	12	10019			7
察雅县吉塘镇	53592	1	10	4589			6
察雅县宗沙乡	107799		4	5386			5
察雅县卡贡乡	53460		8	3600			
察雅县荣周乡	60124		6	5999			
察雅县巴日乡	44368		15	5275			1
察雅县阿孜乡	62511		8	1752			
察雅县王卡乡	45726		13	4808			4
察雅县新卡乡	16591		5	1369			1
察雅县肯通乡	55908		6	2846			1
察雅县扩达乡	89483		23	7305			11
察雅县察拉乡	40482		5	1764			1
八宿县白玛镇	106050	1	8	4245			13
八宿县帮达镇	69279		5	2970			6
八宿县然乌镇	150550		10	4583			21
八宿县同卡镇	165418		11	5603			3
八宿县郭庆乡	161000		12	6896	1		22
八宿县拉根乡	74446		8	2237			12
八宿县益庆乡	62255		6	3378			8
八宿县吉中乡	46725		9	2068			5
八宿县卡瓦白庆乡	80570		6	1964			7
八宿县吉达乡	155463		7	4835			19
八宿县夏里乡	52870		6	1104			
八宿县拥乡	18854		4	1440			
八宿县瓦乡	11643		4	776			
八宿县林卡乡	102242		13	3757			1
左贡县旺达镇	148593	1	19	10816			25
左贡县田妥镇	121696		17	7848			6
左贡县扎玉镇	176735		33	7039			6
左贡县东坝乡	44845		7	2738			4
左贡县仁果乡	90774		12	4484			12
左贡县绕金乡	42758		7	2063			
左贡县碧土乡	102560		7	2387			
左贡县美玉乡	128418		8	5491			2
左贡县中林卡乡	199096		13	6914			2
左贡县下林卡乡	68635		8	2872			1
芒康县嘎托镇	89443	1	10	12574			67
芒康县如美镇	85856		5	5878			12

续表 566　　西藏自治区　　单位：公顷、个、人

名　称	行政区域面　积	居民委员会(社区)个数	村民委员会个　数	户籍人口	工业企业个　数	#规模以上	营业面积50平方米以上的商店或超市个数
芒康县索多西乡	56035		4	5686			26
芒康县莽岭乡	19925		2	3597			6
芒康县宗西乡	99159		4	6206	1		3
芒康县昂多乡	55598		2	2371			3
芒康县措瓦乡	93827		6	10122			11
芒康县洛尼乡	48883		2	4220			1
芒康县戈波乡	57740		2	2688			
芒康县帮达乡	103039		6	8330			35
芒康县徐中乡	103956		5	5635			5
芒康县曲登乡	117180		2	3815			5
芒康县木许乡	28381	2	2	2464			3
芒康县纳西民族乡	34374		5	5235	5		19
芒康县竹巴龙乡	112086		5	5707			11
芒康县曲孜卡乡	71447		4	3791			13
洛隆县孜托镇	122433	2	10	12554			13
洛隆县硕督镇	57910		7	5554			2
洛隆县康沙镇	56907		6	6409			7
洛隆县马利镇	75513		5	5231			5
洛隆县达龙乡	44669		4	1515			2
洛隆县新荣乡	54828		5	4369			
洛隆县白达乡	9974		2	844			
洛隆县玉西乡	34395		4	1379			
洛隆县腊久乡	193396		11	6106			
洛隆县俄西乡	93031		10	7348			7
洛隆县中亦乡	62238		4	3706			8
边坝县边坝镇	112164		11	6075	5		9
边坝县草卡镇	54244	3	13	8672			86
边坝县沙丁乡	73604		7	4221			6
边坝县金岭乡	185177		7	4930			12
边坝县加贡乡	105278		4	1223			5
边坝县马武乡	35365		6	2978			30
边坝县热玉乡	33739		4	2114			5
边坝县尼木乡	67032		4	3436	2		6
边坝县马秀乡	68162		8	2687			6
边坝县拉孜乡	82879		13	4587			8
边坝县都瓦乡	59875		6	3614			4
巴宜区林芝镇	45746		9	2717			36
巴宜区百巴镇	219992		12	4355			6
巴宜区八一镇	131844		11	38792	18	2	21
巴宜区鲁朗镇	315276		9	2053			16
巴宜区更章门巴民族乡	74646		6	1615			11
巴宜区布久乡	49090		10	2989	3		5
巴宜区米瑞乡	20010		12	2414			35
工布江达县工布江达镇	55806	1	10	6757	3		20
工布江达县金达镇	131996		16	5476	2		16

续表 567　　西藏自治区　　单位：公顷、个、人

名　　称	行政区域面积	居民委员会(社区)个数	村民委员会个数	户籍人口	工业企业个数	#规模以上	营业面积50平方米以上的商店或超市个数
工布江达县巴河镇	81704		11	2887			30
工布江达县朱拉乡	170638		9	3234	2		16
工布江达县错高乡	183431		5	2407			6
工布江达县仲萨乡	189784		7	3019			15
工布江达县江达乡	71832		8	2893			
工布江达县娘蒲乡	159772		7	3601			1
工布江达县加兴乡	251052		8	4768			14
米林县米林镇	35658	1	4	4849	2		16
米林县派镇	105497		9	2293			12
米林县卧龙镇	261987		18	4518			26
米林县丹娘乡	53586		6	1897			4
米林县南伊珞巴民族乡	63316		3	594			3
米林县扎西绕登乡	166975		10	3099			40
米林县里龙乡	230832		9	2282			8
米林县羌纳乡	45039		9	2746	6	1	15
墨脱县墨脱镇	121700	1	7	4678	7	1	45
墨脱县加热萨乡	79000		5	545			1
墨脱县甘登乡	79001		1	211			
墨脱县达木珞巴民族乡	88000		4	1188			8
墨脱县帮辛乡	100000		6	1300			2
墨脱县格当乡	94000		6	1484			10
墨脱县德兴乡	110000		7	1792	4		10
墨脱县背崩乡	375000		9	2612			10
波密县扎木镇	99206	1	10	8942	4	1	6
波密县倾多镇	187961		13	5307	2	1	13
波密县松宗镇	82563		9	2209			15
波密县易贡乡	277061		5	1586			17
波密县玉普乡	207442		6	1837			10
波密县康玉乡	164648		5	1869			6
波密县多吉乡	122269		9	3427			38
波密县玉许乡	238931		14	5998			31
波密县八盖乡	210118		7	1321			1
察隅县竹瓦根镇	567102	1	15	6643	25		55
察隅县上察隅镇	1252025		21	4301	4		13
察隅县下察隅镇	519016		22	6859	8		14
察隅县察瓦龙乡	293792		23	6119	5		8
察隅县古拉乡	207357		8	1649	2		4
察隅县古玉乡	205138		7	2989	4		18
朗县朗镇	49885	1	8	2908			18
朗县仲达镇	20272		8	2255	1		7
朗县洞嘎镇	112703		7	2856	2		6
朗县拉多乡	60246		10	2322	2		16
朗县金东乡	96784		8	1819			9
朗县登木乡	70698		10	3044			9
乃东区昌珠镇	17385	12		6922			30

续表 568　　西藏自治区　　单位：公顷、个、人

名　　称	行政区域面　　积	居民委员会(社区)个数	村民委员会个　　数	户籍人口	工业企业个　　数	#规模以上	营业面积50平方米以上的商店或超市个数
乃东区亚堆乡	58258		8	6528			32
乃东区索珠乡	40000	4	4	2350			2
乃东区多颇章乡	20336	3	3	3684			6
乃东区结巴乡	18918		6	5001			1
乃东区颇章乡	31530		9	6856			30
扎囊县扎塘镇	24285	3	10	11657			64
扎囊县桑耶镇	82371	2	7	6022	3		87
扎囊县扎其乡	43344		17	9270	3		31
扎囊县阿扎乡	24800		3	2642			15
扎囊县吉汝乡	39857		20	9530			27
贡嘎县吉雄镇	15989	3	4	3350	7		18
贡嘎县甲竹林镇	37871	3	3	8258	14	1	34
贡嘎县杰德秀镇	17580	2	1	5217	1		10
贡嘎县岗堆镇	32320		9	7097	14		32
贡嘎县江塘镇	24131		4	5022	2		28
贡嘎县朗杰学乡	36200		4	6525	4		12
贡嘎县昌果乡	29098		4	4406	4	1	8
贡嘎县东拉乡	36794		6	4527			6
贡嘎县克西乡	8620		3	3369	14		6
桑日县桑日镇	49808	2	6	3748			47
桑日县增期乡	119781		13	4426			25
桑日县白堆乡	50304		8	1883			6
桑日县绒乡	43324		14	5624	2	1	22
琼结县琼结镇	32957	5		5967	2	1	11
琼结县加麻乡	34869		6	4341	1		4
琼结县下水乡	12852		4	3175			9
琼结县拉玉乡	22849		5	4415	5		3
曲松县曲松镇	45124		7	5055	7		42
曲松县罗布沙镇	9013		2	1238	2	1	6
曲松县下江乡	39220		3	1819	2	1	2
曲松县邱多江乡	92701		5	2536	1		20
曲松县堆随乡	20942		4	2258	1		2
措美县措美镇	78261	1	3	3871			15
措美县哲古镇	209573	1	4	5335			14
措美县乃西乡	73467		4	1372			4
措美县古堆乡	56424		2	1147			2
洛扎县洛扎镇	87091	5		4721			6
洛扎县拉康镇	43001	4		2106			20
洛扎县扎日乡	104261		7	5081			14
洛扎县色乡	109899		5	2012			11
洛扎县生格乡	32686		4	3021	2		8
洛扎县边巴乡	39857		4	1548			
洛扎县拉郊乡	86310	3	3	494			1
加查县加查镇	75091		11	3862			25
加查县安绕镇	11734		14	4626			23

续表 569　　　　西藏自治区　　　　单位：公顷、个、人

名　　称	行政区域面　　积	居民委员会(社区)个数	村民委员会个　　数	户籍人口	工业企业个　　数	#规模以上	营业面积50平方米以上的商店或超市个数
加查县拉绥乡	42843		9	3370			11
加查县崔久乡	108589		3	794			3
加查县坝乡	119411	4	4	1717			6
加查县冷达乡	26895		8	3225			11
加查县洛林乡	54530		25	3277			17
隆子县隆子镇	53520		13	9961	1		15
隆子县日当镇	112517		12	7545			23
隆子县列麦乡	51864		7	2028			10
隆子县热荣乡	77224		8	3692			20
隆子县三安曲林乡	88383		7	2987			21
隆子县准巴乡	22865		4	446			2
隆子县雪萨乡	72085		12	3969			20
隆子县扎日乡	56242		4	1077			12
隆子县玉麦乡	353497	2	2	245			
隆子县加玉乡	89158		10	3373			40
隆子县斗玉珞巴民族乡	32802		4	755			7
错那县错那镇	131287	2		1926	1		7
错那县卡达乡	204811		3	1668	1		21
错那县觉拉乡	73460		5	3318			12
错那县浪坡乡	57824		6	2071			4
错那县曲卓木乡	135021		4	3162			25
错那县库局乡	61946		2	426			2
错那县麻麻门巴民族乡	10660		1	315			2
错那县贡日门巴民族乡	11121		2	169			7
错那县吉巴门巴民族乡	8899		2	190			6
错那县勒门巴民族乡	67357		2	150			
浪卡子县浪卡子镇	57706	3	4	5541	3	1	16
浪卡子县打隆镇	133977	8	3	5624			26
浪卡子县张达乡	31793		7	4002	9		12
浪卡子县伦布雪乡	146919		17	6778			34
浪卡子县多却乡	140933		13	6060	1		22
浪卡子县普玛江塘乡	151101		6	1124			2
浪卡子县阿扎乡	55796		12	2165	1		15
浪卡子县卡龙乡	26420		8	2158			5
浪卡子县白地乡	34488		8	2410			15
浪卡子县卡热乡	17354		6	2194			2
色尼区那曲镇	146900	12	21	13956			1203
色尼区罗玛镇	414600		14	7563			3
色尼区古露镇	212140		11	4388			25
色尼区达萨乡	105900		15	9967			19
色尼区油恰乡	14700		10	7629			
色尼区香茂乡	88300		10	7059			12
色尼区那么切乡	250000		10	9467			13
色尼区达前乡	81760		9	5880			4
色尼区劳麦乡	69300		8	5726			5

续表 570　　西藏自治区　　单位：公顷、个、人

名　称	行政区域面积	居民委员会(社区)个数	村民委员会个数	户籍人口	工业企业个数	#规模以上	营业面积50平方米以上的商店或超市个数
色尼区孔玛乡	77000		10	5829			20
色尼区色雄乡	51800		7	5638			4
嘉黎县阿扎镇	152688	1	10	3577			8
嘉黎县嘉黎镇	149724		15	4754			7
嘉黎县尼屋乡	183662		14	2227			21
嘉黎县藏比乡	74545		7	2582			21
嘉黎县措多乡	168792		15	6460			21
嘉黎县夏玛乡	149323		13	5564			10
嘉黎县林堤乡	36359		7	1840			4
嘉黎县麦地卡乡	158302		20	5488			12
嘉黎县绒多乡	136203		11	4102	2	1	12
嘉黎县鸽群乡	97282		9	3328			7
比如县比如镇	57209	5	18	6709			33
比如县夏曲镇	206436	2	20	17046			22
比如县白嘎乡	189157		23	10412			22
比如县达塘乡	103900		24	10213			11
比如县恰则乡	40118		6	3419			32
比如县扎拉乡	86961		9	4366			5
比如县羊秀乡	235323		18	8702			16
比如县香曲乡	83393		21	6881			4
比如县良曲乡	114115		13	5559			23
比如县茶曲乡	60631		16	7879			
聂荣县聂荣镇	74287	3	10	2706			3
聂荣县尼玛乡	480725		21	5152			6
聂荣县色庆乡	438410		28	5883			15
聂荣县桑荣乡	135000		10	2108			4
聂荣县下曲乡	113628		15	3840			4
聂荣县白雄乡	170882		14	4585			2
聂荣县索雄乡	167500		7	2559			2
聂荣县当木江乡	182300		14	5260			3
聂荣县查当乡	257184		9	4133			3
聂荣县永曲乡	220541		11	2056			2
安多县帕那镇	214496	1	3	3355			2
安多县强玛镇	435684	1	5	5486			2
安多县扎仁镇	258305	1	9	9680			2
安多县雁石坪镇	1101753	1	7	3222			1
安多县多玛乡	377891		7	2010			
安多县玛曲乡	872588		6	3064			
安多县滩堆乡	33099		3	1428			
安多县帮爱乡	331583		5	2345			
安多县玛荣乡	444611		4	1319			
安多县扎曲乡	217256		4	1344			
安多县色务乡	378002		4	1178			
安多县措玛乡	234115		6	4557			
安多县岗尼乡	627573		7	2082			

续表 571　　西藏自治区　　单位：公顷、个、人

名　　称	行政区域面　　积	居民委员会(社区)个数	村民委员会个　　数	户籍人口	工业企业个　　数	#规模以上	营业面积50平方米以上的商店或超市个数
申扎县申扎镇	353009	2	6	2585			5
申扎县雄梅镇	443663		10	4224			5
申扎县下过乡	189275		6	2730			8
申扎县卡乡	214162		6	1700			10
申扎县巴扎乡	325603		7	2077			3
申扎县塔尔玛乡	518494		14	4085			2
申扎县买巴乡	140272		5	1708			2
申扎县马跃乡	380090		6	2208			3
索县亚拉镇	61226	2	15	9589			18
索县荣布镇	67917		23	9269			105
索县若达乡	48045		9	3606			3
索县加勤乡	60795		14	6902			15
索县赤多乡	61176		9	4344			10
索县西昌乡	54959		11	3984			22
索县江达乡	54968		11	4546			8
索县热瓦乡	31861		6	3023			10
索县嘎美乡	55282		18	6520			4
索县嘎木乡	58195		6	2745			1
班戈县普保镇	261833	2	8	5996			13
班戈县北拉镇	225196	2	12	5623			4
班戈县德庆镇	421256	1	7	4337			21
班戈县佳琼镇	217331	1	5	3247			14
班戈县尼玛乡	312885		8	2674			10
班戈县保吉乡	142336		7	2316			3
班戈县青龙乡	205650		9	4251			7
班戈县马前乡	268533		5	2843			3
班戈县门当乡	550153		11	5719			2
班戈县新吉乡	366985		9	4363			15
巴青县拉西镇	94638	1	25	8926			79
巴青县杂色镇	101588	1	26	10060			28
巴青县雅安镇	105741	1	17	6162			5
巴青县江绵乡	235310		16	7577			13
巴青县玛如乡	137733		18	7909			95
巴青县阿秀乡	34750		11	2887			13
巴青县贡日乡	88963		5	2145			2
巴青县岗切乡	89533		16	5020			10
巴青县巴青乡	24635		9	2892			7
巴青县本塔乡	74194		10	5510			6
尼玛县尼玛镇	1414206	1	10	5400			2
尼玛县达果乡	391949	1	2	2032			19
尼玛县阿索乡	740600		4	2121			12
尼玛县荣玛乡	4677885		2	1314			
尼玛县中仓乡	856260		8	2977			10
尼玛县来多乡	420107		6	2408			19
尼玛县申亚乡	345984		6	2172			

续表 572　　西藏自治区　　单位：公顷、个、人

名　　称	行政区域面积	居民委员会(社区)个数	村民委员会个数	户籍人口	工业企业个数	#规模以上	营业面积50平方米以上的商店或超市个数
尼玛县卓瓦乡	252633		6	2256			46
尼玛县俄久乡	2700000		4	2965			3
尼玛县文部乡	306777	1	1	2165			9
尼玛县甲谷乡	201460		7	2434			6
尼玛县军仓乡	333333		5	1699			14
尼玛县吉瓦乡	333620		7	2027			7
双湖县措折罗玛镇	603565		8	3378			10
双湖县协德乡	657905		5	2914			24
双湖县雅曲乡	84951		4	1276			
双湖县嘎措乡	1010753		2	606			1
双湖县措折强玛乡	1280632		3	1415			2
双湖县多玛乡	661191		5	2396			1
双湖县巴岭乡	550960		4	1947			4
普兰县普兰镇	325779	1	5	8970			25
普兰县巴嘎乡	383000		2	1906			12
普兰县霍尔乡	610652		2	2268			4
札达县托林镇	431428	1	2	1020			13
札达县萨让乡	317980		2	632	1		
札达县达巴乡	678829		3	1466			10
札达县底雅乡	310211		3	844			2
札达县香孜乡	219350		2	1262	2		4
札达县曲松乡	239000		1	450			3
札达县楚鲁松杰乡	27000		2	454			2
噶尔县狮泉河镇	109893	3	1	14536			7
噶尔县昆莎乡	327201		3	2368			2
噶尔县左左乡	491991		3	1655			5
噶尔县门士乡	487687		2	2550			10
噶尔县扎西岗乡	353242		3	965			
日土县日土镇	468111		2	1116	1		3
日土县热帮乡	1509319		3	2861			22
日土县日松乡	774125		3	2501			7
日土县东汝乡	3668082		3	1686			12
日土县多玛乡	1289945		2	1469	1		10
革吉县革吉镇	1213036	2	5	5444	1		6
革吉县雄巴乡	789436		4	3966			11
革吉县亚热乡	1159413		5	3968			5
革吉县盐湖乡	1051450		2	3836			20
革吉县文布当桑乡	387093		2	2436			2
改则县改则镇	482240	3	1	4292			11
改则县物玛乡	838816		7	2785			10
改则县先遣乡	3324242		6	2326			10
改则县洞措乡	661744		5	2943			
改则县古姆乡	1441513		3	2736			2
改则县察布乡	5917066		14	4620			
措勤县措勤镇	280561	2	3	4600			5

续表 573　　西藏自治区、陕西省　　单位：公顷、个、人

名　　称	行政区域面　　积	居民委员会(社区)个数	村民委员会个　　数	户籍人口	工业企业个　　数	#规模以上	营业面积50平方米以上的商店或超市个数
措勤县磁石乡	359777		4	3129			8
措勤县曲洛乡	515256		4	2925			10
措勤县江让乡	773544		5	3400			8
措勤县达雄乡	360258		4	3358			9
陕西省							
蓝田县洩湖镇	9489		24	43900	2	1	26
蓝田县华胥镇	7990	1	20	39020	300	30	55
蓝田县前卫镇	4757		22	42632	23	1	30
蓝田县汤峪镇	14844	1	26	51638	140		65
蓝田县焦岱镇	4483		15	38700	4		35
蓝田县玉山镇	4872	1	12	33102	11		41
蓝田县三里镇	7625	3	27	70514	150		65
蓝田县普化镇	9396		31	60351	10		75
蓝田县葛牌镇	19257		11	16586			6
蓝田县灞源镇	18937	1	11	17747	4		14
蓝田县九间房镇	11814		13	18956	2		22
蓝田县蓝桥镇	13035		7	12340			15
蓝田县辋川镇	28481		15	21548			37
蓝田县厚镇	8793		10	18661	13		26
蓝田县三官庙镇	10780		19	32104			3
蓝田县安村镇	4543		21	39961	2	1	12
蓝田县孟村镇	4409		17	32240	8		12
蓝田县小寨镇	9422		12	22387	5	2	27
周至县哑柏镇	4374	2	11	54508	27	2	54
周至县终南镇	6466	1	22	70026	7	1	89
周至县马召镇	7795	2	17	41453	8	2	70
周至县集贤镇	29453	2	12	37613	15	1	49
周至县楼观镇	13987	2	23	58260	6	1	68
周至县尚村镇	6200	1	19	56855	13	1	62
周至县广济镇	4875	1	15	42818	23	2	73
周至县厚畛子镇	74720		9	2874			3
周至县青化镇	3392		9	28232			49
周至县竹峪镇	10186		15	26240			16
周至县翠峰镇	4736		11	28648			30
周至县四屯镇	5538		18	49747	16	1	38
周至县司竹镇	3360		10	28842	15	2	71
周至县九峰镇	10668		14	38607			52
周至县富仁镇	6584	1	15	47956	3	1	59
周至县骆峪镇	9565	1	6	7129	7		12
周至县陈河镇	23749		11	4150			2
周至县板房子镇	37444		8	3224	2		2
周至县王家河镇	29400		8	2932			1
王益区黄堡镇	8194	2	11	31096	39	16	18
印台区陈炉镇	9990	2	13	16435	9	7	24
印台区红土镇	10070	2	12	20719	7	2	29

续表 574　　陕西省　　单位：公顷、个、人

名　　称	行政区域面　　积	居民委员会(社区)个数	村民委员会个　　数	户籍人口	工业企业个　　数	#规模以上	营业面积50平方米以上的商店或超市个数
印台区广阳镇	11470	3	12	33402	2	1	12
印台区金锁关镇	15380	5	10	31199	17	13	4
印台区阿庄镇	5350		7	10353	1		15
耀州区董家河镇	4100	1	7	14720	215	22	7
耀州区庙湾镇	30600	1	9	17127	3	1	14
耀州区瑶曲镇	22444	1	11	16666	10	5	5
耀州区照金镇	16400		9	8223	3	2	8
耀州区小丘镇	15600		16	30589	3	2	29
耀州区孙原镇	5700		7	16832	23	17	12
耀州区关庄镇	21000		16	19897	4	2	15
耀州区石柱镇	26446		23	30004	5	4	19
宜君县彭镇	27200		24	13284	40	4	15
宜君县五里镇	17800		18	13874	5		9
宜君县太安镇	17800		11	9635	11	5	11
宜君县棋盘镇	14500		11	6946	2	1	2
宜君县尧生镇	25200		20	11064	2	1	37
宜君县哭泉镇	13500		11	6859			38
宜君县云梦乡	16800		11	9191	3	2	
渭滨区马营镇	17102	7	14	34592	194	23	38
渭滨区石鼓镇	11797	3	12	20454	175	4	10
渭滨区神农镇	12800	2	11	13127	21		7
渭滨区高家镇	22847	1	21	26973	69	5	18
渭滨区八鱼镇	16301	1	10	36390	189	26	58
金台区陈仓镇	1620	9	4	39385	55	2	6
金台区蟠龙镇	4200		18	42136	35	3	4
金台区金河镇	6350		17	32480	78	23	7
金台区硖石镇	14910		16	19760	17	2	3
陈仓区阳平镇	4000	1	15	46741	151	15	21
陈仓区千河镇	5400		13	46298	307	16	31
陈仓区磻溪镇	18200		18	48631	205	66	28
陈仓区天王镇	15470		14	34049	102	4	3
陈仓区慕仪镇	4335		11	38516	14		40
陈仓区周原镇	4850	1	15	46437	68	3	28
陈仓区贾村镇	11270		21	53248	10	1	12
陈仓区县功镇	26200	1	20	43515	37	4	8
陈仓区新街镇	20500		9	16710	1		8
陈仓区坪头镇	30300		14	16672	6	2	10
陈仓区香泉镇	19700		7	12656	1		9
陈仓区赤沙镇	14700		7	14209			9
陈仓区拓石镇	30346		12	17473	6		8
陈仓区凤阁岭镇	20400		6	9830	3		5
陈仓区钓渭镇	11700	1	16	38548	95	12	36
凤翔区城关镇	7200	5	20	84936	159	23	47
凤翔区虢王镇	4500		10	32658	32		19
凤翔区彪角镇	11800		20	60925	110	5	41

续表 575　　陕西省　　单位：公顷、个、人

名　　称	行政区域面　　积	居民委员会(社区)个数	村民委员会个　　数	户籍人口	工业企业个　　数	#规模以上	营业面积50平方米以上的商店或超市个数
凤翔区横水镇	10100		14	45658	32	8	36
凤翔区田家庄镇	4900		10	26145	40	5	23
凤翔区糜杆桥镇	19700		13	37655	23	4	27
凤翔区南指挥镇	7000		12	37138	36	3	23
凤翔区陈村镇	5800		14	52303	53	28	39
凤翔区长青镇	4800		6	26069	22	7	2
凤翔区柳林镇	16800		24	67112	21	10	30
凤翔区姚家沟镇	15000	1	4	4707	2	1	1
凤翔区范家寨镇	10300		13	35176	12	3	23
岐山县凤鸣镇	12270	6	19	94918	283	8	25
岐山县蔡家坡镇	20980	8	26	140909	1710	80	77
岐山县益店镇	4940	1	10	31127	14	2	21
岐山县蒲村镇	7770		7	24467	9	2	18
岐山县青化镇	3880		8	28382	2		13
岐山县枣林镇	4580		9	34591	2		21
岐山县雍川镇	6142		13	49223	8	1	29
岐山县故郡镇	14210		5	19358	38		8
岐山县京当镇	10828		9	31952	22	7	18
扶风县天度镇	17868		12	43552	24	7	32
扶风县午井镇	5725		10	37857	13	5	30
扶风县绛帐镇	8679	1	20	76833	174	33	62
扶风县段家镇	3460		8	25622	8	3	13
扶风县杏林镇	6685		13	51716	11	1	16
扶风县召公镇	5536		12	37599	23	1	34
扶风县法门镇	12942	1	20	69389	63	8	24
眉县横渠镇	10904		16	52860	16		46
眉县槐芽镇	3319		6	23392	64	2	36
眉县汤峪镇	29151	1	12	41053	16	3	54
眉县常兴镇	5877	3	13	46329	96	35	29
眉县金渠镇	5837	1	11	37601	37	24	13
眉县营头镇	17738		7	22235	20		18
眉县齐镇	6600		9	33855	63	5	30
陇县城关镇	17103	4	13	77398	98	9	44
陇县东风镇	23481	1	17	32808	26	4	54
陇县八渡镇	27692		5	9204	1		15
陇县东南镇	9822		15	47371	38	11	63
陇县温水镇	32561		16	40197	10		46
陇县天成镇	39906		10	16887	6		24
陇县曹家湾镇	21502		8	18927	20	1	30
陇县固关镇	24392		8	9456	10	2	12
陇县河北镇	20782		8	11629			9
陇县新集川镇	10450		4	5939			6
千阳县城关镇	11846	3	11	37040	62	11	9
千阳县崔家头镇	4011		5	8846			1
千阳县南寨镇	14888		13	26628			13

续表 576　　陕西省　　单位：公顷、个、人

名　称	行政区域面积	居民委员会(社区)个数	村民委员会个数	户籍人口	工业企业个数	#规模以上	营业面积50平方米以上的商店或超市个数
千阳县张家塬镇	22140		11	21575			1
千阳县水沟镇	11414		10	18889	18	3	6
千阳县草碧镇	16300		9	13392	47	20	4
千阳县高崖镇	19066		6	4462			8
麟游县九成宫镇	47851	4	15	28698	16	4	26
麟游县崔木镇	29693		11	11396	5	1	15
麟游县招贤镇	21918		9	10374	2	1	15
麟游县两亭镇	26988		10	11631	8		15
麟游县常丰镇	15217		8	8519			13
麟游县丈八镇	11085		6	7395			4
麟游县酒房镇	17695		7	8362	2		20
凤县双石铺镇	27654	3	11	26334	23	2	24
凤县凤州镇	32735	1	8	13244	45	4	15
凤县黄牛铺镇	45625		5	7058	9	1	19
凤县红花铺镇	23093		4	3550			4
凤县河口镇	40440		9	10827	28	4	21
凤县唐藏镇	36757		5	5087	1		11
凤县平木镇	19837		8	8834	2		13
凤县坪坎镇	20438		4	2167	15	4	10
凤县留凤关镇	72121		12	13229	39	7	16
太白县咀头镇	61200	2	13	23235	75	5	12
太白县桃川镇	33100		6	6074	10	1	15
太白县鹦鸽镇	31300		11	9126			14
太白县靖口镇	19400		6	3313	5		4
太白县太白河镇	26100		2	1266	1		3
太白县黄柏塬镇	85200		3	1901			5
太白县王家堎镇	13500		3	1427	1		
杨陵区五泉镇	3220	1	20	32247	24	3	23
杨陵区揉谷镇	3610	1	15	40192	6		33
三原县陂西镇	5769		21	48115	38	7	76
三原县独李镇	2690		10	25532	28	3	31
三原县大程镇	6748		19	44712	58	20	40
三原县西阳镇	3642		9	24323	120	22	34
三原县鲁桥镇	3019		10	26476	19	3	184
三原县陵前镇	11290		19	46807	39	8	66
三原县新兴镇	7791		13	29822	16	2	22
三原县嵯峨镇	7771	1	7	24211	17	3	41
三原县渠岸镇	2839	2	9	28323	23	9	11
泾阳县永乐镇	3274	1	17	43712	261	49	102
泾阳县云阳镇	7531	1	23	60416	35	6	87
泾阳县桥底镇	4436	1	13	33560	15	3	15
泾阳县王桥镇	4218		11	27521	20	3	18
泾阳县口镇	5090	1	11	24305	4	1	25
泾阳县三渠镇	4849	1	17	48032	30	4	50
泾阳县高庄镇	2628		10	21622	20	4	24

续表 577　　陕西省　　单位：公顷、个、人

名　　称	行政区域面　　积	居民委员会(社区)个数	村民委员会个　　数	户籍人口	工业企业个　　数	#规模以上	营业面积50平方米以上的商店或超市个数
泾阳县太平镇	5340		16	36109			32
泾阳县崇文镇	3870	2	13	42663	55	10	75
泾阳县安吴镇	9819		22	47672	17	1	84
泾阳县兴隆镇	14960		18	42093	20	3	27
泾阳县中张镇	5960		18	52120	23		26
乾县薛录镇	6173		14	43931	10		7
乾县梁村镇	5792		13	36989	6		10
乾县临平镇	10177		14	45255	11		34
乾县姜村镇	4350		8	31172	30	4	10
乾县王村镇	4410		8	33669	9		2
乾县马连镇	3577		8	28487	13	1	11
乾县阳峪镇	7274		11	33567	16	3	15
乾县峰阳镇	8835		7	22193	5		14
乾县注泔镇	5648		9	21942	4		7
乾县灵源镇	3539		7	23190	7	1	13
乾县阳洪镇	4046		8	24782	9	2	9
乾县梁山镇	11329		10	28887	8		5
乾县周城镇	3342		7	27896			10
乾县新阳镇	3912		8	26254			6
乾县大杨镇	6014		13	41407	18	2	36
礼泉县史德镇	5444		14	41482	6	1	50
礼泉县西张堡镇	4653		12	26132	22	6	29
礼泉县阡东镇	5259		10	34020	11	2	30
礼泉县烽火镇	5621		12	30887	12	1	20
礼泉县烟霞镇	8897		20	34758	4	3	37
礼泉县赵镇	4769		13	29620	8	2	23
礼泉县叱干镇	16665		20	30944	2		20
礼泉县南坊镇	13152		14	26367	1		7
礼泉县石潭镇	5890		15	29040	10		21
礼泉县昭陵镇	14228		30	44691	6		49
礼泉县骏马镇	4399		11	29552	1		36
永寿县店头镇	13136		28	33177	10	1	21
永寿县常宁镇	16200		35	40812	12		17
永寿县甘井镇	8400		15	18064			1
永寿县马坊镇	14870	1	30	30126			22
永寿县渠子镇	14920		21	16553	31		10
永寿县永平镇	20116	1	11	4667	3		5
长武县相公镇	6546		17	24467	27		1
长武县巨家镇	7535		13	16862	5		11
长武县丁家镇	3556		9	11176	11	4	4
长武县洪家镇	7361		21	23972	13		9
长武县亭口镇	14423		27	33309	48	8	20
长武县彭公镇	6294		17	24300	2		6
长武县枣园镇	5157		9	9125			1
旬邑县土桥镇	18897		43	48790	8	3	21

续表 578 陕西省 单位：公顷、个、人

名　　称	行政区域面　　积	居民委员会(社区)个数	村民委员会个　　数	户籍人口	工业企业个　　数	#规模以上	营业面积50平方米以上的商店或超市个数
旬邑县职田镇	8180		16	28925			43
旬邑县张洪镇	8020		21	35119	5	1	6
旬邑县太村镇	11000		29	49501	18	8	35
旬邑县郑家镇	4000		10	21370	6	2	7
旬邑县湫坡头镇	8722		15	28221			4
旬邑县底庙镇	7483		10	20867	2		2
旬邑县马栏镇	79200	1	11	13697			16
旬邑县清塬镇	17195		10	10740	2	1	7
淳化县官庄镇	15440		22	35668	6		26
淳化县方里镇	15165		21	28902	5	2	55
淳化县润镇	9560		15	26136	17	3	44
淳化县车坞镇	9861	1	7	12190	1		7
淳化县铁王镇	13906		16	15688			18
淳化县石桥镇	9917		15	16674	4	2	14
淳化县十里塬镇	15430		22	30822	6	1	33
武功县苏坊镇	3503		16	28387	22	4	13
武功县武功镇	4302	1	21	44454	21	1	25
武功县游凤镇	2965		8	23190	16		14
武功县贞元镇	7815		30	68634	42	3	52
武功县长宁镇	6756		28	60355	34	4	45
武功县小村镇	4656	1	25	73767	46	2	52
武功县大庄镇	4147		22	47040	32	10	25
兴平市赵村镇	2960		10	37160	37	4	32
兴平市桑镇	2730	1	12	35450	20	2	33
兴平市南市镇	5040		14	37458	33	4	22
兴平市庄头镇	2790		10	35281	34	2	23
兴平市南位镇	5460		17	45388	6	1	28
兴平市阜寨镇	5530		22	54700	39	4	70
兴平市丰仪镇	3280		11	33205	63	11	16
兴平市汤坊镇	3110		13	36713	46	5	18
彬州市北极镇	11439	1	19	43588	22	2	5
彬州市新民镇	21108	1	32	86167	66	6	42
彬州市龙高镇	14651		18	31211	1		7
彬州市永乐镇	7372	2	9	21938	14		11
彬州市义门镇	10770	2	17	42148	25	2	26
彬州市水口镇	16298		14	31125	2		22
彬州市韩家镇	14590	1	12	18298	5		9
彬州市太峪镇	13191	1	12	27594	12	3	3
临渭区桥南镇	6673	1	14	23980	20	1	40
临渭区阳郭镇	13900	1	24	51130	3		31
临渭区故市镇	8674		26	54213	3	1	45
临渭区下邽镇	10700		29	68000	2	1	110
临渭区三张镇	4350		16	35220	18		80
临渭区交斜镇	4598		16	28521	5		59
临渭区崇凝镇	3440		12	27052	10		45

续表 579　　陕西省　　单位：公顷、个、人

名　　称	行政区域面　　积	居民委员会(社区)个数	村民委员会个　　数	户籍人口	工业企业个　　数	#规模以上	营业面积50平方米以上的商店或超市个数
临渭区孝义镇	3941		11	25165			37
临渭区蔺店镇	8520		23	50202	2		85
临渭区官底镇	5189		18	35615	15		68
临渭区官路镇	4450		13	25026	5	1	34
临渭区丰原镇	4347		15	26080			12
临渭区阎村镇	3902	1	16	34057	7		18
临渭区官道镇	7488		22	41298	4		43
华州区杏林镇	10500	6	7	25725	32	2	38
华州区赤水镇	7760	3	18	46267	22	4	47
华州区高塘镇	23395	1	23	47556	20	1	61
华州区大明镇	16325	2	16	34197	23		29
华州区瓜坡镇	4800	4	10	30556	21	9	72
华州区莲花寺镇	11457	1	14	25889	26	4	32
华州区柳枝镇	10170	3	11	31658	18		27
华州区下庙镇	4900	2	10	24973	4		18
华州区金堆镇	22400	4	4	14583	9	1	14
潼关县秦东镇	6874	1	3	25454	3	1	4
潼关县太要镇	7600	2	2	22919	15	2	16
潼关县桐峪镇	8440	2	2	11181	24	2	4
潼关县代字营镇	5208	1	5	24620	4	3	28
大荔县许庄镇	10400	2	23	56690	31	5	34
大荔县朝邑镇	11650	2	24	57811	19		80
大荔县安仁镇	12170		22	51182	7	1	64
大荔县两宜镇	9920		24	42132			43
大荔县羌白镇	12830	1	22	58337	10	2	102
大荔县官池镇	15000		23	62383	103	39	179
大荔县冯村镇	4550		11	26301	3		59
大荔县双泉镇	5600		11	27512	5		34
大荔县下寨镇	10800		16	37232	22	1	47
大荔县韦林镇	13340	1	18	43070	4	1	23
大荔县范家镇	16400		15	30682	5		30
大荔县苏村镇	7790		8	31747	11	1	58
大荔县赵渡镇	15090		15	31917	1		47
大荔县埝桥镇	5008		13	30503	9	1	55
大荔县段家镇	7440		14	24572	7	1	23
合阳县甘井镇	10948	7	9	27863	8		17
合阳县坊镇	10658	9	9	42795			42
合阳县洽川镇	12500		6	9835			12
合阳县新池镇	8300	4	10	30980	22	14	62
合阳县黑池镇	19662	9	16	49976	4	2	51
合阳县路井镇	11641	9	15	39556	15		36
合阳县和家庄镇	13900	8	3	26352			20
合阳县王村镇	8200	2	11	25822	270	1	10
合阳县同家庄镇	9834	8	26	31359	110	10	56
合阳县百良镇	8907	6	13	42304			34

续表 580　　陕西省　　单位：公顷、个、人

名　　称	行政区域面　　积	居民委员会(社区)个数	村民委员会个　　数	户籍人口	工业企业个　　数	#规模以上	营业面积50平方米以上的商店或超市个数
合阳县金峪镇	11420		16	23979	5		13
澄城县冯原镇	22361		21	43701	8		17
澄城县王庄镇	16957		22	43713			109
澄城县尧头镇	5752	4	6	23015	9		5
澄城县赵庄镇	15315		24	36873	5	2	20
澄城县交道镇	7812		10	20473	1		33
澄城县寺前镇	9110		18	30196	3	2	50
澄城县韦庄镇	8701	1	15	34254	16	5	52
澄城县安里镇	8481		13	24604	10	1	21
澄城县庄头镇	12682	1	24	39356	32	4	40
蒲城县罕井镇	9450	4	13	52709	22	6	40
蒲城县孙镇	10465	2	23	73960	29	11	96
蒲城县兴镇	4900	1	13	28734	23	4	49
蒲城县党睦镇	9449	1	16	46630	6		50
蒲城县高阳镇	5846		8	20221	5	2	109
蒲城县永丰镇	7518		9	26784	5	1	29
蒲城县荆姚镇	32543	1	34	82677	2	1	41
蒲城县苏坊镇	4670		12	32538	3	2	34
蒲城县龙阳镇	5020		10	27424	6	2	32
蒲城县洛滨镇	11936		12	29328	6	3	30
蒲城县陈庄镇	4798		9	28064	22	12	34
蒲城县桥陵镇	13733		30	75807	6	5	153
蒲城县尧山镇	13230		24	53102	14	3	111
蒲城县椿林镇	5609		16	37472	11		177
蒲城县龙池镇	7090		16	37260	8	1	42
白水县尧禾镇	17108	1	23	37144	2	1	4
白水县杜康镇	5955	1	10	20496	8	7	4
白水县西固镇	11347	1	16	34001	4		28
白水县林皋镇	13420	1	17	33190			13
白水县史官镇	13735	1	16	27859	1		8
白水县北塬镇	11408	1	11	16418			1
白水县雷牙镇	12730	1	16	31630	7	6	16
富平县庄里镇	12300	4	24	72451	127	27	87
富平县张桥镇	4130		11	31951			59
富平县美原镇	7800		16	52246			38
富平县流曲镇	8464		22	58954	96	2	103
富平县淡村镇	7030		17	43142	9	2	45
富平县留古镇	4900		12	33763	9	2	57
富平县老庙镇	11080		17	48044			28
富平县薛镇	15469		24	59418	7	2	90
富平县到贤镇	7441		15	45575			64
富平县曹村镇	11923		20	42986	21	1	48
富平县宫里镇	7500		14	35317	35	3	54
富平县梅家坪镇	3584	1	9	28330	7	4	91
富平县刘集镇	5160		15	43074	2	1	72

续表 581　　陕西省　　单位：公顷、个、人

名　称	行政区域面积	居民委员会(社区)个数	村民委员会个数	户籍人口	工业企业个数	#规模以上	营业面积50平方米以上的商店或超市个数
富平县齐村镇	3779		13	32674			61
韩城市龙门镇	6800	10	10	46654	64	20	4
韩城市桑树坪镇	58200	2	27	37238	2		17
韩城市芝川镇	18200	3	34	62702	3	2	29
韩城市西庄镇	24150		30	58603	72	14	47
韩城市芝阳镇	17300		25	34383	11	2	23
韩城市板桥镇	26710		14	20229			14
华阴市孟塬镇	11196	1	16	22330	1		31
华阴市华西镇	12178	1	9	18817	3		29
华阴市罗敷镇	23172	3	20	40138	34	8	40
华阴市华山镇	18599	5	24	59350	12	10	51
宝塔区河庄坪镇	13797	2	15	13096	18	1	46
宝塔区李渠镇	14135	2	24	28186	55	8	17
宝塔区姚店镇	25900	3	38	31389	26	14	52
宝塔区青化砭镇	26404	1	34	29701	2		9
宝塔区蟠龙镇	26358	1	36	24089	4	3	4
宝塔区柳林镇	25100	5	22	30446	57	4	29
宝塔区南泥湾镇	51398	1	12	13353			5
宝塔区临镇	51182	1	24	14648	2		17
宝塔区甘谷驿镇	17244	1	16	15283	1		4
宝塔区万花山镇	15802	1	17	16083	3	2	30
宝塔区川口镇	16514		13	11052	8	3	22
宝塔区麻洞川镇	24825		10	11252			20
宝塔区冯庄乡	18804		21	13397	2		5
安塞区砖窑湾镇	36592		9	15582	2		19
安塞区沿河湾镇	21092		15	20261	45	8	44
安塞区招安镇	49234		21	29119	2	1	19
安塞区化子坪镇	31731		11	16997	4	1	40
安塞区坪桥镇	47058		16	20477	2	1	20
安塞区建华镇	32009		14	21589	3	2	20
安塞区高桥镇	30837		11	17619	2		17
延长县黑家堡镇	17220		12	14139	3	1	15
延长县郑庄镇	27530	1	15	15991	4	3	3
延长县张家滩镇	37120	1	24	17778	2	1	2
延长县交口镇	30260	1	22	20373	2		5
延长县雷赤镇	32606	1	26	14391	1		4
延长县罗子山镇	41230	2	27	17519	1		1
延长县安沟镇	20240		15	9492			11
延川县永坪镇	34800	5	24	31768	33	2	6
延川县延水关镇	23300		25	22070	14	1	13
延川县文安驿镇	32572	2	23	22180	30	4	4
延川县杨家圪台镇	19300		17	13643	3		8
延川县贾家坪镇	16082		12	16723	2		
延川县关庄镇	21900		17	13727			3
延川县乾坤湾镇	20487		16	11246	1		1

续表 582 陕西省 单位：公顷、个、人

名　　称	行政区域面积	居民委员会(社区)个数	村民委员会个数	户籍人口	工业企业个数	#规模以上	营业面积50平方米以上的商店或超市个数
志丹县杏河镇	49410	2	18	20569	2		11
志丹县顺宁镇	53700		16	19883	14	2	5
志丹县旦八镇	31940		10	11314	13	1	3
志丹县金丁镇	38820		10	14130	8		3
志丹县永宁镇	81040	1	14	14333	3	1	6
志丹县义正镇	57671		15	16212	2		16
志丹县双河镇	43300	1	15	17903	34	6	9
吴起县铁边城镇	80970		17	19595	6		4
吴起县周湾镇	23880		8	10905	1		11
吴起县白豹镇	47380		12	16855	2		13
吴起县长官庙镇	24470		7	6558	7		7
吴起县长城镇	16780		6	8547	2		2
吴起县五谷城镇	47030		10	13159	4		15
吴起县吴仓堡镇	38620		9	11816			20
吴起县庙沟镇	37290		8	9166			2
甘泉县下寺湾镇	42678	1	9	10109	15		35
甘泉县道镇	68217	1	17	17805	8	7	6
甘泉县石门镇	47357		15	16984			20
甘泉县桥镇乡	36306		8	6137			6
甘泉县劳山乡	20148		6	6301	4	3	13
富县羊泉镇	29735		38	33386			14
富县张村驿镇	28270	2	9	12902	5	4	15
富县张家湾镇	123955	2	11	11375	5	1	24
富县直罗镇	105000	1	12	11107	6		8
富县牛武镇	38166	1	8	7594	15	5	3
富县寺仙镇	16211		12	10645			26
富县北道德乡	17177		12	8780			10
洛川县旧县镇	37965		18	16127			3
洛川县交口河镇	7857	1	14	12187	6	2	6
洛川县老庙镇	17229		28	31616	6	1	29
洛川县土基镇	17064		23	22261	7		10
洛川县石头镇	25713		29	33800	5		19
洛川县槐柏镇	22946		29	24741	10		30
洛川县永乡镇	17128		26	23712	3	1	18
洛川县菩提镇	19723		9	6901			15
宜川县秋林镇	41187		21	18898	3		11
宜川县云岩镇	44596	1	33	29153	7		20
宜川县集义镇	76218	1	14	11920	4	1	19
宜川县壶口镇	21319		12	9723	1		11
宜川县英旺乡	50593		7	6555	4	3	8
宜川县交里乡	28660		6	7752	3	1	16
黄龙县石堡镇	53430	2	9	18235	42		38
黄龙县白马滩镇	45307	1	7	6861			14
黄龙县瓦子街镇	41086		3	1867	2	1	12
黄龙县界头庙镇	27200	1	11	7390			5

续表 583　　陕西省　　单位：公顷、个、人

名　　称	行政区域面　　积	居民委员会(社区)个数	村民委员会个　　数	户籍人口	工业企业个　　数	#规模以上	营业面积50平方米以上的商店或超市个数
黄龙县三岔镇	16352		7	7636	6	1	5
黄龙县圪台乡	43040		4	2237			1
黄龙县崾崄乡	48216		6	2931	1		5
黄陵县店头镇	62747	2	16	31191	58	18	14
黄陵县隆坊镇	15270	1	24	16612			17
黄陵县田庄镇	12300	1	18	13607			2
黄陵县阿党镇	15053	1	13	13495	1		32
黄陵县双龙镇	104665		7	4370	2	1	1
子长市杨家园则镇	36751	1	30	39283	6	2	1
子长市玉家湾镇	17297		14	14133	2		3
子长市安定镇	22906	1	17	20128	3		2
子长市马家砭镇	19972		18	20180			
子长市南沟岔镇	15084		15	13152			4
子长市涧峪岔镇	34349		18	20200	2		2
子长市李家岔镇	42266		19	22181	1		2
子长市余家坪镇	25345		21	22500	11	10	16
汉台区铺镇	4726	1	26	53380	105	31	49
汉台区武乡镇	9670	1	18	32710	32	1	63
汉台区河东店镇	13600	3	10	22032	45	5	15
汉台区宗营镇	3418	1	15	28827	40	5	54
汉台区老君镇	3518	2	12	27110	32	12	34
汉台区汉王镇	3984	1	14	17984	4	1	22
汉台区徐望镇	4600		14	21497	6	1	22
南郑区圣水镇	6586	2	13	28991	22	4	31
南郑区大河坎镇	5213	6	5	59595	97	13	40
南郑区协税镇	3067		11	21278	15	2	33
南郑区梁山镇	5724	4	14	41989	51	20	52
南郑区阳春镇	4370		10	19525	17	5	30
南郑区高台镇	5047	1	14	27867	12	2	27
南郑区新集镇	13189	2	27	61802	32	1	44
南郑区濂水镇	2574		8	17536			12
南郑区黄官镇	26020	1	23	31262	43	4	39
南郑区青树镇	5846		18	29500	8	3	14
南郑区红庙镇	15371	1	16	25578	5	2	34
南郑区牟家坝镇	9036	1	15	26088	25	7	31
南郑区法镇	17999		14	17570	17	3	15
南郑区湘水镇	8773		12	13940	3	1	9
南郑区小南海镇	24104		14	11836	11		1
南郑区碑坝镇	46215	1	14	12609	12	1	3
南郑区黎坪镇	36652	1	8	7448	4	1	19
南郑区福成镇	24574		12	6387	3	2	5
南郑区两河镇	10400		9	10460	1		6
南郑区胡家营镇	4430		8	20989	12	3	20
城固县龙头镇	4140	1	13	32435	24	7	20
城固县沙河营镇	2440	1	8	20550	30	6	6

续表 584　　陕西省　　单位：公顷、个、人

名　称	行政区域面积	居民委员会(社区)个数	村民委员会个数	户籍人口	工业企业个数	#规模以上	营业面积50平方米以上的商店或超市个数
城固县文川镇	2690	1	6	18510	6	4	7
城固县柳林镇	3970	5	14	43463	20	9	23
城固县老庄镇	14170	3	12	25414	17	5	16
城固县桔园镇	20400	2	21	41904	28	2	35
城固县原公镇	10130	3	17	43984	24	4	25
城固县上元观镇	6200	2	17	40338	20	7	6
城固县天明镇	18640	1	22	28598	18	1	27
城固县二里镇	35710	1	22	26904	16	5	33
城固县五堵镇	13180	2	10	21458	11	1	17
城固县双溪镇	25720		9	7387	10		17
城固县小河镇	48450		9	7458	4	3	
城固县董家营镇	7460	1	16	29911	12	2	28
城固县三合镇	6540	1	7	20935	29	6	4
洋县龙亭镇	12798		22	34154	3	2	8
洋县谢村镇	7510	2	26	61894	52	11	10
洋县马畅镇	4702	1	11	19204	17	5	3
洋县溢水镇	25826		16	13914			6
洋县磨子桥镇	20908	1	31	48445	18	10	18
洋县黄家营镇	13169		14	17793			4
洋县黄安镇	11751		22	24180	15		8
洋县黄金峡镇	15358		9	11610			2
洋县槐树关镇	20180		30	30583	6		26
洋县金水镇	27878		14	15109	2	1	1
洋县华阳镇	56796		8	7117	2	1	
洋县茅坪镇	30604		6	6658	8		3
洋县八里关镇	15498		3	3412	5	1	3
洋县桑溪镇	13550		9	8681	7	1	1
洋县关帝镇	19861		8	6999			
西乡县杨河镇	12232	3	11	37699	40	10	78
西乡县柳树镇	9943	1	10	28658	9	1	17
西乡县沙河镇	18961	1	14	26624	16	7	7
西乡县私渡镇	11930	1	6	10307			9
西乡县桑园镇	13055	1	8	15935	4	1	4
西乡县白龙塘镇	15366	1	10	19257	17	10	17
西乡县峡口镇	30135	2	11	21500	15	8	14
西乡县堰口镇	44662	3	24	48316	44	13	51
西乡县茶镇	13770	1	7	12335	2	1	22
西乡县高川镇	22723	2	16	26524	15	2	23
西乡县两河口镇	10607	1	9	15746	4		39
西乡县大河镇	43495	1	8	5437	3	1	22
西乡县骆家坝镇	18885	1	7	9756	3	1	46
西乡县子午镇	25972	1	11	9821	2	1	22
西乡县白勉峡镇	19025	1	11	12901	5	1	28
勉县武侯镇	16014	2	14	20656	10	2	21
勉县周家山镇	4924	5	6	36410	33	16	19

续表 585　　陕西省　　单位：公顷、个、人

名称	行政区域面积	居民委员会(社区)个数	村民委员会个数	户籍人口	工业企业个数	#规模以上	营业面积50平方米以上的商店或超市个数
勉县同沟寺镇	19924	1	7	16828	12	1	12
勉县新街子镇	17894	2	13	26806	33	8	19
勉县老道寺镇	7744	2	17	38707	36	11	26
勉县褒城镇	3234	1	6	12374	24	10	15
勉县金泉镇	4314		7	15885	26	3	18
勉县定军山镇	8824	6	8	38978	42	16	19
勉县温泉镇	2824	2	5	19502	4	2	12
勉县元墩镇	10524	1	7	15400	5		19
勉县阜川镇	12914	1	13	19639	6	2	13
勉县新铺镇	16988	2	17	26722	7		54
勉县茶店镇	22424	1	11	14597	9		10
勉县镇川镇	5124	1	7	14562	23	5	3
勉县漆树坝镇	8704		5	5498	1		1
勉县张家河镇	32614		7	5185			13
勉县长沟河镇	41804		8	5260	1		4
宁强县大安镇	34153	3	25	42216	36	9	117
宁强县代家坝镇	26524	1	18	25933	22	2	3
宁强县阳平关镇	30061	2	18	33977	12	3	61
宁强县燕子砭镇	22597	1	15	24788	11		15
宁强县广坪镇	19035	1	7	9006	8	2	16
宁强县青木川镇	19532		5	7352	4	1	4
宁强县毛坝河镇	17108		11	12911			19
宁强县铁锁关镇	15003	1	10	15127	11	1	11
宁强县胡家坝镇	13229		14	16570	9	3	29
宁强县巴山镇	11849		7	10418			16
宁强县巨亭镇	14781		10	11317	2	1	8
宁强县舒家坝镇	10337		8	9036	1		6
宁强县太阳岭镇	13380		6	6877	3		14
宁强县安乐河镇	14963		6	8483	1		11
宁强县二郎坝镇	16107		6	7554	2		15
宁强县禅家岩镇	9857		6	5732			10
略阳县接官亭镇	14900	2	9	12281	22	3	15
略阳县西淮坝镇	11800		5	3760	2	1	6
略阳县两河口镇	19900	1	4	4409			6
略阳县金家河镇	10600	1	5	5513	2	1	4
略阳县徐家坪镇	20400	1	14	12962	2	1	24
略阳县白水江镇	15500	1	8	9524	4		10
略阳县硖口驿镇	10000	1	9	9172	5	3	14
略阳县马蹄湾镇	9700	1	3	3530			3
略阳县乐素河镇	14100		12	7669			9
略阳县郭镇	21900	1	12	12560	2	1	14
略阳县黑河镇	14100		10	10188	4	2	20
略阳县白雀寺镇	20200		15	11095			5
略阳县仙台坝镇	20300		4	3622			1
略阳县五龙洞镇	25800		8	4960			15

续表 586　　陕西省　　单位：公顷、个、人

名　　称	行政区域面　　积	居民委员会(社区)个数	村民委员会个　　数	户籍人口	工业企业个　　数	#规模以上	营业面积50平方米以上的商店或超市个数
略阳县观音寺镇	11800		7	3634			4
镇巴县渔渡镇	14900	1	8	15696	4	3	7
镇巴县盐场镇	13600	1	7	17406	6	5	10
镇巴县观音镇	21050	1	13	19277	17	4	17
镇巴县巴庙镇	16000	1	12	17214	4	1	28
镇巴县兴隆镇	22900	1	10	17970	29	12	20
镇巴县长岭镇	19850	1	10	14876	8	5	12
镇巴县三元镇	34800	1	14	16536	8	1	19
镇巴县简池镇	22800	2	7	13312	10	1	18
镇巴县碾子镇	9800	1	5	11457	14	1	21
镇巴县小洋镇	16720	1	7	11186	12	5	23
镇巴县青水镇	23300	1	8	6672	3	2	15
镇巴县赤南镇	12700	1	6	15672	5	1	12
镇巴县平安镇	11600	1	6	9696	2	1	15
镇巴县杨家河镇	14500	1	5	5804	3	2	19
镇巴县巴山镇	14880	1	6	10872	5	4	16
镇巴县黎坝镇	10200	1	6	9546	2	1	18
镇巴县仁村镇	10800	1	4	7996	2	1	5
镇巴县大池镇	12600	1	4	5166	2	1	17
镇巴县永乐镇	12400	1	5	6681	3	1	11
留坝县马道镇	23955	1	12	4825			17
留坝县武关驿镇	29474		10	5004			15
留坝县留侯镇	28199		6	2802			5
留坝县江口镇	45372	1	16	8725	11	2	30
留坝县玉皇庙镇	29056		11	4685	3	1	5
留坝县火烧店镇	20518		7	3212			15
留坝县青桥驿镇	11517		6	1904			6
佛坪县陈家坝镇	7979		5	3746	3	1	5
佛坪县大河坝镇	12800		10	6073	4		18
佛坪县西岔河镇	9528		6	4026	2	1	6
佛坪县岳坝镇	48995		8	3440			6
佛坪县长角坝镇	33734		6	3145	5	1	3
佛坪县石墩河镇	3812		3	1867			9
榆阳区鱼河镇	11400	1	13	18990	3	1	30
榆阳区上盐湾镇	21985		29	30460			9
榆阳区镇川镇	5987	1	19	23028	6	4	84
榆阳区麻黄梁镇	48800		12	16239	25	17	13
榆阳区牛家梁镇	23300	1	12	23275	15	5	120
榆阳区金鸡滩镇	28624	2	11	19205	19	14	60
榆阳区马合镇	28500		9	14243			15
榆阳区巴拉素镇	44600		11	14906	4	2	37
榆阳区鱼河峁镇	19500		19	25714	5		76
榆阳区青云镇	30300	4	22	26495	35	1	35
榆阳区古塔镇	24061		19	20660	4		23
榆阳区大河塔镇	53700		23	28139	2	1	84

续表 587　　　　陕西省　　　　单位：公顷、个、人

名　　称	行政区域面　　积	居民委员会(社区)个数	村民委员会个　　数	户籍人口	工业企业个　　数	#规模以上	营业面积50平方米以上的商店或超市个数
榆阳区小纪汗镇	60000	1	13	17493	4	2	60
榆阳区芹河镇	35992	2	14	19629	35	8	140
榆阳区孟家湾乡	52300		14	16999	2	1	54
榆阳区小壕兔乡	58603		17	15235	6	2	56
榆阳区岔河则乡	35200		7	10421			10
榆阳区补浪河乡	49800		13	15449	5		152
榆阳区红石桥乡	55700		13	15848	12	2	24
横山区石湾镇	17090	1	12	18229	1		13
横山区高镇	25500		17	23764			6
横山区武镇	23200		12	24688			29
横山区党岔镇	18000	1	15	31035			10
横山区响水镇	26798		19	29478	1		28
横山区波罗镇	30369		13	26544	20	12	40
横山区殿市镇	21965		14	26016	12	8	25
横山区塔湾镇	35142		13	17805	2		8
横山区赵石畔镇	44052		21	31772	1		2
横山区魏家楼镇	31592		14	23779	1		18
横山区韩岔镇	45282	1	26	43250	4	3	39
横山区白界镇	34552	1	6	13247			8
横山区雷龙湾镇	35482		7	12254	3	2	23
府谷县府谷镇	32874	14	33	72459	198	21	39
府谷县黄甫镇	28766		18	22647	33	5	12
府谷县哈镇	23893		9	11383	6	1	7
府谷县庙沟门镇	34431	1	13	18094	83	21	17
府谷县新民镇	20456	1	10	13263	86	38	8
府谷县孤山镇	18029		11	12272	40	7	7
府谷县清水镇	23801		16	20537	59	17	10
府谷县大昌汗镇	20102	1	6	7953	60	25	14
府谷县古城镇	18024		7	10125	6	1	15
府谷县三道沟镇	14787		7	8342	58	21	11
府谷县老高川镇	22775		9	11980	143	62	10
府谷县武家庄镇	24456		14	17143	6		3
府谷县木瓜镇	17450		10	12148	6		5
府谷县田家寨镇	20299		9	10764	32	13	
靖边县东坑镇	52250	2	19	51207	23	4	211
靖边县青阳岔镇	21542	1	14	17222			23
靖边县宁条梁镇	29600	1	9	22841			48
靖边县周河镇	38500		12	15532			8
靖边县红墩界镇	28800		7	11268			70
靖边县杨桥畔镇	36220		11	19641			36
靖边县王渠则镇	39800		13	23991	2		24
靖边县中山涧镇	25660		10	16648			12
靖边县杨米涧镇	38360		13	17938			22
靖边县天赐湾镇	35608		10	14469	3	1	12
靖边县小河镇	19800		7	10590			20

续表 588 陕西省 单位：公顷、个、人

名　称	行政区域面积	居民委员会(社区)个数	村民委员会个数	户籍人口	工业企业个数	#规模以上	营业面积50平方米以上的商店或超市个数
靖边县龙洲镇	22000		8	13293			20
靖边县黄蒿界镇	22760		6	9167	1		64
靖边县海则滩镇	31270		7	10857			23
靖边县席麻湾镇	19900		12	19573	6		15
靖边县镇靖镇	21000	1	10	14487	4	1	27
定边县贺圈镇	44295	4	15	30804	20	2	50
定边县红柳沟镇	38600		11	18585			6
定边县砖井镇	68179		15	28895	10	6	34
定边县白泥井镇	56315	1	18	27848	3	2	20
定边县安边镇	24900	1	11	21632	3		22
定边县堆子梁镇	15320		9	13521			28
定边县白湾子镇	28400		9	11019			7
定边县姬塬镇	52800		10	13796	3	2	25
定边县杨井镇	43900		14	21305			16
定边县新安边镇	30800		5	8875			10
定边县张崾先镇	51100		8	12226			10
定边县樊学镇	46200		6	10614			10
定边县盐场堡镇	49470		8	12982	8		
定边县郝滩镇	27700		10	20314			25
定边县石洞沟镇	14600		9	21917			15
定边县冯地坑镇	21800		5	6523	2	1	20
定边县油房庄乡	25200		6	11780			12
定边县学庄乡	36630		10	13919			4
绥德县薛家峁镇	10600		21	15130	1		3
绥德县崔家湾镇	13600		26	18589			3
绥德县定仙墕镇	11200		22	13475			4
绥德县枣林坪镇	11100		23	12872	12		3
绥德县义合镇	19554	1	39	26556	6		11
绥德县吉镇	7800		9	11929			4
绥德县薛家河镇	8300		14	13440			12
绥德县四十里铺镇	16700	1	37	37822	25	3	31
绥德县石家湾镇	8900		18	19173	11		19
绥德县田庄镇	9800		17	14385			
绥德县中角镇	16900		29	21362			5
绥德县满堂川镇	15400		16	22626	3		38
绥德县张家砭镇	9600	1	17	26230			27
绥德县白家硷镇	8700		16	14821			13
米脂县桃镇	12800		18	26450			15
米脂县龙镇	13665		28	23153			8
米脂县杨家沟镇	10720		13	14175			8
米脂县杜家石沟镇	15200		18	17283			23
米脂县沙家店镇	18110		30	23904			12
米脂县印斗镇	17986		29	26347			5
米脂县郭兴庄镇	7806		17	12189	1		2
米脂县城郊镇	15012	1	31	34547	5		43

续表 589　　陕西省　　单位：公顷、个、人

名　称	行政区域面积	居民委员会(社区)个数	村民委员会个数	户籍人口	工业企业个数	#规模以上	营业面积50平方米以上的商店或超市个数
佳县坑镇	14200	1	24	23211			27
佳县店镇	8600		18	14043	2		3
佳县乌镇	19945	1	40	30705			29
佳县金明寺镇	18170	2	32	19100			3
佳县通镇	16360	1	31	25639	2	1	16
佳县王家砭镇	17500		14	14912	2		9
佳县方塌镇	17480		17	9892	1		20
佳县朱家坬镇	9456	1	33	11018			21
佳县螅镇	13622	1	27	20829			39
佳县朱官寨镇	17300		25	16814			22
佳县刘国具镇	13380	1	33	21917			11
佳县木头峪镇	7730		17	13053	1		6
吴堡县辛家沟镇	5660		13	7688	3	1	3
吴堡县郭家沟镇	5650		15	8965	4		2
吴堡县寇家塬镇	9280		21	16687	8	6	25
吴堡县岔上镇	7667		17	11163	3	2	10
吴堡县张家山镇	4532		12	7640	2	1	5
清涧县宽州镇	28720	5	54	56870	31	13	18
清涧县石咀驿镇	24300		32	23430			25
清涧县折家坪镇	15340		24	17643	8	5	29
清涧县玉家河镇	22497	1	41	20795	8		4
清涧县高杰村镇	24380		15	22624	1		20
清涧县李家塔镇	21370		26	17442	1		8
清涧县店则沟镇	13370		30	12183			2
清涧县解家沟镇	24640		56	24844	6	1	14
清涧县下廿里铺镇	25520		71	25788	3	2	3
子洲县何家集镇	16800		17	17711			5
子洲县老君殿镇	11850	1	14	13261	2		7
子洲县裴家湾镇	14000		21	22392	2		8
子洲县苗家坪镇	19200	1	29	34521	12	5	15
子洲县三川口镇	17600		22	23318	3	2	38
子洲县马蹄沟镇	20200	3	34	38900	14	1	60
子洲县周家硷镇	17600	1	22	22024	11	1	35
子洲县电市镇	22400		28	28644			33
子洲县砖庙镇	9300		13	10087			
子洲县淮宁湾镇	15000		20	20831	2		7
子洲县马岔镇	18400		21	23938	11	1	34
子洲县驼耳巷乡	15000		16	15469	1		16
神木市高家堡镇	79400	1	36	48162			31
神木市店塔镇	32500	1	12	18154	96	15	195
神木市孙家岔镇	42119		14	14206	186	35	18
神木市大柳塔镇	50800	7	14	25455	220	52	52
神木市花石崖镇	22620		13	16541			7
神木市中鸡镇	43830		12	15318	20	9	25
神木市贺家川镇	41732	2	27	27320			

续表 590　　陕西省　　单位：公顷、个、人

名　　称	行政区域面　积	居民委员会(社区)个数	村民委员会个　数	户籍人口	工业企业个　数	#规模以上	营业面积50平方米以上的商店或超市个数
神木市尔林兔镇	67035		12	16530	1		18
神木市万镇	22000		18	19000			
神木市大保当镇	71960	1	18	20423	65	7	210
神木市马镇	18870		19	21166			7
神木市栏杆堡镇	54180	13	20	20800	120		2
神木市沙峁镇	50050		18	18063			16
神木市锦界镇	77500	2	20	19249	110	33	200
汉滨区关庙镇	10470	3	20	51250	50	13	78
汉滨区张滩镇	5150	5	10	32454	22	2	24
汉滨区瀛湖镇	20010	1	26	42168	27	8	22
汉滨区五里镇	13840	5	37	83910	144	59	84
汉滨区恒口镇	38269	11	87	160784	55	23	305
汉滨区吉河镇	12070	5	10	22404	16	5	25
汉滨区流水镇	12610	4	8	25056	19	2	3
汉滨区大竹园镇	6470	2	7	17440	21	5	11
汉滨区洪山镇	13240	2	12	24624	10	2	23
汉滨区茨沟镇	24620	3	13	19448	2		28
汉滨区大河镇	26320	5	14	30862	6		16
汉滨区沈坝镇	11290	1	9	12136	1		25
汉滨区双龙镇	10870	2	7	16122	10	1	20
汉滨区叶坪镇	15210	1	2	4491	3		6
汉滨区中原镇	22670	2	8	15227	3		2
汉滨区县河镇	13140	5	12	28187	10	1	48
汉滨区紫荆镇	19370		8	9296			
汉滨区早阳镇	20500		22	31770	12		36
汉滨区关家镇	9520	2	8	18681	3		38
汉滨区石梯镇	6570		12	18188	2	1	15
汉滨区坝河镇	7940	1	5	11735			16
汉滨区牛蹄镇	4700	1	3	7911	2		1
汉滨区晏坝镇	8040	2	10	16833	7	1	43
汉滨区谭坝镇	12680	4	6	15155	7	1	18
汉阴县城关镇	13334	8	21	80050	105	21	145
汉阴县涧池镇	12764	2	20	47901	189	30	71
汉阴县蒲溪镇	7972	2	12	28240	132	11	51
汉阴县平梁镇	20393	2	19	36431	189	11	53
汉阴县双乳镇	3791	1	6	15817	58	4	23
汉阴县铁佛寺镇	16378	1	10	14668	9	1	2
汉阴县漩涡镇	22497	1	20	35680	9	2	48
汉阴县汉阳镇	16339	1	15	24479	7	1	35
汉阴县双河口镇	14168		11	16632	4	3	29
汉阴县观音河镇	8880		7	10156	3		3
石泉县城关镇	23416	15	22	59020	293	45	36
石泉县饶峰镇	15927	1	12	11750	7	1	16
石泉县两河镇	15057	1	11	9082	4	2	7
石泉县迎丰镇	15089	1	8	7117	3		6

续表 591　　陕西省　　单位：公顷、个、人

名　称	行政区域面积	居民委员会(社区)个数	村民委员会个数	户籍人口	工业企业个数	#规模以上	营业面积50平方米以上的商店或超市个数
石泉县池河镇	9877	2	13	22270	51	14	66
石泉县后柳镇	14663	1	14	14205	4	2	45
石泉县喜河镇	13964	1	18	16224	12	6	51
石泉县熨斗镇	8157	1	13	13934	2	1	45
石泉县云雾山镇	15176		11	9161	2	1	26
石泉县中池镇	9452	1	11	11235	2		15
石泉县曾溪镇	10850		7	6517	3	1	11
宁陕县城关镇	68242	5	18	27222	47	6	20
宁陕县四亩地镇	37060	1	4	4047	2	1	10
宁陕县江口镇	47299	1	7	8699	18	1	9
宁陕县广货街镇	42848	1	7	4885	10	1	9
宁陕县龙王镇	25143	1	7	4901	2	1	13
宁陕县筒车湾镇	18854	1	7	4906	6		8
宁陕县金川镇	11083		4	3684	3		6
宁陕县皇冠镇	44899	1	3	2347	10	2	9
宁陕县太山庙镇	27685		5	5028	3		8
宁陕县梅子镇	7323	1	3	2504			
宁陕县新场镇	36257		3	1090	3		2
紫阳县城关镇	12365	6	13	43568	60	11	21
紫阳县蒿坪镇	10954	3	13	29144	34	10	43
紫阳县汉王镇	8161	2	7	15300	4		23
紫阳县焕古镇	10858	1	11	14614	31	7	14
紫阳县向阳镇	13375	2	12	22812	6	5	23
紫阳县洞河镇	9412	2	12	16694	10	1	16
紫阳县洄水镇	9534	2	8	12862	9	4	15
紫阳县双桥镇	16971	2	10	16606	5	1	30
紫阳县高桥镇	15368	2	9	19819	23	7	71
紫阳县红椿镇	11634	2	10	16319	18	7	20
紫阳县高滩镇	24841	1	18	30003	12	1	20
紫阳县毛坝镇	17447	1	11	19466	7	5	14
紫阳县瓦庙镇	8776	1	8	14186	2	1	15
紫阳县麻柳镇	8136	1	6	12612	6	5	12
紫阳县双安镇	10390	2	11	18300	1		48
紫阳县东木镇	13482	1	8	14350	21	1	10
紫阳县界岭镇	22334	1	8	11666	2	1	35
岚皋县城关镇	11699	7	13	37136	109	24	320
岚皋县佐龙镇	15331	1	16	17061	18	3	38
岚皋县滔河镇	38133		10	9374	14		33
岚皋县官元镇	14246	1	5	7253	2		11
岚皋县石门镇	30995	2	12	13640	14		23
岚皋县民主镇	19518	2	20	26870	34	7	31
岚皋县大道河镇	2575	1	5	5052	9		11
岚皋县堰门镇	7371		8	9368	4		7
岚皋县蔺河镇	10726		7	8665	22	9	12
岚皋县四季镇	13376		5	6126	9	1	9

续表 592　　　　陕西省　　　　单位：公顷、个、人

名　　称	行政区域面　　积	居民委员会(社区)个数	村民委员会个　　数	户籍人口	工业企业个　　数	#规模以上	营业面积50平方米以上的商店或超市个数
岚皋县孟石岭镇	12806		10	9894	19	1	15
岚皋县南宫山镇	18954	1	10	12810	16	2	2
平利县城关镇	30547	8	22	54263	59	38	135
平利县兴隆镇	19157	1	10	12244	12		16
平利县老县镇	14347	2	11	19436	17	10	16
平利县大贵镇	11346		10	12214	9	5	47
平利县三阳镇	17250		10	12958			45
平利县洛河镇	32637	1	11	15006	19	6	18
平利县广佛镇	36001	1	12	24543	9	3	63
平利县八仙镇	31359	1	16	28626	21	4	123
平利县长安镇	21636	1	15	21891	26	15	59
平利县正阳镇	41632		10	8937			28
平利县西河镇	8868		10	15530	5	4	50
镇坪县城关镇	24350	5	9	16037	93	12	34
镇坪县曾家镇	27247	1	13	10472	110	5	32
镇坪县牛头店镇	20658		7	5848	75	4	23
镇坪县钟宝镇	15144	1	8	8951	9	5	12
镇坪县上竹镇	10978		6	4502	9	4	12
镇坪县华坪镇	14757		4	3283	19		9
镇坪县曙坪镇	37113		11	8800	53	1	11
白河县城关镇	7041	5	11	34820	58	19	80
白河县中厂镇	14514	1	8	16556	21	6	21
白河县构朳镇	11669	1	6	15284	18	7	21
白河县卡子镇	13309	1	7	13452	17	6	18
白河县茅坪镇	21209	1	15	29290	16	8	64
白河县宋家镇	15410	1	9	15593	6	5	31
白河县西营镇	10392	1	8	14340	12	2	7
白河县仓上镇	10729	1	11	18788	13	3	22
白河县冷水镇	18508	2	16	26457	8	4	15
白河县双丰镇	10340	1	7	10319	10	3	5
白河县麻虎镇	12226	1	8	17123	8	1	56
旬阳市城关镇	16692	12	18	61682	170	23	71
旬阳市棕溪镇	22670	2	17	26798	7	1	40
旬阳市关口镇	13134	1	9	15647	13	1	3
旬阳市蜀河镇	18030	5	18	36630	16	3	40
旬阳市双河镇	29528	2	17	29109	13	4	23
旬阳市小河镇	28632	2	28	26137	23	4	86
旬阳市赵湾镇	16834	2	13	15213	6		24
旬阳市麻坪镇	12648	1	11	11204	2	1	39
旬阳市甘溪镇	14924	2	10	16827	23	6	25
旬阳市白柳镇	19198	3	11	14721	42	7	14
旬阳市吕河镇	19119	6	14	31750	44	13	56
旬阳市神河镇	12902	3	7	17763	3	1	20
旬阳市铜钱关镇	28151	3	14	25369	13	3	37
旬阳市段家河镇	11987	1	10	17489	9	1	12

续表 593　　陕西省　　单位：公顷、个、人

名　　称	行政区域面　　积	居民委员会(社区)个数	村民委员会个　　数	户籍人口	工业企业个　　数	#规模以上	营业面积50平方米以上的商店或超市个数
旬阳市仙河镇	11438	3	6	22873	7	1	18
旬阳市金寨镇	13384	2	8	14680	9	3	38
旬阳市桐木镇	12528	1	12	13115	2	1	4
旬阳市构元镇	14036	1	6	12458	8	3	2
旬阳市石门镇	13796	1	11	12169	3		8
旬阳市红军镇	16385	2	6	11457	8		14
旬阳市仁河口镇	8052	1	7	7042	5		14
商州区夜村镇	26470	1	30	52532	6	2	58
商州区沙河子镇	17690	2	25	42658	20	11	132
商州区杨峪河镇	13830	4	16	34749	98	2	34
商州区金陵寺镇	8810	1	10	21022	3	1	5
商州区黑山镇	8980		9	14007			9
商州区杨斜镇	42130	1	17	36553	43		40
商州区麻街镇	8430		9	16585			17
商州区牧护关镇	26270	2	20	36380			23
商州区大荆镇	17650	2	20	39255	7	5	36
商州区腰市镇	15650	2	20	33980	9	1	28
商州区板桥镇	17580		15	25575			27
商州区北宽坪镇	16690	1	9	13964	2		46
商州区三岔河镇	12470	1	7	11122			5
商州区闫村镇	14510		8	12978			3
洛南县景村镇	20232	1	24	42769	40	2	56
洛南县古城镇	18273	3	18	38490	32	1	71
洛南县三要镇	10242	1	9	18720			44
洛南县灵口镇	37500	2	17	28398	37		50
洛南县寺耳镇	25663	1	8	12260	5	3	31
洛南县巡检镇	25005	1	7	12861	10	2	32
洛南县石坡镇	29271	1	16	24857	6	1	24
洛南县石门镇	18016	2	12	26011	40	8	30
洛南县麻坪镇	13987	3	7	16427	5		29
洛南县洛源镇	14153		10	15860	13	1	22
洛南县保安镇	10780	1	12	24516	30		69
洛南县永丰镇	9061	2	16	33630	67	4	65
洛南县柏峪寺镇	8664	1	9	14526			16
洛南县高耀镇	14465	1	9	14732			24
丹凤县庾岭镇	19400		11	16692			1
丹凤县蔡川镇	18600		8	13594	4	2	
丹凤县峦庄镇	37300		11	21973	2	1	2
丹凤县铁峪铺镇	13606		8	17050			2
丹凤县武关镇	28670		14	20632	2	1	1
丹凤县竹林关镇	23593	1	17	33053	26	5	90
丹凤县土门镇	10460		8	12264	2		2
丹凤县寺坪镇	17045		11	16621			2
丹凤县商镇	12823	4	9	30322	23	22	19
丹凤县棣花镇	7800	4	4	22994	3	2	12

续表 594　　陕西省　　单位：公顷、个、人

名　称	行政区域面积	居民委员会(社区)个数	村民委员会个数	户籍人口	工业企业个数	#规模以上	营业面积50平方米以上的商店或超市个数
丹凤县花瓶子镇	11434		7	9336			
商南县富水镇	14700	1	12	23255	32	6	40
商南县湘河镇	22550	2	11	20970	18	1	15
商南县赵川镇	31721	1	10	19192	35		16
商南县过风楼镇	24970	2	12	23064	2	1	22
商南县试马镇	13310	1	11	19458	14	2	5
商南县清油河镇	25805	1	6	13815			32
商南县十里坪镇	32240	1	12	19029	3		19
商南县金丝峡镇	30060	1	13	26172	14		28
商南县青山镇	12049	1	5	11762	11		42
山阳县高坝店镇	24330	4	18	43841	16	3	28
山阳县天竺山镇	15170	1	9	17163	7	1	11
山阳县中村镇	14860	3	13	23913	22	4	32
山阳县银花镇	8750	2	5	16312	7	1	17
山阳县西照川镇	26010	2	10	18923	24		19
山阳县漫川关镇	26640	3	13	29484	59	3	54
山阳县南宽坪镇	23010	1	13	19811	6		19
山阳县户家塬镇	24940	2	17	35810	9	5	8
山阳县杨地镇	18250	1	11	21958	9	1	47
山阳县小河口镇	22370	1	13	19900	4		25
山阳县色河铺镇	23200	2	14	26116	4	1	51
山阳县板岩镇	22470	2	12	25276	12	2	20
山阳县延坪镇	18150		11	13356	4		19
山阳县两岭镇	12600	1	6	11257			11
山阳县王阎镇	26490	1	8	13386	1		5
山阳县法官镇	9410	1	5	15286	6		21
镇安县回龙镇	12305	1	5	10787	14	4	11
镇安县铁厂镇	12704	1	7	14071	1		17
镇安县大坪镇	13765		12	18361	5		51
镇安县米粮镇	23747	1	17	33584	2		88
镇安县茅坪回族镇	10547	1	6	11876	1		28
镇安县西口回族镇	16675	1	9	17630			65
镇安县高峰镇	15591	1	11	20747	3		19
镇安县青铜关镇	27752		12	20718	3	2	18
镇安县柴坪镇	29125		11	17380	3		30
镇安县达仁镇	22398	1	7	11532			15
镇安县木王镇	44190		8	12408	5	3	22
镇安县云盖寺镇	21051	3	5	13910	12	10	35
镇安县庙沟镇	16122		7	9365			19
镇安县月河镇	44282		10	13613	3	1	58
柞水县营盘镇	58800	1	8	11534	8	1	11
柞水县下梁镇	32395	4	6	19738	5	2	45
柞水县小岭镇	11506	1	4	11725	19	9	13
柞水县凤凰镇	16710	1	8	16866	19		17
柞水县红岩寺镇	19474	1	9	16184	3		25

续表 595　　陕西省、甘肃省　　单位：公顷、个、人

名　称	行政区域面积	居民委员会(社区)个数	村民委员会个数	户籍人口	工业企业个数	#规模以上	营业面积50平方米以上的商店或超市个数
柞水县曹坪镇	21856	2	7	16718	2	1	21
柞水县杏坪镇	29839	2	12	24999	80	1	7
柞水县瓦房口镇	19970	1	7	15124	2	1	18
甘肃省							
七里河区阿干镇	8550	6	8	26338	5	2	1
七里河区八里镇	4260	4	10	26113	68	1	29
七里河区彭家坪镇	2280	3	9	20909	125	9	30
七里河区西果园镇	8260	2	13	26800	156	6	55
七里河区黄峪镇	6850		11	17663	2	1	8
七里河区魏岭乡	6500		8	12427	25		1
西固区新城镇	5230	4	6	21654	24	11	3
西固区东川镇	4211	2	6	20463	2	1	4
西固区河口镇	11491	1	8	14172	15	3	11
西固区达川镇	2045	1	5	7367	9		8
西固区柳泉镇	1787		5	7316	48		3
西固区金沟乡	3610		4	4482	37		3
安宁区忠和镇	17660	3	5	12603	48	6	4
安宁区九合镇	21400		11	17241	73	5	24
红古区海石湾镇	800	3	2	14592	11	1	11
红古区花庄镇	20478	2	9	12304	19	4	32
红古区平安镇	12685	2	11	17252	24	12	57
红古区红古镇	16320	1	8	13783	9	2	19
永登县城关镇	6733	5	6	45600	60		72
永登县红城镇	33778		9	25492	6	1	47
永登县中堡镇	8245	2	10	22056	70	6	16
永登县武胜驿镇	46931	1	23	33373	71	2	45
永登县河桥镇	19827	2	11	30550	35	4	42
永登县连城镇	42310	1	8	31056	6	2	44
永登县苦水镇	44000		12	30165	18	1	48
永登县大同镇	28500		13	25806	16		39
永登县龙泉寺镇	25500		16	22950	16	1	33
永登县树屏镇	32500		8	15729	18	6	8
永登县柳树镇	40002		14	26657	34	2	24
永登县通远镇	40304		10	16154	5		15
永登县坪城乡	53420		13	14287	14		27
永登县民乐乡	41000		23	38961	12	2	60
永登县七山乡	68300		9	6355			6
皋兰县石洞镇	41200	4	11	50645	51	11	10
皋兰县什川镇	40500		9	22169	10	1	18
皋兰县水阜镇	25600		7	16559	12	1	8
皋兰县黑石镇	64200		11	21877	48	10	7
榆中县城关镇	11459	6	18	83262	22	3	38
榆中县夏官营镇	18157		17	34272	17	2	14
榆中县高崖镇	7412		11	12513	1		10
榆中县金崖镇	30220	2	17	32910	130	10	29

续表 596　　甘肃省　　单位：公顷、个、人

名　　称	行政区域面　　积	居民委员会(社区)个数	村民委员会个　　数	户籍人口	工业企业个　　数	#规模以上	营业面积50平方米以上的商店或超市个数
榆中县和平镇	19912	5	18	47704	228	5	210
榆中县甘草店镇	12148		13	15922	7	1	26
榆中县青城镇	13756		14	19582			22
榆中县定远镇	8623	2	14	27450	45		95
榆中县连搭镇	13300		18	36035	25		7
榆中县新营镇	14200		13	19820			10
榆中县贡井镇	23682		9	7457			3
榆中县小康营乡	10182		17	28338	6	1	20
榆中县马坡乡	24491		23	25937			4
榆中县清水驿乡	16350		16	20730	7		21
榆中县龙泉乡	8400		12	10325	1		2
榆中县韦营乡	12300		7	5678			9
榆中县中连川乡	20800		12	9390			23
榆中县园子岔乡	26870		6	7735			
榆中县上花岔乡	17400		6	6872			10
榆中县哈岘乡	20500		7	4376			1
兰州新区中川镇	27028	14	19	60739	235	61	134
兰州新区秦川镇	18865	1	21	56753	84	40	73
兰州新区西岔镇	35231	3	15	57262	81	52	63
兰州新区上川镇	34581		15	33255	11	1	10
市辖区新城镇	24682		8	10911			7
市辖区峪泉镇	79200		3	3237	24		11
市辖区文殊镇	13400		6	7480			3
金川区宁远堡镇	96000		14	28837	36	1	54
金川区双湾镇	165896		13	24848	36		55
永昌县城关镇	21278	10	10	37513	65	3	146
永昌县河西堡镇	66400	7	12	43201	178	27	32
永昌县新城子镇	38530		13	24609	3	1	27
永昌县朱王堡镇	40796		13	28894	20	2	50
永昌县东寨镇	20237		12	14941	17	1	17
永昌县水源镇	59800		11	20527	16	3	51
永昌县红山窑镇	154000		12	24450	2		12
永昌县焦家庄镇	33569		12	21479	8		33
永昌县六坝镇	31800	1	12	12592	11	4	54
永昌县南坝乡	11140		5	4485			6
白银区水川镇	13994		13	24356	24	3	7
白银区四龙镇	9900		8	11626	5		8
白银区王岘镇	28546	4	7	10969	155	1	6
白银区强湾乡	25503	1	7	9847	9		14
白银区武川乡	46016	1	7	10728	11		2
平川区王家山镇	21625	2	4	13838	17	2	30
平川区水泉镇	54119	1	16	36712	2	1	38
平川区共和镇	30299	1	9	19683	5	3	24
平川区宝积镇	34193		12	15459	26	6	5
平川区黄峤镇	31117		7	12277			6

续表 597　　甘肃省　　单位：公顷、个、人

名　　称	行政区域面积	居民委员会(社区)个数	村民委员会个数	户籍人口	工业企业个数	#规模以上	营业面积50平方米以上的商店或超市个数
平川区种田乡	19290		6	7218			1
平川区复兴乡	10494		7	6274			11
靖远县北湾镇	26760		9	47545	10		23
靖远县东湾镇	22900	2	9	43510	61	4	83
靖远县乌兰镇	36367	13	10	88431	72	1	246
靖远县刘川镇	41250		10	35377	58	7	76
靖远县北滩镇	54203		18	45752	59		44
靖远县五合镇	33294	1	14	34259	12	2	91
靖远县大芦镇	37133		9	20895	5		28
靖远县糜滩镇	14674		8	26256	7		52
靖远县高湾镇	56911		12	27288	9		41
靖远县平堡镇	4210		4	17782			18
靖远县东升镇	31335		10	24786	14		112
靖远县双龙镇	18173		8	14238			15
靖远县三滩镇	25597		8	22384	13		28
靖远县兴隆乡	15250		8	11854	1		13
靖远县石门乡	41470		10	13249			13
靖远县靖安乡	29857		8	12993			32
靖远县永新乡	33071		11	10355			18
靖远县若笠乡	43332	1	11	6654			5
会宁县会师镇	18680	13	8	58784	75	6	104
会宁县郭城驿镇	32910	5	11	36317	26	3	86
会宁县河畔镇	24340	1	8	24208			34
会宁县头寨子镇	47300	1	15	28269	13		13
会宁县太平店镇	13990	1	12	20030	2	1	2
会宁县甘沟驿镇	33620	1	12	22181	13		18
会宁县侯家川镇	11230	1	7	13388			8
会宁县柴家门镇	27930	4	11	21620	55	13	49
会宁县汉家岔镇	38570	1	12	20087	11		40
会宁县刘家寨子镇	29730	1	12	18916			12
会宁县白草塬镇	17500	1	8	24635	6	1	15
会宁县大沟镇	28570	1	14	19357			13
会宁县四房吴镇	25880	1	10	18172	2		22
会宁县中川镇	13830	1	10	16222	4	2	3
会宁县老君坡镇	14530	1	13	21236	1		5
会宁县平头川镇	13830		9	12599	16		1
会宁县丁家沟镇	16470		10	18830	2		4
会宁县杨崖集镇	16280	1	12	20896			14
会宁县翟家所镇	18190	1	12	19763	10	1	8
会宁县韩家集镇	18870	1	8	15460			7
会宁县土门岘镇	18590		6	9405			2
会宁县新塬镇	28730	1	9	13256	1		2
会宁县草滩镇	21110		7	12819			3
会宁县新庄镇	32330		8	12563			11
会宁县新添堡回族乡	21800		13	19898	8	1	13

续表 598　　甘肃省　　单位：公顷、个、人

名　　称	行政区域面　　积	居民委员会(社区)个数	村民委员会个　　数	户籍人口	工业企业个　　数	#规模以上	营业面积50平方米以上的商店或超市个数
会宁县党家岘乡	14980		10	18608			7
会宁县八里湾乡	19530		11	18344			2
会宁县土高山乡	24580		6	8556			30
景泰县一条山镇	9117	13	2	54037	7	5	17
景泰县芦阳镇	34061		13	26966	10	1	42
景泰县上沙沃镇	51070		10	9985	26	8	20
景泰县喜泉镇	59439		18	23349	10	8	22
景泰县草窝滩镇	48723		18	21654	18	4	14
景泰县红水镇	32000		15	19748	5		44
景泰县中泉镇	99017		12	15578	10		26
景泰县正路镇	65700		16	18706	9	6	34
景泰县寺滩乡	69703		15	19402	5	3	43
景泰县五佛乡	62875		6	16564	1		2
景泰县漫水滩乡	13739		11	11821	3	1	28
秦州区玉泉镇	9030	2	30	34592	9		28
秦州区太京镇	13486	6	20	31928	3	2	12
秦州区藉口镇	18824	12	40	37912	4		34
秦州区皂郊镇	22527	9	27	37708	11		25
秦州区汪川镇	19247	6	22	40231			44
秦州区牡丹镇	13174	7	24	27004			5
秦州区关子镇	15268	9	20	29226	2	1	7
秦州区平南镇	9573	8	21	42451			4
秦州区天水镇	9202	14	12	32320			29
秦州区娘娘坝镇	16476	10	18	28573	7	1	32
秦州区中梁镇	6953	4	14	18839			24
秦州区杨家寺镇	12461		20	14619			3
秦州区齐寿镇	7429		16	23091			14
秦州区大门镇	7509	8	10	24401			9
秦州区秦岭镇	7151	5	14	14335			19
秦州区华歧镇	10726		26	23983	1		5
麦积区社棠镇	5760	7	10	20838	10		12
麦积区马跑泉镇	9700	11	19	62913	18		54
麦积区甘泉镇	21100		24	46900	21		17
麦积区渭南镇	9884	9	31	43352	1		17
麦积区东岔镇	39674		14	11369			26
麦积区花牛镇	11898	14	27	48913	22		12
麦积区中滩镇	4878	3	20	37697			5
麦积区新阳镇	9603	2	22	31268			7
麦积区元龙镇	20893	1	22	21048	10		15
麦积区伯阳镇	10942	2	19	25528			10
麦积区麦积镇	10635	4	11	23244	2		30
麦积区石佛镇	10155	4	30	42985	12		35
麦积区三岔镇	34200		17	15630			25
麦积区琥珀镇	3975	1	12	13287			1
麦积区利桥镇	55455		8	4804			17

续表 599　　甘肃省　　单位：公顷、个、人

名　称	行政区域面积	居民委员会(社区)个数	村民委员会个数	户籍人口	工业企业个数	#规模以上	营业面积50平方米以上的商店或超市个数
麦积区五龙镇	7200		28	25394			28
麦积区党川镇	76000		10	5278			15
清水县永清镇	15237	7	18	67153	7	4	24
清水县红堡镇	14948	8	15	28327	7	1	2
清水县白驼镇	12920	3	16	18206			4
清水县金集镇	8880	2	12	16712			5
清水县秦亭镇	22520	3	16	18452			7
清水县山门镇	22980	3	14	10671			6
清水县白沙镇	13300	2	12	20573			6
清水县王河镇	6985		11	14607			6
清水县郭川镇	7247		17	19045			4
清水县黄门镇	9800	2	11	16546	4	1	14
清水县松树镇	6296	3	11	14457			1
清水县远门镇	6282	2	10	11518			7
清水县土门镇	6451	1	12	15905	1		16
清水县草川铺镇	11732	2	9	12533			6
清水县陇东镇	10710	2	11	12934			
清水县贾川乡	5122	2	7	12660			1
清水县丰望乡	7200	1	12	10254			16
清水县新城乡	12900	1	11	12452			4
秦安县兴国镇	8151	8	28	97012	185	8	350
秦安县莲花镇	9539		26	37704	8		45
秦安县西川镇	6776		30	37525	31	2	48
秦安县陇城镇	7582		22	31284	17	1	7
秦安县郭嘉镇	14095		35	35727	13		30
秦安县五营镇	9231		31	36606	10		17
秦安县叶堡镇	8506		22	35923	19		70
秦安县魏店镇	14022		31	26386	4		20
秦安县安伏镇	10582		24	30146	9	2	10
秦安县千户镇	7538		17	24590	2		8
秦安县王尹镇	7045		18	28129			10
秦安县兴丰镇	9189		22	31796			9
秦安县中山镇	12834		28	33217	3		27
秦安县刘坪镇	6052		21	21171	3		8
秦安县王铺镇	15005		30	24422			10
秦安县王窑镇	8566		23	20449			21
秦安县云山镇	5796		20	18084			6
甘谷县大像山镇	5030	5	25	111151	26	8	55
甘谷县新兴镇	12894	13	35	113435	80	3	85
甘谷县磐安镇	17303	4	49	74609	12	3	56
甘谷县六峰镇	6385	9	21	47967	25	11	16
甘谷县安远镇	15458	1	36	43832	8		29
甘谷县金山镇	12198		30	42315			30
甘谷县大石镇	9910		25	30396	2	1	26
甘谷县礼辛镇	10853		20	19700	1		24

续表 600 甘肃省 单位：公顷、个、人

名　　称	行政区域面　积	居民委员会(社区)个数	村民委员会个　　数	户籍人口	工业企业个　数	#规模以上	营业面积50平方米以上的商店或超市个数
甘谷县武家河镇	8286		17	19016	5		18
甘谷县大庄镇	10750		18	19774			15
甘谷县古坡镇	12818		12	11039			12
甘谷县八里湾镇	9745		27	32255			29
甘谷县西坪镇	10363		21	17216			17
甘谷县谢家湾乡	9897		26	21949			26
甘谷县白家湾乡	6336		21	25851			
武山县城关镇	11554	25	19	75501	88	9	55
武山县洛门镇	11468	13	35	82847	45	3	47
武山县鸳鸯镇	11626	6	8	26359	9	1	10
武山县滩歌镇	18733	8	22	39977	6		16
武山县四门镇	13176	5	20	30332	8		11
武山县马力镇	20467	5	24	45628	14	1	29
武山县山丹镇	11753	4	18	25965	5	1	8
武山县温泉镇	13977	2	19	19388	1		6
武山县桦林镇	10173	6	11	18459	3	1	6
武山县龙台镇	10460	2	11	14733	1		5
武山县榆盘镇	15666	4	11	15765	2		3
武山县高楼镇	12180	5	16	20442	6		9
武山县杨河镇	16267	2	17	18346			6
武山县嘴头乡	11380		23	17148	3		2
武山县沿安乡	12220		16	16707	2		3
张家川回族自治县张家川镇	9080	12	22	53563	1		34
张家川回族自治县龙山镇	4230	4	16	38158	25		129
张家川回族自治县恭门镇	17800	2	25	28043	2		7
张家川回族自治县马鹿镇	27970	1	15	14200			4
张家川回族自治县梁山镇	3930	1	11	16982			1
张家川回族自治县马关镇	5150	2	15	29181			19
张家川回族自治县刘堡镇	5810		18	18688	2		10
张家川回族自治县胡川镇	6110	2	14	18973			
张家川回族自治县大阳镇	5510	1	23	27880	4		3
张家川回族自治县川王镇	5040	1	15	19356			6
张家川回族自治县张棉乡	9490	1	10	11906			
张家川回族自治县木河乡	4330	1	12	22734			13
张家川回族自治县连五乡	4270	1	13	17298			1
张家川回族自治县平安乡	13300	1	7	7031			1
张家川回族自治县阎家乡	9150	1	14	10357			14
凉州区黄羊镇	17284	3	24	53968	99	20	131
凉州区武南镇	8893	5	17	40675	50	11	29
凉州区清源镇	10680	4	16	25295	15	2	47
凉州区永昌镇	10400	4	22	44907	7	1	28
凉州区双城镇	7944	2	16	33813	5		34
凉州区丰乐镇	13937		15	16332			21
凉州区高坝镇	9300	10	26	62032	5	1	63
凉州区金羊镇	1653		15	40434	4		23

续表 601　　　　甘肃省　　　　单位：公顷、个、人

名　　称	行政区域面积	居民委员会(社区)个数	村民委员会个数	户籍人口	工业企业个数	#规模以上	营业面积50平方米以上的商店或超市个数
凉州区和平镇	1787	2	10	19703	7	1	18
凉州区羊下坝镇	2933	1	10	17447			18
凉州区中坝镇	2115	4	7	17953	4	1	15
凉州区永丰镇	4125		8	10571			33
凉州区古城镇	15500	1	20	25162	1		30
凉州区张义镇	34700		13	27812	2		9
凉州区发放镇	7700	4	18	28379	6	3	48
凉州区西营镇	7570	1	16	23315	10		8
凉州区四坝镇	4261	1	7	13409	2	1	25
凉州区洪祥镇	6513		8	22448	2		15
凉州区谢河镇	10500	1	12	19995	11		24
凉州区金沙镇	1859	2	9	16517	3	2	35
凉州区松树镇	4003		10	13968	1		5
凉州区怀安镇	4625	1	7	13612	29	2	12
凉州区下双镇	3437		7	11367	3		18
凉州区清水镇	2911	3	10	20297			14
凉州区河东镇	5630		12	16257			25
凉州区五和镇	5471		8	12915			11
凉州区长城镇	10053	1	13	19084			25
凉州区吴家井镇	3400		4	7922			8
凉州区金河镇	4800		10	15181			13
凉州区韩佐镇	2982		7	9763			9
凉州区大柳镇	1980	1	7	13812			15
凉州区柏树镇	2500	1	10	16899	8	1	24
凉州区金塔镇	2553	1	9	14800			7
凉州区九墩镇	4245	1	6	7956			7
凉州区金山镇	5800		6	6046			13
凉州区新华镇	12974		12	16082			21
凉州区康宁镇	3926		6	10648	7	1	8
民勤县三雷镇	5318	8	15	49079	108	9	19
民勤县东坝镇	14294	2	13	11172			6
民勤县泉山镇	11064	2	12	13407			14
民勤县西渠镇	33154	2	33	23685	2		32
民勤县东湖镇	473175	1	24	13384	3		19
民勤县红砂岗镇	578788	1	3	1284	53	32	3
民勤县昌宁镇	43552	2	12	9242	6		18
民勤县重兴镇	15533		9	8396	6		5
民勤县薛百镇	15691	1	12	15567	7		9
民勤县大坝镇	9363	1	12	14112			12
民勤县苏武镇	21197	1	26	29511	12	1	22
民勤县大滩镇	9221	1	10	11260	10		13
民勤县双茨科镇	11678	1	13	11653	3		28
民勤县红沙梁镇	9054	1	12	8936			13
民勤县蔡旗镇	15400	2	10	9557			37
民勤县夹河镇	19779	1	12	8349			11

续表 602　　甘肃省　　单位：公顷、个、人

名　　称	行政区域面积	居民委员会(社区)个数	村民委员会个数	户籍人口	工业企业个数	#规模以上	营业面积50平方米以上的商店或超市个数
民勤县收成镇	20341	1	15	14234			15
民勤县南湖镇	250983	1	5	1798			6
古浪县古浪镇	8520	5	6	17642	55	2	40
古浪县泗水镇	15202		9	22387	32	12	23
古浪县土门镇	16715	1	16	35226	61	3	38
古浪县大靖镇	24332	1	26	41027	33		126
古浪县裴家营镇	19326		11	17320	1		23
古浪县海子滩镇	13386		22	26323	41		60
古浪县定宁镇	16547		7	20509	14	1	18
古浪县黄羊川镇	26828		7	13508			22
古浪县黑松驿镇	13124		2	4022			6
古浪县永丰滩镇	6541		7	10121	14		3
古浪县黄花滩镇	45672		10	19469	4	3	69
古浪县西靖镇	21900		10	23995	6	1	43
古浪县民权镇	24877		12	16357			2
古浪县直滩镇	27587		22	18191	2		34
古浪县古丰镇	14343		3	8626			2
古浪县新堡乡	51434		2	10150	1		7
古浪县干城乡	7013		4	16022			17
古浪县横梁乡	28759		6	17909	2	1	43
古浪县十八里堡乡	8194		4	3837			9
天祝藏族自治县华藏寺镇	43140	12	14	52078	205	10	75
天祝藏族自治县打柴沟镇	41000	1	17	16031	7	5	9
天祝藏族自治县安远镇	20600	1	13	7757			8
天祝藏族自治县炭山岭镇	35650	3	9	11968	3	2	5
天祝藏族自治县哈溪镇	50981	1	12	18383			14
天祝藏族自治县赛什斯镇	40700	1	11	10784	1		20
天祝藏族自治县石门镇	19490	1	8	5691	22	13	4
天祝藏族自治县松山镇	87929	3	18	26589	5	1	52
天祝藏族自治县天堂镇	30110	1	13	10393			30
天祝藏族自治县朵什镇	31270	1	10	10084			21
天祝藏族自治县西大滩镇	24220		9	7552			11
天祝藏族自治县抓喜秀龙镇	45920		5	4391			4
天祝藏族自治县大红沟镇	29800		9	6296			5
天祝藏族自治县祁连镇	48980		5	4014			2
天祝藏族自治县东坪乡	5520		4	1587			4
天祝藏族自治县赛拉隆乡	15300		2	236			
天祝藏族自治县东大滩乡	15290		8	2110			5
天祝藏族自治县毛藏乡	58640		4	1264			
天祝藏族自治县旦马乡	73980		7	3229			4
甘州区梁家墩镇	1769		10	19628	12	2	39
甘州区上秦镇	4640		15	25668	10	1	75
甘州区大满镇	10265		21	30188	2		61
甘州区沙井镇	16756		28	36643	10	1	114
甘州区乌江镇	10971	1	13	26063	15	2	82

续表 603　　甘肃省　　单位：公顷、个、人

名　称	行政区域面积	居民委员会(社区)个数	村民委员会个数	户籍人口	工业企业个数	#规模以上	营业面积50平方米以上的商店或超市个数
甘州区甘浚镇	13362		17	22442			50
甘州区新墩镇	4379		15	27967	21	9	94
甘州区党寨镇	11787		20	31370	12	8	61
甘州区碱滩镇	14466	1	15	22506			27
甘州区三闸镇	10062		12	18194	1		35
甘州区小满镇	7732	1	16	22656			51
甘州区明永镇	7559		12	13481	10	3	38
甘州区长安镇	3058		13	21518	11	1	44
甘州区龙渠乡	4908		12	11125			28
甘州区安阳乡	17204		10	14434			29
甘州区花寨乡	7060		7	8056	1		5
甘州区靖安乡	2639		4	7248	1		22
甘州区平山湖蒙古族乡	104000		3	881	1		8
肃南裕固族自治县红湾寺镇	520	3		9449	18	2	2
肃南裕固族自治县皇城镇	397200		18	8839	3		28
肃南裕固族自治县康乐镇	242800		13	3849	5	1	10
肃南裕固族自治县马蹄藏族乡	199852		23	4716	7	6	9
肃南裕固族自治县白银蒙古族乡	45000		3	696	3		
肃南裕固族自治县大河乡	299290		18	4408	9	1	16
肃南裕固族自治县明花乡	170400		14	3749	10	2	11
肃南裕固族自治县祁丰藏族乡	1020200		13	3267	17	11	10
民乐县洪水镇	15934	10	27	36021	20		113
民乐县六坝镇	25000		16	22756	5		23
民乐县新天镇	24948		22	25874			61
民乐县南古镇	22520		25	26423	3		90
民乐县永固镇	10379		10	16755	4		20
民乐县三堡镇	9738		14	16417			27
民乐县南丰镇	11213		16	19886			18
民乐县民联镇	33533		19	22321	2		20
民乐县顺化镇	9600		13	16944			36
民乐县丰乐镇	10513		10	15223			14
临泽县沙河镇	9839	5	13	45410	13		37
临泽县新华镇	24952		11	16343	1		23
临泽县蓼泉镇	12473		9	15945	1		29
临泽县平川镇	69834		10	20537	1		49
临泽县板桥镇	105968		9	16957	1		44
临泽县鸭暖镇	16076		11	20176			44
临泽县倪家营镇	21600		8	9678	1		22
高台县城关镇	570	8	1	25641	44		53
高台县宣化镇	8452		17	16674	2		24
高台县南华镇	26621	1	15	17929	66	9	38
高台县巷道镇	8052		25	27248	15	1	47
高台县合黎镇	35327		10	10690	16	3	21
高台县骆驼城镇	27640		13	13484	14	7	24
高台县新坝镇	78613		30	19709			55

续表 604　　甘肃省　　单位：公顷、个、人

名　　称	行政区域面　　积	居民委员会(社区)个数	村民委员会个　　数	户籍人口	工业企业个　　数	#规模以上	营业面积50平方米以上的商店或超市个数
高台县黑泉镇	87657		12	14323			5
高台县罗城镇	160233		13	12147	17	6	9
山丹县清泉镇	67307	12	15	62635	204	11	134
山丹县位奇镇	56897		17	23912	20	1	34
山丹县霍城镇	17690		16	20002			3
山丹县陈户镇	35955		16	22348			25
山丹县大马营镇	18134		17	19560	4	2	19
山丹县东乐镇	53740		10	14915	15	4	17
山丹县老军乡	56877		10	7249	6	5	3
山丹县李桥乡	11809		10	10130			2
崆峒区崆峒镇	18465		15	24850	26	1	14
崆峒区白水镇	10400		18	29483	9		1
崆峒区草峰镇	20130		21	31803	8		13
崆峒区安国镇	13400		20	16390	28		13
崆峒区柳湖镇	6415		14	40222	9	2	24
崆峒区四十里铺镇	12740	1	26	50249	80	21	7
崆峒区花所镇	6609		9	18004	4		2
崆峒区索罗乡	5780		10	12915	11		10
崆峒区香莲乡	7756		11	6952	1		
崆峒区西阳乡	8900		13	14980			9
崆峒区大秦乡	5848		12	13471			20
崆峒区白庙乡	6600		9	15233	14	1	3
崆峒区寨河乡	8400		12	16284			11
崆峒区大寨乡	22704		24	25924	2		2
崆峒区上杨乡	4593		7	8117	11		3
崆峒区麻武乡	12260		7	4053			11
崆峒区峡门乡	20900		24	22552	38	12	14
泾川县城关镇	8876		18	32915	12	5	26
泾川县玉都镇	10157		16	28513			12
泾川县高平镇	23224		28	33485			27
泾川县荔堡镇	11346		17	32615	9		16
泾川县王村镇	10799		18	27900	1		10
泾川县窑店镇	5425		12	16728	1		13
泾川县飞云镇	8170		11	17551			5
泾川县丰台镇	8992		13	26598			22
泾川县党原镇	13283		23	34816	12		9
泾川县汭丰镇	10932	1	9	11274	2		4
泾川县太平镇	15208		15	15134	1		18
泾川县罗汉洞乡	7092		12	15829			15
泾川县泾明乡	6167		12	13369	2		19
泾川县红河乡	4927		8	7717			1
灵台县中台镇	10345		12	13834	38	4	20
灵台县邵寨镇	11927		13	16628	2	1	24
灵台县独店镇	15731		21	36245	12		14
灵台县什字镇	17465		28	26910	7	1	28

续表 605　　甘肃省　　单位：公顷、个、人

名　　称	行政区域面　　积	居民委员会(社区)个数	村民委员会个　　数	户籍人口	工业企业个　　数	#规模以上	营业面积50平方米以上的商店或超市个数
灵台县朝那镇	12821		12	16460	2		8
灵台县西屯镇	13241		15	18091			15
灵台县上良镇	8110		12	14934			7
灵台县百里镇	30132		19	8320	2		20
灵台县蒲窝镇	12637		10	10612	2		17
灵台县新开乡	10583		11	8872			15
灵台县梁原乡	13727		13	17453			17
灵台县龙门乡	11072		9	4110	2	1	14
灵台县星火乡	10409		11	10786			16
崇信县锦屏镇	30945	3	26	29850	34	4	58
崇信县新窑镇	20130	2	13	13058	11	6	6
崇信县柏树镇	8110		12	13568			22
崇信县黄寨镇	9600		11	10488			2
崇信县黄花乡	9269		8	7897	2	1	4
崇信县木林乡	6947		9	9733			2
庄浪县水洛镇	7472		18	37893	36	3	347
庄浪县南湖镇	8461		16	23816	43		22
庄浪县朱店镇	7912		21	38104	200	2	21
庄浪县万泉镇	6207		21	28523			26
庄浪县韩店镇	19016		17	23019			16
庄浪县卧龙镇	11381		24	29996	6		17
庄浪县阳川镇	7002		16	24161	15		11
庄浪县盘安镇	8149		18	28171			8
庄浪县大庄镇	5442		16	20013			15
庄浪县通化镇	12616		16	24070			6
庄浪县永宁镇	6573		16	15992			15
庄浪县良邑镇	6313		13	21018	8		14
庄浪县岳堡镇	6411		12	14240			9
庄浪县柳梁镇	8865		18	22359			7
庄浪县南坪镇	5520		13	22392	19	2	3
庄浪县杨河乡	7258		13	13653			3
庄浪县赵墩乡	8389		13	15282			2
庄浪县郑河乡	8216		12	12072	1		5
静宁县城关镇	2030	4	5	12614	27		11
静宁县威戎镇	9700		17	29330	14	1	23
静宁县界石铺镇	15800		22	24596	2		29
静宁县八里镇	7200	1	10	18317	11	5	57
静宁县李店镇	8000		17	19018	4		5
静宁县古城镇	14500		24	31952	7	1	4
静宁县仁大镇	10600		19	24650			3
静宁县甘沟镇	17199		19	31822			9
静宁县城川镇	7500		10	17694	9	1	18
静宁县曹务镇	7000		13	18236			5
静宁县雷大镇	9800		18	18385	2		1
静宁县四河镇	13000		22	20935	1		14

续表 606　　　　甘肃省　　　　单位：公顷、个、人

名　　称	行政区域面积	居民委员会(社区)个数	村民委员会个数	户籍人口	工业企业个数	#规模以上	营业面积50平方米以上的商店或超市个数
静宁县细巷镇	10300		15	18737			16
静宁县双岘镇	7800		12	13181			2
静宁县治平镇	7786		12	13696			5
静宁县红寺镇	10819		16	16873			5
静宁县原安镇	10700		14	14645			5
静宁县司桥乡	6800		11	12576			5
静宁县余湾乡	5000		9	10365			8
静宁县贾河乡	6200		9	10144			
静宁县深沟乡	6300		8	6998			
静宁县新店乡	6400		8	8310			8
静宁县三合乡	9300		12	10553	1		
静宁县灵芝乡	9400		11	13831			4
华亭市东华镇	8290	4	8	52070	17	4	30
华亭市安口镇	19126	4	22	30872	149	5	29
华亭市西华镇	23660	1	14	39432	17	2	21
华亭市马峡镇	15117		14	12434	3		5
华亭市策底镇	7395		9	10009	20	2	22
华亭市上关镇	11512		11	10185			11
华亭市河西镇	7398		7	8027	3		13
华亭市神峪乡	10195	1	10	11235	7		19
华亭市山寨乡	8170		8	13826			9
华亭市砚峡乡	7754	3	3	4758	3	2	19
肃州区西洞镇	17000	2	5	8823	11	1	8
肃州区清水镇	64152	5	12	19623	15	4	37
肃州区总寨镇	14443	4	9	20696	8	1	19
肃州区金佛寺镇	35635	1	12	17106	1		31
肃州区上坝镇	12951	1	9	22034	8	3	24
肃州区三墩镇	44264	1	13	24320	4	2	9
肃州区银达镇	34576	1	14	30374	8	4	8
肃州区西峰镇	4802		9	8644			3
肃州区泉湖镇	7637		9	21435	4	3	28
肃州区果园镇	9901		6	14999	5	4	3
肃州区下河清镇	26524		4	6595			10
肃州区铧尖镇	10574		5	10234	6	3	3
肃州区东洞镇	23702		7	8661	9	8	22
肃州区丰乐镇	14284		5	7482			5
肃州区黄泥堡乡	9794		3	1680			2
金塔县中东镇	201770		10	11239	4		4
金塔县鼎新镇	247534		11	11006	5		30
金塔县金塔镇	68664		11	21187	49	4	13
金塔县东坝镇	146462		15	22656	4		21
金塔县航天镇	496511		14	11174	12		34
金塔县大庄子镇	169357		6	8918	3		3
金塔县西坝镇	241655		8	10491	3		19
金塔县古城乡	87922		8	10904	2		6

续表 607　　甘肃省　　单位：公顷、个、人

名　　称	行政区域面　　积	居民委员会(社区)个数	村民委员会个　　数	户籍人口	工业企业个　　数	#规模以上	营业面积50平方米以上的商店或超市个数
金塔县羊井子湾乡	6473		6	5595			1
瓜州县渊泉镇	800	5		23650	51	23	72
瓜州县柳园镇	903740	2		767	49	11	5
瓜州县三道沟镇	102049	1	6	9549			16
瓜州县南岔镇	99564	1	8	11621			3
瓜州县锁阳城镇	497740		8	5782			11
瓜州县瓜州镇	45024	1	4	8346			7
瓜州县西湖镇	430170	1	7	13340			6
瓜州县河东镇	87972		4	6353	1		14
瓜州县双塔镇	21159		5	12012			7
瓜州县腰站子东乡族镇	13691		6	8673			16
瓜州县布隆吉乡	148951		5	4214			2
瓜州县七墩回族东乡族乡	4413		3	3888			13
瓜州县广至藏族乡	6965		6	8600			4
瓜州县沙河回族乡	4755		5	5469			4
瓜州县梁湖乡	5999	1	8	7187			11
肃北蒙古族自治县党城湾镇	559790	2	8	10030			4
肃北蒙古族自治县马鬃山镇	3075046		6	695			2
肃北蒙古族自治县盐池湾乡	946375		5	594			
肃北蒙古族自治县石包城乡	945290		7	1271			
阿克塞哈萨克族自治县红柳湾镇	431114	4	3	7685			4
阿克塞哈萨克族自治县阿克旗乡	728376		3	831			2
阿克塞哈萨克族自治县阿勒腾乡	1406802		2	514			
阿克塞哈萨克族自治县阿伊纳乡	353161	3	3	461			1
玉门市玉门镇	93937	1	3	11275	8		12
玉门市赤金镇	188280	1	8	12434	3	2	13
玉门市花海镇	398968	1	5	13019	6		17
玉门市老君庙镇	187389	10	4	13672	52	43	20
玉门市黄闸湾镇	67516		4	9209	5		10
玉门市下西号镇	118670		6	10354	3		12
玉门市柳河镇	39615		5	9965	1		6
玉门市昌马镇	166924		5	4275	1		3
玉门市柳湖镇	4615		5	4786			19
玉门市六墩镇	4400		5	2447			1
玉门市小金湾东乡族乡	2356		5	7157			5
玉门市独山子东乡族乡	4521		4	8902			15
敦煌市七里镇	5600	1	7	13230	48	1	14
敦煌市沙州镇	937	8		40948	53	3	267
敦煌市肃州镇	8961		10	21282	20		21
敦煌市莫高镇	14213		8	14174	15		3
敦煌市转渠口镇	7219		9	19301	37		31
敦煌市阳关镇	3187		5	5324	10		7
敦煌市月牙泉镇	2853		6	9973	17		2
敦煌市郭家堡镇	11200		6	8663	3		6
敦煌市黄渠镇	5200	1	5	9861	3		7

续表 608　　甘肃省　　单位：公顷、个、人

名　　称	行政区域面　　积	居民委员会(社区)个数	村民委员会个　　数	户籍人口	工业企业个　　数	#规模以上	营业面积50平方米以上的商店或超市个数
西峰区肖金镇	13460	1	18	48086	15	1	43
西峰区董志镇	13960		19	62731	32	10	68
西峰区后官寨镇	12120		13	34692	27	7	51
西峰区彭原镇	17660		15	42566	21	5	32
西峰区温泉镇	11687		11	32512	16	2	29
西峰区什社乡	11940		10	28061	8		18
西峰区显胜乡	9300		8	17460	3		22
庆城县庆城镇	9733	6	9	15875	36	8	6
庆城县驿马镇	27350	3	20	43027	33	2	48
庆城县三十里铺镇	17908	2	12	21635	65	6	23
庆城县马岭镇	23110	1	12	23128	11	3	15
庆城县玄马镇	23218	1	10	19622	21	1	13
庆城县白马铺镇	11463	1	6	14693			8
庆城县桐川镇	28943	1	14	18126	4		24
庆城县赤城镇	9961	1	9	19042			39
庆城县高楼镇	10864	1	7	11508			3
庆城县太白梁乡	19387		13	10497			10
庆城县土桥乡	14319		7	6234			10
庆城县蔡口集乡	14514		7	6340			16
庆城县南庄乡	18000		5	9374			3
庆城县翟家河乡	11600		6	7089			6
庆城县蔡家庙乡	22676		16	18147	1		19
环县环城镇	71970	16	24	61023	35	8	76
环县曲子镇	40257	1	15	30447	14	2	26
环县甜水镇	52077	1	10	12300	11	5	22
环县木钵镇	33395	1	17	24531	6		11
环县洪德镇	58843	1	19	27349			6
环县合道镇	53044		17	23482			77
环县虎洞镇	45245		10	13619	5		5
环县毛井镇	62926		13	16643	6	1	16
环县樊家川镇	34593		8	12508			10
环县车道镇	67232	1	16	21090	5	1	11
环县天池乡	39172		16	19678			11
环县演武乡	26251		9	12875			5
环县八珠乡	35021		10	13379			9
环县耿湾乡	53693		13	18002	1		3
环县秦团庄乡	33874	1	8	8269			11
环县山城乡	43257		9	10019			17
环县南湫乡	40082		7	6079			2
环县罗山川乡	41730	1	8	8261			17
环县小南沟乡	59115		12	13380			21
环县芦家湾乡	31824		10	10061			17
华池县悦乐镇	31309	2	14	15411	18	4	7
华池县柔远镇	33515	3	11	28525	19	2	20
华池县元城镇	20180	1	6	5629	1		3

续表 609　　甘肃省　　单位：公顷、个、人

名　　称	行政区域面积	居民委员会(社区)个数	村民委员会个数	户籍人口	工业企业个数	#规模以上	营业面积50平方米以上的商店或超市个数
华池县南梁镇	22209		3	5406			12
华池县城壕镇	46132		12	13522	4		14
华池县五蛟镇	31396		12	14626	5		4
华池县上里塬乡	9930		6	6335			4
华池县王咀子乡	8876		6	6312			4
华池县白马乡	16792		6	4861			4
华池县怀安乡	23515		8	7797	1		1
华池县乔川乡	27935		8	6112	3		4
华池县乔河乡	14385		6	5705	6	1	3
华池县山庄乡	25504		4	5657			10
华池县林镇乡	50453	1	5	4691			4
华池县紫坊畔乡	16968		4	5920			7
合水县西华池镇	13938	3	8	27324	13	4	21
合水县老城镇	27481	1	8	11988	1		10
合水县太白镇	113515	1	6	9116	1		20
合水县板桥镇	14855		12	18693	4	1	3
合水县何家畔镇	9937		8	17444			16
合水县吉岘镇	7363		8	14842	5	1	20
合水县肖咀镇	7496		6	14751	24		2
合水县固城镇	31284		4	10523	1		8
合水县段家集乡	7128		6	12961	3		10
合水县太莪乡	23542		6	7242			13
合水县店子乡	8072		4	11275	4		2
合水县蒿咀铺乡	28726		4	5460	1		2
正宁县山河镇	11920	2	11	48148	48	1	90
正宁县榆林子镇	9370	1	12	33635	2	1	15
正宁县宫河镇	8886	1	12	32492	2		28
正宁县永和镇	11520	1	9	26739	4		19
正宁县永正镇	9533		10	27154	1		2
正宁县周家镇	7840	1	13	25333	9	1	38
正宁县湫头镇	8627		7	19241	2		4
正宁县西坡镇	25714	1	8	15222	3	1	9
正宁县五顷塬回族乡	14480		5	6583			2
正宁县三嘉乡	24060		7	5932	1		2
宁县新宁镇	10356	4	16	37582	2	1	22
宁县平子镇	10299		14	39545	9		10
宁县早胜镇	10767	1	17	44618			8
宁县长庆桥镇	2500	1	5	9477	6	4	9
宁县和盛镇	13227	2	19	41824	10	4	14
宁县湘乐镇	14700		14	24876	2		3
宁县新庄镇	10280	1	24	40035	1		9
宁县盘克镇	8674	1	20	45543	4		5
宁县中村镇	16793	1	18	42242	5		7
宁县焦村镇	18347	1	24	48267	2		5
宁县米桥镇	9887		14	26220	5	1	2

续表 610　　甘肃省　　单位：公顷、个、人

名　　称	行政区域面　　积	居民委员会(社区)个数	村民委员会个　　数	户籍人口	工业企业个　　数	#规模以上	营业面积50平方米以上的商店或超市个数
宁县良平镇	7657		13	29534	1		14
宁县太昌镇	5500		9	16865	3		9
宁县春荣镇	22911	1	19	52267	10		20
宁县南义乡	9100		11	21419	1		2
宁县瓦斜乡	7038		8	13694	2		3
宁县金村乡	3028		6	8059	1		2
宁县九岘乡	10800		6	9383			2
镇原县城关镇	13160	2	11	50898	76	6	69
镇原县屯字镇	23700		20	49868	38	1	37
镇原县孟坝镇	25420	1	14	41597	34	2	34
镇原县三岔镇	24320		10	18135	17		3
镇原县平泉镇	21253	1	16	44239	26		59
镇原县开边镇	15987		9	21769	5		17
镇原县太平镇	23560		13	34378	16		9
镇原县临泾镇	18673		14	36608	14	2	20
镇原县新城镇	22727		14	34586	15		34
镇原县上肖镇	15080		11	37965	12		7
镇原县新集镇	21733		12	22184	9		11
镇原县马渠镇	15734		11	14505	16		13
镇原县庙渠镇	17807		9	19041	12		14
镇原县南川乡	15007		10	20322			14
镇原县方山乡	16767		10	13554	5		8
镇原县殷家城乡	16540		8	8041			8
镇原县武沟乡	14873		8	12906			13
镇原县郭原乡	13733		8	17138	10		3
镇原县中原乡	11287		7	21285	7		4
安定区凤翔镇	26860		27	48916	7	5	32
安定区内官营镇	31541		35	59194	13		97
安定区巉口镇	31152	1	29	26269	35	9	38
安定区称钩驿镇	18690		14	15849			10
安定区鲁家沟镇	28601	1	15	14208			5
安定区西巩驿镇	20502		16	18938	1		11
安定区宁远镇	19325		14	18655	7	1	9
安定区李家堡镇	23105		21	23093			13
安定区团结镇	13443		10	15396			13
安定区香泉镇	14441	1	15	22977	2	1	15
安定区符家川镇	8979		10	13030			7
安定区葛家岔镇	15936		11	11185			3
安定区白碌乡	19584		7	4826			11
安定区石峡湾乡	17070		11	9138	6		8
安定区新集乡	19993		15	13677			8
安定区青岚山乡	21794		20	17370			
安定区高峰乡	6324		11	7515			4
安定区石泉乡	13073	1	16	15817			7
安定区杏园乡	10936		9	7828			6

续表 611　　甘肃省　　单位：公顷、个、人

名　　称	行政区域面积	居民委员会(社区)个数	村民委员会个数	户籍人口	工业企业个数	#规模以上	营业面积50平方米以上的商店或超市个数
通渭县平襄镇	22255	5	27	77699	121	11	57
通渭县马营镇	33974	1	35	40534	58		20
通渭县鸡川镇	12737	1	15	16808	3		5
通渭县榜罗镇	27855	1	24	38088	2		8
通渭县常家河镇	18086	1	22	33988	1		27
通渭县义岗川镇	13810	1	17	20328	3		49
通渭县陇阳镇	10797		14	14936	3		16
通渭县陇山镇	12214		16	14927			16
通渭县陇川镇	11741		15	13596	3		5
通渭县碧玉镇	12688		16	18410	12	1	11
通渭县襄南镇	14553		19	20929	1		2
通渭县什川镇	17408		16	19659	1		10
通渭县华家岭镇	15727		18	17174	8	1	22
通渭县北城铺镇	17064		19	22172			6
通渭县新景乡	10536		13	11681			14
通渭县李家店乡	10405		12	13760	1		2
通渭县第三铺乡	17143		19	16360			3
通渭县寺子川乡	11987		15	15337			10
陇西县巩昌镇	13540	11	25	137406	130	24	139
陇西县文峰镇	24220	7	27	82594	77	7	105
陇西县首阳镇	12340		16	47922	35		44
陇西县菜子镇	20302		18	42805	7	2	40
陇西县福星镇	31129		19	34657	3		35
陇西县通安驿镇	21092		10	25266	15	1	30
陇西县云田镇	15704		13	24399	6		16
陇西县碧岩镇	7881		11	19662	4		14
陇西县马河镇	7773		8	13325	4		17
陇西县柯寨镇	9423		8	12695			10
陇西县双泉镇	7323		8	12257	2		8
陇西县权家湾镇	12472		9	9449	1		12
陇西县渭阳乡	13366		10	14094			9
陇西县宏伟乡	13669		9	12591	2	1	13
陇西县和平乡	10040		8	13483			4
陇西县德兴乡	11180		7	10479			20
陇西县永吉乡	9199		9	10389	4		3
渭源县清源镇	18278	6	25	57023	21	7	16
渭源县莲峰镇	16760		23	44905	7		9
渭源县会川镇	12614	4	22	44085	16	9	13
渭源县五竹镇	13767		7	13498			11
渭源县路园镇	8190		13	20792	10	1	1
渭源县北寨镇	14790		13	16699			9
渭源县新寨镇	16039		19	19831			4
渭源县麻家集镇	7016		10	16607			5
渭源县锹峪镇	6223	1	11	15652			5
渭源县庆坪镇	9330		14	13939			5

续表 612　　甘肃省　　单位：公顷、个、人

名　　称	行政区域面积	居民委员会(社区)个数	村民委员会个数	户籍人口	工业企业个数	#规模以上	营业面积50平方米以上的商店或超市个数
渭源县祁家庙镇	9767		13	16507			4
渭源县上湾镇	11079	1	11	20713	4	1	9
渭源县大安乡	12207		10	11611			1
渭源县秦祁乡	11778		11	8821			
渭源县峡城乡	6845		8	8780			
渭源县田家河乡	6743		8	11009			14
临洮县洮阳镇	13100	12	30	113943	36	11	203
临洮县八里铺镇	12216		18	36161	9	1	86
临洮县新添镇	13285		19	49233	2		85
临洮县辛店镇	18048		31	36783	7	1	31
临洮县太石镇	21802		23	33852	17	1	46
临洮县中铺镇	25355		20	20051	61	21	22
临洮县峡口镇	20215		13	15115			4
临洮县龙门镇	15419		17	24390			41
临洮县窑店镇	14574		17	22512			6
临洮县玉井镇	9864		19	37956	17	2	10
临洮县衙下集镇	14074		22	46494	4	1	47
临洮县南屏镇	14089		22	31302			18
临洮县红旗乡	22001		11	14490	2	1	4
临洮县上营乡	14152		12	17218			7
临洮县康家集乡	9346		16	14556			10
临洮县站滩乡	16360		11	13601			5
临洮县漫洼乡	8757		11	10111			16
临洮县连儿湾乡	17684		11	15101			17
漳县武阳镇	12594	2	12	35369	14	3	49
漳县三岔镇	12377	1	12	24144	6	1	2
漳县新寺镇	9428	1	10	23872	12		18
漳县金钟镇	27052		13	18708			3
漳县盐井镇	10714		11	14381	2	1	4
漳县殪虎桥镇	23919		11	14679			12
漳县大草滩镇	22454		7	11338			13
漳县四族镇	16728	1	9	11811			16
漳县石川镇	20749		9	12737	8		20
漳县贵清山镇	13200		12	12194			15
漳县马泉乡	13758		10	10532			3
漳县武当乡	9087		10	10915	1		
漳县东泉乡	24412		9	8037	1		
岷县岷阳镇	3866	12	11	64496	32	8	22
岷县蒲麻镇	27920		28	29302			31
岷县西寨镇	6832		15	19111			10
岷县梅川镇	18868	1	35	46806			26
岷县西江镇	11228		21	27864			3
岷县闾井镇	39230		25	36839			8
岷县十里镇	9423		25	45136			1
岷县茶埠镇	10844		23	25800	7	1	2

续表 613　　甘肃省　　单位：公顷、个、人

名　称	行政区域面积	居民委员会(社区)个数	村民委员会个数	户籍人口	工业企业个数	#规模以上	营业面积50平方米以上的商店或超市个数
岷县中寨镇	19599		24	36271			12
岷县清水镇	17234		30	30822	2	1	17
岷县寺沟镇	14401		16	23127			21
岷县麻子川镇	12175		10	13150			10
岷县维新镇	14380		25	17338			7
岷县禾驮镇	25615		18	20319			1
岷县马坞镇	15798		9	10980			17
岷县秦许乡	23210		21	23843	2	1	25
岷县申都乡	11471		10	11364			2
岷县锁龙乡	26998		13	11468			2
武都区城关镇	5148	17		69523	72	9	76
武都区安化镇	17419		47	37856			16
武都区东江镇	1435	10		12839	69		49
武都区两水镇	17183	3	18	30975	13	1	52
武都区汉王镇	12147		29	31994	7	1	14
武都区洛塘镇	27471		34	27502			27
武都区角弓镇	8568		18	22007			46
武都区马街镇	11999		40	32880	2		29
武都区三河镇	8854		16	12745	7		5
武都区甘泉镇	8108		16	11714			12
武都区鱼龙镇	19174		33	18231			33
武都区琵琶镇	16075		26	14659	2	1	3
武都区外纳镇	18808		19	19334	6	1	26
武都区马营镇	17645		24	17965			33
武都区柏林镇	6798		21	13221			22
武都区姚寨镇	7468		8	7002			7
武都区佛崖镇	11690		29	14222			19
武都区石门镇	6883		14	11999			15
武都区五马镇	18627		13	6751			12
武都区裕河镇	26560		10	4923			18
武都区汉林镇	4045		13	12375			11
武都区桔柑镇	5053		8	7419	3		12
武都区隆兴镇	14461		19	9909			15
武都区黄坪镇	15081		15	9473			21
武都区五库镇	17956		16	11378	1		51
武都区三仓镇	23798		17	14115			18
武都区坪垭藏族乡	8736		9	6460			
武都区蒲池乡	12134		25	17921	3		3
武都区池坝乡	4489		7	6299			12
武都区龙坝乡	12527		16	5910			16
武都区龙凤乡	6082		22	12204			4
武都区磨坝藏族乡	6193		8	5359			2
武都区玉皇乡	7737		16	8974			2
武都区郭河乡	9046		16	13006			
武都区枫相乡	32255		15	9530			8

续表 614　　甘肃省　　单位：公顷、个、人

名　称	行政区域面积	居民委员会(社区)个数	村民委员会个数	户籍人口	工业企业个数	#规模以上	营业面积50平方米以上的商店或超市个数
武都区月照乡	10546		7	4886			12
成县城关镇	10760	8	24	73671	210	4	36
成县黄渚镇	14719	1	10	6178	8	2	4
成县红川镇	4372	1	10	11970	4		3
成县小川镇	6923	1	19	20446	8		17
成县纸坊镇	7782	1	16	13050	2		3
成县抛沙镇	6026	1	15	24986	14	2	14
成县店村镇	6759		15	18440			18
成县王磨镇	16610		15	8815	3	1	5
成县陈院镇	7840		14	11284			16
成县沙坝镇	6921		12	11927	8		7
成县黄陈镇	5901		9	11346	3		19
成县鸡峰镇	18327		27	16744	3		12
成县苏元镇	5229		10	8586			8
成县索池镇	5053		11	10283			1
成县宋坪乡	17433		16	5810			6
成县二郎乡	15503		10	3970			
成县镡河乡	11460		12	5510			15
文县城关镇	15831	4	17	37553	30	1	46
文县碧口镇	20817	3	12	15745	14	2	10
文县尚德镇	22975		20	10980	5	2	42
文县中寨镇	37774		20	21385	12		74
文县临江镇	11351		13	6899	29	7	23
文县桥头镇	22913		23	22120			46
文县梨坪镇	14671		22	10934	11		22
文县天池镇	28312		8	7089	4		14
文县堡子坝镇	28322		16	14258			12
文县石坊镇	13314		14	9995	41	1	12
文县石鸡坝镇	26033		17	14243	12	4	8
文县丹堡镇	51914		15	7911	6		14
文县中庙镇	27581		19	12539	3	1	31
文县范坝镇	48920		22	11032			24
文县铁楼藏族乡	31764		16	10726	1		19
文县刘家坪乡	34341		4	1615			
文县玉垒乡	23069		12	5108	2	1	14
文县口头坝乡	21418		15	6478	1		15
文县尖山乡	12919		10	4029			21
文县舍书乡	6116		10	3999			12
宕昌县城关镇	10431	4	16	36087	1		62
宕昌县哈达铺镇	14238		29	30689			66
宕昌县理川镇	8621		21	20112			28
宕昌县南阳镇	10620		13	10250			35
宕昌县官亭镇	11662		19	9503			1
宕昌县沙湾镇	10795		21	25763			42
宕昌县阿坞镇	7777		12	11486			18

续表 615　　甘肃省　　单位：公顷、个、人

名　　称	行政区域面积	居民委员会(社区)个数	村民委员会个数	户籍人口	工业企业个数	#规模以上	营业面积50平方米以上的商店或超市个数
宕昌县南河镇	22610		12	7337	1		9
宕昌县八力镇	10298		11	9333			15
宕昌县临江铺镇	6779		8	5833			8
宕昌县两河口镇	12294		17	11297			68
宕昌县木耳乡	5195		10	7290			
宕昌县庞家乡	6472		10	8177			10
宕昌县何家堡乡	19250		11	6901			2
宕昌县贾河乡	14522		14	7925			2
宕昌县将台乡	5630		8	7141			
宕昌县车拉乡	17020		15	10033			6
宕昌县新城子藏族乡	8176		10	7442			9
宕昌县好梯乡	21920		8	5929			2
宕昌县韩院乡	14889		14	9312			
宕昌县竹院乡	10466		8	4307			2
宕昌县兴化乡	23700		8	6292			6
宕昌县甘江头乡	8800		10	6758	1		10
宕昌县新寨乡	12670		24	12817			33
宕昌县狮子乡	19590		7	5844			17
康县城关镇	10695	3	20	28954	21		32
康县平洛镇	11715		15	10705			12
康县大堡镇	9507		17	10503			17
康县岸门口镇	18871		20	9730			16
康县两河镇	16767		12	4800			15
康县长坝镇	15998		18	12942			11
康县云台镇	11649		19	10775			25
康县阳坝镇	50005		34	11174	17	2	21
康县王坝镇	7200		14	8701	11	3	3
康县碾坝镇	10970		14	11590	1		12
康县豆坝镇	10678		15	6743			18
康县望关镇	8687		11	6766	2		16
康县大南峪镇	12228		21	10372			21
康县周家坝镇	11466	1	23	13169			49
康县寺台镇	5274		13	6007			
康县白杨镇	20312		15	6043			29
康县铜钱镇	9514		13	4359	1		3
康县三河坝镇	22123		17	5738			11
康县迷坝乡	13752		12	5618			25
康县店子乡	13959		16	4804			
康县太石乡	5708		11	3731			2
西和县汉源镇	1866	7	14	48301	2	1	41
西和县长道镇	7897	1	19	28083			58
西和县何坝镇	9445	1	29	34605			18
西和县姜席镇	7081		30	31188			12
西和县石峡镇	9811		14	11131	1		16
西和县洛峪镇	16319		37	34061			15

续表 616　　　　甘肃省　　　　单位：公顷、个、人

名　　称	行政区域面　　积	居民委员会(社区)个数	村民委员会个　　数	户籍人口	工业企业个　　数	#规模以上	营业面积50平方米以上的商店或超市个数
西和县西峪镇	2830	1	16	25015			17
西和县马元镇	10887		14	14202			13
西和县大桥镇	9891		14	9998	2	1	8
西和县十里镇	14747		34	40340	4	2	66
西和县石堡镇	9594		22	27097	5	1	64
西和县兴隆镇	6898		22	21116			6
西和县苏合镇	8543		20	21361			26
西和县卢河镇	11880		17	25313	2	1	12
西和县稍峪镇	4238		15	20425	2	1	19
西和县西高山镇	7896		22	17984			3
西和县晒经乡	11698		12	4592			8
西和县蒿林乡	10309		12	9129			2
西和县太石河乡	13099		13	5695			13
西和县六巷乡	11238		8	5430	5	3	9
礼县城关镇	15886	9	33	63300	67	2	53
礼县盐官镇	11612	2	27	46179	9		70
礼县石桥镇	19353		33	37831			25
礼县白河镇	17707		22	19842	2		3
礼县宽川镇	13031		29	35734	6		11
礼县永兴镇	8288		27	27677	2	1	17
礼县祁山镇	8639		18	18059	1		7
礼县红河镇	8525		14	14716			17
礼县永坪镇	18649		26	22465			34
礼县中坝镇	14440		19	19557			9
礼县罗坝镇	18036		25	10254	3	2	9
礼县雷坝镇	10295		16	9929			7
礼县崖城镇	19165		20	11975			7
礼县洮坪镇	29199		17	14868			25
礼县龙林镇	14372		28	21211			30
礼县固城镇	20272		18	11525			1
礼县江口镇	6470		11	10738			20
礼县湫山镇	13974		18	11652			11
礼县白关镇	18118		26	19036			62
礼县桥头镇	16741		17	12563			2
礼县王坝镇	8448		15	11288			5
礼县滩坪镇	12557		18	10386			24
礼县马河乡	11087		17	13174			7
礼县上坪乡	35347		10	7179			11
礼县雷王乡	6549		17	13588			9
礼县沙金乡	19920		13	6844			10
礼县草坪乡	9806		13	6510			13
礼县肖良乡	7986		10	6786			11
礼县三峪乡	11945		11	4927			24
徽县城关镇	6400	8	9	42563	25	1	15
徽县伏家镇	10680	1	16	28176	20	3	62

续表 617　　甘肃省　　单位：公顷、个、人

名　　称	行政区域面积	居民委员会(社区)个数	村民委员会个数	户籍人口	工业企业个数	#规模以上	营业面积50平方米以上的商店或超市个数
徽县江洛镇	31250	1	22	19562	15	2	19
徽县泥阳镇	6060	1	13	14959	3		10
徽县柳林镇	23310		10	9098	5	4	8
徽县嘉陵镇	24860		15	9905			7
徽县永宁镇	8520	1	12	11343			4
徽县银杏树镇	9550	1	16	16773	13	2	15
徽县水阳镇	9230	1	13	13196	6		15
徽县栗川镇	6160	1	14	15563	4		38
徽县麻沿河镇	30260		15	9976	2		9
徽县高桥镇	42788	1	16	7011	4		33
徽县大河店镇	15040		17	9586			22
徽县榆树乡	27030		12	6523			17
徽县虞关乡	21530		13	5278	1		5
两当县城关镇	1917	3	3	11122			20
两当县站儿巷镇	10071	1	12	4024			8
两当县西坡镇	8296	1	13	4779	1		4
两当县杨店镇	7051		8	3847			5
两当县显龙镇	4347		10	3742			11
两当县云屏镇	29678		19	2894			3
两当县左家乡	16210		4	2684			9
两当县鱼池乡	3277		6	2679			5
两当县兴化乡	5304		10	2319	2		1
两当县张家乡	15516		5	1646	3	1	2
两当县泰山乡	5268		8	983			1
两当县金洞乡	34169		18	5484	2	1	1
临夏市城郊镇	570	1	5	17507	15		23
临夏市枹罕镇	3109		12	41119	25	1	23
临夏市南龙镇	2501	2	10	27112			118
临夏市折桥镇	1307		8	19774	30		16
临夏县韩集镇	2146	3	8	24121	18		196
临夏县土桥镇	2463	1	8	18613	6		29
临夏县马集镇	3367		9	20894	2		23
临夏县莲花镇	4080		5	7529	1		12
临夏县新集镇	3569		9	24159	11		14
临夏县尹集镇	7180		13	37346	20	7	50
临夏县刁祁镇	33388		12	30601	4		24
临夏县北塬镇	2423		8	19923	11	2	36
临夏县黄泥湾镇	2098		10	13215	10		32
临夏县营滩乡	4033		8	15064			13
临夏县掌子沟乡	2382		7	10742			
临夏县麻尼寺沟乡	6395		13	25921	4		13
临夏县漠泥沟乡	7280		6	15464			7
临夏县漫路乡	5694		12	20887	4		31
临夏县榆林乡	3956		8	17993	5		18
临夏县井沟乡	6230		13	20988	1		17

续表 618　　甘肃省　　单位：公顷、个、人

名　　称	行政区域面积	居民委员会(社区)个数	村民委员会个数	户籍人口	工业企业个数	#规模以上	营业面积50平方米以上的商店或超市个数
临夏县坡头乡	1753		5	7601	9		5
临夏县桥寺乡	2553		8	12091	3		7
临夏县先锋乡	2039		9	16756	1		31
临夏县河西乡	1309		10	11100	2		6
临夏县安家坡乡	1622		4	12703	2		18
临夏县南塬乡	4598		11	11542	3		23
临夏县红台乡	4915		10	18299	8		18
临夏县路盘乡	3172		5	6470			5
临夏县民主乡	2530		7	7465			4
康乐县附城镇	4800	4	10	44882	4	2	25
康乐县苏集镇	4806		9	24577	3		28
康乐县胭脂镇	5571		11	31021			18
康乐县景古镇	7355		10	15545			3
康乐县莲麓镇	15461		12	11580	1		18
康乐县康丰乡	3539		8	20456	13		18
康乐县虎关乡	6868		10	27426	10	2	6
康乐县流川乡	4144		8	20577			16
康乐县白王乡	4448		10	16157			11
康乐县八松乡	26638		10	12633			20
康乐县鸣鹿乡	5558		9	15321			22
康乐县八丹乡	2982		8	12396			6
康乐县上湾乡	6607		14	25248			22
康乐县草滩乡	5331		13	20138			12
康乐县五户乡	4194		10	11788			21
永靖县刘家峡镇	5860	9	5	50159	63	7	497
永靖县盐锅峡镇	18300	3	14	24662	70	2	52
永靖县太极镇	14702		7	21283	23	1	70
永靖县西河镇	17700		11	12385	8	1	12
永靖县三塬镇	11700		10	19950	13		38
永靖县岘塬镇	2700		6	10001			8
永靖县陈井镇	8900		11	10248			14
永靖县川城镇	6400		6	9998			6
永靖县王台镇	5600		6	6322	1		14
永靖县红泉镇	10200		6	3204			7
永靖县关山乡	11300		7	7552			17
永靖县徐顶乡	5670		5	4195	3	1	6
永靖县三条岘乡	15790		6	5373	2		11
永靖县坪沟乡	19180		4	3213			5
永靖县新寺乡	17945		6	8114			11
永靖县小岭乡	5500		6	8579			9
永靖县杨塔乡	8900		6	2856			4
广河县城关镇	5740	4	13	58413	56		112
广河县三甲集镇	8864	2	15	62335	36	5	69
广河县祁家集镇	6638		16	45958	41		43
广河县庄窠集镇	7940		12	29493			41

续表 619 甘肃省 单位：公顷、个、人

名称	行政区域面积	居民委员会(社区)个数	村民委员会个数	户籍人口	工业企业个数	#规模以上	营业面积50平方米以上的商店或超市个数
广河县买家巷镇	5244		11	28808			14
广河县齐家镇	6706		12	29149			12
广河县水泉乡	5903	1	10	25465			19
广河县官坊乡	3123		7	11080			10
广河县阿力麻土东乡族乡	3641		6	19100			
和政县城关镇	2714	3	11	25870	33		15
和政县三合镇	2664	1	7	14025	5	2	25
和政县三十里铺镇	5525		14	25126	3		15
和政县马家堡镇	3950		9	19018	3		7
和政县买家集镇	5052		9	14701			18
和政县松鸣镇	6285		9	20315	4		25
和政县陈家集镇	3903		8	15210			14
和政县罗家集镇	5896		11	15199	2		18
和政县新营镇	5576		9	18130	5	1	6
和政县梁家寺乡	3815		8	18678	3		16
和政县卜家庄乡	2247		7	13396			4
和政县新庄乡	9597		13	20196			10
和政县达浪乡	2710		7	17562	3		7
东乡族自治县锁南镇	6110	4	11	33400			15
东乡族自治县达板镇	5144	4	9	46740	13	7	33
东乡族自治县河滩镇	5229	2	9	33868	7		12
东乡族自治县那勒寺镇	7820	3	13	33627			6
东乡族自治县唐汪镇	4539	2	7	16482			26
东乡族自治县果园镇	7189		11	21285			5
东乡族自治县汪集镇	10491		10	16292			20
东乡族自治县龙泉镇	12060		12	18226	11		18
东乡族自治县春台乡	7861		7	12276			4
东乡族自治县柳树乡	6102		5	6806			
东乡族自治县东塬乡	6045		11	17126			
东乡族自治县坪庄乡	5018		8	17726			8
东乡族自治县百和乡	4751		11	14432			11
东乡族自治县关卜乡	3454		9	10850			5
东乡族自治县赵家乡	3917		6	12954			10
东乡族自治县五家乡	4009		10	15085	2		21
东乡族自治县沿岭乡	3600		5	7856			8
东乡族自治县风山乡	5515		5	6962			7
东乡族自治县车家湾乡	5377		1	3274			
东乡族自治县高山乡	6227		5	4484			
东乡族自治县大树乡	7301		9	10863			26
东乡族自治县北岭乡	4267		5	6693			1
东乡族自治县考勒乡	6144		6	13262			10
东乡族自治县董岭乡	12627		6	8072	5		2
积石山保安族东乡族撒拉族自治县吹麻滩镇	3659	4	7	29489			823
积石山保安族东乡族撒拉族自治县大河家镇	5924	1	10	33816	1		332
积石山保安族东乡族撒拉族自治县居集镇	2959	1	9	16610	3		77

续表 620　　　　甘肃省　　　　单位：公顷、个、人

名　　称	行政区域面积	居民委员会(社区)个数	村民委员会个数	户籍人口	工业企业个数	#规模以上	营业面积50平方米以上的商店或超市个数
积石山保安族东乡族撒拉族自治县吹藏镇	2967	2	10	20358			46
积石山保安族东乡族撒拉族自治县石塬镇	5373	1	8	11995			49
积石山保安族东乡族撒拉族自治县安集镇	5145	1	11	15002			91
积石山保安族东乡族撒拉族自治县银川镇	6740	1	12	21181			64
积石山保安族东乡族撒拉族自治县刘集乡	5703		8	18509			17
积石山保安族东乡族撒拉族自治县柳沟乡	5023		9	12626			17
积石山保安族东乡族撒拉族自治县关家川乡	4975		9	13561			16
积石山保安族东乡族撒拉族自治县胡林家乡	5035		9	15105			13
积石山保安族东乡族撒拉族自治县寨子沟乡	3433		11	15868			15
积石山保安族东乡族撒拉族自治县郭干乡	2559		7	8010			10
积石山保安族东乡族撒拉族自治县徐扈家乡	2167		6	12673			9
积石山保安族东乡族撒拉族自治县中咀岭乡	2926		6	12652			8
积石山保安族东乡族撒拉族自治县小关乡	2967		6	14972			27
积石山保安族东乡族撒拉族自治县铺川乡	3118		7	12956			12
合作市那吾镇	24118		9	7803	4	1	
合作市勒秀镇	45363		10	9948	2	1	10
合作市佐盖曼玛镇	34755		6	6825	7	3	1
合作市卡加曼乡	9295		4	3597	1		2
合作市卡加道乡	33763		4	2562			8
合作市佐盖多玛乡	56906		4	4255			9
临潭县城关镇	3120	4	12	31545	30	1	36
临潭县新城镇	12446	1	20	23602			15
临潭县冶力关镇	11743	1	9	11038			72
临潭县羊永镇	4768		7	9916			14
临潭县王旗镇	13494		15	12593			3
临潭县古战镇	3257		5	6994			2
临潭县洮滨镇	9172		12	9598			2
临潭县八角镇	8445		8	5395			
临潭县流顺镇	4195		6	9963			9
临潭县店子镇	7584		6	5037			5
临潭县羊沙镇	22475		6	6202			5
临潭县术布乡	12705		7	3928	2		5
临潭县卓洛乡	1998		3	3165			5
临潭县长川乡	4720		10	11143			14
临潭县三岔乡	8215		5	2473			
临潭县石门乡	13323		10	7326			10
卓尼县柳林镇	5034	3	9	8471	16		27
卓尼县木耳镇	79310		11	9582			19
卓尼县扎古录镇	21695		8	6797	4		10
卓尼县喀尔钦镇	78998		12	10639	6	2	
卓尼县藏巴哇镇	33727		9	8328			11
卓尼县纳浪镇	21630		7	7700	2		9
卓尼县洮砚镇	11686		5	5343			13
卓尼县阿子滩镇	10722		7	7278	1		11
卓尼县申藏镇	16366		7	8298	1		11

续表 621　　　　甘肃省　　　　单位：公顷、个、人

名　　称	行政区域面　　积	居民委员会(社区)个数	村民委员会个　　数	户籍人口	工业企业个　　数	#规模以上	营业面积50平方米以上的商店或超市个数
卓尼县完冒镇	27473		5	4202			1
卓尼县尼巴镇	77195		4	5791			10
卓尼县刀告乡	33849	3	3	5318			8
卓尼县恰盖乡	57006		4	3428			3
卓尼县康多乡	34841		4	2450			4
卓尼县杓哇土族乡	4352		2	1825	1		3
舟曲县城关镇	11264	2	18	26842	6		34
舟曲县大川镇	3958		8	6340	6	1	5
舟曲县峰迭镇	19729	2	18	11617	8	1	12
舟曲县立节镇	8455		9	5144	2	1	9
舟曲县东山镇	6781		16	8959			3
舟曲县曲告纳镇	44454		16	12258	14	1	5
舟曲县博峪镇	41750		15	4535	6		5
舟曲县巴藏镇	9624		5	5128			
舟曲县憨班镇	15002		9	5004	1	1	
舟曲县坪定镇	6783		8	5056			2
舟曲县果耶镇	6744		18	7878			4
舟曲县武坪镇	39214		9	5604	1		
舟曲县大峪镇	15406		7	5003	5		1
舟曲县江盘镇	3058		8	5188	3	1	3
舟曲县拱坝镇	19336		11	5927	2		1
舟曲县曲瓦乡	14900		7	3909	5		
舟曲县南峪乡	6481		8	4248	1		8
舟曲县八楞乡	9058		10	4707	2		
舟曲县插岗乡	19523		8	3410	6		7
迭部县电尕镇	62800	2	7	5804	1		6
迭部县益哇镇	36050		6	4952			6
迭部县旺藏镇	49504		9	6292			20
迭部县腊子口镇	48009		3	3300	2		7
迭部县洛大镇	25277		6	5362			9
迭部县卡坝乡	43173		4	2190			1
迭部县达拉乡	74000		3	2024			4
迭部县尼傲乡	24201		3	2137			10
迭部县阿夏乡	30293	2	2	1317			2
迭部县多儿乡	49323		5	3471			10
迭部县桑坝乡	32948		4	3434			6
玛曲县尼玛镇	61176	2	4	4282	7	4	358
玛曲县曼日玛镇	112447		5	8208	2		1
玛曲县阿万仓镇	154667		5	7181			44
玛曲县齐哈玛镇	83929		5	6031			47
玛曲县采日玛镇	67208		5	5795	1		1
玛曲县欧拉镇	138628		6	5825	3		1
玛曲县欧拉秀玛乡	141505		4	3973			1
玛曲县木西合乡	156180		2	4414	1		9
碌曲县郎木寺镇	57092	1	4	5197			15

续表 622 甘肃省、青海省 单位：公顷、个、人

名称	行政区域面积	居民委员会(社区)个数	村民委员会个数	户籍人口	工业企业个数	#规模以上	营业面积50平方米以上的商店或超市个数
碌曲县玛艾镇	85072	2	4	12444	2	1	16
碌曲县西仓镇	24558		3	2676	3		1
碌曲县尕海镇	110115		3	5809			23
碌曲县双岔镇	44836		4	5596	2	1	1
碌曲县拉仁关乡	72060		3	3294			2
碌曲县阿拉乡	17591		3	3262			2
夏河县拉卜楞镇	17407	4	2	21710	12		412
夏河县王格尔塘镇	24741		6	3667	7	1	20
夏河县阿木去乎镇	89760		10	14144			29
夏河县桑科镇	125071		6	8165			1
夏河县甘加镇	84279		7	8298	1		7
夏河县麻当镇	35937		6	5743	2	1	30
夏河县博拉镇	34098		8	7624			2
夏河县科才镇	89984		3	3846			1
夏河县达麦乡	18367		4	4164			20
夏河县曲奥乡	20484		2	3090	5		10
夏河县唐尕昂乡	20805		5	2805			3
夏河县扎油乡	37828		3	4161			4
夏河县吉仓乡	28859		3	4978			8
青海省							
城东区乐家湾镇	4597	4	5	44900	120	33	18
城东区韵家口镇	4522	4	9	32204	14	1	37
城中区总寨镇	11450	3	23	52352			60
城西区彭家寨镇	3286	2	10	35105			19
城北区大堡子镇	4817	2	13	27975	10	2	35
城北区廿里铺镇	5200	3	11	43816	72	1	25
湟中区田家寨镇	32948	1	43	38911	11		72
湟中区上新庄镇	22708	1	33	36560	69	3	59
湟中区鲁沙尔镇	18381	4	33	57233	13		12
湟中区甘河滩镇	5583	1	18	22060	1		4
湟中区共和镇	26437	1	30	31793			55
湟中区多巴镇	14875	2	44	69656	140	6	135
湟中区拦隆口镇	14603	1	42	40755			38
湟中区上五庄镇	56000	1	21	39720			23
湟中区李家山镇	14495	1	32	27444	16		47
湟中区西堡镇	9401	1	19	25578	30	4	27
湟中区群加藏族乡	9857		5	2259			6
湟中区土门关乡	11232		19	17839	5		48
湟中区汉东回族乡	4019		4	5724			6
湟中区大才回族乡	6337		16	28900			27
湟中区海子沟乡	9737		21	15379	5	1	17
大通回族土族自治县桥头镇	12015	11	22	105898	36	10	35
大通回族土族自治县城关镇	4446	1	20	26212			30
大通回族土族自治县塔尔镇	7680	1	16	36702			120
大通回族土族自治县东峡镇	9445	1	13	15623			28

续表 623　　青海省　　单位：公顷、个、人

名　　称	行政区域面　　积	居民委员会(社区)个数	村民委员会个　　数	户籍人口	工业企业个　　数	#规模以上	营业面积50平方米以上的商店或超市个数
大通回族土族自治县黄家寨镇	6178	2	20	32176	23		34
大通回族土族自治县长宁镇	9311	1	25	42268	161	11	64
大通回族土族自治县景阳镇	10640	1	19	25769			68
大通回族土族自治县多林镇	4680	1	10	10113			9
大通回族土族自治县新庄镇	5450	1	12	18982	1		27
大通回族土族自治县青林乡	29560		12	11085			26
大通回族土族自治县青山乡	14715		16	16671			10
大通回族土族自治县逊让乡	12800		13	12754			38
大通回族土族自治县极乐乡	5458		11	14663			19
大通回族土族自治县石山乡	2942		9	11279			6
大通回族土族自治县宝库乡	117485	1	11	8921			19
大通回族土族自治县斜沟乡	4782		7	8887			21
大通回族土族自治县良教乡	4280		12	21235			49
大通回族土族自治县向化藏族乡	17499		9	8050			9
大通回族土族自治县桦林乡	20880		14	16091			43
大通回族土族自治县朔北藏族乡	8040	1	18	19316			7
湟源县城关镇	3270	8	8	38763	95	4	63
湟源县大华镇	23695		25	21075	74	5	62
湟源县东峡乡	11728		13	5186			10
湟源县日月藏族乡	52104		23	13520			24
湟源县和平乡	16867		20	13942			66
湟源县波航乡	8531		13	8581	1		37
湟源县申中乡	12080		16	15525	25		45
湟源县巴燕乡	12030		15	10782	6		27
湟源县寺寨乡	14182		13	6802			12
乐都区雨润镇	12607	1	10	16603	24	8	19
乐都区寿乐镇	40697	1	30	24878			47
乐都区高庙镇	9990		21	23660			46
乐都区洪水镇	14634	1	21	18151	15	6	51
乐都区高店镇	4619	1	11	8606	10	2	14
乐都区瞿昙镇	26400	1	35	21007			12
乐都区共和乡	9135		16	9751			25
乐都区中岭乡	9295		13	7357			7
乐都区李家乡	16838		17	9496			19
乐都区下营乡	7241		10	4692			7
乐都区芦花乡	11980		15	7576			6
乐都区马营乡	12869		18	11182			23
乐都区马厂乡	8503		10	5384			
乐都区蒲台乡	14602		28	13862			78
乐都区中坝乡	11300		14	7230			15
乐都区城台乡	9405		11	4876			10
乐都区达拉乡	11898		21	8886	1		7
平安区三合镇	14807		18	12206	19	1	40
平安区洪水泉乡	7791		15	8526			2
平安区石灰窑乡	7427		14	9367			12

续表 624　　青海省　　单位：公顷、个、人

名　　称	行政区域面　　积	居民委员会(社区)个数	村民委员会个　　数	户籍人口	工业企业个　　数	#规模以上	营业面积50平方米以上的商店或超市个数
平安区沙沟乡	9042		10	11693	15	1	22
平安区巴藏沟乡	8890		13	4884			12
民和回族土族自治县川口镇	8747	10	13	40473	25		62
民和回族土族自治县古鄯镇	13249	1	24	22748			30
民和回族土族自治县马营镇	5502	1	15	30416			33
民和回族土族自治县官亭镇	8633	1	13	18646			29
民和回族土族自治县巴州镇	11166	1	19	27131			70
民和回族土族自治县满坪镇	5686	1	15	19350			11
民和回族土族自治县李二堡镇	13172	1	23	23144			18
民和回族土族自治县峡门镇	10063	1	16	12792			29
民和回族土族自治县马场垣乡	8810		7	23403	34	10	7
民和回族土族自治县北山乡	6119		7	4845			5
民和回族土族自治县松树乡	6739		8	7810			2
民和回族土族自治县西沟乡	11700		18	24532			27
民和回族土族自治县总堡乡	4904		11	12098			30
民和回族土族自治县隆治乡	12206		10	8685			14
民和回族土族自治县大庄乡	6275		15	17618			3
民和回族土族自治县转导乡	10235		17	23912			
民和回族土族自治县前河乡	7063		12	13266			13
民和回族土族自治县甘沟乡	5077		13	16875			26
民和回族土族自治县中川乡	12952		21	26521			27
民和回族土族自治县杏儿乡	5984		7	4610			1
民和回族土族自治县核桃庄乡	5999		12	15085			8
民和回族土族自治县新民乡	8876		16	9066			2
互助土族自治县威远镇	8088	8	23	70525	30	3	72
互助土族自治县丹麻镇	15120	1	17	23019			43
互助土族自治县南门峡镇	22447	1	14	19022			40
互助土族自治县加定镇	17644	1	6	8120			24
互助土族自治县塘川镇	15554	1	28	43349	20	5	78
互助土族自治县五十镇	19389	1	19	18668			82
互助土族自治县五峰镇	8835	1	18	24329			59
互助土族自治县台子乡	8165		19	23314	6	5	46
互助土族自治县西山乡	9379		17	19757			54
互助土族自治县红崖子沟乡	9380		10	9284			10
互助土族自治县巴扎藏族乡	52130		8	5277			20
互助土族自治县哈拉直沟乡	13279		13	17037			35
互助土族自治县松多藏族乡	23382		8	6956			26
互助土族自治县东山乡	9049		12	11438			27
互助土族自治县东和乡	9932		17	17712	1		106
互助土族自治县东沟乡	9468		16	21344			21
互助土族自治县林川乡	15950		21	25086	4		59
互助土族自治县蔡家堡乡	7222		13	8290			15
化隆回族自治县巴燕镇	15375	3	38	48295	11	2	29
化隆回族自治县群科镇	10350	4	29	39946			30
化隆回族自治县牙什尕镇	12661	2	21	21496			12

续表 625　　青海省　　单位：公顷、个、人

名　　称	行政区域面积	居民委员会(社区)个数	村民委员会个数	户籍人口	工业企业个数	#规模以上	营业面积50平方米以上的商店或超市个数
化隆回族自治县甘都镇	16448	2	29	39169	2		24
化隆回族自治县扎巴镇	18053	1	38	28397	15		37
化隆回族自治县昂思多镇	18465	1	32	26444	9	1	15
化隆回族自治县雄先藏族乡	18303		24	9296	3		26
化隆回族自治县初麻乡	17733		15	7646			10
化隆回族自治县查甫藏族乡	12124		12	5719	2		
化隆回族自治县塔加藏族乡	14244		9	4437			14
化隆回族自治县金源藏族乡	31490		14	7105			15
化隆回族自治县二塘乡	11259		17	16450			9
化隆回族自治县谢家滩乡	7091		18	10476	2	1	1
化隆回族自治县德恒隆乡	24746		21	19411			
化隆回族自治县沙连堡乡	9513		12	8494			5
化隆回族自治县阿什努乡	10060		16	9228			
化隆回族自治县石大仓乡	19436		17	9177			7
循化撒拉族自治县积石镇	10621	4	17	49874	68	8	63
循化撒拉族自治县白庄镇	16259	1	27	29456	8	1	30
循化撒拉族自治县街子镇	7135	1	19	26668	50	3	116
循化撒拉族自治县道帏藏族乡	44427		27	14633			18
循化撒拉族自治县清水乡	24012		17	17630	9	3	25
循化撒拉族自治县岗察藏族乡	26606		3	2224			9
循化撒拉族自治县查汗都斯乡	10562		17	19994			25
循化撒拉族自治县文都藏族乡	22488		16	8820	24		22
循化撒拉族自治县尕楞藏族乡	18471		11	5405			
门源回族自治县浩门镇	39260	4	9	34688	186	4	149
门源回族自治县青石咀镇	77952	3	16	31473	9	2	21
门源回族自治县泉口镇	17288		18	19164			45
门源回族自治县东川镇	45224	1	12	19629			90
门源回族自治县北山乡	9320		7	8041	7		27
门源回族自治县麻莲乡	10028		6	8319			11
门源回族自治县西滩乡	11722		10	10275			28
门源回族自治县阴田乡	12020		7	9629			38
门源回族自治县仙米乡	156727		8	6096			35
门源回族自治县珠固乡	101776		7	5030			23
门源回族自治县苏吉滩乡	69484		5	2107			4
门源回族自治县皇城蒙古族乡	54261		4	2000			3
祁连县八宝镇	81500	4	16	15470			22
祁连县峨堡镇	116545		4	3758	14		13
祁连县默勒镇	303969		6	7228			16
祁连县扎麻什乡	53207	1	8	5093			7
祁连县野牛沟乡	459634		4	4721			13
祁连县央隆乡	255118	1	4	3014			4
海晏县三角城镇	29824	3	5	9765	9	5	535
海晏县西海镇	1861	4		7918			4
海晏县金滩乡	20699		9	7419	2		33
海晏县哈勒景蒙古族乡	75983		3	1593			4

续表 626　　青海省　　单位：公顷、个、人

名　称	行政区域面积	居民委员会(社区)个数	村民委员会个数	户籍人口	工业企业个数	#规模以上	营业面积50平方米以上的商店或超市个数
海晏县青海湖乡	86373		5	3176			2
海晏县甘子河乡	148864		7	5873			37
刚察县沙柳河镇	140947	4	7	19294			64
刚察县哈尔盖镇	172901	1	7	10375			45
刚察县伊克乌兰乡	193003	1	6	7314	1		1
刚察县泉吉乡	150323	1	6	6165	4		7
刚察县吉尔孟乡	146360		5	3844			5
同仁市隆务镇	10471	7	11	10321			12
同仁市保安镇	33112	1	14	10926			11
同仁市多哇镇	93500	6	6	6943			9
同仁市兰采乡	45252	4	3	5805			15
同仁市双朋西乡	25299		4	3674			4
同仁市扎毛乡	53656		4	5210			7
同仁市黄乃亥乡	8500		4	3159			
同仁市曲库乎乡	22366		8	8064			22
同仁市年都乎乡	17123		6	9977			7
同仁市瓜什则乡	40128	6	6	4880			18
同仁市加吾乡	13631		6	5208			6
尖扎县马克堂镇	8396	6	14	15294	4	1	18
尖扎县康扬镇	3673	2	13	11421	11		12
尖扎县坎布拉镇	35873	2	21	14604	16	3	12
尖扎县贾加乡	13305		4	2223			
尖扎县措周乡	14336		5	5602			
尖扎县昂拉乡	8858		10	3564			6
尖扎县能科乡	6051		4	2469			2
尖扎县当顺乡	12815		8	2199	3		
尖扎县尖扎滩乡	52600		8	6491			11
泽库县泽曲镇	99011	7	15	18762	39	3	15
泽库县麦秀镇	142223	1	6	13809	5		20
泽库县和日镇	110051	2	14	13096	6		5
泽库县宁秀镇	122016		15	18534	7		69
泽库县王加乡	56198		4	4686	1		7
泽库县西卜沙乡	17706		3	3331	1		1
泽库县多禾茂乡	114112		7	10178			6
河南蒙古族自治县优干宁镇	136444	4	10	15502	45	3	4
河南蒙古族自治县宁木特镇	179383	2	11	11381	1		
河南蒙古族自治县赛尔龙乡	101571		5	3644	2		1
河南蒙古族自治县柯生乡	106859		4	3462	4		
河南蒙古族自治县托叶玛乡	87808		6	5086	2		
共和县恰卜恰镇	69878	10	15	46016	89	38	62
共和县倒淌河镇	342543	2	9	13987			20
共和县龙羊峡镇	75731	2	13	10584			5
共和县塘格木镇	160500	1	16	14272			50
共和县黑马河镇	115679	1	4	5056			10
共和县石乃亥镇	167861	1	6	7608			13

续表 627　　青海省　　单位：公顷、个、人

名　　称	行政区域面　　积	居民委员会(社区)个数	村民委员会个　　数	户籍人口	工业企业个　　数	#规模以上	营业面积50平方米以上的商店或超市个数
共和县江西沟镇	66579	1	3	6965			4
共和县沙珠玉乡	54307		10	7420			9
共和县铁盖乡	100426		10	6592			14
共和县廿地乡	73057		5	4875			8
共和县切吉乡	404661	1	8	10007			6
共和县安置农场	384		1	32			
同德县尕巴松多镇	126071	5	16	15403	9		16
同德县唐谷镇	93568	2	17	13454			33
同德县巴沟乡	44817		22	9001	3		33
同德县秀麻乡	97319	2	8	8808			26
同德县河北乡	101704	2	10	7590			14
贵德县河阴镇	3267	7	12	24497	14		60
贵德县河西镇	49835	1	29	24092	7	3	13
贵德县拉西瓦镇	78393		10	6545	5	2	23
贵德县常牧镇	123154	1	25	20144			17
贵德县河东乡	27505	2	15	15199	3		30
贵德县新街回族乡	9270		9	6241			2
贵德县尕让乡	59889		22	15043	6		48
兴海县子科滩镇	363229	4	8	19622	40		748
兴海县河卡镇	196773	1	10	17252	9		42
兴海县曲什安镇	37101	1	5	6527			16
兴海县温泉乡	335532	1	7	10867			1
兴海县龙藏乡	89636		7	7306	12		
兴海县中铁乡	87332		7	7522			5
兴海县唐乃亥乡	89759		13	14478			25
贵南县茫曲镇	9122	4	11	14525	25		25
贵南县过马营镇	173766	3	11	21648	11		5
贵南县森多镇	141959	1	16	15813			39
贵南县沙沟乡	93703		15	9169	3		21
贵南县茫拉乡	42879		13	8029	2		25
贵南县塔秀乡	113955	1	9	11128	1		7
玛沁县大武镇	195574	6	5	24567			15
玛沁县拉加镇	262620	2	11	12146			8
玛沁县大武乡	181373		4	5214	1		
玛沁县东倾沟乡	77967		2	2409			2
玛沁县雪山乡	135093		2	2383			4
玛沁县下大武乡	164100		3	1885			6
玛沁县优云乡	147580		3	3218			
玛沁县当洛乡	173487		5	5066			8
班玛县赛来塘镇	61866	2	3	3089			1
班玛县多贡麻乡	56394		3	3238			5
班玛县马可河乡	61166		3	2303			7
班玛县吉卡乡	66641		3	2330			5
班玛县达卡乡	99034		4	3442			1
班玛县知钦乡	89752		3	2808			10

续表 628　　青海省　　单位：公顷、个、人

名　称	行政区域面积	居民委员会(社区)个数	村民委员会个数	户籍人口	工业企业个数	#规模以上	营业面积50平方米以上的商店或超市个数
班玛县江日堂乡	41239		4	3998			12
班玛县亚尔堂乡	36495		3	3106			
班玛县灯塔乡	101289		6	4328			1
甘德县柯曲镇	175333	2	9	7094			22
甘德县上贡麻乡	82402		5	3699			8
甘德县下贡麻乡	71000		4	4232			3
甘德县岗龙乡	103680		4	5124			5
甘德县江千乡	70100		4	4290			22
达日县吉迈镇	92680	3	3	3666			
达日县满掌乡	100453		3	4160			7
达日县德昂乡	95940		3	3784			10
达日县窝赛乡	56120		3	2857			
达日县莫坝乡	190546		2	3425			3
达日县上红科乡	178533		4	5264			1
达日县下红科乡	109560		4	3870			7
达日县建设乡	147913		4	4224			1
达日县桑日麻乡	300120		4	3627			13
达日县特合土乡	212380		3	1913			10
久治县智青松多镇	185611	4	4	4887			
久治县门堂乡	109551		2	2908			4
久治县哇赛乡	113268		3	3957			28
久治县索呼日麻乡	181315		4	5548			2
久治县白玉乡	132153		5	5520			5
久治县哇尔依乡	106232		4	4223			2
玛多县玛查理镇	569870	1	9	6105			10
玛多县花石峡镇	889477	1	8	5397			15
玛多县黄河乡	560980		7	3000			14
玛多县扎陵湖乡	618163		6	2432			9
玉树市隆宝镇	172840	1	6	9246			3
玉树市下拉秀镇	308567	1	9	18481			21
玉树市仲达乡	71067		4	5970			1
玉树市巴塘乡	236200		7	9595			5
玉树市小苏莽乡	214770		9	14159			11
玉树市上拉秀乡	213767		7	12410			3
玉树市安冲乡	92660		5	6523			11
玉树市哈秀乡	135300		4	5391			14
杂多县萨呼腾镇	243903	8	4	9333			
杂多县昂赛乡	168285		3	7939			
杂多县结多乡	247123		5	10147			1
杂多县阿多乡	319677	2	4	9530			
杂多县苏鲁乡	175215		3	8546			2
杂多县查旦乡	1196893		4	6053			1
杂多县莫云乡	602032		4	6954			
杂多县扎青乡	598787		4	10056			
称多县称文镇	100779	4	11	9410			22

续表 629　　青海省　　单位：公顷、个、人

名　称	行政区域面　积	居民委员会(社区)个数	村民委员会个　数	户籍人口	工业企业个　数	#规模以上	营业面积50平方米以上的商店或超市个数
称多县歇武镇	72572	1	7	5798			
称多县扎朵镇	431766	1	6	9345			8
称多县清水河镇	453851	1	7	8454			1
称多县珍秦镇	232677	1	11	11835			28
称多县尕朵乡	117808		8	9293			2
称多县拉布乡	52375		7	4379			18
治多县加吉博洛格镇	166209	6	2	3211			
治多县索加乡	6506211		4	6218			1
治多县扎河乡	442949		4	6954			
治多县多彩乡	638474		4	7432			
治多县治渠乡	221832		3	3440			
治多县立新乡	88550		3	3647			
囊谦县香达镇	136729	8	12	17403			8
囊谦县白扎乡	166380		10	14388			1
囊谦县吉曲乡	184420		11	13309			
囊谦县娘拉乡	51386		5	5318			2
囊谦县毛庄乡	82020		5	7013			24
囊谦县觉拉乡	95366		7	9090			
囊谦县东坝乡	113822		5	8981			5
囊谦县尕羊乡	132859		4	6932			
囊谦县吉尼赛乡	110502		4	9084			3
囊谦县着晓乡	196216		6	10215			8
曲麻莱县约改镇	227853	4	3	17793			3
曲麻莱县巴干乡	190820		3	5879			7
曲麻莱县秋智乡	700000		3	5686			4
曲麻莱县叶格乡	438621		3	4271			10
曲麻莱县麻多乡	1485294		3	6355			8
曲麻莱县曲麻河乡	1461082		4	4797			1
格尔木市郭勒木德镇	2622397	4	17	32214	6		107
格尔木市唐古拉镇	4800000		7	1957			11
格尔木市大格勒乡	22436		4	2316			6
格尔木市乌图美仁乡	3451712		13	2108	14	4	6
德令哈市尕海镇	247000	1	9	8065	8	1	19
德令哈市怀头他拉镇	1070000	1	5	3118			
德令哈市柯鲁柯镇	667900	1	12	12165	16		19
德令哈市蓄集乡	773800	1	6	1885	6	1	1
茫崖市花土沟镇	3000000	6	3	28952	15	3	29
茫崖市茫崖镇	209000	2		3890			2
茫崖市冷湖镇	1775779	1		21559	11	10	6
乌兰县希里沟镇	27034	3	4	11045	15	1	10
乌兰县茶卡镇	171044	1	8	3613	16	1	7
乌兰县柯柯镇	806284	1	20	12309	2	1	26
乌兰县铜普镇	206208	1	6	4350			13
都兰县察汉乌苏镇	104081	4	21	16113	31	2	23
都兰县香日德镇	82400	2	23	26180	7	2	107

续表 630　　青海省、宁夏回族自治区　　单位：公顷、个、人

名　称	行政区域面　积	居民委员会(社区)个数	村民委员会个　数	户籍人口	工业企业个　数	#规模以上	营业面积50平方米以上的商店或超市个数
都兰县夏日哈镇	315300	1	8	6268			12
都兰县宗加镇	2372800	1	14	4645			35
都兰县热水乡	87700	3	3	4400	6	2	7
都兰县香加乡	507700		19	5598	4	1	4
都兰县沟里乡	259947		3	1801			22
都兰县巴隆乡	823300		15	6071			77
天峻县新源镇	153579		12	3193	5	2	5
天峻县木里镇	168057		4	1317			4
天峻县江河镇	81650		8	2357			4
天峻县快尔玛乡	168599		9	2222			
天峻县舟群乡	140630		6	1484			3
天峻县织合玛乡	85432		6	1693			
天峻县苏里乡	979620		5	1342			2
天峻县生格乡	233554		4	1253			1
天峻县阳康乡	310388		4	1184			2
天峻县龙门乡	239750		4	1412			3
大柴旦行政委员会柴旦镇	1863300	3	2	6275	32	14	35
大柴旦行政委员会锡铁山镇	227100	2		696	13	9	3
宁夏回族自治区							
兴庆区掌政镇	15212	2	12	36730	40		30
兴庆区大新镇	3555	15	6	82034			230
兴庆区通贵乡	11100		6	17722			14
兴庆区月牙湖乡	33620		12	30815	21	18	103
西夏区兴泾镇	2885	3	6	23780	2	1	33
西夏区镇北堡镇	8578	1	5	12950	26	2	61
金凤区良田镇	8398	1	8	37862	8	6	112
金凤区丰登镇	4035		7	15700	2	1	44
永宁县杨和镇	6300		10	32765	6		12
永宁县李俊镇	9820	2	15	34717			31
永宁县望远镇	12285	15	10	54831	254	49	439
永宁县望洪镇	10500		16	38740	2		27
永宁县闽宁镇	20160	1	6	41002	9	8	665
永宁县胜利乡	10500		9	20227	10		57
永宁县黄羊滩农场	6293	1	1	3236	3		25
贺兰县习岗镇	8113		11	25701	368	44	55
贺兰县金贵镇	12609		12	40354	37	6	61
贺兰县立岗镇	16887		15	31862	5		38
贺兰县洪广镇	54520	1	9	33161	79	20	27
贺兰县常信乡	17856		14	32294	6	1	11
贺兰县暖泉农场	10704		2	3701	2	1	8
灵武市东塔镇	12797		9	19167	37	29	11
灵武市郝家桥镇	21470		21	47081	4		38
灵武市崇兴镇	12843	1	12	50238	30		6
灵武市宁东镇	175387	4	5	20258	146	66	331
灵武市马家滩镇	59477		4	4898	9	8	11

续表 631 宁夏回族自治区 单位：公顷、个、人

名 称	行政区域面积	居民委员会(社区)个数	村民委员会个数	户籍人口	工业企业个数	#规模以上	营业面积50平方米以上的商店或超市个数
灵武市临河镇	44203		7	8449	31	24	21
灵武市梧桐树乡	15428		8	29108	38	3	7
灵武市白土岗乡	69192		9	13275	18	9	26
大武口区星海镇	13800	4	8	60064	38	9	11
惠农区红果子镇	8213	4	5	15193	86	30	34
惠农区尾闸镇	9830	6	6	18679	32	3	53
惠农区园艺镇	1443	6	3	27296			64
惠农区庙台乡	5343		7	9046			3
惠农区礼和乡	7558		7	12155			18
惠农区燕子墩乡	31379	1	11	18861			37
平罗县城关镇	15189	20	16	71469	321	94	225
平罗县黄渠桥镇	9003	1	14	23785	19		2
平罗县宝丰镇	4060	1	9	17578			24
平罗县头闸镇	9915	1	12	19622			9
平罗县姚伏镇	11283	1	18	24937			20
平罗县崇岗镇	43656	1	9	12622	98	43	11
平罗县陶乐镇	11582	2	5	15994			20
平罗县高庄乡	7651		13	25087	19	2	5
平罗县灵沙乡	8362		11	20946			24
平罗县渠口乡	14424		13	23004			12
平罗县通伏乡	13219		14	21768	16	3	13
平罗县高仁乡	14810		4	7476	5	3	7
平罗县红崖子乡	26270		7	18074	82	33	35
利通区金积镇	7040	1	17	45025	142	26	57
利通区金银滩镇	23029	1	11	45368	44	6	33
利通区高闸镇	7570		7	22965	16	6	29
利通区扁担沟镇	23967		16	31324	25	19	46
利通区上桥镇	1320	1	8	29328	15	7	71
利通区古城镇	3126	3	11	30139	44		109
利通区金星镇	1250	11		59613			243
利通区胜利镇	960	9		37096	5	4	148
利通区东塔寺乡	2470		10	26972	14	5	59
利通区板桥乡	3068	2	11	35287	37	12	70
利通区马莲渠乡	3528		8	25473	13	3	40
利通区郭家桥乡	2750		8	22202	27	1	28
红寺堡区红寺堡镇	32449		14	47625	65		90
红寺堡区太阳山镇	90452		11	15167	112	47	31
红寺堡区大河乡	48411		13	27829	18	4	93
红寺堡区新庄集乡	67393		16	49245	3		84
红寺堡区柳泉乡	35653		11	28321	12	1	106
盐池县花马池镇	153100	1	23	35894	29	28	38
盐池县大水坑镇	145850	3	15	24944	4	2	29
盐池县惠安堡镇	128920	2	13	19586	36	2	66
盐池县高沙窝镇	87350	1	9	11975	65	17	17
盐池县王乐井乡	104580		13	22491	4	3	17

续表 632　　宁夏回族自治区　　单位：公顷、个、人

名称	行政区域面积	居民委员会(社区)个数	村民委员会个数	户籍人口	工业企业个数	#规模以上	营业面积50平方米以上的商店或超市个数
盐池县冯记沟乡	90230	1	8	11274	3		22
盐池县青山乡	62237		8	12866	20	2	19
盐池县麻黄山乡	73870		13	11664	1		22
同心县豫海镇	20038	11	16	86204	106	25	78
同心县河西镇	55353		19	60064	5		157
同心县韦州镇	52121		11	26252			28
同心县下马关镇	61560		21	60338			280
同心县预旺镇	35033		11	23904	2		35
同心县王团镇	49597		20	44356	10	2	161
同心县丁塘镇	16506		19	44129	92	4	262
同心县田老庄乡	50360		6	7443	3		9
同心县马高庄乡	47009		7	11642			
同心县张家塬乡	68010		6	9315			11
同心县兴隆乡	17841		6	15734			32
青铜峡市小坝镇	4597		9	24236	105	4	98
青铜峡市大坝镇	20971	1	15	31730	33	8	21
青铜峡市青铜峡镇	55700	6	6	39079	163	66	49
青铜峡市叶盛镇	5571	1	10	19645	56	5	19
青铜峡市瞿靖镇	10358	1	15	35108	14		47
青铜峡市峡口镇	29823	1	10	27549	40	4	23
青铜峡市邵岗镇	42733	2	15	34347	11	1	40
青铜峡市陈袁滩镇	6396	2	5	22016	182	5	76
原州区三营镇	17225	1	15	35340	13	3	68
原州区官厅镇	29049		13	14397	16	1	13
原州区开城镇	24112		16	25133	19		55
原州区张易镇	28424		15	38357	8	1	18
原州区彭堡镇	19458		14	31986	16	2	51
原州区头营镇	28060		24	51931	40	9	114
原州区黄铎堡镇	19705		15	34245	7	2	63
原州区中河乡	20168		11	27709	23	3	48
原州区河川乡	20581		10	12060	2		6
原州区炭山乡	25346		7	11892	5		2
原州区寨科乡	32325		10	12289	2	1	13
西吉县吉强镇	25068	12	27	84197	65	8	97
西吉县兴隆镇	22005	1	32	57543	11		26
西吉县平峰镇	19239		22	23197	2		13
西吉县将台堡镇	11261		16	26669	4		40
西吉县新营乡	28407		21	29623	3	1	2
西吉县红耀乡	13631		10	8824			7
西吉县田坪乡	16873		12	10896			3
西吉县马建乡	17701		13	21058			18
西吉县震湖乡	15164		17	19224	1		8
西吉县兴平乡	13992		12	22865			13
西吉县西滩乡	9663		10	15721			
西吉县王民乡	9425		12	11903			8

续表 633　　宁夏回族自治区　　单位：公顷、个、人

名　　称	行政区域面　　积	居民委员会(社区)个数	村民委员会个　　数	户籍人口	工业企业个　　数	#规模以上	营业面积50平方米以上的商店或超市个数
西吉县什字乡	11174		16	26059			9
西吉县马莲乡	10454		15	22022			9
西吉县硝河乡	13525		12	20002			63
西吉县偏城乡	20173		17	27983	7		25
西吉县沙沟乡	19267		11	16182			21
西吉县白崖乡	25811		11	13587			
西吉县火石寨乡	16067		9	13930			5
隆德县城关镇	16044	10	4	39022	42	9	80
隆德县沙塘镇	7575		11	14530	11		17
隆德县联财镇	4589		6	9996	8		7
隆德县陈靳乡	4656		7	4173	2		15
隆德县好水乡	6990		8	5967	1		
隆德县观庄乡	12005		12	16003			25
隆德县杨河乡	6252		5	13055	1		12
隆德县神林乡	3996		5	7931			12
隆德县张程乡	8035		8	10127	1		12
隆德县凤岭乡	6680		8	8447	5		11
隆德县山河乡	5813		4	1193			4
隆德县温堡乡	8197		13	17600	6		14
隆德县奠安乡	7048		7	3762			1
泾源县香水镇	19367	3	18	35515	16	2	72
泾源县泾河源镇	17558		18	19119			36
泾源县六盘山镇	25523		16	13206	6		6
泾源县新民乡	15511		11	13276			12
泾源县兴盛乡	7377		9	10129	2		18
彭阳县白阳镇	27179	5	17	56446	78	4	45
彭阳县王洼镇	34123	1	20	25472	2	1	56
彭阳县古城镇	32335		20	31186	12		49
彭阳县红河镇	16405		12	21985	5		20
彭阳县新集乡	22674		20	36147	7		42
彭阳县城阳乡	18598		10	20747	2		37
彭阳县冯庄乡	17650		11	7746			11
彭阳县小岔乡	15268		7	5239	3		2
彭阳县孟塬乡	21268		11	15257	2		19
彭阳县罗洼乡	15653		7	5615	4		18
彭阳县交岔乡	14565		7	5442	2		8
彭阳县草庙乡	17658		14	13181			29
沙坡头区滨河镇	2821	15	13	62674	85	4	60
沙坡头区文昌镇	2676	18	8	67765	151	2	32
沙坡头区东园镇	18410		20	38208	69	1	47
沙坡头区柔远镇	4194		13	29111	31	3	29
沙坡头区镇罗镇	20596		12	32855	56	15	11
沙坡头区宣和镇	46425		24	51607	70	10	21
沙坡头区永康镇	51763		21	31861	20		15
沙坡头区常乐镇	88481	1	16	28928	42	3	39

续表 634　　宁夏回族自治区、新疆维吾尔自治区　　单位：公顷、个、人

名　　称	行政区域面积	居民委员会(社区)个数	村民委员会个数	户籍人口	工业企业个数	#规模以上	营业面积50平方米以上的商店或超市个数
沙坡头区迎水桥镇	122282	2	16	31735	66	19	20
沙坡头区兴仁镇	77235		11	30512	20		7
沙坡头区香山乡	93378		8	11196	2	1	14
中宁县宁安镇	7089	14	13	65642	143	18	117
中宁县鸣沙镇	24083	1	8	24350	13	1	4
中宁县石空镇	33675	1	15	27233	111	21	33
中宁县新堡镇	19537	2	11	24137	108	18	18
中宁县恩和镇	18391		10	23823	23	2	20
中宁县大战场镇	39123	1	14	54618	29	1	103
中宁县舟塔乡	6996		10	29659	4		8
中宁县白马乡	17365		7	13016	3		1
中宁县余丁乡	30787		6	15599	28	5	5
中宁县喊叫水乡	57391		19	23017	5	1	64
中宁县徐套乡	68256		13	21248	3	1	29
中宁县太阳梁乡	14020	1	7	26011	4		39
海原县海城镇	17328		8	26966			44
海原县李旺镇	34931		14	42256			51
海原县西安镇	49004		10	31442	3	1	52
海原县三河镇	26214	2	13	51050	3		52
海原县七营镇	26759		14	34033	1		66
海原县史店乡	26565		7	23715	3		6
海原县树台乡	39226		9	27172	1		33
海原县关桥乡	58427		11	33221			53
海原县高崖乡	12680		10	28701	2	1	63
海原县郑旗乡	35753		7	23518	2		20
海原县贾塘乡	30123		9	31649	3	1	29
海原县曹洼乡	22278		5	8965			10
海原县九彩乡	16900		4	6699			8
海原县李俊乡	21205		6	8703			32
海原县红羊乡	33336		9	14050			11
海原县关庄乡	12577		5	8280			15
海原县甘城乡	22815		7	8492			9
新疆维吾尔自治区							
兵团农十二师一零四团	233886	21	7	61199	9	5	205
兵团十二师西山农场	9121	3	2	6371	9	2	65
新市区安宁渠镇	4900	3	8	27461	3	2	34
新市区地窝堡乡	353	5	2	7896	25		13
新市区青格达湖乡	1477		4	6669	4		18
新市区六十户乡	3649		6	9058	10		22
兵团十二师五一农场	6134	3	5	12067	14	7	75
达坂城区达坂城镇	53212	2	3	4822	79	6	35
达坂城区东沟乡	35000	1	7	6201			21
达坂城区西沟乡	57800	1	5	4118			16
达坂城区阿克苏乡	159048	1	4	3270			7
米东区古牧地镇	9004	2	15	34612	8	2	191

续表 635　　新疆维吾尔自治区　　单位：公顷、个、人

名　称	行政区域面积	居民委员会(社区)个数	村民委员会个数	户籍人口	工业企业个数	#规模以上	营业面积50平方米以上的商店或超市个数
米东区铁厂沟镇	11600		8	5351	60	5	38
米东区长山子镇	7200		19	28539			56
米东区羊毛工镇	6370		13	23348			51
米东区三道坝镇	8720	1	17	13273			85
米东区柏杨河乡	76760	1	6	5371	70	2	23
米东区芦草沟乡	4984	3	2	12487	30	1	17
乌鲁木齐县水西沟镇	56253	3	9	11093	5	2	46
乌鲁木齐县板房沟镇	80872	2	6	13284	3		20
乌鲁木齐县永丰镇	15820	1	6	9503	16		6
乌鲁木齐县萨尔达坂乡	40350	1	4	5545	4		28
乌鲁木齐县甘沟乡	57388	1	8	7434			15
乌鲁木齐县托里乡	85886	1	4	4644	13	2	8
克拉玛依区小拐乡	126393	1	3	1790			4
兵团一二九团分部	30456	3	16	16417	11	8	15
兵团一三六团	19411	2	13	10528	7	2	30
乌尔禾区乌尔禾镇	9580		2	1003			3
高昌区七泉湖镇	32977	3	2	8513	3	2	16
高昌区亚尔镇	16597	6	12	63346			230
高昌区艾丁湖镇	97224		9	23339			62
高昌区葡萄镇	9856	4	5	21640			71
高昌区火焰山镇	10414		4	14750	5	1	12
高昌区恰特喀勒乡	44350		11	34113			57
高昌区胜金乡	56218		10	28414			82
高昌区原种场	2064	1		3074			
兵团二二一团	9866	1	4	4856	10	1	4
鄯善县鄯善镇	10470	16	1	37378	344	36	155
鄯善县七克台镇	379200	2	8	16886	6	5	32
鄯善县连木沁镇	7509	2	12	35227	20	4	45
鄯善县鲁克沁镇	30776	2	11	36672	7		265
鄯善县辟展镇	240000	1	11	28746	12		109
鄯善县迪坎镇	1720000		6	8367	24	2	24
鄯善县东巴扎回族乡	1900		4	4200			51
鄯善县吐峪沟乡	18744	1	11	28126	7		74
鄯善县达朗坎乡	112100		6	17248			33
托克逊县托克逊镇	2970	10		22363	50	16	238
托克逊县库米什镇	738718		2	567	19	2	41
托克逊县克尔碱镇	11233	1	3	1981	13	7	12
托克逊县阿乐惠镇	86815	3	3	17	24	10	77
托克逊县伊拉湖镇	150654	1	8	18796	14	1	97
托克逊县夏镇	204640	1	12	30974			85
托克逊县博斯坦镇	135314		9	23406			53
托克逊县郭勒布依乡	90695	2	11	21893	5	2	26
伊州区雅满苏镇	964600	1		91	4	2	5
伊州区七角井镇	1039090		1	1092	10	3	6
伊州区星星峡镇	228504	1					1

续表 636　　　　新疆维吾尔自治区　　　　单位：公顷、个、人

名　　称	行政区域面　　积	居民委员会(社区)个数	村民委员会个　　数	户籍人口	工业企业个　　数	#规模以上	营业面积50平方米以上的商店或超市个数
伊州区二堡镇	69942		9	14317			18
伊州区陶家宫镇	45317		11	21948	38		35
伊州区五堡镇	1715900		10	14668			26
伊州区三道岭镇	60093	3		26987	20	3	9
伊州区沁城乡	1035603		7	5159	24	4	18
伊州区乌拉台哈萨克民族乡	67928		3	4390	7	6	14
伊州区双井子乡	718271		1		5		
伊州区大泉湾乡	591630		6	13057	21	2	8
伊州区回城乡	14737	3	5	8731	32		20
伊州区花园乡	33120	1	8	11248	17	4	35
伊州区南湖乡	953590		3	3021	15	6	
伊州区德外里都如克哈萨克乡	91900		2	1705	1		2
伊州区西山乡	160280	1	4	5065	3		2
伊州区天山乡	224700		10	7271	19	1	44
伊州区白石头乡	29617	1	4	2337	3		22
伊州区柳树沟乡	92256		2	808			1
巴里坤哈萨克自治县巴里坤镇	509	4		12432	73	4	15
巴里坤哈萨克自治县博尔羌吉镇	19931	2		307	24	4	4
巴里坤哈萨克自治县大河镇	64713		8	19245	4		34
巴里坤哈萨克自治县奎苏镇	108471		6	12112	8		26
巴里坤哈萨克自治县三塘湖镇	264753		4	1314	23	12	7
巴里坤哈萨克自治县萨尔乔克乡	132684		3	4924	2	1	2
巴里坤哈萨克自治县海子沿乡	275001		4	7229	2		11
巴里坤哈萨克自治县下涝坝乡	223349		3	6927	1		4
巴里坤哈萨克自治县石人子乡	50283		4	8229	8		19
巴里坤哈萨克自治县花园乡	55145		3	6528	6	2	3
巴里坤哈萨克自治县大红柳峡乡	671734		4	3926	10	6	2
巴里坤哈萨克自治县八墙子乡	83415		2	3133	2		4
兵团红山农场	318099	2	13	12264	27	18	22
伊吾县伊吾镇	725	2			27	4	17
伊吾县淖毛湖镇	769064	2	7		98	23	455
伊吾县盐池镇	225008		2		13	1	7
伊吾县苇子峡乡	129233		1		1		
伊吾县下马崖乡	471463		1				2
伊吾县吐葫芦乡	123009		6		3		2
伊吾县前山哈萨克民族乡	187850		3		2		15
昌吉市硫磺沟镇	34797	2	1	782	15	6	4
昌吉市三工镇	14162		7	21582	81	23	31
昌吉市榆树沟镇	20057	1	6	13665	208	78	20
昌吉市二六工镇	9883		6	13708	10	2	17
昌吉市大西渠镇	19497	1	7	14637	83	9	25
昌吉市六工镇	8211		8	12812	27	5	21
昌吉市滨湖镇	13831		7	10407	17	3	9
昌吉市佃坝镇	10570		5	7008	6		4
昌吉市阿什里哈萨克民族乡	209953		6	7708	8	2	22

续表 637 新疆维吾尔自治区 单位：公顷、个、人

名称	行政区域面积	居民委员会(社区)个数	村民委员会个数	户籍人口	工业企业个数	#规模以上	营业面积50平方米以上的商店或超市个数
昌吉市庙尔沟乡	53844		4	5726			5
阜康市城关镇	8326	2	22	19361	1		50
阜康市九运街镇	16800	1	16	18802	22		9
阜康市滋泥泉子镇	36163	1	9	17150			16
阜康市上户沟哈萨克族乡	378000		8	11312	13		12
阜康市水磨沟乡	72798	1	3	4168	28	26	
阜康市三工河哈萨克族乡	65706		3	4606			3
兵团农六师十墩子农场	8464	1	5	5777	26	5	50
兵团六运湖农场	5196	1	6	6779	7	1	23
呼图壁县呼图壁镇	1300	16		34236	50	4	136
呼图壁县大丰镇	39703	1	8	13165	53	20	41
呼图壁县雀尔沟镇	206311	1	6	11051	4	2	4
呼图壁县二十里店镇	31097	1	8	15371	45	11	5
呼图壁县园户村镇	24383	2	11	20679	24	1	76
呼图壁县五工台镇	56095	1	13	19558	64	11	52
呼图壁县石梯子哈萨克民族乡	122550		6	7255	12	3	8
兵团芳草湖总场	94641	10	36	52979	21	5	65
玛纳斯县玛纳斯镇	5048	11	9	38610	26	6	85
玛纳斯县乐土驿镇	14333		9	12068	3	1	
玛纳斯县包家店镇	23600		7	16356	13	11	12
玛纳斯县凉州户镇	6197		6	7150	5	4	10
玛纳斯县北五岔镇	32097		9	8057			7
玛纳斯县六户地镇	25100		7	6769	4	2	
玛纳斯县兰州湾镇	15574		10	13256	7		23
玛纳斯县广东地乡	10273		9	7918	2	1	14
玛纳斯县清水河子哈萨克民族乡	287600		6	6459	2	1	13
玛纳斯县塔西河乡	98893		5	4324			10
玛纳斯县旱卡子滩乡	46000		4	4721	3	2	4
兵团一四七团	22400	3	18	14800	15	8	11
兵团一四八团	30194	4	19	16110	17	2	10
兵团一五零团	45073	3	21	16947	10	1	30
奇台县奇台镇	4347	17		40804	160	18	365
奇台县老奇台镇	17867	1	4	12739	6	1	13
奇台县半截沟镇	179863		7	22115	9	1	5
奇台县吉布库镇	69313		9	14933	16	2	10
奇台县东湾镇	19722		4	10008	7		13
奇台县西地镇	45989		5	15540	32	8	10
奇台县碧流河镇	24539		6	11022	9	1	23
奇台县三个庄子镇	7922		5	4690	10	1	25
奇台县西北湾镇	175577		9	22668	116	1	102
奇台县坎尔孜乡	4239		4	6159	6	1	9
奇台县五马场乡	509177		4	9056	1		4
奇台县古城乡	9669		4	9730	39	4	11
奇台县乔仁乡	213018		2	3860	9	5	1
奇台县七户乡	17759		3	8172	4		10

续表 638　　新疆维吾尔自治区　　单位：公顷、个、人

名　　称	行政区域面积	居民委员会(社区)个数	村民委员会个数	户籍人口	工业企业个数	#规模以上	营业面积50平方米以上的商店或超市个数
奇台县塔塔尔乡	135010		2	4566	3		6
吉木萨尔县吉木萨尔镇	4246	10	6	27226	59	10	32
吉木萨尔县三台镇	50896	1	7	11035	12	1	27
吉木萨尔县泉子街镇	45058		4	11099			8
吉木萨尔县北庭镇	19494		6	10814	6		6
吉木萨尔县二工镇	28511		15	16497	33	4	12
吉木萨尔县大有镇	25138		6	17602	1		10
吉木萨尔县庆阳湖乡	36351		5	8502	6		7
吉木萨尔县老台乡	65360		5	9746	23	9	17
吉木萨尔县新地乡	34318		3	5103	5	3	13
兵团农六师红旗农场	146666	3	12	17231	13	1	51
木垒哈萨克自治县木垒镇	605	7		15811	61	12	63
木垒哈萨克自治县西吉尔镇	11409		4	7490			28
木垒哈萨克自治县东城镇	50066		8	12941			18
木垒哈萨克自治县新户镇	56737		5	8624	8		20
木垒哈萨克自治县英格堡乡	10054		5	5909			6
木垒哈萨克自治县照壁山乡	43955		10	8422	8		6
木垒哈萨克自治县雀仁乡	166800		6	5990	13	8	11
木垒哈萨克自治县白杨河乡	47053		5	3271	9		10
木垒哈萨克自治县大石头乡	717886		7	8592	11		27
木垒哈萨克自治县大南沟乌孜别克乡	21640	3	3	3571			5
木垒哈萨克自治县博斯坦乡	150507		5	5005			5
博乐市小营盘镇	115900	2	24	25874	17	2	60
博乐市达勒特镇	119200	1	19	16853	20		40
博乐市乌图布拉格镇	33232	1	16	18735	9	1	82
博乐市青得里镇	58100		22	23798			87
博乐市贝林哈日莫墩乡	13700		12	7810			13
阿拉山口市艾比湖镇	124900	3		3419	60	32	14
精河县精河镇	2282	18		19877			131
精河县大河沿子镇	8717	5	17	29850	13		120
精河县托里镇	117400	2	17	18932	12		43
精河县托托镇	186400	1	4	3668			28
精河县茫丁乡	237600	1	21	21690			36
温泉县博格达尔镇	460	4	4	7768			5
温泉县哈日布呼镇	56942	4	14	13351			14
温泉县安格里格镇	61430		12	10872			16
温泉县查干屯格乡	91800		9	7506	3	1	16
温泉县扎勒木特乡	36515		2	1430	2		4
温泉县塔秀乡	20265		7	7035	2	1	14
兵团八十八团	31139	1	7	4433	2	1	2
库尔勒市塔什店镇	17907	4		7298	28	5	6
库尔勒市上户镇	14992	3	5	8228	76	14	21
库尔勒市西尼尔镇	14911	2	3	3918	44	14	25
库尔勒市铁克其乡	2626	6	8	35633	8	2	267
库尔勒市恰尔巴格乡	1310		7	12138			38

续表 639　　新疆维吾尔自治区　　单位：公顷、个、人

名　　称	行政区域面　　积	居民委员会(社区)个数	村民委员会个　　数	户籍人口	工业企业个　　数	#规模以上	营业面积50平方米以上的商店或超市个数
库尔勒市英下乡	2536	3	4	15446	1		16
库尔勒市兰干乡	3595		5	8980	8		48
库尔勒市和什力克乡	9487		5	7639	1		18
库尔勒市哈拉玉宫乡	34854		6	10952			21
库尔勒市阿瓦提乡	16559		8	14452	1		51
库尔勒市托布力其乡	16256	1	5	10616	2		25
库尔勒市普惠乡	5309	4	3	3008	8		9
轮台县轮台镇	11196		11	19118	71		150
轮台县轮南镇	164203	3		183	156	5	120
轮台县群巴克镇	11238	1	7	13956			25
轮台县阳霞镇	7345		8	12974			82
轮台县哈尔巴克乡	15518		9	11791			54
轮台县野云沟乡	2957		3	3696			15
轮台县阿克萨来乡	4548		4	5506			7
轮台县塔尔拉克乡	6061		4	5134			3
轮台县草湖乡	121253		6	1257			23
轮台县铁热克巴扎乡	9124		8	10741	7		30
轮台县策达雅乡	4944		5	6918			11
尉犁县尉犁镇	1339	10		21680	94	6	122
尉犁县团结镇	1645	1	3	5195			5
尉犁县兴平镇	97556		8	11791	29	6	30
尉犁县塔里木乡	47821		9	6831	2		23
尉犁县墩阔坦乡	154478		5	4293	2		12
尉犁县喀尔曲尕乡	297183		5	3930	1		15
尉犁县阿克苏普乡	58940		2	2649	1		18
尉犁县古勒巴格乡	24687		7	5923	8		4
若羌县若羌镇	2800	5		12699	118	9	230
若羌县依吞布拉克镇	37000	2	2	51	16		3
若羌县罗布泊镇	5100000	1			11	1	5
若羌县瓦石峡镇	2410000		5	6092	8		30
若羌县铁干里克镇	2320000	1	7	5740	29	5	46
若羌县吾塔木乡	1170000		6	4187	23		11
若羌县铁木里克乡	2630000		5	116	7		
若羌县祁曼塔格乡	6560000		1	20			
且末县且末镇	739	6	1	19398	45	2	129
且末县奥依亚依拉克镇	432259		5	1800	1		58
且末县塔提让镇	9471		5	3620	1		8
且末县阿羌镇	2101992		6	3350			8
且末县阿热勒镇	4087		3	2593	5		22
且末县琼库勒乡	7158		4	5851	10		6
且末县托格拉克勒克乡	3827		6	8367	9		4
且末县巴格艾日克乡	5232		6	4584	14		1
且末县英吾斯塘乡	10294		7	6657			1
且末县阿克提坎墩乡	21713		4	2692	4		10
且末县阔什萨特玛乡	18899		4	2872	1		6

续表 640　　新疆维吾尔自治区　　单位：公顷、个、人

名　　称	行政区域面　　积	居民委员会(社区)个数	村民委员会个　　数	户籍人口	工业企业个　　数	#规模以上	营业面积50平方米以上的商店或超市个数
且末县库拉木勒克乡	3469071		5	1955	6		
焉耆回族自治县焉耆镇	1272	15	2	33468	23	2	9
焉耆回族自治县七个星镇	75000	1	9	16290	39	9	44
焉耆回族自治县永宁镇	6784	2	8	21786	39	1	85
焉耆回族自治县四十里城子镇	8662	1	5	7921			11
焉耆回族自治县北大渠乡	13800		6	14230			57
焉耆回族自治县五号渠乡	8007	2	8	16758	35	5	48
焉耆回族自治县查汗采开乡	3408		4	4938			10
焉耆回族自治县包尔海乡	5803		5	7080	1		31
和静县和静镇	112280	18	5	46343	192	14	349
和静县巴伦台镇	490489	2	6	4363	18	2	30
和静县巴润哈尔莫敦镇	47950	2	8	22528	31	4	28
和静县哈尔莫敦镇	315054	1	10	21824	19	3	74
和静县巴音布鲁克镇	553514	2	6	8102			29
和静县巩乃斯镇	291665	1	3	1388	4	2	4
和静县乃门莫敦镇	12066	1	4	9741			5
和静县协比乃尔布呼镇	12791	4	2	14970	13	3	40
和静县克尔古提乡	106973		3	1022			
和静县阿拉沟乡	180784		3	1500	4		7
和静县额勒再特乌鲁乡	554197	1	4	3572	7	2	4
和静县巴音郭楞乡	702195		6	3942			3
和硕县特吾里克镇	2420	6		21640	56	8	118
和硕县塔哈其镇	18922	1	6	7310			36
和硕县曲惠镇	18599		3	3814	5	1	14
和硕县乌什塔拉回族民族乡	44055	1	8	10502	23	3	35
和硕县苏哈特乡	2466		2	3167	24		4
和硕县乃仁克尔乡	285666		5	1344			4
和硕县新塔热乡	15836		3	3341			4
博湖县博湖镇	2782	8		14319	17	3	92
博湖县本布图镇	11729	4	7	11388	8		20
博湖县塔温觉肯乡	14573		6	7654	15		12
博湖县乌兰再格森乡	4027		3	3133			36
博湖县才坎诺尔乡	12330		4	6736	2		12
博湖县查干诺尔乡	7916		3	8423	3	1	25
博湖县博斯腾湖乡	301289		2	769	12	5	7
阿克苏市喀拉塔勒镇	35481	1	25	41700			198
阿克苏市阿依库勒镇	141333		21	52984	8	6	76
阿克苏市依干其镇	15913	3	19	33546	1		74
阿克苏市拜什吐格曼乡	21222		18	27976	5		77
阿克苏市托普鲁克乡	14088		11	16973	1		46
阿克苏市库木巴什乡	12213		14	26334			55
库车市乌恰镇	5907	10	8	47659	48	2	29
库车市阿拉哈格镇	15340		24	43660	13	1	22
库车市齐满镇	20307	10	9	40791	12		36
库车市墩阔坦镇	90780		16	19555	11		177

续表 641　　新疆维吾尔自治区　　单位：公顷、个、人

名　称	行政区域面积	居民委员会(社区)个数	村民委员会个数	户籍人口	工业企业个数	#规模以上	营业面积50平方米以上的商店或超市个数
库车市牙哈镇	265640		22	34037	3	2	47
库车市乌尊镇	30987	3	17	33699	46	6	88
库车市伊西哈拉镇	27968	2	15	31064	4		83
库车市二八台镇	14767		6	5156	8	1	5
库车市塔里木镇	98547		9	5424			15
库车市玉奇吾斯塘乡	32006		13	29719	22		42
库车市比西巴格乡	15113		15	31491			30
库车市哈尼喀塔木乡	72540		25	38173			100
库车市阿克吾斯塘乡	37773	1	13	17290	3		21
库车市阿格乡	577		4	2712	24		7
温宿县温宿镇	2450	9		59255	40	6	745
温宿县吐木秀克镇	230709	3	8	14681	7		23
温宿县克孜勒镇	31321	3	12	26885	11		116
温宿县阿热勒镇	39248	3	16	22607	8		26
温宿县佳木镇	55105	1	10	18830			27
温宿县托甫汗镇	14209		7	6966	8		13
温宿县共青团镇	18500		9	10961			42
温宿县柯柯牙镇	301300	3	9	8916	10	8	24
温宿县托乎拉乡	11380		9	12640	22	4	23
温宿县恰格拉克乡	29149		10	17104			29
温宿县依希来木其乡	32595		12	17621			34
温宿县古勒阿瓦提乡	88276		10	15837	3	2	102
温宿县博孜墩柯尔克孜族乡	511574		8	6099	11	10	24
沙雅县沙雅镇	7152	7	1	58940	45	39	741
沙雅县托依堡勒迪镇	52796	2	23	40650	11		43
沙雅县红旗镇	45187	1	18	33875			39
沙雅县英买力镇	16607	1	20	34061			52
沙雅县哈德墩镇	2473777		4	858			3
沙雅县古勒巴格镇	50754	1	21	28325	17	1	314
沙雅县海楼镇	41845		15	24894	3		30
沙雅县努尔巴格乡	16107		10	11563	9		15
沙雅县塔里木乡	75992		7	6928			5
沙雅县盖孜库木乡	213839		7	6332			7
沙雅县央塔克协海尔乡	82066		10	13650			20
新和县新和镇	1118	8		37937	11	1	311
新和县尤鲁都斯巴格镇	15659	6	6	23630	12	2	40
新和县依其艾日克镇	12018	17		32803	31	8	341
新和县塔什艾日克镇	9492	9	5	19045	52	8	168
新和县排先拜巴扎镇	13133	3	8	19611	2		57
新和县玉奇喀特镇	24072	3	11	24989			22
新和县渭干乡	21643	2	11	22496	3		35
新和县塔木托格拉克乡	12937	1	7	10251			19
拜城县拜城镇	12463	9	4	52970			26
拜城县铁热克镇	12900	1	3	2045			3
拜城县察尔齐镇	128360	1	13	17469	2	1	260

续表 642 新疆维吾尔自治区 单位：公顷、个、人

名　　称	行政区域面　　积	居民委员会(社区)个数	村民委员会个　　数	户籍人口	工业企业个　　数	#规模以上	营业面积50平方米以上的商店或超市个数
拜城县赛里木镇	104150	1	15	17025	2		91
拜城县黑英山乡	554400		13	13103			95
拜城县克孜尔乡	119259		9	8968			32
拜城县托克逊乡	74237		11	16718			14
拜城县亚吐尔乡	110884		13	18317			33
拜城县康其乡	63515		12	17321			21
拜城县布隆乡	5440		8	9794			11
拜城县米吉克乡	20947		14	15168	12		28
拜城县温巴什乡	67325		14	16492			67
拜城县大桥乡	79150		15	15812			23
拜城县老虎台乡	99218		11	13498			37
乌什县乌什镇	1901	6	3	50611	35	6	45
乌什县阿合雅镇	233688	2	20	42516	17	4	34
乌什县依麻木镇	41900	2	14	26825	10		84
乌什县阿克托海乡	24370		13	25639	25	5	12
乌什县亚科瑞克乡	16645		10	19208	3		60
乌什县阿恰塔格乡	6157		13	20121	8		28
乌什县英阿瓦提乡	240690		9	18974			28
乌什县亚曼苏柯尔克孜族乡	181117		6	9981			33
乌什县奥特贝希乡	39908		13	26599	5		31
阿瓦提县阿瓦提镇	3742	11	4	44993	50	9	169
阿瓦提县乌鲁却勒镇	48433	10	10	35492	11		216
阿瓦提县拜什艾日克镇	46843	8	19	40559	8	7	106
阿瓦提县塔木托格拉克镇	170448	10	8	24598	3		10
阿瓦提县英艾日克镇	93817	8	18	37850	8	3	35
阿瓦提县阿依巴格镇	64100		18	29852	5	1	72
阿瓦提县三河镇	525195	1	17	9016	5		4
阿瓦提县多浪乡	140690		15	14889			20
阿瓦提县巴格托格拉克乡	10994	1	10	10464			20
柯坪县柯坪镇	816	5	1	9309	8	3	136
柯坪县盖孜力克镇	335549	1	11	15897	9	1	35
柯坪县阿恰勒镇	216430	1	8	8786	8	1	150
柯坪县玉尔其乡	228997		7	14248			23
柯坪县启浪乡	104082		9	5609	14		40
阿图什市上阿图什镇	76732		20	53268	9		156
阿图什市松他克镇	18300		15	44644	9		237
阿图什市阿扎克镇	36400	15	14	47328			88
阿图什市阿湖乡	59187		9	19153	4		9
阿图什市格达良乡	169080		9	20518	15		37
阿图什市哈拉峻乡	856579		12	18029			84
阿图什市吐古买提乡	308637		7	9633			24
阿克陶县阿克陶镇	4311		8	19437			66
阿克陶县奥依塔克镇	88839		4	5221	9	2	16
阿克陶县克孜勒陶镇	572860		15	11852	12		50
阿克陶县恰尔隆镇	255191		6	9443			15

续表 643　　新疆维吾尔自治区　　单位：公顷、个、人

名　　称	行政区域面积	居民委员会(社区)个数	村民委员会个数	户籍人口	工业企业个数	#规模以上	营业面积50平方米以上的商店或超市个数
阿克陶县玉麦镇	23968		15	29903			28
阿克陶县皮拉勒乡	17754		22	51447	16		109
阿克陶县巴仁乡	18324		18	40094			27
阿克陶县喀热开其克乡	8274		4	5663			32
阿克陶县加马铁热克乡	3842		6	12140			22
阿克陶县木吉乡	695697		4	4497			6
阿克陶县布伦口乡	570520		5	7166	3	2	12
阿克陶县塔尔塔吉克民族乡	85684		7	4043	11		18
阿克陶县阿克达拉牧场	92566		3	1140			
阿合奇县阿合奇镇	117099	3	3	3545	35	1	10
阿合奇县库兰萨日克乡	141964		5	4654			9
阿合奇县色帕巴依乡	58303		3	3785			3
阿合奇县苏木塔什乡	132061		4	5845			8
阿合奇县哈拉奇乡	232940		3	9083			55
阿合奇县哈拉布拉克乡	407753		7	9367			16
乌恰县康苏镇	24440	2	2	5055			10
乌恰县巴音库鲁提镇	131700		2	2867			1
乌恰县乌鲁克恰提乡	343000		4	4341			
乌恰县吾合沙鲁乡	174550		2	1229			2
乌恰县膘尔托阔依乡	391992		4	5368			25
乌恰县黑孜苇乡	367395		6	6235			5
乌恰县托云乡	157600		3	2611			7
乌恰县铁列克乡	150000		2	3735			5
乌恰县波斯坦铁列克乡	455200		6	9472			54
乌恰县吉根乡	145200		4	2408			11
喀什市乃则尔巴格镇	3830	2	15	54347	24	3	45
喀什市夏马勒巴格镇	878	1	12	28661	20		143
喀什市多来特巴格乡	3787	5	29	73953	78	4	141
喀什市浩罕乡	6578	4	19	55518	27	7	92
喀什市色满乡	3156		10	22794	16		25
喀什市荒地乡	2181	1	11	14633			4
喀什市帕哈太克里乡	3588		9	16914	11	1	30
喀什市伯什克然木乡	7577		30	45086	13		27
喀什市阿瓦提乡	8771		27	37486	26		49
喀什市英吾斯坦乡	12325		27	45971	1		45
喀什市阿克喀什乡	24225		10	13382	3		16
疏附县托克扎克镇	3602	10	7	33850	26	1	140
疏附县兰干镇	24887		11	21667	29	1	63
疏附县吾库萨克镇	6793	2	9	20909	52	15	68
疏附县乌帕尔镇	71245		19	39420	4	1	195
疏附县塔什米里克乡	27682		18	35432			60
疏附县铁日木乡	7896		4	6383			15
疏附县布拉克苏乡	18014		17	47177			48
疏附县萨依巴格乡	15679		18	27468	18	6	16
疏附县站敏乡	20940		20	26788	19		38

续表 644　　新疆维吾尔自治区　　单位：公顷、个、人

名　称	行政区域面积	居民委员会(社区)个数	村民委员会个数	户籍人口	工业企业个数	#规模以上	营业面积50平方米以上的商店或超市个数
疏附县木什乡	70487		9	18161	9	1	36
疏勒县疏勒镇	2211	21	4	47002	468	50	286
疏勒县罕南力克镇	7593		23	29740			17
疏勒县牙甫泉镇	16327		21	30971	1		31
疏勒县巴仁乡	8642		19	35835	27	1	45
疏勒县洋大曼乡	9864		16	19549			16
疏勒县亚曼牙乡	12695		15	18906	5	1	16
疏勒县巴合齐乡	11960		14	25435	17	1	140
疏勒县塔孜洪乡	16863		22	31875	15	2	22
疏勒县英尔力克乡	10451		19	25553	7		30
疏勒县库木西力克乡	11725		21	26565	8		57
疏勒县塔尕尔其乡	6439		9	11194	6		3
疏勒县艾尔木东乡	18125		12	14521			14
疏勒县阿拉力乡	11298		10	14438	4		8
疏勒县阿拉甫乡	55431		14	25318	6		44
疏勒县英阿瓦提乡	10340		10	12696	8		23
英吉沙县英吉沙镇	559	19	7	52550	53	10	90
英吉沙县乌恰镇	21305		29	44195	8		36
英吉沙县芒辛镇	9425		17	27509			14
英吉沙县萨罕镇	52250		21	34930	6		29
英吉沙县城关乡	1204		7	8014	1		9
英吉沙县乔勒潘乡	5695		13	12941			19
英吉沙县龙甫乡	16142		8	7300	3	2	12
英吉沙县色提力乡	10452		10	11711	2	1	14
英吉沙县英也尔乡	8131		10	15712			10
英吉沙县克孜勒乡	125317		18	30269	1		104
英吉沙县托普鲁克乡	34651		9	15208	4		15
英吉沙县苏盖提乡	20433		17	26774	4		21
英吉沙县艾古斯乡	16464		8	10169	2	1	14
英吉沙县依格孜也尔乡	12958		4	6148	2	1	3
兵团东风农场	2325	1	4	1805	1		20
泽普县泽普镇	965	14		38926	18	4	85
泽普县奎依巴格镇	20153	4	3	9986	68	9	12
泽普县波斯喀木乡	4466		14	19624	2	1	27
泽普县依玛乡	9995		18	21755			19
泽普县古勒巴格乡	11852		14	20755			
泽普县赛力乡	6871		14	17535	4		11
泽普县依肯苏乡	9286		18	21067	4		54
泽普县图呼其乡	7767		14	15121			6
泽普县奎依巴格乡	7588		13	13470			9
泽普县阿克塔木乡	5407		9	8739	2	1	5
泽普县阿依库勒乡	6225		14	12863			28
泽普县布依鲁克塔吉克族乡	2557		4	3661			13
泽普县桐安乡	2768		2	4262			13
莎车县莎车镇	610	11	2	29337	13		280

续表 645　　新疆维吾尔自治区　　单位：公顷、个、人

名　　称	行政区域面　　积	居民委员会(社区)个数	村民委员会个　　数	户籍人口	工业企业个　　数	#规模以上	营业面积50平方米以上的商店或超市个数
莎车县恰热克镇	54250	1	21	26434	22	1	139
莎车县艾力西湖镇	38146	1	24	40150	2	1	42
莎车县荒地镇	23154	1	27	38130	11	1	190
莎车县阿瓦提镇	14305	1	19	27328	11		52
莎车县白什坎特镇	15010	1	27	43553	27	2	96
莎车县依盖尔其镇	11931	1	21	31699	12		185
莎车县古勒巴格镇	1562	7	4	27537	15		244
莎车县米夏镇	6570	2	24	40956	50	1	233
莎车县托木吾斯塘镇	5968		12	20069	41	4	144
莎车县塔尕尔其镇	8320		30	41830	19		47
莎车县乌达力克镇	15346		28	35099	25	1	99
莎车县阿拉买提镇	13210		17	25722	7		54
莎车县阿扎特巴格镇	13360		13	16144	4		26
莎车县阿热勒乡	7582		15	21213	7	1	3
莎车县恰尔巴格乡	7368		15	15004	4	2	64
莎车县英吾斯塘乡	5318		10	12070	1		22
莎车县阿尔斯兰巴格乡	12393		20	21843	72		19
莎车县孜热甫夏提塔吉克族乡	12398		13	10374			64
莎车县亚喀艾日克乡	12342		11	10734			42
莎车县喀群乡	219374		14	19405	7	3	20
莎车县霍什拉甫乡	40012		14	17642	2	1	12
莎车县达木斯乡	117161		6	6378	2	1	10
莎车县伊什库力乡	52054		24	35588	77		73
莎车县拍克其乡	54698		16	23092	9		7
莎车县阔什艾日克乡	6029		14	18989	6		52
莎车县墩巴格乡	7305		12	19720	5		10
莎车县巴格阿瓦提乡	12675		11	19562	6		28
莎车县喀拉苏乡	60187		12	16950	5		20
叶城县喀格勒克镇	3212	52		125314	287	7	706
叶城县恰尔巴格镇	5736		15	22646	12	1	15
叶城县乌夏巴什镇	446443		20	25095	4		46
叶城县阿克塔什镇	7369		7		8	2	3
叶城县金果镇	1713		13	20922	3		70
叶城县依提木孔镇	7214		29	40058	3	2	108
叶城县洛克乡	131249		12	25503	9		27
叶城县伯西热克乡	17742		19	43452			21
叶城县铁提乡	27870		12	19175	16		21
叶城县吐古其乡	5346		17	25083	5		49
叶城县江格勒斯乡	272526		21	32508			51
叶城县加依提勒克乡	8784		25	28179	4	1	54
叶城县巴仁乡	2814		12	11379			9
叶城县乌吉热克乡	7775		18	24153	4		38
叶城县夏合甫乡	7094	1	18	23571	5	1	73
叶城县依力克其乡	24445		17	18048	3		31
叶城县宗朗乡	27984		6	7762			20

续表 646　　新疆维吾尔自治区　　单位：公顷、个、人

名　称	行政区域面积	居民委员会(社区)个数	村民委员会个数	户籍人口	工业企业个数	#规模以上	营业面积50平方米以上的商店或超市个数
叶城县柯克亚乡	365905		7	13059			14
叶城县西合休乡	1259473		9	6534			4
叶城县棋盘乡	154733		6	13515	1		3
叶城县萨依巴格乡	47334		21	26047			85
兵团叶城牧场	21262	1	5	1584			2
麦盖提县麦盖提镇	3756	21		46060	108	10	135
麦盖提县巴扎结米镇	5255		16	23465	19	1	233
麦盖提县希依提墩乡	15857		15	16136	50	5	38
麦盖提县央塔克乡	24145		25	32465	21	2	74
麦盖提县吐曼塔勒乡	23877		15	26619	13		46
麦盖提县尕孜库勒乡	21558		21	26468	19		65
麦盖提县克孜勒阿瓦提乡	24284		23	27695	8		100
麦盖提县库木库萨尔乡	6793		12	13636			56
麦盖提县昂格特勒克乡	4857		4	6077	5		9
麦盖提县库尔玛乡	24923		9	14296	6		11
岳普湖县岳普湖镇	3853	10	3	30835	186	16	224
岳普湖县艾西曼镇	9594		10	18438	8		12
岳普湖县铁热木镇	94374	2	14	24031	12		64
岳普湖县也克先拜巴扎镇	13028		14	20773	9		124
岳普湖县岳普湖乡	25172		9	15657	10		35
岳普湖县阿其克乡	25123		16	25595	6		73
岳普湖县色也克乡	25134	2	14	22076	8		39
岳普湖县巴依阿瓦提乡	78752		9	11753			25
岳普湖县阿洪鲁库木乡	20575		4	2848	1		15
伽师县巴仁镇	2052	15	9	47416	123	16	260
伽师县西克尔库勒镇	13657		1	832	2	1	5
伽师县夏普吐勒镇	20426		24	37550	5		64
伽师县卧里托格拉克镇	155130		38	50725	2	1	162
伽师县克孜勒博依镇	67906		34	50584			87
伽师县和夏阿瓦提镇	39326		44	56056	1		69
伽师县铁日木乡	5925		12	17381	11		51
伽师县英买里乡	79079		20	33790	5		60
伽师县江巴孜乡	26058		27	36913	1		127
伽师县米夏乡	10110		21	32519			28
伽师县克孜勒苏乡	29188		40	42506	1		125
伽师县古勒鲁克乡	52681		28	28160	1		30
伽师县玉代克力克乡	102166		12	17624			46
巴楚县巴楚镇	1490	20	1	62524	235	24	871
巴楚县色力布亚镇	27599	10	20	52313	48	2	140
巴楚县阿瓦提镇	30181	2	20	20354	10		21
巴楚县三岔口镇	90259	1		253	6		
巴楚县恰尔巴格乡	66756		19	30575	17		170
巴楚县多来提巴格乡	64080	1	22	31578	20		100
巴楚县阿纳库勒乡	173354	5	15	25520	51	3	25
巴楚县夏马勒乡	128239		12	11540	19		43

续表 647　　新疆维吾尔自治区　　单位：公顷、个、人

名　　称	行政区域面　　积	居民委员会(社区)个数	村民委员会个　　数	户籍人口	工业企业个　　数	#规模以上	营业面积50平方米以上的商店或超市个数
巴楚县阿克萨克马热勒乡	73848		21	32805	29		195
巴楚县阿拉格尔乡	36207		20	31327	11		26
巴楚县琼库尔恰克乡	43124		26	42107	24		34
巴楚县英吾斯塘乡	31563		20	25874	16		69
塔什库尔干塔吉克自治县塔吉克阿巴提镇	3339		5	3684			12
塔什库尔干塔吉克自治县塔什库尔干乡	383180		7	7977	3		9
塔什库尔干塔吉克自治县塔合曼乡	82665		4	3545	2		5
塔什库尔干塔吉克自治县科克亚尔柯尔克孜族乡	95309		2	1110	1		19
塔什库尔干塔吉克自治县提孜那甫乡	32619		3	3540			6
塔什库尔干塔吉克自治县达布达尔乡	1175722		5	3989			9
塔什库尔干塔吉克自治县马尔洋乡	222875		4	1392			5
塔什库尔干塔吉克自治县瓦恰乡	73906		5	2971			15
塔什库尔干塔吉克自治县班迪尔乡	62515		4	2220	3	2	8
塔什库尔干塔吉克自治县库科西鲁格乡	56732		4	2123	1	1	5
塔什库尔干塔吉克自治县大同乡	125909		4	1774			3
和田市拉斯奎镇	5404	5	15	37057	7	3	62
和田市玉龙喀什镇	4136	1	16	29035	54		78
和田市吐沙拉镇	10210		26	49816	21		22
和田市肖尔巴格乡	3020	5	23	48082	28	1	24
和田市伊里其乡	5008	15	23	62484	40	4	116
和田市古江巴格乡	1604	5	18	36859	29	2	50
和田市吉亚乡	27640		22	28365	4	2	9
和田市阿克恰勒乡	11811		8	5118			22
和田县巴格其镇	6794		43	67173			116
和田县罕艾日克镇	9715		41	55814	3	1	154
和田县英阿瓦提乡	8816	1	26	34878			133
和田县英艾日克乡	17116		12	13126			24
和田县布扎克乡	11606		20	33200	8		145
和田县拉依喀乡	5415		22	34868			166
和田县朗如乡	2320203		15	21083			11
和田县塔瓦库勒乡	32436		21	36451			187
和田县伊斯拉木阿瓦提乡	50371		20	28152			190
和田县色格孜库勒乡	35481		15	11223			6
和田县喀什塔什乡	1577843		11	7309			16
和田县吾宗肖乡	19396		13	7907			13
墨玉县喀拉喀什镇	3876	4	17	40965	15	1	133
墨玉县扎瓦镇	19714		40	66091	11		133
墨玉县奎牙镇	7280		30	55383	19	1	359
墨玉县喀尔赛镇	89595		38	53839	4		47
墨玉县普恰克其镇	356886		31	46325	7		365
墨玉县阿克萨拉依乡	4380		26	53839	17		70
墨玉县乌尔其乡	23526		21	22563	8		98
墨玉县托胡拉乡	2047		13	24919	9		124
墨玉县萨依巴格乡	223674		32	40551	65	13	123
墨玉县加汗巴格乡	4688	4	18	31503	18	4	87

续表 648　　新疆维吾尔自治区　　单位：公顷、个、人

名　　称	行政区域面积	居民委员会(社区)个数	村民委员会个数	户籍人口	工业企业个数	#规模以上	营业面积50平方米以上的商店或超市个数
墨玉县芒来乡	2214		18	29938	14		55
墨玉县阔依其乡	4617		25	36851	4		24
墨玉县雅瓦乡	51494		25	42017	2		109
墨玉县吐外特乡	4370		21	31191	5		5
墨玉县英也尔乡	14737		13	15256	4		28
墨玉县喀瓦克乡	1718694		22	13652	1		132
皮山县固玛镇	19433	4	21	33943	33		25
皮山县杜瓦镇	318693	1	8	8772	11	1	33
皮山县赛图拉镇	905562		1	422	5		10
皮山县木吉镇	341501	3	18	28500	22		27
皮山县阔什塔格镇	69217	1	15	18414	4		40
皮山县桑株镇	169384		24	35938	21		48
皮山县克里阳乡	44359		9	6740	7		6
皮山县科克铁热克乡	317048		31	44674	24		55
皮山县乔达乡	172104	2	12	14686	18		3
皮山县木奎拉乡	227714		19	26452	22	1	9
皮山县藏桂乡	303568		13	21687	9		44
皮山县皮亚勒玛乡	291079		6	7965	13		22
皮山县皮西那乡	30197		7	9539	7		15
皮山县巴什兰干乡	100203		6	6019	4		6
皮山县垴阿巴提塔吉克民族乡	458385	3	3	1108			
皮山县康克尔柯尔克孜民族乡	93826		2	1776	2		2
洛浦县洛浦镇	4817		20	22631	6	2	27
洛浦县山普鲁镇	203303	3	31	36124	41		22
洛浦县杭桂镇	344023		42	47789	43		14
洛浦县恰尔巴格镇	8597		39	51621	36		86
洛浦县布亚乡	9395		30	38276	57		20
洛浦县多鲁乡	283587		37	40298	32		18
洛浦县纳瓦乡	2760		13	16223			13
洛浦县拜什托格拉克乡	543835		14	9350			6
洛浦县阿其克乡	899		4	1679			2
策勒县策勒镇	26790		11	16059	258	5	28
策勒县固拉合玛镇	68955	1	21	30909	42		19
策勒县策勒乡	932253		19	35008	59		68
策勒县达玛沟乡	544050		17	22326	36		48
策勒县恰哈乡	441795		20	13980	23		18
策勒县乌鲁克萨依乡	314655		8	5002			10
策勒县奴尔乡	424935		18	12362	22		28
策勒县博斯坦乡	320041		12	7347			1
于田县木尕拉镇	4234	20	24	66346	30	1	290
于田县先拜巴扎镇	4150	1	14	20985			2
于田县加依乡	2800		12	20890			25
于田县科克亚乡	5433		17	21811	9		14
于田县阿热勒乡	48418		13	18907	3		16
于田县阿日希乡	44107		9	8075			6

续表 649　　新疆维吾尔自治区　　单位：公顷、个、人

名称	行政区域面积	居民委员会(社区)个数	村民委员会个数	户籍人口	工业企业个数	#规模以上	营业面积50平方米以上的商店或超市个数
于田县兰干乡	134729		21	29197	3	2	52
于田县斯也克乡	22048		20	24101	8	1	18
于田县托格日尕孜乡	13260		12	13818	1		52
于田县喀拉克尔乡	83407		13	15802	5		17
于田县奥依托格拉克乡	833647		16	21532			4
于田县阿羌乡	3574		11	8951	2	1	19
于田县英巴格乡	433380		13	9919			4
于田县希吾勒乡	43800		4	4794	2		5
于田县达里雅布依乡	1534459		1	1385			
于田县工业园区	847	7		1893	57	8	157
民丰县尼雅镇	635	1	2	3592			36
民丰县尼雅乡	1107665		6	5225			26
民丰县若克雅乡	37738		7	6999			23
民丰县萨勒吾则克乡	421157		8	5052			1
民丰县叶亦克乡	2586145		8	8112			18
民丰县安迪尔乡	920878		4	2348			8
民丰县亚瓦通古孜乡	722815		1	342			
伊宁市巴彦岱镇	25716	1	7	27441	31	5	27
伊宁市潘津镇	4744	1	7	29711	1		44
伊宁市英也尔镇	8859		5	19157	23	4	38
伊宁市达达木图镇	5792	1	7	32790	15	1	36
伊宁市汉宾乡	1287	1	6	16488	12	2	94
伊宁市塔什科瑞克乡	1051	3	6	28792	3		70
伊宁市喀尔墩乡	2611	7	5	27896	5	1	29
伊宁市托格拉克乡	2744		4	9758	2		6
伊宁市克伯克于孜乡	2469		5	12192	2		7
伊宁市伊犁河南岸新区	11739	5	1	14701	7	3	25
奎屯市开干齐乡	27287		4	1556	6		3
霍尔果斯市伊车嘎善乡	71745	8	5	27733	28	5	35
兵团六十一团	92255	2	10	14956	21	5	105
伊宁县吉里于孜镇	7612	9	6	37439	65	16	18
伊宁县墩麻扎镇	4436	1	4	12205			33
伊宁县英塔木镇	20152	4	10	36605	3		15
伊宁县胡地于孜镇	10733		10	22491	6	2	20
伊宁县巴依托海镇	14180		12	21664			33
伊宁县阿热吾斯塘镇	11755		12	22021			31
伊宁县萨木于孜镇	16554		8	21764			24
伊宁县喀什镇	67631		8	26122			41
伊宁县维吾尔玉其温镇	6631		7	20371	11	3	24
伊宁县温亚尔镇	13047		7	30711			44
伊宁县吐鲁番于孜乡	5745		4	16268			11
伊宁县喀拉亚尕奇乡	115407		5	11934	16	5	11
伊宁县武功乡	5327		4	11063			3
伊宁县萨地克于孜乡	2274		2	6609			8
伊宁县愉群翁回族乡	18829		16	51755			45

续表 650　　新疆维吾尔自治区　　单位：公顷、个、人

名　　称	行政区域面　　积	居民委员会(社区)个数	村民委员会个　　数	户籍人口	工业企业个　　数	#规模以上	营业面积50平方米以上的商店或超市个数
伊宁县麻扎乡	38401		7	13352			12
伊宁县曲鲁海乡	8703		6	12863	1		16
兵团七十团中心团场	12255	2	7	13025	14	3	16
察布查尔锡伯自治县察布查尔镇	8192	9	2	25715	72	24	30
察布查尔锡伯自治县爱新色里镇	29317		4	8707	3		16
察布查尔锡伯自治县孙扎齐牛录镇	20353		5	9039	5		10
察布查尔锡伯自治县绰霍尔镇	8636		4	9026	11		7
察布查尔锡伯自治县加尕斯台镇	50164		7	15854	3		25
察布查尔锡伯自治县琼博拉镇	41672		4	9031	3		37
察布查尔锡伯自治县海努克镇	26966		6	15871	6		16
察布查尔锡伯自治县堆齐牛录乡	39502	4	5	16177	6	1	26
察布查尔锡伯自治县纳达齐牛录乡	6525		2	4510	6	2	8
察布查尔锡伯自治县扎库齐牛录乡	16542	1	5	14621	7	3	13
察布查尔锡伯自治县米粮泉回族乡	3740		3	5297			16
察布查尔锡伯自治县坎乡	54696		8	13594	5		29
察布查尔锡伯自治县阔洪奇乡	23078		8	9935	2		9
兵团六十九团	10203	2	7	7092	6	1	9
霍城县水定镇	2662	9	4	36374	40	1	74
霍城县清水河镇	19997	6	17	44913	27	6	83
霍城县芦草沟镇	65541	2	11	50307	18	1	51
霍城县惠远镇	22920	1	5	24792	7	2	24
霍城县萨尔布拉克镇	78660		11	36734			41
霍城县兰干镇	27650		11	27667	38	4	23
霍城县三道河乡	10513		3	11982	15	1	7
霍城县三宫乡	16669		5	16074	3		25
霍城县大西沟乡	24370		7	13709			30
巩留县巩留镇	5918	10	1	29863	55	7	171
巩留县阿克吐别克镇	56655	1	6	11053	12	1	17
巩留县库尔德宁镇	128906		7	14619	4	1	8
巩留县东买里镇	20037		11	32910	13		51
巩留县阿尕尔森镇	32192		9	28643	21	4	54
巩留县提克阿热克镇	26615		8	14976	5	1	21
巩留县吉尔格郎乡	62235		6	8108	1		16
巩留县塔斯托别乡	36247	1	10	27585	5		31
兵团七十三团	28700	1	7	7436	37	9	30
新源县新源镇	41508	8	6	48773	49	5	105
新源县则克台镇	42872	1	5	22546	26	6	4
新源县阿热勒托别镇	41854	1	6	33775	9	2	8
新源县塔勒德镇	103791		11	27119	4		4
新源县那拉提镇	159973	1	10	32175	3		35
新源县肖尔布拉克镇	26144		6	9147	3	2	5
新源县喀拉布拉镇	64146	2	8	23696	7	1	3
新源县阿勒玛勒镇	37535	2	5	20364	4		16
新源县坎苏镇	37471		4	13453	6		9
新源县别斯托别乡	47661		13	32669	43	9	57

续表 651　　　　新疆维吾尔自治区　　　　单位：公顷、个、人

名　　称	行政区域面　　积	居民委员会(社区)个数	村民委员会个　　数	户籍人口	工业企业个　　数	#规模以上	营业面积50平方米以上的商店或超市个数
新源县吐尔根乡	29690	1	2	14181	2	1	7
兵团七十二团	22008	3	10	11191	8	1	6
昭苏县昭苏镇	114319	9	4	30120	13	1	20
昭苏县喀夏加尔镇	40770		5	11851	2	1	35
昭苏县阿克达拉镇	40303		11	11288			24
昭苏县喀拉苏镇	200986		8	15629			27
昭苏县洪纳海镇	26741		9	13184	3	2	17
昭苏县乌尊布拉克镇	96806	4	6	15927	11	3	20
昭苏县萨尔阔布乡	98702		7	13585			28
昭苏县察汗乌苏蒙古族乡	41999		7	9916	5		20
昭苏县夏特柯尔克孜族乡	106157		8	14552			82
昭苏县胡松图喀尔逊蒙古族乡	144788		8	8900			15
兵团七十六团	60164	1	10	14076	3	1	24
特克斯县特克斯镇	67426	9	4	32624	6	2	67
特克斯县乔拉克铁热克镇	166077	2	12	36918	4		29
特克斯县喀拉达拉镇	117540		12	21933			38
特克斯县齐勒乌泽克镇	70221	1	9	19836	1	1	38
特克斯县喀拉托海镇	107719		9	13418	1		12
特克斯县呼吉尔特蒙古民族乡	21903		5	7578	16	6	7
特克斯县阔克苏乡	1297		3	2842	3		1
特克斯县阔克铁热克柯尔克孜民族乡	152933		7	18382			9
尼勒克县尼勒克镇	22031	8	4	34296	7	4	108
尼勒克县乌拉斯台镇	82218	2	7	12983	1		19
尼勒克县乌赞镇	48016		7	16495	7	1	12
尼勒克县木斯镇	76828		9	15541	4	2	39
尼勒克县克令镇	113512		7	14980	5	1	14
尼勒克县苏布台乡	25560		4	7774			3
尼勒克县喀拉苏乡	111370		8	15938			34
尼勒克县加哈乌拉斯台乡	44006		6	9644	1		18
尼勒克县科克浩特浩尔蒙古民族乡	128982		10	17092	3	2	21
尼勒克县喀拉托别乡	49068		4	10158			7
尼勒克县胡吉尔台乡	107230		9	12355			20
兵团七十九团	24995	1	7	5648	10	1	87
塔城市二工镇	109033	5	18	23892			57
塔城市恰夏镇	43200	4	15	16704			10
塔城市博孜达克镇	20000	5	14	6706			13
塔城市喀拉哈巴克乡	15510	21	21	11056	17	10	17
塔城市阿西尔达斡尔民族乡	40500		18	9942			6
塔城市阿不都拉乡	22569	19	19	7891			7
塔城市也门勒乡	37200		15	8905			11
乌苏市白杨沟镇	8643	1		2529	1		2
乌苏市哈图布呼镇	11200	2	11	18291	13		65
乌苏市皇宫镇	13732		10	13220			26
乌苏市车排子镇	9218		8	6150			6
乌苏市甘河子镇	24564		9	9594			2

续表 652　　新疆维吾尔自治区　　单位：公顷、个、人

名　　称	行政区域面　　积	居民委员会(社区)个数	村民委员会个　　数	户籍人口	工业企业个　　数	#规模以上	营业面积50平方米以上的商店或超市个数
乌苏市百泉镇	17156		10	7919	4		14
乌苏市四棵树镇	11391		10	11557	4	1	8
乌苏市古尔图镇	389219	1	12	12592	2		18
乌苏市西湖镇	20500		9	7691			15
乌苏市西大沟镇	260643		13	11018	4	3	16
乌苏市八十四户乡	9417	1	16	13737			38
乌苏市夹河子乡	4135		5	3997			3
乌苏市九间楼乡	9426		5	6864	2		5
乌苏市石桥乡	16074		6	6923	2		6
乌苏市头台乡	12218		7	4302			1
乌苏市吉尔格勒特郭愣蒙古民族乡	14327		8	5484			14
乌苏市塔布勒合特蒙古民族乡	104086		4	2505			
乌苏市甘家湖牧场	170813	1	6	4457			3
乌苏市巴音沟牧场	150557		6	2873			4
兵团一二三团生活区	23077	4	20	19939	13	7	16
兵团一二五团分部生活区	42799	3	22	18967	7	5	24
兵团一三零团分部生活区	63070	4	15	20029	10	6	121
沙湾市四道河子镇	42000	1	21	16917	20		15
沙湾市老沙湾镇	53973	1	17	13748	5	1	20
沙湾市乌兰乌苏镇	15322		13	17930	18	2	20
沙湾市安集海镇	35666		11	17630	2		25
沙湾市东湾镇	44082	1	19	10593			24
沙湾市西戈壁镇	128666	5	19	14779			37
沙湾市柳毛湾镇	17451	1	4	7948	16	7	85
沙湾市金沟河镇	13465	2	15	16530			49
沙湾市三道河子镇	986	14		92452	45	15	244
沙湾市商户地乡	13601		12	8346			18
沙湾市大泉乡	17132		13	13105	29	1	47
沙湾市博尔通古乡	169632	5	17	14132			38
兵团一二一团	58400	7	42	28586	7	2	10
兵团一三三团	57594	4	30	23129	6	1	27
兵团一四二团	70000	4	27	25122	12	4	13
兵团一四三团	84460	8	31	36712	18	7	17
兵团一四四团	31583	3	15	12609	4	1	20
额敏县额敏镇	64174	13	2	48841	6	4	150
额敏县玉什喀拉苏镇	37177		11	8270	2	1	45
额敏县杰勒阿尕什镇	35000		17	11992			17
额敏县上户镇	25990	4	18	11891	1		28
额敏县玛热勒苏镇	19567	2	17	12291			22
额敏县喀拉也木勒镇	13200	2	16	8095			33
额敏县郊区乡	30892	1	23	18854			33
额敏县额玛勒郭楞蒙古民族乡	18104		5	4327			4
额敏县喇嘛昭乡	71653		5	3398			5
额敏县霍吉尔特蒙古民族乡	10288		10	7159			16
额敏县二道桥乡	32280	1	6	2781			14

续表 653　　新疆维吾尔自治区　　单位：公顷、个、人

名　称	行政区域面积	居民委员会(社区)个数	村民委员会个数	户籍人口	工业企业个数	#规模以上	营业面积50平方米以上的商店或超市个数
额敏县二支河牧场	102253		5	6417			13
额敏县吾宗布拉克牧场	5792	3	3	1556			4
托里县托里镇	9406	6	2	20963			15
托里县铁厂沟镇	230000	2	3	7516	12	3	5
托里县庙尔沟镇	140910	1	5	5759	3		20
托里县哈图镇	275000	1	4	5269	24	6	30
托里县多拉特乡	207923		15	14307			33
托里县乌雪特乡	19663		9	7683			37
托里县库普乡	600000		19	17555			28
托里县阿克别里斗乡	160000		9	9857			22
裕民县哈拉布拉镇	1013	5		12796	20	4	15
裕民县吉也克镇	83943		12	7487			15
裕民县哈拉布拉乡	45236		10	10674			18
裕民县新地乡	49183		13	6142			12
裕民县阿勒腾也木勒乡	67240		5	6464			11
裕民县江格斯乡	26943		11	7100			21
和布克赛尔蒙古自治县和布克赛尔镇	15106	5		10360			71
和布克赛尔蒙古自治县和什托洛盖镇	204297	5	8	10380	15	8	33
和布克赛尔蒙古自治县夏孜盖乡	114033		10	3429	1		15
和布克赛尔蒙古自治县铁布肯乌散乡	417550		17	6767			7
和布克赛尔蒙古自治县查干库勒乡	175000		11	4127	1		15
和布克赛尔蒙古自治县巴音傲瓦乡	89621		6	2309			4
和布克赛尔蒙古自治县莫特格乡	63872		7	2815			16
和布克赛尔蒙古自治县查和特乡	92190		4	3213			14
和布克赛尔蒙古自治县巴嘎乌图布拉格牧场	58980		4	1229			2
阿勒泰市阿苇滩镇	100000		21		7	1	8
阿勒泰市红墩镇	108000		16		9	2	47
阿勒泰市切木尔切克镇	196000		17		5	1	39
阿勒泰市阿拉哈克镇	187600		13		3		25
阿勒泰市汗德尕特蒙古族乡	52800		6		7	2	2
阿勒泰市拉斯特乡	55970	3	3		4		3
阿勒泰市喀拉希力克乡	62400		6				15
阿勒泰市萨尔胡松乡	100724		5		8	3	18
阿勒泰市巴里巴盖乡	99962		5		1		19
阿勒泰市切尔克齐乡	140850		10		6		4
布尔津县布尔津镇	4561	7	1	19957	35	22	48
布尔津县冲乎尔镇	214810		14	12640	4	2	52
布尔津县窝依莫克镇	257718		22	16908	3	2	6
布尔津县阔斯特克镇	29293		9	4815			11
布尔津县杜来提乡	86852		12	8915			31
布尔津县也格孜托别乡	95778		8	5108			31
布尔津县禾木哈纳斯蒙古族乡	345469		2	2764			9
富蕴县库额尔齐斯镇	1535	6	1	23752	83	11	87
富蕴县可可托海镇	2644	3	1	4553			25
富蕴县恰库尔图镇	12006	1	3	2364			9

续表 654　　新疆维吾尔自治区　　单位：公顷、个、人

名　　称	行政区域面　　积	居民委员会(社区)个数	村民委员会个　　数	户籍人口	工业企业个　　数	#规模以上	营业面积50平方米以上的商店或超市个数
富蕴县喀拉通克镇	33052	1	6	4745	1		16
富蕴县杜热镇	499954		15	15517			41
富蕴县吐尔洪乡	1184711		17	14846			34
富蕴县库尔特乡	950000		10	11278			22
富蕴县克孜勒希力克乡	549302		6	6655			10
富蕴县铁买克乡	9549		7	5983			25
富蕴县喀拉布勒根乡	700000		9	6345	3		33
福海县福海镇	4060	8	2	26171	51	7	180
福海县喀拉玛盖镇	2020758		17	10312			53
福海县解特阿热勒镇	320502	1	16	13569			31
福海县阔克阿尕什乡	141316	1	14	8159			60
福海县齐干吉迭乡	656428	2	8	4858			40
福海县阿尔达乡	8572	4	6	2928			10
兵团一八二团	32322	1	8	6281	6		13
哈巴河县阿克齐镇	1200	7	2	18926	21	1	300
哈巴河县萨尔布拉克镇	181800	1	13	12709	4	2	20
哈巴河县齐巴尔镇	57600	1	8	8899	24	6	21
哈巴河县库勒拜镇	136000		14	14094	9	1	8
哈巴河县萨尔塔木乡	128500	1	13	11916	2	1	19
哈巴河县加依勒玛乡	124100		11	11748	11	3	13
哈巴河县铁热克提乡	130300		4	2907			4
青河县青河镇	4511	5	1	15955	4	3	45
青河县塔克什肯镇	146617	2	4	3921			286
青河县阿热勒托别镇	346584		12	9404	3	1	49
青河县阿格达拉镇	38100	3	1	3634			29
青河县阿热勒镇	432209		14	12058			14
青河县查干郭勒乡	174210		6	6075			12
青河县阿尕什敖包乡	184596		7	5504			22
吉木乃县吉木乃镇	124390		5	2678			6
吉木乃县喀尔交镇	242279		7	3601			26
吉木乃县乌拉斯特镇	91145		14	7928			26
吉木乃县托斯特乡	112730		8	4375			34
吉木乃县恰勒什海乡	17174	3	3	1085			3
吉木乃县别斯铁热克乡	118844		4	2998			8
石河子市北泉镇	47500	11	23	51473	43	21	12
石河子市石河子镇	4134		9	9597	16		11
阿拉尔市金银川镇	37833	4	23	27259	25	9	85
阿拉尔市新井子镇	40100	2	25	17975	15	6	55
阿拉尔市甘泉镇	49222	2	17	19508	7	5	21
阿拉尔市永宁镇	41000	1	12	10170	1		31
阿拉尔市沙河镇	41000	2	16	22438	36	4	57
阿拉尔市双城镇	14100	2	11	14212	61	7	37
阿拉尔市花桥镇	43011	2	14	16546	13	4	24
阿拉尔市幸福镇	30969	4	23	24509	24	13	36
阿拉尔市金杨镇	47718	2	10	12731	9	2	50

续表 655　　　　新疆维吾尔自治区　　　　单位：公顷、个、人

名　　称	行政区域面积	居民委员会(社区)个数	村民委员会个数	户籍人口	工业企业个数	#规模以上	营业面积50平方米以上的商店或超市个数
阿拉尔市玛滩镇	28494	2	11	17067	26	7	44
阿拉尔市塔门镇	20852	2	11	14207	18	6	8
阿拉尔市梨花镇	33591	2	31	30310	16	7	45
阿拉尔市昌安镇	97835	2	22	23746	19	11	3
阿拉尔市塔南镇	52481	3	21	27853	38	17	25
阿拉尔市新开岭镇	37832	3	17	19780	22	6	45
阿拉尔市托喀依乡	12250		6	3553			13
图木舒克市龙口镇	17189	1	6	5097	8	4	17
图木舒克市前海镇	59667	5	23	31363	13	5	105
图木舒克市永兴镇	19733	1	8	4449	3		80
图木舒克市兴安镇	4378	1	4	3881	4	1	8
图木舒克市嘉和镇	49660	2	12	16048	15	4	52
图木舒克市河东镇	11467	1	7	8232			23
图木舒克市夏河镇	30520	3	19	23187	9	4	31
图木舒克市永安镇	42587	1	22	32481	21	8	30
图木舒克市海安镇	53597	4	20	19245	7	3	411
图木舒克市唐驿镇	36210	4	18	50538	125	9	255
图木舒克市金胡杨镇	28539	4	16	26899	6	3	77
五家渠市梧桐镇	34549	6	9	17451	18	10	49
五家渠市蔡家湖镇	43099	3	12	14700	11	3	12
五家渠市青湖镇	5122	4	5	7059	8	3	21
北屯市双渠镇	35215	2	10	8585	6	1	13
北屯市丰庆镇	29107	1	8	7024	13	1	8
北屯市海川镇	38044	2	10	12184	41		50
铁门关市博古其镇	47898	4	28	34836	34	9	40
铁门关市双丰镇	18312	1	15	13452	8	4	12
铁门关市河畔镇	16960	3	17	23152	33	11	125
铁门关市天湖镇	27363	2	8	11996	9	7	30
铁门关市开泽镇	64244	2	13	10589	41	11	18
铁门关市米兰镇	55649	1	6	7678	6	5	80
铁门关市金山镇	11246	1		3076	8	4	17
铁门关市南屯镇	19528	1	9	6466	5	4	27
双河市石峪镇	75200	2	11	9140	5	3	23
双河市博河镇	34347	4	22	21812	11	3	35
双河市双乐镇	25100	2	12	10077	7	2	11
双河市友谊镇	17534	3	16	17041	14	7	41
可克达拉市长丰镇	12152	2	10	8720	11	1	21
可克达拉市金屯镇	61598	2	12	14365	12	1	74
昆玉市老兵镇	13215	1	9	5337	6		26
昆玉市昆牧镇	85775	1	5	2573			11
昆玉市玉泉镇	12673		4	5534	2	1	33
昆玉市玉园镇	43893	1	12	16725	4		41
新星市二道湖镇	15000	3	7	11330	55	10	47
新星市骆驿镇	126000	12	10	8858	10	9	259
新星市黄田镇	109993	2	13	10804	8	6	4

主要指标解释

行政区域面积 指辖区内的全部陆地面积和水域面积。包括耕地、荒山、荒地、山林、草原、滩涂、道路和建筑物占地等陆地面积以及河流、湖泊、水库等水域面积。

居民委员会（社区）个数 指根据宪法和其他相关法律法规规定，按城镇居住地区设立的基层群众性自治组织的个数。

村民委员会个数 指经上级政府批准，在农村居住地区设立的基层群众性自治组织的个数。

户籍人口 指年末户籍在本行政区域内的人口，即公安部门户籍人口。

工业企业个数 指按行业划分标准为工业的企业单位的个数。

规模以上工业企业个数 指年主营业务收入2000万元及以上的工业法人企业的个数。

营业面积50平方米以上的商店或超市个数 指营业面积超过50平方米的从事商品批发或者零售业务的商店或超市的个数。